Richard Eisenmenger

Joomla! 3
Das umfassende Handbuch

Liebe Leserin, lieber Leser,

mit Joomla! haben Sie sich für ein modernes und einfach zu bedienendes Content-Management-System entschieden. Mit diesem (wirklich) umfassenden Handbuch können Sie nun das volle Potenzial von Joomla! für Ihre Website nutzen.

Richard Eisenmenger zeigt Ihnen, wie Sie das CMS sicher installieren, es erfolgreich betreiben sowie Inhalte und ansprechende Templates leicht einbinden. Mithilfe von Schritt-für-Schritt-Anleitungen und einem umfangreichen Beispielprojekt machen Sie sich mit dem kompletten Funktionsumfang vertraut. Dabei werden auch professionelle Themen wie die Erstellung eigener Templates, die Integration neuer Funktionen oder das Backup des Systems ausführlich behandelt. Mithilfe zahlreicher Erweiterungen können Sie eine Community-Plattform mit Forum oder einen kompletten Onlineshop erstellen. Wichtige Themen wie Responsive Webdesign, SEO und Sicherheitsmaßnamen kommen dabei nicht zu kurz.

Um die Qualität unserer Bücher zu gewährleisten, stellen wir stets hohe Ansprüche an Autoren und Lektorat. Falls Sie dennoch Anmerkungen und Vorschläge zu diesem Buch formulieren möchten, so freue ich mich über Ihre Rückmeldung.

Ich wünsche Ihnen viel Erfolg mit Ihrem Webprojekt!

Ihr Stephan Mattescheck
Lektorat Rheinwerk Computing

stephan.mattescheck@rheinwerk-verlag.de
www.rheinwerk-verlag.de
Rheinwerk Verlag · Rheinwerkallee 4 · 53227 Bonn

Auf einen Blick

TEIL I Grundlagen
1 Einleitung 25
2 Testumgebung einrichten 51
3 Live-Umgebung einrichten 119
4 Website planen 149

TEIL II Joomla! benutzen
5 Website-Frontend kennenlernen 171
6 Administrations-Backend bedienen 179
7 Content verwalten 191
8 Contentpflege konfigurieren 269
9 Menüs aufbauen 283
10 Layout und Design anpassen 317
11 Benutzerverwaltung einrichten 381
12 Mehrsprachigkeit aktivieren 425
13 System konfigurieren 453

TEIL III Joomla! erweitern
14 Erweiterungen aktivieren 471
15 Offizielle Joomla!-Komponenten 485
16 Empfohlene Erweiterungen 557
17 Joomla! als Content-Management-System 595
18 Joomla! als Community-Plattform 671
19 Joomla! als Online-Shop 737

TEIL IV Joomla! warten
20 Wartung allgemein 799
21 Joomla! und Content deployen 835
22 Sicherheit ausbauen 847
23 Performance- und Suchmaschinenoptimierung 875
24 Notfallmaßnahmen 909

TEIL V Joomla!-Erweiterungen entwickeln
25 Grundlagen zur Erweiterungsentwicklung 929
26 Templates entwickeln 949
27 Plugins entwickeln 981
28 Module entwickeln 1005
29 Komponenten entwickeln 1023
30 Erweiterungen veröffentlichen 1071

Impressum

Wir hoffen, dass Sie Freude an diesem Buch haben und sich Ihre Erwartungen erfüllen. Bitte teilen Sie uns doch Ihre Meinung mit. Eine E-Mail mit Ihrem Lob oder Tadel senden Sie direkt an den Lektor des Buches: *stephan.mattescheck@rheinwerk-verlag.de*. Im Falle einer Reklamation steht Ihnen gerne unser Leserservice zur Verfügung: *service@rheinwerk-verlag.de*. Informationen über Rezensions- und Schulungsexemplare erhalten Sie von: *britta.behrens@rheinwerk-verlag.de*.

Informationen zum Verlag und weitere Kontaktmöglichkeiten finden Sie auf unserer Verlagswebsite *www.rheinwerk-verlag.de*. Dort können Sie sich auch umfassend und aus erster Hand über unser aktuelles Verlagsprogramm informieren und alle unsere Bücher versandkostenfrei bestellen.

An diesem Buch haben viele mitgewirkt, insbesondere:

Lektorat Stephan Mattescheck, Erik Lipperts
Fachgutachten Robert Deutz
Korrektorat Marita Böhm
Herstellung Denis Schaal
Typografie und Layout Vera Brauner
Einbandgestaltung Mai Loan Nguyen Duy
Satz III-Satz, Husby
Druck und Bindung C.H. Beck, Nördlingen

Dieses Buch wurde gesetzt aus der TheAntiquaB (9,35/13,25 pt) in FrameMaker.
Gedruckt wurde es auf chlorfrei gebleichtem Offsetpapier (90 g/m²).

Bibliografische Information der Deutschen Nationalbibliothek
Die Deutsche Nationalbibliothek verzeichnet diese Publikation in der Deutschen Nationalbibliografie; detaillierte bibliografische Daten sind im Internet über *http://dnb.d-nb.de* abrufbar.

ISBN 978-3-8362-3711-0
© Rheinwerk Verlag GmbH, Bonn 2016
1. Auflage 2016

Das vorliegende Werk ist in all seinen Teilen urheberrechtlich geschützt. Alle Rechte vorbehalten, insbesondere das Recht der Übersetzung, des Vortrags, der Reproduktion, der Vervielfältigung auf fotomechanischem oder anderen Wegen und der Speicherung in elektronischen Medien.

Ungeachtet der Sorgfalt, die auf die Erstellung von Text, Abbildungen und Programmen verwendet wurde, können weder Verlag noch Autor, Herausgeber oder Übersetzer für mögliche Fehler und deren Folgen eine juristische Verantwortung oder irgendeine Haftung übernehmen.

Die in diesem Werk wiedergegebenen Gebrauchsnamen, Handelsnamen, Warenbezeichnungen usw. können auch ohne besondere Kennzeichnung Marken sein und als solche den gesetzlichen Bestimmungen unterliegen.

Inhalt

Vorwort 21

TEIL I Grundlagen

1 Einleitung   25

1.1	**Aufbau des Handbuchs**		27
	1.1.1	Begleitende Hinweise	28
	1.1.2	Die Website zum Buch	32
	1.1.3	Das Reiseforum, das CMS, der Shop und die Community	32
1.2	**Grundlagen**		35
	1.2.1	Websites, Webseiten und URLs	36
	1.2.2	Clients und Server	37
	1.2.3	Datenbanken	38
	1.2.4	Webprogrammiersprachen	39
	1.2.5	Content-Management-Systeme (CMS)	40
1.3	**Joomla!**		42
	1.3.1	Eine typische Open-Source-Geschichte	42
	1.3.2	Voraussetzungen für Joomla!	48
	1.3.3	Architektur	48

2 Testumgebung einrichten   51

2.1	**Umgebungen und Deployments**		53
	2.1.1	Entwicklungs-, Test- und Live-Umgebung	54
	2.1.2	Deployments und Updates	55
2.2	**XAMPP installieren**		58
	2.2.1	XAMPP unter Windows installieren	61
	2.2.2	Control Panel und XAMPP-Dateistruktur unter Windows	67
	2.2.3	XAMPP unter OS X installieren	72
	2.2.4	XAMPP unter Linux, Ubuntu, Linux Mint installieren	75
	2.2.5	Control Panel und XAMPP-Dateistruktur unter OS X oder Linux	78
	2.2.6	Problembehandlung bei fehlerhaftem Apache-Start	81

2.3	**Datenbank einrichten**	83
2.4	**Joomla!-Download und -Installation**	87
	2.4.1 Joomla! herunterladen und entpacken	87
	2.4.2 Joomla!-Installation ohne Unterverzeichnis erreichen	91
	2.4.3 Joomla! installieren	94
	2.4.4 Problembehandlung bei unvollständiger Joomla!-Installation	103
2.5	**Testumgebung konfigurieren für Fortgeschrittene**	104
	2.5.1 Testumgebung von außen erreichbar machen	104
	2.5.2 Geschummelten E-Mail-Versand unter Windows einrichten	110
2.6	**Installationsalternative: der Bitnami Joomla! Stack**	111
2.7	**Installationsalternative: virtuelle Entwicklungsumgebung**	115

3 Live-Umgebung einrichten 119

3.1	**Webhosting bestellen**	121
	3.1.1 Webhosting	121
	3.1.2 Detaillierte Joomla!-Voraussetzungen für eigene Server	125
	3.1.3 Domains registrieren	128
3.2	**FTP-Client installieren**	130
3.3	**Datenbank einrichten**	135
3.4	**Joomla! installieren**	137
	3.4.1 Installation über die Webhoster-Administrationsoberfläche	137
	3.4.2 Händische Installation per FTP	139
	3.4.3 Problembehandlung bei unvollständiger Joomla!-Installation	144

4 Website planen 149

4.1	**Anforderungen sammeln**	154
4.2	**Konzept entwerfen**	156
	4.2.1 Inhalte planen	157
	4.2.2 Sitemap erstellen	157
	4.2.3 Designrichtung festlegen	159
4.3	**Implementierung**	163
4.4	**Testphase**	165
4.5	**Go-Live**	167

TEIL II Joomla! benutzen

5 Website-Frontend kennenlernen   171

5.1 Startseite 172
5.2 Contentbereich und Module 174
5.3 Responsive Design 175

6 Administrations-Backend bedienen   179

6.1 Kontrollzentrum verstehen 181
6.2 Konfigurationsformulare ausfüllen 185
6.3 Übersichten einsehen und Elemente konfigurieren 186

7 Content verwalten   191

7.1 Beiträge verfassen und bearbeiten 194
    7.1.1 Beitrag formatieren 196
    7.1.2 Beitrag auf der Homepage darstellen 202
    7.1.3 Weitere Einstellungen zu Beiträgen 206
7.2 Bilder und andere Medien einfügen 210
    7.2.1 Einleitungs- und Komplettes Beitragsbild einfügen 211
    7.2.2 Beitragsbild einfügen 215
    7.2.3 Videos einbinden 220
7.3 Beiträge verwalten 222
    7.3.1 Der Beitragsmanager 223
    7.3.2 Stapelverarbeitung anwenden 226
    7.3.3 Beitrag versionieren 227
    7.3.4 Beiträge miteinander verlinken 229
    7.3.5 Beiträge Menüeinträgen zuweisen 232
    7.3.6 Beiträge archivieren 234
7.4 Kategorien anlegen und verwalten 236
    7.4.1 Kategorie anlegen 237
    7.4.2 Kategorien verschachteln 239
    7.4.3 Beiträgen Kategorien zuordnen 240
    7.4.4 Weitere Einstellungen zu Kategorien 242

	7.4.5	Der Kategoriemanager	244
7.5	**Beiträge und Kategorien auf Webseiten darstellen**		**245**
	7.5.1	»Alle Kategorien auflisten«	248
	7.5.2	»Kategorieblog«	252
	7.5.3	»Kategorieliste«	257
	7.5.4	»Einzelner Beitrag«	260
	7.5.5	»Archivierte Beiträge«	261
	7.5.6	»Beitrag erstellen«	263
	7.5.7	»Haupteinträge«	264
7.6	**Beiträge in Modulen verlinken**		**264**
	7.6.1	»Beiträge - Archiv«	264
	7.6.2	»Beiträge - Beliebte«	264
	7.6.3	»Beiträge - Kategorie«	264
	7.6.4	»Beiträge - Kategorien«	266
	7.6.5	»Beiträge - Neueste«	266
	7.6.6	»Beiträge - Newsflash«	266
	7.6.7	»Beiträge - Verwandte«	267

8   Contentpflege konfigurieren   269

8.1	**Beiträge konfigurieren**		**270**
	8.1.1	Beitragsdarstellung im Frontend	271
	8.1.2	Beitragsbearbeitung im Backend	271
	8.1.3	Haupteinträge, Blog- und Listenansichten	272
8.2	**Editor konfigurieren**		**272**
	8.2.1	TinyMCE über Plugin-Konfiguration anpassen	273
	8.2.2	TinyMCE-Skin erstellen	275
	8.2.3	TinyMCE-Buttons konfigurieren	277
	8.2.4	Eigene CSS-Styles in TinyMCE integrieren	279
8.3	**Medienmanager konfigurieren**		**280**

9   Menüs aufbauen   283

9.1	**Menüeinträge einrichten**		**286**
	9.1.1	Menüeintrag erstellen	286
	9.1.2	Menüeinträge verwalten	288
	9.1.3	Menüeinträge sortieren	289

	9.1.4	Menüeinträge verschachteln	291
	9.1.5	Weitere Einstellungen zu Menüeinträgen	292
9.2	**Alle Menüeintragstypen vorgestellt**		**295**
	9.2.1	Standardoptionen aller Menüeintragstypen	296
	9.2.2	»Beiträge«	300
	9.2.3	»Benutzer«	300
	9.2.4	»Konfiguration«	301
	9.2.5	»Kontakte« (offizielle Joomla!-Komponente)	302
	9.2.6	»Newsfeeds« (offizielle Joomla!-Komponente)	303
	9.2.7	»Schlagwörter (Tags)« (offizielle Joomla!-Komponente)	303
	9.2.8	»Suche« (Alte Suche) (offizielle Joomla!-Komponente)	304
	9.2.9	»Suchindex« (Neue Smart Search) (offizielle Joomla!-Komponente)	304
	9.2.10	»Systemlinks«	304
	9.2.11	»Wrapper«	306
9.3	**Menüs einrichten**		**307**
	9.3.1	Menü und zugehöriges Modul erzeugen	307
	9.3.2	Menüs verwalten	310
	9.3.3	Weitere Einstellungen zu Menüs	312
9.4	**Benutzermenü einrichten**		**314**

10 Layout und Design anpassen 317

10.1	**Homepage anpassen**		**321**
	10.1.1	Homepage-Spaltenlayout anpassen	322
	10.1.2	Beitrags-Metadaten zurechtstutzen	325
	10.1.3	Reihenfolge der Haupteinträge ändern	327
	10.1.4	Andere Seite als Homepage festlegen	328
10.2	**Module einrichten**		**328**
	10.2.1	Neues Modul erstellen	328
	10.2.2	Modul positionieren	329
	10.2.3	Moduldarstellung einschränken	332
	10.2.4	Weitere Darstellungseinstellungen zu Modulen	333
	10.2.5	Alle Modultypen vorgestellt	335
10.3	**Templates verwalten**		**340**
	10.3.1	Templates pro Webseite festlegen	341
	10.3.2	Template konfigurieren	343
	10.3.3	Mehrere Templatestile verwenden	344

10.4	**Neue Templates im Internet finden und installieren**	344
10.4.1	Template-Frameworks	347
10.4.2	Template herunterladen	348
10.4.3	Template installieren	351
10.4.4	Nach der Templateinstallation	354
10.4.5	Templates deinstallieren	358
10.5	**Template anpassen**	358
10.5.1	HTML-Code ergänzen	359
10.5.2	Personalisierte CSS-Dateien verwenden	360
10.5.3	CSS-Overrides anlegen	362
10.5.4	Template-Overrides einsetzen	365
10.6	**Schriften einbetten**	375

11 Benutzerverwaltung einrichten   381

11.1	**Benutzer anlegen und verwalten**	385
11.1.1	Benutzer anlegen	386
11.1.2	Benutzer verwalten	388
11.1.3	Benutzerhinweise und Hinweiskategorien organisieren	390
11.2	**Benutzergruppen anlegen und verwalten**	392
11.2.1	Benutzergruppen anlegen	392
11.2.2	Benutzer Benutzergruppen zuordnen	393
11.2.3	Benutzergruppen verwalten	394
11.3	**Berechtigungen setzen**	394
11.3.1	Globale Berechtigungen	397
11.3.2	Berechtigungen auf Komponentenebene	400
11.3.3	Berechtigungen auf Kategorie- und Beitragsebene	402
11.3.4	Problembehandlung bei unwirksamen Berechtigungsänderungen	403
11.4	**Zugriffsebenen anlegen und verwalten**	404
11.4.1	Zugriffsebene anlegen	405
11.4.2	Menüeinträgen und Modulen Zugriffsebenen zuordnen	405
11.5	**Formulare und Webseiten für Benutzer darstellen**	406
11.5.1	»Registrierungsformular« und »Anmeldeformular«	406
11.5.2	»Benutzername erneut zusenden«	410
11.5.3	»Benutzerprofil«	411
11.5.4	»Benutzerprofil bearbeiten«	412
11.5.5	»Passwort zurücksetzen«	412

11.6	**Module der Benutzerverwaltung**	413
	11.6.1 »Benutzer - Anmeldung«	414
	11.6.2 »Benutzer - Neueste«	414
	11.6.3 »Benutzer - Wer ist online«	414
11.7	**Mit Nachrichten arbeiten (offizielle Joomla!-Komponente)**	415
	11.7.1 Private Nachrichten	415
	11.7.2 Massenmail	417
	11.7.3 Systemnachrichten	418
11.8	**Authentifizierungen aktivieren**	419
	11.8.1 Über Google authentifizieren	419
	11.8.2 Über LDAP authentifizieren	420
	11.8.3 Mehr Sicherheit durch Zwei-Faktor-Authentifizierung	421
11.9	**Benutzer-Komponente konfigurieren**	422

12 Mehrsprachigkeit aktivieren   425

12.1	**Sprachpakete einrichten**	427
	12.1.1 Joomla!-Sprachpakete installieren	427
	12.1.2 Sprachpakete für Erweiterungen installieren	429
	12.1.3 Eigene Sprachpakete für Erweiterungen erzeugen	430
12.2	**Website auf Mehrsprachigkeit umstellen**	433
	12.2.1 Mehrsprachige Inhalte zulassen	433
	12.2.2 Sprachenerkennung per Plugin aktivieren	436
	12.2.3 Sprachumschalter im Frontend darstellen	440
	12.2.4 Hauptmenüs und Homepages für alle Sprachen erstellen	442
	12.2.5 Content übersetzen	444
	12.2.6 Weitere sprachindividuelle Seitenelemente übersetzen	447
12.3	**Individuelle Übersetzungen mit Overrides anlegen**	449

13 System konfigurieren   453

13.1	**Systeminformationen verstehen**	454
	13.1.1 Reiter »Systeminformationen«	454
	13.1.2 Reiter »PHP-Einstellungen« und »PHP-Informationen«	454
	13.1.3 Reiter »Konfigurationsdatei«	455
	13.1.4 Reiter »Verzeichnisrechte«	455

13.2 Globale Konfiguration anpassen ... 455
13.2.1 Reiter »Site« • »Website« ... 456
13.2.2 Reiter »Site« • »Globale Metadaten« ... 460
13.2.3 Reiter »Site« • »Suchmaschinenoptimierung (SEO)« ... 461
13.2.4 Reiter »Site« • »Cookies« ... 462
13.2.5 Reiter »System« • »System« ... 463
13.2.6 Reiter »System« • »Fehlersuche (Debug)« ... 463
13.2.7 Reiter »System« • »Zwischenspeicher (Cache)« ... 464
13.2.8 Reiter »System« • »Sitzung (Session)« ... 464
13.2.9 Reiter »Server« • »Server« ... 464
13.2.10 Reiter »Server« • »Zeitzone« ... 465
13.2.11 Reiter »Server« • »FTP« ... 466
13.2.12 Reiter »Server« • »Proxy« ... 466
13.2.13 Reiter »Server« • »Datenbank« ... 466
13.2.14 Reiter »Server« • »Mailing« ... 466
13.2.15 Reiter »Berechtigungen« ... 467
13.2.16 Reiter »Textfilter« ... 468

TEIL III   Joomla! erweitern

14   Erweiterungen aktivieren ... 471

14.1 Erweiterungen finden und auswählen ... 473
14.1.1 Im Webkatalog stöbern ... 473
14.1.2 Auf der JED-Website stöbern ... 474
14.2 Erweiterungen installieren und verwalten ... 477
14.3 Module, Plugins und Komponenten verwalten ... 482

15   Offizielle Joomla!-Komponenten ... 485

15.1 Banner einrichten ... 487
15.1.1 Banner erzeugen ... 488
15.1.2 Kunden anlegen und verwalten ... 492
15.1.3 Banner auswerten ... 493
15.2 Kontakte einrichten ... 494
15.2.1 Kontakte einstellen ... 495
15.2.2 Kontaktkategorien erstellen und Kontakte zuordnen ... 496
15.2.3 Kontakte auf Webseiten darstellen ... 497

	15.2.4	Kontaktkonfiguration	508
15.3	**Newsfeeds integrieren**		509
	15.3.1	Externe Newsfeeds konfigurieren	510
15.4	**Mit Schlagwörtern arbeiten**		519
	15.4.1	Schlagwörter anlegen und verwalten	520
	15.4.2	Schlagwörter und ihre Beiträge auf Webseiten darstellen	521
15.5	**Suche aktivieren und konfigurieren**		528
	15.5.1	Suche (Alte Suche) verwenden	529
	15.5.2	Suchformulare darstellen	531
	15.5.3	Smart Search verwenden	534
	15.5.4	Suchformulare der Smart Search darstellen	539
	15.5.5	Smart-Search-Statistiken einsehen	543
	15.5.6	Smart-Search-Konfiguration	545
15.6	**Umleitungen anlegen**		546
15.7	**Weblinks verwalten**		549
	15.7.1	Weblinkskategorien erstellen	550
	15.7.2	Weblinks erzeugen und Kategorien zuordnen	551
	15.7.3	Webseiten für Weblinks	552
	15.7.4	Weblinkskonfiguration	555

16   Empfohlene Erweiterungen   557

16.1	**Sicherheitskopien anlegen mit Akeeba Backup**		558
	16.1.1	Akeeba Backup einrichten	560
	16.1.2	Backup anlegen	561
	16.1.3	Backups verwalten	562
	16.1.4	Backup einspielen	563
16.2	**Komfortabler editieren mit JCE**		571
	16.2.1	JCE einrichten	571
	16.2.2	JCE konfigurieren	572
16.3	**Mehr Sicherheit mit Admin Tools**		579
16.4	**Sitemap erstellen mit OSMap**		583
	16.4.1	OSMap einrichten und Sitemap konfigurieren	584
	16.4.2	Kürzere URL zur Sitemap anlegen	586
	16.4.3	Sitemap bei Google und Bing einreichen	587
	16.4.4	Sitemap Besuchern bereitstellen	589
16.5	**Quelltext einfügen mit Sourcerer**		590

17 Joomla! als Content-Management-System — 595

- **17.1** Beitragsverwaltung für Autoren mit User Article Manager — 596
- **17.2** Bilder einbinden mit Phoca Gallery — 599
  - 17.2.1 Kategorien anlegen — 599
  - 17.2.2 Fotos hochladen — 600
  - 17.2.3 Album im Frontend darstellen — 602
  - 17.2.4 Fotoalben aus Picasa veröffentlichen — 607
  - 17.2.5 Phoca Gallery erweitern — 609
- **17.3** Formulare entwerfen mit ChronoForms — 611
  - 17.3.1 Kontaktformular entwerfen — 612
  - 17.3.2 Sicherheitsabfrage mit reCAPTCHA/NoCaptcha integrieren — 626
  - 17.3.3 Dynamische Daten ins Formular ziehen — 634
- **17.4** Content-Construction-Kit SEBLOD — 639
  - 17.4.1 Inhaltstyp anlegen — 642
  - 17.4.2 Inhalte auf Webseiten darstellen — 655
  - 17.4.3 Inhaltestrukturen über Referenzfelder abbilden — 659
  - 17.4.4 Weitere Ausgabeoptionen über Listen — 664

18 Joomla! als Community-Plattform — 671

- **18.1** Social-Networking-Integration — 672
- **18.2** Kunena-Forum integrieren — 678
  - 18.2.1 Foren einrichten — 679
  - 18.2.2 Forum im Frontend darstellen — 684
  - 18.2.3 Benutzer konfigurieren — 691
  - 18.2.4 Weitere Einstellungen zu Kunena — 695
- **18.3** Newsletter verschicken mit AcyMailing Starter — 702
  - 18.3.1 Abonnentenliste anlegen und verwalten — 704
  - 18.3.2 Newsletter anlegen und versenden — 707
  - 18.3.3 Newsletter im Frontend integrieren — 721
  - 18.3.4 Benutzer verwalten — 725
  - 18.3.5 Vorlagen verwenden und entwerfen — 727
  - 18.3.6 Weitere Einstellungen zu AcyMailing — 732

19 Joomla! als Online-Shop — 737

19.1 Online-Shop mit VirtueMart aufbauen — 742
- 19.1.1 VirtueMart einrichten — 743
- 19.1.2 Produkte einstellen — 743
- 19.1.3 Shop konfigurieren — 754
- 19.1.4 Shop im Frontend darstellen — 769
- 19.1.5 Bestellungen bearbeiten — 772
- 19.1.6 Shop- und Produktdetails ausarbeiten — 776
- 19.1.7 Problembehandlung der VirtueMart-Konfiguration — 784

19.2 VirtueMart-Erweiterungen evaluieren — 785
- 19.2.1 Produktpflege mit CSV Improved (CSVI) — 786
- 19.2.2 Produktpflege mit VM Products Manager — 788
- 19.2.3 Produktpflege mit Product Excel-like Manager for VirtueMart — 790
- 19.2.4 Shop-Pflege mit Store Manager for VirtueMart — 791
- 19.2.5 Kommerzielle Templates erörtern — 792
- 19.2.6 Ordnungsgemäße Rechnungsnummern mit Advanced Ordernumbers — 794

TEIL IV Joomla! warten

20 Wartung allgemein — 799

20.1 Wartungsmodus aktivieren — 800

20.2 Joomla!-Updates — 802
- 20.2.1 Vorbereitungen vor dem Joomla!-Update — 802
- 20.2.2 Update durchführen — 802

20.3 Upgrades und Migrationen durchführen — 803
- 20.3.1 Joomla!-Version upgraden — 804
- 20.3.2 Von WordPress migrieren — 811

20.4 »404«-Fehler abfangen und reparieren — 815
- 20.4.1 Lokalisierung fehlerhafter Verlinkungen — 817
- 20.4.2 Einrichten von Umleitungen — 819
- 20.4.3 Bereitstellung einer eigenen »404«-Fehlerseite — 821

20.5 Google Analytics einrichten — 824
- 20.5.1 Anmelden bei Google Analytics — 824
- 20.5.2 Tracking-Code ins Template einbauen — 826

20.5.3	Tracking-Integration im Quelltext prüfen	829
20.5.4	Analytics-Auswertungen fahren	830

21 Joomla! und Content deployen 835

21.1	Manuelles Deployment per FTP und SQL	836
21.2	Beiträge, Kategorien und Benutzer mit J2XML deployen	839
	21.2.1 Sofortdeployment	839
	21.2.2 Export und Reimport	840
21.3	Beliebige Elemente mit SP Transfer übertragen	842
21.4	Komplette Websitekopie mit Akeeba Backup	844

22 Sicherheit ausbauen 847

22.1	reCAPTCHA/NoCaptcha aktivieren	849
22.2	Administrations-Backend absichern	852
	22.2.1 Backend-Verschleierung über AdminExile	853
	22.2.2 Zusätzliches Serverpasswort einrichten	856
	22.2.3 Websitezugriff anhand der IP einschränken	858
22.3	SSL aktivieren	859
	22.3.1 Beschaffung eines SSL-Zertifikats	861
	22.3.2 SSL-Aktivierung und -Konfiguration beim Webhoster	865
	22.3.3 SSL-Aktivierung in Joomla!	867
	22.3.4 Ausmerzen nachgeladener HTTP-Elemente	868
22.4	Starke Passwörter einsetzen	871
22.5	Verzeichnis- und Dateirechte prüfen	872
22.6	Vulnerable Extensions List kennen	873

23 Performance- und Suchmaschinenoptimierung 875

23.1	Joomla!-URLs optimieren	880
23.2	Marketing-URLs einrichten	883
	23.2.1 Marketing-URL per Joomla!-Menüeinträge	884
	23.2.2 Marketing-URL per Umleitung	886

	23.2.3	Marketing-URL per ».htaccess«	886
23.3	**Suchmaschinenoptimierung mit sh404SEF**		**887**
	23.3.1	URL-Aufbau und Metadaten konfigurieren	888
	23.3.2	Webseiten-URLs, Aliasse und »404«-Probleme verwalten	892
23.4	**Pagespeed Insights und YSlow interpretieren**		**895**
	23.4.1	Defer parsing of JavaScript – JavaScript ans Ende der HTML-Datei setzen	896
	23.4.2	Enable gzip compression – GZIP-Komprimierung aktivieren	896
	23.4.3	Inline small CSS, Inline small JavaScript – kleine JavaScripts in die HTML-Datei verlagern	897
	23.4.4	Leverage browser caching – Browsercache steuern	898
	23.4.5	Make fewer HTTP requests – JavaScript- und CSS-Aggregierung	899
	23.4.6	Minify CSS, Minify HTML, Minify JavaScript – Minifizierung aktivieren	901
	23.4.7	Optimize images – Bilder optimieren	902
	23.4.8	Serve resources from a consistent URL – doppelte Ressourcenanfragen vermeiden	902
	23.4.9	Specify image dimensions – Bildbreite und -höhe festlegen	903
	23.4.10	Use a Content Delivery Network (CDN) – CDNs einsetzen	903
23.5	**Caching aktivieren**		**904**

24 Notfallmaßnahmen 909

24.1	**Sofortmaßnahmen bei einem Angriff**		**910**
	24.1.1	Maßnahmen-Checkliste	910
	24.1.2	Schadcode lokalisieren	912
	24.1.3	Website reparieren oder neu aufbauen	914
24.2	**Joomla!-Problemlösungen**		**914**
	24.2.1	Passwort des Super Benutzers zurücksetzen	914
	24.2.2	Erweiterung per Hand deaktivieren	916
	24.2.3	Erweiterung per Hand entfernen	917
24.3	**Joomla!-Fehlerbehandlung**		**919**
	24.3.1	White Screen of Death	920
	24.3.2	JavaScript-Fehler	922
	24.3.3	Leere Fenster, fehlende Inhalte oder Menüs	922
	24.3.4	»404«-Fehler	923
	24.3.5	Datum in der URL	924
	24.3.6	Datenbankprobleme	924

24.3.7	Fehlermeldung: »JUser: Fehler beim Laden des Benutzers«	925
24.3.8	»Warnung: Es gibt keinen Zugriff auf die privaten Seiten.«	925

TEIL V Joomla!-Erweiterungen entwickeln

25 Grundlagen zur Erweiterungsentwicklung — 929

25.1	**Entwicklungsumgebung einrichten**	**931**
25.1.1	Editor auswählen	931
25.1.2	Integrierte Entwicklungsumgebungen	931
25.1.3	Programmierhilfen finden	933
25.1.4	Debuggen	934
25.2	**Joomla!-Programmierumfeld verstehen**	**936**
25.2.1	GPL einsetzen	936
25.2.2	Konventionen einhalten	937
25.2.3	Model-View-Controller-Architekturmuster verstehen	938
25.2.4	Erweiterungstypen aus Entwicklungssicht	941
25.3	**Gemeinsame Joomla!-Elemente**	**941**
25.3.1	XML-Manifest	942
25.3.2	JForm-Feldtypen	942

26 Templates entwickeln — 949

26.1	**Grundlagen kennenlernen**	**950**
26.1.1	HTML5, CSS3 und Responsive Design kennenlernen	951
26.1.2	Bootstrap kennenlernen	954
26.2	**Einfaches Template erzeugen**	**956**
26.2.1	Verzeichnisstruktur und Basisdateien	957
26.2.2	XML-Manifest – »templateDetails.xml«	958
26.2.3	HTML-Templatebasis – »index.php«	960
26.2.4	Template aktivieren	962
26.2.5	HTML5 und Bootstrap einsetzen	964
26.2.6	CSS-Datei – »template.css«	968
26.3	**Template erweitern**	**970**
26.3.1	Templatekonfiguration integrieren	970
26.3.2	Template-Overrides ergänzen	975
26.3.3	Weitere nützliche Templatedateien	975

27 Plugins entwickeln — 981

27.1 Einfaches Inhaltsplugin erzeugen — 983
- 27.1.1 Verzeichnisschutzdatei – »index.html« — 983
- 27.1.2 XML-Manifest – »imagepopup.xml« — 984
- 27.1.3 Plugin-Code – »imagepopup.php« — 987
- 27.1.4 Plugin installieren und aktivieren — 989

27.2 Inhaltsplugin erweitern — 990
- 27.2.1 XML-Manifest – »imagepopup.xml« — 991
- 27.2.2 Applikationscode – »imagepopup.php« — 994
- 27.2.3 Sprachdatei – »en-GB.plg_content_imagepopup.ini« — 998
- 27.2.4 Erweiterungspaket schnüren — 1000

27.3 Joomla!-Plugin-Events — 1001

28 Module entwickeln — 1005

28.1 Einfaches Modul erzeugen — 1006
- 28.1.1 XML-Manifest – »mod_backendmodul.xml« — 1007
- 28.1.2 Steuerdatei – »mod_backendmodul.php« — 1008
- 28.1.3 Ausgelagerte Helferklasse – »helper.php« — 1009
- 28.1.4 HTML-Template – »/tmpl/default.php« — 1013
- 28.1.5 Modul installieren und testen — 1014

28.2 Modul erweitern — 1016
- 28.2.1 XML-Manifest – »mod_backendmodul.xml« — 1017
- 28.2.2 Model-Aktualisierung – »helper.php« — 1018
- 28.2.3 HTML-Ausgabe – »/tmpl/default.php« — 1021
- 28.2.4 Erweiterungspaket schnüren — 1022

29 Komponenten entwickeln — 1023

29.1 Backend-Komponente mit Listenansicht anlegen — 1025
- 29.1.1 XML-Manifest – »location.xml« — 1027
- 29.1.2 Datenbankscripts — 1030
- 29.1.3 Einstiegsdatei – »location.php« — 1031
- 29.1.4 Controller – »controller.php« und »locations.php« — 1032
- 29.1.5 Model – »locations.php« — 1034
- 29.1.6 View – »view.html.php« und »default.php« — 1035

29.1.7	Sprachdateien – »/language/en-GB/en-GB.com_location.(sys.)ini«	1039
29.1.8	Testlauf durchführen	1041

29.2 Detailansicht der Backend-Komponente ergänzen 1042

29.2.1	XML-Manifest – »location.xml«	1044
29.2.2	View-Controller – »location.php«	1045
29.2.3	Model – »location.php«	1046
29.2.4	View – »view.html.php« und »edit.php«	1049
29.2.5	Sprachdateien vervollständigen – »/language/en-GB/en-GB.com_location.ini«	1053
29.2.6	Testlauf durchführen	1054

29.3 Frontend-Komponente anlegen 1055

29.3.1	XML-Manifest »location.xml« erweitern	1056
29.3.2	Model – »/models/locations.php«	1057
29.3.3	View – »/views/locations/view.html.php«, »/views/locations/tmpl/default.php« und »default.xml«	1058
29.3.4	Controller – »controller.php«	1060

29.4 Backend-Komponente erweitern 1060

29.4.1	Seitenleiste einblenden	1060
29.4.2	Konfigurationsseite und Berechtigungskonfiguration ergänzen	1062
29.4.3	Installationsscript hinzufügen	1067

30 Erweiterungen veröffentlichen 1071

30.1 Einrichten eines Update-Servers 1071

30.1.1	XML-Manifest um Update-Server erweitern	1072
30.1.2	Update-XML-Datei erzeugen	1073

30.2 Erweiterung im JED veröffentlichen 1075

Index 1083

Vorwort

In unserer Welt ist das Internet mittlerweile überall angekommen. Beim Shoppen auf der Couch mit einem Tablet, Nachrichten- oder Bloglesen in der U-Bahn mit dem Handy, als Zeitvertreib mit Online-Spielen oder in Community-Foren oder für die Lösungsfindung bei kniffligen Problemen im Job. Dabei wurden die Wege zwischen Angebot und Nachfrage von Informationen, Produkten und Unterhaltung kurz, die Entwicklungs-Communitys sind riesig und Grenzen übergreifend, und noch nie war es so einfach, in kürzester Zeit und mit wenigen Mitteln eine professionelle Website aus dem Boden zu stampfen. Open Source macht's möglich: Hunderte freiwilliger Helfer opfern einen Bruchteil ihrer Zeit, um zum Erfolg eines gigantischen Projekts beizutragen.

Abbildung 1 Das Joomla!-Logo besteht aus vier J-Buchstaben, deren Verzahnung den Community-Charakter des CMS repräsentiert.

Joomla! ist so ein Projekt, und es ist die ideale Plattform, um in Rekordzeit – wenige Stunden Einarbeitung genügen – eine Website zu erzeugen und live zu stellen. Der Clou: Trotz einer schnellen Live-Schaltung verbaut man sich nichts, denn Joomla! ist außerordentlich flexibel, modular aufgebaut und quasi grenzenlos erweiterbar. »The sky is the limit« – die einmal erzeugte Website wird jederzeit mit beliebigen (Open-Source-)Features nachgerüstet, um so zu einer E-Commerce-Plattform, einer Online-Community oder einer mit allen sozialen Netzwerken verknüpften privaten Blogging-Site heranzuwachsen.

Wer sich für Joomla! als Basis für eine Website entscheidet, muss sich auch die nächsten Jahre keine Sorgen machen. Häufige Updates garantieren den aktuellen Stand an Sicherheit und Integration moderner Features, und die Community um das Content-Management-System wächst täglich. Das garantiert flotte Problemlösungsfindungen in stark frequentierten Foren und die Existenz der passenden Erweiterung für jeden Anwendungsfall. Dieses Handbuch ist Ihr Begleiter, Ihr Tutor und Ihre Referenz, um die Internetpräsenzen solcher Anwendungsfälle effizient und schnell im Web bereitzustellen.

Viel Erfolg, viel Spaß und herzlich willkommen zum umfassenden Joomla!-Handbuch!

Danksagung

Ein Handbuch dieses Umfangs ist nicht im Alleingang zu stemmen, und so haben auch an diesem Buch mehr Menschen mitgewirkt, als auf den ersten Blick erkennbar sind.

Verlagsseitig danke ich Stephan Mattescheck für die Platzierung des Buchs, das Händchenhalten während des Schreibens und konstruktives Feedback, wenn ich in eine konzeptionelle Sackgasse geriet oder mich im Dschungel der Formatvorlagen verirrte.

Durch Robert Deutz aus dem Joomla! Production Leadership Team erhielt das Buch den letzten fachlichen Schliff. Vielen Dank für das Aufdecken von Missverständnissen und das Einbringen wichtiger Aspekte, die das Buch noch praxistauglicher machen.

Danke an die sorgfältigste Korrektorin, die ich diesem Buch wünschen konnte und ohne die mancher Satz keinen Sinn ergäbe: Marita Böhms Adlerauge entgeht nichts.

Ich danke meiner Familie für die emotionale Unterstützung und Motivation und meiner besseren Hälfte Uta für die Ratschläge, den Guiness-Steak-Pie, die erzwungenen Feierabende, vor allem aber die Engelsgeduld beim Abnicken meiner allabendlichen Berichte zu den spannendsten Joomla!-Recherchen.

Last, but not least: Hut ab an die weltweite Joomla!-Community mit ihren Tausenden von Mitgliedern, die zur Entwicklung von Joomla!, zu den vielen Erweiterungen und Problemlösungen bei kritischen Fragen beitragen.

TEIL I
Grundlagen

Kapitel 1
Einleitung

Was ist ein Content-Management-System, und wie platziert sich Joomla! in der Masse der Webapplikationen? Dieses Handbuch erklärt Ihnen, welche Internettechnologien involviert sind, und hilft, das Maximum aus dem CMS herauszuholen.

Dieses Buch richtet sich an Sie, egal, ob Sie mit Joomla! Ihre eigene private Homepage aufsetzen oder Ihr Teamleiter das Projektbriefing mit dem Satz »Wir brauchen jetzt einen Joomla!-Experten!« einleitet. Auf den folgenden Seiten lernen Sie das Open-Source-Content-Management-System (CMS) in- und auswendig kennen. Sie gehen dabei entweder chronologisch, Kapitel für Kapitel, vor oder schlagen immer mal wieder ein Thema nach, das Ihnen Kopfzerbrechen bereitet. Dabei hilft Ihnen sowohl das Inhaltsverzeichnis als auch der umfassende Index am Ende des Buchs, über den Sie in Sekundenschnelle den passenden Abschnitt zu jedem Thema finden, dem Sie im Rahmen von Joomla! begegnen.

Die Kennzeichnung *umfassend* im Titel dieses Handbuchs signalisiert, dass dies nicht nur ein Kompendium für Joomla! ist, mit dem Sie Schritt für Schritt jedes Feature kennenlernen. Selbst als Einsteiger haben Sie nach wenigen Kapiteln die Idee, das Bedienungskonzept und die Funktionsweise von Joomla! verstanden. Darum liegt ein großer Schwerpunkt dieses Buchs auf dem möglichst praxisnahen Einsatz des CMS. Nicht nur eine Auflistung aller Menüpunkte und Einstellungsoptionen – dafür gibt's in Joomla! Tooltips, die erscheinen, wenn man mit der Maus über eine Feldbeschreibung fährt. Sondern Hintergründe, das Wie und Warum, Tipps für das Tagesgeschäft und konkrete Problemlösungen. Was, wenn die Installation hängen bleibt? Hilfe, das Joomla!-Fenster ist komplett weiß ohne Inhalt! OK geklickt und eine Datenbankfehlermeldung erscheint? In diesem Handbuch erfahren Sie, wie es in solchen Fällen weitergeht. Und sind Sie dann etwas vertrauter mit Joomla!, legt die zweite Hälfte des Buchs den nächsten Gang ein. Sie lernen, das CMS nach Ihren Wünschen und Businessanforderungen zu erweitern, entweder mit herunterladbaren Extensions oder auf eigene Faust, damit Sie das Maximum aus Joomla! herausholen.

Ohne Fachchinesisch geht's nicht, besonders in der internationalen Welt von Internetapplikationen, Webservern und Content-Management-Systemen. Die Texte in diesem Buch umgehen diese Herausforderung nicht durch eine unnatürliche Eindeutschung etablierter IT-Begriffe. Computerenglisch wird dort verwendet, wo es üblich ist, damit Sie sich auch mit Kollegen über technische Themen unterhalten können und sich in internationalen Foren zurechtfinden. Eine Gratwanderung freilich, die man gelegentlich an den deutschen Übersetzungen der Joomla!-Benutzeroberfläche beispielhaft nachverfolgt. Denn eine Grenze zwischen Original-Fachbegriffen und verdaulichen Übersetzungen zu ziehen ist höchstens durch eine klare Trennung zwischen Websiteadministratoren/Webmastern und Mitarbeitern möglich, die für die Content-, Verzeihung, Inhaltspflege verantwortlich sind. Doch selbst Websiteautoren und -lektoren sollten mit den Begriffen Content-Management, Main Menu, Template und Link etwas anfangen können. Um Ihnen den Einstieg in neue Themen zu erleichtern, entdecken Sie daher zu Beginn jedes Kapitels eine Tabelle, die Ihnen die wichtigsten Begriffe erklärt, um die es auf den jeweils folgenden Seiten geht.

Begriff	Erklärung
Joomla!	Einfach zu bedienendes Content-Management-System mit Hunderten von Design-Templates und Funktionserweiterungen, die per Mausklick nachinstalliert werden. Neben WordPress, TYPO3 und Drupal ist Joomla! eines der wichtigsten dieser Open-Source-Systeme und besonders in deutschsprachigen Ländern weit verbreitet.
Joomla!-Handbuch	umfassendes Kompendium und Nachschlagewerk des Rheinwerk Verlags, das Ihnen alle Themen rund um Joomla! leicht verdaulich erklärt: Installation, Bedienung, Erweiterung und sogar, wie man Erweiterungen selbst programmiert
Content-Management-System, CMS	Softwareplattform, die das Sammeln, Verwalten und Versionieren textlicher und multimedialer Inhalte ermöglicht, um diese in definierter Form zu veröffentlichen, z. B. innerhalb einer Website oder in einem Newsletter. Ein Content-Management-System (CMS) ist also noch keine autarke Website, sondern das hinter den Seiten liegende System, das die darzustellenden Inhalte organisiert. Trotzdem sind in vielen CMS Technologien integriert, aus denen schnell und einfach Webseiten erzeugt werden; Joomla! ist solch ein System.

Tabelle 1.1 Am Anfang jedes Kapitels finden Sie eine kurze Liste mit Erklärungen der auf den folgenden Seiten wichtigsten Begriffe

Die Kenntnis dieser Begriffe ist wichtig, wenn Sie mal im Internet nach zusätzlichen Informationen suchen. Denn auch wenn die deutschen Foren, insbesondere zu Joomla!, starkes Wachstum vorweisen (besonders beliebt sind *http://www.joomla-*

portal.de und *http://forum.joomla.de*), finden Sie die meisten wertvollen Informationen häufig auf internationalen Websites und damit in englischer Sprache. Paradebeispiel hierfür ist das offizielle Forum *http://forum.joomla.org*, in dem Sie topaktuelle Diskussionen zu Installations- oder Administrationsfragen finden.

1.1 Aufbau des Handbuchs

Das Handbuch ist in fünf große Abschnitte unterteilt, die chronologisch aufeinander aufbauen. Je weiter Sie im Buch fortfahren, desto anspruchsvoller werden die Themen. Das bedeutet nicht unbedingt, dass sie komplizierter werden, aber doch das Wissen aus den vorangegangenen Kapiteln voraussetzen.

Teil 1 – Grundlagen

In diesem Teil machen Sie es sich vor dem Arbeitsrechner erst mal gemütlich und bereiten alles vor, was Sie für die Entwicklung einer Joomla!-Website benötigen. Dazu gehören eine ausgewachsene, professionelle Entwicklungsumgebung und auch schon die ein oder andere fortgeschrittene Konfiguration des Content-Management-Servers. Keine Sorge, wenn's zu komplex wird, können Sie diese Passagen auch gefahrlos überspringen.

Teil 2 – Joomla! benutzen

Nach der Installation der Entwicklungs-/Testumgebung und Joomla! selbst lernen Sie hier das Content-Management-System in all seinen Details kennen. Und zwar mit allen Features und Funktionen, die es von Haus aus mit sich bringt, den sogenannten *Bordmitteln*. Dabei werden Sie erfreut feststellen, dass Joomla! out-of-the-box, also unmittelbar nach der Installation, in der Lage ist, eine vollständige moderne Website auszuliefern. Und das sogar in *Responsive Design*, einer Technik, die auch auf Tablets und Smartphones ansprechende und auf das jeweilige Endgerät perfekt zugeschnittene Ausgaben erzeugt.

Teil 3 – Joomla! erweitern

Aber die wahre Stärke von Joomla! liegt in seiner gewaltigen Community, die Tausende von Erweiterungen kostenlos (kostenpflichtig für professionellere Extensions) bereitstellt. Damit wird das Content-Management-System noch komfortabler und lässt sich um Features erweitern, von denen Sie heute noch gar nicht wussten, dass sie morgen Teil der Anforderung werden. Ideal für ein agiles Websiteprojekt. Eine Community-Plattform mit Forum und Nachrichtensystem? Ein ausgewachsener Online-Shop mit PayPal- und Kreditkarten-Bezahlung und Anbindung ans Warenwirtschaftssystem? Alles nur ein paar Mausklicks entfernt.

Teil 4 – Joomla! warten

Aus den letzten Teilen entstand nun ein Content-Management-System in maximaler Ausbaustufe mit allen Erweiterungen, die Ihre Website funktionell benötigt. Dieser Teil beschäftigt sich mit dem Tagesgeschäft: Welche Maßnahmen zur Suchmaschinenoptimierung lassen sich durchführen? Wie gelangt Content aus Entwicklungsumgebungen auf das Live-System? Lässt sich die Website noch beschleunigen? Und, last, but not least, was zu tun ist, wenn das System durch einen Hackerangriff kompromittiert wurde.

Teil 5 – Joomla!-Erweiterungen entwickeln

Teil 2 beschäftigte sich schon mit Design und Layout der Website, wie man Templates installiert und ein bisschen mit den Darstellungseinstellungen experimentiert. Wer seine Website aber in ein professionelles, teuer in Auftrag gegebenes Design tauchen möchte, kommt um die Programmierung eines eigenen Templates, im Kern eine Joomla!-Erweiterung, nicht herum. Dieser Teil zeigt, wie's funktioniert, und schwenkt weiter zur Programmierung anderer Erweiterungen, die sich an fortgeschrittene Entwickler richtet. Sie nutzen das richtungsweisende Programmier-Framework von Joomla! zur Programmierung kleiner Inhaltsmodule für die Homepage, nützlicher kleiner Feature-Erweiterungen (Plugins) oder größerer Komponenten, die den Funktionsumfang von Joomla! signifikant erweitern. Ein bisschen Erfahrung in der PHP- und objektorientierten Programmierung sollten Sie mitbringen.

Bei der Erstellung dieses Handbuchs wurde mit allergrößter Sorgfalt und Recherche vorgegangen. Trotzdem kann ein Screenshot oder ein einzelner Fakt aufgrund der Schnelllebigkeit und der rasanten Entwicklungszyklen der neuen Versions-Releases nicht mehr aktuell sein. Haben Sie dann bitte Nachsicht. Geraten Sie an eine Textpassage oder eine Anleitung, die Sie nicht exakt nachvollziehen können, ist ein Blick auf die Website zum Buch empfehlenswert (*https://joomla-handbuch.com*). Dort finden Sie Updates gegebenenfalls veralteter Informationen.

1.1.1 Begleitende Hinweise

Geraten Sie mal an eine Passage, die sich wie das Um-die-Ecke-gedacht-Kreuzworträtsel der Zeit liest, halten Sie nach einem *Kasten* Ausschau, der mit zusätzlichen Informationen zum gerade im Fließtext besprochenen Thema aufwartet. Dabei gibt es verschiedene Arten von Kästen:

Kasten »Achtung«

> **Achtung: Pflichtlektüre, sonst kann es zu Problemen kommen**
> Sehr wichtige Hinweise zu Fallstricken, Einschränkungen und Sicherheitsrisiken bei der Verwendung einer Funktionalität. Das betrifft z. B. Auswirkungen einer Einstel-

lung auf eine völlig andere Komponente. Oder kollidierende Benutzerrechtekonzepte, z. B. das alte Problem: »Wie streng lässt sich ein System absichern, wenn einige Benutzer aber doch bestimmte Rechte benötigen?« Oder, ganz wichtig: »Speichern Sie Programmdateien von Joomla! immer in UTF-8.«

Kasten »Tipp«

Tipp: Den anderen Joomla!-Webmastern eine Nasenlänge voraus sein
Praktische Tricks aus dem Tagesgeschäft, dem Alltag bei der Konfiguration und Bedienung von Joomla!, z. B. Link- oder Softwareempfehlungen oder abgekürzte Wege bei der Bedienung.

Kasten »Info«

Info: Das könnte interessant für Sie sein – hat mit dem Thema zu tun
Ein kleines ergänzendes Informationshäppchen, manchmal auch zur Erinnerungsauffrischung. Was hat es z. B. mit dieser Funktion auf sich, die zwar in der Benutzeroberfläche angezeigt, aber äußerst selten, wenn überhaupt, benötigt wird? Oder – für später – wie *de*installieren Sie jetzt diese gerade frisch eingerichtete Komponente?

Kasten »Hintergrund«

Hintergrund: Zum Schmökern
Allgemeinere Hintergrundinformationen, die sich nicht unbedingt auf den eben vorgestellten Mechanismus, sondern die Technik oder Motivation dahinter beziehen. Und natürlich die Erklärung weiterer Fachbegriffe und Abkürzungen.

Kasten »Problemlösung«

Problemlösung: Beim letzten Schritt ist etwas kaputtgegangen. Was nun?
Bei komplizierten technischen Themen lauert Murphy überall. Hakt die Installation? Was bedeutet diese Fehlermeldung? Wieso sieht dieser Konfigurationsschritt bei mir ganz anders aus als im Handbuch? Natürlich lassen sich in diesem Buch nicht alle Bugs und Sperenzchen von Joomla! klären und lösen. Dafür ist das Internet da. Aber die meisten unerwarteten Verhalten und Fehlermeldungen beruhen häufig auf einem fundamentalen Problem, das schnell geklärt ist.

Kleinere Tipps oder Hinweise finden Sie auch abseits der Kästen im Fließtext, wenn z. B. das Thema nicht besonders umfangreich ist oder es sich nur um eine kurze Ergänzung oder einen Minitipp handelt. *Hinweis*: Die Hinweisbezeichnungen sind kursiv hervorgehoben.

Linktipps

Gelegentlich finden Sie auch Linktipps in den Texten dieses Handbuchs. Bei besonders kryptischen Links findet der Linkshortener *TinyURL* Anwendung, damit sich beim Abtippen von z. B. YouTube-Adressen keine Fehler einschleichen. Solche abgekürzten Links sind im Pfad nach der *tinyurl.com*-Domain erkennbar durch das Präfix *jh* für »Joomla!-Handbuch«, z. B. *http://tinyurl.com/jh-spam* oder *http://tinyurl.com/jh-php-statistik*.

SEO-Tipps

Weiterhin finden Sie überall im Buch verstreut *SEO-Tipps*. Ratschläge und Maßnahmen, wie Ihre Website besser von Google und Co. indexiert wird und vor Ihren Mitbewerbern im Sucherergebnis erscheint. Das läuft Hand in Hand mit der idealen Bedienbarkeit der Website, schnellen Ladezeiten und der Bereitstellung qualitativ hochwertigen Contents. SEO-Tipps sind also nicht nur geheime Tricks, um ein besseres Suchmaschinen-Ranking zu erlangen, sondern generelle Ratschläge, wie Sie die Attraktivität Ihrer Website auch für menschliche Besucher steigern.

Diagramme

Manchmal reichen Worte zwar aus, um ein komplexes Thema zu erklären, aber *veranschaulichen* sie es auch? In solchen Fällen finden Sie ein Diagramm oder ein Schaubild, das die Zusammenhänge visuell darstellt, z. B. einen Workflow oder Abhängigkeiten zwischen verschiedenen Komponenten.

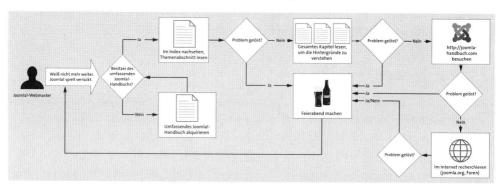

Abbildung 1.1 Beispiel für einen Problemlösungs-Workflow

Textformate und typgrafische Konventionen

Im Fließtext dieses Handbuchs finden Sie häufig Bezüge auf technische Elemente und Komponenten, z. B. Buttonbeschriftungen, Menüpunkte, Internetadressen (URLs), Auszüge aus Konfigurationsdateien und auch kleine Programmlistings. Um diese vom normalen Text hervorzuheben, sind sie auffällig formatiert:

- INTERAKTIONSELEMENTE, BUTTONS, LINKS, BESCHRIFTUNGEN, alles, was Sie von einer Webseite ablesen
- Einen *Klickpfad*, also mehrere nacheinander zu klickende Elemente, erkennen Sie durch die Trennung mit einem Bulletpunkt (•), z. B. Menü SYSTEM • KONFIGURATION • Komponente BEITRÄGE • Reiter BERECHTIGUNGEN.

Abbildung 1.2 In Screenshot-Beschreibungen sind Interaktionselemente in Anführungszeichen gesetzt; ein Beispielklickpfad: Menü »System« • »Konfiguration« • Komponente »Beiträge« • Reiter »Berechtigungen«

- *Internetadressen*, *URLs* und auch *URL-Bestandteile*, z. B. die *Domain* oder *Teilpfade*
- »Texteingaben befinden sich in Anführungszeichen«
- *Verzeichnisse* oder *Dateien* im Dateisystem Ihres Arbeitsrechners
- `Kommandozeilenbefehle`
- `XML-Code, PHP-Listings, HTML-Code, CSS-Styles, JavaScript-Code; /* einzelne Listingteile koennen auch hervorgehoben sein */`
- `Konfigurationen, Werte und HTTP-Antwortnummern`
- Eine Besonderheit von Joomla!: Begegnen Sie einem Tabellennamen aus der Datenbank, beginnt dieser mit einem Hash-Zeichen, z. B. `#__content`. Das Symbol steht für die fünf Zeichen, die Joomla! bei jeder Installation zufällig vergibt und

vor alle Tabellennamen stellt. #_ ist dann durch die Zeichenkombination Ihrer individuellen Joomla!-Instanz zu ersetzen.

- Begegnen Sie *kursiv geschriebenen Begriffen*, wird meist eine neue Komponente oder Technologie eingeführt; ein *wichtiges Wort*, das Sie auf den jeweils folgenden Seiten häufiger sehen werden. Gelegentlich dienen kursiv gesetzte Worte auch einer Betonung.

1.1.2 Die Website zum Buch

Parallel zur Lektüre dieses Handbuchs sind Sie eingeladen, die begleitende Website unter *https://joomla-handbuch.com* zu besuchen. Sie finden dort nützliche Tipps, Tools und Links, die den Buchinhalt ergänzen, und dürfen sich sogar ins Backend einloggen (Benutzername: »Auditorium«, Passwort: »KnusperQuasselHummel«), um sich dort umzusehen. Manchmal versteht man eine Komponente oder ein Plugin besser, wenn man direkt auf Buttons klickt und sieht, was passiert. Der Zugang hat keine Schreibrechte, Sie können nach Belieben herumklicken, ohne versehentlich etwas zu löschen.

1.1.3 Das Reiseforum, das CMS, der Shop und die Community

Um einen realen Bezug zur Erstellung einer echten Website herzustellen, entsteht im Verlauf dieses Handbuchs ein kleines Reiseforum – eine Website mit Reiseberichten, Vorstellung von Urlaubszielen, Listen für Reisetipps und natürlich einer Galerie der schönsten Urlaubsfotos.

Dabei kommen nicht nur Joomla!-eigene Features zum Einsatz, sondern auch Schritt-für-Schritt Erweiterungen, die den Funktionsumfang der Open-Source-Software ergänzen. Zunächst zu einem äußerst flexiblen Content-Management-System, dann zu einer ausgewachsenen Community-Plattform und schließlich durch das Hinzufügen von Shop-Features zu einem professionellen E-Commerce-System.

Im letzten Fünftel des Handbuchs wird das Reiseforum außerdem mit selbst programmierten Erweiterungen ausgebaut. Somit begegnen Sie im Verlauf der Lektüre allen denkbaren Szenarien für den Einsatz von Joomla! und können nicht nur Ihre eigene Website um beliebige Funktionen erweitern, sondern sind auch für die Webprojekte von Kollegen oder Kunden gerüstet.

Wenn Sie in diesem Handbuch lesen, wie Joomla! konfiguriert, Inhalte eingestellt und Erweiterungen installiert werden, dient das Reiseforum nur als Beispiel für die Befüllung von Textfeldern und Einstellungen. Aber Sie müssen das Reiseforum natürlich nicht auf ihrem Arbeitsrechner nachbauen. Genau an diesen Textstellen können Sie bereits Ihre eigenen Terminologien einsetzen, um so Ihre Website, parallel zur Lektüre des Handbuchs, aufzubauen.

1.1 Aufbau des Handbuchs

Abbildung 1.3 Im Verlauf dieses Handbuchs entsteht Schritt für Schritt unter »http://reiseforum.joomla-handbuch.com« ein Reiseforum.

Online ist das fiktive Reiseforum ebenfalls abrufbar, damit Sie Anleitungen nicht nur in Form dieses Handbuchs schwarz auf weiß vor sich liegen haben, sondern sich auch hands-on durch das tatsächliche System klicken können. Das veranschaulicht Themen und klärt vielleicht die eine oder andere Konfigurationsfrage, für die der Screenshot im Handbuch nicht aussagekräftig genug ist.

Das Reiseforum erreichen Sie, je nach Ausbaustufe, unter der Begleitwebsite-URL mit verschiedenen Subdomains (die kurze Bezeichnung vor der Hauptdomain *.joomla-handbuch.com*):

- Teil 2 – Joomla! benutzen

    http://reiseforum.joomla-handbuch.com

    Mit den Standardfeatures von Joomla! inklusive Mehrsprachigkeit, Beispielbenutzern und verschiedenen Templates (aber größtenteils unter Verwendung des Standardtemplates *Protostar*).

- Teil 3 – Joomla! erweitern • Joomla! als Content-Management-System

    http://cms.joomla-handbuch.com

    Das Thema Content-Management-System umfasst mehr Funktionalitäten, als die Joomla!-Standardinstallation bereitstellt, z. B. benutzerdefinierte Inhaltstypen und Webseitenformulare. Darum sehen Sie hier, wie sich die passenden Erweiterungen nahtlos ins System fügen.

- Teil 3 – Joomla! erweitern • Joomla! als Community-Plattform

    http://community.joomla-handbuch.com

    Eine Community-Website hat einen starken Fokus auf Benutzer, ihre Profile und die Kommunikation zwischen ihnen. Sehen Sie die sinnvollsten Erweiterungen für Foren, Newsletter und auch die Social-Media-Integration live im Einsatz.

- Teil 3 – Joomla! erweitern • Joomla! als E-Commerce-Plattform

    http://shop.joomla-handbuch.com

    Es muss nicht immer Magento oder OXID sein. Mit den passenden Erweiterungen wird Joomla! zum Online-Shop mit komfortabel bedienbaren Produktkatalogen und lückenlosen Checkout-Prozessen.

- Teil 5 – Joomla! -Erweiterungen entwickeln

    http://development.joomla-handbuch.com

    Damit die Beispielwebsites nicht zu unübersichtlich werden, erhält auch der Programmierabschnitt eine eigene Joomla!-Instanz, in der Sie Fortschritte bei der Template- und Komponentenentwicklung besser nachvollziehen.

Wichtig: Zugang ins Backend all dieser Websites erhalten Sie über den Benutzernamen »Auditorium«, Passwort: »KnusperQuasselHummel«. Aus Sicherheitsgründen (mehr dazu in Kapitel 22, »Sicherheit ausbauen«) erfolgt die Passwortabfrage in zwei Stufen, einmal als Serverabfrage in einem Popup-Fenster und dann noch mal im eigentlichen Login im Backend von Joomla!.

Genug zum Handbuch. Der folgende Abschnitt klärt mit Ihnen die Voraussetzungen für die Erstellung einer Website. Das Verständnis der Internetlandschaft mit all den Servern und Clients, Websites, URLs, Datenbanken, Programmiersprachen und Protokollen, um mit Joomla! von einem definierten Startpunkt loslegen zu können. Danach finden Sie Infos zur Geschichte und dem eigentlichen System Joomla!, bevor Sie dann Ihren Arbeitsrechner starten. Denn in Kapitel 2 geht's bereits los mit der Einrichtung einer Joomla!-Entwicklungs- und Testumgebung.

1.2 Grundlagen

Natürlich wissen Sie, was ein Browser und was ein Webserver ist. Um aber Missverständnisse der exakten Verwendung der Terminologien zu vermeiden, und da gibt es bei einem so komplexen Thema viel Potenzial, finden Sie auf den folgenden Seiten eine kurze Darstellung der Technologielandschaft des Internets. Die Basics, damit es später einfacher fällt, sich das Fundament vorzustellen, auf das eine Webapplikation wie ein Content-Management-System aufbaut.

Begriff	Erklärung
Website	die Gesamtheit einer Internetpräsenz, bestehend aus Webseiten, Bildern und gegebenenfalls Downloads. Synonym zu Internetpräsenz
Webseite	Einzelne Seite einer Website, einem Textverarbeitungsdokument nicht unähnlich und im Falle einer Contentseite aus Überschriften und Fließtext aufgebaut. Auch Formulare zählen zu Webseiten ebenso wie die Homepage, die Startseite einer Website.
Server, Host	Hard- oder Software, die auf Anfrage Daten an einen Client ausliefert. Beispiele: Apache Webserver, E-Mail-Server, FileZilla (gibt es nicht nur als FTP-Client, sondern auch als FTP-Server)
Client	Software, die Anfragen an Server verschickt, um Daten zu erhalten. Beispiele: E-Mail-Client Outlook oder Thunderbird, Browser (Webclient) Firefox oder Chrome, FileZilla (FTP-Client)
Datenbank	Software, die Daten, ähnlich einer Tabellenkalkulation, organisiert und speichert und über eine spezielle Abfragesprache (SQL) das Anzapfen dieser Daten erlaubt. Joomla! speichert sämtlichen Content, alle Informationen zu Benutzern und einige Websiteeinstellungen in einer Datenbank. Die bekannteste Datenbank ist MySQL.

Tabelle 1.2 Die wichtigsten Begriffe, denen Sie während des Surfens im Internet und beim Einrichten einer Website begegnen

Begriff	Erklärung
Domain, Domain-Name	Der Name einer Website, z. B. *joomla-handbuch.com*. Das vorangestellte Protokoll (http://) zählt nicht zum Domain-Namen. Der hintere, mit einem Komma getrennte Teil heißt *Top Level Domain*, z. B. *.de*, *.com*, *.org*. Domains müssen beantragt und registriert werden, das übernimmt üblicherweise Ihr Webhoster für Sie.
Internetadresse, URL	die gesamte eindeutige Adresse, unter der eine einzelne Webseite erreichbar ist, also inklusive Protokoll, Domain-Name und Pfade

Tabelle 1.2 Die wichtigsten Begriffe, denen Sie während des Surfens im Internet und beim Einrichten einer Website begegnen (Forts.)

1.2.1 Websites, Webseiten und URLs

Wenn Sie *https://joomla-handbuch.com* in die Adresszeile Ihres Browsers eingeben, besuchen Sie eine *Website*. Der nun dargestellte Inhalt ist eine *Webseite*; eine Website besteht also aus mehreren Webseiten und beschreibt das gesamte Konstrukt der Internetpräsentation. Im deutschsprachigen Raum hat sich zwar eingebürgert, zu Websites auch Webseiten zu sagen – warum, das weiß so recht niemand –, doch in der Praxis sorgt man für weniger Verwirrung bei der Verwendung des korrekten Begriffs.

Tatsächlich bezieht sich der Begriff Webseite auf ihren Dokumentcharakter mit Überschriften auf verschiedenen Ebenen, Absätzen und anderen besonderen Textformaten. Diese Denke ist auch hilfreich, wenn es um das Thema *Suchmaschinenfreundlichkeit* oder *-optimierung* geht: Wie ein Leser aus Fleisch und Blut fallen Google und Co. in solch einem Dokument erst mal die Überschriften ins Auge, dann studiert die Suchmaschine den entsprechenden Fließtext und erkennt daraus den für die Suchmechanismen wichtigen Kontext.

Die Texteingabe in die Browseradresszeile nennt man *URL*, eine Abkürzung für *Uniform Resource Locator*, englisch für »vereinheitlichter Ressourcensucher« und Fachchinesisch für »Internetadresse«. Dieses Buch bleibt bei der Bezeichnung URL, weil sie kürzer und immer wieder amüsant auszusprechen ist: »Ju Ar El«, »Uhrll« oder »Örl«? Viele Lexika listen mittlerweile alle Varianten, es bleibt also Ihnen überlassen.

Eine URL besteht mindestens aus dem *Protokoll* (*http* für Websites, *https* für gesicherte Websites) und dem *Domain-Namen* (*joomla-handbuch.com*), auch Host genannt. Die zusätzliche Angabe von *www* vor dem Domain-Namen ist außer Mode gekommen, da Otto Normalverbraucher inzwischen Bescheid weiß, wenn am Anfang der URL *http* und am Ende *.com* oder *.de* steht.

Dahinter folgt der *Pfad*, ähnlich wie im Festplatten-Dateisystem Ihres Betriebssystems. Analog dazu gibt es beliebig tief verschachtelte Unterverzeichnisse und

Dateien (also Webseiten). Wie das Konstrukt aber *genau* aussieht, hängt von der Webapplikation, die unter dieser URL zu Hause ist, ab. Joomla! bietet da z. B. verschiedene Ansätze. Kryptische Pfade mit internen Seitennummerierungen oder lesbare, sauber strukturierte Themenpfade. Letztere sind natürlich zu empfehlen, da das nicht nur menschlichen Websitebesuchern bei der Orientierung hilft, sondern auch Pluspunkte bei der Indexierung einer Suchmaschine bringt. Behalten Sie schon mal den Begriff *URL Rewrite* (sinngemäß: Umschreiben der URL) im Hinterkopf – dieses Feature sollten Sie auf jeden Fall aktivieren, bevor Sie mit Ihrer Website live gehen.

1.2.2 Clients und Server

Clients und Server sind die zwei Eckpfeiler einer *Client-Server-Architektur*. Dabei lassen sich die Begriffe durchaus wörtlich nehmen: Der *Client* (deutsch: Klient, Kunde) fragt irgendetwas an, und der *Server* (deutsch:. Diener, Servicekraft) stellt das Angefragte bereit (siehe Abbildung 1.4). In der Welt von Computern und Netzwerken, die rege Daten miteinander austauschen, ist dies ein Standardkonzept. Ihr *Mailclient*, wie Outlook oder Thunderbird, verbindet sich mit einem *Mailserver* (bei Ihrem Internetprovider), um dort E-Mails für den Weiterversand abzugeben oder eingegangene Nachrichten abzuholen. Ihr Webbrowser ist ein http-*Client*, der Web*server* sendet Ihnen auf Anfrage Webseiten und Bilder. Und genau dieses Szenario ist im Umfeld von Joomla! besonders interessant. Denn Joomla! ist eine Webapplikation, die, quasi zur Untermiete, auf einem Webserver läuft, Browseranfragen entgegennimmt und Inhalte zurückschickt.

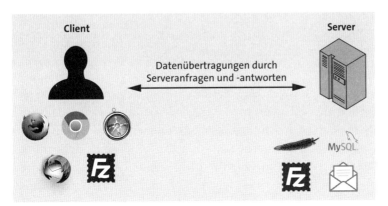

Abbildung 1.4 Clients fragen bei Servern nach Daten an, z. B. für Webseiten, E-Mails oder über einen direkten Datenbankzugriff.

> **Info: Server ist nicht gleich Server**
> Mit dem Begriff *Server* schwingt eine von zwei Bedeutungen mit: der *Hardwareserver* ist eine physikalische Maschine, die meist in einem gut belüfteten und gekühlten

> Rechenzentrum steht. Zum Beispiel der Computer, auf dem Sie Speicherplatz und Rechenzeit für Ihre Website gemietet haben – das Webhosting. Aber bei einem Server kann es sich auch um ein Stück Software handeln, die funktionelle Dienste bereitstellt. Der *Webserver* (Apache, IIS, nginx) liefert Webseiten und Dateien aus. Ein *Datenbankserver* ist auf die performante Speicherung und Aggregierung von Daten spezialisiert. Ein *FTP-Server* kümmert sich um die Übertragung von Dateien. Um was für eine Art Server es sich in etwaigen Beschreibungen handelt, ist aber problemlos aus dem Kontext erkennbar.

1.2.3 Datenbanken

Neben dem Webserver ist die Datenbank die wichtigste Komponente, die an der Erzeugung von Webseiten beteiligt ist. Stellen Sie sich eine Datenbank wie eine Excel-Datei mit zahlreichen Arbeitsblättern vor, die man im Datenbankkontext auch *Tabellen* nennt. Solch eine Tabelle enthält z. B. Adressen, Postanschriften mit Namen und Angaben zu Straße, Postleitzahl und Stadt. Diese Kennzeichner sind horizontal über die Spalten verteilt; vertikal folgen darunter die eigentlichen Adressdaten. Die Datenbank von Joomla! besteht aus über drei Dutzend solcher Tabellen, in denen Konfigurationen, Textinhalte, Kategorien, Suchbegriffe, Benutzerprofile, Layouts und vieles mehr hinterlegt werden.

Der Vorteil bei Verwendung einer Datenbank liegt darin, dass diese auf einer spezialisierten Serverplattform läuft, optimiert für den schnellen Zugriff, schreibend und lesend, auf besagte Tabellen. Deshalb geben Sie bei Installation einer Webapplikation wie Joomla! nicht nur einen Datenbanknamen, Benutzer und Kennwort an, sondern auch diesen speziellen Server, auch Host genannt.

Auf dem Markt befinden sich zahllose Datenbanksysteme für verschiedene Anwendungsgebiete. Neben hochpreisigen High-Performance-Systemen, mit denen sich Hunderte von Tabellen mit Milliarden von Einträgen verwalten lassen, gibt es auch kostenlose, im Open-Source-Bereich angesiedelte Optionen. Die bekannteste ist *MySQL*, wobei *SQL* für die Abfragesprache *Sequential Query Language* steht, mit der die Inhalte der Datenbanktabellen angezapft werden. »Gib mir alle Postanschriften, deren Postleitzahl mit 1 beginnt« oder »Zeige mir Vor- und Nachnamen des Benutzers Nummer 10« sind typische Beispiele für solche Abfragen. Nur dass unter der Haube von Joomla! noch viel komplexere Konstrukte üblich sind. Joomla! unterstützt auch andere Datenbanksysteme außer MySQL, doch dieses System ist so weit verbreitet und ideal für das Content-Management-System, sowohl in Bezug auf Performance als auch auf Flexibilität, dass Sie es schon im nächsten Kapitel beim Aufsetzen eines Joomla!-Setups näher kennenlernen.

1.2 Grundlagen

Abbildung 1.5 Joomla! speichert sämtlichen Content in Datenbanktabellen, die ähnlich wie bei einer Tabellenkalkulation aufgebaut sind; hier die Tabelle für Beitragsinhalte.

1.2.4 Webprogrammiersprachen

In den Tagen des jungen Internets bestand das Web hauptsächlich aus *statischen* Seiten, die man oft am hinteren Teil der URL erkannte, z. B. *https://joomla-handbuch.com/index.html*. *html* kennzeichnet dabei ein HTML-Dokument; eine Textdatei, die aus HTML-Tags und vielleicht CSS-Styles und etwas JavaScript-Code besteht. Wer also eine Website besaß, die aus fünf Webseiten bestand, legte fünf solcher HTML-Seiten auf dem Webserver bereit. Wessen Site aus 50 Seiten bestand, der kam schon langsam ins Trudeln, wenn eine Aktualisierung anstand. Vor allem eine, die sich auf alle Seiten auswirkte, z. B. im Header oder im Footer.

Um solch mühsamer Aktualisierungsszenarien entgegenzuwirken, bereitete man die Seiten gerne – offline – in speziellen Editoren vor, mit denen solche Änderungen leichter durchzuführen waren. Die finale Lösung war aber die Fragmentierung einer Webseite in ihre Bestandteile. Wie aus einem Baukasten konnten dann Webseiten zusammengebastelt und so wiederkehrende Elemente nur an einer Stelle gewartet werden. Die Geburt *dynamischer* Webseiten. Sogenannte *Server Side Includes* sind einer der ersten dieser Mechanismen. Mithilfe von Programmiersprachen wie Perl oder PHP wurde die Modularität aber schließlich in ihren heutigen Stand weiterentwickelt, sodass Websites üblicherweise auf einem umfangreichen, funktionsbeladenen

Framework oder einer Webapplikation aufbauen. Online-Shops, Content-Management-Systeme, Foren, Blog-Software sind allesamt Endstufen dieser Entwicklung.

Programmiersprachen kamen und gingen. Die, die gingen, sind nicht wirklich verschwunden, sondern leben entweder durch ihre Fangemeinde oder spezielle Anwendungsgebiete fort. *PHP* ist jedoch zum Mainstream geworden. Eine einfache Programmiersprache mit verzeihbarer Syntax, einfach zu erlernen, weit verbreitet und stets am Entwicklungsnabel der Zeit, um noch schneller zu werden, noch sicherer und noch umfangreicher. Joomla! wurde in PHP geschrieben, was die Lernschwelle zur Programmierung eigener Erweiterungen erfreulich niedrig hält. In Teil 5, »Joomla!-Erweiterungen entwickeln«, wird vornehmlich in PHP programmiert. Beachten Sie aber bitte, dass dieses Handbuch keinen Einstieg in die Webprogrammierung ausführen kann, sondern Grundlagen voraussetzt.

1.2.5 Content-Management-Systeme (CMS)

Eine einfache Website bereitzustellen ist kein Hexenwerk. Viele Webhoster bieten Baukastensysteme, über die man sich online Komponenten und Inhalte zusammenklickt.

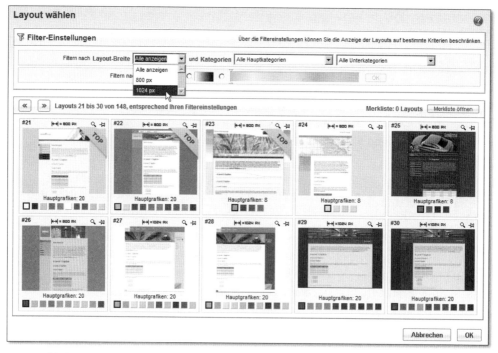

Abbildung 1.6 In einem typischen Homepage-Baukasten gibt es starke Einschränkungen, in diesem Beispiel ist die Layout-Auswahl unübersichtlich, Responsive-Optionen fehlen.

Das Ganze gipfelt in Diensten, die per künstlicher Intelligenz Funktionalitäten und Darstellung anpassen und so eine Homepage vollautomatisch erzeugen.

All diese Baukastenlösungen haben jedoch ein gewaltiges Manko: Je einfacher die Bedienung des Systems wird, desto unflexibler gestaltet sich die Personalisierung. Die Website wird nach dem Schema »Welche Werkzeuge habe ich zur Verfügung?« aufgezogen. Damit wird es schwierig, bestimmte Anforderungen an die Website zielführend umzusetzen. Dabei lautet das eigentliche Credo: »Ich brauche Feature XYZ. Welche Software/Plattform eignet sich am besten dazu?«

Wem die starken Einschränkungen von Baukästen Probleme bereiten, der ist mit einem Content-Management-System gut beraten. CMS sind Websiteplattformen, die sich in vielen Aspekten konfigurieren und erweitern lassen. Steht dabei einmal das System, ist es ein Leichtes, Inhalte zu pflegen oder neue Features zu installieren.

Ein Content-Management-System definiert sich mindestens durch:

- Eingabe, Bearbeitung und Verwaltung von Inhalten verschiedener Arten (Contentpflege)
- bequeme einheitlich zu bedienende Benutzeroberfläche
- Veröffentlichungs-Workflows (Deployment)

Das ist also ein sehr breites Aufgabengebiet. Dementsprechend groß ist das Angebot solcher Systeme. Angefangen bei einfachen Blog-Verwaltungssystemen wie WordPress bis hin zu hochflexiblen, hochskalierbaren Unternehmensplattformen, der CMS-Markt ist riesig. Joomla! platziert sich dabei im Mittelfeld: Es ist einfach zu installieren und zu bedienen, bietet aber trotzdem Erweiterungsmöglichkeiten und bildet eine solide Basis für eigene Entwicklungen, z. B. um Drittsysteme wie andere Datenquellen anzubinden oder Web-Services zu integrieren.

Ein typisches Merkmal eines Content-Management-Systems ist die Art und Weise, wie Inhalte in Form und auf Webseiten gebracht werden. Als *Templating* bezeichnet man das System und den Mechanismus, vorher eingepflegte Inhalte (Text, Bilder) in Seitenvorlagen (Templates) zu injizieren. In seiner einfachsten Form ist ein Seitentemplate eine Art HTML-Rohling mit Platzhaltern. Anstelle dieser Platzhalter setzt das CMS dann während der Seitengenerierung die eigentlichen Inhalte. Der Vorteil: Design und Layout werden ausschließlich im Template programmiert, die Contentpflege erfolgt an anderer Stelle. Durch diese Trennung von Design und Inhalt arbeiten die jeweils Verantwortlichen völlig unabhängig voneinander. Und aus einem einzelnen Seitentemplate erzeugt das CMS theoretisch beliebig viele Webseiten. Content-Management-Systeme sind also Spezialisten für die Generierung dynamischer Webseiten.

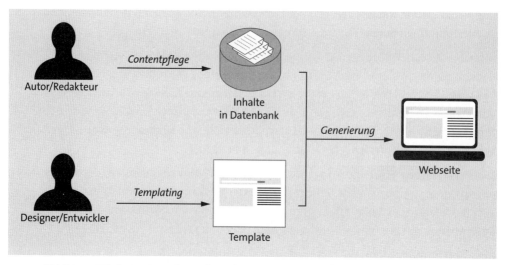

Abbildung 1.7 Aus getrennt voneinander erzeugten Templates und Inhalten erzeugt ein CMS Webseiten.

1.3 Joomla!

Der Name Joomla! ist eine englischsprachige Abwandlung des Swahili-Worts *jumla*, das so viel wie »alle zusammen« oder »gemeinsam« bedeutet. Damit unterstreicht Joomla! seinen Open-Source-Charakter, also die riesige Community freier Entwickler und Mitarbeiter, die dazu beitragen, das Content-Management-System kostenlos zur Verfügung zu stellen und stets weiterzuentwickeln.

1.3.1 Eine typische Open-Source-Geschichte

In einem solchen Open-Source-Projekt geht es recht turbulent zu. Hier erfahren Sie über die Geschichte des CMS, wie seine Entwicklung verlief und wie es weitergeht. Gegen Ende dieses Abschnitts werden dabei die Feature-Updates der letzten Joomla!-Versionen etwas ausführlicher beschrieben. Damit müssen Sie nicht das Internet nach Release Notes durchstöbern, falls Sie die Aktualisierung einer bereits existierenden Joomla!-Installation planen.

Mambo

Die Geschichte von Joomla! reicht zurück bis ins Jahr 2000, als eine australische Softwareschmiede das Content-Management-System *Mambo* ins Leben rief. Der Webapplikations-Markt war seinerzeit noch nicht so vielschichtig wie heute. Ein integriertes System, um Websites über eine einfache Benutzeroberfläche zu erzeugen und zu verwalten, war hoch im Kurs. So hoch, dass man das Projekt bereits drei Jahre später in ein Open-Source-Pendant überführte. Das kommerzielle System blieb bestehen, lief jedoch fortan unter dem Namen *Mambo CMS* getrennt von der Community-Version. Um Verwechslungen zu vermeiden, taufte man die kommerzielle Variante 2005 in *Jango* um. Gleichzeitig kam es zu Quälereien bei Zuständigkeiten und Einflüssen der ursprünglichen kommerziellen Linie. Um dem Community-Aspekt der Software mehr Ausdruck zu verleihen, fanden sich deshalb die Hauptentwickler als nicht kommerziell orientierte Organisation *Open Source Matters* zusammen.

Abbildung 1.8 Mambos typisches Kontrollzentrum prägte auch die Administrations-Homepage von Joomla! über die kommenden Jahre.

Info: Joomla!-Versionsnummern erklärt

Die Versionierung von Joomla! entspricht einem bei Softwareanwendungen üblichen, *Semantic Versioning* genannten Schema:

Hauptversion.Nebenversion.Revisionsnummer (englisch: *Major.Minor.Patch*)

Dabei gilt: *Hauptversionen* stehen für radikale Änderungen in Architektur, im Programmkern und in der fundamentalen Funktionsweise. Eine neuere Hauptversion ist nicht mit älteren Versionen rückwärtskompatibel, d. h., insbesondere Erweiterungen werden wahrscheinlich nicht mehr funktionieren und müssen von ihren Programmierern überholt werden.

Nebenversionen deuten auf neue Features oder Erweiterungen existierender Features. Auch ist es möglich, dass Features, deren Funktionsumfang inzwischen von anderen abgedeckt wird, entfernt werden. In der Regel bleiben Erweiterungen kompatibel.

Revisionsnummer – Patches enthalten meist Bugfixes.

Joomla! 1.0

Wenig später veröffentlichte das Open-Source-Matters-Team die erste Version von Joomla! 1.0, technisch noch identisch zur letzten Mambo-Version. Ab sofort genoss Joomla! die vollste Aufmerksamkeit der Community.

Joomla! 1.5

Die erste LTS-Version (Long-term support) erschien 2008 und enthielt zu großen Teilen neuen und moderner programmierten Code.

> **Info: Immer die neueste Joomla!-Version installieren**
>
> Im Software-Lifecycle unterscheidet man zwischen STS und LTS – Short-term support und Long-term support. Der Unterschied liegt in der Lebensdauer der Software; der Zeit, in der das System vom Entwicklerteam betreut und gewartet wird und kleine Updates veröffentlicht werden, z. B. zur Reparatur von Sicherheitslecks. Eine LTS-Version erhält dabei durchaus mehrere Jahre Support, im Fall von Joomla! 1.5 war das End of Life, das Ende der Supportzeit, Ende 2012. Joomla! 2.5 wurde bis Ende 2014 offiziell unterstützt, d. h., wer sich ab 2015 diese alte Version installiert, muss mit neu entdeckten Bugs oder Sicherheitsproblemen leben, denn sie werden nicht behoben. Die Schlussfolgerung: Für neue Projekte in jedem Fall die neueste 3.x-Version installieren und existierende Installationen älterer Versionen so schnell wie möglich upgraden.

Joomla! 1.6

Ergänzung eines Berechtigungssystems (*Access Control Lists*) und Entfernen der Sektionen. Im Ausgleich dafür ließen sich jetzt Kategorien vom Webmaster festlegen, um Beiträge ordentlicher zu strukturieren. Außerdem wurde die Administrationsoberfläche deutlich attraktiver gestaltet.

Joomla! 1.7

Der Fokus lag auf einer Optimierung des Installationsvorgangs, um die Aktualisierung eines Joomla!-Systems zu vereinfachen: Updates ließen sich fortan mit einem einzelnen Klick einrichten. Dementsprechend kurz sollten in Zukunft die Release-Zyklen dauern. Ferner gab es Verbesserungen bei der Beitragsverwaltung (Stapelverarbeitung) und der Handhabung verschiedener Sprachen.

Joomla! 2.5

2012 folgte die nächste LTS-Version, ein gewaltiger Schritt nach vorne, vor allem bei der site-internen Suchfunktion, die bislang nur nachträglich als Erweiterung installiert werden konnte. Gab es Updates für Erweiterungen, wurde das dem Webmaster ab sofort automatisch auf der Homepage der Administrationsoberfläche über Notifications bekannt gegeben. Joomla! 2.5 unterstützte jetzt die Datenbanksysteme *PostgreSQL* und Microsofts *SQL Server*. Damit war es möglich, das Content-Management-System auch in Enterprise-Umgebungen einzusetzen, die nicht unbedingt mit MySQL arbeiteten.

Joomla! 3.0

Noch im selben Jahr erschien Joomla! 3.0. Ab jetzt wurden die Release-Zyklen kürzer, die Feature-Aktualisierungen kleinteiliger. Bemerkenswert an der neuen Version war die Berücksichtigung von *Responsive Design*; Joomla! ist damit das erste CMS, das die Darstellung auf mobilen Endgeräten unterstützte.

Joomla! 3.1

Der größte Meilenstein der Mitte 2013 erschienenen Version war die Integration von *Schlagwörtern (Tags)* als neues Mittel zur Kategorisierung und Gruppierung von Inhaltselementen. Die alten Kategorien kommen mit der Einschränkung, eine Kategorie pro Beitrag, etwas in die Jahre. Das neue System ist flexibler und erlaubt die Erstellung beliebiger, verschachtelter Taxonomien, denn Inhaltselementen können nun *mehrere* Schlagwörter zugewiesen werden.

Joomla! 3.2

Ende 2013: Endlich erweiterten die Entwickler Joomla! um ein Feature, das in vielen Businesskonzepten zur Anforderung an ein Content-Management-System gehört. Inhalte lassen sich ab sofort *versionieren*. Das heißt, Joomla! speichert automatisch Änderungen an Beiträgen, sodass sich jederzeit vorherige Versionen zurückholen oder mit aktuellen Beiträgen vergleichen lassen. Dadurch lässt sich nicht nur der Fortschritt eines Artikels nachverfolgen, sondern jederzeit der zu einem bestimmten Zeitpunkt live befindliche Inhalt dokumentieren – eine Voraussetzung für die Internetpräsenz mancher Berufs- oder Produktgruppen. Ferner gab es Verbesserungen beim *Joomla! Extensions Directory*, dem Templatesystem, der Multisprachenfähigkeit (64 offiziell unterstützte Sprachen) und des Benutzerrechtesystems. Das Administrations-Backend erhielt ebenfalls ein Facelifting.

Joomla! 3.3

Mitte 2014 wurde die Seitendarstellung von Joomla! um 10 % beschleunigt, und das Frontend-JavaScript-Framework jQuery war nun Teil der Joomla!-Core, was für größere Stabilität des Frontends sorgte. Am wichtigsten war aber die automatische Integration von Microdata-HTML-Elementen in den Quelltext. Damit lässt sich Content in thematische und formelle Kontexte bringen, die Suchmaschinen nutzen, um die Inhalte quasi zu »verstehen«, also passendere Ergebnisse für Websuchen zu liefern. Abseits der Standardimplementierung lassen sich diese Tags leider noch nicht über die Benutzeroberfläche definieren, sondern nur in Templates bzw. Template-Overrides festlegen.

Joomla! 3.4

Im Februar 2015 erschien Version 3.4 mit großen und kleinen Verbesserungen an vielen Ecken:

- **Modulbearbeitung im Frontend**
  Für Autoren und Administratoren ist die Websitepflege im Frontend ein viel gewünschtes Feature. Autoren müssen sich nicht mit dem recht komplexen Backend herumschlagen, und Administratoren schränken Zugriffe aufs Backend ein. Bislang war dieses Szenario bereits für das Einreichen von Beiträgen möglich. Mit Joomla! 3.4 kann im Frontend nun auch die Modulkonfiguration angepasst werden, natürlich nur von entsprechend berechtigten Benutzern.

- **Mehr Platz im Administrations-Backend**
  In vielen Konfigurationsformularen im Backend lässt sich die linke Seitenleiste nun per Mausklick ein- oder ausblenden. Gerade für umfangreiche Listen und Elementübersichten wird so wertvoller Platz für mehr Übersicht gewonnen.

- **Entfernen der Komponente Weblinks**
  Die Joomla!-Entwickler sind darauf bedacht, den Applikationskern so schlank wie möglich zu halten. Nicht mehr vom Großteil der Benutzer verwendete Features werden zukünftig rigoros ausgelagert. Die Komponente *Weblinks* ist solch ein Feature, das nun nicht mehr standardmäßig installiert wird, sondern als herunterladbare Erweiterung zur Verfügung steht, Kategorie OFFICIAL EXTENSIONS.

- **NoCaptcha/reCAPTCHA**
  Version 2.0 von Googles Antispam-Dienst für das Absenden von Formularen macht es Benutzer jetzt noch einfacher: Statt irgendwelche Buchstabenkombinationen zu entziffern, genügt das Setzen eines Häkchens vor dem Klick auf SENDEN.

- **Sichere Uploads**
  Dank des neuen *UploadShields* werden in Joomla! hochgeladene Dateien nun auf Dateinamen und -inhalte überprüft. Ein weiterer Schritt auf dem Weg, Erweiterungen möglichst sicher zu installieren.

- **Integration von Composer**
  Composer ist ein beliebtes Tool für DEPENDENCY MANAGEMENT von PHP-Komponenten. Backend-Programmierer erweitern damit Joomla! einfacher um Features.

- **Betatests für Erweiterungen**
  Wer Erweiterungen in ihrer Betaphase testen möchte, kann in der Joomla!-Konfiguration einen Schalter umlegen, damit diese Updates automatisch verfügbar sind.

Abbildung 1.9 Ab Version 3.4 unterstützt Joomla! Googles neueste CAPTCHA-Technologie NoCaptcha.

Hintergrund: Versionsaktualität im Buch und live im Internet

Selbst in Zeiten moderner Druckverfahren wie *Direct-to-print* benötigt ein Handbuch eine Menge Vorbereitungs- und Produktionszeit. So herrscht in der Softwareentwicklung ein aktueller Trend, Updates, also neue Versionen mit neuen Features und Bugfixes, in kürzeren Abständen zu veröffentlichen. Auch Joomla! folgt seit 2014 diesem Modell und entfernt sich vom Fokus auf Hauptversionen mit längerer Support-Zeit hin zu *Semantic Versioning*. 3.5 sollte ursprünglich eine Long-term-support-Version (LTS) werden und die dann die in die Jahre gekommene 2.5 ersetzen. Ab sofort gibt es aber mehr Releases in kürzeren Abständen. Darum konzentriert sich dieses Handbuch darauf, Schritt-für-Schritt-Anleitungen stets im Kontext zu erklären. So ist es im Endeffekt fast egal, mit welcher Joomla!-Version Sie arbeiten, Hauptsache, sie beginnt mit einer 3. Die Funktionalitäten der Hauptversionen bleiben im Kern identisch; aber vielleicht ist ein Button jetzt anders benannt oder eine selten benutzte Komponente ins Joomla! Extensions Directory umgezogen.

Joomla! 3.5, Joomla! 3.x

In den Joomla!-Versionen ab 3.5 wurde und wird die mit 3.4 begonnene Verschlankung des Kerns weitergeführt. Insbesondere nicht dringend benötigte Inhaltskomponenten und Funktionen landen früher oder später als offizielle Joomla!-Erweiterungen nun im Joomla! Extensions Directory (JED). Dazu gehören Banner, Newsfeeds, Kontakte, das rudimentäre interne Nachrichtensystem, die durchaus sinnvollen Weiterleitungen und die alte Suche und neue Smart Search. Abhängig von der von Ihnen eingesetzten Joomla!-Version finden Sie diese Features entweder noch im Menü KOMPONENTEN, oder Sie stöbern in der JED-Kategorie OFFICIAL EXTENSIONS.

Aber auch unter der Haube werden spannende Themen behandelt, z. B.:

- Aktualisierung des Mediamanagers um Bildbearbeitungs- und Bildorganisations-Features
- Verbesserungen in der Joomla!-Core
- E-Mail-Benachrichtigungen bei verfügbaren Updates
- Verbesserungen des Übersetzungssystems
- Verbesserung der SEO-Features inklusive Aufbau der URL
- ein neues Template für das Administrations-Backend, robust, responsiv und besonders benutzerfreundlich

Auch wenn Joomla! in jeder aktuellen Version eines der ausgereiftesten Content-Management-Systeme seiner Zeit ist, werden der Community neue Ideen nicht ausgehen. Zu schnell schreitet die Entwicklung der eingesetzten Technologien und der Frontend-Szenarien fort. Insbesondere der Einsatz mobiler Endgeräte steckt in der Internetlandschaft noch in den Kinderschuhen, und neue einfachere und bequemere Bedienkonzepte finden relativ zügig ihren Weg in Joomla!-Systeme. Diese Features und auch die Schließung von Sicherheitslücken führen für Sie zum wichtigen Credo: Setzen Sie immer die letzte/neueste Joomla!-Version für Ihre Websites ein. *Aber Vorsicht*: Testen Sie neue Releases stets abseits Ihrer Live-Website, um neue Probleme im Zusammenspiel mit Joomla!-Core und Erweiterungen und Komponenten auszuschließen.

1.3.2 Voraussetzungen für Joomla!

Joomla! ist eine typische, auf minimalen technischen Voraussetzungen aufbauende Webapplikation. Zum Einsatz kommen die jeweils populärsten Systeme für Webserver (Apache), Datenbank (MySQL) und Webprogrammiersprache (PHP). So ist es in der Regel möglich, Joomla! schon auf den günstigsten Webhosting-Servern zu installieren – einzige Bedingung ist die Bereitstellung der genannten Technologien. Hier gibt es zwar leichte Unterschiede bei den verfügbaren Versionen, aber es sollte sich kein Webhoster finden lassen, auf dem Joomla! nicht läuft. Mit den Details der eingesetzten Technologien und ihrer Verfügbarkeit bei Webhostern beschäftigt sich Abschnitt 3.1, »Webhosting bestellen«.

1.3.3 Architektur

Mit den in Joomla! eingesetzten Technologien ist die oberflächliche Architektur der Webapplikation sehr geradlinig. Anfragen vom Browser landen beim Apache Webserver. Im Rahmen der PHP-Umgebung generiert Joomla! dann Webseiten, der Großteil der Daten stammt aus der angebundenen Datenbank. Das ist ein typisches Schema für die meisten Open-Source-Webapplikationen.

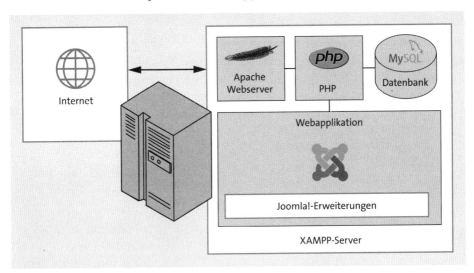

Abbildung 1.10 Mit Einsatz einer MySQL-Datenbank und der Webprogrammiersprache PHP ist die Basisarchitektur von Joomla! typisch für eine Open-Source-Webapplikation.

Eine Ebene tiefer, im Kern von Joomla!, läuft der eigentliche Motor, auf dem das Content-Management-System aufbaut: die *Joomla! Platform* bzw. seit Neuestem das *Joomla! Framework*. Es handelt sich um zwei Generationen eines Web Application Frameworks, das alle Basisaufgaben einer Webapplikation übernimmt, so ähnlich wie das Betriebssystem eines Rechners. Theoretisch lässt sich mit dem Joomla! Framework, das die Plattform ablöst, eine beliebige Anwendung programmieren – das *Joomla! CMS* ist eine solche Anwendung. Die Trennung in Framework und CMS hat den Vorteil, dass sich spezialisierte Entwicklerteams auf bestimmte Funktionalitäten konzentrieren und getrennt voneinander arbeiten können. Auf der anderen Seite besteht das Risiko, dass Framework-Features bei Implementierung und Verwendung im CMS nicht hundertprozentig synchron gehalten werden.

Das Architekturthema wird interessanter und relevanter für Sie, sobald Sie sich mit der Programmierung beschäftigen (Teil 5 dieses Handbuchs, »Joomla!-Erweiterungen entwickeln«). Als reiner Webmaster, der Joomla! installiert, die Contentpflege organisiert, Erweiterungen konfiguriert und Templates zurechtbiegt, genügt das Verständnis von Webserver, PHP- und Datenbankkomponenten. Insbesondere im folgenden Kapitel 2, »Testumgebung einrichten«, lernen Sie diese ausführlicher kennen, wenn Sie auf Ihrem lokalen Arbeitsrechner ein voll funktionsfähiges Joomla!-System einrichten.

> **Info: Web Application Frameworks**
>
> Moderne Content-Management-Systeme geben sich mit ihrem typischen Aufgabengebiet, der Verwaltung und Bereitstellung von Content, längst nicht mehr zufrieden. Ausgereifte Systeme wachsen zu hochkomplexen, aber modularen und unglaublich flexiblen Softwareprodukten, die als universelle Schnittstellen zwischen Internetbenutzern und digitalen, weltweit verteilten Daten herhalten. Manche Content-Management-Systeme nennen sich deshalb *Web Application Framework*, »Gerüst oder Fundament für Internetanwendungen«. Warum das auch bei Joomla! der Fall ist, lernen Sie kennen, sobald Sie tiefer ins System einsteigen. Zum einen gibt es derart viele Erweiterungen, die die Kernaufgabe von Joomla! ausbauen oder umfunktionieren; zum anderen wird spätestens bei der Verwendung der Programmierschnittstellen klar, wie hoch entwickelt und vielseitig einsetzbar die Technologien sind. Besonders spannend wird es diesbezüglich in Teil 3, »Joomla! erweitern«, und Teil 5, »Joomla!-Erweiterungen entwickeln«.

Kapitel 2
Testumgebung einrichten

Sie installieren ein vollständiges Joomla!-Entwicklungssystem auf Ihrem Arbeitsrechner. Dort lässt sich nach Belieben experimentieren und testen, bevor Sie die fertige Website auf dem Live-Server des Webhosters aufspielen.

Nach dem sehr theoretischen Einstieg im Einleitungskapitel setzen Sie sich in diesem Teil des Buchs endlich vor den Rechner und richten sich eine vollständige Entwicklungsumgebung ein. Denn obwohl Ihre Joomla!-Website am Ende natürlich live im Internet auf den Servern Ihres Webhosters läuft, lohnen ein paar Trockenübungen auf dem heimischen oder Büro-PC. Damit lernen Sie das System besser kennen und probieren alles erst mal aus, bevor die ideale Konfiguration live eingestellt wird.

Einige Abschnitte dieses Kapitels sind *optional*, also nicht notwendig, um das Basissystem aufzusetzen und Joomla! so schnell wie möglich mit Inhalten zu befüllen. Diese Abschnitte, insbesondere gegen Ende des Kapitels, können Sie überspringen, um vielleicht später zu ihnen zurückzukehren, um Ihre Joomla!-Installation auszubauen. Dazu zählen beispielsweise sichere Datenbankverbindungen, saubere Testinstallationen oder auch verzwickte Konfigurationen, um Ihr lokales Entwicklungssystem von überall auf der Welt, auch vom Strand auf Gran Canaria, zu erreichen. Grundsätzlich sind aber nur die folgenden Schritte notwendig, die Sie nach einigem theoretischen Hintergrundwissen auf den folgenden Seiten nacheinander in Abschnitt 2.2 bis Abschnitt 2.4 durchspielen:

1. Serverumgebung installieren
2. Datenbank einrichten
3. Joomla! installieren

Am Ende dieses Kapitels sind Sie in der Lage, Entwicklungs- und Testumgebungen einzurichten, und verstehen, welche Technologien und Mechanismen hinter Webservern und Webapplikationen wie Content-Management-Systemen stecken.

Werfen Sie einen Blick auf die wichtigsten Begriffe, denen Sie in diesem Kapitel häufiger begegnen (siehe Tabelle 2.1):

Begriff	Erklärung
Entwicklungsumgebung	Joomla!-Umgebung, in der alles erlaubt ist: experimentieren, testen, entwickeln. Befindet sich meist auf dem persönlichen Arbeitsrechner.
Testumgebung, Staging-Umgebung	Plattform, auf der alles, was in der Entwicklungsumgebung angetestet oder entwickelt wurde, gesammelt und auf Herz und Nieren geprüft wird. Dazu ist die Testumgebung technisch der Live-Umgebung so ähnlich wie möglich, damit es dort zu keinen unvorhergesehenen Überraschungen kommt.
Produktionsumgebung, Live-Umgebung	angemieteter Webserver bei einem Webhoster, z. B. Root, Managed, Dedicated oder Shared Server; siehe auch Abschnitt 3.1, »Webhosting bestellen«
Deployment	Vorgang der Bereitstellung von Inhalten oder Features auf der Live-Website
Release	Sammlung von Inhalten und/oder Funktionalitätserweiterungen, auch Bugfixes, in einem Paket, das gesamtheitlich deployt wird
Apache	der weltweit meistgenutzte Webserver, der die einzelnen Seiten einer Website ausliefert
MySQL	das bekannteste Open-Source-Datenbank-System
PHP	Webprogrammiersprache, in der Joomla! programmiert ist und die auf dem Apache Webserver ausgeführt wird
JavaScript	Webprogrammiersprache, über die vornehmlich Frontend-Applikationen und Modifikationen am HTML-Dokument umgesetzt werden. In den letzten Jahren dient JavaScript aber auch der Entwicklung von komplexen Backend-Applikationen.
XAMPP	Paket aller wichtigen Komponenten, die die Basis für die Joomla!-Website bilden: Webserver, Datenbank und PHP-Programmiersprache

Tabelle 2.1 Die wichtigsten Begriffe zur Umgebungseinrichtung und Joomla!-Installation

Begriff	Erklärung
IP	Kurz für IP-Adresse, kurz für Internetprotokoll-Adresse; eine Zahlenkombination, die jedem ans Internet angeschlossenen Gerät (PC, Server, Tablet, Smartphone, Internationale Raumstation ISS) eine eindeutige Adresse zuweist. Diese Adresse ist für die Datenübertragung wichtig, wenn Sie z. B. im Web surfen und die Inhalte einer Webseite abrufen.
Protokoll	Zwischen Computern im Internet festgelegte Übertragungsregeln. Das verwendete Protokoll steht am Anfang jeder URL, z. B. *http* für Standardwebsites, *https* für gesicherte Websites, *ftp* für Dateiübertragungen.
Port	Kanalnummer, auf der Inhalte im Internet übertragen werden. Eine normale Website läuft z. B. auf Port 80.
Virtualisierung	Ein Linux-System auf dem Windows-Rechner installieren? Die neueste Windows-Beta auf dem Mac ausprobieren? Virtuelle Maschinen erlauben es, auf Ihrem Rechner andere Computer, sogar ganze Server, zu simulieren.

Tabelle 2.1 Die wichtigsten Begriffe zur Umgebungseinrichtung und Joomla!-Installation (Forts.)

2.1 Umgebungen und Deployments

Sicher haben Sie sich schon bei einem Webhosting-Provider ein Paket gemietet, zusammen mit der Registrierung einer Domain Ihrer Wahl. Sie könnten jetzt sofort loslegen und dort Joomla! installieren – in vielen Webhosting-Umgebungen geht das sogar mit wenigen Mausklicks. Bei diesen Systemen sollten Sie sich allerdings vergewissern, was da alles eingerichtet wurde. In der Regel fahren Sie mit einer eigenen Installation sicherer, da Sie die Konfiguration genau kennen.

Doch ein Entwicklungsstart in Ihrem Webspace ist heikel, denn Sie arbeiten dann stets an der Live-Version Ihrer Website, quasi eine Operation am offenen Herzen. Verirrt sich jetzt ein Internetbesucher auf Ihre Website, findet er sie halb fertig, vielleicht sogar nicht funktionsfähig vor.

Um dieses Problem zu vermeiden, arbeitet man bei der Websiteentwicklung in verschiedenen Umgebungen, die zu bestimmten Terminen und Milestones miteinander synchronisiert werden. Ein solcher Milestone ist z. B. die Fertigstellung der Website und die Bereitstellung einer größeren Artikelsammlung zu einem bestimmten Thema. Das Freischalten in der Produktiv- oder Live-Umgebung bei Ihrem Webhoster bezeichnet man als *Go-Live*.

2.1.1 Entwicklungs-, Test- und Live-Umgebung

Eine Umgebung ist die Gesamtheit aller infrastrukturellen Aspekte, die zur Entwicklung oder Bereitstellung einer Softwareentwicklung, das betrifft auch Websites, eingerichtet sein müssen. Idealerweise gibt es drei Umgebungen (siehe Abbildung 2.1):

- **Entwicklung**
  Hier verbringen Sie die meiste Zeit. Es geht sehr bunt zu: erste Joomla!-Experimente, Joomla!-Updates, Testen von Erweiterungen, Herumschrauben am Layout, Programmierung von Features, Einstellen von Inhalten. Alles, was Sie im Rahmen der Lektüre dieses Handbuchs mit Joomla! unternehmen, passiert zuerst in der Entwicklungsumgebung.

- **Test**
  Oder auch Staging-Umgebung – hier wird die Website ins Reine gebracht. Während in der Entwicklungsumgebung zahlreiche Erweiterungen zum Ausprobieren installiert wurden, ist die Staging-Umgebung sauber und imitiert die Live-Umgebung möglichst genau. So ist sichergestellt, dass bei einem Go-Live alles wie geplant funktioniert. Der Begriff *Staging* lässt sich hier mit einer (Arbeits-)Bühne übersetzen, auf der sich alle Akteure (Joomla! und Erweiterungen) für die Generalprobe treffen.

- **Live**
  Das ist die Hosting-Umgebung, in der Ihre Website schließlich im Internet abrufbar ist, auch Produktionsumgebung genannt.

Die strikte Trennung der Umgebungen ist insbesondere bei Projekten wichtig, an denen mehrere Entwickler werkeln. Jeder arbeitet in seiner persönlichen Entwicklungsumgebung, das gemeinsame Produkt wird dann in der Testumgebung gesammelt, geprüft und für den Go-Live vorbereitet. Das komplette Paket für den Go-Live nennt man *Release*; der Vorgang der Live-Schaltung ist ein *Deployment* (deutsch: Bereitstellung, Entsendung).

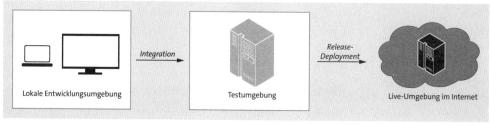

Abbildung 2.1 Bei einem idealen Workflow wird in verschiedenen Umgebungen entwickelt und getestet; so gibt es beim Go-Live keine bösen Überaschungen.

> **Info: Die vierte Umgebung – Integration**
> Bei sehr komplexen Websites, an denen große Entwicklerteams arbeiten, wird die Testumgebung noch mal unterteilt: Die *Integrationsumgebung* sorgt für das Zusammenführen aller Arbeiten. Sämtliche Komponenten werden dabei in eine Umgebung integriert, häufig geschieht das mit automatischen Mechanismen und Scripts. Die Testumgebung spiegelt die Live-Umgebung dann noch genauer.

Solch eine persönliche, lokale Entwicklungsumgebung richten Sie in diesem Kapitel ein. Zur Vereinfachung wird sie mit der Testumgebung kombiniert.

Warum lokal?

Weil Sie das *gesamte* Joomla!-Paket mit *allen* Erweiterungen, eigenen Templates und vorbereitetem Content auf dem Arbeitsplatzrechner installieren können. Hier lässt sich nach Herzenslust mit dem Content-Management-System (CMS) experimentieren; Sie probieren Erweiterungen aus und testen Layoutänderungen, ohne dass das jemand, wie z. B. auf einem Live-Server, mitbekommt. Entscheidender Vorteil: Dadurch, dass alle Komponenten und alle Bilder auf Ihrem Rechner liegen, müssen keine Daten durch den engen und deshalb langsamen Internet-Flaschenhals gepresst werden – lokale Entwicklung macht Spaß, weil alles schnell geht.

Aber auch für die zukünftige Wartung der Website ist eine lokale Testumgebung hilfreich. Erscheint eine neue Version von Joomla! oder von Ihnen eingesetzten Erweiterungen, ist es ratsam, das Einspielen der Updates erst mal auszuprobieren. Ein CMS ist ein komplexes System, bei dem nur eine falsche Programmdatei genügt, um die Website funktionsunfähig zu machen. Und egal, wie viele Tests vor einem Update-Release auch durchgeführt werden, bei einem Projekt dieser Größenordnung kann auch mal etwas schiefgehen. Da wäre es ungünstig, dass Ihre Website zwei Wochen nicht erreichbar ist, bevor ein Reparatur-Patch erscheint. Darum testen Sie alles zunächst in der Entwicklungs- bzw. Testumgebung, bevor das gesamte Update mit einem Mal auf dem Live-Server eingespielt wird.

2.1.2 Deployments und Updates

In diesem vereinfachten Entwicklungsszenario bewegen Sie sich also in der Entwicklungs- oder Test- oder in der Live-Umgebung. Joomla! bietet von Grund auf keine Mechanismen, Umgebungen miteinander zu synchronisieren. Deshalb konstruieren Sie sich selbst den notwendigen Workflow. Dabei wird unterschieden, welche Daten überhaupt auf der Live-Umgebung eingespielt werden:

Content

Für Joomla! in der Grundinstallation heißt das, Beiträge (Artikel und Textfragmente), Kategorien, Bilder. An dieser Stelle schmerzt der fehlende Deployment-Mechanismus am meisten, da Contentaktualisierungen in der Regel zum Tagesgeschäft gehören. Es bieten sich drei Möglichkeiten an:

- **Contentpflege auf dem Live-Server**
  Über diese sehr unsichere Methode wird sämtlicher Content direkt auf dem Live-Server eingestellt und dafür Sorge getragen, dass er während der Bearbeitungszeit den Status VERSTECKT behält.

  Beiträge, Kategorien, eigentlich alle Joomla!-Elemente befinden sich entweder in einem VERÖFFENTLICHT- oder VERSTECKT-Status (neben ARCHIV und PAPIERKORB). Als Administrator bzw. Super-Benutzer sind versteckte Elemente im Frontend aber dennoch sichtbar. Sie fügen sich zwischen alle anderen Elemente und sind mit einem kleinen VERSTECKT-Icon gekennzeichnet, so ist jederzeit eine Vorschau möglich.

  Die Gefahr ist, dass nur *ein* Klick notwendig ist, um den VERSTECKT-Status aufzuheben. Für Websites von Privatpersonen oder kleineren Firmen ist das aber kein Problem und darum in diesen Szenarien ein vertretbares Risiko.

- **Copy-&-Paste-Aktionen**
  Content wird in der Entwicklungs-/Testumgebung vorbereitet und dann nach Freigabe sämtlicher Elemente auf dem Live-Server dupliziert exakt nach Vorbild.

  Bilder und Download-Dateien lassen sich risikolos hochladen. Das Anlegen eines Beitrags erfolgt in einer einzelnen Copy-&-Paste-Aktion; sämtliche Meta-Eigenschaften des Beitrags werden eingestellt, bevor man das Konstrukt das erste Mal speichert. Außerdem ist es bereits bei der Beitragserzeugung möglich, den Status VERSTECKT zu vergeben.

  In diesem Szenario besteht das Risiko, dass beim Kopieren sämtlicher Inhalte und Einstellungen (Kategoriezuordnung, Metadaten, Veröffentlichungszeiträume etc.) etwas vergessen wird, da die Rekonstruktion per Hand erfolgt. Dem lässt sich mit einem detailliert ausformulierten Workflow entgegenwirken, der allerdings streng diszipliniert ausgeführt werden muss. Insgesamt also ein recht mühsamer, fehlerbehafteter, wenn auch erwägenswerter Prozess.

- **Ein Tool**
  Wie bei anderen Content-Management-Systemen landet Joomla!-Content in einer zentralen Datenbank. Was spricht dagegen, die Joomla!-Programmierschnittstelle zu nutzen und sich selbst ein kleines Synchronisationswerkzeug zu schreiben? Teil 5 dieses Handbuchs geht zwar auf die Entwicklung eigener Erweiterungen ein, aber trivial ist solch ein Tool natürlich nicht. Verfahren bei doppelten Einträgen, Bildpaketierung, Integration in die Benutzeroberfläche; das alles sind Themen, die daraus ein mehrtägiges Miniprojekt machen. Dabei sollte man meinen, solch ein Tool gibt es bereits.

2.1 Umgebungen und Deployments

Im Joomla! Extensions Directory werden Sie bedingt fündig. Das optimale Werkzeug, in dem Sie über eine benutzerfreundliche Oberfläche Menüeinträge, Beiträge und Module von links nach rechts vom Test- zum Live-Server schieben, gibt es nicht. Stattdessen finden Sie einige Komponenten, die den Export und Reimport der betreffenden Datenbanktabellen ermöglichen oder sich live mit der Datenbank einer anderen Joomla!-Instanz verbinden, um einzelne Datensätze zu kopieren. Das ist zwar nicht besonders komfortabel (Ausnahme J2XML), funktioniert in der Regel aber zuverlässig. Kapitel 21, »Joomla! und Content deployen«, geht auf diese Tools ein und zeigt Ihnen auch, wie ein händisches Deployment oder die Hammermethode mit Backup-/Restore-Mechanismen funktionieren.

Joomla!-Updates

Die Aktualisierung von Joomla! ist kein Problem, da hier nichts zwischen Serverumgebungen synchronisiert werden muss. Das Joomla!-Update erfolgt auf Knopfdruck, sobald eine neue Version erscheint. Lässt sich also sicherheitshalber in der Entwicklungs-/Testumgebung ausprobieren und dann, ein vorher angelegtes Backup vorausgesetzt, in der Live-Umgebung nachstellen.

Updates von Erweiterungen und Templates

Mit Erweiterungen verhält es sich in der Regel wie mit dem Joomla!-Update. Sobald eine neue Version verfügbar ist, erhalten Sie eine Notification im Administrations-Backend von Joomla!, direkt im Kontrollzentrum, der Einstiegsseite des Backends (siehe Abbildung 2.2).

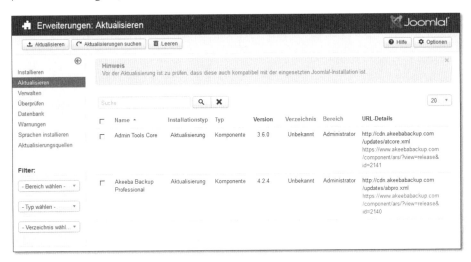

Abbildung 2.2 Vom Joomla!-Kontrollzentrum, der Backend-Startseite, gelangt man mit einem Klick zur Aktualisierung von Erweiterungen – entsprechende Benachrichtigungen erfolgen automatisch.

Sie verfahren hier genauso wie bei der Joomla!-Aktualisierung: Updates in der Entwicklungs-/Testumgebung ausprobieren, sämtliche Seiten prüfen, Websitefunktionalitäten testen, und wenn nichts zusammengebrochen ist, die Aktualisierungen in der Live-Umgebung durchführen. Davor legen Sie natürlich immer ein Backup an, wobei Sie durch eine andere in Kapitel 16, »Empfohlene Erweiterungen«, vorgestellte Erweiterung, *Akeeba Backup*, unterstützt werden.

Hinweis: Nicht alle Erweiterungen nutzen den Update-Mechanismus von Joomla!. Insbesondere für kleine Feature-Ergänzungen sollten Sie gelegentlich einen Blick auf die Website des Entwicklers werfen, um dort die aktuelle Versionsnummer zu erfahren und gegebenenfalls das Update per Hand einzuspielen.

Updates eigener Entwicklungen

Bei der Entwicklung eines eigenen Templates oder einer Erweiterung integrieren Sie den gleichen Joomla!-Mechanismus, den andere Erweiterungen aus dem Joomla! Extensions Directory verwenden. Dabei steckt in der Erweiterungskonfiguration eine Referenz zu Ihrem Update-Server, das kann ein einfaches Verzeichnis auf Ihrem Joomla!-Webspace sein. Sobald Sie im Enwicklungssystem eine neue Version des Templates oder der Erweiterung fertiggestellt und als Update bereitgestellt haben, erkennt das sofort die Aktualisierungsprüfung von Joomla! auf dem Live-System. Das funktioniert exakt wie die Aktualisierung einer beliebigen Drittanbieter-Erweiterung.

Zusammengefasst stehen, obwohl Joomla! über keine eingebauten Deployment-Funktionen verfügt, keine nennenswerten Hürden bei der geregelten Veröffentlichung von Releases im Weg. Die System- und Erweiterungen-Updates sind allesamt testbar und autark in jeder Umgebung durchführbar. Für das Content-Deployment picken Sie sich einfach eines der drei oben dargestellten Szenarien heraus.

2.2 XAMPP installieren

Joomla! ist eine Webapplikation, die allein nicht lauffähig ist, sondern auf einem *Webserver* installiert wird. Ganz ähnlich wie ein Office-Programm, für das ein Betriebssystem wie Windows, OS X oder Linux als Basis dient.

Fundamentale Aufgabe des Webservers ist die Auslieferung von Daten an den Webbrowser. Doch damit eine Webapplikation komplexe Aufgaben erledigen kann, sind weitere Komponenten involviert, mindestens eine *Datenbank* und eine *Programmiersprache*, mit der dynamische Webseiten programmatisch erstellt werden. Da diese Komponenten quasi aufeinandergestapelt sind, spricht man bei solchen Plattformen auch von einem *Stack*.

Die einzelnen Komponenten können separat heruntergeladen und installiert werden, was in professionellen Umgebungen auch notwendig ist. So lassen sich Updates,

z. B. Security-Patches, einzelner Module unabhängig voneinander einspielen. Oder man installiert z. B. die Datenbank auf einen anderen Hardwareserver, jede Maschine ist dabei für ihre Aufgabe perfekt eingerichtet und erledigt ihren Job unter idealen Bedingungen.

Für die Testumgebung geht es aber einfacher. Sie setzen ein Paket ein, das bereits alle benötigten Komponenten enthält, die Joomla! benötigt: XAMPP. Die Abkürzung steht für:

- **X**: Cross-Plattform, plattformübergreifend für verschiedene Betriebssysteme verfügbar
- **A**: der Apache Webserver, der Webseiten, Bilder und alle anderen Dateien auf Anfrage vom Browser/Client ausliefert
- **M**: die MySQL-Datenbank (Aussprache »Mai-Es-Kuh-Ell« und nicht »Mai-Siequell«), in der Joomla!-Content und -Konfiguration gespeichert sind
- **P**: PHP – *Hypertext Preprocessor* – eine verbreitete serverseitige Scriptsprache, in der auch Joomla! programmiert ist
- **P**: Perl – *Practical Extraction and Reporting Language* – eine etwas ältere, aber auch weit verbreitete Serversprache, die aber nicht von Joomla! benötigt wird

Es gibt zahlreiche Variationen des Pakets, z. B. mit Python-Integration (eine trendige Webprogrammiersprache), anderen Datenbanksystemen oder Spezialisierungen für bestimmte Betriebssysteme. Für die Websiteentwicklung ist XAMPP aber ideal, da es von einer großen Community genutzt und gepflegt wird und man damit im Internet schneller eine Lösung findet, sollte es irgendein Problem geben.

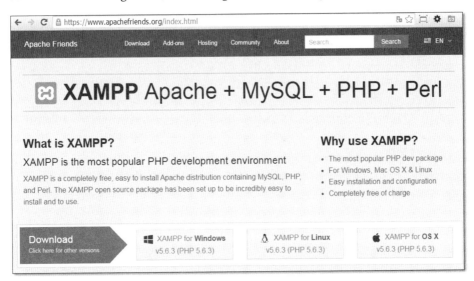

Abbildung 2.3 XAMPP ist für alle Betriebssysteme auf der Website »https://www.apachefriends.org« verfügbar – wählen Sie in jedem Fall die neueste Version.

Laden Sie das aktuelle XAMPP-Paket für Ihr Betriebssystem unter *https://www.apachefriends.org/de/index.html* herunter. Der plakative Download-Vorschlag auf der Homepage bezieht sich auf die ausführbare Installationsdatei. Diese hat den Vorteil, dass Sie für die Installation den Schritten eines Assistenten folgen und bequem per Optionshäkchen auswählen, welche XAMPP-Bestandteile eingerichtet werden.

Alternativ lädt der erfahrene Benutzer ein ZIP-Archiv herunter und nimmt die Einrichtung per Hand vor. Entsprechende Links verstecken sich hinter CLICK HERE FOR OTHER VERSIONS • MORE DOWNLOADS >>, dann klickt man sich durch die Verzeichnisebenen XAMPP WINDOWS (Ihr Betriebssystem auswählen) und dann die neueste Version. Hier finden Sie z. B. ZIP- oder 7z-Pakete oder auch Portable-Versionen, die Installationen auf einem USB-Stick ermöglichen.

> **Tipp: Alle Links zum Buch auch im Internet**
>
> Linkempfehlungen für die Installation und andere praktische Seiten im Internet finden Sie in der Linksammlung zur begleitenden Website unter *https://jooma-handbuch.com*.

Es empfiehlt sich, immer die neueste Version zu installieren, da sie am fehlerfreisten, sichersten und robustesten ist. Einige Bildschirmabbildungen in diesem Buch werden sich wegen leichter Versionsunterschiede vielleicht von Ihrer Installation unterscheiden, im Kern bleiben Funktionalität und Bedienung aber identisch.

Joomla! benötigt *Mindestversionen* aller Komponenten. Ihr XAMPP-Paket sollte PHP mindestens in der Version 5.3.10 und MySQL 5.1+ beinhalten.

> **Info: XAMPP ist nichts für die Produktionsumgebung**
>
> XAMPP ist auf schnelle Installation und leichte Bedienung ausgelegt, um mit wenigen Klicks ein komplettes Entwicklungssystem bereitzustellen. Das geschieht auf Kosten von Sicherheits- und Performance-Aspekten, die für ein Live-System durchaus missionskritisch sind. Diese Aspekte lassen sich zwar nachträglich konfigurieren, insgesamt macht man sich dadurch aber nicht weniger Arbeit als bei der individuellen Komponenteninstallation.
>
> Haben Sie einen Root-Server gemietet, ist es empfehlenswert, alle Komponenten einzeln einzurichten, um sich von Anbeginn mit der Konfiguration vertraut zu machen und sich nicht auf die Standardeinstellungen von XAMPP zu verlassen. Tutorials und Artikel, die Sie in so einem Fall auf jeden Fall studieren sollten, lassen sich im Internet über die Keywords »apache«, »php« und »mysql« in Verbindung mit »hardening« finden. *Hardening* beschreibt die möglichst sichere, wasserdichte Konfiguration dieser Komponenten, die Hackern das Leben besonders schwer machen.

2.2.1 XAMPP unter Windows installieren

1. Führen Sie die heruntergeladene XAMPP-EXE-Datei mit einem Doppelklick aus.
2. Abhängig von der von Ihnen verwendeten Windows-Version erscheint nun eine Reihe verschiedener Dialogmeldungen und Warnungen, die Sie im Prinzip alle bestätigen (siehe Abbildung 2.4).

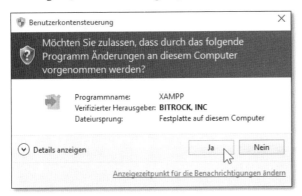

Abbildung 2.4 Vom XAMPP-Installationspaket geht keine Gefahr für Ihren Rechner aus; bestätigen Sie einfach alle Warnmeldungen von Windows.

3. Haben Sie eine Antivirensoftware installiert, erscheint auch eine Meldung, dass diese aktiv ist und sie möglicherweise mit der Installation kollidiert (siehe Abbildung 2.5). In der Praxis gibt es hier keine Probleme, fahren Sie einfach mit der Installation fort. Stellt sich später heraus, dass XAMPP auf Ihrem System doch nicht installiert werden kann, starten Sie die Installation noch mal mit deaktivierter Antivirensoftware.

Abbildung 2.5 Antivirensoftware kann die Installation anderer Programme behindern; in der Praxis gibt's aber selten Probleme.

4. Jetzt erscheint eine Warnung, dass eine XAMPP-Installation bei aktivierter *User Account Control* (UAC) nicht unter *C:\Programme* installiert werden sollte (siehe Abbildung 2.6).

2 Testumgebung einrichten

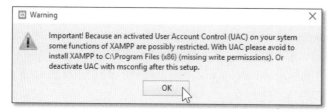

Abbildung 2.6 Seit Windows Vista ist das Dateirechtesystem unter Windows restriktiver geworden – Sie installieren XAMPP nicht im »Programme«-Verzeichnis wie andere Software, sondern direkt auf »C:\«.

5. Nach der freundlichen Begrüßung wählen Sie die XAMPP-Komponenten, die Joomla! benötigt. Das heißt, Sie entfernen alle Häkchen *außer* für APACHE, MYSQL, PHP und PHPMYADMIN und FAKE SENDMAIL, wie in Abbildung 2.7 dargestellt.

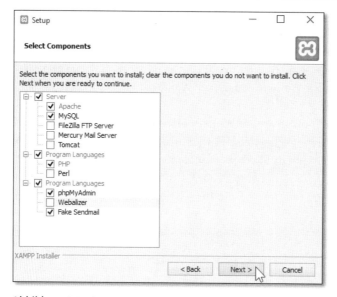

Abbildung 2.7 Für eine Joomla!-Installation benötigen Sie den Apache Webserver, die MySQL-Datenbank, die Programmiersprache PHP und die zwei Tools phpMyAdmin und Fake Sendmail.

Hintergrund: Was sind das alles für XAMPP-Komponenten?

▶ APACHE: der Webserver, der Webseiten, Bilder und andere Dateien ausliefert, die vom Browser angefordert werden

▶ MYSQL: Die wahrscheinlich bekannteste Open-Source-Datenbank. SQL steht dabei für *Structured Query Language*, eine standardisierte Sprache, mit der Datenbankeinträge geschrieben und ausgelesen werden und sich sogar ganze Datenbanken und ihre Tabellen anlegen, verändern oder löschen lassen.

- FileZilla FTP Server: Ein FTP-Server ist wie ein Fileserver, der es ermöglicht, Dateien hoch- oder herunterzuladen, allerdings über das Internet. Der FTP-Server dient dabei als Speicherort, mit dem sich FTP-Clients für solcherlei Dateiübertragungen verbinden. Unter dem Namen *FileZilla* ist ein leistungsfähiger FTP-Client unter *https://filezilla-project.org* kostenlos verfügbar.
- Mercury Mail Server: Das nächste Glied in der E-Mail-Versandkette nach dem E-Mail-Client (Outlook, Thunderbird) ist der Mailserver, der wie eine Datenbank für E-Mails arbeitet und all Ihre Mails verwaltet. Er verbindet sich mit anderen Mailservern, sodass ein weltweites Netz für E-Mail-Überarbeitungen entsteht. Wenn Sie im E-Mail-Client ein E-Mail-Konto konfigurieren, geben Sie dabei immer die Verbindungsdaten zum nächsten Mailserver an; in der lokalen Entwicklungsumgebung *kann* Mercury diese Rolle erfüllen. Da Sie für Joomla! aber nur selten E-Mail-Funktionalitäten benötigen, ist die umständliche Installation und Konfiguration eines Mailservers für die lokale Entwicklungsumgebung übertrieben.
- Tomcat: PHP und Perl sind nicht die einzigen Webprogrammiersprachen. Wer eine Java-Webapplikation ausführen möchte, braucht dafür einen anderen Server als Apache, einen sogenannten *Servlet-Container*. Tomcat ist der am weitesten verbreitete unter ihnen.
- PHP: Die bekannte Webprogrammiersprache PHP steht für *Hypertext Preprocessor* und ist aufgrund ihrer steilen Lernkurve, der einfachen Integration in HTML-Seiten und der zahllosen Online-Dokumentationen und -Beispiele so beliebt im Netz. PHP begann ursprünglich als Scriptsprache und ist inzwischen zu einer professionellen objektorientierten Programmiersprache ausgewachsen, die nicht nur im Internet Einsatz findet.
- Perl: Ist die Abkürzung für *Practical Extraction and Reporting Language*, eine etwas ältere Webprogrammiersprache, die aber noch in vielen Applikationen, nicht jedoch in Joomla!, Anwendung findet.
- phpMyAdmin: Grafische Benutzeroberfläche für die MySQL-Datenbank. Statt SQL-Befehle in eine MySQL-Kommandozeile einzugeben, lassen sich alle Datenbankoperationen per Mausklick durchführen. phpMyAdmin ist Quasistandard unter diesen Benutzeroberflächen und wird praktisch von allen Webhostern zur Datenbankverwaltung zur Verfügung gestellt.
- Webalizer: ein Analyse-Tool, das Server-Logs ausliest, auswertet und Optionen bietet, diese grafisch und tabellarisch aufzubereiten und in einem Web-Interface zu präsentieren
- Fake Sendmail: Unter Windows lassen sich mit diesem Tool E-Mails auch aus einer lokalen Installation versenden, wenn kein Mailserver installiert ist. Dazu konfigurieren Sie das Tool mit einer E-Mail-Adresse und dem zu dieser Adresse gehörenden SMTP-Server (Postausgangsserver). Fake Sendmail verschickt dann E-Mails im Namen dieser E-Mail-Adresse. Siehe Abschnitt 2.5.2, »Geschummelten E-Mail-Versand unter Windows einrichten«.

6. Bestätigen Sie jetzt das Installationsverzeichnis *C:\xampp* (siehe Abbildung 2.8).

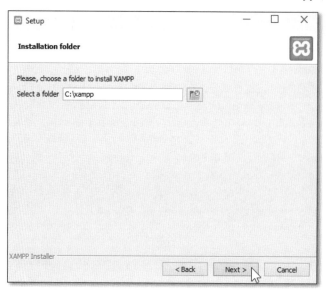

Abbildung 2.8 Traditionell wird XAMPP direkt auf »C:\« installiert, damit es keine Probleme mit Benutzerrechten unter Windows gibt.

7. Entfernen Sie im nächsten Schritt das BITNAMI-Häkchen (öffnet lediglich eine allgemeine XAMPP-Info-Webseite), und los geht's mit der Installation.

Abbildung 2.9 BitNami ist abseits von Joomla! auch Anlaufstelle für andere praktische Open-Source-Komplettpakete, z. B. für andere Content-Management- oder E-Commerce-Systeme oder komplette Server-Stacks.

8. Im letzten Setup-Schritt bietet der Installer an, das XAMPP Control Panel zu starten. Damit haben Sie unmittelbare Kontrolle über den Start der installierten Komponenten, also setzen Sie das Häkchen (siehe Abbildung 2.10).

Abbildung 2.10 Nach Beendigung des Installationsassistenten starten Sie das XAMPP Control Panel.

9. Nach dem Abschluss der Installation öffnet sich das Control Panel. Darin starten Sie nun den Apache Webserver und die MySQL-Datenbank durch Klick auf die START-Schaltfläche.

Falls das Control Panel nicht erscheint, vielleicht durch ein vergessenes Häkchen, suchen Sie über das Windows-Startmenü nach »XAMPP«, und das Programm erscheint in der Ergebnisliste.

> **Info: Warnmeldung der Windows-Firewall**
>
> Nachdem Sie Apache und MySQL das erste Mal gestartet haben, meldet sich die Windows-Firewall zu Wort und bietet an, beide Komponenten abzusichern.
>
> Wählen Sie, wie in Abbildung 2.11 dargestellt, das obere Häkchen bei PRIVATE NETZWERKE, damit der Webserver in Ihrem Heimnetzwerk aufgerufen werden kann, z. B. von der Couch aus mit dem Tablet oder mit dem Smartphone vom Balkon. Das zweite Häkchen setzen Sie, wenn Sie öfter im Café oder am Flughafengate arbeiten und fremden Menschen im gleichen WLAN-Netzwerk Zugriff auf Ihre lokalen Websites erlauben möchten. Setzen Sie das zweite Häkchen also besser *nicht*.

2 Testumgebung einrichten

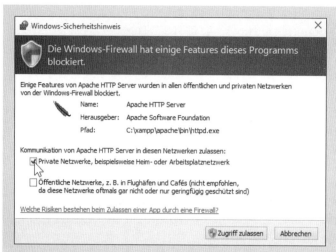

Abbildung 2.11 Wenn Sie mit anderen Geräten auf die Joomla!-Websites Ihres Rechners zugreifen möchten, wählen Sie für die Firewall-Konfiguration von Apache und MySQL das erste Häkchen bei »Private Netzwerke«.

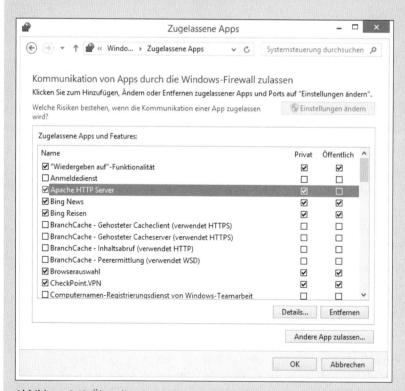

Abbildung 2.12 Über die »Systemsteuerung« • »Windows-Firewall« lassen sich Zugriffseinschränkungen jederzeit nachträglich modifizieren; der XAMPP-Webserver taucht dort als »Apache HTTP Server« auf.

Möchten Sie die Firewall-Einstellungen nachträglich ändern, öffnen Sie die Windows SYSTEMSTEUERUNG • WINDOWS-FIREWALL. Dort wählen Sie den Link EIN PROGRAMM ODER FEATURE DURCH DIE WINDOWS-FIREWALL ZULASSEN, klicken im neuen Fenster (siehe Abbildung 2.12) oben auf EINSTELLUNGEN ÄNDERN. Jetzt setzen oder löschen Sie nach Belieben im Eintrag APACHE HTTP SERVER die Häkchen der Spalten HEIM/ARBEIT (je nach Windows-Version auch PRIVAT) und ÖFFENTLICH. Das Häkchen *vor* APACHE HTTP SERVER regelt das komplette Aktivieren oder Deaktivieren der Firewall-Einschränkungen des Webservers.

Zeit für einen ersten Test, ob der Webserver erreichbar ist: Öffnen Sie im Browser die Seite *http://localhost*. Erscheint nun die XAMPP-Willkommensseite mit Sprachauswahl, hat alles geklappt. Wenn nicht, startete wahrscheinlich der Webserver nicht. Blättern Sie dann zu Abschnitt 2.2.6, »Problembehandlung bei fehlerhaftem Apache-Start«, für Tipps, wie Sie das Problem lösen.

Info: XAMPP aktualisieren oder deinstallieren

Entgegen anderer Softwareinstallationen bietet XAMPP keinen eingebauten Update-Mechanismus, aktualisiert sich also nicht auf Knopfdruck, sobald eine neue Version verfügbar ist. Es ist auch nicht möglich, einzelne Komponenten wie den Apache Webserver oder die MySQL-Datenbank individuell zu aktualisieren – ein Nachteil der Implementierung als Komplettpaket.

Um XAMPP zu aktualisieren, z. B. weil man eine Apache-, PHP- oder MySQL-Version fahren möchte, deren Version mit der einer aktualisierten Live-Umgebung identisch ist, muss das gesamte Setup über die SYSTEMSTEUERUNG • PROGRAMME UND FUNKTIONEN bzw. PROGRAMME UND FEATURES deinstalliert werden. Der XAMPP-Deinstaller bietet dabei an, den Ordner *htdocs* unberührt zu lassen. Es schadet aber nicht, vorher noch mal eine Sicherheitskopie anzulegen. Danach laden Sie einfach die gewünschte XAMPP-Version herunter und installieren sie wie in diesem Abschnitt besprochen.

2.2.2 Control Panel und XAMPP-Dateistruktur unter Windows

Von den eben installierten XAMPP-Komponenten sieht man nicht viel, da sie im Hintergrund ihren Dienst verrichten. Das Programm *XAMPP Control Panel* ist Ihre Kommandozentrale, wenn es um die Steuerung dieser Komponenten geht – eine Fernsteuerung für diese Dienste, über die sich z. B. Server ein- und ausschalten lassen (siehe Abbildung 2.13).

In diesem Abschnitt werfen Sie einen genauen Blick auf das Control Panel. Sie werden die Buttons und Optionen selten benutzen, aber die Kenntnis des einen oder anderen Schalters hilft, bei Problemen schnell ins richtige Verzeichnis zu gelangen oder nach dem Neustart des PCs den Webserver schneller zu starten.

2 Testumgebung einrichten

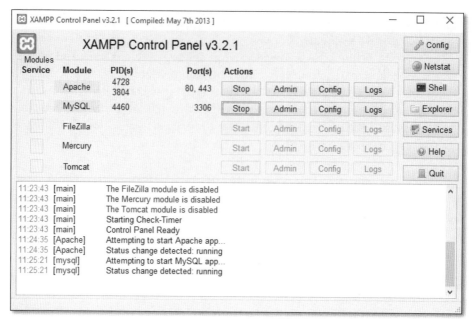

Abbildung 2.13 Über das XAMPP Control Panel lassen sich Server und Module ein- und ausschalten, Logdateien ansehen und Konfigurationsdateien bearbeiten.

Im linken oberen Viertel des Control Panels sind die Komponenten bzw. Module gelistet:

- SERVICE: Markierung, ob dieses Modul als *Windows-Dienst* gestartet wird, was nach der durchgeführten Standardinstallation nicht der Fall ist.

  XAMPP-Module als Windows-Dienste erlauben zum einen eine feingranulare Rechteverwaltung, zum anderen laufen Dienste ununterbrochen. Also auch, sollte der PC zwar gerade eingeschaltet, aber niemand eingeloggt sein. Für die lokale Entwicklungsumgebung sind beide Features nicht besonders wichtig.

  Für den Fall, dass Sie die Module dennoch als Dienste aktivieren möchten, starten Sie das XAMPP Control Panel als Administrator (Kontextmenü-Rechtsklick auf die XAMPP-Control-Panel-Datei und Auswahl von ALS ADMINISTRATOR AUSFÜHREN) und setzen entsprechende Häkchen.

- PID(s): betriebssysteminterne Prozessnummern
- PORT(s): Portnummern, unter der die Server/Dienste erreichbar sind

---

Hintergrund: Was sind Ports?

Ports sind Teil einer URL, zu der auch das Protokoll (z. B. *http*) und die Domain (z. B. *joomla-handbuch.com*) gehören. Sie erlauben eine flexible Verbindungskonfiguration zwischen Sendern und Empfängern. Kanäle, die bestimmten Aufgaben dienen.

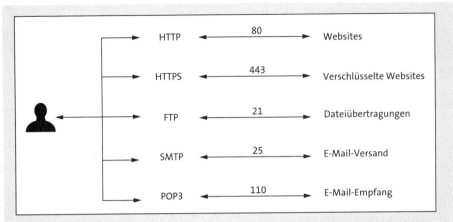

Abbildung 2.14 Unter Hunderten von Ports, über die mit dem Internet verbundene Soft- und Hardware Daten austauschen, sind diese Ports die wichtigsten zum Surfen und zum Versenden von E-Mails.

Im XAMPP Control Panel sieht man diese Aufteilung sehr gut: Port 80 und 443 sind für den Webserver reserviert; sie sind Standardports für ungesicherte (*http*) und gesicherte (*https*) Verbindungen und können in der Internetadresse weggelassen werden. Port 3306 ist vom MySQL-Server belegt, Port 20 und 21 für FTP, Port 25 für den Mailausgang usw. Einige Portbereiche sind nicht belegt und stehen, eingeschränkt, für eigene Zwecke zur Verfügung. In Abschnitt 2.4.2, »Joomla!-Installation ohne Unterverzeichnis erreichen«, vergeben Sie z. B. der Joomla!-Website einen individuellen Port.

- START/STOP: Ein- bzw. Ausschalten der Servers/Dienste. *Wichtig*: Wenn Sie eine Konfigurationsänderung an einem Dienst vornehmen, muss die entsprechende Komponente stets neu gestartet werden, damit die Änderungen wirksam werden: einfach einmal auf STOP, dann wieder auf START klicken.
- ADMIN: Führt bei Apache zur XAMPP-Willkommensseite und bei MySQL zur Benutzeroberfläche von phpMyAdmin, mit dem alle Datenbankoperationen ausgeführt werden. Abschnitt 2.3, »Datenbank einrichten«, beschäftigt sich näher mit phpMyAdmin, um für Joomla! eine Datenbank vorzubereiten.
- CONFIG: klickbare Abkürzungen zum Bearbeiten der Konfigurationsdateien der Server
- LOGS: Klickbare Abkürzungen zu den Logdateien, die sowohl Zugriffe als auch Fehler aufzeichnen. Wenn z. B. eine Webseite nicht dargestellt wird oder einen Fehler ausgibt, lohnt ein Blick in die *error.log*-Datei unter APACHE.. Analog dazu prüfen Sie die Datei *mysql_error.log* unter MYSQL, falls es Schwierigkeiten mit der Datenbank gibt.

Auf der rechten Seite des Control Panels befindet sich eine Liste von Buttons, die sich nicht direkt auf die Module auswirken, sondern das Control Panel konfigurieren und als Abkürzung zu Verzeichnissen und Systemkomponenten dienen:

- CONFIG (🔧): nützliche Control-Panel-Einstellungen:
  - EDITOR: Editor, der gestartet wird, um Logdateien anzusehen oder Konfigurationsdateien zu bearbeiten. Leistungsfähige Alternativen zum spartanischen Standard-Windows-Notepad sind z. B. Notepad++ (*http://notepad-plus-plus.org*) oder Sublime Text (*http://www.sublimetext.com*).
  - BROWSER: Standardbrowser, der sich öffnet, wenn Sie auf die ADMIN-Buttons der Module klicken und die XAMPP-Startseite oder phpMyAdmin öffnen
  - AUTOSTART: Die hier angekreuzten Komponenten werden beim nächsten Start des Control Panels automatisch gestartet. Arbeiten Sie täglich an der Website, sparen Sie sich durch diese Einstellung im Control Panel zwei Mausklicks auf APACHE • START und MYSQL • START. Benutzen Sie Ihren Rechner auch für andere Arbeiten, möchten Sie das vielleicht nicht, denn durch diesen Autostart verzögert sich das Hochfahren des PCs.
  - START CONTROL PANEL MINIMZED: Durchaus sinnvoll – das Control Panel öffnet sich beim Start nicht als großes Fenster, sondern als Icon ⊠ in der System Tray (der kleine Icon- und Infobereich in der unteren rechten Ecke des Bildschirms). *Übrigens*: Wenn Sie das Control-Panel-Fenster schließen, beeinflusst das nicht den Start-/Stopp-Status der Komponenten. Das Fenster versteckt sich dann lediglich hinter sein Icon ⊠ in der System Tray, falls Sie den Fensterschließen-Button betätigten. Klicken Sie stattdessen auf QUIT ▪, wird das Control Panel tatsächlich beendet und taucht nicht im Infobereich unten rechts auf. Die Komponenten laufen trotzdem weiter.
  - ENABLE TOMCAT OUTPUT WINDOW: Tomcat ist ein Servlet-Container zum Ausführen von Java-Webapplikationen. Sie benötigen ihn nicht für Joomla! und haben ihn deshalb auch nicht installiert.
  - CHECK DEFAULT PORTS ON STARTUP: hilfreiche Überprüfung für Entwickler, die mehrere Server installiert haben
  - SHOW DEBUG INFORMATION: detailliertere Informationen im Control-Panel-Logfenster
  - CHANGE LANGUAGE: Sprachwechsel für das XAMPP Control Panel
  - SERVICE AND PORT SETTINGS: Die Portnummern, die das Control Panel überprüft, wenn das Häkchen bei Check DEFAULT PORTS gesetzt wurde. Die tatsächlichen Portnummern, unter denen die Dienste *erreichbar* sind, werden in den jeweiligen *.ini*-Konfigurationsdateien vorgenommen.
- NETSTAT (●): Führt den DOS-Befehl `netstat` aus, der alle Verbindungen des Rechners mit der Außenwelt listet. Zum Beispiel sieht man hier für Port 80 und 443 den Apache gelistet, dessen ausführbare Programmdatei *httpd.exe* lautet. Bei Port

3306 sehen Sie *mysqld.exe* – die MySQL-Datenbank. Die meisten anderen Einträge betreffen betriebssystembedingte Dienste oder andere Programme, die sich mit dem Internet verbinden. Vermutet man Malware auf seinem Rechner, ist `netstat` eine gute Adresse, um zu sehen, welches Programm da unberechtigt Ports öffnet.

- SHELL (■): Batch-Prozesse für ambitioniertere XAMPP-Gurus, um Control-Panel-Funktionen zu automatisieren
- EXPLORER (■): Öffnet das XAMPP-Installationsverzeichnis in einem neuen Windows-Explorer-Fenster.
- SERVICES (■): Öffnet die Diensteverwaltung des Betriebssystems.
- HELP (●): Weblinks zu Hilfeforen
- QUIT (■): Beendet das Control Panel. *Achtung*: Diese Schaltfläche stoppt *nicht* den Apache und MySQL-Server, sondern beendet das Control Panel, sodass es auch nicht mehr im Infobereich unten rechts auftaucht.

Mehr gibt es über das Control Panel nicht zu wissen. Ist der Webserver einmal konfiguriert, werden Sie es kaum zu Gesicht bekommen; allenfalls zum Starten und Stoppen der Server, falls Sie sich für keine der Autostartoptionen entscheiden.

Für einige Einstellungen und Administrationsaufgaben in späteren Kapiteln ist die Arbeit an Konfigurationsdateien unvermeidbar. Auch manche Websiteerweiterungen oder Problemlösungen erfordern die eine oder andere Einstellung der XAMPP-Komponenten. Werfen Sie deshalb an dieser Stelle einen raschen Blick in das XAMPP-Installationsverzeichnis *C:\xampp*, um einen kleinen Überblick zu gewinnen. Sie erkennen sofort alle Komponenten anhand ihrer Unterverzeichnisse. Die wichtigsten:

Unterverzeichnis	Inhalt
/apache/	Hier liegen alle Programmdateien des Webservers. Besonders wichtig: Im Unterordner */conf* befinden sich alle Konfigurationsdateien, darunter die wichtigen *httpd.conf* für alle allgemeinen Einstellungen und */extra/httpd-vhosts.conf* für das Anlegen von Virtual Hosts und damit weiteren lokalen Websites. Nützlich ist auch die Kenntnis der Datei */extra/httpd-xampp.conf*, wenn Sie etwas an den Pfaden oder Servereinstellungen zu PHP oder phpMyAdmin ändern möchten.
/cgi-bin/	Das Common Gateway Interface ist ein etwas in die Jahre gekommener Mechanismus, dynamische Webseiten z. B. mithilfe von Perl zu erzeugen. Klassisches Beispiel: ein Formularscript, das in diesem Ordner abgelegt würde. Dieser Ordner ist für Joomla! unwichtig, da die PHP-Dateien des Content-Management-Systems überall unter */htdocs* liegen dürfen.

Tabelle 2.2 Die wichtigsten Verzeichnisse der Dateistruktur im »xampp«-Hauptordner

Unterverzeichnis	Inhalt
/htdocs/	Eines der wichtigsten Verzeichnisse: Unter /htdocs liegen alle Websites, jeweils in Unterordner sortiert.
/mysql/	Unterverzeichnis für die MySQL-Datenbank. In /bin finden Sie nützliche Kommandozeilen-Tools.
/php/	Hier liegt die Hauptkonfigurationsdatei von PHP: *php.ini*. Sie wird bearbeitet, wenn Sie PHP mehr Speicher zuweisen möchten, den Mailmechanismus konfigurieren oder die maximale Laufzeit für Scripts anpassen, um nicht in Server-Timeouts zu laufen.
/phpmyaadmin/	Alle Dateien für die Mini-Webapplikation phpMyAdmin inklusive Konfiguration in der *config.inc.php*-Datei. Hier könnten Sie phpMyAdmin z. B. so konfigurieren, dass es sich nicht mit der lokalen, sondern mit der Datenbank bei Ihrem Webhoster verbindet.
/sendmail/	Wurde das XAMPP-Modul FAKE SENDMAIL installiert, landet hier das Programm, mit dem Mails über ein E-Mail-Konto verschickt werden können, obwohl kein Mailserver installiert ist. Details hierzu finden Sie in Abschnitt 2.5.2, »Geschummelten E-Mail-Versand unter Windows einrichten«.

Tabelle 2.2 Die wichtigsten Verzeichnisse der Dateistruktur im »xampp«-Hauptordner (Forts.)

Nachdem Sie jetzt XAMPP installiert und sich mit dem Control Panel und den Komponentenverzeichnissen vertraut gemacht haben, sind alle infrastrukturellen Weichen gestellt, um Webapplikationen in Ihrer Entwicklungsumgebung einzurichten. phpMyAdmin ist schon solch eine kleine Applikation, aber Sie können ab jetzt jede beliebige Open-Source-Software wie WordPress, Drupal, Contao oder eben Joomla! unter /htdocs installieren.

Als Windows-Benutzer überblättern Sie die nächsten Abschnitte über Installationshinweise unter OS X und Linux und springen direkt zum Abschnitt 2.3, »Datenbank einrichten«, wo Sie noch an einem letzten MySQL-Schräubchen für die Joomla!-Installation drehen.

2.2.3 XAMPP unter OS X installieren

1. Klicken Sie doppelt auf die heruntergeladene *xampp-osx-x.x.x-x-installer.dmg*-Datei. Daraufhin wird das neue Laufwerk *XAMPP* angemeldet, und das XAMPP-Installationsfenster öffnet sich automatisch.

2. Klicken Sie im Installationsfenster doppelt auf das Installationspaket, und bestätigen Sie die Warnung, dass es sich um eine aus dem Internet heruntergeladene Datei handelt, über die Öffnen-Schaltfläche (siehe Abbildung 2.15).

Abbildung 2.15 Bei aus dem Internet heruntergeladenen Programmdateien erscheint unter OS X eine Warnung; XAMPP ist eine vertrauenswürdige Software, die Sie bedenkenlos öffnen dürfen.

3. Da XAMPP einige Systemeinstellungen vornimmt, müssen Sie nun Ihr Administrator-Login bestätigen – einfach Passwort eingeben und OK klicken.
4. Nun startet der eigentliche Installer; bestätigen Sie die Begrüßung mit einem Klick auf Next.
5. Entfernen Sie das Häkchen vor XAMPP Developer Files (siehe Abbildung 2.16). Weiter mit Next.

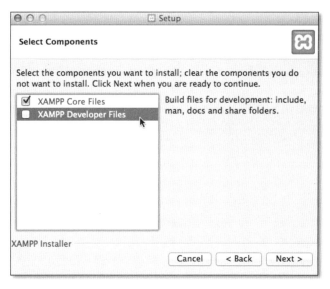

Abbildung 2.16 Für die XAMPP-Joomla!-Installation unter OS X benötigen Sie keine XAMPP Developer Files.

6. Klicken Sie nun viermal auf NEXT, um die eigentliche Installation zu starten.

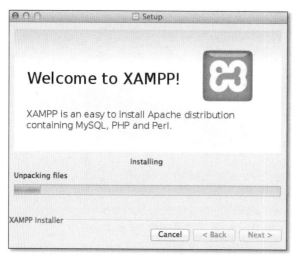

Abbildung 2.17 Das XAMPP-Paket für OS X installiert den Apache Webserver, die MySQL-Datenbank und die Programmiersprachen PHP und Perl.

7. Im letzten Setup-Schritt bietet der Installer an, das XAMPP Control Panel sofort zu starten (siehe Abbildung 2.18). Stimmen Sie zu.

   Haben Sie die Installation beendet, ohne das Control Panel zu öffnen, finden Sie den entsprechenden Programmlink im Finder unter PROGRAMME • XAMPP • MANAGER-OSX.

Abbildung 2.18 Nach abgeschlossener Einrichtung bietet der Installer an, XAMPP sofort zu starten.

Nach dem Start von XAMPP öffnen Sie im Browser die Seite *http://localhost*. Wenn hier die Willkommensseite mit Sprachauswahl erscheint, war die Installation fehlerfrei. Falls nicht, startete wahrscheinlich der Webserver nicht. Blättern Sie dann zu Abschnitt 2.2.6, »Problembehandlung bei fehlerhaftem Apache-Start«, für Tipps, wie Sie das Problem lösen.

Mit dem installierten XAMPP-Paket steht nun die Infrastruktur bereit, um auf Ihrem Rechner Joomla! zu installieren. Vorher machen Sie sich aber noch ein bisschen mit dem Control Panel vertraut und werfen einen Blick in die Verzeichnisstruktur von XAMPP. Die nächsten Seiten sind der XAMPP-Installation unter Linux gewidmet, blättern Sie deshalb etwas vor zum Abschnitt 2.2.5, »Control Panel und XAMPP-Dateistruktur unter OS X oder Linux«.

> **Info: XAMPP aktualisieren oder deinstallieren**
>
> Der Nachteil eines Komplettpakets wie XAMPP ist die totale Kapselung aller Komponenten. So lassen sich Apache oder MySQL nicht individuell aktualisieren. Um eine andere, vielleicht neuere Version des Webservers zu fahren, ist es daher leider notwendig, das gesamte XAMPP-Paket zu deinstallieren (zuvor den Apache- und MySQL-Dienst stoppen) und das neue Paket über die in diesem Abschnitt beschriebene Prozedur einzurichten.
>
> *Achtung*: Bevor Sie das Verzeichnis *XAMPP* aus dem *Programme*-Ordner in den PAPIERKORB schieben, legen Sie vorher eine Sicherheitskopie Ihrer bisherigen Arbeiten an der Website an, also den gesamten Ordner */htdocs/joomla3test*. Nach der Installation des anderen XAMPP-Pakets ziehen Sie den Ordner dann einfach wieder zurück ins */htdocs*-Verzeichnis.

2.2.4 XAMPP unter Linux, Ubuntu, Linux Mint installieren

Unter modernen Consumer-Linux-Systemen ist die Installation von XAMPP nicht aufwendiger als unter den grafischer ausgerichteten Windows- oder OS-X-Systemen. Leider ist XAMPP nicht in den üblichen Software- und Pakete-Managern der Distributionen vertreten, aber selbst die händische Installation der von der XAMPP-Website heruntergeladenen Archive ist im Handumdrehen erledigt.

> **Info: 32- oder 64-Bit-Version**
>
> Beim Herunterladen des XAMPP-Pakets für Linux ist auf den Unterschied zwischen 32- und 64-Bit-Versionen zu achten. Über die Kommandozeile lässt sich herausfinden, welche Betriebssystemversion installiert ist:
>
> ```
> uname -m
> ```
>
> Die Ausgabe i686 identifiziert ein 32-, x86_64 ein 64-Bit-System. Ein Indiz, dass Sie die falsche Version heruntergeladen haben, sind Fehlermeldungen beim Ausführen der Datei, z. B. Syntax Error "(" unexpected.

1. Bevor XAMPP mit der heruntergeladenen XAMPP-Installationsdatei, z. B. *xampp-linux-5.6.3-0-installer.run*, eingerichtet werden kann, muss das Archiv als *ausführbar* (executable) markiert werden. Das geschieht beispielsweise über die Kommandozeile:

   chmod 755 xampp-linux-5.6.3-0-installer.run

   Oder in der grafischen Benutzeroberfläche über ein gesetztes Häkchen im RECHTE- oder PERMISSIONS-Reiter der PROPERTIES/EIGENSCHAFTEN der Datei, die über das Rechtsklick-Kontextmenü aufgerufen werden – siehe Abbildung 2.19.

   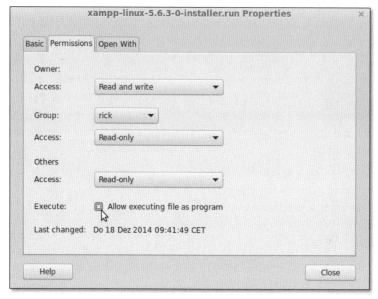

   Abbildung 2.19 Nach dem Herunterladen wird die XAMPP-Installationsdatei als ausführbar markiert.

2. Da man in einem regulären Linux-System selten als Administrator angemeldet ist, führt ein Doppelklick zur Ausführung der Installerdatei zur Fehlermeldung, der aktuell angemeldete Benutzer besäße keine Root-Rechte. Begeben Sie sich deshalb in die Konsole, wechseln Sie ins Download-Verzeichnis, in dem die *.run*-Datei liegt, und forcieren Sie den Start mit Admin-Rechten:

   sudo ./xampp-linux-5.6.3-installer.run

   Nun noch das Administrator-/Root-Passwort eingeben und kurz darauf erscheint das Willkommenfenster. Klicken Sie auf NEXT, und wählen Sie bei der Komponentenauswahl die XAMPP DEVELOPER TOOLS ab (siehe Abbildung 2.20).

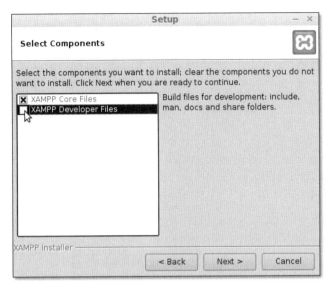

Abbildung 2.20 Die »XAMPP Developer Files« werden zur Entwicklung und zum Zusammenführen des XAMPP-Archivs eingesetzt – für die Joomla!-Testumgebung benötigen Sie die Dateien nicht.

3. Bestätigen Sie den Installationspfad */opt/lampp* (*opt* ist das Standardverzeichnis für optionale Softwarepakete), und löschen Sie das Häkchen LEARN MORE ABOUT BITNAMI FOR XAMPP, das ein Browserfenster mit der Bitnami-Website öffnet. Klicken Sie zweimal auf NEXT, und die Installation beginnt.

Tipp: XAMPP Control Panel wiederfinden

Falls die XAMPP-Installation in Ihrem Linux-System keinen Shortcut für das Control Panel angelegt hat, starten Sie es mit Root-Rechten über die Kommandozeile:

```
sudo /opt/lampp/manager-linux.run
```

Jetzt noch das Root-Passwort eingeben und das Control Panel öffnet sich.

Nach der Installation bestätigen Sie das Starten von XAMPP und öffnen im Browser die Adresse *http://localhost*, die die Willkommensseite zeigt, in der Sie die Sprache für die XAMPP-Browseroberfläche auswählen. Falls die Seite nicht erreichbar ist und/oder etwas während des Webserver-Starts schiefgegangen ist, werfen Sie einen Blick in Abschnitt 2.2.6, »Problembehandlung bei fehlerhaftem Apache-Start«.

Info: XAMPP aktualisieren oder deinstallieren

Da XAMPP nicht über einen Paket-Manager installiert werden konnte, gibt es keine Möglichkeit, einzelne Komponenten wie den Apache Webserver, PHP oder die MySQL-Datenbank zu aktualisieren. Ist das allerdings erforderlich, weil Sie z. B. die lokale Entwicklungsumgebung näher an die Konfiguration einer aktualisierten Live-Umgebung heranbringen möchten, gehen Sie so vor:

1. Legen Sie ein Backup Ihrer Website im */htdocs*-Verzeichnis an.
2. Öffnen Sie eine Kommandozeile, und stoppen Sie alle XAMPP-Dienste:
   sudo /opt/lampp/lampp stop
3. Löschen Sie das vorhandene Setup:
   sudo rm -rf /opt/lampp
4. Installieren Sie ein anderes, passenderes XAMPP-Paket anhand des in diesem Abschnitt beschriebenen Prozesses.

2.2.5 Control Panel und XAMPP-Dateistruktur unter OS X oder Linux

Das XAMPP Control Panel ist unter OS X und Linux in drei Reiter aufgeteilt:

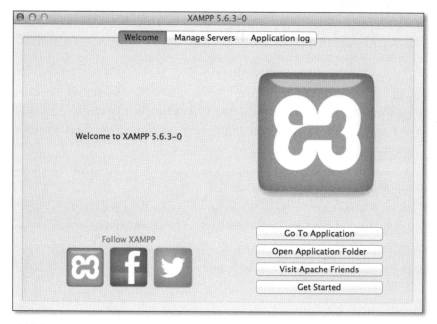

Abbildung 2.21 Wechseln Sie zum Tab »Manage Servers«, um die Apache- und MySQL-Komponenten zu starten.

- WELCOME (siehe Abbildung 2.21)
  - GO TO APPLICATION: Öffnet die lokale XAMPP-Website im Browser. Nach Auswahl der Sprache findet man hier Statuschecks, Sicherheitschecks und Links zum lokalen phpMyAdmin und Demowebsites.

– OPEN APPLICATION FOLDER: Öffnet im Finder/Dateimanager das Installationsverzeichnis von XAMPP. Von hier aus erreicht man z. B. die Komponenten Apache, MySQL und PHP, aber auch das wichtige *htdocs*-Verzeichnis, in dem die Websites und später auch Joomla! liegen.
– VISIT APACHE FRIENDS: Führt zur Startseite von XAMPP im Internet.
– GET STARTED: Öffnet im Browser ein Wiki zur XAMPP-Installation. Hier finden Sie interessante Informationen, z. B. Login-Details, Installationspfade etc.

▶ MANAGE SERVERS (siehe Abbildung 2.22): In diesem Reiter lassen sich die XAMPP-Komponenten starten, stoppen, neu starten oder konfigurieren. Zur Konfiguration gehört dabei u. a. das Festlegen der Portnummer. Tragen Sie nur dann eine andere PORT-Nummer ein, wenn auf Ihrem Rechner noch ein zweiter Webserver läuft.

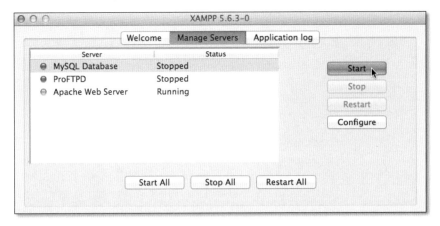

Abbildung 2.22 Für Joomla! benötigen Sie »Apache Web Server« und »MySQL Database«; »ProFTPD« kann ausgeschaltet bleiben.

Weitere Schaltflächen des CONFIGURE-Fensters führen zu den Konfigurations- und Log-Dateien der Komponenten (siehe Abbildung 2.23).

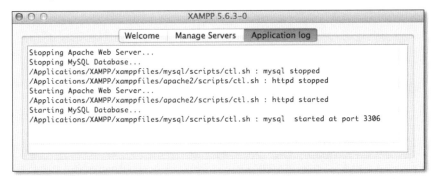

Abbildung 2.23 Lässt sich eine Serverkomponente nicht starten, werfen Sie einen Blick in den Reiter »Application log«, um die Ursache zu finden.

- APPLICATION LOG: In diesem Konsolenfenster beobachten Sie das Ein- und Ausschalten sowie mögliche Probleme mit den Komponenten. Wenn z. B. der Apache oder die MySQL-Datenbank nicht startet, sehen Sie zuerst hier nach, wo das Problem liegt, oft gibt eine beschreibende Fehlermeldung bereits Aufschluss.

Für einige Einstellungen und Administrationsaufgaben in späteren Kapiteln ist die Arbeit an Konfigurationsdateien unvermeidbar. Auch manche Websiteerweiterungen oder Problemlösungen erfordern die eine oder andere Einstellung der XAMPP-Komponenten. Werfen Sie deshalb an dieser Stelle einen raschen Blick in das XAMPP-Installationsverzeichnis */Programme/XAMPP/xamppfiles/* unter OS X bzw. */opt/lampp* unter Linux, um einen kleinen Überblick zu gewinnen. Die wichtigsten Ordner:

Unterverzeichnis	Inhalt
/bin/	Unter Linux/OS X befinden sich hier die ausführbaren Programmdateien aller XAMPP-Komponenten. Für die MySQL-Datenbank sind das beispielsweise die nützlichen Kommandozeilen-Tools *mysql*, *mysqladmin* und `mysqldump`, mit denen alle Datenbankoperationen abseits einer Webapplikation wie phpMyAdmin durchgeführt werden können.
/cgi-bin/	Das Common Gateway Interface ist ein etwas in die Jahre gekommener Mechanismus, dynamische Webseiten z. B. mithilfe von Perl zu erzeugen. Klassisches Beispiel: ein Formularscript, das in diesem Ordner abgelegt würde. Das Verzeichnis ist für Joomla! unwichtig, da die PHP-Dateien des Content-Management-Systems überall unter */htdocs* liegen dürfen.
/etc/	Hier liegen die wichtigsten Konfigurationsdateien einiger Komponenten: - *httpd.conf*: Apache-Webserver-Konfiguration - *php.ini*: PHP-Einstellungen - */extra/httpd-vhosts.conf*: für die Einrichtung virtueller Websites, siehe Abschnitt 2.4.2, «Joomla!-Installation ohne Unterverzeichnis erreichen»
/htdocs/	Eines der wichtigsten Verzeichnisse: Unter */htdocs* liegen alle Websites in Unterordnern sortiert. Nach der Installation finden Sie hier z. B. die XAMPP-Verwaltungs-Website und den Logfile-Analyzer Webalizer. phpMyAdmin liegt allerdings, dem Webserver per Alias bekanntgegeben, in seinem eigenen Verzeichnis unter */opt/lampp*.

Tabelle 2.3 Die wichtigsten Verzeichnisse der Dateistruktur im XAMPP-Hauptordner

Unterverzeichnis	Inhalt
/logs/	Apache-Zugriffs- (*access_log*) und Fehlerprotokoll (*error_log*) sowie Fehlerlog für PHP (*php_error_log*)
/phpmyaadmin/	Alle Dateien für die Mini-Webapplikation phpMyAdmin inklusive Konfiguration in der *config.inc.php*-Datei. Hier könnten Sie phpMyAdmin z. B. so konfigurieren, dass es sich nicht mit der lokalen, sondern mit der Datenbank bei Ihrem Webhoster verbindet.

Tabelle 2.3 Die wichtigsten Verzeichnisse der Dateistruktur im XAMPP-Hauptordner (Forts.)

Die XAMPP-Infrastruktur ist nun installiert, und Sie haben sich mit dem Control Panel und der Datei- und Verzeichnisstruktur vertraut gemacht. Im nächsten Schritt, Abschnitt 2.3, »Datenbank einrichten«, bereiten Sie die Datenbank vor, um gleich darauf Joomla! zu installieren.

2.2.6 Problembehandlung bei fehlerhaftem Apache-Start

Apache Webserver startet nicht

Zeigt das Apache-Modul im XAMPP Control Panel kein grünes Licht und verwandelt sich der START- nicht in einen STOPP-Button, ist beim Start des Apache etwas schiefgelaufen. Nach einer sauberen Erstinstallation ist das zwar unwahrscheinlich, kann aber doch eine Reihe von Gründen haben. Die beiden häufigsten sind:

▶ **Der Webserver-Port 80 ist schon belegt**
   Zu Problemen kommt es immer wieder mit einem gleichzeitig laufenden Skype. Lösung: Skype während des Apache-Starts kurz ausstellen. Läuft der Apache, aktivieren Sie Skype wieder.

   Es ist auch möglich, dass auf Ihrem Rechner bereits ein Webserver auf Port 80 läuft. In diesem Fall: per Dienste/Services-Liste ausfindig machen und ausschalten. Falls der andere Server benötigt wird, legen Sie ihn am besten auf einen anderen Port – adaptieren Sie dazu die anfänglichen Hinweise in Abschnitt 2.4.2, »Joomla!-Installation ohne Unterverzeichnis erreichen«.

▶ **Die Apache-Konfigurationsdateien enthalten einen Fehler**
   Das Problem tritt nur auf, wenn Sie die Apache-Konfiguration nach der Installation verändert haben, und liegt entweder an einem Tippfehler oder einer falschen Konfiguration. Im ersten Schritt machen Sie alle Änderungen rückgängig: Halten Sie im Editor so lange [Strg]/[cmd] + [Z], bis sich die Konfigurationsdatei wieder im Originalzustand befindet. Danach Schritt für Schritt mit [Strg]/[cmd] + [Y] die Änderungen nachstellen, speichern, Apache-Start testen, bis Sie den Fehler aufgespürt haben.

Studieren Sie in jedem Fall die rot markierten Fehlermeldungen im Logfenster des Control Panels, denn sie enthalten wertvolle Hinweise.

Hat Ihr Apache Webserver andere als die oben beschriebenen Probleme, verwenden Sie den *ultimativen Problemlösungs-Workflow*:

1. Öffnen Sie die Apache-Fehlerlogdatei (Klick auf den Button LOGS • APACHE (ERROR.LOG)).
2. Scrollen Sie im Editor nach unten zum aktuellen Datum.
3. Suchen Sie die aktuellste Meldung, die auch nur entfernt nach einem Problem aussieht und z. B. die Markierung ERROR trägt.
4. Kopieren Sie den Fehlertext mit [Strg]/[cmd] + [C] in die Zwischenablage, aber nur den Teil, der keine persönlichen Einstellungsbeschriftungen oder Verzeichnisnamen enthält.
5. Suchen Sie im Internet nach exakt diesem Fehlertext.
   - Wirkt das Suchergebnis nicht konkret genug, setzen Sie die Fehlermeldung zusätzlich in Anführungszeichen.
   - Ist das Suchergebnis immer noch zu allgemein, schreiben Sie das Wort »apache« vor die zu suchende Fehlermeldung.
   - Für Ergebnisse in deutscher Sprache ergänzen Sie im Suchfeld »Fehler«.

Die XAMPP-Website zeigt keine deutschen Umlaute

Falls die lokale XAMPP-Website Sie mit den Worten HERZLICHEN GL?CKWUNSCH begrüßt, dann liegt das an der Konfiguration ab PHP Version 5.6. Als Standardzeichensatz verwendet PHP nun UTF-8 und erwartet von jeder Website, die ihre Seiten in einem anderen Zeichensatz ausliefert, diesen auch in der HTTP-Response mitzuteilen.

Für Joomla! oder eigene, sauber programmierte Webseiten, die z. B. das Tag `<meta http-equiv="Content-Type" content="text/html`**`; charset=utf-8`**`" />` im HTML-Header mitliefern, ist das damit kein Problem. Im Fall der XAMPP-Website liegen die Sprachdateien im ISO-Zeichensatz vor, während die Webseiten keine Auskunft über den Zeichensatz geben. Ergo wird die ISO-Zeichenkette im PHP-Standard-UTF-8-Zeichensatz dargestellt, was in kuriosen Sonderzeichen resultiert.

Die Reparatur ist einfach: Laden Sie die */htdocs/xampp/lang/de.php* in einen Editor, und speichern Sie die Datei wieder im UTF-8-Format. (Die noch sauberere Methode wäre, die Webseiten um das `http-equiv`-Meta-Tag mit entsprechend gesetztem `charset` zu ergänzen.)

2.3 Datenbank einrichten

Joomla! speichert sämtliche Textinhalte und Konfigurationen in einer Datenbank. Unterstützte Datenbanksysteme sind Microsoft SQL Server, PostgreSQL und das im XAMPP-Paket enthaltene MySQL.

Für die bevorstehende Joomla!-Installation erzeugen Sie eine Datenbank. Die MySQL-Komponente bietet nur Kommandozeilenbefehle und ein eigenes *Command Line Interface* (CLI). Dort lassen sich zwar alle Datenbankoperationen per SQL durchführen, besonders komfortabel ist das aber nicht. Hier ist XAMPP wieder Retter in der Not, denn die De-facto-Standardbenutzeroberfläche phpMyAdmin ist bereits als eigene Webapplikation vorinstalliert.

1. Starten Sie Ihren lokalen phpMyAdmin im Browser über die Adresse *http://localhost/phpmyadmin*.

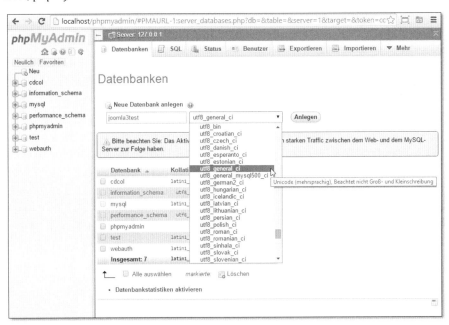

Abbildung 2.24 Anlage einer neuen Datenbank über den Reiter »Datenbanken«; wählen Sie als Zeichensatz »utf8_general_ci«.

2. Wählen Sie den Reiter DATENBANKEN.
3. Vergeben Sie unter NEUE DATENBANK ANLEGEN • DATENBANKNAME einen sinnvollen Namen, z. B. »joomla3test«.
4. Stellen Sie, wie in Abbildung 2.24 dargestellt, das Dropdown-Menü KOLLATION auf UTF8_GENERAL_CI. Diese Zeichensatzeinstellung vermeidet später potenzielle Probleme mit Sonderzeichen im Content.
5. Klicken Sie auf ANLEGEN.

Die Datenbank *joomla3test* ist nun angelegt und erscheint in der Datenbankübersicht auf der linken Seite des Fensters.

In einem Live-System würden Sie noch Benutzer und Passwörter anlegen, um den Zugriff auf die Datenbank einzuschränken und so deutlich sicherer zu gestalten. Beispielsweise ist es nicht notwendig, dass das Konto, das Joomla! benutzt, um Textinhalte zu schreiben und zu lesen, auch Datenbanken löschen darf. Würde jemand Kontrolle über das Datenbankzugriffssystem in Joomla! erlangen, käme er dann an den wertvollen Content und könnte im schlimmsten Fall alles löschen.

Für die lokale Testumgebung machen Sie sich aber keine Sorgen. Zum einen ist die Datenbank nicht von außen zu erreichen. (Das sollte auch niemals so eingestellt werden, da das Standardpasswort für den Datenbankadministrator leer ist.) Zum anderen läuft die Joomla!-Installation ebenfalls nur lokal und wäre erst nach Portfreigaben am Netzwerkrouter erreichbar. Für die Entwicklungs-/Testumgebung sind die lapidaren Standard-XAMPP-Sicherheitseinstellungen ausreichend.

Möchten Sie einen Schritt weitergehen und dieses Sicherheitsrisiko vermeiden, lesen Sie im folgenden Abschnitt, wie Sie das Problem mit der unsicheren Datenbankverbindung in den Griff bekommen. Danach geht's in Abschnitt 2.4 endlich zur eigentlichen Joomla!-Installation.

Optional: Datenbankzugriff mit neuem Konto absichern

In der Standard-XAMPP-Konfiguration erfolgt der Datenbankzugriff über das Administratorkonto *root*, dem kein Passwort zugewiesen ist. Das ist Absicht, denn XAMPP ist darauf ausgelegt, vornehmlich in lokalen Umgebungen eingesetzt zu werden. Und zwar so schnell und unkompliziert wie möglich. Diese Seiten greifen daher ein Thema auf, das erst in Kapitel 3, »Live-Umgebung einrichten«, kritisch ist: Wie werden Datenbankverbindungen in einer Live-Umgebung behandelt?

Dieses Sicherheitsleck stopfen Sie durch Anlegen eines eingeschränkten Benutzers per phpMyAdmin und Angabe dieses Benutzers in der Joomla!-Konfiguration. Schon allein die Anlage eines Benutzers mit *anderem* Namen erhöht die Sicherheit ungemein, da etwaige Brute-Force-Angriffe, bei denen Hunderttausende von Passwörtern für bekannte Benutzernamen (root) ausprobiert werden, fehlschlagen.

1. Öffnen Sie im Browser die phpMyAdmin-Oberfläche unter der Adresse *http://localhost/phpmyadmin*.

2. Wählen Sie links die Datenbank JOOML3TEST und danach den Reiter RECHTE in der Mitte der oberen Fensterkante.

3. Klicken Sie im Kasten NEU auf den Link BENUTZER HINZUFÜGEN.

4. Nun erscheint ein recht umfangreiches Formular (siehe Abbildung 2.25), in dem der BENUTZERNAME, sein PASSWORT und die notwendigsten RECHTE festgelegt werden.

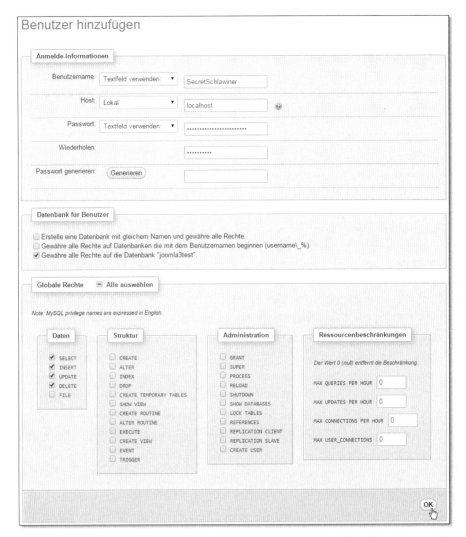

Abbildung 2.25 Für die Contentpflege benötigt der Joomla!-Datenbankbenutzer nur die Rechte »SELECT«, »INSERT«, »UPDATE« und »DELETE«.

– BENUTZERNAME: Vergeben Sie einen beliebigen Benutzernamen, am besten einen ungewöhnlichen, vermeiden Sie also z. B. »joomla«.
– HOST: Wählen Sie aus der Dropdown-Liste LOKAL, oder geben Sie in das Textfeld dahinter »localhost« ein.
– PASSWORT/WIEDERHOLEN: Erfinden Sie ein sicheres Passwort, siehe auch Abschnitt 22.4, »Starke Passwörter einsetzen«.
– PASSWORT GENERIEREN: Statt ein Passwort zu erfinden, können Sie auch eines zufällig erzeugen lassen.

- DATENBANK FÜR BENUTZER: Belassen Sie das Häkchen bei der Option GEWÄHRE ALLE RECHTE AUF DIE DATENBANK "JOOMLA3TEST".
- GLOBALE RECHTE: Setzen Sie Häkchen (☑) an folgende Optionen im linken Kasten: SELECT, INSERT, DELETE, UPDATE. Damit ist dieser Benutzer *ausschließlich* berechtigt, Inhalte zu schreiben, zu verändern und zu löschen, nicht aber, globale Änderungen am Datenbanksystem durchzuführen.

5. Nach einem Klick auf OK rechts unterhalb des Formulars steht der neue Benutzer bereit.

Achtung: Mit diesen Rechten kann nur Content gepflegt werden

Die jetzt stark eingeschränkten Rechte des Joomla!-Benutzers sichern das Datenbanksystem gegen alle von etwaigen Joomla!-Komponenten ausgehenden Manipulationen der Datenbank ab. Dieser Benutzer darf nur an Inhalten arbeiten – eine ideale Konfiguration für ein Produktionssystem, in dem jedes Konto nur das ausführen darf, was es zur Bewältigung seiner Aufgaben benötigt. In diesem Fall zählt Contentpflege zum Tagesgeschäft, da davon auszugehen ist, dass das Joomla!-System mit all seinen Komponenten und Erweiterungen fertig eingerichtet ist.

Falls Sie die Rechte dieses Benutzers aber doch mal ausweiten müssen, um z. B. Updates durchzuführen oder eine neue Erweiterung zu installieren, sind das nur ein paar Klicks in phpMyAdmin:

1. Wechseln Sie in der Liste auf der linken Seite zur fraglichen Datenbank.
2. Navigieren Sie zum Reiter RECHTE (obere Fensterkante, etwa in der Mitte).
3. Suchen Sie die Zeile mit dem fraglichen Benutzer, und klicken Sie ganz rechts auf den Link RECHTE ÄNDERN.
4. Nun genügt ein Häkchen bei GLOBALE RECHTE: ☑ ALLE AUSWÄHLEN. Speichern Sie die neuen Benutzerrechte über den Button OK rechts unten.

Über dasselbe Konfigurationsfenster lassen sich diese Rechte wieder auf SELECT, INSERT, DELETE, UPDATE zurücksetzen, nachdem die Wartungsarbeiten abgeschlossen sind.

Hinweis: Alternativ legen Sie einen zweiten Administrationsbenutzer an, der über alle Rechte verfügt. Die Umschaltung zwischen den Benutzern nehmen Sie dann in der Joomla!-Konfiguration *configuration.php* vor.

Um den eben angelegten Datenbankbenutzer in Joomla! einzustellen, genügt das Administrations-Backend leider nicht. Sie müssen per Hand an die Hauptkonfiguration. Öffnen Sie die Datei *configuration.php* aus dem Joomla!-Hauptverzeichnis in einem Texteditor, und suchen Sie diese Zeilen:

```
public $dbtype = 'mysqli';
public $host = 'localhost';
```

```
public $user = 'root';
public $password = '';
public $db = 'joomla3test';
```

Tragen Sie jetzt hier für $user und $passwort die Login-Daten des eben angelegten MySQL-Benutzers ein. Speichern Sie die Datei, und aktualisieren Sie eine beliebige Joomla!-Seite im Browser, um die Gültigkeit des Logins zu prüfen.

Erscheint eine größtenteils leere Webseite mit der Fehlermeldung Error displaying the error page: Application Instantiation Error: Could not connect to MySQL, liegt wahrscheinlich ein Tippfehler vor; entweder in der *configuration.php* oder beim Anlegen des Benutzers. Zwischenablagen sind manchmal etwas widerspenstig. Wiederholen Sie dann einfach das Neuanlegen und Konfigurieren, bis die Datenbankverbindung steht.

Noch ein Tipp: Um einen Datenbankbenutzer zu löschen, klicken Sie auf das kleine -Icon unter dem phpMyAdmin-Logo, sodass rechts oben der Reiter BENUTZER erscheint. In diesem Fenster lassen sich Benutzernamen markieren und im Kasten DIE AUSGEWÄHLTEN BENUTZER LÖSCHEN • OK entfernen.

2.4 Joomla!-Download und -Installation

Nach all den Vorbereitungen kommen Sie endlich zur eigentlichen Joomla!-Installation. An dieser Stelle richten Sie das System von Grund auf ein; wie Sie mit Joomla!-Updates verfahren, lesen Sie in Abschnitt 20.3.1, »Joomla!-Version upgraden«.

2.4.1 Joomla! herunterladen und entpacken

Joomla! lässt sich aus einer Vielzahl von Repositorien im Internet herunterladen. Allen voran die offizielle Community-Website unter *http://www.joomla.org*, wo Sie die internationale, englischsprachige Version vorfinden.

Die Installation einer international-englischen Softwareversion hat einen immensen Vorteil: Stecken Sie irgendwo fest und benötigen Hilfe, finden Sie die Lösung für Ihre Probleme meist in Internetforen. Zwar existieren unter *http://forum.joomla.de* und *http://www.joomlaportal.de* rege deutschsprachige Communitys, aber internationale Foren haben wegen ihres weltweiten Publikums oft die Nase vorn. Dabei ist es nützlich, die Begriffe aus den bereitgestellten Lösungen, Antworten und Tutorials in der eigenen Softwareinstallation in derselben Sprache vorliegen zu haben.

Für Joomla! ist das jedoch nicht so kritisch, da im Backend die wichtigsten Elemente klar zuzuordnen sind: Components → Komponenten, Modules → Module, Menu → Menü etc. Außerdem ist Joomla! gerade in deutschsprachigen Ländern besonders beliebt, deshalb gibt es genügend Foren und Anleitungen in deutscher Sprache.

Es steht also nichts im Wege, die deutsche Joomla!-Version zu installieren, um vielleicht die Berührungsängste der Kollegen aus der Redaktion mit dem Content-Management-System zu minimieren. Das deutschsprachige Installationspaket für Joomla! steht unter *http://www.jgerman.de* zum Download bereit.

1. Suchen Sie auf der Homepage nach dem Download-Button für die aktuellste Version, und laden Sie das ZIP-Archiv für die NEUINSTALLATION herunter (siehe Abbildung 2.26). Keine Panik: Der eigentliche Download-Link verweist auf eine Seite von *sourceforge.net*; das ist eine häufig genutzte Plattform für Open-Source-Downloads.

Abbildung 2.26 Mit ZIP-Archiven können alle Rechner, egal, mit welchem Betriebssystem, umgehen – wählen Sie das Komplettpaket für die »Neuinstallation« von Joomla!.

2. Erstellen Sie nun im *htdocs*-Verzeichnis Ihrer XAMPP-Installation einen Unterordner */joomla3test*, und entpacken Sie das ZIP-Archiv darin, sodass die vielen Joomla!-Unterverzeichnisse (*administrator, bin, cache* etc.) sichtbar sind. Auf den folgenden Seiten finden Sie Hinweise, wie Sie das unter verschiedenen Betriebssystemen am elegantesten bewerkstelligen.

Joomla!-Archiv unter Windows entpacken

Unter Windows finden Sie das heruntergeladene ZIP-Archiv im Ordner *Downloads* Ihres Benutzerkontos. Wählen Sie aus dem Rechtsklick-Kontextmenü der Datei (*Joomla_3.x.x-Stable-Full_Package_German.zip*) den Punkt ALLE EXTRAHIEREN... wie in Abbildung 2.27.

Abbildung 2.27 Die Funktion zum Entpacken von ZIP-Archiven finden Sie im Kontextmenü der zu entpackenden Datei: »Alle extrahieren...«.

Nun öffnet sich ein kleines Fenster, in dem Sie den Zielpfad hinterlegen: *C:\xampp\htdocs\joomla3test*. Ein Klick auf EXTRAHIEREN und nach wenigen Minuten liegen die entpackten Dateien an Ort und Stelle.

Joomla!-Archiv unter OS X entpacken

Wenn Sie das Joomla!-Archiv mit Safari heruntergeladen haben, hat der Browser das Paket wahrscheinlich ins *Downloads*-Verzeichnis unter dem Ordnernamen *Joomla_3* entpackt. Navigieren Sie dann im Finder in dieses Verzeichnis, markieren Sie alle Dateien mit ⌘ + A, und drücken Sie ⌘ + C zum Kopieren in die Zwischenablage. Jetzt wechseln Sie im Finder unter PROGRAMME ins Verzeichnis */XAMPP/htdocs* und fügen die Dateien mit ⌘ + V ein.

Hatten Sie das Archiv mit Chrome oder Firefox heruntergeladen, navigieren Sie im Finder ins *Downloads*-Verzeichnis. Klicken auf die Paket-Datei *Joomla_3.x.x-Stable-Full_Package_German.zip*, und wählen Sie aus dem Kontextmenü ÖFFNEN MIT • ARCHIVIERUNGSPROGRAMM (STANDARD), das nun das Archiv im selben Ordner entpackt (siehe Abbildung 2.28). Wechseln Sie ins neu erzeugte *joomla3test*-Verzeichnis, und kopieren Sie die entpackten Dateien wie im vorangegangenen Absatz beschrieben.

Abbildung 2.28 Safari entpackt sichere ZIP-Archive automatisch; mit Firefox oder Chrome heruntergeladene Pakete müssen Sie mit »Archivierungsprogramm« entpacken, bevor Sie sie in den Ordner »/Programme/XAMPP/htdocs/joomla3test« kopieren.

Joomla!-Archiv unter Linux entpacken

Unter Linux bemühen Sie aufgrund des strikteren Rechtesystems die Kommandozeile, um das Archiv zu entpacken und die Joomla!-Installation aufzurufen.

Zunächst ist es notwendig, die Schreibrechte für den aktuellen Benutzer zu setzen, um den Ordner *joomla3test* unter *htdocs* zu erstellen. Dazu verwandeln Sie sich in den Root-User, um `mkdir` uneingeschränkt zum Verzeichniserzeugen zu nutzen; danach geht's ans Entpacken:

```
su root
mkdir /opt/lampp/htdocs/joomla3test
unzip /home/[BENUTZER]/Downloads/Joomla_3.X.X-Stable-Full_Package_German.zip -d /opt/lampp/htdocs/joomla3test
```

Tauschen Sie beim `unzip`-Befehl den Platzhalter `[BENUTZER]` durch Ihren eigenen Benutzernamen aus.

Wenn Ihnen im Browser jetzt unter *http://localhost/joomla3test* die Fehlermeldung ACCESS FORBIDDEN! begegnet, dann liegt das am strengen Rechtemanagement des Apache Webservers. Aufgrund der reichhaltigen Linux- und Apache-Artenvielfalt deshalb an dieser Stelle nur einige allgemeine Hinweise.

Setzen Sie die lockeren Lese- und Ausführungsrechte für das *htdocs*-Verzeichnis und alle Verzeichnisse und Dateien darin:

```
chmod -R 755 /opt/lampp/htdocs
```

Für eine saubere Konfiguration verschärfen Sie dann wieder die Rechte für die *Dateien*, da diese nicht ausführbar sein müssen:

```
find /opt/lampp/htdocs -type -f -exe chmod 644 {} \;
```

Prüfen Sie jetzt, ob im Browser die Joomla!-Installation unter *http://localhost/joomla-3test* aufgerufen werden kann.

Linux kommt in vielen Geschmacksrichtungen, und neueste Apache-Versionen werden oft auch ein bisschen anders konfiguriert. Falls die in diesem Abschnitt enthaltenen Hinweise zu keinem Ergebnis führen, müssen Sie leider das Internet konsultieren. Suchen Sie nach Keywords wie »linux«, »xampp« und der Apache-Versionsnummer.

Hinweis: Nach jeder Konfigurationsänderung muss der Apache Webserver neu gestartet werden. Das erledigen Sie entweder per Mausklick über das XAMPP Control Panel oder auch per Kommandozeile: `sudo /opt/lampp/lampp restart`.

Kleiner Test, ob Joomla! im korrekten Ordner liegt

Joomla! liegt jetzt im korrekten Verzeichnis unter */htdocs* und lässt sich schon über die Adresse *http://localhost/joomla3test/* aufrufen (siehe Adressleiste in Abbildung 2.29). Der Ordnername *joomla3test* entspricht dabei dem Ordner, in den Sie die Joomla!-Dateien entpackt haben. Sie sehen jetzt den Browser-Installationsassistenten für Joomla!.

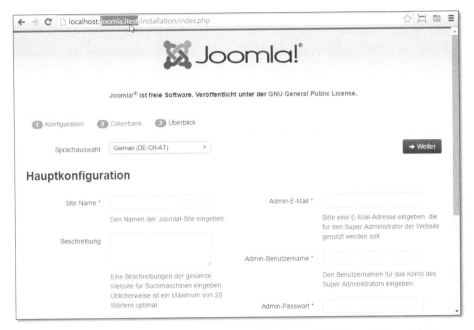

Abbildung 2.29 Erster Blick auf den Joomla!-Installationsassistenten – Webapplikationen in ein Unterverzeichnis zu installieren ist allerdings keine gute Praxis.

Prinzipiell können Sie nun in Abschnitt 2.4.3, »Joomla! installieren«, mit der Einrichtung von Joomla! beginnen. Allerdings stört etwas an der aufgerufenen URL: Joomla! wird über ein *Unterverzeichnis* aufgerufen, nämlich das gleiche, das Sie im *htdocs*-Ordner angelegt haben: *joomla3test*. Das sieht nicht gut aus und führt u. U. später zu Problemen. Im folgenden Abschnitt nehmen Sie optional eine kleine Änderung in der Webserver-Konfiguration vor, um das Unterverzeichnis aus der URL zu entfernen.

2.4.2 Joomla!-Installation ohne Unterverzeichnis erreichen

Wenn Sie im Browser die Internetadresse Ihres lokalen Rechners, *http://localhost*, aufrufen, greifen Sie im Hintergrund auf die Inhalte im *htdocs*-Verzeichnis Ihrer XAMPP-Installation zu. Da leuchtet ein, dass ein Aufruf der Adresse *http://localhost/joomla3test* die Inhalte des Ordners */htdocs/jooml3test* darstellt – des Ordners, den Sie in Abschnitt 2.4.1, »Joomla! herunterladen und entpacken«, angelegt hatten und der die Inhalte des Joomla!-ZIP-Archivs enthält.

Webapplikationen in Unterverzeichnissen vermeiden

Unter der URL *http://localhost/joomla3test* lässt sich Joomla! installieren, konfigurieren und vollständig bedienen. Richtig schön ist das jedoch nicht, denn der Unterordner *joomla3test*, der eigentlich nur zur Verzeichnis- und Dateiorganisation auf der Festplatte dient, erscheint nun als Bestandteil der URL jeder aufgerufenen Joomla!-Seite. Unvorstellbar wäre eine Live-Internetadresse, die dieses Artefakt enthielte: *https://joomla-handbuch.com/joomla3test/alle-links-zum-buch*.

Abgesehen von der URL-Ästhetik und Suchmaschinenfreundlichkeit (URLs sollten so wenige Unterverzeichnisse wie möglich enthalten) bergen in Unterverzeichnissen installierte Webanwendungen Probleme mit *absoluten* URL-Referenzen. Vereinfacht gefragt: Was passiert, wenn Sie eine Website aus einem Entwicklungs-/Testsystem (mit *joomla3test*-Unterverzeichnis) in einer Live-Umgebung installieren (*ohne* Unterverzeichnis)? Funktionieren alle internen Links z. B. auf andere Seiten oder Bilder noch?

Im Falle von Joomla! beantworten Sie das beruhigenderweise mit Ja. Joomla! merkt sofort, wenn es aus einem Unterverzeichnis aufgerufen wird, und passt die Links auf den HTML-Seiten automatisch an.

Wächst ein Joomla!-System aber in Bereiche, in denen Erweiterungen genutzt werden, die vielleicht nicht sorgfältig entwickelt wurden, oder integriert man andere Systeme von Drittanbietern, kann das zusätzliche Unterverzeichnis zu unerwünschten Nebenwirkungen führen. Das ist daran erkennbar, dass Bilder oder CSS-Dateien nicht geladen werden und das Seitenlayout zerstört und farblos daherkommt. Kurzum: Es zählt zum guten Website-Entwicklungsstil, nicht mit Unterverzeichnissen zu arbeiten.

> **Info: Die Entwicklungsumgebung funktioniert auch über Unterverzeichnisse**
> Falls Sie zu diesem Zeitpunkt noch nicht tiefer in die Serverkonfiguration einsteigen möchten, springen Sie direkt zu Abschnitt 2.4.3, »Joomla! installieren«, denn Joomla! funktioniert in der Regel auch ohne die hier vorgestellten Porteinstellungen. Sie können jederzeit an diese Stelle zurückkehren, um Ihre Entwicklungsumgebung aufzupolieren.

Da Sie in der lokalen Entwicklungsumgebung nicht mit verschiedenen Domains arbeiten, muss eine Lösung her, mehrere Websites unter *http://localhost* unterzubringen. Zur Wahl stehen Subdomains (z. B. *http://reiseportal.localhost*) oder Ports. Weil er schneller und unkomplizierter einzurichten ist, ergänzen Sie in diesem Abschnitt einen Port.

Virtual Host auf Port 81 konfigurieren

Da *http://localhost* bzw. *http://localhost:80* (der Standardport 80 darf immer weggelassen werden) bereits von der lokalen XAMPP-Website reserviert ist, benötigen Sie für Joomla! einen neuen Port, z. B. den nächsten verfügbaren: 81. So könnten Sie das

Content-Management-System statt unter *http://localhost/joomla3test* unter *http://localhost:81* erreichen. Dazu bedarf es lediglich einer kleinen Konfiguration des Apache Webservers, des Anlegens eines sogenannten *virtuellen Host*, über den Sie dem ausgewählten Port das *joomla3test*-Verzeichnis zuordnen:

1. Öffnen Sie die Datei *httpd-vhosts.conf* zum Bearbeiten in einem Editor. Diese Apache-Konfigurationsdatei liegt unter Windows in *C:\xampp\apache\conf\extra*, unter OS X in */Programme/XAMPP/etc* und unter Linux in */opt/lampp/etc/extra*.

   Kein Betriebssystem weiß zunächst etwas mit Dateien der Endung *.conf* anzufangen. Öffnen Sie die Datei im Explorer/Finder daher über das Rechtsklick-Kontextmenü der Datei und den Punkt ÖFFNEN MIT..., und wählen Sie dann den Texteditor aus.

2. Fügen Sie nun diesen kleinen Konfigurationsschnipsel ein. Achten Sie dabei auf den korrekten absoluten Pfad zum *joomla3test*-Verzeichnis:

   ```
   Listen 81
   <VirtualHost *:81>
       DocumentRoot "C:/xampp/htdocs/joomla3test"
       ServerName Reiseportal
   </VirtualHost>
   ```

   – Unter OS X lautet der Pfad: */Applications/XAMPP/xamppfiles/htdocs/joomla3-test*.
   – Unter Linux: */opt/lampp/htdocs/joomla3test*.

   Die erste Zeile `Listen 81` teilt dem Apache Webserver mit, dass er neben dem Standardport 80 nun auch auf Port 81 »lauschen« soll. Das heißt, der Webserver *reagiert* ab sofort, wenn im Browser die Adresse *http://localhost:81* aufgerufen wird.

   Der folgende `VirtualHost`-Block weist schließlich das *joomla3test*-Verzeichnis dem Port 81 zu.

   Hinweis: Wollen Sie sicherstellen, dass die XAMPP-Website (Port 80) weiterhin erreichbar bleibt, achten Sie darauf, dass alle anderen Virtual-Host-Einträge, insbesondere die Beispiele zu Port 80, auskommentiert sind. Dazu muss sich vor jeder einzelnen Zeile ein Hash-Zeichen # befinden.

3. Speichern Sie die Datei, und öffnen Sie die Hauptkonfiguration unter */apache/config/httpd.conf* bzw. */etc/httpd.conf* zur Bearbeitung.

4. Scrollen Sie in der *httpd.conf* bis zur Zeile `# Virtual Hosts` ziemlich weit am Ende. Stellen Sie sicher, dass der folgenden Zeile, die den Pfad zur *httpd-vhosts.conf*-Datei enthält, *kein* Hash-Zeichen # vorangestellt ist. Befindet sich dort eines, löschen Sie es einfach.

Unter Windows sieht die Passage dann z. B. so aus:

```
# Virtual hosts
Include conf/extra/httpd-vhosts.conf
```

Dieses Konfigurationsfragment sorgt dafür, dass die eben bearbeitete *httpd-vhosts.conf*-Datei in die Hauptkonfiguration eingebunden wird. Sie sehen z. B. in den benachbarten Zeilen, dass noch viele andere Dateien inkludiert werden; ein sehr modulares System also.

5. Speichern Sie die *httpd.conf*-Datei, und starten Sie den Apache neu, z. B. über das XAMPP Control Panel.

Nun ist die Joomla!-Installation (und später auch die lokale Joomla!-Website) unter *http://localhost:81* erreichbar. Wollen Sie weitere lokale Entwicklungs-/Testumgebungen anlegen, verfahren Sie genauso, verwenden allerdings einen anderen Port, z. B. 82. Auf diese Weise lassen sich natürlich nicht nur Joomla!-, sondern beliebige andere Websites einrichten, per Hand erstellte Scripts oder weitere große Open-Source-Systeme.

Hinweis: Servereinstellungen der Art, wie Sie sie in diesem Abschnitt durchgeführt haben, sind in der Regel nur in der lokalen Entwicklungsumgebung und im Falle der Live-Umgebung bei einem Root-Server notwendig. In einem Standard-Webhosting-Paket weist man Domains den passenden Installations-Unterverzeichnissen in einer bequemen Webbenutzeroberfläche zu.

2.4.3 Joomla! installieren

Nachdem alle Vorbereitungen für ein sauberes Setup abgeschlossen sind, machen Sie sich endlich daran, Joomla! zu installieren.

1. Zum ersten Setup-Schritt (siehe Abbildung 2.30) gelangen Sie durch Eingabe von *http://localhost:81* in die Adresszeile des Browsers. (Falls Sie Abschnitt 2.4.2, »Joomla!-Installation ohne Unterverzeichnis erreichen«, übersprungen haben und statt des Ports 81 mit dem Unterverzeichnis arbeiten, gelangen Sie unter *http://localhost/joomla3test* zur Joomla!-Installation.)

2. Geben Sie den Namen der Website (SITE NAME) und die wohlüberlegte BESCHREIBUNG ein. Letztere sollte keinesfalls leer gelassen werden, da es sich um wertvolle Informationen für Google und Co. handelt und standardmäßig als Beschreibung für jede Seite verwendet wird, die über keine individuelle Beschreibung verfügt. Das Feld lässt sich auch später bearbeiten, wenn der griffige, mit Keywords getränkte Slogan noch nicht steht.

3. Unter ADMIN-E-MAIL tragen Sie Ihre E-Mail-Adresse ein, der ADMIN-BENUTZERNAME ist der Name, der bei von Ihnen verfassten Inhalten erscheint. Vergeben Sie

schon jetzt ein sicheres PASSWORT, auch wenn die lokale Testumgebung nicht von außen erreichbar ist. Später wollen Sie ja mit diesem Setup live gehen.

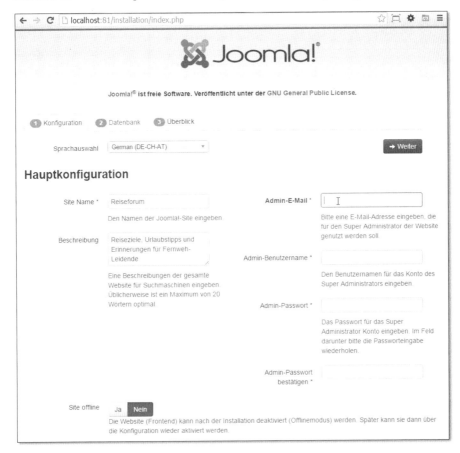

Abbildung 2.30 Schritt 1 des Joomla!-Setups: Name und Beschreibung der Website und Kontaktdaten und Passwort des Administrators

Tipp: Ein sicheres Passwort erfinden

Sichere Passwörter müssen nicht aus kryptischen Zeichenfolgen bestehen, die dann als Notizzettel unter der Tastatur liegen, da sie schwierig zu merken sind. Wählen Sie stattdessen eine Kombination mehrerer ungewöhnlicher, vielleicht sogar erfundener Wörter. Was hinter dieser Methode steckt, erfahren Sie in Abschnitt 22.4, »Starke Passwörter einsetzen«.

4. Ist der Schalter SITE OFFLINE auf JA gesetzt, erscheint für Besucher eine Meldung, dass sich die Website im Wartungsmodus befindet. Dieser Hinweis ist dann hilfreich, wenn Sie größere Änderungen vornehmen und verhindern wollen, dass

Ihre Besucher halb fertige Seitenansichten dargestellt bekommen. Für die Testinstallation ist das nicht relevant, da Sie keine Besucher erwarten. Belassen Sie den Schalter auf NEIN und klicken auf WEITER, um zum Schritt für die Eingabe der Datenbankparameter zu gelangen.

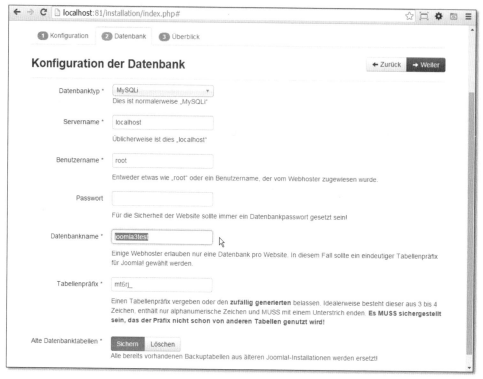

Abbildung 2.31 Joomla!-Setup Schritt 2: Eingabe der Parameter für die Datenbankverbindung – in der Testumgebung genügt der Root-Benutzer.

5. Geben Sie jetzt die Verbindungsdaten für die in Abschnitt 2.3, »Datenbank einrichten«, erzeugte Datenbank ein (siehe Abbildung 2.31):

   – DATENBANKTYP: MYSQLI ist eine verbesserte (»i« für *improved*) Version der bekannten MySQL-Datenbank mit vielen Verbesserungen unter der Haube, schneller und sicherer. Für neue Webprojekte löst MYSQLI den Vorgänger ab.

   – SERVERNAME: Bleibt bei LOCALHOST, da die MySQL-Datenbank in die *lokale* XAMPP-Umgebung integriert ist.

   – BENUTZERNAME: Geben Sie »root« ein; das ist der Standardadministrator der MySQL-Datenbank, der über alle Rechte verfügt. Falls Sie Ihr System über Abschnitt 2.3, »Datenbank einrichten«, schon sicherer gestaltet haben, tragen Sie hier den neuen Benutzernamen ein.

- Passwort: Bleibt leer; ebenfalls eine Einstellung, die Sie sich nur in der Testumgebung erlauben, es sei denn, Sie haben in Abschnitt 2.3, »Datenbank einrichten«, einen neuen Datenbankbenutzer eingerichtet. Tragen Sie dann an dieser Stelle das diesem Benutzer vergebene Passwort ein.
- Tabellenpräfix: Das Joomla!-Setup erzeugt hier eine zufällige Zeichenkette, die allen Tabellennamen vorangestellt wird, um potenzielle Konflikte mit existierenden Tabellen zu vermeiden, z. B. durch eine vorangegangene gescheiterte Installation. Ändern Sie hier nichts.
- Alte Datenbanktabellen Sichern/Löschen: Entscheiden Sie hier, wie mit existierenden Tabellen in der Datenbank verfahren werden soll. Da Sie mit einer neuen leeren Datenbank arbeiten, ist die Option an dieser Stelle irrelevant. Für eine saubere Joomla!-Installation empfiehlt sich übrigens immer die Anlage einer separaten Datenbank pro Joomla!-Website.

6. Klicken Sie auf Weiter, um zum nächsten Installationsschritt zu gelangen.

Info: In manchen Serverumgebungen konfigurieren Sie auch die FTP-Verbindung

Während seines Tagewerks nimmt Joomla! per PHP viele Änderungen an Verzeichnissen und Dateien in der Serverumgebung vor. Manche Webspace-Konfigurationen sind jedoch so eingestellt, dass dabei z. B. Verzeichnisse auf eine Art und Weise erzeugt werden, über die es später Probleme mit dem Setzen von Berechtigungen oder dem Datei-Upload gibt. Joomla! erkennt das in der Regel automatisch und aktiviert dann einen Mechanismus, mit dessen Hilfe Dateioperationen korrekt, mit Ihrem Webhosting-Benutzernamen, durchgeführt werden. In diesen Fällen erhalten Sie während der Joomla!-Installation einen weiteren Schritt FTP-Konfiguration, über den Sie dem Content-Management-System Ihre Zugangsdaten mitteilen (siehe Abbildung 2.32).

Die FTP-Einstellungen erfahren Sie über die Administrationsoberfläche Ihres Webhosters. Suchen Sie nach einem Menüpunkt FTP oder FTP-Zugang. Übernehmen Sie dann die Angaben in das Formular des Installationsassistenten.

- FTP-Funktion aktivieren: Stellen Sie diesen Schalter auf Ja.
- FTP-Benutzername: Benutzername des FTP-Kontos. Das ist oft eine kryptische Buchstaben- und Ziffernkombination und kann auch Ihrer Kundennummer oder dem Login in den Administrationsbereich entsprechen.
- FTP-Passwort: Geben Sie hier das zum FTP-Benutzernamen zugehörige Passwort ein. Es versteckt sich manchmal in den Detaileinstellungen des FTP-Kontos; vielleicht haben Sie auch bei Vertragsabschluss eine E-Mail mit dem Passwort erhalten.

- **FTP-Server**: Sehen Sie in der Dokumentation Ihres Webhosters nach, wie der FTP-Server lautet; hier gibt es eine Reihe von Variationen, z. B. Secure-FTP-Verbindungen, IPs oder Domain-Namen etc. Konsultieren Sie im Zweifelsfall den Support.
- **FTP-Port**: In der Regel müssen Sie den hier eingestellten Standardport 21 nicht ändern.
- **FTP-Passwort speichern**: Stellen Sie diesen Schalter auf Ja, damit sich Joomla! das FTP-Passwort merkt.

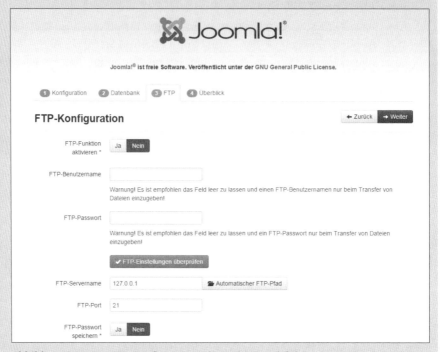

Abbildung 2.32 Die FTP-Konfiguration dient der Durchführung von Dateioperationen unter dem richtigen Benutzernamen und ist in vielen Serverumgebungen notwendig, um z. B. Bilder in den Medienmanager hochladen zu können.

- Klicken Sie dann auf Weiter für den letzten Konfigurationsschritt.

Tipp: Für das extrabisschen Sicherheit legen Sie für Joomla! ein dediziertes FTP-Konto an, wie in Abbildung 2.33 dargestellt. Dieses Konto sollte dann ausschließlich Zugriff auf das Unterverzeichnis haben, in das Sie Joomla! installieren. So bleiben das Hauptverzeichnis und andere Websites, die Sie betreiben, sicher, sollte ein Angreifer mal an die Konfigurationsdatei Ihrer Joomla!-Installation gelangen. Das Passwort befindet sich in der Datei *configuration.php* im Hauptverzeichnis von Joomla!. Diese Datei kann *eigentlich* nicht von außen eingesehen werden, ein zukünftiger Bug oder ein Sicherheitsleck könnte das aber ändern.

Abbildung 2.33 Mit einem separaten FTP-Konto für die Joomla!-Installation sind Ihre anderen Websites sicher, sollte ein Hacker Zugriff auf die FTP-Verbindungsdaten von Joomla! erlangen.

7. Im dritten Schritt (siehe Abbildung 2.34) wählen Sie oben neben BEISPIELDATEN INSTALLIEREN die Option KEINE aus, um ein Content-Management-System zu erhalten, das keine Beispiele für Artikelbeiträge, Kategorien, Menüs etc. enthält. So vermeiden Sie die mühevolle Aufräumaktion, wenn es darum geht, das System mit eigenem Content zu befüllen.

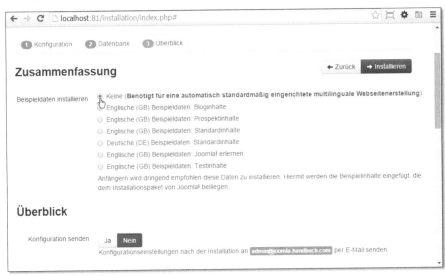

Abbildung 2.34 Oberer Teil des dritten Schritts der Joomla!-Installation – entscheiden Sie sich für eine saubere, leere Joomla!-Installation ohne Beispieldaten.

Info: Joomla!-Installationen mit Beispieldateien

Möchten Sie sich Joomla!-Systeme mit sinnvollen Beispieldaten ansehen, besuchen Sie die dieses Handbuch begleitenden Websites:

- *https://joomla-handbuch.com*
- *http://reiseforum.joomla-handbuch.com*
- *http://cms.joomla-handbuch.com*
- *http://community.joomla-handbuch.com*
- *http://shop.joomla-handbuch.com*

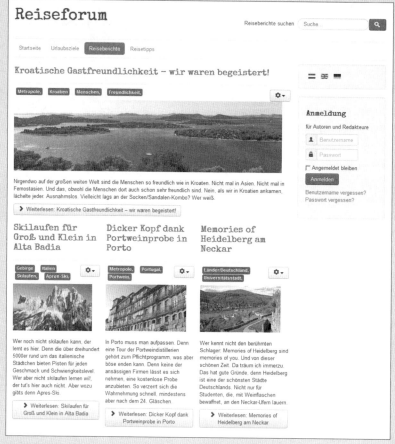

Abbildung 2.35 Besuchen Sie die Websites zum Buch, um sich einen praktischen Eindruck von Joomla!-Installationen zu verschaffen.

Mit dem Benutzernamen »Auditorium« und dem Passwort »KnusperQuasselHummel« gelangen Sie auch ins Administrations-Backend, um das Setup zu studieren. Dieser Benutzer hat nur Lesezugriff, Sie können also nichts versehentlich überschreiben oder löschen.

8. KONFIGURATION SENDEN dient dazu, die in diesen Installationsschritten eingegebene Konfiguration zur Archivierung an Ihre E-Mail-Adresse zu schicken. In der Testumgebung funktioniert das allerdings nicht, da Sie auf dem Arbeitsrechner keinen Mailserver installiert haben, um E-Mails zu versenden. In diesem Fall werden ausgehende Mails im Dateisystem abgelegt, unter Windows z. B. in *C:\xampp\mailoutput*.

Abbildung 2.36 Im unteren Bereich des dritten Schritts prüft der Installer die Systemvoraussetzungen.

9. Im mittleren Bereich des dritten Schritts sehen Sie noch mal eine Zusammenfassung der Konfiguration. Darunter befindet sich eine Liste, in der der Installationsassistent die Systemvoraussetzungen prüft und Alarm schlägt, wenn irgendetwas fehlt, das Joomla! benötigt (siehe Abbildung 2.36).

   – Wenn bei der INSTALLATIONSPRÜFUNG alles grün ist, fahren Sie mit der Installation fort. Falls nicht, verwenden Sie wahrscheinlich eine andere Serverumgebung als den eingangs beschriebenen XAMPP, oder Sie schlagen sich gerade mit den restriktiveren Live-Einstellungen Ihres Webhosters herum. Werfen Sie dann einen Blick in Abschnitt 3.4.3, »Problembehandlung bei unvollständiger Joomla!-Installation«, für Tipps, wie aus den roten Punkten grüne werden.

   – Bei den EMPFOHLENEN EINSTELLUNGEN gibt es in der Praxis immer Diskrepanzen. Kapitel 13, »System konfigurieren«, geht auf die Details dieser und anderer Systemeinstellungen ein.

10. Klicken Sie jetzt auf INSTALLIEREN, ist Joomla! wenige Sekunden später vollständig eingerichtet. Falls nicht, blättern Sie zum nächsten Abschnitt 2.4.4, »Problembehandlung bei unvollständiger Joomla!-Installation«.

Abbildung 2.37 Nach der Installation muss aus Sicherheitsgründen das Installationsverzeichnis entfernt werden – der Installer macht das automatisch auf Knopfdruck.

11. Nun noch das INSTALLATIONSVERZEICHNIS LÖSCHEN (auf den Button klicken genügt, siehe Abbildung 2.37), damit das Setup nicht noch mal von einem böswilligen Hacker ausgeführt wird, würde es sich um einen Live-Server handeln. Falls der Button nicht funktioniert, löschen Sie das Verzeichnis von Hand, z. B. über den WebspaceExplorer Ihres Webhosters.

Tipp: Wenn Sie das Installationsverzeichnis noch nicht gelöscht haben, lässt sich der Installationsvorgang wiederholen, nachdem Sie die automatisch angelegte Datei *configuration.php* im Hauptverzeichnis von Joomla! löschen.

Ein Klick auf WEBSITE führt von hier zur Besucheransicht der Installation, dem Frontend. Über den Button ADMINISTRATOR gelangen Sie nach der Benutzer- und Passwortabfrage ins Administrations-Backend.

Problemlösung: Joomla!-Konfiguration kann nicht geschrieben werden

In einer frischen Standardinstallation schreibt Joomla! alle im Installationsassistenten eingegebenen Einstellungen in die neu angelegte Datei *configuration.php*. Kann diese Datei wegen Berechtigungsproblemen nicht automatisch angelegt werden, ein seltenes Szenario bei einigen Webhostern, erhalten Sie eine Fehlermeldung wie in Abbildung 2.38. In diesem Fall kopieren Sie den Inhalt des Textfelds in eine neue Datei in Ihrem lokalen Texteditor, speichern sie als CONFIGURATION.PHP und laden sie manuell per FTP ins Joomla!-Hauptverzeichnis.

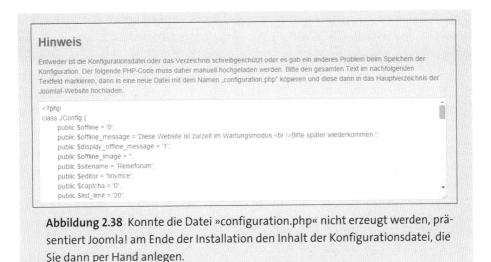

Abbildung 2.38 Konnte die Datei »configuration.php« nicht erzeugt werden, präsentiert Joomla! am Ende der Installation den Inhalt der Konfigurationsdatei, die Sie dann per Hand anlegen.

Joomla! ist nun fertig installiert: Über *http://localhost:81* erreicht man die eigentliche Website – das Frontend; für das Administrations-Backend geben Sie *http://localhost:81/administrator* in die Adresszeile des Browsers ein. Was Sie hier vorfinden, zeigen Kapitel 5, »Website-Frontend kennenlernen«, und Kapitel 6, »Administrations-Backend bedienen«.

2.4.4 Problembehandlung bei unvollständiger Joomla!-Installation

Wenn Sie die in diesem Kapitel vorgestellten Download-Pakete und Komponenten nach den beschriebenen Schritten eingerichtet haben, gibt es nicht viele Möglichkeiten, warum eine Joomla!-Installation abbrach oder einfror (wie z. B. beim Installationsfortschritt in Abbildung 2.39).

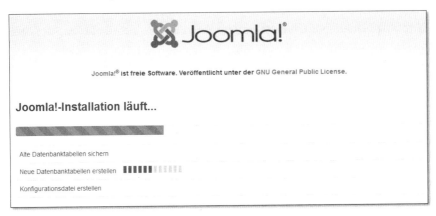

Abbildung 2.39 Falls sich der obere Fortschrittsbalken nach wenigen Minuten nicht mehr weiterbewegt, ist die Joomla!-Installation hängen geblieben; wahrscheinlich weil die PHP-Ausführungszeit für das Anlegen der Datenbanktabellen zu knapp war.

In Live-Umgebungen geht es etwas komplizierter zu, was zu allerlei Problemen führen kann; mehr dazu in Abschnitt 3.4, »Joomla! installieren«. Wenn's also in der Entwicklungs-/Testumgebung hakt, ist das meistens auf ein Hardwareproblem zurückzuführen. Ist der Arbeitsrechner, auf dem Joomla! installiert wird, ein älteres Baujahr, kann es sein, dass das Installationsscript so langsam läuft, dass die PHP-Umgebung zu einem vorzeitigen Abbruch führt. Das geschieht insbesondere gerne während des Anlegens der vielen Dutzend Datenbanktabellen. In solchen Fällen hilft es, die Ausführungszeit von PHP-Scripts zu verlängern.

1. Öffnen Sie die Datei *php.ini* zur Bearbeitung in einem Texteditor. Sie finden diese PHP-Hauptkonfigurationsdatei abhängig vom verwendeten Betriebssystem an unterschiedlicher Stelle:
   - Windows: *C:\xampp\php*
   - OS X: */Programme/XAMPP/etc*
   - Linux: */opt/lampp/etc*
2. Suchen Sie in der *php.ini* die Einstellung zu `max_execution_time`. Der Standardwert ist 30 (Sekunden). Erhöhen Sie diesen Wert auf 3000.
3. Speichern Sie die Konfigurationsdatei, und stoppen und starten Sie den Apache Webserver.
4. Starten Sie die Joomla!-Installation noch mal über die URL *http://localhost:81*, und folgen Sie erneut den Schritten in Abschnitt 2.4.3, »Joomla! installieren«. Ihr Browser hat sich wahrscheinlich die Inhalte der Formularfelder gemerkt, sodass Sie nicht jede Einstellung neu eingeben müssen, mit Ausnahme des Felds ADMIN-PASSWORT BESTÄTIGEN.

2.5 Testumgebung konfigurieren für Fortgeschrittene

Nach der erfolgreichen Joomla!-Installation kehren Sie noch einmal kurz zur Konfiguration der Entwicklungs- und Testumgebung zurück. Ein paar Tricks verstecken sich noch im Ärmel, um das Maximum aus dem System herauszukitzeln.

Hinweis: Beachten Sie, dass die in diesem Abschnitt vorgestellten Mechanismen nicht für ein lauffähiges Joomla!-System notwendig sind und sich an den fortgeschrittenen Anwender richten, der die Serverumgebung näher kennenlernen und finetunen möchte.

2.5.1 Testumgebung von außen erreichbar machen

In einer Woche sitzen Sie an einem Strand der ibizenkischen Südküste, und plötzlich juckt die Weiterentwicklung der Joomla!-Website unter den Fingernägeln? Oder ein Kollege oder Freund soll mal einen Blick auf Ihre neue Website werfen, um das Look and Feel zu bewerten? Dann muss die Testinstallation aus diesem Kapitel von außen, aus dem Internet, erreichbar sein.

Die Testumgebung nach außen freizuschalten ist grundsätzlich kein Problem. Ihr Rechner bzw. Ihr Heimnetzwerk erhielt vom Internetprovider eine öffentliche IP, eine Internetadresse, über die Ihre Geräte, damit auch der Rechner, auf dem die Joomla!-Website läuft, erreichbar sind. Diese Erreichbarkeit ist aus verständlichen Sicherheitsgründen bei allen Heimnetzwerken erst mal deaktiviert, also öffnen Sie auf diesen Seiten Schritt für Schritt die notwendigen Kanäle. Nicht aber, ohne vorher Sicherheitsmaßnahmen zu ergreifen, die potenziellen Hackerangriffen ein paar Steine in den Weg werfen. *Achtung*: Bevor Sie in diesem Abschnitt fortfahren, studieren Sie dringend Abschnitt 22.2.2, »Zusätzliches Serverpasswort einrichten«, und Abschnitt 22.2.3, »Websitezugriff anhand der IP einschränken«. Führen Sie die dort vorgestellten Maßnahmen durch, um Ihre Testumgebung so gut wie möglich nach außen abzuschotten und nur gezielte Zugriffe zu erlauben. Für die IP-Einschränkung bedeutet das: das gesamte Internet auszusperren und nur Ihre eigene und die IP des Kollegen freizuschalten, der Ihre Joomla!-Website begutachten soll. Bei der HTTP-Passwortsperre achten Sie darauf, dass Sie für das Testsystem nicht nur das Unterverzeichnis */administrator/*, sondern auch das Hauptverzeichnis schützen. Dorthin platzieren Sie auch die neu erzeugte *.htpasswd*-Datei.

> **Achtung: Nach außen freigeschaltete Systeme sind Hackerangriffen ausgesetzt**
>
> Schalten Sie Ihr Testsystem nur dann nach außen frei, wenn es absolut notwendig ist. In dem Augenblick, in dem die Freischaltung erfolgt, ist Ihr Rechner potenziellen Hackerangriffen ausgesetzt. Sie treffen zwar allerlei Vorsichtsmaßnahmen, dass *eigentlich* nichts passieren kann, doch die wirksamste Maßnahme ist die Bewusstwerdung des Sicherheitsrisikos. Bedenken Sie: Hundertprozentige Sicherheit gibt es nicht; insbesondere da Quantenkryptografie noch in den Kinderschuhen steckt.
>
> In jedem Fall lässt sich das in diesem Abschnitt vorgestellte Material als Informationsquelle nutzen, um mehr über Router, Portfreigaben und DNS-Konfigurationen zu erfahren.

Portfreigabe einrichten

Im Internet ist jedes angeschlossene Gerät durch eine eindeutige Adresse, die sogenannte IP-Adresse oder kurz IP, erreichbar – eine Art Hausnummer. Sie besteht aus einer Gruppe von vier Zahlen zwischen 0 und 255 und wird Ihnen vom Internetprovider zugeteilt. Sehen Sie einfach mal nach, unter welcher IP Sie im Internet erreichbar sind, indem Sie in Ihrer Suchmaschine »what is my ip« eingeben. Idealerweise erhalten Sie schon im Suchergebnis die vierstellige Internetadresse, aber auch Websites wie *http://www.whatismyip.com* verraten die Adresse.

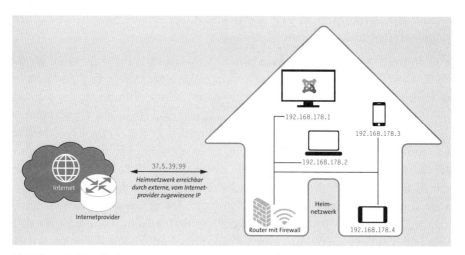

Abbildung 2.40 Mit der externen, vom Internetprovider vergebenen IP ist Ihr Heimnetzwerk von außen erreichbar; Ihr Router sorgt mit einem eigenen kleinen Heimnetzwerk (beginnt z. B. mit »192.168.178«) dafür, dass jedes angeschlossene Gerät individuell Daten sendet und empfängt.

Geben Sie diese Zahlenkombination nun in die Adresszeile im Browser ein, passiert erst mal nichts. Das ist gut so, denn es bedeutet, dass Ihr Internetrouter den Webserverkanal nach außen (Standardport 80) von Haus aus sperrt. Tatsächlich blockieren Router in ihrer Werkseinstellung die meisten Eingangsports, bis sie explizit freigegeben werden – so ist Ihr Heimnetzwerk vor Zugriffen aus dem Internet, damit auch potenziell gefährlichen Angriffen, geschützt. Ausgehende Ports sind natürlich freigeschaltet, um alle Internetdienste nutzen können.

Damit Ihre Testumgebung von außen erreichbar ist, schalten Sie einen eingehenden Port frei, am besten den dafür vorgesehenen Websiteport 80. Melden Sie sich dazu in Ihrem Router an, und suchen Sie in den Einstellungen nach PORTFREIGABEN. Die Konfiguration versteckt sich je nach Routerhersteller und -modell in Unterseiten – konsultieren Sie dann die Anleitung, mit Google auffindbare Hilfeforen (Stichwörter »Hersteller«, »Modell« und »Portfreigabe«) oder den Customer-Support des Herstellers.

Sie konfigurieren die Freigabe nun so, dass Ihre externe IP direkt auf die Joomla!-Installation verweist, die Sie beim Einrichten in Abschnitt 2.4.2, »Joomla!-Installation ohne Unterverzeichnis erreichen«, auf den *lokalen* Port 81 gelegt haben.

Wenn Sie in Ihrer Routerkonfiguration die Portfreigabe gefunden haben, suchen Sie eine Einstellungsmöglichkeit, in der alle Optionen *manuell* konfigurierbar sind, inklusive *Eingangs-* und *Zielport*. Füllen Sie das Konfigurationsformular dann so aus wie in Abbildung 2.41. Wichtig sind diese Einstellungen:

▶ Als PROTOKOLL kommt TCP zum Einsatz, das ist eines der Protokolle, das für die Übertragungen von Websites verwendet wird.

- Der Eingangsport (im Screenshot VON PORT) ist 80, der Standardport für Websites, der hinter IP-Adressen oder Domain-Namen weggelassen werden darf.
- AN COMPUTER/AN IP-ADRESSE: Dies ist die IP, die Ihr Rechner im internen Heimnetzwerk vom Router erhalten hat. Nicht zu verwechseln mit der externen IP, mit der Ihr gesamtes Netzwerk von außen erreicht wird – siehe Abbildung 2.40, die den Zusammenhang zwischen externer und internen IPs darstellt. Ihr Router wird Ihnen wahrscheinlich eine Liste von möglichen Computernamen oder IPs präsentieren, aus der Sie die richtige bequem herauspicken.
- Der Zielport (im Screenshot AN PORT) ist 81. Das ist der Port, den Sie schon in Abschnitt 2.4.2, »Joomla!-Installation ohne Unterverzeichnis erreichen«, für die Testumgebung auf Ihrem Arbeitsrechner (*localhost*) angegeben hatten.

Ab jetzt können Sie die lokale Joomla!-Installation durch Eingabe Ihrer *externen* IP-Adresse im Browser ansurfen.

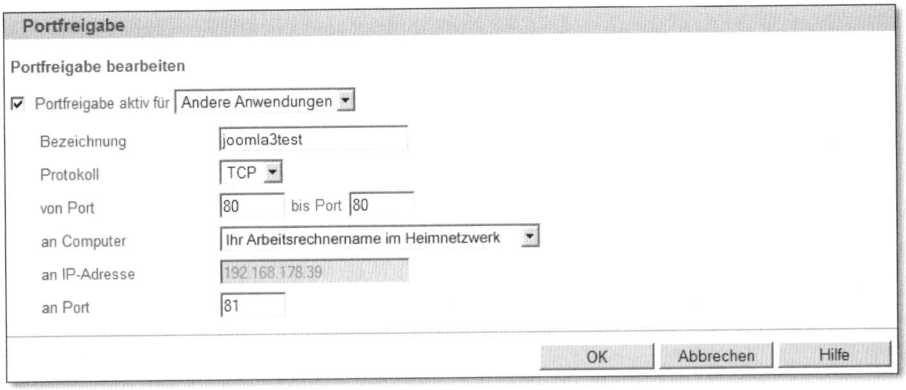

Abbildung 2.41 In der Portfreigabe des Internetrouters wird der externe Port 80 (Standard für Websites) auf den lokalen Port 81 der Joomla!-Installation geleitet.

Domain einrichten

Die Eingabe der IP in die Adresszeile des Browsers ist nicht die eleganteste Art und Weise, einen Webserver zu erreichen. Wäre es nicht schön, wenn Ihre Website unter *http://joomla3test.IhrDomainName.de* erreichbar ist? Kein Problem, wenn Sie Zugriff auf die *DNS-Einstellungen* Ihres Webhosting-Pakets haben (im Zweifel einfach eine Support-E-Mail-Anfrage schicken).

DNS steht für *Domain Name Server* und beschreibt das System und die Server hinter der Auflösung eines Domain-Namens zur IP. Wenn Sie z. B. *https://joomla-handbuch.com* in die Adresszeile des Browsers eingeben, ist diese Auflösung das Allererste, was passiert, nachdem Sie ⏎ drücken. Jetzt weiß der Browser, dass er eigentlich die IP *85.13.136.157* abrufen möchte – vereinfacht gesagt, handelt es sich um eine gigantische Tabelle mit zwei Spalten, in denen Domains IPs zugeordnet werden.

Domain Name Server stehen überall, bei Ihrem Internet Service Provider (ISP), bei Ihrem Webhoster und, bildlich gesprochen, an allen wichtigen Knotenpunkten im Internet. Überall dort, wo Daten aus der Domain/IP-Tabelle abgerufen oder geändert werden.

Anlage eines DNS-A-Records

Damit Ihre lokale Website unter *http://joomla3test.IhrDomainName.de* erreichbar ist, ergänzen Sie die Subdomain *joomla3test* als sogenannten *A-Record* in den DNS-Einstellungen Ihrer Domain-Verwaltung. Abbildung 2.42 ist ein Beispiel für solch eine Konfiguration, die sich bei allen Webhostern aber mehr oder weniger ähnelt. Im Zweifel kontaktieren Sie den Support.

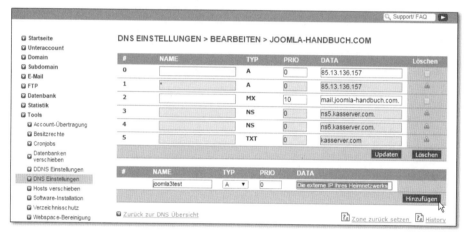

Abbildung 2.42 Beispiel für einen DNS-Eintrag für die Subdomain »joomla3test« der Hauptdomain »joomla-handbuch.com« – unter »DATA« tragen Sie die externe IP ein, die Ihr Heimnetzwerk nach außen hat.

Beachten Sie, dass es nach dem neuen DNS-Eintrag eine Weile braucht, bis die neue *Route* funktioniert und aufgelöst wird. Nach dem Klick auf HINZUFÜGEN wird die DNS-Maschinerie des gesamten Internets angeworfen und die Modifikation weltweit propagiert. Das dauert von einigen Minuten bis zu wenigen Stunden. Vielleicht aber auch mehrere Tage, wenn der Kollege, der sich Ihre Website ansehen soll, im Mount-Everest-Basislager sitzt und über das Mobiltelefon einen nepalesischen Domain Name Server benutzt.

IP-Aktualisierung per Dynamic DNS

Was aber, wenn Ihr Heimnetzwerk nach außen eine dynamische, sich ständig ändernde IP erhält? Ein bisschen komplizierter wird es, falls Ihr Internetprovider Ihrem Heimnetzwerk keine *statische* IP vergibt, wie es bei modernen Breitbandverbindungen üblich ist, sondern eine *dynamische*. Das bedeutet, dass jedes Mal, wenn

2.5 Testumgebung konfigurieren für Fortgeschrittene

sich Ihr Router neu mit dem Internet verbindet (in der Regel einmal täglich) Ihr Heimnetzwerk unter einer anderen IP erreichbar ist. In diesem Fall müsste die IP im DNS-Eintrag stets angepasst werden.

Doch auch für dieses Szenario gibt es passende Dienste: *Dynamic* oder *dynamische DNS*. Dabei meldet sich Ihr Router nach erfolgreicher Internetverbindung beim DDNS-Dienst an und teilt ihm die neue IP mit; der Dienst verknüpft diese IP dann mit der vorkonfigurierten Domain.

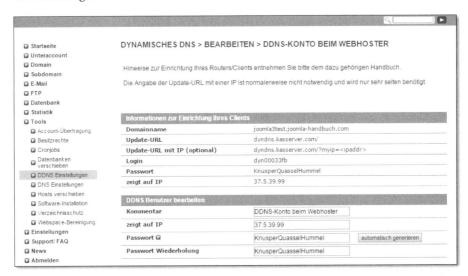

Abbildung 2.43 Beispiel für die Dynamic-DNS-Einstellungen bei einem Webhoster – die oben stehenden Informationen dienen zur Konfiguration Ihres Heimnetzwerk-Routers.

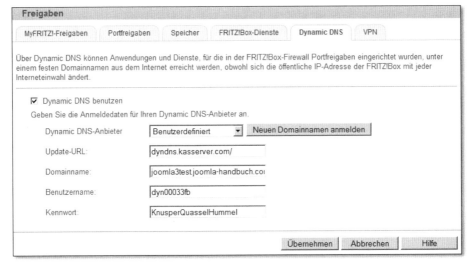

Abbildung 2.44 Beispiel für die Übernahme der vom Webhoster erhaltenen DDNS-Einstellungen in die Routerkonfiguration

Viele Webhoster bieten die DDNS-Option standardmäßig an, und so müssen lediglich zwei Konfigurationsformulare ausgefüllt werden, um die Verbindung herzustellen: eines beim Webhoster (siehe Abbildung 2.43), das andere in Ihrem Router (siehe Abbildung 2.44).

Alle Router-/Webhoster-Kombinationen vorzustellen sprengt leider den Umfang dieses Buchs; am besten wenden Sie sich an den Support Ihres Webhosters, um DDNS bei sich zu konfigurieren.

2.5.2 Geschummelten E-Mail-Versand unter Windows einrichten

Joomla! verwaltet nicht nur Content, sondern verschickt auch gelegentlich E-Mails, z. B. wenn sich neue Benutzer registrieren. Das funktioniert bei der lokalen Installation aber nicht, da für den Mailversand ein Mailserver notwendig ist, der Installationsaufwand in der Entwicklungsumgebung aber den Nutzen nicht rechtfertigt.

Versendet eine in der XAMPP-Umgebung laufende Webapplikation eine Mail, so wird sie nicht verschickt, sondern landet im Ordner *C:\xampp\mailoutput*. So hat man immerhin stets die Möglichkeit, den Mailversand theoretisch zu testen und die Inhalte zu prüfen.

Unter Windows gibt es aber einen kleinen Trick, um trotzdem Mails zu versenden.

Während der Installation haben Sie eine Komponente mit ominös klingendem Namen markiert: FAKE SENDMAIL. Das ist ein Programm, das ohne Mailserver einen von PHP initiierten Mailversand an den Postausgangs- oder SMTP-Server einer Ihrer E-Mail-Adressen weiterleitet.

Dazu benötigen Sie lediglich Ihren E-Mail-Benutzernamen, das Passwort, den SMTP-Server und etwas Geduld, denn bei der Vielzahl von Mailanbietern und -konfigurationen tüftelt man ein bisschen, bis alle Einstellungen stimmen. Bis auf den letzten Punkt erhalten Sie alles aus den Maileinstellungen Ihres Webhosters oder E-Mail-Anbieters.

Beispielkonfiguration unter Verwendung eines Google-Mail-Kontos

Öffnen Sie die Datei *C:\xampp\sendmail\sendmail.ini* zur Bearbeitung in einem Texteditor, und bearbeiten Sie die folgenden Zeilen; geben Sie dabei anstelle der Platzhalter Ihre E-Mail-Adresse und Ihr Passwort ein:

```
smtp_server=smtp.gmail.com
smtp_port=25
smtp_ssl=auto
auth_username=IhreGoogleMailAdresse@gmail.com
auth_password=IhrPasswort
force_sender= IhreGoogleMailAdresse@gmail.com
```

Nun bearbeiten Sie die PHP-Konfiguration in *C:\xampp\php\php.ini*. Suchen Sie in der Datei die Sektion mit den Maileinstellungen [mail function], und kommentieren Sie alle Zeilen mit einem vorangestellten Semikolon aus, außer den folgenden beiden:

```
sendmail_path = "\"C:\xampp\sendmail\sendmail.exe\" -t"
mail.add_x_header=Off
```

Damit teilen Sie PHP mit, dass zum Mailversand besagtes FAKE SENDMAIL (*sendmail.exe*) verwendet werden soll anstelle des Programms, das die Mails in den *mailoutput*-Ordner schreibt.

Zum Testen legen Sie eine neue Datei *mailtest.php* im Ordner *C:\xampp\htdocs\ joomla3test* an; auch hier ersetzen Sie den Platzhalter durch Ihre E-Mail-Adresse:

```
<?php
if (mail('IhreGoogleMailAdresse@gmail.com', 'Subject der Testmail aus XAMPP',
'Body der Testmail aus XAMPP')) {
  print "Mailversand erfolgreich";
} else {
  print "Mailversand nicht erfolgreich";
}
?>
```

Führen Sie den Test im Browser über die URL *http://localhost:81/mailtest.php* aus.

Falls der Mailversand nicht funktioniert, liegt das sehr wahrscheinlich an weiteren notwendigen Einstellungen in der *sendmail.ini*. Am besten schicken Sie eine Mail an den Support Ihres Webhosters, um die exakten Sendmail-Einstellungen anzufragen.

2.6 Installationsalternative: der Bitnami Joomla! Stack

In diesem Kapitel lernten Sie alle Komponenten kennen, um ein komplettes Joomla!-Entwicklungssystem aufzubauen. Vielleicht lösten Sie auch schon das ein oder andere Konfigurationsproblem – wertvolle Erfahrungen, um ein Gefühl für das System und die Rädchen, die sich im Hintergrund drehen, zu bekommen. Auf den folgenden Seiten lesen Sie über Szenarien, die das Einrichten eines Joomla!-Entwicklungssystems beschleunigen bzw. das System in einem anderen Rahmen, z. B. als virtuelle Maschine, bereitstellen.

Die wichtigste Adresse ist dabei wieder Bitnami, deren XAMPP-Paket Sie bereits einsetzen. Doch die Open-Source-Initiative bietet noch unzählige andere Lösungen zum Download. Nach der separaten Installation von XAMPP (Apache Webserver, MySQL-

Datenbank und PHP-Programmiersprache) und Joomla! liegt ein Paket nahe, das all diese Komponenten vereint: der *Bitnami Joomla! Stack*.

Die Einrichtung des Bitnami Joomla! Stacks unterscheidet sich nicht besonders von der XAMPP-Installation. Betriebssystemspezifische Eigenheiten (z. B. Markierung als ausführbare Datei unter Linux; Bewältigung der Dutzende Warnfenster unter Windows) entnehmen Sie bitte dem jeweiligen Abschnitt unter 2.2, »XAMPP installieren«.

1. Navigieren Sie im Webbrowser zu *https://bitnami.com*, und wählen Sie dort aus dem oberen Menü den Reiter APPLICATIONS.
2. Klicken Sie in der APPLICATIONS-Liste auf JOOMLA! CMS.
3. Im Kasten auf der rechten Seite finden Sie den Download für das XAMPP/Joomla!-Komplettpaket unter LOCAL INSTALL • DOWNLOAD JOOMLA! INSTALLER (siehe Abbildung 2.45). Die Bitnami-Website ist schlau genug, Ihnen genau den Download zu präsentieren, den Sie für Ihr Betriebssystem benötigen.

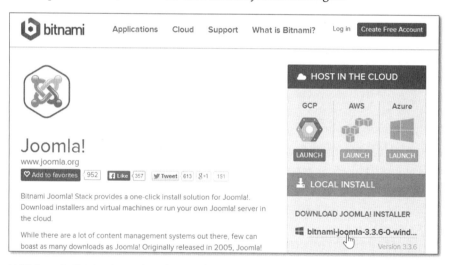

Abbildung 2.45 Die Bitnami-Website erkennt, mit welchem Betriebssystem Sie unterwegs sind, und bietet unter »Local Install« gleich die richtige, aktuelle Version zum Herunterladen.

Falls Sie aufgefordert werden, sich einzuloggen, suchen Sie nach einem Link NO THANKS, JUST TAKE ME THE DOWNLOAD.

4. Öffnen Sie dann die heruntergeladene Datei (beginnt mit *bitnami-joomla-3.x.x-x*), und konfigurieren Sie die Installation in den nächsten Assistentenschritten.
5. Im Schritt der KOMPONENTENAUSWAHL (siehe Abbildung 2.46) lassen Sie alle Häkchen gesetzt, außer vor BEISPIELDATEN FÜR JOOMLA! (ENGLISCH). Klicken Sie dann auf WEITER.

2.6 Installationsalternative: der Bitnami Joomla! Stack

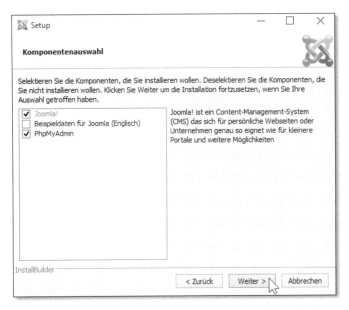

Abbildung 2.46 Beim Aufsetzen einer neuen Joomla!-Website sind die Beispieldaten eher hinderlich als hilfreich; löschen Sie das Häkchen, damit sie von vornherein nicht installiert werden.

6. Bestätigen Sie das INSTALLATIONSVERZEICHNIS, und klicken Sie auf WEITER (siehe Abbildung 2.47).

Abbildung 2.47 Unter Windows wird der Stack in »C:\Bitnami\joomla-3.x.x-x« installiert, unter OS X in »/Programme/joomla-3.x.x-0« und unter Linux in »/opt/joomla-3.x.x-x«.

7. Am wichtigsten ist nun das Anlegen des Administrators; dies ist das Konto, mit dem Sie sich später in Joomla! einloggen. Füllen Sie das Formular wie in Abbildung 2.48 aus, und schließen Sie die Installationskonfiguration mit Klicks auf den WEITER-Button ab.

Abbildung 2.48 Die Formulareingaben im Schritt »Administrator anlegen« dienen der Konfiguration des Joomla!-Logins.

Der Bitnami Joomla! Stack ist nun installiert. Unter Windows befindet sich das Control Panel im neu angelegten Startmenü-Ordner *Bitnami Joomla! Stack* und nennt sich JOOMLA MANAGER TOOL. Die Funktionsweise entspricht dem XAMPP Control Panel unter OS X und Linux (siehe Abschnitt 2.2.5, »Control Panel und XAMPP-Dateistruktur unter OS X oder Linux«).

Für OS-X- und Linux-Benutzer ändert sich nichts, außer dass die neuen Control Panels nicht mehr im *XAMPP*-, sondern im *joomla-3.x.x-x*-Unterordner bereitliegen. Und noch eine kleine Besonderheit unter OS X: Joomla! wurde dort nicht auf den Standardport 80 installiert, sondern 8080. Das Frontend ist somit unter *http://localhost:8080/joomla* erreichbar, das Backend unter *http://localhost:8080/joomla/administrator*. Bitte beachten Sie, dass sich Einstellungen dieser Art in künftigen Versionen des Bitnami Joomla! Stacks ändern könnten. Im Joomla!-Installationsverzeichnis finden Sie die Datei *README.txt*, die Aufschluss über solcherlei Details gibt.

2.7 Installationsalternative: virtuelle Entwicklungsumgebung

Die Spitze der Entwicklungsumgebungen sind virtualisierte Lösungen. Dabei läuft auf einem *Host-System* (deutsch: Gastgeber), z. B. einem Heimserver oder Ihrem Arbeitsplatz-PC, eine Plattform, auf der ein ganz anderer Computer seinen Dienst verrichtet. Das kann eine andere Windows-, OS-X- oder Linux-Umgebung sein. Da diese Umgebung vollständig emuliert wird und nicht noch ein zusätzlicher physikalischer Laptop auf dem Schreibtisch steht, spricht man von *Virtualisierung*.

Abbildung 2.49 In der virtuellen Joomla!-Maschine von Bitnami ist das komplette System betriebsfertig aufgesetzt: Webserver, Datenbank und Content-Management-System können ohne Installation genutzt werden.

Die Grenzen nach oben sind offen. Eine virtuelle Maschine kann ein vollständiger Server für die Webentwicklung sein oder ein kleiner Client für umfangreiche Browsertests. Entscheidend ist, dass diese Umgebung trotz ihrer virtuellen Natur dem echten physikalischen System in nichts nachsteht. Deshalb finden virtuelle Maschinen auch immer mehr praktischen Einsatz. Sogar der Server, den Sie beim Webhoster angemietet haben, läuft vermutlich in einer virtuellen Umgebung. Denn es ist wirtschaftlicher, wenn sich mehrere Kunden einen großen leistungsstarken Rechner teilen, als viele kleine nebeneinanderzustellen.

Im Bereich der Webentwicklung sind Virtualisierungssysteme inzwischen so ausgeklügelt, dass in speziellen Entwicklungsprozessen virtuelle Maschinen durch alle Gewerke durchgereicht werden. Angefangen bei der Entwicklung der Website über

Contentbefüllung und Testing bis hin zum Live-Gang – die virtuelle Maschine wird einfach an die nächste Abteilung weitergegeben, die den folgenden Arbeitsschritt implementiert. Für die Weitergabe genügt ein FTP-Server, denn im Kern handelt es sich dabei um nichts anderes als ein paar (sehr große) Dateien.

Dieser Abschnitt beschäftigt sich mit dem Einstieg ins Thema Virtualisierung, in dem Sie ein weiteres Joomla!-Paket von Bitnami einsetzen. Das enthält dann neben dem Webserver und der Datenbank nicht nur die Joomla!-Installation, sondern gleich ein ganzes Betriebssystem, in diesem Fall ein Mini-Linux. Wer also abseits der Joomla!-Konfiguration an Servereinstellungen herumdrehen möchte, sollte Linux-Kommandozeilen-fit sein.

Als Plattform kommt eine kostenlose Virtualisierungslösung von Oracle zum Einsatz, die großes Ansehen und weite Verbreitung genießt: die *VirtualBox*. Die Software ist auf dem Host-System schnell installiert, die Maschinen sind einfach zu konfigurieren. Eine kleines Manko aber vorweg: Obwohl moderne PCs und Betriebssysteme einen Großteil der Rechenleistung an die virtuellen Maschinen durchreichen, sind sie oft ein bisschen langsamer und behäbiger zu bedienen. Das wiegt sich aber durch den Komfort aus, das komplette Entwicklungssystem im Handumdrehen von einem anderen Rechner aus zu bedienen oder sogar das fertige Websiteprodukt mit ein paar Klicks auf einem Live-System bereitzustellen.

1. Laden Sie die Virtualisierungsumgebung VirtualBox unter *https://www.virtualbox.org/wiki/Downloads* herunter. Unter VIRTUALBOX BINARIES • VIRTUALBOX PLATFORM PACKAGES finden Sie die ausführbaren Installationsdateien für Windows, OS X und Linux (siehe Abbildung 2.50).

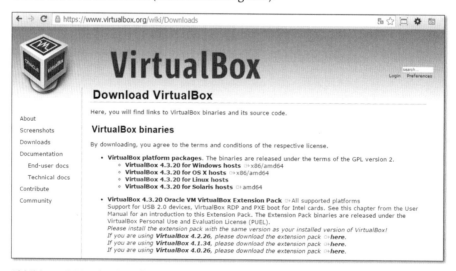

Abbildung 2.50 Die VirtualBox von Oracle (https://www.virtualbox.org) ist für jedes Betriebssystem verfügbar, kostenlos und so weit verbreitet, dass es im Netz viele Betriebssystem- und Anwendungs-Images für sie gibt.

2. Installieren Sie VirtualBox mit allen Standardoptionen. Während der Installation fragt Ihr Betriebssystem möglicherweise nach der einen oder anderen Berechtigung, da hier auch Treiber eingerichtet werden.
   - Unter OS X klicken Sie doppelt auf die heruntergeladene Datei *VirtualBox-x.x.xx-xxxxx-OS X.dmg*, worauf sich ein VirtualBox-Laufwerk anmeldet und sich ein Hinweisfenster öffnet. Klicken Sie doppelt auf VIRTUALBOX.PKG, um die Installation zu starten. Im Assistenten klicken Sie auf FORTFAHREN, dann INSTALLIEREN und geben das Administratorpasswort ein. Die installierte VirtualBox-Applikation finden Sie dann ganz normal unter *Programme*.
3. Laden Sie die Joomla!-Virtual-Maschine unter *https://bitnami.com/stack/joomla/virtual-machine* herunter.
4. Starten Sie den VirtualBox Manager, wählen Sie aus der Werkzeugleiste NEU.
5. Benennen Sie die neue Maschine, legen Sie den TYP LINUX und die VERSION UBUNTU (64-BIT) fest, und klicken Sie auf WEITER.
6. Bestätigen Sie die SPEICHERGRÖSSE bei 512 MB. Reicht das später nicht aus, ist dieser Wert bei ausgeschalteter Maschine anpassbar. Klicken Sie auf WEITER.
7. Nun zeigen Sie der VirtualBox, wo die entpackten Joomla!-Images liegen. Wählen Sie VORHANDENE FESTPLATTE VERWENDEN und per Dateidialog die entpackte *bitnami-joomla-XXX.vmdk*-Datei (ohne die Nummern *s001*, *s002* etc.) aus. Klicken Sie auf ERZEUGEN, und die virtuelle Maschine erscheint in der Manager-Übersicht.
8. Damit Sie nun von den Browsern Ihres Arbeits-PCs auf Joomla! zugreifen dürfen, ist noch eine Netzwerkeinstellung innerhalb der VirtualBox notwendig: Klicken Sie in der Eigenschaftsliste der Maschine auf NETZWERK und ändern Sie den Punkt ANGESCHLOSSEN AN von NAT auf NETZWERKBRÜCKE (siehe Abbildung 2.51). Die Maschine meldet sich dann in Ihrem Netzwerk wie ein normaler Computer an und erhält eine entsprechende interne IP.
9. Ein Klick auf START in der Werkzeugleiste haucht dem virtuellen Computer Leben ein. In dem sich öffnenden Fenster startet nun ein eigener kleiner Ubuntu-Rechner mit allem Joomla!-Drum und -Dran.

Hinweis: Jede VirtualBox läuft in ihrem eigenen Fenster, das den Monitorinhalt des virtuellen Rechners darstellt. Klicken Sie in das Fenster, werden alle Tastatureingaben an die VirtualBox geschickt, mit der rechten `Strg`-Taste verlassen Sie das Fenster wieder.

Nach dem Start erscheint im VirtualBox-Fenster nach kurzer Wartezeit die Meldung *** YOU CAN ACCESS THE APPLICATION AT HTTP://123.456.789.000 ***. Diese IP geben Sie in die Adresszeile des Browsers Ihres Arbeitsrechners, des Host-Systems, ein, und prompt erscheint die Joomla!-Installationsroutine, wie Sie sie aus den vorangegangenen Abschnitten dieses Kapitels kennen.

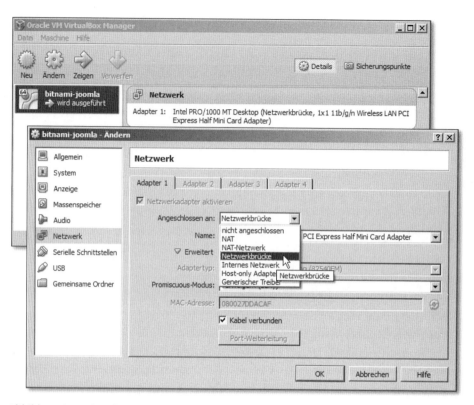

Abbildung 2.51 Um über den Browser vom Host auf das Guest-System zuzugreifen, konfigurieren Sie die Netzwerkeinstellungen der virtuellen Maschine auf »Netzwerkbrücke«.

> **Problemlösung: VirtualBox listet kein 64-Bit-Linux**
>
> Beim Download des Bitnami-Joomla!-VM-Pakets steht nur die 64-Bit-Version zur Verfügung. Kein Problem für einen halbwegs modernen PC. Allerdings muss auch die VirtualBox als LINUX • UBUNTU (64-BIT) angelegt werden. Wenn diese Option nicht erscheint, sondern nur die 32-Bit-Version, liegt das wahrscheinlich an einer Einstellung Ihres Rechners. Suchen Sie im BIOS nach der INTEL VIRTUALIZATION TECHNOLOGY, und aktivieren Sie sie.

Virtualisierung ist ein sehr umfangreiches Thema, das an dieser Stelle Ihr Interesse wecken soll, wie Sie Ihre ideale Entwicklungsumgebung aufbauen – als Inspiration und Ausblick. Sind Sie stärker am Thema interessiert, ist das Studium eines anderen Kompendiums empfehlenswert: »VirtualBox – Installation, Anwendung, Praxis« (ISBN 978-3-8362-1778-1), 330 Seiten geballt mit Installationsanleitungen, Handhabung von Festplatten-Images, Snapshot-Verwaltung und den komplexen Verbindungseinstellungen zwischen Host, Guest und anderen Netzwerkgeräten.

Kapitel 3
Live-Umgebung einrichten

Joomla! in einer Live-Umgebung einzurichten hat zwar viele Parallelen zur Testumgebungsinstallation, aber einige fundamentale Aspekte im Server-Management und zum Thema Sicherheit unterscheiden sich. Außerdem: Tipps zur Wahl von Webhoster und Webhosting-Paket.

Dieses Kapitel beschäftigt sich mit der Bereitstellung Ihrer Joomla!-Website beim angemieteten Webhoster. Abhängig vom Fertigstellungsgrad Ihrer Website sollten Sie diese Seiten insbesondere vor dem Live-Gang studieren, aber auch als Vorbereitung für die Webhoster- und Paketwahl und die Anmietung einer Domain. Zunächst zu den in diesem Kapitel relevanten Begriffen.

Begriff	Erklärung
Webhoster	Dienstleister, der Speicherplatz und Rechenzeit auf Webservern vermietet, die über das Internet erreicht werden. Die meisten Webhoster bieten auch die Registrierung von Domains an und damit ein Rundumpaket für alle Services, die für die Veröffentlichung einer Website notwendig sind.
Webhosting, Server	Zwei Produktkategorien von Webhostern für die Bereitstellung von Speicherplatz und Rechenzeit für Ihre Website. Unter *Webhosting* sind kleinere Pakete zusammengefasst, manchmal Baukastensysteme, an Einzelpersonen oder sehr kleine Firmen gerichtet, die nur eine rudimentäre Website benötigen. Im Gegensatz dazu finden Sie unter *Server* die Pendants für größere, leistungsstärkere Pakete, auf denen mehrere Websites installiert werden können, die Tausende von Besuchern verarbeiten und beliebige zusätzliche, z. B. selbst programmierte Dienste bereitstellen. Für Joomla! reicht meist ein einfaches Paket.

Tabelle 3.1 Die wichtigsten Begriffe im Umgang mit der Live-Umgebung bei Ihrem Webhoster

Begriff	Erklärung
Live-Gang, Go-Live, Live-Schaltung	Veröffentlichung einer gesamten Website oder Teilfunktionalitäten, oder Contentaktualisierungen. *Live* ist synonym mit *online* und bedeutet, dass die Website für jeden Internetbesucher weltweit erreichbar ist.
Top Level Domain, TLD	Der hintere mit einem Punkt getrennte Teil einer Domain, z. B. *.de*, *.com*. TLDs kennzeichnen das Land oder die Kategorie einer Website (*.de* für Deutschland, *.org* für eine gemeinnützige Organisation).

Tabelle 3.1 Die wichtigsten Begriffe im Umgang mit der Live-Umgebung bei Ihrem Webhoster (Forts.)

Bevor Sie Details im Hinblick auf Webhoster, ihre angebotenen Pakete und den Abgleich an die Joomla!-Voraussetzungen kennenlernen, entscheiden Sie sich für ein Installationsszenario. Für den eigentlichen Live-Gang haben Sie drei Möglichkeiten, die sich anhand des notwendigen Aufwands, der Fehleranfälligkeit und der Häufigkeit eines Live-Gangs/Deployments unterscheiden.

- **Komplette Neuinstallation**
  Sie richten Joomla! bei Ihrem Webhoster über aktuelle Joomla!-Installationsdateien ein, so wie in der Entwicklungsumgebung. Sämtliche Erweiterungen und Konfigurationen müssen per Hand nachgestellt werden. Content lässt sich manuell kopieren, z. B. per Zwischenablage oder mithilfe einer kleinen Erweiterung. Auf dieser Methode liegt der Schwerpunkt dieses Kapitels, damit Sie mit den grundsätzlichen Einstellungen bei Ihrem Webhoster vertraut werden und da dieser Prozess in der Regel nur einmal durchgeführt wird.

- **Manuelles Kopieren der Entwicklungs-/Testumgebung**
  Sie nutzen FTP und phpMyAdmin, um alle Dateien und den gesamten Inhalt der Datenbank in der Live-Umgebung einzuspielen. Dies ist ein Standard-Deployment-Prozess, nicht besonders elegant oder sicher, funktioniert aber in jedem Fall und in jeder Umgebung. Abschnitt 21.1, »Manuelles Deployment per FTP und SQL«, beschreibt den Workflow detailliert.

- **Live-Installation der Testumgebung über ein Backup**
  Dies ist die eleganteste der drei Methoden, die, obwohl nicht unbedingt weniger Konfigurationsschritte erforderlich sind, am geradlinigsten verläuft und am geringsten fehleranfällig ist. Dabei nutzen Sie die renommierte Erweiterung Akeeba Backup, um eine Sicherheitskopie der lokalen Entwicklungsumgebung

anzulegen und dieses Komplettarchiv, das sowohl Dateien als auch Datenbankeinträge enthält, auf dem Live-Server einzuspielen. Wie das im Detail funktioniert, erfahren Sie in Abschnitt 21.4, »Komplette Websitekopie mit Akeeba Backup«.

Dieses Kapitel beschäftigt sich mit der ersten Option, der kompletten Neuinstallation. Dabei richten Sie das gesamte System per Hand ein, ähnlich wie in Kapitel 2, »Testumgebung einrichten«. Die wesentlichen Schritte kennen Sie damit schon, aber im Umgang mit Webhostern gibt es Unterschiede, über die Sie auf den folgenden Seiten mehr erfahren.

Zunächst gilt es aber, einen Webhoster auszumachen, unter dessen Dach Sie Ihre Website veröffentlichen. Das Ziel ist, ein Paket zu finden, das die technischen Voraussetzungen für eine Joomla!-Installation erfüllt. Glücklicherweise sind diese Anforderungen nicht besonders hoch, und die meisten angebotenen Pakete kommen infrage, auch schon im Bereich unter 10 € im Monat. Um sicherzugehen, prüfen Sie im nächsten Abschnitt diese Anforderungen und erfahren nebenbei ein paar Tricks, wie Sie einen idealen Domain-Namen finden.

3.1 Webhosting bestellen

Zwischen dem 5-€-Homepage-Startpaket und dem ausgewachsenen 100-€-State-of-the-art-Server gibt es große Unterschiede in Bezug auf Performance und Features. Aber was ist eigentlich ein Root- oder Dedicated-Server, und gestalten sich aus deren Anmietung irgendwelche Vorteile für Ihre Website? Aller Voraussicht nach nicht, denn für Joomla! benötigen Sie meist nur eines der kleinsten und preiswertesten Pakete.

3.1.1 Webhosting

Üblicherweise grenzen Webhoster ihre Pakete in die Bereiche *Webhosting* und *Server* ab. Die Unterschiede sind dabei in den Kosten und der mit ihnen erbrachten Serverleistung zu finden. Wenn Sie mit Ihrer Website gerade erst in den Bereich der Contentpublizierung einsteigen, genügt ein Webhosting-Paket. Erwarten Sie von vornherein schon Tausende von Internetbesuchern am Tag oder wissen Sie um spezielle technische Businessanforderungen (Anbindung an Drittsysteme, mehr Kontrolle über den Server), sollten Sie sich Serveroptionen ansehen (siehe Kasten »Hintergrund: Vorstellung der Serverprodukte«).

Für ein robustes Webhosting-Paket zahlen Sie monatlich zwischen 5 und 20 €. In diesem Bereich erhalten Sie schon alle Features, die Sie zum Aufbau einer Joomla!-Website benötigen. Vor allen Dingen sind das der Speicherplatz, die MySQL-Datenbank und die Webprogrammiersprache PHP. *Achtung*: Halten Sie Abstand von Baukastensystemen, die Sie anhand von Bezeichnungen wie *MeineWebsite* oder *Homepage-Baukasten* erkennen. Der Funktionsumfang dieser Produkte ist stark eingeschränkt und meistens nicht ausreichend für eine Joomla!-Installation.

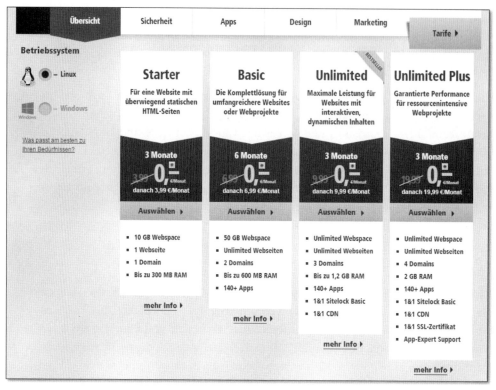

Abbildung 3.1 Für eine einfache Joomla!-Website reicht oft schon das günstigste Paket aus dem Bereich »Webhosting«, nicht jedoch ein Homepage-Baukasten.

Auf diese Aspekte (Paketfeatures) sollten Sie achten:

▶ **Speicherplatz/Webspace**

Den angemieteten Speicherplatz können Sie in der Regel ignorieren. Schon die Mindestgröße von 10 oder 50 GByte bietet genügend Puffer, mit dem Sie Dutzende von Joomla!-Instanzen betreiben könnten. Die Programmdateien von Joomla! liegen bei unter 50 MByte, sind also zu vernachlässigen. Videos, die größten Speicherfresser, sollten Sie ohnehin nicht bei Ihrem Webhoster speichern, sondern auf einer Plattform wie YouTube oder Vimeo veröffentlichen. Bleiben noch Bilder und andere Downloads. Fertigen Sie eine Speicherplatzhochrechnung an, falls Sie die Website eines Fotografen umsetzen und die schönsten Bilder in höchsten Auflösungen präsentieren. Oder falls ganze Fotoserien im Kundenbereich zum Download zu Verfügung stehen müssen.

- **Inklusivdomains**
  Anzahl der Domains, deren Registrierung Sie nichts kostet. Für eine sehr einfache Website genügt eine Domain. Für manche Markennamen empfiehlt sich aber auch die Registrierung zusätzlicher Domains für andere Schreibweisen. Domains lassen sich jederzeit nachträglich registrieren; die damit verbundenen Kosten sind dann allerdings nicht mehr im Paketpreis integriert, sondern fallen zusätzlich an (zwischen 10 und 30 € pro Jahr).

- **Domain-Auswahl**
  Diese Option ist kritisch, wenn Sie eine außergewöhnliche Top Level Domain (TLD) anmieten möchten (.*biz*, .*eu*, .*mobi* etc.); die Standard-TLDs .*com*, .*de*, .*org* sind in der Regel bei allen Webhostern verfügbar.

- **Datenbanken**
  Für Joomla! benötigen Sie mindestens *eine* MySQL-Datenbank. Mehrere Datenbanken sind hilfreich, aber nicht unbedingt notwendig, wenn Sie eine Vielzahl von Joomla!-Websites betreiben. (Verschiedene Joomla!-Instanzen können sich eine Datenbank teilen. Das ist zwar nicht ideal, aber für eine Kostenreduktion vertretbar.)

- **Cronjobs**
  Das sind Wartungsprogramme, die Sie einmal einrichten und die der Server fortan automatisch aktiviert. In der Standardinstallation von Joomla! wird ein Cronjob höchstens für die Indexierung von Websites mit außergewöhnlich viel Content benötigt. In der Regel brauchen Sie aber keine.

- **SSL-Encryption**
  SSL ist eine Verschlüsselungstechnologie, die Sie insbesondere dann einsetzen, wenn Sie mit einem Online-Shop live gehen. Nur so lassen sich vertrauliche Daten (Kundendetails, Bestellungen) schützen. Das Thema ist allerdings umfangreich und verursacht Aufwände. Beispielsweise benötigen Sie ein SSL-Zertifikat und ein entsprechend konfiguriertes Server- und Joomla!-Setup. Abschnitt 22.3, »SSL aktivieren«, beschäftigt sich deshalb intensiver mit SSL, das seit 2015 selbst für Websites ohne kundenspezifische oder persönliche Daten empfohlen wird.

- **DNS-Einstellungen**
  Der Zugriff auf die DNS-Einstellungen (Domain Name Server, siehe auch Abschnitt 2.5, »Testumgebung konfigurieren für Fortgeschrittene«, Unterabschnitt »Domain einrichten«) ermöglicht Ihnen eine flexible Konfiguration von Subdomains und anderer über die Domain erreichbarer Internetdienste abseits von Websites. Beispielsweise können Sie Subdomains umleiten oder einen eigenen Mailserver zu Hause einrichten. Für eine einfache Website benötigen Sie keine DNS-Einstellungen.

- **».htaccess«-Zugriff**
  Die im Joomla!-Hauptverzeichnis abgelegte Serverkonfigurationsdatei *.htaccess* (bzw. *htaccess.txt*, die umbenannt werden muss) erlaubt die Aktivierung besonders SEO-freundlicher URLs und löst Konfigurationsprobleme der PHP- und Serverumgebung. Falls separat aufgeführt, buchen Sie die Bearbeitungsmöglichkeit der *.htaccess*-Datei dazu.

- **SSH-Zugriff**
  SSH steht für *Secured Shell* und ist ein direkter Kommandozeilenzugriff auf Ihren Webspace, ähnlich der Windows-Eingabeaufforderung oder dem Linux/OS-X-Terminal. Das Feature ist erst in professionelleren Hosting-Paketen enthalten, birgt aber viele Vorteile für den täglichen fortgeschrittenen Umgang mit Joomla!. So lassen sich z. B. Einträge in Logdateien live mitverfolgen, die MySQL-Datenbank ohne phpMyAdmin nutzen, oder Versionierungstools installieren.

- **E-Mail-Konten**
  Verfügbarkeit oder Anzahl von E-Mail-Konten sind für die Joomla!-Installation belanglos. Als Administrator-E-Mail-Adresse können Sie während des Einrichtens auch eine Adresse eines von Ihnen bevorzugten Webmaildienstes angeben.

- **Kundenservice**
  Schon die einfachsten Pakete bieten einen Rund-um-die-Uhr-Supportservice an, Kundenberater, die insbesondere bei technischen Fragen weiterhelfen. Diese Dienstleistung ist sehr wichtig, denn die technische Infrastruktur der Webhoster unterscheidet sich zum Teil erheblich. Selbst eine einfache Joomla!-Installation sollte zwar nicht, kann aber spezielle Servereinstellungen erfordern. Zögern Sie darum niemals auch nur eine Sekunde, den Support sofort anzuschreiben, wenn Sie ein Problem haben.

Vergleichen Sie die Liste Ihrer Anforderungen mit den aktuellen Angeboten der Webhoster, sollte eine einfache Joomla!-Website nicht mehr als 10 € im Monat kosten. Und dabei haben Sie wahrscheinlich auch noch ein paar attraktive Extras mitgebucht, wie z. B. zehn Inklusivdomains oder unbegrenzte Datenbanken – nicht notwendig, aber praktisch für weitere Joomla!-Installationen zu Testzwecken.

Bleibt die Frage nach dem Webhoster. Darüber kann an dieser Stelle keine Empfehlung ausgesprochen werden, aber in der Regel fahren Sie mit einem der großen Anbieter gut, da diese einen bestimmten Qualitätsstandard aufrecht halten müssen, um sich auf dem Markt zu behaupten. Durchsuchen Sie das Internet nach Foren, in denen Webhosting-Kunden ihre Meinung kundtun oder über Probleme klagen. Hängen Sie dabei immer das aktuelle Jahr an Ihre Suchanfragen, damit Sie keine veralteten Diskussionen von 2005 finden. Und bewerten Sie klagende Beiträge kritisch, denn manch einer möchte sich in so einem Forum nur ausweinen, wenn eine übertrieben-komplexe Konfiguration nicht auf Anhieb funktionierte. Sehr komplex sind die Anforderungen von Joomla! nämlich nicht.

Hintergrund: Vorstellung der Serverprodukte

Abseits der Webhosting-Pakete lässt sich mit einem Serverprodukt ein kompletter Rechner anmieten, der abhängig vom gewählten Produkt verschiedene Leistungs- und Sicherheitsaspekte bietet:

- **Root-Server**
  Das sind Blankoserver, auf denen nichts installiert wurde und um deren Pflege sich der Webhoster nicht kümmert. Der Begriff rührt von der Zugriffsart her: Mit einem Root-Zugang ist man der Hauptadministrator des Servers, der keinerlei Einschränkungen bei der Konfiguration des Systems hat.

- **Managed Server**
  Auf einem Managed Server schaltet und waltet man ebenfalls nach Belieben. Allerdings übernimmt der Webhoster wichtige Wartungstätigkeiten, z. B. das Aufspielen von Sicherheits-Updates des Betriebssystems. Um diese Aufgaben auch unter Garantie ausführen zu können, bleibt der Root-Zugang beim Webhoster – der Kunde erhält in der Regel eingeschränkte Zugriffskonten, mit denen er nur begrenzt administrieren und konfigurieren darf. Üblicherweise wird die Grenze bei der Konfiguration des Systems/Betriebssystems und der Webapplikationen gezogen.

- **Dedicated Server**
  Ein Dedicated Server ist eine echte physikalische Maschine, die mit Prozessoren, Festplatten und Lüftern gemütlich in einer Ecke des Rechenzentrums vor sich hin brummt. Weil man sich diesen Server mit niemand anderem teilt, ist dies die teuerste, aber auch leistungsfähigste Variante (100 € aufwärts).

- **Virtual Server**
  So wie Sie vielleicht in Kapitel 2 einen virtuellen Joomla!-Server mit VirtualBox erstellt haben, lassen sich virtualisierte Server auch mieten. Natürlich läuft der Server auch auf einer physikalischen Maschine, oft sogar auf einem riesigen Cluster von Rechnern, die sich alle Aufgaben clever teilen. Darauf installiert sind Dutzende bis Hunderte von vermieteten virtuellen Servern. Die Idee ist genial: So teilen sich mehrere Kunden die teure Hardware, ähnlich wie beim Carsharing, und Spitzenlasten werden unter verschiedenen Websites und Maschinen ausgeglichen.

3.1.2 Detaillierte Joomla!-Voraussetzungen für eigene Server

Bei Webhosting-Paketen haben Sie selten die Wahl, die exakten technischen Joomla!-Voraussetzungen mit den Paketfeatures abzugleichen. Das ist grundsätzlich kein Problem, denn ein moderner, renommierter Webhoster bietet mehrere technische

Optionen, um der großen Bandbreite von Anforderungen verschiedener Webapplikationen Herr zu werden.

Setzen Sie dagegen einen eigenen Server auf, müssen Sie über die Mindestversionen der einzelnen Komponenten wissen, die Joomla! benötigt. Betrachten Sie dazu die Anforderungstabelle am Beispiel von Joomla! 3.4:

Komponente	Name	Minimum	Empfohlen
Komponenten bei Standardwebhostern			
Webserver	Apache	2.x +	2.x +
Programmiersprache	PHP	5.3.10 +	5.4 +
Datenbank	MySQL	5.1 +	5.1 +
Exotischere Komponenten, z. B. bei eigenen manuellen Setups			
Webserver	Nginx	1.0	1.1
Webserver	Microsoft IIS	7	7
Datenbank	PostgreSQL	8.3.18 +	8.3.18 +
Datenbank	SQL Server	10.50.1600.1 +	10.50.1600.1 +

Tabelle 3.2 Mindestversionen der von Joomla! 3.4 eingesetzten Komponenten

Das Pluszeichen hinter der Versionsnummer besagt *mindestens*, d. h., die empfohlene PHP-Version ist 5.4 *oder höher/neuer*. Sehen Sie in der Versionsnummer ein *x*, so dient es als Platzhalter für eine beliebige Unterversionsnummer. Mit Webserver 2.x sind also alle Versionen von 2.0 bis 2.9 gemeint. Eine aktuelle Ausgabe dieser Liste finden Sie online unter *http://www.joomla.org/technical-requirements.html*, oder suchen Sie einfach nach »joomla requirements«.

> **Achtung: Viele Joomla!-Erweiterungen arbeiten nur mit MySQL**
>
> Joomla! rühmt sich zwar, andere Datenbanksysteme abseits von MySQL zu unterstützen, aber leider folgen viele Erweiterungen nicht diesem Beispiel. Wenn Sie eine andere Datenbank als MySQL einsetzen, müssen Sie damit rechnen, dass einige Erweiterungen nicht funktionieren und mit viel Aufwand angepasst werden müssen, z. B. durch eine komplette Überarbeitung des in die Erweiterung programmierten Datenbank-Layers.

Von Zeit zu Zeit erscheint eine neue Version zu jeder Software, egal ob bei Joomla! oder den eingesetzten Komponenten. Insbesondere die PHP-Umgebung kann nach einem Jahr völlig neue Sicherheitsfeatures aufweisen. Darum müssen Applikation (Joomla!) und Komponenten stets synchron gehalten werden. Schlechtes Beispiel: Sie aktualisieren Ihre Joomla!-Installation auf die neueste Version, um dann feststellen zu müssen, dass Sie eine andere PHP-Version benötigen. Das ist kein Einzelfall, darum begegnen Webhoster diesem Szenario sehr kundenfreundlich: In den Administrationsoberflächen der meisten Dienstleister können Sie Ihr Konto oder sogar einzelne Domains auf eine andere PHP-Version umstellen (Beispiel in Abbildung 3.2).

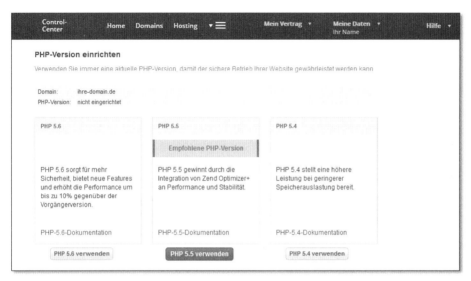

Abbildung 3.2 Viele Webhoster bieten den Einsatz von PHP-Versionen 5.4 bis 5.6 an, perfekt für Joomla!.

Bei Webhostern ohne solch eine Oberfläche ist die Umschaltung aber auch oft möglich, z. B. über Domain- bzw. verzeichnisabhängige Einstellungen in der .htaccess-Serverkonfigurationsdatei (z. B. mit der Direktive `AddHandler php56-cgi .php`). Fragen Sie in solchen Fällen einfach direkt beim Support-Team Ihres Webhosters nach; Hilfestellungen solcher Art sind Teil der Hosting-Verträge.

> **Tipp: Wenn Sie die Wahl haben, verwenden Sie die neueste PHP-Version**
>
> Es ist ratsam zu wissen, in welcher Version PHP bei Ihrem Provider läuft. Während in der Testumgebung stets der neueste XAMPP mit den letzten Komponentenversionen zum Einsatz kommt, mahlen die Mühlen bei Webhostern etwas langsamer. Das liegt mitunter daran, dass brandneue Versionen (auch Nebenversionen) erst gründlich getestet werden und eine Reihe von Patches benötigen, um fehlerfrei und sicher in einer Produktionsumgebung zu laufen. Ist eine neue Version dann freigegeben, wird man nicht unbedingt benachrichtigt und fährt mit seinen Websites vielleicht jahrelang auf veralteten PHP-Versionen, die schon längst ihr End of life erreicht haben und über desaströse Sicherheitslecks verfügen.

Haben Sie Joomla! schon in Ihrer Live-Umgebung installiert, sehen Sie unter Menü SYSTEM • SYSTEMINFORMATIONEN nach, mit welcher PHP-Version Sie fahren. Aber auch ein Blick in die Konfiguration Ihres Admin-Interfaces oder eine einfache Supportanfrage beim Provider verschafft Aufschluss.

Fährt Ihr Server auf Version 5.3, wird es allerhöchste Zeit, auf neuere Versionen upzugraden, denn diese benötigen weniger Speicher und sind wesentlich schneller. Am deutlichsten ist der Performancesprung von 5.3 auf 5.4. Manche Websites, die ihren Content aus Datenbanken beziehen, so wie Joomla!, liefern Seiten *doppelt* so schnell aus. Aber auch bei den Folgeversionen 5.5 und 5.6 stehen Performanceverbesserungen im Vordergrund. Nicht so signifikant, aber mit jeweils 10 % Geschwindigkeitsverbesserung lässt sich rechnen.

Stellen Sie deshalb besser auf die neueste PHP-Version um, die Ihr Provider anbietet. Seien Sie sich allerdings eines kleinen Risikos bewusst: Neuere PHP-Versionen sind weniger verbreitet als ältere (aktuelle Statistiken finden Sie hier: *http://tinyurl.com/ jh-php-statistik*). Bei der Entwicklung des Joomla!-Cores wird stark auf Rückwärtskompatibilität geachtet, das sieht bei Erweiterungen aber anders aus, denn hier werkelt oft nur ein einzelner sehr beschäftigter Entwickler. Aber kein Problem: Stellen Sie fest, dass eine bestimmte Erweiterung nach der Versionsumstellung nicht mehr einwandfrei funktioniert, fahren Sie PHP einfach eine Versionsnummer herunter.

3.1.3 Domains registrieren

Haben Sie sich für ein Webhosting-Paket entschieden, geht es an die Wahl und die Registrierung der Domain. Diese Registrierung erfolgt über ein Network Information Center (NIC), eine Organisation, die alle Domains innerhalb einer Top Level Domain verwaltet, und ist kostenpflichtig. Für Deutschland ist das beispielsweise die in Frankfurt sitzende DENIC, für internationale Domains ist die InterNIC zuständig.

Glücklicherweise müssen Sie sich nicht persönlich mit diesen Diensten herumschlagen; die Registrierung Ihrer Domains übernimmt der Webhoster. Auf seinen Webseiten finden Sie sowohl im öffentlichen als auch im Kundenbereich Formulare für die initiale Paketbestellung und für nachträgliche Domain-Registrierungen. In das Textfeld geben Sie den Domain-Namen ein, wählen aus einer Dropdown-Liste die Top Level Domain aus und bestätigen, sofern die Domain verfügbar ist, die Bestellung. Es dauert etwas, bis die Domain verfügbar ist, bei Bestellungen von *.de* oder *.com*-Domains ist das aber innerhalb eines Tages geschehen. *Hinweis*: Subdomains (*reiseforum.joomla-handbuch.com*) müssen Sie nicht separat registrieren (oder bezahlen); Sie richten sie als Paketfeature in der Administrationsoberfläche ihres Webhosters ein.

Tipp: Ist die Erreichbarkeit Ihrer Website kritisch, wählen Sie für die Domain-Registrierung einen anderen Provider als den Webhoster. Sollte es zu Vertragsstreitigkeiten oder technischen Problemen mit dem Webhoster kommen, haben Sie so die Möglichkeit, die Website kurzfristig von einem anderen Webspace auszuliefern.

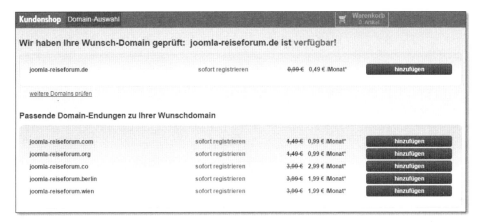

Abbildung 3.3 Bei der Bestellung Ihrer Domain machen Webhoster Alternativvorschläge für die Wahl der Top Level Domain; praktisch, wenn die Wunsch-Domain mit der Endung ».de« schon vergeben ist.

> **Tipp: Idealen Domain-Namen finden**
>
> Falls Sie noch kein Webhosting-Paket angemietet haben, stehen Sie vielleicht auch noch vor der Entscheidung, welchen Domain-Namen Sie wählen. Achten Sie auf diese Aspekte:
>
> ▶ **Marke**: Die Marke (englisch: *Brand*) ist das wichtigste Merkmal Ihrer Dienstleistung oder Ihres Produkts, und das wird von Suchmaschinen auch entsprechend bewertet. Websites, deren Domain-Name nur aus Keywords besteht, aber eindeutig einer Marke zuzuordnen sind, werden möglicherweise heruntergerankt.
>
> ▶ **Verbreitete Top Level Domain**: Entscheiden Sie sich für eine der verbreiteten Top Level Domains (TLD). Das ist der letzte Teil der Domain, z. B. *.com* (allgemein), *.org* (gemeinnützig) oder *.de*, *.at* oder *.ch* (länderspezifisch). *.info*- oder *.biz*-TLDs haben zwar ihre Daseinsberechtigung, in diesem Fall für informative oder Geschäftswebsites, stehen im Suchmaschinen-Ranking aber schlechter da. Genauso wie *.eu* für europäische Websites, obwohl die Akzeptanz hier steigt. Besonders kurios wirken Domain-Namen mit TLDs anderer Länder. Das stellt die Seriosität der Website und den Zweck der TLD infrage, denn häufig trifft man auf Websites, die über diesen »Trick« auf dem Markennamen anderer Firmen Huckepack fahren. Auch die Akzeptanz der relativ neuen und zahlreichen thematischen TLDs ist noch umstritten. *.reisen* für ein Reiseforum oder *.photography* für die Web-

präsenz eines Fotografen – warum nicht? Die Praxis zeigt, dass noch einige Jahre ins Land streichen, bis solche Webadressen das gleiche Ansehen genießen wie eine vergleichbare *.de*-Domain.

- **Länge**: Die erfolgreichsten Websites haben Domain-Namen mit einer durchschnittlichen Länge von acht bis neun Zeichen. Besucher merken sich solche Domains einfacher, und sie lassen sich schnell buchstabieren. Ergo, je kürzer, desto besser.
- **Bindestriche**: Ein Domain-Name sollte maximal aus zwei Worten bestehen, die Sie am besten mit einem Bindestrich (Minuszeichen) trennen.
- **Verzichten** Sie auf Zahlen und andere überflüssige Zeichen. Wenn Ihre Marke eine Zahl enthält, registrieren Sie sicherheitshalber auch die ausgeschriebene Variante, z. B. *reiseforum-1.de*, *reiseforum-eins.de*.

3.2 FTP-Client installieren

Nach der Entscheidung für eine Domain und Bestellung Ihres Webhosting-Pakets erhielten Sie ein halbes Dutzend E-Mails des Hosting-Dienstleisters. Heben Sie sie gut auf, darin befinden sich die Zugangsdaten für Ihren Webspace, vielleicht auch schon die ersten Passwörter für den FTP-Zugang, mit denen Sie loslegen, sobald Ihre neue Domain erreichbar ist.

In diesem Abschnitt installieren Sie darum schon einen FTP-Client, mit dem Sie zukünftig Dateien zwischen Ihrem lokalen Arbeitsrechner und dem angemieteten Webspace beim Webhoster übertragen. Initial werden das die Dateien der Joomla!-Installation sein (siehe Abschnitt 3.4.2, »Händische Installation per FTP«), später benutzen Sie den FTP-Client aber auch, um sich in Logdateien umzusehen oder Bilder abseits des spartanischen Medienmanagers in Joomla! hochzuladen.

Für die Wahl des FTP-Clients empfiehlt sich wieder ein Blick auf den Open-Source-Markt. Das Projekt FileZilla ist eine der attraktivsten Lösungen, da das Programm weit verbreitet und mit allen FTP-Features vollgepackt ist und eine große Community mit angebundenem Forum hat – falls es mal Probleme gibt.

> **Info: Unter Linux installieren Sie FileZilla über den Software Manager**
> Linux-Benutzer haben's besonders einfach: FileZilla hat Einzug in die Software Manager der meisten Distributionen gehalten. Öffnen Sie einfach Ihren Software Manager, suchen Sie nach »filezilla«, und klicken Sie auf INSTALL (siehe Abbildung 3.4).

3.2 FTP-Client installieren

Abbildung 3.4 Unter Linux installieren Sie FileZilla ganz einfach über den Software Manager.

1. Besuchen Sie mit Ihrem Webbrowser das FileZilla-Projekt unter *https://filezilla-project.org*, und klicken Sie im linken Menü auf DOWNLOAD.
2. Die Download-Seite erkennt automatisch, welches Betriebssystem bei Ihnen installiert ist, und bietet sofort das richtige Paket zum Download an.
3. Starten Sie die Installation.
   - **Windows**: Starten Sie die eben heruntergeladene Datei *FileZilla_3.xx.x_winXX-setup.exe* (o. ä.), und klicken Sie sich gegebenenfalls durch Warnmeldungen von Windows (siehe Abbildung 3.5: TROTZDEM AUSFÜHREN).
   - **OS X**: Klicken Sie doppelt auf die Datei *Filezilla_3.xx.x_macosx-x86.app.tar.bz2.dmg* (o. ä.). Daraufhin öffnet sich der INSTALLATION WIZARD. Klicken Sie doppelt auf das Paket-Icon, und bestätigen Sie das ÖFFNEN des Programms. OS X legt daraufhin das Gerät *SourceForge Installer* an und öffnet den Installationsassistenten.

Abbildung 3.5 Vertrauen Sie der heruntergeladenen Installationsdatei von FileZilla, achten Sie während des Einrichtens aber darauf, nicht Malware mitzuinstallieren.

4. Klicken Sie auf NÄCHSTER SCHRITT/CONTINUE, um den Installationsassistenten zu starten.
    - **Vorsicht**: Auch Open-Source-Installer haben manchmal Malware-Allüren; in den nächsten Schritten werden Sie verführt, Alternativsuchmaschinen, mittelschlechte Onlinespiele, veraltete Virenschutztools und andere Programme, die nichts mit FileZilla zu tun haben, mit einzurichten. Klicken Sie stets auf ABLEHNEN/SKIP.
    - **Windows**: Stimmen Sie mit I AGREE dem LICENSE AGREEMENT zu, und klicken Sie ein paarmal auf NEXT, um den Standardeinstellungen für Installationspfad, ausführbaren Benutzer und Startmenü-Verknüpfung zuzustimmen.
5. Klicken Sie auf FINISH, um den Installationsassistenten zu beenden.

Nach der Installation von FileZilla richten Sie jetzt den FTP-Zugang zu Ihrem angemieteten Webspace ein. Die erforderlichen Zugangsdaten finden Sie wahrscheinlich in einer der ersten Mails, die Sie nach Bestellung des Pakets erhielten. Falls nicht, loggen Sie sich in die Administrationsoberfläche des Webhosters ein, und suchen Sie dort nach den Einstellungen für FTP oder FTP-ZUGANG. Konkret suchen Sie einen HOST, einen BENUTZERNAMEN und ein PASSWORT.

1. Starten Sie FileZilla, und klicken Sie oben links auf das Icon DEN SERVERMANAGER ÖFFNEN ( ), nicht auf den Pfeil daneben.
2. Im SERVERMANAGER-Popup-Fenster verwalten Sie all Ihre FTP-Verbindungen. Klicken Sie auf NEUER SERVER, um solch eine Verbindung einzurichten.
3. Füllen Sie jetzt das Formular auf der rechten Seite aus (siehe Abbildung 3.6):
    - SERVER: Im Internet erreichbarer Servername Ihres Webspaces. Das ist meist der erste Domain-Name, den Sie registriert haben. Im Zweifelsfall sehen Sie noch mal in die Ihnen zugesendeten Unterlagen.

– VERBINDUNGSART: Stellen Sie die Dropdown-Liste von ANONYM auf NORMAL. Erst jetzt ist es möglich, ein BENUTZERNAME/PASSWORT-Paar anzugeben.
– BENUTZERNAME, PASSWORT: Geben Sie hier die Ihnen zugesendeten FTP-Zugangsdaten ein.

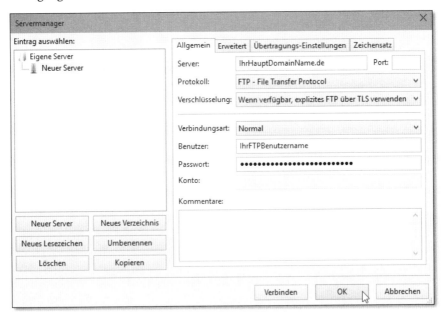

Abbildung 3.6 Für eine Standard-FTP-Verbindung benötigen Sie nur die Felder »Server«, »Benutzer« und »Passwort«.

Die übrigen Einstellungsfelder befüllen Sie nur, wenn Sie entsprechende Hinweise vom Webhoster erhielten. Zum Beispiel könnte ein anderer PORT erforderlich oder eine Verbindung per sicherem SFTP möglich sein.

4. Klicken Sie jetzt links auf UMBENENNEN, und geben Sie statt NEUER SERVER einen sinnvollen Namen für Ihren Webspace an. Das muss nicht der Servername sein.
5. Als OS-X-Benutzer klicken Sie nun auf VERBINDEN. Windows-Benutzer klicken auf OK, um den SERVERMANAGER zunächst zu schließen. Sie stellen Verbindungen künftig schneller über die Dropdown-Liste her, die erscheint, wenn Sie auf den kleinen Pfeil neben dem SERVERMANAGER-Icon ( ) klicken.

Erscheint eine Warnmeldung bezüglich eines UNBEKANNTEN ZERTIFIKATS, klicken Sie einfach auf OK. Im oberen Statusfenster passiert nun eine ganze Menge. Sie finden dort eine Liste aller Aktionen, die FileZilla durchführt, z. B. Details zum Verbindungsaufbau oder – später – welche Dateien übertragen wurden.

Das Konzept: Auf der linken Seite sehen Sie oben einen Verzeichnisbaum Ihres Arbeitsrechners, darunter den Inhalt des aktuellen Verzeichnisses, auf der rechten

Seite dasselbe für Ihren Webspace. Mit der Maus übertragen Sie nun per Drag & Drop beliebige Dateien zwischen beiden Rechnern (siehe Abbildung 3.7). Einfach auswählen und ins jeweils andere Fenster ziehen. Mit der rechten Maustaste stehen Ihnen außerdem per Kontextmenü einige spezielle Befehle zur Verfügung; die wichtigsten: VERZEICHNIS ERSTELLEN und DATEIBERECHTIGUNGEN.

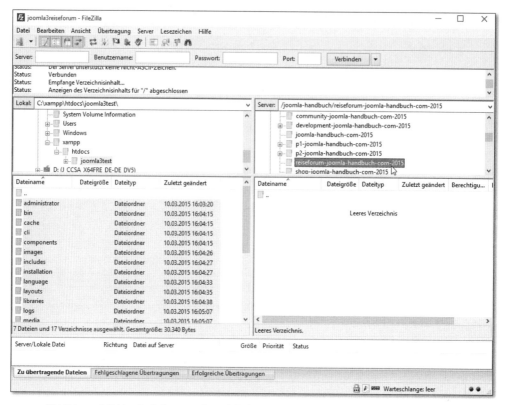

Abbildung 3.7 Um Dateien von Ihrer lokalen Joomla!-Installation (links) auf den Webspace (rechts) zu übertragen, ziehen Sie einfach die betreffenden Dateien mit der Maus ins andere Fenster.

Zum Kopieren einer lokalen Joomla!-Installation auf Ihren Webspace erzeugen Sie auf der rechten Seite zuerst einen Ordner, z. B. »joomla3reiseforum« (Rechtsklick-Kontextmenü VERZEICHNIS ERSTELLEN UND BETRETEN). Dann klicken Sie sich im linken Bereich zu Ihrer XAMPP-Installation und dort zum Ordner /htdocs/joomla3-test. Markieren Sie dann alle Dateien mit Strg/cmd + A, und ziehen Sie das Bündel in den neuen Webspace-Ordner.

Bevor Sie aber Joomla! auf diese Weise in der Live-Umgebung einrichten, studieren Sie zunächst alle Installationsmöglichkeiten in Abschnitt 3.4, »Joomla! installieren«.

3.3 Datenbank einrichten

Das Einrichten der Live-Datenbank für Joomla! unterscheidet sich insoweit von der Testumgebung, dass Sie die Administrationsoberfläche des Webhosters benutzen und die Datenbank nicht direkt in phpMyAdmin erzeugen. An welcher Stelle das genau geschieht, hängt von der Menüstruktur Ihres Webhosters ab. In der Regel finden Sie aber schon nach dem Login in den Kundenbereich auf der Homepage einen mit MYSQL-DATENBANKEN oder DATENBANK EINRICHTEN betitelten Link. Im Zweifelsfall werfen Sie einen Blick in die FAQs oder konsultieren den Support.

Haben Sie die Seite zum Anlegen der Datenbank gefunden, werden in der Regel nur zwei Einstellungen abgefragt (siehe Beispiele in Abbildung 3.8 und Abbildung 3.9).

Abbildung 3.8 Achten Sie beim Einrichten einer Live-Datenbank auf ein besonders sicheres Passwort.

Abbildung 3.9 Das Anlegen einer Datenbank ist bei den meisten Webhostern sehr ähnlich; Sie wählen eine Beschreibung und ein Passwort – den eigentlichen Datenbanknamen erhalten Sie danach.

▶ BESCHREIBUNG/KOMMENTAR
Eine interne Notiz, für was oder welche Applikation Sie die Datenbank einsetzen. Lassen Sie dieses Feld auf keinen Fall leer, da der später automatisch vergebene Datenbankname aus einer kryptischen Zeichenfolge besteht und der hier eingegebene Text die einzige Möglichkeit ist, Ihre Datenbanken auseinanderzuhalten.

▶ PASSWORT
Wählen Sie hier ein besonders sicheres Passwort, denn die Datenbank ist im Unterschied zur im Heimnetzwerk isolierten Umgebung öffentlich im Internet erreichbar. Notieren Sie sich das Passwort, bevor Sie das Datenbank-Anlageformular absenden.

Nachdem Sie das Anlegen der Datenbank in der Administrationsoberfläche ausgelöst haben, dauert es ein paar Sekunden, bis die Bestätigungsseite erscheint. Haben Sie Geduld, denn diese Seite enthält die wichtigen Parameter, die Sie später im Joomla!-Installationsassistenten hinterlegen:

▶ HOSTNAME
Server, auf dem die neue Datenbank läuft. In der Regel ist das eine Subdomain des Webhosters, z. B. DB12345.WEBHOSTER.COM. *Tipp:* Falls diese Einstellung nicht gelistet wird, rufen Sie phpMyAdmin für diese Datenbank auf – ein entsprechender Link befindet sich meist auf der Übersichtsseite all Ihrer Live-Datenbanken. Mit hoher Wahrscheinlichkeit ist der Hostname dann identisch mit dem Domain-Namen, der in der Adresszeile des Browsers erscheint, sobald phpMyAdmin geladen ist.

▶ DATENBANKNAME
Ein intern vergebener Name für die neue Datenbank, oft eine durchnummerierte kryptische Zeichenfolge. Beachten Sie, dass der Name nicht mit der vorher eingegebenen Beschreibung identisch ist.

▶ BENUTZERNAME
Oft sind Datenbank- und Benutzername für eine übersichtliche Konfiguration identisch.

▶ PASSWORT
Das Passwort erscheint nicht immer auf der Bestätigungsseite, notieren Sie es sich deshalb schon vorher.

Weitere Einstellungen benötigen Sie nicht für die Datenbank. Es kann nun direkt weitergehen mit der eigentlichen Joomla!-Installation.

> **Tipp: Legen Sie pro Joomla!-Installation eine dedizierte Datenbank an**
>
> Joomla! erlaubt die Installation mehrerer Instanzen in einer einzelnen Datenbank. Das ist möglich, indem bei der Einrichtung den Tabellennamen ein zufällig erzeugtes Buchstabenkürzel vorangestellt wird. Dann enden Sie jedoch mit einem sehr unübersichtlichen Konstrukt und verkomplizieren spätere Wartungsarbeiten. *Best Practice*: Richten Sie pro Joomla!-Installation eine dedizierte Datenbank ein.
>
> Falls Sie eine alte Datenbank wiederverwenden, löschen Sie vor der Neuinstallation alle in ihr enthaltenen Tabellen über phpMyAdmin: Wechseln Sie dabei zum Reiter STRUCTURE/STRUKTUR der entsprechenden Datenbank, klicken Sie am unteren Ende der Tabellenliste auf CHECK ALL (setzt ein Häkchen vor jeden Tabellennamen) und in der dahinter stehenden Dropdown-Liste auf DROP, gefolgt von einem Klick auf Go in der unteren rechten Ecke des Fensters. Die darauf folgende Sicherheitsabfrage bestätigen Sie mit YES. Die Datenbank ist jetzt leer.

3.4 Joomla! installieren

Die eigentliche Joomla!-Installation kennen Sie bereits aus Kapitel 2, »Testumgebung einrichten«. Dieser Abschnitt beschäftigt sich mit Besonderheiten, denen Sie im Rahmen der Live-Umgebung begegnen. Entweder kopieren Sie Ihre lokale Joomla!-Installation per FTP auf den Webspace, oder, und das ist natürlich viel bequemer, Sie nutzen eine automatische Installation über Ihren Webhoster, falls dieser sie anbietet.

3.4.1 Installation über die Webhoster-Administrationsoberfläche

Joomla! ist so weit verbreitet, dass viele Webhoster eine automatische Installation im Kundenbereich anbieten. Klicken Sie sich durch die Administrationsoberfläche, und suchen Sie nach Links zu SOFTWAREINSTALLATION, APPLIKATIONS-CENTER o. ä., z. B. wie in Abbildung 3.10 oder Abbildung 3.11.

Die Installation von Joomla! im Kundenbereich des Webhosters ist stark von seiner Benutzeroberfläche abhängig. Üblicherweise sind aber nicht viele Schritte notwendig, um in wenigen Minuten ein neues System aufzusetzen. Denn bei solch einer Webhoster-Installation wurden die Joomla!-internen Installationsschritte meist durch Webhoster-eigene Formulare ersetzt und beschränken sich auf die Angabe einer Datenbank und einer Administrator-E-Mail-Adresse. Passwörter werden automatisch generiert und an diese Standard-E-Mail-Adresse versendet, sobald die Installation abgeschlossen ist.

Achtung: Wenn Sie nach einer Webhoster-Joomla!-Installation eine Fehlermeldung der Art ERROR DISPLAYING THE ERROR PAGE: APPLICATION INSTANTIATION ERROR:

COULD NOT CONNECT TO MYSQL erhalten, war die Einrichtung noch nicht abgeschlossen. Versuchen Sie es dann einfach noch mal nach ein paar Minuten.

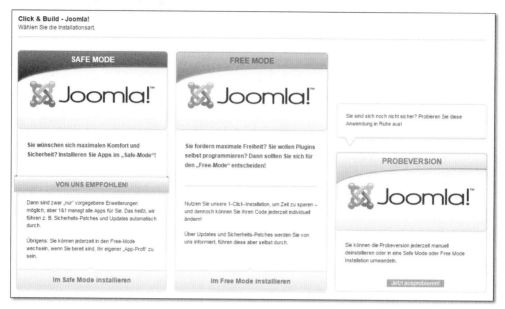

Abbildung 3.10 Bei generischen Webhostern sind auch Joomla!-Installationen mit einer Vorauswahl von Erweiterungen möglich, um die Einrichtung zu vereinfachen.

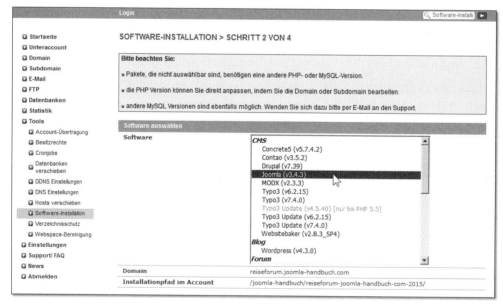

Abbildung 3.11 Viele Webhoster bieten eine Auswahl von Webapplikationen zur automatisierten Installation.

3.4.2 Händische Installation per FTP

Stellt Ihr Webhoster keine automatische Joomla!-Installation bereit oder sind die verfügbaren Versionen veraltet, müssen Sie selbst Hand anlegen. Die Unterschiede: Sie laden die Installationsdateien per FTP auf Ihren Webserver und nehmen sämtliche Konfigurationen im eigenen Installationsassistenten von Joomla! vor, exakt so wie Sie es bei der Installation der Testumgebung in Kapitel 2 gemacht haben.

> **Tipp: Elegantere Installation durch Wiederherstellung einer Sicherheitskopie**
>
> Die auf diesen Seiten vorgestellte Methode, die Joomla!-Installationsdateien per FTP auf den Webspace aufzuspielen, ist der vielerorts und auch in der offiziellen Joomla!-Dokumentation dargestellte Standardweg. In schlecht konfigurierten Serverumgebungen besteht jedoch die Möglichkeit, dass Sie später Probleme mit Verzeichnis- und Dateirechten haben, was sich z. B. auf Joomla!- oder komponenten-initiierte Datei-Uploads auswirkt (siehe Abschnitt 2.4.3, »Joomla! installieren«, Kasten »Info: In manchen Serverumgebungen konfigurieren Sie auf die FTP-Verbindung«). Derlei Schwierigkeiten gehen Sie von vornherein aus dem Weg, indem Sie den elegantesten Weg eines Live-Deployments durchführen, nämlich das Aufspielen einer in der Entwicklungsumgebung erstellten Sicherheitskopie auf den Live-Server. Dies ist in Kapitel 21, »Joomla! und Content deployen«, angerissen und in Abschnitt 16.1, »Sicherheitskopien anlegen mit Akeeba Backup«, detailliert beschrieben. Wollen Sie zu diesem Zeitpunkt noch keine Joomla!-Erweiterungen involvieren, versuchen Sie es dennoch mit der Installation der per FTP hochgeladenen Dateien. In der Regel lassen sich alle Verzeichnis- und Dateiberechtigungsprobleme nachträglich korrigieren.

Joomla!-Installationsdateien hochladen

1. Laden Sie die zu installierende Joomla!-Version zunächst auf Ihren Arbeitsrechner. Die jeweils aktuellste international-englische Version finden Sie auf der offiziellen *http://www.joomla.org*-Website. Für die eingedeutschte Version besuchen Sie *http://www.jgerman.de*. Achten Sie bei einer Neuinstallation darauf, das Komplettpaket (englisch: *Full Package*) zu verwenden.

2. Entpacken Sie das heruntergeladene ZIP-Archiv auf Ihrem lokalen Rechner mit einem Rechtsklick auf die Datei *Joomla_3.x.x-Stable-Full_Package.zip* und der Wahl ALLE EXTRAHIEREN... (Windows) oder ÖFFNEN MIT • ARCHIVIERUNGSPROGRAMM (OS X) aus dem Kontextmenü.

3. Laden Sie alle entpackten Dateien mit Ihrem FTP-Client auf den Webserver. Verbinden Sie sich zunächst mit dem Server, und legen Sie ein neues Verzeichnis direkt im Hauptordner an, z. B. »joomla3live«. So können Sie später etwaige zusätzliche Installationen, z. B. für Testzwecke, einrichten. Achten Sie darauf, dass Sie ausschließlich den Inhalt des Joomla!-Ordners hochladen, also alles *innerhalb*

des beim Entpacken erzeugten Verzeichnisses. Der eigentliche Upload dauert eine Weile, Joomla! besteht aus fast 5.000 Dateien.

> **Info: Alternative – ZIP-Paket ohne FTP-Client auf dem Server entpacken**
>
> Auch ohne einen auf Ihrem Arbeitsrechner installierten FTP-Client können Sie bei den Webhostern Dateien hochladen. Über sogenannte WebspaceExplorer oder Web-FTP-Zugänge läuft der Upload dann, einem FTP-Client ähnlich, innerhalb des Browserfensters. Diese Benutzeroberflächen sind insbesondere deshalb interessant, da sie meist auch einen Button zum Entpacken von ZIP-Archiven anbieten. Eine wertvolle Option, die ein lokaler FTP-Client nicht notwendigerweise bereitstellt; das Entpacken auf dem Server wäre dann nur über einen Terminalzugang (SSH) möglich, der ist aber ausschließlich bei höherpreisigen Webhosting-Paketen inbegriffen.
>
> Suchen Sie dazu in der Administrationsoberfläche des Webhosters einen Link, der z. B. mit WEBFTP oder WEBSPACEEXPLORER o. ä. betitelt ist. Das Feature, das Sie suchen, gleicht einem Dateimanager Ihres lokalen Arbeitsrechners, nur dass Sie direkt auf dem Server arbeiten. In solch einer Oberfläche stehen Ihnen dann Buttons für das Anlegen neuer Verzeichnisse, das Hochladen von Dateien und das Entpacken verschiedener Archivtypen zur Verfügung. Analog wie im eben beschriebenen Entpack- und Upload-Prozess gehen Sie hier umgekehrt vor. Legen Sie zunächst das neue Unterverzeichnis an, z. B. »joomla3live«, laden Sie das Joomla!-ZIP-Archiv hinein, und entpacken Sie es über die Benutzeroberfläche.

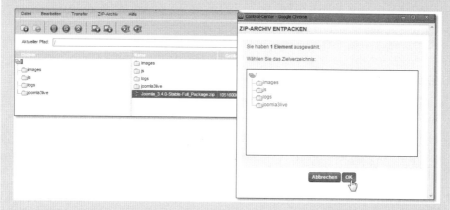

Abbildung 3.12 Beispiel eines WebspaceExplorers bei einem generischen Webhoster; z. B. legen Sie hierüber Ordner an, laden Dateien hoch und entpacken ZIP-Archive.

Domain mit dem Joomla!-Verzeichnis verknüpfen

Die Datenbank ist eingerichtet, alle Joomla!-Dateien liegen bereit zur Installation; nun folgt ein letzter Schritt, bevor es losgeht. Um den Installationsassistenten über Ihren Webbrowser zu erreichen, könnten Sie jetzt die URL *http://IhrDomain-*

Name.de/joomla3live eingeben, *joomla3live* ist das Unterverzeichnis, in dem die Installationsdateien liegen. Dieses Verzeichnis darf nach außen natürlich nicht sichtbar sein, das Unterverzeichnis *joomla3live* hat in der URL nichts zu suchen (siehe Abbildung 3.13). Deshalb konfigurieren Sie die Domain, unter der Ihre Website später läuft, *direkt* auf diesen Ordner – eine Änderung der Standardeinstellung, die die Domain ursprünglich ins Hauptverzeichnis Ihres Webspaces verlinkt.

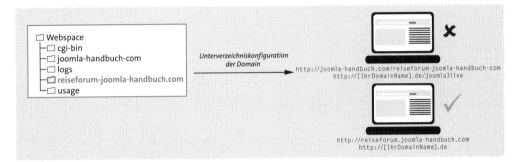

Abbildung 3.13 Über die Domain-Einstellungen Ihres Webspaces legen Sie fest, welches Unterverzeichnis für definierte Domains (oder Subdomains) aufgerufen wird.

Auch das erledigen Sie in der Administrationsoberfläche Ihres Webhosters. Suchen Sie nach der DOMAIN-Liste oder DOMAIN-VERWALTUNG (siehe Abbildung 3.15). Im Bearbeitungsformular für diese Domain, es kann sich auch um eine Subdomain handeln, finden Sie eine Reihe wichtiger Felder. Welche das im Detail sind, unterscheidet sich von Webhoster zu Webhoster; die folgende Liste ist eine Beispielkonfiguration.

- DOMAIN/SUBDOMAIN
  die Domain oder Subdomain, die Sie gerade bearbeiten
- STAMMVERZEICHNIS
  Tatsächlicher, absoluter Dateipfad auf dem Server. In Ihrer Entwicklungs-/Testumgebung ist das das Äquivalent zu *C:\xampp\htdocs* (Windows), */Programme/XAMPP/htdocs* (OS X) oder */opt/lampp/htdocs* (Linux). Wichtig ist dieser Pfad nur intern für die Installation von Joomla!. Normalerweise begegnen Sie ihm nirgends und müssen ihn auch nicht notieren, denn das CMS ist in der Regel schlau genug, den Pfad selbst herauszufinden.
- ZIEL • WEBSPACE
  Der Pfad in dem von Ihnen angemieteten Bereich auf der Festplatte des Servers. Arbeiten Sie hier stets mit Unterordnern, und installieren Sie nichts ins Root-Verzeichnis, um bei Bedarf mehrere Webapplikationen parallel einrichten zu können. Für Ihre Website ist das der eben angelegte Ordner */joomla3live*, in dem die entpackten Installationsdateien bereitliegen. In Abbildung 3.14 sehen Sie den Unterordner */reiseforum-joomla-handbuch-com/* für das Beispiel-Reiseforum, das auf demselben Server liegt wie die Hauptwebsite zum Buch unter */joomla-handbuch-com/*.

▶ SSL Schutz
Markierung der Domain als Website, die vollständig mit SSL verschlüsselt wird. Wie das funktioniert, erfahren Sie in Abschnitt 22.3, »SSL aktivieren«.

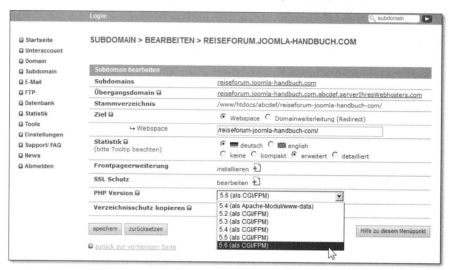

Abbildung 3.14 Beispiel einer komplexeren Domain-/Subdomain-Konfiguration mit zusätzlichen Einstellungen zur PHP-Version und SSL-Verschlüsselung

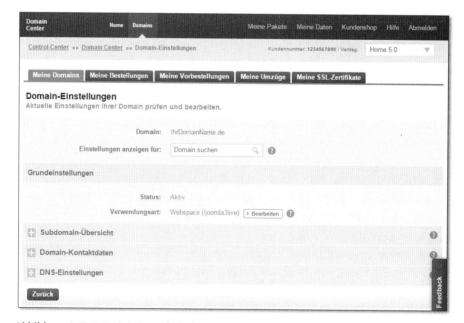

Abbildung 3.15 Beispiel einer einfachen Domain-Einstellung; SSL-Aktivierung und PHP-Versionen werden an anderer Stelle konfiguriert.

▶ PHP VERSION
Stellen Sie hier immer die neueste, aber dennoch etablierte PHP-Version ein, die Ihre Joomla!-Version akzeptiert. Siehe Abschnitt 3.1.2, »Detaillierte Joomla!-Voraussetzungen für eigene Server«.

Nachdem Sie das Konfigurationsformular abgesendet haben, ist es Zeit für eine Kaffeepause. Es dauert eine Weile, bis die Änderungen aktiv sind. Sie prüfen die Erreichbarkeit zwischendurch immer mal wieder, indem Sie Ihren Domain-Namen im Browser abrufen. Joomla! steht zur Installation bereit, wenn Sie den ersten Installationsschritt sehen (siehe Abbildung 3.16).

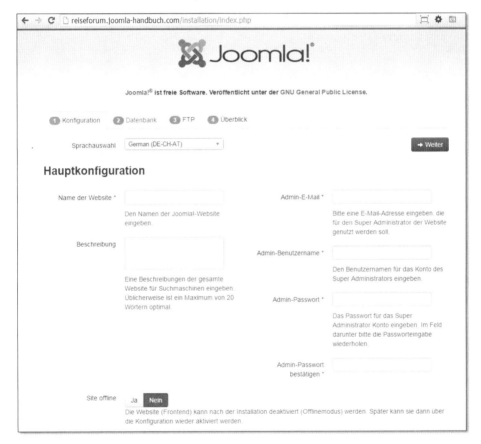

Abbildung 3.16 Springt die URL nach Eingabe Ihres Domain-Namens zu »/installation/index.php« und sehen Sie den ersten Installationsassistentenschritt, ist Joomla! bereit fürs Einrichten.

Ab hier folgen Sie den in Abschnitt 2.4.3, »Joomla! installieren«, beschriebenen Schritten. Der Unterschied ist lediglich, dass Sie einen anderen Domain-Namen verwenden und bei der Eingabe der Datenbankparameter (Schritt 2) die in Abschnitt 3.3, »Datenbank einrichten«, gewählten und erhaltenen Einstellungen einsetzen.

3.4.3 Problembehandlung bei unvollständiger Joomla!-Installation

Falls es bei der Joomla!-Installation in einer Live-Umgebung hakt, liegt das an einem von zwei Gründen: Entweder wurden die Installationsdateien nicht vollständig hochgeladen, oder die Umgebung bietet nicht die erforderlichen technischen Voraussetzungen. Auf den folgenden Seiten finden Sie Hinweise zur Bewältigung beider Probleme.

Unvollständiger FTP-Upload

Bei den zahllosen per FTP übertragenen Dateien kommt es (selten) vor, dass es einige nicht auf den Webspace schaffen. Eine schlechte Internet- oder WLAN-Verbindung ist meist die Ursache, und obwohl Ihr FTP-Client Meldung darüber gibt, welche Übertragungen fehlschlugen, ist die Problemlösung doch sehr mühsam: Versuchen Sie's einfach noch mal. Denn Internetverbindungen sind diese Tage an sich sehr stabil – vorausgesetzt, Sie übertragen die Joomla!-Installation nicht in einem ICE zwischen Hamburg und Berlin.

Bietet Ihr Webhoster eine FTP-Oberfläche im Kundenbereich seiner Website, haben Sie eine Alternative: Laden Sie das einzelne Joomla!-ZIP-Paket hoch, und entpacken Sie es direkt auf dem Server Ihres Webspaces. Wie das funktioniert, lesen Sie im Kasten »Alternative – ZIP-Paket ohne FTP-Client auf dem Server entpacken« im vorherigen Abschnitt 3.4.2, »Händische Installation per FTP«.

Rote Felder bei der Installationsprüfung

Im letzten Installationsschritt wird die Umgebung noch mal gründlich auf Probleme abgeklopft, die sowohl die Sicherheit als auch Funktionalitäten von Joomla! beeinträchtigen. Sehen Sie auf dieser Seite rote NEIN-Markierungen (Nein), muss das Problem beseitigt werden, bevor Sie mit der Installation fortfahren. In der folgenden Liste finden Sie Konfigurationshinweise; die meisten Einstellungen sind in der PHP-Konfigurationsdatei *php.ini* vorzunehmen. Es kann aber, abhängig vom Webhoster, Abweichungen geben. Beispielsweise lassen sich PHP-Einstellungen über die Direktive php_value in Serverkonfigurationsdateien (*.htaccess*) überschreiben. Falls die hier aufgeführten Hinweise zu keinem Erfolg führen, kontaktieren Sie den Support Ihres Webhosters. Joomla! ist eine Standardwebapplikation, die problemlos in jedem Webhosting-Paket funktionieren muss.

- PHP-Version >= 5.3.10

  Joomla! benötigt mindestens Version 5.3.10 der Programmiersprache PHP. Ist dieser Punkt rot, werfen Sie einen Blick in die Dokumentation Ihres Webhosters. Dort finden Sie eine Anleitung für die Aktivierung verschiedener PHP-Versionen, die entweder auf eine Konfigurationseinstellung der Domain oder Subdomain oder eine Ergänzung in der *.htaccess*-Serverkonfigurationsdatei hinausläuft.

- MAGIC QUOTES GPC – AUS
  Magic Quotes ist ein älterer PHP-interner Mechanismus, um übertragene Formulardaten, z. B. einen neu verfassten Beitrag, in einer Art aufzubereiten, dass er sofort in der Datenbank gespeichert werden kann. In den letzten Jahren wurde sich die Community aber einig, dass dieser Ansatz konzeptionell falsch war und es den Webapplikationen und nicht PHP, überlassen sein sollte, diese Aufbereitung vorzunehmen. Für Joomla! heißt das, Magic Quotes *kann* abzuspeichernde Texte beschädigen; die Funktionalität muss daher ausgeschaltet sein.

  Es gibt mehrere Möglichkeiten, Magic Quotes auszuschalten. In den meisten Fällen bearbeiten Sie die PHP-Konfigurationsdatei *php.ini* und stellen die Parameter `magic_quotes_gpc`, `magic_quotes_runtime` und `magic_quotes_sybase` auf `Off`. Wenn das nicht funktioniert, müssen Serverkonfigurationsdateien angepasst werden. Außerdem beeinflussen diese Einstellungen auch andere Websites, die Sie auf Ihrem Webspace betreiben. Kontaktieren Sie in diesen Fällen den Support Ihres Webhosters.

- REGISTER GLOBALS – AUS
  Dies ist eine PHP-Einstellung, die vom Browser übermittelte Daten an die Joomla!-Website PHP-Programmen zugänglich macht, die sie eigentlich nicht einsehen dürften. Lassen Sie den Parameter `register_globals` in der PHP-Konfigurationsdatei *php.ini* auf `Off`.

- ZLIB-KOMPRESSIONSUNTERSTÜTZUNG
  Joomla! setzt die PHP-Bibliothek *Zlib* ein, um mit komprimierten Archiven, z. B. bei Erweiterungsinstallationen oder Updates, umzugehen; ähnlich wie Sie auf Ihrem Arbeitsrechner mit ZIP-Archiven arbeiten. Diese Bibliothek ist normalerweise bei jedem Webhoster installiert.

  Prüfen Sie, ob in der PHP-Konfigurationsdatei *php.ini* der Parameter `zlib.output_compression` auf `On` steht. Ist das der Fall und erscheint in der Installationsprüfung immer noch ein rotes NEIN, kontaktieren Sie Ihren Webhoster bezüglich der Verfügbarkeit der Zlib-Bibliothek.

- XML-UNTERSTÜTZUNG
  Steht diese Option auf NEIN, kann die bei Ihrem Webhoster betriebene PHP-Version keine XML-Dateien lesen oder schreiben, ein äußerst seltenes Szenario. Prüfen Sie in diesem Fall noch mal die eingesetzte PHP-Version, und aktivieren Sie gegebenenfalls eine neuere Version, z. B. PHP 5.6. In jedem Fall sollten Sie aber den Webhoster-Support kontaktieren.

- **Datenbankunterstützung: (MySQL, MySQLi, PDO, SQLite)**
  Auch eine fehlende Datenbankunterstützung der eingesetzten PHP-Version ist zunächst ein berechtigtes Anliegen zur Kontaktaufnahme mit dem Webhoster-Support, da hier fundamentale Aspekte des Hosting-Pakets fehlen. Begegnen Sie diesem Fehler in einer händisch installierten Webserver- und PHP-Installation, prüfen Sie die Verfügbarkeit des `php-mysql`-Pakets (Linux) oder der einkommentierten Zeile `extension=php_mysql.dll` (*php.ini* unter Windows), um PHP die für den Datenbankzugriff notwendigen Funktionen bereitzustellen.

- **MB Sprache ist Standard**
  Diese Einstellung legt fest, welche Standardsprache für PHP-interne Multibyte-Zeichenkettenoperationen verwendet wird, und muss auf dem internationalen Wert `neutral` stehen.

  Hier handelt es sich um eine Standardeinstellung des Servers, die Sie nur über die lokale *.htaccess*-Konfigurationsdatei im Joomla!-Verzeichnis überschreiben können. Fügen Sie dort die Zeile `php_value mbstring.language neutral` ein.

- **MB String overload ist deaktiviert**
  Eine weitere Konfiguration für den korrekten Umgang mit verschiedenen Sprachen. Bearbeiten Sie auch hierfür die im Joomla!-Verzeichnis befindliche *.htaccess*-Datei, und ergänzen Sie dort die Zeile `php_value mbstring.func_overload 0`.

- **INI-Parser-Unterstützung**
  Diese PHP-Funktionalität ermöglicht den Umgang mit *.ini*-Konfigurationsdateien; ein essenzielles Feature, das in PHP-Standardinstallationen normalerweise aktiviert ist, aber möglicherweise durch eine *php.ini*-Direktive ausgeschaltet wurde.

  Durchsuchen Sie die *php.ini*-Datei nach der Zeile `disable_functions`, und entfernen Sie gegebenenfalls `parse_ini_file` dahinter. Hat das keine Wirkung, konsultieren Sie den Webhoster-Support.

- **JSON-Support**
  JSON (ausgesprochen »Jaysn«) ist eine Formatierungskonvention für Konfigurationsdateien, die standardmäßig von PHP unterstützt und von Joomla! benötigt wird. Erscheint hier ein rotes Nein, prüfen Sie die eingesetzte PHP-Version in der Administrationsoberfläche Ihres Webhosters. Stellen Sie dort eine möglichst neue Version, z. B. 5.6, ein. Löst dies das Problem nicht, hilft nur Ihr Webhoster weiter, kontaktieren Sie dann den Support.

- **Configuration.php: nicht schreibgeschützt**
  In der Datei *configuration.php* speichert Joomla! alle Basiseinstellungen, die Sie in diesem Installationsassistenten vornehmen. Bei einer frischen Installation existiert diese Datei noch nicht und wird im Rahmen des Setups angelegt. Erscheint hier allerdings bei Ihnen ein rotes Nein, existiert die Datei bereits, kann aber nicht

überschrieben werden. Das ist z. B. der Fall, wenn Sie Joomla! nach einer misslungenen Installation wiederholt einzurichten versuchen. Entfernen Sie dann kurzerhand die vorhandene *configuration.php*, und starten Sie den Installer neu.

Alternativ können Sie auch die Schreibrechte der *configuration.php*-Datei auf 644 setzen, die Installation durchführen und die Rechte danach wieder auf 444 zurückstufen; bitte beachten Sie dazu den Kasten »Tipp: Verzeichnis- und Dateirechte ändern«.

> **Tipp: Verzeichnis- und Dateirechte ändern**
>
> Die bei Ihrem Webhoster installierten Joomla!-Dateien besitzen eine Eigenschaft, die markiert, ob die Datei (oder das Verzeichnis) gelesen, beschrieben und/oder ausgeführt werden darf. So benötigt man für die meisten Joomla!-Dateien nur das Leserecht, bestimmte Ordner, z. B. */images* oder */cache*, müssen aber beschreibbar sein, um dort Dateien abzulegen. Auch die Datei *configuration.php* muss während der Installation von Joomla! mit Schreibrechten versehen sein, damit sie die Konfiguration aufnimmt. Ein Aspekt, der *nicht* bei einer Neuinstallation auftritt, da diese Datei dann noch nicht existiert.
>
> Um die Lese- und Schreibrechte zu bearbeiten, haben Sie zwei Möglichkeiten: per FTP oder über eine FTP-ähnliche Benutzeroberfläche bei Ihrem Webhoster.
>
> In beiden Fällen melden Sie sich auf Ihrem Server an (FTP-Login oder Anmeldung im Kundenbereich der Webhoster-Website) und klicken sich durch das Joomla!-Verzeichnis zur fraglichen Datei, z. B. der *configuration.php* im Hauptordner. Markieren Sie sie, und öffnen Sie im FTP-Client mit der rechten Maustaste das Kontextmenü bzw. das Dateirechtemenü oder einen entsprechenden Button in der Webhoster-Oberfläche. Halten Sie nach der Bezeichnung CHMOD Ausschau; das ist die Abkürzung für *Change Mode* und entspricht dem Befehl für die Anpassung der Dateirechte. Nun öffnet sich ein Popup-Fenster oder ein Browserformular, in dem Sie mit der Maus oder per Tastatur die neuen Rechte vergeben (siehe FileZilla-Beispiel in Abbildung 3.17).
>
> Beim Setzen der Dateirechte sehen Sie eine Matrix von drei mal drei Checkboxes, die den drei Rechten LESEN, SCHREIBEN und AUSFÜHREN der drei Benutzergruppen BESITZER, GRUPPE, ÖFFENTLICH entsprechen. Je nach angeklickter Kombination errechnet sich ein Zahlenwert, eine Abkürzung zu exakt dieser Rechtekonfiguration. Damit lassen sich Berechtigungseinstellungen schneller einstellen.
>
> Für Joomla! werden nur Leserechte und für Sonderfälle spezielle Schreibrechte benötigt. Um z. B. die Datei *configuration.php* zu bearbeiten, ist die Rechtekombination 644 notwendig; falls Sie der Besitzer der Datei sind, was nach Upload der Joomla!-Dateien per FTP der Fall sein sollte. Wurde Joomla! über die Benutzeroberfläche des Webhosters installiert, ist wahrscheinlich ein übergeordneter Serverdienst Besitzer; setzen Sie dann die Rechte auf 666, damit die Datei mit allen Schreibrechten versehen ist. Aber ausschließlich für die Dauer der Installation, konfigurieren Sie danach

wieder die 644-Berechtigung. Alternativ haben Sie die Möglichkeit, über CHMODs Bruder, CHOWN, die Besitzrechte der Datei zu bearbeiten. Auch das ist in der Regel über eine Browser-FTP-Verbindung in Ihrem Webspace möglich.

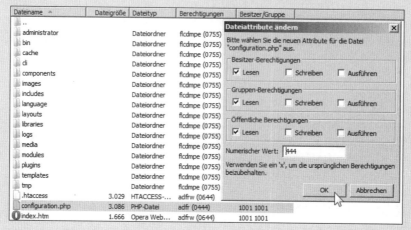

Abbildung 3.17 In einem lokalen FTP-Client führt der mit einem Rechtsklick erreichbare Kontextmenüpunkt »Dateiattribute ändern« zur CHMOD/Dateirechte-Einstellung.

Wichtig: Behalten Sie die Standardrechte für Joomla!-Dateien und -Verzeichnisse im Hinterkopf. Wenn Sie Änderungen vornehmen müssen, sollten diese stets vorübergehend sein.

- Dateien: 644
- Verzeichnisse: 755
- *configuration.php*: 444 (ausschließlich Leserechte)

Leider gibt es aber auch hier Umgebungsunterschiede bei Webhostern. Bekommen Sie mit dieser Rechtekombination Probleme, z. B. wenn Sie keine Bilder über den Medienmanager hochladen können, wenden Sie sich an den Support. Falls dieser vorschlägt, die Rechte auf 777 zu setzen (jeder darf alles, also auch Hacker), stellen Sie eine weitere Rückfrage, wie die Installation in diesem Fall weiter abzusichern ist. Oft endet das dann in einer weiteren Modifikation der *.htaccess*-Serverkonfigurationsdatei. *Wichtig*: Keine Datei, kein Ordner sollte jemals auf 777 gesetzt sein, da das Tür und Tor für Hackerangriffe öffnet.

Tipp im Tipp: Im Administrations-Backend von Joomla! versteckt sich eine Webseite, die alle Verzeichnisse listet, auf die das Content-Management-System schreibenden Zugriff benötigt, z. B. */images*, */cache* oder */plugins*. Sie finden diese Seite unter System • Systeminformationen • Reiter Verzeichnisrechte. Sind hier alle Einträge (mit Ausnahme der *configuration.php*) grün, dann sind die vergebenen Rechte in Ordnung. Falls nicht, müssen Sie noch mal mit dem FTP-Client ins Server-Backend, um die Rechte per CHMOD zu korrigieren.

Kapitel 4
Website planen

Ob Wasserfallmodell oder agiles Websiteprojekt – eine vorausschauende Planung, ein lückenloses Konzept und Checklisten helfen bei der reibungslosen Umsetzung und vermeiden Missverständnisse zwischen Auftraggeber und Webentwickler.

Nachdem Sie alle technischen Voraussetzungen geschaffen haben, um Ihre Website mit Joomla! aufzubauen, geht es ans Reißbrett. Denn wie bei vielen konzeptionellen und technischen Themen hilft es auch bei Websites, sich erst mal hinzusetzen und sich Gedanken über das bevorstehende Unterfangen zu machen. Das heißt nicht, dass Sie nicht jederzeit Ihre Entwicklungsumgebung anwerfen dürfen, um mit dem Content-Management-System zu experimentieren; im Gegenteil: Das ist ein idealer und kurzweiliger Weg, praktische Erfahrungen zu sammeln, und der Beginn jedes Prototyping-Ansatzes. Oft ist aber ratsam, sich einen Plan zurechtzulegen, um nicht hoffnungslos im Dunkeln herumzustochern. Erst wenn Sie die Anforderungen an eine Website kennen, wissen Sie, wie die Feature-Liste für das CMS aussieht.

Noch relevanter ist die Planung, wenn Sie in einem Team arbeiten. Erfolgte die Aufnahme der Anforderungen unvollständig, müssen Designer und Entwickler Annahmen machen, die zu falschen Umsetzungen führen können. Oder sie fragen immer wieder nach, wodurch ein zeitaufwendiger Kommunikations-Overhead entsteht. Die Projektplanung wird undurchschaubar, Aufwände unschätzbar, Timings unvorhersehbar. Insgesamt kostet dann alles mehr Zeit und Geld.

Dieses Kapitel beschäftigt sich deshalb mit verschiedenen Aspekten der Planung – von der Anforderungssammlung (*Requirements Engineering*) über verschiedene Implementierungsansätze, das Design, die Umsetzung bis zum Testen und dem Go-Live. Am Ende halten Sie ein fertiges Websitekonzept in der Hand, idealerweise sogar mit einer Sitemap, einer detaillierten Aufstellung der Inhalte, die Sie im Internet präsentieren werden. Solche Helfer am Start zu haben erleichtert und beschleunigt die spätere Implementierung und hilft, Extraaufwand oder -arbeit zu vermeiden. Abgesehen davon beflügelt eine Planung abseits des Arbeitsrechners, sei es mit einem Notizblock im Biergarten oder mit Whiteboard und Kreativkollegen in einem abgeschlossenen Meetingraum, die Kreativität – sowohl für die fachlichen Funktionalitäten als auch die technische Umsetzung.

Begriff	Erklärung
Anforderungen	Schriftliche Sammlung von fachlichen und technischen Voraussetzungen an die Website. Nur wenn Anforderungen im Vorfeld klar sind, weiß man, was zu implementieren ist, reduziert umständliche Rückfragen und vermeidet Missverständnisse, die im schlimmsten Fall das Websiteprojekt zum Scheitern bringen.
Briefing	Kommunikation zwischen Auftraggeber und Websiteentwickler, bei der die Anforderungen abgefragt und festgehalten werden. Je ausführlicher das Briefing ist, desto genauer lässt sich planen. Deshalb kommt es auch besonders darauf an, die richtigen Fragen zu stellen.
Content	Inhalte jeder Form: Texte, Bilder, Videos. Weitere Unterteilungen, z. B. nach Artikel, Newsbeitrag, Meinung oder Test, erfolgen durch *Inhaltstypen* (auch Contenttyp). Als *Inhaltselement* (auch Contentelement) bezeichnet man den eigentlichen, auf der Webseite dargestellten Inhalt.
Sitemap	Übersichtliche Zusammenfassung aller Webseiten einer Website, z. B. anhand einer Tabelle. Als Webseite hilft eine Sitemap Besuchern, Seiten zu finden, die nicht einfach über das Menü aufzuspüren sind. Eine *XML-Sitemap* sorgt bei Google und Co. für eine gründlichere Indexierung. Eine *Offline-Sitemap* kann eine Excel-Tabelle sein, die alle Contentseiten mit zusätzlichen Meta-Informationen wie Seitentitel, Überschrift, Keywords und Beschreibung listet.
Design	Das Aussehen und Look and Feel der Website. In Joomla! ist ein Design innerhalb eines Templates verankert und kann beliebig mit CSS-Styles angepasst werden. Firmen haben oft Designrichtlinien, die festlegen, wie Logos platziert und welche Farben und Schriften verwendet werden. Solche Guidelines beeinflussen dann auch das Design einer Website.
Implementierung, Umsetzung	Installation von Joomla!, Programmierung der Website, Aktivierung von Erweiterungen und Anpassen von Basistemplates; kurzum, alles, was an einer Website entwickelt wird.
Testing	Notwendige Phase vor dem Go-Live, um sicherzustellen, dass alles funktioniert und der Content vollständig und fehlerfrei ist. Ohne Tests finden Auftraggeber Fehler und bezahlen die Website nicht.

Tabelle 4.1 Die wichtigsten Begriffe für die Planung Ihrer Website

Begriff	Erklärung
Dokumentation	Wichtiges Mittel zum Nachvollziehen der Implementierung. Konfigurationen, besondere Einstellungen, Fehlerbeseitigungen, aber auch technische Konzepte werden dokumentiert, um später schneller zu verstehen, was wie umgesetzt wurde und wie sich ab hier weiterentwickeln lässt.

Tabelle 4.1 Die wichtigsten Begriffe für die Planung Ihrer Website (Forts.)

Bevor Sie die Details Ihres Websitekonzepts ausarbeiten, ist es ratsam, sich über die Herangehensweise Gedanken zu machen. Natürlich juckt es unter den Fingernägeln, Joomla!, die neue Software, sofort auszuprobieren, aber Ihre Zeit ist kostbar. Eine vernünftige Planung spart nicht nur Zeit, sondern auch Frustration, insbesondere wenn es später Anforderungsänderungen gibt. In diesem Abschnitt lernen Sie, wer solche Änderungen überhaupt einreichen darf. Und wann. Denn kurz vor dem Go-Live einen völlig neu gestalteten Social-Media-Kasten auf der Homepage einzubauen gefährdet das Timing und hat möglicherweise unvorhersehbare Auswirkungen auf die gesamte Website.

Es ist unumstritten, dass eine gute Vorbereitung die Erfolgsaussichten vergrößert, egal um welches Thema es geht. Doch auch bei dieser Vorbereitung gibt es verschiedene Ausbaustufen, die davon abhängen, wie viel sich überhaupt planen lässt. Ein Websiteplan, in dem jedes Detail und jeder Handgriff fix ist und ausformuliert wurde, lässt sich ausgesprochen einfach umsetzen und timen. Man spricht hier vom *Wasserfallmodell*, da alle Planungs- und Implementierungsphasen nacheinander folgen und auf der jeweils vorhergehenden Phase aufbauen (siehe Abbildung 4.1). Eine strikte Planung ist hier entscheidend: Die Aspekte der Website werden im *Lastenheft* bis ins kleinste Detail beschrieben – bis hin zu Pixelzahlen für Abstände und dem exakten Wortlaut der Formularfehlermeldungen. Daraus entsteht das *Pflichtenheft*, das die Umsetzung aus Entwicklersicht beschreibt.

Die strikten Voraussetzungen des Wasserfallmodells sind jedoch nicht immer gegeben oder gar erwünscht. Nicht erst seit Einführung japanischer Projektmanagementkonzepte aus der Automobilindustrie, sondern auch aus dem täglichen Leben weiß man, dass bestimmte Themen mehr Spielraum und eine größere Planungsflexibilität erfordern. Stellen Sie sich einen bis auf die letzte Minute durchgetakteten Rummelbesuch vor – um Gottes willen. Oder den Unterschied zwischen einem französischen und einem wilden Garten. Bei Letzterem entscheiden Sie vielleicht ad hoc nach dem Anpflanzen der Kletterrosen, dass da eine Hängematte ganz gut danebenpassen würde. Das ist *agile Entwicklung*, die nach dem Prinzip »Kleine, verdauliche Häppchen, bis alle Beteiligten satt sind« funktioniert.

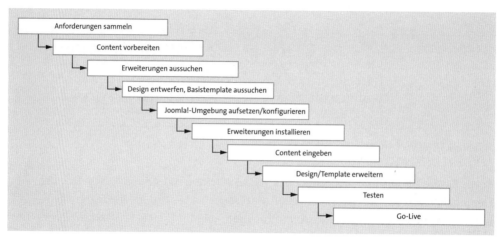

Abbildung 4.1 Bei einem Wasserfallprojekt folgen alle Projektphasen nacheinander – gute Planbarkeit der gesamten Umsetzung.

Ganz unbewusst arbeitet und lebt jeder irgendwie agil, aber erst in den letzten Jahren wurde ein offizieller Stempel daraufgesetzt und in moderne Projektmanagementkonzepte wie SCRUM oder Kanban gegossen. Diese Konzepte akzeptieren die Probleme später Contentlieferungen, neuer Feature-Wünsche und Designänderungen in letzter Minute und verwandeln sie in Vorteile: Kunden sind zwar in der Pflicht, sich intensiver mit der aktuellen Websiteumsetzung zu beschäftigen, dürfen aber jederzeit Feedback geben und die Anforderungen weiterdefinieren. Entwickler müssen in der Konzeptionsphase nicht zu tief in die Vorleistung gehen und können auch spät im Projekt andere Technologien einsetzen, wenn sie merken, dass aufs falsche Pferd gesetzt wurde. Davon profitiert wiederum der Auftraggeber, da die Implementierung dem neuesten Stand der Technik entspricht und die Qualität der Website steigt. In sogenannten *Iterationen* oder *Sprints* wächst die Website Stück für Stück, und man setzt sich regelmäßig zurück ans Reißbrett, um das weitere Fortgehen abzusprechen (siehe Abbildung 4.2).

Die Wahrheit liegt irgendwo dazwischen. Natürlich ist der Content zu Beginn der Umsetzung noch nicht fertiggestellt, sondern tröpfelt erst mit der Zeit ein. Und wenn sich eine Joomla!-Erweiterung erst sehr spät als fehlerbehaftet herausstellt, dann sucht man eben eine neue. Auf der anderen Seite hilft es, zu Beginn möglichst exakte Anforderungen an der Hand zu haben (Lastenheft), schon allein aus der Idee heraus, dass sich alle Beteiligten intensiv mit dem Projekt auseinandersetzen und problematische Missverständnisse früh geklärt werden. In der Realität macht es also Sinn, sich in der Mitte zu treffen. Grundsätzliche Features werden bis zu einem bestimmten Detailgrad definiert, behalten aber nach hinten heraus genügend Flexibilität für ein späteres Finetuning.

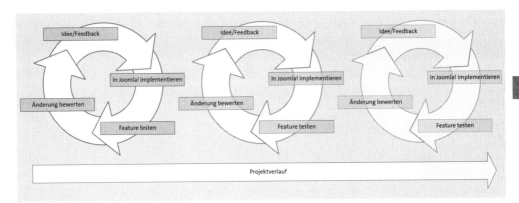

Abbildung 4.2 Bei agilen Websiteprojekten arbeitet man in kurzen Zyklen mit häufigen Abstimmungen und großer Feature- und Implementierungsflexibilität.

Für die einzelnen Webmaster und Entwickler heißt das: sich am Anfang über die Zielgruppe im Klaren zu sein. Feature-Ideen zu sammeln und zu prüfen, ob und in welchem Rahmen sie umsetzbar sind. Früh mit Erweiterungen zu experimentieren, um die Spreu vom Weizen zu trennen. Und die Website als ein wachsendes Projekt zu sehen, das auch nach dem Go-Live weiterentwickelt wird, um sich den ändernden Ansprüchen der Websitebesucher anzupassen.

Hintergrund: Wer macht was?

Wenn es um die Entwicklung einer Website geht, ist, abhängig von der Größe des Projekts, eine überraschend große Anzahl von Leuten beteiligt: Kunde, Projektmanager beim Kunden, eigener Projektmanager, Konzepter, Designer, Frontend-Entwickler, Backend-Entwickler und Redakteur (Contentpflege). Jeder dieser Teilnehmer (englisch: *Stakeholder*) hat ein eigenes Interesse und Ziel an der Projektarbeit. Darum ist es wichtig, von vornherein die Rollen, die Aufgaben und Pflichten klar zu beschreiben. Als *Definition-of-done* (DOD) bezeichnet man die Abgrenzung von einer Person, von einem Gewerk zum nächsten. Sicher ist das Feedback der anderen wichtig; so kann ein Frontend-Entwickler dem Konzepter und Designer wichtige Aspekte der Benutzerbedienung zutragen. Aber vor allen Dingen muss klar sein, wer die endgültigen Entscheidungen trifft. Und zwar für jeden einzelnen Aspekt.

In Agenturen sind die gelisteten Rollen meist individuellen Personen zugeordnet. Ist das Projekt kleiner, lassen sich diese Rollen zusammenlegen. So kennen sich Backend-Entwickler häufig auch mit Frontend-Programmierung aus. Konzept und Design arbeiten häufig sehr eng miteinander. Und auch eine One-Man-Show ist bei der Entwicklung von Websites möglich, die Bandbreite der Tätigkeiten erfordert dann aber ein echtes Multitalent. Als einzelner Webentwickler sollte man nicht nur sein (technisches) Fach gut beherrschen, sondern muss auch im Rahmen des Projektmanagements Zähne zeigen. Am wichtigsten sind: sich niemals herunterhandeln lassen

(»Mein Neffe kann auch Frontpage.«) und Absprachen schriftlich festhalten. *Tipp:* Für anspruchsvolle Designs ist man gut beraten, sich einen kreativen Partner aus dem Designbereich zu suchen.

4.1 Anforderungen sammeln

Der erste Schritt vor der Entwicklung einer Website ist das Abklopfen der Rahmenbedingungen, die die Aspekte der neuen Internetpräsenz beeinflussen. Welche Inhalte werden präsentiert? Welche Features sind untergebracht? Wie sieht die Website aus? Wer bei Projektstart die Anforderungen lückenlos sammelt, vermeidet zum Ende des Projekts, wenn es an die Abnahme geht, Missverständnisse und sichert das Umsetzungstiming. Denn wusste der Projektmanager, dass die nachträgliche Umstellung der Website von ein- auf mehrsprachig doppelten Contentpflege-Aufwand bedeutet? Oder dass die späte Lieferung von Content Auswirkungen auf die Templateprogrammierung hat? All diese Aspekte werden im Briefing eingeholt und in ein Websitekonzept übernommen.

> **Achtung: Scope vs. Out-of-scope**
>
> Im Rahmen des Anforderungsmanagements ist es wichtig, klare Linien zwischen Funktionalitäten zu ziehen, die umgesetzt werden (*Scope*), und denen, die nicht Teil des zu entwickelnden Pakets sind (*Out-of-scope*). Meist genügt ein detailliertes Pflichtenheft, in dem der Webprogrammierer oder die Agentur die zu erledigenden Arbeiten detailliert auflistet und vom Auftraggeber abnehmen lässt. In seltenen Fällen wird aber auch schriftlich festgehalten, was *nicht* zur Umsetzung zählt. Beispiel: Im Reiseforum werden topaktuelle Flugangebote in einer Sidebox dargestellt. Also nur angezeigt, denn ein BESTELLEN-Button ist *out-of-scope*. Die Erwähnung ist wichtig, da auf Kundenseite manche Funktion als implizit, natürlicher Bestandteil des Features wahrgenommen wird. Auf Umsetzungsseite ist man aber anderer Ansicht, denn die Implementierung solch eines Buttons ist mit erheblichem Mehraufwand im Vergleich zur bloßen Anzeige der Daten verbunden.

Im *Briefing* treffen sich Auftraggeber und -nehmer, um die Anforderungen abzustecken. Pflicht des Auftraggebers ist es, die Idee, das Produkt, die Vision vorzustellen. Der Webentwickler dagegen stellt gezielte Fragen, um diese Vorstellungen zu verstehen und früh Ideen zu entwickeln, wie sich das Erfragte möglichst wirtschaftlich umsetzen lässt. Das Briefing kann deshalb auch ein Dialog werden, ein Workshop, zur gemeinsamen Erörterung einer möglichst attraktiven und dennoch bezahlbaren Websitelösung.

Zu den wichtigsten Fragen gehören:

- **Was ist das Ziel der Website?**
  Handelt es sich um einen Online-Shop? Einen Treffpunkt für den regionalen Badminton-Club? Eine Promotionaktion für ein bestimmtes Produkt? Daraus resultieren Entscheidungen für das Design, die Contentaufbereitung und die technische Umsetzung. Für Joomla! gibt es beispielsweise umfangreiche Erweiterungen, die funktionale Aspekte einer Online-Community vereinen, oder in Windeseile einen ausgewachsenen Shop integrieren. Bevor später verschiedene Erweiterungen ausprobiert werden, hilft es also vorher, klar abzustecken, was eigentlich benötigt wird. Untergliedern Sie diese Liste dann in *Must-haves*, *Should-haves* und *Could-haves* (notwendige Funktionen, empfehlenswerte und optionale).

  Falls es sich nicht um Ihre eigene Website handelt, folgert daraus die Frage: Was ist das Ziel des Auftraggebers? Das erweiterte Verständnis der Bedürfnisse des Kunden hilft bei der Abwägung von Entscheidungen und inspiriert zu Ideen, die er bei seiner Planung wahrscheinlich auch noch nicht hatte. Lernen Sie die *Marke* (englisch: *Brand*) kennen. Welche Philosophie steckt dahinter? Wie wirkt die Marke nach außen? Denn die Website will sich schließlich nicht von den Marken-Guidelines entfernen. Oder vielleicht, absichtlich, doch?

- **Wer ist die Zielgruppe?**
  Die Zielgruppe zu kennen hilft bei künftigen Entscheidungen sowohl gestalterischer als auch inhaltlicher Natur. Ist die Zielgruppe technikaffin? Eher junge oder alte Menschen? Benutzen sie Smartphones und Tablets? Die Antworten auf diese Fragen wirken sich z. B. auf Schriftgrößen und Anzahl und Betitelung der Menüpunkte aus. Nebenbei klären Sie damit, welche Inhalte besonders wertvoll sind und bevorzugt, vielleicht auf einer plakativen Bühne, bereitgestellt werden.

Nach diesen Kernfragen folgen speziellere Themen, hier einige Inspirationen:

- Wie steht die Konkurrenz im Internet da?
  (Bitten Sie um eine Liste der Websites der Mitbewerber.)
- Was sind die Unique Selling Points (USPs) des Auftraggebers?
- Welche Erfahrung machte man mit der alten Website?
- Wie viele Websitebesucher werden erwartet?
- Wie hoch ist der Anteil an Tablet- und Smartphone-Besuchern?
  (Denn die Website wird sicher in Responsive Design gestaltet.)
- Welche Browser verwenden die Besucher?
- Ist das eine ausschließlich deutschsprachige Website?
  Sind irgendwann weitere Sprachen geplant? Auch nicht in zwei Jahren?
- Wie erfolgreich war die bisherige Website aus Marketingsicht?
- Wer ist verantwortlich für die zukünftige Wartung der Website?

- Gibt es andere Medien, die mit der Website verknüpft sind? Zum Beispiel eine Verzahnung mit Werbeaktionen.
- Wie hoch ist das Budget für die Entwicklung und später für die Wartung der Website?
- Gibt es Guidelines/Styleguides für die Marke?
- Wer pflegt die Inhalte ein? Initial und später im Tagesgeschäft?
- Müssen Bilder und andere Medien aufbereitet werden?
- Ein Eventkalender? Wie soll der aussehen?
- Gibt es bereits einen Vertrag mit einem Webhoster? Wurden Domains registriert? (Lassen Sie sich alle technischen Details der Hosting-Umgebung geben.)
- Wie sieht das Social-Media-Umfeld der Dienstleistung/des Produkts aus? Facebook, Twitter, XING etc.
- Gibt es einen Partner, der sich um SEM/SEO-Themen kümmert?
- Gibt es bestehende Werbeverträge (Google AdWords) oder Affiliate-Marketing-Pläne?
- Ist ein regelmäßiger Newsletter geplant? Nur Text oder HTML mit Bildern?

Mit diesem Fragenkatalog sind Sie bestens gewappnet für ein ausführliches Briefing. Weitere Fragen werden sich aus dem Gespräch ergeben. Der Trick ist, sich möglichst stark in den Auftraggeber hineinzuversetzen und das Ziel und die Motivation zu erkennen und das dann in ein Websitekonzept zu übersetzen. Bei besonders umfangreichen Briefings schreiben Sie, noch vor der Konzepterstellung, ein Dokument zusammen, in dem Sie das aus dem Briefing Gelernte aus Ihrer Sicht zusammenfassen: das *Rebriefing*. Das ist ein weiterer Schritt zur Vermeidung von Missverständnissen und Gestaltung einer kreativen Zusammenarbeit zwischen Auftraggeber und Webentwickler.

4.2 Konzept entwerfen

Aus dem Briefing entsteht das *Konzept*. Da steht auf der einen Seite das *Fachkonzept*: ein Dokument aus Sicht des Auftraggebers, das die Funktionalitäten für den Internetbesucher beschreibt. Was passiert, wenn man auf diesen Button klickt? Auf der anderen Seite steht das *technische Konzept*: eine Implementierungsanleitung aus Sicht des Webentwicklers, die darstellt, wie Funktionalitäten umgesetzt werden und welcher Aufwand damit verbunden ist. Erst daraus wird es möglich, eine Zeit- und Kostenschätzung abzuleiten, um schließlich ein Timing, einen Zeitplan, für die Websiteerstellung zu erzeugen.

Bei größeren Websiteprojekten lassen sich weitere Teilkonzepte für die Gewerke, z. B. Design, Frontend, Drittsysteme, erstellen – je nach notwendigem Detailgrad. Bei kleineren Websites vermischen sich die beiden grundsätzlichen Konzeptarten zu einem Gesamtdokument. Wichtig ist, *dass* es ein Konzept gibt, um die Richtung, in die entwickelt und implementiert wird, zu steuern und Annahmen über die Zeit machen zu können, die bis zum Go-Live vergeht.

Die Erstellung des Konzepts ist ein zeitaufwendiger, aber wichtiger Job. Auf den folgenden Seiten lernen Sie Details kennen, auf die bei solch einem Dokument zu achten ist. Aspekte, die Sie schon bei der Planung berücksichtigen, um eine reibungslose Umsetzung zu gewährleisten.

4.2.1 Inhalte planen

Content is King. Dieses Bill-Gates-Zitat aus den frühen Internettagen unterstreicht die Wichtigkeit qualitativ hochwertigen Inhalts für eine Website. Da kann das Design noch so schön sein, die JavaScript-Effekte noch so spektakulär. Ohne ansprechende Inhalte ist eine Website nichts wert. Darum ist ein wichtiger Teil des Konzepts, sich Gedanken darüber zu machen, was auf den Webseiten präsentiert wird und in welcher Form. Welche Arten von Textinhalten gibt es (Artikel, Teaser, Newsbeiträge, Kundenmeinungen, Pressestimmen, Blogeinträge, Produktbeschreibungen, Herstellerspezifikationen etc.)? Wer verfasst diese Inhalte, und bis wann sind sie fertig? Liegt Bildmaterial vor? Videos? Andere multimediale Inhalte? Auch ein Benutzerkonzept mit Autoren, Lektoren und Publishern, allen, die mit Inhalten arbeiten, sollte schon in diesem Schritt abgeklärt werden, da die Einrichtung der entsprechenden Joomla!-Komponenten mit viel Konfigurationsarbeit verbunden ist und bei mangelnder Klärung in viel Extraarbeit resultiert.

4.2.2 Sitemap erstellen

Auch die Strukturierung der Inhalte ist wichtig, um ein schlüssiges Navigationskonzept aufzubauen. Welches sind die wichtigsten Inhaltskategorien für die oberste Menüebene? Wie viele Untermenüebenen sind praktikabel? Welche Inhalte tauchen nicht im Hauptmenü auf, sondern in einem sekundären Menü, vielleicht im Seitenfooter?

Das Ergebnis der Klärung dieser Fragen ist eine *Sitemap*, eine flache Listendarstellung aller aufgeklappten Menüs mit allen Unterseiten. Als Werkzeug für die Erstellung dieser Übersicht bietet sich ein Excel-Spreadsheet an (siehe Reiseforum-Beispiel in Abbildung 4.3). Bulletlisten in Word und Co. oder sogar Strichlisten in einem Texteditor genügen für eine anfängliche Visualisierung. Aber eine tabellarische Ansicht erlaubt es, zusätzliche Informationen unterzubringen. Da jede Tabellenzeile auf der Website einem Menüpunkt und damit einer Webseite entspricht, eignet sich die Sitemap auch gleichzeitig dafür, Seitentitel und -beschreibungen aufzunehmen. Beide

Elemente sind wichtig für die Suchmaschinenoptimierung, da man sich hier bereits überlegt, wie begehrte Keywords eingestreut werden.

Menüebene 1	Menüebene 2	Ebene 3	Seitentitel <title> (~55 Zeichen)	Länge	Seitenbeschreibung (~155 Zeichen)	Länge	Seitenüberschrift <h1>
Hauptmenü							
Homepage			Reiseforum – Urlaubsziele und Reiseberichte gegen das Fernweh	61	Entdecken Sie neue, aufregende Urlaubsziele c	155	Reiseforum – Gegen das Fernweh
Urlaubsziele			Urlaubsziele entdecken – Empfehlungen des Reiseforums	53	Das Reiseforum stellt: Die schönsten Urlaubsziele	153	
	Kanaren		Die schönsten Urlaubsziele auf den Kanaren	42	Inselparadies im Atlantischen Ozean: Auf den K	153	
		Lanzarote	Geheimtipp: Aufregende Vulkanlandschaften auf Lanzarote	55	Lanzarote ist die nordöstlichste der sieben groß	156	Lanzarote – aufregende Vulkanlandschaften
		La Graciosa	La Graciosa – die kleinste, aber vielleicht schönste Insel	58	La Graciosa ist die kleinste bew ohnte Insel der K	160	La Graciosa – Miniinsel neben Lanzarote
		Fuerteventura	Die herrlichen Sandstrände an der Ostküste Fuerteventuras	57	Fuerteventura ist eine der schönsten Kanarisch	141	Fuerteventura – Kanarisches Standardurlaubsziel
		Teneriffa	Die größte der kanarischen Inseln: Teneriffa	44	Teneriffa (span. Tenerife) ist die größte der Kana	152	Teneriffa – letzter Vulkanausbruch 1909
	Mittelmeer		Die aufregendsten Urlaubsziele am Mittelmeer	44	Der Mittelmeerraum ist ein interkontinentale Re	167	
		Algarve	Die Algarve – fulminante Steilküsten und frische Dorade	55	Die Algarve bildet eine von sieben Regionen Po	147	Algarve – Urlaub an der Steilküste
		Ibiza	Partysport oder romantische Abgeschiedenheit auf Ibiza	54	Mit der südlich gelegenen Insel Formentera und	141	Ibiza – nicht nur für Partygänger
		Kreta	Kreta – Ferieninsel mit beeindruckender Historie	48	ist die größte griechische Insel und mit 8261,183	144	Kreta – am besten mit Mietwagen
		Rhodos	Sonne pur auf Rhodos, 3000 Sonnenstunden im Jahr	48	Rhodos liegt auf der Trennlinie zwischen der Insu	149	Rhodos – Urlaub mit Historie
	Skandinavien		Kalte, aber atemberaubende Urlaubsziele in Skandinavien	55	Im geographischen Sinn ist Skandinavien die Sk	143	
		Lolland	Lolland – Grüne Ostseeinsel unweit der deutschen Küste	54	Lolland, alter Name Laaland, ist die flächenmäß	140	Lolland – Entspannung auf der Ostseeinsel
		Kopenhagen	Hauptstadttrip in Kopenhagen, viel Kultur und schöner Hafen	59	Die dänische Hauptstadt gehört zu den bedeute	165	Kopenhagen – Kultur und Sehenswertes
		Helsinki	Finnlands größte Stadt am Finnischen Meerbusen: Helsinki	56	Helsinki liegt im Süden des Landes in der Lands	155	Helsinki – Finnlands größte Stadt
	Nordamerika		Kanada oder Vereinigte Staaten – wo erholt man sich am besten?	62	Nordamerika ist der nördliche Teil des amerikani	176	
		New York City	New York – Shoppen auf der 5th Avenue oder lieber Broadway?	59	NYC ist eine Weltstadt an der Ostküste der U.S.A	158	New York – Wo man gewesen sein sollte
Reiseberichte			Reiseforumsbenutzer berichten: Wie war der Urlaub?	50	Lesen Sie die spannenden Reiseberichte der M	144	Eure Reiseberichte
Reisetipps			Tipps zum Fliegen, Ausspannen und Abenteuer erleben	51	Wie packt man seinen Koffer am effektivsten? W	157	Tipps & Tricks für Reise und Urlaub
Urlaubsfotos			Die schönsten Urlaubsfotos für alle mit Fernweh	47	Keine langweiligen Diashows, sondern das schö	160	Urlaubsfotos
	Public Domain		Lizenzfreie Urlaubsbilder für Reiseblog-Schummler	49	Keine passenden Urlaubsfotos für den spanner	156	Urlaubsfotos – lizenzfrei
	Benutzeralben		Die schönsten Urlaubsfotos der Reiseforumsmitglieder	52	Die schönsten, spannendsten und kuriosesten U	146	Urlaubsfotos – Mitgliedergalerien
Forum			Mitglieder unter sich: Tratschen, Quatschen, Schnacken	54	Im Forum des Reiseforums treffen sich die Mitglie	158	Mitgliederforum
Footermenü							
Impressum			Reiseforum Impressum	20	Impressum des Reiseforums		Reiseforum Impressum
Datenschutzerklärung			Reiseforum Datenschutzerklärung	31	Datenschutzerklärung des Reiseforums		Reiseforum Datenschutzerklärung
Kontakt			Reiseforum – Kontaktieren Sie uns	33	Kontaktieren Sie die Administratoren des Reiseforums		Reiseforum – Kontaktieren Sie uns
Suche			Suche nach Urlaubszielen, Reiseberichten oder Tipps	51	Tipps des Suches		Suche nach Urlaubszielen, Reiseberichten, Tipps
Benutzermenü							
Profil ansehen			Reiseforum – Ihr Profil	21	Benutzerprofil des Reiseforums		Ihr Reiseforumsprofil
Profil bearbeiten			Reiseforum – Bearbeiten Ihres Profils	35	Bearbeiten des Benutzerprofils des Reiseforums		Bearbeiten Ihres Reiseforumsprofils
Passwort ändern			Reiseforum – Passwortänderung	26	Passwortänderung im Reiseforum		So ändern Sie Ihr Passwort

Abbildung 4.3 Sitemaps legen Sie am besten in einer übersichtlichen Tabelle an, um nicht nur die Menü- und Seitenstruktur abzubilden, sondern auch Informationen zu Seitentitel und -beschreibungen zu verwalten.

SEO-Tipp: Achten Sie beim Erfinden der Seitenüberschriften auf eine Länge von etwa 55 Zeichen. Längere Überschriften werden in Suchergebnissen mit Auslassungszeichen (...) abgekürzt. Die tatsächliche Anzahl der Zeichen hängt natürlich davon ab, wie breit die Buchstaben sind. Enthält Ihr Titel breite Buchstaben (M, W), passen weniger Zeichen in eine Zeile, das ist also eine Annäherungssache. *Wichtig*: Der Seitentitel muss nicht der Seitenüberschrift entsprechen. SEO-technisch ist es sogar empfehlenswert, unterschiedliche Texte zu verwenden, um noch mehr Keywords unterzubringen. Natürlich müssen die Texte thematisch zueinanderpassen.

> **Info: Seitentitel mit oder ohne Firmen oder Sitename**
>
> Der Seitentitel ist eines der wichtigsten Werkzeuge, einer Webseite Keywords zuzuordnen. Es stellt sich die Frage, ob man diesen wertvollen Platz mit der Erwähnung der Firma oder des Sitenamens »verschwendet«. Die Entscheidung hängt davon ab, wie plakativ der Firmen- oder Sitename erscheinen soll. Ist die Marke oder Website noch nicht besonders bekannt, hilft die Erwähnung im Titel, den Namen dem Besucher immer wieder ins Gedächtnis zu rufen.

Seitenbeschreibungen sollten zwischen 150 und 160 Buchstaben enthalten und mit wichtigen Keywords getränkt sein. Diese Keywords werden von Google zwar nicht für die Bewertung der Seiten in Bezug auf Suchergebnisse herangezogen, die gesamte Beschreibung erscheint allerdings im Suchergebnis. Deshalb ist vor allem wichtig, dass jede Webseite ihre *eigene* Beschreibung erhält. Es ist der erste Content, den Ihre Besucher über Suchmaschinen zu Gesicht bekommen, und muss dementsprechend sorgfältig formuliert werden.

4.2.3 Designrichtung festlegen

Nach der Sammlung der Anforderungen, einer relativ systematischen Aufgabe, kommt der schwierige Teil. Wie designt man eigentlich eine Website? Jeder Webdesigner hat seinen eigenen Prozess, und nur durch das Studium dieser Prozesse und einen regelmäßigen Sprung ins kalte Wasser werden Sie Ihren eigenen entwickeln. An dieser Stelle daher hilfreiche Tipps, wie Sie sich mit dem Thema Design auseinandersetzen.

- **Finden Sie ein Basistemplate**
  Design – das heißt bei Joomla! *Templates*; fertige Pakete gestalteter Webseiten mit allen Seitenelementen, Farbschemen und Schriften. Die gibt es teils umsonst, teils kostenpflichtig zum Herunterladen im Internet und bilden eine hervorragende Basis für die Annäherung ans eigene Design. *Wichtig*: Sehen Sie sich möglichst früh nach einem passenden Template um, denn Sie werden viel Zeit (Tage) mit dem Tweaken, der Anpassung an eigene Designideen, verbringen. Kurz vor dem Go-Live ein anderes Template auszuprobieren ist fatal, weil dann sämtliche Inhaltselemente anders dargestellt werden und das neue Template wieder angepasst werden muss.

Abbildung 4.4 Schon eine einfache Suche nach »joomla templates« präsentiert kostenlose und -pflichtige Designs verschiedener Anbieter.

Suchen Sie sich ein Template, das schon ungefähr so aussieht, wie Sie sich die Website vorstellen. Achten Sie auf die Darstellung der Menüs, die Aufteilung der Inhaltselemente auf der Seite und den Einsatz der Farben. Sie können alle visuellen Elemente, auch die Farben und Schriften, später anpassen (siehe Abschnitt 10.5, »Template anpassen«), aber bei der Vielzahl verfügbarer Vorlagen sparen Sie sich eine Menge Implementierungsaufwand, wenn Sie etwas mehr Zeit beim Stöbern nach dem idealen Kandidaten aufwenden. Erörtern Sie auch ruhig den Kauf eines kommerziellen Templates. Diese sind ungemein flexibel zu konfigurieren, integrieren moderne Frontend-Technologien (Stichwort Responsive Design) und kosten nicht die Welt (unter 50 €). Bei den großen Templateherstellern finden Sie aber auch kostenlose Alternativen mit abgespecktem Funktionsumfang. Abschnitt 10.4, »Neue Templates im Internet finden und installieren«, beschäftigt sich intensiv mit der Recherche und Wahl des idealen Templates.

- **Finden Sie ein zum Thema passendes Farbschema**
  Farben lösen starke Emotionen aus. Rot steht beispielsweise für Aktion bis hin zu Aggression, Blau beruhigt und wirkt offen und frei, mit Grün assoziiert man die Natur und mit Gelb die Wärme der Sonne. Verschiedene Farbkombinationen akkumulieren diese Effekte. Lassen Sie sich vielleicht von Logos großer Marken inspirieren, von bekannten Websites und dem Farbenspiel von Fernsehwerbespots. Eine beliebte Technik von Designern ist es auch, Fotos zu sammeln, z. B.

über Flickr, Pinterest oder einfach nur die Google-Bildersuche, und dabei Stichworte aus dem Briefing zu berücksichtigen und stets die Zielgruppe im Auge zu behalten. Die warnenden Hautfarben giftiger Tiere, die beruhigenden Töne einer weiten Landschaft oder die sterile Technokratie moderner Glas- und Betonarchitektur – all das lässt sich in der Marke wiederfinden, um daraus ein Farbschema zu entwickeln, das sich durchaus vom Brand-Guide unterscheiden darf, z. B. für eine besondere Promotionaktion.

Tipp: Farbschemen finden
Welche Farben passen gut zueinander? Im Netz gibt es zahlreiche Tools, die bei der Farbauswahl helfen, z. B. die beliebte Website *paletton.com* (siehe Abbildung 4.5).

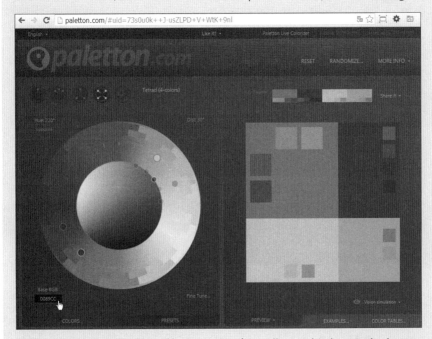

Abbildung 4.5 Paletton (http://paletton.com) erstellt verschiedene Farbschemen aufgrund einer Basisfarbe – geben Sie die Startfarbe ins Feld »Base RGB« unten links ein, wählen Sie eines der fünf Farbschemen oben links, und fahren Sie dann mit der Maus über die neuen Farben, um ihren RGB-Wert abzulesen.

- Lassen Sie sich von Farbschemen anderer Websites inspirieren: *https://zedbi.com*.
- ColourLovers sammelt Farbkombinationen, die von Besuchern eingesendet werden. Über die Suchfunktion lassen sich dann Paletten finden, die mit einer vorgegebenen Farbe harmonieren: *http://www.colourlovers.com*.
- Material Palette erzeugt eine harmonische Farbpalette auf Basis von zwei angeklickten Grundfarben: *http://www.materialpalette.com*.

- **Wählen Sie passende Schriften**
  Einige Schriften sind technokratisch, andere assoziieren Traditionen oder Persönlichkeit, die Bandbreite kostenloser, auf Webseiten anwendbarer Fonts ist unüberschaubar. Nehmen Sie Tools im Internet zu Hilfe, um mit verschiedenen Schriftvariationen zu experimentieren.
  - **The Web Font Combinator**: Auf *http://font-combinator.com* weisen Sie Fließtext und zwei Überschriftenebenen Schriften nebst Farben, Größen und Zeilenhöhen zu und sehen sofort das Endresultat.
  - **Typecast** (siehe Abbildung 4.6): Der beliebte Dienst Typecast (*https://typecast.com*) ist kostenlos für einen Benutzer und erlaubt detaillierte CSS-Einstellungen Ihres Webprojekts. Besonders praktisch ist das Versionierungs-Feature, mit dem Sie verschiedene Entwürfe anlegen.

Abbildung 4.6 Mit dem professionellen Tool Typecast lassen sich Schriftparameter anpassen, um Ihre Typografieidee möglichst exakt abzubilden; am Ende entstehen fertige CSS-Styles.

Das Kombinieren von Schriften ist schwierig, da es viel Zeit und Muße kostet, verschiedene Zusammenstellungen auszuprobieren und ästhetisch zu bewerten.

Zum Glück haben sich einige Experten diese Mühe bereits gemacht und präsentieren in ihren Blogs das Ergebnis. Suchen Sie im Internet z. B. nach »google font combinations« für stimmige Überschriften- und Fließtextkombinationen aus Googles kostenlosem Schriftenportfolio.

- **Experimentieren Sie mit den Elementen des Basistemplates**
  Moderne Joomla!-Templates kommen mit einer unüberschaubaren Anzahl von Einstellungsmöglichkeiten daher. Testen Sie alle Seitenelemente, befüllen Sie Menüs bis zur dritten Ebene, aktivieren Sie Seitenleisten, und wechseln Sie zwischen verschiedenen Layoutvorlagen, um die Möglichkeiten des Templates kennen- und ausreizen zu lernen. Das dient als Inspiration für weitere Designideen, aber auch dem Ausloten der Stylinggrenzen. Die müssen Sie kennen, um zu wissen, ab wann CSS-Styling per Hand (über Template und CSS-Overrides) angesagt ist.

Hinweis: Für Querleser lohnt an dieser Stelle ein Blick in Kapitel 10, »Layout und Design anpassen«. Dort finden Sie Anleitungen für die technische Implementierung der gesammelten Gestaltungsideen.

Um das Konzept abzurunden, stehen Ihnen weitere Dokumente und Elemente zur Wahl. Sie könnten einen *Styleguide* einarbeiten, der alle Layout- und Designelemente, Farbschemen und Schriften übersichtlich zusammenfasst. Mit *Wireframes* ließen sich komplexe Webseitenstrukturen klarer erfassen. Besonders professionell sind *Use Cases*, in denen Sie die Interaktion zwischen Internetbesucher und komplexen Websitekomponenten aufzeigen, z. B. beim Check-out-Prozess eines Online-Shops oder anderen mehrseitigen Formularen. Am Ende hängt es von der Größe des Projekts ab, welchen Aufwand die Konzepterstellung rechtfertigt. *Übrigens*: Das Schreiben des Konzepts ist keine kostenlose Vorleistung, sondern eine ganz normale abrechenbare Tätigkeit im Aufgabenbereich eines Webentwicklers.

4.3 Implementierung

Nach Abnahme des Konzepts durch den Kunden und Festlegen von Timelines und Milestones geht es an die Umsetzung. Auch hier arbeitet jeder am besten so, wie es sich im Laufe der Jahre eingespielt hat. Bei der Einrichtung der Entwicklungsumgebung hilft es jedoch, ab und zu über den Tellerrand zu sehen und sich mit neuen Tools vertraut zu machen. So sind die aktuellen Browser schon zu mächtigen Entwicklungsapplikationen herangewachsen, die eine Fülle von Werkzeugen für die HTML-Programmierung, das CSS-Styling und das JavaScript-Coden bieten.

Im Rahmen des Aufsetzens einer Joomla!-Website behalten Sie die folgenden Aspekte im Auge. Beachten Sie dabei die chronologische Folge, und berücksichtigen Sie diese Punkte möglichst früh, um später nicht zusätzliche Arbeit zu haben.

- **Aufsetzen der Joomla!-Standardinstallation**
  Installation des Joomla!-Systems, wie in Kapitel 2, »Testumgebung einrichten«, und Kapitel 3, »Live-Umgebung einrichten«, beschrieben. Diesen Prozess sollten Sie gut beherrschen, da Sie im Rahmen eines Projekts vielleicht weitere Umgebungen benötigen, z. B. Testsysteme für verschiedene Erweiterungskombinationen oder Vorschauen auf bevorstehende Joomla!-Updates.

- **Aktivierung der kritischsten Komponenten**
  Insbesondere bei mehrsprachigen Websites aktivieren Sie so schnell wie möglich alle missionskritischen Komponenten und Plugins, da z. B. die Strukturierung des Contents und der Aufbau der URLs davon abhängen. Suchmaschinenfreundliche URLs sind ein weiteres wichtiges Thema; *URL Rewrite* sollte früh aktiviert sein, um sicherzustellen, dass der eingesetzte Server mit der *.htaccess*-Datei von Joomla! zurechtkommt. Aktivieren Sie auch jetzt schon etwaige SEO-Plugins, da diese tief ins System und in den Content eingreifen.

- **Installation und Aktivierung des Basistemplates**
  Aktivieren Sie jetzt das Basistemplate, um schon früh zu erkennen, wo Content oder einzelne Erweiterungen Probleme machen. So lassen sich daraus folgende Aufwände und damit das Timing besser einschätzen.

- **Strukturierung und Einarbeitung des Contents**
  Machen Sie sich Gedanken über die Kategorisierung von Content (Kategorien und Stichworte/Tags), um schon beim Einarbeiten der Inhalte die entsprechenden Felder auszufüllen und Beiträge nicht mehrfach anfassen zu müssen. Insbesondere für mehrsprachige Websites benötigen Sie ein schlüssiges Konzept, z. B. Anlage der Sprache auf oberster Kategorieebene.

> **Tipp: Immer mit authentischem Content arbeiten**
>
> Arbeiten Sie am besten von Anfang an mit echtem Content, denn Lorem-Ipsum-Texte werden anders formatiert als die speziellen Textfragmente von Produkten oder Dienstleistungen. Auch Dummybilder erschweren die Vorstellung, was da gerade für eine Webseite heranwächst. Denken Sie z. B. an die unterschiedliche Laufweite von deutschen und englischen Texten oder die verschiedenen Stimmungen, Betonungen und Auflösungen, in denen Bildmaterial zur Verfügung steht. Unstimmigkeiten zwischen Design und Content lassen sich nur vermeiden, wenn schon in den Anfangsphasen möglichst finales Contentmaterial zur Verfügung und zur Begutachtung in den Seitenprototypen bereitsteht.

- **Installation und Konfiguration der Erweiterungen**
  Erweiterungen, insbesondere die, die im Frontend innerhalb von Modulen oder dem Contentbereich erscheinen, müssen ebenfalls ins passende Design gegossen werden. Darum installieren und konfigurieren Sie sie *vor* den finalen Template-

arbeiten. Sorgen Sie auch dafür, dass sie gegebenenfalls mit Content befüllt sind, um alle Darstellungsfälle abzudecken. Dies betrifft insbesondere umfangreiche Feature-Erweiterungen, z. B. für Online-Shops oder Community-Plattformen, die mit einer großen Zahl von Modulen daherkommen.

- **Finalisierung des Designs**
  Nun ist genug repräsentativer Content eingepflegt, um die Feinheiten des Designs umzusetzen, da für jeden Inhaltstyp mehrere Beispiele vorliegen. Das bedeutet: Einarbeiten der grundsätzlichen Gestaltung (Farbschema, Schriften, Layout, Element- und Modulpositionen) und Formatierung aller Elemente, z. B. Header, Footer, Kästen in der Seitenleiste, besondere Inhaltselemente im Contentbereich in der Mitte.

Erweitern Sie diese grobe To-do-Liste abhängig vom Konzept der Website, z. B. durch Anlage der Benutzerverwaltung, Nachbearbeitung von Illustrationen, Einrichten von Foren etc. Zwischendurch empfiehlt es sich auch immer mal wieder, die eingesetzten Komponenten und Erweiterungen zu testen, insbesondere nach der Einarbeitung größerer Änderungen. Funktionieren die anderen Extensions noch? Wie verhält sich das Zusammenspiel der Module auf einer einzelnen Webseite?

Im Rahmen einer agilen Websiteentwicklung lassen sich die Punkte Contentbefüllung, Installation der Erweiterung und Templatefinalisierung beliebig oft durchiterieren, bis das gewünschte Endergebnis umgesetzt ist. Dieser Ansatz ist natürlich in Konzept und Dienstleistungsvertrag festgehalten, damit Sie nicht das nächste halbe Jahr für einen Pauschalbetrag arbeiten.

> **Tipp: Eine gute Dokumentation hilft bei später auftretenden Problemen**
> Halten Sie die Implementierung schriftlich fest, eine einfache Textdatei genügt. Notieren Sie Konfigurationseinstellungen, Fallstricke, Forumsbeiträge zu Problemlösungen und Schritt-für-Schritt-Anleitungen einzelner Einstellungen, damit die Umsetzung jederzeit nachvollziehbar bleibt. Damit haben Sie zum einen eine Anleitung für die Reproduktion der Website (für das Nachbauen in der Live-Umgebung) und zum anderen eine hilfreiche Tippsammlung für zukünftige Projekte. Bei Verständnisfragen Ihres Auftraggebers (»Wie kann das Ergänzen einer weiteren Sprache fünf Tage Aufwand bedeuten?«) hilft das Dokument außerdem als Argumentationsbasis.

4.4 Testphase

Nobody is perfect, aber Fehler auf einer Website sind nicht nur peinlich und unschön, sondern werfen einen dunklen Schatten auf das Geschäft oder das angepriesene Produkt. In besonders schlimmen Fällen gibt es sogar rechtliche Konsequenzen, wenn fehlerhafte Informationen live gehen. Aber nicht nur inhaltliche Lücken, sondern auch kaputte Features verärgern Internetbesucher und stellen bei ihnen die Seriosität des Websitebetreibers infrage. Darum ist die Testphase vor dem Go-Live nicht stiefmütterlich zu behandeln. Abhängig von der Größe des Projekts gibt es da verschiedene Bereiche, die mal groß-, mal kleinteilig abgeklopft werden.

- **Lektorat**
  Unabhängig von den technischen Features der Website werden alle Inhalte geprüft. Entsprechen die Produktbeschreibungen der Wahrheit? Liefen alle Texte durch eine Rechtschreibprüfung? Werden die korrekten Bilder dargestellt? Verfügt jedes Bild über ein beschreibendes `alt`-Attribut? Sind Videos korrekt eingebunden? Ist der gesamte Content richtig verlinkt? Fehlen keine Seiten (»404«-Fehler)? Ist die Sitemap vollständig/aktuell?

- **Komponententest**
  In diesem Test werden die Komponenten beleuchtet, insbesondere einzelne Erweiterungen, die Joomla! durch Features abseits der Standardinstallation ergänzen. Sind die Verlinkungen des Social-Media-Moduls korrekt aufgebaut? Funktionieren die Vor-, Zurück- und Zoom-Buttons des Galerie-Plugins? Werden im Kontaktformular die richtigen Fehlermeldungen angezeigt, wenn die eingegebene E-Mail-Adresse ungültig ist? Klappt das Zusammenspiel mit dem selbst programmierten Modul, das die neuesten Flugangebote aus einer externen Datenbank anzieht? Entsprechend umfangreich werden diese Tests, wenn Sie ein Forum, eine Community oder einen Online-Shop aufbauen.

- **Systemtest**
  Dieser Test überprüft die gesamte Website auf Herz und Nieren und wird mit dem Lasten- und Pflichtenheft abgeglichen. Dabei liegt ein besonderer Schwerpunkt auf der Bedienbarkeit der Website. Macht das UI-Konzept Sinn? Sind die Formularschritte schlüssig? Ist die Contentstrukturierung übersichtlich?
  Idealerweise läuft dieser Test in einer Testumgebung, die der Live-Umgebung so ähnlich wie möglich ist. Selbst bei einem plattformneutralen System wie Joomla! macht es einen Unterschied, ob das Content-Management-System auf einem Windows- oder Linux-Server läuft, da hier z. B. verschiedene PHP-Umgebungen mit möglicherweise anderen Erweiterungen zum Einsatz kommen.

- **Abnahme**
  Ganz am Ende steht die Abnahme, meist durch den Kunden, der die Website in Auftrag gegeben hat. Der entwirft vielleicht seinen eigenen Testplan, der aus Stichproben besteht und den Fokus auf die Unique Selling Points (USPs) der Website legt, z. B. ein Beitragskalkulator oder dynamisch erstellte Newsfeeds auf der Homepage.

An dieser Stelle darf es aufgrund der vorher durchgeführten Tests keine bösen Überraschungen mehr geben. Außerdem zahlt sich hier die Vorbereitungsarbeit der Konzept- und Pflichtenhefterstellung aus. Denn ohne diese Begleitdokumentation erinnert sich mancher Kunde vielleicht gar nicht mehr im Detail, wie er das eine oder andere Feature im Briefing vorgestellt hat. Unbezahlte Nacharbeiten und eine schlechte Stimmung wären die Folge.

Tests und Testergebnisse sind schriftlich festzuhalten. Das hilft nicht nur bei der Organisation, die Detailtests können sehr kleinteilig werden, sondern später auch bei der Abnahme. Ein ausführliches Testprotokoll der oben aufgeführten Kategorien ist manchen Kunden bereits genug, um die Überweisung der restlichen 50 % des vereinbarten Honorars anzuweisen.

4.5 Go-Live

Der große Tag ist gekommen, der Sekt steht im Kühlschrank, die Pressemeldung ist vorbereitet, und Kunden und Freunde warten gespannt darauf, wie sich die neue Website präsentiert. Für einen möglichst entspannten Go-Live befolgen Sie in jedem Fall eine goldene Regel:

Planen Sie niemals einen Go-Live am Freitag.

Es sei denn, Sie arbeiten gerne am Wochenende. Denn egal, wie gründlich die Vorbereitungen waren, es kommt immer zu Zwischenfällen. Vielleicht ist der Live-Server doch anders eingestellt als die Testumgebung, und die Umschaltung zwischen verschiedensprachigen Webseiten funktioniert nicht. Oder beim Prüfen der Inhalte wurde eine komplette Produktkategorie vergessen. Umso wichtiger ist detaillierte Ausarbeitung der Go-Live-Vorbereitungen, um jede mögliche Hürde zu meistern. Hier einige wichtige Aspekte, die Sie für die Zusammenstellung einer eigenen ausführlichen Checkliste verwenden können:

Checkliste – vor dem Go-Live	
	Ist der Server korrekt konfiguriert? (.*htaccess*-Datei)
	Im Falle eines Umzugs/Relaunches: Wurden alle Vorbereitungen bezüglich des Domain-Umzugs oder der DNS-Konfigurationen getroffen?
	Sind die Passwörter sicher? (Adminzugang, Datenbank, FTP)
	Ist das SSL-Zertifikat korrekt eingerichtet und die Website auf SSL umgestellt?

Tabelle 4.2 Checkliste für zu prüfende Punkte vor dem Go-Live

4 Website planen

Checkliste – vor dem Go-Live
Ist das Favicon eingerichtet?
Ist die *robots.txt*-Datei so eingestellt, dass sie die Indexierung der Website erlaubt?
Stimmen die Rechte auf Dateien, Verzeichnisse und die *configuration.php*-Datei?

Tabelle 4.2 Checkliste für zu prüfende Punkte vor dem Go-Live (Forts.)

Der Go-Live erfolgt, sobald Sie die Seite »scharf schalten«. Das kann die Deaktivierung vom Wartungsmodus sein oder das Umbiegen der Domain von der alten Website auf das neue Joomla!-Serverunterverzeichnis.

Checkliste – nach dem Go-Live
Sind alle Webseiten erreichbar? (Xenu Linksleuth)
Wird die Website auf Mobiltelefonen sauber dargestellt?
Wird die Website auf Tablets sauber dargestellt?
Werden Besucherstatistiken gesammelt? (Google Analytics Realtime)
Erfolgt die Webseitendarstellung schnell genug? (CSS-/JS-Aggregierung, Caches)
Geben Google PageSpeed Insights und Yahoo YSlow grünes Licht?
Funktioniert die personalisierte »404«-Fehlerseite?

Tabelle 4.3 Checkliste für zu prüfende Punkte nach dem Go-Live

Nach Abhaken dieser Liste beobachten Sie die Website in den darauf folgenden Tagen. Befüllt sich die Besucherstatistik mit aussagekräftigen Werten? Gibt es Feedback der Websitebesucher? Und fällt Ihnen sonst noch etwas auf, auf das Sie die Aufmerksamkeit des Auftraggebers richten möchten? Wie wär's mit dieser oder jener Feature-Erweiterung, nach denen bereits mehrfach Forumsbesucher fragten?

Denn *nach* dem Projekt ist *vor* dem Projekt.

TEIL II
Joomla! benutzen

Kapitel 5
Website-Frontend kennenlernen

Das Frontend ist der öffentlich zugängliche Bereich Ihrer Website und besteht aus dem eigentlichen Contentbereich und optional eingeblendeten Modulen, die sich über das Template-Layout positionieren lassen.

Willkommen im zweiten Teil des Handbuchs, das von den Features und Funktionen von Joomla! handelt. In diesen Kapiteln machen Sie sich endlich die Hände schmutzig und lernen jeden Menüpunkt, jeden Link, kurz jede Einzelheit kennen, die das CMS in seiner Standardinstallation aufweist: von der Bedienung des Front- und Backends über das Einstellen von (mehrsprachigem) Content und Menüs, die Einrichtung von Benutzern bis hin zur Anpassung von Design und Layout.

Als Erstes steht ein Besuch im Frontend an: dem Teil der Website, den Ihre Besucher sehen, wenn sie den Domain-Namen im Browser eingeben oder wenn sie ein Suchergebnis bei einer Suchmaschine wie Google angeklickt haben. Nach der Installation von Joomla! steht das Gerüst für die zukünftige Website bereits und lässt sich im Browser besuchen. Viele Elemente sind anfangs noch nicht zu sehen, aber Sie lernen bereits die wichtigsten Frontend-Elemente von Joomla! kennen.

Begriff	Erklärung
Frontend	Der Teil einer Website, den Internetbesucher zu Gesicht bekommen und der von Suchmaschinen indexiert wird. Im Gegensatz dazu steht das *Backend*, in das sich nur Administratoren und berechtigte Personen einloggen, die an der Website entwickeln und arbeiten.
Startseite, Homepage	Die Einstiegsseite einer Website – die erste Seite, die erscheint, wenn in der Adresszeile des Browsers der Domain-Name (ohne Pfade) eingegeben wird, z. B. *http://reiseforum.joomla-handbuch.com*. Ein veralteter Begriff für diese Seite ist *Frontpage*.

Tabelle 5.1 Die wichtigsten Begriffe im Umgang mit dem Joomla!-Frontend

Begriff	Erklärung
Contentbereich	Der Bereich einer Webseite, der den Hauptinhalt enthält, z. B. einen Artikel, Beitrag oder Blogpost. Er befindet sich meist in der Mitte des Layouts und ist von Modulen (Header, Footer, Seitenleiste) umgeben.
Modul	Layoutelement einer typischen Joomla!-Webseite, das nicht den primären Inhalt enthält, sondern begleitende Informationen, Links und Social-Media-Buttons. Module sind z. B. Header, Menü, Footer und Bestandteile einer Seitenleiste.
Responsive Design, Responsive Webdesign, RWD	Webdesign mit der Prämisse, eine optimale Darstellung auf beliebigen Endgeräten zu erreichen. Die Website lässt sich auf Desktop-Rechnern, Smartphones und Tablets gleichermaßen bequem bedienen, ohne dass z. B. auf kleinen Displays horizontal gescrollt wird.

Tabelle 5.1 Die wichtigsten Begriffe im Umgang mit dem Joomla!-Frontend (Forts.)

Als *Frontend* bezeichnet man die visuelle Softwareschnittstelle zwischen dem Benutzer und dem System, mit dem er arbeitet. Im Rahmen von Websites sind das die Webseiten, die öffentlich zugänglich sind oder sich hinter einem Login verbergen, z. B. ein abgesicherter Benutzer- oder Kundenbereich. Im Gegensatz dazu steht das *Backend*, in dem die Verwaltungstätigkeiten und Konfigurationen der Website vorgenommen werden; dies sind Themen für das Folgekapitel 6, »Administrations-Backend bedienen«.

5.1 Startseite

Geben Sie im Browser die URL *http://localhost:81* ein, um direkt auf die *Startseite* Ihrer in den letzten Kapiteln erstellten Joomla!-Website zu gelangen. Diese präsentiert sich erwartungsgemäß aufgeräumt und inhaltsleer, denn es existiert noch kein Content, und bei der Installation wurde bewusst darauf verzichtet, die Beispieldaten einzurichten. So starten Sie beim Aufbau Ihrer Website mit einem sauberen Vanilla-System.

> **Hintergrund: Vanilla-Systeme sind Standardinstallationen**
>
> Mit *Vanilla* bezeichnet man Systeme, die frisch aus der Schachtel kommen und noch keine Erweiterungen und keinen Content enthalten; nichts, was nicht mit der Standardinstallation eingerichtet wurde. Der Begriff stammt daher, dass Vanille die De-facto-Standardgeschmacksrichtung bei Eiscreme ist.

Auf der leeren Homepage befinden sich jedoch bereits wichtige Elemente, aus denen eine typische Joomla!-Seite besteht – siehe Abbildung 5.1.

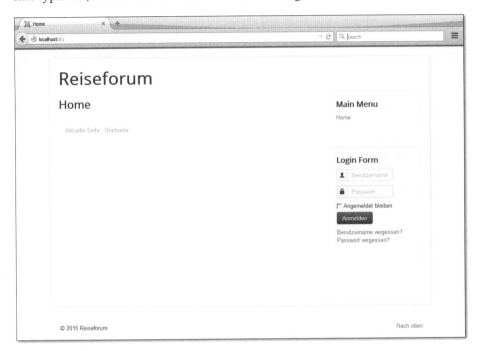

Abbildung 5.1 Obwohl noch keine Inhalte vorhanden sind, erkennt man nach der Standardinstallation von Joomla! alle wichtigen Frontend-Elemente: Header mit Websitenamen, Seitentitel und Breadcrumbs, die beiden Module für das Hauptmenü und das Login, und den spartanischen Footer.

- **Websitename**
  der Name, den Sie im ersten Schritt der Joomla!-Installation angegeben haben
- **Seitentitel**
  Der Seitentitel der Startseite ist HOME. Falls Sie sich ein bisschen mit HTML auskennen: Er befindet sich SEO-konform innerhalb eines <h1>-Tags.
- **Breadcrumbs/Brotkrumen**
  Hänsel lässt grüßen – Brotkrumen (Webentwickler-Jargon: Breadcrumbs) zeigen den Weg, den ein Besucher auf einer Website gegangen ist, um von der Homepage zu einer bestimmten Unterseite zu gelangen. Die Brotkrumen entsprechen den Zwischenstationen, bei denen es sich ebenfalls um Seiten handelt, z. B. Übersichten, Beitragslisten, Artikelsammlungen, Produktkategorien oder Indizes. Befindet man sich auf der Homepage, gibt es keine übergeordneten Zwischenseiten, darum steht dort nur AKTUELLE SEITE: STARTSEITE.

- **Seitenleiste**

  Auf der rechten Seite befinden sich zwei Module, sauber durch ihre Kästen vom übrigen Inhalt getrennt:

  - MAIN MENU: Das oberste Modul enthält das Hauptmenü, das Sie in Kapitel 9, »Menüs aufbauen«, näher kennenlernen. Nach der frischen Installation, die keine anderen Webseiten außer der Homepage enthält, ist hier als einziger Menüeintrag HOME verlinkt.

  - LOGIN FORM: Joomla! unterstützt von Haus aus eine Benutzerverwaltung, mit der Autoren Beiträge einreichen und Herausgeber diese freischalten. Ideal etwa für das Reiseforum, in das sich Besucher einloggen werden, um Urlaubsberichte zu schreiben und Reiseziele zu diskutieren. Deshalb blendet jede Webseite ein Miniformular für das Login ein. Probieren Sie es einfach aus, und melden Sie sich mit Ihrem Administratorbenutzernamen und -passwort an. Im Kasten befinden sich außerdem Links zum Registrierungsformular und zur Hilfeseite bei vergessenem Benutzernamen oder Passwort. *Übrigens*: Das Administrations-Backend hat ein eigenes Login.

- **Footer**

  Am unteren Ende der Seite befindet sich der *Footer*, ein Bereich, in dem sich typischerweise ein Copyright-Vermerk und Links zu thematisch übergeordneten Webseiten befinden, z. B. zur Datenschutzerklärung und dem Impressum. Der kleine Link NACH OBEN (englisch: *Back to Top*) ist eine Abkürzung für besonders lange Webseiten. Klicken Sie darauf, springen Sie an das obere Ende der Webseite, ohne das Scrollrad der Maus oder den Scrollbalken zu bemühen.

5.2 Contentbereich und Module

Auf der nahezu leeren Startseite fallen neben dem Sitenamen und Seitentitel vor allem drei hellgrau hinterlegte Elemente ins Auge: die Kästen MAIN MENU, LOGIN FORM und die lang gezogenen Breadcrumbs (AKTUELLE SEITE: STARTSEITE). Bei ihnen handelt es sich um *Module*. Das sind kleine Baukastenelemente, die sich flexibel im Layout der Webseite verteilen lassen. In diesem Fall befinden sie sich in der rechten *Seitenleiste* und oberhalb des großen leeren *Contentbereichs*. Dieser heißt so, da er später die eigentlichen Inhalte enthält, Textbeiträge oder Bildersammlungen, also den *Content* des Content-Management-Systems.

Abbildung 5.2 zeigt im Contentbereich eine Teaserübersicht zu Beiträgen über Urlaubsinseln und fünf Module: oben ein Suchfeld und das Hauptmenü und in der Seitenleiste einen Sprachumschalter, das Benutzermenü und das LOGIN FORM, diesmal die Variante, nachdem sich ein Benutzer eingeloggt hat.

Modulen werden Sie in Joomla! und diesem Handbuch sehr häufig begegnen, da Sie mit ihnen vielerlei Funktionen im Frontend einblenden. Joomla! bietet über zwei

Dutzend dieser Kästen, die z. B. einen Sprachumschalter, Newsfeeds oder eine kleine Beitragsliste enthalten. Auch leere Module sind vorgesehen, in die Sie beliebigen HTML-Code für eigene Inhalte einfügen dürfen.

Abbildung 5.2 Beispielseite des fiktiven Reiseforums mit befülltem Contentbereich und fünf Modulen

Die große Stärke von Joomla! ist die Flexibilität bei der Platzierung der Module im Template-Layout. Diesen Einstellungen widmet sich Abschnitt 10.2, »Module einrichten«. Vorher machen Sie sich mit wichtigen Elementen wie dem Contentbereich und dem Navigationsmenü vertraut.

5.3 Responsive Design

Ein weiteres Feature, das Sie sich unbedingt im Frontend ansehen sollten, ist die Responsive-Design-Darstellung des Layouts. *Responsive Webdesign* (RWD) ist die Eigenschaft einer Website, die Webseiteninhalte ansprechend und übersichtlich auf allen Endgeräten darzustellen, mit denen man heutzutage im Internet surft. Ob auf dem Desktop-Rechner, Tablet oder Smartphone: Eine responsive Webseite zeichnet sich vor allem dadurch aus, dass sie selbst auf kleinen Handydisplays sauber erscheint, ohne dass man horizontal scrollen oder gar in den Seiteninhalt hineinzoomen muss. Dazu unterscheiden sich die Layouts auf den einzelnen Geräten – und darin liegt die Kunst. Das Joomla!-Template, das die Inhalte ins Layout einfügt, muss Responsive Design explizit unterstützen. Und das Standard-Frontend-Template von Joomla! *Protostar* kann das sofort nach der Installation.

Probieren Sie es einfach mal mit der leeren Joomla!-Webseite aus: Verkleinern Sie das Browserfenster, sodass es nicht mehr maximiert, also als Vollbild, erscheint, z. B. durch Klick auf den Verkleinern-Button in der Browsertitelleiste (in Windows auch über ⊞ + ↓). Fahren Sie nun mit der Maus über die rechte Fensterkante, bis der Mauszeiger sich in ein Breite-anpassen-Icon verwandelt (⇔). Ziehen Sie nun das Fenster mit gedrückter linker Maustaste langsam kleiner.

Sie werden bemerken, dass sich der Webseiteninhalt an bestimmten Punkten (sogenannten *Breakpoints*) neu arrangiert, die einzelnen Layoutelemente hüpfen an eine neue Stelle. Das ist das *responsive Verhalten*. Egal, wie breit das Browserfenster ist: Durch das Anpassen des Layouts ist die optimale Nutzung der zur Verfügung stehenden Fensterbreite stets gewährleistet. Und reicht die Breite nicht aus, werden Elemente entweder untereinander gelistet (siehe Abbildung 5.3) oder weniger wichtige Inhalte sogar ausgeblendet. Jede Website und jedes Joomla!-Template kann hier seine eigenen responsiven Regeln implementieren. *Tipp*: Die Veränderung der Fensterbreite des Desktop-Browsers ist die einfachste Möglichkeit, eine Website auf Responsive Design zu überprüfen.

Verkleinern Sie das Fenster noch etwas mehr, bemerken Sie, wie plötzlich die Module MAIN MENU und LOGIN FORM nach unten springen, unter den (leeren) Contentbereich. Das ist ein besonderes Bedienkonzept für Geräte mit kleinen Displays, auf denen man sich verständlicherweise nicht durch seitenlange Menüs und begleitende Linkkästen scrollen möchte, um endlich zum Hauptinhalt der Seite zu gelangen. Daher gilt bei Responsive Design für kleine Bildschirme: Der Content wandert ganz nach oben.

Responsive Design ist an sich kein neues Thema, denn die technischen Voraussetzungen bringen Browser schon seit einigen Jahren mit. Allerdings ist diese Funktionalität mit der großen Verbreitung von Tablets und immer leistungsfähigeren Smartphones in letzter Zeit sehr wichtig geworden. Denn der Geldbeutel der Internetshopper sitzt nur dann locker, wenn der Online-Shop auch bequem von der Couch aus durchstöbert werden kann. Joomla! war eines der ersten Content-Management-Systeme, dessen Standardtemplate (Protostar) bereits Responsive Design beherrschte. Sie werden beim Ausbau Ihrer Website wahrscheinlich irgendwann ein anderes, attraktiveres Template einsetzen. Ist die Zeit gekommen, sich für eines zu entscheiden, achten Sie immer darauf, dass es Responsive Design unterstützt.

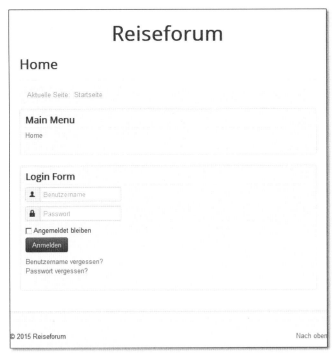

Abbildung 5.3 Befindet sich die Fensterbreite unter einem voreingestellten Grenzwert, springen die Module »Main Menu« und »Login Form« unter den Contentbereich – Standardverhalten des Protostar-Templates.

Kapitel 6
Administrations-Backend bedienen

Das Administrations-Backend ist der geschützte Bereich Ihrer Website, in den nur Sie und von Ihnen berechtigte Personen Zugriff haben. Denn hier werden alle Joomla!-Einstellungen und -Konfigurationen vorgenommen, Erweiterungen und Updates installiert.

Neben dem Frontend ist das Administrations-Backend der Bereich, in dem Sie den größten Teil Ihrer Zeit für die Konfiguration Ihrer Website verbringen. Dabei handelt es sich um eine Sammlung durch ein Login geschützter Webseiten, auf denen sich Dutzende von Konfigurationsformularen befinden. Mit diesen nehmen Sie alle Einstellungen in und um Joomla! vor. Normale Websitebesucher haben hier nichts verloren, der Bereich ist nur durch eine besondere URL erreichbar, die im Frontend nicht erwähnt oder gar verlinkt wird. Hier konfigurieren Sie das Template, installieren Erweiterungen, verwalten Benutzer, legen Menüstrukturen fest und pflegen Content ein, kurzum alles, was mit dem Administrieren, also Verwalten, Ihrer Website zu tun hat.

Das Administrations-Backend von Joomla! ist sehr aufgeräumt und intuitiv zu bedienen. Trotzdem verbringt man in den ersten Tagen sehr viel Zeit damit, die richtige Funktion auf der richtigen Backend-Seite zu finden; zu groß ist der Funktionsumfang, um alle Einstellungen auf einer einzelnen Seite unterzubringen. Doch das Bedienschema all dieser Seiten ist ähnlich. Sobald Sie zwei oder drei Komponenten, z. B. die Beitrags- oder Benutzerverwaltung, bedient haben, beherrschen Sie die vielen Listen und Buttons. Dieses Kapitel stellt Ihnen die Bedienelemente vor, angefangen bei der »Startseite« des Backends, dem Kontrollzentrum, über Konfigurationsformulare bis hin zu den Übersichten, über die Sie alle Inhaltselemente verwalten.

Begriff	Erklärung
Administrations-Backend, Backend, Adminbereich	Geschützter Bereich für die Verwaltung Ihrer Website. Hier nehmen Sie sämtliche Konfigurationen zu Joomla! und allen Komponenten vor, pflegen Content ein und verwalten Benutzer. Halten Sie Ihren Administrationszugang für diesen Bereich unbedingt geheim.

Tabelle 6.1 Die wichtigsten Begriffe im Umgang mit dem Joomla!-Backend

Begriff	Erklärung
Kontrollzentrum	Einstiegsseite ins Backend, die Links zu Komponentenkonfigurationen sowie Infos über die letzten Beiträge und angemeldeten Benutzer enthält.
Komponente	Ein einzelnes Joomla!-Feature, das entweder über die Standardinstallation miteingerichtet oder nachträglich über das Joomla! Extensions Directory installiert wurde. Beispiele: Beiträge, Benutzer, Banner, Menüs und die interne Suchfunktion
Manager, Übersicht, Liste	Übersichtliche Aufstellung aller Elemente einer Komponente. Fast jede Komponente verfügt über solch einen Manager, über den Sie Elemente neu anlegen, löschen etc. Klicken Sie in dieser Liste auf ein einzelnes Element, gelangen Sie zu seinem individuellen Konfigurationsformular.
Seitenleiste	Linkliste auf der linken Seite der Backend-Seiten, die zu benachbarten Konfigurationsthemen führt
Buttonleiste	Werkzeugleiste zwischen Joomla!-Menü und Konfigurationsformular, die Buttons für Aktionen vorher mit einem Häkchen markierter Einträge ausführt. Ausnahme: Der Button NEU erfordert keine Markierung und führt zu einem Formular für die Neuanlage eines Elements.
Elementkonfiguration	umfangreiches Einstellungsformular für ein einzelnes Komponentenelement, z. B. einen Beitrag, Benutzer oder Menüpunkt

Tabelle 6.1 Die wichtigsten Begriffe im Umgang mit dem Joomla!-Backend (Forts.)

Das Backend hat ein vom Frontend getrenntes Login. Sie können sich also nicht über das kleine Login-Form-Modul in der rechten Seitenleiste anmelden, sondern betreten den Adminbereich über eine besondere URL: *http://localhost:81/administrator* (oder *http://localhost/joomla3test/administrator*, falls Sie keine Portkonfiguration vornehmen) – ein Beispiel der Anmeldeseite sehen Sie in Abbildung 6.1. Dabei ist es möglich, zu einem Zeitpunkt entweder im Frontend, im Backend oder in beiden gleichzeitig eingeloggt zu sein. Der Websiteadministrator mit uneingeschränkten Rechten heißt bei Joomla! übrigens *Super Benutzer*; die Gruppe der Administratoren gibt es ebenfalls, hat aber eingeschränkte Rechte in Bezug auf die Basiskonfiguration von Joomla! und Komponenten. Natürlich lassen sich all diese Benennungen und Berechtigungen nachträglich justieren (siehe Kapitel 11, »Benutzerverwaltung einrichten«).

Abbildung 6.1 Ins Backend loggen Sie sich mit dem Benutzernamen und Passwort ein, die Sie während der Joomla!-Installation angegeben haben.

Melden Sie sich nun im Administrations-Backend mit der Benutzername-Passwort-Kombination an, die Sie bei der Installation eingestellt haben. Begrüßt werden Sie von einer Art Verwaltungszentrale, dem *Kontrollzentrum*, in dem Sie ein paar wichtige Neuigkeiten über Ihre Installation erfahren und in die größeren Administrationsbereiche weiterverlinkt werden.

> **Tipp: Verwenden Sie Browsertabs für Front- und Backend**
>
> Während der Arbeit an Ihrer Website werden Sie häufig im Backend Einstellungen vornehmen, die Sie kurz darauf im Frontend überprüfen, um zu sehen, wie ein Besucher die Website sieht. Dabei in einem Browserfenster ständig zwischen beiden Bereichen hin und her zu springen ist mühsam und kostet Zeit. Machen Sie deshalb Gebrauch von den Tabs Ihres Browsers. Haben Sie immer mindestens zwei offen: einen fürs Front-, den anderen fürs Backend. Bei fortgeschrittenen Joomla!-Administratoren ist es nicht unüblich, ein halbes Dutzend Tabs mit verschiedenen Frontend-Seiten und Konfigurationsformularen offen zu haben.

6.1 Kontrollzentrum verstehen

Das Kontrollzentrum (siehe Abbildung 6.2) ist die erste Anlaufstelle im Administrations-Backend. Am auffälligsten ist der Inhaltsbereich mit bunt hinterlegten Systemmeldungen. Dort finden Sie beim ersten Login z. B. NACHINSTALLATIONSHINWEISE; Joomla! nutzt das Kontrollzentrum nämlich, um Sie über systembedingte Besonderheiten oder Anomalien in Kenntnis zu setzen. Klicken Sie auf den Button HINWEISE

ANZEIGEN, gelangen Sie zur Detailseite dieser Nachrichten, die Sie studieren und mit einem Klick auf den Button DIESEN HINWEIS AUSBLENDEN abhaken. Erst nachdem alle Hinweise auf diese Weise versteckt wurden, verschwindet auch die plakative Meldung im Kontrollzentrum.

Die übrigen Elemente des Contentbereichs im Kontrollzentrum sind eher redaktioneller Natur. So sehen Sie unter LOGGED-IN USERS die gerade im Front- und Backend angemeldeten Benutzer, unter POPULAR ARTICLES die fünf beliebtesten und unter RECENTLY ADDED ARTICLES die fünf neuesten Beiträge – ein rudimentärer Querschnitt der Beitragsverwaltung.

Abbildung 6.2 Das Joomla!-Kontrollzentrum verlinkt in alle Konfigurationsbereiche, Ein-Klick-Abkürzungen, die aber auch über das obere Hauptmenü erreichbar sind.

Achtung: Ignorieren Sie niemals Update-Hinweise im Kontrollzentrum

Blutrot unterlegte Meldungen im Kontrollzentrum sollten Sie nicht ignorieren. Dabei handelt es sich um Update-Hinweise für Joomla! oder Erweiterungen, die möglicherweise kritische Sicherheitsprobleme fixen. Halten Sie Ihre Erweiterungen immer auf dem aktuellen Versionsstand.

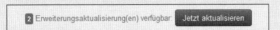

Abbildung 6.3 Ignorieren Sie niemals die Update-Hinweise Ihrer Erweiterungen, da sie möglicherweise wichtige Sicherheitslecks reparieren.

Auf der linken Seite befindet sich eine Seitenleiste mit Links zu den wichtigsten Konfigurationsbereichen (siehe Tabelle 6.1).

Inhalt	
NEUER BEITRAG	Direkter Sprung zum Editor, um einen neuen Beitrag zu verfassen. Beiträge sind die kleinsten Texteinheiten, aus denen Webseiten, Listen oder Blogs zusammengestellt werden.
BEITRÄGE	Liste aller existierenden Beiträge
KATEGORIEN	Liste aller Kategorien. Beiträge lassen sich einer thematischen oder formellen Kategorie zuordnen, z. B. Urlaubsberichte oder Reisetipps.
MEDIEN	Explorer-artige Medienbibliothek mit mehreren Verzeichnisebenen und Upload-Möglichkeit
Struktur	
MENÜS	Liste aller Menüs. Viele Websites verfügen z. B. über ein Hauptmenü im oberen Bereich und ein Footer-Menü im unteren Bereich der Webseite.
MODULE	Liste aller Module, sicht- und platzierbarer Bausteine der Webseiten
Benutzer	
BENUTZER	Liste aller Benutzer

Tabelle 6.2 Über die Linkliste in der linken Seitenleiste des Kontrollzentrums gelangen Sie in die wichtigsten Administrationsbereiche Ihrer Website.

Konfiguration	
Konfiguration	sehr umfangreicher Konfigurationsbereich, in dem Sie Einstellungen zu allen Kernfunktionen, Komponenten und Erweiterungen von Joomla! vornehmen
Templates	Liste aller aktiven und inaktiven Templates sowohl fürs Front- als auch Backend
Sprachen	Liste aller aktiven und inaktiven Sprachen
Erweiterungen	
Installierte Erweiterungen	keine Liste der installierten Erweiterungen, sondern direkter Sprung zur Installation neuer Erweiterungen
[Erweiterungen]	Installierte Erweiterungen *können* an dieser Stelle Links zu ihrer Feature-Konfiguration platzieren.
Wartung	
Joomla! ist aktuell/Joomla! jetzt auf 3.x.x aktualisieren!	Ist ein Update für Joomla! verfügbar, führt Sie die hier erscheinende Meldung direkt zur Seite Joomla!-Aktualisierung, auf der Sie das Update mit einem einzelnen Klick durchführen.
Alle Erweiterungen sind aktuell!/Aktualisierungen für Erweiterungen verfügbar!	Ist ein Update für eine Erweiterung verfügbar, springen Sie mit diesem Link zur Seite Erweiterungen: Aktualisieren. Dort markieren Sie alle gelisteten Erweiterungen mit einem Häkchen und klicken auf den Button Aktualisieren, um die Updates durchzuführen.

Tabelle 6.2 Über die Linkliste in der linken Seitenleiste des Kontrollzentrums gelangen Sie in die wichtigsten Administrationsbereiche Ihrer Website. (Forts.)

Am unteren Rand des Fensters sehen Sie – ständig eingeblendet – eine schmale Footerleiste mit zusätzlichen Links und Infos:

- Vorschau: Öffnet die Frontend-Ansicht in einem neuen Browsertab.
- Besucher: Anzahl der gerade auf der Website befindlichen Besucher
- Admin: Anzahl der gerade im Backend eingeloggten Administratoren
- Briefumschlag: Anzahl der Nachrichten für den Benutzer, mit dem Sie gerade angemeldet sind
- Abmelden: Link zum Ausloggen aus dem Administrations-Backend

6.2 Konfigurationsformulare ausfüllen

Fluch und Segen zugleich: Ein so komplexes und gleichzeitig flexibles Content-Management-System wie Joomla! verfügt über Dutzende Konfigurationsseiten mit Hunderten Formularfeldern, über die Sie Aussehen und Verhalten der vielen Features steuern. An allen Ecken und Enden finden Sie Konfigurationsformulare mit Pflichtfeldern, optionalen Einstellungen, Textboxen, Radio- und Checkboxen und Dropdown-Listen, die Sie auch aus anderen Websiteformularen kennen.

Die wichtigsten Konfigurationsformulare erreichen Sie über das Menü SYSTEM • KONFIGURATION (Beispiel für die Beiträgekonfiguration in Abbildung 6.4). Auf der linken Seite sehen Sie eine Liste aller konfigurierbaren *Komponenten* – einzelnen funktionalen Bestandteilen von Joomla!. Der oberste Link SYSTEM • KONFIGURATION führt zur *globalen Konfiguration*, den Basiseinstellungen von Joomla!, die die Datenbankverbindung, SEO-Features, Debugging-Funktionen und viele andere Serverkonfigurationen enthalten.

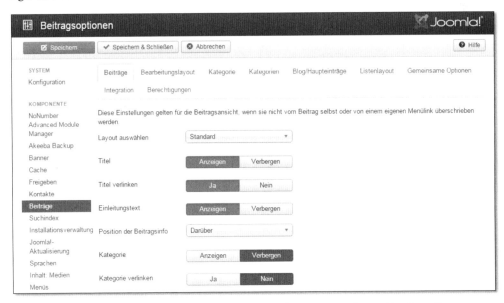

Abbildung 6.4 In Joomla! und seinen Komponenten gibt es Dutzende von Konfigurationsformularen, die Sie über »System« • »Konfiguration« erreichen.

Egal, ob Sie sich in der globalen oder einer Komponentenkonfiguration befinden, die Formulare sind meist so umfangreich, dass sie thematisch gruppiert auf mehrere Reiter aufgeteilt wurden. In der globalen Systemkonfiguration sind das beispielsweise SITE, SYSTEM, SERVER, BERECHTIGUNGEN und TEXTFILTER. Im Laufe der Schritt-für-Schritt-Anleitungen dieses Handbuchs werden Sie mit Ihrer Maus viele Kilometer durch diese Reiter zurücklegen. Um solch eine Mausfahrt besser nachzuvollziehen, finden Sie dann in der Beschreibung einen *Klickpfad*. Die einzelnen Schritte (Klicks in Menüs, auf Reiter oder Buttons) sind jeweils durch einen Bulletpunkt getrennt, z. B. Menü SYSTEM • KONFIGURATION • Komponente BEITRÄGE (aus der linken Spalte) • Reiter LISTENLAYOUT • TABELLENÜBERSCHRIFTEN.

Einer anderen Form von Konfigurationsformularen begegnen Sie bei der Bearbeitung eines Content- oder Komponentenelements. Das sind z. B. Beiträge, Kategorien, Newsfeeds, Module, Plugins etc. Während die allgemeinen Einstellungen zu Joomla! und Erweiterungen über einen einzelnen Menüpunkt zugänglich sind, erreichen Sie die elementspezifischen Konfigurationen immer über den jeweiligen Manager, eine Listenaufstellung aller Elemente des jeweiligen Typs. Über die Details zu diesen Übersichten und den Elementeinstellungen lesen Sie im folgenden Abschnitt.

> **Tipp: Beim Fahren mit der Maus über Labels erscheinen Hilfe-Tooltips**
>
> Die kurz gehaltenen Labels in den vielen Konfigurationsformularen erlauben manchmal Spielraum bei der Interpretation ihrer Verwendung, zumal die deutsche Übersetzung an einigen Stellen nicht einheitlich ist. Fahren Sie dann einfach mit der Maus über das entsprechende Label und eine Tooltip-Blase mit erweiterten Infos über das Formularfeld erscheint.

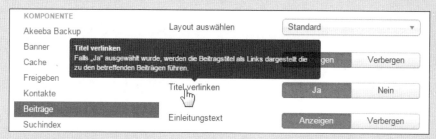

Abbildung 6.5 Fahren Sie mit der Maus eine Sekunde über das Label eines Formularfelds, erscheint ein Hilfetext, der die Funktion des Felds und der möglichen Werte erklärt.

6.3 Übersichten einsehen und Elemente konfigurieren

In diesem Handbuch taucht häufig der Begriff *Manager* auf. Dabei ist nicht die Rede vom Projektverantwortlichen der Website, sondern von zentralen Administrationsseiten, die jeweils einem Element oder einer Komponente gewidmet sind, z. B. Beitragsmanager, Menümanager, Modulmanager, Plugin-Manager. Zu solch einer Managerseite gelangt man in der Regel sehr direkt über einen Klick auf die entsprechende Komponente im Joomla!-Menü, z. B. INHALT • BEITRÄGE in Abbildung 6.6.

6.3 Übersichten einsehen und Elemente konfigurieren

Abbildung 6.6 Über fast alle Joomla!-Menüpunkte gelangen Sie zu einer Manager-/Übersichtsseite, auf der die jeweiligen Elemente gelistet sind und verschiedene Verwaltungsoperationen bereitstehen; im Bild: Aufruf der Verwaltung von Beiträgen, aus denen später Webseiten entstehen.

Sie wissen, dass Sie sich auf einer Managerseite befinden, wenn Sie alle Elemente des entsprechenden Typs übersichtlich gelistet vorfinden und sich unter den Seitenüberschriften eine Reihe von Buttons zur Verwaltung der Elemente befindet (NEU, BEARBEITEN, VERÖFFENTLICHEN, PAPIERKORB etc.). Auch Such- und Sortierwerkzeuge sind auf den meisten dieser Seiten vorhanden. Über Links in der Seitenleiste auf der linken Seite stehen dann entweder weitere Listenfilter zur Verfügung, oder man springt zu anderen, benachbarten Übersichten. Welche Bedienelemente im Einzelnen verfügbar sind, ist abhängig von der jeweiligen Komponente. Eine detaillierte Beschreibung ist daher an dieser Stelle zu abstrakt, ein paar Beispiele finden Sie in Abbildung 6.7 bis Abbildung 6.10. Im nächsten Kapitel lernen Sie beispielsweise Beiträge und Kategorien kennen und erfahren dort auch die Details über die Bedienung des Beitrags- und Kategoriemanagers. Synonym für Manager ist übrigens Liste oder Übersicht, z. B. Beitragsübersicht oder Kategorieliste. Mit diesen Begriffskombinationen finden Sie sich auch in Internetforen zurecht.

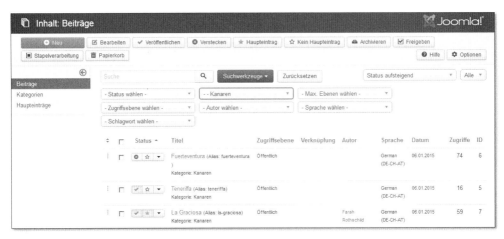

Abbildung 6.7 Beitragsmanager mit eingeblendeten Suchwerkzeugen und nach Kategorie »Kanaren« gefiltert; links oben finden Sie Links zu den Managern benachbarter Themen.

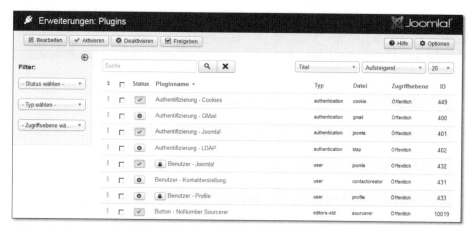

Abbildung 6.8 Plugin-Manager mit Filter-Dropdown-Listen auf der linken Seite; grüne, klickbare Häkchen kennzeichnen aktivierte, rote Stoppschilder deaktivierte Elemente.

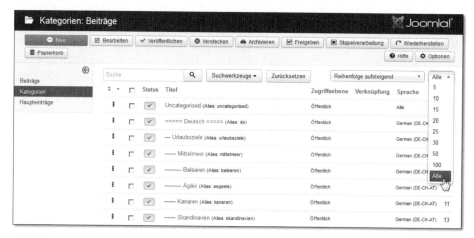

Abbildung 6.9 Kategoriemanager mit mehreren verzeichnisartig verschachtelten Kategorien; die offene Dropdown-Liste auf der rechten Seite steuert die Anzahl der auf einer Listenseite sichtbaren Elemente.

Tipp: Der »Optionen«-Button ist eine Abkürzung zur globalen Konfiguration
Auf allen Managerseiten finden Sie in der oberen rechten Ecke den Button OPTIONEN. Hierüber gelangen Sie direkt zu den Konfigurationsformularen der globalen Einstellungen.

6.3 Übersichten einsehen und Elemente konfigurieren

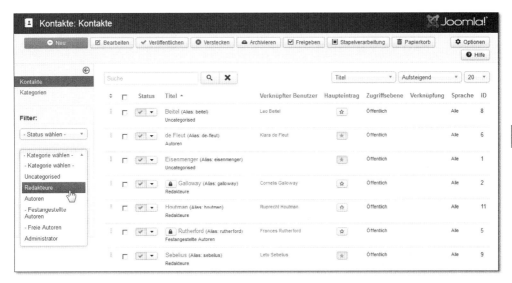

Abbildung 6.10 Manager der offiziellen Komponente Kontakte mit aufgeklappter Kategorie-Dropdown-Liste; Schlosssymbole kennzeichnen Elemente, die zur Bearbeitung von einem anderen Benutzer gesperrt sind oder nicht ordnungsgemäß geschlossen wurden.

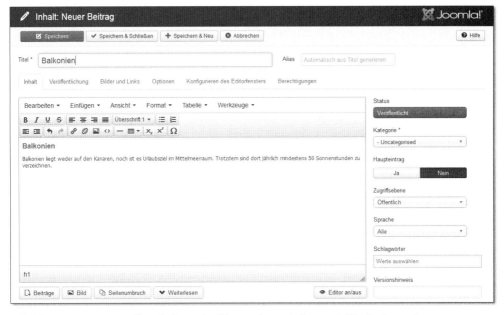

Abbildung 6.11 Die Detailbearbeitung ist über mehrere Reiter verteilt; die Formulare von Inhaltselementen erkennen Sie an dem großen Editorfenster, das der eigentlichen Contentpflege dient.

Klicken Sie innerhalb eines Managers auf ein Element, gelangen Sie zur Detailbearbeitung, den elementspezifischen, individuellen Einstellungen. Das ist jeweils ein einzelner Menüpunkt, Beitrag, Modul oder eine Kategorie oder ein Element einer nachträglich installierten Erweiterung. Hier gleicht die Darstellung wieder den Formularen der globalen und Komponentenkonfiguration mit vielen Textfeldern, Umschaltern und Dropdown-Listen. Handelt es sich bei dem Element um ein Inhaltselement, nimmt darüber hinaus ein Editorfenster den Großteil des Formulars ein. In diesem Editor findet später die eigentliche Contentpflege statt. Beachten Sie, dass die Detailbearbeitung von Elementen wieder so viele Optionen bietet, dass die Formularfelder über mehrere Reiter verteilt sind.

Damit kennen Sie alle grundsätzlichen Bedienelemente im Backend. Auch wenn die Formulare auf den ersten Blick unübersichtlich erscheinen, werden Sie sich schnell zurechtfinden – denken Sie immer an die logische Aufteilung:

- **Allgemeine Konfigurationsformulare** erreichen Sie über SYSTEM • KONFIGURATION und dann die Wahl der globalen KONFIGURATION oder einer KOMPONENTE.

- **Manager**, die Elementübersichten, rufen Sie über den Menüpunkt zur jeweiligen Komponente auf. Benachbarte Übersichten (z. B. BEITRÄGE und KATEGORIEN) sind in der Manageransicht zusätzlich links oben in der Seitenleiste untereinander verlinkt.

- In das Formular einer **Elementkonfiguration** gelangen Sie über einen Klick auf den Namen oder den Titel *in* der jeweiligen Übersichtsliste/Manager. Beachten Sie, dass die vielen Einstellungen wie bei Konfigurationsformularen über mehrere Reiter verteilt sind.

Das Schema wird begreiflicher, sobald Sie beginnen, mit dem System zu arbeiten. Darum geht es im nächsten Kapitel gleich in den wichtigsten Bereich: Contentpflege mit Joomla!-Beiträgen und -Kategorien.

Kapitel 7
Content verwalten

Ein CMS wie Joomla! dient vor allem der Contentpflege. Über Beiträge stellen Sie Textinhalte ein, formatieren sie zu Artikeln, gruppieren sie in Kategorien und nutzen schließlich Menüeinträge, um aus ihnen vollständige Webseiten zu generieren.

Bis jetzt waren die Besuche im Administrations-Backend von Joomla! rein theoretischer Natur. Die vielen Menüpunkte, Optionen und Konfigurationsformulare machen aber erst richtig Sinn, wenn man sie nutzt, um praktisch an der Website zu arbeiten. Dabei sind Sie versucht, sofort mit Design und Layout, den Templates, zu experimentieren. Oder Sie installieren sich aus Neugier schon eine Reihe von Erweiterungen, die die Webseitengestaltung optisch auflockern. Doch alle diese Aktionen bringen nichts, wenn sich auf Ihrer Website kein Content befindet, mit dem Contentbereiche und Modulkästen gefüllt werden. Dieses Kapitel beschäftigt sich deshalb mit dem zentralen Thema von Content-Management-Systemen, der *Contentpflege*, und wie Sie mit wenigen Schritten eingepflegte Inhalte auf der Homepage oder einer eigenen Webseite live stellen. Am Ende sind Sie bereits in der Lage, eine kleine Website auf die Beine zu stellen.

Begriff	Erklärung
Inhaltstyp, Contenttyp	Oberflächlich lassen sich Inhalte einem Medium zuordnen. Inhaltsypen sind beispielsweise Text, Bild, Video. Eine weitere Unterteilung ist durch den Zweck des Inhalts möglich, z. B. News, Pressemeldung, Artikel, Aufmacher etc. Im Rahmen der Standardinstallation arbeiten Sie zunächst mit einem speziellen Inhaltstyp, dem *Beitrag*. Offizielle Joomla!-Komponenten ergänzen die Liste um Kontakte, Newsfeeds, Schlagwörter und Banner.
Inhaltselement, Contentelement	Ein Inhaltselement ist ein verfasster und gespeicherter Inhalt eines bestimmten Inhaltstyps, z. B. der Text der Impressumseite oder die Einleitung zur Kategorie Urlaubsziele. Der *Contentbereich* einer Webseite besteht üblicherweise aus einem oder mehreren Inhaltselementen.

Tabelle 7.1 Die wichtigsten Begriffe zur Contentpflege

Begriff	Erklärung
Beitrag	Ein Beitrag ist der Standardinhaltstyp in Joomla!. Beiträge nehmen hauptsächlich formatierte Texte auf, können aber auch Bilder enthalten und werden über Zuweisung zu einem Menüeintrag zu Webseiten.
Kategorie	Um Organisation in die vielen Beiträge zu bekommen, aus der eine Website besteht, werden sie einer oder mehreren Kategorien zugeordnet. Kategorien können frei vergeben und beliebig verschachtelt werden.
Taxonomie	einheitliches Schema zur Festlegung von Kategorien für Inhaltselemente, z. B. die einfache Klassifizierung der Urlaubsziele oder Reisetipps im Reiseforum
Haupteintrag	Beitrag, der auf der Homepage erscheint. Haupteinträge sind in Übersichtslisten, z. B. der Beitragsübersicht, mit einem gelben Stern (★) markiert.
Stapelverarbeitung	Über den Button STAPELVERARBEITUNG im Beitrags- oder Kategoriemanager (auch anderen Managern) führen Sie eine besondere Aktion auf mehrere, vorher mit einem Häkchen markierte Elemente aus. Bei Beiträgen ist das z. B. die Zuweisung einer Kategorie, einer Sprache oder von Schlagwörtern.
Versionierung	Jedes Mal, wenn Sie einen Beitrag speichern, legt Joomla! eine individuelle Kopie des Beitrags an. So können Sie frühere Veröffentlichungen einsehen und sogar bequem mit der aktuellen Version vergleichen.

Tabelle 7.1 Die wichtigsten Begriffe zur Contentpflege (Forts.)

Als *Content* (deutsch: Inhalt) bezeichnet man nicht nur Text, sondern auch Bilder, Dokumente (Word- oder PDF-Dateien), Audio- und Videoclips, Fotos, Newsfeeds, Newsletter. Joomla! konzentriert sich allerdings vornehmlich auf einen Basisinhaltstyp:

- **Beiträge**
  Beiträge sind der wichtigste Inhaltstyp, sie machen den Löwenanteil Ihrer Webseiten aus. Dabei handelt es sich um flexibel formatierte Textfragmente, die auch Bilder, Tabellen und Links enthalten. Die englische Joomla!-Version verwendet den Begriff *Article*, also Artikel, was den textlichen Charakter von Beiträgen betont. Dieses Kapitel beschäftigt sich intensiv mit der Erstellung und Verwaltung von Beiträgen.

Weitere Beispiele für Inhaltstypen sind zum Teil bereits in Joomla! eingerichtet oder werden abhängig von der von Ihnen eingesetzten Joomla!-Version über das Joomla! Extensions Directory als Erweiterungen installiert. Die wichtigsten offiziellen sind:

- **Kontakte**
  Im Grunde handelt es sich bei Kontakten um aufgebohrte Profile ausgewählter Benutzer Ihrer Website. Sie erhalten dann Informationen für die Kontaktaufnahme zur Person und sogar ein Kontaktformular, das automatisch eine E-Mail an den Ansprechpartner schickt. Die Kontaktkonfiguration wird ausführlich in Abschnitt 15.2, »Kontakte einrichten«, besprochen.

- **Newsfeeds**
  Mit Newsfeeds stellen Sie über den RSS- oder Atom-Mechanismus bereitgestellte Inhalte fremder Websites auf Ihren Seiten dar. Mehr dazu in Abschnitt 15.3, »Newsfeeds integrieren«.

- **Banner**
  Visuell orientierter, plakativer Inhaltstyp, der sich insbesondere für Werbeeinblendungen eignet. In Kapitel 15 finden Sie auch hierzu detaillierte Informationen über den Aufbau, die Konfiguration und die Verwaltung.

Alle diese in Komponenten verpackte Inhaltstypen haben vor allem eine Gemeinsamkeit: Sie sind kategorisierbar. Im jeweiligen Manager, also den Übersichtsseiten, Listen und Einstellungsformularen finden Sie stets eine Konfiguration zur *Kategorie*. Dazu lassen sich Kategorien separat anlegen, beliebig tief verschachteln und mit Beschreibungen versehen und sogar bebildern. Wie Sie mit Kategorien umgehen, lesen Sie deshalb im Detail in Abschnitt 7.4, »Kategorien anlegen und verwalten«. *Übrigens*: Das dort vorgestellte Kategoriekonzept ist auf alle anderen Inhaltstypen anwendbar, die ebenfalls mit Kategorien arbeiten.

Mit Ausnahme der Banner setzen Sie für alle Inhaltstypen eine weitere Organisationsmechanik ein, sofern die offizielle Komponente *Schlagwörter* (englisch: *Tags*) bei Ihnen installiert ist. (Ist das nicht der Fall, finden Sie sie im Joomla! Extensions Directory unter OFFICIAL EXTENSIONS.) Die funktionieren ähnlich wie Kategorien, lassen sich z. B. auch verschachteln, aber machen mit einer Einschränkung der Kategorien Schluss: Es ist möglich, einem Inhaltselement *mehrere* Tags zuzuordnen. Diese Verschlagwortung ist wie eine Art Kategorie der nächsten Generation, da sie die thematische Gruppierung von Content noch flexibler handhabt. Mehr Details zu diesem Mechanismus finden Sie in Abschnitt 15.4, »Mit Schlagwörtern arbeiten«.

Tipp: Behandeln Sie den Content priorisiert
Behandeln Sie das Thema Contentpflege nicht stiefmütterlich. Der qualitative Wert und Nutzen von Texten und Fotos hat einen maßgeblichen Einfluss darauf, wie die

Webseiten auf den Besucher wirken. Lieblose oder veraltete Inhalte, Texte mit Rechtschreibfehlern und schiefe, schlecht aufgelöste Fotos schrecken Besucher ab. Eine schlampige Website ist wie eine abgegriffene, zerknitterte Visitenkarte und wirft einen dunklen Schatten auf angebotene Dienstleistungen oder Produkte. Ein paar Tipps:

- Vermeiden Sie zu technischen oder fachlichen Jargon. Denken Sie immer an Ihre Zielgruppe.
- Lesen Sie sich fertige Texte selbst laut vor, und lassen Sie sie von jemand anderem gegenlesen. Drucken Sie längere Texte aus.
- Nutzen Sie die Layoutelemente des Editors zur Auflockerung der Beiträge.
- Auch Illustrationen sollten Informationen im Bild enthalten.
- Vergessen Sie nicht das <alt>-Attribut bei Bildern (in Joomla!-Formularen über das Feld ALTERNATIVER TEXT bzw. BILDBESCHREIBUNG pflegbar).
- das richtige Bildformat wählen: JPG für Fotos, PNG für Grafiken

Bevor es nun an das Verfassen der ersten Texte geht, noch ein Hinweis zum Begriff *Metadaten*. Sie kennen Metadaten vielleicht schon für die Beschreibung von z. B. Seitentiteln (HTML-Tag: <title>) oder -beschreibungen, Autoren, Facebook-Profilreferenzen etc. Meist kommt dabei das HTML-Tag <meta> zum Einsatz.

Im Content-Management-Rahmen erfährt der Begriff eine erweiterte Bedeutung: Metadaten sind Informationen zu Inhalten, die diese beschreiben und kategorisieren, mit Schlagwörtern versehen, Veröffentlichungszeiträume feststecken etc. Kurzum, bei Metadaten handelt es sich um alle übergeordneten Daten zu einem Beitrag, die nicht zu dem eigentlichen Inhalt gehören. Eine ausführliche Liste dieser Metadaten zu Beiträgen finden Sie in Abschnitt 7.1.3, »Weitere Einstellungen zu Beiträgen«. Nicht verwirren lassen: In den Formularbeschriftungen im Joomla!-Backend finden Sie den Begriff Metadaten ausschließlich bei Beschreibungen und Schlüsselwörtern.

7.1 Beiträge verfassen und bearbeiten

Den eigentlichen Content, die Inhalte einer Website, verwaltet Joomla! über Beiträge. Sie sind losgelöst von Webseiten, eigenständige Inhaltsblöcke, die Texte und Bilder enthalten. Zu ausgewachsenen Webseiten werden Beiträge erst, wenn sie einem Menüpunkt zugewiesen werden (siehe Abschnitt 7.3.5, »Beiträge Menüeinträgen zuweisen«). Der Vorteil dieser Unterscheidung liegt in der vielseitigen Anwendung dieser Inhaltsblöcke. Ein Beitrag kann zu einer Webseite werden oder auch kleinere Informationseinheiten, z. B. Tipps & Tricks, enthalten, die auf einer separaten Seite gesammelt dargestellt werden.

Aber genug der Theorie, los geht's mit der Contentpflege. Für das Reiseforum bietet sich als Erstes das Thema Urlaubsziele an. Wer schon mal mit dem Mietauto die herrlichen Mondlandschaften Lanzarotes überquert hat, versteht, dass zunächst den Kanaren angemessener Tribut geleistet wird. Um einen neuen Inselbeitrag, in diesem Fall zu Lanzarote, zu verfassen, wählen Sie im Menü INHALT • BEITRÄGE • NEUER BEITRAG und vergeben ihm zuallererst einen TITEL. Dieser wird später zur Überschrift überall dort, wo der Beitrag auf Webseiten erscheint.

> **SEO-Tipp: Korrekte <h1>-Überschriften vergeben**
>
> Bei der Präsentation von Beiträgen im Frontend setzt Joomla! mit dem Standardtemplate Protostar den Beitragstitel HTML5-unkonform in <h2>-Überschriften-Tags. Dem wirken Sie am besten entgegen, indem Sie in jeden Beitrag innerhalb des Editors einen eigene <h1>-Überschrift einbauen und die Titeldarstellung global über SYSTEM • KONFIGURATION • Komponente BEITRÄGE • Reiter BEITRÄGE • Feld TITEL auf VERBERGEN unterbinden (siehe Abbildung 7.1). Eine Alternative erfordert einige Programmierkenntnisse: In Abschnitt 10.5.4, »Template-Overrides einsetzen«, lernen Sie, die HTML-Ausgabe von Templates zu beeinflussen.
>
>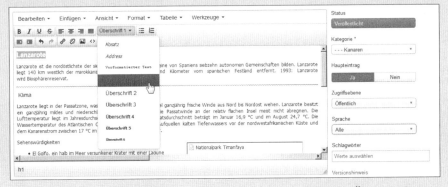
>
> **Abbildung 7.1** Für HTML5-konforme <h1>-Überschriften vergeben Sie Überschriften im Fließtextfeld und deaktivieren global die »Titel«-Darstellung für Beiträge.

Den größten Teil des Webseitenformulars nimmt der Editor zur Bearbeitung des Beitragsinhalts ein. Als Standardeditor dient hier der bekannte TinyMCE, dessen Bearbeitungsfenster einen kleinen Vorgeschmack auf das finale Aussehen des Beitrags auf der Webseite bietet (Stichwort WYSIWYG: »What You See Is What You Get«). Außerdem stellt er eine Menge an Funktionen bereit, die über Buttons und sogar ein eigenes Menü erreicht werden.

Tippen Sie nun direkt in das Editorfenster, oder setzen Sie einen vorher erzeugten Text über das Editormenü BEARBEITEN • EINFÜGEN oder [Strg]/[cmd] + [V] aus der Zwischenablage ein. Aber Vorsicht: Kopieren Sie Texte direkt aus einer Textverarbeitung wie Word, wird nicht nur der Text übernommen, sondern auch seine Formatierung. Das führt zu potenziellen Problemen mit der Joomla!-eigenen Formatierung und kann in seltsamer und unerwünschter Textdarstellung und einem wilden HTML-Durcheinander enden. *Tipp:* Kopieren Sie in diesem Fall den Word-Text erst in einen Editor auf Ihrem Rechner, z. B. Notepad; markieren und kopieren Sie ihn dann erneut mit [Strg]/[cmd] + [A] und [Strg]/[cmd] + [C], und fügen Sie ihn schließlich [Strg]/[cmd] + [V] in den Joomla!-Editor ein (siehe Abbildung 7.2). Alternative: Der TinyMCE-Editor ist so konfigurierbar, dass er Texte aus der Zwischenablage ohne Formatierung einfügt. Wechseln Sie dazu in den Plugin-Manager (Menü ERWEITERUNGEN • PLUGINS), klicken Sie auf das Plugin EDITOR - TINYMCE, und stellen Sie das Feld FUNKTIONALITÄT auf KOMPLETT. Ab sofort bietet das Menü EINFÜGEN des Editors die Funktion ALS TEXT EINFÜGEN. Ist diese aktiviert, entfernt TinyMCE sämtliche Formatierungen beim Einfügen eines Textes.

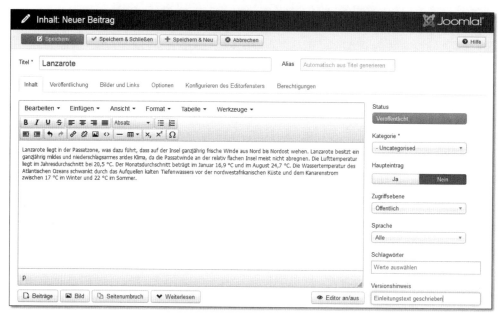

Abbildung 7.2 Um nur Text und keine Formatierungen einzusetzen, gehen Sie beim Kopieren von Absätzen aus Textverarbeitungsprogrammen den Umweg über einen Editor.

7.1.1 Beitrag formatieren

Für die Formatierung des Textes stehen Ihnen alle Werkzeuge zur Verfügung, die Sie aus einer herkömmlichen Textverarbeitung kennen – selbst die Buttons sind einer lokalen Office-Applikation nicht unähnlich, sodass Sie schnell erkennen, welche Funktion sich dahinter verbirgt (siehe Abbildung 7.3). Außerdem erscheint eine kleine Beschreibung, sobald Sie mit der Maus über das Icon fahren.

Abbildung 7.3 Menü und Standardbuttons des eingebauten TinyMCE-Editors

Funktionen, die Sie häufig benutzen, sind auf den folgenden Seiten *hervorgehoben*, Funktionen, die Sie kennen sollten, mit ihrem Icon markiert. Beachten Sie, dass an dieser Stelle auch Buttons beschrieben sind, die Sie erst über eine kleine Editorkonfiguration einschalten. Über ERWEITERUNGEN • PLUGINS • Plugin EDITOR - TINYMCE wechseln Sie dort mit der Einstellung FUNKTIONALITÄT zu einem anderen Button-Layout und erhalten z. B. mit KOMPLETT alle verfügbaren Editorfunktionen.

- **Fett, Kursiv** (B I): *In TinyMCE mögen diese Zeichenformate zwar fett und kursiv erscheinen, in Wahrheit werden jedoch – HTML-Semantik-konform – die Tags <strong> bzw. <em> zur Hervorhebung von Text verwendet. Wie die tatsächliche Formatierung dann im Frontend aussieht, bestimmt das Stylesheet bzw. das Template.*
- **Unterstrichen, Durchgestrichen**: selbsterklärend
- **Textausrichtung** (≡ ≡ ≡ ≡): links, zentriert/mittig, rechts oder Blocksatz, bei dem die Abstände zwischen den Wörtern für die Nutzung der gesamten Zeilenbreite vergrößert werden
- **Menü** FORMATE: Enthält Formate und Formatierungen, die sich auch über manche Buttons oder das Menü ABSATZ erreichen lassen.
- **Menü** ABSATZ (Absatz ▼): *Enthält alle Absatzformate, die im HTML der Joomla!-Standardinstallation erlaubt sind.*
- **Menü** SCHRIFTART: Enthält alle lokal installierten web-safe Fonts. Vermeiden Sie dieses Menü, denn heutzutage werden Schriften sauber über CSS-Stylesheets eingebunden. Im Übrigen verwendet man auf modernen Websites inzwischen schönere Schriften als die sehr eingeschränkten web-safe Fonts.
- **Menü** SCHRIFTGRÖSSE: Einstellung der Schriftgröße, die Sie ebenso vermeiden sollten. Schriftgrößen werden über Stylesheets festgelegt; benutzen Sie ausschließlich das Menü ABSATZ für die Textformate.
- **Bullet- und nummerierte Listen** (≔ ▼ ≔ ▼): *Verschiedene aus den HTML-Spezifikationen bekannte Bullet- und Ziffernformate sind hier zwar erlaubt, in der Praxis entscheiden Sie sich aber für einen Stil, den Sie durchgängig verwenden.*
- **Einzug verkleinern oder vergrößern**: linkes Einrücken des Textes
- **Rückgängig und Wiederholen**: die bekannten Undo- und Redo-Funktionen, die auch über die Tastenkombinationen [Strg]/[cmd] + [Z] und [Strg]/[cmd] + [Y] bzw. [cmd] + [⇧] + [Z]) erreicht werden

- **Link einfügen/bearbeiten/Link entfernen** (🔗 ⛓, siehe Abbildung 7.4): *Markieren Sie ein Wort, klicken Sie diesen Button an, und es öffnet sich ein kleines Popup-Fenster, in das Sie alle Linkparameter eingeben: Ziel-URL,* Anzuzeigender Text *(das Wort, das Sie vorher markiert hatten),* Titel *(Tooltip erscheint beim Darüberfahren mit der Maus, ähnlich dem* alt*-Attribut bei Bildern),* Rel *(Art des Links) und* Ziel *(Option, ein neues Browserfenster bzw. Browsertab zu öffnen).*

Abbildung 7.4 Guter Stil beim Einfügen eines Links ist es, auch den Titel einzusetzen – er enthält die Überschrift und/oder Beschreibung zur verlinkten Seite.

- **Textmarke**: Setzen eines seiteninternen Linkziels (`<a name="Ankername">`) – für den Fall, dass man händische Querverweise setzen möchte
- **Bild einfügen/bearbeiten** (🖼): TinyMCE-interne Bildintegration in den Text. *Verwenden Sie zum Einfügen von Bildern die Joomla!-Funktionalität über den Button* Bild *gleich unter dem Editorfenster, denn damit haben Sie Zugriff auf die übersichtlichere Medienbibliothek. Benutzen Sie diesen Button, um die Layouteigenschaften eines bereits eingefügten Bildes zu bearbeiten, z. B. wenn es zu groß ist.*
- **Quelltext**: Öffnet ein Fenster mit dem HTML-Code des Beitrags; wird im Tagesgeschäft nicht benötigt, da alle (erlaubten) Formatierungen über Schaltflächen erreichbar sind.
- **Textfarbe**, **Hintergrundfarbe**: Gewaltsames Setzen der Schriftfarben – nicht empfohlen, da Farben am besten sauber per CSS gesetzt werden. Zur Hervorhebung von Text benutzen Sie am besten die Buttons für Fett bzw. Kursiv, die in die konformen HTML-Tags `<strong>` und `<em>` übersetzt werden. Das Template-CSS bestimmt dann das finale Aussehen des hervorgehobenen Textes im Frontend.
- **Vollbild**: praktisch zum ablenkungsfreien Verfassen des Textes
- **Tabelle** (▦▾): Umfangreiche, aus Textverarbeitungen bekannte Funktion, um Tabellen zu malen, Zeilen oder Spalten hinzuzufügen etc. Beachten Sie, dass Tabel-

len HTML-konform nur zur Präsentation von tabellarischen Daten und nicht für das Layout verwendet werden. Auch die vielen TABELLENEIGENSCHAFTEN dieser Komponente sollten nur im Quick-and-Dirty-Ausnahmefall ausgefüllt werden, da die Formatierung der Tabelle eigentlich per CSS erfolgt.

- **Tiefgestellt, Hochgestellt, Sonderzeichen, Emoticons, Video einfügen/bearbeiten, Horizontale Linien, Von links nach rechts** etc.: selbsterklärend
- **Ausschneiden, Kopieren, Einfügen**: Entspricht den üblichen Kommandos für die Zwischenablage.
- **Unsichtbare Zeichen anzeigen**: Hebt unübliche Whitespaces abseits von Leerzeichen hervor, z. B. das geschützte Leerzeichen (englisch: *non-breaking space*).
- **Blöcke anzeigen** (¶ , siehe Abbildung 7.5): sehr praktische Funktion, um Absatzformate auf einen Blick zu erkennen und damit die gesamte Formatierung zu überprüfen

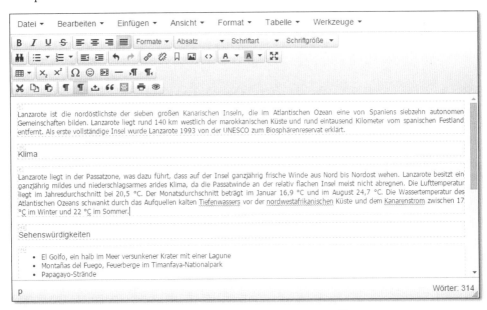

Abbildung 7.5 Per »Blöcke anzeigen« erhält man einen schnellen Überblick, welche Absatzformate den Textpassagen zugewiesen sind.

- **Insert non-breaking space**: Fügt ein besonderes Leerzeichen ein, bei dem am Zeilenende kein Umbruch erfolgt. Das ist z. B. sinnvoll, wenn Namen oder Uhrzeiten nicht getrennt werden sollen.
- **Zitat**: Wickelt den markierten Text in das Zitat-HTML-Tag `<blockquote>`.
- **Vorlage einfügen**: Komplexere Formatierungsfolgen können vom Joomla!-Administrator vorprogrammiert und über diese Schaltfläche eingesetzt werden.

- **Drucken**: Aktiviert die Druckfunktionalität des Browsers, meist sieht man vor dem Lossenden des Druckauftrags noch mal eine Voransicht.
- **Vorschau**: Öffnet ein kleines Popup-Fenster mit der Anzeige des Beitrags im WYSIWYG-Stil – unterscheidet sich aber kaum von der Ansicht im Editorfenster.

Zum Speichern des Textes verwenden Sie die oberste Buttonleiste. Bei einem Klick auf SPEICHERN bleiben Sie nach dem Speichervorgang auf derselben Seite und können am gleichen Beitrag weiterschreiben. Eine Art Zwischenspeichern also, falls die Kaffeetasse aufgefüllt werden muss. Klicken Sie auf SPEICHERN & SCHLIESSEN, gelangen Sie zum Beitragsmanager – dazu in Kürze mehr (siehe Abschnitt 7.3.1, »Der Beitragsmanager«). Bei SPEICHERN & NEU öffnet sich nach dem Sichern ein neues leeres Beitragsformular. Praktisch, wenn man mehrere Beiträge schnell nacheinander anlegen möchte.

> **Tipp: Kleine Korrekturen über das Frontend vornehmen**
>
> Moderne JavaScript-Bibliotheken machen es möglich: Sogar im Frontend ist es möglich, Beiträge zu bearbeiten. Dabei stehen sämtliche Funktionen zur Verfügung, die Sie auch aus dem Administrations-Backend kennen, abzüglich der Elemente, die der Verwaltung der Beiträge dienen.
>
> Für das sogenannte *Frontend-Editing* müssen Sie im Frontend als Administrator bzw. Super Benutzer eingeloggt sein, sodass neben jedem Beitrag ein kleiner Button mit einem Zahnrad erscheint, der normalen Besuchern natürlich verborgen bleibt. Öffnen Sie das dahinter verborgene Dropdown-Menü, und klicken Sie auf BEARBEITEN (siehe Abbildung 7.6).

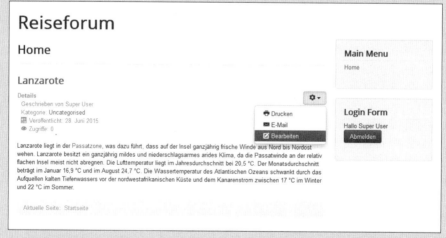

Abbildung 7.6 Super Benutzer dürfen von Haus aus Beiträge im Frontend bearbeiten.

Prompt sehen Sie anstelle der Ausgabeversion des Beitrags das Editorfenster, alle anderen Frontend-Elemente bleiben an Ort und Stelle (siehe Abbildung 7.7).

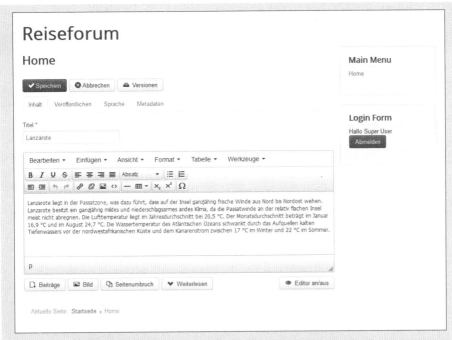

Abbildung 7.7 Der Frontend-Editor ist identisch mit dem im Backend; auf die Funktionen zur Verwaltung von Beiträgen verzichtet man hier allerdings.

Verwenden Sie den Editor genauso, als befänden Sie sich im Backend. Die Beitragsbearbeitung schließen Sie dann über den Button SPEICHERN ab.

Tipp: Absatzformate mit der Quelltextansicht reparieren

Während des Editierens kann auch mal etwas schiefgehen, aus formatierungstechnischer Sicht. Insbesondere bei der Änderung komplexer Formatierungen können im Hintergrund HTML-Konstrukte entstehen, die so weder beabsichtigt sind noch einen semantischen Sinn ergeben.

Ein Beispiel ist das Einfügen eines Bildes mit Bildunterschrift. TinyMCE wickelt in diesem Fall das Bild und Text ordnungsgemäß und HTML5-konform in ein <figcaption>-Tag. Löscht man jetzt Bild und/oder Bildunterschrift und verschiebt vielleicht noch ein paar Absätze, kann es sein, dass man irgendwo im Beitrag mit einer unsichtbaren <figcaption>-Leiche endet, die für seltsame Formatierungseffekte verantwortlich ist.

Wer sich ein wenig mit HTML auskennt, dem hilft der Quelltext-Modus weiter. Wenn Ihnen also etwas komisch vorkommt mit den Formatierungen, wechseln Sie in den Quelltext-Modus (Button EDITOR AN/AUS rechts unterhalb des Editors), und prüfen Sie, ob sich hier irgendwelche HTML-Leichen verstecken.

7.1.2 Beitrag auf der Homepage darstellen

Hatten Sie sich zwischenzeitlich in erwartungsvoller Neugier auf einem zweiten Browsertab das Frontend angesehen, wurden Sie enttäuscht. Keine Spur vom mühevoll verfassten Beitrag, die Homepage ist so leer wie unmittelbar nach der Installation. Das liegt daran, dass Sie zwar Inhalte eingepflegt, aber noch keine Menüeinträge erzeugt haben, die auf eine potenzielle Seite zeigen könnten, die den Beitrag enthält.

Aber es gibt eine Abkürzung, um Beiträge schnell auf der Homepage zu platzieren:

1. Klicken Sie nach dem Bearbeiten Ihres Beitrags auf SPEICHERN & SCHLIESSEN, gelangen Sie nach dem Speichervorgang in die *Beitragsübersicht*, eine filter- und sortierbare Liste aller Beiträge in Ihrem Joomla!-System. Diese Liste erreichen Sie auch jederzeit über das Menü INHALT • BEITRÄGE.

Abbildung 7.8 Über die Statusspalte lässt sich ein Beitrag aktivieren oder deaktivieren (grünes Häkchen/rotes Stoppschild), als Haupteintrag auf die Homepage setzen (Sternchen) oder per Dropdown-Menü archivieren oder sogar im Papierkorb recyceln.

Abbildung 7.9 Als »Haupteintrag« markierte Beiträge erscheinen automatisch auf der Homepage.

2. Markieren Sie nun den Beitrag über das Sternchen (★) in der Spalte STATUS; damit wird er zu einem *Haupteintrag*, und Haupteinträge stellt Joomla! auf der Homepage dar (siehe Abbildung 7.8).

3. Öffnen Sie einen zweiten Browsertab, und besuchen Sie das Frontend unter *http://localhost:81*, oder drücken Sie [F5] (OS X: [cmd] + [R]) zur Seitenaktualisierung, falls der Tab bereits offen ist. Et voilà – der Lanzarote-Beitrag erscheint (siehe Abbildung 7.9).

Die Mechanik der Haupteinträge ist Blog- oder Newssystemen entlehnt, auf deren Homepage gerne die neuesten Beiträge listenartig dargestellt werden. Dafür ist der Lanzarote-Artikel allerdings ein bisschen zu lang geworden. Idealerweise wird der Beitrag nur kurz angeteasert und der Leser dazu ermuntert, zum Weiterlesen auf einen Link zu klicken, der dann zur Seite mit dem vollständigen Artikel führt.

Solch eine Teaserfunktion ist in Joomla! mit einigen Handgriffen aktiviert, Sie behandeln dabei einfach die ersten einleitenden Sätze wie einen Teaser:

1. Bearbeiten Sie den Beitrag, indem Sie in der Beitragsliste auf seinen Namen klicken.

2. Setzen Sie den Cursor hinter das letzte Wort des Teasertextes, und klicken Sie unter dem Editorfenster auf den Button WEITERLESEN (siehe Abbildung 7.10).

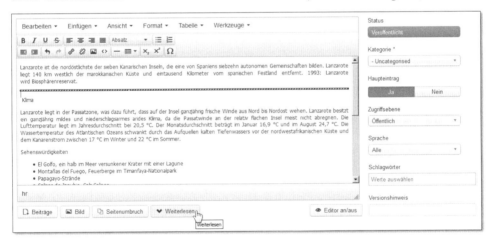

Abbildung 7.10 Der Text über der per »Weiterlesen« eingefügten roten Trennlinie erscheint auf der Homepage; zum gesamten Artikel gelangt man dann über einen automatisch dargestellten Weiterlesen-Link.

3. Nun erscheint eine rot gepunktete Trennlinie, die markiert, bis zu welcher Stelle der Text auf der Homepage erscheint. SPEICHERN Sie den Beitrag, und aktualisieren Sie den Frontend-Tab mit der Homepage, die nun wie in Abbildung 7.11 erscheint.

7 Content verwalten

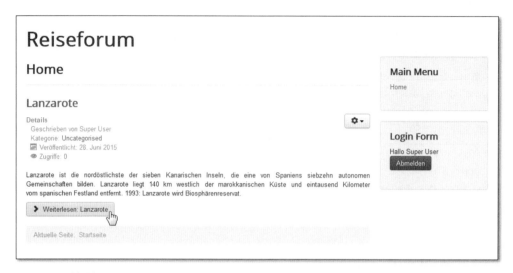

Abbildung 7.11 Den Button »Weiterlesen« erzeugt Joomla! automatisch unter Haupteinträgen auf der Homepage, sofern im Editor die rote Weiterlesen-Trennlinie gesetzt wurde.

Damit nicht genug: Das Aufsplitten eines Beitrags geht mit Seitenumbrüchen noch einen Schritt weiter. Ähnlich der Weiterlesen-Trennlinie setzen Sie im Editor Seitenumbruchslinien, die den Artikel automatisch auf mehrere Seiten aufteilen, sinnvolle Vor- und Zurück-Links setzen und sogar ein Inhaltsverzeichnis einblenden.

1. Bearbeiten Sie den Beitrag, indem Sie in der Beitragsliste auf seinen Namen klicken.

2. Setzen Sie den Cursor an die Stelle, an der der Seitenumbruch erfolgen soll, und klicken Sie unter dem Editorfenster auf den Button SEITENUMBRUCH (siehe Abbildung 7.12).

3. Im Popup-Fenster geben Sie den Seitentitel (erscheint auf der Folgeseite als Browsertitel und neben der Beitragsüberschrift) und den Titel für das Inhaltsverzeichnis ein.

4. Nach einem Klick auf SEITENUMBRUCH EINFÜGEN erscheint nun die entsprechende schwarz gepunktete Trennlinie. SPEICHERN Sie den Beitrag, und aktualisieren Sie den Frontend-Browsertab.

5. Befinden Sie sich auf der Homepage, klicken Sie zunächst auf WEITERLESEN, um auf die komplette Inhaltsseite des Beitrags zu gelangen. Hier sehen Sie wie in Abbildung 7.13 das automatisch angelegte klickbare Inhaltsverzeichnis und die ZURÜCK/WEITER-Schaltflächen, mit denen man zwischen den Beitragsseiten navigiert.

7.1 Beiträge verfassen und bearbeiten

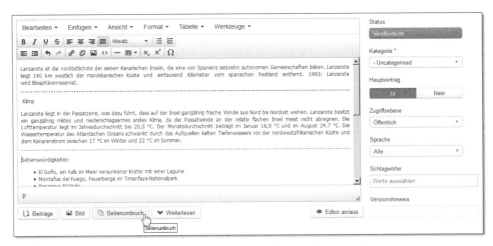

Abbildung 7.12 Schwarz gepunktete Linien kennzeichnen Seitenumbrüche.

Abbildung 7.13 Sobald sich in einem Beitrag ein Seitenumbruch befindet, erzeugt Joomla! automatisch ein Inhaltsverzeichnis und »Zurück«-/»Weiter«-Buttons.

Achtung: Kurze, mehrseitige Artikel sind im Internet nicht beliebt

Die Aufteilung eines Artikels empfiehlt sich ausschließlich bei außerordentlich langen Artikeln. Das obligatorische Aufsplitten kurzer Berichte auf mehrere Seiten, nur

> um möglichst viele Page Impressions und Werbeeinblendungen zu erzielen, war zwar lange in Mode, wird aber von Internetnutzern insgesamt negativ aufgenommen: Viele Besucher verlassen die Seite sofort, wenn sie die Paginierungslinks sehen.

Damit haben Sie nun das Handwerkszeug parat, um Joomla!-Beiträge zu erstellen und zu formatieren. Versuchen Sie sich ruhig an zwei oder drei Beiträgen, bevor Sie das nächste wichtige Contentpflege-Element, die Kategorie, kennenlernen. Zunächst aber noch einige Details zu weiteren Einstellmöglichkeiten für Beiträge.

7.1.3 Weitere Einstellungen zu Beiträgen

Zum Abschluss des Abschnitts über das Verfassen von Beiträgen sehen Sie sich die Beitragsformularseite noch einmal genauer an. Am rechten Rand des Fensters finden Sie weitere Daten zum Beitrag:

- KATEGORIE: Jeder Beitrag kann genau einer KATEGORIE zugewiesen sein. Die Dropdown-Liste zeigt alle Kategorien mit ihren Unterkategorien; die Kategorieebene erkennen Sie durch vorangestellte Bindestriche und entsprechende Einzüge. Auf Kategorien, ein sehr wichtiges Thema, geht der nächste Abschnitt ein.

- SCHLAGWÖRTER: Im Internet im Allgemeinen auch als *Tags* bekannt. Schlagwörter sind neben Kategorien ein praktischer Mechanismus, Beiträge bestimmten Themen zuzuordnen. Wie für Kategorien erzeugen Sie später über Menüeinträge z. B. Webseiten mit Tab-Übersichten oder verschlagworteten Beiträgen. Entgegen der Kategorien können einem Beitrag aber *mehrere* Schlagwörter zugewiesen werden. Geben Sie die Tags einfach nacheinander, durch ein Komma separiert, ein. Mehr zu Schlagwörtern finden Sie in Abschnitt 15.4, »Mit Schlagwörtern arbeiten«.

  Hinweis: Trennen Sie bei der Eingabe Schlagwörter mit einem Komma. Joomla! verwandelt das eingegebene Wort dann in ein echtes, im System gespeichertes Schlagwort und markiert es in der Liste durch ein button-ähnliches Aussehen. Auf diese Weise erzeugen Sie auch Schlagwörter, die aus unterschiedlichen, durch Leerzeichen getrennte, Einzelwörtern bestehen.

- STATUS: Veröffentlichungsstatus des Beitrags:
  - VERÖFFENTLICHT: Der Beitrag ist im Frontend erreichbar.
  - VERSTECKT: Der Beitrag ist *nicht* im Frontend erreichbar, z. B. wenn man gerade am Text arbeitet und seinen Websitebesuchern keinen halb fertigen Inhalt präsentieren möchte.
  - ARCHIVIERT: Dient älteren Beiträgen, die nicht mehr prominent auf der Website dargestellt werden sollen, sondern über spezielle Seiten oder die siteinterne Suche erreichbar sind.

- Papierkorb: Vorstufe zum Löschen eines Beitrags, ähnlich dem Papierkorb eines Betriebssystems. Zum endgültigen Löschen von Beiträgen wechseln Sie zum Beitragsmanager und setzen im Filter der Suchwerkzeuge den Status auf Papierkorb. Dann markieren Sie die tatsächlich zu löschenden Beiträge und klicken in der oberen Buttonleiste auf Papierkorb leeren.

▸ Haupteintrag: Kennzeichnen Sie mit Ja, um diesen Beitrag blog-artig auf der Homepage einzublenden.

▸ Zugriffsebene: Regelt, für wen dieser Beitrag sichtbar ist; näher beschäftigt sich damit Abschnitt 11.4, »Zugriffsebenen anlegen und verwalten«.

▸ Sprache: Entgegen anderer Content-Management-Systeme ist Joomla! von Haus aus gut für mehrsprachige Websites gerüstet. Wenn Sie nur mit einer deutschsprachigen Website arbeiten, müssen Sie hier nichts ändern. Wollen Sie Mehrsprachigkeit für Ihre Website nutzen, blättern Sie zu Kapitel 12, »Mehrsprachigkeit aktivieren«, das auf die betreffende Konfiguration eingeht.

▸ Versionshinweis: beschreibender Text für die aktuelle Version des Beitrags, siehe Abschnitt 7.3.3, »Beitrag versionieren«

Bislang arbeiteten Sie im Reiter Inhalt der Beitragsdetails. Wechseln Sie zum Reiter Veröffentlichung, um übergeordnete Informationen zum Beitrag sowie die Veröffentlichungsdetails zu steuern (siehe Abbildung 7.14).

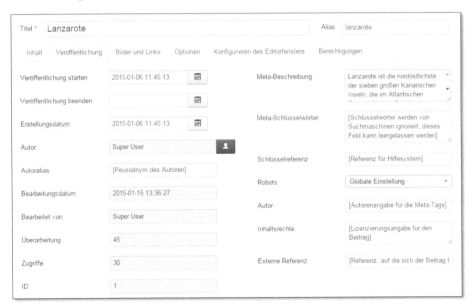

Abbildung 7.14 Das wichtigste Feld im Reiter »Veröffentlichung« ist Meta-Beschreibung; diesen Text zitieren Google und Co. bei der Suchergebnislistung des Beitrags.

- Veröffentlichung starten/Veröffentlichung beenden: Über diese beiden Felder definieren Sie ein Zeitfenster, in dem ein Beitrag im Frontend erreichbar ist. Bei Erreichen des Endzeitpunkts wechselt der Status des Beitrags automatisch auf Abgelaufen. Dieser Status verhält sich ähnlich wie Versteckt: Nur eingeloggte Administratoren sehen den Beitrag im Frontend.
- Erstellungsdatum: Das Erstellungsdatum legt Joomla! fest, sobald Sie den Beitrag das erste Mal speichern. Über dieses Feld korrigieren Sie den Zeitpunkt per Hand.
- Autor: Joomla! setzt ins Autorenfeld automatisch den Benutzer, der den Beitrag speicherte; über dieses Feld wählen Sie einen anderen Autor aus einer Popup-Liste.
- Autoralias: Möchten Sie den wahren Namen des Benutzers verstecken, setzen Sie an dieser Stelle sein Pseudonym ein. Im Frontend erscheint dann hinter Geschrieben von dieses Alias. *Achtung*: Dieses Feld beeinflusst *nicht* das HTML-Tag `<meta name="author" content="Autorenname" />`; hier steht nach wie vor der echte Benutzername. Um das HTML-Tag zu verändern, benutzen Sie das Feld Autor in der rechten Spalte.
- Bearbeitungsdatum: Zeigt den Zeitpunkt der letzten Änderung am Beitrag.
- Bearbeitet von: Zeigt den Benutzer, der den Beitrag zuletzt bearbeitet hat.
- Überarbeitungen: Anzahl der Nachbearbeitungen dieses Beitrags
- Zugriffe: Anzahl der Aufrufe dieses Beitrags im Frontend
- ID: Joomla!-interne Kennzeichnung

In der rechten Spalte des Veröffentlichung-Reiters befinden sich weitere Metadaten zum Beitrag:

- Meta-Beschreibung: Entspricht dem HTML-Tag `<meta name="description" content="Inhalt der Meta-Beschreibung" />` und ist *sehr wichtig*, wenn es um die Suchmaschinenoptimierung geht. Die Meta-Beschreibung enthält den Text, den z. B. Google zur Beschreibung zu einer Webseite zitiert.
- Meta-Schlüsselwörter: Entspricht dem HTML-Tag `<meta name="keywords" content="Kommagetrennte Keywords" />` und war früher ein wichtiges Mittel, um Webseiten eine Auswahl von Begriffen mitzugeben. Heutzutage ignorieren Suchmaschinen das Feld; lassen Sie es leer. Google und Co. suchen sich die passenden Keywords aus Seitentitel, Überschriften und dem eigentlichen Content der Webseite.

  Hinweis: Eine Daseinsberechtigung gibt es für das Feld allerdings: interne Verknüpfungen mit anderen Beiträgen und der optionalen Komponente *Banner*. In beiden Fällen zweckentfremdet Joomla! die Werte der Meta-Schlüsselwörter, um die Darstellung oder Auflistung entsprechend verknüpfter Elemente zu steuern.

Lesen Sie mehr darüber am Ende dieses Kapitels, Abschnitt 7.6.7, »Beiträge - Verwandte«, und in Abschnitt 15.1, »Banner einrichten«.

- ROBOTS: Entspricht dem HTML-Tag `<meta name="robots" content="Einstellung" />` und teilt Suchmaschinen mit, wie mit dem Inhalt und Links auf der aktuellen Webseite zu verfahren ist:
  - INDEX, FOLLOW: Indexiere die Webseite und folge auch den auf der Seite referenzierten Links, um so zu den nächsten indexierbaren Inhalten zu gelangen. In der Regel ist *das* die Einstellung, die Sie für eine öffentliche Website dringend benötigen, damit sie über Suchmaschinen gefunden wird.
  - NOINDEX, FOLLOW: Indexiere diese Seite nicht, folge aber den Links.
  - INDEX, NOFOLLOW: Indexiere diese Seite, folge den Links aber *nicht* – hier ist eine Sackgasse.
  - NOINDEX, NOFOLLOW: Indexiere diese Seite nicht *und* ignoriere alle Links; eine Einstellung für eine Seite, die nicht in Suchergebnissen auftaucht.
  - GLOBALE EINSTELLUNG: Diese Seite verwendet die Einstellung, die unter SYSTEM • KONFIGURATION • Reiter SITE • GLOBALE METADATEN • ROBOTS konfiguriert ist. Standardmäßig ist das INDEX, FOLLOW, da man davon ausgeht, dass Joomla! für gewöhnlich eine öffentlich verfügbare und damit indexierbare Site erzeugt.

- AUTOR: Entspricht dem HTML-Tag `<meta name="author" content="Autorenname" />` und beeinflusst ausschließlich dieses Tag und nicht die Autorenkennzeichnung in der Webseitendarstellung.

- INHALTSRECHTE: Entspricht dem HTML-Tag `<meta name="rights" content="Inhaltsrechte" />`.

- EXTERNE REFERENZ: Ein geheimnisvolles Feld, um ein Inhaltselement mit externen Metadaten zu versehen, indem das Tag `<meta name="xreference" content="Externe Referenz" />` im Quelltext ergänzt wird. Aktuell unterstützt keine Software oder Website diese Mechanik, lassen Sie das Feld einfach leer.

Wechseln Sie in der Reiterzeile zu BILDER UND LINKS, dem letzten Reiter, der die Inhalte zum Beitrag bereitstellt.

- EINLEITUNGSBILD/KOMPLETTES BEITRAGSBILD: Details zur Integration dieser begleitenden Beitragsbilder finden Sie unter Abschnitt 7.2.1, »Einleitungs- und Komplettes Beitragsbild einfügen«.

- LINKS in der rechten Spalte: Für jeden Beitrag geben Sie bis zu drei zusätzliche externe Links an, die, abhängig vom Template, prominent ober- oder unterhalb des Beitragsbildes erscheinen (siehe Abbildung 7.15). Um sicherzustellen, dass die Websites in einem separaten Browsertab geladen werden, wählen Sie aus der Dropdown-Liste URL-ZIELFENSTER den Eintrag IN NEUEM FENSTER ÖFFNEN.

Abbildung 7.15 Bis zu drei externe Links werden pro Beitrag plakativ vor den Beitragstext gesetzt.

> **Tipp: Beitragsbewertungen (Sterne-Voting) aktivieren**
>
> Die fünf kleinen Voting-Sternchen, mit denen Produkte und Artikel von Benutzern bewertet werden, kennen Sie von Online-Shops oder Newsplattformen. Je mehr Sterne ein Beitrag erhält, desto beliebter ist er. Das gibt es auch in Joomla!, die Funktion ist aber von Haus aus deaktiviert und hat sich ein bisschen versteckt; sie nennt sich *Beitragsbewertung*.
>
> ▶ Pro Beitrag aktivieren Sie die Beitragsbewertung im Reiter OPTIONEN des Beitragsbearbeitungsformulars, in der Mitte der langen Liste.
>
> ▶ Global für alle Beiträge finden Sie die Option unter SYSTEM • KONFIGURATION • Komponente BEITRÄGE • Reiter BEITRÄGE, auch etwa in der Mitte zwischen SEITENNAVIGATION und WEITERLESEN.

7.2 Bilder und andere Medien einfügen

Ohne Illustrationen ist ein Beitrag, selbst nach ansprechender Formatierung, eine langweilige Textwüste. In diesem Abschnitt lernen Sie Mittel kennen, multimediale Elemente einzubinden, um Ihre Texte optisch aufzulockern.

7.2 Bilder und andere Medien einfügen

> **Hintergrund: Neuer Medienmanager ist in den Startlöchern**
>
> Das Veröffentlichungsschema von Joomla! erlaubt kurzfristige Aktualisierungen des Content-Management-Systems, nicht nur unter der Haube, sondern auch in der Benutzeroberfläche des Administrations-Backends. So befindet sich ein Update der Medienmanager-Komponente in Vorbereitung, mit dem Sie innerhalb von Joomla! Ihre Bilder besser organisieren, bearbeiten und sogar Thumbnails erzeugen – auf diese Weise würde ein separates Bildbearbeitungsprogramm auf Ihrem lokalen Rechner überflüssig werden.
>
> Wann der neue Media Manager genau erscheint, ist zum Zeitpunkt der Drucklegung dieses Handbuchs unklar. Wenn Sie dieses Buch gerade in den Händen halten und die Screenshots auf den folgenden Seiten sich von dem in Ihrer Joomla!-Version integrierten Medienmanager unterscheiden, dann besuchen Sie die Begleitwebsite unter *https://joomla-handbuch.com*. Dort erhalten Sie weitere Informationen und Tipps.

7.2.1 Einleitungs- und Komplettes Beitragsbild einfügen

Joomla! ermöglicht die Verwaltung von Bildern in einem internen Medienmanager, die dem Inhalt eines Serververzeichnisses entspricht (*/images/*). Bilder lassen sich so per FTP, aber auch durch das Administrations-Backend hochladen. Da das Reiseforum eine große Anzahl von Fotos präsentiert, empfiehlt es sich, von Anfang an mit Unterordnern zu arbeiten, um die Bilder schon beim Upload sinnvoll zuzuordnen.

1. Wechseln Sie über das Menü INHALT • MEDIEN in den Medienmanager (siehe Abbildung 7.16).

Abbildung 7.16 Der Medienmanager gleicht einem Dateimanager-Fenster – links die Verzeichnisse, rechts die Inhalte.

2. Klicken Sie in der Buttonleiste oben auf NEUES VERZEICHNIS ERSTELLEN.

3. Nun schiebt sich ein Texteingabefeld zwischen Buttonleiste und Dateiliste. Für das Reiseforum möchten Sie Bilder der vorgestellten Urlaubsziele hochladen. Geben Sie in das Textfeld »urlaubsziele« ein, und klicken Sie auf VERZEICHNIS ERSTELLEN (siehe Abbildung 7.16).

4. Der neue Ordner erscheint sowohl links in der Baumansicht der Verzeichnisse als auch rechts in der Detailansicht.

> **Tipp: Die Medienverwaltung per FTP ist komfortabler und schneller**
>
> Der Medienmanager von Joomla! ist von Haus aus ziemlich anspruchslos. Abgesehen vom Anlegen von Verzeichnissen und einer eingeschränkten Löschfunktion für Verzeichnisse und Dateien (kein rekursives Löschen von Unterverzeichnissen möglich) lässt sich im Administrations-Backend nicht viel machen. Insbesondere das Verschieben von Bildern in andere Verzeichnisse ist eine Funktionalität, die hier fehlt. Benutzen Sie daher am besten Ihren lokalen Dateimanager, falls Sie in der lokalen Testumgebung arbeiten, oder einen FTP-Client, z. B. FileZilla (*https://filezilla-project.org*), um derlei Operationen durchzuführen (siehe Abschnitt 3.2, »FTP-Client installieren«). Der Ordner für den Medienmanager heißt */images/* und befindet sich direkt im Root-Verzeichnis der Joomla!-Installation.
>
>
>
> **Abbildung 7.17** Mit einem FTP-Client wie dem kostenlosen FileZilla verwalten Sie Bilddateien und Unterordner des Medienmanagers auf dem Joomla!-Server bequemer als über das Joomla!-Administrations-Backend.

Zum Hochladen der Bilder wechseln Sie entweder in den eigentlichen Medienmanager (Menü INHALT • MEDIEN) oder zum Beitrag, in dem sie erscheinen sollen.

1. Bearbeiten Sie den Beitrag, indem Sie in der Beitragsliste auf seinen Namen klicken, und wechseln Sie zum Reiter BILDER UND LINKS.

2. Klicken Sie neben EINLEITUNGSBILD auf AUSWÄHLEN, öffnet sich ein Popup-Fenster, in dem alle Bilder, die sich in der Joomla!-Medienbibliothek befinden, galerieartig präsentiert werden. Bis jetzt sieht man da nur Beispielabbildungen und Joomla!-Logos und den eben erstellten Unterordner URLAUBSZIELE.
3. Wechseln Sie mit einem einfachen Mausklick in den Unterordner URLAUBSZIELE.

Abbildung 7.18 Wechseln Sie schon vor dem Hochladen des Bildes ins richtige Verzeichnis – das Umsortieren falsch hochgeladener Bilder ist nur per Dateibrowser bzw. FTP-Client möglich.

4. Klicken Sie im Popup-Fenster unten bei DATEI HOCHLADEN auf den Button DATEIEN AUSWÄHLEN.
5. Im Dateidialog wählen Sie ein auf Ihrer Festplatte gespeichertes Foto aus. Beginnen Sie den Upload über den Button HOCHLADEN STARTEN.
6. Jetzt ist das Bild Bestandteil der Joomla!-Galerie auf dem Server; markieren Sie es, und klicken Sie dann auf die Schaltfläche EINFÜGEN (siehe Abbildung 7.18). Das Popup schließt sich, der Bildname erscheint im Textfeld neben EINLEITUNGSBILD.
7. Geben Sie nun noch einen passenden Text in die Felder ALTERNATIVER TEXT und BILDUNTERSCHRIFT ein (siehe Abbildung 7.19). Das erste Feld steht für das berühmte HTML-alt-Attribut; dieser Text erscheint bei einigen Browsern, wenn man mit der Maus über das Bild fährt. Wichtiger aber: Es beschreibt das Bild für Besucher mit Sehschwächen und Suchmaschinen.
8. Verfahren Sie genauso mit dem Bild für KOMPLETTES BEITRAGSBILD darunter: AUSWÄHLEN • DATEIEN AUSWÄHLEN • HOCHLADEN STARTEN. Dann das Bild markieren und auf EINFÜGEN klicken. Und natürlich den ALTERNATIVEN TEXT und (optional) die BILDUNTERSCHRIFT nicht vergessen.

7 Content verwalten

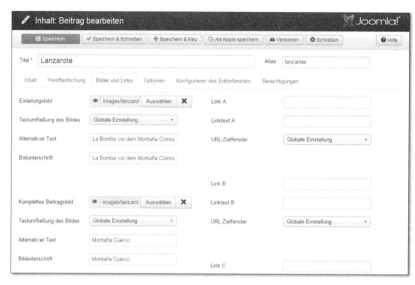

Abbildung 7.19 Die Angabe eines »Alternativen Textes« für jedes Bild gehört zum guten Stil – ein Muss für Suchmaschinen und Besucher mit Seheinschränkungen.

9. Klicken Sie im Beitragsformular auf SPEICHERN, und bewundern Sie das Ergebnis im Frontend-Browsertab (siehe Abbildung 7.20).

Abbildung 7.20 Das Einleitungsbild erscheint über dem Teaser auf der Homepage; auf der »Weiterlesen«-Beitragsseite wird es durch das Beitragsbild abgelöst, das ebenfalls zwischen Überschrift und Fließtext erscheint.

Problemlösung: Einleitungs- und Komplette Beitragsbilder sind zu groß

Der Einleitungs- und Beitragsbildmechanismus von Joomla! hat (abgesehen von der Quelltextbearbeitung) keine Optionen zur Bestimmung der Ausgabegröße. Es ist also notwendig, die hier verlinkten Bilder vor dem Upload auf die korrekte Größe zurechtzustutzen. Die maximale Breite im Standardtemplate beträgt 680 Pixel, ein breiteres Bild als Komplettes Beitragsbild ragt also über den Contentbereich hinaus. Für Einleitungsbilder, die im mehrspaltigen Layout auf der Homepage erscheinen, haben Sie sogar noch weniger Platz zur Verfügung. Wie Sie Bilder vor dem Upload verkleinern, lesen Sie im Kasten »Tipp: Das richtige Bilddateiformat und die optimale Größe wählen« im folgenden Abschnitt. Alternativ verwenden Sie zur Bilderdarstellung in Beiträgen nicht EINLEITUNGS- oder KOMPLETTEN BEITRAGSBILDERN, sondern Beitragsbilder innerhalb des Fließtexts – siehe folgender Abschnitt.

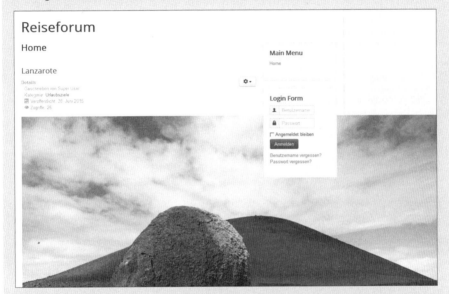

Abbildung 7.21 Zerstört Ihr Einleitungsbild das Webseitenlayout, ist es zu groß und sollte in einer kleineren Auflösung hochgeladen werden.

7.2.2 Beitragsbild einfügen

Flexibler ist der Einsatz von Beitragsbildern *innerhalb* des Fließtextes, da Sie hier vor allem mehr Optionen bei der Positionierung und Größe haben. Darum ist diese Art der Bildintegration in der Regel zu bevorzugen.

1. Bearbeiten Sie den Beitrag, indem Sie in der Beitragsliste auf seinen Namen klicken, und klicken Sie unter dem Editorfenster auf den Button BILD. *Wichtig*: Verwenden Sie *nicht* den Button in der TinyMCE-Buttonleiste, hier stehen weniger Optionen zur Verfügung.

2. Jetzt öffnet sich wieder das große Popup-Fenster, das Sie so ähnlich vom EINLEI-TUNGS- bzw. KOMPLETTEN BEITRAGSBILD kennen. Wechseln Sie wieder in den Unterordner URLAUBSZIELE.

3. Wählen Sie ein bereits hochgeladenes Bild, oder scrollen Sie ganz nach unten, um zu den Bedienelementen für den Bilder-Upload zu gelangen. In diesem Fall klicken Sie auf DATEIEN AUSWÄHLEN, wählen das Bild von Ihrer Festplatte und bestätigen den Upload über den Button HOCHLADEN STARTEN.

4. Füllen Sie jetzt noch die Textfelder aus:
   - BESCHREIBUNG: Dieser Text erscheint im alt-Attribut des Bildes und ist für Menschen mit Sehschwächen und Suchmaschinen gedacht, um den Bildinhalt textlich zu beschreiben.
   - BILDTITEL: Text für das title-Attribut, der beim Fahren mit der Maus über das Bild erscheint
   - BILDBESCHRIFTUNG: HTML5-konforme Bildunterschrift (<figcation>-Tag)

> **SEO-Tipp: Bildeinbindung mit Bildbeschriftung**
>
> Lassen Sie das Feld BILDBESCHRIFTUNG leer, setzt der Editor das Bild in ein <p>-Tag. Das ist zwar HTML-konform, es geht aber besser: Füllen Sie die BILDBESCHRIFTUNG aus, wickelt der Editor Bild und Text in das semantische HTML5-<figure>-Tag, das speziell der Auszeichnung von Illustrationen dient. Die Bildbeschriftung erscheint dabei in einem <figcaption>-Tag – HTML5-konform und suchmaschinenoptimiert.

5. Die übrigen Felder ignorieren Sie zu diesem Zeitpunkt. Klicken Sie auf EINFÜGEN, um das Bild schließlich in den Beitrag einzubinden.

Abbildung 7.22 Extrem große Bilder stutzen Sie nach dem Einfügen mit der Maus durch Ziehen der Bildecken zurecht.

Falls Sie im Editorfenster jetzt nur noch das Bild oder einen Ausschnitt des Bildes sehen, dann müssen Sie noch mal an die Bildeigenschaften ran, um seine Größe anzupassen (siehe Abbildung 7.22).

1. Klicken Sie das Bild an, dessen Eigenschaften verändert werden. Markiert ist es, wenn Sie an den Ecken und in der Mitte der Kanten kleine weiße Quadrate sehen.
2. Mit der Maus ziehen Sie auf die weißen Quadrate in irgendeine Richtung, um die Bildgröße zu verändern. Das ist allerdings sehr ungenau. Klicken Sie deshalb besser auf das Icon BILD EINFÜGEN/BEARBEITEN ( ). *Achtung*: Sie verändern hier nur die dargestellte Größe des Bildes. Der Editor nimmt keine echte Verkleinerung (Herunterskalierung) vor, sondern teilt dem Browser lediglich mit, das Bild kleiner anzuzeigen (siehe Abbildung 7.23).

Abbildung 7.23 Bearbeiten Sie die exakte Größe eines Bildes über den Button »Bild einfügen/bearbeiten« und Eingabe der Breite in Pixeln.

3. In dem kleinen, sich öffnenden Popup-Fenster sind nun einige Bildeigenschaften einstellbar:
   – QUELLE: Die URL des Bildes. Den Einsatz des Joomla!-internen Medienmanagers erkennen Sie, falls der Link mit »images« beginnt. An diese Stelle können Sie aber auch jede beliebige andere Internetadresse eingeben. In HTML entspricht diese Eigenschaft dem src-Attribut des <img>-Tags.
   – BILDBESCHREIBUNG: das alt-Attribut des Bildes für Besucher mit Sehschwächen und Suchmaschinen

- ABMESSUNGEN und SEITENVERHÄLTNIS BEIBEHALTEN: Geben Sie entweder eine Breite oder Höhe an, und lassen Sie das Häkchen gesetzt, damit der Browser die jeweils andere Abmessung automatisch angleicht.

Um das Riesenfoto zu verkleinern, tragen Sie im Feld ABMESSUNGEN z. B. »340« ins erste Feld (BREITE) ein, das ist genau die Hälfte der Gesamtbreite des Standardtemplates von Joomla!, und klicken Sie auf OK. Im Editorfenster erscheint das Bild jetzt deutlich kleiner.

Info: Haben Sie zu Beginn dieses Kapitels den TinyMCE-Editor über ERWEITERUNGEN • PLUGINS • EDITOR - TINYMCE • FUNKTIONALITÄT auf KOMPLETT gestellt, eröffnet sich Ihnen an dieser Stelle ein weiterer Reiter. Über ERWEITERT erhalten Sie weitere Einstellungsmöglichkeiten für das Beitragsbild:

- STIL: In diesem Feld lassen sich CSS-Styles hinterlegen, die im `<img>`-Tag im `style`-Attribut landen.
- VERTIKALER ABSTAND: Pixelwert für den oberen und unteren Abstand zwischen Bild und umgebenden Elementen, z. B. Absätzen. Hinter den Kulissen fügt das Feld dem Bild, also dem `<img>`-Tag, CSS-Anweisungen für `margin-top` und `margin-bottom` hinzu. Das Ergebnis erscheint im Feld STIL.
- HORIZONTALER ABSTAND: Analog zum vertikalen Abstand werden hier Ränder für `margin-left` (links) und `margin-right` (rechts) erzeugt. Der generierte Style landet im Feld STIL.
- RAHMEN: Pixelwert für einen einfachen Rahmen um das Bild (`border-width-Style`)

Wenn Sie ein bisschen mit den Bildeigenschaften experimentieren, kommen Sie schnell an die Grenzen der Formatierungsmöglichkeiten. Auf der einen Seite ist das gut, denn eine große Anzahl von Formatierungsoptionen lädt Autoren, deren Spezialität das Schreiben und nicht das Layouten ist, zu chaotischen Beitragsgestaltungen ein. Auf der anderen Seite sind die zur Verfügung gestellten Mittel begrenzt. Vertikale und horizontale Abstände werden z. B. nur auf das Bild, nicht aber auf die Bildunterschrift angewendet.

> **Tipp: Das richtige Bilddateiformat und die optimale Größe wählen**
>
> Es ist keine gute Idee, ein 20-Megapixel-Foto direkt aus der Kamera auf die Website hochzuladen. Es ist schlichtweg zu groß, sowohl was die Dateigröße betrifft als auch die Dimensionen, die Auflösung. Im Standard-Frontend-Template Protostar von Joomla! werden Einleitungsbilder auf 680 Pixel Breite geschrumpft, Bilder im Fließtext sogar auf 620 Pixel. *Geschrumpft* heißt dabei, dass der Browser Anweisung erhält, das übergroße Bild einfach nur kleiner darzustellen; ob und wie er das macht, hängt allerdings vom Template ab. Übertragen wird nach wie vor die Originalgröße,

die das Bild beim Upload hatte. Eine Zeit- und Bandbreitenverschwendung? Es kommt darauf an, welchen Zweck hochgeladene Bilder haben und wie sie präsentiert werden.

Wer seine Urlaubsfotos bildschirmgroß mit gestochen scharfen Details auf der Website zeigen möchte, darf ruhig hochauflösende Bilder, z. B. mit einer HDTV-Breite von 1.920 Pixel, hochladen, eine Standardbreite vieler Consumer-Monitore. In diesem Fall sollte man die Bilder jedoch auch entsprechend präsentieren; in Joomla! beispielsweise mithilfe eines Galerie-Plugins, das ein schönes Bilderkarussell darstellt und die Fotos per Mausklick auf Vollbildgröße heranzoomt. Mit solchen Erweiterungen beschäftigt sich Kapitel 17, »Joomla! als Content-Management-System«.

Im Fall des minimalistischen Reiseforums werden die Fotos jedoch nur als statische Bilder im Frontend dargestellt, ohne Zoomfunktion. Da macht es durchaus Sinn, die Bilder vor dem Upload auf die passende Größe herunterzuskalieren, um Bandbreite zu sparen. Hierbei hilft eine Bildbearbeitungssoftware wie Photoshop (teuer) oder Gimp (kostenlos: *http://www.gimp.org*). Solch eine Bildgrößenoptimierung hat gleichzeitig den schönen Nebeneffekt einer besseren Suchmaschinenbewertung. Langsam ladende Websites mögen Google und Co. nämlich nicht besonders gern und stufen sie möglicherweise in der Ergebniswertung herunter.

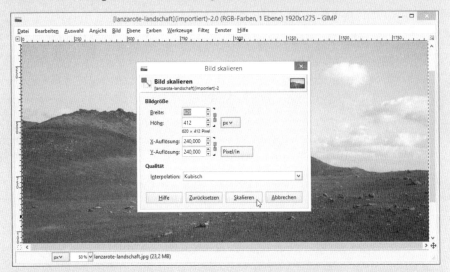

Abbildung 7.24 Im für alle Betriebssysteme kostenlos verfügbaren Bildbearbeitungsprogramm GIMP (http://www.gimp.org) verkleinern Sie Bilder über das Menü »Bild« • »Bild skalieren«.

Bei der Wahl des Dateiformats gibt es ein paar Faustregeln:

▶ Für **Fotos mit vielen Farbverläufen** ist JPG das ideale Format, da es auch große Bilder mit akzeptablen Qualitätsabstrichen stark komprimiert.

> ▶ Für **Grafiken, Logos, Clip-Art ohne Farbverläufe** verwenden Sie PNG, wenn es zudem wenige Farben enthält, das Unterformat PNG-8, das noch etwas mehr Platz spart.
>
> ▶ Enthält das Bild **Transparenzen oder Alpha-Kanäle**, ist PNG zu empfehlen. GIF käme ebenfalls infrage, kommt aber durch die zunehmende Browserakzeptanz des PNG-Formats langsam außer Mode.

7.2.3 Videos einbinden

Möchten Sie Videos auf Ihrer Website einbinden, nutzen Sie am besten eine öffentlich zugängliche und kostenlose Plattform wie YouTube oder Vimeo. Das hat gleich zwei Vorteile: Zum einen verbrauchen Sie keine Bandbreite Ihres Webhosting-Kontos; und das ist bei den großen Datenmengen, die bei Videos anfallen, nicht unerheblich. Zum anderen erzeugen Sie damit einen zweiten Marketingkanal, in dem Sie Ihr Video auch innerhalb der Videoplattform listen.

Videos bindet man für gewöhnlich über das `<iframe>`-Tag in andere Webseiten ein. Die Verwendung dieses Tags ist in den Voreinstellungen von Joomla! aber nicht erlaubt. Es ist demzufolge eine kleine Konfigurationsänderung am Editor erforderlich:

1. Wechseln Sie über das Menü ERWEITERUNGEN • PLUGINS zum Plugin-Manager.
2. Klicken Sie auf den Plugin-Namen EDITOR - TINYMCE.
3. Dies ist das Konfigurationsfenster des TinyMCE. Suchen Sie das Feld VERBOTENE ELEMENTE, und entfernen Sie einfach das Wort IFRAME aus der kommaseparierten Liste.
4. Um die Möglichkeit zu erhalten, Videos in Beiträge einzufügen, muss außerdem das Feld FUNKTIONALITÄT auf KOMPLETT stehen; nur dann erscheint im Editor der betreffende Button.
5. SPEICHERN & SCHLIESSEN Sie die Konfiguration in der oberen Buttonleiste.

Jetzt fügen Sie das externe Video in den Beitrag ein:

1. Browsen Sie auf der YouTube- oder Vimeo-Website zu Ihrem Video, und klicken Sie darunter auf den Link TEILEN, dann auf EINBETTEN (YouTube) bzw. auf das kleine Paperflieger-Icon (◪, Vimeo).
2. Den dargestellten Link, ein komplexes `<iframe>`-Tag, kopieren Sie in Ihre Zwischenablage.
3. Zurück ins Joomla!-Administrations-Backend: Bearbeiten Sie den Beitrag, der das Video enthalten soll, und setzen Sie den Cursor an die Stelle, wo das Video erscheinen wird.
4. Klicken Sie auf den Button VIDEO EINFÜGEN/BEARBEITEN (▦).

5. Es erscheint das Popup VIDEO EINFÜGEN/BEARBEITEN, wechseln Sie zum Reiter EINBETTEN.
6. Fügen Sie den YouTube/Vimeo-Link aus der Zwischenablage in das Textfeld (siehe Abbildung 7.25).

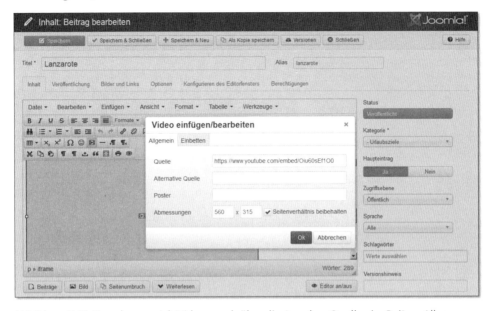

Abbildung 7.25 Zwar lassen sich Videos auch über die Angabe »Quelle« im Reiter »Allgemein« einbauen, besser kopieren Sie aber den kompletten <iframe>-Link von YouTube oder Vimeo in den Reiter »Einbetten«.

7. Klicken Sie auf OK, SPEICHERN Sie den Beitrag, und prüfen Sie im Frontend das Ergebnis (siehe Abbildung 7.26).

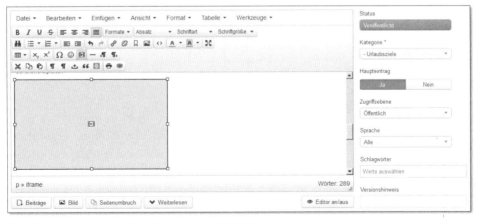

Abbildung 7.26 Erst nach Entfernung des HTML-Tags »iframe« aus der Liste verbotener Tags in der Editorkonfiguration erscheint das eingebundene Video im Editorfenster.

YouTube bietet noch einige Optionen für die Videodarstellung; diese werden als Parameter an die im src-Attribut angegebene URL gehängt, z. B. *//www.youtube.com/embed/ZlFFwtcVu6Q?autoplay=1&modestbranding=1&theme=light*.

Hier ein Auszug aus den wichtigsten Parametern, die vollständige Liste finden Sie unter *https://developers.google.com/youtube/player_parameters* (englischsprachige Seite).

Parameter	Funktion
autohide=0|1	Der Wert 1 versteckt die Bedienelemente des Players, nachdem der Player startete. 2 blendet den Fortschrittsbalken aus, während die übrigen Elemente sichtbar bleiben.
autoplay=0|1	1 startet das Video automatisch unmittelbar beim Laden der Webseite.
end=Sekunden	Das Video stoppt automatisch nach der angegebenen Anzahl von Sekunden.
fs=0|1	Steht für Full Screen – Vollbildmodus. 1 zeigt den Button zum Aktivieren des Vollbildmodus an, 0 versteckt ihn.
loop=0|1	Veranlasst den Player, das Video in einer endlosen Schleife zu spielen.
modestbranding=1	Entfernt das YouTube-Logo.
showinfo=0|1	0 versteckt den Videotitel, der normalerweise vor Start des Videos angezeigt wird.
start=Sekunden	Startet das Video ab der angegebenen Anzahl von Sekunden.
theme=dark|light	Die das Video umgebenden Bedienelemente erscheinen entweder dunkel (dark) oder hell (light) getönt.

Tabelle 7.2 Die wichtigsten Parameter des YouTube-Players

7.3 Beiträge verwalten

Sie kennen nun die Mittel, um Beiträge, die wichtigsten Bestandteile einer Joomla!-Website, zu erstellen und mit multimedialen Inhalten zu veredeln. Im Reiseforum sammeln sich derweil die Texte für das Kanarische Archipel, den Mittelmeerraum und andere ausgewählte Regionen. Es ist Zeit, sich mit der Organisation der Beiträge vertraut zu machen, um der größer werdenden Menge von Inhalten Herr zu werden.

7.3.1 Der Beitragsmanager

Der Beitragsmanager (siehe Abbildung 7.27) ist wichtigster Anlaufpunkt für die Verwaltung Ihrer Inhalte, da er alle existierenden Beiträge untereinander listet. Sie erreichen ihn, indem Sie auf INHALT • BEITRÄGE oder nach dem Anlegen eines Beitrags auf SPEICHERN & SCHLIESSEN klicken. Von hier aus stellen Sie Beiträge auf die Homepage, löschen, verstecken oder archivieren sie und vieles mehr.

Abbildung 7.27 Der Beitragsmanager listet alle Beiträge und ermöglicht die Veröffentlichung und Markierung als Homepage-»Haupteintrag«.

In der eigentlichen Beitragsliste erhalten Sie nicht nur allerhand Informationen, sondern auch eine grundsätzliche Publikationskontrolle der Beiträge. Die Spalten im Einzelnen:

- **Reihenfolge**: Klicken Sie auf das Pfeil-Symbol, schaltet die Beitragsliste in einen manuellen Sortiermodus. Sie verschieben dann per Drag & Drop die Listeneinträge über das kleine Drei-Punkte-Icon, allerdings nur innerhalb einer Kategorie.
- **Markierung (Häkchen)**: Die Buttons in der oberen Leiste abgesehen vom Button NEU dienen dazu, Aktionen auf mehrere Beiträge anzuwenden. Setzen Sie z. B. Häkchen vor alle Beiträge, die gelöscht werden sollen, und klicken Sie dann auf den Button PAPIERKORB.
- STATUS: betrifft den Veröffentlichungsstatus des Beitrags:
  - **Häkchen/Stoppschild**: Ist das Häkchen gesetzt, kann der Beitrag im Frontend angesehen werden. Befindet sich hier ein Stoppschild, gilt der Beitrag als nicht publiziert – dementsprechend sind auch Seiten (Menüeinträge), die den Beitrag enthielten, nicht mehr erreichbar.
  - **Sternchen**: Ist das Sternchen gesetzt, erscheint der Beitrag auf der Homepage; er ist ab sofort ein *Haupteintrag*.
  - **Dropdown-Menü**: Archivieren Sie einen Beitrag, oder legen Sie ihn in den Papierkorb. Der Unterschied ist, dass archivierte Beiträge im Frontend immer

noch über spezielle Archivseiten erreicht werden. Beiträge im Papierkorb dagegen tauchen nicht mehr im Frontend auf; sie sind aber auch noch nicht abschließend gelöscht und können wiederhergestellt werden.

- **Gesperrt** (🔒): Arbeitet gerade ein Autor an einem Beitrag, erscheint vor seinem Titel ein Schlosssymbol, das den Beitrag als vorübergehend gesperrt markiert. Gesperrte Beiträge dürfen im Frontend von niemand anderem als dem betreffenden Autor bearbeitet werden (siehe Abbildung 7.28). Ein Entsperren ist im Backend nur über das Konto eines Administrators oder Super Benutzers möglich.

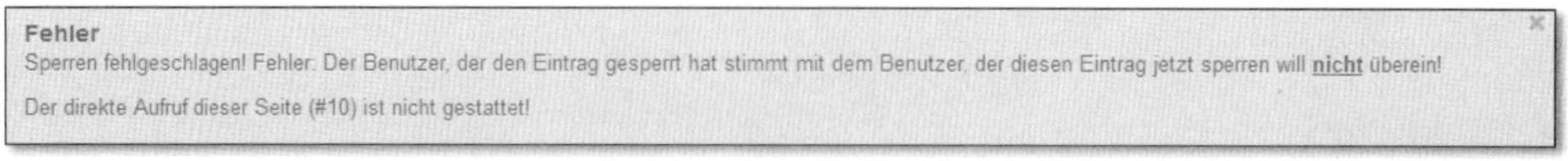

> **Fehler**
> Sperren fehlgeschlagen! Fehler: Der Benutzer, der den Eintrag gesperrt hat stimmt mit dem Benutzer, der diesen Eintrag jetzt sperren will **nicht** überein!
> Der direkte Aufruf dieser Seite (#10) ist nicht gestattet!

Abbildung 7.28 Versucht ein Autor, einen von einem anderen Benutzer gesperrten Beitrag zu öffnen, erhält er eine Fehlermeldung.

- TITEL: Ein Klick auf den Titel führt zur Bearbeitungsseite des Beitrags. Außerdem erkennen Sie hier den ALIAS des Beitrags (URL-Bestandteil) und die KATEGORIE, der er zugeordnet ist.
- ZUGRIFFSEBENE: GAST, ÖFFENTLICH, SUPER BENUTZER, REGISTRIERT oder SPEZIAL – Details zur Zugriffsebene erfahren Sie in Abschnitt 11.4, »Zugriffsebenen anlegen und verwalten«.
- AUTOR: der Verfasser des Beitrags
- SPRACHE: ALLE bedeutet, dass der Beitrag bei mehrsprachigen Websites für alle Sprachen erscheint; für einsprachige Sites ignorieren Sie das Feld.
- DATUM: das Erstellungsdatum des Beitrags
- ZUGRIFFE: Anzahl der Aufrufe im Frontend
- ID: Joomla!-interne fortlaufende Nummerierung

Die Spaltenüberschriften dienen nicht nur der Beschriftung, sondern sind gleichzeitig Links zur Sortierung der Beitragsliste. Naheliegend ist beispielsweise die alphabetische Sortierung nach Beitragstitel (A–Z), wenn Sie auf TITEL klicken. Ein zweiter Klick dreht die Sortierung um, also von Z nach A. Klicken Sie zweimal auf ZUGRIFFE, sortieren Sie die Beitragsliste z. B. anhand der meisten Zugriffe – praktisch, um zu erfahren, wie beliebt die einzelnen Texte sind.

Befinden sich erst mal mehrere Dutzend Beiträge auf Ihrer Website, ist die Such- und Filterfunktion direkt über der Beitragsliste nützlich (siehe Abbildung 7.29). Klicken Sie auf den blauen Button SUCHWERKZEUGE, blenden sich zusätzliche Dropdown-Menüs ein. Und da sind alle wichtigen Elemente dabei, die einen Beitrag definieren: Status, Kategorien, Schlagwörter, Autoren etc. In das Textfeld SUCHE geben Sie Zeichenfolgen ein, die in Beitragstiteln vorkommen. *Tipp:* Die ungefilterte Liste aller Beiträge erhalten Sie über einen Klick auf den Button ZURÜCKSETZEN.

7.3 Beiträge verwalten

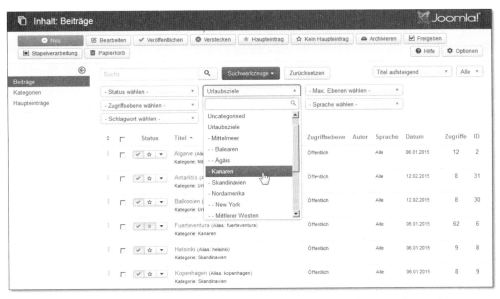

Abbildung 7.29 Befinden sich mehrere Beiträge im CMS, helfen die Filter-, Sortier- und Suchfunktionen der Listenansicht beim Auffinden eines bestimmten Beitrags.

Die allein stehende Zahl in der Dropdown-Liste ganz rechts steht für die Anzahl der Beiträge, die auf einer Listenseite angezeigt werden. Übersteigt die Gesamtzahl der auf einer Listenseite dargestellten, finden Sie am unteren Bildschirm Paginierungs-Schaltflächen, mit denen Sie zwischen den Seiten blättern. Stellen Sie diese Liste am besten auf ALLE, um sich nicht länger mit der Paginierungsnavigation herumärgern zu müssen.

Die Funktionen VERÖFFENTLICHEN, VERSTECKEN, HAUPTEINTRAG, ARCHIVIEREN, FREIGEBEN, PAPIERKORB und STAPELVERARBEITUNG in der oberen Buttonleiste sind auf verschiedene Beiträge gleichzeitig anwendbar. Dazu müssen Sie lediglich vorher die entsprechenden Beiträge mit einem Häkchen markieren.

- VERÖFFENTLICHEN: Schaltet die markierten Beiträge im Frontend sichtbar.
- VERSTECKEN: Schaltet die markierten Beiträge im Frontend unsichtbar.
- HAUPTEINTRAG: Als Haupteintrag gekennzeichnete Beiträge erscheinen auf der Homepage, einem Blog oder Newsportal nicht unähnlich.
- ARCHIVIEREN: Setzt den Beitragsstatus auf ARCHIV. Der Beitrag ist im Frontend dann nur noch auf speziellen Archivseiten sichtbar (siehe Abschnitt 7.3.6, »Beiträge archivieren«).
  - Um die archivierten Beiträge in der Beitragsübersicht zu sehen, öffnen Sie die SUCHWERKZEUGE und wählen aus der Dropdown-Liste STATUS WÄHLEN den Eintrag ARCHIV.

- FREIGEBEN: Wurde die Bearbeitung eines Beitrags nicht über SCHLIESSEN oder SPEICHERN & SCHLIESSEN beendet, bleibt der Beitrag für die Bearbeitung durch andere Benutzer gesperrt – erkennbar an einem kleinen Schlosssymbol in der Übersicht. Über den Button FREIGEBEN erfolgt die Freischaltung solcher Beiträge, sodass sie für andere Backend-Benutzer wieder zur Bearbeitung bereitstehen.
- PAPIERKORB: Verschiebt die Beiträge in den PAPIERKORB.

  Alle auf diese Weise entsorgten Beiträge sehen Sie, wenn Sie die SUCHWERKZEUGE öffnen und aus der Dropdown-Liste STATUS WÄHLEN den Eintrag PAPIERKORB wählen. Von hier können Sie – ebenfalls über die Buttonleiste – die Beiträge endgültig löschen (PAPIERKORB LEEREN) oder durch Klick auf die kleine Mülltonne wieder aus dem Papierkorb retten.
- STAPELVERARBEITUNG: Mehr über die Stapelverarbeitung erfahren Sie im folgenden Abschnitt 7.3.2, »Stapelverarbeitung anwenden«.

7.3.2 Stapelverarbeitung anwenden

Hinter der Schaltfläche STAPELVERARBEITUNG (siehe Abbildung 7.30) in der oberen Buttonleiste versteckt sich eine besonders praktische Funktion. Der Begriff kommt eigentlich aus den Anfängen der Computerära, als Programme und Daten auf Lochkarten gespeichert waren und man die Kärtchen für die Weiterverarbeitung (physikalisch) stapelte. Und so ähnlich funktioniert's auch hier: Sie stapeln (markieren) mehrere Beiträge, um sie gemeinsam zu verarbeiten. Es handelt sich hier also um eine Fortsetzung der Funktionen, die die obere Buttonleiste in der Beitragsübersicht bietet. Dabei haben Sie nach Klick auf die Schaltfläche STAPELVERARBEITUNG folgende Möglichkeiten:

- SPRACHE SETZEN: Wer mit mehrsprachigen Sites arbeitet und bei der Beitragserstellung vergessen hat, die korrekte Sprache zuzuordnen, korrigiert dies hier, ohne jeden einzelnen Beitrag noch mal bearbeiten zu müssen.
- ZUGRIFFSEBENE SETZEN: Setzt die Beiträge in der Stapelverarbeitung auf ÖFFENTLICH, GAST, SUPER BENUTZER, REGISTRIERT oder SPEZIAL. Auf die Unterschiede und die Details der Zugriffsebenen und der damit verbundenen Benutzerrechte geht Abschnitt 11.4, »Zugriffsebenen anlegen und verwalten«, ein.
- KATEGORIE ZUM VERSCHIEBEN/KOPIEREN: Praktisch, falls man versäumt hat, beim Erstellen mehrerer Beiträge die Kategorie zuzuordnen. Wählen Sie eine Kategorie aus, und klicken Sie auf AUSFÜHREN, um die Beitragseigenschaften zu aktualisieren.

  Sie haben hier außerdem die Wahl, die Beiträge in die ausgewählte Kategorie zu VERSCHIEBEN oder das gesamte Set zu KOPIEREN. Dabei werden alle Eigenschaften des Beitrags übernommen inklusive der Versionshistorie.
- SCHLAGWÖRTER HINZUFÜGEN: Listet alle bereits verwendeten Schlagwörter; es darf allerdings nur eines für die Zuweisung verwendet werden.

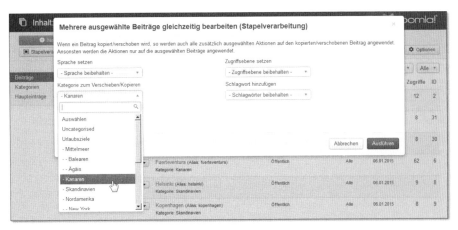

Abbildung 7.30 Über die Stapelverarbeitung passen Sie Schlagwörter, Sprache, Zugriffsebene und Kategorie gleichzeitig für mehrere Beiträge an.

7.3.3 Beitrag versionieren

Eines der praktischsten Features eines Content-Management-Systems wie Joomla! ist, dass das CMS bei jedem Speichervorgang eine Version Ihres Textes anlegt. So ist jederzeit eine Wiederherstellung früherer Inhalte möglich. Mehr noch: Vergleichen Sie verschiedene Versionen miteinander, um Unterschiede ausfindig zu machen. Ergänzen Sie Ihren Beitrag um weitere Themen, speichern Sie ihn, und rufen Sie über die Schaltfläche VERSIONEN, oben rechts in der Buttonleiste, die Liste mit allen gesicherten Zwischenständen auf (siehe Abbildung 7.31).

Abbildung 7.31 Bei jedem Speichervorgang legt Joomla! eine Kopie des Textes an, der jederzeit wiederhergestellt oder mit anderen Versionen verglichen werden kann.

Wählen Sie nun im Fenster EINTRAGSVERSIONSVERLAUF per Häkchen zwei verschiedene Speicherstände an, und klicken Sie auf VERGLEICHEN.

Abbildung 7.32 Joomla! markiert in der Vergleichsansicht alle Textbestandteile, die sich zwischen zwei Versionen unterscheiden.

Prompt öffnet sich das neue Browserfenster VERGLEICHSANSICHT, das sowohl beide Textversionen als auch den Textunterschied darstellt, zwar nicht perfekt WYSIWYG-formatiert, aber gut genug, um den Verlauf der Textentwicklung jederzeit zu rekonstruieren (siehe Abbildung 7.32). Aus dem Beitrag entfernter Text erscheint rot, hinzugefügter Text ist grün hinterlegt. Praktisch für Websites, bei denen verschiedene Autoren an einem Artikel schreiben, oder Berufsgruppen, die aus rechtlichen Gründen alle irgendwann mal online gestellte Versionen abrufbar bereithalten müssen.

> **Achtung: Standardmäßig ist die Versionenanzahl auf 11 eingeschränkt**
>
> Die Standardeinstellungen von Joomla! sorgen dafür, dass nur zehn alte plus eine aktuelle Version gespeichert bleiben. Erzeugt man die zwölfte, beginnt Joomla!, alte Beiträge zu löschen. Dem wirken Sie über zwei verschiedene Wege entgegen:
>
> ▶ **Schnelle Methode**: Erhöhen Sie die Anzahl der zu speichernden Versionen unter SYSTEM • KONFIGURATION • Komponente BEITRÄGE • Reiter BEARBEITUNGSLAYOUT • ANZAHL VERSIONEN.
>
> ▶ **Sichere Methode**: Oder markieren Sie die Beiträge, die nie gelöscht werden sollen, im Versionsfenster EINTRAGSVERSIONSVERLAUF in der Spalte IMMER SPEICHERN, sodass dort JA steht und ein Schlosssymbol zu sehen ist. Das ist deshalb praktisch, weil Sie damit bewusst Milestones markieren und alle anderen Versionen zum Irgendwann-Löschen freigeben. Alle Versionen will man gar nicht aufheben, wenn man zwischendurch nur zur Sicherheit mal auf SPEICHERN geklickt hatte, weil der Mikrowellenherd klingelte.

Weitere Funktionen runden die Versionsverwaltung des Fensters EINTRAGSVERSIONSVERLAUF ab:

- WIEDERHERSTELLEN: Kennzeichnet die mit einem Häkchen markierte Version als aktuell. Dabei wird nichts kopiert, gelöscht oder neu angelegt, sondern nur eine andere Version im Front- und Backend verwendet. Wenn Sie nun beim SPEICHERN eine neue Version erzeugen, landet diese ganz normal oben auf der Liste.
- VORSCHAU: Zeigt die markierte Version mit dem gesamten Inhalt und allen Eigenschaften in einem neuen Popup-Fenster an.
- SPEICHERN AN/AUS: Aktiviert das *permanente Speichern* von Beitragsversionen für die zuvor markierten Elemente. Diese Versionen werden dann nicht gelöscht, wenn das konfigurierte Limit von 10 erreicht ist.
- LÖSCHEN: Last, but not least räumen Sie über den Button LÖSCHEN die Versionshistorie auf. Eigentlich übernimmt das aber Joomla! anhand der festgelegten maximalen Anzahl von Versionen. Echte Beitrags-Milestones sollten Sie deshalb permanent speichern – siehe oben.

7.3.4 Beiträge miteinander verlinken

Verlinkung ist eines der wichtigsten Themen bei der Website-Bewertung von Suchmaschinen für die Suchergebnisliste. Dabei zählen aber nicht nur Links von anderen Websites auf Ihre, sondern auch die innerhalb Ihrer Website – von Seite zu Seite. Wenn eine Suchmaschine die Website indexiert, findet sie solche Links und weiß diese anhand des Kontexts und Linktexts einzuordnen und zu bewerten. Gleichzeitig halten Sie Besucher auf der Website, indem Sie ihnen die Möglichkeit geben, weiterzusurfen, ohne die Site verlassen zu müssen.

La Graciosa ist eine kleine Kraterinsel nördlich von Lanzarote und nur per Schiff zu erreichen – sie ist über den Seeweg mit Lanzarote verlinkt. Im Beitrag zu La Graciosa reproduzieren Sie diese Verlinkung; nicht über den Button LINK EINFÜGEN/BEARBEITEN ( ) in TinyMCE, sondern, etwas bequemer, mit einer direkten Beitragsverlinkung:

1. Öffnen Sie den Beitrag, in dem Sie einen Link zu einem anderen Beitrag erzeugen möchten, indem Sie in der Beitragsübersicht auf seinen Titel klicken.
2. Markieren Sie im Editor das zu verlinkende Wort. (Markieren Sie kein Wort, setzt Joomla! automatisch den Titel des verlinkten Beitrags ein.)
3. Klicken Sie auf den Button BEITRÄGE unter dem Editorfenster.
4. Nun öffnet sich ein Popup-Fenster mit allen Beiträgen wie in Abbildung 7.33. An der oberen Fensterkante finden Sie Dropdown-Listen zur Filterung der Liste, z. B. nach der KATEGORIE. Klicken Sie auf den zu verlinkenden Beitrag.

Abbildung 7.33 Um einen internen Beitrag zu verlinken, benutzen Sie den Button »Beiträge« unter dem Editorfenster.

5. Das Popup schließt sich wieder, das markierte Wort ist nun verlinkt.

> **Tipp: Webseiten-Links noch suchmaschinenfreundlicher gestalten**
>
> Um dem Link noch den letzten Schliff zu verpassen, bringen Sie im Linktitel (title-Attribut des <a>-Tags) zusätzliche Infos und damit Keywords unter. An dieser Stelle sollte nicht der Linktext wiederholt werden, sondern weiterführende Informationen zum Inhalt der verlinkten Seite vermittelt werden. Die Keywords sind dabei auf die verlinkte und nicht die verlinkende Seite zu optimieren.
>
> 1. Markieren Sie den über den Button BEITRÄGE erzeugten Link.
> 2. Öffnen Sie mit dem Icon LINK EINFÜGEN/BEARBEITEN ( ) das Link-Popup (siehe Abbildung 7.34).
> 3. Im Popup tragen Sie zusätzlichen beschreibenden Text ins Feld TITEL.

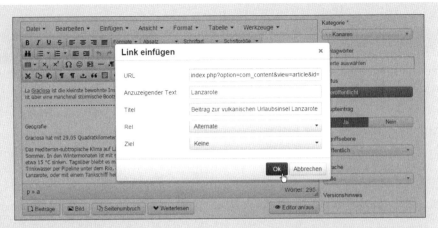

Abbildung 7.34 Der Linktitel sollte nicht den Linktext wiederholen, sondern weiterführende Informationen zur verlinkten Seite enthalten; natürlich auch gerne mit Keywords aus dieser Seite.

4. Nach einem Klick auf Ok ist der Linktitel aktualisiert; Speichern Sie danach den Beitrag.

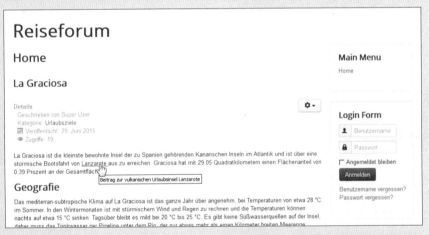

Abbildung 7.35 Schneller als ein Blick in den Quelltext: Erscheint während des Fahrens mit der Maus über einen Link ein Tooltip mit Text, verfügt der Link über ein »title«-Attribut.

Im Link-einfügen-Popup ist Ihnen vielleicht die kryptische Joomla!-interne Link-URL aufgefallen. Keine Sorge, Joomla! setzt bei der Frontend-Ausgabe eine lesbare und damit suchmaschinenfreundliche URL ein, in diesem Fall wird daraus /index.php/lanzarote.

Um Links noch suchmaschinenfreundlicher zu gestalten, werfen Sie einen Blick in Abschnitt 23.1, »Joomla!-URLs optimieren«.

7.3.5 Beiträge Menüeinträgen zuweisen

In Abschnitt 7.1.2, »Beitrag auf der Homepage darstellen«, haben Sie einen Beitrag auf der Homepage durch die Markierung als HAUPTEINTRAG sichtbar geschaltet. Mithilfe des Buttons WEITERLESEN ließen sich sogar Unterseiten erzeugen, die den Beitrag in eine Einleitung für die Homepage und den vollständigen Text trennten. Gut genug für ein einfaches Blog.

Mit zunehmender Anzahl von Beiträgen reicht die Homepage als einzige Linksammlung aber nicht mehr aus. Zeit für die Integration einer Menünavigation: im Rahmen dieses Abschnitts kurz angerissen, in Abschnitt 7.5, »Beiträge und Kategorien auf Webseiten darstellen«, auf die übrigen Beitrags- und Kategorieseitentypen ausgedehnt und schließlich später in Kapitel 9, »Menüs aufbauen«, in alle Details vertieft.

Beiträge sind als Inhaltselemente in der Datenbank gespeichert; weist man einem Beitrag nun einen Menüeintrag zu, entsteht aus ihm eine echte Webseite mit eigener URL.

1. Wählen Sie aus dem Menü MENÜS • MAIN MENU 🏠 • NEUER MENÜEINTRAG.
2. Im Formular für den Menüeintrag vergeben Sie unter MENÜTITEL den Linktext, der im Menü für den Beitrag erscheint, in diesem Fall »Lanzarote«. (MENÜTITEL ist hier eine verwirrende Beschriftung, streng genommen handelt es sich um den *Menüeintragstitel*.)
3. Klicken Sie neben MENÜEINTRAGSTYP auf AUSWÄHLEN. Es erscheint ein Popup-Fenster, in dem Sie dem Menüeintrag die Art des Linkziels zuweisen.
4. Klappen Sie im Popup die Liste unter BEITRÄGE mit einem Mausklick auf, und wählen Sie den Punkt EINZELNER BEITRAG (siehe Abbildung 7.36).
5. Warten Sie nun einige Sekunden, bis sich das Beitragsformular aktualisiert hat und neben BEITRAG AUSWÄHLEN die Aufforderung EINEN BEITRAG AUSWÄHLEN erscheint. Klicken Sie dann rechts daneben auf den Button AUSWÄHLEN.
6. Jetzt sehen Sie eine Liste aller Beiträge (siehe Abbildung 7.37). Wählen Sie den LANZAROTE-Beitrag.
7. Zurück im Formular des Menüeintrags klicken Sie auf SPEICHERN & SCHLIESSEN. Aktualisieren Sie jetzt das Frontend in Ihrem Webbrowser, sehen Sie rechts im Modul MAIN MENU unter HOME den neuen Link zum Lanzarote-Beitrag.

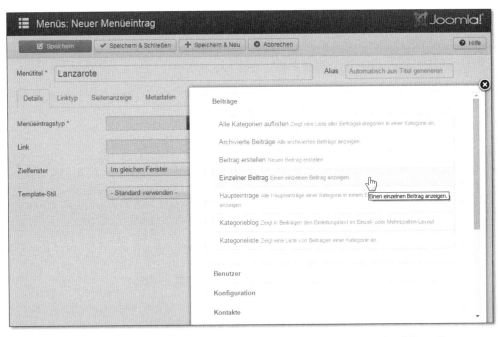

Abbildung 7.36 Unter den zahlreichen verschiedenen Menüeintragstypen benötigen Sie für einen normalen Artikel das Element »Beiträge« • »Einzelner Beitrag«.

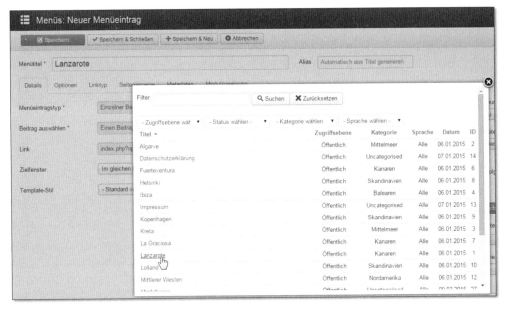

Abbildung 7.37 Nach der Wahl des Menüeintragstyps »Einzelner Beitrag« verlinken Sie den eigentlichen Beitrag im darunter liegenden Feld »Beitrag auswählen«.

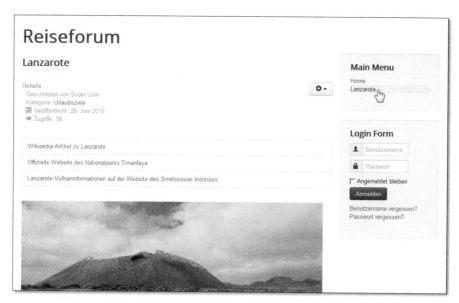

Abbildung 7.38 Nach dem Anlegen des Menüeintrags ist die Beitragsseite für Lanzarote nicht nur von der Homepage, sondern von jeder anderen Seite über das Hauptmenü zu erreichen.

Anhand der langen Liste bei der Auswahl des Menüeintragstyps erahnen Sie den Umfang und die Flexibilität der Menügestaltung von Joomla!. So verwandeln Sie auch die im nächsten Abschnitt 7.4, »Kategorien anlegen und verwalten«, besprochenen Kategorien mit wenigen Klicks in vollständige Webseiten, aber auch viele andere Elemente des Content-Management-Systems haben Menüeintragspendants. Ihre Einstellung finden Sie in diesem Handbuch immer im Kapitel des entsprechenden Themas, meist am Ende, z. B. im Rahmen der Benutzerverwaltung oder der Aktivierung der Mehrsprachigkeit. Eine kleine Übersicht gibt es außerdem in Abschnitt 9.2, »Alle Menüeintragstypen vorgestellt«.

7.3.6 Beiträge archivieren

Als *archiviert* markieren Sie Beiträge, deren Aktualität abgelaufen ist und die nicht mehr prominent auf der Website erscheinen. Im Reiseforum könnte das unter Urlaubszielen eine Insel sein, die aus Naturschutzgründen für den Tourismus gesperrt wurde, oder ein abgelaufenes Sparangebot aus der Kategorie Reisetipps. *Hinweis*: Archivierte Beiträge haben nichts mit dem Status VERSTECKT oder ABGELAUFEN zu tun, denn sie lassen sich nach wie vor im Frontend ansehen, die Existenz einer Archivseite vorausgesetzt.

Beiträge sind überall dort archivierbar, wo Sie den STATUS für einen Beitrag ändern:

- in der Beitragsübersicht in der Dropdown-Liste der Spalte STATUS
- durch Markieren mehrerer Beiträge in der Beitragsübersicht und Klick auf die Schaltfläche ARCHIVIEREN in der oberen Buttonleiste
- in der Beitragsdetailansicht in der rechten Eigenschaftenspalte beim Feld STATUS

Archivieren Sie testweise einige Ihrer Beiträge. Keine Sorge: Um einen archivierten Beitrag wieder in den normalen VERÖFFENTLICHT-Status zu setzen, gehen Sie in die Beitragsübersicht und filtern die Liste über SUCHWERKZEUGE • STATUS WÄHLEN. Setzen Sie dann ein Häkchen vor die wiederzubelebenden Beiträge, und klicken Sie auf den Button VERÖFFENTLICHEN in der oberen Buttonleiste.

Die Anzeige des Beitragsarchivs im Frontend erfolgt über eine spezielle filterbare Webseite, die man, wie den EINZELNEN BEITRAG, über einen Menüeintrag erzeugt:

1. Wählen Sie aus dem Menü MENÜS • MAIN MENU 🏠 • NEUER MENÜEINTRAG.
2. Geben Sie einen passenden Menütitel ein, für das Reiseforum bietet sich »Urlaubsziel-Archiv« an.
3. Auf der Detailseite zum neuen Menüeintrag klicken Sie auf den Button AUSWÄHLEN neben MENÜEINTRAGSTYP.
4. Nun öffnet sich das Popup-Fenster mit allen verfügbaren Menüeintragstypen (siehe Abbildung 7.39). Klappen Sie die erste Kategorie BEITRÄGE mit einem einzelnen Mausklick auf, und wählen Sie den Eintrag ARCHIVIERTE BEITRÄGE.

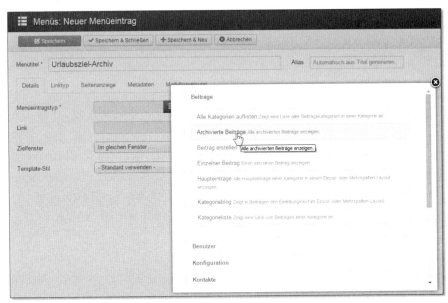

Abbildung 7.39 Archivierte Beiträge erscheinen im Frontend über eine Spezialseite des Menüeintragstyps »Archivierte Beiträge«.

5. Nachdem sich das Popup-Fenster schließt, klicken Sie auf SPEICHERN & SCHLIESSEN und aktualisieren die Frontend-Website.

Sie sehen unter dem LANZAROTE-Link im Hauptmenü nun den neu angelegten Menüeintrag URLAUBSZIEL-ARCHIV. Klicken Sie darauf, erscheint die Archivseite mit allen zuvor testweise ins Archiv verschobenen Beiträgen. Zwischen Überschrift und Beiträgen befinden sich Dropdown-Listen, mit denen der Websitebesucher einen Zeitraum festlegt, nach dem er die Beitragsliste filtern möchte, z. B. anhand der Jahreszahl wie in Abbildung 7.40.

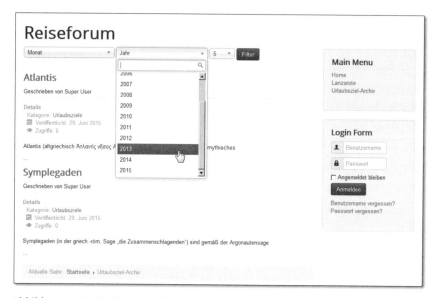

Abbildung 7.40 Die über den Menüeintragstyp »Archivierte Beiträge« erstellte Seite enthält Dropdown-Listen zur zeitlichen Eingrenzung der gelisteten Archivbeiträge.

Die Archivseite ist zwar noch nicht hübsch, aber sie erfüllt ihren Zweck. Die folgenden Abschnitte befassen sich noch detaillierter mit den Darstellungsmöglichkeiten von Beiträgen im Frontend. Dabei werden verschiedene Seitentypen und vor allem die Kategorisierung von Beiträgen unter die Lupe genommen. Im letzten Abschnitt lernen Sie außerdem die Module für Beitrags- und Kategorieverlinkungen am Rand der Webseite kennen – das ist eine Vorschau auf Kapitel 10, »Layout und Design anpassen«, das sich intensiver mit den Modulbausteinen beschäftigt.

7.4 Kategorien anlegen und verwalten

Kategorien sind das grundsätzliche Mittel, Beiträge zu organisieren und zu strukturieren. Jeder Beitrag kann genau einer Kategorie zugewiesen werden. Es ist nicht zwingend notwendig, mit Kategorien zu arbeiten, z. B. bei einer kleinen visitenkartenartigen Internetpräsenz. Joomla! stellt allerdings ein nützliches Feature bereit, wenn man Textinhalte über diesen Mechanismus organisiert: Kategorieseiten – verschiedene Übersichtsseiten, die alle einer bestimmten Kategorie zugeordneten Beiträge listen. Behalten Sie also im Hinterkopf, dass aus jeder Kategorie, auch aus Kategoriegruppen, eine eigenständige Webseite entstehen kann, über die sich Ihre Besucher bis zu den Beitragsseiten hindurchklicken. Außerdem dienen Kategorien der Übersicht im Backend. Sobald Sie mehrere Dutzend Beiträge verfasst haben, filtern Sie die Beitragsliste bequem nach Kategorien.

Im Reiseforum gibt es jede Menge Beiträge, Reiseberichte, Reisetipps und Urlaubsziele. Letztere decken die ganze Welt ab; da sind Kategorien ideal, um hier etwas Ordnung hineinzubringen.

7.4.1 Kategorie anlegen

1. Wählen Sie aus dem Menü INHALT • KATEGORIEN • NEUE KATEGORIE.
2. Geben Sie einen aussagekräftigen TITEL für die neue Kategorie ein, z. B. »Urlaubsziele«.
3. Optional schreiben Sie einen kleinen Text zur Kategorie, eine BESCHREIBUNG, die später auf Kategorieseiten im Frontend erscheint (siehe Abbildung 7.41).

Abbildung 7.41 Kategoriebeschreibungen erscheinen später auf über Kategorie-Menüeinträge erzeugten Webseiten.

4. Oberhalb des Titels finden Sie Buttons zum ABBRECHEN oder SPEICHERN der Kategorie. Klicken Sie auf SPEICHERN, um bei der aktuellen Kategoriebearbeitung zu

verweilen, SPEICHERN & SCHLIESSEN bringt Sie zurück zur Kategorieübersicht. SPEICHERN & NEU führt Sie zu einem neuen leeren Kategorieformular – praktisch, um mehrere Kategorien schnell hintereinander anzulegen.

Auf dem Kategorieformular tummeln sich noch weitere Einstellungen, die Sie im Laufe des Aufbaus Ihrer Website nutzen und schätzen lernen:

- ALIAS: Dies ist ein alternativer Kategorietitel, der bei der Zusammenstellung der URL Verwendung findet, wann immer Websitebesucher eine Kategorieseite ansurfen. Das ist insbesondere für die Suchmaschinenoptimierung (SEO) wichtig, da Sie damit die Verwendung von Keywords kontrollieren und die URL lesbarer gestalten. Lautet der Titel z. B. »Die schönsten Urlaubsziele«, ließe sich das ALIAS zu »Urlaubsziele« abkürzen. Bleibt das Feld leer, erzeugt Joomla! automatisch ein internes ALIAS, das im Prinzip dem Titel entspricht, Leerzeichen, Umlaute und andere Sonderzeichen allerdings in andere Buchstaben umwandelt, da diese in URLs nicht erlaubt sind.

- ÜBERGEORDNET: Über dieses Dropdown-Menü werden Kategorien verschachtelt, um einen sauber strukturierten Kategoriebaum abzubilden. So sind die Kategorien KANAREN und MITTELMEER der übergeordneten Kategorie URLAUBSZIELE zugeordnet. Es sind beliebig viele Unterkategorieebenen möglich, ab zwei oder drei wird es allerdings auf Kategorieseiten im Frontend unübersichtlich.

- SCHLAGWÖRTER/Tags: Ein wichtiges Mittel, um Inhalte abseits von Kategorien zu organisieren; Abschnitt 15.4, »Mit Schlagwörtern arbeiten«, geht darauf detaillierter ein.

- STATUS: der Darstellungs- oder Veröffentlichkeitsstatus der Kategorie:
  - VERÖFFENTLICHT: Die Kategorie ist von Besuchern erreichbar und erscheint im Frontend in allen Kategorieseiten.
  - VERSTECKT: Verstecken Sie eine Kategorie, wenn Sie mit dem Verfassen der darin enthaltenen Beiträge noch nicht fertig sind. So sehen Ihre Besucher keine halb fertigen Webseiten.
  - ARCHIVIERT: Eine Archivierung ist eine Art Zwischenlager für Kategorien, das eigene Darstellungsvariationen bietet. Sie nutzen das Archiv z. B., um Einblick in alte Kategorien zu gewähren, ohne sie zu löschen.
  - PAPIERKORB: Entspricht dem Papierkorb Ihres Arbeitsrechners und ist Ablagestelle für Inhaltselemente, die demnächst gelöscht werden.

- ZUGRIFFSEBENE: Eingrenzen der Sichtbarkeit der Kategorie anhand von Benutzergruppen. Lesen Sie mehr über Zugriffsebenen und die dahinter stehenden Benutzerrechte in Abschnitt 11.4, »Zugriffsebenen anlegen und verwalten«.

- SPRACHE: Bei mehrsprachigen Websites kann eine Kategorie einer bestimmten Sprache zugeordnet werden, siehe auch Kapitel 12, »Mehrsprachigkeit aktivieren«.

- NOTIZ: Ihr persönlicher Kommentar zur Kategorie, den man nur im Administrations-Backend sieht
- VERSIONSHINWEIS: Dieser Text enthält Ihre Änderungsnotizen, die zu jeder Version mitgespeichert werden. Füllen Sie dieses Feld vor dem Klick auf den SPEICHERN-Button aus. Ein Feature, das vor allem bei der Bearbeitung von Beiträgen wertvoll ist, siehe Abschnitt 7.3.3, »Beitrag versionieren«, in diesem Kapitel.

7.4.2 Kategorien verschachteln

Anhand des Reiseforums ist die Verschachtelung mehrerer Kategorien gut nachvollziehbar. Im vorherigen Abschnitt haben Sie die Kategorie URLAUBSZIELE angelegt. Diese Ziele lassen sich in Regionen, Kanaren, Mittelmeer etc. herunterbrechen. Jede dieser Regionen ist dann eine Unterkategorie der übergeordneten Kategorie URLAUBSZIELE.

1. Erstellen Sie, wie in Abschnitt 7.4.1, »Kategorie anlegen«, beschrieben, eine neue Kategorie, z. B. »Kanaren«.
2. Wählen Sie jetzt aus der Dropdown-Liste ÜBERGEORDNET in der rechten Spalte die Kategorie aus, unter der die neue Kategorie erscheint; in diesem Fall URLAUBSZIELE wie in Abbildung 7.42.

Abbildung 7.42 Unterkategorien werden wie normale Kategorien angelegt, der einzige Unterschied liegt in der Auswahl der übergeordneten Kategorie.

3. Nachdem Sie auf SPEICHERN & SCHLIESSEN klicken, wird die neue Kategorie angelegt.

Sie gelangen nun in den Kategoriemanager, der alle Kategorien untereinander listet (siehe Abbildung 7.43). Hier erkennt man die Verschachtelung anhand der Einrückungen der Kategorietitel. Das Reiseforum enthält z. B. in der Unterkategorie MITTELMEER zwei weitere Unterunterkategorien für die BALEAREN und die ÄGÄIS.

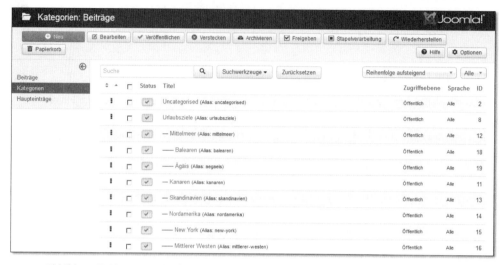

Abbildung 7.43 Kategorien lassen sich beliebig tief verschachteln – im Reiseforumsbeispiel gibt es drei Kategorieebenen: »Urlaubsziele«, darunter »Mittelmeer« und darunter »Balearen« und »Ägäis«.

Jetzt steht der Erstellung aller für das Reiseforum wichtigen Kategorien nichts mehr im Wege, z. B. die Ergänzung weiterer Urlaubsregionen, Nordamerika, Skandinavien. Neben diesen Urlaubszielen sind in der ersten Ausbaustufe der Website auch Reiseberichte der Websitebesucher und Reisetipps vorgesehen. Für die Reisetipps empfehlen sich ebenfalls Unterkategorien, z. B. Planung, Packen, Hygiene und Sicherheit. Haben Sie auf diese Weise den gesamten Kategoriebaum, die Taxonomie, angelegt, geht es noch mal zurück in den Beitragsmanager. Denn nun lassen sich bereits angelegte und zukünftige Beiträge vernünftig strukturieren.

7.4.3 Beiträgen Kategorien zuordnen

Wechseln Sie über INHALTE • BEITRÄGE zum Beitragsmanager, der Liste aller bislang erzeugten Texte. Klicken Sie dort auf den Beitragstitel, gelangen Sie ins Bearbeitungsformular, das Sie aus der initialen Befüllung der Beitragsdetails kennen.

Diesmal liegt das Augenmerk auf dem obersten Feld der rechten Spalte: KATEGORIE (siehe Abbildung 7.44). Seit Anlage der Kategorien auf den letzten Seiten enthält die Dropdown-Liste von Joomla! alle eingepflegten Kategorieeinträge. Wählen Sie die jeweils passende Kategorie für den Beitrag, und klicken Sie auf SPEICHERN & SCHLIESSEN, um zur Beitragsliste zurückzukommen und hier mit der Kategorisierung der restlichen Beiträge fortzufahren. Für das Reiseforum landen z. B. sämtliche Urlaubsziele in der jeweiligen Unterkategorie (Region) der übergeordneten Kategorie URLAUBSZIELE. *Tipp*: Schneller geht das Zuordnen einer bestimmten Kategorie zu mehreren Beiträgen über die Stapelverarbeitung. Dabei markieren Sie alle Beiträge mit einem Häkchen, klicken auf den Button STAPELVERARBEITUNG in der oberen Buttonleiste und wählen die zuzuweisende Kategorie aus; siehe auch Abschnitt 7.3.2, »Stapelverarbeitung anwenden«.

Abbildung 7.44 Nach Anlage der Kategorien lässt sich in der Beitragsbearbeitung zu jedem Beitrag genau eine Kategorie auswählen.

Bis hier haben Sie das Handwerkszeug kennengelernt, mit dem Sie unbegrenzt Beiträge für Ihre Website verfassen und über Kategorien organisieren. Der Rest dieses Kapitels befasst sich mit den Optionen, die diese Basiskomponenten von Joomla! bieten, z. B. fortgeschrittenen Kategorieeinstellungen, dem Beitragsarchiv und schließlich den Webseiten, die aus Beiträgen und Kategorien erzeugt werden. Beginnen Sie am besten schon jetzt, reichlich Content für Ihre Website vorzubereiten, um die vielen Präsentationsmöglichkeiten von Joomla! kennen und nutzen zu lernen. Im Reiseforum wurden deshalb schon zahlreiche Urlaubsziele angelegt und den richtigen Kategorien zugeordnet (Lanzarote liegt jetzt nicht mehr unter URLAUBSZIELE, sondern KANAREN). Außerdem wurden Beiträge und Kategorien für Reisetipps und Reiseberichte der Websitebesucher angelegt.

7.4.4 Weitere Einstellungen zu Kategorien

Beim Anlegen der Kategorien sind Ihnen vielleicht noch die weiteren Reiter VERÖFFENTLICHUNG, BERECHTIGUNGEN und OPTIONEN aufgefallen. Mit ihnen stehen ähnliche Einstellmöglichkeiten wie bei Beiträgen parat. Tatsächlich sind Kategorien eine Art Mini-Inhaltstyp, aus dem mithilfe von Menüeinträgen ganze Gruppen von Webseiten erzeugt werden.

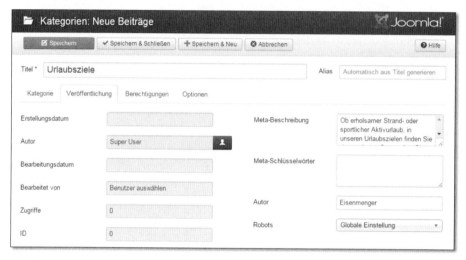

Abbildung 7.45 Der Reiter »Veröffentlichung« enthält Metadaten, die in einer aus dieser Kategorie erzeugten Webseite eingesetzt werden.

Zum Reiter VERÖFFENTLICHUNG (siehe Abbildung 7.45): Die Angaben in der linken Spalte werden von Joomla! automatisch befüllt und entsprechen Joomla!-internen Metadaten zur Kategorie: Wer hat die Kategorie wann erzeugt, wie oft wurde sie im Frontend besucht etc. Interessanter ist die rechte Spalte. Sie enthält Metadaten zur Webseite, die aus der Kategorie entstehen kann. Diese Felder sind also identisch zur Konfiguration eines Beitrags.

Im Reiter OPTIONEN befinden sich drei Felder, ebenfalls relevant, sobald eine über das Frontend-Menü verlinkte Webseite zu dieser Kategorie existiert:

- ALTERNATIVES LAYOUT: Diese Einstellung steuert die Art der Darstellung von Beiträgen dieser Kategorie:
  - GLOBALE EINSTELLUNG: Übernimmt die Einstellung aus der globalen Konfiguration, Standardeinstellung ist hier BLOG. (Diese globale Einstellung finden Sie über SYSTEM • KONFIGURATION • Komponente BEITRÄGE • Reiter KATEGORIE im Feld LAYOUT AUSWÄHLEN.)
  - BLOG: Darstellung der Kategoriebeiträge ähnlich einer flexibel aufgebauten Zeitungsseite – ein großer, plakativer Beitrag auf voller Breite oben, alle übrigen

Beiträge werden in zweispaltigem Layout darunter positioniert. Ein Beispiel sehen Sie in Abbildung 7.46.

Abbildung 7.46 In der Layouteinstellung »Blog« erscheinen die Beiträge ähnlich einer Zeitungsseite mit einleitendem Teasertext.

– LISTE: Die Beiträge werden, etwas unspektakulär, in einer Tabelle nacheinander gelistet, siehe Abbildung 7.47.

Abbildung 7.47 Über das Layout »Liste« werden Beiträge auf Kategorieseiten tabellarisch dargestellt.

Hinweis: Für eine Blog- oder Listendarstellung von Kategorien entscheiden Sie sich an mehreren Stellen im Backend, z. B. über die Art von Webseite, die Sie aus der Kategorie erzeugen. Darum greifen die Optionen an dieser Stelle nur für eine besondere Seite des Typs ALLE KATEGORIEN AUFLISTEN – dazu gleich mehr.

- BILD, ALTERNATIVTEXT: Wenn Sie später eine Webseite für eine Kategorie anlegen, verschönern Sie sie mit dem hier angegebenen Bild. *Achtung*: Das Bild erscheint erst, wenn man über das Menü SYSTEM • KONFIGURATION • Komponente BEITRÄGE • Reiter KATEGORIE das Feld KATEGORIEBILD von VERBERGEN auf ANZEIGEN umschaltet. Wie Sie ein Bild in Joomla! hochladen, lesen Sie in Abschnitt 7.2, »Bilder und andere Medien einfügen«.

Die Kategoriedarstellung im Frontend ist auf vielfältige Weise anpassbar; Abschnitt 7.5, »Beiträge und Kategorien auf Webseiten darstellen«, beschäftigt sich detaillierter mit den Möglichkeiten.

7.4.5 Der Kategoriemanager

Immer wenn Sie nach der Bearbeitung einer Kategorie auf SPEICHERN & SCHLIESSEN klicken, erschien die Seite des Kategoriemanagers – eine komfortable Kategorieübersicht, in der Sie Kategorien löschen, verstecken oder per Stapelverarbeitung eine übergeordnete Kategorie verschieben oder besondere Zugriffsregeln einstellen (siehe Abbildung 7.48). Sie ist vergleichbar mit dem Beitragsmanager und besonders praktisch, wenn Sie mit einer großen Anzahl von Kategorien arbeiten. Einige wichtige Funktionen sollten Sie für den täglichen Umgang mit dieser Liste kennen:

- Die Funktionen VERÖFFENTLICHEN, VERSTECKEN, ARCHIVIEREN, FREIGEBEN, PAPIERKORB und STAPELVERARBEITUNG aus der oberen Buttonleiste werden auf Kategorien angewendet, die Sie vorher mit einem Häkchen markiert haben.
    - VERÖFFENTLICHEN: Schaltet die markierten Kategorien im Frontend sichtbar.
    - VERSTECKEN: Schaltet die markierten Kategorien im Frontend unsichtbar.
    - ARCHIVIEREN: Setzt den Kategoriestatus auf ARCHIV. Die Kategorie ist im Frontend dann nur noch auf speziellen Archivseiten sichtbar. Um die archivierten Kategorien in der Kategorieübersicht zu sehen, öffnen Sie die SUCHWERKZEUGE und wählen aus der Dropdown-Liste STATUS WÄHLEN den Eintrag ARCHIV.
    - FREIGEBEN: Beendete ein Autor die Bearbeitung einer Kategorie nicht über SCHLIESSEN oder SPEICHERN & SCHLIESSEN, bleibt der Kategorieeintrag gesperrt – erkennbar an einem kleinen Schlosssymbol (🔒) in der Übersicht. Über den Button FREIGEBEN erfolgt die Freischaltung solch einer Kategorie, sodass andere Backend-Benutzer den Eintrag bearbeiten können. (Für einzelne Beiträge genügt auch ein Klick auf das Schlosssymbol.)

- Papierkorb: Verschiebt die Kategorie in den Papierkorb. Alle auf diese Weise entsorgten Kategorien sehen Sie, wenn Sie die Suchwerkzeuge öffnen und aus der Dropdown-Liste Status wählen den Eintrag Papierkorb wählen. Von hier löschen Sie die Kategorien endgültig – über Papierkorb leeren in der Buttonleiste – oder retten sie durch Klick auf die kleine Mülltonne.
- Stapelverarbeitung: Öffnet ein Popup-Fenster, das verschiedene Eigenschaften auf alle markierten Kategorien anwendet: Sprache, Zugriffsebene, Schlagwörter und Kategorie.

▶ Über die Spalte Status verstecken Sie eine Kategorie mit nur einem Mausklick. Sie taucht dann beispielsweise nicht mehr auf Kategorieseiten im Frontend auf.

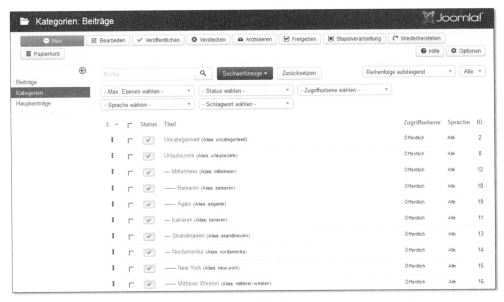

Abbildung 7.48 Über den Kategoriemanager veröffentlichen, verstecken, verschieben, archivieren oder löschen Sie Kategorien – hier mit eingeblendeten Suchwerkzeugen.

7.5 Beiträge und Kategorien auf Webseiten darstellen

Die folgenden Seiten befassen sich mit den vielen Varianten der Beitrags- und Kategoriedarstellung auf Webseiten im Frontend. Das funktioniert prinzipiell genauso wie in den beiden vorangegangenen Abschnitten über die Anzeige eines einzelnen Beitrags bzw. des Beitragsarchivs, dieser Abschnitt geht jedoch detailliert auf die Konfigurationsoptionen ein.

> **Tipp: Machen Sie einen kleinen Exkurs zum Umgang mit Menüs**
> In diesem Bereich des Contentpflege-Kapitels werden Webseiten über das Menüsystem von Joomla! erzeugt. Möchten Sie mehr über die Hintergründe und Funktionsweise von Menüs erfahren, riskieren Sie gerne einen Blick in Kapitel 9, »Menüs aufbauen«, und studieren z. B. die Abschnitte über die Erzeugung und Konfiguration neuer Menüeinträge.

Aktuell befinden sich im Hauptmenü die auf den vergangenen Seiten besprochenen Links zum einzelnen Beitrag LANZAROTE und zum URLAUBSZIEL-ARCHIV. Da fehlt natürlich noch ein Menüeintrag zur Liste der *aktuellen* Urlaubsziele. Sie ahnen es schon, nachdem Sie das Auswahlformular der Menütypen sahen: Joomla! stellt auch für diesen Zweck automatisch erzeugte Webseiten bereit, die das im Handumdrehen erledigen.

Die vielen Urlaubsinseln erfuhren in Abschnitt 7.4.3, »Beiträgen Kategorien zuordnen«, eine saubere Kategorisierung mit Unterkategorien einzelner Regionen (URLAUBSZIELE und darunter KANAREN, MITTELMEER, SKANDINAVIEN, NORDAMERIKA), was jetzt die Arbeit erleichtert. Eine Reihe von *Menüeintragstypen* stellt im Frontend nämlich Beitragslisten auf Basis ihrer Kategorisierung dar. Ihr Unterschied liegt am möglichen Einstiegspunkt für den Websitebesucher (Kategorien- oder Beitragsliste) und der Darstellung der Beiträge. Diese Menüeintragstypen kommen infrage:

- ALLE KATEGORIEN AUFLISTEN
  Listet alle Kategorien, aber auf der Einstiegsseite *keine* Beiträge. Klickt sich der Besucher von hier in eine Kategorie, ähnelt die Darstellung einem Kategorieblog.

- KATEGORIEBLOG
  Präsentiert die Beiträge der ausgewählten Kategorie in einem ansprechenden Blog-Layout.

- KATEGORIELISTE
  Stellt die der ausgewählten Kategorie zugeordneten Beiträge in einer übersichtlichen Liste dar.

Die Entscheidung für die Urlaubsziele fällt leicht: Der Typ ALLE KATEGORIEN AUFLISTEN eignet sich am besten, da der Besucher nicht sofort zu konkreten Urlaubszielbeiträgen (Lanzarote, Kreta …) gelangt, sondern sich in einer Kategorieübersicht zunächst für eine Urlaubsregion (Kanaren, Mittelmeer) entscheidet.

Der Clou an allen Kategorie-Menüeintragstypen: Sie listen nicht nur Kategorien und präsentieren Beiträge in übersichtlichen Blog-Layouts, sondern erzeugen gleichzeitig die einzelnen Beitragsseiten. So als hätte man per Hand einen entsprechenden

Menüeintrag des Typs EINZELNER BEITRAG angelegt. Dadurch sind mit *einem* Kategoriemenüeintrag auf einen Schlag *alle* Beiträge der ausgewählten Kategorie über eigenständige Webseiten erreichbar. Der Menüeintragstyp ALLE KATEGORIEN AUFLISTEN geht noch einen Schritt weiter und erzeugt eine Übersichtsseite *zwischen* der Kategorieliste und den einzelnen Beitragsseiten. Diese Zwischenseite entspricht exakt dem Typen KATEGORIEBLOG und erscheint, sobald sich der Besucher von der Einstiegsseite in eine Kategorie klickt – ohne dass Sie zuvor eine separate Blogseite anlegten. Die Seite ist also virtuell.

Das Diagramm in Abbildung 7.49 veranschaulicht die Menütypen, welche Zwischen- und Unterseiten sie automatisch erzeugen und an welcher Stelle ein Besucher in diesen Klickpfad – abhängig vom Seitentyp – einsteigen kann.

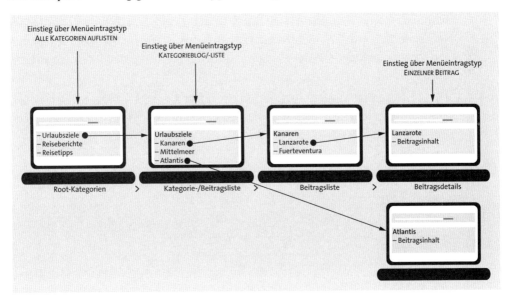

Abbildung 7.49 Übergeordnete Kategorieseiten erzeugen automatisch untergeordnete virtuelle Webseiten, z. B. auch Beitragslisten, und in jedem Fall die Detailseiten einzelner Beiträge.

Die folgenden Seiten beschäftigen sich im Detail mit den drei Menüeintragstypen: Urlaubsziele erhalten den Typ ALLE KATEGORIEN LISTEN, Reisetipps landen in einer KATEGORIELISTE, und die von Websitebesuchern eingereichten Reiseberichte werden in einem KATEGORIEBLOG vorgestellt.

Hinweis: Alle Menüeintragstypen, über die Sie Webseiten erzeugen, verfügen über eine Vielzahl von Reitern mit Dutzenden von Einstellungen. Da diese nicht beitragsspezifisch sind, finden Sie die Erläuterungen in Abschnitt 9.2.1, »Standardoptionen aller Menüeintragstypen«.

7.5.1 »Alle Kategorien auflisten«

Um die Kategorieliste der Urlaubsregionen darzustellen, legen Sie zunächst den entsprechenden Menüeintrag an:

1. Öffnen Sie über MENÜS • MAIN MENU 🏠 • NEUER MENÜEINTRAG das Formular MENÜS: NEUER MENÜEINTRAG.

2. Im Feld MENÜEINTRAGSTYP wählen Sie aus dem Popup-Fenster BEITRÄGE • ALLE KATEGORIEN AUFLISTEN.

3. Darunter befindet sich die wichtigste Einstellung: In der Standardkonfiguration ist für das Feld KATEGORIE DER OBERSTEN KATEGORIEEBENE der Eintrag ROOT eingestellt. Das ist eine virtuelle, rein organisatorische Kategorie, die bewirkt, dass die Einstiegsseite *alle* Hauptkategorien anzeigt. Für das Reiseforum ist sie aber unerwünscht, da die Hauptkategorien auch Reisetipps und Reiseberichte enthalten und gar nichts mit den Urlaubszielen zu tun haben. Stattdessen sollen die regionalen Kategorien *unterhalb* der Kategorie URLAUBSZIELE angezeigt werden. Wählen Sie in diesem Feld statt ROOT URLAUBSZIELE aus.

4. Fürs Erste genügt diese Konfiguration, SPEICHERN & SCHLIESSEN Sie den neuen Menüeintrag, und sehen Sie sich die neue Kategorieseite im Frontend an (siehe Abbildung 7.50).

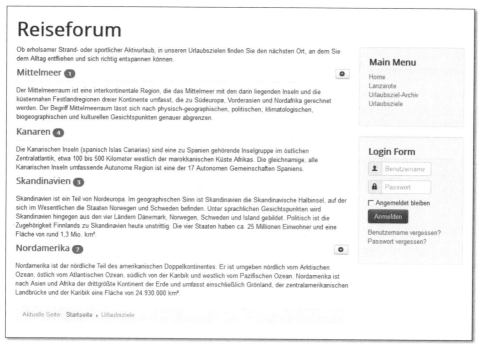

Abbildung 7.50 Menüeintragstyp »Alle Kategorien auflisten« – die Texte der Hauptkategorie »Urlaubsziele« und der regionalen Unterkategorien zieht sich Joomla! aus dem Feld »Beschreibung« der jeweiligen Kategorie.

Klicken Sie sich auch durch die Kategorien. Sobald Sie die Einstiegsseite verlassen, bemerken Sie, dass sich das Layout ändert, wie in Abbildung 7.51: Beiträge werden im oberen Seitenbereich mit ihrem Einleitungstext angeteasert, und falls die Kategorie Unterkategorien enthält (MITTELMEER enthält BALEAREN und ÄGÄIS), sind diese darunter gelistet. Das ist das Blog-Layout.

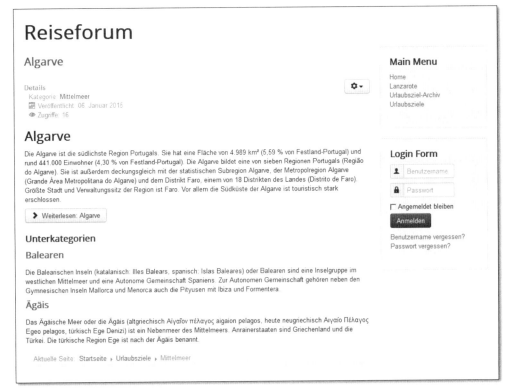

Abbildung 7.51 Innerhalb einer Kategorie listet Joomla! Beiträge und – falls vorhanden – Unterkategorien dieser Kategorie; das Layout wechselt jetzt zur Blogansicht, die den Einleitungstext der Beiträge anteasert.

Klicken Sie jetzt auf eine der Unterkategorien, ändert sich nichts mehr am Layout; die entsprechend kategorisierten Beiträge erscheinen weiter angeteasert in der Blogansicht. Klicken Sie dagegen auf einen dieser Beiträge, wechselt die Ansicht zu einem Layout, das exakt mit dem Typ EINZELNER BEITRAG übereinstimmt.

Diese Ansichten, dieser gesamte Klickpfad, lässt sich einem Websitebesucher durchaus präsentieren. Joomla! bietet aber noch Möglichkeiten zum Finetuning an. Zuvor jedoch zwei kleine Aufräumaktionen, um das Hauptmenü sauber zu halten:

1. **Entfernen des einzelnen Menüeintrags »Lanzarote«**

    Dieser Menüpunkt hat nichts mehr im Hauptmenü verloren, da die Beitragsseite nun über den Kategorie-Klickpfad erreicht wird. Wechseln Sie dazu über MENÜS •

Main Menu 🏠 zur Menümanager-Ansicht des Hauptmenüs, markieren Sie den Eintrag Lanzarote mit einem Häkchen, und klicken Sie auf den Button Papierkorb.

Öffnen Sie jetzt die Suchwerkzeuge, und stellen Sie den Dropdown-Filter Status wählen auf Papierkorb. Markieren Sie erneut Lanzarote, und finalisieren Sie die Löschaktion über den Button Papierkorb leeren. Das ist die Standardprozedur zum endgültigen Löschen eines beliebigen Elements. Vielleicht etwas umständlich, verhindert aber zu voreilige Entscheidungen bei Aufräumaktionen.

Hinweis: Das Löschen dieses Menüeintrags Lanzarote hat nichts mit dem eigentlichen Beitrag zu tun. Dieser existiert weiterhin und ist über den Beitragsmanager erreichbar.

2. **Umhängen des Menüpunkts »Urlaubsziel-Archiv« unter den Eintrag »Urlaubsziele«**

Das Urlaubsziel-Archiv ist nicht so wichtig, dass es als Hauptmenüpunkt in der obersten Ebene erscheinen muss. Es ist besser *unterhalb* des Menüpunkts Urlaubsziele aufgehoben.

Klicken Sie im Menümanager des Main Menu auf den Eintrag Urlaubsziel-Archiv. Im Bearbeitungsformular des Menüeintrags wählen Sie aus der rechten Dropdown-Liste Übergeordneter Eintrag statt Oberste Menüebene den Eintrag Urlaubsziele. Speichern & Schliessen Sie das Formular.

Hinweis: Falls der Archivlink in Ihrem Frontend nicht mehr im Hauptmenü erscheint, liegt das an einer Grundeinstellung von Joomla!, die besagt, dass außerhalb des jeweiligen übergeordneten Menüeintrags keine Untermenüeinträge angezeigt werden. Das ist aber durchaus wünschenswert, besonders wenn Sie später ein schöneres Template mit aufklappbaren Dropdown-Menüs einsetzen. Abschnitt 9.3.3., »Weitere Einstellungen zu Menüs«, beschäftigt sich deshalb mit dieser Konfiguration (Untermenüeinträge anzeigen).

Zurück zur Einstiegsseite der Kategorieliste. Der Menüeintragstyp Alle Kategorien auflisten bietet noch ein paar Darstellungsoptionen. Diese Einstellungen finden Sie in der Konfiguration des eben angelegten Menüeintrags Urlaubsziele (über Menüs • Main Menu 🏠, dann Klick auf den Eintrag Urlaubsziele), und zwar unter dem Reiter Kategorien gleich neben den Details-Einstellungen der Grundkonfiguration des Menüeintrags. *Tipp*: Alle diese Einstellungen sind besser nachzuvollziehen, wenn Sie ein bisschen mit ihnen experimentieren.

▶ Beschreibung der obersten Kategorie, Beschreibung der Oberkategorie: Steht dieser Wert auf Anzeigen (was auch der Globalen Einstellung entspricht), erscheint der Text der Kategoriebeschreibung (vom Kategoriemanager in Inhalte • Kategorien) im Frontend zwischen Sitename und Liste der Kategorien. Ist das Feld Beschreibung der Oberkategorie ausgefüllt, verwendet Joomla! diesen Text anstelle der Kategoriebeschreibung.

- UNTERKATEGORIEEBENEN: Anzahl der eingeblendeten Kategorieebenen. Im Frontend werden tiefer in der Hierarchie liegende Unterkategorien in einen mit einem Plus-Button (⊕) markierten, aufklappbaren Bereich unter Kategorieüberschrift und -beschreibung gesetzt. Das ist genau das Richtige für das Reiseforum, damit in der Region Mittelmeer auch die Unterkategorien BALEAREN und ÄGÄIS zu sehen sind.

- LEERE KATEGORIEN: Blendet die eben aktivierten Unterkategorien aus, falls sich darin weder Beiträge noch Unterunterkategorien befinden. Sinnvolle Sache, darum LEERE KATEGORIEN auf VERBERGEN setzen.

- UNTERKATEGORIENBESCHREIBUNG: Anzeige der über den Kategoriemanager eingepflegten Beschreibungen der Kategorien. Durchaus informativ für den Websitebesucher, darum ANZEIGEN

- # BEITRÄGE IN KATEGORIE: Blendet hinter dem Kategorienamen eine blau hinterlegte Zahl ein. Es handelt sich dabei um die Anzahl der Beiträge in der jeweiligen (Unter-)Kategorie. Das weiß der Websitebesucher aber nicht, es sei denn, er fährt mit der Maus über das blaue Feld. Darum steht dieses Feld im Reiseforum auf VERBERGEN.

Damit ist die neue Kategorieseite ein wenig aufgeräumter. Hübscher wird sie, wenn man ein Feld einsetzt, das sich in den nächsten Reiter – KATEGORIE (Singular) – verirrt hat. Setzen Sie dort KATEGORIEBILD auf ANZEIGEN, blendet die Kategorieübersicht die der Kategoriekonfiguration im Reiter OPTIONEN • BILD zugewiesene Illustration (siehe Abschnitt 7.4.4, »Weitere Einstellungen zu Kategorien«) ein. Ein Beispiel für eine auf diese Weise formatierte Kategorieseite sehen Sie in Abbildung 7.52.

Last, but not least fehlt es der Webseite der Urlaubsziele an einer <h1>-Überschrift, die Sie über den Reiter SEITENANZEIGE ergänzen. Schalten Sie dort das Feld SEITENÜBERSCHRIFT ANZEIGEN auf JA, und schreiben Sie »Die spektakulärsten Urlaubsziele« ins Feld SEITENÜBERSCHRIFT. Zwei Felder darüber, unter SEITENTITEL IM BROWSER, hinterlegen Sie übrigens eine alternative Seitenüberschrift für den Browsertab. Aus SEO-Sicht ist es eine gute Idee, hier einen ähnlichen Titel, aber mit anderen Keywords zu vergeben, da der Text im <title>-Tag der Webseite erscheint und damit von Suchmaschinen als besonders wichtig eingestuft wird.

Die eben vorgenommenen Einstellungen gelten nur für die Einstiegsseite, die Kategorieliste. Die Darstellung der Unterseiten (Beitragsliste, Beitragsdetails) finden Sie in den folgenden Abschnitten, da sie exakt den entsprechenden Menüeintragstypen gleichen. Denn wie eingangs erwähnt: Die virtuellen Unterseiten, die ALLE KATEGORIEN AUFLISTEN erzeugt, entsprechen den Menüeintragstypen KATEGORIEBLOG/KATEGORIELISTE und, eine Ebene tiefer bei der Detaildarstellung der Beitragsseiten, dem Typ EINZELNER BEITRAG.

7 Content verwalten

Abbildung 7.52 Die Kategorieanzeige zieht sich auf Anfrage Bilder der eingeblendeten Kategorien; diese werden in der Kategoriekonfiguration eingepflegt.

7.5.2 »Kategorieblog«

Für die Reiseberichte des Reiseforums eignet sich das *Kategorieblog* besonders gut (siehe Abbildung 7.53). Es stellt die der Kategorie zugewiesenen Beiträge wie eine

News- oder Blogseite in einem flexiblen Spaltenlayout dar. Diese Ansicht unterscheidet sich übrigens gar nicht stark von den Standardeinstellungen der Homepage, deren gestalterische Details in Abschnitt 10.1, »Homepage anpassen«, erklärt werden.

1. Öffnen Sie über MENÜS • MAIN MENU 🏠 • NEUER MENÜEINTRAG das Formular MENÜS: NEUER MENÜEINTRAG.
2. Vergeben Sie neben MENÜTITEL den Seitennamen »Reiseberichte«.
3. Im Feld MENÜEINTRAGSTYP wählen Sie aus der Popup-Liste BEITRÄGE • KATEGORIEBLOG.
4. Darunter finden Sie das wichtigste Feld: KATEGORIE AUSWÄHLEN. Für das Reiseforum ist das die Kategorie REISEBERICHTE, der zukünftig alle eingereichten Beiträge der Websitebenutzer zugeordnet werden.
5. Stellen Sie sicher, dass in der rechten Spalte unter MENÜZUORDNUNG: MAIN MENU und unter ÜBERGEORDNETER EINTRAG: OBERSTE MENÜEBENE steht.
6. SPEICHERN & SCHLIESSEN Sie das Formular, und werfen Sie einen Blick ins Frontend, um zu sehen, wie sich das Kategorieblog präsentiert.

Abbildung 7.53 Das Kategorieblog listet alle Beiträge einer definierten Kategorie in einem news- oder blogartigen Layout, an der kargen Standarddarstellung lässt sich noch ein bisschen feilen.

Die Darstellung im Frontend ist noch etwas nüchtern. Aber Joomla! stellt interessante Einstellungen zur Verschönerung des Layouts bereit. Alle im Folgenden besprochenen Optionen stehen nicht nur dem KATEGORIEBLOG zur Verfügung, sondern auch der KATEGORIELISTE und den Unterseiten des Typs ALLE KATEGORIEN AUFLISTEN.

Der Reiter KATEGORIE der Menüeintragskonfiguration präsentiert Optionen, die die Darstellung der Beitragsliste beeinflussen, also die *Einstiegsseite* des Typs KATEGORIEBLOG oder KATEGORIELISTE.

- UNTERKATEGORIETEXT: Anzeige der Überschrift UNTERKATEGORIEN zwischen Beiträgen und Unterkategorien. Überflüssig fürs Reiseforum, darum in diesem Fall auf VERBERGEN gestellt

- KATEGORIETITEL: Sorgt für die Anzeige des Kategorietitels über den Beiträgen wie eine Art Seitenüberschrift, allerdings stellt Joomla! ihn in einem `<h2>`-Tag dar. Vergeben Sie deshalb besser eine echte `<h1>`-Überschrift über den Reiter SEITENANZEIGE, Felder SEITENÜBERSCHRIFT ANZEIGEN (JA) und SEITENÜBERSCHRIFT.

- KATEGORIEBESCHREIBUNG: Stellen Sie dieses Feld auf ANZEIGEN, wird die Frontend-Seite um die BESCHREIBUNG der Kategorie (erreichbar über den Kategoriemanager) ergänzt.

- KATEGORIEBILD: Auch das Kategoriebild pflegen Sie über die Konfiguration der Kategorie (Reiter OPTIONEN • Feld BILD). Dieses Bild für die Kategorieblogseite auf ANZEIGEN zu stellen lockert das Layout signifikant auf.

- UNTERKATEGORIEEBENEN: Hierüber steuern Sie die Anzahl anzuzeigender Unterkategorien. In der Blogansicht erscheinen sie dann unter den Beitragsteasern. Falls Unterunterkategorien existieren, blenden Besucher diese über einen Klick auf das Plussymbol ( ) ein.

  Im Reiseforum fiel die Entscheidung bewusst, für Kategorieverschachtelungen (URLAUBSZIELE) den Menüeintragstyp ALLE KATEGORIEN AUFLISTEN einzusetzen. Aber experimentieren Sie auch durchaus mit diesen Darstellungsvarianten.

- LEERE KATEGORIEN: Falls Sie Unterkategorien verwenden, mag es sinnvoll sein, Kategorien, die keine Beiträge oder Unterunterkategorien enthalten, auszublenden.

- MELDUNG »KEINE BEITRÄGE«: Enthält eine Unterkategorie keine Beiträge, erscheint ein entsprechender Hinweis auf der Webseite.

- UNTERKATEGORIENBESCHREIBUNGEN: Blendet die Beschreibungen der Unterkategorien ein oder aus.

- # BEITRÄGE IN KATEGORIE: Zeigt die Anzahl der Beiträge einer Unterkategorie blau hinterlegt hinter dem Kategorietitel an.

- TAGS ANZEIGEN: Hiermit sind die Schlagwörter gemeint, die einer Kategorie (nicht den Beiträgen) mitgegeben werden. Sie sind standardmäßig ausgeschaltet, da das Verschlagworten von Kategorien, die kein echtes Inhaltselement darstellen, nicht besonders üblich ist.
- SEITENUNTERTITEL: Vergeben Sie hier eine Überschrift, die über dem Kategoriebeschreibungstext als <h2>-Tag Platz findet.

Der Reiter BLOG-LAYOUT ist besonders spannend bezüglich der Formatierung des Kategorieblogs.

- # FÜHRENDE: Anzahl der Beiträge im oberen Seitenbereich, die über die gesamte Breite des Contentbereichs gehen
- # EINLEITUNG: Anzahl der insgesamt angeteaserten Beiträge unter den führenden. Abhängig von der eingestellten Spaltenanzahl legt die Blogseite weitere Zeilen an oder blendet am Seitenende eine Paginierung ein.
- # SPALTEN: Anzahl der Spalten für die Einleitungsbeiträge
- # LINKS: Schaffen es Einleitungsbeiträge aufgrund der Einleitungsanzahl-Einstellung nicht mehr auf die Blogseite, landen Sie auf einer automatisch erzeugten Folgeseite. # LINKS gewährt ihnen aber noch einen kleinen Raum am unteren Seitenende, zwar ohne vollständigen Teaser, aber als kleine klickbare Links. Geben Sie hier die Anzahl der darzustellenden Links ein.
- MEHRSPALTIGE SORTIERUNG: Verteilen sich die Einleitungsbeiträge über Spalten und Zeilen, legen Sie hier fest, ob die Sortierung zunächst über die Spalten und dann über die Zeilen oder umgekehrt erfolgt. Abbildung 7.54 veranschaulicht den Beitragsfluss.

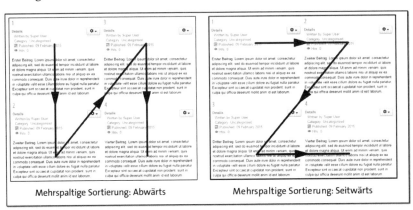

Abbildung 7.54 Bei der Darstellung von Einleitungsbeiträgen über mehrere Spalten und Zeilen legen Sie über die »Mehrspaltige Sortierung« die Laufrichtung fest.

- UNTERKATEGORIEN EINBINDEN: Hier definieren Sie, wie viele Unterkategorieebenen im Blog-Layout erscheinen.

7 Content verwalten

▶ KATEGORIESORTIERUNG: Beeinflusst die Reihenfolge der Beiträge, falls Sie über KATEGORIE AUSWÄHLEN Beiträge verschiedener Kategorien darstellen. TITEL VON A BIS Z und TITEL VON Z BIS A sortieren alphabetisch, WIE IN DER KATEGORIEVERWALTUNG übernimmt die Sortierung aus dem Kategoriemanager (Drag-&-Drop-Spalte REIHENFOLGE mit der Drei-Punkte-Markierung,).

Abbildung 7.55 Mit ausgeblendeten Beitrags-Metadaten aus dem Reiter »Optionen« und ansprechender Bebilderung ähnelt die Kategorieblogseite einer richtigen Webseite.

- BEITRAGSSORTIERUNG: Ist die Kategoriesortierung geklärt, legen Sie die Beitragsreihenfolge innerhalb der Kategorie fest, z. B. nach Titel, Autor, Veröffentlichungsdatum oder Anzahl der Zugriffe im Frontend. Ein besonderer Eintrag ist REIHENFOLGE HAUPTEINTRÄGE, mit dem Joomla! die Reihenfolgennummerierung aus der Liste der Haupteinträge übernimmt. Sie erreichen sie über INHALT • HAUPTEINTRÄGE. Details hierzu finden Sie in Abschnitt 10.1.3, »Reihenfolge der Haupteinträge ändern«.
- SORTIERDATUM: Entscheiden Sie sich für eine Beitragssortierung nach Datum, haben Sie die Wahl zwischen Erstellungs-, Bearbeitungs- oder Veröffentlichungsdatum.
- SEITENZAHLEN/GESAMTSEITENZAHLEN: Nur wenn die Anzahl der darzustellenden Beiträge so groß ist, dass automatische Folgeseiten der Homepage eingesetzt werden, erscheint eine Paginierung mit entsprechenden Links (Vor, Zurück und direkte Seitenlinks) am Seitenende. SEITENZAHLEN/GESAMTSEITENZAHLEN blenden *zusätzlich* einen kleinen Hinweis SEITE X VON Y ein.

Der Reiter OPTIONEN enthält weitere Felder, mit denen Sie die Beitragsansicht des Kategorieblogs ansprechender gestalten. Im Detail geht darauf Abschnitt 7.5.4, »Einzelner Beitrag«, ein.

7.5.3 »Kategorieliste«

Im Reiseforum gibt es eine weitere Kategorie, die über das Menü erreichbar sein soll, die Reisetipps (siehe Abbildung 7.56). Hier bietet sich eine übersichtlichere Darstellungsvariante an: die Kategorieliste.

1. Öffnen Sie über MENÜS • MAIN MENU 🏠 • NEUER MENÜEINTRAG das Formular MENÜS: NEUER MENÜEINTRAG.
2. Vergeben Sie neben MENÜTITEL den Seitennamen »Reisetipps«.
3. Im Feld MENÜEINTRAGSTYP wählen Sie aus der Popup-Liste BEITRÄGE • KATEGORIELISTE.
4. Wieder mal ist KATEGORIE AUSWÄHLEN das wichtigste Feld, im Falle des Reiseforums wählen Sie die Kategorie REISETIPPS.
5. Stellen Sie sicher, dass in der rechten Spalte unter MENÜZUORDNUNG: MAIN MENU und unter ÜBERGEORDNETER EINTRAG: OBERSTE MENÜEBENE steht.
6. SPEICHERN & SCHLIESSEN Sie das Formular, und sehen Sie sich im Frontend an, was die Kategorieliste darstellt.

Die Konfiguration der Kategorieliste, insbesondere unter den Reitern KATEGORIE und OPTIONEN, gleicht der des Kategorieblogs. Unter KATEGORIE blenden Sie beispielsweise die KATEGORIEBSCHREIBUNG und das KATEGORIEBILD ein. Die Einstellungen des Reiters OPTIONEN beeinflussen diesmal aber nicht die Listenansicht der Einstiegsseite, sondern Unterseiten von Unterkategorien. Die werden in Blogmanier dargestellt, da empfiehlt es sich, wie beim Kategorieblog die überflüssige Darstellung der Metadaten zu unterbinden.

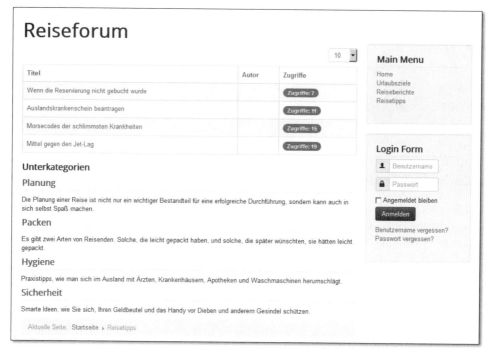

Abbildung 7.56 Für die Reisetipps eignet sich die übersichtliche Darstellung der »Kategorieliste«; oben befinden sich allgemeine Tipps, darunter in Themen gruppierte Unterkategorien.

Die besonderen Aspekte der Listendarstellung finden Sie im Reiter LISTENLAYOUT:

- ANZEIGE-FILTER: Blendet über der Liste eine kleine Dropdown-Liste ein, aus der Besucher die Anzahl der auf der aktuellen Seite dargestellten Beiträge wählen; Standardwert ist 20.

- FILTERFELD: Blendet ein Textfeld ein, in dem Besucher nach TITEL, AUTOR oder ZUGRIFFSZAHLEN suchen. Wirklich komfortabel ist das allerdings nicht, da man bei einer ergebnislosen Suche zu einer Seite gelangt, über die keine erneute Suche möglich ist. Setzen Sie da lieber die site-interne Suche ein (siehe Abschnitt 15.5, »Suche aktivieren und konfigurieren«).

- TABELLENÜBERSCHRIFTEN: Blendet die Überschriften TITEL, AUTOR und ZUGRIFFE über den Spalten ein.

- DATUM, DATUMSFORMAT: Erzeugt eine weitere Spalte, in der Sie entweder das Datum der Erstellung, der letzten Bearbeitung oder initialen Veröffentlichung anzeigen. Die Formatierung (Reihenfolge von Tag, Monat, Jahr und Uhrzeit) kann ebenfalls beeinflusst werden und gestaltet sich nach den einfachen Datumsformatierungsregeln der Programmiersprache PHP (*http://tinyurl.com/jh-datum*).

Abbildung 7.57 Angepasste Version der Kategorieliste; die Spalte »Autor« wurde aus- und ein Bild und die Kategorie wurden eingeblendet; über den Reiter »Seitenanzeige« erhielt die Seite eine ordentliche <h1>-Überschrift.

- SEITENAUFRUFE: Zeigt die Anzahl der Aufrufe des Beitrags in einer weiteren Spalte.
- AUTOR IN LISTE: Da die Reisetipps von der Redaktion des Reiseforums gesammelt und veröffentlicht werden, ist die Nennung eines Autors überflüssig; VERBERGEN Sie diesen Wert.

- KATEGORIESORTIERUNG, BEITRAGSSORTIERUNG, SORTIERDATUM: Sortierreihenfolgen der oberen Beitragsliste und unteren Kategorieliste, z. B. alphabetisch nach Titel, Autor, Anzahl der Aufrufe oder Aktualität
- SEITENZAHLEN, GESAMTSEITENZAHLEN: Ein- oder Ausblenden der Seitenzahlen, falls die Gesamtzahl der Beiträge die auf einer Seite dargestellten übersteigt. In diesem Fall erscheint auch eine automatische Paginierung.
- # BEITRÄGE: Eingrenzung der auf einer Seite angezeigten Anzahl von Beiträgen
- HAUPTEINTRAG: Aufnahme von Haupteinträgen in die Liste, also den Beiträgen, die auch auf der Homepage angeteasert werden

Mit diesen Optionen ist die Listendarstellung schon etwas feiner anpassbar. Abbildung 7.57 zeigt die finale Formatierung der Reisetipps fürs Reiseforum.

7.5.4 »Einzelner Beitrag«

Diesen Menüeintragstyp verwenden Sie am häufigsten, denn er erzeugt aus einem Beitrag eine vollständige Webseite. Bei einer Website wie dem Reiseforum sind das nicht nur die thematischen Inhalte, sondern auch übergeordnete Beiträge, z. B. das Impressum, die Datenschutzerklärung und ein kleiner Willkommenstext. Die Grundeinstellung solcher Seiten wurden bereits in Abschnitt 7.3.5, »Beiträge Menüeinträgen zuweisen«, besprochen. Auf den Reitern verstecken sich aber noch weitere interessante Optionen, der Reiter OPTIONEN ist dabei besonders umfangreich ausgefallen:

- TITEL, TITEL VERLINKEN: Ein- oder Ausblenden der Überschrift. Der optionale Link führt direkt zur Webseite des entsprechenden Beitrags.
- EINLEITUNGSTEXT: Ein- oder Ausblenden des Einleitungstexts (der Abschnitt über der WEITERLESEN-Trennlinie) auf der Detailseite des verlinkten Beitrags
- POSITION DER BEITRAGSINFO: Dies ist der gesamte Infoblock mit Autor, Kategorie, Daten, Zugriffszahlen und Schlagwörtern. Positionieren Sie ihn ober- oder unterhalb von Überschrift und Teasertext. AUFTEILEN splittet den Block zwischen Veröffentlichungs- und Erstellungsdatum und setzt den Teasertext dazwischen.
- KATEGORIE, KATEGORIE VERLINKEN, ÜBERGEORDNETE KATEGORIE, ÜBERGEORDNET VERLINKEN: Zeigt im Infoblock die diesem Beitrag zugewiesene Kategorie und gegebenenfalls die Überkategorie. Beide verlinken zu entsprechenden automatisch oder (per Menüeintrag) manuell angelegten Kategorieübersichtsseiten.
- AUTOR, AUTOR VERLINKEN: Anzeige des Autorennamens. Eine Verlinkung ist nur möglich, wenn zu diesem Benutzer ein Kontakteintrag vorliegt (Menü KOMPO-

nenten • Kontakte • Kontakte, siehe Abschnitt 15.2, »Kontakte einrichten«). Der Autorenname stammt aus dem Feld Name, nicht Benutzername.

- **Erstellungsdatum, Bearbeitungsdatum, Veröffentlichungsdatum:** Legen Sie eine beliebige Kombination dieser Datumsfelder fest.
- **Seitennavigation:** Ein- oder Ausblenden von Zurück- und Weiter-Links unter dem Beitrag – ein typisches Blog-Feature zum schnellen Springen zwischen Beiträgen, ohne das Menü oder eine Übersichtsseite zu bemühen
- **Beitragsbewertung:** Schon in der Standardinstallation erlaubt Joomla!, Beiträge von Besuchern mit einem bis fünf Sternen bewerten zu lassen. Die Option Beitragsbewertung zeigt die aktuelle Sternchenwertung jedes Beitrags auf der Homepage – die eigentliche Bewertung durch den Besucher kann aber nur auf der Beitragsseite vorgenommen werden.
- **Weiterlesen, Weiterlesen-Titel:** Weiterlesen zeigt den auf die Beitragsseite verlinkenden Button Weiterlesen unter dem Beitrag an. Mit Weiterlesen-Titel setzen Sie zusätzlich die Überschrift des Beitrags hinter das Wort Weiterlesen, eine gute Idee aus SEO-Sicht.
- **Symbole/Text, Drucksymbol, E-Mail-Symbol:** Blendet Links zum Ausdrucken oder Weiterempfehlen des Beitrags per E-Mail ein. Im Standardtemplate Protostar erscheinen diese Links in einer mit einem Zahnrad markierten Dropdown-Liste (✿-).
- **Seitenaufrufe:** Anzeige der Zahl der Beitragsaufrufe in der Infobox des Beitrags
- **Tags anzeigen:** Müsste nach Joomla!-Jargon eigentlich *Schlagwörter anzeigen* lauten; hängt alle diesem Beitrag zugewiesenen Schlagwörter unter den Beitragsteaser.
- **Nicht zugängliche Links:** Etwas irreführend benannt; diese Option zeigt die Einleitungstexte von Beiträgen, die eigentlich nur für registrierte und angemeldete Benutzer vorgesehen sind, auch anonymen Websitegästen. Der Titel bleibt trotzdem unverlinkt, die eigentliche, vollständige Beitragsseite ist nur nach Benutzeranmeldung zugänglich. Damit teasern Sie Content auf der Homepage an, um Besucher zu einer Registrierung zu motivieren.
- **Linkpositionierung:** Einblenden der Links über oder unter dem Inhalt

7.5.5 »Archivierte Beiträge«

Dieser Menüeintragstyp stellt archivierte Beiträge auf einer Spezialseite dar (siehe Abbildung 7.58). Über automatische Dropdown-Listen auf dem Kopf der Seite sind die Beiträge anhand ihres Veröffentlichungszeitpunkts filterbar.

Abbildung 7.58 Über den Reiter »Archiv« passen Sie die Beitragssortierung und die Länge der angeteaserten Texte an.

Wie Sie Beiträge archivieren, lesen Sie in Abschnitt 7.3.6, »Beiträge archivieren«. Das Bearbeitungsformular des Menüeintrags bietet auf dem Reiter ARCHIV aber weitere Einstellungen, die die Darstellung der Spezialseite beeinflussen:

- BEITRAGSSORTIERUNG: Sortieren Sie die Archivbeiträge z. B. von A bis Z, nach Alter oder nach Zugriffshäufigkeit. Besucher dürfen diese Sortierung im Frontend nicht verändern.
- SORTIERDATUM: Falls Sie nach dem Beitragsalter sortieren, stellen Sie hier das zu berücksichtigende Datum ein: initial ERSTELLT, zuletzt BEARBEITET oder VERÖFFENTLICHT. Diese Daten finden Sie im Formular der Beitragsbearbeitung unter dem Reiter VERÖFFENTLICHUNG.
- # BEITRÄGE: Anzahl der Beiträge, die auf der Archivseite dargestellt werden
- FILTERFELD: Im Frontend können Besucher die Beitragsliste nach Tag, Monat und Jahr filtern. Soll das nicht möglich sein, blenden Sie die entsprechenden Dropdown-Listen mit VERBERGEN aus.
- MAX. LÄNGE DES EINLEITUNGSTEXTS: Auf der Archivseite werden Beitragstexte kurz angerissen, damit Besucher bereits einen kleinen Vorgeschmack auf den Text bekommen. Ein größerer Wert, z. B. 500 Zeichen/Buchstaben, ist hier durchaus sinnvoll.

7.5.6 »Beitrag erstellen«

Der Menüeintragstyp BEITRAG ERSTELLEN erzeugt eine Frontend-Webseite mit einem leeren Beitragsformular. Der Editor bietet dort alle wichtigen Funktionen, die Sie auch aus dem Backend kennen (siehe Abbildung 7.59). Es fehlen zwar die Beitragsübersichten zum Organisieren, aber dennoch lässt sich von hier ein geschriebener Beitrag sofort online veröffentlichen, vorausgesetzt, er stammt von einem Administrator oder Super Benutzer.

Achtung: Nur angemeldete Benutzer dürfen Beiträge über dieses Formular erstellen. Den Menüeintrag packen Sie deshalb in ein besonderes Benutzermenü, das anonymen Websitebesuchern verborgen bleibt (siehe Abschnitt 9.4, »Benutzermenü einrichten«).

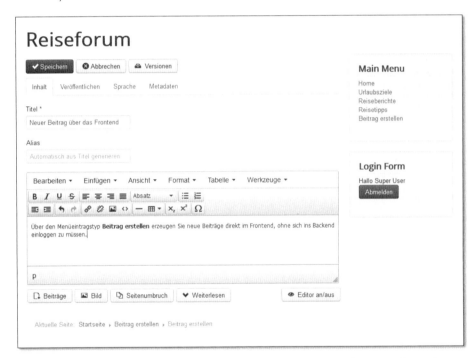

Abbildung 7.59 Der Frontend-Editor verfügt über alle Funktionen, die Sie auch aus dem Backend kennen; die Metadaten-Einstellungen befinden sich aufgrund des begrenzten Platzes in den Reitern »Veröffentlichen«, »Sprache« und (Webseiten-)»Metadaten«.

Die Einstellungen auf dem Reiter OPTIONEN sind übersichtlich:

Über STANDARDKATEGORIE und KATEGORIE AUSWÄHLEN beeinflussen Sie die voreingestellte Kategorie auf dem Reiter VERÖFFENTLICHEN des Frontend-Editors. Ist die Standardkategorie mit JA aktiviert, ist die Kategorie im Frontend unveränderbar fixiert. Ein praktisches Hilfsmittel, um Leserartikel zu einem bestimmten, vorgegebenen Thema (Kategorie) einzusammeln.

7.5.7 »Haupteinträge«

Haupteinträge sind Beiträge, die zur Anzeige auf der Homepage markiert sind. Mithilfe dieses Menüeintrags erzeugen Sie Seiten, die sich exakt wie die Homepage verhalten. Die Konfiguration dieses Typs entspricht daher weitestgehend den Homepage-Einstellungen, über die Sie im Detail in Abschnitt 10.1, »Homepage anpassen«, lesen.

7.6 Beiträge in Modulen verlinken

Auf einer sehr contentlastigen Website haben Sie mit Modulen die Möglichkeit, Beiträge abseits von Inhaltsteasern oder Menüeinträgen vorzustellen. Die kleinen Modulkästen sind im Layout an beliebigen Stellen platzierbar, z. B. als Bestandteil der rechten Seitenleiste, und ihre Anzeige lässt sich feingranular auf bestimmte Webseitentypen oder Benutzergruppen eingrenzen. Die detaillierte Konfiguration finden Sie in Abschnitt 10.2.1, »Neues Modul erstellen«. An dieser Stelle erhalten Sie einen Überblick über die Modularten für Beitragsdarstellung zusammen mit Hinweisen auf ihre Optionen.

7.6.1 »Beiträge - Archiv«

Dieses Modul listet nicht die Beiträge selbst, sondern die Monate, zu denen archivierte Beiträge existieren, z. B. MAI, 2015. Klickt der Benutzer auf den Monat, gelangt er zu einer Seite des Typs ARCHIVIERTE BEITRÄGE mit Teasern der Beitragsinhalte und dem Filterfeld an der oberen Fensterkante, das er zur Einstellung anderer Archivzeiträume nutzt. Über die einzige Einstellung des Reiters MODUL definieren Sie die Anzahl der dargestellten # MONATE.

7.6.2 »Beiträge - Beliebte«

Listet die Beiträge mit den meisten Zugriffen. Eine Filterung ist über die Option im Reiter MODUL möglich: nach KATEGORIE (verschiedene Kategorien zusammenklickbar), Berücksichtigung von (Homepage-)HAUPTEINTRÄGEN, der maximalen ANZAHL von Beiträgen und schließlich durch eine Eingrenzung anhand des Veröffentlichungs-, Erstellungs- oder Bearbeitungsdatums.

7.6.3 »Beiträge - Kategorie«

Dieses umfangreiche Modul zeigt Beiträge aus einer definierten Kategorie, wenn es im Modus NORMAL (Reiter MODUL) läuft. Steht der Modus auf DYNAMISCH, ignoriert das Modul die Kategorieeinstellung des Reiters FILTER und ermittelt die anzuzeigenden Beiträge automatisch. So stellen Sie ein einzelnes Modul ein, das auf verschiedenen Webseiten unterschiedliche Beiträge verlinkt, nämlich diejenigen, die thematisch mit dem Seiteninhalt zusammenhängen.

Die starre Variante mit einer fest vorgegebenen Kategorie konfigurieren Sie im Reiter FILTER:

- ANZAHL, HAUPTEINTRÄGE: Schränken Sie die ANZAHL der dargestellten Beiträge ein (0 steht für keine Einschränkung), und entscheiden Sie, ob HAUPTEINTRÄGE berücksichtigt werden.
- KATEGORIEN-FILTERTYP, KATEGORIE, UNTERKATEGORIENBEITRÄGE, KATEGORIETIEFE: Über diese Felder definieren Sie die Kategorien, die zur Beitragsauswahl herangezogen werden. INKLUSIV bedeutet, dass die Beiträge der im Feld KATEGORIE angegebenen Kategorien berücksichtigt werden. EXKLUSIV steht für alle Kategorien *außer* den angegebenen. Über UNTERKATEGORIENBEITRÄGE und KATEGORIETIEFE legen Sie außerdem fest, welche verschachtelten Kategorien einbezogen werden.
- AUTOR-FILTERTYP, AUTOREN, AUTORALIAS-FILTERTYP, AUTORALIAS: Analog zum KATEGORIE-FILTER funktioniert die Filterung nach Autoren oder ihren Pseudonymen (Autoralias). Geben Sie eine Liste von AUTOREN an, und entscheiden Sie, ob Beiträge dieser Autoren berücksichtigt (INKLUSIV) oder ausgeschlossen (EXKLUSIV) werden.
- BEITRAGS-IDs AUSSCHLIESSEN: Über dieses Textfeld entfernen Sie explizit bestimmte Beiträge aus der Liste. Die ID erhalten Sie aus der Spalte ID des Beitragsmanagers (ganz rechts) – geben Sie eine ID pro Zeile an.
- DATUMSFILTER, DATUMSBEREICH, VON, BIS, RELATIVES DATUM: Der letzte Filter erlaubt die Einschränkung der Beiträge in Bezug auf ihr ERSTELLUNGS-, VERÖFFENTLICHUNGS- oder BEARBEITUNGSDATUM. Geben Sie dazu entweder über die Felder DATUMSBEREICH VON und BIS DATUM einen DATUMSBEREICH an, oder lassen Sie Joomla! mit RELATIVES DATUM die Beiträge der letzten hier angegebenen Tage anzeigen.

Haben Sie sich für den dynamischen Modus entschieden, grenzen Sie über die Einstellung AUF BEITRAGSSEITEN ANZEIGEN des Reiters DYNAMISCHER MODUS ein, ob das Modul nur auf Kategorieseiten erscheint – ein eher seltener Fall.

Der Reiter REIHENFOLGE erlaubt die Sortierung der Beitragsliste nach TITEL, DATUM, Anzahl der ZUGRIFFE (auf den Beitrag) etc., entweder AUF- oder ABSTEIGEND. Über den Reiter GLIEDERUNG ist eine Gruppierung nach DATUM, AUTOR oder KATEGORIE möglich. Im Reiter ANZEIGE erweitern Sie die Liste um Metadaten der Beiträge, z. B. Autorennennung, Beitragsdatum oder Zugriffszahl. Sogar ein Einleitungsteaser und WEITERLESEN-Link lassen sich unterbringen, das Modul kann wirklich mit Informationen vollgepackt werden. Prüfen Sie dabei immer wieder die Darstellung im Frontend. In der rechten Seitenleiste könnte es eng werden, erörtern Sie darum die Positionierung im Contentbereich. Für das Protostar-Template bietet sich da z. B. NAVIGATIONSPFAD [POSITION-2] an, das ist der Bereich direkt unter dem Hauptcontent.

7.6.4 »Beiträge - Kategorien«

Dieses Modul müsste eigentlich *Beiträge - Unterkategorien* heißen, denn es erlaubt *nicht* die Angabe der virtuellen Root-Kategorie, um alle Beitragskategorien darzustellen, sondern verlangt eine echte Kategorie. Das macht demzufolge nur Sinn, wenn Sie mit verschachtelten Beitragskategorien arbeiten. Geben Sie dann im Reiter MODUL die entsprechende HÖHERE KATEGORIE an (im Reiseforum z. B. URLAUBSZIELE), und legen Sie fest, ob Sie die KATEGORIEBESCHREIBUNGEN (leider keine automatische Abkürzung mithilfe von Auslassungszeichen vorgesehen), die ANZAHL der jeweils enthaltenen Beiträge oder sogar die Unterunterkategorien anzeigen möchten; es wird also wieder eng im Modul.

7.6.5 »Beiträge - Neueste«

Veröffentlichen Sie regelmäßig viel Content, bewerben Sie mit diesem Modul die jeweils neuesten Beiträge. Im Reiter MODUL legen Sie dabei fest, welche KATEGORIEN, wie viele der aktuellsten Beiträge (ANZAHL) und ob HAUPTEINTRÄGE berücksichtigt werden. Natürlich lässt sich die Liste auch SORTIEREN, interessant ist dabei z. B. die ZUFÄLLIGE Sortierung.

7.6.6 »Beiträge - Newsflash«

Das Modul BEITRÄGE - NEWSFLASH ist nichts für die schmale Seitenleiste, denn es präsentiert den Inhalt der ausgewählten Beiträge. Das ist entweder der *komplette* Inhalt oder der obere mit einem WEITERLESEN-Trenner markierte Bereich (Teaser). So eignet sich das Modul für die Einbindung in eine thematische Übersichtsseite oder sogar die Homepage, um eine spezielle Kategorie von Nachrichtenbeiträgen darzustellen. Im Protostar-Template böte sich die Position MITTE OBEN [POSITION-3] direkt über dem Contentbereich an.

Entsprechend umfangreich sind Darstellungsoptionen im Reiter MODUL. Die Beschriftungen sprechen für sich: Zu berücksichtigende KATEGORIEN, BEITRAGSBILDER, BEITRAGSTITEL, Verlinkung des TITELS etc. und, ganz wichtig, auch die Einschränkung der ANZAHL VON BEITRÄGEN, um die Liste nicht zu sehr aufzublähen.

7.6.7 »Beiträge - Verwandte«

Neben gemeinsamen Kategorien lassen sich Beiträge auf eine andere Weise miteinander verknüpfen. Im Reiter VERÖFFENTLICHUNG der Beitragsbearbeitung befinden sich Felder für die Metadaten des Beitrags, darunter auch META-SCHLÜSSELWÖRTER. Dieses Feld diente früher der Angabe wichtiger Keywords für Suchmaschinen, wird aber mittlerweile von Google und Co. nicht mehr fürs Ranking herangezogen. Einige Joomla!-Komponenten zweckentfremden dieses Feld nun, um Bezüge zwischen Inhaltselementen herzustellen.

Das Modul BEITRÄGE - VERWANDTE blendet alle Beiträge ein, die mindestens ein gemeinsames META-SCHLÜSSELWORT mit dem auf der aktuellen Webseite dargestellten Beitrag vorweisen. Beachten Sie, dass das nichts mit Kategorien oder Schlagwörtern (Tags) zu tun hat, Sie können hierüber also eine völlig neue Taxonomie abbilden. In der Konfiguration im Reiter MODUL legen Sie die Anzahl der dargestellten Beiträge und die Erwähnung des Beitragsdatums fest.

Kapitel 8
Contentpflege konfigurieren

Damit Websiteautoren Beiträge verfassen und nicht Webseiten layouten, lassen sich das Beitragsbearbeitungsformular und der Editor so konfigurieren, dass nur ein definierter Funktionsumfang bereitsteht.

Nach der Installation von Joomla! ist das Content-Management-System so eingerichtet, dass sich Beiträge äußerst flexibel formatieren lassen, z. B. mit Absatz- und Zeichenformaten, Tabellen, Bildern oder sogar Videoclips. In einem großen Websiteteam mit dedizierten Autoren und strengen Designrichtlinien ist das aber gar nicht wünschenswert. In diesem Kapitel konfigurieren Sie das CMS deshalb so, dass die Editorfunktionen genau die Formatierungen bieten, die für Autoren erlaubt sind. Außerdem haben Sie die Möglichkeit, die Darstellung der Inhalte im Frontend so zurechtzubiegen, dass sie dem Designkonzept entspricht.

Begriff	Erklärung
TinyMCE	Bekannter und weit verbreiteter Open-Source-WYSIWYG-Editor, der in vielen Webapplikationen zur Anwendung kommt. Joomla! integriert den Editor innerhalb eines Plugins. Auf diese Weise installieren Sie auch Alternativeditoren mit anderen Funktionsumfängen als Erweiterungen.
Skin	Personalisierte Benutzeroberfläche einer Applikation. Für TinyMCE erzeugen Sie beispielsweise eine Skin, um die Farben der Buttons anzupassen.
Joomla!-Core	Core bezeichnet den Teil der Programmierung in einer Webapplikation, der alle Grundfunktionalitäten bereitstellt und möglichst *nicht* nachträglich verändert wird. Er ist zwar modifizierbar (sogenanntes *Tweaken*), die Konsequenzen solcher Änderungen sind jedoch selten gesamtheitlich fassbar und werden bei einem Joomla!-Update gnadenlos überschrieben.

Tabelle 8.1 Die wichtigsten Begriffe zur Konfiguration der Contentpflege

8 Contentpflege konfigurieren

Begriff	Erklärung
Tweak	Kleine Änderung an einem Programm, Script oder Template, um eine Funktionalität minimal anzupassen. Für Tweaks sind meist keine tief greifenden Programmierkenntnisse notwendig, da nur ein Wort ersetzt oder ein Befehl kopiert wird. Tweaks laufen abseits konformer Programmierung und werden deshalb bei Applikationsaktualisierungen überschrieben und sollten unbedingt dokumentiert werden.

Tabelle 8.1 Die wichtigsten Begriffe zur Konfiguration der Contentpflege (Forts.)

8.1 Beiträge konfigurieren

Im ersten Schritt der Contentpflege-Konfiguration beeinflussen Sie die Art und Weise, wie Joomla! mit Beiträgen, den wichtigsten Inhaltselementen, umgeht. Was Sie hierzu einstellen, ist davon abhängig, um welche Art von Website es sich handelt, z. B. listet ein Blog kürzere, mit Datum und Autor versehene Textinhalte; eine Firmenpräsenz zeigt dagegen Produkte und Dienstleistungen über komplexer gestaltete Webseiteninhalte mit weniger Metadaten.

Abbildung 8.1 Konfigurieren Sie die Beitragsdarstellung zunächst über »System« • »Konfiguration« • Komponente »Beiträge«, bevor Sie individuelle Feinjustierungen pro Beitrag vornehmen.

Alle Beitragseinstellungen finden Sie unter SYSTEM • KONFIGURATION • Komponente BEITRÄGE über mehrere Reiter verteilt (siehe Abbildung 8.1). Beachten Sie, dass viele der hier gelisteten Schalter auch individuell bei jeder einzelnen Beitragsbearbeitung vorgenommen werden können; die Einstellungen in der globalen Konfiguration gelten als Standardwerte, die dann pro individueller Beitrag überschrieben werden. Ziehen Sie globale Einstellungen individuellen vor, denn diese vergisst man gerne mit der Zeit.

8.1.1 Beitragsdarstellung im Frontend

Der Reiter BEITRÄGE beschäftigt sich vornehmlich mit der Anzeige von Beitrags-Metadaten. Zum Beispiel blenden Sie Autoren oder Erstellungsdatum ein oder aus, verlinken die dem Beitrag zugeordnete Kategorie und steuern die Möglichkeit, den Beitrag durch den Besucher direkt ausdrucken oder per E-Mail weiterempfehlen zu lassen. Die Einstellungsmöglichkeiten sind weitestgehend identisch mit den individuellen Optionen in der Beitragskonfiguration, eine Erläuterung der Formularfelder finden Sie deshalb in Abschnitt 7.5.4, »Einzelner Beitrag«.

8.1.2 Beitragsbearbeitung im Backend

Der Reiter BEARBEITUNGSLAYOUT dient dazu, die Optionen beim Verfassen und Gestalten eines Beitrags einzuschränken. In der Standardinstallation von Joomla! erscheinen dort nämlich Möglichkeiten, übergeordnete Bilder oder Links zu setzen und Metadaten pro Beitrag festzulegen. Für die meisten Websites genügen die Standardeinstellungen, die Sie in dieser Konfiguration vornehmen, sodass das Ausblenden der Beitragsbearbeitungs-Reiter die Benutzeroberfläche aufgeräumter erscheinen lässt.

- VERÖFFENTLICHUNGSPARAMETER ZEIGEN: Blendet den Reiter VERÖFFENTLICHUNG in der Beitragsbearbeitung ein oder aus.
- BEITRAGSEINSTELLUNGEN ANZEIGEN: Ein- oder Ausblenden des Reiters OPTIONEN bei der Bearbeitung eines Beitrags. Dieser Reiter enthält die Detaileinstellungen zu den oben gelisteten Metadaten. Stellen Sie diesen Schalter auf NEIN, ist es Autoren nicht mehr möglich, individuelle Beitragsdetails zum Autor, dem Erstellungsdatum etc. vorzunehmen. Durchaus sinnvoll, denn die Beitragspräsentation auf einer Website sollte einem möglichst durchgängigen Schema folgen.
- VERLAUF SPEICHERN, ANZAHL VERSIONEN: Über diese beiden Felder steuern Sie die Beitragsversionierung. VERLAUF SPEICHERN • NEIN deaktiviert die Versionierung; ANZAHL VERSIONEN gibt die Zahl der Beitragskopien vor, die Joomla! automatisch speichert, bevor automatische Löschungen älterer Versionen vorgenommen werden.
- BILDER UND LINKS IM FRONTEND/BACKEND: Noch eine Reiterkonfiguration für die Beitragsbearbeitung. Diese Schalter steuern das Ein- oder Ausblenden des Reiters BILDER UND LINKS (jeweils im Front- und Backend), über den Einleitungs- und

Beitragsbilder sowie drei optionale begleitende Links angegeben werden. Verwenden Sie nur Bilder im Fließtext, benötigen Sie den Reiter nicht; schalten Sie ihn dann aus.

- URL A,B,C ZIELFENSTER: Standardkonfiguration des Zielfensters für die drei optionalen begleitenden Links pro Beitrag. IM GLEICHEN FENSTER ÖFFNEN empfiehlt sich für website-interne Links; für alle externen Verweise verwenden Sie IN NEUEM FENSTER ÖFFNEN, damit der Browser einen neuen Tab öffnet. ALS POPUP-FENSTER ÖFFNEN bzw. MODALFENSTER eignet sich für die Darstellung übergeordneter Informationen, z. B. eines Glossareintrags oder einer Referenzenliste.

- TEXTUMFLIESSUNG DES EINLEITUNGSBILDES/BEITRAGSBILDES: Stellen Sie Einleitungs- oder Beitragsbilder (Reiter BILDER UND LINKS der Beitragsbearbeitung) entweder links- oder rechtsbündig dar. Das heißt, der Text fließt dann rechts oder links am Bild entlang, sofern es nicht die gesamte Breite der Contentspalte einnimmt.

8.1.3 Haupteinträge, Blog- und Listenansichten

Die Reiter KATEGORIE, KATEGORIEN, BLOG/HAUPTEINTRÄGE, LISTENLAYOUT und GEMEINSAME OPTIONEN beeinflussen die Darstellungsoptionen von Beitragsübersichten, sei es auf der Homepage oder einer Kategorieübersichtsseite. Eine ausführliche Erklärung, wie Sie die Kategorieblogs oder -listen nach Ihrem Geschmack konfigurieren, finden Sie in Abschnitt 7.5.1 bis Abschnitt 7.5.3. Abschnitt 10.1, »Homepage anpassen«, geht näher auf die Einstellungsoptionen der Homepage und Seiten des Menüeintragstyps HAUPTEINTRÄGE ein.

8.2 Editor konfigurieren

Für die Bearbeitung von Inhaltselementen stellt Ihnen Joomla! ein mächtiges Tool, den TinyMCE-Editor, zur Seite, mit dem Sie vor allem Beiträge flexibel aufbereiten und formatieren. Die Standardinstallation bietet da sinnvolle Optionen, wie die Anwendung von Absatzformaten, Fett- und Kursivschrift, Ausrichtung und die Einbettung von Bildern, Links und Tabellen. In speziellen Contentpflege-Szenarien ist es jedoch vorgesehen, die Formatierungsoptionen fundamental einzuschränken oder besondere Funktionalitäten einzubinden. Mit TinyMCE ist das kein Problem, denn der Editor ist detailliert einstellbar; zum einen über die Konfiguration des Plugins, aber auch für fortgeschrittene Anforderungen auf Programmebene im Backend.

> **Tipp: Editoralternative JCE**
>
> Der eingebaute TinyMCE-Editor reicht für die Inhaltspflege der meisten Websites aus, doch falls Sie noch mehr Formatierungsoptionen und Einstellungsmöglichkei-

ten benötigen, sehen Sie sich den beliebten Editor JCE an. Er installiert sich als reguläre Joomla!-Erweiterung und sticht insbesondere durch seine Benutzerprofile und zusammenklickbare Buttonleisten heraus. Abschnitt 16.2, »Komfortabler editieren mit JCE«, beschäftigt sich detaillierter mit dem Tool.

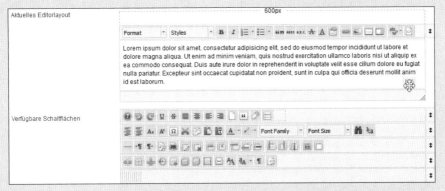

Abbildung 8.2 In JCEs Optionen konfigurieren Sie für verschiedene Benutzergruppen individuelle Buttonkombinationen.

8.2.1 TinyMCE über Plugin-Konfiguration anpassen

Gehen Sie über das Menü ERWEITERUNGEN • PLUGINS in den Plugin-Manager, und suchen Sie in der Liste nach dem Eintrag EDITOR - TINYMCE. Unter dem Reiter PLUGIN sind folgende Optionen möglich:

▶ WEBSITE-SKIN, ADMINISTRATOR-SKIN: Das Aussehen, die rein optische Präsentation von TinyMCE, steuern Sie über *Skins*. Das sind Dateisammlungen von Bildern und CSS-Dateien, die Form und Farben von Buttons, Menüs, Dialogfenstern etc. definieren. Hier finden Sie vorerst nur eine Option, LIGHTGRAY. Über den TinyMCE Skin Creator (*http://skin.tinymce.com*) erstellen Sie eigene Skins; siehe Abschnitt 8.2.2, »TinyMCE-Skin erstellen«.

▶ FUNKTIONALITÄT (siehe Abbildung 8.3): Hierüber steuern Sie, welche Funktionen – Buttons und Menüs – für Autoren sichtbar sind und genutzt werden dürfen. In größeren Unternehmen sind die Design- und Layoutvorgaben mitunter sehr streng, und der gestalterische Freiraum ist für Autoren bewusst stark reglementiert. Die Konfiguration EINFACH ist hier ideal, da nur einige typografische Werkzeuge wie Fett- oder Kursivdruck und Bullet- oder nummerierte Listen zur Verfügung stehen. Die Einstellungen ERWEITERT und KOMPLETT ergänzen stufenweise die im Editor bereitgestellten Formatierungsmöglichkeiten. Dabei erlaubt ERWEITERT auch das Setzen von Links, die Verwendung von Tabellen und Ausrichtungen, während bei KOMPLETT keine Einschränkungen vorliegen. In der Praxis sollte jedoch die Funktionalität ERWEITERT ausreichen, da hier auch alle Absatzformate, z. B. HTML-konforme Überschriften, zum Einsatz kommen.

Tatsächlich beziehen sich die drei Einstellungen der FUNKTIONALITÄT nicht nur auf die exakte Buttonkonfiguration, sondern auch auf die Einstellmöglichkeiten in TinyMCEs Backend. In den kommenden zwei Abschnitten lernen Sie die Möglichkeit kennen, den Editor insbesondere über den Modus ERWEITERT exakt nach Ihren Anforderungen zu konfigurieren.

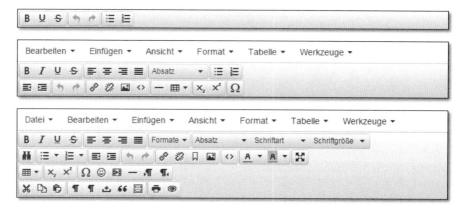

Abbildung 8.3 Abhängig von der Einstellung »Funktionalität« stellt der Editor verschiedene Funktionen im Modus »Einfach«, »Erweitert« und »Komplett« bereit.

- MOBILMODUS: Erlaubt die einfachere Bedienung des Editors, wenn Sie Inhalte über ein Smartphone oder ein anderes Gerät mit kleinem Bildschirm bearbeiten.
- ENTITY-KODIERUNG: Steuert, wie TinyMCE im Rahmen von HTML mit Sonderzeichen umgeht. Belassen Sie hier den Wert RAW.
- AUTOM. SPRACHWAHL: Stellt die Sprache der Bedienelemente des Editors (TinyMCE kommt mit Dutzenden vorkonfigurierten Sprachen) auf die vom Autor/Benutzer eingestellte Präferenz.
- SPRACH-CODE: Ist die automatische Sprachwahl deaktiviert, legen Sie hier die Sprache fest, die TinyMCE spricht.
- TEXTRICHTUNG: Falls Sie hauptsächlich hebräische oder arabische Texte bearbeiten, stellen Sie für TinyMCE die TEXTRICHTUNG von rechts nach links ein.
- TEMPLATE-CSS-KLASSEN: Steht dieser Schalter auf AN, sucht TinyMCE im Verzeichnis */templates/system/css/* nach einer Datei *editor.css*, die CSS-Styles für den Inhalt im Editor enthält und die Standardformate überschreibt. Nach der Standardinstallation von Joomla! existiert diese Datei bereits und enthält Style-Aktualisierungen für Überschriften und Links und darf von Ihnen beliebig erweitert werden. Beachten Sie jedoch, dass die hier angegebenen Formate *nicht* das Aus-

sehen im Frontend, sondern ausschließlich im Editor beeinflussen. Siehe auch Abschnitt 8.2.4, »Eigene CSS-Styles in TinyMCE integrieren«.

- EIGENE CSS-KLASSENDATEI: Anstelle der Datei *editor.css* können Sie auch eine eigene CSS-Datei im Verzeichnis des von Ihnen eingesetzten Templates hinterlegen. TinyMCE sucht die Datei dann unter */templates/IHR-TEMPLATE-VERZEICHNIS/css/*.
- URLs: Hier legen Sie fest, ob Links oder Bildverweise im Fließtext ABSOLUT (URL inklusive Protokoll und Domain) oder RELATIV (Pfadermittlung erfolgt anhand der Position der aktuellen Webseite) eingebettet werden. Joomla! und TinyMCE kommen mit beiden Verfahren gut zurande, ABSOLUTE URLs sind in der Regel aber sicherer, wenn eine Webapplikation Seiten in Unterordnern organisiert. Lassen Sie hier einfach den voreingestellten Wert stehen.
- NEUE ZEILEN: Regelt, ob TinyMCE nach Betätigen der ⏎-Taste einen neuen Paragrafen (<p>-Element) oder nur einen Zeilenumbruch anlegt (<br>). Paragraphenhandhabung ist hier üblich, da einzelne manuelle Zeilenumbrüche in normalen Fließtexten selten vorkommen und über ⇧ + ⏎ erzeugt werden.
- VERBOTENE ELEMENTE, GÜLTIGE ELEMENTE, ERLAUBTE ELEMENTE: Listen Sie hier HTML-Elemente, die TinyMCE zulässt oder verbietet und herausfiltert. Unter VERBOTENE ELEMENTE finden Sie beispielsweise schon die HTML-Tags SCRIPT, APPLET und IFRAME. Für die Einbindung von YouTube- oder Vimeo-Videos entfernen Sie IFRAME aus dieser Liste.

Weiter geht's im Reiter ERWEITERT. Im oberen Bereich finden Sie Felder, die theoretisch das Aussehen des Editorfensters steuern. TinyMCE ignoriert diese Werte allerdings und passt das Fenster immer optimal an die Größe des Bearbeitungsformulars des Inhaltselements an. Weiter unten schalten Sie einzelne Buttons des Editors an oder aus, das funktioniert aber nur, wenn Sie im Editor die Option FUNKTIONALITÄT auf KOMPLETT gestellt haben.

8.2.2 TinyMCE-Skin erstellen

Um die TinyMCE-Optik anzupassen, bietet die offizielle Website des Editors ein komfortables HTML-Interface, an dem Sie Veränderungen an allen Elementen vornehmen und sofort eine Vorschau auf die neue *Skin* erhalten (siehe Abbildung 8.4). Besuchen Sie dazu *http://skin.tinymce.com*, wählen Sie eine der drei Vorlagen aus der Dropdown-Liste PRESET, und verändern Sie nach eigenem Ermessen Farben, Farbverläufe und Rahmen. Zum Beispiel könnten Sie hier die Farbschemen aus dem Designkonzept der Website übernehmen, damit Backend-Editor und Frontend-Website gestalterisch aus einem Guss sind.

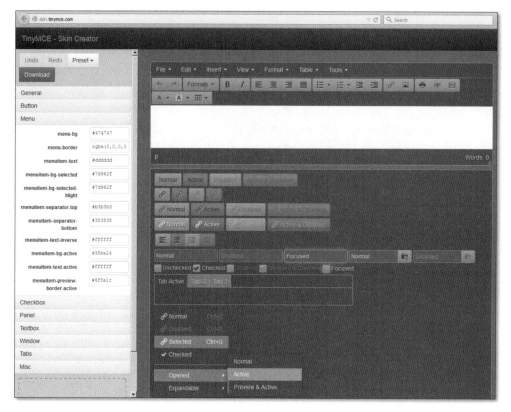

Abbildung 8.4 Die im Skin Creator (http://skin.tinymcecom) erzeugten Benutzeroberflächen installieren Sie ins Joomla!-Verzeichnis unter »/media/editors/tinymce/skins/«.

Sind Sie mit den Änderungen zufrieden, klicken Sie auf den Button DOWNLOAD und entpacken das lokal bei Ihnen gespeicherte ZIP-Archiv *tinymce-custom-skin.zip*. Benennen Sie nun das erzeugte Verzeichnis um, z. B. *reiseforum-skin*, und laden Sie alle Dateien inklusive des Verzeichnisses per FTP in die Joomla!-Installation unter */media/editors/tinymce/skins*. TinyMCE erkennt anhand der Existenz der Skin-Unterverzeichnisse automatisch, welche Skins verfügbar sind.

Wechseln Sie nun in die Plugin-Konfiguration des TinyMCE, und wählen Sie die neue Skin über die Dropdown-Liste WEBSITE-SKIN (für das Frontend) bzw. ADMINISTRATOR-SKIN (Backend). Bearbeiten Sie jetzt z. B. einen Beitrag, um die neue Skin im Einsatz zu sehen.

Tipp: Schließen Sie den Skin-Creator-Tab im Browser noch nicht zu voreilig. Der Skin Creator erlaubt leider nicht den Upload zuvor erzeugter Skins, um sie weiterzubearbeiten, möglicherweise möchten Sie aber weitere Anpassungen an der Skin vornehmen, nachdem Sie sie im Live-Einsatz auf Ihrer Website sahen.

8.2.3 TinyMCE-Buttons konfigurieren

Die auf den vorhergehenden Seiten besprochenen Konfigurationseinstellungen kratzen nur an der Oberfläche der möglichen Einstellungen. TinyMCE ist ein weit verbreiteter Open-Source-Editor, der in sich autark funktioniert, ohne direkt an ein Content-Management-System gekoppelt zu sein. Das TinyMCE-Plugin ist quasi eine Hülle, die dazu dient, den Editor in Joomla! zu integrieren. Die Plugin-Konfiguration des Editors schleift dabei nur einige der vielen Parameter ins Joomla!-Backend durch. Die fehlenden Parameter lassen sich im Backend manipulieren. Auf diesen Seiten erfahren Sie, wie Sie die Buttonleisten so konfigurieren, dass Ihre Autoren nur die Felder sehen, die sie verwenden sollen.

> **Achtung: Core-Änderungen werden bei Updates überschrieben**
>
> Die in diesem und dem folgenden Abschnitt vorgestellten Änderungen betreffen Core-System-Dateien von Joomla! bzw. des Editor-Plugins. Normalerweise vermeidet man solche Änderungen, da sie bei Joomla!-Updates in der Regel zurückgesetzt werden und konforme Mechanismen existieren, um Systemmodifikationen durchzuführen. Für die detaillierte Konfiguration des TinyMCE gibt es leider keinen solchen Mechanismus; Sie müssen damit rechnen, die Anpassungen nach einem Joomla!-Update erneut durchzuführen – legen Sie deshalb eine Kopie der bearbeiteten Datei in einem Ordner an, der außerhalb der Joomla!-Installation liegt.
>
> *Hinweis*: Alternativ installieren Sie einen anderen Editor als Erweiterung. Eine Empfehlung finden Sie in Abschnitt 16.2, »Komfortabler editieren mit JCE«.

Der Löwenanteil von TinyMCEs Funktionalität und Konfiguration befindet sich in einer einzelnen Datei im Backend unter */plugins/editors/tinymce/tinymce.php*. Öffnen Sie die Datei in Ihrem Codeeditor, und suchen Sie nach »Advanced mode«. Hier befinden sich die Einstellungen, die Sie im Joomla!-Backend als FUNKTIONALITÄT ERWEITERT aktivieren. Das ist der Modus, der explizit für die individuelle Konfiguration vorgesehen ist.

Ausblenden des TinyMCE-internen Menüs

Das innerhalb des Editorfensters von TinyMCE dargestellte Menü wiederholt die meisten Funktionen, die auch über Buttons erreichbar sind. Das Ausblenden dieser Menüleiste räumt die Oberfläche ein bisschen auf und lenkt die Aufmerksamkeit von Autoren auf das wichtigste Steuerelement, das sie zum Formatieren ihrer Texte benötigen – die Buttonleiste.

Um das Menü zu entfernen, bearbeiten Sie die Datei *tinymce.php* und ergänzen innerhalb des Blocks /* Advanced Mode */ und innerhalb von tinyMCE.init({, nach der Zeile // General den Programmcode menubar:false,.

Der Quelltext sieht jetzt so aus:

```
tinyMCE.init({
  // General
  menubar: false,
  directionality: \"$text_direction\",
```

Um den so bereinigten Editor zu sehen, wechseln Sie in den Browser und aktualisieren eine beliebige Beitragsbearbeitungsseite mit [F5] (OS X: [cmd] + [R]).

Konfigurieren der Buttons

Die im Editorfenster dargestellten Funktionsbuttons können Sie eigentlich nur in der Editor-Funktionalität KOMPLETT über den Reiter ERWEITERT der Plugin-Konfiguration anpassen. Aber dank kleiner Tweaks in der Datei *tinymce.php* ist das auch im Modus ERWEITERT möglich, und zwar im selben Abschnitt wie bei der Deaktivierung des TinyMCE-internen Menüs.

Suchen Sie nach den Zeilen, die die Variablendefinitionen für $toolbar1 und $toolbar2 enthalten. Dahinter sind alle Buttons dieser zwei Werkzeugleisten innerhalb von Anführungszeichen gelistet. Einzelne Buttons werden mit einem Leerzeichen getrennt. Buttongruppen trennen Sie mit Leerzeichen, Pipe-Symbol | (Windows: [Strg] + [Alt] + [<], OS X: [Alt] + [7]) und einem weiteren Leerzeichen.

Welche Buttons einsetzbar sind, sehen Sie unter *http://ti7nyurl.com/jh-tinymce*. Beachten Sie, dass, abhängig von der bei Ihrer Joomla!-Version eingesetzten TinyMCE-Version, einige Kommandos vielleicht nicht zur Verfügung stehen. Ist das der Fall und versuchen Sie, einen Button einzublenden, der nicht unterstützt wird, bleiben die Buttonleisten leer, wenn Sie den Editor im Browserfenster mit [F5] (OS X: [cmd] + [R]) aktualisieren.

> **Info: Testen der neuen Konfiguration und Problembehandlung**
>
> Zum Testen Ihrer Konfigurationsänderungen stellen Sie zunächst im Plugin EDITOR - TINYMCE das Feld FUNKTIONALITÄT auf ERWEITERT und öffnen über INHALT • BEITRÄGE • NEUER BEITRAG ein neues Beitragsformular. Nach jeder Änderung im Backend aktualisieren Sie dann diese Seite mit [F5] (OS X: [cmd] + [R]). Lädt die Seite nicht und erscheint z. B. vollständig weiß, ist etwas bei der Konfiguration schiefgegangen, z. B. ein fehlendes Semikolon am Ende einer Programmzeile oder falsch gesetzte Anführungszeichen. Nehmen Sie dann die letzten Einstellungen im Codeeditor zurück ([Strg]/[cmd] + [Z]), und prüfen Sie noch mal im Frontend die Darstellung des Beitragsformulars. Erscheint jetzt alles korrekt, wissen Sie, bei welcher Änderung der Fehler lag, und nehmen das betreffende Codefragment näher unter die Lupe.

> **Info: Die Buttons unterhalb des Editorfensters sind Plugins**
>
> Unter dem Editorfenster befinden sich die Buttons BEITRÄGE, BILD, SEITENUMBRUCH und WEITERLESEN, mit denen Sie Joomla!-spezifische Elemente in den Inhalt einbetten. Diese sind demzufolge auch als Joomla!-Plugins integriert. Sie finden sie, z. B. zum gezielten Deaktivieren, unter ERWEITERUNGEN • PLUGINS – alle Plugins, deren Name mit SCHALTFLÄCHE beginnt.

8.2.4 Eigene CSS-Styles in TinyMCE integrieren

In Kapitel 7, »Content verwalten«, haben Sie mit TinyMCE, dem Joomla!-internen Editor, gearbeitet, um u. a. Texte zu formatieren. Wie von Word oder anderen Textverarbeitungsprogrammen gewohnt, sind hier insbesondere Absatz- und Zeichenformate einsetzbar, die z. B. das Aussehen von Überschriften und Absätzen, aber auch besondere Formatierungen wie für Hervorhebungen steuern.

Mit TinyMCE sind Sie in der Lage, eigene, benutzerdefinierte Formate einzusetzen. Die Konfiguration ist zwar ein bisschen verzwickt, aber für komplexe Websites mit vielen vom Designer festgelegten Textformaten äußerst praktisch. *Achtung*: Neue Formate lassen sich bei der Beitragsbearbeitung nur über das TinyMCE-interne Menü einsetzen. Das gegebenenfalls über im Abschnitt »Ausblenden des TinyMCE-internen Menüs« ausgeblendete Menü muss hierzu wieder eingeblendet werden.

Suchen Sie in der Datei */plugins/editors/tinymce/tinymce.php* nach dem Codefragment `tinymce.init`. Dies ist das Herz der Konfiguration des Editors, eine Mischung aus PHP und JavaScript. Der `$mode` entspricht den Einstellungsmöglichkeiten der Editorkonfiguration im Plugin EDITOR - TINYMCE:

- 0 – Simple mode: einfach
- 1 – Advanced mode: komplett
- 2 – Extended mode: erweitert

Fügen Sie unter `// General` einen weiteren TinyMCE-Parameter ein: `style-formats`. In ihm befindet sich eine Liste mit Definitionen für das neue Format mit der Angabe `title` (Name des Formats im TinyMCE-Menü), `block` oder `inline` (zu verwendendes HTML-Tag) und `classes` und/oder `styles` (CSS-Style-Definitionen). Einige Formatbeispiele:

```
style_formats: [
  {title: 'Bold text', inline: 'b'},
  {title: 'Red text', inline: 'span', styles: {color: '#ff0000'}},
  {title: 'Hervorgehobene Überschrift 1', block: 'h1', styles: {color: '#ff0000'}},
```

```
{title: 'Example 1', inline: 'span', classes: 'example1'},
{title: 'Example 2', inline: 'span', classes: 'example2'},
{title: 'Table styles'},
{title: 'Table row 1', selector: 'tr', classes: 'tablerow1'}
],
```

Listing 8.1 Beispiele für eigene Format-Styles: Achtung – jede Parameterangabe muss mit einem Komma enden, mit Ausnahme der letzten.

Experimentieren Sie mit diesen Formaten, und testen Sie Ihre Änderungen häufig im Beitragsbearbeitungsformular im Webbrowser. Kleine Programmier- oder Tippfehler sind hier schnell gemacht, darum empfiehlt es sich, kleine Konfigurationsschritte vorzunehmen.

Beachten Sie außerdem, dass bei Verwendung von CSS-Klassen die betreffenden Klassen für eine korrekte Darstellung auch im Frontend zur Verfügung stehen müssen, z. B. durch Einsatz von CSS-Overrides (siehe Abschnitt 10.5.3, »CSS-Overrides anlegen«).

8.3 Medienmanager konfigurieren

Mit dem Medienmanager von Joomla! haben Sie Zugriff auf eine rudimentäre Bilder- und Dokumentenverwaltung innerhalb des Content-Management-Systems. »Verwaltung« ist streng genommen übertrieben, da abgesehen vom Datei-Upload und einer Funktion zum Löschen und Erstellen von Verzeichnissen keine weitere Dateiorganisation möglich ist (Verschieben von Dateien, Metadaten etc.). Der Medienmanager ist demzufolge kein Ersatz für leistungsfähigere Medienerweiterungen, die z. B. ansehnlich präsentierte Diashows oder eine bequeme Dateistrukturierung integrieren. Auf der Suche nach derartigen Funktionalitäten blättern Sie bitte zu Kapitel 17, »Joomla! als Content-Management-System«, in dem die Standardinstallation um Erweiterungen ergänzt wird, die auch die Arbeit mit Bildern und anderen Medien vereinfachen.

Über SYSTEM • KONFIGURATION • Komponente INHALT: MEDIEN • Reiter KOMPONENTE nehmen Sie die Basiseinstellungen des Medienmanagers vor (siehe Abbildung 8.5). Für die meisten Websites genügen hier jedoch die Standardeinstellungen.

- ERLAUBTE DATEIENDUNGEN: Stellen Sie ein, welche Dateitypen in den Medienmanager hochgeladen werden dürfen. In der Regel müssen Sie nichts an der Voreinstellung ändern.

- MAX. GRÖSSE (IN MB): Maximale Größe der hochzuladenden Dateien. Diese Einschränkung dient dazu, Benutzern mit Upload-Rechten und böswilligen Absichten Einhalt zu gebieten. Um den Down- oder Upload größerer Dateien (ZIP-

Archive, RAW-Bilder auf einer Fotografen-Website) zu ermöglichen, stellen Sie diesen Wert beliebig hoch. *Tipp*: Die maximale Upload-Größe wird auch durch PHP eingeschränkt. Passen Sie gegebenenfalls die Variablenwerte zu `upload_max_filesize` und `post_max_size` in der PHP-Konfigurationsdatei *php.ini* an.

- DATEIVERZEICHNIS-PFAD, BILDVERZEICHNIS-PFAD: Definieren Sie die Serververzeichnisse, in denen Uploads und speziell Bilder gespeichert werden. An der Standardeinstellung IMAGES muss nichts verändert werden.

- UPLOADS BLOCKIEREN: Unterbindet Uploads niedriger gestellter Benutzergruppen, falls Joomla! hochgeladene Dateien nicht prüfen kann.

- DATEITYPEN ÜBERPRÜFEN: Belassen Sie dieses Feld auf JA; Joomla! überprüft dann mithilfe der PHP-Komponenten *Fileinfo* und *MIME Magic*, ob hochgeladene Dateien wirklich das sind, was die Dateiendung verspricht. Das ist zwar keine vollwertige Virenabwehr, schützt aber Benutzer vor dem Download gefährlicher und falsch deklarierter Dateien eines böswilligen Uploaders.

- ERLAUBTE BILDENDUNGEN, IGNORIERTE DATEIENDUNGEN, ERLAUBTE DATEITYPEN, VERBOTENE DATEITYPEN: Liste erlaubter, ignorierter und verbotener Dateiendungen und Inhaltstypen (MIME oder Content Type) für Bilder und andere Uploads für mehr Kontrolle über die Dateitypen in Ihrem Medienmanager. Auch hier sind die Voreinstellungen sinnvoll und lassen sich gegebenenfalls restriktiver einschränken.

Abbildung 8.5 In den Einstellungen des Medienmanagers konfigurieren Sie beispielsweise die erlaubten Dateitypen und den Ablageort auf dem Server.

Kapitel 9
Menüs aufbauen

Menüeinträge erzeugen Webseiten. Joomla! bietet mit drei Dutzend Menüeintragstypen zahlreiche Variationen von Spezialseiten, z. B. Blogseiten, Kontaktformulare, Newsfeed-Übersichten, Benutzerprofile und eine website-interne Suche.

Mit all den Urlaubszielen, Reiseberichten und Reisetipps wächst die Zahl der Beiträge des Reiseforums auf eine beachtliche Größe. Über die Homepage lassen sich die vielen Artikel schon längst nicht mehr verlinken, darum ist es Zeit, sich intensiver mit der Erstellung einer komfortablen Navigation zu beschäftigen. Den Ansatz dafür brachte Joomla! schon mit der Installation: das Hauptmenü. Aber warum es bei einem Menü belassen? Das Impressum und die Datenschutzerklärung müssen längst nicht so prominent erscheinen wie die Urlaubsziele. Am besten sind sie dezent im Seitenfooter aufgehoben.

In Joomla! dienen Menüs bzw. Menüpunkte noch einem viel wichtigeren Zweck als der Darstellung der Navigation: Mit ihnen werden Webseiten erzeugt. Menüeinträge und Webseiten sind unzertrennbar miteinander verbunden, jeder Menüeintrag führt auf genau eine Webseite mit individueller URL. Während der Großteil der Menüeinträge auf Beiträge verlinkt und damit klassische Webseiten erzeugt, stellt das Content-Management-System aber noch zahlreiche Spezialseiten zur Verfügung. Eine komplette Liste sehen Sie in Abschnitt 9.2 »Alle Menüeintragstypen vorgestellt«.

Begriff	Erklärung
Menü	Navigation in Form von an einer bestimmten Stelle auf einer Webseite verankerten Links. Menüs können flach sein, also aus einer Ebene (englisch: Level) bestehen, oder Untermenüs enthalten. Spätestens nach drei ineinander verschachtelten Menüebenen wird's allerdings unübersichtlich.
Menüeintrag, Menüpunkt	Der einzelne Link eines Menüs, der zu einer Webseite führt. Jeder Menüeintrag hat in Joomla! eine eindeutige URL.

Tabelle 9.1 Die wichtigsten Begriffe für die Verwaltung von Menüs und Menüeinträgen

Begriff	Erklärung
Menüeintragstyp	Eigenschaft eines Menüpunkts oder Menüeintrags, die bestimmt, um welche Art Seite es sich handelt. Joomla! stellt drei Dutzend verschiedene Typen zur Verfügung. Viele davon führen zu sehr speziellen Seiten, z. B. BENUTZERPROFIL BEARBEITEN, ALLE NEWS-FEED-KATEGORIEN AUFLISTEN oder die SUCHE. Der meistverwendete Eintragstyp ist EINZELNER BEITRAG, der aus einem Beitrag eine komplette Webseite erzeugt.
Menüeintrag-Alias	Ein besonderer Menüeintragstyp, der nicht auf eine Webseite oder ein spezielles Feature verweist, sondern auf einen anderen Menüeintrag, also eine Art Umleitung. So lassen sich mehrere Menüpunkte für eine Seite erzeugen, ohne die Seite mehrfach anzulegen. Wichtig, um sogenannten *Duplicate Content* zu vermeiden, den Google und Co. nicht gerne sehen und potenziell im Ranking abstrafen.
Benutzermenü	Ein Menü, das Sie in diesem Kapitel exemplarisch erstellen und das nur für angemeldete Websitebenutzer erscheint. Es enthält Links zu Profil- und Passwort-ändern-Seiten.
Iframe	Browsermechanik, die innerhalb einer Webseite eine völlig andere Seite lädt. Die beiden Seiten sind losgekoppelt voneinander, darum sind gründliche Überlegungen notwendig, für welchen Zweck man Iframes verwendet. Meist kommen sie für die Einbettung von YouTube- oder Vimeo-Videos zum Einsatz.
Duplicate Content	Bereitstellung identischen Inhalts unter verschiedenen URLs. Äußerst unbeliebt bei Suchmaschinen, da das eine Form von Linkspam ist. Möchte man Webseiten in Joomla! in verschiedenen Menüs anzeigen, arbeitet man deshalb mit Menüeintrag-Aliassen.

Tabelle 9.1 Die wichtigsten Begriffe für die Verwaltung von Menüs und Menüeinträgen (Forts.)

In diesem Kapitel bauen Sie zunächst die inhaltlichen Elemente eines Menüs auf. Sie ergänzen und organisieren Menüeinträge, legen neue Menüs an und – besonders wichtig – lernen die Menüeintragstypen kennen, die die Art von Webseite bestimmen, die sich hinter einem Menüpunkt verstecken.

> **Tipp: Protostar-Hauptmenü mit einer einzelnen Einstellung verschönern**
> Vielleicht wundern Sie sich seit Kapitel 5, als Sie den ersten Blick ins Frontend geworfen haben, warum das Hauptmenü oben in der rechten Spalte sitzt. Einem Bereich,

der eigentlich für sekundären Content oder das Login-Formular vorgesehen ist. Befinden sich Menüs auf den meisten Websites nicht üblicherweise oben? Horizontal, wie man es von Software gewohnt ist? Im Protostar-Template ist tatsächlich ein kleiner Trick vorgesehen, um das Menü, etwas moderner, oben über die gesamte Contentbreite zu ziehen (siehe Abbildung 9.1):

1. Wechseln Sie über das Menü ERWEITERUNGEN • MODULE in die Modulkonfiguration des Hauptmenüs, in dem Sie dort auf MAIN MENU klicken.
2. Im nun erscheinenden Formular setzen Sie in der rechten Spalte die POSITION des Hauptmenüs von POSITION-7 auf NAVIGATION [POSITION-1]. Diese Einstellung schiebt das Hauptmenü an die neue Position oberhalb des Contentbereichs. (Was es mit Modulen und Modulpositionen auf sich hat, erfahren Sie detaillierter in Abschnitt 10.2, »Module einrichten«.)
3. Wechseln Sie im selben Formular zum Reiter ERWEITERT, und tragen Sie in das Feld MENÜKLASSENSUFFIX den Text » nav-pills« (*Achtung*: Leerzeichen vor dem »n«) ein. Dabei handelt es sich um eine im Protostar-Template bzw. ursprünglich im CSS-Framework Bootstrap definierte CSS-Klasse, die die Menüeinträge horizontal listet, bunter gestaltet und den Einsatz von aufklappenden Untermenüs erlaubt.
4. SPEICHERN & SCHLIESSEN Sie das Formular, und prüfen Sie die Änderung im Frontend.

Abbildung 9.1 Mit »Menüklassensuffixen« lassen sich dem gesamten Navigationscontainer CSS-Klassen zuweisen; » nav-pills« ist im Protostar-Template enthalten und orientiert das Menü horizontal.

Für Menüs gibt es verschiedene Ausprägungen: Menüs mit einer oder mehreren Ebenen, sich aufklappende Untermenüs und sogar Menüzeilen, die an der oberen Fensterkante kleben bleiben, wenn man im Seiteninhalt nach unten scrollt. Um mit solcherlei Menüvariationen zu experimentieren, benötigen Sie ein anderes Template; Abschnitt 10.4, »Neue Templates im Internet finden und installieren«, beschäftigt sich intensiv mit diesem Thema.

9.1 Menüeinträge einrichten

In den vergangenen Kapiteln haben Sie sich nicht nur über die Inhalte Gedanken gemacht (Kapitel 4, »Website planen«), sondern schon reichlich Content vorbereitet und sinnvoll kategorisiert (Kapitel 7, »Content verwalten«). Es ist Zeit, Struktur in die Inhalte zu bringen und sie in Kategorieübersichten und Artikelseiten zu verwandeln, indem Sie Menüeinträge anlegen. Gut, dass dazu bereits eine detaillierte Sitemap aus Kapitel 4 existiert. Sie listet alle Seiten der Website tabellarisch mit einer Kennzeichnung, welche von ihnen auch als Menüpunkte erscheinen sollen. Nehmen Sie jetzt diese Liste zur Hand, um nacheinander die Menüeinträge zu erzeugen. Wie das funktioniert, haben Sie bereits ansatzweise in Abschnitt 7.3.5, »Beiträge Menüeinträgen zuweisen«, erfahren. Im folgenden Abschnitt erzeugen Sie noch mal Schritt für Schritt einen neuen Eintrag, um im Anschluss die vielen Darstellungsoptionen kennenzulernen, die Joomla! zur Verfügung stellt.

9.1.1 Menüeintrag erstellen

Aus Kapitel 7 kennen Sie schon Menüeintragstypen, über die Sie Beiträge und Beitragsübersichten über Kategorien im Frontend sichtbar machten. Die Erzeugung eines Menüeintrags wurde nur kurz angesprochen, darum folgt an dieser Stelle eine ausführlichere Erläuterung anhand des Beispiel-Menüeintragstyps ALLE KATEGORIEN AUFLISTEN.

1. Für die Anlage eines neuen Menüeintrags wählen Sie aus dem Menü MENÜS • MAIN MENU 🏠 • NEUER MENÜEINTRAG.

> **Hintergrund: Main Menu vs. Hauptmenü – englische vs. deutsche Bezeichnungen**
>
> Sicher ist Ihnen aufgefallen, dass in Joomla! englische Begriffe auftauchen, obwohl Sie die deutschsprachige Version installiert haben, z. B. HOME für die Einstiegsseite, MAIN MENU für das Hauptmenü oder BREADCRUMBS für die Brotkrumen-Links. Das liegt zum einen daran, dass die freiwilligen Helfer für die 60 Joomla!-Sprachpakete natürlich Zeit benötigen, um alle Elemente zu übersetzen und es immer eine leichte Asynchronizität zwischen aktueller Joomla!-Version und fertiger Übersetzung gibt. Zum anderen ist das Internet international, und so hat sich die englische Formulierung von Elementen, die näher am Kernsystem und dichter an der Programmierung liegen, eingebürgert. Damit verstehen Joomla!-Entwickler auf der ganzen Welt, was bei welchem Element gemeint ist.

2. Wählen Sie einen MENÜTITEL; dieser Titel dient als Linktext für den Menüpunkt im Hauptmenü und als Titel für das Browserfenster oder den Browsertab, in dem die

Seite angezeigt wird. Für die Kategorieübersicht im Reiseforum also »Urlaubsziele«.

3. Klicken Sie jetzt neben MENÜEINTRAGSTYP auf AUSWÄHLEN. Dies ist die entscheidende Einstellung, welche Art Seite erzeugt wird.
4. Im sich öffnenden Popup-Fenster klappen Sie den Bereich BEITRÄGE mit einem einzelnen Mausklick auf. Wählen Sie das oberste Element ALLE KATEGORIEN AUFLISTEN.
5. Nachdem dem Schließen des Popups warten Sie einige Augenblicke, bis sich das Formularfenster aktualisiert hat (siehe Abbildung 9.2). Das ist dann der Fall, wenn der neu eingestellte Menüeintragstyp auftaucht. *Info*: Jeder Eintragstyp konfiguriert sich ein bisschen anders. Für ALLE KATEGORIEN AUFLISTEN erscheint z. B. unter dem Feld MENÜEINTRAGSTYP die Dropdown-Liste KATEGORIE DER OBERSTEN KATEGORIEEBENE.
6. Im Feld KATEGORIE DER OBERSTEN KATEGORIEEBENE wählen Sie nun für das Reiseforum die Kategorie URLAUBSZIELE. Damit werden auf der Webseite alle Unterkategorien, also die Regionen, gelistet.

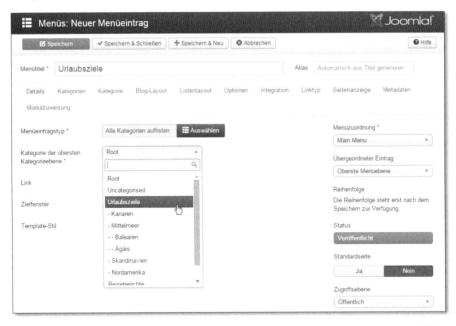

Abbildung 9.2 Nach der Auswahl eines Menüeintragstyps warten Sie einen Augenblick, bis sich die Formularfelder aktualisiert haben.

7. Klicken Sie auf SPEICHERN, und aktualisieren Sie die Website im Frontend, um den neuen Menüpunkt im Hauptmenü zu sehen (siehe Abbildung 9.3).

> **Problemlösung: Speichern fehlgeschlagen!**
> Erscheint beim Speichern eines Menüeintrags die Fehlermeldung WARNUNG – SPEI-
> CHERN FEHLGESCHLAGEN! FEHLER: EIN ANDERER MENÜEINTRAG MIT DEM GLEICHEN
> ÜBERGEORDNETEN EINTRAG HAT DIESEN ALIAS existiert diese Seite bereits. Falls Sie sie
> aber in keinem Ihrer Menüs finden, fiel die Seite vielleicht einer Löschaktion zum
> Opfer und liegt jetzt im PAPIERKORB. Dort befindliche Elemente gelten so lange nicht
> als irreversibel gelöscht, bis der Papierkorb *geleert* wurde. Dazu wechseln Sie in die
> Listenansicht, in diesem Fall den Menüeintragsmanager, öffnen die SUCHWERKZEUGE
> und wählen aus der Dropdown-Liste STATUS WÄHLEN den PAPIERKORB. Jetzt markie-
> ren Sie die zu löschenden Einträge und klicken in der oberen Buttonleiste auf PAPIER-
> KORB LEEREN.

Abbildung 9.3 »Urlaubsziele« ist eine Seite des Menüeintragstyps »Alle Kategorien auflisten«; die Webseite ist im Frontend erreichbar, sobald Sie einen Menüeintrag angelegt haben.

Jetzt ist klar, welche Vorteile Menüeintragstypen mit sich bringen: Um Spezialseiten wie die Kategorieübersicht zu erzeugen, sind nur wenige Mausklicks nötig; alle Bestandteile der Webseite zieht sich Joomla! automatisch aus den angelegten Kategorien und Beiträgen.

9.1.2 Menüeinträge verwalten

Nach Anlage eines neuen Menüeintrags führt Sie Joomla! zu einer Seite, die alle Einträge des betreffenden Menüs listet – dem *Menüeintragsmanager*. Hier finden Sie alle

Optionen, die Sie größtenteils auch aus anderen Elementübersichten, z. B. dem Beitrags- oder Kategoriemanager, kennen:

- **Buttonleiste**
  Die Buttonleiste enthält die üblichen Buttons zur Neuanlage eines Elements und Veröffentlichen, Verstecken, Freigeben, Stapelverarbeitung und Papierkorb, für die Sie vorher mit der Maus Menüeinträge mit einem Häkchen auswählen. Der besondere Button Startseite markiert einen einzelnen Menüeintrag als Homepage.
  Tipp: Nutzen Sie die Stapelverarbeitung, um für mehrere Menüeinträge gleichzeitig die Sprache oder Zugriffsebene neu zu setzen. Besonders praktisch: Markierte Menüeinträge lassen sich über die Stapelverarbeitung in ein anderes Menü kopieren oder verschieben.

- **Dropdown-Liste aktuelles Menü**
  Falls Sie mit mehreren Menüs arbeiten, ist die kleine Dropdown-Liste unter der Buttonleiste nützlich, links neben dem Suchtextfeld der Suchwerkzeuge. Mit ihr wechseln Sie mit einem einzelnen Mausklick zwischen Menüs.

- Suchwerkzeuge
  Klicken Sie auf den Button Suchwerkzeuge, klappen vier Dropdown-Listen für die Filterung der Menüeintragsliste auf – anhand von Status, Zugriffsebene oder Sprache. Besonders interessant ist die Liste Max. Ebenen wählen, mit der nur die Menüeinträge gelistet werden, die sich innerhalb der Anzahl der obersten Eintragsebenen befinden, die Sie hier angeben. Genau wie Kategorien lassen sich Menüeinträge nämlich verschachteln, um Untermenüs oder sogar Unteruntermenüs zu erzeugen. Wie das funktioniert, erfahren Sie gleich in Abschnitt 9.1.4, »Menüeinträge verschachteln«.

> **Info: Löschen eines Menüeintrags**
>
> Zum Löschen von Menüeinträgen gehen Sie in den Menüeintragsmanager des betreffenden Menüs und markieren alle zu löschenden Einträge mit einem Häkchen (✓). Öffnen Sie jetzt die Suchwerkzeuge, und wählen Sie aus der Dropdown-Liste Status wählen den Papierkorb. Wenn Sie hier zu Ihrer Überraschung keine der vorher als zu löschen markierten Einträge finden, überprüfen Sie in der Dropdown-Liste über dem Status wählen-Feld, dass Sie sich im richtigen Menü befinden. Markieren Sie jetzt noch mal alle Einträge mit einem Häkchen (✓), und klicken Sie oben in der Buttonleiste auf Papierkorb leeren.

9.1.3 Menüeinträge sortieren

Wenn Sie einen neuen Menüeintrag anlegen, erscheint er unter allen anderen am Ende der Liste des Menüeintragsmanagers. Neuere Menüeinträge erkennen Sie auch daran, dass Sie in der Spalte ID eine höhere interne Nummer erhalten als ältere. Die Reihenfolge der Menüpunkte – z. B. beim Sortieren der Liste durch Klick auf eine Spaltenüberschrift – entspricht allerdings nicht der Darstellung auf der Website, sondern dient allein dem Organisieren der Eintragsliste. Um die tatsächliche Reihenfolge der Menüpunkte im Frontend zu beeinflussen, haben Sie zwei Möglichkeiten:

▶ Bearbeiten Sie einen Menüeintrag, indem Sie im Menüeintragsmanager auf seinen Namen klicken. Im Bearbeitungsformular wählen Sie in der Dropdown-Liste REIHENFOLGE auf der rechten Seite die neue Position aus (siehe Abbildung 9.4).

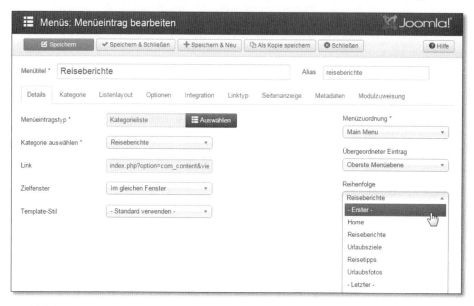

Abbildung 9.4 Sortieren Sie Menüeinträge über das Dropdown-Menü »Reihenfolge« in der rechten Spalte des Bearbeitungsformulars.

▶ Intuitiver geht's aber im Menüeintragsmanager: Klicken Sie in der linken (unbeschrifteten) Spalte REIHENFOLGE auf den Doppelpfeil ⇕, sodass das dreigepunktete Drag-&-Drop-Icon (⋮) am Beginn jeder Zeile nicht mehr hellgrau, sondern schwarz erscheint. Jetzt ist der Drag-&-Drop-Modus aktiviert, in dem Sie die Zeile eines beliebigen Menüeintrags mit der Maus an eine andere Stelle ziehen. Sie erkennen den aktivierten Modus daran, dass sich der Mauszeiger in ein Pfeilekreuz (✥) verwandelt, sobald Sie über die drei Punkte fahren (siehe Abbildung 9.5). Die neue Reihenfolge ist sofort nach dem Loslassen der Maustaste gültig, muss also nicht separat gespeichert werden.

Abbildung 9.5 Intuitivere Methode der Menüeintragssortierung in der Eintragsübersicht – Spalte »Reihenfolge« (links außen) aktivieren und dann per Drag & Drop die Eintragszeilen an die neue Position ziehen

> **Tipp: Zeigen Sie bei der Drag-&-Drop-Methode alle Menüeinträge an**
>
> Enthält Ihr Menü so viele Einträge, dass sie im Menüeintragsmanager über mehrere Seiten verteilt werden, stellen Sie die Anzeige der auf einer Seite dargestellten Elemente (Dropdown-Liste in der rechten oberen Ecke) vom Standardwert 20 auf ALLE. Jetzt verschieben Sie Einträge, ohne sie von Seite zu Seite zu jonglieren.
>
> *Problemlösung*: Falls Sie jetzt nur noch eine weiße Seite sehen, verkraftet Ihre Webhosting-Serverkonfiguration die große Zahl von Menüeinträgen nicht. Wechseln Sie dann zu einer anderen Backend-Seite (z. B. das Kontrollzentrum unter */administrator/index.php*), melden Sie sich aus Joomla! ab (oben rechts) und wieder an. Der Standardwert ist nun auf 20 zurückgestellt.

9.1.4 Menüeinträge verschachteln

Bei Websites mit wenigen Contentseiten mag ein flaches Menü mit einer kurzen Liste von Menüeinträgen genügen. Möchten Sie jedoch viele Inhalte darstellen, verlinken Sie untergeordnete Webseiten in Untermenüs wie im Beispiel in Abbildung 9.6. Ähnlich wie bei den Kategorien befinden sich unter dem Punkt URLAUBSZIELE z. B. MITTELMEER, KANAREN, SKANDINAVIEN und NORDAMERIKA. Für Menüs heißt das: Fährt ein Besucher mit der Maus über den übergeordneten Menüpunkt URLAUBSZIELE, klappt ein Menü auf, das Links auf diese Unterseiten listet.

Auch die übrigen Kategorieverschachtelungen aus dem Reiseforum bieten sich als Untermenüs an: z. B. für die REISETIPPS, die um die Kategorien PLANUNG, PACKEN, HYGIENE und SICHERHEIT erweitert wurden. Und bei der Urlaubsregion MITTELMEER gibt es sogar noch eine dritte Menüebene für die BALEAREN und die ÄGÄIS. Damit gleicht der Menübaum fast dem Kategoriebaum.

Die Verschachtelung funktioniert ganz ähnlich wie bei den Kategorien. Wechseln Sie über MENÜS • MAIN MENU 🏠 zum Menüeintragsmanager, und erzeugen Sie mit dem Button NEU einen neuen Menüeintrag für eine Unterseite, z. B. für die »Kanaren«; MENÜEINTRAGSTYP KATEGORIEBLOG. Auf der rechten Seite des Reiters DETAILS finden Sie das Feld ÜBERGEORDNETER EINTRAG. Hier geben Sie den Menüeintrag an, der sich, hierarchisch gesehen, *über* dem neuen befindet, also URLAUBSZIELE. SPEICHERN & SCHLIESSEN Sie den Menüeintrag, und wiederholen Sie die Prozedur für alle anderen untergeordneten Webseiten.

Tipp: Damit diese Untermenüs im Protostar-Template schöner dargestellt werden, ergänzen Sie im Menümodul das CSS-Menüklassensuffix » nav-pills«; siehe Kasten »Tipp: Protostar-Menü mit einer Einstellung verschönern« zu Beginn dieses Kapitels. Stellen Sie außerdem sicher, dass alle Untermenüs angezeigt werden: Menü ERWEITERUNGEN • MODULE • Klick auf MAIN MENU • Feld UNTERMENÜEINTRÄGE ANZEIGEN auf JA.

Abbildung 9.6 Menübäume mit mehreren Ebenen (hier sind drei Ebenen über die Protostar-CSS-Konfiguration » nav-pills« eingeblendet) erscheinen erst, wenn Sie im Modul »Main Menu« die Option »Untermenüeinträge anzeigen« auf »Ja« stellen.

9.1.5 Weitere Einstellungen zu Menüeinträgen

Im Backend von Joomla! wartet eine Unmenge von Menüeintragsoptionen auf Sie, mit denen Sie Aussehen und Verhalten der Webseite beeinflussen. Welche Optionen das im Detail sind, ist wiederum vom Menüeintragstyp abhängig. Die Standardeinstellungen, die sich alle Typen teilen, lernen Sie in diesem und im folgenden Abschnitt 9.2.1 »Standardoptionen aller Menüeintragstypen« kennen.

Die typenabhängigen Konfigurationen sind zum Teil recht umfangreich und werden an den Stellen in diesem Handbuch erklärt, die vom betreffenden Thema handeln,

z. B. Abschnitt 7.5, »Beiträge und Kategorien auf Webseiten darstellen«, oder Abschnitt 11.5, »Formulare und Webseiten für Benutzer darstellen«.

Wichtig: Merken Sie sich, dass *alle* Einstellungen zum Menüeintragstyp und der darüber erzeugten Webseite über die Reiter des Konfigurationsformulars des Menüeintrags erreicht werden, z. B. DETAILS, KATEGORIEN, KATEGORIE, BLOG-LAYOUT, LISTENLAYOUT, OPTIONEN etc. für eine Seite des Typs ALLE KATEGORIEN AUFLISTEN.

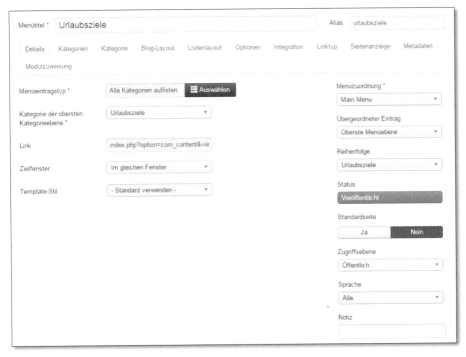

Abbildung 9.7 Auf dem Reiter »Details« befinden sich weitere wichtige Einstellungen zum Menüeintrag; darunter die Menüzuordnung und die Position innerhalb des Menübaums in der rechten Spalte.

Auf dem DETAILS-Reiter (Beispiel siehe Abbildung 9.7) zum Menüeintrag finden Sie unter und neben den bereits befüllten Feldern zum MENÜEINTRAGSTYP und menüeintragstypspezifischen Eingaben wichtige Einstellmöglichkeiten; einige aus der rechten Spalte kennen Sie bereits aus den Konfigurationsformularen der Beitrags- und Kategoriebearbeitung.

- LINK: Dies ist der von Joomla! automatisch erzeugte interne Webseitenlink. Das Feld ist nicht veränderbar und hilfreich, wenn Sie Template-Overrides einrichten. Es bietet einen Einblick, wie Joomla! intern Seiten abruft. `com_content` ist im Beispiel zum Menüeintragstypen ALLE KATEGORIEN AUFLISTEN die Joomla!-interne Komponente, die die Inhalte verwaltet, `view=categories` aktiviert die Abfrage von Kategorien, und `id` ist die interne Nummer der Kategorie, die Sie unter KATEGORIE der obersten Kategorieebene angegeben haben. Sie ist mit der ID identisch, die man in der letzten Spalte des Kategoriemanagers findet.

- ▶ ZIELFENSTER: Stellen Sie hier ein, wo und wie die verlinkte Seite erscheint:
  - IM GLEICHEN FENSTER: Lädt die neue Seite in den aktuellen Tab; auf diese Weise sollten vor allem site-interne Webseiten verlinkt sein, um Besucher nicht mit Dutzenden neuer Tabs zu verärgern.
  - NEUES FENSTER MIT NAVIGATION: Ergänzt das Link-Tag (`<a>`) um das Attribut `target="_blank"`. Die meisten Browser öffnen kein neues Fenster, sondern laden die Seite in einen neuen Tab.
  - NEUES FENSTER OHNE NAVIGATION: Öffnet mithilfe von JavaScript ein neues Browserfenster; vergleichbar mit einem Popup, denn das Fenster öffnet sich ohne Browsernavigation und Toolbars. In solch einem Fenster könnte man übergeordnete Informationen unterbringen, z. B. Nutzer- oder Lizenzhinweise; generell ist das Öffnen von Popups und neuer Browserfenster aber verpönt.

Felder auf der rechten Seite:

- ▶ MENÜZUORDNUNG: Legt fest, in welchem Menü dieser Menüeintrag erscheint; momentan steht nur das Hauptmenü/MAIN MENU zur Auswahl.
- ▶ ÜBERGEORDNETER EINTRAG: Einstellung, *unter* welchem anderen Menüpunkt der aktuelle Eintrag hängt. Auf diese Weise erzeugen Sie Menübäume mit mehreren Ebenen, ähnlich den Kategoriestrukturen.
- ▶ REIHENFOLGE: Ein unscheinbares, aber wichtiges Feld, mit dem Sie die Reihenfolge der Menüeinträge innerhalb einer Ebene kontrollieren. Wählen Sie aus dieser Liste den Menüeintrag, *hinter* dessen Position der aktuelle Eintrag rutschen soll. *Tipp*: Einfacher lassen sich Menüeinträge über die Menüeintragsliste und die äußerste linke Spalte REIHENFOLGE sortieren (siehe Abschnitt 9.1.3 »Menüeinträge sortieren«).
- ▶ STATUS: Ähnlich wie bei Beiträgen oder Kategorien. VERÖFFENTLICHTE Menüeinträge werden im Frontend dargestellt, VERSTECKTE nicht. Wählen Sie PAPIERKORB, bereiten Sie das Löschen des Menüeintrags vor.
- ▶ STANDARDSEITE: Definiert, ob die Seite, die der aktuelle Menüeintrag erzeugt, als Homepage dient, also die Seite, die im Browser erscheint, wenn man nur den Domain-Namen eingibt, z. B. https://joomla-handbuch.com. Pro Menü darf nur *eine* Standardseite/Homepage existieren. Stellen Sie hier den Schalter einer Webseite von NEIN auf JA, verliert die vorher definierte Seite ihren Homepage-Status.
- ▶ ZUGRIFFSEBENE: Regelt, für wen dieser Menüeintrag sichtbar ist. Hierüber lassen sich für verschiedene Benutzergruppen eigenständige Menüs erzeugen. Ein registrierter und eingeloggter Benutzer sieht vielleicht mehr Optionen als ein anonymer Gast. Das ist ein recht komplexes Thema, über das Sie alle Details in Kapitel 11,

»Benutzerverwaltung einrichten«, erfahren, genauer in Abschnitt 11.4, »Zugriffsebenen anlegen und verwalten«.

- SPRACHE: Multilinguale Websites benötigen natürlich Menüs in der jeweiligen Sprache. Hier legen Sie fest, zu welcher Sprache der aktuelle Menüeintrag gehört. (Wichtiger ist jedoch die Spracheinstellung im entsprechenden Menümodul, ein ausführliches Beispiel finden Sie in Abschnitt 12.2.4, »Hauptmenüs und Homepages für alle Sprachen erstellen«.)
- NOTIZ: interne Bemerkung, die u. a. in der Menüübersicht, nicht aber im Frontend angezeigt wird

> **Tipp: Standardwebseite »Home« aus dem Main Menu entfernen**
>
> Das Standard-Main-Menu in Joomla! enthält den Eintrag HOME, der auf die Startseite, die Homepage, der Website verweist. Oft braucht man diesen Menüeintrag aber gar nicht, da auf jeder Webseite oben das Logo prangt, das in der Regel auf die Homepage verlinkt ist. Der Menüeintrag kann zwar umbenannt werden, aber Löschversuche resultieren in der Fehlermeldung DIE STANDARD-STARTSEITE KANN NICHT ENTFERNT WERDEN. Wer den Menüeintrag entfernen möchte, geht so vor:
>
> 1. Erzeugen Sie über MENÜS • VERWALTEN • NEUES MENÜ ein neues Menü, z. B. HIDDEN MENU, das nirgends verwendet wird; erstellen Sie also *kein* zugehöriges Menümodul, siehe auch Abschnitt 9.3.1, »Menü und zugehöriges Modul erzeugen«.
> 2. Klicken Sie in der Übersichtsseite des MAIN MENU auf den Menüeintrag HOME, um zu seiner Konfigurationsseite zu gelangen.
> 3. Wählen Sie in der Dropdown-Liste MENÜZUORDNUNG in der Eigenschaftsleiste rechts das neue HIDDEN MENU, dann SPEICHERN & SCHLIESSEN.
>
> *Hinweis*: Das Menü, das den Homepage-Menüeintrag enthält, ist im Joomla!-Menü durch ein kleines Haussymbol (⌂) gekennzeichnet, bei mehrsprachigen Websites durch die Flagge des jeweiligen Landes.

Mit diesen Standardeinstellungen aus dem Reiter DETAILS bauen Sie bereits die gesamte Websitestruktur der Sitemap nach. Der folgende Abschnitt geht auf weitere Einstellungen ein, die alle Menüeintragstypen gemein haben. Das sind insbesondere die Optionen in den rechts befindlichen Reitern INTEGRATION, LINKTYP, SEITENANZEIGE, METADATEN, MODULZUWEISUNG, die Sie seltener benutzen werden.

9.2 Alle Menüeintragstypen vorgestellt

Joomla! bietet über drei Dutzend Menüeintragstypen, um Webseiten für alle Anwendungsfälle zu erzeugen, z. B. Beitragssammlungen anhand von Kategorien, Benutzerprofile, Suchformulare, Passwort-vergessen-Seite etc. Dieser Abschnitt listet alle

Menüeintragstypen mit ihren korrespondierenden Seiten und bespricht die allgemeinen Optionen, die bei allen identisch sind. Die detaillierten Einstellungen entnehmen Sie bitte dem Kapitel, das vom entsprechenden Thema handelt, Beiträge, Benutzerverwaltung etc.

> **Tipp: Demo der Menüeintragstypen unter »https://joomla-handbuch.com«**
> Um ein besseres Verständnis für die Funktionsweise und das Look and Feel der Menüeintragstypen zu bekommen, besuchen Sie die begleitenden Websites zu diesem Buch: *https://joomla-handbuch.com* und *http://reiseforum.joomla-handbuch.com*. Klicken Sie sich dort einfach durch das Menü MENÜEINTRAGSTYPEN.

9.2.1 Standardoptionen aller Menüeintragstypen

Menüeintragstypen haben eine Unmenge an Parametern, die über verschiedene Reiter verteilt sind. Ein Großteil davon sind spezielle Optionen für jeden einzelnen Menüeintrag, aber einige Reiter sind bei vielen identisch. In der folgenden Liste finden Sie die Einstellungen, die allen oder den meisten Eintragstypen gemein sind.

Reiter »Details«

- MENÜEINTRAGSTYP: grundlegende Einstellung, um welchen Eintragstyp es sich bei dem aktuellen Menüeintrag handelt
- LINK (nicht modifizierbar): Von Joomla! erzeugter interner Link für die Webseite des Menüeintrags. Tatsächlich gibt es verschiedene und auch deutlich suchmaschinenfreundlichere URL-Formate, die Joomla! automatisch im Frontend anwendet. Diese müssen aber nachträglich konfiguriert werden, siehe Abschnitt 23.1, »Joomla!-URLs optimieren«.
- ZIELFENSTER: Wählen Sie, ob sich der Link im gleichen Tab oder in einem neuen Tab oder Browserfenster öffnet, siehe auch Abschnitt 9.1.1, »Menüeintrag erstellen«.
- TEMPLATE-STIL: Pro Menüeintrag und damit pro Webseite lässt sich der angewendete Templatestil einstellen, um verschiedenen Seiten ganz unterschiedliche Layouts und Designs zuzuordnen. Über diese Templatestile erfahren Sie mehr in Abschnitt 10.3.3, »Mehrere Templatestile verwenden«.

Reiter »Integration«

Für alle Webseiten, die Inhaltselemente auflisten, z. B. die Homepage oder Seiten des Typs KATEGORIEBLOG oder KATEGORIELISTE, erzeugt Joomla! automatisch Newsfeeds im RSS- und Atom-Format. Damit sind andere Websites oder die Newsreader Ihrer Besucher in der Lage, die aktuellsten Beiträge Ihrer Website abzurufen – zugegebenermaßen ein seltener Anwendungsfall, der eher bei elaborierten Blogs zur Anwendung kommt.

Sehen Sie sich diese Newsfeeds an, indem Sie den HTML-Code der Frontend-Webseite zu dieser Schlagwortliste aufrufen und oben nach `<link>`-Tags des Typs `application/rss+xml` bzw. `application/atom+xml` suchen. Klicken Sie dann auf den dort hinterlegten Link, um den XML-Quelltext des Feeds darzustellen.

Über den Reiter INTEGRATION haben Sie die Möglichkeit, mit FEED-LINK das Einbetten der `<link>`-Tags zu unterbinden (VERBERGEN) und mit IN JEDEM FEED-EINTRAG den Umfang des zitierten Beitragstexts zu steuern.

Reiter »Linktyp«

- TITLE-ATTRIBUT FÜR MENÜLINK: Hinweise für Suchmaschinen und Screenreader, welcher Inhalt sich hinter dem Link versteckt. Idealerweise beschreiben Sie die Zielseite kurz und wiederholen nicht nur den Seitentitel. Nebenbei erscheint der hier eingegebene Text in einem Tooltip, wenn der Besucher im Browser mit der Maus über den Menülink fährt. *Hinweis*: Die Verwendung des `title`-Attributs gehört an sich zum guten Stil einer konform programmierten Website, ist aber nicht so wichtig wie das berühmt-berüchtigte `alt`-Attribut von Bildern.
- CSS-STYLE FÜR LINK: Für fortgeschrittenes CSS-Styling dient die Zuordnung von CSS-Klassen zu Menüeintragen. Tragen Sie hier also *nicht* die eigentlichen Style-Definitionen ein, sondern die Klassennamen. Wo und wie Sie diese eigenen CSS-Styles unterbringen, erfahren Sie in Abschnitt 10.5.2, »Personalisierte CSS-Dateien verwenden«.
- BILD ZUM LINK: Fügt ein Bild vor den Linktext, idealerweise ein kleines Icon, das Teil des `<a>`-Link-Tags wird und damit anklickbar ist.

> **Tipp: Schöne Icons einsetzen dank Font Awesome**
>
> In Joomla! können Sie zu verschiedenen Elementen Bilder hinzufügen. In einigen Fällen, z. B. bei Menüeinträgen, würde ein großes Foto das Layout zerstören, die Felder dienen dann eher der Einbettung von kleinen Icons, die mit ihrer Symbolhaftigkeit die Bedeutung und den Zweck des jeweiligen Elements unterstützen. Beispiele sind ein Haus-Icon für die Homepage, eine Kette für einen Link oder ein aufgeschlagenes Buch für eine Artikelsammlung. Solcherlei Icons gibt es in begrenzter Auswahl im Backend von Joomla!, das Teile der Icon-Schrift *IcoMoon* integriert (viele sind unter *https://icomoon.io/#preview-free* gelistet). Eine größere Palette bietet aber die kostenlose beliebte Sammlung *Font Awesome*.
>
> Font Awesome (*http://fortawesome.github.io/Font-Awesome/*) ist ein Open-Source-Projekt und bietet über 500 verschiedene Icons, die auf mannigfaltige Weise Anwen-

dung finden. Die Download-Links finden Sie auf GitHub: *https://github.com/Font-Awesome.*

Der Einsatz der Icons ist vielfältig: Zum einen lassen sie sich in allen Schriftformaten herunterladen und somit wie normale Schriften auf dem PC oder Mac einsetzen: OpenType (OTF), TrueType (TTF) oder Web Open Font (WOFF). Zum anderen darf die Sammlung komplett über ein CSS-Include in Webseiten eingebunden werden und steht damit, ähnlich wie eine Schrift, per HTML in Textpassagen zur Verfügung, z. B. `<i class="fa fa-book"></a>` für ein kleines Buch-Icon (📕). Die CSS-Implementierung kann aber noch mehr: Spinner-Animationen (kleine drehende Rädchen (⋮⋮), die dem Benutzer anzeigen, er möge bitte etwas Geduld haben), Rotation und Überlagerung der Icons. Genug Spielraum für passende Icon-Bebilderungen einer ganzen Website. Unter der oben angegebenen URL finden Sie etliche Anwendungsbeispiele; eine deutsche Übersetzung der Handhabe gibt es auf *https://joomla-handbuch.com/font-awesome.*

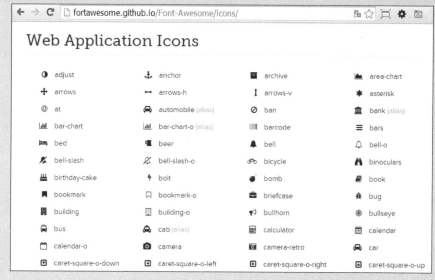

Abbildung 9.8 Font Awesome stellt unter »http://fortawesome.github.io/Font-Awesome/« über 500 Icons für Web- und Softwareapplikationen bereit.

Tipp: Egal, für welche Icon-Sammlung Sie sich entscheiden, wichtig ist, dass Sie bei ihrer Verwendung möglichst Abbildungen aus derselben Sammlung verwenden, damit Ihr Design wie aus einem Guss wirkt.

▶ MENÜTITEL HINZUFÜGEN: Haben Sie dem Menülink ein Bild zugeordnet, zwingen im Websitekonzept definierte Layoutvorgaben vielleicht, den Linktext auszublenden; in diesem Fall wählen Sie hier NEIN. *Achtung*: Der Verzicht auf Linktexte ist nicht suchmaschinen- oder barrierefrei-freundlich.

Reiter »Seitenanzeige«

- SEITENTITEL IM BROWSER: Entspricht dem `<title>`-Tag, also dem Seitentitel.
- SEITENÜBERSCHRIFT ANZEIGEN: Stellen Sie den Schalter auf JA, um das folgende Textfeld SEITENÜBERSCHRIFT in einem `<h1>`-Tag anzuzeigen.
- SEITENÜBERSCHRIFT: Entspricht dem `<h1>`-Tag, also der Seitenüberschrift.
- SEITENKLASSE: Die hier vergebenen CSS-Klassen werden im `class`-Attribut des `<body>`-Tags der Webseite untergebracht. Blättern Sie zu Abschnitt 10.5.2, »Personalisierte CSS-Dateien verwenden«, um zu erfahren, in welchen Dateien Sie diese CSS-Klassen stylen.

Reiter »Metadaten«

- META-BESCHREIBUNG: Entspricht dem HTML-Tag `<meta name="description" content="Inhalt der Meta-Beschreibung" />` und ist sehr wichtig, wenn es um die Suchmaschinenoptimierung geht. Die Meta-Beschreibung enthält den Text, den Google als Webseitenbeschreibung zitiert. *Achtung*: Verlinkt dieser Menüeintrag zu einem Beitrag, kommt die *dort* hinterlegte META-BESCHREIBUNG zum Einsatz.
- META-SCHLÜSSELWÖRTER: Entspricht dem HTML-Tag `<meta name="keywords" content="Kommagetrennte Keywords" />` und war früher ein wichtiges Mittel, um Webseiten eine Auswahl relevanter Keywords mitzugeben. Heutzutage wird das Feld von Suchmaschinen ignoriert und darf leer gelassen werden. Google und Co. suchen sich die passenden Keywords aus Seitentitel, Überschriften und dem eigentlichen Content der Webseite. *Achtung*: Verlinkt dieser Menüeintrag zu einem Beitrag, werden die *dort* hinterlegten META-SCHLÜSSELWÖRTER verwendet.
- ROBOTS: Entspricht dem HTML-Tag `<meta name="robots" content="Einstellung" />` und teilt Suchmaschinen mit, wie mit dem Inhalt und Links auf der aktuellen Webseite zu verfahren ist. *Achtung*: Auch hier überschreiben die Einstellungen des Beitrags die hier vorgenommene Konfiguration.
- SSL-SICHERHEIT: Stellen Sie die SSL-SICHERHEIT dieser Webseite auf AN, erfolgt ihre Übertragung verschlüsselt. Die Einstellung pro Webseite ist eher ungewöhnlich; üblicher ist es, die gesamte Website auf SSL-Verschlüsselung umzustellen, siehe Abschnitt 22.3, »SSL aktivieren«.

Reiter »Modulzuweisung«

Der Reiter MODULZUWEISUNG enthält eine Übersicht über die auf der aktuell konfigurierten Webseite eingeblendeten Module. In der Spalte POSITION sehen Sie, an welcher Stelle im Template das jeweilige Modul erscheint. Außerdem erkennen Sie die Mindest-ZUGRIFFSEBENE, der ein Benutzer zugewiesen sein muss, um das Modul zu sehen. Steht hier z. B. REGISTRIERT, bleibt das Modul anonymen, nicht angemeldeten Internetbesuchern verborgen.

9.2.2 »Beiträge«

Die meisten Menüeintragstypen des Bereichs BEITRÄGE dienen der Darstellung eines oder mehrerer Beiträge auf einer einzelnen Webseite. Das geschieht entweder direkt oder über den Umweg einer vorangestellten Kategorie- oder Beitragsliste. Alle Konfigurationsdetails finden Sie in Abschnitt 7.5, »Beiträge und Kategorien auf Webseiten darstellen«.

▶ ALLE KATEGORIEN AUFLISTEN
ein Set von Webseiten, das, abhängig vom Klickpfad des Besuchers, nacheinander eine Auswahl von Kategorien, dann die Beitragsliste einer Kategorie und schließlich einen einzelnen Beitrag darstellt

▶ ARCHIVIERTE BEITRÄGE
Übersicht über mit dem Status ARCHIV versehende Beiträge. Der Websitebesucher hat die Möglichkeit, den Zeitraum der dargestellten Archivbeiträge über Dropdown-Listen einzuschränken.

▶ BEITRAG ERSTELLEN
Erzeugt im Frontend eine Webseite mit einem Beitragsbearbeitungsformular. So können auch Benutzer, die keinen Backend-Zugriff haben, Artikel einreichen.

▶ EINZELNER BEITRAG
einfachste und am häufigsten benutzte Form der Beitragsdarstellung: ein einzelner Beitrag pro Webseite

▶ HAUPTEINTRÄGE
Blogansicht aller als HAUPTEINTRAG markierter Beiträge. Im Großen und Ganzen entspricht diese Webseite der Homepage.

▶ KATEGORIEBLOG
Darstellung einer bestimmten Kategorie zugeordneter Beiträge in einem ansprechenden Blog-Layout

▶ KATEGORIELISTE
übersichtliche Liste einer bestimmten Kategorie zugeordneter Beiträge

9.2.3 »Benutzer«

Menüeintragstypen bzw. Webseiten, die mit angemeldeten Benutzern oder Benutzeranmeldungen zu tun haben inklusive der wichtigen Benutzername- oder Passwort-vergessen-Seiten. Die detaillierte Konfiguration entnehmen Sie Abschnitt 11.5, »Formulare und Webseiten für Benutzer darstellen«.

- ANMELDEFORMULAR
  Login-Formular, dessen Inhalt dem Modul LOGIN FORM entspricht: Benutzername, Passwort und Links zu den Registrierungs-, Benutzername- und Passwortvergessen-Seiten
- BENUTZERNAME ERNEUT ZUSENDEN
  Unter Angabe der E-Mail-Adresse verschickt Joomla! eine E-Mail mit dem betreffenden Benutzernamen.
- BENUTZERPROFIL
  Zeigt das Profil des aktuell angemeldeten Benutzers mit NAME, BENUTZERNAME, REGISTRIERUNGSDATUM, BASISEINSTELLUNGEN zur Website (darunter der bevorzugte EDITOR und die ZEITZONE) etc. Ist das Plugin BENUTZER - PROFILE aktiviert, erscheinen auch Adressen und andere optionale persönliche Daten.
- BENUTZERPROFIL BEARBEITEN
  Das Formularpendant zu BENUTZERPROFIL. Hier ändert der angemeldete Benutzer seine Daten wie NAME, BENUTZERNAME, PASSWORT, E-MAIL-ADRESSE etc.
- PASSWORT ZURÜCKSETZEN
  Sendet einem Benutzer, der sein Passwort vergessen hat, einen speziellen Link, mit dem er das Passwort zurücksetzt.
- REGISTRIERUNGSFORMULAR
  Registrierungsformular mit Abfrage von Name, Benutzername, Passwort und E-Mail-Adresse. Je nach Konfiguration erfolgt die Registrierung automatisch oder wird von einem Administrator freigeschaltet.

9.2.4 »Konfiguration«

Dieser Bereich enthält selten genutzte Funktionen, mit denen ein Super Benutzer *im Frontend* grundsätzliche Einstellungen zur Website und zum Template vornimmt. Es handelt sich um einen Ausschnitt der im Backend verfügbaren Optionen.

- DISPLAY SITE CONFIGURATION OPTIONS
  Über dieses Formular steuert der Super Benutzer fundamentale Websiteeinstellungen, z. B. den Websitenamen, die Standardmetadaten aller Webseiten und die SEO-Konfiguration. Die Tatsache, dass das Formular nicht ins Deutsche übersetzt wurde, ist ein Indiz für die Häufigkeit seiner Verwendung. Die einzige praktische Option ist der SITE-OFFLINE-Schalter, der die Website in den Wartungsmodus versetzt.
- DISPLAY TEMPLATE OPTIONS (siehe Abbildung 9.9)
  Grundsätzliche Einstellungen zum aktiven Frontend-Template, beim Protostar-Template sind das z. B. TEMPLATE-FARBE, HINTERGRUNDFARBE, LOGO und GOOGLE-SCHRIFTEN.

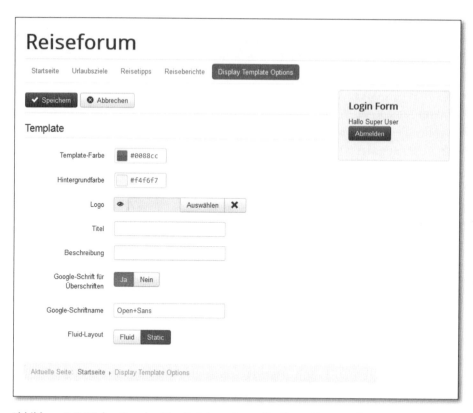

Abbildung 9.9 Webseiten des Menüeintragstyps »Konfiguration« stellen Super Benutzern einige Konfigurationsformulare im Frontend dar; konfigurieren Sie Ihre Website aber sicherheitshalber im Backend.

9.2.5 »Kontakte« (offizielle Joomla!-Komponente)

KONTAKTE ist eine der offiziellen Komponenten von Joomla!, die, abhängig von der eingesetzten Joomla!-Version, schon über das Menü KOMPONENTEN erreichbar ist oder nachträglich über das Joomla! Extensions Directory (JED) installiert wird. Mit ihr erheben Sie ausgewählte registrierte Benutzer in den Status eines Ansprechpartners mit erweiterten Profilseiten, die zusätzliche Kontaktdaten und auch ein Kontaktformular enthalten. Detailliert geht Abschnitt 15.2, »Kontakte einrichten«, auf das Feature ein.

- ALLE KONTAKTKATEGORIEN AUFLISTEN
  Ähnlich den Beiträgen sind Kontakte kategorisierbar, dieser Menüeintragstyp entspricht dabei BEITRÄGE • ALLE KATEGORIEN auflisten.

- KONTAKTE IN KATEGORIE AUFLISTEN
  Listet alle einer bestimmten Kategorie zugewiesenen Kontakte in einer Übersicht; die eingeblendeten Kontaktdaten der Ansprechpartner sind variabel.

- Einzelner Kontakt
  Darstellung eines einzelnen Kontakts mit Adresse, Telefonnummern, Website, E-Mail-Adressen und Kontaktformular. Optional präsentieren und verlinken Sie die Beiträge des Kontakts.
- Hauptkontakte
  spartanische Liste besonders markierter wichtiger Kontakte

9.2.6 »Newsfeeds« (offizielle Joomla!-Komponente)

Auch Newsfeeds zählt zu den offiziellen Komponenten, die Sie über das Menü Komponenten erreichen oder zunächst aus dem Joomla! Extensions Directory installieren. Sie benötigen die Komponente dann, wenn Sie externe Newsfeeds anderer Websites auf Ihren Webseiten wiedergeben. Abschnitt 15.3, »Newsfeeds integrieren«, geht detailliert auf das Thema ein.

- Alle Newsfeed-Kategorien auflisten
  übersichtliche Liste aller Newsfeeds-Kategorien, ähnlich wie Kontakte • Alle Kontaktkategorien auflisten und Beiträge • Alle Kategorien auflisten
- Einzelner Newsfeed
  Anzeige aller Einträge des vorkonfigurierten Newsfeeds. Die Darstellung kann sehr fein eingestellt werden, z. B. durch Limitierung der Wortanzahl der Meldungsinhalte, der Einblendung der Überschriften und der Nachrichtenreihenfolge.
- Newsfeeds in Kategorie auflisten
  Zeigt alle Newsfeeds aus einer definierten Kategorie an.

9.2.7 »Schlagwörter (Tags)« (offizielle Joomla!-Komponente)

Schlagwörter sind ein praktisches Mittel zur erweiterten Kategorisierung von Inhaltselementen und flexibler zu benutzen als die in die Jahre gekommenen Kategorien. Mehr über Schlagwörter und ihren Einsatz in allen Inhaltselementen erfahren Sie in Abschnitt 15.4, »Mit Schlagwörtern arbeiten«.

- Kompaktliste der verschlagworteten Einträge
  Übersichtliche Liste aller Inhaltselemente zu einem vorher definierten Schlagwort. Klickt ein Benutzer auf eines dieser Inhaltselemente, gelangt er direkt zur Detailansicht, z. B. zu einem Beitrag.
- Liste aller Schlagwörter
  Auflistung aller an Inhaltselemente vergebener Schlagwörter über mehrere Spalten, Zeilen und Seiten. Die Darstellung ist etwas unübersichtlich und muss gegebenenfalls mit Template-Overrides ansprechender gestaltet werden.
- Verschlagwortete Beiträge
  Liste aller Inhaltselemente, die einer Auswahl von Schlagwörtern und Inhaltstypen entsprechen

9.2.8 »Suche« (Alte Suche) (offizielle Joomla!-Komponente)

Präsentieren Sie viele Inhalte auf Ihrer Website, bieten Sie Ihren Besuchern über eine site-interne Suche ein praktisches Mittel zum Auffinden von Inhaltselementen abseits von Menüs oder Übersichtsseiten. Die Suche ist ein komplexer Mechanismus, dem speziell Abschnitt 15.5, »Suche aktivieren und konfigurieren«, gewidmet ist.

- SUCHFORMULAR ODER SUCHERGEBNISSE AUFLISTEN
  Blendet im Frontend ein Suchformular ein, in dessen Suchbegrifftextfeld Sie bereits Begriffe vorgeben können. Außerdem können Sie die zu durchsuchenden Inhaltstypen einschränken, z. B. auf Beiträge, Kategorien oder Kontakte.

9.2.9 »Suchindex« (Neue Smart Search) (offizielle Joomla!-Komponente)

Im gleichen Abschnitt von Kapitel 15 finden Sie auch die Anleitung zur Konfiguration des SUCHINDEX, auch *Smart Search* genannt. Das ist eine neue Version der Suchfunktion, die mit modernen Algorithmen Google-ähnliche Suchergebnisse erzeugt.

- SUCHE
  Suchformular der Smart Search. Interessantes Feature ist die Konfiguration sogenannter *Suchfilter*; das sind vorkonfigurierte Parameterkombinationen, mit denen pro Formular z. B. Autoren, Kategorien oder Inhaltstypen berücksichtigt oder ausgeschlossen werden.

9.2.10 »Systemlinks«

SYSTEMLINKS sind ganz besondere Joomla!-Seiten, die nicht direkt etwas mit Inhaltselementen oder anderen Komponenten zu tun haben, sondern in Menüs oder auf den verlinkten Seiten jeweils eine besondere Aufgabe übernehmen.

- EXTERNE URL
  Mit diesem Menüeintragstyp verlinken Sie innerhalb Ihres Menüs auf externe Webseiten – eine ungewöhnliche Praxis.
  Der Menüeintragstyp erfüllt noch eine zweite, leicht zweckentfremdende Funktion beim Aufbau komplexer Menüstrukturen. So nutzen Sie z. B. Einträge der Typen MENÜ-ÜBERSCHRIFT und TRENNZEICHEN zur Gruppierung von Menüeinträgen, EXTERNE URL bietet eine zusätzliche Formatierungsmöglichkeit. Geben Sie nämlich im Feld LINK keine externe URL, sondern ein Hash-Zeichen (#) an, verlinkt diese Seite auf sich selbst. Klickt ein Besucher den Menülink an, wird die aktuelle Seite einfach neu geladen.

- MENÜ-ÜBERSCHRIFT
  Bringen Sie mit diesem Menüeintragstyp Ordnung in umfangreiche und unübersichtliche Menüs, und fügen Sie Überschriften ein. Hier wird also keine Webseite

erzeugt; der Überschriftentext ist nicht anklickbar und deshalb rein dekorativer Natur.

▶ MENÜEINTRAG-ALIAS
Soll ein einzelner Beitrag über mehrere Menüeinträge, z. B. aus verschiedenen Menüs, erreichbar sein, könnten Sie so vorgehen: Sie erzeugen zwei Webseiten des Menüeintragstyps EINZELNER BEITRAG. Das hat jedoch zwei Nachteile: Zum einen müssten Sie bei Änderungen an der Darstellung der Webseite (Konfiguration des Menüeintragstyps) dieselben Aktualisierungen mehrfach durchführen. Zum anderen erzeugen Sie auf diese Weise Webseiten identischen Inhalts, der unter zwei verschiedenen URLs erreichbar ist. Aus SEO-Sicht ist das ungünstig, denn dabei handelt es sich um sogenannten *Duplicate Content*, den Suchmaschinen abstrafen, da es sich um eine Form von Linkspam handelt.

Mit einem MENÜEINTRAG-ALIAS umgehen Sie beide Probleme. Dabei verfügt dieser Menüeintragstyp über keine individuelle Seitenkonfiguration, sondern verlinkt einfach nur auf eine andere konfigurierte Seite, so ähnlich wie eine Programmverknüpfung auf dem Desktop Ihres Arbeitsrechners. Suchen Sie dazu im Reiter DETAILS einfach aus der Dropdown-Liste ALIAS VERLINKEN MIT den Menüeintrag, an den weitergeleitet werden soll.

Mehr über dieses Thema lesen Sie in Abschnitt 23.2, »Marketing-URLs einrichten«.

▶ TRENNZEICHEN (siehe Abbildung 9.10)
Eine weitere Möglichkeit, umfangreiche Menüs attraktiver zu gestalten. Ähnlich wie bei der MENÜ-ÜBERSCHRIFT erscheint der im MENÜTITEL eingegebene Text in Ihrem Menü und ist nicht anklickbar, allerdings erscheint er in anderer Formatierung. Das Feld ist ideal, um Gruppen von Menüeinträgen mit dezenten Trennlinien abzugrenzen. Für eine Auswahl von Liniensymbolen besuchen Sie *http://tinyurl.com/jh-trennzeichen*. Kopieren Sie sich das gewünschte Zeichen in Ihre Zwischenablage, und fügen Sie es wiederholt in das Feld MENÜTITEL ein.

Abbildung 9.10 Über den Menüeintragstyp »Trennzeichen« lockern Sie Menüs z. B. mit Trennlinien in Form von einem Dutzend aufeinanderfolgenden M- oder N-Dashes auf.

9.2.11 »Wrapper«

Mithilfe des IFRAME-Wrappers binden Sie andere Websites vollständig in eine Ihrer Webseiten ein, eine Art Browserfenster im Browserfenster.

▶ IFRAME-WRAPPER (siehe Abbildung 9.11)

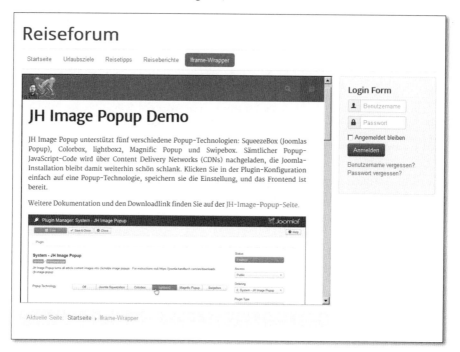

Abbildung 9.11 Mit Iframes stellt man eine andere Webseite in der eigenen Webseite dar; in der Praxis nutzt man sie heutzutage aber hauptsächlich zur Einbettung von Videos von YouTube oder Vimeo.

Das wichtigste Konfigurationsfeld finden Sie im Reiter DETAILS. Dort geben Sie unter WEBADRESSE die URL der Webseite ein, die innerhalb des Iframes erscheint.

▶ Reiter BILDLAUFLEISTENPARAMETER
   - BILDLAUFLEISTE: Ein- oder Ausblenden der Scrollbalken, falls der Inhalt der eingebetteten Seite größer als das Fenster ist
   - BREITE, HÖHE: Angabe der Dimensionen des Iframe-Fensters. Die Felder nehmen sowohl absolute Pixel- als auch anteilige Prozentwerte auf. Um z. B. die volle Breite des Contentbereichs zu nutzen, geben Sie bei Breite »100%« ein. Bei der Angabe von Pixelwerten geben Sie hinter der Zahl keine Einheit an, also »500« statt »500px«.

▶ Reiter ERWEITERT

- AUTOMATISCHE HÖHE: Steht dieser Schalter auf JA, versucht Joomla!, die Höhe des Iframes an die Höhe des darin dargestellten Contents anzupassen, sodass keine vertikale Scrollbalken erscheinen. Das funktioniert aus Sicherheitsgründen aber nur dann, wenn sich die Iframe-Webseite auf derselben Domain befindet. *Hintergrund*: Um die Höhe der Iframe-Seite zu ermitteln, muss der Iframe-Wrapper die Dokumenteigenschaften dieser Seite auslesen; das ist bei Webseiten anderer Domains aber verboten.
- AUTOMATISCH HINZUFÜGEN: Ergänzt das Protokoll *http://* oder *https://* automatisch, falls Sie es unter dem Reiter DETAILS • WEBADRESSE weglassen.
- FRAME-RAND: Wählen Sie NEIN, erscheint kein Fensterrahmen um den im Iframe dargestellten Inhalt.

Inhalte in Iframes sollten niemals das zentrale Element einer Webseite sein. Das bringt nicht nur Verwirrung bei der Navigation und der Verwaltung von Favoriten und Bookmarks, sondern schafft auch Probleme bei domain-übergreifenden Cookies in einem Benutzerbereich. Dass Google und Co. Iframe-Inhalte nicht indizieren, kommt erschwerend hinzu. Die Faustregel lautet: Wenn Sie es ohne Iframes hinbekommen, verzichten Sie darauf.

Für spezielle Anwendungsgebiete sind Iframes jedoch ideal. Beispielsweise zum Einbetten von Videos oder diversen Widgets und Buttons aus sozialen Netzwerken. Hier reicht meist ein kleines HTML-Codefragment, um eine Menge Funktionalität abzubilden, siehe auch Abschnitt 7.2.3, »Videos einbinden«.

9.3 Menüs einrichten

Das Hauptmenü des Reiseforums ist inzwischen recht umfangreich und enthält Links zu allen Themen rund um den Urlaub und ums Reisen. Weil die Website öffentlich erreichbar ist, sind Sie verpflichtet, zwei übergeordnete Seiten anzulegen, auf denen die Datenschutzerklärung und das Impressum abgebildet werden. Diese Seiten passen thematisch überhaupt nicht ins Hauptmenü, darum erzeugen Sie ein separates Menü im Seitenfooter, das fortan solcherlei sekundäre Links aufnimmt.

9.3.1 Menü und zugehöriges Modul erzeugen

Solch eine Menüerstellung erfolgt in zwei Stufen: Zuerst legen Sie das Menü an, also die Liste, die die eigentlichen Links enthält. Danach setzen Sie das Menü in einen Kasten, ein Modul, und legen fest, wo dieser auf allen Webseiten erscheint. Ohne das

Modul existiert das Menü nur in der Datenbank von Joomla! – erst das Modul, eine Art Darstellungscontainer, sorgt für die Sichtbarkeit. Solch eine Trennung von Inhalten und Anzeige ist typisch für ein Content-Management-System: So lassen sich beide Elemente nicht nur unabhängig voneinander bearbeiten, sondern es ist auch möglich, Inhalte nur einmal einzugeben, aber mehrmals an verschiedenen Stellen zu präsentieren.

Zunächst zum Menü:

1. Wählen Sie aus dem Menü MENÜS • VERWALTEN • NEUES MENÜ.
2. Füllen Sie die drei Textfelder aus (siehe Abbildung 9.12):
   - TITEL: Diesen TITEL verwendet Joomla! im Backend überall dort, wo Sie mit dem Menü arbeiten; »Footer Menu« ist hier angemessen.
   - MENÜTYP: eine Joomla!-interne Bezeichnung ohne Leerzeichen, z. B. »footermenu«
   - BESCHREIBUNG: optional, eine interne Beschreibung für das Menü

Abbildung 9.12 Abseits des bereits vorkonfigurierten Hauptmenüs dürfen in Joomla! beliebig viele Menüs angelegt werden.

3. Nach einem Klick auf SPEICHERN & SCHLIESSEN gelangen Sie zurück in den Menümanager, der nun MAIN MENU und FOOTER MENU listet.

Das Menü ist angelegt, aber um es im Frontend anzuzeigen, muss es in einen im Seitenlayout platzierbaren Container gepackt werden: ein Modul. Das klingt zunächst umständlich, sorgt aber für Flexibilität bei der Gestaltung der Webseiten. Abgesehen vom eigentlichen Content, der über den Menüeintragstyp dargestellt wird, befinden sich nämlich ausnahmslos alle Seitenelemente in Modulen. Diese lassen sich dann, einem Baukasten gleich, (fast) beliebig platzieren und formatieren.

1. Klicken Sie in der Menüliste in der Zeile des FOOTER MENU ganz rechts auf EIN MODUL FÜR DIESEN MENÜTYP HINZUFÜGEN. Das ist eine Abkürzung zum Modulmanager, der auch über das Menü ERWEITERUNGEN • MODULE erreichbar ist.

2. Über die Konfigurationseinstellungen im nun erscheinenden Modulformular geht Abschnitt 10.2.5, »Alle Modultypen vorgestellt«, detaillierter ein. An dieser Stelle genügt es, einen TITEL zu vergeben, z. B. »Footer Menu«, die POSITION im rechten Dropdown-Menü auf PROTOSTAR • FUSSZEILE [FOOTER] zu stellen und das Modul mit einem Klick auf SPEICHERN & SCHLIESSEN zu erzeugen (siehe Abbildung 9.13).

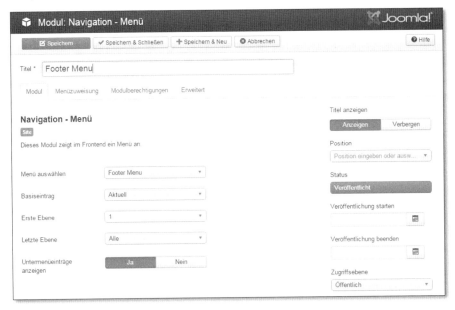

Abbildung 9.13 Um ein Menü im Frontend anzuzeigen, benötigt es ein Modul; den Modulmanager erreichen Sie über »Erweiterungen« • »Module«.

Hinweis: Das unscheinbare Feld POSITION ist eines der wichtigsten Merkmale des Darstellungs- bzw. Templatesystems von Joomla!. Es kennzeichnet die Baukastenposition, an der das Modul erscheint, und steuert damit im Prinzip das gesamte Layout Ihrer Webseiten.

Nach dem SPEICHERN des Menümoduls gelangen Sie zur Übersicht über alle Module, dem Modulmanager. Hier wird noch mal klar, was Module eigentlich sind: Bausteine, aus denen sich Webseiten zusammensetzen. Die hier gelisteten Bausteine finden Sie in der Frontend-Ansicht wieder, ohne lange zu suchen: MAIN MENU und Login-Formular (LOGIN FORM) in der rechten Spalte, die BREADCRUMBS (Brotkrumennavigation) unter dem Seiteninhalt und nun das neue FOOTER MENU. Aber halt, das FOOTER MENU ist im Frontend natürlich erst auszumachen, sobald es Menüpunkte enthält. Die neuen Einträge für das FOOTER MENU erzeugen Sie über einen direkten Klick auf MENÜS • FOOTER MENU • NEUER MENÜEINTRAG. Ab jetzt verfahren Sie wie in Abschnitt 9.1.1, »Menüeintrag erstellen«, gelernt und erzeugen zwei Menüpunkte für vorab vorbereitete Beiträge zum Impressum und der Datenschutzerklärung.

Aktualisieren Sie jetzt irgendeine Webseite im Frontend, und scrollen Sie nach unten, wo das neue FOOTER MENU wie in Abbildung 9.14 erscheint. Die Änderung des Farbschemas auf dem Screenshot lernen Sie übrigens im nächsten Kapitel kennen, wenn es um die Konfiguration von Templates geht.

Abbildung 9.14 Damit das »Footer Menu« im Frontend angezeigt wird, muss es als positioniertes Modul angelegt sein und Menüeinträge enthalten.

9.3.2 Menüs verwalten

Der Menümanager (siehe Abbildung 9.15) bietet rudimentäre Verwaltungsfunktionen, längst nicht so umfangreich wie für Beiträge, Kategorien oder Menüeinträge, aber interessant genug, um sie sich über MENÜS • VERWALTEN (kein Untermenü anwählen) anzusehen:

- In der Buttonleiste dient NEU zum Erzeugen eines Menüs, BEARBEITEN springt zu einem kleinen Formular, in dem man den Menünamen und seine Beschreibung vergibt. LÖSCHEN entfernt ein Menü (Achtung, hier gibt es *keinen* Papierkorb), und WIEDERHERSTELLEN ist eine Notfallfunktion, falls es Probleme mit Menüeinträgen in der Datenbank gibt.

- Die Menüliste zeigt in den Spalten VERÖFFENTLICHT, VERSTECKT und IM PAPIERKORB die Anzahl der Menüeinträge pro Menü mit entsprechendem Status.

- Die Spalte ZUGEORDNETE MODULE stellt in einer Dropdown-Liste die Verknüpfung zum jeweiligen Modul dar. Wichtig, denn die Menüdarstellung erfolgt ausschließlich über die Zuweisung zu einem Modul. Klicken Sie auf den Eintrag der

Dropdown-Liste, öffnet sich ein Popup-Fenster, das das Konfigurationsformular dieses Menümoduls enthält, eine Abkürzung also.

Abbildung 9.15 Die Menüübersicht ist spartanischer als andere Manager, man sieht die Anzahl der Menüeinträge pro Menü und kann Menüs löschen.

Menüs anzeigen oder verbergen

Wie steuert man die Sichtbarkeit eines Menüs oder seiner Position? Niemals im Menü selbst, sondern immer über sein Modul. *Tipp*: Wenn Sie eine Darstellungsoption vermissen, überlegen Sie, ob es ein passendes Modul dazu gibt.

Abbildung 9.16 Um ein Menü anzuzeigen oder zu verstecken, wechseln Sie zu »Erweiterungen« • »Module« und klicken auf das Häkchen oder das Stoppschild in der Spalte »Status«.

1. Wechseln Sie über das Menü ERWEITERUNGEN • MODULE zum Modulmanager.
2. Die Liste zeigt alle Module, aus denen Ihre Webseiten baukastenähnlich zusammengestellt sind, listet also auch alle Menüs, für die Sie bisher ein Modul angelegt haben. Ein grünes Häkchen (✓) signalisiert, dass das Modul angezeigt, ein rotes Stoppzeichen (⊘), dass es versteckt wird (siehe Abbildung 9.16). Mit einem Klick verändern Sie jeweils den STATUS, die Änderung ist sofort wirksam, kein weiteres Speichern erforderlich.

Menüs löschen

Möchten Sie ein Menü nicht nur verstecken, sondern komplett entfernen, haben Sie zwei Möglichkeiten:

▶ **Das sichtbare Menü (Modul) entfernen, die Menüstruktur mit all ihren zugeordneten Menüeinträgen aber für später behalten**
In diesem Fall löschen Sie das dem Menü zugewiesene Modul im Modulmanager: Markieren Sie das Modul mit einem Häkchen (☑), und wählen Sie aus der oberen Buttonleiste PAPIERKORB. Jetzt setzen Sie links im Filter die Dropdown-Liste STATUS AUSWÄHLEN auf PAPIERKORB, markieren abermals das Modul und klicken endgültig auf PAPIERKORB LEEREN. Setzen Sie danach die Dropdown-Liste des Filters wieder zurück auf STATUS WÄHLEN, um spätere Verwirrung über eine anscheinend leere Modulliste zu vermeiden.

▶ **Sowohl Modul als auch Menü sollen restlos entfernt werden**
Wechseln Sie zum Menümanager, markieren Sie das zu tilgende Menü mit einem Häkchen (☑), und klicken Sie auf LÖSCHEN. Diese Option entfernt gleichzeitig das Modul und geht ausnahmsweise keinen Umweg über einen PAPIERKORB, darum müssen Sie noch den Warnhinweis SOLLEN DIESE MENÜS WIRKLICH GELÖSCHT WERDEN? mit OK bestätigen.

9.3.3 Weitere Einstellungen zu Menüs

Weitere Menüeinstellungen erreichen Sie über ERWEITERUNGEN • MODULE. Klicken Sie dort auf das betreffende Menü, z. B. MAIN MENU, eröffnen sich wenige, aber dennoch wichtige Optionen, die die Darstellung beeinflussen.

Auf der linken Seite:

▶ MENÜ AUSWÄHLEN: Wählen Sie aus dieser Dropdown-Liste das in diesem Modul darzustellende Menü.

▶ BASISEINTRAG, ERSTE EBENE, LETZTE EBENE: Über die Kombination dieser Felder stellen Sie im Modul einen Teilbaum des angegebenen Menüs dar (siehe Abbildung 9.17). Beispielsweise könnte ein Menü im Reiseforum nicht die übergeordneten Kategorien URLAUBSZIELE, REISEBERICHTE und REISETIPPS listen, sondern alle Regionen der Urlaubsziele. Dazu legen Sie unter BASISEINTRAG den übergeordneten Menüeintrag fest, die Wurzel des Teilbaums (URLAUBSZIELE).

Über ERSTE EBENE und LETZTE EBENE steuern Sie dann die Tiefe der eingeblendeten Äste des Menübaums. Im Reiseforum befinden sich die Urlaubsregionen in Menüebene 2, direkt unter dem übergeordneten Menüeintrag URLAUBSZIELE aus Ebene 1. Folglich muss in ERSTE EBENE die 2 ausgewählt sein, um die Regionen anzuzeigen. Als LETZTE EBENE geben Sie dann entweder dieselbe Ebene an, um ein flaches Menü zu erzeugen, oder eine tiefere Ebene für einen aufklappbaren Menübaum mit mehreren Unterebenen.

Abbildung 9.17 Darstellung eines Teilbaums der gesamten Menüstruktur; »Basiseintrag« ist »Urlaubsziele« (aus Ebene 1), »Erste Ebene« ist »2« (die Urlaubsregionen), »Letzte Ebene« »3« (für das Aufklappen des Untermenüs mit »Ägäis« und »Balearen«).

Ein kleines Manko hat diese Teilbaumdarstellung allerdings: Joomla! erkennt jetzt nicht mehr, auf welcher Seite sich der Besucher befindet, und hebt den entsprechenden Menüeintrag demzufolge nicht mehr optisch hervor. Diese automatische Erkennung ist nur über den Basiseintrag AKTUELL möglich, damit verzichtet man aber wiederum auf die Teilmenümechanik.

▶ UNTERMENÜEINTRÄGE ANZEIGEN: Diese Option schreibt das gesamte Menü, also inklusive aller verschachtelter Untermenüs, in den HTML-Code der dargestellten Seiten. Das ist insbesondere für Menüs wichtig, die, ähnlich einem normalen Dropdown-Menü, aufklappen, sobald man mit der Maus über einen übergeordneten Menüpunkt fährt. *Achtung*: Einige dieser Einstellungen werden möglicherweise von umfangreicheren Templates, die eine eigene Frontend-Menütechnik enthalten, ignoriert. In diesen Fällen nehmen Sie die detaillierte Menükonfiguration dann innerhalb der Templateeinstellungen vor.

Die Einstellungen auf der rechten Seite sind identisch mit allen anderen Modulen und betreffen z. B. die Anzeige des Modultitels und die Position, also den Platzhalter im Template, den dieses Menümodul füllt. Über ZUGRIFFSEBENE und SPRACHE grenzen Sie zudem die Moduldarstellung ein; darüber lesen Sie mehr in Kapitel 11, »Benutzerverwaltung einrichten«, und Kapitel 12, »Mehrsprachigkeit aktivieren«.

9.4 Benutzermenü einrichten

Websites mit Mitgliederbereichen, die eine Registrierung erfordern, erlauben ihren Benutzern oft die Bearbeitung ihres Profils, um eine Gelegenheit zu bieten, mehr persönlichen Touch einzubringen. Die Profilfelder von Joomla! sind out-of-the-box sehr eingeschränkt, darum beschäftigt sich Kapitel 18, »Joomla! als Community-Plattform«, mit Erweiterungen, die die Flexibilität der Profilgestaltung erweitern. Zum Ende dieses Kapitels erhält das Reiseforum aber schon mal ein passendes Menü mit praktischen Links für angemeldete Benutzer (siehe Abbildung 9.18). Noch eine Besonderheit: Eine spezielle Gruppe von Benutzern, Autoren, soll später in der Lage sein, Beiträge für das Reiseforum einzureichen. Ein Link zum entsprechenden Frontend-Formular wird ebenfalls ins neue *Benutzermenü* aufgenommen.

Abbildung 9.18 In Joomla! legen Sie beliebig viele Menüs an, die Sie über die Modulposition im Layout platzieren; im Bild ein Benutzermenü.

Das Besondere am Benutzermenü ist also die *Zugriffsebene*. Anonyme Websitebesucher können mit Profil- oder Passwortlinks nichts anfangen, das Menü ist ausschließlich für registrierte Benutzer vorgesehen. Das ist sowohl beim Erzeugen der Menüeinträge als auch in der Modulkonfiguration einstellbar.

1. Legen Sie über MENÜS • VERWALTEN • NEUES MENÜ ein neues Menü an. TITEL »Benutzermenü«, MENÜTYP »usermenu«, BESCHREIBUNG »Links für angemeldete Benutzer«

2. SPEICHERN & SCHLIESSEN Sie das neue Menü, und wechseln Sie in der Menüübersicht durch einen Klick auf den Titel in seine Menüeintragskonfiguration.

3. Im Formular MENÜS: MENÜEINTRÄGE legen Sie jetzt über den Button NEU Menüeinträge der folgenden Typen an (siehe Abbildung 9.19):

- BENUTZER • BENUTZERPROFIL
- BENUTZER • BENUTZERPROFIL BEARBEITEN
- BENUTZER • PASSWORT ZURÜCKSETZEN

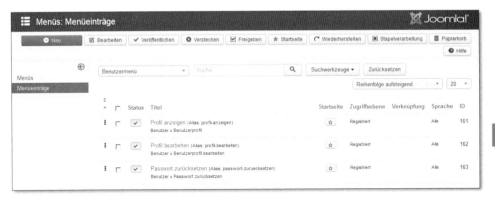

Abbildung 9.19 Ergänzen Sie im Benutzermenü beliebige Menüeinträge, die nur für angemeldete Besucher erscheinen.

Keiner dieser Menüeintragstypen verlangt eine besondere Konfiguration, da Joomla! hier Standardseiten bzw. -formulare bereitstellt. Lediglich die ZUGRIFFS-EBENE in der rechten Spalte des Reiters DETAILS stellen Sie auf REGISTRIERT, um die Einträge für nicht angemeldete Benutzer unsichtbar zu schalten. Theoretisch ließe sich im Reiter METADATEN noch das Feld ROBOTS auf NOINDEX, NOFOLLOW stellen, damit Suchmaschinen diese Seiten bei der Indexierung außen vor lassen. Da das Benutzermenü aber nur nach erfolgreichem Login sichtbar ist, gelangen Google und Co. gar nicht erst auf die Seiten.

Ergänzen Sie nun den Menüeintrag für das Einreichen von Beiträgen:

- BEITRÄGE • BEITRAG ERSTELLEN

    Hierfür lautet die Zugriffsebene SPEZIAL, die sowohl anonyme Websitebesucher als auch registrierte Standardbenutzer ausschließt, aber für höher gestellte Benutzer (Autoren, Lektoren etc.) sichtbar bleibt. Mit dem System der Benutzerrechte beschäftigt sich Kapitel 11, »Benutzerverwaltung einrichten«.

4. Nach Erzeugen der Menüeinträge wird das Menü im Frontend sichtbar geschaltet. Klicken Sie entweder im Menümanager in der Zeile BENUTZERMENÜ ganz rechts auf den Link EIN MODUL FÜR DIESEN MENÜTYP HINZUFÜGEN, oder erzeugen Sie per Hand das neue Modul über ERWEITERUNGEN • MODULE, dann Button NEU • Menütyp NAVIGATION - MENÜ.

5. Benennen Sie das neue Modul »Benutzermenü«, setzen Sie seine POSITION auf PROTOSTAR • RECHTS [POSITION-7] und die ZUGRIFFSEBENE auf REGISTRIERT. Somit bleiben nicht nur die einzelnen Menüeinträge vor anonymen Besuchern

verborgen (Konfiguration der Menüeinträge), sondern gleich das gesamte Menümodul. Doppelt genäht hält besser.

6. Nach dem SPEICHERN & SCHLIESSEN wechseln Sie ins Frontend, um die Modulanzeige zu testen. Als eingeloggter Super Benutzer erscheint es in der rechten Spalte; melden Sie sich ab, verschwindet das Menü.

> **Tipp: Anmeldekasten nur für Gäste anzeigen**
> Ist ein Benutzer auf Ihrer Website angemeldet, erscheint im Login-Modul eine freundliche, aber nutzlose Hallo-Meldung. Nutzen Sie die ZUGRIFFSEBENE GAST, um das Modul nur unangemeldeten Besucher anzuzeigen. Ergänzen Sie dann außerdem das Benutzermenü um einen Abmelden-Link, damit sich angemeldete Benutzer wieder ausloggen können.

Nun sind Sie in der Lage, eine verhältnismäßig komplexe Website in Joomla! anzulegen mit Hunderten von Contentseiten und sauberen mehrstufigen Menüs. Ein Problem besteht allerdings: So richtig attraktiv sieht die Internetpräsenz noch nicht aus. Das Standardtemplate Protostar ist nämlich nur eine Designbasis. Im nächsten Kapitel lernen Sie, sich Protostar so anzupassen, dass es Ihrem Wunschlayout entspricht. Oder Sie installieren gleich ein neues Template; denn das ist schnell geschehen und rückt das aktuelle Aussehen Ihrer Website um Riesenschritte näher an das Designkonzept.

Kapitel 10
Layout und Design anpassen

In Joomla! passen Sie Layout und Design Ihrer Website mit wenigen Mausklicks an. Konfigurieren Sie das vorinstallierte Standardtemplate nach Ihren Vorstellungen, oder installieren Sie ein neues, und passen Sie seine Optionen im Backend an.

Bis jetzt haben Sie die wichtigsten Bausteine von Joomla! kennengelernt, um eine Website aufzubauen. Sie verwalten Content, indem Sie Beiträge anlegen, und schalten ihre Sichtbarkeit über Menüeinträge im Frontend frei. Das sind Standardfeatures von Content-Management-Systemen, doch die Entscheidung, eine Website mit Joomla! umzusetzen, birgt einen enormen Vorteil: Mit wenigen Klicks lassen sich Design und Layout der Webseiten nicht nur anpassen, sondern vollständig austauschen: Im Mittelpunkt stehen dabei Templates – Designvorlagen, die Sie zuhauf kostenlos aus dem Internet herunterladen und im Handumdrehen auf Ihrer Website integrieren.

Bevor es an die fundamentale Anpassung des Designs geht, lernen Sie die Konfigurationsaspekte einer der wichtigsten Ihrer Webseiten kennen, der Homepage. Wie präsentiert man Informationen möglichst attraktiv, um Besucher zum Weiterklicken zu ermutigen? Danach lernen Sie den Umgang mit Modulen, ein Feature, das Joomla! auszeichnet und mit dem Sie die absolute Kontrolle über das Seitenlayout haben. Es folgt ein größerer Abschnitt über die Installation und Modifikation von Templates, dem Layout- und Designgrundgerüst jeder Joomla!-Website. Gegen Ende des Kapitels möbeln Sie Ihre Website schließlich noch mit handverlesenen Schriften auf; Hunderte von Fonts stehen Ihnen kostenlos im Internet zur Verfügung, um Ihre Designvorlage möglichst exakt umzusetzen.

Begriff	Erklärung
Homepage, Frontpage, Startseite	die Einstiegsseite in Ihre Website; die Seite, die erscheint, wenn ein Besucher den Domain-Namen eingibt
Favicon, Touchicon	kleine Bildsymbole, die Browser von Desktop-PCs, Tablets oder Smartphones als visuelle Repräsentation einer Website speichern und z. B. in der Favoritenliste oder Adressleiste anzeigen

Tabelle 10.1 Die wichtigsten Begriffe zum Anpassen von Layout und Design

Begriff	Erklärung
Modul	Baukastenelemente, aus denen sich, neben dem eigentlichen Seitencontent, alle begleitenden Elemente einer Joomla!-Seite aufbauen, z. B. Header, Footer, Seitenleiste, Brotkrumennavigation, kleine Login-Formulare oder Newsticker am Rand etc.
Modultyp	Ausprägung der Funktion eines Moduls, z. B. für die Darstellung von Beiträgen, Menüs oder Flaggen-Icons für den Sprachenwechsel
Position	Eigenschaft eines Moduls, das über seine Platzierung auf der Webseite Aufschluss gibt. Ein typisches Seitentemplate bietet ein bis zwei Dutzend verschiedene Positionen an, z. B. Headerbereich oben, Navigationsbereich oben, Footer links/Mitte/rechts etc. Welche Positionen zur Verfügung stehen (und wie Sie heißen), hängt vom verwendeten Template ab.
Template	Joomla!-Erweiterungen, die das Erscheinungsbild des Front- oder Backends fundamental ändern. Bei der Designimplementierung einer Website sucht man sich zunächst ein Template aus dem Internet, das den Vorstellungen am ehesten entspricht, und konfiguriert und biegt es zurecht, bis es die Anforderungen erfüllt. Oder man entwickelt von Grund auf ein eigenes Template (siehe Kapitel 26, »Templates entwickeln«).
Template-Framework	Programmatische Basis für Templates, die grundsätzliche Funktionalitäten bereitstellen, z. B. Responsive Design, flexible Modulpositionen und anspruchsvolle Menüs. Templateentwickler nutzen Template-Frameworks, um sich statt auf die Programmierung auf das Design konzentrieren zu können. Für moderne, hochflexible Templates ist die Installation eines Template-Frameworks Voraussetzung; Bundles gestalten diese Installation komfortabler.
Stil	Ausprägung eines Templates – von einem Template können verschiedene Stile existieren, die sich durch Darstellungsoptionen, z. B. Farben oder Schriften, unterscheiden.
Override	Mit einem Override werden vormals festgelegte Werte oder Variablen durch eine neue Definition ersetzt und überschrieben. Die CSS-Overrides von Joomla! erlauben beispielsweise das nachträgliche Anpassen der Formatierung von HTML-Elementen.

Tabelle 10.1 Die wichtigsten Begriffe zum Anpassen von Layout und Design (Forts.)

Begriff	Erklärung
Template-Override	Alternative, von Ihnen programmierte HTML-Ausgabe für beliebige Komponentenbestandteile oder Module. Nach Erzeugen des Template-Overrides gilt er als Standarddarstellung für alle Elemente des überschriebenen Typs.
Layout-Override	Alternative, von Ihnen programmierte HTML-Ausgabe, die sich im Backend von Joomla! ausgewählten Modulen per Dropdown-Liste zuweisen lässt. Im Gegensatz zum Template-Override ist der Layout-Override pro Element über den jeweiligen Modulreiter ERWEITERT • Feld ALTERNATIVES LAYOUT einstellbar.
Quelltextansicht	Moderne Webbrowser erlauben mit der dynamischen Quelltextansicht eine bequeme Analyse des HTML-Codes und der verknüpften CSS-Definitionen – ein unverzichtbares Werkzeug für die Webseitenentwicklung. Chrome und Firefox Developer Edition bringen dieses Werkzeug mit, für den Standard-Firefox empfiehlt sich die Installation des Add-ons Firebug.
Font	englischer und im Webdesign üblicher Begriff für eine Schrift

Tabelle 10.1 Die wichtigsten Begriffe zum Anpassen von Layout und Design (Forts.)

Tipp: Favicon ändern und Touchicons erzeugen

Favicons sind die kleinen Symbole, die im Browser in der Adresszeile vor der URL erscheinen. Jede mit Joomla! erzeugte Website erhält standardmäßig das Joomla!-Logo als Favicon, ein Showstopper für den Go-Live.

Üblicherweise liegen Favicons im Hauptverzeichnis des Templates, z. B. unter */templates/protostar* fürs Frontend oder */administrator/templates/isis* fürs Backend. Um sich ganz sicher zu sein, werfen Sie aber einfach einen Blick in den Quellcode einer Ihrer Webseiten. Suchen Sie im HTML-Header nach dem Tag `<link href="[…]favicon.ico" […] />`. Aus dem Attribut `href` lesen Sie den absoluten Pfad des Favicons ab. Kopieren Sie nun Ihr neues Favicon per Dateimanager oder FTP an die betreffende Stelle.

Achtung: Die Favicons der Standardtemplates werden nach einem Joomla!-Update überschrieben. Behalten Sie immer ein Backup Ihres neuen Icons in einem separaten Verzeichnis.

Die Datei *favicon.ico* ist jedoch nicht das einzige für Favoriten oder Bookmarks verwendete Icon. Die Vielfalt moderner Geräte, Tablets, Smartphones und Betriebssystemoberflächen und die immer höher werdenden Bildschirmauflösungen erlauben die Verwendung deutlich größerer Symbole. Um ein Favicon für eine zeitgemäße Website einzusetzen, stellt man in Wahrheit verschiedene Größen (Bildauflösungen) bereit, über deren Vorhandensein die Browser dank HTML-Meta-Tags erfahren. Die übrigen Favicon-Versionen nennt man auch *Touchicons*, da sie vornehmlich Browsern für Smartphones oder Tablets dienen. Anhand der folgenden Meta-Tag-Liste sorgen Sie für eine lupenreine Icon-Darstellung auf aktuellen Endgeräten.

```
<link rel="icon" type="image/png" href="/favicon-16x16.png" sizes="16x16">
<link rel="icon" type="image/png" href="/favicon-32x32.png" sizes="32x32">
<link rel="icon" type="image/png" href="/favicon-32x32.png" sizes="96x96">
<link rel="apple-touch-icon" sizes="57x57" href="/apple-touch-icon-57x57.png">
<link rel="apple-touch-icon" sizes="60x60" href="/apple-touch-icon-60x60.png">
<link rel="apple-touch-icon" sizes="72x72" href="/apple-touch-icon-72x72.png">
<link rel="apple-touch-icon" sizes="76x76" href="/apple-touch-icon-76x76.png">
<link rel="apple-touch-icon" sizes="114x114" href="/apple-touch-icon-114x114.png">
<link rel="apple-touch-icon" sizes="120x120" href="/apple-touch-icon-120x120.png">
```

Abbildung 10.1 Unter »http://realfavicongenerator.net« laden Sie Ihr Bild hoch und erhalten nach einigen Klicks den HTML-Code (»Copy to clipboard«) und die passend skalierten Fav- und Touchicons zum Download (»Favicon package«).

Derart viele Fav- und Touchicons zu erstellen ist mühsam. Glücklicherweise gibt es im Internet Tools, die Ihnen die Arbeit abnehmen, z. B. *http://realfavicongenerator.net* (englischsprachige Website). Laden Sie einfach Ihr möglichst hochauflösendes Originalbild, z. B. das Firmenlogo, hoch und kopieren Sie den erzeugten HTML-Code ins Template (siehe Abschnitt 10.5.1 »HTML-Code ergänzen«).

Problemlösung: Maßnahmen, wenn sich das Favicon im Browser nicht aktualisiert

Browser sind bei der Favicon-Darstellung mitunter sehr hartnäckig. Um Webseiten schneller darzustellen, werden selbst die kleinen Bilder in einem Zwischenspeicher gecacht. Kurioserweise genügt die Aktualisierung der Webseite mit F5 (OS X: cmd + R) aber selten, um ein aktualisiertes Favicon im Browser sichtbar zu machen.

- Geben Sie die exakte URL des Favicons (z. B. *http://reiseforum.joomla-handbuch.com/templates/protostar/favicon.ico* oder *http://reiseforum.joomla-handbuch.com/administrator/templates/isis/favicon.ico*) in die Adresszeile des Browsers ein, und drücken Sie Strg + F5 (OS X: cmd + ⇧ + R). Das zwingt den Browser, speziell das Favicon neu vom Server zu laden. *Tipp*: Die exakte URL des Favicons ermitteln Sie jederzeit über die Quelltextansicht einer Ihrer Webseiten. Suchen Sie darin nach ».ico«.

- Speziell für Chrome: Rechtsklick auf den Browsertab • Neu laden. Alternative: Beenden Sie Chrome, und löschen Sie die Datei *Favicons* aus der Liste der Konfigurationsdateien. Unter Windows finden Sie diese unter *C:\Users\IHR-BENUTZERNAME\AppData\Local\Google\Chrome\User Data\Default*, OS X: */Users/IHR-BENUTZERNAME/Library/Application Support/Google/Chrome/Default/*, Linux: *~/.config/chromium/Default*.

10.1 Homepage anpassen

Die Homepage ist die wichtigste Seite Ihrer Website. Diese Einstiegsseite entscheidet oft darüber, ob Sie das Interesse des Besuchers wecken, weiterzusurfen, oder er Ihrer Website den Rücken zukehrt. Verlässt ein Besucher die Website sofort, handelt es sich um einen *Bounce*. Damit ist die sogenannte *Bounce Rate* eine der wichtigsten Ihrer Websitestatistiken.

Eine gute Homepage bietet daher wertvolle Inhalte, ist optisch ansprechend gestaltet, lädt schnell und vermittelt einen repräsentativen Gesamteindruck der Website und der dahinterstehenden Marke. Auf den folgenden Seiten lernen Sie die Mittel kennen, die Ihnen Joomla! an die Hand gibt, um einige dieser Aspekte zu beeinflussen.

Abbildung 10.2 Erst wenn Sie Beiträge als »Haupteinträge« markieren, füllt sich die Homepage mit Inhalten.

Nachdem Sie in Kapitel 7, »Content verwalten«, einige Beiträge als Haupteinträge markierten, präsentiert sich die Homepage im Frontend in einer Art Zeitungslayout: ein großer Beitrag oben, drei kleinere darunter (siehe Abbildung 10.2). Das ist kein schlechtes Layout, da somit der wichtigste Beitrag plakativ erscheint und weitere Inhalte dezenter angeteasert werden. Nächster Schritt: Finetuning dieses Layouts im Administrations-Backend.

10.1.1 Homepage-Spaltenlayout anpassen

Im Backend ist die Joomla!-Homepage eine ganz besondere Seite des Menüeintragstyps HAUPTEINTRÄGE. Nach der Installation ist sie bereits angelegt, Sie finden sie über MENÜS • MAIN MENU – ein kleines Haussymbol kennzeichnet schon im aufklappenden Joomla!-Menü, dass sich hier die Homepage befindet. Werfen Sie einen Blick in die Elemente des Hauptmenüs, finden Sie dort den Eintrag HOME und die Kennzeichnung durch einen kleinen gelben Stern ( ) in der Spalte STARTSEITE (siehe Abbildung 10.3). Klicken Sie nun auf den Titel des Menüpunkts HOME, um zu den Layoutoptionen der Homepage zu gelangen.

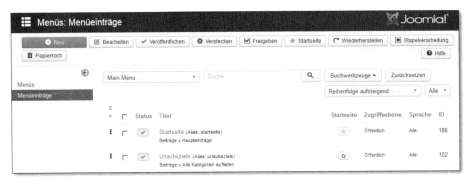

Abbildung 10.3 Die Homepage erkennen Sie am gelben Stern in der Spalte »Startseite«; klicken Sie auf den Titel »Home«, gelangen Sie zur Konfiguration.

Die Konfiguration erfolgt wie bei einem gewöhnlichen Menüeintragstyp: Über die Reiter LAYOUT, OPTIONEN, INTEGRATION etc. erreichen Sie Einstellungen verschiedener Darstellungsaspekte. Klicken Sie nach einer Änderung immer auf SPEICHERN in der oberen Buttonleiste.

Unter dem Reiter LAYOUT finden Sie die grundsätzlichen Einstellungen zur Blog-Ansicht der Homepage. Hier regeln Sie, wie prominent einzelne Beiträge im oberen Bereich angezeigt werden und wie viele weniger wichtige Beiträge darunter erscheinen.

- KATEGORIE AUSWÄHLEN: Klicken Sie in diesem Feld alle Kategorien zusammen, deren Beiträge auf der Homepage erscheinen. Falls Sie nicht mit Kategorien arbeiten, wählen Sie UNCATEGORIZED, oder lassen Sie das Feld leer, sodass der Eintrag ALLE KATEGORIEN erscheint.

- # FÜHRENDE: Anzahl der Beiträge, die im plakativen oberen Bereich über die gesamte Contentbreite angezeigt werden

- # EINLEITUNG: Anzahl der angeteaserten Beiträge unter dem führenden. Abhängig von der eingestellten Spaltenanzahl legt die Homepage mehrere Beitragszeilen an oder blendet am Seitenende eine Paginierung ein, mit der Ihr Besucher auf Folgeseiten der Homepage surft.

- # SPALTEN: Anzahl der Spalten für die Einleitungsbeiträge. Vorsicht: Ab 4 Spalten wird es eng in einer Beitragszeile.

- # LINKS: Wenn es Einleitungsbeiträge aufgrund der Einleitungsanzahl-Einstellung nicht mehr auf die Homepage schaffen, landen sie auf einer Folgeseite. # LINKS gewährt ihnen aber noch einen kleinen Raum auf der Homepage, ohne vollständigen Teaser, sondern als kleine klickbare Links unter den Einleitungsbeiträgen. Geben Sie hier die Anzahl der darzustellen Links ein.

- Mehrspaltige Sortierung (siehe Abbildung 10.4): Verteilen sich die Einleitungsbeiträge über mehrere Spalten und Zeilen, legen Sie hier fest, ob die Sortierung zuerst über die Spalten und dann über die Zeilen oder umgekehrt erfolgt.

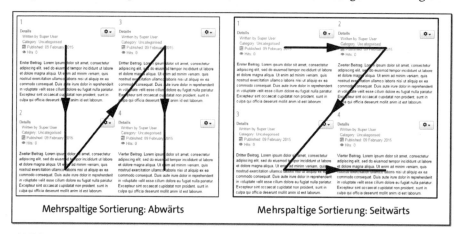

Abbildung 10.4 Bei Einleitungsbeiträgen über mehrere Spalten und Zeilen legen Sie über die »Mehrspaltige Sortierung« die Laufrichtung fest.

- Kategoriesortierung: Beeinflusst die Reihenfolge der Beiträge, falls Sie über Kategorie auswählen Beiträge verschiedener Kategorien darstellen. Titel von A bis Z und Titel von Z bis A sortieren alphabetisch, Wie in der Kategorieverwaltung übernimmt die Sortierung aus dem Kategoriemanager (Drag-&-Drop-Spalte Reihenfolge mit der ≡ Drei-Punkte-Markierung).
- Beitragssortierung: Ist die Kategoriesortierung geklärt, legen Sie die Beitragsreihenfolge innerhalb der Kategorie fest, z. B. nach Titel, Autor, Veröffentlichungsdatum oder Anzahl der Zugriffe im Frontend. Ein besonderer Eintrag ist Reihenfolge Haupteinträge, mit dem Sie die Reihenfolgennummerierung aus der Liste der Haupteinträge übernehmen (erreichbar über Inhalt • Haupteintrag). Details hierzu im folgenden Abschnitt 10.1.3, »Reihenfolge der Haupteinträge ändern«.
- Sortierdatum: Entscheiden Sie sich für eine Beitragssortierung nach Datum, haben Sie die Wahl zwischen Erstellungs-, Bearbeitungs- oder Veröffentlichungsdatum.
- Seitenzahlen/Gesamtseitenzahlen: Nur wenn die Anzahl der darzustellenden Beiträge so hoch ist, dass Joomla! automatische Folgeseiten der Homepage einsetzt, erscheint eine Paginierung mit entsprechenden Links (Vor, Zurück und direkte Seitenlinks, siehe Abbildung 10.5) am Seitenende. Seitenzahlen/Gesamtseitenzahlen blenden *zusätzlich* einen kleinen Footer Seite X von Y ein.

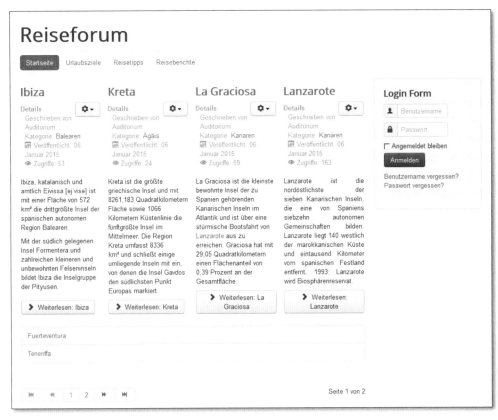

Abbildung 10.5 Alternatives Homepage-Layout ohne »Führenden« Beitrag, mit 4 »Einleitungs«-Beiträgen, 4 »Spalten«, 2 »Links« und eingeblendeten »Seitenzahlen« und »Gesamtseitenzahlen«

10.1.2 Beitrags-Metadaten zurechtstutzen

Der Reiter OPTIONEN ist besonders umfangreich ausgefallen und betrifft nicht direkt das Homepage-Layout, sondern die Detailinformationen der auf ihr gelisteten Beiträge. Die Vielzahl der hier möglichen Einstellungen zu Autoren, Veröffentlichungsdatum, Kategorie und Zugriffszahlen zeigt, dass die Homepage in ihrer Standardkonfiguration wie eine Art News- oder Artikel-Übersichtsseite agiert. Darum lassen sich diese Felder für anders orientierte Websites, z. B. Firmenpräsenzen oder Shops, an dieser Stelle verstecken, wie im Beispiel in Abbildung 10.6. Eine detaillierte Übersicht über die Funktion der Einstellungen finden Sie in Abschnitt 7.5.4, »Einzelner Beitrag«. Beachten Sie, dass auch für die Homepage die Einstellungen der globalen Konfiguration (Menü SYSTEM • KONFIGURATION • Komponente BEITRÄGE) greifen, wenn einzelne Felder auf den Wert GLOBALE EINSTELLUNG gesetzt werden.

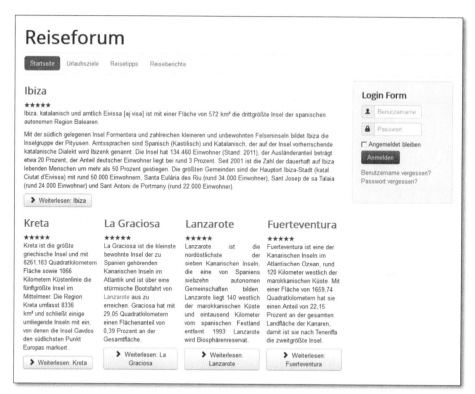

Abbildung 10.6 Durch Deaktivieren der Anzeige der Beitrags-Metadaten (Autor, Datum, Zugriffe) wirkt die Homepage aufgeräumter; die Sternchenbewertung erreichen Sie über »System« • »Konfiguration« • Seitenleiste »Beiträge« • Reiter »Beiträge« • Feld »Beitragsbewertung«.

Der Reiter INTEGRATION steuert die RSS- bzw. Atom-Newsfeed-Erzeugung der Beitragsliste auf der Homepage. Lesen Sie in Abschnitt 15.3, »Newsfeeds integrieren«, mehr zum Thema Newsfeeds von Joomla!-Elementen.

> **Tipp: Breadcrumbs auf der Homepage ausblenden**
>
> Die Brotkrumennavigation AKTUELLE SEITE: STARTSEITE am unteren Seitenende ist für die Homepage überflüssig. Über eine kleine Einstellung des Breadcrumbs-Moduls blenden Sie sie aus.
>
> 1. Wechseln Sie über ERWEITERUNGEN • MODULE zum Modulmanager.
> 2. Klicken Sie auf den Titel des Moduls BREADCRUMBS, um seine Eigenschaften zu bearbeiten.
> 3. Wechseln Sie in der Modulbearbeitung zum Reiter MENÜZUWEISUNG.
> 4. Wählen Sie aus der Dropdown-Liste MODULZUWEISUNG den Eintrag AUF ALLEN, AUSSER DEN GEWÄHLTEN SEITEN.

5. Jetzt erscheint eine Aufschlussliste aller Menüs und ihrer Menüpunkte. Scrollen Sie zum MAIN MENU, und setzen Sie das Häkchen vor HOME (ALIAS: HOME). Es darf kein anderer Menüeintrag markiert sein.
6. SPEICHERN Sie die Modulkonfiguration, und prüfen Sie die Änderung auf der Homepage im Frontend.

10.1.3 Reihenfolge der Haupteinträge ändern

Stellen Sie bei der Konfiguration des Homepage-Layouts die Beitragssortierung auf REIHENFOLGE HAUPTEINTRÄGE, haben Sie volle manuelle Kontrolle über die Auflistungsreihenfolge und legen sie anhand einer einfachen Nummerierung fest.

1. Wechseln Sie über das Menü INHALT • HAUPTEINTRÄGE zum Haupteintragsmanager.
2. Klicken Sie auf die Spaltenüberschrift REIHENFOLGE.
3. Nun erscheinen neben der Reihenfolgennummer für jeden Beitrag klickbare Pfeile. Schieben Sie die Beiträge damit in die gewünschte Reihenfolge. *Hinweis*: Wenn Sie über die STATUS-Spalte Beiträge aus der Liste der HAUPTEINTRÄGE entfernen, entstehen in der Nummerierung Lücken. Dann müssen Sie u. U. die Pfeil-Buttons mehrere Male anklicken, um eine durchgehende Nummerierung zu erhalten, sodass sich Neuplatzierungen auswirken (siehe Abbildung 10.7). Alternativ geben Sie die Reihenfolgennummern direkt in das Textfeld der Spalte REIHENFOLGE ein.

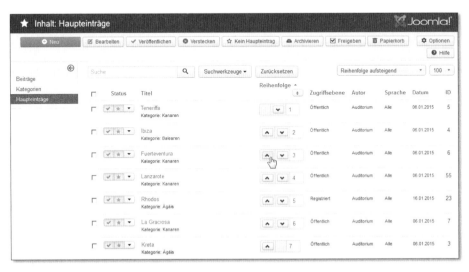

Abbildung 10.7 Nach einem Klick auf die Spaltenüberschrift »Reihenfolge« sortieren Sie die Beiträge über die Pfeil-Buttons.

4. Zum Speichern klicken Sie auf den Button REIHENFOLGE SPEICHERN neben der Spaltenüberschrift REIHENFOLGE.

10.1.4 Andere Seite als Homepage festlegen

Auch wenn die Homepage-Ausgabe spartanisch daherkommt: Das Standardlayout der Joomla!-Homepage ist für die Mehrheit aller Websites eine solide Basis. Nach Umstellung auf ein schöneres Template, Hinzufügen von Illustrationen und Anpassen und Verfeinern der Styles setzen Sie damit jedes moderne und großzügig gestaltete Flat-Design um.

Benötigt Ihre Website aber eine andere Startseite, ist auch das in Joomla! mit wenigen Klicks möglich. Vielleicht möchten Sie mit einer Beitragsseite einsteigen oder mit einer tabellarischen Übersicht von Beiträgen oder einer Galerie. Kein Problem.

1. Wechseln Sie über das Menü MENÜS in das Menü, das die zukünftige Startseite enthält, z. B. eine Seite des Eintragstyps EINZELNER BEITRAG im MAIN MENU.
2. Klicken Sie in der Zeile der neuen Startseite in der Spalte STARTSEITE auf das leere Sternchen, sodass es gelb (★) erscheint. Gleichzeitig hat die Seite HOME ihren Startseitenstatus verloren (ist aber nach wie vor über das Menü erreichbar).

10.2 Module einrichten

Inzwischen sind Sie Joomla!-Modulen, Bausteinen, die Sie an verschiedene Layoutpositionen einer Webseite platzieren, an einigen Stellen begegnet: beim Aufbau von Menüs (Main Menu, Footer Menu und Benutzermenü), dem Login Form und den Breadcrumbs. In diesem Abschnitt lernen Sie Module näher kennen, wie man sie einrichtet, konfiguriert und was es mit den berühmt-berüchtigten *Positionen* auf sich hat.

10.2.1 Neues Modul erstellen

In Kapitel 9, »Menüs aufbauen«, legten Sie bereits ein Modul für ein neues Menü an. Dabei gab es aus dem Menümanager eine Abkürzung, die direkt zum entsprechenden Modultyp – NAVIGATION - MENÜ – führte. Die Vielfalt der verschiedenen Modultypen entdecken Sie aber erst, wenn Sie den Modulmanager einsetzen. Wie wäre es z. B. mit einem kleinen Texteingabefeld, mit dem Besucher Ihre Website nach beliebigen Begriffen durchsuchen? Oder einem zufällig ausgewählten Bild aus Ihrem Medienmanager? Ähnlich den Menüeintragstypen bietet Joomla! eine umfangreiche Sammlung von Modultypen.

1. Wechseln Sie über das Menü ERWEITERUNGEN • MODULE zum Modulmanager.
2. Klicken Sie oben links auf den Button NEU.
3. Nun erscheint eine Liste mit zwei Dutzend verschiedener Modultypen. Einzeln werden diese Typen in Abschnitt 10.2.5, »Alle Modultypen vorgestellt«, besprochen. Wählen Sie für dieses Beispiel den Typ SUCHEN.
4. Einziges Pflichtfeld ist der TITEL des Moduls. Dieser erscheint zwar nicht immer innerhalb des Moduls im Frontend, dient aber mindestens der Übersicht im Modulmanager. Das Modul für das Reiseforumbeispiel heißt *Reiseforum durchsuchen*.
5. Kein Pflichtfeld, aber noch wichtiger ist die POSITION des Moduls. Wählen Sie aus der Dropdown-Liste auf der rechten Seite SUCHE [POSITION-0], um das Suchmodul im Frontend oberhalb der rechten Spalte anzuzeigen. Diese Einstellung gilt allerdings nur für das Protostar-Template; andere Templates verwenden ihre eigenen Positionen und Positionsnummerierungen.
6. Klicken Sie auf SPEICHERN & SCHLIESSEN, und prüfen Sie die Anzeige des neuen Moduls im Frontend.

Auf diese Weise binden Sie, ähnlich wie bei Menüeintragstypen/Webseiten, Modul für Modul Joomla!-Features ein. Im Fall der Suche ist nicht mal eine detailliertere Konfiguration notwendig, um sofort sinnvolle Suchergebnisse zu erhalten.

10.2.2 Modul positionieren

An welcher Stelle ein Modul auf der Webseite erscheint, hängt von seiner Positionseigenschaft ab. Positionen sind Platzhalter im Seitentemplate und können, müssen aber nicht, ihrer Bezeichnung entsprechen, z. B. OBEN [POSITION-1], NAVIGATIONSPFAD/BREADCRUMBS [POSITION-2] oder FUSSZEILE MITTE [POSITION-10] im Protostar-Template. Letztendlich bestimmt der Templateentwickler, wie eine Position behandelt wird und an welcher Stelle ein Modul mit einer bestimmten Position auftaucht. Deshalb erscheint eine in ein anderes Template gehüllte Website u. U. völlig anders. In diesem Fall ist die Kenntnis der Modulpositionen wichtig, um ein vernünftiges Seitenlayout aufzubauen.

Das mit Joomla! installierte Frontend-Template Protostar ist zwar einfach gestrickt, aber eine solide Basis für ein auf Responsive Design abgestimmtes Layout. Um die Modulpositionen besser nachzuvollziehen, hilft der Blick auf ein Schaubild, das jedes halbwegs sauber entwickelte Template in der Dokumentation anbietet. Abbildung 10.8 ist ein Beispiel solch eines Schaubilds für das Joomla!-Standardtemplate Protostar.

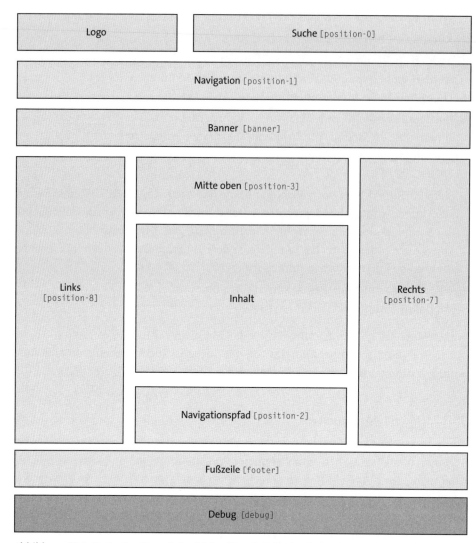

Abbildung 10.8 Protostar-Template: Ist Position 2, 3, 7 oder 8 des Protostar-Templates leer, erweitert sich der Inhaltsbereich nach oben, unten oder in die Breite; so wird der zur Verfügung stehende Platz immer optimal genutzt.

> **Tipp: Positionen im aktuellen Template einblenden**
>
> Mit einem kleinen Trick verschaffen Sie sich schnell Überblick, wo sich die Modulpositionen auf der Webseite befinden.
>
> 1. Wechseln Sie in die globale Joomla!-Konfiguration: Menü System • Konfiguration • Komponente Templates • Reiter Templates.

10.2 Module einrichten

2. Stellen Sie den Schalter VORSCHAU VON MODULPOSITION auf AKTIVIERT. Er ist standardmäßig deaktiviert, damit Websitebesucher und Suchmaschinen nicht zufällig auf dieser Entwicklungsansicht Ihrer Website landen.

3. Rufen Sie nun eine beliebige Frontend-Seite Ihrer Website auf, und hängen Sie den Parameter ?tp=1 ans Ende der URL. Falls sich dort bereits ein Parameter befindet, ersetzen Sie das Fragezeichen (?) durch ein kaufmännisches Und (&), also &tp=1. *Hintergrund*: Hinter einem an die URL angehängten Fragezeichen werden Parameter, Variablenwerte, an die Webseite übermittelt. PHP liest diese Parameter aus und berücksichtigt sie während des Zusammenbauens der Webseite. So stellt die URL *http://reiseforum.joomla-handbuch.com/urlaubsziele?tp=1* zunächst zwar die normale Webseite mit den Urlaubszielen dar, die Programmlogik erkennt aber den zusätzlichen Parameter und ergänzt die Ausgabe um erklärende rote Labels. Das Fragezeichen (?) leitet die Parameterliste ein, falls mehrere Parameter nacheinander folgen, erfolgt eine Trennung durch das kaufmännische Und (&).

Abbildung 10.9 Mit an die URL angehängtem Parameter »?tp=1« markiert Joomla! die Modulpositionen im Frontend.

Info: Modulbearbeitung im Frontend

Ab Joomla! 3.4 ist eine Modulkonfiguration im Frontend möglich. Das kleine Dropdown-Menü in der rechten oberen Ecke jedes Moduls blendet – ein angemeldeter Benutzer mit entsprechenden Rechten vorausgesetzt – ein Formular ein, das der

Backend-Konfiguration ähnelt. Administratoren ändern hier z. B. den TITEL, den Anzeige-STATUS, VERÖFFENTLICHUNGS-Zeiträume, ZUGRIFFSEBENEN, SPRACHEN und die modul-individuellen Einstellungen, die Sie auf diesen Seiten näher kennenlernen.

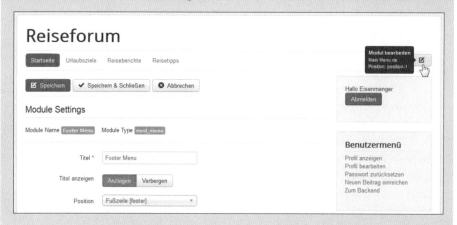

Abbildung 10.10 Für im Frontend angemeldete Websiteadministratoren erscheint innerhalb aller Modulkästen ein Icon zur Konfigurationsbearbeitung.

Als Webmaster steuern Sie diese Einstellungsberechtigung in der globalen KONFIGURATION • Komponente MODULE • Reiter BERECHTIGUNGEN. Die Aktion FRONTEND EDITING ist standardmäßig für Benutzer ab Stufe ADMINISTRATOR freigeschaltet.

10.2.3 Moduldarstellung einschränken

Gegen Ende des letzten Kapitels haben Sie die Darstellung des Benutzermenüs (Modultyp NAVIGATION - MENÜ) so eingeschränkt, dass es nur für angemeldete Websitebesucher erschien. Das geschah in der Modulkonfiguration auf dem ersten Reiter, MODUL, unter dem Feld ZUGRIFFSEBENE. Die Darstellung einzelner Module lässt sich aber noch feiner steuern.

Über den Reiter MENÜZUWEISUNG legen Sie fest, auf welchen Webseiten das betreffende Modul erscheint (siehe Abbildung 10.11). Die Standardeinstellung der Dropdown-Liste MODULZUWEISUNG ist AUF ALLEN SEITEN und schränkt die Darstellung in keiner Weise ein. Zur Auswahl stehen weiterhin AUF KEINEN SEITEN (Ausblenden des Moduls), NUR AUF DEN GEWÄHLTEN SEITEN und AUF ALLEN, AUSSER DEN GEWÄHLTEN SEITEN. Für die letzten beiden Optionen erscheint unter der Dropdown-Liste eine Übersicht über alle von Ihnen angelegten Menüeinträge, die Sitemap Ihrer Website, auf der Sie jede Seite mit einem Häkchen markieren, auf der das Modul erscheint oder nicht erscheint. Das ermöglicht eine große Vielfalt beim Gestalten Ihrer Webseiten, da Sie hiermit jedes einzelne Layout direkt beeinflussen. Im Reiseforum gibt es beispielsweise ein Modul des Typs BEITRÄGE - KATEGORIE, das die am häufigsten aufgerufenen Urlaubsziele (Beiträge der Kategorie URLAUBSZIELE) auf allen Seiten des Menüteilbaums URLAUBSZIELE listet.

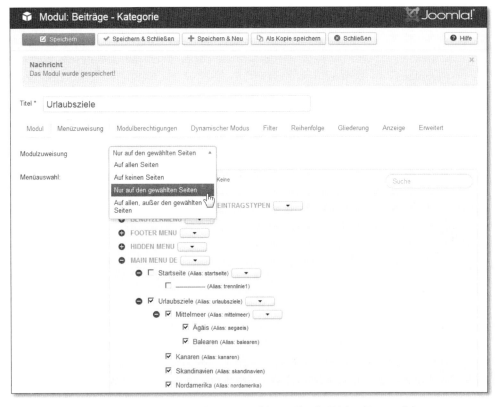

Abbildung 10.11 Im Reiter »Menüzuweisung« markieren Sie die Webseiten, auf denen Module dargestellt oder ausgeblendet werden.

Beachten Sie, dass das Konfigurationsformular Links und Bedienelemente bereitstellt, die insbesondere für Websites mit vielen Seiten praktisch sind. So finden Sie oberhalb der Liste die Links AUSWÄHLEN: ALLE, KEINE, die sofort die Häkchenmarkierung aller Webseiten setzen oder löschen. Bei komplexen Seiten- und Menüstrukturen klappen Sie Teilbäume mit den Plus-/Minusbuttons (➕ ➖) ein oder aus; eine Abkürzung zum Ein- oder Ausklappen *aller* Teilbäume befindet sich wieder oberhalb der Liste AUSKLAPPEN: ALLE, KEINE.

10.2.4 Weitere Darstellungseinstellungen zu Modulen

Abseits der eben vorgestellten Reiter teilen sich alle Module weitere allgemeine Optionen. Über den Reiter MODULBERECHTIGUNGEN regeln Sie, welche Benutzergruppen an der Administration des Moduls beteiligt sind. Arbeiten Sie an der Verfeinerung eines Templates, ist der Reiter ERWEITERT für Sie interessant.

- Menü-Tag-ID (nur für Menümodule), Menüklassensuffix: CSS-Element bzw. -Klasse, die an den Menücontainer (in der Regel eine `<ul>` – unnummerierte Liste) angehängt wird. Im Protostar-Template nutzen Sie bereits das Menüklassensuffix, um das Hauptmenü nicht in der oberen rechten Ecke darzustellen, sondern mithilfe der Klasse `nav-pills` oberhalb des Contentbereichs horizontal aufzuziehen. Die `nav-pills`-Definition ist dabei normaler CSS-Bestandteil des Templates, ein Element des integrierten CSS-Frameworks Bootstrap; andere Templates bieten hier möglicherweise andere Optionen. *Achtung*: Vor den hier angegebenen Klassen muss ein Leerzeichen stehen, da sie im Template an bereits vorgegebene Klassendefinitionen angehängt und durch das Leerzeichen voneinander getrennt werden.

- Zielposition (nur für Menümodule): Positionierungswerte für das neue Browserfenster, das ein Menüeintrag öffnet, dessen Zielfenster-Feld auf Neues Fenster ohne Navigation gestellt ist, z. B. »top=100,left=100,width=300«

- Alternatives Layout: Auswahl einer anderen, vom Template vorgegebenen Darstellungsvariante

- Caching, Cache-Dauer: Um die Erzeugung und Darstellung Ihrer Webseiten zu beschleunigen, nimmt Joomla! auf Kommando eine Zwischenspeicherung einmal generierter Module vor. Diesen sogenannten *Caching-Mechanismus* aktivieren Sie über die globale Konfiguration System • Konfiguration • Reiter System • Bereich Zwischenspeicher (Cache) (Einstellung An - Normales Caching). Über das Feld Caching in der Modulkonfiguration regeln Sie dann, ob der Zwischenspeicher für das aktuell in Bearbeitung befindliche Modul aktiviert (Globale Einstellung) oder deaktiviert ist. Eine Deaktivierung ist wünschenswert, wenn das Modul z. B. dynamische Daten enthält, die sich häufig aktualisieren: Nachrichten aus aller Welt oder ein Abflugticker. Die Cache-Dauer ist die Anzahl der Sekunden, die das erzeugte Modul im Zwischenspeicher bleibt, bevor es neu erzeugt wird. Für statische Inhalte tragen Sie hier hohe Werte ein. In Abschnitt 13.2.7, »Reiter ›System‹ • ›Zwischenspeicher (Cache)‹«, lesen Sie mehr über die Hintergründe der Cache-Mechanismen von Joomla!.

- Modul-Tag, Modulklassensuffix: HTML-Tag und optionale CSS-Klasse, die als Container für den Inhalt des Moduls dienen. Üblich ist das generische `<div>`-Tag, Sie dürfen aber auch andere semantische HTML5-Tags einsetzen, z. B. `<section>` (Bereich), `<nav>` (Navigation) oder `<aside>` (Seitenleiste). Beachten Sie, dass nicht jedes Modul dieses Feld einsetzt; Inhalte des Typs Navigation - Menü bleiben z. B. zwingend in einem `<ul>`-Container.

- Bootstrap-Grösse: Bootstrap ist ein verbreitetes CSS-Framework, das als Basis für das Layout vieler Joomla!-Templates dient, damit Templateentwickler nicht jedes Mal bei null anfangen müssen. Im Mittelpunkt steht die Aufteilung einer Webseite in zwölf gleich breite Spalten, auf die alle Seitenelemente verteilt werden. Um die gesamte Breite einzunehmen, z. B. bei Header oder Footer, sind also zwölf Spalten notwendig, für die Hälfte sechs Spalten etc.

Im Kontext der Modulkonfiguration erfolgt die Spaltenaufteilung nicht für die Webseite, sondern den Bereich, in dem sich das Modul befindet. Sie könnten hier für *zwei* aufeinanderfolgende Module in der Seitenleiste eine Spaltengröße von 6 eingeben, um die Module nicht unter-, sondern nebeneinander anzuzeigen (*zwei mal 6 Spalten entspricht der vollen 12-Spalten-Breite*). Das wird in der Seitenleiste des Protostar-Templates ein bisschen eng, im breiteren Contentbereich ließe sich auf diese Weise aber vertikaler Platz sparen. Beachten Sie, dass das exakte Verhalten der hier vorgenommenen Einstellung auch stark vom eingesetzten Template abhängt.

- HEADER-TAG, HEADER-KLASSE: Hier legen Sie fest, welches HTML-Tag der Überschriftencontainer nutzt und ob dieser eine begleitende CSS-Klasse für spezielle Formatierungen erhält. Die voreingestellte Ebene `<h3>` ist aus HTML-semantischer Sicht zwar nicht korrekt, aber verschmerzbar und macht in den meisten Fällen für Seitenleistenmodule Sinn, da `<h1>` und `<h2>` bereits für Über- und Unterüberschriften des Contentbereichs vorgesehen sind. Passen Sie dieses Feld also an, wenn Sie z. B. ein Modul in den Contentbereich schieben und die Überschriftenebene an den umgebenen Inhalt angleichen oder falls Sie Überschriften-Tags vollständig semantisch im Inhalt verwenden und für Überschriften rein funktioneller Seitenleistenmodule eine besonders formatierte `<div>` einsetzen.

- MODUSTIL: Abhängig vom Template erhält das Modul über dieses Feld eine spezielle Optik.

10.2.5 Alle Modultypen vorgestellt

Für eine Website stellen Module, die den Hauptinhalt mit begleitenden Informationen und Links unterstützen, das Salz in der Suppe dar. Tatsächlich sind Suchmaschinenalgorithmen inzwischen so programmiert, dass Seiten, die neben dem hauptsächlichen Content über wertvolle Zusatzinformationen verfügen, höher gerankt werden. Bevor Sie sich jetzt aber voll Neugier in das Joomla! Extensions Directory stürzen, um nach interessanten Kandidaten Ausschau zu halten, werfen Sie zuerst einen Blick in die Module, die Joomla! von Haus aus mitbringt und die zum Experimentieren mit dem Seitenlayout einladen.

Joomla! kommt standardmäßig mit über zwei Dutzend Modulen, über die Sie nicht nur Header, Footer oder Seitenleisten Ihrer Webseiten mit interessanten Funktionalitäten anreichern. Einige Module stellen auch Inhalte dar, sodass sie besser im Contentbereich einer Seite aufgehoben sind, z. B. der Newsflash oder der Newsfeed.

Beim Ausprobieren kann nichts schiefgehen. Einfach über ERWEITERUNGEN • MODULE • Button NEU ein neues Modul anlegen, den Modultyp auswählen und die

Grundkonfiguration TITEL und POSITION angeben, SPEICHERN und einen Blick ins Frontend werfen, was sich verändert hat. Auf den folgenden Seiten finden Sie eine Übersicht über die Standardmodule.

»Banner«

Dieses Modul ist verfügbar, falls in Ihrer Joomla!-Version die offizielle Komponente *Banner* eingerichtet ist. (Ist das nicht der Fall, installieren Sie sie über das Joomla! Extensions Directory.) Über sie verwalten Sie Werbekunden und Bilder, die Sie an beliebigen Layoutpositionen platzieren (siehe Abbildung 10.12); siehe auch Abschnitt 15.1, »Banner einrichten«.

Abbildung 10.12 Mit Bannern locken Sie die Besucher auf andere Webseiten oder Websites; Joomla! stellt ein komplexes System mit Kunden- und Kategorieverwaltung bereit.

»Beiträge - Archiv«

Listet Monate (nicht Beiträge), für die archivierte Beiträge existieren. Klickt ein Benutzer auf einen dieser Monate, gelangt er zu einer Seite des Menüeintragstyps ARCHIVIERTE BEITRÄGE.

»Beiträge - Beliebte«

filterbare Anzeige einer Beitragsliste mit den meisten Zugriffen

»Beiträge - Kategorie«

umfangreich konfigurierbare Liste von Beiträgen einer oder mehrerer Kategorien – siehe Abbildung 10.13

»Beiträge - Kategorien«

Listet alle Beiträge einer oder mehrerer *Unter*kategorien.

»Beiträge - Neueste«

Zeigt eine festgelegte Anzahl der neuesten Beiträge einer oder mehrerer Kategorien.

»Beiträge - Newsflash«

Im Unterschied zu den vorgenannten Beitragsmodulen teasert der Newsflash auch den Inhalt der Beiträge und sogar Beitragsbilder an – nichts für die Seitenleiste, sondern eher für den breiteren Contentbereich.

»Beiträge - Verwandte«

Mithilfe eines raffinierten Mechanismus verknüpfen Sie Beiträge abseits von Kategorien und Schlagwörtern miteinander. Dazu zweckentfremden Sie das Feld META-SCHLÜSSELWÖRTER der Beitragskonfiguration, das eigentlich für HTML-Keywords vorgesehen war. Beiträge mit identischen Schlüsselwörtern werden dann für diesen Modultyp in Betracht gezogen.

»Benutzer - Anmeldung«

Anzeige des kleinen Login-Formulars, das Sie bereits von der Standardinstallation kennen

»Benutzer - Neueste«

Liste der zuletzt registrierten neuen Benutzer

»Benutzer - Wer ist online«

Zeigt die Anzahl der Gäste und angemeldeten Benutzer, die gerade auf der Website surfen.

»Eigene Inhalte (Leeres Modul)«

Über dieses Modul platzieren Sie beliebige statische oder dynamische Inhalte auf Ihrer Webseite, die nicht unbedingt aus in Joomla! gespeicherten Inhaltselementen bestehen. Das kann reiner Text oder auch ein komplexes HTML- und JavaScript-Konstrukt sein, beachten Sie dabei aber, dass Editorrestriktionen greifen. Standardmäßig filtert TinyMCE z. B. Iframes aus dem eingegebenen Inhalt, sodass eine Einbettung von YouTube- oder Vimeo-Videoclips (siehe Abbildung 10.13) erst durch eine nachträgliche Konfiguration möglich ist (Menü ERWEITERUNGEN • PLUGINS • EDITOR - TINYMCE • Feld VERBOTENE ELEMENTE: IFRAME aus der Liste entfernen).

Abbildung 10.13 Beispielmodule für die Typen »Beiträge-Kategorie« und »Eigene Inhalte (Leeres Modul)« mit eingebettetem Video

»Fußzeile«

Blendet einen Kasten mit einem Copyright für Ihre Website und dem Lizenzhinweis für Joomla! ein – keine weitere Konfiguration vorgesehen.

»Navigation - Menü«

Eines der wichtigsten Module: der Container für ein Menü. Erst wenn Sie einem Menü dieses Modul zuweisen, erscheint es im Frontend. Die Konfiguration im Reiter MODUL:

- MENÜ AUSWÄHLEN: Wählen Sie aus dieser Dropdown-Liste das in diesem Modul angezeigte Menü.

- BASISEINTRAG: Legt fest, welcher Teil des Menübaums angezeigt wird. Damit zeigen Sie auf einer bestimmten Webseite den Menübaum einer völlig anderen Seite.

In der Regel wählen Sie hier AKTUELL, um die Menüstruktur der Seite einzusetzen, auf der sich der Besucher gerade befindet.

- ERSTE EBENE, LETZTE EBENE: Grenzen Sie die darzustellenden Menüebenen ein. In der Regel ist die ERSTE EBENE 1, die LETZTE EBENE die tiefste, verschachtelte Ebene, die Ihr Menü enthält.
- UNTERMENÜEINTRÄGE ANZEIGEN: Blendet die Untermenüs aller Menüpunkte ein, egal auf welcher Seite sich der Besucher befindet. Steht diese Option auf NEIN, erscheint nur das Untermenü des Menüpunkts, auf dessen Seite sich der Besucher gerade befindet. Die Einstellung JA ist insbesondere bei modernen Templates mit aufklappbaren Menüs wichtig, da hier immer die komplette Menüstruktur ausgegeben werden sollte.

»Navigation - Navigationspfad (Breadcrumbs)«

Einblenden der Brotkrumennavigation, die den Navigations-/Klickpfad der aktuell dargestellten Seite rekonstruiert. Damit weiß ein Besucher, an welcher Stelle der Webseitenhierarchie er sich befindet.

- »AKTUELLE SEITE« ANZEIGEN: Ein-/Ausblenden des vorangestellten Texts »AKTUELLE SEITE«. Leider ist hier kein benutzerdefinierter Text einsetzbar.
- STARTSEITE ANZEIGEN, TEXT FÜR DIE STARTSEITE: Legt fest, ob der dargestellte Seitenpfad mit der Homepage beginnt und, falls JA, wie die Bezeichnung an dieser Stelle lautet.
- LETZTES ELEMENT ANZEIGEN: Ein- oder Ausblenden der aktuellen Seite am Ende des Menüpfads. Lassen Sie sie besser eingeblendet, damit der Zweck der Breadcrumbs für den Besucher klar ersichtlich ist.
- TRENNZEICHEN: Das Zeichen, das die Webseitenebenen voneinander trennt. Standard ist ein kleiner orangefarbener Pfeil (▶), der den Pfadcharakter dieser Linkliste betont. Aber auch Gedankenstriche (–), Bulletpunkte (•), das schließende französische Anführungszeichen (», Guillemet) oder das Pipesymbol (|) kämen infrage.

»Sprachauswahl«

Betreiben Sie eine multilinguale Website, erlaubt dieses Modul dem Besucher, mit Flaggen-Icons oder Textlinks zwischen den Sprachen zu wechseln.

»Statistiken«

Darstellung von Serverdaten und Beitragsstatistiken, z. B. Betriebssystem, PHP- und MySQL-Version, Cache- und Komprimierungseinstellungen. Diese Art von Informationen ist nichts fürs Frontend, da sie Hackern Details über das Serversystem verraten und diese damit Schwachstellen leichter identifizieren.

»Wrapper«

Dem Menüeintragstyp IFRAME nicht unähnlich, stellen Sie über den Modultyp WRAPPER externe Websiteinhalte in einem Iframe dar. Dazu nehmen die Moduleigenschaften nicht nur die URL auf, sondern auch Angaben zu Breite, Höhe und Anzeige der Scrollbalken.

»Zufallsbild«

Zwar bietet Joomla! in der Standardinstallation keine Galerie (eine passende Erweiterung lernen Sie in Abschnitt 17.2, »Bilder einbinden mit Phoca Gallery«, kennen), aber wenigstens ein Modul, das ein zufällig ausgewähltes Bild darstellt und so für die illustrative Auflockerung einer Webseite sorgt.

In der Modulkonfiguration legen Sie fest, in welchem BILDERVERZEICHNIS (z. B. *images/* plus ein von Ihnen zur Organisation von Bildern angelegter Unterordner) nach welchem BILDTYP (Dateiendung) ausgewählt wird. Zudem lässt sich hinter dieses Bild ein beliebiger Link setzen, auch externe URLs sind erlaubt. Zur Größenanpassung steht das Feld BREITE (PX) bereit, die Höhe passt sich automatisch an, sodass das Bildseitenverhältnis gleich bleibt.

10.3 Templates verwalten

Als grundsätzliches Merkmal für ein Content-Management-System gehören *Templates* zu den Features, die Joomla! besonders attraktiv für Webprojekte macht. Denn mit einem Template ist es im Handumdrehen möglich, das komplette Aussehen der Website vollständig zu verändern.

Templates im Sinne von Content-Management-Systemen stellen das Layout und Design für eine Website, in die die Inhalte, Texte und Bilder, injiziert werden. Joomla! erfüllt damit ein wichtiges Paradigma, Inhalte von Design strikt zu trennen, damit beide Bestandteile unabhängig voneinander bearbeitet und aktualisiert werden.

In der Joomla!-Lingo ist ein *Stil* eine Ausprägung eines Templates. Über den Templatemanager kopieren Sie beispielsweise ein installiertes Template, um in der Kopie, dem neuen Stil, andere vom Originalstil abweichende Einstellungen vorzunehmen.

Nach der Installation bietet Joomla! vier sehr rudimentäre Templates, deren Einstellungen man über das Menü ERWEITERUNGEN • TEMPLATES erreicht (siehe Abbildung 10.14). Tatsächlich befinden Sie sich jetzt auf der Stileseite (blau hinterlegt); die Templateansicht *darunter* beherbergt Informationen über die Templates (Vorschaubilder, letztes Aktualisierungsdatum, Autorenadressen etc.) und erlaubt Zugriff auf die einzelnen Dateien, die zum Template gehören. Dazu später mehr.

Abbildung 10.14 Die Joomla!-Standardinstallation kommt mit vier Templates daher – zwei fürs Back- und zwei fürs Frontend; über die Spalte »Standard« markieren Sie das jeweils aktive Template.

Praktisch: Für Back- und Frontend sind verschiedene Templates und Templatestile wählbar. So findet die Contentpflege in einem möglichst übersichtlichen Layout statt, während die eigentliche Website für Besucher den strengen Corporate-Identity-Designrichtlinien folgt.

10.3.1 Templates pro Webseite festlegen

Joomla! geht aber noch einen Schritt weiter. Ein paar Mausklicks entfernt befindet sich die Option, Template und Templatestile pro *Webseite* festzulegen. Das hört sich zunächst wie ein fürchterliches Designchaos an, immerhin sollten alle Webseiten einem einheitlichen Stil folgen. Aber vielleicht erfordert ein Folgeauftrag die Erstellung einer kleinen Microsite – die auf dem gleichen System unter gleicher Domain zu hosten ist, z. B. ein Formular, auf das Besucher durch eine Werbeflyer-Aktion gelangen. Dann erhält diese besondere Seite ihr eigenes, aber ähnliches Design über eine Templatestil-Einstellung:

1. Klicken Sie im Templatemanager auf den Namen des Templates, das auf die besonderen Seiten angewendet wird. Das ist also *nicht* das mit dem Stern markierte Standardtemplate, im Screenshot-Beispiel BEEZ3.
2. Wählen Sie den Punkt MENÜZUGEHÖRIGKEIT unter dem Textfeld NAME DES STILS.
3. Markieren Sie nun wie in Abbildung 10.15 die Menüeinträge/Webseiten, auf die das alternative Template angewendet wird. Das Beispiel im Screenshot beschränkt sich auf alle Seiten aus dem FOOTER MENU, dem Impressum und der Datenschutzerklärung.
4. SPEICHERN & SCHLIESSEN Sie das Formular, und testen Sie die neue Seitendarstellung im Frontend.

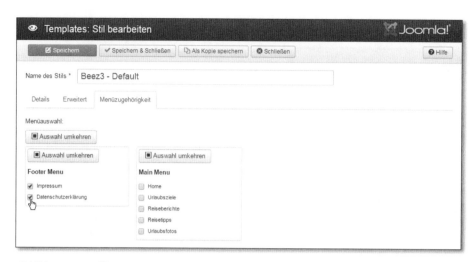

Abbildung 10.15 Über die »Menüzugehörigkeit« ordnen Sie beliebigen Seiten alternative, nicht als Standard markierte Templates zu.

> **Info: Templatestil über die Menükonfiguration festlegen**
>
> Die Komponenten von Joomla! sind so eng miteinander verdrahtet, dass Sie Einstellungen über verschiedene Wege erreichen. Im Falle der Zuweisung eines Templatestils zu einer Seite bzw. einem Menüeintrag geschieht das z. B. nicht nur über den Templatemanager, sondern auch über die Eigenschaften des Menüeintrags.
>
>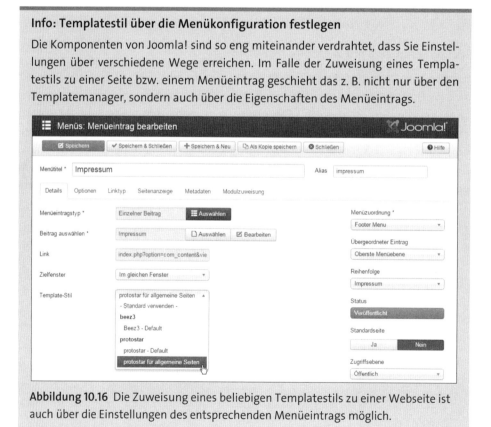
>
> **Abbildung 10.16** Die Zuweisung eines beliebigen Templatestils zu einer Webseite ist auch über die Einstellungen des entsprechenden Menüeintrags möglich.

10.3.2 Template konfigurieren

Abhängig von der Flexibilität des eingesetzten Templates modifizieren Sie im Administrations-Backend Darstellung und Aussehen anhand seiner Einstellungen (Jargon: *customizen*). Die Auswahl und Anzahl der Konfigurationsmöglichkeiten unterscheidet sich dabei extrem von Template zu Template. Klicken Sie dazu im Templatemanager auf den Templatenamen, und wählen Sie den Reiter ERWEITERT direkt unter NAME DES STILS.

Im Falle des mit Joomla! installierten Frontend-Templates Protostar sind die Einstellungsmöglichkeiten rudimentär, siehe Abbildung 10.17.

Abbildung 10.17 Im Reiter »Erweitert« passen Sie die Templatedarstellung an – welche Optionen zur Verfügung stehen, unterscheidet sich von Template zu Template.

TEMPLATE-FARBE bezeichnet eine Schmuckfarbe für Links und Überschriften. HINTERGRUNDFARBE betrifft den Webseitenhintergrund. Es darf ein LOGO hochgeladen werden. TITEL überschreibt den Standardnamen der Website, und BESCHREIBUNG ist eine kleine zusätzliche Textzeile unterhalb des Titels.

Interessant ist die Möglichkeit, Überschriften einen Google Font zuzuweisen (verfügbare Schriften listet die Webseite *https://www.google.com/fonts*). FLUID LAYOUT ist ein Schritt Richtung Responsive Design – diese Option hebt die starre Seitenbreite auf und nutzt die gesamte Browserfensterbreite. Ist das Browserfenster besonders schmal, z. B. auf Smartphones, werden Elemente, insbesondere die Module an der rechten Kante, umpositioniert; sie erscheinen dann am unteren Ende der Seite.

10.3.3 Mehrere Templatestile verwenden

Kombiniert man die eingangs vorgestellten Stile (Ausprägungen eines Templates) mit der Templatekonfiguration, ergeben sich interessante Möglichkeiten, besonderen Seiten ein eigenes, leicht vom Standard abweichendes Aussehen zu verpassen. Im vorigen Abschnitt wiesen Sie testweise den Seiten Impressum und Datenschutz das Template Beez3 zu. Sie werden zustimmen, dass die beiden Templates Protostar und Beez3 bezüglich des Designs nicht miteinander harmonieren. Erzeugen Sie jetzt deshalb eine Variation des Protostar-Templates: einen neuen Stil für die beiden besonderen Seiten.

1. Markieren Sie im Templatemanager das PROTOSTAR-Template mit einem Häkchen, und klicken Sie in der Buttonleiste auf KOPIEREN. Joomla! legt jetzt ein Duplikat des Templates unter dem Namen PROTOSTAR - DEFAULT (2) an.
2. Klicken Sie auf den Namen des neuen Templates, und ändern Sie NAME DES STILS zu PROTOSTAR FÜR ALLGEMEINE SEITEN, damit Sie auch später nach Anlage von fünf oder mehr Stilen nicht die Übersicht verlieren.
3. Wechseln Sie zum Reiter ERWEITERT, und ändern Sie die TEMPLATE-FARBE zu #ED7F00.
4. Wechseln Sie zum Reiter MENÜZUGEHÖRIGKEIT, und markieren Sie die Seiten, auf die der neue Stil angewendet wird – in diesem Fall das IMPRESSUM und die DATENSCHUTZERKLÄRUNG.
5. SPEICHERN & SCHLIESSEN Sie die Templatestil-Konfiguration, und prüfen Sie die Seiten im Frontend.

Mit wenigen Mausklicks haben Sie nun eine dezente Variation des Templates angelegt, die sich nicht zu stark vom Originaldesign unterscheidet, die ausgewählten Seiten aber in hervorgehobenes Licht rückt. Sie können natürlich auch die anderen Protostar-Eigenschaften anpassen, seien Sie allerdings mit dem Einsatz einer völlig anderen Schrift oder einer Mischung von Fluid- und Static-Layouts vorsichtig.

10.4 Neue Templates im Internet finden und installieren

Die Standard-Joomla!-Templates sind bewusst sauber und unspektakulär gehalten – Protostar eignet sich beispielsweise hervorragend, um ein eigenes Design von Anfang an zu entwickeln. Wer seiner Website aber in Rekordzeit mehr Brillanz verleihen möchte, findet im Internet zuhauf Templates, die wie Erweiterungen mit wenigen Mausklicks installiert werden.

Anders als beim Joomla! Extensions Directory für Erweiterungen gibt es kein offizielles Repositorium für Joomla!-Templates. Stattdessen finden Sie kostenlose und -pflichtige Sammlungen auf Basis von Community-Websites oder professionellen Templateentwicklern. Sehen Sie sich die Templates der Repositorien und Hersteller aus der folgenden Tabelle an. Sie werden starke Unterschiede in Bezug auf Design, Layout, Typografie und Responsive-Design-Verhalten erkennen, aber nach Begutachtung eines Dutzend Templates haben Sie bereits eine Vorstellung, welches sich gut für Ihre Website eignen könnte. Und schrecken Sie nicht vor professionellen Templateherstellern zurück. Manchmal ist nur eine Registrierung (und damit ein bisschen E-Mail-Spam) auf der Website notwendig, um Zugriff auf leistungsfähige und flexibel konfigurierbare Templates zu erhalten.

Wichtig: Machen Sie Gebrauch von Live-Demos. Um ihre Templates in möglichst gutes Licht zu rücken, präsentieren Hersteller ihre Produkte über Demonstrationswebsites. So erhalten Sie einen echten Look-and-Feel-Eindruck und klicken sich durch potenzielle Kandidaten, ohne das Template herunterzuladen und zu installieren.

> **Tipp: Kriterien für die Templatewahl**
>
> ▶ Geld spielt keine Rolle: Geben Sie lieber 40 € für ein professionelles Template aus, statt eine stark beschränkte Vorlage zu nutzen, die die meisten Ihrer Anforderungen nicht erfüllt. Trotzdem: Die Auswahl kostenloser *und* leistungsfähiger Templates ist groß.
>
> ▶ Zeit spielt keine Rolle: Nehmen Sie sich Zeit für die Templatewahl, um das richtige Produkt zu finden. Ein Templatewechsel in fortgeschrittenem Websiteentwicklungsstatus ist mühsam.
>
> ▶ Achten Sie nicht nur auf das Design, sondern auch auf die angebotenen Funktionalitäten und Konfigurationsmöglichkeiten. Je mehr Optionen ein Template bietet, desto flexibler passen Sie es auch in Zukunft an Ihre Vorstellungen an.
>
> ▶ Welche Möglichkeiten der Inhaltspräsentation bietet das Template? Gibt es z. B. Newskästen, mehrspaltige Layouts oder – insbesondere für Shops interessant – Bereiche und Kästen für Produktpräsentationen?
>
> ▶ Wie reißerisch sind Interaktionselemente dargestellt? Ein Shop benötigt große, plakative Call-to-Action-Buttons, eine Artikelsammlung ein dezentes Styling.
>
> ▶ Handelt es sich um ein Responsive-Design-Template? Ein Muss für moderne Websites für eine ansprechende Darstellung nicht nur auf Desktop-PCs, sondern auch auf Tablets und Smartphones.
>
> ▶ Bleibt das Hauptmenü oben immer sichtbar (»sticky Header«), auch wenn man weiter nach unten scrollt?
>
> ▶ Entspricht der Tonus des Templates dem Thema Ihrer Website? Für das Reiseforum ist z. B. ein biederes oder nüchternes Template mit scharfen Kanten fehl am Platz.
>
> Sie werden kein Template finden, das den Designanforderungen hundertprozentig entspricht. Haben Sie sich bei den großen Templateherstellern umgesehen (Linktipps

auf den folgenden Seiten), probieren Sie einfach mal das Template aus, das Ihren Vorstellungen am nächsten kommt. Denn sich ein bisschen durch die Konfiguration eines modernen Responsive-Design-Templates mit separatem Mega Menu zu klicken, erweitert Ihr Beurteilungsvermögen. Besuchen Sie auch gerne die Websites des Reiseforums, um sich in den dort installierten Templates umzusehen.

> **Tipp: Schneller Test, ob ein Template responsiv ist**
> Um sicherzustellen, dass ein Template auch auf Smartphones und Tablets gut aussieht – Stichwort Responsive Design – reduzieren Sie einfach die Breite Ihres Browserfensters. Hüpfen Seitenelemente an andere Stellen, sobald Sie eine bestimmte Breite unterschreiten, ist das ein gutes Zeichen für eine Layoutoptimierung für Geräte mit kleinerem Bildschirm.

Das Durchstöbern der Templates unterscheidet sich von Website zu Website. Halten Sie nach Menüpunkten wie JOOMLA TEMPLATES, FREE TEMPLATES oder einfach nur DOWNLOAD Ausschau. In der Tabellenspalte FRAMEWORK/TEMPLATE finden Sie außerdem Hinweise, ob es sich um ein größeres Repositorium handelt oder welche Frameworks (siehe folgender Abschnitt) oder Templates besonders interessant sind. Die Website *https://joomla-handbuch.com* läuft übrigens auf JoomlArts *Purity-III*-Template, das Reiseforum auf RocketThemes *Afterburner2*.

Name	Website	Framework/Template
JoomlaOS	http://www.joomlaos.de	Repositorium
SiteGround	https://www.siteground.com	Repositorium
Joomla24	http://www.joomla24.com	Repositorium
YOOtheme	https://yootheme.com	Warp-Framework, Master Theme kostenlos unter WARP FRAMEWORK • MASTER THEME • DOWNLOAD NOW
JoomlArt	http://www.joomlart.com	T3-Framework, z. B. *Purity III* (Konfigurationsbeispiel in Abbildung 10.18) unter Menü JOOMLA • JOOMLA TEMPLATES • Reiter FREE

Tabelle 10.2 Die größten Templaterepositorien und bekanntesten Templatehersteller

Name	Website	Framework/Template
RocketTheme	http://www.rocktheme.com	*Gantry*-Framework, z. B.: *Afterburner2*; dieses und weitere kostenlose über JOOMLA • TEMPLATES • FILTER BY FREE
JoomlaShine	http://www.joomlashine.com	*JSN Epic* ist weit verbreitet, aber kostenpflichtig. Kostenlose Templates finden Sie unter Menü FREE DOWNLOAD • FREE TEMPLATES.
Joomlashack	https://www.joomlashack.com	*Wright*-Framework; kostenlose Templates unter Menü PRODUCTS • FREE JOOMLA TEMPLATES
shape5	http://www.shape5.com	Templates: *Vertex*, *Design Control* unter Menü JOOMLA • FREE JOOMLA TEMPLATES

Tabelle 10.2 Die größten Templaterepositorien und bekanntesten Templatehersteller

10.4.1 Template-Frameworks

Beim Stöbern nach einem geeigneten Template sind Sie gelegentlich auf den Begriff *Template-Framework* gestoßen – die Krone der Templateschöpfung. Wie auch in anderen Softwarebereichen kristallisieren sich nach der Verbreitung einer Technologie weitere Abstraktionsebenen heraus, mit denen es sich Entwickler gegenseitig einfacher machen, neueste Technologien möglichst schnell einzusetzen. Im Bereich der Joomla!-Templates sind es diese Tage Features wie Responsive Design, Grid-Layouts, Dutzende Modulpositionen, Seitenleisten und die Integration eines CSS-Präprozessors, die nicht für jedes Template neu entwickelt werden müssten.

An dieser Stelle setzen Template-Frameworks an, die die genannten Aspekte auf moderne, stabile Beine stellen und damit Templateentwicklern und Tweakern Arbeit und Zeit für die Personalisierung von Design und Layout freiräumen. Die Integration moderner Features geht so weit, dass andere kleine Open-Source-Projekte Teil der Frameworks werden. Zu guter Letzt bringt die mitunter langjährige und kontinuierlich voranschreitende Entwicklung der Frameworks mit sich, dass die Backend-Administration, die Einstellungen der auf sie aufgesetzten Templates, extrem komfortabel zu bedienen ist. Im Joomla!-Backend sieht das dann aus wie eine autonome in die Joomla!-Oberfläche integrierte zusätzliche Oberfläche. Große Framework-Namen sind beispielsweise Gantry, T3 und Warp, die kostenlos von ihren Machern zur Verfügung gestellt werden.

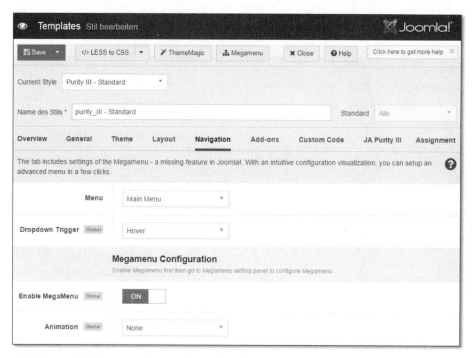

Abbildung 10.18 Konfiguration der Template/Framework-Kombination t3 und Purity III – selbst moderne responsive Menüs sind über das Backend pixelgenau konfigurierbar.

10.4.2 Template herunterladen

Je nachdem, ob Sie sich für ein einfaches Template, z. B. über Joomlaos.de, oder ein komplexes Konstrukt aus Template und Template-Framework entscheiden, gestalten sich auch Download und Installation mehr oder weniger komplex. Auf diesen Seiten sehen Sie eine exemplarische Installation eines einfachen Templates und danach Hinweise, wie Sie mit komplexeren Framework-Installationen umgehen.

Eine erste Anlaufstelle für kostenlose Templates ist z. B. Joomlaos.de.

1. Geben Sie *http://joomlaos.de* in die Adresszeile Ihres Browsers ein, und klicken Sie im Main Menü der Website links auf JOOMLA TEMPLATES, gelangen Sie zu einer Übersichtsseite mit verschiedenen Template-Kategorien.

2. Wechseln Sie dort zur Galerie TEMPLATES FÜR JOOMLA 3.X, in der Sie Dutzende mit Templates befüllte Seiten begutachten (siehe Abbildung 10.19). Die Liste ist nach Veröffentlichungsdatum sortiert; Templates auf den ersten Seiten sind somit neuer und wahrscheinlich moderner.

10.4 Neue Templates im Internet finden und installieren

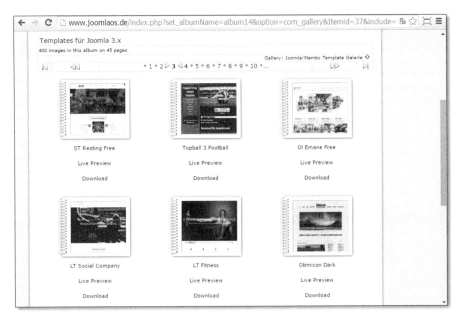

Abbildung 10.19 Unter »http://www.joomlaos.de« finden Sie über 400 kostenlose Templates, deren Look and Feel sich in einem Live Preview testen lässt, bevor Sie das Template installieren.

3. Ziel ist, ein Template zu finden, das dem Thema Ihrer Website möglichst nahekommt. Dabei hilft der Link LIVE PREVIEW unter jedem Vorschaubild, der eine komplette Demowebsite im ausgewählten Design öffnet. So fällt die Beurteilung am lebenden Objekt besonders einfach. Am besten öffnen Sie mit der mittleren Maustaste ein paar neue Tabs mit interessanten Kandidaten.

4. Haben Sie sich für ein Template entschieden, genügt ein Klick auf den DOWNLOAD-Link unter dem Vorschaubild, und Sie gelangen zu einer Seite mit ein paar Templatedetails. Einige Punkte sind dabei besonders interessant:

    - J! VERSION: Achten Sie darauf, dass das Template für Joomla!-3-Versionen geeignet ist – hier muss J3.x stehen.
    - PARAMETER/MULTICOLOR: Je mehr Häkchen Sie hier finden, desto flexibler lässt sich das Template konfigurieren und damit an die eigenen Vorstellungen oder Designanforderungen annähern, z. B. durch das Anpassen von Logo, Farben oder Schriften.
    - VERÖFFENTLICHT: Je neuer das Template, desto moderner ist es wahrscheinlich und desto höher ist die Chance, dass es z. B. dank Responsive Design auch auf Tablet oder Smartphones gut aussieht.
    - DOWNLOADS: Je mehr Joomla!-Administratoren das Template heruntergeladen haben, desto beliebter ist es. Das kann viele Gründe haben, aber ein beliebtes

Template hat höheres Potenzial, gut auszusehen, flexibel konfigurierbar und fehlerfrei zu sein.

5. Nachdem Sie neben dem Templatenamen oben auf das Disketten-Icon klicken, müssen Sie nur noch den LIZENZBESTIMMUNGEN zustimmen, um schließlich über den DOWNLOAD-Button das Herunterladen der Template-ZIP-Datei zu starten.

Bei komplexen Templates, die ein Template-Framework als Fundament einsetzen, müssen Sie genauer hinsehen, um das richtige Download-Paket zu wählen. Meist befinden sich Template und Framework in einem sogenannten Bundle, das Sie entweder über einen Button herunterladen (siehe Abbildung 10.20) oder sich vor dem Download mit Häkchen zusammenklicken (siehe Abbildung 10.21).

Abbildung 10.20 Das Gantry/Afterburner2-Bundle besteht aus einem ZIP-Archiv, das direkt in Joomla! als Erweiterung installiert wird.

Ist das ZIP-Archiv heruntergeladen, werfen Sie mit einem Doppelklick einen Blick hinein. Enthält es Unterverzeichnisse, die ihrerseits ZIP-Archive enthalten, entpacken Sie zunächst das übergeordnete Archiv, um später die Komponenten separat zu installieren. Finden Sie dagegen Unterverzeichnisse *ohne* ZIP-Archive vor, ist die Datei ohne vorangestelltes Entpacken installierbar. Ein weiterer Hinweis ist der Text *unzip first* im Dateinamen des heruntergeladenen Archivs. Folgen Sie dem Hinweis dann einfach, und entpacken Sie das Archiv lokal, bevor es zur Installation geht.

10.4 Neue Templates im Internet finden und installieren

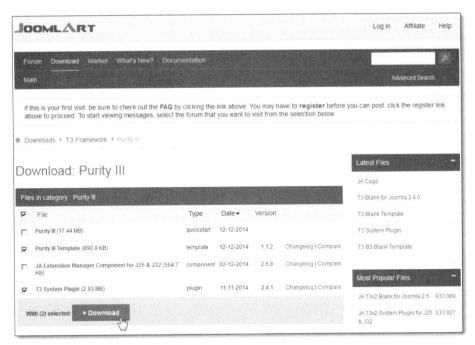

Abbildung 10.21 Für das Purity-III-Template benötigen Sie das »T3 System Plugin« (Framework) und das eigentliche Template (»Purity III Template«); das Gesamt-ZIP-Archiv entpacken Sie zunächst lokal, bevor Sie nacheinander t3 und dann Purity III per Paketdatei installieren.

10.4.3 Template installieren

Joomla! handhabt Templates wie Erweiterungen; die Installation findet demzufolge im Erweiterungsmanager statt, den Sie über das Menü ERWEITERUNGEN • VERWALTEN • Seitenleiste INSTALLIEREN • Reiter PAKETDATEI HOCHLADEN erreichen.

1. Wechseln Sie im Erweiterungsmanager auf den Reiter PAKETDATEI HOCHLADEN.
2. Klicken Sie auf DATEI AUSWÄHLEN, und markieren Sie im Dateidialog die ZIP-Datei, die das Template enthält.

Abbildung 10.22 Für einfache Templates (ohne Template-Framework) genügt das Hochladen einer einzelnen ZIP-Datei.

3. Klicken Sie auf HOCHLADEN & INSTALLIEREN (siehe Abbildung 10.22).

4. Nach kurzer Wartezeit erscheint die grün hinterlegte NACHRICHT: DIE TEMPLATE-INSTALLATION WURDE ABGESCHLOSSEN! Üblicherweise präsentiert sich auf dieser Seite auch das Template mit einer Art »Hallo, willkommen, ich wurde aktiviert«-Text.

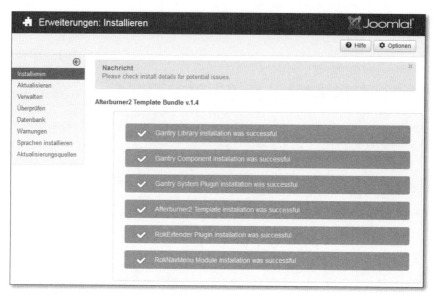

Abbildung 10.23 Nach der Installation informieren Sie Templates über ihre erfolgreiche Aktivierung, hier: RocketThemes Afterburner2 mit gebundletem Gantry-Framework.

5. Wechseln Sie jetzt über ERWEITERUNGEN • TEMPLATES zum Templatemanager, und aktivieren Sie das neue Template durch Setzen des gelben Sterns (★) in der Spalte STANDARD (siehe Abbildung 10.24).

Abbildung 10.24 Neu installierte Templates aktivieren Sie unter »Erweiterungen« • »Templates« mit Klick in die Spalte »Standard«.

6. Wechseln Sie jetzt ins Frontend, und aktualisieren Sie irgendeine Seite Ihrer Website, um das neue Template zu begutachten.

Hinweis: Falls Sie im Frontend das neue Templatedesign sehen, aber Menüs und andere Module verschwunden sind, ist das kein Fehler. Andere Templates verwenden andere Modulpositionen, weswegen Sie das Modullayout nachträglich korrigieren müssen; siehe folgender Abschnitt 10.4.4, »Nach der Templateinstallation«.

Besteht Ihre Templatewahl aus Framework *und* Template, entpacken Sie zunächst das Gesamt-ZIP-Archiv, sodass in Ihrem lokalen Dateisystem alle Unter-ZIP-Archive sichtbar sind. Laden Sie nun diese einzelnen Archive wie oben beschrieben nacheinander per PAKETDATEI HOCHLADEN in Joomla!. Die Reihenfolge spielt in der Regel keine Rolle; wenn Sie mit dem Framework starten, umgehen Sie aber mögliche Fehlermeldungen bei der Templateinstallation, das Framework wäre nicht verfügbar. Verschwinden die Fehlermeldungen nicht, prüfen Sie im Plugin-Manager, ob das Framework automatisch aktiviert wurde, und holen das gegebenenfalls durch Klick in die Spalte STATUS nach (siehe Abbildung 10.25).

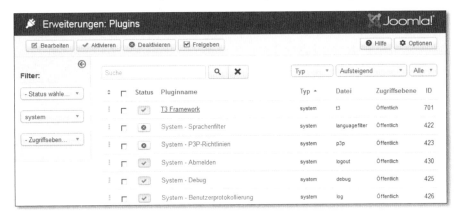

Abbildung 10.25 Filtern Sie im Plugin-Manager nach »system«, um den Aktivierungsstatus des Frameworks zu verifizieren.

> **Achtung: Bevor Sie ein Template aus mehreren ZIP-Archiven installieren**
>
> Machen Sie sich Notizen, welche Komponenten, Bibliotheken und Templates installiert wurden, sonst wird eine mögliche Deinstallation später zur Qual.
>
> Sinnvoll ist es auch, Templates auf einem anderen Testsystem auszuprobieren, bevor Sie sich für eines entscheiden. Die funktionsreichen Templates sind hochkomplex verdrahtet – da kann manchmal auch etwas schiefgehen. Im schlimmsten Fall lassen sich Komponenten nicht mehr deinstallieren, was dazu führt, dass man Programmleichen in seiner Joomla!-Installation mitschleppt. Solcher Geistercode kann dann wiederum an irgendeiner anderen Stelle Probleme hervorrufen. Und die händische Entfernung ist außerordentlich mühsam.

> **Problemlösung: Die XML-Installationsdatei konnte nicht gefunden werden**
> Damit Joomla! weiß, was mit der Erweiterungs-ZIP-Datei anzufangen ist, enthalten Erweiterungspakete für gewöhnlich eine *templateDetails.xml*-Datei, die dem CMS Informationen über die restlichen im Archiv enthaltenen Dateien und die Integration ins Templatesystem mitteilt. Wird diese nicht gefunden, hat das meist einen Grund: Das Download-ZIP-Archiv enthält eine weitere ZIP-Datei mit Installationsanleitung und den tatsächlichen Installationsdateien. Werfen Sie einfach einen Blick in das heruntergeladene Archiv, und extrahieren Sie die enthaltene ZIP-Datei, die dann problemlos vom Erweiterungsmanager eingelesen wird.

10.4.4 Nach der Templateinstallation

Nach der Installation eines neuen Templates erscheinen möglicherweise vorher sichtbare Module und Menüs nicht mehr (siehe Abbildung 10.26). Die Welt der flexiblen Modulpositionen ist gleichzeitig Fluch und Segen. Im Kern besteht Ihre Aufgabe nun darin, allen zuvor eingestellten Modulen neue Positionen im Layout zuzuweisen.

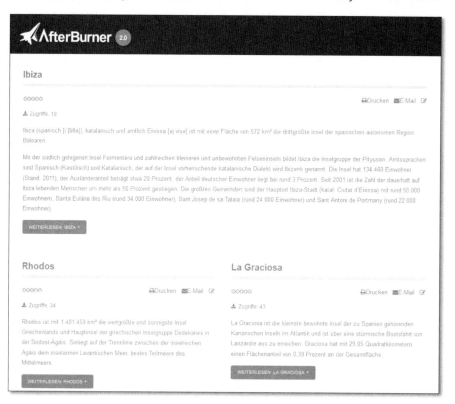

Abbildung 10.26 Nach Installation des Afterburner2-Templates erscheinen weder Hauptmenü noch Module in der Seitenleiste – etwas Konfigurationsarbeit ist erforderlich.

Wichtig: Studieren Sie die Dokumentation des Templates, nur so erlangen Sie Verständnis der kryptischen Positionsbenennungen und weiterer notwendiger Einstellungen in der Templatekonfiguration.

In der Regel ist die Zuordnung der Module zu neuen Positionen über die individuelle Modulkonfiguration möglich.

1. Wechseln Sie über das Menü ERWEITERUNGEN • MODULE zum Modulmanager.
2. Bearbeiten Sie die Eigenschaften des neu einzublendenden Moduls durch einen Klick auf seinen Namen.
3. Scrollen Sie jetzt in der Dropdown-Liste POSITION in der rechten Spalte zunächst zum neu installierten Template, dann suchen Sie darunter die neue Position, deren Name Sie der Templatedokumentation entnehmen (siehe Abbildung 10.27). Das können sinnvoll benannte Einträge sein (TOPMENU oder BREADCRUMBS), aber leider auch manchmal Durchnummerierungen, insbesondere bei umfangreichen Responsive-Design-Layouts.

Abbildung 10.27 Template-Entwickler haben freie Hand bei der Benennung der Positionen, die meisten Module sind jedoch eindeutig benannt.

4. SPEICHERN Sie die Moduleigenschaften, und prüfen Sie im Frontend, ob das Modul an der gewünschten Stelle erscheint (siehe Abbildung 10.28).

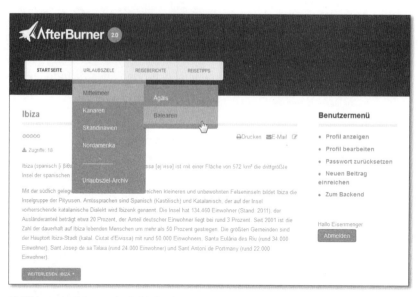

Abbildung 10.28 Sonderfall Afterburner2-Template; Zwar lassen sich »Benutzermenü« und »Login Form« über Modulpositionen einstellen; für das Hauptmenü wird die »Position« allerdings deaktiviert und gesondert in der Templatekonfiguration eingestellt.

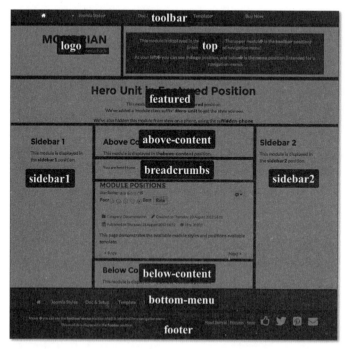

Abbildung 10.29 Die Dokumentation zum Mondrian-Template von Joomshack erklärt, wo sich einzelne Modulpositionen auf der Webseite befinden und unter welchem Namen sie im »Position«-Dropdown-Menü erscheinen.

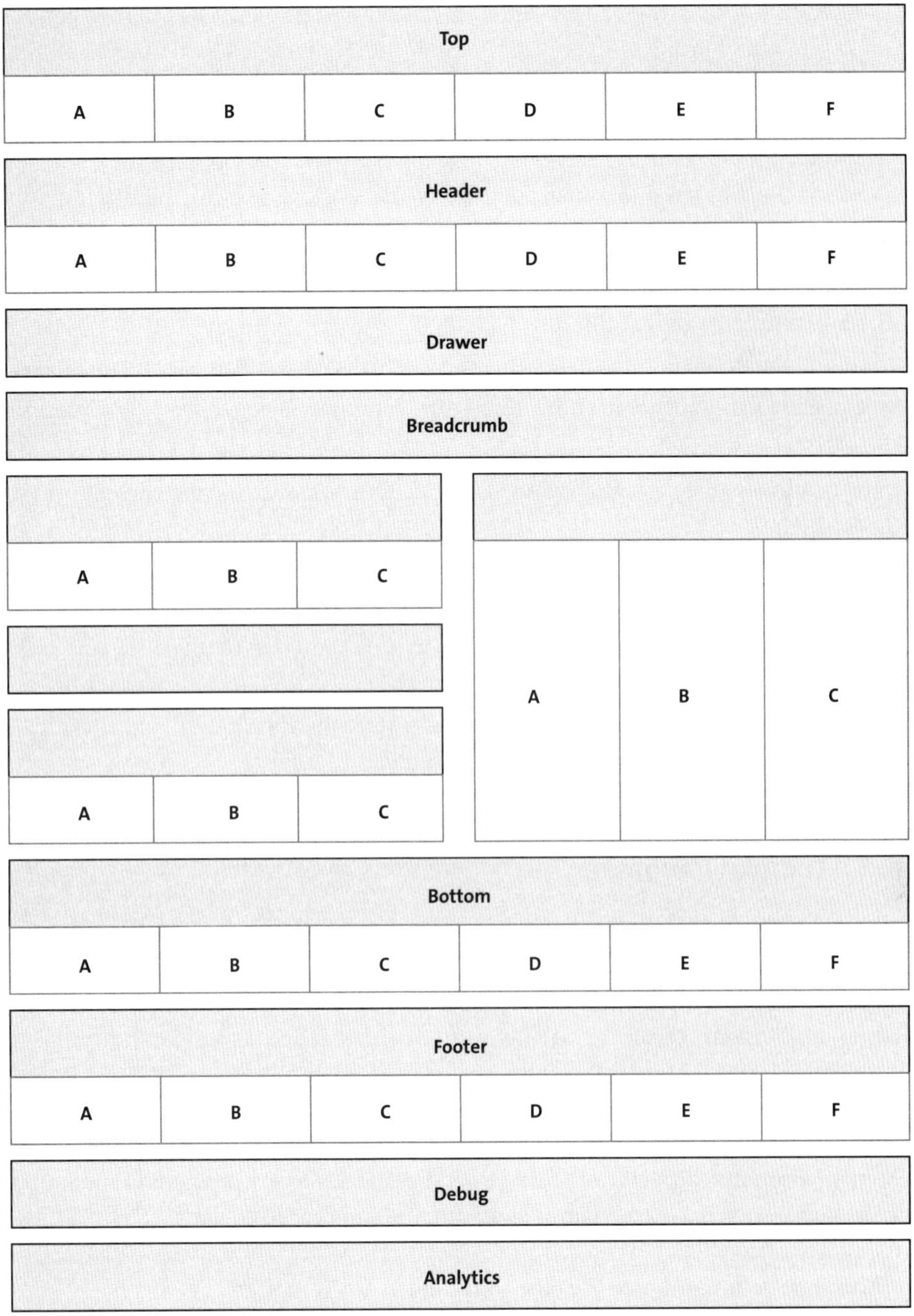

Abbildung 10.30 An den zahlreichen Modulpositionen des Afterburner2-Templates erkennt man die Komplexität – rechnen Sie etwas Zeit für die ideale Modulpositionierung ein.

Insbesondere bei flexiblen, aber leider auch komplexen Templates verbringen Sie viel Zeit mit der Modulkonfiguration. Seitenleiste, Footer und Contentbereiche sind meist einfach zu durchschauen, doch für die korrekte Platzierung des Hauptmenüs müssen Sie möglicherweise Einstellungen in der Templatekonfiguration vornehmen, die Sie über ERWEITERUNGEN • TEMPLATES • Klick auf den Templatenamen erreichen. Konsultieren Sie auch hier die online verfügbare Dokumentation zum Template.

10.4.5 Templates deinstallieren

Bevor Sie ein Template deinstallieren, müssen Sie sicherstellen, dass es nicht aktiv ist. Um ganz sicherzugehen, aktivieren Sie im Templatemanager das Standardtemplate PROTOSTAR.

1. Wechseln Sie über das Menü ERWEITERUNGEN • VERWALTEN zum Erweiterungsmanager.
2. Klicken Sie in der linken Seitenleiste auf VERWALTEN.
3. Wählen Sie unter FILTER beim Dropdown-Menü TYP WÄHLEN den Filter TEMPLATE. Nach wenigen Sekunden aktualisiert sich die Erweiterungsliste und zeigt jetzt alle Templates.
4. Markieren Sie alle zu löschenden Templates mit einem Häkchen, und klicken Sie auf den Button DEINSTALLIEREN in der oberen Buttonleiste.

10.5 Template anpassen

Man verbringt Stunden mit der Suche nach dem idealen Template, und doch gibt es immer wieder kleinere Aspekte, die nicht zu den idealen Vorstellungen passen. Das ist normal, denn kein Templateentwickler kann alle Layout- oder Formatierungsszenarien, die einer Website abverlangt werden, voraussehen. Haben Sie das Template installiert, das den Anforderungen am nächsten kommt, nutzen Sie deshalb Joomla!- und template-spezifische Mechanismen, um an den Feinheiten zu feilen. Auf den folgenden Seiten lernen Sie, wie man einfache Modifikationen in den Template-PHP-Dateien vornimmt, zusätzliche CSS-Styles auf das vorhandene Design anwendet und, schließlich, wie sich das komplette Layout und Design bearbeiten lässt.

> **Achtung: Dokumentieren Sie alle Änderungen am Template**
> Für Templates gibt es keinen Mechanismus, der Modifikationen vor einem Überschreiben bei einer Templateaktualisierung schützt. Dokumentieren Sie deshalb Ihre Änderungen akribisch, und legen Sie Sicherheitskopien der modifizierten Dateien an. Idealerweise arbeiten Sie mit einer Kopie des Templates wie in Abschnitt 10.5.4, »Template-Overrides einsetzen«, beschrieben.

Hinweis: Template-Updates gibt es zwar selten, und sie sind noch seltener sicherheitskritisch. Ignorieren Sie sie jedoch nicht, denn insbesondere komplexere Templates (z. B. bei Verwendung eines Template-Frameworks) können Sicherheitslecks aufweisen, die wie bei jeder anderen Erweiterung gestopft werden müssen.

10.5.1 HTML-Code ergänzen

In manchen Fällen möchten Sie HTML-Code im Template ergänzen, z. B. für die Einbindung von JavaScript- oder CSS-Frameworks, zusätzlichen Meta-Header-Tags (Stichwort Fav- und Touchicons), Google-Analytics-Tracking-Codes oder vielleicht einer zusätzlichen Icon-Schrift. Professionelle Templates erlauben solche Ergänzungen über ihre Templatekonfiguration, z. B. über sogenannten Custom Code. Bietet Ihr Template diese Option jedoch nicht, kommen Sie nicht darum herum, direkt in den HTML-Code des Templates einzugreifen.

Templates bestehen zwar gemittelt aus Dutzenden Dateien, jedoch gibt es eine zentrale Anlaufstelle, die das fundamentale HTML-Gerüst bereitstellt: die Datei *index.php*, die Sie im Hauptverzeichnis des Templates (vom Joomla!-Hauptverzeichnis ausgehend unter */templates/IHR-TEMPLATE-NAME/*) finden.

Öffnen Sie die Datei *index.php* mit einem Texteditor, sehen Sie ein auf den ersten Blick chaotisches Durcheinander von PHP und HTML. Aber das System ist simpel: Grundsätzlich handelt es sich bei der *index.php* um eine ganz normale HTML-Seite, die zusätzlichen Platzhaltercode enthält. Mit PHP werden diese Platzhalter während der Seitengenerierung zur Laufzeit durch echte Inhalte aus der Datenbank von Joomla! ersetzt. In der Datei erkennen Sie solche Includes z. B. am Tag `<jdoc:include type="modules" name="position-0" style="none" />`. Weiterer PHP-Code dient vornehmlich dazu, das Auffüllen der Platzhalter vorzubereiten.

Sie behandeln die *index.php* also wie eine normale HTML-Seite und durchforsten sie auf der Suche nach dem per `<head>` und `</head>` definierten HTML-Header. Zwischen diese Tags setzen Sie dann beispielsweise die eingangs erwähnten Fav- und Touchicons; ein Quellcodebeispiel im Protostar-Template:

```
<head>
   [...]
   <!--[if lt IE 9]>
      <script src="<?php echo $this->baseurl; ?>/media/jui/js/html5.js">
      </script>
   <![endif]-->
   <link rel="icon" type="image/png" href="/favicon-16x16.png" sizes="16x16">
   <link rel="icon" type="image/png" href="/favicon-32x32.png" sizes="32x32">
   <link rel="icon" type="image/png" href="/favicon-32x32.png" sizes="96x96">
</head>
```

Oder möchten Sie vielleicht die Copyright-Zeile dauerhaft aus dem Webseitenfooter des Protostar-Templates entfernen? Scrollen Sie ans Ende der *index.php*, und entfernen Sie einfach den kompletten <p>-Paragrafen, der mit dem Copyright-Zeichen © beginnt.

```
[...]
        <p>
            &copy; <?php echo date('Y'); ?> <?php echo $sitename; ?>
        </p>
      </div>
    </footer>
    <jdoc:include type="modules" name="debug" style="none" />
</body>
</html>
```

Solche Anpassungen oder Tweaks an der *index.php*-Datei eines Templates haben allerdings ein Problem. Gibt es ein Update des Templates oder – im Falle von Protostar – von Joomla!, werden all Ihre Änderungen mit einer neuen Version der *index.php*-Datei überschrieben. Damit das nicht passiert, legen Sie daher, noch bevor Sie irgendwelche Templating-Tweaks durchführen, eine Kopie des Templates an, in der Sie freie Hand haben. Abschnitt 10.5.4, »Template-Overrides einsetzen«, geht näher auf diese Konvention ein und erklärt noch mehr zum Innenleben der Templates.

10.5.2 Personalisierte CSS-Dateien verwenden

Die einfachste Art und Weise, das Aussehen von Templates zu beeinflussen, ist die Verwendung eines CSS-Overrides, das Überschreiben existierender CSS-Styles. Das ist kein Joomla!-spezifischer Mechanismus, sondern Bestandteil der Funktionsweise von Cascading Stylesheets: Später geladene Style-Definitionen überschreiben zuvor festgelegte.

Verwendet das Template Ihrer Wahl ein Template-Framework, ist das Einbinden solcher benutzerdefinierter Styles einfach, da oft ein Mechanismus vorgesehen ist, der automatisch nach personalisierten CSS-Dateien sucht – man muss nur wissen, wie der Dateiname lautet. Beispiele bekannter Frameworks:

- Gantry (RocketTheme)
  /templates/IHR-TEMPLATE-NAME/css/IHR-TEMPLATE-NAME-custom.css
- Gavern (Gavick Pro)
  /templates/IHR-TEMPLATE-NAME/css/overrides.css (In den Framework-Einstellungen muss die Option OVERRIDE CSS aktiviert sein.)

- T3, Warp (YooTheme), Shape 5
  /templates/IHR-TEMPLATE-NAME/css/custom.css

In diesen Dateien dürfen Sie nach Belieben schalten und walten, bis das Templatedesign Ihren Vorstellungen entspricht. Ist in Ihrem Template keine solche Datei vorgesehen, erzeugen Sie eine eigene und laden sie als letzte Position im HTML-Header der *index.php*-Datei Ihres Templates. Fügen Sie dazu diesen kurzen PHP-Block vor das </head>-Tag ein:

```
<?php
    JHtml::_('stylesheet', JUri::root() . 'templates/' . $this->template .
    '/css/my-custom-styles.css');
?>
```

Statt *my-custom-styles.css* dürfen Sie natürlich einen eigenen Dateinamen vergeben. Das Stylesheet muss nicht unbedingt im */css*-Verzeichnis abgelegt sein, dort ist es aber gut aufgehoben.

Blicken Sie jetzt in den HTML-Code der neu geladenen Frontend-Seite, sieht der HTML-Header-Ausschnitt so aus:

```
<link rel="stylesheet" href="/templates/protostar/css/template.css"
   type="text/css" />
<link rel="stylesheet" href="http://localhost:81/templates/protostar/css/
   my-custom-styles.css" type="text/css" />
<link rel="stylesheet" href="/media/system/css/frontediting.css"
   type="text/css" />
<script src="/media/jui/js/jquery.min.js" type="text/javascript"></script>
```

Joomla! fügt das neue Stylesheet in die Liste zu ladender Stylesheets, unmittelbar bevor die externen JavaScript-Dateien geladen werden. Aber obwohl Sie das <link>-Tag als letzte Position eingefügt hatten, lädt danach ein weiteres Stylesheet. In diesem Fall die Datei *frontediting.css*, die im Frontend eingeloggten Benutzern das Bearbeiten von Beiträgen ermöglicht. Das passiert aber auch mit anderen Komponenten oder Plugins. Wenn also eine Style-Anpassung auch nach [F5] oder [Strg] + [F5] (OS X: [cmd] + [R] bzw. [cmd] + [⇧] + [R]) nicht erscheint, existiert vielleicht in einer später geladenen Style-Datei die letzte kaskadierte und damit wirksame Style-Definition. Das Anhängen der Direktive !important an den entsprechenden Style ist hier Retter in der Not und zwingt den Browser, keine später folgenden Überschreibungen mehr zuzulassen.

Ein Beispiel:

```
h1 {
  font-size:42px !important;
}
```

10.5.3 CSS-Overrides anlegen

Sie wissen jetzt, *wo* Sie CSS-Overrides anlegen, aber noch nicht, *wie*. Dafür ist etwas Detektivarbeit notwendig: Am besten arbeiten Sie mit einer Firefox Developer Edition oder mit Chrome, diese Browser haben das notwendige Werkzeug bereits eingebaut. (In einem normalen Firefox installieren Sie das Add-on *Firebug*.)

1. Lokalisieren Sie zunächst auf der Webseite das Element, das Sie manipulieren möchten. Für dieses Beispiel befindet sich das Suchmodul nicht in Protostars Modulposition SUCHE [POSITION-0], sondern in der rechten Seitenleiste. Das Eingabefeld für den Suchbegriff ist nun so lang, dass es aus dem Modulkasten herausragt (siehe Abbildung 10.31). Ein CSS-Override soll das Feld verkürzen.

Abbildung 10.31 Platzieren Sie das Suchmodul im Protostar-Template in die rechte Seitenleiste, ist das Texteingabefeld zu lang – ein typischer Fall für einen CSS-Override.

2. Klicken Sie mit der rechen Maustaste auf das zu manipulierende Element, im Beispiel auf das Sucheingabefeld, und wählen Sie aus dem Kontextmenü ELEMENT UNTERSUCHEN (englisch: INSPECT ELEMENT), damit gelangen Sie in die Entwicklertools des Browsers.

3. Nun öffnet sich eine dynamische Quelltextansicht, die Sie, falls Sie mit zwei Monitoren arbeiten, auch aus dem Browserfenster entkoppeln können, um einen besseren Überblick zu behalten (siehe Abbildung 10.32 und Abbildung 10.33). Die Buttons dazu: ▫ (Chrome), ▫ (Firefox Developer Edition), ▫ (Firefox mit Firebug).

4. Idealerweise springt die Quelltextansicht automatisch zum richtigen Element, für das Sucheingabefeld also ein `<input>`-Tag.

   Wurde bei Ihnen ein anderes Element markiert, bewegen Sie sich mit der Maus zwischen den umgebenden Elementen, und öffnen Sie gegebenenfalls über die kleinen grauen Pfeile HTML-Container, um die enthaltenen Elemente zu sehen. Die dynamische Quelltextansicht erleichtert Ihnen die Suche durch Hervorhebung des Elements in der Webseitendarstellung oberhalb des Quelltexts (oder auf dem anderen Monitor).

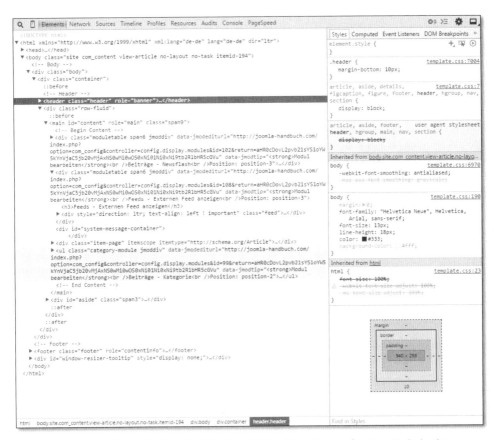

Abbildung 10.32 In dynamischen Quelltextansichten (hier: Chrome) sehen Sie links den HTML-Code und rechts die CSS-Kaskade zur Formatierung des mit der Maus markierten HTML-Elements.

5. Experimentieren Sie jetzt mit der Formatierung, bis Sie das gewünschte Resultat erlangen. Dazu klicken Sie im rechten Bereich der Quelltextansicht zwischen die beiden geschweiften Klammern des obersten Eintrags element. Hier geben Sie nach Herzenslust CSS-Styles ein, die sich direkt auf das Element auswirken. (*Hintergrund*: element befüllt das HTML-Attribut style und ist damit die letzte Instanz der CSS-Kaskade.) Für das Suchtextfeld genügt der Style width:150px;, um die Breite zu verkleinern.

6. Für das Anlegen des CSS-Overrides benötigen Sie die Element-ID und/oder den CSS-Klassennamen, um die eben recherchierten Styles anzuwenden. Sehen Sie sich dazu das HTML-Element auf der linken Seite der Quelltextansicht an. Das Eingabefeld des Suchmoduls beginnt mit <input id="**mod-search-searchword**" class="**inputbox search-query**" […] />. Das sind die Element- bzw. Klassennamen, die Sie im CSS-Override neu definieren.

Abbildung 10.33 Finalisieren Sie das gewünschte Styling in der dynamischen Quelltextansicht (hier: Firefox Developer Edition), bevor Sie das Ergebnis im Backend als CSS-Override anlegen.

7. Ergänzen Sie nun die CSS-Override-Datei um die neue Style-Definition, die Kombination aus gefundener Element-ID und/oder CSS-Klasse und dem erprobten CSS-Style aus dem element-Element. Für das Suchtextfeld genügt beispielsweise diese Ergänzung:

```
#mod-search-searchword {
  width:150px;
}
```

In der Praxis greifen auf diese Weise ermittelte Styles nicht immer, da die Abhängigkeiten und Vererbungen der CSS-Kaskade mitunter sehr komplex sind. In diesem Fall hilft es, sich langsam anzunähern. Versuchen Sie es zuerst mit der Element-ID (#mod-search-searchword) und dann mit der Klassenkombination (.inputbox search-query). Führt das immer noch nicht zum Erfolg, werfen Sie erneut einen Blick in den rechten Bereich der Quelltextansicht. Die Liste enthält alle Style-Definitionen, die das Format des markierten HTML-Elements beeinflussen. Die oben stehenden Definitionen greifen als Letztes und überschreiben weiter unten stehende Definitionen. Erscheint eine Definition durchgestrichen, wurde sie von einer darüber stehenden überschrieben. Suchen Sie nun aus dieser Liste weitere Kandidaten für die nächsten Zuweisungsversuche.

Tipp: Einen schmutzigen Trick gibt es, um mit einem Mausklick die korrekten Styles zu finden. Öffnen Sie in der Quelltextansicht mit der rechten Maustaste das Kontextmenü eines HTML-Elements, und suchen Sie einen Menüpunkt ähnlich CSS-PFAD KOPIEREN oder Copy CSS path/COPY UNIQUE SELECTOR. In der Zwischenablage haben Sie nun eine Zeichenkette, die den exakten CSS-Weg zu diesem Element beschreibt. Schmutzig ist der Trick allerdings deshalb, da dieser Pfad nicht sonderlich generisch ist, sondern sich exakt auf dieses eine Element bezieht. Gegebenenfalls lässt sich hieraus aber eine allgemeinere Definition ableiten.

10.5.4 Template-Overrides einsetzen

Mit Template-Overrides stellt Joomla! ein mächtiges Werkzeug zur Verfügung, um größer angelegte Layout- und Designänderungen an einem vorhandenen Template vorzunehmen. In diesem Abschnitt lernen Sie den Mechanismus anhand von individuellen beispielhaften Änderungen am Protostar-Template kennen, das sich hervorragend als Grundlage für ein eigenes Template eignet, da es eine ideale HTML5- und CSS-Basis stellt und im Kern schon responsiv reagiert.

Um den Überblick und die Zielvorgabe nicht zu verlieren, eine kurze Zusammenfassung der anstehenden Aufgabe:

Ziel: Stellen Sie ein vom Webmaster ausgewähltes Icon aus der Icon-Schrift Font Awesome vor jeden Menüpunkt – siehe Abbildung 10.34.

Abbildung 10.34 Das Einfügen eines Icons vor Menüeinträge ist eine kleine über einen Template-Override umgesetzte Templatemodifikation.

Vorgehen: Sie erzeugen zunächst eine Kopie des Protostar-Templates, laden die Icon-Schrift aus dem Content Delivery Network Bootstrap CDN und verwenden das Feld CSS-STYLE FÜR LINK in der individuellen Menüeintragskonfiguration für die Auswahl des Icons.

Bearbeiten Sie vorab schon einige Menüeinträge, die als zukünftige Tests für die Templatemodifikation dienen. Dazu wechseln Sie zu MENÜS • MAIN MENU und klicken auf beliebige Menüeinträge der obersten Ebene. Im Konfigurationsformular wechseln Sie zum Reiter LINKTYP und ergänzen im Feld CSS-STYLE FÜR DEN LINK jeweils ein Font-Awesome-Icon nach dem Schema »fa fa-Icon-Name«, z. B. »fa fa-plane«, »fa fa-file-text-o« oder »fa fa-star« (siehe Abbildung 10.35). Die komplette

Liste der Icons und ihrer Bezeichnungen finden Sie unter *http://fortawesome.github.io*, Menü ICONS. Klicken Sie dort auf eines der Icons, und entnehmen Sie die Klassenbezeichnung dem Beispiel-Codeblock mit dem <i>-Tag.

Abbildung 10.35 Über das Feld »CSS-Style für Link« soll das Menü zukünftig wissen, welches Font-Awesome-Icon vor dem Menülink erscheint.

Arbeitskopie anlegen

Bevor Sie irgendwelche Änderung an einer Templatedatei vornehmen, gleichwohl welcher Natur, erzeugen Sie eine Kopie des Templates. So verhindern Sie, dass bei einem Template-Update Ihre mühevollen Tweaks verloren gehen.

1. Wechseln Sie zu ERWEITERUNGEN • TEMPLATES, und wählen Sie den Link PROTOSTAR aus der Spalte TEMPLATE. (Vorsicht, *nicht* aus der Spalte STIL!)
2. Klicken Sie nun in der oberen Buttonleiste auf den Button TEMPLATE KOPIEREN, und vergeben Sie einen Namen für die Templatekopie, z. B. »Protostar-Reiseforum«, gefolgt von einem Klick auf den Button TEMPLATE KOPIEREN (siehe Abbildung 10.36).

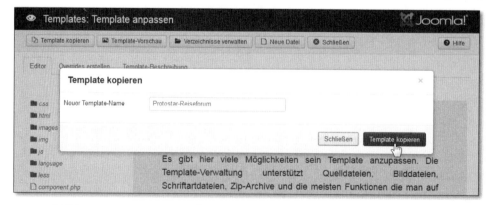

Abbildung 10.36 Nehmen Sie Änderungen niemals am Originaltemplate vor, sondern erzeugen Sie zuvor Ihre eigene Kopie, damit Ihre Arbeit bei einem Template-Update nicht verloren geht.

3. Wechseln Sie jetzt über die Seitenleiste STILE zur Stilübersicht der Templates, und aktivieren Sie Ihre Kopie mit Klick in die Spalte STANDARD, sodass der gelbe Stern (⭐) hinter dem Eintrag PROTOSTAR-REISEFORUM - STANDARD erscheint.

Ab jetzt ist Ihre Templatekopie im Frontend sichtbar geschaltet, sodass Sie die auf den folgenden Seiten durchgeführten Anpassungen sofort überprüfen können.

HTML-Templatebasis – »index.php«

Um die Icon-Schrift Font Awesome im Reiseforum-Template bereitzustellen, genügt die Ergänzung eines einzelnen Tags in der Templatebasis, der Datei *index.php*, die den HTML-Rahmen für sämtliche Ausgaben im Frontend bildet. Jedes Template enthält diese Datei in seinem Hauptverzeichnis.

1. Wechseln Sie im Dateisystem zum Verzeichnis */templates/protostar-reiseforum/*, und öffnen Sie die Datei *index.php* zur Bearbeitung in einem Editor.

2. Suchen Sie die Zeile `</head>`, die das Ende des HTML-Headers anzeigt, und setzen Sie davor die Zeile, die Font Awesome (*http://fortawesome.github.io*) vom Content Delivery Network lädt. (Mehr Infos zu CDNs erhalten Sie in Abschnitt 23.4.10, »Use a Content Delivery Network (CDN) – CDNs einsetzen«.) Das Ende des HTML-Headers sieht nun so aus:

```
<![endif]-->
<link rel="stylesheet" href="//maxcdn.bootstrapcdn.com/font-awesome/
4.3.0/css/font-awesome.min.css">
</head>
```

3. Speichern Sie die *index.php*-Datei, laden Sie eine Seite des Frontends neu, öffnen Sie die Quelltextansicht, und prüfen Sie, ob sich das neue `<link>`-Tag an der richtigen Stelle befindet. Falls nicht, sehen Sie noch mal nach, ob Sie unter ERWEITERUNGEN • TEMPLATES das richtige Template ausgewählt hatten.

Template-Override erzeugen

Mithilfe von Template-Overrides sind Sie in der Lage, die HTML-Ausgaben beliebiger Joomla!-Elemente, jedes Moduls und jeder Komponente, nach eigenen Anforderungen anzupassen. Das funktioniert ähnlich wie die Sprach-Overrides aus Abschnitt 12.3, »Individuelle Übersetzungen mit Overrides anlegen«. Dabei setzt Joomla! so lange die Originaldateien der Komponenten und Module ein, bis es eine Override-Datei findet (siehe Abbildung 10.37). Im Rahmen von Template-Overrides sucht Joomla! diese Dateien in Unterverzeichnissen des aktiven Templates. So liefert die eigentliche Komponente die grundsätzliche Darstellung, z. B. für das Menü. Hat das Template aber etwas Extravagantes mit dem Menü vor, kann es jederzeit in die Ausgabe eingreifen und die Darstellung der Komponente überschreiben.

Damit Joomla! erkennt, welche HTML-Ausgabe überschrieben wird, halten Sie eine einfache Konvention beim Anlegen der Template-Overrides ein: Innerhalb des Templateunterverzeichnisses */html/* erzeugen Sie weitere Unterverzeichnisse, die dem internen Namen der Komponente oder des Moduls entsprechen, z. B. */mod_menu/* für das Menü, */com_content/* für die Beitragsdarstellung oder */mod_login/* für das Loginmodul. Darin duplizieren Sie die exakte Dateistruktur des Unterverzeichnisses */tmpl/* des Originals.

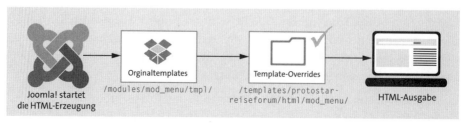

Abbildung 10.37 Joomla! verwendet die Originaltemplates der Komponenten und Module, bis es im aktuellen Template einen Template-Override findet, dessen Zuordnung an der Ordnerstruktur erkennbar ist.

Werfen Sie kurz einen Blick in das Verzeichnis */modules/mod_menu/tmpl/*, finden Sie dort fünf PHP-Dateien, die die HTML-Ausgabe erzeugen. Der Template-Override muss sich folglich künftig unter */templates/protostar-reiseforum/html/mod_menu/* befinden. (Der Unterordner */tmpl/* wird nicht kopiert, da Joomla! klar ist, dass es sich im Templateordner um Templatedateien handelt.) Das Anlegen dieser Verzeichnisstruktur per Hand ist fehleranfällig, darum ist in Joomla! ein Mechanismus vorgesehen, der diese Struktur automatisch für Sie erzeugt.

1. Wechseln Sie zu ERWEITERUNGEN • TEMPLATES • Seitenleiste TEMPLATE, und klicken Sie auf PROTOSTAR-REISEFORUM DETAILS UND DATEIEN. Diese Konfigurationsseite kennen Sie bereits von der Erzeugung der Templatekopie.

2. Wechseln Sie zum Reiter OVERRIDES ERSTELLEN, und klicken Sie auf MOD_MENU. Damit legt Joomla! innerhalb des */html/-*Ordners im Protostar-Templateordner ein Verzeichnis */mod_menu/* an, dessen Dateien Sie beliebig verändern dürfen.

   Hinweis: Arbeiten Sie an dieser Stelle nicht mit einem Modul, sondern einer Komponente, ist die Verzeichnisstruktur tiefer verschachtelt, da Komponenten verschiedene Ausgabevarianten über sogenannte Views bereitstellen. Diese erkennen Sie aber unproblematisch an den Bezeichnungen ihrer Verzeichnisse, z. B. */html/com_content/article/* für die Ausgabe eines einzelnen Beitrags.

   Tipp: Template-Overrides aktivieren sich ausschließlich durch die Existenz der überschreibenden Ordner und Dateien im Templateverzeichnis. Zur Entfernung eines Template-Overrides löschen Sie also lediglich das betreffende Verzeichnis im */html/-*Ordner, es sind keine weiteren Anpassungen an anderer Stelle erforderlich.

3. Zur Bearbeitung der Template-Override-Dateien haben Sie zwei Möglichkeiten:
   - Über den Reiter EDITOR (siehe Abbildung 10.38): Klicken Sie sich in der linken Spalte durch die Verzeichnisse, hier z. B. /HTML/MOD_MENU/, und bearbeiten Sie die Datei im rechten Editor.

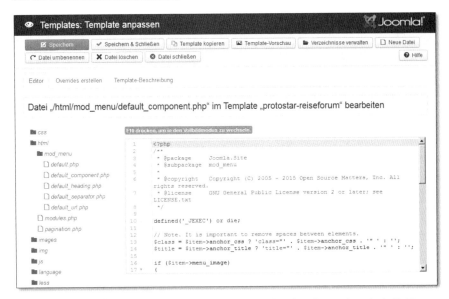

Abbildung 10.38 Über den Reiter »Editor« der Templatekonfiguration sind alle Templatedateien editierbar; schneller arbeiten Sie aber in Ihrem Lieblingseditor und bei direkter Bearbeitung der Dateien über das Dateisystem.

   - Über FTP oder das Dateisystem: Das ist in der Regel schneller und komfortabler, da Sie lokal mit Ihrem Lieblingseditor arbeiten.

   Öffnen Sie jetzt die Datei *default_component.php* innerhalb des */html/mod_menu/*-Ordners zur Bearbeitung. Enthält ein Template-Override-Verzeichnis mehrere Dateien, erschließen Sie aus dem Kontext, welche Sie benötigen, manchmal ist auch Ausprobieren angesagt.

4. Sie sehen nun den Programmteil des Menümoduls, der für die Konstruktion der Links zuständig ist.

   Suchen Sie den {}-Programmblock, der unmittelbar nach der Anweisung switch ($item->browserNav) folgt. Hier unterscheidet Joomla! die Einstellung der Dropdown-Liste ZIELFENSTER der Menüeintragskonfiguration (IM GLEICHEN FENSTER, NEUES FENSTER MIT oder OHNE NAVIGATION). Dann wird für jeden der drei Fälle der mit <a> beginnende und mit </a> endende Link zusammengebaut, genau die richtige Stelle für das Icon, damit es innerhalb des <a>-Tags anklickbar wird.

5. Betrachten Sie die Zeile zwischen case 0: und break;. Es handelt sich um einen Mix aus HTML- und PHP-Code, aus dem klar wird, worum es bei Templates im Grunde geht, nämlich um das dynamische Einfügen von Inhalten in das ansonsten statische HTML-Gerüst.

```
?><a <?php echo $class; ?>href="<?php echo $item->flink; ?>" <?php
echo $title; ?>><?php echo $linktype; ?></a><?php
```

Das schließende und öffnende PHP-Tag am Anfang und am Ende der Zeile kurz außer Acht gelassen, wird das Einsetzen verständlich, wenn Sie sich die Bestandteile des Linktags einzeln ansehen:

```
<a <?php echo $class; ?>href="<?php echo $item->flink; ?>" <?php
echo $title; ?>>
```

Das Linktag wird mit <a geöffnet, und sofort folgt ein PHP-Block, der den Inhalt der Variablen $class ausgibt. $class wird ganz oben im Quellcode definiert und enthält den über die Konfiguration des Menüeintrags eingetippten CSS-STYLE FÜR LINK, in diesem Fall die Font-Awesome-Icon-Bezeichnungen. Darauf folgt das bekannte href-Attribut, das ebenfalls dynamisch mit PHP befüllt wird.

echo $item->flink; gibt die URL des Menüeintrags aus. Anschließend erfolgt die Ausgabe des $titles, dessen Inhaltszuweisung Sie wieder oben im Quellcode finden: das title-Attribut mit dem Text aus dem Reiter LINKTYP N Feld TITLE-ATTRIBUT FÜR MENÜLINK.

```
<?php echo $linktype; ?></a>
```

Darauf folgt die Ausgabe des Linktextes, der über dem switch-Block berechnet wird, denn er enthält u. U. nicht nur den Text, sondern auch ein Bild (Reiter LINKTYP • Feld BILD ZUM LINK). Schließlich wird das Linktag geschlossen.

6. Dies ist genau die richtige Stelle zur Platzierung des Font-Awesome-Icons. Die Klasse, die Icon-Bezeichnung, wird ja schon ausgegeben. Sie muss lediglich aus dem <a>-Tag entfernt und in ein eigenes <i>-Tag gesetzt werden, so wie es die Font-Awesome-Beispiele auf der oben genannten Website zeigen.

Ersetzen Sie die gesamte Programmzeile durch folgende:

```
?><a href="<?php echo $item->flink; ?>" <?php echo $title; ?>><i <?php
echo $class; ?>></i> <?php echo $linktype; ?></a><?php
```

– Das <a>-Tag enthält nun keine Ausgabe der Variablen $class.

– Zwischen das öffnende Linktag und die Ausgabe des Menüeintragstitels fügt sich der Icon-Block <i <?echo $class; ?>></i> mit einem Leerzeichen ( ) für etwas Abstand zwischen Icon und Titel ein. Eine Beispielausgabe an dieser Stelle wäre <i class="fa fa-plane"></i> .

7. Wiederholen Sie diese Anpassung, also das Entfernen der $class-Ausgabe im Link-tag und die Ergänzung des <i>-Tags für alle drei Fälle, case 0, case 1 und case 2. Achten Sie darauf, dass sich der Code leicht unterscheidet, um die verschiedenen Arten abzufangen, wie sich der Link öffnet (neuer Browsertab, im selben Fenster etc.). Kopieren Sie also nicht die gesamte Zeile, sondern arbeiten Sie sich Tag für Tag vor.

```
switch ($item->browserNav)
{
   default:
   case 0:
?><a href="<?php echo $item->flink; ?>" <?php echo $title; ?>><i <?php echo $class; ?>></i> <?php echo $linktype; ?></a><?php
      break;
   case 1:
   // _blank
?><a href="<?php echo $item->flink; ?>" target="_blank" <?php echo $title; ?>><i <?php echo $class; ?>></i> <?php echo $linktype; ?></a><?php
      break;
   case 2:
   // Use JavaScript "window.open"
?><a href="<?php echo $item->flink; ?>" onclick=
"window.open(this.href,'targetWindow','toolbar=no,location=no,status=no,menubar=no,scrollbars=yes,resizable=yes');return false;" <?php echo $title; ?>><i <?php echo $class; ?>></i> <?php echo $linktype; ?></a><?php
      break;
}
```

Listing 10.1 Angepasster »switch«-Block mit eingefügten Font-Awesome-Icons

8. Speichern Sie die Datei, und aktualisieren Sie eine Frontend-Seite, um die hinzugefügten Icons zu bewundern.

Auf diese Weise modifizieren Sie jedes Webseitenelement, an dessen Look and Feel Sie sich stoßen. Die Kunst ist, herauszufinden, wo der Template-Override eingesetzt wird, und das erfordert manchmal etwas Herumprobieren. Erster Ansatz ist, zu wissen, welche manipulierbaren Elemente es gibt. Dazu werfen Sie einen Blick in die Verzeichnisse */components/* und */modules/*. Aus den Namen der Unterordner, die den internen Komponenten- und Modulbezeichnungen entsprechen, wird klar, welche Aufgabe sie erfüllen, z. B. */com_content/* für Beiträge, */mod_login/* für das Loginmodul oder */mod_breadcrumbs/* für die Ausgabe der Brotkrumennavigation. Zur Erzeugung der Template-Override-Dateien gehen Sie stets über ERWEITERUNGEN •

TEMPLATES • Seitenleiste TEMPLATE und klicken auf DETAILS UND DATEIEN des aktiven Templates. Wechseln Sie dann zum Reiter OVERRIDES ERSTELLEN, und klicken Sie auf das betreffende Element.

> **Tipp: Per Template-Override Beitragstitel auf <h1> umstellen**
>
> Der Großteil aller Joomla!-Templates gibt Beitragstitel nicht als Dokumentüberschrift <h1>, sondern als Unterüberschrift <h2> aus, was nach semantischen HTML5-Richtlinien nicht korrekt ist. SEO-kritisch ist das insbesondere auf Beitragsdetailseiten, da auch hier die wichtigen Hauptüberschriften nur erscheinen, wenn Sie das Feld SEITENTITEL (steht für das <h1>-Tag) eines Menüeintrags ausfüllen. Aber nicht jeder Beitrag verfügt über seinen eigenen Menüeintrag.
>
> Da kommen Template-Overrides gerade recht, um mit diesem Missstand aufzuräumen. Legen Sie einfach Overrides der Inhaltskomponente (COM_CONTENT) an, durchforsten Sie alle kopierten *.php*-Dateien nach dem Anfang des Tags <h2, und ersetzen Sie diese Unterüberschrift durch <h1. Die Beitragsdarstellung befindet sich beispielsweise im View und damit im Unterverzeichnis */article/*, Kategorieübersichten in */category/* und die Homepage-Elemente in */featured/*.

```php
<?php
/**
 * @package     Joomla.Site
 * @subpackage  com_content
 *
 * @copyright   Copyright (C) 2005 - 2015 Open Source Matters, Inc. All rights reserved.
 * @license     GNU General Public License version 2 or later; see LICENSE.txt
 */

defined('_JEXEC') or die;

// Create a shortcut for params.
$params   = &$this->item->params;
$images   = json_decode($this->item->images);
$canEdit  = $this->item->params->get('access-edit');
$info     = $this->item->params->get('info_block_position', 0);
?>

<?php if ($this->item->state == 0 || strtotime($this->item->publish_up) > strtotime(JFactory::getDate())
    || ((strtotime($this->item->publish_down) < strtotime(JFactory::getDate())) && $this->item->publish_down !=
        JFactory::getDbo()->getNullDate())) : ?>
    <div class="system-unpublished">
<?php endif; ?>

<?php if ($params->get('show_title')) : ?>
    <h2 class="item-title" itemprop="name">
        <?php if ($params->get('link_titles') && $params->get('access-view')) : ?>
            <a href="<?php echo JRoute::_(ContentHelperRoute::getArticleRoute($this->item->slug, $this->item->catid
                , $this->item->language)); ?>" itemprop="url">
                <?php echo $this->escape($this->item->title); ?>
            </a>
        <?php else : ?>
            <?php echo $this->escape($this->item->title); ?>
        <?php endif; ?>
    </h2>
<?php endif; ?>

<?php if ($this->item->state == 0) : ?>
    <span class="label label-warning"><?php echo JText::_('JUNPUBLISHED'); ?></span>
<?php endif; ?>
```

Abbildung 10.39 Falsche <h2>-Überschriften korrigieren Sie ebenfalls per Template-Override, durchsuchen Sie insbesondere die Ausgaben der Komponente »com_content«.

Hinweis: Template-Override um Layout-Override erweitern

Layout-Overrides sind nicht mit Template-Overrides zu verwechseln, auch wenn die gleichen Templateverzeichnisse im Spiel sind. Ein Layout-Override ist die Bereitstellung eines alternativen Layouts für ein Modul, also einer vom Standard abweichenden HTML-Ausgabe. Im Administrations-Backend finden Sie die Einstellung über die jeweilige Modulkonfiguration • Reiter ERWEITERT • Dropdown-Liste ALTERNATIVES LAYOUT. Nicht viele Templates machen von dieser Möglichkeit Gebrauch, da die Layoutumschaltung pro Modul erfolgt, ein Layout- oder Designwechsel aber meist global für die gesamte Website erwünscht und daher in die Templatekonfiguration integriert ist.

Für den Fall der oben dargestellten Icon-Ergänzung im Menü ist denkbar, dass es eine Menüvariante geben soll, die *keine* Icons darstellt. Über die Dropdown-Liste ALTERNATIVES LAYOUT hat der Webmaster dann die Wahl, das Menümodul mit oder ohne Icons zu konfigurieren.

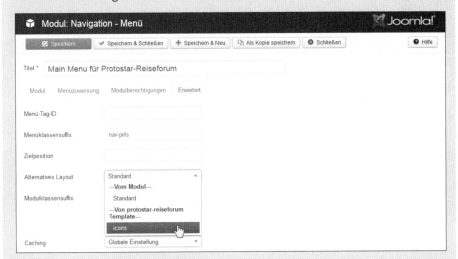

Abbildung 10.40 Mit Layout-Overrides weisen Sie einzelnen Modulen ein vom Standard abweichendes Layout oder Design zu.

Die Bereitstellung eines Layout-Overrides ist denkbar einfach, denn dazu vergeben Sie den Dateien eines Template-Overrides lediglich einen anderen, vom Original abweichenden Namen.

Im Falle des Menümoduls beginnen alle Dateinamen in Ihrem Templateverzeichnis unter */html/mod_menu/* mit *default*. Ersetzen Sie nun *default* durch z. B. *icons*, sodass am Ende im Template-Override-Verzeichnis die Dateien *icons.php*, *icons_component.php*, *icons_heading.php*, *icons_separator.php* und *icons_url.php* liegen. Daran erkennen Sie die einzige, aber wichtige Regel bei der Vergabe des Namens: Er darf keine Unterstriche enthalten, sonst kommt Joomla! bei der automatischen Dateinamenerkennung durcheinander.

Unmittelbar nachdem Sie die Dateien umbenannt haben, steht der Layout-Override im Administrations-Backend bereit. Klicken Sie sich über ERWEITERUNGEN • MODULE • MAIN MENU • Reiter ERWEITERT zur Dropdown-Liste ALTERNATIVES LAYOUT, und wählen Sie zwischen STANDARD und ICONS. Das Standardlayout zieht sich Joomla! aus dem Originalverzeichnis /modules/mod_menu/tmpl/. Nun bearbeiten Sie den Programmcode der *icons_*-Dateien nach eigenen Vorstellungen.

Hinweis: Verschiedene Modulstile bereitstellen

Im Reiter ERWEITERT jeder Modulkonfiguration finden Sie am unteren Ende der Konfigurationsfelder eine weitere Möglichkeit, die Darstellung von Modulen zu beeinflussen. Über die Dropdown-Liste MODULSTIL legen Sie fest, in welche HTML-Tags der Modulinhalt eingebettet wird. Damit ist es beispielsweise möglich, den Inhalt als Popup-Fenster zu zeigen oder über ein aufklappbares Akkordeon abzubilden.

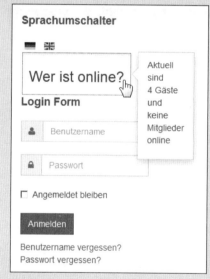

Abbildung 10.41 Das Purity-III-Template nutzt Modulstile für extravagante Darstellungen, z. B. als »Popover«.

Programmiert wird dieser Templatecode in der template-spezifischen Datei /html/modules.php, die für jeden Modulstil eine separate Funktion bereitstellt. Um mit eigenen Modulstilen zu experimentieren, kopieren Sie sich am besten die *modules.php* aus dem Protostar-Template und ergänzen eine eigene Funktion, indem Sie die vorhandene Funktion modChrome_well() kopieren und in der Kopie einen eigenen Namen hinter modChrome vergeben, z. B modChrome_reiseforumstil.

▶ Die HTML-Ausgabe ins Template erfolgt über reguläre PHP-Anweisungen, wie z. B. echo.

- Modulparameter stehen Ihnen über $params->get('Parametername') zur Verfügung, z. B. $params->get('moduleclass_sfx') für das MODULKLASSENSUFFIX.
- Modulüberschrift und -inhalt erhalten Sie über $module->title bzw. $module->content.

10.6 Schriften einbetten

Es ist erst wenige Jahre her, da herrschte im Web typografische Traurigkeit. HTML und CSS sahen zwar recht früh den Einsatz verschiedener Schriften auf Webseiten vor, aber praktisch ließ sich das Schriftbild nur über *web-safe Fonts* beeinflussen – Schriften, die mit hoher Wahrscheinlichkeit lokal auf PCs oder Macs installiert waren. Dazu zählen Klassiker wie Arial, Courier New, Times New Roman, Comic Sans, Impact, Georgia, Trebuchet, Webdings und Verdana, die Microsoft über die Core-fonts-for-the-Web-Initiative kostenlos vertrieb. Auf Macs waren diese Schriften nicht immer verfügbar, über sogenannte *Fallback-Fonts* ließen sich aber per CSS Alternativschriften angeben, die dem ursprünglich geplanten Font typografisch ähnlich waren.

```
font-family: "Times New Roman", Times, serif
```

Dieser CSS-Style teilt dem Browser mit, die Schrift Times New Roman einzusetzen (Anführungszeichen sind Pflicht bei Schriften, die aus mehreren Wörtern bestehen). Ist diese auf dem lokalen Rechner nicht installiert, soll der Browser doch bitte die Times versuchen. Ebenfalls nicht verfügbar? Dann verwende irgendeinen Font mit Serifen.

Mit der Verbreitung immer schnellerer Internetanschlüsse, höher auflösender Bildschirme und größerer CSS3-Kompatibilität der Browser steht heutzutage ein Füllhorn von Schriften zur Verfügung; nicht installierte Schriften werden vom Browser einfach heruntergeladen. Die kostenlose Verfügbarkeit Hunderter Fonts sorgt für ein Aufblühen typografischer Vielfalt in Netz. Für Webdesigner ist das ein riesiger Schritt nach vorn, da die Wahl der passenden Schrift essenzieller Bestandteil einer ordentlichen Internetpräsenz und Bestandteil jedes Brandguides ist.

Wieder mal ist es die Google Corporation, die eines der größten Repositorien freier Schriften zur Verfügung stellt. Unter *https://www.google.com/fonts* wählen Sie aus über 600 Schriften, die auch in verschiedenen Variationen (Fett- und Kursivdruck) bereitstehen (siehe Abbildung 10.42). An der linken Seite befinden sich allerlei Filterwerkzeuge; hier suchen Sie gezielt nach einem Schriftnamen oder grenzen die Ergebnisliste auf Schrifttypen, Fett- oder Kursivdruck ein. Für das Reiseforum ist eine möglichst plakative Schrift für den Titel vorgesehen. Filtern Sie nach DISPLAY, geben Sie unter PREVIEW TEXT »Reiseforum« an, und scrollen Sie gemütlich mit einer Tasse Kaffee durch die endlose Liste.

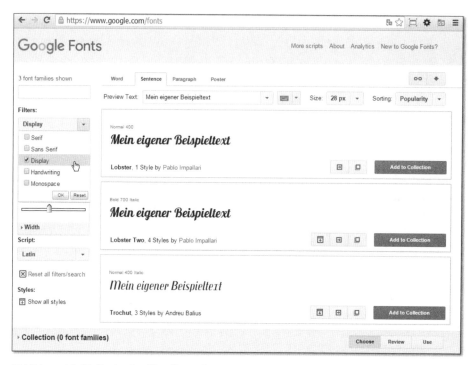

Abbildung 10.42 Kostenlos für alle Websites – Google stellt auf »https://www.google.com/fonts« über 600 Schriften zur Verfügung, die Sie über Filteroptionen auswählen und mit eigenem Text antesten.

Die richtige Schrift zu finden ist auch für professionelle Designer nicht einfach; einige Tipps:

- **Idealerweise wählen Sie zwei Schriften**
  Eine für den Fließtext und eine für Überschriften. Eine weitere Schrift für das Logo ist denkbar, mehr als drei Schriften resultieren in typografischem Chaos.
- **Achten Sie auf die Harmonie zwischen den Schriften**
  Das Aussehen von Überschriften und Fließtext sollte sich zwar ähneln, um zusammen ein schönes Gesamtbild zu erzeugen, aber sich stark genug voneinander unterscheiden, um Dynamik zu vermitteln.
- **Serifen für Fließtext und serifenlos für Überschriften oder umgekehrt?**
  Ob man Serifenschriften für Fließtext und serifenlose Fonts für Überschriften verwendet oder umgekehrt, darüber brennt ein niemals endender Streit bei Designern. Die Argumentation läuft in Richtung Lesbarkeit: Serifen führen das Auge, serifenlose Zeichen sorgen dagegen für ein klareres Schriftbild. Am Ende ist aber die Schriftart und -kombination entscheidend.

▶ **Schriften sind Teil des Designs**
Verwenden Sie Schriften als Designelement, und integrieren Sie sie in Entscheidungen für andere Layoutkomponenten. Nach Skeuomorphismus (Apples metallene und hölzerne Texturen) und Flat-Design (Microsofts Metro-Oberfläche und Googles Websites und Apps) legt das neue Web Wert auf anspruchsvolle Typografie. Bringen Sie auch das Farbschema mit ins Spiel.

Für den Reiseforum-Titel eignet sich die *Special Elite*, die mit ihrem Schreibmaschinencharakter an Postkarten und Briefe aus der Ferne erinnert. Im Schriftenkasten klicken Sie auf QUICK-USE und gelangen zu einer Seite, aus der Sie den für die Schriftenintegration benötigten HTML-Code und den CSS-Style direkt herauskopieren (siehe Abbildung 10.43).

Abbildung 10.43 Über den »Quick use«-Button gelangt man zu den Codeschnipseln zur Einbindung der Schrift in eigene Websites; wer mehrere Schriften aussucht, klickt sich eine sogenannte Collection zusammen.

> **Tipp: Einfache Google-Font-Integration über Template-Parameter**
>
> In vielen Templates stellen Sie Google Fonts auch bequem im Administrationsbereich ein. Welche Schriftelemente anpassbar sind, hängt natürlich stark vom Template ab; im mitgelieferten Template Protostar geht das z. B. nur für die Überschriften.

Klicken Sie im Menü ERWEITERUNGEN • TEMPLATES auf den Templatenamen, und durchforsten Sie den Reiter ERWEITERT nach Google Font API Setting, Google Schrift o. Ä. Hier genügt es dann, den Namen des Google Fonts anzugeben und über den Button SPEICHERN zu verwenden.

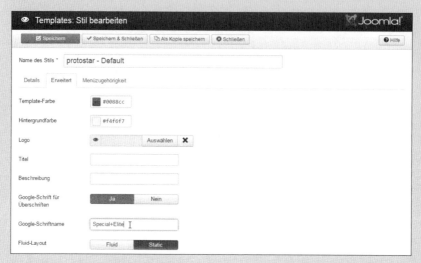

Abbildung 10.44 Im Standardtemplate Protostar lässt sich über den Administrationsbereich ein Google Font für Überschriften festlegen; bei Schriften, deren Name aus mehreren Worten besteht, ersetzen Sie die Leerzeichen durch ein Plus.

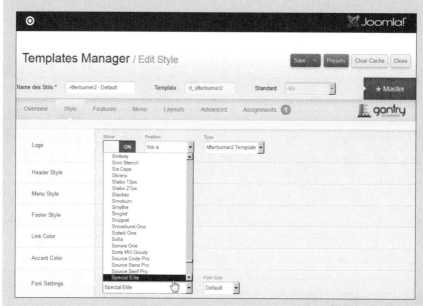

Abbildung 10.45 Im Afterburner2-Template ist eine Google-Fonts-Zuweisung besonders bequem; alle verfügbaren Schriften erscheinen in einer Dropdown-Liste.

Die Schrifteneinbettung in eine Joomla!-Website unterscheidet sich unwesentlich von der Integration in eine statische Website. Sie laden die Schrift per HTTP über ein `<link>`-Tag im HTML-Header der Webseite und binden sie mit dem Style `font-family` an CSS-Klassen oder -IDs. Für die Integration in Templates behelfen Sie sich des Tricks aus Abschnitt 10.5.1, »HTML-Code ergänzen«.

1. Öffnen Sie die Datei *index.php* im Root-Verzeichnis Ihres Templates.
2. Fügen Sie den aus der Google-Fonts-Webseite erzeugten `<link>`-Code in den HTML-Header, vor das `</head>`-Tag. Jetzt steht die Schrift allen Webseitenelementen zur Verfügung und darf in CSS-Styles eingesetzt werden. Der Beispiel-HTML-Code:

   ```
   <head>
      <!--[if lt IE 9]>
         <script src="<?php echo $this->baseurl; ?>/media/jui/js/html5.js">
         </script>
      <![endif]-->
      <link type="text/css" rel="stylesheet" href="http://fonts.googleapis.
      com/css?family=Special+Elite" media="all" />
   </head>
   ```

3. Integrieren Sie mehrere Google Fonts, genügt *ein* einzelnes `<link>`-Tag. Die einzelnen Schriften lassen sich dann mit Pipe-Symbolen (|) verketten, z. B.:

   ```
   <link type="text/css" rel="stylesheet" href="http://fonts.googleapis.com/
   css?family=Special+Elite|Cardo:400,700|Source+Sans+Pro:
   400,400italic,700,700italic,300,300italic" media="all" />
   ```

4. Ergänzen Sie nun in den Styles der CSS-Klassen oder -IDs, z. B. im Rahmen von CSS-Overrides, die neue Schrift; für das Beispiel:

   ```
   font-family: 'Special Elite', cursive;
   ```

Abbildung 10.46 Der Einsatz einer sorgfältig ausgesuchten Schrift verändert das gesamte Look and Feel einer Website fundamental.

Kapitel 11
Benutzerverwaltung einrichten

Steuern Sie über die Benutzer- und Rechteverwaltung sowie über Benutzergruppen und Zugriffsebenen, welche Inhalte anonyme Gäste und registrierte Benutzer Ihrer Website sehen.

Eine große Stärke von Joomla! ist die Benutzer- und Rechteverwaltung, die sowohl bei der Inhaltspräsentation als auch den Zugriffsoptionen der Websitebesucher und -benutzer Anwendung findet. Im einfachsten Szenario, einer öffentlich zugänglichen Website, an der nur Sie, der Webmaster (Super Benutzer) arbeiten, ist Joomla! bereits so vorkonfiguriert, dass Sie keine weiteren Einstellungen vornehmen müssen.

Begriff	Erklärung
Besucher	anonymer, nicht registrierter oder angemeldeter Gast auf Ihrer Website
Benutzer	Registriertes Mitglied einer Joomla!-Website. Benutzer sind Mitglieder einer oder mehrerer Benutzergruppen.
Benutzerprofil	Persönliche Daten eines Benutzers. Dazu zählen mindestens Name, Benutzername, Passwort und E-Mail-Adresse, aber auch optionale Angaben, z. B. Zeitzone oder eingestellte Websitesprache.
Benutzergruppe	Die Benutzergruppe regelt die Berechtigungen von Besuchern und Benutzern auf Funktionalitäten der Website, z. B. die Erstellung oder Live-Schaltung von Beiträgen, das Anlegen von Kategorien, Aktivieren von Benutzern etc.
Berechtigung	Explizites Recht für die Verwendung eines Features der Website. Eine Berechtigung kann den Status ERLAUBT oder VERWEIGERT haben oder ihren Status aus einer übergeordneten Benutzergruppe oder Zugriffsrecht erben.

Tabelle 11.1 Die wichtigsten Begriffe zur Benutzerverwaltung

Begriff	Erklärung
Zugriffsebene	Die Zugriffsebene regelt, welche Inhalte und Komponenten definierten Benutzergruppen zur Verfügung stehen.
Registrierung	Bewerbung eines Websitebesuchers um Aufnahme in die Gruppe der Benutzer. Er füllt dabei ein Formular mit E-Mail-Adresse und Passwort aus und erhält entweder eine automatische Registrierungsbestätigung oder wird per Hand von einem Administrator freigeschaltet.
Anmeldung	Eingabe von Benutzername und Passwort, um in den Mitgliederbereich einer Website zu gelangen
Authentifizierung	Anmeldevorgang eines Benutzers in den Benutzerbereich der Website. Üblicherweise werden Benutzername und Passwort abgefragt, in besonderen Fällen auch ein Sicherheitscode. Für alle notwendigen Anmeldedaten verwendet man die englische Bezeichnung *Credentials*.
LDAP, Lightweight Directory Access Protocol	Zentralisiertes Benutzerverwaltungssystem, das in Firmeninfrastrukturen auf einem dedizierten Server läuft und sowohl die Authentifizierung als auch die Zuordnung von Benutzern in Benutzergruppen organisiert. Joomla! erlaubt die Verwendung einer einfachen LDAP-Authentifizierung nach Aktivierung eines vorinstallierten Plugins.
Zwei-Faktor-Authentifizierung	Ergänzung der Benutzer/Passwort-Anmeldung um einen Sicherheitscode, den der Benutzer zum Zeitpunkt der Anmeldung aus einer Smartphone-App abliest

Tabelle 11.1 Die wichtigsten Begriffe zur Benutzerverwaltung (Forts.)

Die Benutzerverwaltung kommt ins Spiel, wenn Sie auf der Website Inhalte an unterschiedliche Zielgruppen richten, z. B. Webseiten für anonyme Besucher (Gäste) und eine Artikelsammlung für registrierte Benutzer. Dieses Kapitel ist aber insbesondere für Sie interessant, wenn mehrere Benutzer an den Inhalten oder sogar an der Konfiguration der Website arbeiten. Jede Person übt eine im Backend definierte Rolle aus. So reicht ein Autor Beiträge ein und vergibt Kategorien und Tags, aber erst der Herausgeber (Publisher) gibt den Artikel nach einer Korrekturschleife über den Lektor (Editor) für die Veröffentlichung frei. Alle drei haben natürlich nichts im Administrationsbereich verloren, in dem Erweiterungen installiert oder Komponenten konfiguriert werden; dafür ist ein Administrator zuständig.

All diese Rollen lassen sich in einem Baum darstellen, der gleichzeitig die Hierarchieebenen abbildet. Rollen, im Joomla!-Jargon *Benutzergruppen* (kurz Gruppen), die in diesem Baum weiter eingerückt sind, stehen höher in der Rangordnung. Ihre Benutzer besitzen alle Rechte der vorangegangenen Gruppe und weitere. Beispiel: Der Publisher darf beliebige Beiträge veröffentlichen, aber natürlich auch selbst welche verfassen.

Gruppe	Rechte
ÖFFENTLICH	organisatorische Root-Gruppe
- GAST	organisatorische Gruppe, da anonyme Websitebesucher keiner Gruppe zugehören
- MANAGER	Haben den Mindestzugriff auf das Administrations-Backend und können Beiträge und Kategorien erzeugen und Medien verwalten. Sie dürfen außerdem Komponenten bedienen, aber keine Erweiterungen installieren oder entfernen.
- - ADMINISTRATOR	Administratoren haben alle Rechte von Managern und zusätzlichen Zugriff auf die Benutzer- und Menüverwaltung. Außerdem dürfen sie einige Manager im ERWEITERUNGEN-Menü bedienen, allerdings nicht die globale Joomla!-Konfiguration.
- REGISTRIERT	Registrierte Benutzer haben keine besonderen Rechte, außer dass sie Einblick in die Inhalte der Zugriffsebene REGISTRIERT haben. Das ist also ein Standard-Frontend-Benutzer mit Leserechten.
- - AUTOR	Autoren dürfen Inhalte (Beiträge, Webseiten, Kontakte, Banner etc.) erstellen und bearbeiten, allerdings nur im Frontend. Die Möglichkeit, einmal erstellte (eingereichte) Beiträge nachträglich zu bearbeiten, ist allerdings nur theoretisch festgelegt. Praktisch ist die Installation einer Erweiterung notwendig, die in Abschnitt 17.1, »Beitragsverwaltung für Autoren mit User Article Manager«, vorgestellt wird.
- - - EDITOR	Editoren besitzen alle Rechte der Autoren, dürfen aber zusätzlich die Inhalte *anderer* modifizieren, was also der Lektorenrolle entspricht. Dazu sehen und bearbeiten sie im Frontend von Autoren eingereichte Beiträge, die mit dem Status VERSTECKT versehen sind.

Tabelle 11.2 Überblick über die Standard-Benutzergruppen und ihre zugewiesenen Rechte

Gruppe	Rechte
- - - - Publisher	Publisher bilden das Ende der Publikationskette. Sie dürfen natürlich an eigenen oder fremden Inhalten arbeiten, sind aber auch für die Veröffentlichung, also die Live-Schaltung, zuständig, allerdings ebenfalls nur im Frontend.
- Super Benutzer	Auch Super User. Ist mit der klassischen Administrator-Rolle identisch. Er darf alles, einschließlich Einstellungen an der globalen Joomla!-Konfiguration vornehmen.

Tabelle 11.2 Überblick über die Standard-Benutzergruppen und ihre zugewiesenen Rechte (Forts.)

Der von Joomla! vorkonfigurierte Benutzergruppenbaum weist neben den anonymen Besuchern und dem Super Benutzer zwei Äste auf: die eben angesprochenen Redaktionsebenen (Autor, Editor, Publisher) und einen Bereich für die technische Organisation der Website (Manager, Administrator) – Abbildung 11.1. Diese Trennung reflektiert sich auch im Wirkungsbereich der Benutzergruppen: Die Redaktion arbeitet ausschließlich im Frontend, Management und Administration haben außerdem Backend-Zugriff.

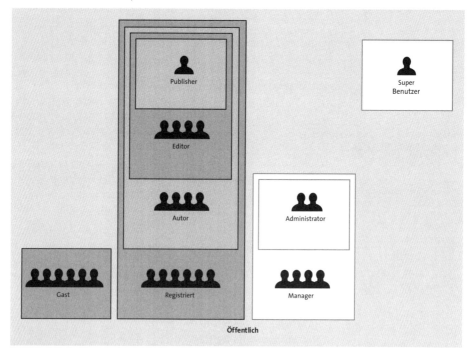

Abbildung 11.1 Tiefer verschachtelt dargestellte Benutzergruppen erben alle Rechte ihrer übergeordneten Gruppe und besitzen zusätzliche Rechte; dunkel hinterlegte Benutzergruppen haben nur Frontend-Zugriff.

Zum Thema Benutzerverwaltung gehört auch die Contentorganisation anhand von *Zugriffsebenen*, die vor allen Dingen zur Steuerung der Sichtbarkeit von Inhalten dienen. Dabei unterscheidet Joomla! zwischen Content für *alle* Websitebesucher (Zugriffsebene ÖFFENTLICH) und Content für unregistrierte (Zugriffsebene GAST) oder angemeldete Benutzer (Zugriffsebene REGISTRIERT). Schon bei der Erstellung von Beiträgen oder ihrer Sortierung in Kategorien legen Sie so die Zielgruppe der Inhalte fest.

Zugriffsebene	Rechte
GAST	Inhalte für Besucher, die *nicht* registriert sind, z. B. ein Registrierungsformular
ÖFFENTLICH	Inhalte für alle Besucher/Benutzer, egal ob registriert oder angemeldet oder anonym. Dies ist die Standardeinstellung für neue Beiträge, Kategorien oder Menüeinträge/Webseiten für eine öffentliche Website.
REGISTRIERT	Inhalte für Besucher, die registriert und angemeldet sind, z. B. eine Benutzerprofilseite
SPEZIAL	Inhalte für alle registrierten und angemeldeten Benutzer, die mindestens der Benutzergruppe Manager, Autor oder Super Benutzer angehören. Sie schließen also anonyme Besucher und Standard-registrierte Benutzer aus.
SUPER BENUTZER	Ist mit der klassischen Administrator-Rolle identisch und darf alles, inklusive Änderungen an der globalen Konfiguration.

Tabelle 11.3 Zugriffsebenen steuern die Sichtbarschaltung von Inhalten für bestimmte Benutzergruppen.

Damit wird das Wechselspiel zwischen Benutzergruppen und Zugriffsebenen deutlich. Nur ein Benutzer, der sich in einer Gruppe des Ranges REGISTRIERT oder höher befindet, sieht Websiteinhalte, die der Zugriffsebene REGISTRIERT zugewiesen sind. Darum ist Joomla! out-of-the-box so konfiguriert, dass neue Beiträge die Zugriffsebene ÖFFENTLICH erhalten. So bauen Sie eine Website auf, auf der sich jeder anonyme Besucher umsehen darf.

11.1 Benutzer anlegen und verwalten

Zum Anlegen neuer Benutzer gibt es zwei Mechanismen. Entweder füllt der Gast/Besucher ein Registrierungsformular aus (siehe Abschnitt 11.5.1, »›Registrierungsformular‹ und ›Anmeldeformular‹«) oder ein Administrator legt im Backend per Hand einen neuen Benutzer an.

11.1.1 Benutzer anlegen

1. Wählen Sie aus dem Menü BENUTZER • VERWALTEN den Eintrag NEUER BENUTZER.
2. Vergeben Sie mindestens einen NAMEN (z. B. Vor- und Nachname), einen BENUTZERNAMEN (für die Anmeldung in Joomla!) und eine E-MAIL-ADRESSE. Im Reiseforum gibt es beispielsweise einen besonderen Benutzer AUDITORIUM, mit dem sich Joomla!-Interessierte im Backend umsehen dürfen.

   - Wenn Sie kein PASSWORT festlegen, erzeugt Joomla! ein zufälliges und teilt es dem neuen Benutzer in der Begrüßungs-E-Mail mit.
   - SYSTEM-E-MAILS ERHALTEN: Diese Funktion ist Administratoren vorbehalten, die von Joomla! automatische Nachrichten erhalten, sobald sich z. B. ein Benutzer registriert. Für normale Konten belassen Sie hier die Einstellung NEIN. Lesen Sie hierzu auch Abschnitt 11.7.3, »Systemnachrichten«.
   - BENUTZER SPERREN: Gesperrte Benutzer können sich nicht einloggen. Diese Option macht Sinn, wenn Benutzer bereits angelegt sind und vorübergehend deaktiviert werden sollen, z. B. weil sie sich im Forum nicht an die Netiquette hielten.
   - PASSWORTZURÜCKSETZUNG FORDERN: Stellen Sie diese Option auf JA, erscheint beim nächsten Login des Benutzers eine Aufforderung, sein Passwort zu ändern. Er darf das aktuelle Passwort nicht wiederverwenden. Ein Sicherheitsfeature, falls Sie z. B. per Hand ein temporäres Passwort festgesetzt haben.
   - Reiter ZUGEWIESENE GRUPPEN: Markieren Sie hier alle Benutzergruppen, in denen der Benutzer Mitglied ist. Standardauswahl ist REGISTRIERT, also Standardbenutzer ohne bestimmte Berechtigungen.
   - Reiter BASISEINSTELLUNGEN: Hier vergeben Sie einige benutzerrelevante Joomla!-Einstellungen, z. B. verwendete Sprache im Front- oder Backend, für Autoren einen bestimmten Editor oder die Zeitzone, damit Zeitangaben für Forumsbeiträge korrekt umgerechnet werden.

> **Tipp: Mehrere Joomla!-Testkonten unter einer E-Mail-Adresse anlegen**
> Gerade wenn Sie die Benutzerverwaltung Ihrer Website konfigurieren, experimentieren Sie womöglich mit verschiedenen Benutzerkonten mit unterschiedlichen Berechtigungen. Da wäre es praktisch, wenn alle System-Mails in einem E-Mail-Postfach ankommen und Sie nicht ein halbes Dutzend Test-E-Mail-Konten einrichten müssen.

> Joomla! erlaubt es aber nicht, dass sich mehrere Benutzerkonten eine E-Mail-Adresse teilen. Das CMS quittiert solch einen Versuch mit der Meldung DIESE E-MAIL IST BEREITS REGISTRIERT!. Bei manchen E-Mail-Providern, z. B. Gmail, können Sie einen Trick anwenden, um nach außen zusätzliche Adressen bereitzustellen, die aber im Posteingang ein und desselben Kontos landen.
>
> Angenommen, Ihre E-Mail-Adresse lautet *vorname.nachname@gmail.com*. Ergänzen Sie dann zwischen *nachname* und dem @-Zeichen eine beliebige Buchstabenfolge, die mit einem Plus beginnt, z. B. *vorname.nachname+test1@gmail.com*. Für Joomla! sind das dann eigenständige Adressen, bei Gmail landen die Mails aber im selben Konto. Alternativ verteilen Sie beliebige Punkte vor dem @-Zeichen, z. B. *vor.name.nach.name@gmail.com*.

3. Klicken Sie auf SPEICHERN & SCHLIESSEN, schickt Joomla! umgehend die Begrüßungs-E-Mail mit den Zugangsdaten an die angegebene Adresse (siehe Abbildung 11.2).

Abbildung 11.2 Standard-E-Mail zur Begrüßung eines von einem Administrator neu angelegten Benutzers; anpassbar ist der Text über Sprach-Overrides.

Hinweis: Wie Sie den Text der Nachricht anpassen, erfahren Sie in Abschnitt 12.3, »Individuelle Übersetzungen mit Overrides anlegen«. Achten Sie dabei darauf, dass Sie den ADMINISTRATOR-FILTER setzen (z. B. GERMAN (DE_CH_AT - ADMINISTRATOR)); der Schlüssel lautet PLG_USER_JOOMLA_NEW_USER_EMAIL_BODY.

> **Tipp: Ändern Sie Ihren Super-Benutzer-Namen**
>
> Der omnipotente Administrator in Joomla! trägt den bezeichneten Namen SUPER USER oder SUPER BENUTZER. Dieser Name erscheint auch neben von Ihnen verfassten Beiträgen, etwas unpersönlich also. Der Super Benutzer lässt sich jedoch wie jeder andere Benutzer über den Benutzermanager bearbeiten. Klicken Sie einfach auf den Eintrag SUPER USER/SUPER BENUTZER, und ändern Sie das erste Feld, NAME, zu einer aussagekräftigeren Bezeichnung, z. B. »Max Musterman«.

11.1.2 Benutzer verwalten

Der Benutzermanager ist Anlaufstelle für das manuelle Anlegen und die Verwaltung registrierter Websitemitglieder (siehe Abbildung 11.3). Diese Übersicht ist sowohl für den Super Benutzer als auch für alle Mitglieder der Benutzergruppe ADMINISTRATOR freigeschaltet.

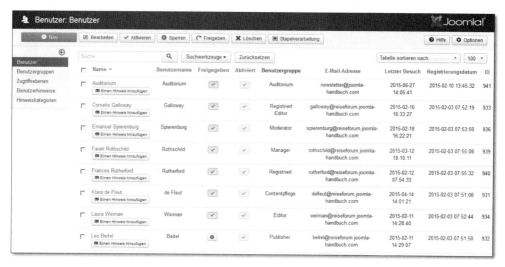

Abbildung 11.3 Im Benutzermanager legen Sie Benutzer an, bearbeiten oder löschen sie und nehmen Sperrungen über die Spalte »Freigegeben« vor.

In der Benutzerliste sind viele interessante Details sichtbar: NAME, BENUTZERNAME, zugehörige BENUTZERGRUPPE, E-MAIL-ADRESSE und das Datum der Registrierung und des letzten Besuchs. Über die Spalte FREIGEGEBEN wird ein Benutzer mit einem einfachen Klick gesperrt (kein Login mehr möglich). Die Spalte AKTIVIERT zeigt ein rotes Stoppschild (⊘), wenn die Benutzerregistrierung noch nicht abgeschlossen ist.

In diesem Fall kann ein Administrator die Anmeldung per Mausklick abschließen. Unter dem Namen finden Sie jeweils die Schaltfläche EINEN HINWEIS HINZUFÜGEN; ein Mechanismus, mit dem Sie Notizen über Benutzer machen, z. B. um Verstöße gegen die Netiquette zu protokollieren, siehe folgender Abschnitt 11.1.3, »Benutzerhinweise und Hinweiskategorien organisieren«.

In der oberen Buttonleiste finden Sie die üblichen Schalter für die Neuanlage, das Bearbeitungsformular oder die Löschung von Benutzern. Die Buttons SPERREN und FREIGEBEN entsprechen der Sperrfunktionalität der FREIGEGEBEN-Spalte, außer dass die Aktion hier mit mehreren zuvor markierten Einträgen vorgenommen wird. Dasselbe trifft auch auf noch nicht aktivierte Benutzer zu, der Button AKTIVIEREN entspricht einem Klick auf das rote Stoppschild ( ) in der AKTIVIERT-Spalte. Aktivieren Sie Benutzer aber nur dann per Hand, wenn Sie den Anmeldemechanismus so umgestellt haben, dass nicht der Benutzer per Aktivierungslink, sondern Administratoren für die Freischaltung sorgen (siehe Abschnitt 11.5.1, »›Registrierungsformular‹ und ›Anmeldeformular‹«).

In der STAPELVERARBEITUNG warten noch zwei besonders nützliche Funktionen auf Sie (siehe Abbildung 11.4). Ergänzen oder ersetzen Sie die Benutzergruppen für mehrere Benutzer gleichzeitig, oder fordern Sie eine Passwortänderung an. Das ist z. B. dann nützlich, wenn Sie Grund zur Annahme haben, dass Benutzerkonten in falsche Hände geraten sind. Die Anforderung können Sie gegebenenfalls pro Benutzer im Bearbeitungsformular rückgängig machen (Reiter KONTODETAILS • Feld PASSWORTZURÜCKSETZUNG FORDERN von JA auf NEIN stellen).

Abbildung 11.4 Die »Stapelverarbeitung« des Benutzermanagers erlaubt das Hinzufügen, Ersetzen oder Löschen von Gruppen und eine Massen-»Passwortzurücksetzung«.

11.1.3 Benutzerhinweise und Hinweiskategorien organisieren

In der linken Linkliste finden Sie unter den Links zu den Managern für BENUTZER, BENUTZERGRUPPEN und ZUGRIFFSEBENEN zwei weitere Übersichten: BENUTZERHINWEISE und HINWEISKATEGORIEN. Damit fügen Sie kategorisierte Notizen zu Benutzern hinzu, um z. B. ihr Verhalten gegenüber anderen Mitgliedern zu dokumentieren. Das geschieht ganz einfach über die Schaltfläche EINEN HINWEIS HINZUFÜGEN im Benutzermanager. Sie gelangen dann in ein Formular, in dem Sie einige Details zum Hinweis ausfüllen:

- BETREFF und HINWEIS ist ein jeweils kurzer und langer Text, der den eigentlichen Hinweis enthält.
- KATEGORIE (siehe Abbildung 11.5) erlaubt die thematische Organisation einer großen Hinweissammlung (siehe folgender Absatz).
- PRÜFUNGSZEIT ist ein frei verwendbares Datumsfeld; z. B. für ein Wiedervorlagedatum oder Zeitpunkt des letzten Netiquette-Verstoßes.

Abbildung 11.5 Über Kategorien gruppieren Sie Benutzerhinweise thematisch; das Feature funktioniert genauso wie Beitragskategorien.

Das Anlegen von Hinweiskategorien ist nicht notwendig, um Hinweise zu hinterlassen, kann aber bei starker Nutzung des Hinweis-Features nützlich für den Überblick sein. Sie legen sie über den Hinweiskategorienmanager an (Klick auf HINWEISKATEGORIEN in der linken Spalte), der genauso funktioniert wie der Manager für Beitragskategorien: Neuanlage, LÖSCHEN, ARCHIVIEREN, Beschreibungstext und auch die Verschlagwortung stehen uneingeschränkt zur Verfügung. Verwenden Sie diese

Mechanismen für den von Ihnen benötigten Grad, Benutzerverhalten zu dokumentieren. Im Reiseforum wird großer Wert auf Einhaltung der Netiquette gelegt, darum begnügt es sich z. B. mit zwei Hinweiskategorien: NETIQUETTE-VERSTOSS und SAMARITER, für eine einfache Notizensammlung für Backend-Administratoren.

Einsehen lassen sich hinterlegte Hinweise über zwei Wege:

- **im Benutzermanager** (siehe Abbildung 11.6)
  Neben dem Button EINEN HINWEIS HINZUFÜGEN erscheint nach Anlage neuer Hinweise ein neuer Button X HINWEISE ANZEIGEN. Per Klick öffnet sich ein Popup-Fenster mit einer kleinen Hinweisübersicht zum betreffenden Benutzer.

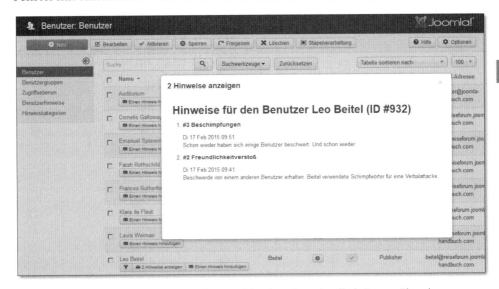

Abbildung 11.6 Im Benutzermanager lassen sich Hinweise schnell als Popup über den Button »x Hinweise anzeigen« darstellen; alternativ sehen Sie alle Hinweise im Benutzerhinweismanager.

- **im Benutzerhinweismanager**
  Listet alle Hinweise zu allen Benutzern, zeigt aber zusätzlich die KATEGORIE und PRÜFUNGSZEIT an und ermöglicht eine Filterung nach STATUS und KATEGORIE und verschiedene Sortierreihenfolgen. Eignet sich also, um einen Überblick über *alle* Hinweise zu gewinnen. Mit unberechtigten oder überholten Hinweisen gehen Sie mit üblichen Managermechanismen vor, z. B. dem Veröffentlichungsstatus über die Spalte STATUS oder dem Button ARCHIVIEREN oder PAPIERKORB.

Ein bisschen versteckt hat sich die Möglichkeit, die Benutzerhinweise zu versionieren. Auf diese Weise müssen Sie nicht mehrere Netiquette-Verstöße in Dutzenden von Hinweisen speichern, sondern protokollieren das Nutzerverhalten innerhalb *eines* Hinweises.

Der Clou: Jedes Mal, wenn Sie einen Benutzerhinweis speichern, legt Joomla! automatisch eine neue Version an. Der alte Text existiert weiterhin und lässt sich über den Button VERSIONEN in der Buttonleiste des Benutzerhinweismanagers in einem Popup-Fenster aufrufen, ansehen, mit anderen Hinweisen vergleichen, löschen etc.

Zur vollen Kontrolle dieses Features werfen Sie aber noch einen Blick in die globale KONFIGURATION • Komponente BENUTZER • Reiter VERLAUF BENUTZERHINWEISE. Dort stellen Sie ein, dass die Versionierung aktiv ist (Standard bei VERLAUF SPEICHERN ist JA) und wie viele Versionen gespeichert werden, bevor eine automatische Löschung älterer Versionen erfolgt. Wählen Sie hier »0«, um eine lückenlose Historie zu erhalten.

11.2 Benutzergruppen anlegen und verwalten

Die von Joomla! vorgegebenen Gruppen sind ideal, um einen sehr einfachen Redaktions-Workflow für das Frontend einzurichten und verschiedene Administrationsstufen im Backend zuzulassen. Es gibt jedoch Fälle, wo Sie selbst Hand anlegen müssen, um Benutzergruppen mit einem ganz besonderen Set von Rechten zu versehen.

Eine solche Benutzergruppe ist das AUDITORIUM des Reiseforums. Eine Schar ambitionierter Joomla!-Interessierter, die das Content-Management-System nicht nur durch das Studium eines Handbuchs, sondern durch den Blick in ein Live-System kennenlernen möchten. Dazu erhält die Gruppe Zugriff ins Backend, darf aber dort nichts verändern, um nicht versehentlich etwas zu überschreiben oder zu löschen.

Eine weitere nützliche Gruppe für das Reiseforum ist die der MODERATOREN. Sie erhalten volle Kontrolle über eingereichte Reiseberichte sowohl im Front- als auch Backend, um dort die Beiträge übersichtlicher zu organisieren. Ein Moderator ist somit eine Art Manager mit Einschränkungen.

11.2.1 Benutzergruppen anlegen

Bevor Sie die Berechtigungen setzen, legen Sie zunächst die neuen Benutzergruppen an.

1. Wechseln Sie über BENUTZER • GRUPPEN • NEUE GRUPPE zum Neuanlageformular des Benutzergruppenmanagers.
2. Das Formular ist einfach gehalten: Wählen Sie einen GRUPPENTITEL, danach setzen Sie die ÜBERGEORDNETE BENUTZERGRUPPE, also die Gruppe, deren Berechtigungen dem Rechteprofil der neuen Gruppe am ähnlichsten kommt (siehe Abbildung 11.7). Die Feinjustierung der Rechte folgt im nächsten größeren Abschnitt 11.3, »Berechtigungen setzen«.

11.2 Benutzergruppen anlegen und verwalten

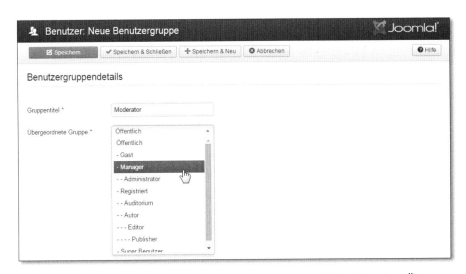

Abbildung 11.7 Beim Anlegen einer neuen Benutzergruppe wählen Sie unter »Übergeordnete Gruppe« die Benutzergruppe, deren Berechtigungen dem neuen Rechteprofil am ähnlichsten ist – die feine Konfiguration folgt später.

- MODERATOR: Verwaltet Beiträge in Front- und Backend, aber ausschließlich aus der Kategorie REISEBERICHTE; damit ist er einem MANAGER am ähnlichsten.
- AUDITORIUM: Eine ganz besondere Gruppe, die Nur-Lesen-Zugriff im Backend erhalten wird. Basis ist deshalb die Gruppe REGISTRIERT, um die Berechtigungen darauf schrittweise aufzubauen.

3. SPEICHERN & SCHLIESSEN Sie das Formular, um die neue Benutzergruppe in der Gruppenliste zu sehen.

11.2.2 Benutzer Benutzergruppen zuordnen

Für den Abschnitt über das Setzen der Berechtigungen ist es nützlich, ein paar Testbenutzer parat zu haben, die sich schon in der richtigen Benutzergruppe befinden. Packen Sie jetzt also ruhig einige Benutzer in die passende Gruppe.

1. Wechseln Sie über BENUTZER • VERWALTEN in den Benutzermanager, und klicken Sie auf den Namen eines zuzuordnenden Benutzers.
2. Im Bearbeitungsformular des Benutzers wählen Sie den zweiten Reiter ZUGEWIESENE GRUPPEN und markieren nur die Gruppen, in denen der Benutzer Mitglied sein soll. Für das AUDITORIUM des Reiseforums gibt es beispielsweise *einen* entsprechenden Benutzer, da für den Nur-Lesen-Zugriff ins Backend individuelle Konten weder notwendig noch möglich sind: Alle Interessierten benutzen dasselbe Login; der einzelne Benutzer AUDITORIUM ist der gleichnamigen Benutzergruppe zugeordnet.

3. SPEICHERN & SCHLIESSEN führt Sie wieder zurück zum Benutzergruppenmanager, wo Sie die neue Gruppenvergabe noch mal über die Spalte BENUTZERGRUPPE verifizieren können.

Bevor es nun ans Setzen der Berechtigungen geht, ein Blick auf diesen Benutzergruppenmanager.

11.2.3 Benutzergruppen verwalten

Ähnlich wie beim Einzelformular zur Bearbeitung einer Benutzergruppe ist der Benutzergruppenmanager auch relativ spartanisch gehalten (siehe Abbildung 11.8). Das liegt daran, dass man in der Regel nicht viele Benutzergruppen benötigt, um in Joomla! ein schlüssiges Berechtigungskonzept zu integrieren. Somit beschränkt sich die Liste auf Sortiermöglichkeiten und Optionen zur Neuanlage, Bearbeitung und zum Löschen von Gruppen. *Achtung*: Hier kommt kein PAPIERKORB zum Einsatz; das Löschen einer Benutzergruppe ist endgültig.

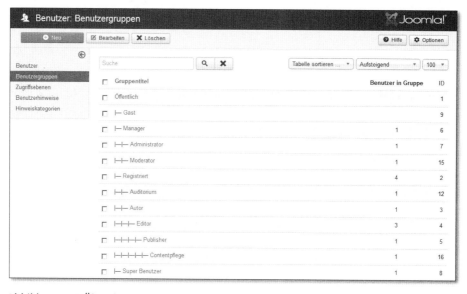

Abbildung 11.8 Über den Benutzergruppenmanager erreichen Sie die notwendigsten Funktionen zum Neuanlegen, Bearbeiten oder (endgültigen) Löschen von Gruppen.

11.3 Berechtigungen setzen

Nach der Organisation von Benutzern und Benutzergruppen geht es nun daran, Berechtigungen zu setzen. Die von Joomla! standardmäßig eingerichteten Benutzergruppen sind in sich schlüssig und sollten möglichst nicht verändert werden, um stets eine stabile Berechtigungsbasis zu haben, aus der neue Gruppen abgeleitet werden. Dieser Abschnitt beschäftigt sich deshalb mit der Konfiguration der eingangs neu angelegten Benutzergruppen AUDITORIUM und MODERATOR.

Das Rechtesystem von Joomla! ist über viele Jahre entstanden und auf den ersten Blick verhältnismäßig komplex. Wenn Sie aber darangehen, eine Benutzergruppe zielgenau zu konfigurieren, blicken Sie schnell hinter das System. Der Trick ist zum einen das Verständnis der Rechtevererbung und zum anderen das Wissen, an welcher Stelle man für eine Berechtigungskonfiguration ansetzt.

Grundsätzlich sind Berechtigungen an verschiedenen Stellen konfigurierbar:

- *global* für alle Komponenten der Website
- *individuell* pro Komponente (Beiträge, Kontakte, aber auch Menü- oder Modulkonfigurationen)
- zusätzlich für den Contentbereich anhand individueller Kategorien und Beiträge

An welcher Stelle welche Berechtigung greift, hängt davon ab, ob das eigentliche Recht gesetzt oder *nicht* gesetzt ist. Wird ein Recht nicht explizit gesetzt (Markierung als ERLAUBT oder VERWEIGERT), erbt die entsprechende Berechtigung ihre Einstellung aus der hierarchisch übergeordneten Konfiguration. *Krux*: Steht eine Berechtigung an irgendeiner Stelle auf VERWEIGERT, wird diese Regel niemals überschrieben. Also auch nicht, wenn in einer der tieferen Berechtigungsebenen ein bestimmtes Element wieder auf ERLAUBT gesetzt wurde.

Die Vererbungshierarchie läuft dabei anhand von zwei Achsen:

1. anhand der **Berechtigungshierarchie**
   global, vererbt an komponenten-spezifisch, vererbt an Kategorien, vererben an Beiträge
2. anhand der **Benutzergruppenhierarchie**
   z. B. Öffentlich vererbt an Registriert, vererbt an Autor, vererbt an Editor etc.

Bei der Prüfung, ob ein Benutzer also eine bestimmte Berechtigung besitzt, wandert Joomla! in jedem einzelnen Fall einen klaren, aber komplexen Vererbungsbaum entlang, bis das CMS eine eindeutige Aussage vorfindet: ERLAUBT oder VERWEIGERT. Am Beispiel der neuen Benutzergruppe MODERATOR lässt sich dieser Pfad anhand der Berechtigung *Beitrag bearbeiten* in Abbildung 11.9 nachvollziehen.

Joomla! klappert nacheinander die Berechtigungen von der kleinsten Detailstufe bis hin zur globalen Konfiguration ab und berücksichtigt dabei stets etwaig vererbte Berechtigungen innerhalb der Benutzergruppenhierarchie. Meistens findet das System immer den Wert VERERBT und schaut deshalb weiter. In der globalen Konfiguration von MANAGER wird Joomla! schließlich fündig. Dieser darf Beiträge bearbeiten, und da der Moderator alle Berechtigungen des Managers erbt, erhält dieser ebenfalls die Erlaubnis. Joomla! bricht hier aber nicht ab, sondern beendet seine Prüfrunde, um die Erlaubnis sicherzustellen. Denn wäre diese Berechtigung an irgendeiner höheren Stelle auf VERWEIGERT gestellt, würde diese Moderator-Konfiguration ignoriert werden. Den aktuellen Status der Rechterecherche von Joomla! erkennen Sie übrigens immer in der Spalte ERRECHNETE EINSTELLUNG. Egal in welchem Berechtigungsformular Sie sich gerade befinden, der hier dargestellte Status berücksichtigt alle vererbten und direkt eingestellten Rechte. Auf den kommenden Seiten finden Sie noch weitere Beispiele zur Veranschaulichung.

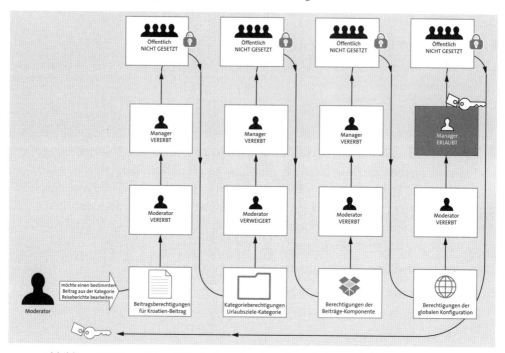

Abbildung 11.9 Joomla! prüft in jedem einzelnen Berechtigungsfall die Komponenten- und globale Konfiguration, für Beiträge auch Kategorie- und Beitragsberechtigungen, aber auch vererbte Rechte innerhalb der Benutzergruppen.

> **Hinweis: Besondere Behandlung der Benutzergruppe »Öffentlich«**
>
> Sämtliche Berechtigungen der Benutzergruppe ÖFFENTLICH sind auf VERERBT gesetzt, aber woher erbt diese oberste Benutzerebene eigentlich? In diesem Fall erfahren die Rechte für ÖFFENTLICH eine besondere Behandlung. Aus VERERBT wird dabei standardmäßig VERWEIGERT – erkennbar an der Spalte ERRECHNETE EINSTELLUNG.

Die Hierarchie der Benutzergruppen kennen Sie aus dem vorangegangenen Abschnitt; die verschiedenen Berechtigungskonfigurationen werden auf den folgenden Seiten vorgestellt, aber um welche Rechte geht es hier überhaupt?

- SEITENANMELDUNG (nur global): Einloggen ins Frontend
- ADMINANMELDUNG (nur global): Einloggen ins Backend; dem Benutzergruppenzweig REGISTRIERT, AUTOR, EDITOR, PUBLISHER sowie den öffentlichen Gruppen ÖFFENTLICH und GAST ist der Zugang strikt untersagt.
- OFFLINEZUGANG (nur global): Einloggen ins Frontend, während die Website sich im Offline-/Wartungsmodus befindet (SYSTEM • KONFIGURATION • Reiter SITE • Feld WEBSITE OFFLINE)
- SUPER BENUTZER (nur global): unbegrenzte Konfiguration der gesamten Joomla!-Website
- KONFIGURIEREN (pro Komponente): Erlaubt die Konfiguration einer bestimmten Komponente, z. B. über SYSTEM • KONFIGURATION • Komponente in der linken Seitenleiste.
- ADMINISTRATIONSZUGRIFF: Zugriff auf die Administrationsoberfläche und all ihrer Komponenten im Backend. Um dort etwas zu verändern, z. B. einzelne Komponenten aus den Menüs auszublenden, ist eine Konfiguration pro Komponente notwendig.
- ERSTELLEN: Erzeugen neuer Elemente
- LÖSCHEN: Löschen von Elementen
- BEARBEITEN: Bearbeiten von Elementen, egal, wer der Autor ist (z. B. für einen Editor/Lektor)
- STATUS BEARBEITEN: Verändern des Status eines Elements, z. B. zum Veröffentlichen oder Archivieren von Beiträgen
- EIGENE INHALTE BEARBEITEN: Bearbeiten eigener Elemente; ausgeschlossen sind also Elemente anderer Autoren.

> **Tipp: Erstellen Sie vor größeren Berechtigungsupdates ein Backup**
>
> Um die Rechte für Benutzergruppen exakt zu setzen, müssen Sie u. U. an vielen Schräubchen im Backend drehen. Da passiert es gerne, dass man gerade eine Benutzergruppe fertigkonfiguriert hat, um festzustellen, dass es für sie die falsche Komponente war. Joomla! merkt sich nämlich *nach dem Speichern* nicht *immer*, welche Benutzergruppe man gerade bearbeitet hatte, wenn man zwischen der globalen und komponenten-individuellen Rechtekonfiguration springt, sondern blendet zunächst die ÖFFENTLICH-Rechte ein.

11.3.1 Globale Berechtigungen

Am oberster Stelle der Berechtigungshierarchie stehen die globalen Rechte, die Sie über SYSTEM • KONFIGURATION • Reiter BERECHTIGUNGEN erreichen (siehe Abbildung 11.10).

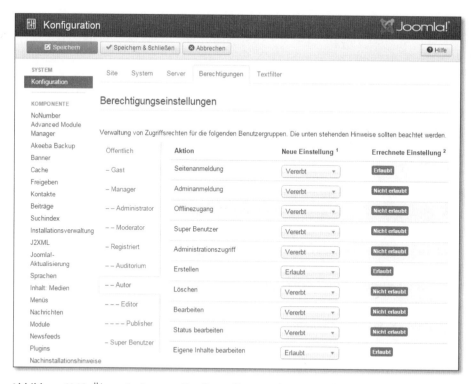

Abbildung 11.10 Über »System« • »Konfiguration« • Reiter »Berechtigungen« erreichen Sie die globalen Rechteeinstellungen.

Diese Ebene ist genau die richtige für die Konfiguration der Benutzergruppe AUDITORIUM, die Backend-Zugriff erhält, dort aber nichts verändern darf.

1. Grundsätzlichen Zugriff auf das Backend erhält diese Gruppe über SYSTEM • KONFIGURATION • Reiter BERECHTIGUNGEN: • Benutzergruppe AUDITORIUM • ADMINANMELDUNG auf ERLAUBT.

   Mitglieder des Auditoriums können sich jetzt einloggen, das Backend ist aber leer, da die Gruppe ihre Rechte aus der Gruppe REGISTRIERT erbt; einfache Frontend-Benutzer, die niemals über Backend-Rechte verfügen sollten. Das ist Absicht, denn für das Auditorium werden die Backend-Rechte sehr gezielt und vorsichtig gesetzt.

2. Um außerdem die Administrationsoberfläche im Backend zu *sehen*, stellen Sie SYSTEM • KONFIGURATION • Reiter BERECHTIGUNGEN • Benutzergruppe AUDITORIUM • ADMINISTRATIONSZUGRIFF auf ERLAUBT. Die komponenten-individuellen Einstellungen für die neue Gruppe AUDITORIUM sind standardmäßig auf VERERBT gestellt. Damit erben alle Komponentenberechtigungen den eben eingestellten erlaubten Zugriff, die Auditoriums-Benutzer dürfen aber trotzdem nichts konfigurieren.

Zusammengefasst sehen Sie die neue Rechtekonfiguration in Abbildung 11.11.

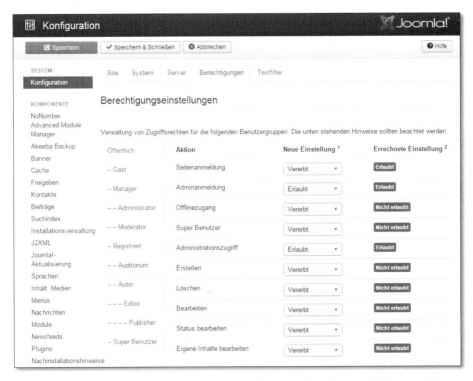

Abbildung 11.11 Die neue Gruppe »Auditorium« erbt zunächst alle Berechtigungen der Standardbenutzer »Registriert«, erlaubt aber zusätzlich und überschreibt deshalb die »Adminanmeldung« und den »Administratorzugriff«.

Mehr Rechte benötigt das Auditorium nicht im Backend. Falls Sie dieses Szenario an Ihrem Rechner durchspielen und jetzt keine Elemente in der Adminoberfläche sehen, liegt das noch an einer letzten Einstellung. Stellen Sie sicher, dass die Zugriffsebene SPEZIAL auch die Benutzergruppe AUDITORIUM enthält (Menü BENUTZER • ZUGRIFFSEBENEN • SPEZIAL bearbeiten • Häkchen bei AUDITORIUM setzen). Loggen Sie sich mit Ihrem Testbenutzer dann aus und wieder ein.

> **Tipp: Prüfen Sie die neuen Berechtigungen in einem anderen Browser**
> Bei der Konfiguration der Berechtigungen empfiehlt es sich, jeden Schritt zu überprüfen. Dazu öffnen Sie am besten einen anderen Browser und loggen sich dort unter den Anmeldedaten des Benutzers ein, an dessen Benutzergruppenrechten Sie gerade arbeiten. Ein neuer Tab im aktuellen Browser funktioniert leider nicht, da die Tabs sich das Anmelde-Cookie teilen, Sie sehen also immer die Administrationsoberfläche des Super Benutzers.

> **Info: Beitragsformatierung über Benutzergruppen einschränken**
>
> In der globalen Konfiguration finden Sie neben den allgemeinen Einstellungen der BERECHTIGUNGEN auch den Reiter TEXTFILTER, der eine Feinjustierung der Formatierungsoptionen beim Anlegen von Inhaltselementen (z. B. Beiträgen) ermöglicht. Pro Benutzergruppe, in diesem Formular FILTERGRUPPE genannt, wählen Sie eine der folgenden Einstellungen:
>
> - STANDARD BLACKLIST: Verbietet eine Liste von HTML-Elementen, die ohnehin nichts in Inhaltselementen verloren haben, z. B. applet, body, html, object, script. Die vollständige Liste finden Sie unter dem Konfigurationsformular.
> - EIGENE BLACKLIST: Erweitern Sie die STANDARD BLACKLIST über die Spalten ELEMENTE FILTERN und ATTRIBUTE FILTERN. Verbieten Sie damit z. B. Tabellen (table) oder HTML-Bereiche (div, span).
> - WHITELIST: Entgegen der BLACKLIST *erlaubt* eine WHITELIST die Verwendung der angegebenen Elemente und Attribute.
> - KEIN HTML: Verbietet sämtliche HTML-Tags.
> - KEINE FILTERUNG: Erlaubt alle HTML-Tags.
>
> Die voreingestellten Werte sind für die meisten Content-Management-Konzepte etwas lapidar eingestellt. Denn die Verwendung von HTML-Tags ist in den meisten Anwendungsfällen auf eine Handvoll Absatz- und Zeichenformate eingeschränkt, damit Contentpfleger sich nicht zu stark von den Designrichtlinien und dem Brandguide entfernen. Nutzen Sie dann dieses Formular, um die Verwendung der HTML-Tags pro Benutzergruppe AUTOR, EDITOR und PUBLISHER zu konfigurieren. Beachten Sie auch, dass sich neben dieser Textfilterung auch die Konfiguration der angezeigten Buttons im TinyMCE-Editor steuern lässt, siehe Abschnitt 8.2, »Editor konfigurieren«.

11.3.2 Berechtigungen auf Komponentenebene

Eine Ebene tiefer erfolgt das Setzen der Berechtigungen pro Komponente. Diese Einstellungen finden Sie über SYSTEM • KONFIGURATION • KOMPONENTE (Seitenleiste links) • Reiter BERECHTIGUNGEN ganz rechts außen. Das gilt für fast alle Komponenten, denen Sie in der Standardinstallation von Joomla! begegnen, später aber auch für viele zusätzlich installierte Erweiterungen. So richten Sie beispielsweise besondere Backend-Administratoren ein, die nur den Cache löschen und Joomla!-Updates durchführen. Oder Sie schalten die Backend-Administration für Herausgeber (PUBLISHER) frei und erlauben ihnen neben ihrer redaktionellen Tätigkeit im Frontend auch die erweiterte Organisation von Beiträgen, Schlagwörtern, Newsfeeds und Medien. Die Kombinationsmöglichkeiten sind zahlreich.

Für das Reiseforum ist das ideal, um die Benutzergruppe MODERATOR auch tatsächlich auf die Verwaltung der Kategorien und Beiträge einzuschränken. Alle anderen Komponenten werden nun rigoros deaktiviert:

1. Bearbeiten Sie nacheinander alle Komponenten, die in der linken Spalte unter SYSTEM • KONFIGURATION erscheinen. BANNER, CACHE, FREIGEBEN, KONTAKTE etc., außer BEITRÄGE.
2. Wechseln Sie dazu jeweils zum Reiter BERECHTIGUNGEN, und wählen Sie die Benutzergruppe MODERATOR aus der Liste. *Hinweis*: Meist merkt sich Joomla!, dass Sie zuletzt die Rechte der Gruppe MODERATOR bearbeiteten, und öffnet diese Berechtigungen auch wieder in der nächsten Konfiguration. Verlassen Sie sich aber nicht darauf, und prüfen Sie immer wieder, ob Sie gerade Einstellungen in der richtigen Gruppe vornehmen. Nachträglich Dutzende von Berechtigungen zu korrigieren ist aufwendig und ärgerlich.
3. Stellen Sie den Schalter ADMINISTRATIONSZUGRIFF auf VERWEIGERT. In der Spalte ERRECHNETE EINSTELLUNG erscheint jetzt statt ERLAUBT (das Managererbe) NICHT ERLAUBT. Sie erinnern sich an die Liste am Anfang dieses Abschnitts: ADMINISTRATIONSZUGRIFF regelt nicht das Login in den Backend-Bereich, sondern die Anzeige der Backend-Oberfläche, der Komponente und Menüs.
4. SPEICHERN Sie das Formular, und fahren Sie mit der nächsten Komponente fort.

Abbildung 11.12 Nach Deaktivierung des »Administrationszugriffs« aller Komponenten erscheinen im Backend-Menü der Benutzergruppe »Moderator« nur die Einträge, deren Bearbeitung erlaubt ist.

Prüfen Sie oft das Ergebnis Ihrer Bemühungen, verschwinden nun nach und nach die Menüeinträge der verweigerten Komponenten. Am Ende ist das Backend-Menü des

Moderators so aufgeräumt, dass er ausschließlich die Einträge sieht, an denen er arbeiten darf (siehe Abbildung 11.12).

11.3.3 Berechtigungen auf Kategorie- und Beitragsebene

Im speziellen Fall der Komponente BEITRÄGE, also der Haupt-Inhaltselemente, lassen sich Berechtigungen noch feingranularer setzen, schließlich ist Joomla! ein Content-Management-System. So ist es möglich, verschiedenen Benutzergruppen bestimmte Resorts zuzuordnen (Kategorien), so wie im Reiseforum die Moderatoren für die Verwaltung der Reiseberichte zuständig sind.

Die Berechtigungsverwaltung für einzelne Kategorien und Beiträge finden Sie im jeweiligen Manager. Sobald Sie eine Kategorie oder einen Beitrag bearbeiten, wechseln Sie auf den rechten Reiter BERECHTIGUNGEN, um das jeweilige Element gezielt zu konfigurieren.

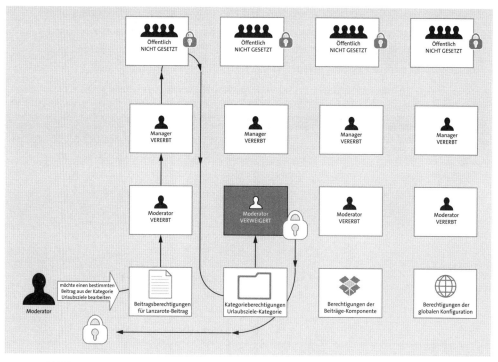

Abbildung 11.13 »Urlaubsziele« darf der für »Reiseberichte« zuständige Moderator nicht bearbeiten; sobald Joomla! auf dem Berechtigungsprüfpfad auf »Verweigert« trifft, rüttelt auch der übergeordnete »Erlaubt«-Status nichts am Verbot.

Beachten Sie auch hier: Bei diesen Einstellungen werden Sie vornehmlich Benutzergruppen einzelner Kategorien oder Beiträge *verbieten*, sodass die übrigen Kategorien/Beiträge das ERLAUBT-Recht erben. Umgekehrt, also global die Bearbeitung zu verbieten und dann gezielt wieder pro Kategorie/Beitrag zu erlauben, das lässt Joomla! nicht zu. Denn wurde in einer höheren Berechtigungshierarchie einmal ein Element auf VERWEIGERT gestellt, gilt das unumstößlich für alle untergeordneten Ebenen.

Beim Reiseforums-Moderator, zuständig für die Beitragskategorie REISEBERICHTE, ist der Berechtigungspfad gut nachvollziehbar. Abbildung 11.13 zeigt den Pfad für das Bearbeitungsverbot von Urlaubszielen.

> **Tipp: Benutzer- und Benutzergruppenrechte debuggen**
>
> Aktivieren Sie den Debugging-Modus unter SYSTEM • KONFIGURATION • Reiter SYSTEM • Feld SYSTEM DEBUGGEN, erscheint unter jedem Element der Benutzerverwaltung (Benutzer, Benutzergruppen) ein neuer Link DEBUG: BERECHTIGUNGSBERICHT. Hinter ihm versteckt sich eine umfangreiche Matrix aller mit Rechten versehenen Joomla!-Elemente und der jeweiligen Berechtigungen. Auf diese Weise lassen sich detaillierte Rechteszenarios einzelner Benutzer oder Benutzergruppen nachvollziehen.

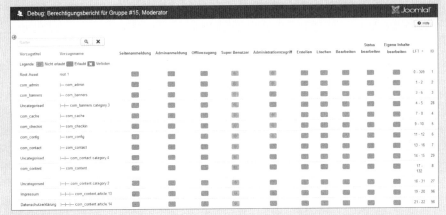

Abbildung 11.14 Im eingeschalteten Debugging-Modus erfahren Sie alle Berechtigungsdetails zu einzelnen Benutzern oder Benutzergruppen.

11.3.4 Problembehandlung bei unwirksamen Berechtigungsänderungen

Nach dem Anpassen von Berechtigungen genügt es manchmal nicht, im Frontend nur F5 oder Strg + F5 (OS X: cmd + R bzw. cmd + ⇧ + F5) zu drücken, um die Seite neu zu laden. Loggen Sie sich in Fällen, in denen Sie sich sicher sind, dass eine Änderung sichtbar sein sollte, aus und wieder ein – das Allheilmittel für viele IT-Probleme (IT-Crowd für eine kurze Kaffeepause: *http://tinyurl.com/jh-itcrowd*).

Sind die Änderungen immer noch nicht sichtbar, probieren Sie es mit den folgenden Tricks:

- **Cookies löschen**
  Im Firefox geht das unter Menü EINSTELLUNGEN • Reiter DATENSCHUTZ • Link EINZELNE COOKIES klicken. In Chrome unter Menü EINSTELLUNGEN • nach unten scrollen und auf ERWEITERTE EINSTELLUNGEN ANZEIGEN klicken • DATENSCHUTZ • Button INHALTSEINSTELLUNGEN.... • im Popup den Button ALLE COOKIES UND WEBSITEDATEN... aktivieren. Geben Sie jetzt einen Teil Ihres Domain-Namens als Suchbegriff ein, und klicken Sie den Button zum Löschen.
- **Grundsätzlich im Privat-/Inkognito-Modus arbeiten**
  In diesem Modus entfernen die Webbrowser alle Daten (Cookies, Sessions) etc. nach Schließen des Browserfensters. So stellen Sie sicher, dass beim nächsten Aufruf keine gecachten Konto- oder Anmeldedaten dazwischenfunken, Sie browsen also wie auf einem frisch installierten System.

Haben Sie unerwarteterweise das Problem, dass sich ein Benutzer, an dessen Rechten Sie arbeiteten, nicht mehr einloggen kann, ist u. U. in der Datenbank etwas mit seinem Passwort durcheinandergekommen. Setzen Sie dann über BENUTZER • VERWALTEN • Klick auf den Benutzernamen ein neues PASSWORT als Teil des Standard-Problemlösungsszenarios.

11.4 Zugriffsebenen anlegen und verwalten

Zugriffsebenen sind das Mittel, um die Darstellung verschiedener Elemente zu steuern (siehe Abbildung 11.15). Das können Inhalte im Frontend, aber auch Module im Backend sein. Die vorkonfigurierten Zugriffsebenen GAST, ÖFFENTLICH, REGISTRIERT, SPEZIAL und SUPER BENUTZER kennen Sie vom Anfang dieses Kapitels. Beachten Sie, dass die Benennung zwar einigen Benutzergruppennamen entspricht, die tatsächliche Verlinkung zwischen Zugriffsebene und Benutzergruppe entsteht allerdings nicht aufgrund des Namens, sondern innerhalb der Konfiguration der Zugriffsebene.

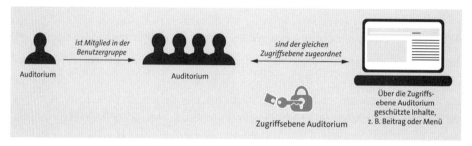

Abbildung 11.15 Sobald sich Benutzergruppe und Inhalte in derselben Zugriffsebene befinden, dürfen die Mitglieder dieser Gruppe darauf zugreifen.

11.4.1 Zugriffsebene anlegen

Zum besseren Verständnis erhält das Reiseforum eine neue Zugriffsebene für das Frontend, die dazu dient, spezielle Beitragsinhalte ausschließlich der Benutzergruppe AUDITORIUM, also Ihnen, zugänglich zu machen. Das sind Webseiten, die Beiträge enthalten, die ausschließlich der eingeloggte Benutzer AUDITORIUM zu Gesicht bekommt.

1. Wechseln Sie über BENUTZER • ZUGRIFFSEBENEN zum Zugriffsebenenmanager.
2. Klicken Sie auf NEU, und benennen Sie die neue Zugriffsebene »Auditorium«.
3. Setzen Sie nun in der Checkboxliste ein Häkchen bei den Benutzergruppen AUDITORIUM und SUPER BENUTZER. Dies ist die Schlüsselkonfiguration, die letztendlich bestimmt, wer was sieht, und der Super Benutzer wird da nicht außen vor gelassen.
4. SPEICHERN & SCHLIESSEN Sie das Formular.

Zum Testen legen Sie einfach einen Beitrag an, den Sie in der Kategorie UNCATEGORIZED belassen, damit er nicht unter URLAUBSZIELEN oder REISETIPPS erscheint, im Reiseforum z. B. eine Willkommen-Auditorium-Seite. Dann wählen Sie im Beitragsbearbeitungsformular in der rechten Spalte aus der Dropdown-Liste ZUGRIFFSEBENE den neu hinzugekommenen Wert AUDITORIUM aus.

11.4.2 Menüeinträgen und Modulen Zugriffsebenen zuordnen

Besucher der Gruppe AUDITORIUM besitzen noch eine weitere Regalie: Sie dürfen sich ins Backend einloggen. Erneut kommt die Zugriffsebene zu Hilfe, um im Benutzermenü einen Link zum Backend-Login-Formular einzublenden – exklusiv für das AUDITORIUM.

1. Legen Sie über MENÜS • BENUTZERMENÜ (das haben Sie in Abschnitt 9.4, »Benutzermenü einrichten«, erzeugt) • NEUER MENÜEINTRAG einen neuen Menüpunkt an.
2. MENÜTITEL ist »Zum Backend«.
3. Unter MENÜEINTRAGSTYP wählen Sie SYSTEMLINKS • EXTERNE URL. Die URL ins Backend ist zwar nicht extern, dieser Eintragstyp dient aber generell dazu, *beliebige* URLs zu verlinken, die nicht als spezieller Menüeintragstyp existieren.
4. Unter LINK steht für das Live-Reiseforum *http://reiseforum.joomla-handbuch.com/administrator*. Damit erscheint das Backend-Login-Formular, falls der Benutzer dort noch nicht eingeloggt ist. Andernfalls gelangt er direkt zum Kontrollzentrum.
5. Stellen Sie das ZIELFENSTER auf NEUES FENSTER MIT NAVIGATION, denn zum Experimentieren ist es immer gut, jeweils einen Frontend- und einen Backend-Tab offen zu haben.

6. Last, but not least: Unter ZUGRIFFSEBENE wählen Sie schließlich den Eintrag AUDITORIUM.

7. SPEICHERN & SCHLIESSEN Sie das Formular, und testen Sie in einem anderen Browser, wie sich das Benutzermenü nun verhält. Falls die Änderungen nicht sofort sichtbar sind, loggen Sie sich aus und wieder ein, löschen Sie Cookies, oder arbeiten Sie von vornherein in einem Privat-/Inkognito-Browserfenster.

Sehen Sie sich auf der Live-Reiseforum-Site um, fällt Ihnen ein weiteres Element ins Auge, das nur für das AUDITORIUM bestimmt ist: Das Menü MENÜEINTRAGSTYPEN enthält Links zu allen Webseiten, die über Menüeinträge angelegt werden, für einen schnellen Überblick, wie die verschiedenen Seiten im Frontend optisch dargestellt werden. Die Einstellung erfolgte ebenfalls über das Festlegen der ZUGRIFFSEBENE AUDITORIUM, diesmal über das dem Menü zugewiesenen Modul unter ERWEITERUNGEN • MODULE. Auch dort finden Sie in der rechten Spalte die Dropdown-Liste ZUGRIFFSEBENE mit dem entsprechenden Eintrag AUDITORIUM.

11.5 Formulare und Webseiten für Benutzer darstellen

Joomla! bietet eine Reihe von Menüeintragstypen, die Benutzerformulare oder -profilseiten im Frontend darstellen.

11.5.1 »Registrierungsformular« und »Anmeldeformular«

Möchten Sie eine kleine Community aufbauen oder E-Mail-Adressen für Marketing-Newsletter sammeln, empfiehlt sich die Bereitstellung eines *Registrierungsformulars*, über das sich Benutzer um die Mitgliedschaft auf Ihrer Website bewerben (siehe Abbildung 11.16). Ist der Anmeldeprozess vollzogen, dient das *Anmeldeformular* zum Einloggen in die Website. Dabei handelt es sich um Webseiten der Menüeintragstypen Benutzer • REGISTRIERUNGSFORMULAR und ANMELDEFORMULAR.

Achtung: Das Registrierungsformular ist erst verfügbar, nachdem Sie unter SYSTEM • KONFIGURATION • Komponente BENUTZER das Feld BENUTZERREGISTRIERUNG auf JA geschaltet haben. Ab diesem Zeitpunkt erscheint auch automatisch im Loginmodul der zusätzliche Link REGISTRIEREN.

Beim Standard-Registrierungsverfahren erhält der zukünftige Benutzer nach Ausfüllen des Formulars zunächst eine Danke-Mail, in der ihm Benutzername und Passwort mitgeteilt werden und er aufgefordert wird, auf einen Aktivierungslink zu klicken. Dieser führt direkt zur Joomla!-Installation und schaltet das Benutzerkonto sofort frei. Solch ein Mechanismus sorgt dafür, dass niemand beliebige Konten irgendwelcher E-Mail-Adressen anlegt und damit den Posteingang des Benutzers zuspammt.

11.5 Formulare und Webseiten für Benutzer darstellen

Durch den bewussten Aufruf des Aktivierungslinks weiß Joomla!, dass dies ein legitimer Benutzer ist, der auch weiterhin Nachrichten vom System empfangen möchte. Das Verfahren ist auch als *Double Opt-in* bekannt – siehe Abbildung 11.17.

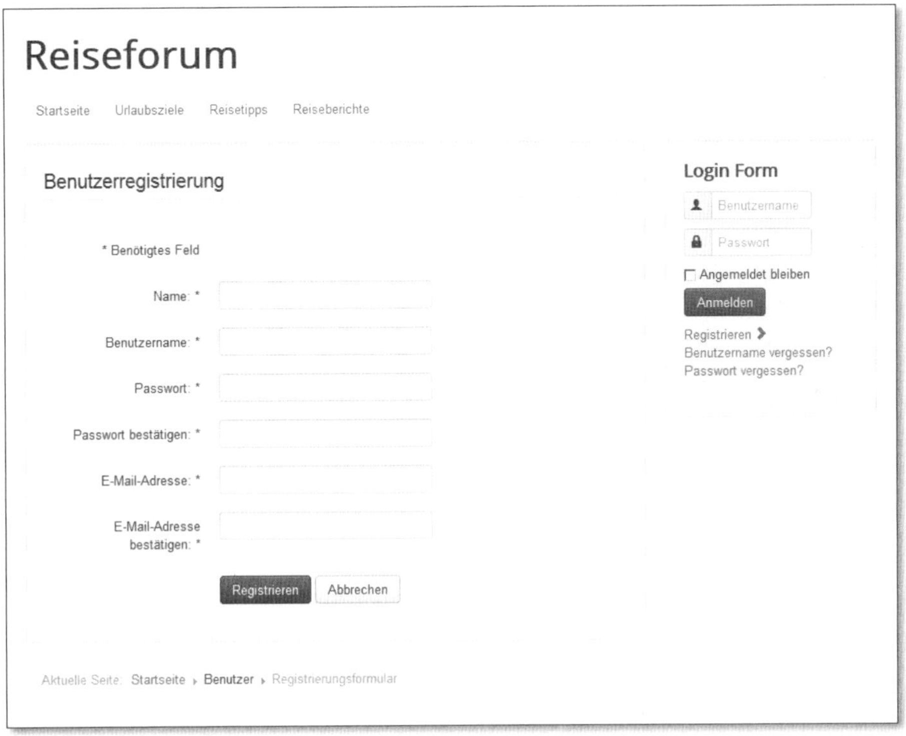

Abbildung 11.16 In der Standardinstallation fragt Joomla! bei der Registrierung nur die notwendigsten Felder ab: Name, Passwort und E-Mail-Adresse.

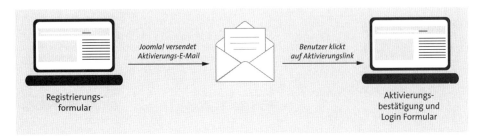

Abbildung 11.17 Per Double Opt-in müssen zukünftige Joomla!-Benutzer ihre Anmeldung über einen per E-Mail zugeschickten Aktivierungslink bestätigen, bevor der Zugang auf die Website freigeschaltet ist.

Der Benutzermanager in der Administrationsoberfläche (Menü BENUTZER • VERWALTEN) markiert noch nicht aktivierte Benutzer mit einem roten Stoppschild ( ) in der

Spalte AKTIVIERT (siehe Abbildung 11.18). So wissen Sie jederzeit, für welche Benutzer der Anmeldeprozess noch nicht beendet wurde (möglicher Spamversuch), oder können Anmeldeleichen durch Bewertung des REGISTRIERUNGSDATUMS in der vorletzten Spalte entfernen.

Abbildung 11.18 Im Benutzermanager sieht man in der Spalte »Aktiviert« auf einen Blick, welche Konten mitten im Anmeldeverfahren hängen; liegt die Registrierung länger zurück, sind das potenzielle Löschkandidaten.

Der Aktivierungsstatus spielt insbesondere eine große Rolle, wenn Sie das Anmeldeverfahren so konfigurieren, dass sich der Benutzer nicht selbst freischaltet, sondern die Freigabe im Backend durch einen Administrator erfolgt (siehe Abbildung 11.19). In diesem Fall erhält der Benutzer ebenfalls eine Danke-Mail mit den Zugangsdaten, aber mit dem Hinweis, dass die Registrierung erst verifiziert werden muss. Ideal für Communitys, bei denen sich nicht Hinz und Kunz anmelden dürfen, sondern bestimmte Aufnahmevoraussetzungen herrschen.

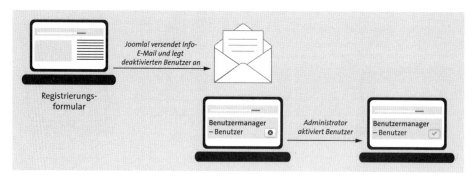

Abbildung 11.19 Die Benutzerfreischaltung ist mit einer kleinen Konfigurationsänderung auch ausschließlich über Administratoren möglich.

Dieses Anmeldeverfahren aktivieren Sie unter SYSTEM • KONFIGURATION • Komponente BENUTZER • Reiter KOMPONENTE • Feld KONTENAKTIVIERUNG DURCH auf ADMINISTRATOR umschalten. In diesem Szenario ist es außerdem sinnvoll, im selben Konfigurationsformular das Feld INFORMATIONSMAIL AN ADMINISTRATOREN auf JA umzuschalten, sodass diese sofort Bescheid bekommen, wenn sich ein neues Mitglied bewirbt.

Weitere Einstellungen zum Registrierungsformular

Die Optionen der Standardinstallation sind sehr spartanisch, genügen jedoch mit Basisinformationen wie Benutzernamen und E-Mail-Adresse den Ansprüchen der meisten Websites.

Im Administrations-Backend ist abseits der Standardreiter nichts Spezielles konfigurierbar. Die Feldbeschriftungen lassen sich im Sprachenmanager verändern (siehe Abschnitt 12.3, »Individuelle Übersetzungen mit Overrides anlegen«), für erweiterte Community-Funktionen werfen Sie einen Blick ins Kapitel 18, »Joomla! als Community-Plattform«.

Weitere Einstellungen zum Anmeldeformular

Nach der Standardinstallation von Joomla! ist in der rechten Spalte das Modul LOGIN FORM aktiv, das registrierten Benutzern den Login ins System erlaubt, aber auch Links zum Registrierungsformular und Benutzername-vergessen- und Passwort-vergessen-Seiten bereitstellt. Das Anmeldeformular bietet die gleiche Funktionalität, aber in groß (siehe Abbildung 11.20). *Achtung*: Dieser Mechanismus funktioniert nur, wenn sich die Website *nicht* im Wartungsmodus befindet.

Abbildung 11.20 Das Login-Formular des Menüeintragstyps »Anmeldeformular« erscheint auch, wenn ein anonymer Gastbesucher versucht, auf eine Seite zuzugreifen, die nur für registrierte und eingeloggte Benutzer sichtbar ist.

Die globale Konfiguration erlaubt noch weitere feingranulare Einstellungen zur Benutzeranmeldung, über die Sie in Kapitel 13, »System konfigurieren«, mehr erfahren.

Zum Abschluss der Details des Anmeldeformulars folgt noch ein kurzer Blick in die weitere Konfiguration des Menüeintragstyps. Über den Reiter OPTIONEN lässt sich die Präsentation der An- und Abmeldeseiten leicht beeinflussen und eine *Weiterleitung* nach Login und Logout festlegen:

- AN-/ABMELDEUMLEITUNG: Kopieren Sie hier die URL der Webseite hinein, auf die der Benutzer *weitergeleitet* wird, nachdem er sich ein- oder ausgeloggt hat. Für die Anmeldung könnte das beispielsweise eine Newsseite sein; für die Abmeldung eine Verabschiedung. Lassen Sie das Feld leer, landet der Besucher nach der Anmeldung auf seiner Profilseite, der abgemeldete Benutzer auf der Anmeldeseite.

  Hinweis: An dieser Stelle sind keine URLs externer Websites verwendbar, sondern nur interne Ihrer eigenen Website. Protokoll und Domain-Name können weggelassen werden, der Link darf mit einem Slash (/) beginnen, gefolgt vom Pfad zur Zielseite.

- AN-/ABMELDEBESCHREIBUNG, BESCHREIBUNGSTEXT DER AN-/ABMELDUNG: Wählen Sie im ersten Feld ANZEIGEN, um den im nachfolgenden Feld festgelegten Text auf den Login-/Logoutseiten zwischen Sitename und Formular einzublenden. Das ist generell eine gute Idee, da die Formulare sonst nicht besonders einladend sind und nichts über die Website oder die anstehende An-/Abmeldung verraten. Leider lässt sich hier nur unformatierter Text eintragen, HTML- oder CSS-Anweisungen zur Verschönerung sind nicht zugelassen.

- ANMELDEBILD: Auch eine schöne Idee – integrieren Sie eine Illustration, um die An-/Abmeldeseiten optisch aufzulockern. In der Medienverwaltung befindet sich schon ein vorinstallierter Unterordner */headers*, der für Bilder dieser Art vorgesehen ist.

> **Tipp: Registrierungs- und Anmeldetexte bearbeiten**
>
> Über Sprach-Overrides bearbeiten Sie alle Texte, mit denen der Benutzer im Rahmen von Registrierung und Anmeldung konfrontiert wird. Studieren Sie dazu Abschnitt 12.3, »Individuelle Übersetzungen mit Overrides anlegen«, und durchstöbern Sie die Sprachschlüssel unter `COM_USERS_`, z. B. `COM_USERS_REGISTRATION_` und `COM_USERS_EMAIL_`.

11.5.2 »Benutzername erneut zusenden«

Sowohl auf der Anmeldeseite als auch im Modul LOGIN FORM verweist der Link BENUTZERNAME VERGESSEN? auf die von diesem Menüeintragstyp erzeugte Formularseite (siehe Abbildung 11.21). Der Besucher gibt seine E-Mail-Adresse ein und erhält kurz darauf eine Nachricht mit der Erinnerung an sein Login.

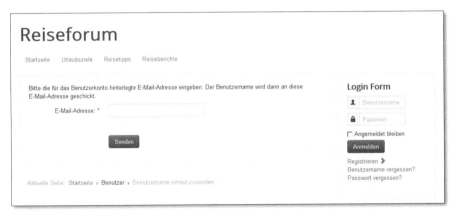

Abbildung 11.21 Haben Besucher ihren Benutzernamen vergessen, verschickt das Formular des Eintragstyps »Benutzername erneut zusenden« eine Erinnerungsmail an die eingegebene E-Mail-Adresse.

Über die Reiter dieses Eintragstyps sind keine weiteren Einstellungsmöglichkeiten erreichbar als die eingangs in diesem Kapitel vorgestellten.

11.5.3 »Benutzerprofil«

Haben Sie für das Anmeldeformular keine spezielle Seite zur ANMELDEUMLEITUNG festgelegt, landet ein eben eingeloggter Benutzer auf seiner Profilseite (siehe Abbildung 11.22). In der Standardinstallation von Joomla! ist hier nicht viel zu sehen; es gibt nur Informationen zum Benutzernamen, zu einigen Basisdaten und Websiteeinstellungen.

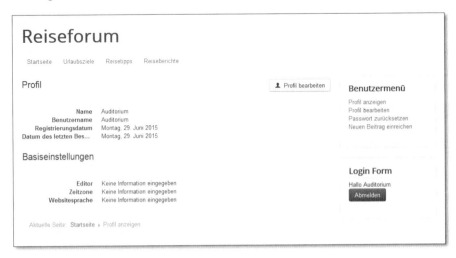

Abbildung 11.22 Benutzerprofile sind in der Joomla!-Standardinstallation sehr spartanisch; für erweiterte Funktionalität blättern Sie zu Kapitel 18, »Joomla! als Community-Plattform«.

Auch über das Backend ist an dieser Seite neben den eingangs vorgestellten Eintragstyp-Standardeinstellungen nicht viel zu ändern. Doch mit einem vorinstallierten, aber noch nicht aktivierten Plugin ergänzen Sie Benutzerprofile ganz einfach um ein paar zusätzliche Standardfelder, wie z. B. Adressangaben, Telefonnummer, Website, Geburtsdatum und kurze Über-mich-Texte. All diese Felder stehen unmittelbar zur Verfügung, sobald Sie über ERWEITERUNGEN • PLUGINS das Plugin BENUTZER - PROFILE suchen und per Klick in die STATUS-Spalte aktivieren. Die Felder erscheinen dann im Frontend in der Profilanzeige oder -bearbeitung und im Backend bei der individuellen Benutzerkonfiguration in einem neuen Reiter BENUTZERPROFIL.

> **Tipp: Basiseinstellungen zu Editor, Zeitzone und Template verstecken**
>
> Bei den im Profil angezeigten Basiseinstellungen handelt es sich zum Teil um sehr technische Einstellungen für die Benutzung der Website. Auf deutschsprachigen Websites interessiert sich niemand für die ZEITZONE oder die eingestellte SPRACHE. Die meisten Websites benutzen durchgehend ein einzelnes TEMPLATE, diese Information ist an dieser Stelle also auch überflüssig. Unter SYSTEM • KONFIGURATION • Komponente BENUTZER • Reiter KOMPONENTE verstecken Sie deshalb diese Profildaten über das Feld EINSTELLUNGEN IM FRONTEND - VERBERGEN.

11.5.4 »Benutzerprofil bearbeiten«

Über den Button PROFIL BEARBEITEN der Profilseite oder eine mit diesem Menüeintragstyp angelegte Seite (z. B. in einem Benutzermenü) gelangt der Besucher zu einer Formularseite, auf der er Einstellungen zu seinem Profil vornimmt. Aufgrund der wenigen personalisierbaren Profilfelder ist die Optionenauswahl übersichtlich: Änderung des Namens (nicht des Benutzernamens), des Passworts und der E-Mail-Adresse. Die übrigen Optionen betreffen Einstellungen für die Benutzung der Website, die für die meisten Websites nicht relevant sind: Zeitzone, Sprache, Template etc.

11.5.5 »Passwort zurücksetzen«

Ähnlich dem Menüeintragstyp BENUTZERNAME ERNEUT ZUSENDEN stellt Joomla! mit PASSWORT ZURÜCKSETZEN ein Formular bereit, mit dem ein vergesslicher Websitebesucher nach Angabe seiner E-Mail-Adresse eine Nachricht mit seinem Passwort erhält (siehe Abbildung 11.23). Diese Funktion ist allerdings nur für normale Benutzer bis zur Stufe Administrator erlaubt, Super Benutzer müssen ihr Passwort per Hand im Backend zurücksetzen.

Hat ein Benutzer sein Passwort vergessen, erhält er über dieses Formular eine E-Mail, die einen Bestätigungscode und einen Link enthält, auf dessen Zielwebseite dieser

Code zusammen mit dem Benutzernamen eingetragen wird. Ist das erfolgreich geschehen, erscheint ein weiteres Formular, in dem er das neues Passwort festgelegt.

Abbildung 11.23 Beim Zurücksetzen des Passworts wird kein Passwort per Mail versendet (zu unsicher), sondern ein Code und ein Link, der zu einer Joomla!-Seite führt, auf der der Benutzer unter Angabe seines korrekten Benutzernamens das Passwort aktualisiert.

11.6 Module der Benutzerverwaltung

Für das Layout Ihrer Webseiten bietet Joomla! drei Module, die Funktionalitäten der Benutzerkomponente im Frontend bereitstellen: das aus der Standardinstallation bekannte LOGIN FORM, eine Liste der zuletzt registrierten und eine der aktuell angemeldeten Benutzer (siehe Abbildung 11.24).

Abbildung 11.24 Beispiel-Frontend-Seite mit aktivierten Benutzermodulen »Anmeldung« (rechts, Protostar-Position 7) und »Wer ist online« und »Neueste« (links, Protostar-Position 8)

11.6.1 »Benutzer - Anmeldung«

Das LOGIN FORM ist nach der Installation von Joomla! standardmäßig eingerichtet. Werfen Sie einen Blick in seine Konfiguration unter ERWEITERUNGEN • MODULE • Klick auf LOGIN FORM. Auf dem Reiter MODUL sind diese Einstellungen vorgesehen:

- TEXT DAVOR, TEXT DANACH: Text, der über bzw. unter dem Formular und den Benutzerlinks erscheint. HTML-Tags sind erlaubt; stellen Sie also z. B. die Standardüberschrift über den Schalter TITEL ANZEIGEN auf VERBERGEN, um den gesamten Introtext nach eigenem Geschmack zu gestalten. (Für die Modulüberschrift empfiehlt sich an dieser Position eine Überschrift der Ebene 3 <h3>.)

- ANMELDUNGSWEITERLEITUNG, ABMELDUNGSWEITERLEITUNG: Legen Sie hier fest, auf welche Webseite der Benutzer unmittelbar nach seiner An- oder Abmeldung weitergeleitet wird. Nach Anmeldung könnte das z. B. die Willkommenseite der registrierten Benutzer oder sein persönliches Profil sein. Nach der Abmeldung empfiehlt sich die Weiterleitung zur Homepage oder zurück zur Anmeldeseite.

- BEGRÜSSUNG ANZEIGEN, BENUTZER-/NAME ANZEIGEN: Eine freundliche Hallo-Begrüßung ersetzt das Anmeldeformular nach dem Login. Steuern Sie die Anzeige des Textes, und wählen Sie zwischen dem Namen (meist die Vor- und Nachname-Kombination) und Joomla!-Benutzernamen.

- ANMELDUNG ÜBER SSL: Schaltet die Anmeldung auf eine mit SSL verschlüsselte Verbindung um. Das ist aber nur dann möglich, wenn Ihre gesamte Website auch über HTTPS erreichbar ist. Abschnitt 22.3, »SSL aktivieren«, beschäftigt sich näher mit diesem Thema.

- BESCHREIBUNG ANZEIGEN: Umschalter zwischen Textlabels BENUTZERNAME, PASSWORT vor den Eingabefeldern der Credentials und entsprechenden ICONS

11.6.2 »Benutzer - Neueste«

Dieses Modul zeigt die neuesten registrierten Benutzer untereinander in einer einfachen Liste. Über die Modulkonfiguration auf dem Reiter MODUL legen Sie die Anzahl der Einträge (BENUTZERANZAHL, Standardwert ist 5) und einen GRUPPENFILTER fest.

Hinweis: Achten Sie darauf, beim Anlegen eines neuen Moduls auch immer die POSITION (Spalte rechts) festzulegen, damit das Modul sichtbar ist. Für das Protostar-Template eignet sich dafür z. B. die Einstellung RECHTS [POSITION-7] oder LINKS [POSITION-8].

11.6.3 »Benutzer - Wer ist online«

Für gut besuchte Websites ist dies ein nettes Feature, das anzeigt, welche Benutzer gerade angemeldet sind. Die Modulkonfiguration erlaubt die Anzeige der Anzahl der angemeldeten Benutzer und anonymen Websitegäste, die Namen der angemeldeten Benutzer oder BEIDES.

11.7 Mit Nachrichten arbeiten (offizielle Joomla!-Komponente)

Wo viele Autoren, Lektoren und Webmaster miteinander arbeiten, muss man sich auch mal austauschen. Das lässt sich über E-Mails bewerkstelligen, aber Joomla! bietet auch ein internes rudimentäres Nachrichtensystem, das in Ihrer Joomla!-Version entweder schon über KOMPONENTEN • NACHRICHTEN erreichbar ist oder über das Joomla! Extensions Directory nachinstalliert werden kann.

> **Achtung: E-Mail-Versand funktioniert in der Testumgebung nur bedingt**
>
> Die in Kapitel 2 eingerichtete Testumgebung ist nicht in der Lage, E-Mails zu versenden, es sei denn, Sie arbeiten auf einem Windows-System und haben die Schritte in Abschnitt 2.5.2, »Geschummelten E-Mail-Versand unter Windows einrichten«, durchgeführt. Falls nicht, finden Sie von Joomla! versendete E-Mails im Unterverzeichnis *C:\xampp\mailoutput* (leider nur unter Windows). So ist im Testsystem nachvollziehbar, ob theoretisch eine E-Mail versendet würde; auch angepasste E-Mail-Texte sind so prüfbar.
>
> *Tipp für OS-X-Benutzer*: MailCatcher ist ein einfacher SMTP-Server für den E-Mail-Versand und unter *http://mailcatcher.me* herunterzuladen. Dort finden Sie auch die (englische) Installationsanleitung.

11.7.1 Private Nachrichten

Die Administrationsoberfläche im Backend wartet mit einer vielversprechenden Funktion auf, die das Senden und Empfangen interner Nachrichten ermöglicht. Dieses Feature ist nicht über das Frontend erreichbar, dient also lediglich dem Informationsaustausch zwischen Managern und Administratoren und dem Super Benutzer.

Um eine neue Nachricht zu verschicken, wählen Sie über KOMPONENTEN • NACHRICHTEN • NACHRICHT SCHREIBEN. Die blaue Schaltfläche neben der Empfängerzeile (AN) öffnet ein Popup-Dialog, um den Empfänger – leider nur einen – bequem aus einer Liste auszuwählen (siehe Abbildung 11.25). Das große Textfeld NACHRICHT erlaubt alle Formatierungen, die Sie aus der Beitragsbearbeitung kennen.

Analog hierzu dient der Menüpunkt KOMPONENTEN • NACHRICHTEN • NACHRICHTEN LESEN auf Empfängerseite dem Studium neu eingegangener oder alter, bereits gelesener Botschaften. Über diesen Nachrichtenmanager klicken Sie sich in die Details einer Nachricht, markieren sie als GELESEN oder UNGELESEN oder entsorgen sie im PAPIERKORB. Hinter dem Button MEINE EINSTELLUNGEN sind einige, gar nicht unwichtige Optionen abrufbar:

- POSTEINGANG SPERREN: Deaktivierung Ihres Posteingangs, Sie erhalten keine weiteren Nachrichten mehr.

- E-MAIL-BENACHRICHTIGUNG BEI NEUEN NACHRICHTEN: Sehr nützliches Feature, das standardmäßig aktiviert ist. Sobald im Joomla!-internen Nachrichtensystem eine Nachricht eintrifft, erhalten Sie eine E-Mail mit einem Link, der Sie direkt zu den Nachrichtendetails schickt. An dieser Stelle lässt sich der Mechanismus auf Wunsch mit NEIN deaktivieren.

- NACHRICHTEN AUTOMATISCH LÖSCHEN NACH (TAGEN): Steuern Sie hier, nach wie vielen Tagen eine Löschung der eingegangenen Nachrichten erfolgt. Das geschieht automatisch und ohne Vorwarnung, wählen Sie also besser einen möglichst hohen Wert.

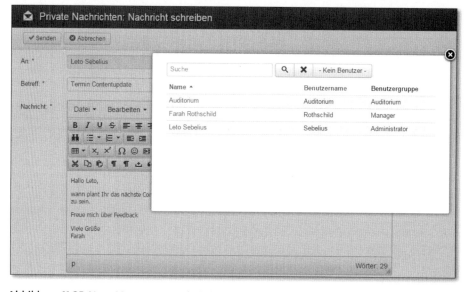

Abbildung 11.25 Nur »Manager«, »Administratoren« und andere zuvor freigegebene Benutzergruppen dürfen Nachrichten versenden und empfangen, Voraussetzung ist allerdings Backend-Zugriff.

Übrigens: Neben automatischen Benachrichtigungen bei Eingang einer neuen Nachricht per E-Mail erkennen Sie auch an der Statuszeile im Backend, ob neue Botschaften für Sie vorliegen. Das ist die kleine Zeile, die sich unten links versteckt und einen Link zur Websitevorschau, den aktuell auf der Website befindlichen Besuchern und (Backend-)Admins enthält. Gleich daneben befindet sich ein kleines Briefumschlag-Icon – die Zahl daneben meldet neue, ungelesene Nachrichten an Sie.

11.7.2 Massenmail

Im Menü BENUTZER versteckt sich unscheinbar ein nützliches Tool, mit dem Sie Massenmails an alle Benutzer oder definierte Benutzergruppen senden. Ein Art Mini-Newsletter-System sozusagen, das zwar keine großartigen Verwaltungs-, Logging- und Analysefunktionen bereitstellt, sich aber durchaus für das schnelle Versenden kurzer Nachrichten an eine übersichtliche Benutzergruppe eignet.

Dementsprechend spartanisch kommt das Formular daher, das Sie über BENUTZER • MASSENMAIL AN BENUTZER aufrufen (siehe Abbildung 11.26). Geben Sie einen Betreff und eine Nachricht ein, und wählen Sie aus den Optionen auf der rechten Seite.

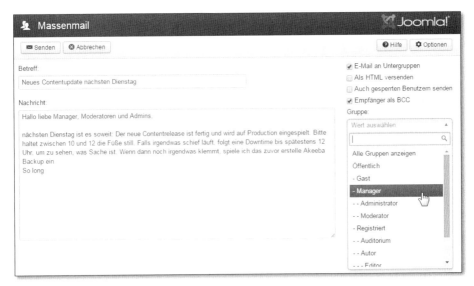

Abbildung 11.26 »Massenmail« ist ein unkomplizierter Mini-Newsletter für kurze Botschaften an ausgewählte Benutzergruppen.

- E-MAIL AN UNTERGRUPPEN, GRUPPE: Wählen Sie aus der Dropdown-Liste die Empfänger-Benutzergruppe. Ist die Option E-MAIL AN UNTERGRUPPEN aktiviert, gelten auch Benutzer in den verschachtelten Untergruppen als Empfänger.
- ALS HTML VERSENDEN: Versendet die Nachricht nicht als Content-Type text/plain, sondern text/html. Dabei dürfen Sie im Text, obwohl der Editor an dieser Stelle nur eine Quelltextansicht erlaubt, HTML-Tags verwenden.
- AUCH GESPERRTEN BENUTZERN SENDEN: Berücksichtigt beim Versand auch Benutzer, die über die Spalte FREIGEGEBEN des Benutzermanagers als GESPERRT markiert sind.
- EMPFÄNGER ALS BCC: Steht für *Blind Carbon Copy* (deutsch: Blindkopie) und fügt alle Empfänger in das BCC-Feld der ausgehenden E-Mail. Auf diese Weise sehen die

Empfänger nicht die E-Mail-Adressen der anderen Empfänger – eine kleine Sicherheitsmaßnahme, die bei einem derartigen primitiveren Massenmailversand üblich ist.

Etwas allgemeinere, aber ebenso nützliche Optionen finden Sie in der globalen Konfiguration, die Sie auch über den Button OPTIONEN oben rechts erreichen. Unter dem Reiter MASSENMAIL stellen Sie ein BETREFFPRÄFIX ein. Das ist z. B. eine kurze Identifizierung der Website, die die Mail verschickt, z. B. »[Interner Reiseforum-Newsletter]«. Das Präfix erscheint dann während des Versands vor den von Ihnen eingegebenen individuellen Betreffen. Analog dazu dient das Textfeld SIGNATUR dazu, jede E-Mail um ein kleines Impressum oder einen Link zur Website zu ergänzen.

11.7.3 Systemnachrichten

Beim Betrieb einer Website kommt es immer mal wieder zu redaktions- oder systembedingten Ereignissen. Das können Benutzerregistrierungen sein oder neu eingereichte Artikel. Praktisch: Joomla! versendet automatisch Nachrichten an alle, für die solch ein Ereignis von Belang ist (siehe Abbildung 11.27).

Abbildung 11.27 Joomla! verschickt in der Standardinstallation automatisch E-Mails an den Super Benutzer, wenn sich neue Benutzer registrieren oder Autoren neue Beiträge einreichen; der eigentliche Inhalt der Systemmeldung ist im internen Nachrichtensystem von Joomla! abrufbar.

Die Einstellung dafür erfolgt auf der einen Seite pro Benutzer über die Option SYSTEM-E-MAILS EMPFANGEN. Auf der anderen Seite können Sie Komponentenerweiterungen installieren, die das System ebenfalls verwenden. Beispielsweise legen Sie in der globalen Konfiguration für die Benutzerkomponente fest, dass Administratoren eine Mail erhalten, wenn sich Benutzer registrieren (Reiter KOMPONENTE • Feld

INFORMATIONSMAIL AN ADMINISTRATOREN). Achten Sie darauf, dass es hier kein mehrstufiges System anhand verschiedener Benutzergruppen gibt, sondern der Empfang solcher E-Mails explizit für jeden infrage kommenden Benutzer freigeschaltet wird.

11.8 Authentifizierungen aktivieren

Neben der in Joomla! eingebauten Benutzerverwaltung sind auch alternative Authentifizierungsarten vorgesehen, die schon vorinstalliert sind und per Plugin aktiviert werden. Die Google- und die LDAP-Authentifizierung erlauben die Benutzeranmeldung über komplexere, oft in Firmen eingesetzte Systeme. Über die Zwei-Faktor-Authentifizierung erhöhen Sie zusätzlich die Sicherheit während der Anmeldung.

11.8.1 Über Google authentifizieren

Schon in der Standardinstallation sticht ein Plugin in der Liste unter ERWEITERUNGEN • PLUGINS besonders hervor: AUTHENTIFIZIERUNG - GMAIL. Damit erlauben Sie registrierten Benutzern Ihrer Website den Zutritt mit ihren GMail-Anmeldedaten.

1. Aktivieren Sie das Plugin über ERWEITERUNGEN • PLUGINS • Klicken auf das Stoppschild ( ) in der STATUS-Spalte neben AUTHENTIFIZIERUNG - GMAIL.
2. Klicken Sie nun auf den Plugin-Titel, um ins Konfigurationsformular zu gelangen.
   - BENUTZERNAMENSUFFIX VERWENDEN, BENUTZERNAMENSUFFIX: Beim Benutzernamensuffix handelt es sich um den Teil der E-Mail-Adresse hinter dem @-Zeichen. Steht diese Option auf KEINEN SUFFIX VERWENDEN, müssen die anzumeldenden Benutzer stets ihre komplette E-Mail-Adresse eingeben, z. B. *vorname.nachname@gmail.com* oder *vorname.nachname@googleappsdomain.com*. Die anderen Optionen erlauben im Login-Formular das Weglassen des Domain-Namens bzw. Suffixes, eine Anmeldung ist also mit *vorname.nachname* möglich.
   - PEERVERBINDUNG ÜBERPRÜFEN: Dient der Sicherung der Authentifizierungsverbindung mit einem SSL-Zertifikat. Hier kommt es immer wieder mal zu Problemen zwischen dem Google-Dienst und der Joomla!-Komponente. Eine mögliche Problemlösung ist die Deaktivierung der Zertifikatsverifizierung, indem Sie diese Option auf NEIN stellen.
   - BENUTZER-BLACKLIST: Kommagetrennte Liste von Benutzern, die sich nicht einloggen dürfen.
   - BACKEND-ANMELDUNG: Schalten Sie diese Option auf JA, wenn sich die Benutzer auch ins Backend einloggen dürfen.

3. SPEICHERN & SCHLIESSEN Sie die Plugin-Konfiguration, und legen Sie jetzt in der Joomla!-Benutzerverwaltung (BENUTZER • VERWALTEN • NEUER BENUTZER) einen Testbenutzer an, dessen Name dem vorderen Teil der Gmail-Adresse entspricht. Bei vorname.nachname@gmail.com verwenden Sie beispielsweise vorname.nachname.

4. SPEICHERN & SCHLIESSEN Sie den neuen Benutzer, und testen Sie das Login.

Googles Authentifizierungsmechanismen sind außerordentlich strikt, sodass dieses Plugin nicht für jedes Konto funktioniert. Eine Möglichkeit, die Restriktionen zu lockern, ist die GMail-Konto-Einstellung WENIGER SICHERE APPS, die Sie am besten über die Suchmaschine per »gmail zugriff weniger sichere apps konto zulassen« finden. Stellen Sie den Schalter auf AKTIVIEREN (siehe Abbildung 11.28), und testen Sie erneut die Anmeldung. Haben Sie dann immer noch keinen Erfolg müssen Sie leider auf eine andere Authentifizierungsmethode ausweichen.

Abbildung 11.28 Falls die Authentifizierung per Google-Konto hakt, aktivieren Benutzer die Google-interne Konfiguration »Zugriff für weniger sichere Apps«.

11.8.2 Über LDAP authentifizieren

In Sachen Authentifizierung kann man Joomla! nichts vormachen, sogar eine LDAP-Integration ist standardmäßig an Bord und wird einfach über den Plugin-Manager aktiviert. Gehen Sie dazu über das Menü ERWEITERUNGEN • PLUGINS in die Plugin-Übersicht, und klicken Sie neben AUTHENTIFIZIERUNG - LDAP auf das rote Stoppschild-Icon, sodass es sich in ein grünes Häkchen verwandelt. Zum Konfigurieren der LDAP-Verbindung klicken Sie schließlich auf den eigentlichen Plugin-Namen AUTHENTIFIZIERUNG - LDAP.

Alle Parameter für die LDAP-Authentifizierung erhalten Sie vom Systemadministrator, der den LDAP-Server betreut. Es handelt sich um eine sehr präzise Konfiguration, rechnen Sie also ein oder zwei Stunden Teamarbeit mit dem Kollegen ein. *Achtung*: Das Plugin erlaubt nur eine grundsätzliche Authentifizierung per LDAP. Für Synchronisationen von Benutzern oder gar einem Benutzergruppen-Mapping zwischen Joomla! und LDAP benötigen Sie zusätzliche Erweiterungen aus dem Joomla! Extensions Directory (JED).

> **Problemlösung: Super Benutzer kann sich nicht mehr einloggen**
>
> Die komplexen Einstellmöglichkeiten bei der Einrichtung der LDAP-Authentifizierung können dazu führen, dass man sich als Super Benutzer aus dem System aussperrt. Deaktivieren Sie das Plugin AUTHENTIFIZIERUNG - JOOMLA! erst, wenn die LDAP-Authentifizierung hundertprozentig stabil läuft.
>
> Haben Sie sich versehentlich ausgesperrt, aktivieren Sie das Joomla!-Authentifizierungs-Plugin mit phpMyAdmin direkt in der Datenbank. Öffnen Sie die Tabelle #__EXTENSIONS (#_ entspricht dem in Ihrer Joomla!-Installationen vergebenen zufälligen Tabellenpräfix), und suchen Sie die Zeile, deren NAME-Feld den internen Plugin-Namen PLG_AUTHENTICATION_JOOMLA trägt. Stellen Sie dann den Wert der Spalte ENABLED von »0« auf »1«.
>
> Haben Sie sich wegen einer nicht funktionieren Zwei-Faktor-Authentifizierung ausgesperrt, gehen Sie ähnlich vor. Suchen Sie dann das Plugin PLG_TWOFACTORAUTH_TOTP, und *deaktivieren* Sie es durch Eintrag einer »0« in der Spalte ENABLED.

11.8.3 Mehr Sicherheit durch Zwei-Faktor-Authentifizierung

Einem besonders sicheren Mitgliederbereich dient die Zwei-Faktor-Authentifizierung, bei der eine Benutzername/Passwort-Kombination nicht mehr für die Websiteanmeldung ausreicht. Benutzer, deren Zugang über diese Authentifizierung gesichert ist, erhalten auf Anfrage einen zusätzlichen, zeitlich begrenzten Sicherheitscode, z. B. über eine besondere App auf dem Smartphone. Beachten Sie also, dass das ein etwas umständlicher Anmeldeprozess ist, den Sie aber z. B. nur auf den Backend-Zugriff einschränken könnten.

1. Aktivieren Sie über ERWEITERUNGEN • PLUGINS das Plugin ZWEI-FAKTOR-AUTHENTIFIZIERUNG - GOOGLE AUTHENTICATOR.
2. Klicken Sie auf den Plugin-Namen, und entscheiden Sie sich, ob diese Authentifizierung nur auf der WEBSITE (FRONTEND), im ADMINISTRATOR (BACKEND)-Bereich oder BEIDEN eingeschaltet ist.
3. Wechseln Sie jetzt über BENUTZER • VERWALTEN zum Benutzermanager, und klicken Sie auf den Benutzer, der sich zukünftig sicherer authentifizieren soll.
4. Wechseln Sie zum Reiter ZWEI-FAKTOR-AUTHENTIFIZIERUNG, und wählen Sie unter AUTHENTIFIZIERUNGSMETHODE den GOOGLE AUTHENTICATOR.
5. Dieser Google Authenticator wird nun auf dem Telefon des Benutzers installiert. Dazu gehen Sie entweder in Apples AppStore oder Googles Play Store und suchen nach »google authenticator«.
6. Öffnen Sie nach der Installation die Google-Authenticator-App auf dem Smartphone, und starten Sie die Konfiguration mit BEGIN SETUP.

7. Wählen Sie nun entweder SCAN A BARCODE und halten die Handykamera auf den auf der Benutzerwebseite abgebildeten QR-Code, oder geben Sie die dort aufgeführten KONTO- und SCHLÜSSEL-Daten per Hand ein (ENTER PROVIDED KEY).
8. Geben Sie nun die sechsstellige Zahl aus der App in das Feld SICHERHEITSCODE auf der Benutzerwebseite. Achtung, die Zahl ändert sich nach einer Minute – das ist Teil des Sicherheitskonzepts.
9. SPEICHERN & SCHLIESSEN Sie die Benutzerkonfiguration.

Wechseln Sie ins Frontend, um die Zwei-Faktor-Authentifizierung auszuprobieren. Das Login-Formular enthält jetzt ein weiteres Feld SICHERHEITSCODE. In dieses Feld geben Sie ab sofort bei jeder Anmeldung die sechsstellige Zahl ein, die Ihre Google-Authenticator-App zum Zeitpunkt des Logins darstellt (siehe Abbildung 11.29).

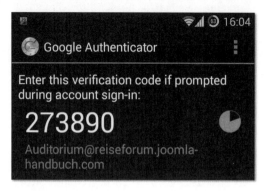

Abbildung 11.29 Neben Benutzername und Passwort geben Benutzer bei der Zwei-Faktor-Authentifizierung einen zusätzlichen Sicherheitscode ein, den sie über die Smartphone-App Google Authenticator erhalten.

11.9 Benutzer-Komponente konfigurieren

Zum Abschluss dieses Kapitels folgt ein Blick in die erweiterte Benutzerkonfiguration, die Sie über SYSTEM • KONFIGURATION • Komponente BENUTZER • Reiter KOMPONENTE erreichen.

▶ BENUTZERREGISTRIERUNG: Ist diese Option aktiviert, können sich Benutzer über das Registrierungsformular anmelden. Das ist eine automatisch erzeugte Webseite, die über das Modul LOGIN FORM bzw. das Anmeldeformular über den Link REGISTRIEREN erreichbar ist. Wählen Sie hier NEIN, werden Benutzer ausschließlich per Hand im Backend angelegt.

▶ GRUPPE FÜR NEUE BENUTZER: Gruppe, der neu registrierte Benutzer automatisch hinzugefügt werden. Standardeinstellung ist REGISTRIERT, die über keine besonderen Rechte verfügt. Sie könnten diese Standardeinstellung z. B. auf AUTOR stellen, um neuen Benutzern sofort die Einreichung von Beiträgen zu erlauben.

- GAST BENUTZERGRUPPE: Benutzergruppe für Gäste, also anonyme Websitebesucher, die nicht angemeldet, keine Benutzer, sind. Mit einer Kombination dieser Einstellung und der Zugriffsebene veröffentlichten Contents erstellt man z. B. ein Szenario, in dem es drei verschiedene Inhalte – für alle, nur für Gäste und nur für registrierte Benutzer – gibt.

- PASSWORT MITSENDEN: Setzen Sie diese Option auf NEIN, sollte das Passwort in der Registrierungs-E-Mail an den Benutzer nicht enthalten sein. Hier gab es in der Vergangenheit öfter Schwierigkeiten, sodass die Standardeinstellung JA Sinn macht.

- KONTENAKTIVIERUNG DURCH: Legen Sie fest, wie die Freischaltung eines Benutzers erfolgt, nachdem er sich registrierte. Bei KEINE erfolgt die Freischaltung unmittelbar, d. h., der Benutzer kann sich sofort in die Website einloggen. Bei der (Standard-)Einstellung BENUTZER erhält der Anwärter eine E-Mail mit einem Aktivierungslink (Double Opt-in), der ihn zurück zur Website führt. Wählen Sie hier ADMINISTRATOR, erhält der Benutzer zwar auch eine E-Mail mit seinen Credentials, muss aber warten, bis ihn ein Administrator freischaltet. Siehe auch Abschnitt 11.5.1, »›Registrierungsformular‹ und ›Anmeldeformular‹«.

- INFORMATIONSMAIL AN ADMINISTRATOREN: Versendet Hinweis-Mails an Administratoren, wenn sich ein neuer Benutzer registriert.

- CAPTCHA: Aktiviert das CAPTCHA für die Benutzerregistrierung und die Benutzername- und Passwort-vergessen-Funktionen. Lesen Sie mehr hierzu in Abschnitt 22.1, »reCAPTCHA/NoCaptcha aktivieren«.

- EINSTELLUNGEN IM FRONTEND: Bezieht sich auf die Benutzereinstellungen zum verwendeten Editor, der Zeitzone und Sprache. Steht das Feld auf ANZEIGEN, darf der Benutzer diese Einstellungen in seinem Benutzerprofil im Frontend anpassen.

- FRONTEND-SPRACHE: Steht diese Option auf ANZEIGEN, dürfen Benutzer im Registrierungsformular ihre bevorzugte Sprache auswählen.

- BENUTZERNAME VERÄNDERBAR: Benutzernamen, die Namen, die Joomla! für die interne Identifizierung verwendet, lassen sich normalerweise nicht durch den Benutzer anpassen. Es sei denn, Sie erlauben das explizit über diese Einstellung. In diesem Fall erscheint das Feld BENUTZERNAME im Profilformular im Frontend nicht als Nur-lesen-Feld, sondern es darf vom Benutzer bearbeitet werden.

- PASSWORT-RESETS; MAXIMUM, ZEITRAUM: Über diese Felder beschränken Sie die Anzahl der Passwort-Resets für einen bestimmten Zeitraum.

- PASSWORT: MINIMALE LÄNGE, MINIMALER ANTEIL AN ZAHLEN, MINIMALER ANTEIL AN SONDERZEICHEN, MINIMALER ANTEIL AN GROSSBUCHSTABEN: Zur Vergabe besonders sicherer Passwörter zwingen Sie Benutzer durch diese Restriktionen. Seien Sie aber nicht zu streng, mathematisch gesehen gibt es bessere Methoden zur Passwortgenerierung als durch die massive Verteilung von Sonderzeichen. Siehe auch Abschnitt 22.4, »Starke Passwörter einsetzen« – die dort vorgestellten Hinweise könnten Sie z. B. im Registrierungsformular unterbringen.

Im Reiter VERLAUF BENUTZERHINWEISE steuern Sie die Versionierung der zu Beginn dieses Kapitels vorgestellten Benutzerhinweise. Nur wenn VERLAUF SPEICHERN auf JA steht, speichert Joomla! die unter ANZAHL VERSIONEN angegebene Zahl von Hinweisen. Tragen Sie hier »0« ein, um alle Versionen zu speichern. Im Reiter MASSENMAIL konfigurieren Sie Voreinstellungen für die Betreffzeile und den Fließtext Ihrer Benutzernewsletter, siehe Abschnitt 11.7.2, »Massenmail«.

Kapitel 12
Mehrsprachigkeit aktivieren

Joomla! ist eines der wenigen Content-Management-Systeme, das sich von Haus aus ideal für den Aufbau mehrsprachiger Websites eignet; treffen Sie aber früh die Entscheidung, denn Konfiguration und Contentpflege sind umfangreich.

Haben Sie die deutsche Joomla!-Installation über *http://www.jgerman.de* heruntergeladen und installiert, spricht Ihr Content-Management-System bereits fließend Englisch und Deutsch sowohl im Front- als auch Backend. Starten Sie jedoch mit einer international-englischen Version oder erwarten Websitebesucher aus den europäischen Nachbarländern oder Fernostasien, muss Joomla! eine neue Sprache lernen. In diesem Kapitel erfahren Sie, wie Sie Sprachen nachträglich installieren, einzelne Phrasen an Ihre persönliche Formulierung anpassen und eine gesamte einsprachige Website auf mehrere Sprachen umstellen.

Begriff	Erklärung
Sprache	Die Sprachdarstellung auf einer Website hängt von vielen Variablen ab: Sprachverfügbarkeit der Website, Spracheinstellung im Browser, persönliche Präferenz und Wohnort des Besuchers.
Mehrsprachigkeit, Multilingualität	Eigenschaft einer Website, Inhalte und Steuerelemente (Buttons, Menüs) in der vom Benutzer bevorzugten Sprache darzustellen, im Front- und im Backend
Sprachdatei	Textdatei, die alle Übersetzungen anhand von Schlüssel-Wert-Paaren listet
Sprachpaket	ZIP-Archiv, das alle Übersetzungen für die Joomla!-Installation oder einzelne Erweiterungen enthält. Sprachpakete werden wie Erweiterungen behandelt, ihr Download erfolgt jedoch manuell und nicht über das Joomla! Extensions Directory (JED).
Sprach-Tag, Sprachkürzel	internationale Norm der Bezeichnung einer Sprache und speziell in einer Region eingesetzten Sprachvariante, z. B. de für Deutschland oder de-AT für in Österreich gesprochenes Deutsch

Tabelle 12.1 Die wichtigsten Begriffe im Zusammenhang mit mehrsprachigen Joomla!-Websites

Begriff	Erklärung
Sprach-Override	Überschreiben eines einzelnen Textfragments mit einer benutzerdefinierten Formulierung, z. B. zur Anpassung der Texte der Registrierungs-E-Mail von Joomla!

Tabelle 12.1 Die wichtigsten Begriffe im Zusammenhang mit mehrsprachigen Joomla!-Websites (Forts.)

Für die Standardbenutzeroberfläche und alle von Joomla! erzeugten Seiten ist die Bereitstellung einer zusätzlichen Sprache mithilfe von Sprachpaketen kein Problem, es gibt über vier Dutzend verfügbare Sprachen und Dialekte. Mit der Installation dieser Sprachpakete beschäftigt sich der erste Teil dieses Kapitels. Eine Warnung vorweg: Die Sprachpakete berücksichtigen ausschließlich die Joomla!-Standardinstallation. Beim Einsatz von Erweiterungen ist es ein kleines Glücksspiel, ob dafür ein separates Sprachpaket vorhanden ist. Falls nicht, gibt es aber eine Möglichkeit, selbst Hand anzulegen. Trotzdem gilt generell bei mehrsprachigen Websites: Testen Sie Erweiterungen früh, um Kompatibilitätsprobleme mit der Mehrsprachigkeit auszuschließen.

Abbildung 12.1 Haben Sie das Backend auf eine Standardsprache gestellt, die Sie nicht beherrschen, gelangen Sie mit »/administrator/index.php?option=com_languages&view=installed&client=1« zurück zur Sprachauswahl.

Der Löwenanteil beim Aufsetzen einer mehrsprachigen Website ist jedoch die Bereitstellung des Contents. Die Einrichtung der Websitestruktur ist dabei eine Stufe komplexer, da Sie nun beim Anlegen aller Menüs und aller Inhaltselemente neben Benutzergruppen und Zugriffsebenen auch die Sprache berücksichtigen müssen. Die Contentverwaltung erhält sozusagen eine weitere Dimension. Hier zahlt es sich wieder aus, dass Sie Ihre Website mit Joomla! umsetzen, denn nur wenige Content-Management-Systeme sind von Haus aus gut gerüstet, mit mehreren Sprachen umzugehen. Bei Joomla! kann das bereits die Standardinstallation. Im weiteren Verlauf des Kapitels lernen Sie einen Workflow kennen, mit dem Sie Ihre Website strukturiert um weitere Sprachen erweitern.

12.1 Sprachpakete einrichten

Sprachpakete dienen dazu, die Benutzeroberfläche des Backends und die von Joomla! erzeugten Webseiten (Anmelde- und Registrierungsformular, Modulüberschriften etc.) vollautomatisch in einer anderen Sprache anzuzeigen. Der erste Schritt auf dem Weg zu einer multilingualen Website.

12.1.1 Joomla!-Sprachpakete installieren

1. Wechseln Sie über ERWEITERUNGEN • VERWALTEN zum Erweiterungsmanager.
2. Wählen Sie aus der linken Seitenleiste SPRACHEN INSTALLIEREN.
3. Nun erscheint eine Liste mit allen Sprachpaketen, die es für die von Ihnen installierte Joomla!-Version gibt. In der Spalte VERSION finden Sie dabei nicht nur Einträge der aktuellen Joomla!-Version, sondern auch ältere Versionsnummern. In ihnen mag die eine oder andere Übersetzung fehlen, aber grundsätzlich sind sie kompatibel.
4. Suchen Sie nach den zu installierenden Sprachen über die Liste oder das Suchtextfeld, markieren Sie sie mit einem Häkchen (☑), und klicken Sie oben auf INSTALLIEREN (siehe Abbildung 12.2). Für das Reiseforum sind die Sprachen Deutsch, Englisch und Niederländisch vorgesehen.

Abbildung 12.2 Blättern Sie durch die Liste, oder geben Sie Teil des englischen Namens ein, um eine bestimmte Sprache zu finden.

5. Wechseln Sie jetzt über ERWEITERUNGEN • SPRACHEN zum Sprachenmanager.
6. Über die Seitenleiste-Links INSTALLIERT - SITE und INSTALLIERT - ADMINISTRATOR sehen Sie die verfügbaren Sprachen für Front- und Backend. Die jeweils aktive Sprache ist in der Spalte STANDARD mit einem gelben Stern (★) markiert. Setzen Sie den Stern auf einen anderen Spracheintrag, um die Standardsprache auszutauschen, das ist die Sprache, die Joomla! einsetzt, wenn das Content-Management-System keine anderen Sprachpräferenzen, z. B. aus einem Benutzerprofil, kennt.

Hintergrund: Quelle der Sprachenliste

Die im Sprachenmanager von Joomla! angezeigten installierbaren Sprachpakete stammen aus dem offiziellen Repositorium der Website *http://www.joomla.org*. Wer gerne einen Blick hinter die Kulissen wirft, entdeckt per phpMyAdmin in der Datenbanktabelle #__UPDATE_SITES (#_ entspricht dem in Ihrer Joomla!-Installation vergebenen zufälligen Tabellenpräfix) der Joomla!-Installation die URLs für alle Update-Repositorien. Das Repositorium für die Sprachen lautet *Accredidated Joomla! Translations* und verweist auf die XML-Datei *http://update.joomla.org/language/translationlist_3.xml*.

---

7. Werden Sie in dieser Liste nicht fündig, sehen Sie sich einfach ein bisschen im Internet um. Unter *http://community.joomla.org/translations/joomla-3-translations.html* finden Sie die offizielle Webseite für alle Sprachpakete (englisch: *Language Packs*). Hier laden Sie z. B. die aktuellen Sprachpakete herunter, falls die Installation über den Sprachenmanager nicht funktioniert und Sie stattdessen über den Weg ERWEITERUNGEN • VERWALTEN • Seitenleiste INSTALLIEREN • Reiter PAKETDATEI HOCHLADEN gehen (mehr dazu in Kapitel 14, »Erweiterungen aktivieren«). Außerdem finden Sie hier weiterführende Links auf die regionalen Websites der einzelnen Übersetzerteams. Ab hier hängt es vom jeweiligen Team ab, welche Übersetzungsoptionen bereitstehen. So stellt das niederländische Team unter *http://www.joomlacommunity.eu* nicht nur Sprachpakete, sondern fertig übersetzte Joomla!-Core-Installationen, Update-Pakete und Lokalisierungen von VirtueMart und WYSIWYG-Editoren bereit.

Info: Sprachpakete deinstallieren

Um ein überflüssig gewordenes Sprachpaket zu entfernen, begeben Sie sich über ERWEITERUNGEN • VERWALTEN • Seitenleiste VERWALTEN in die lange Liste der in Ihrem System installierten Erweiterungen. Markieren Sie das zu löschende Sprachpaket (LANGUAGE PACK – TYP: PAKET genügt, alle anderen zugehörigen SPRACHE-Erweiterungen werden automatisch berücksichtigt), und klicken Sie in der Buttonleiste auf DEINSTALLIEREN (siehe Abbildung 12.3).

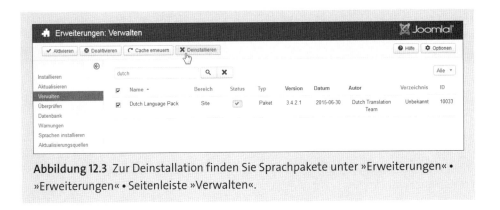

Abbildung 12.3 Zur Deinstallation finden Sie Sprachpakete unter »Erweiterungen« • »Erweiterungen« • Seitenleiste »Verwalten«.

12.1.2 Sprachpakete für Erweiterungen installieren

Beim Einsatz von Erweiterungen, z. B. dem JCE-Editor für Joomla! (siehe Abbildung 12.4), ist Ihre beste Anlaufstelle die offizielle Website des Entwicklerteams. Faustregel: Je bekannter und beliebter eine Erweiterung, desto größer ist die Wahrscheinlichkeit, dass es ein Paket für die Sprache Ihrer Wahl gibt. Die Website-URLs finden Sie meist in der Konfiguration der Erweiterung, z. B. im KOMPONENTEN-Menü oder den PLUGIN-Einstellungen unter ERWEITERUNGEN • PLUGINS • Klick auf den Plugin-Namen. In jedem Fall sind sie aber über das Joomla! Extensions Directory unter ERWEITERUNGEN • VERWALTEN verlinkt, wenn Sie sich dort die Details zur Erweiterung ansehen und auf den Button DEVELOPER WEBSITE klicken. Suchen Sie dort dann nach einem Download-Bereich.

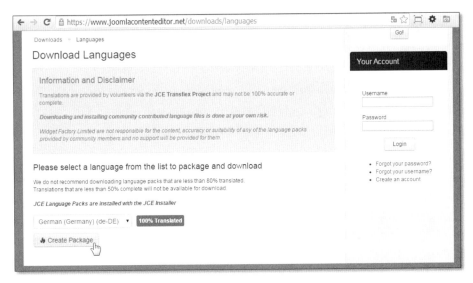

Abbildung 12.4 Download-Bereich für Sprachpakete des beliebten WYSIWYG-Ediors JCE; nach Auswahl der Sprache erscheint ein Hinweis, welcher Anteil des Texts tatsächlich übersetzt vorliegt.

Haben Sie die passende Sprachdatei gefunden und heruntergeladen, installieren Sie sie.

1. Wechseln Sie über ERWEITERUNGEN • VERWALTEN • Reiter PAKETDATEI HOCHLADEN zum Upload-Formular des Erweiterungsmanagers.
2. Klicken Sie auf DATEI AUSWÄHLEN, und wählen Sie im Dateidialog das eben heruntergeladene Sprachpaket aus.
3. Klicken Sie auf HOCHLADEN & INSTALLIEREN.

Nach Installation des Pakets erscheinen sofort die Übersetzungen in der Erweiterungsliste, keine weiteren Einstellungen sind mehr nötig. Kommt es beim Hochladen zu einem Fehler, kontaktieren Sie am besten direkt die Betreiber der Website.

12.1.3 Eigene Sprachpakete für Erweiterungen erzeugen

Kein Sprachpaket für Ihre Lieblingserweiterung in Sicht? Dann müssen Sie selbst Hand anlegen. Die Texte und Beschriftungen der zu übersetzenden Komponente sind immer mindestens in englischer Sprache verfügbar; das ist also die Basis für alle weiteren Übersetzungen. Die Texte aller Komponenten sind in Sprachdateien organisiert, die Sie in der Dateistruktur von Joomla! an zwei Stellen finden:

- */language/en-GB/*: Hier liegen allgemeine und fürs Frontend bestimmte Texte.
- */administrator/language/en-GB/*: Texte, die in der Administrationsoberfläche erscheinen

Sehen Sie sich in diesen Ordnern um, finden Sie Dateien nach dem folgenden Schema:

- *en-GB.com_erweiterung.ini* und *en-GB.com_erweiterung.sys.ini*
- *en-GB.plg_erweiterung.ini* und *en-GB.plg_erweiterung.sys.ini*
- *en-GB.lib_erweiterung.ini* und *en-GB.lib_erweiterung.sys.ini*
- *en-GB.mod_erweiterung.ini* und *en-GB.mod_erweiterung.sys.ini*
- *en-GB.tpl_erweiterung.ini* und *en-GB.tpl_erweiterung.sys.ini*

Die Kürzel *com*, *plg*, *lib*, *mod* und *tpl* stehen für die Art der Erweiterung, also Komponente, Plugin, Bibliothek, Modul und Template. Die Datei mit der Endung *.sys.ini* enthält allgemeine Informationen zur Erweiterung. Die, die nur auf *.ini* endet, enthält die eigentlichen Texte. Welche Dateien für die zu übersetzende Erweiterung infrage kommen, erkennen Sie am Erweiterungsnamen – im Dateinamen anstelle von **erweiterung**.

1. Kopieren Sie all die Sprachdateien, die zur Erweiterung gehören, in das Unterverzeichnis, in dessen Sprache Sie übersetzen, für eine deutsche Übersetzung z. B. nach */language/de-DE/* bzw. */administrator/language/de-DE*.

2. Benennen Sie nun die eben kopierten Dateien entsprechend des Länderkürzels um. Aus *en-GB.com_erweiterung.ini* wird somit *de-DE.com_erweiterung.ini*.
3. Bearbeiten Sie die *.ini*-Dateien in Ihrem Texteditor (siehe Abbildung 12.5). *Achtung*: Der Editor muss UTF-8 beherrschen, sonst werden Umlaute und Sonderzeichen später nicht korrekt angezeigt – mit Editoren der aktuellen Generation inklusive des Windows-Notepads ist das aber kein Problem.

Zum Übersetzen tippen Sie einfach Zeile für Zeile den neuen Text zwischen die beiden Anführungszeichen. Jede Zeile dient einer bestimmten Meldung, deren Kontext Sie aus dem Schlüssel, dem vorangestellten Variablennamen, erkennen. Achten Sie auf die Verwendung des Platzhalters %s, der auch in der Übersetzung enthalten sein muss. An diese Stellen fügt Joomla! später variable Werte ein, z. B. Benutzername, Kategorie, Datum etc.

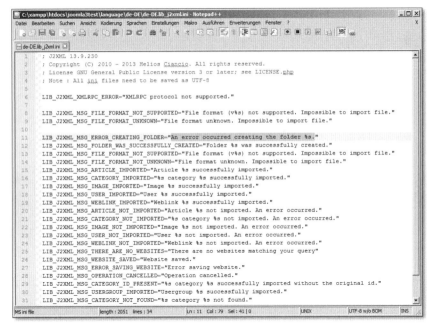

Abbildung 12.5 Beim Übersetzen einer Sprachdatei ersetzen Sie einfach die Texte zwischen den Anführungszeichen; »%s« markiert Platzhalter, in die Joomla! später variable Inhalte, z. B. einen Benutzernamen, einsetzt.

4. Nach dem Speichern der übersetzten Dateien erkennt Joomla! sofort ihr Vorhandensein. Zum Testen bieten sich die Funktionalitäten der betreffenden Erweiterungen unter KOMPONENTEN oder der Konfiguration unter SYSTEM • KONFIGURATION • KOMPONENTE oder ERWEITERUNGEN • PLUGINS • Klick auf Plugin-Namen an. *Hinweis*: Speichern Sie Ihre übersetzten Dateien sicherheitshalber zusätzlich an einem anderen Ort, damit Ihre Arbeit bei einem Joomla!-Update nicht verloren geht.

Problemlösung: Sprachdateien debuggen

Haben Sie nun mehrere Stunden damit verbracht, die Sprachdateien zu übersetzen, und bemerken zu Ihrem Entsetzen, dass keine der Übersetzungen sichtbar ist, hat sich aller Wahrscheinlichkeit nach ein Tippfehler eingeschlichen. Selbst ein einzelnes fehlendes Anführungszeichen sorgt dafür, dass Joomla! die defekte Sprachdatei ignoriert und auf die Standardsprache (en-GB) zurückgreift. Zeit, die praktischen Debugging-Funktionen von Joomla! zu aktivieren; für die Fehlersuche in Sprachdateien ist das besonders einfach:

1. Wechseln Sie zu SYSTEM • globale KONFIGURATION • Reiter SYSTEM.
2. Stellen Sie den Schalter FEHLERSUCHE (DEBUG) • SPRACHEN DEBUGGEN von NEIN auf JA.

Browsen Sie jetzt im Backend zu einer Seite, die theoretisch Ihre Übersetzungen enthielte. Den aktivierten Debugging-Modus erkennen Sie daran, dass alle Zeichenketten und Beschriftungen mit ** Sternchen markiert sind.

Scrollen Sie ganz unten zum Bereich FEHLER IN DEN SPRACHDATEIEN ANALYSIEREN (siehe Abbildung 12.6). Ist dieser rot hinterlegt, hat sich tatsächlich der Fehlerteufel eingeschlichen. Klappen Sie dann diesen Bereich mit einem Klick auf, und lesen Sie ab, in welcher Zeile welcher Sprachdatei sich der Fehler befindet. Nach dem Debuggen stellen Sie den Modus auf dem Konfigurationsreiter SYSTEM einfach wieder auf NEIN.

Abbildung 12.6 Selbst bei einfachen Tippfehlern weigert sich Joomla!, Sprachdateien auszulesen; mit dem Sprachdatei-Debugger machen Sie die Fehler schnell ausfindig.

Bonuspunkte erhalten Sie, wenn Sie sich jetzt mit dem Entwickler der Erweiterung in Verbindung setzen und ihm Ihre neuen Sprachdateien zusenden. So tragen Sie aktiv zum Community-Gedanken der Open-Source-Szene bei.

12.2 Website auf Mehrsprachigkeit umstellen

Die Joomla!-Oberfläche ist übersetzt, nun geht es an die Bereitstellung des fremdsprachigen Contents. Vor der eigentlichen Contentpflege trimmen Sie das System aber zunächst Schritt für Schritt auf Mehrsprachigkeit:

1. **Sprachaktivierung**
   Freischaltung zusätzlicher Sprachen für den Contentbereich
2. **Contentauslieferung**
   Aktivierung des Plugins SYSTEM - SPRACHENFILTER, damit Joomla! verschiedene Sprachen an die Besucher ausliefert
3. **Sprachauswahl**
   Einblenden des Moduls SPRACHAUSWAHL, damit Besucher über Flaggen-Icons zwischen verschiedenen Sprachen wählen
4. **Sprachindividuelle Hauptmenüs und Homepages**
   Erzeugung aller Hauptmenüs und Festlegen der sprachindividuellen Homepage pro Hauptmenü
5. **Contentpflege**
   Anlegen weiteren fremdsprachigen Contents und Verlinkung in den Menüs
6. **Weitere Übersetzungen**
   Bereitstellung weiterer übersetzter Seitenelemente, z. B. Menüs oder Module

12.2.1 Mehrsprachige Inhalte zulassen

In diesem Abschnitt konfigurieren Sie den Sprachenmanager von Joomla! so, dass das Anlegen von Beiträgen, Kategorien und anderen Inhaltselementen möglich ist. Dies geschieht nämlich noch nicht automatisch nach Installation verschiedener Sprachpakete, sondern durch Ergänzung in einer separaten Liste.

1. Wechseln Sie über ERWEITERUNGEN • SPRACHEN zum Sprachenmanager, und wählen Sie aus der linken Seitenleiste den Link INHALT.
2. Nach der Standardinstallation finden Sie die Sprachen ENGLISH (UK) und GERMAN (DE-CH-AT) (siehe Abbildung 12.7). Das sind die Sprachen, die bei der Bearbeitung jedes Inhaltselements (z. B. Beiträge, Kategorien) in der rechten Spalte in der Dropdown-Liste SPRACHE erscheinen.

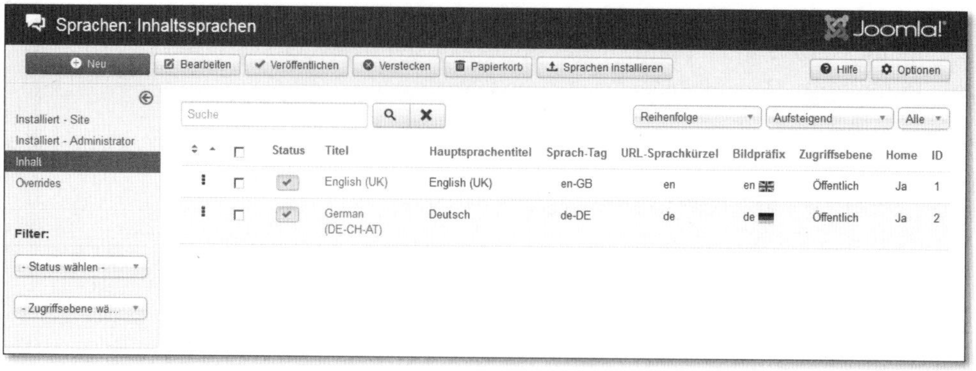

Abbildung 12.7 Im Sprachenmanager • Seitenleiste »Inhalt« definieren Sie alle Sprachen für Inhalte Ihrer Website.

3. Klicken Sie in der Buttonleiste auf NEU.
4. Im Formular SPRACHEN: NEUE INHALTSSPRACHE definieren Sie einige Variablen, die Ihre Website an verschiedenen Stellen sprachtechnisch beeinflussen (siehe Abbildung 12.8). Eine Beispielkonfiguration für die niederländische Sprache:
   - TITEL: Backend-Titel der Sprache. Halten Sie diesen Titel international-englisch, damit jeder ausländische Backend-Administrator Bescheid weiß, um welche Sprache es sich handelt, z. B. »Dutch«.
   - HAUPTSPRACHENTITEL: Name der Sprache in ihrer eigenen Sprache, z. B. »Nederlands«
   - SPRACH-TAG: Internationale Kennzeichnung von Sprache und lokalem Dialekt. Diese Einstellung ist wichtig, damit Joomla! später die Websitesprache automatisch umstellt, wenn jemand mit einem holländischen Firefox ankommt. Das exakte Kürzel finden Sie in der Liste der installierten Sprachpakete unter ERWEITERUNGEN • SPRACHEN • Seitenleiste INSTALLIERT - SITE/ADMINISTRATOR (Spalte SPRACH-TAG).

> **Hintergrund: Sprach-Tags sind international standardisiert**
>
> Sprachkürzel bestehen immer aus zwei kleingeschriebenen Buchstaben für die *Hauptsprache* und zwei großgeschriebenen für *regionale* Dialekte, z. B. fr-FR für französisches und fr-CA für kanadisches Französisch. Oder nl-NL für holländisches und nl-BE für belgisches Niederländisch (Flämisch). Diese Kürzel sind offiziell über die internationale Norm ISO 3166-1 geregelt und helfen z. B. Suchmaschinen, die Inhalte von Webseiten eindeutig einer Sprache zuzuordnen, um möglichst präzise Suchergebnisse zu liefern.

– URL-SPRACHKÜRZEL: Damit Joomla! verschiedensprachige Inhalte bereitstellt, erhält die URL zwischen Domain-Name und Webseitenpfad ein Sprachkürzel. Englische Inhalte befinden sich z. B. unter *http://reiseforum.joomla-handbuch.com/en*, deutsche unter *http://reiseforum.joomla-handbuch.com/de*. Um die Suchmaschinenfreundlichkeit Ihrer Website nicht zu gefährden, sollte das Kürzel dem internationalen Abkürzungsstandard entsprechen. Verwenden Sie hier also die zwei ersten Buchstaben des Sprach-Tags, im Falle des niederländischen Reiseforums »nl«.

– BILDPRÄFIX: Für eine visuelle Repräsentation der Sprachen verwendet Joomla! kleine Flaggen-Icons. Wählen Sie aus dieser Liste einfach das entsprechende Sprachkürzel.

– STATUS: Veröffentlichungsstatus, den Sie von anderen Inhaltselementen kennen, z. B. verhindern Sie über VERSTECKEN, dass die Sprache in Formularen zur Contentbearbeitung auswählbar ist.

– ZUGRIFFSEBENE: Sprachen können individuellen Zugriffsebenen zugewiesen sein, wenn die holländische Website z. B. nur für registrierte Mitglieder, nicht aber für anonyme Besucher sichtbar sein soll. Für das Reiseforum ist das nicht der Fall, darum bleibt dieser Wert auf ÖFFENTLICH.

– BESCHREIBUNG: eine kleine interne Notiz für Sie selbst

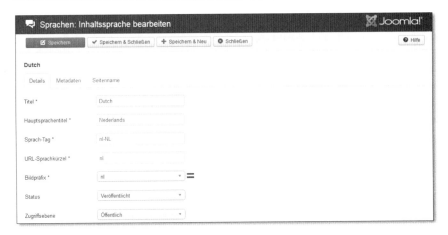

Abbildung 12.8 Unter »Details« konfigurieren Sie insbesondere das »URL-Sprachkürzel«, das später als Bestandteil der URLs Verwendung findet.

5. Auf den Reitern METADATEN und SEITENNAME haben Sie nun noch Gelegenheit, Standard-Metadaten (Default für alle Webseiten, die keine individuelle Beschreibung enthalten) und den eigentlichen Websitenamen pro Sprache festzulegen. Letzterer erscheint mitunter als Hauptüberschrift auf allen Webseiten, im Copy-

right des Footers und als Bestandteil des Browserfenstertitels, falls Sie in der globalen KONFIGURATION • Reiter SITE • SEITENNAME AUCH IM TITEL auf einen anderen Wert als NEIN gestellt haben. (Mehr dazu in Abschnitt 13.2, »Globale Konfiguration anpassen«.)

12.2.2 Sprachenerkennung per Plugin aktivieren

Um Content verschiedener Sprachen auszuliefern, benötigt Joomla! ein Plugin, das gleich mehrere Aufgaben übernimmt. Darunter die Wahl der richtigen Sprache für die Websitebesucher, die Integration von Sprachkürzeln in die URL und die Möglichkeit, direkte Verlinkungen zwischen verschiedensprachlichen Beiträgen eines Themas zu erzeugen.

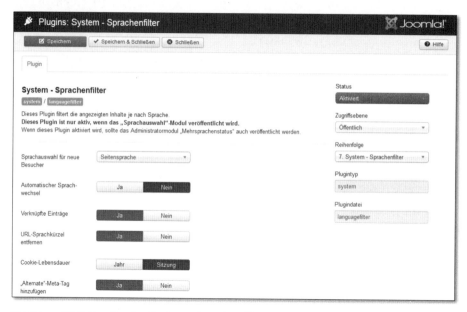

Abbildung 12.9 Das Plugin »System - Sprachenfilter« aktiviert das Mehrsprachigkeits-Feature von Joomla!.

1. Wechseln Sie über ERWEITERUNGEN • PLUGINS in den Plugin-Manager.
2. Suchen Sie in der Liste nach dem Plugin SYSTEM – SPRACHENFILTER, und aktivieren Sie es mit Klick in die STATUS-Spalte.
3. Konfigurieren Sie das Plugin durch Klick auf seinen Namen (siehe Abbildung 12.9).
   – SPRACHAUSWAHL FÜR NEUE BESUCHER: Gelangt ein Besucher das erste Mal auf Ihre Website, entscheidet diese Option die Ermittlung der anzuzeigenden Sprache. SEITENSPRACHE verwendet die Standardsprache, die Sie im Sprachenmanager mit dem gelben Stern (★) in der STATUS-Spalte markieren. Interessanter

ist aber die Option BROWSEREINSTELLUNG. Dann liefert Joomla! die Sprache aus, die der Browser des Websitebesuchers anfordert (siehe Kasten »Tipp: Sprachenerkennung testen«). Gibt es für diese keine Übereinstimmung in der Liste aktivierter Inhaltssprachen, hält wieder die Standardsprache aus dem Sprachenmanager her. Werfen Sie auch einen Blick auf die Diagramme in Abbildung 12.10 und Abbildung 12.11, um den Entscheidungsprozess von Joomla! besser nachzuvollziehen.

- AUTOMATISCHER SPRACHWECHSEL: Steht diese Einstellung auf JA, landet ein Benutzer nach seinem Login in der Sprache, die in seinem Benutzerprofil hinterlegt ist. Steht hier NEIN, zeigt Joomla! die Sprache, die im Cookie des Benutzers steht. Das ist die zu bevorzugende Variante, da der Benutzer die Website dann in der Sprache vorfindet, in der er sie vorher verlassen hatte.

- VERKNÜPFTE EINTRÄGE: Belassen Sie diese Einstellung auf JA, falls Sie dieselben Inhalte in verschiedenen Übersetzungen veröffentlichen. Das bedeutet, dass für Kategorien und Beiträge 1:1-Webseiten aller Sprachen existieren. Der Vorteil für den Besucher: Gelangt er über eine Suchmaschine auf irgendeine Ihrer Webseiten, befindet sich aber in der falschen Übersetzung, wechselt er mithilfe des Sprachumschalters direkt zur für ihn richtigen Sprachvariante, ohne sich durch die komplette Website durchklicken zu müssen. Ist dieses Feature aktiviert, erhalten Sie bei der Kategorie-, Beitrags- und Menübearbeitung einen weiteren Reiter VERKNÜPFUNGEN, über den Sie bequem die passenden anderssprachigen Elemente zuordnen (siehe auch Abschnitt 12.2.5, »Content übersetzen«).

- URL-SPRACHKÜRZEL ENTFERNEN: Bei mehrsprachigen Websites erscheint zwischen Domain-Name und Webseitenpfad das Sprachkürzel. Diese Option entfernt das Länderkürzel für die im Sprachenmanager eingestellte *Standardsprache* – eine durchaus sinnvolle SEO-Maßnahme, da URL-Pfade stets aus so wenigen Unterordnern wie möglich bestehen sollten. Das Ausblenden funktioniert übrigens nur, wenn die Option SUCHMASCHINENFREUNDLICHE URL in der globalen KONFIGURATION • Reiter SITE auf JA gestellt ist und die *.htaccess*-Serverkonfigurationsdatei aktiviert wurde (siehe Abschnitt 23.1, »Joomla!-URLs optimieren«). Ist diese Funktion über NEIN deaktiviert, werden grundsätzlich keine Sprachkürzel im Pfad, sondern altmodische URL-Parameter à la ?lang=Sprache verwendet, die Google und Co. ausdrücklich nicht empfehlen.

- COOKIE-LEBENSDAUER: Das Cookie ist die erste Anlaufstelle, aus der Joomla! erfährt, welche Sprache zum Einsatz kommt; sowohl bei anonymen Besuchern als auch bei registrierten Benutzern. (Ausnahme bei registrierten Benutzern: Ist AUTOMATISCHER SPRACHWECHSEL aktiviert, verwendet Joomla! die im Profil hinterlegte Sprache.) Belassen Sie diese Einstellung ruhig auf JAHR; die Option SITZUNG ist höchstens für ein Prüfszenario sinnvoll, in dem man aber ohnehin schneller über manuelles Cookie-Löschen testet. Siehe auch den Kasten »Tipp: Sprachenerkennung testen«.

- »ALTERNATE«-META-TAG HINZUFÜGEN: Eine hervorragende SEO-Maßnahme, die miteinander verknüpfte Seiten gleichen Inhalts, aber verschiedener Sprachen auch im Quelltext kennzeichnet. Suchmaschinen, die z. B. eine deutsche Webseite indizieren, erfahren sofort, ob es denselben Inhalt auch in Englisch oder Niederländisch gibt. Eine empfehlenswerte Bereicherung des Suchmaschinenindexes. Im Quelltext werden dazu diese Meta-Tags eingesetzt:
`<link href="http://reiseforum.joomla-handbuch.com/nl/" rel="alternate" hreflang="nl-NL" />` und `<link href="http://reiseforum.joomla-handbuch.com/en/" rel="alternate" hreflang="en-GB" />`. Stellen Sie diese Option ruhigen Gewissens auf JA.

4. SPEICHERN & SCHLIESSEN Sie die Konfiguration, und testen Sie im Frontend, ob die Joomla!-Komponenten/-Module übersetzt erscheinen; im einfachsten Fall z. B. das Modul LOGIN FORM.

Zusammengefasst stellen die Diagramme in Abbildung 12.10 und Abbildung 12.11 anhand von Flussdiagrammen für anonyme und registrierte Besucher dar, wie Joomla! entscheidet, welche Sprache verwendet wird.

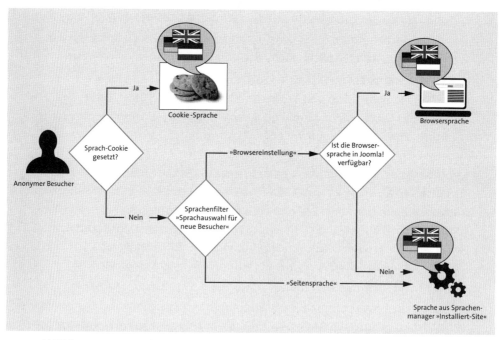

Abbildung 12.10 Sprachenerkennung für neue Websitebesucher: Entscheidend sind das Cookie eines vorhergehenden Besuchs, die Einstellung »Sprachauswahl für neue Besucher« im Plugin »Sprachenfilter« und gegebenenfalls die im Browser eingestellte Sprache.

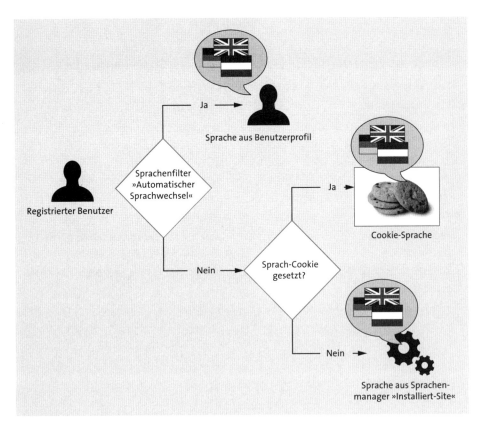

Abbildung 12.11 Sprachenerkennung bei registrierten Benutzern: Erfolgt kein »Automatischer Sprachwechsel« und ist kein Cookie gesetzt, dient die Standardsprache aus dem Sprachenmanager als Fallback.

Tipp: Sprachenerkennung testen

Um zu testen, ob die automatische Sprachenerkennung funktioniert, gaukeln Sie Ihrer Joomla!-Website vor, Sie würden aus einem anderen Land kommen. Das ist möglich, indem Sie in Ihrem Browser die bevorzugte Sprache einstellen. Aber: Nicht jeder Browser eignet sich für den Test. In der aktuellen Generation sind Firefox und Opera die geeignetsten Tools. Idealerweise setzen Sie dazu einen designierten Browser ein, z. B. die Firefox Developer Edition (*https://www.mozilla.org/de/firefox/developer/*).

- **Firefox**: Menü EINSTELLUNGEN • Reiter INHALT • Bereich SPRACHEN • Button WÄHLEN… Im Popup löschen Sie nun alle Sprachen und fügen allein die zu testende Sprache hinzu.

▶ **Opera**: Menü EINSTELLUNGEN • Reiter BROWSER • Button BEVORZUGTE SPRACHEN. Im Popup löschen Sie alle Sprachen mit dem kleinen x-Symbol am Ende jedes Eintrags und ergänzen die Testsprache über den Button SPRACHE HINZUFÜGEN.

Diese Einstellungen mögen zunächst mühsam erscheinen, garantieren aber verlässliche Testergebnisse.

Hintergrund: Fordert Ihr Browser Webseiten Ihrer Website an, übermittelt er in seiner HTTP-Anfrage die gewünschte Sprache (Accept-Language) – das ist die Einstellung, die Sie eben über die Browserkonfiguration vornahmen. Joomla! liest diese »Lieblingssprache« aus der Anfrage aus und bewertet angelegte Sprach-Cookies und Benutzereinstellungen, um damit die Sprache der zurückgesendeten Webseiten zu ermitteln.

Neben der zu überprüfenden Sprache ist es nützlich, dass Sie stets über den Zustand des Sprach-Cookies von Joomla! Bescheid wissen. In der Praxis löschen Sie einfach vor jedem Test alle Cookies Ihrer Website oder gleich die ganze Browserhistorie der letzten Stunde.

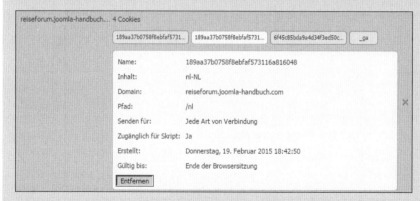

Abbildung 12.12 Löschen Sie vor dem Testen der automatischen Sprachfindung immer alle Cookies, um die Website wie ein neuer Besucher vorzufinden.

12.2.3 Sprachumschalter im Frontend darstellen

Nach dieser umfangreichen Konfiguration im Backend ist es Zeit, die Frontend-Aspekte zu berücksichtigen. Allen voran steht das Einblenden eines Moduls, das den Benutzer über bunte Flaggen-Icons einlädt, bei Bedarf die Sprache zu wechseln. Abbildung 12.13 zeigt, wie solche Flaggen-Icons in verschiedenen Templates aussehen.

Selbstverständlich hat Joomla! das entsprechende Modul im Portfolio; Sie aktivieren es über ERWEITERUNGEN • MODULE • NEU und wählen aus der Modulliste den Eintrag SPRACHAUSWAHL. Zur Konfiguration:

- TEXT DAVOR, TEXT DANACH: beliebiger Text, der über bzw. unter den Buttons erscheint
- DROP-DOWN BENUTZEN: Stellt statt Flaggen-Icons eine Dropdown-Liste mit den ausgeschriebenen Sprachnamen dar.
- BILDFLAGGEN BENUTZEN: Wählen Sie zwischen Flaggen-Icons und Länderkürzeln, wie z. B. DE, EN, NL. Oder – falls VOLLSTÄNDIGE SPRACHNAMEN auf JA steht, die ausgeschriebenen Bezeichnungen in Landessprache, z. B. DEUTSCH, ENGLISH (UK), NEDERLANDS.
- HORIZONTALE ANZEIGE: Die Option NEIN listet die Sprachen unter- statt nebeneinander, also nur für sehr schmale, aber höhere Sprachumschaltkästen geeignet.
- AKTIVE SPRACHE: Hier blenden Sie Link oder Flagge der gerade aktuellen Sprache aus, denn ein Besucher benötigt die Sprachbuttons vornehmlich zum Umschalten in eine *andere* Sprache. In der Praxis wirkt der Sprachumschaltkasten dann aber leer und sieht besser mit allen gelisteten Sprachen aus.
- VOLLSTÄNDIGE SPRACHNAMEN: Umschalten zwischen Länderkürzeln und ausgeschriebenen Sprachnamen, falls Sie keine BILDFLAGGEN BENUTZEN

Damit ist die grundsätzliche Konfiguration für eine multilinguale Website fertiggestellt. Jetzt folgt ein Schritt, der etwas Muße erfordert: das saubere Aufziehen eine mehrsprachigen Menüstruktur.

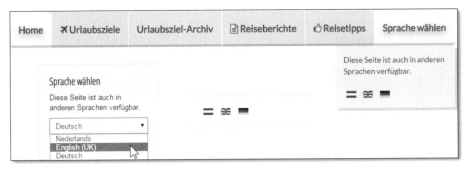

Abbildung 12.13 Verschiedene Ausprägungen des Moduls »Sprachauswahl« im Protostar- und nine-Template; die Flaggen-Icons installiert Joomla! standardmäßig.

> **Info: Mehrsprachige Websites funktionieren erst nach Anlage sprachenspezifischer Hauptmenüs und Startseiten**
>
> Um das eben angelegte Sprachumschaltmodul im Frontend zu prüfen, müssen Sie sich ein klein wenig gedulden. Joomla! schaltet eine Sprache erst dann für Besucher frei, wenn Webseiten für sie existieren, also mindestens eine Homepage.

12.2.4 Hauptmenüs und Homepages für alle Sprachen erstellen

Bislang verfügt Ihre Website über ein Hauptmenü, das in allen Sprachversionen erscheint, obwohl es deutschsprachige Links enthält. In diesem Abschnitt legen Sie deshalb für jede weitere Sprache Ihrer Website ein zusätzliches Hauptmenü an. Natürlich mit entsprechend übersetzten Menüpunkten.

1. Erstellen Sie über MENÜS • VERWALTEN • NEUES MENÜ ein neues Menü für jede Sprache; die genaue Konfiguration entnehmen Sie Abschnitt 9.3.1, »Menü und zugehöriges Modul erzeugen«. Beim Schritt der Modulkonfiguration beachten Sie folgende Einstellungen:
   - Als TITEL für die Menü- und Modulkonfiguration empfiehlt sich der Menüname und die Ergänzung des Länderkürzels, sodass Sie mit Bezeichnungen wie »Main Menu en« oder »Main Menu nl« enden. Behalten Sie dieses System auch später beim Anlegen anderer sprachenspezifischer Module bei, um stets den Überblick über die nun rasch wachsende Modulliste zu behalten.
   - Unter MENÜ AUSWÄHLEN suchen Sie das Hauptmenü der Sprache, für die Sie dieses Modul erzeugen, aus. Klar: Menü »Main Menu en« gehört ins Modul »Main Menu en«.
   - Im Feld SPRACHE in der rechten Spalte setzen Sie jetzt die betreffende Sprache. Damit blenden Sie das diesem Modul zugehörige Menü in allen anderen als der definierten Sprache aus.
   - Befüllen Sie auch das Feld POSITION, z. B. NAVIGATION [POSITION 1], falls Sie mit dem Protostar-Template arbeiten.
   - Ebenfalls für Protostar-Benutzer: Schreiben Sie » nav-pills« (mit vorangestelltem Leerzeichen) in das Feld MENÜKLASSENSUFFIX auf dem Reiter ERWEITERT, damit das Menü etwas professioneller aussieht: horizontal ausgerichtet, ansprechender formatiert und mit ausklappbaren Untermenüs.

2. SPEICHERN & SCHLIESSEN Sie das Modul, und wechseln Sie zurück in die eigentliche Menükonfiguration unter MENÜS • MAIN MENU EN oder MAIN MENU NL • NEUER MENÜEINTRAG, um Menüpunkte zu ergänzen.

3. Der wichtigste und einzig notwendige Menüeintrag ist eine neue *Homepage*, d. h. *irgendein* Menüeintrag muss in jedem sprachenspezifischen Hauptmenü die Eigenschaft STANDARDSEITE/STARTSEITE besitzen. Sobald diese Option gewählt ist und der Menüeintrag gespeichert wurde, ist die betreffende Sprache im Frontend erreichbar und erscheint auch im Sprachumschalter.

   Umkehrt erkennen Sie an einer fehlenden Länderflagge im Sprachumschalter, dass es für die betreffende Sprache keine Startseite gibt. Joomla! weiß nicht, welche Seite Besuchern dieser Sprache angezeigt werden soll, und blendet die Flagge kurzerhand aus.

Zum Ende der Menükonfiguration benötigt das deutsche Hauptmenü noch etwas Aufmerksamkeit. Der einfache Part:

1. Benennen Sie das deutsche Hauptmenü in »Main Menu de« um, damit alle Bezeichnungen überall durchgängig und nachvollziehbar sind. Das machen Sie, indem Sie im Menümanager ein Häkchen vor das Menü setzen und in der Buttonleiste auf BEARBEITEN klicken. Wiederholen Sie die Umbenennung für den Modultitel des deutschen Hauptmenüs.

2. Stellen Sie die Sprache des deutschen Hauptmenümoduls im Reiter MODUL auf GERMAN (DE-CH-AT). Jetzt sind alle Menümodule ihren korrekten Sprachen zugeordnet.

Prüfen Sie die Konfiguration im Frontend. Der Sprachumschalter zeigt jetzt die Flaggen für Englisch und Niederländisch. Die deutsche Flagge fehlt, weil es noch keine sprachenspezifische Homepage gibt, die allein der deutschen Sprache zugewiesen ist. Kein Problem: In der Menüeintragskonfiguration lässt sich ja die Sprache von ALLE auf GERMAN (DE-CH-AT) umstellen. Theoretisch. Leider gilt das nicht für *diese* initiale Startseite, Sie würden eine Fehlermeldung erhalten.

Der Grund dafür ist, dass eine Startseite existieren muss, die *keiner* spezifischen Sprache zugeordnet ist (Feld SPRACHE mit Wert ALLE). Das ist der Notnagel für den Fall, dass das System so fehlkonfiguriert ist, dass keine sprachenspezifischen Seiten erreichbar wären. Ein kleiner Workaround hilft, den Sie bereits in Abschnitt 9.1.5, »Weitere Einstellungen zu Menüeinträgen«, Kasten »Tipp: Standardwebseite ›Home‹ aus dem Main Menu entfernen«, kennengelernt haben: Verschieben Sie diese »allgemeine« Homepage einfach in das HIDDEN MENU (Verstecktes Menü), das kein Modul besitzt und deshalb nirgendwo erscheint. Und erzeugen Sie dann im deutschen Hauptmenü eine neue Startseite; einen Menüeintrag vom Typ BEITRÄGE • HAUPTEINTRÄGE – die Konfiguration ist identisch mit der der Homepage. Die Reihenfolge ist allerdings wichtig – zuerst die alte Homepage verschieben, dann die neue Startseite anlegen – da ein Menü nur *eine* Startseite enthält, die Startseite für ALLE Sprachen ihren Status aber mit allen Zähnen verteidigt.

Werfen Sie jetzt einen Blick in das Backend-Menü MENÜS, erkennen Sie anhand der Flaggen und des Home-Icons (🏠), dass jedes sprachenspezifische Hauptmenü eine gültige Homepage enthält und sich die Hauptmenü-Leiche für ALLE Sprachen wie geplant im Exil des HIDDEN MENUS befindet (siehe Abbildung 12.14).

Ab hier entscheiden Sie, ob Sie nun mit dem Anlegen von Dummy-Menüeinträgen für die sprachenspezifischen Menüs fortfahren oder ob Sie zuerst den gesamten Content übersetzen, allem voran das Anlegen der fremdsprachigen Kategorien und Beiträge. Idealerweise läuft die Übersetzung, also die Contentpflege, parallel zu den administrativen Arbeiten im Backend von Joomla!. Falls Sie einen Kollegen haben, der sich zwischenzeitlich um die Inhalte kümmert, ist jetzt ein guter Zeitpunkt, den Status abzufragen.

Abbildung 12.14 Die nicht löschbare Startseite für »alle« Sprachen versteckt sich im »Hidden Menu«, um im deutschen Hauptmenü Platz für einen lokalisierten Homepage-Eintrag zu schaffen, der nur auf deutschsprachigen Seiten erscheint.

12.2.5 Content übersetzen

Nun beginnt die eigentliche Knochenarbeit. Sie müssen für jeden Beitrag und jede Kategorie die jeweiligen Übersetzungen anlegen. Der Clou ist, dass Joomla! denselben Inhalt in verschiedenen Sprachen miteinander verlinken kann, sogenannte assoziierte Beiträge, Kategorien und Menüeinträge. Das hat den Vorteil, dass Besucher bei einem Klick auf ein anderes Flaggen-Icon auf einer Seite mit identischem, aber übersetztem Inhalt landen. Dieser Fall tritt ein, wenn der Besucher z. B. über eine Suchmaschine oder eine Linksammlung zu Ihnen findet. Ohne die Beitragsverknüpfung müsste er sich jetzt durch die gesamte Websitestruktur kämpfen, wenn er eine andere Sprachversion favorisiert.

Nachdem Sie im Sprachenfilter-Plugin die Option VERKNÜPFTE EINTRÄGE aktiviert hatten, erhält jede Kategorie, jeder Beitrag und Menüeintrag einen weiteren Reiter: VERKNÜPFUNGEN. Sobald die anderssprachigen Einträge existieren, werden die auf diesem Reiter befindlichen Dropdown-Listen (für Menüeinträge) oder Auswahl-Popups (Kategorien und Beiträge) mit den zur Verfügung stehenden anderssprachigen Elementen befüllt (siehe Abbildung 12.15). Nach der Bearbeitung erkennen Sie eine erfolgreiche Verknüpfung an einer neuen Spalte VERKNÜPFUNGEN in den Managerübersichten. Hier erscheinen ab sofort die Sprachkürzel erfolgreich verlinkter Inhaltselemente (siehe Abbildung 12.16).

> **Achtung: Für eine aufgeräumte Contentstruktur sind sprachenspezifische Kategorien erforderlich**
>
> Auch wenn Ihre Website keine Seiten mit Kategorieübersichten enthält und Sie die Website so konfigurieren, dass Besucher niemals Kategoriebezeichnungen zu Gesicht bekommen, sind Kategorieübersetzungen notwendig. Nur mit ihnen können

Sie für Beiträge mit gleichem Titel den gleichen Alias (Bestandteil der URL) nutzen. Denn Joomla! achtet automatisch darauf, dass jede URL auf eine eindeutige Webseite führt. Beispiel: Der Artikel zum Urlaubsziel Lanzarote lautet – sprachneutral – LANZAROTE, das Alias dementsprechend suchmaschinenfreundlich *lanzarote*. Lägen Sie jetzt den englischsprachigen Lanzarote-Artikel in die deutsche Kategorie URLAUBSZIELE • KANAREN, nummeriert Joomla! das Beitrags-Alias kurzerhand durch, aus *lanzarote* würde *lanzarote-2*, *lanzarote-3* etc. Das sieht nicht gut aus und ist nicht ideal für Suchmaschinen, lässt sich aber über einen sprachenspezifischen Kategoriebaum vermeiden (LOCATIONS • CANARIES), da die URLS dann über */urlaubsziele/kanaren/lanzarote* und */locations/canaries/lanzarote* wieder eindeutig sind.

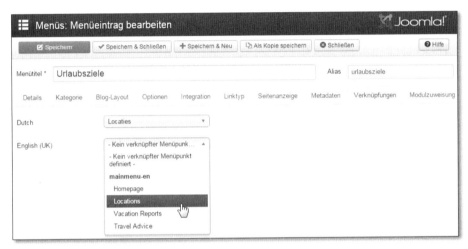

Abbildung 12.15 Beiträge, Kategorien und Menüeinträge werden miteinander verlinkt, sodass Websitebesucher mit einem Mausklick auf das Flaggen-Icon zur jeweils anderen Sprachversion wechseln.

Abbildung 12.16 Erfolgreiche Verknüpfungen von Sprachversionen erkennen Sie im Beitrags-, Kategorie- und Menüeintragsmanager an der Spalte »Verknüpfungen«.

Hier einige Ratschläge zur Übersetzung Ihrer Website für einen möglichst effizienten Workflow:

- **Zuerst die Kategorien anlegen**, dann haben Sie eine saubere Contentstruktur und ordnen Beiträge schon während der Übersetzung ihren richtigen Kategorien zu.
- Vergessen Sie nicht das Einstellen der SPRACHE pro Beitrag, Kategorie oder Menüpunkt, denn erst dann ist die Verknüpfung von Seiten mit Inhaltsversionen verschiedener Sprachen möglich.
- Legen Sie von zu übersetzenden Kategorien und Beiträgen im Kategorie- oder Beitragsmanager **Kopien** an, um dann im Editorfenster den hilfreichen Originaltext während der Übersetzung vor sich zu sehen. Markieren Sie dazu die zu übersetzenden Kategorien/Beiträge in der Managerübersicht mit einem Häkchen, und öffnen Sie die STAPELVERARBEITUNG in der Buttonleiste. Wählen Sie jetzt unter EINE KATEGORIE ZUM VERSCHIEBEN/KOPIEREN AUSWÄHLEN die neue anderssprachige Kategorie, und stellen Sie den Schalter darunter von VERSCHIEBEN auf KOPIEREN.
- Machen Sie Gebrauch von den **Suchwerkzeugen**, wenn Sie in den länger werdenden Listen der Kategorien und Beiträge arbeiten. Dort ist ein besonderer Dropdown-Filter für die SPRACHE vorgesehen.
- Stellen Sie immer **eine Sprache komplett** fertig. Dadurch reduzieren Sie die Anzahl der Verknüpfungsbearbeitungen auf ein Minimum, denn nur bereits existierende Elemente werden für einen Verknüpfungsvorschlag auf dem Reiter VERKNÜPFUNGEN angeboten.

> **Tipp: Sprachenspezifische Oberkategorien erleichtern die Übersicht**
>
> Nach der Übersetzung der Kategorien sieht es im deutsch-englisch-niederländischen Kategoriebaum etwas wüst aus. Auf der obersten Kategorieebene befinden sich Kategorien und ihre jeweiligen Sprachvarianten gemischt – eine Taxonomiehölle: URLAUBSZIELE, LOCATIONS, LOCATIES, REISEBERICHTE, VACATION REPORTS, VAKANTIEVERHALEN.
>
> Um hier aufzuräumen, empfiehlt sich diese Best Practice: Legen Sie drei neue Oberkategorien für jede Sprache an (DE, EN, NL), und hängen Sie den themenorientierten Kategoriebaum jeweils darunter (siehe Abbildung 12.17). Für die URL von Kategoriewebseiten hat dies keine negativen Auswirkungen, da Sie für entsprechende Menüeintragstypen nach wie vor die thematische Kategorie als Basis verwenden und die übergeordnete Sprachkategorie für die Webseitenkonfiguration unsichtbar bleibt.

12.2 Website auf Mehrsprachigkeit umstellen

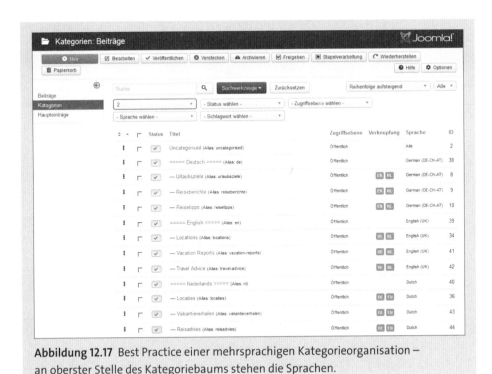

Abbildung 12.17 Best Practice einer mehrsprachigen Kategorieorganisation – an oberster Stelle des Kategoriebaums stehen die Sprachen.

12.2.6 Weitere sprachindividuelle Seitenelemente übersetzen

Zum Abschluss der Lokalisierung Ihrer Website sehen Sie sich noch die übrigen Module an, die Sie im Laufe der letzten Kapitel erzeugten, z. B. das Benutzermenü aus Kapitel 9, »Menüs aufbauen«.

> **Problemlösung: Fehlende Konfiguration per »Multilanguage status« entdecken**
>
> Im Backend stellt Joomla! ein kleines Hilfsmodul bereit, das Informationen für die korrekte Mehrsprachigkeitskonfiguration liefert. Insbesondere erfolgt eine Überprüfung der Integration der Startseiten; Joomla! meldet, wenn hier etwas fehlt. Aktivieren Sie dieses Modul über ERWEITERUNGEN • MODULE • Seitenleiste ADMINISTRATOR • Klick in die STATUS-Spalte bei MULTILANGUAGE STATUS.
>
> In der Statuszeile an der unteren Fensterkante sehen Sie jetzt einen neuen Link MEHRSPRACHENSTATUS. Klicken Sie darauf, und ein Popup mit den Spracheninfos erscheint (siehe Abbildung 12.18).

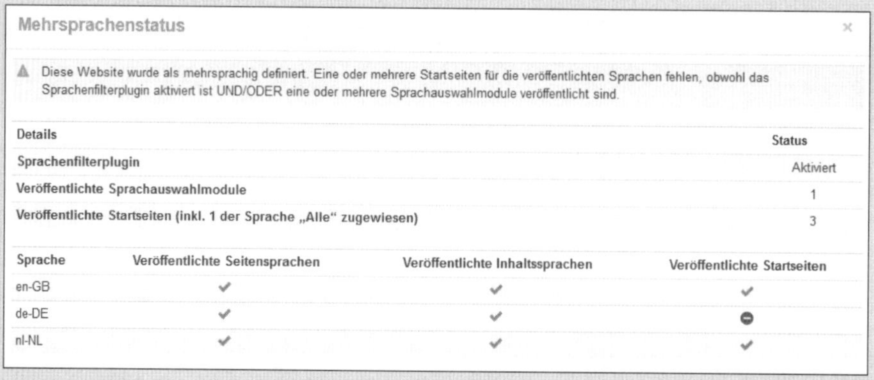

12 Mehrsprachigkeit aktivieren

Mehrsprachenstatus				✕
⚠ Diese Website wurde als mehrsprachig definiert. Eine oder mehrere Startseiten für die veröffentlichten Sprachen fehlen, obwohl das Sprachenfilterplugin aktiviert ist UND/ODER eine oder mehrere Sprachauswahlmodule veröffentlicht sind.				
Details				**Status**
Sprachenfilterplugin				Aktiviert
Veröffentlichte Sprachauswahlmodule				1
Veröffentlichte Startseiten (inkl. 1 der Sprache „Alle" zugewiesen)				3
Sprache	**Veröffentlichte Seitensprachen**	**Veröffentlichte Inhaltssprachen**		**Veröffentlichte Startseiten**
en-GB	✓	✓		✓
de-DE	✓	✓		⊖
nl-NL	✓	✓		✓

Abbildung 12.18 An diesem Mehrsprachenstatus erkennt man, dass offensichtlich die deutsche Homepage fehlt; für drei Sprachen müsste der Zähler »Veröffentlichte Startseiten« auf »4« stehen, da die sinnlos gewordene versteckte Homepage für »alle« Sprachen im »Hidden Menu« mitzählt.

- **SPRACHENFILTERPLUGIN**: Steht dann auf AKTIVIERT, wenn die Mehrsprachigkeit auf der Website grundsätzlich funktioniert.
- **VERÖFFENTLICHTE SPRACHAUSWAHLMODULE**: Falls Sie die Überschrift des Flaggen-Sprachumschalters ausstellen und keinen Einleitungstext verwenden, genügt *ein* solches Modul; andernfalls benötigen Sie so viele übersetzte Module, wie Sie Sprachen auf der Website einsetzen.
- **VERÖFFENTLICHTE STARTSEITEN**: Entspricht immer der Anzahl der Sprachen plus 1, denn die Original-Homepage, deren Sprache auf ALLE gestellt sein muss (technischer Fallback), kann nicht als sprachenspezifische Startseite verwendet werden.
- Tabelle SPRACHE, VERÖFFENTLICHTE SEITENSPRACHEN, INHALTSSPRACHEN, STARTSEITEN: eine einfache Checkliste, ob alles korrekt konfiguriert wurde oder noch Elemente fehlen

Ist die Mehrsprachigkeit Ihrer Website einmal fehlerfrei konfiguriert, deaktivieren Sie das Modul wieder. Es ist grundsätzlich eine gute Idee (Best Practice), nur die wirklich benötigten Komponenten und Plugins zu aktivieren.

SEO-Tipp: Regionales auf allgemeines Sprachkürzel umstellen

Die Sprach- und Länder-Tags (DE-DE, EN-GB, NL-NL) erscheinen im HTML-Code der von Joomla! erzeugten Webseiten an zwei Stellen: im `<html>`-Tag als primäre Sprache der Seite und – falls direkte Verknüpfungen zu anderen Sprachvarianten des aktuellen Contents existieren – als `<link rel="alternate">`-Verweis auf die jeweils anderen Versionen. Der internationale Standard ISO 3166-1 regelt dabei die Kombination aus Klein- und Großbuchstaben und definiert die verwendete Sprache nicht nur über die Sprache, sondern auch die Region, in der sie gesprochen wird, z. B. EN-GB für britisches Englisch, EN-US für amerikanisches Englisch oder DE-CH für schweizerisches Deutsch. Derart feingranulare Übersetzungen Ihrer Inhalte werden Sie jedoch selten anbieten. Es macht demzufolge Sinn, den Webseiten ein *allgemeineres* Kürzel anhand ISO 639-1 zuzuweisen. Dieser von Google angesegnete Standard reduziert die Tags auf DE, EN, NL – eine kleine Maßnahme, die Suchmaschinen für eine präzisere Auswertung der von Ihnen bereitgestellten Inhalte nutzen.

In Joomla! ist ein spezielles Plugin für diese Konfiguration zuständig. Sie aktivieren es über ERWEITERUNGEN • PLUGINS • Klick in die Spalte STATUS beim Eintrag SYSTEM - SPRACHKÜRZEL. Im Reiter SPRACHKÜRZEL der Plugin-Konfiguration sehen Sie jetzt eine Liste all Ihrer Contentsprachen (siehe Abbildung 12.19). Schreiben Sie nun ins freie Textfeld dahinter das kürzere zweibuchstabige Sprach-Tag, SPEICHERN & SCHLIESSEN Sie die Einstellungen, und prüfen Sie die Änderung im Quelltext einer Ihrer Webseiten.

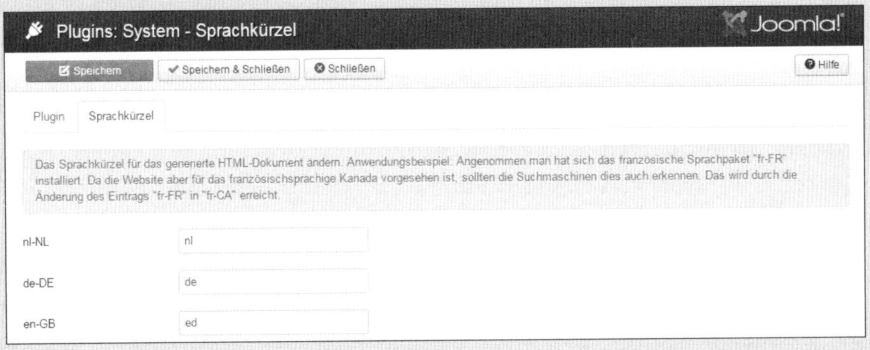

Abbildung 12.19 Über das Plugin »System - Sprachkürzel« stellen Sie die im HTML-Code verwendeten Tags von ISO 3166-1 auf ISO 639-1 um.

12.3 Individuelle Übersetzungen mit Overrides anlegen

Joomla! speichert Systemmeldungen und E-Mail-Texte in sprachabhängigen Textdateien. Auch wenn Sie nur eine einsprachige Website betreiben, ließen sich diese Dateien theoretisch verändern, um die Texte nach Ihren Wünschen anzupassen. Das System ist einfach: Jedes Textfragment besteht aus einem *Sprachschlüssel* und dem eigentlichen Textinhalt, z. B.:

```
COM_USERS_EMAIL_REGISTERED_BODY="Hallo %s,\n\nVielen Dank für
die Registrierung bei %s."
```

Bei `COM_USERS_EMAIL_REGISTERED_BODY` handelt es sich um den Sprachschlüssel, aus dessen Bezeichnung hervorgeht, wo er eingesetzt wird, hier: Fließtext (BODY) für die Registrierungs-E-Mail (EMAIL_REGISTERED). Zugeordnet ist dieser Sprachschlüssel der

Benutzerkomponente (COM_USERS). Danach folgt der Inhalt in Anführungszeichen mit – in diesem Beispiel – zwei kleinen Besonderheiten: Zeilenumbrüchen per \n\n und %s-Platzhalter, die Joomla! bei Einsatz des Textes automatisch durch andere Worte ersetzt.

Änderungen an diesen Sprachdateien gingen nach einem Joomla!-Update jedoch verloren, darum stellt das CMS einen sauberen Mechanismus für diese Anpassungen vor: *Overrides*. Dabei handelt es sich um die Originalsprachdateien ergänzende Textdateien, die die zu überschreibenden Felder enthalten. Im Dateisystem finden Sie die Dateien, vom Joomla!-Hauptverzeichnis ausgehend, unter */language/overrides*. Die deutsche Override-Datei heißt *de-DE.override.ini* und existiert noch nicht initial nach der Joomla!-Installation. Statt diese Datei per Hand anzulegen, nutzen Sie ein Formular im Administrations-Backend, das zudem eine bequeme Suche nach den zu aktualisierenden Textfragmenten bereitstellt.

1. Wechseln Sie über das Menü ERWEITERUNGEN • SPRACHEN zum Sprachenmanager.
2. In der linken Seitenleiste wählen Sie den Link OVERRIDES.
3. *Wichtig*: Setzen Sie jetzt darunter bei FILTER die Sprache und den Bereich, in dem Sie den Override erwarten. Das ist oft nicht eindeutig – wechseln Sie einfach zwischen SITE und ADMINISTRATOR, wenn die folgende Sprachschlüsselsuche ohne Erfolg ist.
4. Klicken Sie oben in der Buttonleiste auf NEU, um zum Formular NEUER OVERRIDE zu gelangen.
5. Geben Sie jetzt ein Stichwort in das Textfeld auf der rechten Seite ein, das in dem zu verändernden Text oder im Sprachschlüssel vorkommt (je nach Einstellung der Dropdown-Liste SUCHEN NACH), und klicken Sie auf SUCHEN. Für die Änderung von Registrierungs-E-Mail-Texten suchen Sie beispielsweise nach »benutzer« (mit SUCHEN NACH: INHALT), Groß-/Kleinschreibung spielt keine Rolle.
6. Suchen Sie in der Ergebnisliste den zu verändernden Eintrag, und klicken Sie ihn an, sodass die Textfelder auf der *linken* Seite automatisch befüllt werden. Falls Sie das Feld nicht finden, klicken Sie auf den Link WEITERE ERGEBNISSE unter der Liste. Beachten Sie auch, dass in dieser Ergebnisliste die Originaltexte erscheinen und nicht etwa bereits eingestellte Overrides.
7. Passen Sie nun den Inhalt des Felds TEXT an (siehe Abbildung 12.20). Beachten Sie dabei folgende Regeln:
   - In Systemmeldungen, die auf der Website erscheinen, dürfen Sie einige ausgewählte HTML-Tags verwenden, nicht aber für E-Mail-Texte, z. B. `<strong>` oder `<em>` für Hervorhebungen.
   - Für Zeilenumbrüche im Fließtext einer E-Mail verwenden Sie \n\n (doppeltes Backslash + n).

12.3 Individuelle Übersetzungen mit Overrides anlegen

- %s-Elemente sind Platzhalter, die Joomla! später durch variable Worte, z. B. den Benutzernamen, URLs etc., ersetzt. Beim Anpassen der Texte achten Sie darauf, dass Sie diese Variablen in der richtigen Reihenfolge behalten, sonst würden falsche Texte eingesetzt.

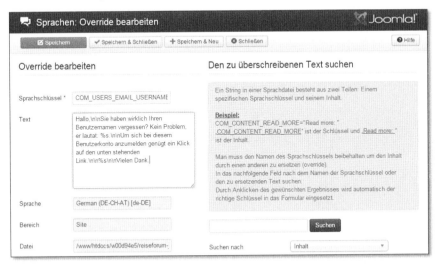

Abbildung 12.20 Achten Sie beim Bearbeiten darauf, ob es sich um einen E-Mail-Text oder eine Websitemeldung handelt, da verschiedene Formatierungsregeln gelten.

8. Nach dem Klick auf SPEICHERN in der Buttonleiste gelangen Sie zur Übersichtsseite der Overrides. In dieser Liste taucht jetzt Ihr neuer Eintrag auf und ist für weitere Korrekturen anklickbar.

Tipp: Möchten Sie Overrides verschiedener Sprachen bearbeiten, kehren Sie über den Button SPEICHERN & SCHLIESSEN oder SCHLIESSEN zurück zum Sprachenmanager. Dort wechseln Sie über die Dropdown-Liste FILTER in der linken Seitenleiste in eine beliebige andere installierte Sprache – beachten Sie, dass Sie dabei die Wahl zwischen Front- und Backend-Overrides haben.

Kapitel 13
System konfigurieren

Joomla! ist ein komplexes und vielseitiges Content-Management-System mit Dutzenden von Einstellungen, über die Sie wichtige Features für die Contentpflege oder die Suchmaschinenoptimierung beeinflussen. Dieses Referenzkapitel erklärt die wichtigsten Einstellungen.

Selbst nach jahrelanger Arbeit mit Joomla! erfährt man gelegentlich, vielleicht aus einer Forumsdiskussion, von einem praktischen, vermeintlich neuen Joomla!-Feature, das sich aber später als Standardfunktionalität herausstellt. Es hatte sich nur gut genug in irgendeinem Konfigurationsformular im äußersten rechten Reiter versteckt. Das liegt in der Natur eines flexibel konfigurierbaren Systems und ist kaum vermeidbar. Im Vergleich zu anderen Content-Management-Systemen ist Joomla! aber verhältnismäßig aufgeräumt: Konfigurationen zu *Modulen*, *Plugins* oder *Templates* finden Sie im jeweiligen Manager über das Menü ERWEITERUNGEN. Die umfangreicheren Einstellungen zu *Komponenten* erreichen Sie über SYSTEM • KONFIGURATION in der linken Seitenleiste unter der Überschrift KOMPONENTEN. Hinter demselben Menüpunkt versteckt sich auch die *globale Konfiguration*, mit der Sie äußerst wichtige Grundeinstellungen in Joomla! vornehmen, z. B. die Datenbankverbindung, suchmaschinenfreundliche URLs, suchmaschinenoptimierte Komprimierung, FTP-Einstellungen oder Debugging-Hilfen, wenn das Template nicht mitspielt. Nehmen Sie sich ein bisschen Zeit, und studieren Sie nacheinander die vorgestellten Optionen, um Ihre Website optimal einzustellen.

Begriff	Erklärung
Systeminformationen	Eckdaten zu Server, PHP, Joomla! und der MySQL-Datenbank. Am wichtigsten sind die Versionsnummern, um die stete Aktualität aller Systemkomponenten sicherzustellen.
Konfiguration	Einstellungen an Server, PHP, Joomla! oder Joomla!-Komponenten und -Erweiterungen. Die wichtigsten Kerneinstellungen speichert Joomla! in der Datei *configuration.php* im Hauptverzeichnis der Installation; andere Konfigurationen landen in der Datenbank.

Tabelle 13.1 Die wichtigsten Begriffe zum Verständnis der Joomla!-Konfiguration

Begriff	Erklärung
Sitzung, Session	Eine Session ist ein definierter Zeitabschnitt, den ein Benutzer angemeldet auf Ihrer Website verbringt – angefangen vom Login bis zum automatischen oder manuellen Abmelden. Webapplikationen wie Joomla! merken sich den Anmeldestatus des Benutzers über mehrere Minuten, Stunden oder Tage (konfigurierbar), sodass er sich seltener einloggen muss. Die Speicherung der Sitzungsdaten erfolgt auf Dateiebene, in der Datenbank und/oder in Cookies im Browser des Benutzers.

Tabelle 13.1 Die wichtigsten Begriffe zum Verständnis der Joomla!-Konfiguration (Forts.)

Bevor Sie sich die globalen Joomla!-Einstellungen im Einzelnen ansehen, ist ein kleiner Exkurs in einen benachbarten Menüpunkt zu empfehlen. Dort erhalten Sie Einblick in den aktuellen Status Ihrer Joomla!-Installation und die Server- und PHP-Umgebung.

13.1 Systeminformationen verstehen

Unter SYSTEM • SYSTEMINFORMATIONEN finden Sie Daten Ihrer Joomla!-Installation, die zum Verständnis der Umgebungsarchitektur des Content-Management-Systems beitragen. Hier prüfen Sie insbesondere Versionsnummern von PHP und MySQL und erfahren alle Details über die auf dem Server installierte PHP-Version.

13.1.1 Reiter »Systeminformationen«

Auf dieser Seite finden Sie alle grundsätzlichen Eigenschaften der Joomla!-, Server- und PHP-Umgebung, z. B. die Art des Webservers, das Betriebssystem, auf dem er läuft, und der Mechanismus, über den PHP ins System eingebettet wurde. Besonders wichtig sind die PHP- und MySQL-Versionsnummern, da Sie hierüber erkennen, ob ein serverseitiges Update dieser Komponenten notwendig oder wünschenswert ist (siehe Abschnitt 3.1.2, »Detaillierte Joomla!-Voraussetzungen für eigene Server«).

13.1.2 Reiter »PHP-Einstellungen« und »PHP-Informationen«

Diese beiden Reiter geben Aufschluss über die gesamte PHP-Konfiguration. Unter PHP-EINSTELLUNGEN finden Sie eine Liste der Komponenten, die die Lauffähigkeit von Joomla! beeinflussen (siehe Abschnitt 3.4.3, »Problembehandlung bei unvollständiger Joomla!-Installation«). Bei PHP-INFORMATIONEN handelt es sich um die Ausgabe des Befehls `phpinfo()`, der die detaillierten Einstellungen aller PHP-Bestandteile listet. Haben Sie Probleme mit abgebrochenen Uploads von Erweiterungen oder Bildern, prüfen Sie die `post_max_size` und `upload_max_filesize`; brechen Webseiten/PHP-Scripts bei der Darstellung ab, ist die `max_execution_time` interessant. Änderungen können Sie allerdings nur direkt in der Konfigurationsdatei *php.ini* vornehmen bzw. vom Webhoster vornehmen lassen. Diese Übersicht ist für Sie insbesondere relevant, wenn Sie eigene Erweiterungen entwickeln, die PHP-Komponenten abseits des Frameworks von Joomla! einsetzen; so prüfen Sie die Verfügbarkeit und Konfiguration dieser Komponenten.

13.1.3 Reiter »Konfigurationsdatei«

Dieser Reiter gibt den Inhalt der Datei *configuration.php* wieder, entspricht also der Sammlung aller grundsätzlichen Einstellungen, die Sie in der globalen Konfiguration von Joomla! vornehmen.

13.1.4 Reiter »Verzeichnisrechte«

Joomla! listet auf dieser Seite alle Verzeichnisse, die Schreibrechte (`chmod 755`) benötigen. Idealerweise sind alle Zeilen mit dem grün hinterlegten Wort BESCHREIBBAR markiert. Falls nicht, könnte es bei der betreffenden Komponente zu Schwierigkeiten kommen, wenn ein Update ansteht, eine Erweiterung installiert oder ein Bild hochgeladen wird. Wie Sie die Verzeichnisrechte nachträglich bearbeiten, lesen Sie in Abschnitt 3.4.3, »Problembehandlung bei unvollständiger Joomla!-Installation«, Kasten »Tipp: Verzeichnis- und Dateirechte ändern«.

13.2 Globale Konfiguration anpassen

Über das Menü SYSTEM • KONFIGURATION springen Sie direkt in die globale Konfiguration; die wichtigsten Einstellungen, an denen Sie wegen der weitreichenden Auswirkungen nur mit Bedacht Änderungen vornehmen. Gleichzeitig müssen Sie nicht zu schüchtern sein, denn alle Einstellungen sind korrigierbar. Es lohnt sich, lieber ein bisschen Zeit mit Konfigurationsexperimenten zu verbringen, als *das* Feature unentdeckt zu lassen, das eine der Grundanforderungen an Ihre Website mit einem einzelnen Mausklick abdeckt. Und da Sie alle neuen Einstellungen und Erweiterungen vorher in einer Entwicklungs- oder Testumgebung ausprobieren, kann ohnehin nichts schiefgehen.

> **Info: Die meisten Einstellungen speichert Joomla! in der Datei »configuration.php«**
> Joomla! speichert den Großteil der globalen Konfiguration nicht in der Datenbank, sondern in der Datei *configuration.php* im Hauptverzeichnis der Installation. Dort können Sie direkt Änderungen vornehmen oder die Datei zwischen verschiedenen Joomla!-Installationen austauschen, ohne sich ins Administrations-Backend einzuloggen. Wichtiger aber: Kopieren Sie die Datei einfach in ein anderes Verzeichnis, um ein Backup der Konfiguration parat zu haben.

13.2.1 Reiter »Site« • »Website«

»Name der Website«

Natürlich eine der wichtigsten Einstellungen, Ihr Websitetitel, der z. B. bei Überschriften und Browserfenstertiteln zum Einsatz kommt. Idealerweise steht hier Ihre Marke oder der Domain-Name.

»Wartungsmodus: Website offline«, »Offline-Text«, »Eigener Text«, »Offline-Bild«

Bei größeren Updates, sei es für neue Inhalte oder Features, ist es üblich, die Website in einen Wartungsmodus zu setzen, bis die hundertprozentige Funktionalität gewährleistet ist. In diesem Fall sehen Besucher einen kleinen Hinweis, dass die Site offline ist.

Abbildung 13.1 Befindet sich die Website im Wartungsmodus, erscheinen ein kleiner Hinweis und ein Login-Formular für den Administrator.

Die Wartungsseite enthält außerdem ein Login-Formular, das nicht für die Backend-Anmeldung gedacht ist (die erreicht man über */administrator/index.php*), sondern für das Browsen im Frontend (siehe Abbildung 13.1). Somit kann man als Admin Frontend-Aktualisierungen jederzeit prüfen, während andere Besucher nur die Wartungsseite zu Gesicht bekommen.

Über einige Formularfelder passen Sie diese Wartungsseite rudimentär an:

- WEBSITE OFFLINE • JA/NEIN: Aktiviert oder deaktiviert die Wartungsseite.
- OFFLINE-TEXT • VERBERGEN/EIGENEN TEXT BENUTZEN/STANDARDTEXT BENUTZEN: Verstecken der Wartungsnachricht, Eingabe eines eigenen Textes im Textfeld darunter oder Einblenden der Standardnachricht: »Diese Website ist aufgrund von Wartungsarbeiten nicht erreichbar. Bitte später wiederkommen.«
- EIGENER TEXT: Die Standardnachricht ist knapp gehalten; hier tragen Sie gerne einen längeren, freundlicheren Text ein. HTML-Tags sind erlaubt; in den meisten Browsern können Sie das sehr klein geratene Textfeld per Drag & Drop der unteren rechten Editorecke größer ziehen.
- OFFLINE-BILD: Geben Sie ein Bild an, das auf der Wartungsseite über dem Domain-Namen erscheint. In der Mitte des Bildauswahl-Popups ist auch eine beliebige externe Internetadresse für das Bild konfigurierbar (Feld BILD WEBADRESSE), oder Sie laden über die Buttons DATEIEN AUSWÄHLEN und HOCHLADEN STARTEN eine neue Grafik in die Medienverwaltung von Joomla!.

»Bearbeitungs-Icons für«

Diese Option bezieht sich auf einen Button, der im Frontend erscheint, falls ein Administrator mit der Maus über ein Modul oder Menü fährt. Klickt der Benutzer auf , taucht an Ort und Stelle ein Formular zur Bearbeitung des Moduls oder Menüs auf. Die hier vorgenommene Einstellung steuert, für welches Element der Button erscheint: MODULE, MODULE & MENÜS oder KEINE.

»Editor«

Hierüber legen Sie den für Beiträge und andere Inhaltselemente verwendeten Editor fest. Standardmäßig ist TINYMCE aktiviert, ein weit verbreiteter, renommierter *WYSIWYG-Editor* mit vollgepackten Menüleisten für alle denkbaren Formatierungen (siehe Abbildung 13.1, oben). Im Editorfenster sieht man dabei den Text so, wie er auf der Frontend-Webseite erscheint, daher das Akronym für *What You See Is What You Get* (deutsch: »Was du siehst, bekommst du«).

Alternativ schalten Sie hier TinyMCE komplett aus (Auswahl KEINE) oder aktivieren den Editor CODEMIRROR. Beide Optionen sind keine WYSIWYG-Editoren, sondern stellen den tatsächlichen HTML-Code dar, der für die zahlreichen Formatierungsvariationen sorgt. CodeMirror hat dabei den Vorteil, dass er die HTML-Tags farblich kennzeichnet (Syntax-Highlighting), was die Bearbeitung vereinfacht (siehe Abbildung 13.1, unten).

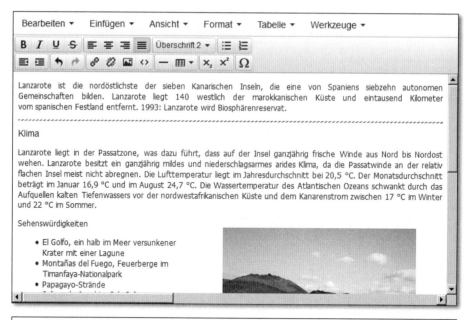

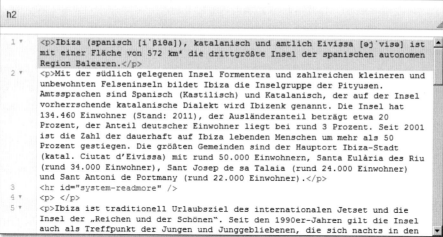

Abbildung 13.2 TinyMCE ist ein WYSIWYG-Editor und eignet sich zum Bearbeiten normaler Texte; CodeMirror stellt den HTML-Code von Inhalten mit farblichem Syntax-Highlighting dar.

Da die Textbearbeitung im Mittelpunkt eines Content-Management-Systems steht, ist die Auswahl anderer Editoren äußerst umfangreich. Im JED, dem Joomla! Extensions Directory (Erweiterungsverzeichnis), finden Sie drei Dutzend Alternativen, allen voran der bekannte JCE und JCK Editor. Welchen Editor Sie installieren, ist letzten Endes Geschmackssache. So ähnelt der JCK Editor Word, aber JCE ist der mit

Abstand beliebteste Editor und bietet viele spezifische, nachrüstbare Erweiterungen. Siehe Abschnitt 16.2, »Komfortabler editieren mit JCE«.

»Standard Captcha«

Möchten Sie verhindern, dass Ihnen Spambots über Ihre Kontaktformulare Hunderte von Anfragen schicken, lohnt es sich, die reCAPTCHA-Funktionalität zu aktivieren. Dazu richten Sie zunächst ein reCAPTCHA-Konto bei Google ein, aktivieren das Plugin CAPTCHA - RECAPTCHA und wählen den Plugin-Namen CAPTCHA - RECAPTCHA aus der Dropdown-Liste STANDARD CAPTCHA. In Abschnitt 22.1, »reCAPTCHA/NoCaptcha aktivieren«, finden Sie dazu eine detaillierte Schritt-für-Schritt-Anleitung.

Abbildung 13.3 Für die letzte Version von ReCAPTCHA (2.0, rechts) müssen Benutzer keine Texte mehr identifizieren, sondern setzen lediglich ein Häkchen.

»Zugriffsebene«

Die hier eingestellte Zugriffsebene wird vorausgewählt eingestellt, wenn Sie ein neues Inhalts- oder anderweitiges Darstellungselement anlegen, z. B. einen neuen Beitrag oder Menüeintrag. Betreiben Sie eine Website mit größtenteils öffentlichen Beiträgen, belassen Sie die Einstellung ÖFFENTLICH. Für eine Community, die ein Login erfordert, wählen Sie in dieser Dropdown-Liste z. B. REGISTRIERT.

»Listenlänge«

Legen Sie hier die Anzahl der Einträge fest, die in den Listenübersichten, z. B. dem Beitrags- oder Plugin-Manager, auf einer Seite dargestellt werden. Das entspricht dem Wert, der in der kleinen Dropdown-Liste oben rechts über den Spaltenüberschriften erscheint (Standardwert 20). Das Wechseln zwischen verschiedenen Seiten einer längeren Liste finden die meisten Benutzer und Administratoren oft mühsam, experimentieren Sie daher ruhig mit größeren Werten.

»Feed-Länge«

Beschränken Sie hier die Anzahl der Elemente, die in den Newsfeeds gelistet werden, die Joomla! automatisch von Ihren Inhaltselementen erzeugt. 10 oder 20 sind akzeptable Werte, mit denen Sie von Newsfeed-Abonnenten noch nicht als Spammer eingestuft werden. Mehr über Newsfeeds erfahren Sie in Abschnitt 15.3, »Newsfeeds integrieren«.

»Feed-E-Mail«

Hierüber steuern Sie den Inhalt des Felds `<item>`•`<author>` bzw. `<entry>`•`<author>` der von Joomla! automatisch erzeugten Newsfeeds. Damit erscheint im Newsfeed-XML-Quelltext für jedes gelistete Element eine Urheber-E-Mail-Adresse.

Standardmäßig erscheint hier die E-Mail-Adresse des Autors des betreffenden Inhaltselements – eine Einstellung, mit der nicht jeder einverstanden ist. Empfehlenswert ist daher die Option WEBSITE-E-MAIL, bis Sie die Situation mit den Autoren geklärt und ihr Einverständnis eingeholt haben. Für ein Blogging-Portal mit Gastbloggern macht die Einstellung AUTOR-E-MAIL allerdings durchaus Sinn.

13.2.2 Reiter »Site« • »Globale Metadaten«

»Meta-Beschreibung«

Standardbeschreibung für alle Inhaltselemente, deren individuelles Feld META-BESCHREIBUNG im Reiter VERÖFFENTLICHUNG nicht ausgefüllt ist. Hier hinterlegen Sie z. B. einen kurzen, allgemeinen Text zu Ihrer Website, damit das HTML-Tag `<meta name="description" />` in jedem Fall befüllt ist. *Wichtig*: Es ist empfehlenswert, das Feld META-BESCHREIBUNG individuell für jeden Beitrag zu befüllen. Denn Suchmaschinen verwenden den Tag-Inhalt als Webseitenbeschreibung in Suchergebnissen.

»Meta-Schlüsselwörter«

Analog zur META-BESCHREIBUNG setzt Joomla! den hier eingegebenen Text in das HTML-Tag `<meta name="keywords" />` derjenigen Inhaltselemente, die dort keine individuell festgelegten Schlüsselwörter aufweisen. Diese Felder ignorieren Sie aber sowohl an dieser Stelle als auch in der Konfiguration des Inhaltselements (Reiter VERÖFFENTLICHUNG) – Suchmaschinen werten ihre Inhalte schon seit Jahren nicht mehr aus.

»Robots«

Standardeinstellung für das Surfverhalten von Suchmaschinenbots, wenn Sie Ihre Webseiten indexieren. Mit INDEX, FOLLOW dürfen diese Bots die aktuelle Seite indizieren und auch allen Links folgen, die sich auf ihr befinden (auch in Menüs), um zum nächsten indexierbaren Inhalt zu gelangen. Totales Indexierungs- und Surfverbot erhalten die Suchmaschinen mit NOINDEX, NOFOLLOW. Beachten Sie, dass diese Einstellung natürlich wieder für jede Webseite individuell festgelegt werden darf, wenn Sie im Reiter VERÖFFENTLICHUNG eines Beitrags den Schalter ROBOTS von GLOBALE EINSTELLUNG auf einen anderen Wert stellen. Siehe auch Abschnitt 7.1.3, »Weitere Einstellungen zu Beiträgen«.

»Inhaltsrechte«

Standardwert für den Inhalt des HTML-Tags `<meta name="rights" content="Inhaltsrechte" />`.

»Autor-Meta-Tag anzeigen«

Ein-/Ausschalter für die Einbindung des Tags `<meta name="author" content="Autorenangabe für die Meta-Tags" />` in den HTML-Code. Für Webseiteninhalte, deren Urheber egal ist, wählen Sie NEIN. Möchten Sie allerdings auch als Autor im Suchmaschinenindex bekannt werden, belassen Sie den Schalter auf JA – eine kleine Mini-Marketingmaßnahme, deren tatsächliche Suchmaschinengewichtung sich alle paar Monate immer mal wieder ändert.

»Joomla!-Version anzeigen«

Steht dieser Schalter auf JA, baut Joomla! in jede Ihrer Webseiten das HTML-Tag `<meta name="generator" content="Joomla! - Open Source Content Management - Version 3.x.x" />` ein. Es ist zwar ehrenvoll, solch einen Hinweis im Quelltext zu hinterlegen, gefährdet aber die Sicherheit Ihrer Website. Böswillige Hacker wissen dann nämlich genau, welche Webapplikation Sie in welcher Version einsetzen. Mit dieser Information bewaffnet, sind Schwachstellen der Software *sofort* für einen Angriff nutzbar. Das ist insbesondere dann gefährlich, wenn eine Joomla!-Website nicht auf neue Versionen aktualisiert wird, die Fixes für bekannte Sicherheitsprobleme enthalten. Stellen Sie die Option JOOMLA!-VERSION ANZEIGEN sicherheitshalber auf NEIN.

13.2.3 Reiter »Site« • »Suchmaschinenoptimierung (SEO)«

»Suchmaschinenfreundliche URL«

Dies ist einer der wichtigsten Schalter der gesamten Joomla!-Konfiguration. Erst wenn er auf JA steht, verwendet Joomla! die in Kategorien und Beiträgen vorkommenden Titel (bzw. ihre ALIASE) für das Zusammenstellen der URL; ein Beispiel: */index.php/de/urlaubsziele/19-mittelmeer/aegaeis/23-rhodos*. Steht er auf NEIN (das ist die Standardeinstellung), sieht eine typische Joomla!-URL z. B. so aus:

http://reiseforum.joomla-handbuch.com/index.php?option=com_content&view=article&id=23:rhodos&catid=19&Itemid=179&lang=de

Eine einzige SEO-Katastrophe – hier befindet sich nichts, was eine Suchmaschine in irgendeiner Weise auswerten kann. Stellen Sie diesen Schalter für Ihre Website daher unbedingt so früh wie möglich auf JA.

»URL-Rewrite nutzen«

Nach der Aktivierung der SUCHMASCHINENFREUNDLICHEN URL ist dies der nächste Schritt für optimierte Internetadressen Ihrer Webseiten. Dabei kommen einige Regeln aus der im Joomla!-Hauptverzeichnis liegenden *.htaccess*-Datei zur Anwendung, um z. B. das überflüssige */index.php* vor dem sinnvollen, lesbaren URL-Pfad zu entfernen. Auch diese Optionen stellen Sie unbedingt auf JA, müssen aber zusätzlich noch dafür sorgen, dass besagte *.htaccess*-Datei aktiv ist. Wie das funktioniert, lesen Sie in Abschnitt 23.1, »Joomla!-URLs optimieren«.

»Dateiendungen an URL anfügen«

Ergänzt Ihre Webseiten-URLs um die Endung *.html*, ein Relikt alter Internetzeiten, in denen Server zum Großteil statische HTML-Seiten auslieferten. Diese Einstellung ist völlig überflüssig und bringt keinen Mehrwert. Im Gegenteil, die URL wächst unnötigerweise in die Länge und enthält einen für Suchmaschinen belanglosen Text. Belassen Sie diesen Schalter auf NEIN.

»Unicode Aliase«

Stünde dieser Schalter auf JA, würde Joomla! Umlaute und andere Sonderzeichen aus Ihren Kategorie- und Beitragstiteln in die URL übernehmen. Umlaute in der URL – keine gute Idee für eine suchmaschinenoptimierte Website, bleiben Sie deshalb bei NEIN.

»Seitenname auch im Titel«

Über dieses Feld legen fest, ob der NAME DER WEBSITE in den Browsertabs zusätzlich zum Seitentitel anzeigt wird, DAVOR oder DANACH, jeweils durch ein Minuszeichen getrennt. SEO-technisch gibt es hier keine Präferenz. Möchten Sie aber, dass Ihre, oft mit dem Websitenamen identische Marke, bekannter wird, aktivieren Sie die Anzeige. Der Websitename erscheint dann als Bestandteil des <title>-Tags in allen Suchergebnissen.

13.2.4 Reiter »Site« • »Cookies«

Standardmäßig speichert Joomla! Benutzerinformationen in einem website-spezifischen und im Browser der Besucher hinterlegten Cookie. Das sind insbesondere Login-Daten, damit sich häufig wiederkehrende Benutzer nicht ständig neu einloggen müssen. Betreiben Sie eine mehrsprachige Website, wird hier auch die Sprache für Inhalte und Bedienelemente festgehalten. Die an dieser Stelle hinterlegten Einstellungen sind nur dann relevant, wenn Sie mehrere durch Subdomains oder Unterverzeichnisse voneinander getrennte Joomla!-Websites unter einer Hauptdomain betreiben.

»Domaincookie«

Lassen Sie dieses Feld leer, erhält der Besucher für jede Website ein einzelnes Cookie. Für den Sonderfall, dass sich Besucher nur einmal auf einer Website anmelden und dieses Login dann auch für alle anderen Sites gilt, geben Sie hier die Hauptdomain mit einem vorangestellten Punkt ein. Sie loggen sich dann theoretisch nur einmal ein, um sofort bei allen Unterwebsites angemeldet zu sein. In der Praxis sind aber leider komplexe Backend- und Servereinstellungen notwendig, damit alle Websites dasselbe Session-Cookie verwenden, die Bordmittel von Joomla! reichen hier in der Regel nicht aus.

»Cookie-Pfad«

Falls Sie mehrere Joomla!-Websites unter einer einzelnen Domain in Unterverzeichnissen betreiben, möchten Sie vielleicht die Benutzeranmeldungen getrennt voneinander behandeln. Das ist möglich, indem Sie den jeweiligen Pfad auch hier im Cookie-Pfad abbilden, jeweils mit einem vorangestellten Slash/Schrägstich, z. B. */website1*, */website2*.

13.2.5 Reiter »System« • »System«

»Protokollverzeichnis«

In dieses Serververzeichnis (*/logs*) legt Joomla! alle Logs ab: Textdateien mit Fehler- oder Update-Hinweisen. Im Einzelnen finden Sie hier beispielsweise die Datei *error.php*, die missglückte Logins festhält. Nach einem Joomla!-Update liegt hier auch die Datei *joomla_update.php* mit Notizen über den Download des Update-Pakets und etwaige Datenbankaktualisierungen. Gegebenenfalls liegen in diesem Ordner außerdem Logdateien der installierten Erweiterungen.

»Hilfeserver«

Auf den meisten Webseiten des Backends finden Sie oben rechts einen kleinen mit einem Fragezeichen beschrifteten Button ( ). Dieser öffnet ein Popup-Fenster, das hilfreiche Hinweise zur gerade dargestellten Seite und den auf ihr enthaltenen Konfigurationsfeldern präsentiert. Die Hilfetexte werden on the fly von den Joomla!-Servern nachgeladen; welche Server zum Zuge kommen, stellen Sie hier über das Feld HILFESERVER ein.

13.2.6 Reiter »System« • »Fehlersuche (Debug)«

Die Schalter SYSTEM DEBUGGEN und SPRACHE DEBUGGEN richten sich an Entwickler von Erweiterungen und Sprachpaketen oder Übersetzungen. Über sie aktivieren Sie hilfreiche Nachrichten für die Fehlersuche. Mehr zum grundsätzlichen Debugging erfahren Sie in Abschnitt 25.1.4, »Debuggen«. Abschnitt 12.1.3, »Eigene Sprachpakete für Erweiterungen erzeugen«, Kasten »Problemlösung: Sprachdateien debuggen«, beschäftigt sich näher mit der Fehlersuche beim Übersetzen von Sprachpaketen.

13.2.7 Reiter »System« • »Zwischenspeicher (Cache)«

Um Ihre Webseiten schneller auszuliefern, arbeitet Joomla! mit einem Zwischenspeicher (Cache), der dazu dient, Seitenbestandteile nicht bei jeder Anforderung neu erzeugen zu müssen. Abschnitt 23.5, »Caching aktivieren«, beschäftigt sich intensiv mit dem Thema.

13.2.8 Reiter »System« • »Sitzung (Session)«

»Sitzungslänge«

Anzahl der Minuten, die ein Benutzer in Joomla! eingeloggt bleibt, auch wenn er gerade nicht im Front- oder Backend surft. Während der Websiteentwicklung erhöhen Sie diesen Wert gerne auf eine dreistellige Zahl, um sich nach längeren Kaffeepausen nicht neu anmelden zu müssen. In der Live-Umgebung halten Sie den Wert dagegen niedrig, da kürzere Sitzungslängen das Risiko mindern, dass sich Fremde am Arbeitsrechner Ihrer Benutzer über die Website hermachen.

»Sitzungsspeicher«

Legt fest, wo Joomla! die Daten für die Benutzersessions hinterlegt. Normalerweise (KEINER) geschieht das auf PHP- bzw. Dateiebene. Wählen Sie DATENBANK, wenn Benutzer Schwierigkeiten bei der Aufrechterhaltung ihrer Sitzung haben, sich z. B. stets neu einloggen müssen. Nachteil dieser Option ist allerdings, dass sie die Performance stark frequentierter Websites beeinträchtigt. *Hinweis*: Sind auf Ihrem Serversystem andere Sitzungs- und Caching-Mechanismen installiert, z. B. *memcache*, erscheinen diese ebenfalls zur Auswahl.

13.2.9 Reiter »Server« • »Server«

»Tempverzeichnis«

Serververzeichnis, in das Joomla! und installierte Komponenten temporäre Dateien für den Einmalgebrauch ablegen, z. B. Installationsdateien für Erweiterungen oder Updates. Best Practice: Werfen Sie ab und zu einen Blick in dieses Verzeichnis, und löschen Sie alle Dateien außer der *index.html*, um Ihr System sauber zu halten und Speicherplatz zu sparen. *Hinweis*: Falls Sie Probleme mit der Installation von Updates oder Erweiterungen haben, überprüfen Sie die Berechtigungen des hier angegebenen Verzeichnisses (*/tmp* direkt im Joomla!-Hauptverzeichnis): 755 ist die korrekte

CHMOD-Rechtematrix, siehe auch Abschnitt 3.4.3, »Problembehandlung bei unvollständiger Joomla!-Installation«, Kasten »*Tipp*: Verzeichnis- und Dateirechte ändern«.

»GZIP-Komprimierung«

Ein weiterer Schritt auf dem Weg zu blitzschnell ausgelieferten Webseiten ist eine serverseitige Komprimierung per GZIP. Die so gepackten Dateien sind erheblich kleiner als ihre Originale und darum deutlich schneller übertragen. Auf Clientseite sorgt dann der Browser kurz vor der Darstellung fürs Entpacken. Zwar kosten Komprimierung und Dekomprimierung Rechenzeit, aber unterm Strich ist der Geschwindigkeitsvorteil in den meisten Fällen so hoch, dass Sie diese Option unbedingt auf Ihrer Website testen sollten. Mehr Infos zum Thema erhalten Sie in Abschnitt 23.4.2, »Enable gzip compression – GZIP-Komprimierung aktivieren«.

»Fehler berichten«

Diese Dropdown-Liste geht Hand in Hand mit der Einstellung SYSTEM DEBUGGEN des Reiters SYSTEM. Achten Sie darauf, dass KEINE Fehler angezeigt werden, wenn es sich um die Live-Website handelt. Mehr Informationen zur Fehlersuche bei der Entwicklung von Erweiterungen erhalten Sie in Abschnitt 25.1.4, »Debuggen«.

»SSL erzwingen«

Schalten Sie entweder nur das Administrations-Backend (NUR ADMINISTRATOR) oder die GESAMTE WEBSITE inklusive Frontend auf SSL um, wenn die Übertragungen verschlüsselt werden sollen. Generelle Empfehlung: Setzen Sie SSL immer dann ein, wenn Benutzerdaten oder Formulare mit im Spiel sind, wenn Sie z. B. ein Login-Formular für den Benutzerbereich oder Kontaktformulare einsetzen. Tatsächlich spricht bei modernen Websites nicht viel dagegen, SSL standardmäßig zu aktivieren. Das Ver- und Entschlüsseln benötigt zwar einige Sekundenbruchteile, jedoch genießen geschützte Websites einen Vertrauensvorteil bei Besuchern und Suchmaschinen. Allein mit Umlegen des Schalters SSL ERZWINGEN ist es aber leider nicht getan. Deshalb geht Abschnitt 22.3, »SSL aktivieren«, detailliert auf das Thema ein und erklärt alle notwendigen Konfigurationsschritte.

13.2.10 Reiter »Server« • »Zeitzone«

»Serverzeitzone«

Die eingestellte Zeitzone ist wichtig für die korrekten Zeitangaben der Inhaltselemente Ihrer Website und beeinflusst damit z. B. Veröffentlichungszeiträume von Beiträgen. Stellen Sie hier die Zeitzone ein, in der sich der Server befindet. Die Liste enthält alle größeren Weltstädte, sodass Sie sich nicht mit den Zeitdifferenzwerten herumärgern müssen; auch europäische Hauptstädte und die Cayman-Inseln sind enthalten. *Hinweis*: Bei falsch angezeigten Zeitangaben prüfen Sie auch die Zeitzoneneinstellungen der Benutzer und der PHP- und Serverkonfiguration.

13.2.11 Reiter »Server« • »FTP«

»FTP aktivieren«

Falls Joomla! in Ihrer Serverumgebung nur unter Verwendung von FTP funktioniert, geben Sie hier die Verbindungsdaten ein. *Hinweis*: Als Sicherheitsmaßnahme verwenden Sie ein FTP-Konto, das ausschließlich auf den Ordner der Joomla!-Installation Zugriff hat.

13.2.12 Reiter »Server« • »Proxy«

»Proxyunterstützung«

In komplexen Serverumgebungen großer Betriebe hat Joomla! möglicherweise keinen direkten Zugriff aufs Internet, um z. B. Updates durchzuführen. Über die Felder PROXY HOST, PORT, USERNAME und PASSWORD authentifiziert sich Joomla! gegen einen Proxyserver, der einen Kanal nach außen freischaltet. Die hier anzugebenen Einstellungen erhalten Sie vom Netzwerkadministrator Ihres Betriebs.

13.2.13 Reiter »Server« • »Datenbank«

»Datenbank-Einstellungen«

Hier finden Sie die Datenbankeinstellungen, die Sie bei der Joomla!-Installation eingegeben hatten.

13.2.14 Reiter »Server« • »Mailing«

»Mails senden«

Grundsätzliche Aktivierung/Deaktivierung des E-Mail-Versands aus Joomla! heraus. Das betrifft insbesondere Systemnachrichten zur Benutzerregistrierung oder Meldungen an den Administrator, sobald ein neuer Beitrag eingereicht wurde.

»Mailer«

Für den E-Mail-Versand bietet Joomla! drei Optionen, die unterschiedliche Mechanismen bedienen. Erhalten Sie keine E-Mails von Joomla! (testen Sie das z. B. mit Benutzerregistrierungen), versuchen Sie es einfach mit einer anderen Einstellung.

Versagen alle drei, kontaktieren Sie bitte den Support Ihres Webhosters, denn dann ist die Konfiguration Ihres Webspaces fehlerhaft.

- PHP-MAIL
  Verwendet den PHP-Befehl `mail()` zum Weiterleiten der E-Mails an das versendende Programm. Es obliegt damit PHP, welcher darunter liegende Mechanismus für den tatsächlichen Versand zum Einsatz kommt (meistens *sendmail*).

- SENDMAIL
  Serverprogramm für den E-Mail-Versand. Diese Einstellung umgeht den PHP-Befehl `mail()` und setzt direkt auf Serverebene an. Die Einstellung ist erforderlich, wenn Ihre PHP-Umgebung fehlerhaft konfiguriert ist und keine E-Mails versendet. In diesem Fall setzen Sie sich aber auch mit dem Webhosting-Support in Verbindung, denn irgendetwas stimmt nicht mit Ihrer PHP-Konfiguration.

- SMTP
  Steht für *Simple Mail Transfer Protocol* und entkoppelt die Versandmechanik vom Server, auf dem Joomla! läuft. Über die eingeblendeten Parameter SMTP-AUTHENTIFIZIERUNG, SMTP-SICHERHEIT, PORT, BENUTZER, PASSWORT und SERVER geben Sie die Verbindungsdaten eines beliebigen E-Mail-Kontos an. Die exakten Einstellungen entnehmen Sie der Administrationsoberfläche Ihres E-Mail-Anbieters oder erfragen sie vom Support.

»Absenderadresse«, »Absendername«

Angaben für das TO-Feld, das Absenderfeld, der von Joomla! versendeten E-Mails. Als Absendername wählen Sie am besten den Titel Ihrer Website. *Wichtig*: Unter ABSENDERADRESSE muss eine gültige E-Mail-Adresse des Servers stehen, auf dem Joomla! läuft, d. h. der Domain-Name muss übereinstimmen, z. B. »info@reiseforum.joomla-handbuch.com« für Mails aus dem Reiseforum. Andernfalls besteht hohe Gefahr, dass die Mail beim Empfänger im Spamordner landet.

»Massenmail deaktivieren«

Schaltet die komplette Massenmail-Funktion ein- oder aus (Menü BENUTZER • MASSENMAIL AN BENUTZER); siehe Abschnitt 11.7.2, »Massenmail«.

13.2.15 Reiter »Berechtigungen«

Hinter diesem Reiter verstecken Sie die fundamentalen Berechtigungseinstellungen aller Benutzergruppen. Das System ist komplex und wird in Abschnitt 11.3, »Berechtigungen setzen«, eingehend erklärt.

13.2.16 Reiter »Textfilter«

Über TEXTFILTER grenzen Sie die Bearbeitungsmöglichkeiten aller Inhaltselemente anhand der Benutzergruppen ein, die Inhalte bearbeiten dürfen. Mehr Details zu diesen Einstellungen finden Sie in Abschnitt 11.3.1, »Globale Berechtigungen«, Kasten »Info: Beitragsformatierung über Benutzergruppen einschränken«.

TEIL III
Joomla! erweitern

Kapitel 14
Erweiterungen aktivieren

Mit der Standardinstallation erstellen Sie einfache Websites, aber erst durch die Installation von Erweiterungen vergrößern Sie den Funktionsumfang und produzieren robuste und komplexe Webplattformen, Online-Shops oder Firmenpräsenzen.

Haben Sie zuvor mit anderen Content-Management-Systemen gearbeitet, stellen sich Ihnen gelegentlich berechtigte Fragen nach dem Funktionsumfang von Joomla!. Was ist mit allgemeinen Inhalts- oder Contenttypen abseits von Beiträgen? Zum Beispiel zum Anlegen eines Glossars oder einer Linkliste. Wieso ist die Bilderdarstellung so eingeschränkt? Warum ist die Formatierung von Beitrags- und Einleitungsbildern so spartanisch? Wo befindet sich die Sitemap? Wie zieht man ein Backup?

Bedenken Sie bei all diesen Fragen, dass Sie mit Joomla! den Kern des Content-Management-Systems installiert haben. Die Basisfunktionalität, mit der Sie eine Website mit einfachen Funktionalitäten wie Webseiten, Menüs und Benutzerverwaltung aufbauen. Damit kratzen Sie aber nur an der Oberfläche der Möglichkeiten in Front- und Backend. Denn die Verbreitung und Beliebtheit von Joomla! hat zur Folge, dass das CMS mit Tausenden von Erweiterungen ausgebaut werden kann. Die Sammlung aller Erweiterungen finden Sie im Joomla! Extensions Directory (JED), einem Repositorium, das sowohl als reguläre Website als auch über das Administrations-Backend von Joomla! erreichbar ist. Viele Erweiterungen lassen sich dabei schon mit wenigen Mausklicks sofort in Ihr System installieren.

Teil 3 dieses Handbuchs widmet sich diesen Erweiterungen. Angefangen bei den offiziellen Komponenten, die in Ihrer Joomla!-Version größtenteils vorinstalliert sind, über unverzichtbare empfohlene Features (Backups, Backend-Absicherung, Sitemap-Generierung) und den Ausbau der Content-Management-Funktionalitäten bis hin zu speziellen Websites wie Online-Shops oder Community-Plattformen.

Begriff	Erklärung
Erweiterung	programmatische Ergänzung des Grundsystems von Joomla!, um das Content-Management-System robuster, bequemer und sicherer machen, und zur Ergänzung mächtiger Features

Tabelle 14.1 Die wichtigsten Begriffe zu Joomla!-Erweiterungen

Begriff	Erklärung
Joomla! Extensions Directory, JED	Online-Repositorium vieler Joomla!-Erweiterungen
Webkatalog	Bequemer Zugriff auf das Joomla! Extensions Directory über das Administrations-Backend. Aus dem Webkatalog lassen sich viele Erweiterungen direkt installieren, andere erfordern den Download eines ZIP-Archivs und seine manuelle Einrichtung.
Komponente	umfangreiche Funktionalitätserweiterung von Joomla!, die, einmal installiert, über das Menü KOMPONENTEN erreichbar ist
Bibliothek	Von Erweiterungen installierte Programmcodesammlungen zur zentralen Bereitstellung häufig verwendeter Funktionen. Bibliotheken sind meist Bestandteile größerer Erweiterungspakete.
Paket	Sammlung verschiedener Erweiterungsbestandteile wie Komponenten, Module und Plugins
Plugin	kleine Funktionalitätserweiterung von Joomla

Tabelle 14.1 Die wichtigsten Begriffe zu Joomla!-Erweiterungen (Forts.)

Erweiterungen gibt es bei Joomla! in vielen Ausprägungen, z. B. Templates, Sprachpakete, Anwendungskomponenten und auch einzelne Funktionsergänzungen für das Basissystem. Templates (siehe Kapitel 10, »Layout und Design anpassen«) und Sprachpakete (siehe Kapitel 12, »Mehrsprachigkeit aktivieren«) haben Sie bereits kennengelernt. Dieses Kapitel widmet sich daher funktionell orientierten Erweiterungen, die den Erweiterungstypen Modulen, Plugins und Komponenten zugeordnet sind. Schon die Standardbausteine von Joomla! sind nach dieser Ordnung kategorisiert. Beitrags- und Benutzerverwaltung sind z. B. Komponenten, das Login Form, Haupt- und Benutzermenü befinden sich im Frontend in Modulen, und die Mehrsprachigkeit oder zusätzliche Autorisierungsverfahren schalten Sie jeweils über ein Plugin frei.

> **Info: Erweiterungspakete bestehen aus mehreren Erweiterungen**
> Manche Erweiterungen sind so umfangreich, dass das Paket aus Kombinationen von Plugins, Modulen und Komponenten besteht. Die Installation wird dadurch nicht komplexer, aber seien Sie sich bewusst, dass Sie zur Konfiguration der Erweiterung möglicherweise mehrere Anlaufstellen haben, z. B. im Plugin- oder Modulmanager oder über einen eigenständigen Menüpunkt im KOMPONENTEN-Menü.

14.1 Erweiterungen finden und auswählen

Erweiterungen für Joomla! zu finden ist nicht schwer. Entweder begeben Sie sich per Browser ins Joomla! Extensions Directory unter *http://extensions.joomla.org*, oder Sie benutzen den Joomla!-internen *Webkatalog*, der auf das gleiche Repositorium zugreift. Alternativ können Erweiterungsarchive per FTP hochgeladen werden oder aus einem bestimmten Verzeichnis oder sogar einer anderen URL installiert werden.

14.1.1 Im Webkatalog stöbern

Keine Frage, der Webkatalog ist die bequemste Art, in Joomla! die passende Erweiterung zu finden und mit wenigen Mausklicks zu installieren. Zur Verwendung des Webkatalogs gehen Sie im Backend ins Menü ERWEITERUNGEN • VERWALTEN. Befinden Sie sich in der linken Seitenleiste auf der Seite INSTALLIEREN, begrüßt Sie ein kleiner blauer Kasten, dessen Button »AUS WEBKATALOG INSTALLIEREN«-TAB HINZUFÜGEN die Katalogfunktionalität des Joomla! Extensions Directorys in Joomla! aktiviert (siehe Abbildung 14.1). Diese separate Aktivierung ist notwendig, da die Nutzungsbedingungen des Joomla! Extensions Directorys sich von denen des Joomla!-Cores unterscheiden.

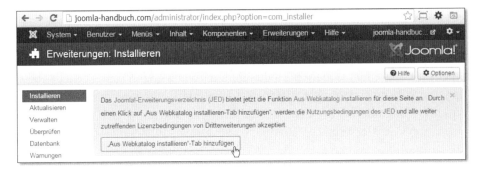

Abbildung 14.1 Aktivieren Sie den Joomla!-internen Webkatalog über das Menü »Erweiterungen« • »Erweiterungen« • »Installieren« • »›Aus Webkatalog installieren‹-Tab hinzufügen«.

Nach Aktivierung des Buttons wird vor die Reiter PAKETDATEI HOCHLADEN, AUS VERZEICHNIS INSTALLIEREN und VON URL INSTALLIEREN der Punkt AUS WEBKATALOG INSTALLIEREN gestellt, und Joomla! lädt sofort die HOME-Seite des Katalogs. Sofort wird klar, wie komfortabel die Funktionalitätserweiterung unter Joomla! ist. Einfach links die Kategorie auswählen und rechts die Beschreibung und vor allem die Bewertung der Extensions studieren. Beim Stöbern sollten Sie die Bedeutung der kleinen Icons verstehen, mit denen jede Erweiterung versehen ist:

- C – COMPONENT
  Die Erweiterung enthält mindestens eine komplette Komponente, die im Hauptmenü oben direkt unter KOMPONENTEN gelistet wird.

- **M – Module**
  Die Extension enthält mindestens ein Modul für das Front- oder Backend, das im Layout der Webseite positioniert wird.
- **P – Plugin**
  Die Erweiterung ergänzt die Grundfunktionalitäten von Joomla!.
- **S – Extension specific addon**
  Erweiterung für eine Erweiterung, um z. B. noch mehr Funktionen in einen WYSIWYG-Editor zu packen oder den Online-Shop auszubauen
- **$ – Paid**
  Die Erweiterung ist kostenpflichtig. Dieses Handbuch stellt größtenteils kostenlose Erweiterungen vor, aber auch Bezahlversionen finden Erwähnung, wenn die Funktionalität besonders wichtig oder interessant ist. Viele kostenpflichtige Erweiterungen gibt es übrigens auch in einer kostenlosen, abgespeckten Variante. *Tipp:* Der Kauf einer Erweiterung rechnet sich besonders gut, wenn Sie mehrere Joomla!-Websites entwickeln, da laut GPL (die *GNU General Public License*, der alle Joomla!-Entwicklungen unterworfen sind) gekaufte Software auf beliebig vielen Domains eingesetzt werden darf.

14.1.2 Auf der JED-Website stöbern

Die Bedienung des Joomla! Extensions Directorys unterscheidet sich nur unwesentlich vom Joomla!-internen Webkatalog. Da beide Frontends auf eine gemeinsame Datenbank zugreifen, stöbern Sie anhand der gleichen englischsprachigen Kategorien. Die Website erlaubt aber zusätzliche Filterkriterien anhand des Erweiterungstyps, des Vorhandenseins einer Demowebsite oder anhand dessen, ob es sich um eine kostenlose oder Bezahlerweiterung handelt (siehe Abbildung 14.2).

Befinden Sie sich in einem Suchergebnis oder einer Kategorie, listet das JED mit Erweiterungen befüllte Kacheln (siehe Abbildung 14.3). Schon in dieser Übersicht lenken Sie Ihre Aufmerksamkeit nicht nur auf die Features der entsprechenden Erweiterung, sondern auch auf die kleine Fußzeile. Für die Kompatibilität zur aktuellen Joomla!-Version muss eine gelb hinterlegte 3 (③) erscheinen. Dahinter lesen Sie die Beliebtheit (Score ⓘ) anhand einer Zahl von 0 bis 100 ab. Ganz rechts befindet sich die Anzahl der Bewertungskommentare der Joomla!-Webmaster, die schon Erfahrung mit der Erweiterung sammelten. Hier zählt, ähnlich wie bei Templatesammlungen aus Kapitel 10, »Layout und Design anpassen«: Je höher die Beliebtheit und je mehr Reviews, desto höher die Wahrscheinlichkeit, dass es sich um ein robustes Stück Software handelt, das regelmäßig gewartet wird und dessen breiter Einsatz auf einen zuverlässigen Support hoffen lässt, wenn es mal ein Problem gibt.

14.1 Erweiterungen finden und auswählen

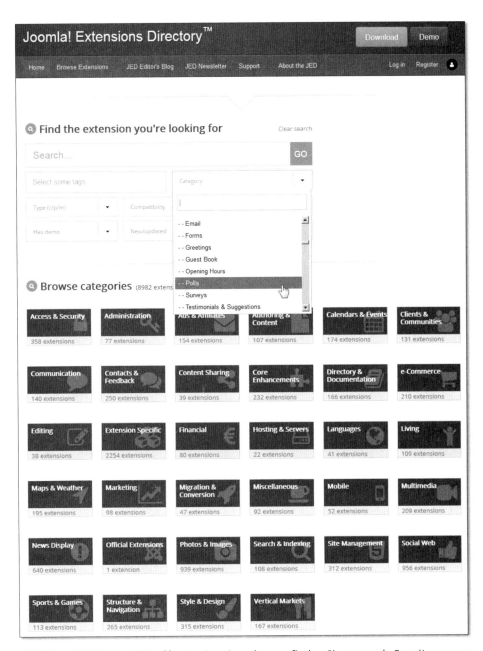

Abbildung 14.2 Unter »http://extensions.joomla.org« finden Sie passende Erweiterungen entweder durch Eingabe eines Suchbegriffs oder Klick in die Erweiterungenkategorien und -unterkategorien.

14 Erweiterungen aktivieren

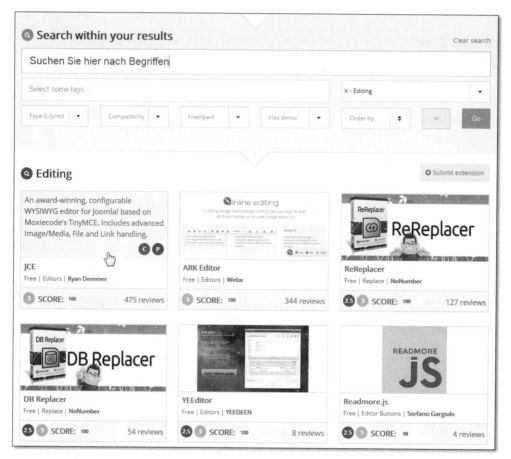

Abbildung 14.3 Die Erweiterungenliste einer Kategorie oder eines Suchergebnisses zeigt pro Erweiterung eine kurze Erklärung, Versionshinweise (»3« ist wichtig), die Beliebtheit und die Anzahl der Testberichte.

Klicken Sie sich nun auf die Detailseite einer Erweiterung, finden Sie weitere Informationen zu Lizenz, Entwickler, letztem Update-Datum und Download-, Demo- und/oder Dokumentationslinks, die direkt zur Entwicklerwebsite führen. Interessant ist auch der Reiter REVIEWS (siehe Abbildung 14.4). Hier hinterlassen Joomla!-Webmaster einen Kommentar und ihre persönliche Bewertung zur Erweiterung; ein wichtiges Werkzeug für Ihre eigene Beurteilung.

> **Tipp: Erweiterungenlisten auf »https://joomla-handbuch.com« einsehen**
> Zwar ist der Softwaremarkt insbesondere im Open-Source-Bereich schnelllebig, aber trotzdem kristallisieren sich aus der Erweiterungenflut immer wieder Produkte heraus, die man als Dauerbrenner bezeichnen könnte. Sie schließen nicht nur eine

grundsätzliche Funktionalitätslücke in Joomla!, sondern werden schon jahrelang von ihren Entwicklern gepflegt und genießen ein hohes Ansehen in der Community. Solche Erweiterungen lernen Sie in den folgenden Kapiteln dieses Teils des Handbuchs kennen. Eine kompakte Liste finden Sie auch auf *https://joomla-handbuch.com* im Menü ERWEITERUNGEN.

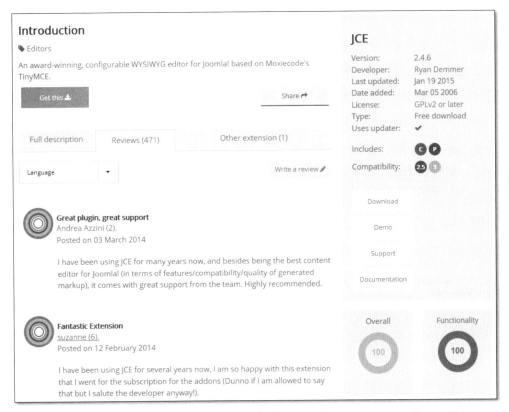

Abbildung 14.4 Auf der Erweiterungsdetailseite finden Sie weitere Angaben zu Kompatibilität, Hersteller und kurze Bewertungskommentare von Joomla!-Administratoren.

14.2 Erweiterungen installieren und verwalten

Zur Installation von Erweiterungen begeben Sie sich immer in den Erweiterungsmanager unter ERWEITERUNGEN • VERWALTEN. Achten Sie darauf, dass Sie sich innerhalb des Erweiterungsmanagers auf der INSTALLIEREN-Seite (linke Seitenleiste) befinden, dann stehen Ihnen über verschiedene Reiter vier Installationsmethoden zur Wahl:

- **Aus Webkatalog installieren**
  Die bequemste Art der Installation: Innerhalb der Joomla!-Oberfläche durchstöbern Sie das Joomla! Extensions Directory und klicken bei den Erweiterungen Ihrer Wahl einfach auf INSTALLIEREN. Das funktioniert allerdings nicht bei allen Erweiterungen, einige erfordern den DOWNLOAD des Installationspakets (in der Regel ein ZIP-Archiv, aber auch andere Archivarten sind möglich, z. B. *.tar.gz*), mit dem Sie dann eine der beiden folgenden Installationsmethoden nutzen.

  Hinweis: Erscheint dieser Reiter nicht bei Ihnen, aktivieren Sie ihn über den Button »AUS WEBKATALOG INSTALLIEREN«-TAB HINZUFÜGEN aus der Hinweismeldung über den Reitern.

- **Paketdatei hochladen**
  Wählen Sie diesen Reiter, wenn das Installationspaket der Erweiterung auf Ihrem lokalen Rechner liegt. Klicken Sie dann auf DATEI AUSWÄHLEN, suchen das ZIP-Archiv heraus und beginnen die Installation mit HOCHLADEN & INSTALLIEREN.

> **Hintergrund: Erweiterungstyp aufgrund des Dateinamens erkennen**
>
> Den Dateinamen aller Erweiterungen liegt eine Namenskonvention zugrunde, die Rückschlüsse auf die Art der Erweiterung zulässt.
>
> Beginnt der Dateiname mit *com_*, handelt es sich um eine Komponente, den umfangreichsten Erweiterungstyp mit Benutzeroberfläche und eigenem Menüeintrag im Menü KOMPONENTEN. *plg_* deutet auf ein Plugin, das Sie nach der Installation über ERWEITERUNGEN • PLUGINS aktivieren. Bei *mod_* handelt es sich entweder um ein Frontend- oder Backend-Modul, einen kleinen Webseitenkasten, der besondere Informationen oder Funktionen enthält.
>
> Ist eine Erweiterung besonders groß ausgefallen, z. B. das Kunena-Forum oder das Content Construction Kit SEBLOD, dann beginnen die Dateinamen mit *pkg_* für Package (deutsch: Paket). Das ZIP-Archiv enthält dann mehrere Untererweiterungen, die sich wiederum aus Plugins, Modulen und/oder Komponenten zusammensetzen. Für die Installation in Joomla! genügt aber der Import der *pkg_*-Datei.

- **Aus Verzeichnis installieren**
  Ist kein Browser-Upload des Installationspakets möglich, legen Sie über diese Option das Erweiterungsarchiv per FTP auf demselben Server ab, auf dem Joomla! installiert ist. Unter PFAD ZUM PAKETVERZEICHNIS hinterlegen Sie dann den genauen Ort, wo Joomla! die ZIP-Datei findet, und starten die Einrichtung über den Button INSTALLIEREN.

  Diese Art der Installation ist praktisch, wenn Sie mehrere Joomla!-Instanzen mit identischer Feature-Konfiguration installieren und so ein Gesamtpaket, bestehend aus Joomla! und allen Erweiterungsarchiven, verteilen.

▶ Von URL installieren
Über diese Variante haben Sie keine Berührungen mit den involvierten Erweiterungspaketen; geben Sie einfach die genaue URL an, wo Joomla! die ZIP-Datei findet, und klicken Sie auf Installieren.

> **Achtung: Testen Sie Erweiterungenkombinationen auf Kompatibilität**
>
> Insbesondere Plugins und Komponenten greifen tief in das Fundament von Joomla! ein, wobei die Möglichkeit besteht, dass sich manche dieser Manipulationen widersprechen oder nicht aufeinander abgestimmt sind. Beispielsweise erlauben SEO-Erweiterungen die Optimierung von Webseiten-URLs. Was aber, wenn zwei Komponenten sich an der URL-Manipulation versuchen? Das Resultat sind Fehlermeldungen und unerwartetes Verhalten des Content-Management-Systems. Installieren Sie deshalb Erweiterungen immer nacheinander auf einem Testsystem, legen Sie vorher Backups an, und führen Sie intensive Systemtests durch, um keine bösen Überraschungen zu erleben.

Nach Installation der Erweiterung erscheinen in der Regel eine Danke- oder Hallo-Welt-Meldung und die Bestätigung der Aktivierung der involvierten Plugins oder Komponenten. Behalten Sie ihre Bezeichnungen im Hinterkopf, um sie später zur Konfiguration oder Deaktivierung in der jeweiligen Manageransicht wiederzufinden.

In der linken Seitenleiste finden Sie neben Installieren weitere Funktionalitäten des Erweiterungsmanagers:

▶ Aktualisieren (siehe Abbildung 14.5)
In dieser Listenansicht erscheinen Erweiterungen, für die Joomla! ein Update gefunden hat. Über die Verfügbarkeit solcher Updates werden Sie in der Regel (wenn der Entwickler das vorsieht) im Kontrollzentrum informiert, in der linken Spalte unten im Bereich Wartung. Es schadet aber nicht, ab und zu einen Blick auf die Aktualisieren-Seite zu werfen, um mit dem Button Aktualisierungen suchen auszuschließen, dass die automatische Benachrichtigung Updates übersieht.

Zur Installation der Updates markieren Sie die Erweiterung mit einem Häkchen und klicken in der oberen Buttonleiste auf Aktualisieren. *Wichtig*: Halten Sie Ihre Erweiterungen immer auf dem aktuellen Stand, damit Ihr Joomla!-System so robust, fehlerfrei und sicher wie möglich ist.

▶ Verwalten (siehe Abbildung 14.6)
Listet alle Erweiterungen, egal ob Komponente, Plugin, Sprache, Gesamtpaket oder Template. Diese Ansicht dient vornehmlich der Aktivierung/Deaktivierung (Klick in Spalte Status) und der Deinstallation (Markierung mit Häkchen, dann Deinstallieren in der Buttonleiste) von Erweiterungen. *Tipp*: Verwenden Sie die Filter in der linken Seitenleiste, um die umfangreiche Liste einzuschränken, z. B. nach Typ.

14 Erweiterungen aktivieren

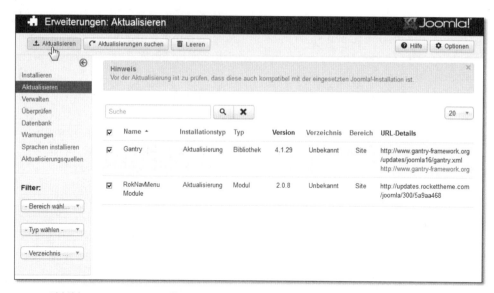

Abbildung 14.5 Zur Installation von Erweiterungs-Updates markieren Sie die Erweiterungen und klicken auf »Aktualisieren« – halten Sie Ihr System aus Sicherheitsgründen immer auf dem aktuellsten Stand.

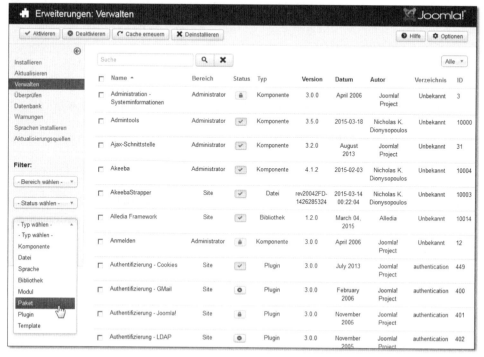

Abbildung 14.6 Übersichtlicher wird die Erweiterungenliste nach einer Filterung über die linke Seitenleiste, z. B. nach »Typ« der Erweiterung.

▶ ÜBERPRÜFEN

Seltener Fall: Falls Sie keine der oben genannten Möglichkeiten zur Installation einer Erweiterung nutzen, ist Ihr Webspace zu stark reglementiert, um z. B. ZIP-Archive zu entpacken. In diesem Fall laden Sie die bereits entpackte Erweiterung in den in der Installationsanleitung angegebenen Ordner auf dem Server und klicken auf dieser Seite auf den Button ÜBERPRÜFEN, dann auf INSTALLIEREN. Joomla! erkennt dann die eingestellten Dateien und fügt die Erweiterung offiziell in den Erweiterungsmanager.

▶ DATENBANK

Joomla! und alle Erweiterungen führen eine präzise Historie aller Änderungen an den Tabellenstrukturen in der Datenbank. Im Verdachtsfall (Fehlermeldungen), dass diese Strukturen nicht auf dem aktuellen Stand sind, klicken Sie auf den Button REPARIEREN, und Joomla! rekonstruiert den Sollzustand des Datenbankstands.

▶ WARNUNGEN

Auf dieser Seite listet Joomla! potenzielle Probleme der Installation. Die Hinweise sind sehr spezifisch und bieten immer die passende Problemlösung. Beachten Sie, dass es sich um Warnungen handelt und nicht um Fehler. Die angegebenen Hinweise verursachen möglicherweise niemals Probleme, haben aber das Potenzial dazu, sobald Sie Joomla! weiter ausbauen.

▶ SPRACHEN INSTALLIEREN

Um das Administrations-Backend oder Joomla!-Komponenten im Frontend in einer anderen Sprache anzubieten, installieren Sie jeweils ein Komplettpaket, das alle Übersetzungen enthält. Diese Seite listet nach Klick auf den Button SPRACHEN SUCHEN alle zur Verfügung stehenden Sprachen. Markieren Sie die hinzuzufügende Sprache einfach durch ein Häkchen, und klicken Sie in der Buttonleiste auf INSTALLIEREN. Mehr zum Thema finden Sie in Abschnitt 12.1.1, »Joomla!-Sprachpakete installieren«.

▶ AKTUALISIERUNGSQUELLEN

Listet die Websites, von denen die auf Ihrem System installierten Erweiterungen stammen. Die eigentliche Aktualisierungs-URL lässt sich hier leider nicht ändern, sondern nur die automatische Suche nach Updates deaktivieren (Spalte STATUS). *Tipp*: Falls Sie die Aktualisierungs-URL einer Erweiterung doch einmal ändern müssen, bemühen Sie phpMyAdmin, um einen Blick in die Datenbank zu werfen. In der Tabelle #__UPDATE_SITES (»#_« entspricht dem in Ihrer Joomla!-Installationen vergebenen zufälligen Tabellenpräfix) passen Sie die Adresse in der Spalte LOCATION an.

> **Achtung: Halten Sie Ihr Joomla!-System schlank**
>
> Weniger ist mehr! Der Einsatz vieler Erweiterungen, insbesondere Plugins, erfordert viel Rechenzeit beim Erzeugen der Webseiten, was in langen Ladezeiten für Ihre Websitebesucher resultiert. Installieren Sie deshalb nur die nötigsten Features, am besten auf einem Testsystem, um sicherzustellen, dass die Funktionalitäten der Erweiterungen Ihren Erwartungen entsprechen.

14.3 Module, Plugins und Komponenten verwalten

Im Menü ERWEITERUNGEN finden Sie neben dem Erweiterungsmanager auch die Manageransichten der Module, Templates (siehe Abschnitt 10.2, »Module einrichten«, und Abschnitt 10.3, »Templates verwalten«), Sprachen (siehe Abschnitt 12.1.1, »Joomla!-Sprachpakete installieren«), sowie der Plugins. Die Bedienung dieser Listen ist vergleichbar mit dem Beitrags- oder Benutzermanager:

▶ **Detailbearbeitung**

Ein Klick auf den Elementnamen führt zum Bearbeitungs- oder Optionenformular des Elements. In Abbildung 14.7 klicken Sie z. B. den Plugin-Namen an, um zur jeweiligen Plugin-Konfiguration zu gelangen.

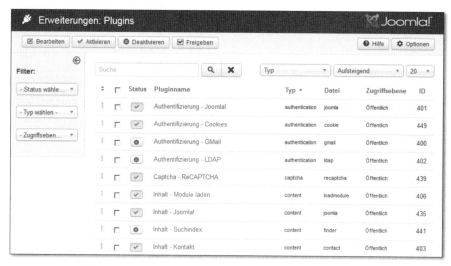

Abbildung 14.7 Über den Plugin-Manager gelangen Sie durch einen Klick auf »Pluginname« in die Konfiguration der Erweiterung.

▶ **Aktionen**
Markieren Sie einzelne Listenelemente mit einem Häkchen, und initiieren Sie eine Aktion über die obere Buttonleiste; mögliche Optionen sind beispielsweise Bearbeiten, Deaktivieren, Aktivieren oder Löschen/Deinstallieren.

▶ **Sortieren**
Klicken Sie auf die Spaltenüberschriften für eine Umsortierung der Listenelemente, z. B. nach Status, Name/Titel oder Zugriffsebene. Klicken Sie ein zweites Mal auf die Spaltenüberschrift, dreht sich die Sortierung um, also z. B. alphabetisch von A–Z zu Z–A.

▶ **Filtern**
Dropdown-Listen in der linken Seitenleiste erlauben das Eingrenzen der dargestellten Listenelemente – besonders praktisch im Erweiterungs-, Plugin- und Modulmanager, da die Liste im Laufe der Zeit sehr lang wird.

▶ **Suchen**
Geben Sie ein paar Buchstaben aus Name oder Titel ein, um alle passenden Listenelemente herauszusuchen.

▶ **Optionen**
Klicken Sie oben rechts auf den Button Optionen, gelangen Sie zur Konfiguration der betreffenden Komponente, die Sie auch über System • Konfiguration erreichen.

Nach der grundsätzlichen Bedienung des Erweiterungsmanagers lernen Sie in den folgenden Kapitel Erweiterungen kennen, die Ihnen den täglichen Umgang mit Joomla! erleichtern und das CMS um stattliche Features bereichern und Ihre Website auf besondere Anwendungsfälle ausrichten. Es folgt zunächst ein Blick auf die offiziellen Joomla!-Komponenten. Das sind Funktionen, die noch teilweise Bestandteil einer Standardinstallation sind, aber in Zukunft Schritt für Schritt aus dem Kern von Joomla! herausoperiert und als zusätzliche Erweiterungen im Joomla! Extensions Directory bereitgestellt werden. Es folgen die empfohlenen Erweiterungen in Kapitel 16 – Erweiterungen, die in kaum einer Joomla!-Installation fehlen sollten. Danach lernen Sie Erweiterungen für spezielle Website-Anwendungsgebiete kennen, Joomla! als professionelles Content-Management-System, Community-Plattform oder Online-Shop.

Kapitel 15
Offizielle Joomla!-Komponenten

Seit Version 3.4 verschlanken die Joomla!-Entwickler das Content-Management-System und entfernen schrittweise Komponenten, die nicht unbedingt jede Website benötigt. Erscheint Ihnen eine sinnvoll, die bereits entfernt wurde, finden Sie sie im Joomla! Extensions Directory.

In Teil 2, »Joomla! benutzen«, lernten Sie die wichtigsten Joomla!-Features kennen, die die Kernfunktionalität eines modernen Content-Management-Systems bereitstellen. Mit ihnen erzeugen Sie Websites, wie Sie sie größtenteils im Internet vorfinden. Abseits dieser Standardfunktionen erweitern sogenannte offizielle Joomla!-Komponenten das CMS um zusätzliche Inhaltselemente und Features. Diese waren früher vollständig in Joomla! integriert und werden in den aktuellen und zukünftigen Versionen schrittweise herausoperiert, um sie dann als installierbare Erweiterungen im Joomla! Extensions Directory bereitzustellen. Die Idee dahinter ist eine Verschlankung des Joomla!-Cores, denn nicht jede Website benötigt die fraglichen Komponenten.

Abhängig von Ihrer eingesetzten Joomla!-Version ist diese Verschlankung teilweise oder vollständig durchgeführt worden. Falls Sie eine der in diesem Kapitel vorgestellten Komponenten nicht im KOMPONENTEN-Menü vorfinden, die Funktionalität aber sinnvoll für Ihre Website erscheint, besuchen Sie das Joomla! Extensions Directory, Kategorie OFFICIAL EXTENSIONS, unter *http://extensions.joomla.org/category/official-extensions*. Laden Sie die Komponente dann herunter, und installieren Sie sie wie jede andere Erweiterung.

Allen voran handelt es sich bei diesen Komponenten um eine leistungsfähige *Suche*, die nach Eingabe eines Begriffs Beiträge und andere Inhaltselemente Ihrer Website aufstöbert und übersichtlich im Frontend präsentiert. Um Beiträge neben der Kategorisierung zusätzlich thematisch zu organisieren, dienen *Schlagwörter* (englisch: *Tags*), für die auch spezielle Webseiten mit Schlagwortlisten und Beitragsverlinkungen bereitgestellt werden können. Solche Arten von Übersichtsseiten mit Beitragslisten lassen sich von Ihren Besuchern außerdem als *Newsfeed* abonnieren, Joomla! kann aber auch externe Newsfeeds im Contentbereich Ihrer Website darstellen. Mit *Bannern* definieren Sie einen Bereich im Layout der Webseiten, der sich mit besonders plakativ und visuell orientiertem Inhalt bestücken lässt. Site-interne

Promotions oder Banner von Werbekunden lassen sich so elegant integrieren. Mit *Kontakten* ernennen Sie bestimmte Benutzer zu Ansprechpartnern; diese erhalten dann eine gesonderte Frontend-Webseite mit Kontaktdetails und Anfrageformular. Weiterhin lernen Sie in diesem Kapitel mit *Umleitungen* ein Backend-Feature kennen, mit dem Sie verhindern, dass falsch verlinkte Seiten in einer Fehlermeldung resultieren, sondern das Besucher auf eine sinnvolle Contentseite weiterleitet. Last, but not least sind *Weblinks* ein Inhaltselement zur Verwaltung und Präsentation von URLs.

Begriff	Erklärung
Banner	stark visuell orientiertes Inhaltselement, das sich meist in oberen Bereich einer Webseite (»above the fold«) befindet; wird gerne für Werbeeinblendungen genutzt
Kontakt	im Sinne von Joomla! ein Benutzer mit einer erweiterten Profilseite, die Kontaktdetails und ein Anfrageformular enthält
Newsfeed	Spezielles Format der Bereitstellung von Websiteinhalten. Der Content wird in Form einer Liste präsentiert, ist also besonders übersichtlich und daher geeignet für News/Nachrichten oder Blogeinträge. Um Newsfeeds zu lesen, benötigt man eine spezielle Newsreader-Software; einige E-Mail-Clients können ebenfalls Newsfeeds darstellen, z. B. Thunderbird oder Outlook.
Schlagwörter, Tags	ein weiterer Mechanismus neben Kategorien, der die thematische Strukturierung von Inhalten ermöglicht
Suche, Smart Search	Nach Eingabe eines Suchbegriffs erhalten Ihre Besucher eine Liste von Webseiteninhalten (Beitrags- oder Übersichtsseiten), auf denen der Begriff vorkommt; es handelt sich um eine *Volltextsuche*, d. h., es werden nicht nur Überschriften, sondern auch Textstellen im Gesamtfließtext eines Beitrags gefunden. Die sogenannte *Smart Search* ist die Weiterentwicklung der in die Jahre gekommenen alten Suchkomponente und arbeitet mit Wortstämmen, um Tippfehler bei der Eingabe des Suchbegriffs abzufangen.
Umleitung	Technisches Mittel zur Weiterleitung bestimmter URLs auf eine andere, vorher definierte Webseite. So lassen sich veraltete Bookmarks und falsche Verlinkungen abfangen.
Weblinks	Verwaltung kategorisierbarer Internetadressen mit Beschreibungstexten und flexibler Auflistung im Frontend

Tabelle 15.1 Die wichtigsten Begriffe zu den offiziellen Komponenten von Joomla!

All diese Features befinden sich oder platzieren sich nach der Installation im Menü KOMPONENTEN. Praktisch: Falls Sie schon intensiv mit Beiträgen und Beitragskategorien gearbeitet haben, fällt Ihnen der Umgang mit diesen Erweiterungen sehr leicht. Die Übersichtslisten, das Kategoriemanagement und die über die Reiter verteilten Konfigurationen sind oft nicht nur ähnlich, sondern nahezu identisch mit der Beitragsbearbeitung. Bei identischen Einstellungen finden Sie deshalb auf den folgenden Seiten gelegentlich eine Referenz zurück ins Kapitel 7, »Content verwalten«, z. B. wenn es um die Organisation von Kategorien der Kontaktkomponente geht.

Hinweis: Dieses und die Folgekapitel gehen nicht explizit auf die Installation der Erweiterungen ein, da die Prozedur ausführlich in Kapitel 14, »Erweiterungen aktivieren«, behandelt wurde.

15.1 Banner einrichten

Wer im Internet auf eigene Faust fleißig Content publiziert, hat über Werbung die Möglichkeit, eine Liquiditätsquelle zu erschließen, die nicht nur die eigenen Webhosting-Kosten deckt, sondern für ein kleines Einkommen sorgen kann. Als großer Partner hat sich z. B. Google mit seinem AdSense-Programm weit etabliert. Aber auch Amazon, eBay und kleinere Dienstleister unterziehen Ihrer Website gerne einer kurzen Prüfung, um Sie als Werbepartner in Betracht zu ziehen und Werbebanner einzublenden. Bei diesen Bannern handelt es sich um plakative Bilder, manchmal auch Animationen mit einem Ziel: ein Klick des Websitebesuchers.

Die Einblendung von AdSense oder technologisch ähnlich gestalteten Anzeigen erfolgt über JavaScript- und HTML-Code auf Ihrer Website, der den eigentlichen Anzeigeninhalt von einem Werbeserver nachlädt. In diesen Fällen fügen Sie den Code über ein Modul des Typs EIGENE INHALTE (LEERES MODUL) in Verbindung mit der Erweiterung Sourcerer (siehe Abschnitt 16.5, »Quelltext einfügen mit Sourcerer«) in Ihre Website. Erhalten Sie aber von Ihrem Werbepartner keinen Quellcode, sondern Bilder oder Animationen und eine Ziel-URL, kommt die leistungsstarke Bannerkomponente von Joomla! zum Einsatz. Sie erlaubt Ihnen die Organisation von kategorisierten visuellen Bannern, die Zuordnung zu Kunden, Konfiguration der Anzeigerotation und sogar eine rudimentäre Auswertung für Abrechnungen.

Komponente/Erweiterung	Banner
JED-Kategorie	OFFICIAL EXTENSIONS
Download, falls nicht mehr in Joomla! enthalten	http://extensions.joomla.org/category/official-extensions
Zweck	Verwaltung und Darstellung von Werbebannern und Verknüpfung mit Joomla!-interner Kundentabelle

15.1.1 Banner erzeugen

Am einfachsten nutzen Sie die Bannerkomponente über das Menü Komponenten • Banner • Banner und ignorieren zunächst die Zuweisung von Kategorien oder Kunden. Ein Szenario, das für die meisten Bannerintegrationen genügt.

Bannerbilder bereitstellen

Vor dem Einsatz der Bannerkomponente sollten Sie bereits alle Bannerbilder parat haben. Die erhalten Sie üblicherweise in zahlreichen Variationen von Ihrem Werbekunden. Daher ist es zunächst wichtig, dass Sie das Layout des von Ihnen eingesetzten Templates genau kennen und wissen, wo das Banner platziert wird, denn davon ist vor allem die Größe, also die Breite und Höhe des Bilds, abhängig. Bannerdimensionen sind standardisiert; ein großes horizontales Banner misst beispielsweise 728×90 Pixel. Diese Standardisierung hat den Vorteil, dass Designer eine Auswahl von Varianten erzeugen, die bei den vielen Werbeträgerwebsites in vorbereitete, definierte Layoutslots passen.

Haben Sie die Bannerbilder erhalten, spielen Sie sie im Medienmanager ein, am besten in den Ordner */images/banners/*, den das CMS bereits während der Installation standardmäßig anlegte. Das erledigen Sie entweder per FTP oder über den Medienmanager unter Inhalt • Medien • Button Hochladen. Wechseln Sie dort in das Verzeichnis */banners/* (wichtig, denn Bilder können über den Medienmanager nicht nachträglich verschoben werden), und klicken Sie dann auf den Button Dateien auswählen. Markieren Sie im Dateidialog ein oder mehrere Bannerbilder, und bestätigen Sie den Upload schließlich mit Hochladen starten.

Banner erstellen

Ist das Bannerbild nun im Backend verfügbar, erzeugen Sie das Bannerelement:

1. Wechseln Sie über Komponenten • Banner • Banner zum Bannermanager.
2. Klicken Sie oben links auf den Button Neu, um ein neues Banner anzulegen.
   - Wählen Sie einen aussagekräftigen Titel, der den Inhalt der Seite beschreibt, auf die das Banner verlinkt. Der hier hinterlegte Text landet im Frontend im `title`-Attribut des Links, ist daher wichtig für Suchmaschinen und erscheint beim Darüberfahren mit der Maus.
   - Bild: Wählen Sie das zuvor hochgeladene Bild aus; der Dateidialog springt schon automatisch ins korrekte Unterverzeichnis */banners/*, Sie dürfen sich aber auch in jedes andere Medienverzeichnis durchklicken.
   - In der Regel ignorieren Sie die Felder Breite und Höhe. HTML-konform ist es, Sie überlassen es CSS-Framework und Browser und gegebenenfalls CSS-Overrides, das Bild auf die korrekte Größe zu skalieren.

- ALTERNATIVER TEXT bezieht sich auf das berühmt-berüchtigte alt-Attribut des <img>-Tags. Sie sollten es immer ausfüllen, um das Bild auch Suchmaschinen und Menschen mit Sehproblemen einen Eindruck der Illustration zu vermitteln.
- Unter ZIELADRESSE geben Sie die URL der zu verlinkenden Webseite ein. Hier empfiehlt sich die Angabe einer speziell für die Banneraktion bereitgestellten Landing-Page.
- KATEGORIE (rechte Spalte): Verwalten Sie viele Banner, lohnt es sich, diese über zuvor über KOMPONENTEN • BANNER • KATEGORIEN angelegte Kategorien zu gruppieren (siehe Abbildung 15.1). Abgesehen von der im nächsten Reiter folgenden Kundenzuordnung ist das die einzige Möglichkeit, Bannerrotationen zu filtern.

Abbildung 15.1 Erst wenn Sie viele Banner und Werbekunden verwalten müssen, lohnt sich eine Bannergruppierung über Kategorien.

- WICHTIG: Schalten Sie dieses Feld auf JA für zu bevorzugende Banner. Diese Einstellung beeinflusst später die Bannerrotation und welche Banner vor anderen, priorisiert, erscheinen.

3. SPEICHERN & SCHLIESSEN Sie die Bannerbearbeitung.

Besonders interessant sind die Einstellungen im Reiter OPTIONEN, denn hier haben Sie Kontrolle über das Einblenden des Banners, die Zuweisung zu einem Werbekunden und Einblick in Statistiken. Diese Einstellungen sind übrigens auch als Standardoptionen über die globale Bannerkonfiguration unter SYSTEM • KONFIGURATION • Komponente BANNER • Reiter KUNDEN erreichbar. Im Reiter VERLAUFOPTIONEN steuern Sie außerdem die Versionierung der Banner (siehe Abschnitt 7.1.2, »Beitrag auf der Homepage darstellen«).

- **Max. Aufrufe**: Anzahl der Einblendungen dieses Banners; wird die Zahl erreicht, erscheint das Banner nicht mehr.
- **Summe aller Aufrufe**: Zähler, wie oft das Banner auf den Webseiten dargestellt wurde
- **Summe aller Klicks**: Zähler, wie oft auf das Banner geklickt wurde, das Verhältnis zwischen Aufrufen und Klicks nennt man *Click-through-rate* (CTR). Seien Sie nicht schockiert, wenn dieser Zähler im Vergleich zu den Aufrufen sehr niedrig ist. Die durchschnittliche CTR ist z. B. bei Google AdWords etwa 2 %.
- **Kunde**: Bei größeren Bannersammlungen weisen Sie die Banner bestimmten Kunden zu, siehe Abschnitt 15.1.2, »Kunden anlegen und verwalten«.
- **Zahlweise**: ein Erinnerungsfeld, das Sie benutzen, um z. B. die Kundenübersicht nach jährlichen, monatlichen, wöchentlichen oder täglichen Abrechnungen zu sortieren
- **Statistik der Aufrufe, Statistik der Klicks**: Wählen Sie hier Ja, führt Joomla! ausführliche Anzeige- und Anklickstatistiken zum aktuellen Banner, wichtig für eine exakte Abrechnung. Falls Sie mit der Unterkomponente Kunden arbeiten, können Sie hier auch den Wert Kundenstandard verwenden, um die Standardeinstellung zu übernehmen.

Der Standardreiter Veröffentlichung, über den die meisten Joomla!-Inhaltselemente verfügen, ist insbesondere für die Banner interessant: Über die Felder Veröffentlichungsstart und Veröffentlichungsende kontrollieren Sie die Zeitperiode, in der das Banner aktiv ist.

Banner kategorisieren

Planen Sie, Banner auf Ihrer Website verstärkt einzusetzen, bietet die Komponente zwei Mechanismen zur Gruppierung: Kunden und Kategorien. Über den Umgang mit Kunden lesen Sie in Abschnitt 15.1.2, »Kunden anlegen und verwalten«. Kategorien verhalten sich exakt wie die Kategorien für Beiträge. Mehr über ihre Handhabe erfahren Sie in Abschnitt 7.4, »Kategorien anlegen und verwalten«.

Banner im Modul darstellen

Zur Darstellung im Frontend kommt bei der Bannerkomponente kein Menüeintragstyp zum Einsatz, sondern ein kleines Modul, das Sie über Erweiterungen • Module • Button Neu • Modultyp Banner erzeugen.

Über den Reiter Modul bearbeiten Sie vor allem die Bannerrotation, also Bedingungen und Reihenfolge für die Einblendung der Banner.

- ZIEL: Browserfenster, in dem der Link öffnet, nachdem der Besucher auf das Banner klickt. Für externe Websites empfiehlt sich IN NEUEM FENSTER ÖFFNEN für einen neuen Browsertab.
- ANZAHL: Zahl der untereinander in diesem Modul angezeigten Banner. Gehen Sie hier lieber etwas konservativer vor. Die standardmäßig eingestellten 5 Banner sind übertrieben; 1 Banner genügt pro Modul, um das Layout nicht zu überfrachten.
- KUNDE: Ermöglicht die Filterung der in diesem Modul angezeigten Banner nach vorher angelegten Kunden (siehe Abschnitt 15.1.2, »Kunden anlegen und verwalten«).
- KATEGORIE: Die zweite Filtermöglichkeit zieht Kategorien hinzu, die Sie zuvor den Bannern zuordnen. Beliebige Kategoriekombinationen sind erlaubt.
- NACH META-SCHLÜSSELWORT SUCHEN: Setzt die Banneranzeige in Abhängigkeit zu den auf der Webseite eingestellten META-SCHLÜSSELWÖRTERN. Nur wenn es Übereinstimmungen zwischen META-SCHLÜSSELWÖRTERN der Seite und des Banners, seiner Kategorie oder zugewiesenen Kunden gibt, wird das betreffende Banner dargestellt. *Wichtig*: Stellen Sie diese Option von der Standardeinstellung JA auf NEIN, falls Sie nicht mit Meta-Schlüsselwörtern arbeiten, andernfalls erscheinen keine Banner im Frontend.
- ZUFÄLLIG: Das Feld müsste eigentlich *Anzeigereihenfolge* heißen. Hiermit steuern Sie die Rotation, also die Aufeinanderfolge der anzuzeigenden Banner: Als WICHTIG markierte Banner erhalten dabei stets den Vorzug; danach geht es entweder in REIHENFOLGE des Erstellungsdatums oder ZUFÄLLIG weiter.
- KOPFZEILE, FUSSZEILE: Begleitender Text über und unter dem Banner. Da das Banner an sich sämtliche Informationen enthält, sind diese Felder in der Regel überflüssig.
- Falls Ihre Banner plakativ genug sind, als Werbeeinblendungen erkannt zu werden, verstecken Sie den Modultitel in der rechten Spalte über den Schalter TITEL ANZEIGEN.
- Über die Felder VERÖFFENTLICHUNG STARTEN und VERÖFFENTLICHUNG BEENDEN blenden Sie das Modul innerhalb eines bestimmten Zeitraums ein, z. B. für eine zeitlich begrenzte Promotionaktion eines Kunden. Beachten Sie jedoch, dass sich die Angaben zum Zeitraum an dieser Stelle auf das gesamte Modul beziehen und damit auch die Anzeige von Bannern etwaiger anderer Kunden beeinflussen. Eine banner-individuelle zeitliche Begrenzung konfigurieren Sie deshalb unter KOMPONENTEN • BANNER • BANNER • in der individuellen Bannereinstellung • Reiter VERÖFFENTLICHUNG. Hier finden Sie die passenden Felder VERÖFFENTLICHUNGSSTART und VERÖFFENTLICHUNGSENDE.

Abbildung 15.2 Schon bevor Sie Banner einrichten, sollten Sie die »Position« des Bannermoduls für die ideale Breite und Höhe des Bannerbilds kennen.

Mit den Feldern KUNDE, KATEGORIE und NACH META-SCHLÜSSELWORT SUCHEN geben Sie Bedingungen für die Banneranzeige vor. Noch mehr Kontrolle haben Sie über den Reiter MENÜZUWEISUNG – ein Standardreiter aller Module. Über das Feld MODULZUWEISUNG grenzen Sie das Einblenden des aktuellen Bannermoduls auf bestimmte Seiten ein. Wählen Sie dazu aus der Dropdown-Liste den Eintrag NUR AUF DEN GEWÄHLTEN SEITEN, und setzen Sie ein Häkchen vor alle Menüeinträge, auf deren Webseiten das Banner erscheinen soll.

15.1.2 Kunden anlegen und verwalten

Falls Sie mehr als einen Werbebannerkunden verwalten, werfen Sie einen Blick in KOMPONENTEN • BANNER • KUNDEN. Über diesen Manager organisieren Sie beliebig viele Kunden und ihre Kontaktdaten und aktivieren die für die Abrechnung notwendigen Statistiken. Mit dem Button NEU legen Sie einen neuen Kunden an, die wichtigsten Felder sind:

- KONTAKTNAME, KONTAKT E-MAIL: Ihr Kontakt beim Kunden; dieses Feld ist nicht mit der offiziellen Joomla!-Komponente KONTAKTE verbunden.
- ZAHLWEISE: ein Erinnerungsfeld, das Sie benutzen, um z. B. die Kundenübersicht nach jährlichen, monatlichen, wöchentlichen oder täglichen Abrechnungen zu sortieren
- STATISTIK DER AUFRUFE, STATISTIK DER KLICKS: Legen Sie den Schalter auf JA, damit Joomla! Aufruf- und Anklickstatistiken für Banner führt, die diesem Kunden zugewiesen sind. An dieser Stelle konfigurieren Sie den Standardwert für alle Banner des Kunden; individuelle Einstellungen sind im entsprechenden Banner-Konfigurationsformular möglich.
- Reiter METADATEN: Stellen Sie SCHLÜSSELWÖRTER ein, die mit META-SCHLÜSSELWÖRTERN eines Beitrags übereinstimmen müssen, damit ein Banner auf der entsprechenden Webseite erscheint. Möchten Sie diese Filterfunktion nutzen, konfigurieren Sie außerdem das Feld NACH META-SCHLÜSSELWORT SUCHEN in den Einstellungen zum etwaigen Bannermodul.

15.1.3 Banner auswerten

Haben Sie die Option STATISTIK DER AUFRUFE (englisch: *Impressions*) und/oder STATISTIK DER KLICKS bei Neuanlage eines Banners oder als Banner-Standardwert beim Anlegen eines Kunden auf JA gesetzt, führt die Bannerkomponente automatisch Statistiken, die Sie zur Abrechnung nutzen. Die Übersichten erreichen Sie über KOMPONENTEN • BANNER • STATISTIKEN. Hier präsentiert Joomla! eine lange Liste der Impressions (ANZEIGE) und Klicks, die Sie auf der linken Seite nach KUNDE, KATEGORIE oder ANZEIGE-/KLICK-TYP filtern. Eine weitere wichtige Filterung für die Abrechnungszeit erreichen Sie über die Angabe des ANFANGSDATUMS und ENDDATUMS oberhalb der Liste. Jetzt können Sie die für die Abrechnung wichtigen Angaben aus der Spalte ANZEIGE (Impressions) und ERGEBNIS (Klicks) ablesen.

> **Tipp: Bannerstatistik als CSV exportieren und in Excel importieren**
>
> Statt die Bannerstatistiken in der Administrationsoberfläche von Joomla! einzusehen, empfiehlt sich ihre Verwaltung in Excel oder einer anderen Tabellenkalkulation. Damit stellen Sie sicher, dass Ihre Daten offline gespeichert sind, und haben deutlich mehr Filter-, Sortier- und Verwertungsmöglichkeiten.
>
> Exportieren lassen sich die Statistiken über KOMPONENTEN • BANNER • STATISTIKEN. Stellen Sie die FILTER und den Abrechnungszeitraum ein, und klicken Sie oben in der Buttonleiste auf EXPORT. Im Popup-Fenster übernehmen Sie die Standardwerte aller

Felder (insbesondere KOMPRIMIERT ist sinnvoll, da eine große Menge an Daten anfallen kann) und starten den Download über den Button STATISTIKEN EXPORTIEREN.

Im Download-Verzeichnis Ihres Arbeitsrechners finden Sie nun eine ZIP-Datei, die Sie zunächst entpacken. Die daraus extrahierte CSV-Datei kann vielleicht direkt in Ihre Abrechnungssoftware, mindestens aber in Excel, importiert werden. Klicken Sie dazu *nicht* doppelt auf die Datei; dabei ignoriert Excel die Trennung der einzelnen Felder. Stattdessen starten Sie zunächst die Tabellenkalkulation für ein leeres Arbeitsblatt. Wechseln Sie dann in das Menüband DATEN, und wählen Sie den Button AUS TEXT. Markieren Sie im Dateidialog die CSV-Datei, und wählen Sie im Assistenten folgende Optionen:

1. URSPRÜNGLICHER DATENTYP: GETRENNT, da die einzelnen Felder mit einem Komma voneinander getrennt sind.
2. TRENNZEICHEN: KOMMA. TEXTQUALIFIZIERER: " (Anführungszeichen, das ist der Standardwert). In der DATENVORSCHAU sehen Sie nun das korrekte Aufsplitten der Statistikdaten.
3. Klicken Sie nun auf FERTIGSTELLEN und OK, liegen die Impressions- und Click-Daten in sauberen Tabellen vor. Aktivieren Sie im selben Menüband den FILTER, damit die ersten Zeilen automatisch als Tabellenüberschriften erkannt werden und die Daten sortierbar sind.

15.2 Kontakte einrichten

Kontakte ist eine offizielle Joomla!-Komponente, die die Profile von Joomla!-Benutzern um zusätzliche Felder erweitert, darunter Adressen, Telefonnummern, persönliche Websites und E-Mail-Adressen, aber auch Profilbilder, längere Beschreibungen und sogar ein Kontaktformular. Diese Felder sind ausschließlich im Backend modifizierbar, Kontakte können also nicht als Profilerweiterungen für normale Benutzer eingesetzt werden, wie sie für den Aufbau einer Community notwendig sind. Sie dienen für Seiten und Übersichten, auf denen z. B. die Autoren der Website oder das Sales-/Vertriebsteam vor- und Arten der Kontaktaufnahme dargestellt werden.

Komponente/Erweiterung	Kontakte/Contacts
JED-Kategorie	OFFICIAL EXTENSIONS
Download, falls nicht mehr in Joomla! enthalten	http://extensions.joomla.org/category/official-extensions
Zweck	Erweiterung von Benutzerprofilen um zusätzliche Kontaktdaten und ein Kontaktformular, das E-Mails an den betreffenden Ansprechpartner verschickt

15.2.1 Kontakte einstellen

Das Anlegen eines neuen Kontakts gestaltet sich analog zu allen anderen Inhaltselementen, z. B. Beiträgen.

1. Wechseln Sie über KOMPONENTEN • KONTAKTE • KONTAKTE • Button NEU zum Formular für einen neuen Kontakt (siehe Abbildung 15.3).
2. Geben Sie den NAMEN des Kontakts ein, und wählen Sie unter VERKNÜPFTER BENUTZER einen registrierten Websitebenutzer.
3. Mehr Pflichtfelder sind nicht erforderlich. Um das Kontakt-Feature aber optimal zu nutzen, ergänzen Sie beliebige Kontaktdaten und hinterlegen unter dem Reiter WEITERE INFORMATIONEN vielleicht eine Beschreibung zur Person.

   Eine Besonderheit versteckt sich hinter dem Feld HAUPTEINTRAG im Reiter KONTAKT (rechte Spalte). Es hat nichts mit der Kontakterwähnung auf der Homepage zu tun, sondern erhebt einen Kontakt in den Status eines *Hauptkontakts*. Das ist eine besondere Gruppe von Ansprechpartnern, die später im Frontend auf einer speziellen Webseite erscheinen.
4. SPEICHERN & SCHLIESSEN Sie das Formular.

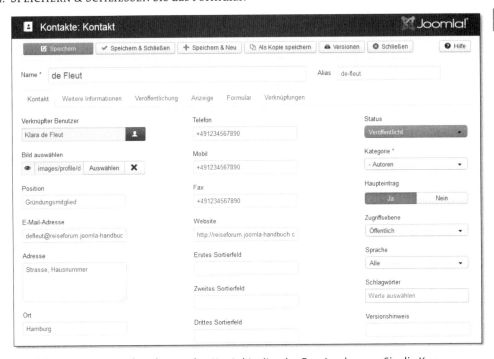

Abbildung 15.3 Ansprechender werden Kontaktseiten im Frontend, wenn Sie die Kontaktdaten unter »Bild auswählen« um ein Profilbild ergänzen.

Nach dem Speichern des Kontakts gelangen Sie zum Kontaktmanager, in dem Sie die üblichen Bedienelemente zur Sortierung, Filterung, Suche und anderen Aktionen vorfinden (siehe Abbildung 15.4). So VERÖFFENTLICHEN, VERSTECKEN oder ARCHIVIEREN Sie Kontakte oder werfen sie in den PAPIERKORB, so wie Sie es von der Beitragsverwaltung kennen.

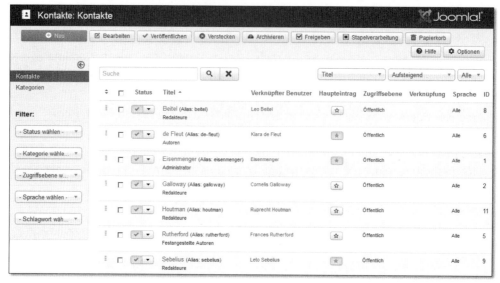

Abbildung 15.4 Im Kontaktmanager sehen Sie auf einen Blick die einem Kontakt zugeordnete Kategorie unter dem Namen und den »Verknüpften Benutzer«.

15.2.2 Kontaktkategorien erstellen und Kontakte zuordnen

Bei einem großen Team von Ansprechpartnern lohnt es sich, Kontakte zu kategorisieren; ganz ähnlich wie bei Beiträgen.

1. Wechseln Sie über KOMPONENTEN • KONTAKTE • KATEGORIEN zum Kontaktkategoriemanager.

2. Erstellen Sie über den Button NEU eine Kategorie, die mindestens einen TITEL enthält. Optional ergänzen Sie eine BESCHREIBUNG, die später auf Webseiten im Frontend erscheint.

3. Speichern Sie die neue Weblinkskategorie mit SPEICHERN & SCHLIESSEN oder SPEICHERN & NEU, falls Sie sofort weitere Kategorien anlegen möchten.

Auch komplexe Kontaktkategoriestrukturen bilden Sie über das Kategorieformular ab. Verwenden Sie das Feld ÜBERGEORDNETE KATEGORIE, um beliebige Verschachtelungen zu erzeugen, so gibt es im Reiseforum z. B. eine primitive Zwei-Ebenen-Struktur: ADMINISTRATOREN, REDAKTEURE und AUTOREN, wobei Letztere noch mal in FESTANGESTELLTE und FREIE AUTOREN unterschieden werden. Eine solche Aufteilung ermöglicht später im Frontend die Erzeugung kategorie- und damit themenspezifischer Seiten.

Für die eigentliche Kategorisierung eines Kontakts gehen Sie noch mal zurück in den Kontaktmanager und bearbeiten das Feld KATEGORIE in der Detailbearbeitungsansicht der einzelnen Kontakte. Praktisch: Markieren Sie in der Manageransicht mehrere Kontakte mit einem Häkchen, und benutzen Sie die STAPELVERARBEITUNG, um über das Popup allen markierten Kontakten gleichzeitig eine neue Kategorie zuzuweisen.

15.2.3 Kontakte auf Webseiten darstellen

So primitiv die Einstellung von Kontakten und Kontaktkategorien ist, so komplex gestaltet sich ihre Darstellung auf Webseiten im Frontend. Das Prinzip, nach dem Websitebesucher abhängig vom verwendeten Menüeintragstyp an verschiedenen Stellen in die Kategorie- und Kontaktdarstellung einsteigen, kennen Sie bereits aus Abschnitt 7.5, »Beiträge und Kategorien auf Webseiten darstellen«.

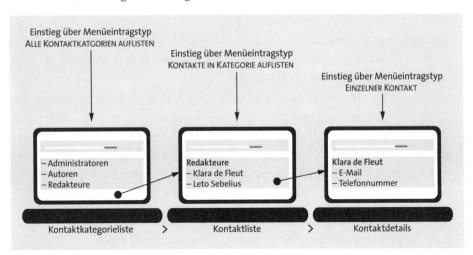

Abbildung 15.5 Über die drei ersten in »Kontakte« enthaltenen Menüeintragstypen steuern Sie, an welcher Stelle der Websitebesucher in die Kontaktdarstellung einsteigt und sich in die nächste Ebene weiterklickt.

Je nach Anzahl und Komplexität der von Ihnen präsentierten Kontakte stellt Joomla! Einstiegsseiten über drei Menüeintragstypen zur Verfügung (siehe Abbildung 15.5):

1. EINZELNER KONTAKT
   Diese Seite stellt die Details eines einzelnen Kontakts, einer einzelnen Person, auf einer Webseite dar. Verwenden Sie diesen Eintragstyp, wenn Sie z. B. nur ein Kontaktformular für den Webmaster der Website vorstellen.

2. KONTAKTE IN KATEGORIE AUFLISTEN
Sollen mehrere Kontakte angezeigt werden, stellt dieser Menüeintragstyp eine Kontaktliste dar. Klickt der Besucher auf einen Eintrag dieser Liste, gelangt er zur Kontaktdetailseite, die exakt der Seite des Eintragstyps EINZELNER KONTAKT (1) entspricht. Der Besucher befindet sich aber navigationstechnisch immer noch im Bereich KONTAKTE IN KATEGORIE AUFLISTEN, Sie müssen also keine separaten Seiten des Typs EINZELNER KONTAKT anlegen.

Haben Sie eine flache Kontaktstruktur, organisieren Sie Ihre Kontakte in der Standardkategorie UNCATEGORIZED. Sie können über diesen Menüeintragstyp aber auch Kontaktlisten beliebiger anderer, selbst erzeugter Kategorien darstellen. In der Konfiguration des Eintragstyps legen Sie dann fest, welche Kontaktkategorie angezeigt wird.

3. ALLE KONTAKTKATEGORIEN AUFLISTEN
Ist Ihre Kontaktstruktur deutlich komplexer (z. B. Sales-Team, Entwicklerteam, Management), erzeugen Sie über diesen Menüeintragstyp eine Kategorieliste, die in der Hierarchie über der Kontaktliste (2) steht. Ein Klick in diese Liste führt nun entweder – falls Sie verschachtelte Kategorieebenen verwenden – in die nächsttiefere Kategorieebene oder zur Kontaktliste, die der des Eintragstyps KONTAKTE IN KATEGORIE AUFLISTEN (2) entspricht. Von dort klickt sich der Besucher dann weiter in die Ansicht des EINZELNEN KONTAKTS.

Beachten Sie, dass, obwohl die Unterseiten der Kontaktliste und der Kontaktdetails in Aussehen und Funktionalität den anderen Menüeintragstypen entsprechen, der Benutzer immer noch innerhalb des Eintragstyps ALLE KONTAKTKATEGORIEN AUFLISTEN navigiert: ein Menüeintragstyp – mehrere Unterseiten. Wichtig zu wissen, da Sie auch die Konfiguration der Unterseiten über diesen Menüeintragstyp vornehmen.

Ihre Entscheidung, welchen Menüeintragstyp Sie verwenden, hängt also von der Anzahl der Kontakte und der Komplexität der Kategoriestruktur ab:

- **ein Kontakt**
  z. B. Webmaster oder Websiteadministrator: EINZELNER KONTAKT
- **ein kleines Team**
  z. B. Forumsmoderatoren: KONTAKTE IN KATEGORIE AUFLISTEN, Kategorie UNCATEGORIZED
- **ein großes Team**
  mit verschiedenen Kontaktkategorien, z. B. in einer Firma mit Vertrieb, Produktion, Management, Personalabteilung und Geschäftsführung: entweder einzelne

Seiten des Typs KONTAKTE IN KATEGORIE AUFLISTEN (jede Seite ist einer Kategorie zugewiesen) oder eine vorangestellte Sammelseite des Typs ALLE KONTAKTKATEGORIEN LISTEN, die alle Kontaktkategorien darstellt und einen Klickpfad zu Kontaktlisten und -details bereitstellt

> **Tipp: Alle vorgestellten Einstellungen über die globale Konfiguration steuern**
> Beachten Sie, dass Sie die meisten der auf den folgenden Seiten einstellbaren Optionen auch in der globalen Konfiguration über SYSTEM • KONFIGURATION • Komponente KONTAKTE verändern. Das hat den Vorteil, dass die dort hinterlegten Konfigurationen allgemeingültig für alle Kontakt- und Kontaktkategorieeinträge gelten und keine individuelle Einstellung pro Menüeintrag vorgenommen werden muss.

Menüeintrag »Alle Kontaktkategorien auflisten«

Der Menüeintragstyp ALLE KONTAKTKATEGORIEN AUFLISTEN ist der höchste in der Kontaktseitenhierarchie (Beispiel der Frontend-Darstellung in Abbildung 15.6). Er zeigt als Einstiegsseite immer eine Kontaktkategorieliste und verzweigt daraus auf Kontaktlisten, die dann zu Kontaktdetailseiten weiterleiten. Enthält eine Kontaktkategorie weitere Unterkategorien, erscheinen sie unter der Kontaktliste. Optional lassen sich Unterkategorien auch auf der Einstiegsseite mit einem Plussymbol (●) als ausklappbar konfigurieren.

Abbildung 15.6 Bei der Angabe von »Unterebenenkategorien« größer als »1« lassen sich die jeweils übergeordneten Kategorien auf der Einstiegsseite dateimanager-artig auf- und zuklappen.

Zur Konfiguration im Backend: Im Reiter DETAILS, der die Standardeinstellung eines Menüeintragstyps enthält, ist das Feld KATEGORIE DER OBERSTEN KATEGORIEEBENE besonders wichtig. Hier legen Sie fest, welche Kategorie auf der Einstiegsseite ihre Unterkategorien präsentiert. Da man in der Regel alle Hauptkategorien darstellen möchte, also die Kategorien der obersten Ebene, ist hier eine besondere Option auswählbar: ROOT (Wurzel) ist keine echte Kategorie, sondern symbolisiert die Sammlung der obersten Kategorien. Sie können natürlich auch jede andere Kategorie wählen, die anzuzeigende Unterkategorien enthält.

Der Reiter KATEGORIEN existiert ausschließlich für den Eintragstyp ALLE KONTAKTKATEGORIEN AUFLISTEN und erlaubt einige Darstellungsoptionen der für diesen Eintragstyp exklusiven Kategorieliste:

- **BESCHREIBUNG DER OBERSTEN KATEGORIE, BESCHREIBUNG DER OBERKATEGORIE:** Hier eingetragener und auf ANZEIGEN gestellter Text erscheint im Frontend als Einleitung über der Kategorieliste.

- **UNTEREBENENKATEGORIEN:** Stellen Sie hier ein, wie viele Kategorieebenen die Liste anzeigt. Ist der Wert größer als »1« und sind entsprechende Unterkategorien tatsächlich vorhanden, erscheint auf der Kategorieseite ein Plusbutton ( ) neben der übergeordneten Kategorie. Damit lässt sich die betreffende Kategorie aufklappen, um die Unterkategorien zu erreichen. Also ähnlich der Darstellung von Unterordnern in einem Dateimanager. Das klappt allerdings nur, wenn Sie aus der Dropdown-Liste in der Konfiguration einen Zahlenwert auswählen; ALLE funktioniert hier leider nicht. (In Abbildung 15.6 ist die Kategorie AUTOREN aufgeklappt und zeigt die Unterkategorien FESTANGESTELLTE AUTOREN und FREIE AUTOREN, leider ohne besondere Markierung, z. B. einer Einrückung.)

- **LEERE KATEGORIEN:** Kategorien ohne Kontakte lassen sich VERBERGEN.

- **UNTERKATEGORIENBESCHREIBUNG:** ANZEIGEN oder VERBERGEN aller Kategoriebeschreibungen, die über KOMPONENTEN • KONTAKTE • KATEGORIEN pro Kategorie im Reiter KATEGORIE eingepflegt wurden

- **# KONTAKTE IN DER KATEGORIE:** Zeigt hinter Unterkategorien auf einer Kategorieseite die Anzahl der dort enthaltenen Kontakte. Kurioserweise gilt diese Einstellung nicht für die Einstiegsseite, also der virtuellen ROOT-Kategorie, sondern greift erst, nachdem man eine Ebene tiefer zu einer echten Kategorie wechselte.

Alle weiteren Reiter entsprechen denen des Menüeintragstyps KONTAKTE IN KATEGORIE AUFLISTEN, dessen Beschreibung Sie im folgenden Abschnitt finden.

Menüeintrag »Kontakte in Kategorie auflisten«

Die Einstiegsseite für den Menüeintragstyp KONTAKTE IN KATEGORIE AUFLISTEN listet die Kontakte einer vorkonfigurierten Kategorie (siehe Abbildung 15.7). Sie ist identisch mit der Unterseite, die Besucher sehen, wenn sie sich von einer Einstiegsseite des Typs ALLE KONTAKTKATEGORIEN AUFLISTEN für einen Kontaktlistenlink entscheiden. Optional stellt diese Seite unter der Kontaktliste Unterkategorien dar, in Abbildung 15.7 sind das beispielsweise die der AUTOREN-Kategorie untergliederten FESTANGESTELLTEN AUTOREN und FREIEN AUTOREN.

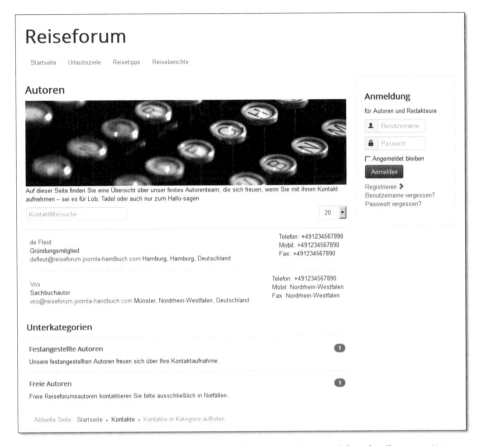

Abbildung 15.7 Kontaktliste mit aktivierten Elementen »Kategoriebeschreibung«, »Kategoriebild«, »Unterkategorieebenen« und aufgeklapptem »Anzeige-Filter«

Der Typ KONTAKTE IN KATEGORIE AUFLISTEN nimmt im Reiter DETAILS eine Kategorie auf, deren Kontakte dargestellt werden. Hier gibt es *keine* ROOT-Option wie beim Eintragstyp ALLE KONTAKTKATEGORIEN AUFLISTEN, da sämtliche Kontakte einer Kategorie zugeordnet sein müssen.

Für weitere Darstellungsoptionen dieses Menüeintragstyps sind gleich zwei Reiter zuständig: KATEGORIE enthält Darstellungsoptionen, die die allgemeine Präsentation der Kontaktliste betreffen. LISTENLAYOUT betrifft die Präsentation der Kontaktliste.

Aber zunächst zum Reiter KATEGORIE, dessen sämtliche Optionen für Abbildung 15.7 auf ANZEIGEN gestellt wurden.

- **Kategorietitel:** Anzeigen oder Verbergen der Kategorieüberschrift, im Beispiel Autoren
- **Kategoriebeschreibung:** Anzeigen oder Verbergen der in Komponenten • Kontakte • Kategorien pro Kategorie hinterlegten Beschreibungen. Im Beispiel in Abbildung 15.7 ist das der Text direkt unter dem Kategoriebild: »Auf dieser Seite finden Sie eine Übersicht ...«.
- **Kategoriebild:** Anzeigen oder Verbergen des in Komponenten • Kontakte • Kategorien pro Kategorie hinterlegten Bilds (Reiter Optionen). Verwenden Sie hier möglichst schmale Abbildungen, damit Ihre Besucher nicht lange scrollen müssen, um zur eigentlichen Liste zu gelangen.
- **Unterebenenkategorien:** Verfügt eine Kontaktkategorie über Unterkategorien, blenden Sie sie über diese Option unter der Kontaktliste ein.
- **Leere Kategorien:** Blenden Sie Unterkategorien *ohne* Kontakte ein oder aus.
- **Unterkategorienbeschreibungen:** Fügt die Beschreibung der Unterkategorie unter ihren Namen.
- **# Kontakte in der Kategorie:** Wählen Sie Anzeigen, erscheint an der rechten Kante der Kategoriezeile die blau hinterlegte Zahl der Kontakteinträge dieser Unterkategorie.

Der Reiter Listenlayout beeinflusst die Darstellung der Kontaktliste:

- **Filterfeld:** Blendet das kleine Texteingabefeld Kontaktfiltersuche über der Kontaktliste ein. Besucher durchsuchen hiermit längere Kontaktlisten nach Kontaktnamen.
- **»Anzeige«-Filter:** Zeigt auf der rechten Seite eine kleine Dropdown-Liste, aus der der Besucher die Anzahl der auf dieser Seite dargestellten Kontakte wählt.
- **Tabellenüberschriften:** Theoretisch blenden Sie über diese Option Tabellenüberschriften über Eintragslisten aller Art ein. Die Einträge für Kontakte in Kategorie auflisten erscheinen jedoch über eine andere Mechanik, sodass dieses Feld in aktuellen Joomla!-Versionen redundant ist.
- **Position, E-Mail-Adresse, Telefon, Mobil, Fax, Ort, Bundesland, Land:** Dies sind allesamt Detailinformationen eines Kontakts, die in der Liste angezeigt oder versteckt werden können.
- **Seitenzahlen/Gesamtseitenzahlen:** Übersteigt die Gesamtanzahl der Kontakte die für die aktuelle Listenseite eingeschränkte Anzahl, ergänzt Joomla! am Seitenende automatisch eine Seitenpaginierung (⋈ ◂ 1 2 ▸ ⋈). Über Vor-, Zurück- und Seitenzahl-Buttons blättert der Besucher dann zwischen den verschiedenen Seiten. Die Seitennavigation erscheint automatisch, die Optionen Seitenzahlen und Gesamtseitenzahlen fügen davor eine zusätzliche Markierung Seite x von y ein.

- SORTIERUNG NACH: Sortieren Sie die Kontaktliste entweder alphabetisch nach NAMEN oder anhand der manuellen Sortierung in der Kontaktliste unter KOMPONENTEN • KONTAKTE • KONTAKTE (erste Spalte REIHENFOLGE).

Last, but not least teilen sich die Kontaktkategorieliste und die Kontaktliste einen weiteren Reiter: INTEGRATION. Über diese Option stellen Sie die Listen als Newsfeed bereit, eine Funktionalität, die standardmäßig aktiviert ist und sich über die Einstellung FEED-LINK VERBERGEN lässt.

Die übrigen Reiter KONTAKTANZEIGEOPTIONEN und E-MAIL-OPTIONEN sind für alle drei Kontakte-Menüeintragstypen gleich und werden im folgenden Abschnitt zum Eintragstyp EINZELNER KONTAKT besprochen.

Menüeintrag »Einzelner Kontakt«

Der Menüeintragstyp EINZELNER KONTAKT erzeugt Menüpunkte für Kontaktseiten ohne vorangestellte Kategorie- oder Kontaktlisten – direkte Links zu einer Kontaktperson (Beispiel in Abbildung 15.8).

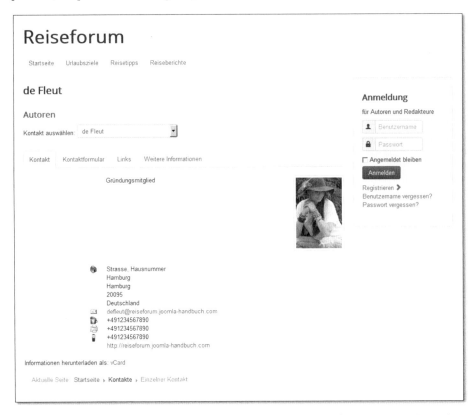

Abbildung 15.8 Menüeintragstyp »Einzelner Kontakt« mit allen aktivierten Anzeigeoptionen; bemerkenswert ist die automatische Erstellung einer vCard und die Möglichkeit, Kontaktdetails auf Reiter zu verteilen.

Welche Informationen Sie dabei darstellen möchten, ist detailliert konfigurierbar. Joomla! erzeugt auf Wunsch sogar automatisch vCards, die alle wichtigen Kontaktdaten enthalten und in die Kontaktverwaltung von E-Mail-Clients oder CRM-Tools importiert werden können. Auch ein Kontaktformular ist auf den Frontend-Seiten enthalten.

Im Frontend unterteilt sich eine Kontaktseite in mehrere Bereiche:

- KONTAKT: Enthält alle Kontaktdetails, also Adresse, Telefonnummern, E-Mail-Adresse, Website und optional ein Bild.
- KONTAKTFORMULAR: ein automatisch generiertes Formular, das dem betreffenden Kontakt eine E-Mail schickt
- LINKS (optional): eine Liste von in der Kontaktkonfiguration einstellbaren Weblinks (Reiter ANZEIGE, Felder LINK A–E), z. B. zu Social-Media-Profilen des Ansprechpartners
- BEITRÄGE (optional): Listet alle von diesem Kontakt verfassten Beiträge.
- WEITERE INFORMATIONEN: Enthält den über KOMPONENTEN • KONTAKTE • KONTAKTE • Reiter WEITERE INFORMATIONEN pro Kontakt hinterlegten Text.

Im Backend erfolgt die Konfiguration der Kontaktdetails auf zwei Reitern: KONTAKTANZEIGEOPTIONEN listet Darstellungsoptionen der Details, unter E-MAIL-OPTIONEN nehmen Sie Feinjustierungen für das integrierte Kontaktformular vor.

Zunächst zum Reiter KONTAKTANZEIGEOPTIONEN:

- ANZEIGEFORMAT: Arrangiert die Bereiche KONTAKT(details), KONTAKTFORMULAR, WEITERE OPTIONEN und die optionalen LINKS entweder in einem aufklappbaren Akkordeon (etwas unglücklich als SLIDER beschriftet) oder nebeneinander positionierten Reitern (TABS).
- KONTAKTKATEGORIE: Zeigt die dem Kontakt zugeordnete Kategorie unter dem Kontaktnamen.
- KONTAKTLISTE: Blendet unter der Kontaktkategorie und über den Kontaktbereichen eine Dropdown-Liste KONTAKT AUSWÄHLEN ein, die direkten Schnellzugriff auf alle anderen Kontakte der aktuellen Kategorie erlaubt.
- NAME, POSITION, E-MAIL-ADRESSE, ADRESSE, ORT, BUNDESLAND, POSTLEITZAHL, LAND, TELEFON, MOBIL, FAX, WEBSITE: Schalten Sie die Darstellung beliebiger Informationen mit der Option ANZEIGEN frei.
- WEITERE INFORMATIONEN: Blendet den Reiter WEITERE INFORMATIONEN ein, der den Beschreibungstext aus den Kontaktdetails enthält.
- BILD AUSWÄHLEN: Müsste eigentlich *Bild anzeigen* heißen; steuert die Darstellung des dem Kontakt zugeordneten Bilds. Hier eigenen sich am besten Porträtaufnahmen oder Passfotos, auch wenn die Darstellung im Joomla!-Standardtemplate Protostar etwas spartanisch ist.

- vCard: Stellen Sie diese Option auf Anzeigen, erzeugt Joomla! automatisch einen Link zum Download einer vCard. Diese enthält alle Basiskontaktdaten und kann z. B. in einen E-Mail-Client oder eine Customer-Relations-Software importiert werden. In Outlook erscheinen vCards beispielsweise wie in Abbildung 15.9.

Abbildung 15.9 vCard ist ein Standarddateiformat zum Austausch von Kontaktdaten und lässt sich beispielsweise in Outlook importieren.

- Beiträge: Blendet einen weiteren Reiter ein, unter dem alle Beiträge des aktuellen Kontakts gelistet werden.
- Zusätzliche Links: Blendet im Frontend den Reiter Links ein, der die optional in der Kontaktkonfiguration hinterlegten Weblinks anzeigt. Damit verlinken Sie beispielsweise Social-Media-Profile auf Facebook, Twitter oder XING.
- Link A, B, C, D, E Beschriftung: Ignorieren Sie diese Textfelder; zusätzliche Kontaktlinks stellen Sie direkt über die Kontaktkonfiguration, Reiter Anzeige, ein.

Der Reiter E-Mail-Optionen beschäftigt sich mit dem Kontaktformular.

- Kontaktformular: Zeigt oder versteckt den gesamten Bereich des Kontaktformulars.
- Kopie an Absender: Ergänzt das Kontaktformular um die Option Eine Kopie dieser Mail erhalten. Das Kontaktformular verschickt dann nicht nur eine

E-Mail an den Kontakt, sondern gleichzeitig eine Kopie an den Besucher, der das Formular ausfüllt. *Tipp*: Um E-Mail-Texte zu ändern, blättern Sie zu Abschnitt 12.3, »Individuelle Übersetzungen mit Overrides anlegen«. Dort lesen Sie, wie versteckte Systemmitteilungen oder E-Mail-Betreffs und Fließtexte im Administrations-Backend von Joomla! angepasst werden.

- GESPERRTE MAILADRESSEN, VERBOTENE BETREFFZEILEN, VERBOTENER TEXT: Ein kleiner Mechanismus, um den Kontakt ein wenig vor Spam zu schützen. In diese drei Textfelder geben Sie Listen von E-Mail-Adressen und Worten ein, die das Abschicken des Kontaktformulars mit einem Fehler UNGÜLTIGES FELD quittieren. Innerhalb eines Felds trennen Sie E-Mail-Adressen oder Textfragmente durch ein Semikolon, also z. B. »viagra;rabatt;kredit«. Seien Sie aber vorsichtig bei der Definition von Verboten, falls Sie einen Online-Shop aufbauen, der antike *Sextanten* vertreibt.

  Tipp: Dieser Antispam-Mechanismus ist sehr simpel; fortgeschrittene Methoden gegen Spamfluten finden Sie in Abschnitt 22.1, »reCAPTCHA/NoCaptcha aktivieren«.

- SITZUNGSPRÜFUNG: Eine weitere Option, um Spambots das Absenden dieses Formulars zu unterbinden. Websitebesucher erhalten beim Surfen auf Ihrer Website ein Cookie, das Benutzereinstellungen und Statistiken enthält. Landet ein Spambot auf der Formularseite, ist die Wahrscheinlichkeit hoch, dass er kein solches Cookie mit sich führt; das *könnte* daher ein Identifikationsmerkmal sein. Setzen Sie diese Option auf JA, verbieten Sie solchen Spambots den Formularversand, aber auch menschlichen Besuchern, die Ihre Browser-Cookies aus Sicherheitsgründen deaktiviert haben. Wählen Sie NEIN, ist der Versand des Formulars jederzeit möglich – die empfehlenswerte Option, bis Sie mit der Zeit feststellen, dass Sie zu viel Spam über dieses Formular erhalten und weitere Antispam-Maßnahmen ergreifen müssen.

- BENUTZERDEFINIERTE ANTWORT: Joomla!-interne Einstellung für die Verwendung von Erweiterungen, die sich in das Handling des Formularversands einklinken; hier ist keine Änderung notwendig.

- KONTAKT WEITERLEITUNG: Nach Absenden des Kontaktformulars ist es möglich, den Besucher auf eine besondere Seite umzuleiten. Das kann z. B. eine Danke-für-Ihre-Nachricht-Seite sein, oder – im Falle einer Supportanfrage – eine FAQ-Sammlung. Tragen Sie dann hier einfach die URL ein, sowohl website-interne als auch externe Adressen anderer Websites sind erlaubt.

Für einfache Kontaktanfragen ist das Joomla!-Standardformular zwar nicht besonders schön, aber funktionell ausreichend. Wer das Design auf Vordermann bringen möchte, geht mit der Installation eines anderen Templates schon einen großen Schritt weiter, kommt aber trotzdem nicht umhin, per Hand an CSS-Styles zu schrauben. Eleganter und nicht viel komplizierter erzeugen Sie ansprechende und benutzerfreundliche Formulare durch eine andere Erweiterung. Speziell in Abschnitt 17.3, »Formulare entwerfen mit ChronoForms«, lesen Sie mehr über diese sehr beliebte Erweiterung.

Menüeintrag »Hauptkontakte«

Über diesen Menüeintragstyp erzeugen Sie eine tabellarisch aufgebaute Seite, die ausschließlich Hauptkontakte listet (siehe Abbildung 15.10). Das können z. B. Hauptansprechpartner sein oder die Redaktionsassistenz, die die Online-Fragen erst mal sammelt.

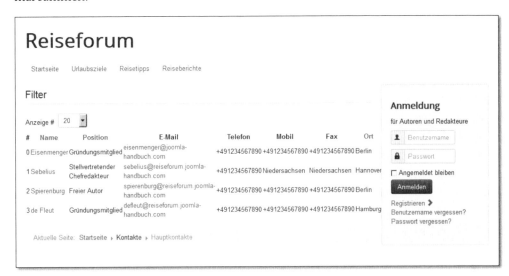

Abbildung 15.10 Verwenden Sie statt der lieblosen Listendarstellung der »Hauptkontakte« besser eine spezielle Kontaktkategorie und den Menüeintragstyp »Kontakte in Kategorie auflisten«.

Im Administrations-Backend lassen sich solche Hauptkontakte in der Kontaktliste unter KOMPONENTEN • KONTAKTE • Komponente KONTAKTE über die Spalte HAUPTEINTRAG mit einem Sternchen ( ) versehen.

Die Konfiguration der Hauptkontakte entspricht weitestgehend den Einstellungen des Typs KONTAKTE IN KATEGORIE AUFLISTEN mit diesen Unterschieden im Reiter LISTENLAYOUT:

▶ »ANZEIGE«-FILTER: Blendet beim Einsatz vieler Kontakte eine Dropdown-Liste ein, aus der der Besucher die Anzahl der gelisteten Kontakte pro Seite auswählt. Das macht also erst Sinn, wenn Sie so viele Kontakte haben, dass sie auf mehrere Seiten verteilt sind.

▶ TABELLENÜBERSCHRIFTEN: Blenden Sie Überschriften über die Spalten der Hauptkontaktliste. Die Liste ist im Frontend per Mausklick nach einigen Feldern sortierbar, z. B. NAME, POSITION, ORT, BUNDESLAND und LAND.

Falls Sie die Listendarstellung dieses Menüeintragstyps etwas lieblos finden, passen Sie entweder die CSS-Styles an (siehe Abschnitt 10.5, »Template anpassen«), oder verwenden Sie den Menüeintragstyp KONTAKTE IN KATEGORIE AUFLISTEN. In diesem Fall erzeugen Sie einfach eine neue Favoritenkategorie und erhalten eine übersichtlichere Frontend-Darstellung.

15.2.4 Kontaktkonfiguration

Die Kontaktkonfiguration unter SYSTEM • KONFIGURATION • Komponente KONTAKTE erlaubt vielfältige Einstellungen, zum Teil mehr als in den individuellen Kontakteinstellungen. Die Reiter KATEGORIE, KATEGORIEN und LISTENLAYOUT entsprechen den Optionen, die Sie auf den vergangenen Seiten kennenlernten – die hier vorgenommenen Einstellungen gelten als Standardwerte für Kontakte und Kontaktkategorien ohne individuelle Konfiguration. Über den Reiter KONTAKT steuern Sie außerdem das ANZEIGEN oder VERBERGEN der einzelnen Kontaktinformationen wie NAME, POSITION, ADRESSE, ORT, TELEFON etc. Beachten Sie, dass Sie ganz unten in der Liste die Anzeige der herunterladbaren VCARD aktivieren.

> **Tipp: Icons für die Kontaktdaten (Adresse, Telefon etc.) anpassen**
>
> Wem die Standardicons für Adressen, E-Mail, Telefon, Mobiltelefon, Fax und weitere Infos nicht gefallen, stellt über den Reiter SYMBOLEINSTELLUNGEN andere Bilder ein. Dazu bietet sich eine der vielen frei verfügbaren Icon-Sammlungen an, z. B. die in Abschnitt 9.2.1, »Standardoptionen aller Menüeintragstypen«, Kasten »Tipp: Schöne Icons einsetzen dank Font Awesome«, vorgestellte kostenlose Font-Awesome-Bibliothek. Für den Einsatz auf den Kontaktseiten benötigen Sie allerdings PNG-Versionen dieser Icons:
>
> 1. Suchen Sie sich über *http://fortawesome.github.io/Font-Awesome* • Menü ICONS die passenden Symbole heraus, und sammeln Sie deren Bezeichnungen, z. B. FA-PHONE-SQUARE oder FA-ENVELOPE.
> 2. Besuchen Sie nun die Website *http://fa2png.io*, und geben Sie die Icon-Bezeichnung (ICON NAME), die gewünschte Größe (ICON SIZE, »16« für das Protostar-Template) und die Farbe in RGB-Format (ICON COLOR, »#000000« für Schwarz) in das Formular ein, und klicken Sie auf GENERATE ICON (siehe Abbildung 15.11).
> 3. Über den Button DOWNLOAD ICON laden Sie das erzeugte Symbol im PNG-Format herunter und platzieren es im Medienmanager Ihrer Joomla!-Installation, z. B. in ein neues Verzeichnis unter */images/icons/*.

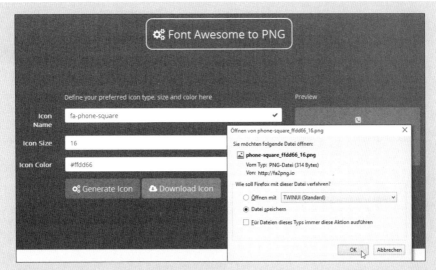

Abbildung 15.11 Die Website »http://fa2png.io« erzeugt aus den Vektordaten von Font-Awesome-Icons gerasterte Pixelbilder im PNG-Format.

4. Wechseln Sie im Administrations-Backend zu SYSTEM • KONFIGURATION • Komponente KONTAKTE • Reiter SYMBOLEINSTELLUNGEN, und picken Sie über die AUSWÄHLEN-Buttons die eben hochgeladenen Symbole aus dem Medienmanager.

5. SPEICHERN Sie die globale Kontaktkonfiguration, und aktualisieren Sie eine Seite des Typs EINZELNER KONTAKT, um die neuen Icons zu sehen. Falls Sie beim ersten Anlauf keine Änderungen sehen, forcieren Sie das Neuladen aller Webseiteninhalte mit ⌈Strg⌉ + ⌈F5⌉ (OS X: ⌈cmd⌉ + ⌈⇧⌉ + ⌈R⌉).

15.3 Newsfeeds integrieren

Ein News- oder Webfeed setzt eine verhältnismäßig einfache Technologie ein, um neue Informationen, Nachrichten, Blogeinträge etc. im Web bekannt zu machen. Dabei stellt der Webserver eine XML-Datei bereit, die die zu verbreitenden Informationen in klar definiertem Format listet. Diese Datei aktualisiert sich automatisch, sobald es neue Einträge gibt.

Auf der anderen Seite steht der News- oder Feed-Reader, eine Clientsoftware, die unter dem Kommando des Internetbenutzers Newsfeeds abklappert und die Nachrichten übersichtlich präsentiert. Sogar einige Browser und E-Mail-Clients bieten solch eine Funktionalität, z. B. Firefox (siehe Abbildung 15.12), Outlook oder Thunderbird. Aber auch eine Integration in eine Webseite ist möglich. So lassen sich die News großer Organisationen auf der eigenen Website darstellen, ohne dass man selbst

Hand am Content anlegt. Das setzt allerdings voraus, dass der betreffende Newsdienst eine solche Nutzung erlaubt.

Joomla! bedient beide Seiten und ist sowohl Newsdienst für Ihre eigenen Beitragsinhalte (das geschieht bereits automatisch) als auch Aggregator für die Nachrichten von anderen Websites.

Abbildung 15.12 Mozilla Firefox bietet wie ein Newsreader die Möglichkeit, Newsfeeds zu abonnieren, sofern eine Webseite sie über bestimmte HTML-Tags bereitstellt.

Komponente/Erweiterung	Newsfeeds
Download, falls nicht mehr in Joomla! enthalten	OFFICIAL EXTENSIONS
Download	http://extensions.joomla.org/category/official-extensions
Zweck	Bereitstellung eigener Newsfeeds und Integration externer Newsfeed-Quellen in eigene Webseiten

15.3.1 Externe Newsfeeds konfigurieren

Um Newsfeeds externer Quellen auf eigenen Webseiten darzustellen, bietet die offizielle Newsfeeds-Komponente spezielle Webseiten, also Menüeintragstypen, und ein

15.3 Newsfeeds integrieren

Modul an. Bevor Sie sich aber mit der Darstellung beschäftigen, konfigurieren Sie diese Feeds im Menüpunkt NEWSFEEDS aus dem Menü KOMPONENTEN. Über NEWSFEEDS • KATEGORIEN lassen sich diese XML-Linksammlungen sogar bequem gruppieren für den Fall, dass Sie als Newsaggregator agieren und eine große Anzahl von Feeds verwalten (siehe Abbildung 15.13).

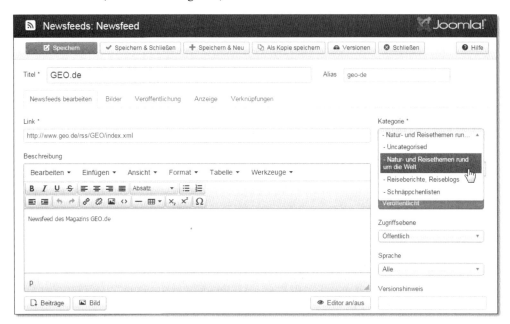

Abbildung 15.13 Ebenso wie Beiträge, Kontakte und Banner lassen sich Newsfeeds mit Kategorien thematisch gruppieren; das macht aber erst Sinn, wenn Sie eine große Anzahl von Feeds verwalten.

Das Anlegen eines Newsfeeds ist schnell geschehen:

1. Wechseln Sie über KOMPONENTEN • NEWSFEEDS • FEEDS in den Newsfeeds-Manager.
2. Öffnen Sie mit Kick auf den Button NEU ein neues Feed-Formular.
   – TITEL: Überschrift des Newsfeeds
   – LINK: Das wichtigste Element – dies ist die URL, unter der die XML-Datei des Newsfeeds abrufbar ist. Die exakte Adresse recherchieren Sie direkt von der Website, die den Newsfeed bereitstellt; siehe Kasten »Tipp: Newsfeed-Quellen ausfindig machen«.
   – BESCHREIBUNG: Dieser Beschreibungstext erscheint auf Newsfeeds-Webseiten über der vom Feed gelieferten Beschreibung.

- KATEGORIE, SCHLAGWÖRTER: Verwenden Sie diese Felder, wenn Sie eine größere Anzahl von Newsfeeds organisieren. Im Reiseforum gibt es z. B. Kategorien für Natur- und Reisethemen, Reiseblogs und Schnäppchenlisten (siehe Beispiel in Abbildung 15.13).

Die Reiter BILDER und VERÖFFENTLICHUNG entsprechen größtenteils den Angaben, die Sie auch bei Beiträgen machen. Denn Newsfeeds werden wie Inhaltselemente behandelt und bieten die dementsprechenden Optionen. Damit lässt sich eine später aus dem Newsfeed erzeugte Webseite optisch etwas aufpeppen und die zur Seite und den Newsfeed beschreibenden Metadaten festlegen. Details zu den Feldern finden Sie in Abschnitt 7.1.3, »Weitere Einstellungen zu Beiträgen«.

Der Reiter ANZEIGE beschäftigt sich speziell mit der Darstellung des Feeds. Beachten Sie, dass die hier angegebenen Werte von individuellen Webseiteneinstellungen überschreibbar sind.

- ANZAHL DER BEITRÄGE: Die Gesamtanzahl der Newsbeiträge eines Feeds liegt im Ermessen des Dienstes, der ihn bereitstellt. Über dieses Feld grenzen Sie die Anzahl zur Darstellung auf Ihrer Webseite weiter ein und verhindern so, dass eine Seite zu lang wird.

- CACHE-DAUER: Vor der Anzeige der Beiträge eines Newsfeeds werden diese von der im Reiter NEWSFEEDS BEARBEITEN • LINK eingegebenen URL eingelesen. Um zu vermeiden, dass das jedes Mal geschieht, wenn einer Ihrer Besucher eine Newsfeed-Webseite ansteuert, erfolgt eine Zwischenspeicherung dieser Beiträge im Cache. Über dieses Feld steuern Sie, wann Joomla! das nächste Mal nachsieht, ob sich Neuigkeiten im Newsfeed befinden, und die Liste gegebenenfalls aktualisiert.

- NEWSFEED-BILD, -BESCHREIBUNG, -INHALT: ANZEIGEN oder VERBERGEN der im Newsfeed mitgeschickten Bild- und Textinhalte

- ANZAHL ZEICHEN: Anzahl der darzustellenden Buchstaben des Newsfeed-Inhalts

- FEED-REIHENFOLGE: Sollen am Anfang der Liste zuerst die neuesten oder die ältesten Newsbeiträge erscheinen? In der Praxis zeigt man die neuesten zuerst.

3. SPEICHERN & SCHLIESSEN Sie das Formular, um zurück zur Feed-Übersicht zu gelangen.

> **Tipp: Newsfeed-Quellen ausfindig machen**
> Die URL eines Newsfeeds auszumachen bedarf ein wenig Recherche, denn Sie müssen herausfinden, ob die Website oder der Dienst, der für Sie interessante Neuigkeiten publiziert, überhaupt einen Feed bereitstellt. Dazu gibt es zwei Herangehensweisen:

- **Stöbern Sie auf der Webseite**: Halten Sie nach Links Ausschau, die mit RSS, Atom oder Newsfeed betitelt sind, meist ganz oben im Header- oder unten im Footerbereich der Webseite. Ein kleines RSS-Icon ist ein weiterer Indikator, aber besonders einfach ist die seiteninterne Textsuche nach »RSS« – Aufruf in den meisten Browsern mit `Strg` + `F` (`cmd` + `F` für OS X).
- **Werfen Sie einen Blick in den Quelltext**: Im HTML-Headerbereich des Quelltexts sind Newsfeeds über das Tag `<link rel="alternate" type="application/rss+xml" [...]>` verlinkt. Der in diesem Tag im `href`-Attribut untergebrachte Link ist der, den Sie im Newsfeeds-Formular hinterlegen. Achten Sie darauf, dass die URL auch den Domain-Namen enthält.

Vorsicht: Viele Websites stellen zwar Newsfeeds bereit, dabei handelt es sich aber um urheberrechtlich geschützten Inhalt, den Sie nicht nach Belieben auf Ihren Webseiten einsetzen dürfen. Sichern Sie sich vorher ab; schreiben Sie dem Webmaster am besten eine kurze Mail. Eine Zustimmung ist wahrscheinlich, denn durch die Weiterverbreitung des Feeds und seiner Inhalte handeln Sie im Interesse der Autoren und tragen zu dessen Bekanntheit bei.

Die Kategorisierung von Newsfeeds bedienen Sie genauso wie bei Beiträgen (siehe Abschnitt 7.2, »Bilder und andere Medien einfügen«) oder Kontakten aus dem vorangegangenen Abschnitt. Beachten Sie, dass die Kategorien- und Newsfeeds-Konfiguration nicht nur pro Newsfeed/Kategorie vorgenommen werden kann, sondern auch über die globalen Einstellungen unter SYSTEM • KONFIGURATION • Komponente NEWSFEEDS. Über die Reiter NEWSFEED, KATEGORIE, KATEGORIEN und LISTENLAYOUT verteilt finden Sie alle bekannten allgemeinen Kategoriedarstellungs- und speziellen Newsfeeds-Optionen.

Nach Konfiguration der Newsfeeds lesen Sie auf den folgenden Seiten, wie Sie die Nachrichtenlisten auf Ihrer Website darstellen. Dabei haben Sie Wahl zwischen Feed-Übersichten und Detailansichten einzelner Feeds mit allen gelisteten Beiträgen. Die Komponente stellt außerdem ein kleines Modul bereit, in dessen Kasten Sie die letzten Beiträge eines definierten Newsfeeds anzeigen.

Menüeintrag »Newsfeeds« • »Alle Newsfeed-Kategorien auflisten«

Das zu Beitrags- und Kontaktkategorien identische System der Newsfeed-Kategorien spiegelt sich auch in den Webseiten wider, die Sie über Menüeintragstypen erzeugen (siehe Kategorieliste in Abbildung 15.14). Abhängig von der Anzahl der Newsfeeds und Tiefe der Kategorisierung verwenden Sie die Menüeintragstypen ALLE NEWSFEED-KATEGORIEN AUFLISTEN, NEWSFEEDS IN KATEGORIE AUFLISTEN oder EINZELNER NEWSFEED, je nachdem, wo Sie den Einstieg für Ihre Websitebesucher als sinnvoll erachten.

Ähnlich wie beim Menüeintragstyp BEITRÄGE - ALLE KATEGORIEN AUFLISTEN zeigt diese Webseite eine Liste aller von Ihnen angelegten Newsfeed-Kategorien. Die Seite ist also nur dann interessant, wenn Sie eine massive Anzahl von Feeds organisieren, durch deren Kategorien sich ein Besucher zunächst durchklickt, um dann über die Zwischenseite NEWSFEEDS IN KATEGORIE AUFLISTEN zum eigentlichen Feed-Inhalt zu gelangen.

Abbildung 15.14 Newsfeed-Kategorien funktionieren identisch mit den Beitragskategorien; mit der Newsfeeds-Komponente verwalten und präsentieren Sie Dutzende Feeds also recht übersichtlich.

Grundsätzlich entspricht die Konfiguration dieses Menüeintragstyps den Einstellungen von BEITRÄGE - ALLE KATEGORIEN AUFLISTEN. Einige Einstellungen sind besonders wichtig:

- Reiter DETAILS • KATEGORIE DER OBERSTEN KATEGORIEEBENE: Einstiegspunkt für die Kategorieliste. Möchten Sie alle Kategorien darstellen, wählen Sie den obersten »virtuellen« Punkt ROOT (siehe Abbildung 15.15).
- Reiter KATEGORIEN: Beeinflussen Sie hier die Anzeige der Kategorieliste, z. B. mit einer zusätzlichen Beschreibung der OBERKATEGORIE, etwaigen UNTERKATEGORIEEBENEN oder einem blauen Marker, der die Anzahl der Newsfeeds hinter der Kategorie einblendet (# FEEDS IN KATEGORIE).
- Reiter KATEGORIE, LISTENLAYOUT und FEED-ANZEIGEOPTIONEN entsprechen denen der im Anschluss folgenden Menüeintragstypen.

Klickt sich ein Besucher in eine der Newsfeed-Kategorien, gelangt er eine Ebene tiefer zur Auflistung der Newsfeeds dieser Kategorie. Die Einstellungen dieser Anzeige erfolgt zwar ebenfalls im Menüeintragstyp ALLE NEWSFEED-KATEGORIEN AUFLISTEN, ist aber identisch mit der nächsten Detailstufe NEWSFEEDS IN KATEGORIE AUFLISTEN. Die Konfigurationshinweise finden Sie deshalb im folgenden Abschnitt.

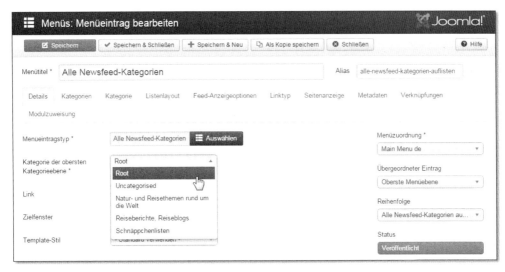

Abbildung 15.15 Nur die Reiter »Details« und »Kategorien« enthalten spezielle Einstellungen für »Alle Newsfeed-Kategorien auflisten«; die übrigen Reiter sind identisch mit den tieferen Seitenebenen der Typen »Newsfeeds in Kategorie auflisten« und »Einzelner Newsfeed«.

Menüeintrag »Newsfeeds« • »Newsfeeds in Kategorie auflisten«

Dieser Menüeintragstyp listet alle einer bestimmten Kategorie zugeordneten Newsfeeds (Beispiel in Abbildung 15.16).

Abbildung 15.16 Standardansicht der Newsfeeds-Liste über den Menüeintragstyp »Newsfeeds in Kategorie auflisten«

Die Konfiguration dieses Menüeintragstyps unterscheidet sich unwesentlich von den Beitragskategorien in Abschnitt 7.4.4, »Weitere Einstellungen zu Kategorien«. Darum an dieser Stelle einige Highlights und Zusammenfassungen:

- Reiter DETAILS • KATEGORIE: Das wichtigste Feld dieser Konfiguration – hier geben Sie die Kategorie an, deren Newsfeeds die Webseite listet.
- Reiter KATEGORIE: Dies sind allgemeine Einstellungen zur Kategorieanzeige, es ist also noch nicht die Detailkonfiguration der eigentlichen Liste. Blenden Sie hier beispielsweise den KATEGORIETITEL ein oder das im Reiter OPTIONEN der Kategorieeinstellungen definierte BILD oder etwaige Unterkategorien, ihre Beschreibungen und z. B. das Anzeigeverhalten, wenn sie leer sind.
- Reiter LISTENLAYOUT: Darstellungskonfiguration der Newsfeeds-Liste. Über FILTERFELD durchsuchen Besucher eine besonders lange Liste nach bestimmten Feeds. »ANZEIGE«-FILTER blendet die Dropdown-Liste mit den auf einer Webseite gleichzeitig dargestellten Feeds ein (Standardwert 20). Übersteigt die Anzahl der Gesamtlinks die auf einer Seite dargestellten, blendet Joomla! automatisch eine Paginierung am Listenende ein – Links, mit denen die Besucher zwischen den Listenseiten wechseln.

  Relevant ist in diesem Formular die Einstellung zu NEWSFEED-LINKS. Damit lassen sich die URLs zu RSS- oder Atom-Dateien der externen Website VERBERGEN. Die machen für einen Besucher, der beim Surfen normale Webseiten erwartet, keinen Sinn, da er eine unformatierte XML-Datei zu Gesicht bekommt.

- Reiter FEED-ANZEIGEOPTIONEN: Diese Einstellungen betreffen die Beitragsanzeige in der Detaildarstellung des Newsfeeds, siehe auch den folgenden Abschnitt »Menüeintrag ›Newsfeeds‹ • ›Einzelner Newsfeed‹«.

Klickt ein Besucher in dieser Liste auf einen Newsfeed, gelangt er schließlich in die letzte Darstellungsebene, den eigentlichen Newsfeed mit seinen Beiträgen.

Menüeintrag »Newsfeeds« • »Einzelner Newsfeed«

Falls Sie auf Ihrer Website nur einen einzelnen Newsfeed verlinken, sind Seiten, die mehrere Newsfeeds oder sogar Newsfeed-Kategorien anzeigen, überflüssig. Stattdessen erzeugen Sie einen Menüeintrag des Typs EINZELNER NEWSFEED (siehe Abbildung 15.17).

Auf einer Seite dieses Typs landen auch Besucher, die sich über die beiden übergeordneten Eintragstypen ALLE NEWSFEED-KATEGORIEN AUFLISTEN und NEWSFEEDS IN KATEGORIE AUFLISTEN bis zur Newsfeed-Beitragsliste durchgeklickt haben. In diesem Fall erzeugen Sie keine separaten Seiten des Typs EINZELNER NEWSFEED, denn die Seite ist im Klickpfad der anderen Typen bereits enthalten.

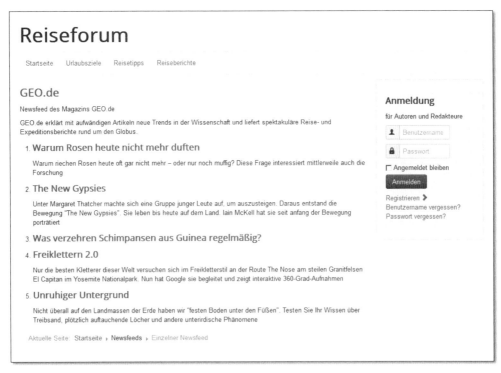

Abbildung 15.17 Standardansicht eines einzelnen Newsfeeds

Für die Konfiguration der Newsfeed-Darstellung dient der Reiter FEED-ANZEIGEOPTIONEN.

- NEWSFEED-BILD, -BESCHREIBUNG und -INHALT: ANZEIGEN oder VERBERGEN der mit dem Newsfeed übermittelten Informationen; BESCHREIBUNG ist die allgemeine Feed-Beschreibung, INHALT ist der eigentliche Beitragstext.
- TAGS: Anzeige etwaiger der Newsfeed-Kategorie hinzugefügter Schlagwörter
- ANZAHL ZEICHEN: Legen Sie fest, wie viele Buchstaben des Newsfeed-Beitrags dargestellt werden; dahinter schneidet Joomla! ab und ergänzt drei Auslassungspunkte.
- FEED-REIHENFOLGE: Besucher erwarten in der Regel die Sortierung nach NEUESTE ZUERST.

Modul »Feeds - Externen Feed anzeigen«

Falls Ihnen eine ganze Webseite für einen einzelnen Newsfeed zu plakativ ist, bietet Joomla! eine dezentere Darstellungsvariante: als Modul, dessen Kasten Sie als sekundären Content in einer der Seitenleisten Ihrer Webseiten unterbringen (siehe im Beispiel rechts in Abbildung 15.18).

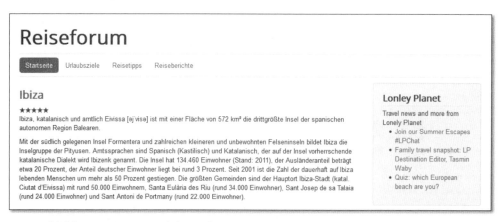

Abbildung 15.18 Das Modul »Feeds - Externen Feed anzeigen« verwendet nicht die von Ihnen gepflegten Newsfeeds, sondern zapft eine separat in der Modulkonfiguration eingegebene Feed-URL an.

Legen Sie das Modul über ERWEITERUNGEN • MODULE • Button NEU an, und bearbeiten Sie die Formularfelder (linker Reiter MODUL), um den Newsfeed optisch in Szene zu setzen:

- TITEL: Überschrift des Modulkastens. Blenden Sie entweder diese Überschrift ein (Umschalter TITEL ANZEIGEN in der rechten Spalte auf ANZEIGEN belassen, Umschalter FEED-TITEL auf NEIN setzen) oder den vom Newsfeed übertragenen FEED-TITEL (Umschalter in umgekehrte Stellung), um eine doppelte Überschrift zu vermeiden.
- FEED-URL: In dieses Feld kopieren Sie die RSS- oder Atom-URL der Newsfeed-Quelle.
- RTL-FEED: Umschalter der Schreibrichtung, falls die Feed-Inhalte in einer Sprache übermittelt werden, die von rechts nach links geschrieben wird
- FEED-TITEL: Hier blenden Sie die vom Feed übertragene Überschrift ein oder aus. Schöner ist es, nur eine Überschrift zu zeigen; Sie entscheiden sich also, ob Sie diesen oder den oben eingegebenen TITEL verwenden.
- FEED-BESCHREIBUNG: Ein- oder Ausblenden der mit dem Feed übertragenen Beschreibung. Die ist meist sehr kurz und hilft den Websitebesuchern bei der Orientierung, um welche Art Inhalte es sich hier handelt.
- FEED-BILD: Eher selten vorhanden, aber möglich – manche Feeds enthalten Bilder, die Sie über diese Option ANZEIGEN oder VERBERGEN.
- FEED-EINTRÄGE: Setzen Sie die Anzahl der neuesten darzustellenden Newsfeed-Beiträge fest. Mit etwa 5 Beiträgen sieht das Modul sinnvoll befüllt aus, ohne überfrachtet zu wirken.

- Beitragsbeschreibung: Zu jedem Feed-Beitrag gibt es meist auch eine Beschreibung, die das Modul jedoch arg in die Länge zieht. Experimentieren Sie hier von Fall zu Fall mit der Anzeige.
- Wortanzahl: Falls Sie sich dazu entschließen, die Beitragsbeschreibungen anzuzeigen, lässt sich der Text an einer bestimmten Stelle abschneiden und mit drei Auslassungspunkten beenden. Joomla! schreibt das letzte Wort aus, damit die Textfragmente noch etwas Sinn ergeben. Das Label Wortanzahl ist in der vorliegenden Joomla!-Version allerdings falsch übersetzt, tatsächlich handelt es sich um die Anzahl der Buchstaben.

Vergessen Sie nicht die rechte Spalte des Formulars. Sie müssen dem Modul eine Position zuweisen, im Protostar-Template z. B. Rechts [Position-7]. Bei mehrsprachigen Websites kann auch die Einstellung der Sprache sinnvoll sein, deren Webseiten das Modul anzeigen soll.

Modul »Feeds - Feed erzeugen«

Nicht mit externen Feeds, sondern denen Ihrer eigenen Website beschäftigt sich das Modul Feeds - Feed erzeugen. Ohne weiteres Zutun erzeugt Joomla! automatisch Newsfeeds Ihrer Übersichts-, Blog- oder Listenseiten. Mit diesem Modul erzeugen Sie einen kleinen Linkkasten, aus dem Besucher die vollständige URL für ihren Newsreader kopieren können.

Für die meisten Websites ist solch ein Modul zu auffällig und verschenkter Platz für Inhalte. Falls Ihre Website aber stark mit Newsfeeds arbeitet, z. B. auf einer Nachrichtenplattform, ist das Modul eine sinnvolle Ergänzung. Beachten Sie, dass Sie das Einblenden des Moduls über die Modulkonfiguration im Reiter Menüzuweisung • Modulzuweisung auf Nur auf den gewählten Seiten auf solcherlei Seiten eingrenzen können. Es wird übrigens bereits automatisch auf Seiten ausgeblendet, die keine Übersichten oder Blogs darstellen, z. B. bei einem einzelnen Beitrag.

15.4 Mit Schlagwörtern arbeiten

Schlagwörter, im Blogging- und Content-Management-Bereich auch englisch *Tags* genannt, verhalten sich im Grunde wie Kategorien, sind aber noch ein großes Stück flexibler. Sie lassen sich auf die meisten Inhaltselemente (Beiträge, Kontakte, Newsfeeds, sogar Kategorien) anwenden und versehen das betreffende Element mit beschreibenden Worten oder Wortkombinationen und zählen damit zu den klassischen Metadaten. Ein Unterschied zu Kategorien ist signifikant: Ein Element kann beliebig vielen Schlagwörtern, aber nur jeweils einer Kategorie zugewiesen sein.

Warum also noch Kategorien verwenden? Schlagwörter gibt es in Joomla! erst seit Version 3.1, Kategorien gehen auf die Anfangstage der Joomla!-Geschichte zurück.

Während mit Schlagwörtern ein flexiblerer Mechanismus integriert wurde, lassen sich Kategorien aus Kompatibilitätsgründen aber nicht einfach entfernen – viele ältere Websites bauen auf den Mechanismus. Außerdem erhalten Webmaster somit zwei verschiedene Möglichkeiten, Inhalte einzuordnen, um z. B. unterschiedliche Taxonomien in voneinander unabhängigen Formularfeldern zu verwalten.

Komponente/Erweiterung	Schlagwörter/Tags
JED-Kategorie	OFFICIAL EXTENSIONS
Download, falls nicht mehr in Joomla! enthalten	http://extensions.joomla.org/category/official-extensions
Zweck	Kategorisierung von Inhaltselementen mit beliebiger Anzahl von optional verschachtelten Schlagwörtern pro Inhaltselement

15.4.1 Schlagwörter anlegen und verwalten

Die Tags-Komponente erzeugt Schlagwörtereinträge automatisch, wenn Sie das Feld SCHLAGWÖRTER in der rechten Spalte von Beiträgen, Kategorien (aller Arten), Kontakten und Newsfeeds, kurzum allen Inhaltselementen, befüllen. Schlagwörter werden dabei mit einem Komma getrennt, sodass auch Kombinationen mehrerer durch Leerzeichen getrennter Einzelwörter als Schlagwort zulässig sind.

All die während der Contentpflege gespeicherten Schlagwörter erreichen Sie über KOMPONENTEN • SCHLAGWÖRTER (TAGS). In dieser sehr umfangreichen Liste stehen Ihnen alle Funktionen einer typischen Managerliste zur Verfügung: Filterung nach STATUS, ZUGRIFFSEBENE und SPRACHE, detaillierte Suchwerkzeuge und das NEU-Anlegen, BEARBEITEN, LÖSCHEN, ARCHIVIEREN und die STAPELVERARBEITUNG. Im Bearbeitungsformular eines einzelnen Schlagworts finden Sie außerdem alle Formularfelder wieder, die Sie von anderen Inhaltselementen kennen: BESCHREIBUNG, ZUGRIFFSEBENE, SPRACHE, Veröffentlichungsdetails und Metadaten und sogar die Möglichkeit, Schlagwörtern Bilder zuzuordnen. Die gesamte Mechanik ist also darauf ausgelegt, Schlagwörter wie Inhaltselemente zu behandeln und Webseiten zu erzeugen, die Schlagwörter und verschlagwortete Elemente präsentieren. Das ist sicher ein selten genutztes Feature, aber die logische Konsequenz des Systems hinter dem Content-Management von Joomla!.

In der Praxis nutzen Sie den Schlagwörtermanager, um Korrekturen vorzunehmen, fehlerhafte Schlagwörter zu entfernen und gegebenenfalls Schlagwörter in Ebenen zu organisieren, um sie einfacher zuzuweisen. Denn wie Kategorien lassen sich Schlagwörter verschachteln (siehe Abbildung 15.19). Für das Reiseforum gibt es z. B. ein Schlagwort LÄNDER, dem verschiedene Nationen untergliedert sind. Oder ein

Schlagwort GEBIRGE, um die verschiedenen Gebirgsketten unseres Planeten zu sammeln. Aber Vorsicht: Für die meisten Anwendungsfälle brauchen Sie das nicht. Eine Verschachtelung ist nur dann notwendig, wenn Sie ein gut organisiertes Schlagwortsystem auch prägnant nach außen präsentieren möchten (Webseiten mit Schlagwortübersichten).

Abbildung 15.19 Schlagwörter lassen sich wie Kategorien verschachteln; Kinderelemente erkennen Sie an der Einrückung.

Für die Verschachtelung gehen Sie genauso vor wie bei Kategorien: Belassen Sie das übergeordnete Schlagwort im Feld ÜBERGEORDNET auf KEINE, und ordnen Sie die Kinderschlagwörter über dasselbe Feld dem übergeordneten Schlagwort zu. In der Schlagwortübersicht erkennen Sie eine derartige Verschachtelung wieder an der Einrückung der Kinderelemente.

15.4.2 Schlagwörter und ihre Beiträge auf Webseiten darstellen

All die Pflege der Schlagwörter, ihre Verschachtelung und Anreicherung um Beschreibungen oder Bilder dient letztendlich dem Zweck, Übersichtsseiten für das Frontend darzustellen, über die der Besucher vom Schlagwort zum Inhaltselement gelangt, das das Schlagwort enthält. Die Komponente bietet dazu drei verschiedene Menüeintragstypen an: zwei Arten von Eintragslisten, nach Schlagwörtern gefiltert, und eine gigantische Liste aller Schlagwörter, die sich anhand übergeordneter Schlagwörter eingrenzen lässt. Achten Sie darauf, dass diese Listen mit ihren verlinkten Inhaltselementen nicht auf Beiträge beschränkt sind, sondern sämtliche Inhaltstypen enthalten, in denen die Schlagwörter vorkommen.

Menüeintrag »Schlagwörter (Tags)« • »Liste aller Schlagwörter«

Der Menüeintragstyp LISTE ALLER SCHLAGWÖRTER gibt eine paginierte Übersicht über alle in Ihrem Content verwendeten Schlagwörter aus (siehe Beispiel in Abbildung 15.20). Das heißt, übersteigt die Anzahl der Wörter einen Grenzwert, erscheint unter der Liste eine Leiste mit Links für Folgeseiten, auf die sich die restlichen Tags verteilen.

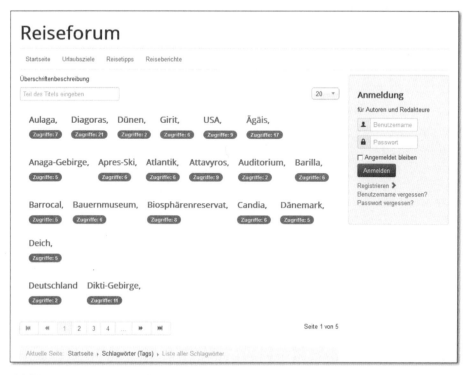

Abbildung 15.20 Die Darstellung der »Liste aller Schlagwörter« ist nicht schön, aber vielseitig formatierbar; auch das obere »Filterfeld« lässt sich ein- oder ausblenden.

In den schlagwortspezifischen Reitern des Menüeintragstyps gibt es eine Reihe von Darstellungsoptionen, die meisten unter OPTIONEN:

- ANZAHL SPALTEN: Anzahl der Schlagwörter, die in einer Zeile nebeneinanderstehen. *Vorsicht*: Viele Templates, darunter auch Protostar, stellen die Schlagwörter, etwas ungewöhnlich, in <ul>-Listen pro Zeile dar. Eine zu hohe Zahl von Schlagwörtern sorgt also für einen hässlichen Zeilenumbruch.
- ÜBERSCHRIFTENBESCHREIBUNG: Text, der zwischen Websitelogo und Schlagwortsuchfeld erscheint
- ÜBERSCHRIFTSBILD, ÜBERSCHRIFTSBILD: Wählen Sie aus dem oberen Feld ANZEIGEN, schiebt sich im Frontend das im zweiten Feld ausgewählte Bild zwischen Websitelogo und die ÜBERSCHRIFTENBESCHREIBUNG bzw. das Filterfeld.
- REIHENFOLGE/RICHTUNG: Sortieren Sie die Schlagwortliste nach TITEL, Anzahl der ZUGRIFFE, ERSTELLUNGS-, BEARBEITUNGS- oder VERÖFFENTLICHUNGSDATUM jeweils auf- oder absteigend.

- SCHLAGWORTBILD: Zeigt das über KOMPONENTEN • SCHLAGWÖRTER (TAGS) • individuelle Schlagwortkonfiguration • Reiter BILDER hinterlegte EINLEITUNGSBILD zwischen Schlagwort und Beschreibung.
- SCHLAGWORTBESCHREIBUNG: Fügt die über KOMPONENTEN • SCHLAGWÖRTER (TAGS) • individuelle Schlagwortkonfiguration • Reiter SCHLAGWORTDETAILS einem Schlagwort hinzugefügte BESCHREIBUNG unter das in dieser Liste dargestellte Schlagwort. Schreiben Sie hier nicht zu viel Text, sonst verhält sich das Listenlayout noch unberechenbarer.
- MAXIMALE ANZAHL ZEICHEN: Theoretisch grenzen Sie hiermit die Anzahl der Buchstaben für die dargestellte Beschreibung ein; Joomla! beendet den Text dann mit drei Auslassungspunkten. In vergangenen Joomla!-Releases enthielt die Funktion jedoch Bugs, sodass Sie sie mit neueren Versionen prüfen müssen.
- ZUGRIFFE: Blendet unter dem Schlagwort die Anzahl der Zugriffe (Zugriffe: 4) auf die Seite ein, die die Beiträge listet, die das Schlagwort enthalten. Klickt sich ein Besucher zu dieser Seite, entspricht das Layout einer Seite des Typs VERSCHLAGWORTETE BEITRÄGE.

Die Optionen im Reiter AUSWAHL betreffen ebenfalls die große Schlagwortliste:

- MAXIMALE EINTRÄGE: Grenzen Sie die Gesamtzahl der angezeigten Schlagwörter ein. Das funktioniert aber nur, wenn das Feld »ANZEIGE«-FILTER auf VERBERGEN steht, da Sie die Anzahl der dargestellten Elemente ansonsten vom Besucher steuern lassen.
- FILTERFELD: Blendet ein Textfeld ein, in dem Besucher nach Schlagwörtern suchen können.
- »ANZEIGE«-FILTER: Blendet über der Liste eine kleine Dropdown-Liste ein, aus der Besucher die Anzahl der auf der aktuellen Seite dargestellten Schlagwörter wählen; Standardwert ist 20.
- SEITENZAHLEN, GESAMTSEITENZAHLEN: Ein- oder Ausblenden der Seitenzahlen, falls die Gesamtzahl der Schlagwörter die auf einer Seite dargestellten übersteigt. In diesem Fall erscheint auch automatisch eine Paginierung.

Die übrigen Reiter entsprechen den allgemeinen Funktionen, die jeder Menüeintrag enthält. Sie kennen sie bereits aus Abschnitt 9.2.1, »Standardoptionen aller Menüeintragstypen«.

Menüeintrag »Schlagwörter (Tags)« • »Verschlagwortete Beiträge«

Während Websitebesucher sich über den zuletzt vorgestellten Menüeintragstyp selbstständig durch die Schlagwörter bis zu einer Inhaltselementliste klicken konnten, lässt sich über den Typ VERSCHLAGWORTETE BEITRÄGE eine vorher definierte Übersichtsseite zusammenstellen (siehe Abbildung 15.21). Beachten Sie, dass der

Name des Eintragstyps nicht ganz korrekt ist. Dargestellt werden nämlich *alle* Inhaltselemente unabhängig ihres Typs, also z. B. auch Newsfeeds oder Kontakte oder eine von Ihnen festgelegte Kombination von Inhaltstypen.

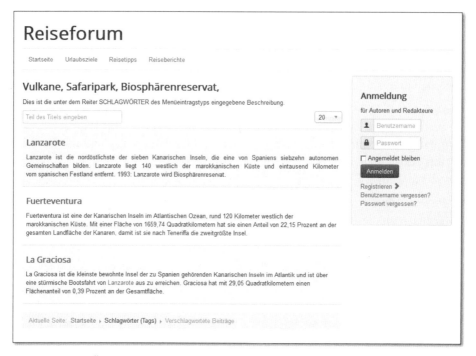

Abbildung 15.21 Über »Verschlagwortete Beiträge« listen Sie nicht nur Beiträge, sondern beliebig definierte Inhaltselemente, die eine festgelegte Auswahl von Schlagwörtern enthalten.

Die wichtigste Konfiguration befindet sich im Reiter DETAILS. Im Feld SCHLAGWORT klicken Sie sich die Schlagwörter zusammen, mit denen die Inhaltselemente getaggt wurden, die auf dieser Seite erscheinen sollen. Abhängig vom Browser ist die Bedienung dieses Felds manchmal etwas schwierig. So funktioniert's am besten: Geben Sie langsam einen Teil des erhofften Schlagworts per Tastatur ein, und warten Sie einige Sekunden, bis sich die automatische Vervollständigungsliste darunter aktualisiert. Haben Sie etwas Geduld, denn zu schnell durchgeführte Eingaben und Mausklicks bringen die Synchronisation des Formularfelds durcheinander. Erscheint das gewünschte Schlagwort in der Liste, fügen Sie es schließlich mit einem einzelnen Klick hinzu. Über das an jedem Schlagwort angefügte Kreuz entfernen Sie einzelne Einträge aus der Liste.

Nicht weniger wichtig ist das darunter liegende Feld INHALTSTYP. Standardmäßig werden bei der Darstellung alle Inhaltstypen berücksichtigt. Über dieses Feld schränken Sie die Auswahl z. B. auf BEITRÄGE ein.

Über den Reiter SCHLAGWÖRTER beeinflussen Sie die Darstellung der Webseite abseits der eigentlichen Inhaltselementliste.

- SCHLAGWORT: Darstellung des eingestellten Schlagworts als Seitenüberschrift
- SCHLAGWORTBILD: Einblenden der optional im Reiter BILDER des Schlagwortformulars hinterlegten Grafiken
- SCHLAGWORTBESCHREIBUNG: Anzeige der im Reiter SCHLAGWORTDETAILS des Schlagwortformulars hinterlegten BESCHREIBUNG
- BILD: Wählen Sie hier ein Bild aus, das *zusätzlich* zum optionalen SCHLAGWORTBILD erscheint.
- BESCHREIBUNG: eine weitere Beschreibung, die *zusätzlich* zur SCHLAGWORTBESCHREIBUNG erscheint
- ANZAHL BEITRÄGE: Anzeige der Anzahl der Beiträge zum betreffenden Schlagwort
- REIHENFOLGE, RICHTUNG: Sortierreihenfolge und -richtung der gefundenen Inhaltselemente

Im Reiter EINTRÄGE nehmen Sie Einstellungen für die einzelnen gelisteten Inhaltselemente vor.

- SCHLAGWORTBILD: Eine falsche Übersetzung – hierüber steuern Sie nicht die Anzeige des Schlagwortbilds, sondern logischerweise des dem Inhaltselement (Reiter BILDER UND LINKS) zugewiesenen EINLEITUNGSBILDS.
- EINTRAGSBESCHREIBUNG, MAXIMALE ANZAHL ZEICHEN: Anzeige des Einleitungstexts des Inhaltselements, also des Texts, der vom übrigen Fließtext durch eine WEITERLESEN-Trennlinie abgegrenzt wurde. Da eine lange Liste gefundener Inhaltselemente mit zusätzlich eingeblendeten Einleitungstexten die Webseite extrem in die Länge zieht, grenzen Sie die Textlänge über MAXIMALE ANZAHL ZEICHEN ein. Joomla! ist schlau genug, den Text nur hinter vollständigen Worten abzuschneiden, und ergänzt drei Auslassungspunkte hinter dem Textfragment.
- FILTERFELD: Blendet ein Suchtextfeld ein, mit dem Websitebesucher eine lange Liste nach einem Wortbestandteil filtern. Berücksichtigt wird dabei aber nur der Titel des Inhaltselements, nicht die Beschreibung.

Über die Reiter SEITENZAHLEN blenden Sie bei besonders langen Eintragslisten die Paginierung und die kleine Dropdown-Liste mit der Anzahl der Einträge pro Seite (Standard ist 20) ein oder aus. Der SUCHTYP im Reiter EINTRAGSAUSWAHL ist wichtig, wenn Sie mehrere Schlagwörter für die Listenerstellung angeben. ALLE setzt voraus, dass gefundene Inhaltselemente alle Schlagwörter enthalten (boolesche Und-Verknüpfung), bei IRGENDEINER werden alle Elemente gelistet, die mindestens eines der Schlagwörter enthalten (boolesche Oder-Verknüpfung).

Beachten Sie, dass Sie die Standardwerte all dieser Konfigurationseinstellungen global über SYSTEM • KONFIGURATION • Komponente SCHLAGWÖRTER (TAGS) festlegen. Die Reiter und ihre Inhalte sind etwas anders sortiert, enthalten aber die gleichen Optionen.

Menüeintrag »Schlagwörter (Tags)« • »Kompaktliste der verschlagworteten Einträge«

Die KOMPAKTLISTE DER VERSCHLAGWORTETEN EINTRÄGE gleicht dem vorherigen Menüeintragstyp VERSCHLAGWORTETE BEITRÄGE mit dem Unterschied, dass die für ein oder mehrere Schlagwörter zutreffenden Inhaltselemente nicht angeteasert werden, sondern in einer übersichtlichen Tabelle erscheinen (siehe Abbildung 15.22).

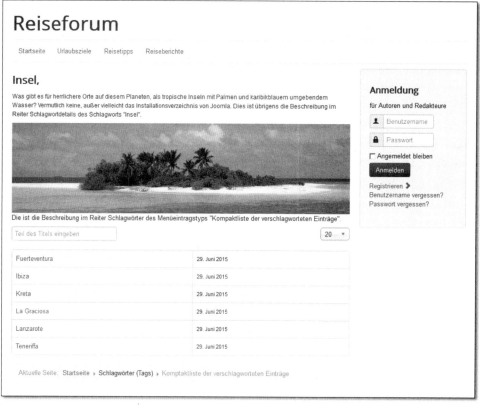

Abbildung 15.22 »Kompaktliste der verschlagworteten Einträge« mit Paginierung und Bild aus der Konfiguration des Schlagworts »Insel«

Die Konfiguration ist daher ähnlich, die drei Reiter DETAILS, SCHLAGWÖRTER und EINTRAGSAUSWAHL sind sogar identisch, die Einstellungsdetails finden Sie deshalb im vorangegangenen Abschnitt »Menüeintrag ›Schlagwörter (Tags)‹ • ›Verschlagwortete Beiträge‹«.

Um den Tabellencharakter dieses Eintragstyps gerecht zu werden, nehmen Sie spezielle Einstellungen über den Reiter LISTENLAYOUT vor. Die meisten Felder können Sie jedoch getrost ignorieren, da ihre Funktionalität bereits auf anderen Reitern abgebildet ist. Joomla! berücksichtigt lediglich FILTERFELD, »ANZEIGE«-FILTER und DATUM, DATUMSFORMAT. Mit ihnen steuern Sie das Suchtextfeld, die Dropdown-Liste mit der Eintragsanzahl pro Seite (die Paginierung erfolgt automatisch) und ein in der Tabelle pro Eintragszeile dargestelltes Datum. Bei Letzterem haben Sie die Wahl zwischen ERSTELLT, BEARBEITET und VERÖFFENTLICHT aus den Metadaten des Inhaltselements. Zur Formatierung verwenden Sie die einfachen Datumsformatierungsregeln der Programmiersprache PHP (*http://tinyurl.com/jh-datum*).

Modul »Schlagwörter - Beliebte«

Schlagwörter blenden Sie auf Ihrer Website nicht nur über Menüeintragstypen, Webseiten, ein, sondern auch in einem Modul. SCHLAGWÖRTER - BELIEBTE ist der Ansatz einer Tagcloud, in der Joomla! die am häufigsten verwendeten Schlagwörter platziert (siehe rechts unten in Abbildung 15.23). Über den Konfigurationsreiter MODUL steuern Sie die MAXIMALE ANZAHL DER SCHLAGWÖRTER, die ZEITSPANNE und die Sortierung. Optional blenden Sie auch die Anzahl der verschlagworteten Inhaltselemente ein (DISPLAY NUMBER OF ITEMS).

Modul »Schlagwörter - Ähnliche«

Etwas unscheinbar kommt das Modul SCHLAGWÖRTER - ÄHNLICHE daher, es entpuppt sich aber als sinnvolles Mittel zur Verknüpfung von Beiträgen. Die Mechanik ist simpel: Joomla! listet alle Inhaltselemente, die ein oder mehrere Schlagwörter des aktuell im Contentbereich angezeigten Beitrags enthalten. Passen Sie diese Optionen über den Reiter MODUL an:

- MAXIMALE ANZAHL BEITRÄGE: Anzahl der gelisteten Beitragslinks
- SUCHTYP: Sensibilität der Schlagwortübereinstimmung. ALLE/HÄLFTE – alle oder die Hälfte der Schlagwörter müssen übereinstimmen; IRGENDEINER – ein gemeinsames Schlagwort genügt.
- ERGEBNISSORTIERUNG: Erscheint die Sortierung ZUFÄLLIG, nach Schlagwortübereinstimmung (ANZAHL DER PASSENDEN TAGS) oder in einer Kombination aus beiden?

Für das Reiseforum ist so im Handumdrehen eine Liste fabriziert, die auf allen Inselurlaubszielseiten eine Liste anderer Inseln darstellt (siehe rechts oben in Abbildung 15.23). *Hinweis*: Das Modul erlaubt keine gesonderte Filterung nach Beitragssprache. Achten Sie deshalb bei mehrsprachigen Websites darauf, dass Sie mit sprachindividuellen Schlagwörtern arbeiten, sonst vermischen sich in diesem Modul die verschiedensprachigen Beitragslinks.

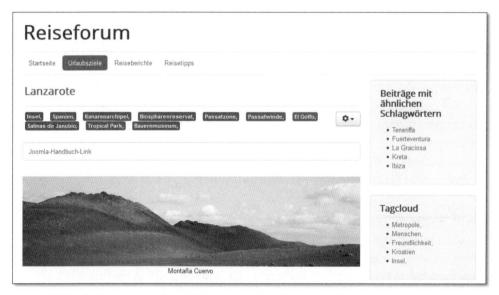

Abbildung 15.23 Das Modul »Schlagwörter - Beliebte« listet die am häufigsten verwendeten Schlagwörter; »Schlagwörter - Ähnliche« präsentiert Beiträge, deren Schlagwörter identisch mit der aktuellen Seite sind.

15.5 Suche aktivieren und konfigurieren

Präsentieren Sie auf Ihrer Website viele Inhalte, kann es schwierig sein, sie vollständig und übersichtlich über die Navigation abzubilden. Spätestens ab der dritten Menüebene wird's unübersichtlich, und was tun, falls Inhalte nicht nur über einen zu tief verschachtelten Navigationspfad gefunden werden sollen? Da kommt eine site-interne Suche gerade recht; die Websitebesucher geben zu suchende Begriffe in eine kleine Textbox ein und erhalten prompt eine Liste mit Inhaltselementen, die den Suchbegriff enthalten. Um rückwärtskompatibel zu bleiben, aber auch moderne Suchalgorithmen zu nutzen, bietet Joomla! gleich zwei Suchkomponenten zur Auswahl:

▶ **Suche (Alte Suche)**
Die alte Suchkomponente (KOMPONENTEN • SUCHE) ist ein verhältnismäßig primitiver Mechanismus, der die Inhaltselemente in der Datenbank nach dem eingegebenen Suchbegriff abklappert und alle gefundenen Ergebnisse direkt ausgibt. Das System ist primitiv, aber absolut ausreichend für eine einfache Suche auf einer simplen Website.

▶ **Suchindex/Smart Search (Neue Suche)**
Die Smart Search (KOMPONENTEN • SUCHINDEX) verlässt sich nicht auf die Suchmechaniken der Datenbank, sondern implementiert eigene Algorithmen,

um die besten Suchergebnisse zu errechnen. Das hat den Vorteil, dass die Suche quasiintelligent ist, Wortstämme erkennt und Wortvariationen erörtert. Dadurch ist die Smart Search beispielsweise in der Lage, Alternativen zum eingegebenen Suchbegriff anzubieten. »lanzaratte« – MEINTEN SIE »LANZAROTE«? ist dann die von Google-Suchen vertraute Meldung.

Um das zu ermöglichen, benötigt die Smart Search deutlich mehr Speicherplatz und indexiert neuen Content kontinuierlich, da nun nicht mehr im Originalinhalt der Inhaltselemente, sondern in speziell aufbereiteten Indextabellen gesucht wird. Für einen modernen, performanten Webserver ist das natürlich kein Problem, sehen Sie sich aber ruhig beide Technologien an, um die für Sie ideale Suchkomponente zu aktivieren.

15.5.1 Suche (Alte Suche) verwenden

Content, z. B. Beiträge, Kategorien, Schlagwörter, Newsfeeds oder Kontakte, speichert Joomla! allesamt in der Datenbank. Die alte Suche zapft diese Tabellen an und durchstöbert sie nach dem exakten Vorkommen eines zuvor eingegebenen Suchbegriffs.

Abbildung 15.24 Erst nach Aktivierung der Komponenteneinstellung »Suchstatistik erfassen« wird die unter »Komponenten« • »Suche« dargestellte Suchstatistiktabelle von Joomla! befüllt.

Konfigurieren lässt sich dabei nicht viel. Begeben Sie sich in die Komponentenverwaltung unter KOMPONENTEN • SUCHE, präsentiert sich lediglich eine leere Tabelle. In ihr listet Joomla! eingegebene Suchbegriffe, wie oft nach ihnen gesucht und wie viele Ergebnisse gefunden wurden. Diese Statistik muss allerdings zuerst aktiviert werden: über den Button OPTIONEN oben rechts oder unter SYSTEM • KONFIGURATION • Komponente SUCHE • Reiter KOMPONENTE. Hier verstecken sich einige nicht uninteressante Einstellungen:

- SUCHSTATISTIK ERFASSEN: Stellen Sie diesen Schalter auf JA, um in der Komponente eine Übersicht über von Besuchern eingegebene Suchbegriffe und die Anzahl der gefundenen Ergebnisse zu erhalten (siehe Abbildung 15.24).
- SUCHBEREICHE VERWENDEN: Erlaubt Besuchern eine Verfeinerung der Suche im Suchformular nach Inhaltstypen, also Kategorien, Kontakten, Beiträgen, Newsfeeds und Schlagwörtern.
- ERSTELLUNGSDATUM: Zeigt das Erstellungsdatum von Beiträgen, aber nur, falls die Suchergebnisseite die Darstellung ebenfalls erlaubt.
- OPENSEARCH-NAME, OPENSEARCH-BESCHREIBUNG: Die *OpenSearch*-Mechanik erlaubt Besuchern das Hinzufügen Ihrer site-internen Suche zur Dropdown-Liste der verfügbaren Suchmaschinen; einen Browser vorausgesetzt, der dieses Feature unterstützt, z. B. Firefox. Im folgenden Abschnitt finden Sie weitere Details bei den Einstellungen zur Suchergebnisseite. Geben Sie an dieser Stelle schon mal prophylaktisch unter OPENSEARCH-NAME Ihren Websitenamen und unter OPENSEARCH-BESCHREIBUNG einen kurzen Text zu Ihrer Website an.

Aktivieren Sie die Option STATISTIK ERFASSEN und führen Sie einige Suchtests im Frontend durch. Werfen Sie danach einen Blick in die Tabelle, unter KOMPONENTEN • SUCHE wurden endlich einige Zeilen hinzugefügt. Über die Spalten ZUGRIFFE und ERGEBNISSE lässt sich ablesen, wie häufig nach einem Begriff gesucht wurde und wie erfolgreich diese Suche war. Daraus könnten Sie ein Benutzerverhalten ableiten und vielleicht zusätzlichen Content bereitstellen, nach dem Ihre Besucher häufig Ausschau hielten.

Eine weitere Möglichkeit der Konfiguration versteckt sich hinter sechs Plugins, die Sie im Plugin-Manager (Menü ERWEITERUNGEN • PLUGINS) durch den Dropdown-Listen-Filter TYP WÄHLEN – SEARCH finden und die den Inhaltstypen entsprechen, die die Suche berücksichtigt. Über die jeweiligen Plugin-Konfigurationen lässt sich über SUCHLIMIT die Anzahl der Suchergebnisse eingrenzen oder die Einbeziehung des betreffenden Inhaltstyps über EINTRÄGE/BEITRÄGE DURCHSUCHEN gänzlich deaktivieren oder über ARCHIV DURCHSUCHEN auf aktuelle Inhaltselemente beschränken.

Achten Sie darauf, dass Sie sich in den korrekten Plugins und nicht etwa bei den ähnlichen Einstellungen der Smart Search befinden – im Plugin-Konfigurationsformular lautet die unter dem Plugin-Namen angegebene interne Bezeichnung SEARCH/CONTENT, SEARCH/NEWSFEEDS etc. Tipp: Sollen bestimmte Inhaltstypen nicht nur unberücksichtigt bleiben, sondern auch nicht im Formularkasten NUR SUCHE erscheinen (Erläuterung im nächsten Abschnitt), schalten Sie das betreffende Plugin einfach aus.

So viel zur grundsätzlichen Konfiguration der alten Suche. Weitere Einstellungen nehmen Sie vor, wenn es um die Bereitstellung von Suchergebnisseiten geht. Vorher stellen Sie aber im nächsten Abschnitt sicher, dass Ihre Besucher die Suche von überall erreichen.

15.5.2 Suchformulare darstellen

Joomla! integriert die Suche im Frontend über zwei Elemente: ein kleines Modul, das nur ein Texteingabefeld für die Aufnahme des Suchbegriffs enthält, und eine flexibel konfigurierbare Suchergebnisseite.

Modul »Suchen«

Das kleine Modul SUCHEN stellt ein schlichtes Texteingabefeld zur Eingabe eines Suchbegriffs dar, das maximal 20 Zeichen aufnimmt. Sie erzeugen es wie jedes Modul über ERWEITERUNGEN • MODULE • Button NEU und Auswahl des Modultyps SUCHEN. Im Reiter MODUL finden Sie einige wichtige Optionen für kleine Änderungen an der Darstellung und die Aktivierung des interessanten, bereits erwähnten OpenSearch-Auto-Discovery-Features:

- BOXBESCHREIBUNG, BOXBREITE: Die BOXBESCHREIBUNG wird von den meisten Templates ignoriert, über die BOXBREITE legen Sie theoretisch die Breite des Texteingabefelds fest. Das funktioniert jedoch nur in Kombination mit entsprechenden CSS-Anpassungen. Wie das funktioniert, lesen Sie im Beispiel in Abschnitt 10.5.3, »CSS-Overrides anlegen«.

- BOXTEXT: Standardtext, der im Textfeld dargestellt wird, solange noch kein Suchbegriff eingegeben wurde. Hilfreich ist z. B. ein Text wie »Suchbegriff eingeben«, so ersparen Sie sich das Einblenden eines zusätzlichen erklärenden Labels.

- SUCHEN-SCHALTFLÄCHE, SCHALTFLÄCHENPOSITION: Einblenden eines Buttons – LINKS oder RECHTS des Textfelds –, der die Suche startet. Der Button ist standardmäßig ausgeblendet, da auch die ⏎-Taste den Suchvorgang initiiert.

- SUCHBUTTON-BILD: Wählen Sie JA, stellt Joomla! ein von Ihnen bereitgestelltes Buttonbild statt der textlichen SUCHEN-SCHALTFLÄCHE dar. Das Bild muss *searchButton.gif* heißen und in den Ordner */templates/protostar/images/* hochgeladen werden. Verwenden Sie statt Protostar ein anderes Template, gehört das Bild ebenfalls ins */images/*-Unterverzeichnis innerhalb des Templateverzeichnisses.

- SCHALTFLÄCHENTEXT: Dieser Text wird in die SUCHEN-SCHALTFLÄCHE gesetzt, falls Sie kein eigenes SUCHBUTTON-BILD verwenden.

- OPENSEARCH-AUTO-DISCOVERY, OPENSEARCH-TITEL (siehe Abbildung 15.25): Surft Ihr Websitebesucher mit einem Browser, der in der Adresszeile ein separates Textfeld für Suchbegriffe darstellt, kann er Ihre site-interne Suche als Suchmaschine hinzufügen. Dazu setzen Sie OPENSEARCH-AUTO-DISCOVERY auf JA und ergänzen unter OPENSEARCH-TITEL eine aussagekräftige Überschrift, z. B. den Namen Ihrer Website mit der Ergänzung »–Suche«. Öffnet der Besucher nun das Browsersuchfeld, erscheint das Favicon Ihrer Website neben der Liste der anderen Standardsuchmaschinen, und er kann Ihre Suche in der Browserkonfiguration als weiteren

Standard setzen. Anschaulicher verstehen Sie dieses interessante Feature, wenn Sie es sich live unter *https://joomla-handbuch.com* mit einem Firefox ansehen.

Abbildung 15.25 Mithilfe des Features OpenSearch fügen Firefox-Benutzer Ihre websiteinterne Suche zur Suchmaschinenliste für das Firefox-Suchfeld hinzu.

▶ EINTRAGS-ID SETZEN: Suchergebnisse stellt Joomla! auf einer automatisch erzeugten Seite mit dem URL-Pfad */component/search* dar, es sei denn, Sie haben eine Ergebnisseite des Menüeintragstyps SUCHFORMULAR ODER SUCHERGEBNISSE AUFLISTEN angelegt. Das CMS ist dann schlau genug, um zur Auflistung der Ergebnisse automatisch auf diese Seite zu leiten. Existiert mehr als eine Seite dieses Typs, entscheiden Sie über das Feld EINTRAGS-ID SETZEN, welche zu verwenden ist.

Denken Sie wie immer daran, dem Modul einen TITEL zu geben und in der rechten Einstellungsspalte eine POSITION zuzuweisen. Die meisten Templates verfügen über spezielle Layoutslots für die Suche, die meist in der oberen rechten Ecke zu finden sind. Für Protostar lautet die Position beispielsweise SUCHE [POSITION-0]. Klicken Sie danach auf SPEICHERN, um im Frontend das neue Suchmodul zu testen. Nach Eingabe des Suchbegriffs stellt Joomla! die Suchergebnisse auf einer automatisch erzeugten Ergebnisseite dar. Diese Ergebnisliste lässt sich detailliert konfigurieren, indem Sie im folgenden Abschnitt per Hand eine Suchergebnisseite einrichten.

Menüeintrag »Suche« • »Suchformular oder Suchergebnisse auflisten«

Die Suchergebnisseite des Menüeintragstyps SUCHFORMULAR ODER SUCHERGEBNISSE AUFLISTEN listet alle Webseiten der von der Suche gefundenen Inhaltselemente (siehe Abbildung 15.26). Für besondere Fälle lassen sich Suchbegriffe schon in der Konfiguration vorgeben – der Besucher erhält dann schon bei Aufruf der Webseite eine Ergebnisliste, ohne vorher einen Suchbegriff eingegeben zu haben.

Abbildung 15.26 Die interne Joomla!-Suche findet Webseiten zu allen Inhaltselementen, z. B. zu Beiträgen oder Schlagwörtern.

Die Unterscheidung, ob Sie Besuchern ein leeres Suchformular oder ein vorbereitetes Suchergebnis präsentieren, nehmen Sie im Reiter DETAILS der Backend-Konfiguration dieses Menüeintragstyps vor. Lassen Sie das Feld SUCHBEGRIFF (OPTIONAL) leer, erscheint ein Suchformular mit leerem Textfeld. Geben Sie stattdessen Begriffe vor, präsentiert die erzeugte Suchseite bereits beim ersten Aufruf eine Ergebnisliste. Von hier verfeinert der Websitebesucher dann seine Suche.

Über den Reiter OPTIONEN steuern Sie einige Detaileinstellungen:

▶ SUCHBEREICHE VERWENDEN: Blendet den Formularblock NUR SUCHEN mit der Checkbox-Auswahl der verschiedenen Inhaltstypen ein oder aus. Besucher können damit ihre Suche auf bestimmte Bereiche einschränken.

▶ ERSTELLUNGSDATUM: Möglichkeit, die kleine Anmerkung ERSTELLT AM [...] unter dem zitierten Suchergebnistext zu VERBERGEN

▶ GESPEICHERTE SUCHOPTIONEN
- SUCHEN NACH: Beeinflusst die Voreinstellung der Radiobuttons im Block SUCHE NACH: Die Option ALLE WÖRTER entspricht in Suchmaschinen dem Und-Operator und zeigt Inhaltselemente, die *alle* Suchbegriffe an irgendeiner Stelle im Text enthalten. IRGENDEIN WORT entspricht dem Oder-Operator, das Resultat sind Inhaltselemente, die *irgendeinen* der Suchbegriffe enthalten. EXAKTER AUSDRUCK hat dieselbe Wirkung, als klammerten Sie in einer Suchmaschine die Suchbegriffe in Anführungszeichen ein. Sie suchen *exakt* diese Wortkombination ohne andere Worte dazwischen.
- ERGEBNISSORTIERUNG: Hier beeinflussen Sie die Sortierung der Suchergebnisse. In der Praxis empfiehlt sich eine Sortierung nach Aktualität (NEUESTE ZUERST) oder BELIEBTHEIT.

Sicher könnte man sich noch mehr Optionen für die Suche vorstellen, aber für eine kleine Sucherweiterung ist die Komponente mächtig und ausreichend für kleine Websites. Etwas moderner ist die Smart Search, die Sie im nächsten Abschnitt kennenlernen.

15.5.3 Smart Search verwenden

Komponente/Erweiterung	Smart Search
JED-Kategorie	OFFICIAL EXTENSIONS
Download, falls nicht mehr in Joomla! enthalten	http://extensions.joomla.org/category/official-extensions
Zweck	Komplexe, intelligente Volltextsuche mit separat angelegten Indexes der Inhaltselemente

Die Smart Search ist die Antwort von Joomla! auf die Frage nach einer leistungsfähigen Suche mit modernen Features. Wann immer Sie in der deutschen Übersetzung des Administrations-Backends dem Begriff Such*index* begegnen, ist die Smart Search gemeint. Das ist zwar inkonsistent, aber der deutsche Begriff hat einen Sinn. Denn für die Ergebnisrecherche verwendet die Smart Search nicht die eigentlichen in der Datenbank gespeicherten Inhaltselemente, sondern pflegt einen eigenen Index, dem über zwei Dutzend zusätzliche Datenbanktabellen für eine besonders effiziente Suche spendiert wurden. Das Präfix *Smart* hat ebenfalls seine Berechtigung – die Suche erkennt Wortstämme der indexierten Begriffe und kann daraus Worte ableiten, die nicht unbedingt als Suchbegriff eingegeben wurden, aber ähnlich geschrieben werden. Der Mechanismus ist zwar nicht ganz so universell als Rechtschreibkorrektur einsetzbar wie die Google-Suche, kommt aber nahe ran.

15.5 Suche aktivieren und konfigurieren

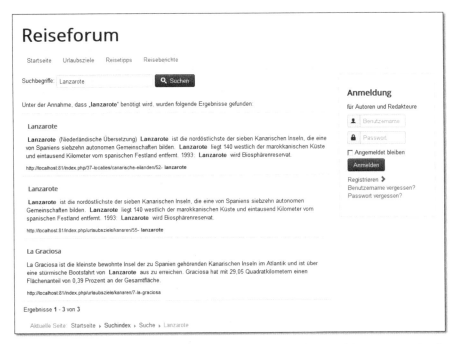

Abbildung 15.27 Vorteil der Smart Search gegenüber der alten Suchkomponente ist die Google-ähnliche Berücksichtigung der Relevanz der in den Ergebnissen vorkommenden Suchbegriffe.

Smart Search aktivieren

Standardmäßig ist die Smart Search deaktiviert, denn die intelligentere der beiden Suchen erfordert eine höhere Performance und schluckt mehr Speicherplatz, das ist aber kein Problem für moderne Webserver. Aktivieren Sie die Komponente unter ERWEITERUNGEN • PLUGINS • INHALT - SUCHINDEX mit einem Klick in die Spalte STATUS. Wechseln Sie jetzt über KOMPONENTEN • SUCHINDEX zur Verwaltungsseite der Smart Search.

Abbildung 15.28 Nach Aktivierung des Plugins »Inhalt - Suchindex« benötigt die Smart Search einige Minuten, um den gesamten Content initial einmal zu indexieren.

Ähnlich wie bei der alten Suche ist das Managerfenster enttäuschend leer. In diesem Fall liegt das jedoch nicht an einer deaktivierten Statistik, sondern daran, dass nach Aktivierung der Smart Search eine Indexierung des gesamten Contents notwendig ist, bevor Suchergebnisse produziert werden können. Das ist mit einem Mausklick geschehen: Nach Klick auf den Button INDEXIEREN öffnet sich ein kleines modales Popup SUCHINDEX - INDEXIERUNG / INDEXIERUNG LÄUFT (siehe Abbildung 15.28). Gedulden Sie sich einige Minuten, um schließlich das Ergebnis in der Suchindex-Übersicht zu sehen.

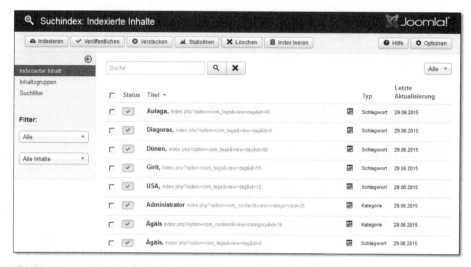

Abbildung 15.29 Nach erfolgreicher Indexierung sehen Sie in der Smart-Search-Verwaltung alle Suchbegriffe, die von der intelligenten Suche als besonders wichtig erachtet werden.

Dies sind die Begriffe, die fortan einen besonders hohen Stellenwert in der Smart Search genießen. Natürlich findet die Suche weiterhin alle in den Fließtexten enthaltenen Buchstabenfragmente (Volltextsuche), aber die hier automatisch getroffene Auswahl wird insbesondere für die intelligente Wortstammerkennung genutzt, die z. B. auch bei Tippfehlern der Websitebesucher sinnvolle Ergebnisse liefert. Wie bei allen Automatismen kann auch hier mal etwas schiefgehen. Sie haben an dieser Stelle zwar keine Möglichkeit, per Hand Suchbegriffe hinzuzufügen oder den Typ existierender Begriffe zu bearbeiten, aber zumindest dürfen Sie per gesetztem Häkchen und Klick auf VERSTECKEN einzelne Querläufer ausblenden oder über den Button LÖSCHEN entfernen.

> **Problemlösung: Maßnahmen bei fehlgeschlagener Indexierung**
> Auch bei der Indexierung kann es zu Problemen zu kommen, insbesondere wenn Ihre Website über außerordentlich viel Content verfügt. Es ist dann ratsam, eine Indexierung nicht über das Administrations-Backend durchzuführen, sondern über die Kom-

mandozeile, englisch: *Command Line Interface* (CLI). Die Smart Search stellt zu diesem Zweck eine kleine PHP-Routine bereit, die Sie vom Joomla!-Hauptverzeichnis ausgehend im Unterordner */cli/* finden. Das Programm *finder_indexer.php* aufzurufen ist in Ihrer lokalen Testumgebung kein Problem. Öffnen Sie ein Kommandozeilenfenster, wechseln Sie ins Verzeichnis */htdocs/joomla3test/cli/*, und führen Sie den Befehl aus:

```
php finder_indexer.php
```

(Windows: Benutzen Sie gegebenenfalls den kompletten Pfad zu *php.exe*, falls der PHP-Interpreter nicht gefunden wird.)

In der Live-Umgebung lässt sich der Indexierungsbefehl nur dann ausführen, wenn Sie eines der teureren Pakete gemietet und SSH-Zugriff haben. Bei Webhosting-Paketen mittlerer Größe können Sie die Indexierung aber trotzdem aufrufen, falls Ihnen die Administrationsoberfläche die Möglichkeit bietet, Cronjobs einzurichten (siehe Beispiel in Abbildung 15.30). Solche Cronjobs sind automatische Programmaufrufe (gilt also auch für PHP-Scripts) nach einem definierten Terminplan. Der Pfad zum Indexer lautet dann *http://IhrDomainName/cli/finder_indexer.php*.

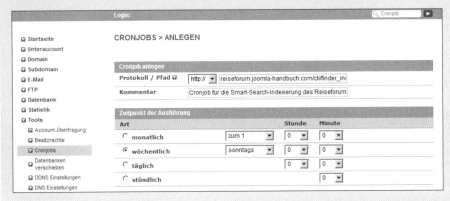

Abbildung 15.30 Viele Webhoster erlauben das Anlegen von Cronjobs, über die Sie die automatische Indexierung des Smart-Search-Suchindexes zu festgelegten Zeitpunkten durchführen lassen.

Suchergebnis einschränken

Eine weitere Möglichkeit, die Berücksichtigung der indexierten Begriffe zu beeinflussen, erreichen Sie über die linke Seitenleiste. Klicken Sie auf INHALTSGRUPPEN (englisch: *Content Maps*), listet die Smart-Search-Komponente übergeordnete Kategorien wie AUTOR, (Inhaltselemente-)KATEGORIE, LAND, SPRACHE, REGION und (Inhalts-)TYP. Klicken Sie auf eine dieser Inhaltsgruppen, sehen Sie die automatisch kategorisierten Elemente. Die Spalte STATUS markiert das jeweilige Element zur Berücksichtigung in der Suche. Deaktivieren Sie hier also Einträge, die von der Smart Search falsch zugeordnet wurden oder im Suchergebnis überflüssig sind.

Suchfilter einrichten

Mit ihren Muskeln spielt die Smart Search über den Seitenleisten-Link SUCHFILTER. Mit den Formularen dieses Mechanismus legen Sie vorkonfigurierte Suchen an, indem Sie die passenden Parameter zusammenklicken (siehe Abbildung 15.31).

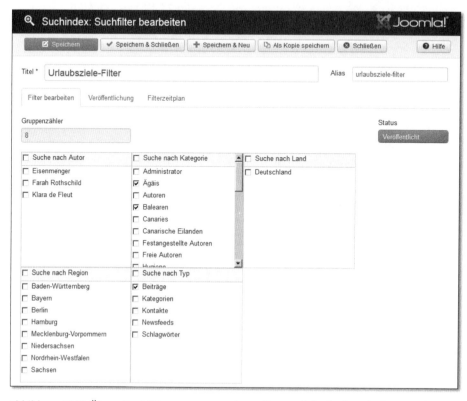

Abbildung 15.31 Über »Suchfilter« programmieren Sie spezielle Suchen, indem Sie die zu berücksichtigenden Inhaltsgruppen mit einem Häkchen markieren.

Für das Reiseforum bietet sich z. B. ein Suchfilter an, der ausschließlich Beiträge zu Urlaubszielen als Suchergebnisse zulässt:

1. Wechseln Sie über KOMPONENTEN • SUCHINDEX • Seitenleiste SUCHFILTER zum Suchfiltermanager.
2. Legen Sie über den Button NEU einen neuen Suchfilter an.
3. Vergeben Sie einen beschreibenden Namen, z. B. »Urlaubsziele-Filter«.
4. Markieren Sie alle zu berücksichtigenden Inhaltsgruppen mit einem Häkchen. Der Urlaubsziele-Filter benötigt: SUCHE NACH KATEGORIE – ÄGÄIS, BALEAREN, KANAREN, MITTELMEER, NORDAMERIKA, SKANDINAVIEN, URLAUBSZIELE und SUCHE NACH TYP – BEITRÄGE.
5. SPEICHERN & SCHLIESSEN Sie den neuen Suchfilter.

Weitere, sehr spezielle Einstellungen sind über die Reiter VERÖFFENTLICHUNG und FILTERZEITPLAN angedacht. Über VERÖFFENTLICHUNG definieren Sie einige Metadaten zum Suchfilter (Autor, Erstellungsdatum). Dank eines FILTERZEITPLANS grenzen Sie zusätzlich die Verfügbarkeit des Suchfilters anhand eines Datumsbereichs ein. So könnten Sie Suchergebnisse für eine besondere Promotion beeinflussen.

Warum aber die Suche auf die Urlaubsziele einschränken? Wie wäre es, wenn auch die Reisetipps und Reiseberichte ihre eigene Suche erhielten? Dank der Suchfilter kein Problem, Sie können beliebig viele Suchkonfigurationen hinterlegen. Das Ergebnis dieser Konfigurationsbemühungen sehen Sie gleich, wenn Sie im nächsten Abschnitt die Smart Search im Frontend einbetten.

15.5.4 Suchformulare der Smart Search darstellen

Nach der Aktivierung der Smart Search geht es daran, die Suche den Websitebesuchern über ein kleines Modul auf jeder Webseite zur Verfügung zu stellen und danach die Suchergebnisseite zu konfigurieren.

Modul »Suchindex«

Dieses Modul blendet im Frontend ein kleines Textfeld zur Eingabe eines Suchbegriffs ein und verlinkt auf die Suchergebnisseite. Zur Konfiguration im Reiter MODUL:

- SUCHFILTER: Wählen Sie KEINE FILTER für eine globale Suche über alle Inhaltselemente und –typen, oder spezifizieren Sie einen vorher über KOMPONENTEN • SUCHINDEX • Seitenleiste SUCHFILTER programmierten Suchfilter. Diesen Filter kann der Besucher im Frontend nicht ändern.
- SUCHVORSCHLÄGE: Auch als Live- oder AJAX-Suche bekannt, listet diese Option bereits während des Eintippens des Suchbegriffs mögliche Wortkandidaten in einer unter dem Eingabefeld eingeblendeten Dropdown-Liste – äußerst praktisch und ein Muss für eine zeitgemäße Website (siehe Abbildung 15.32).
- ERWEITERTE SUCHE: Blendet zusätzliche Dropdown-Listen zur Einschränkung nach Inhaltskategorie und -typ ein. Ungewöhnlich für ein kleines Suchmodul und darum im Reiseforum ausgeblendet. Die Einstellung VERKNÜPFUNG ZUR KOMPONENTE blendet den Link ERWEITERTE SUCHE ein, der den Besucher zu einer Seite des Typs SUCHINDEX • SUCHE führt.
- SUCHFELDGRÖSSE: Limitieren Sie hierüber theoretisch die Anzahl der Zeichen, die der suchende Benutzer eingeben darf. Das macht in der Praxis keinen Sinn und funktioniert nicht besonders gut in modernen Browserformularen.
- BEZEICHNUNG SUCHFELD, BEZEICHNUNGSPOSITION, ALTERNATIVE BEZEICHNUNG: Über diese drei Felder legen Sie die Beschriftung vor oder hinter dem Eingabefeld fest. *Tipp*: Klebt die Beschriftung zu nah am Eingabefeld, fügen Sie einen soge-

nannten Whitespace ein, um einen Abstand herzustellen. Normale Leerzeichen funktionieren leider nicht, probieren Sie daher einen oder mehrere Whitespaces aus dieser Liste aus: *http://tinyurl.com/jh-whitespace*. Kopieren Sie dazu den unsichtbaren Inhalt zwischen den eckigen Klammern der Spalte WITHIN "][" in Ihre Zwischenablage.

Abbildung 15.32 Über »Suchvorschläge« aktivieren Sie die komfortable AJAX-Suche, die während des Tippens Suchbegriffvorschläge unterbreitet.

- SUCHBUTTON, BUTTON-POSITION: Einblenden eines Suchen-Buttons (🔍); links, rechts, ober- oder unterhalb des Suchtextfelds
- OPENSEARCH-UNTERSTÜTZUNG, OPENSEARCH-TITEL: Möglichkeit der Einbettung Ihrer site-internen Suche in das Suchfeld bestimmter Browser, siehe Abschnitt 15.5.2, »Suchformulare darstellen«, Unterabschnitt »Modul ›Suchen‹«
- ITEMID FESTLEGEN: Suchergebnisse stellt Joomla!, egal, von welcher Ausprägung eines Smart-Search-Moduls der Besucher kommt, auf einer Webseite mit dem URL-Pfad */smart-search-formular* dar. Ausnahme: Sie haben explizit eine Seite des Menüeintragstyps SUCHINDEX • SUCHE angelegt, dann ist dies der Favorit. Das funktioniert auch, wenn das diese Seite enthaltene Menü *versteckt* ist, also über kein Modul verfügt. Über das Feld ITEMID FESTLEGEN ist es theoretisch möglich, beliebige andere Seiten als Suchergebnisseiten zu definieren; in den letzten Joomla!-Versionen war diese Funktion jedoch fehlerhaft, sodass Sie diese Option gegebenenfalls testen müssen.

Da das Reiseforum gleich drei interessante über Suchfilter durchstöberbare Inhaltsbereiche bereithält, werden auch drei Module angelegt: jeweils für die Suche nach Urlaubszielen, Reiseberichten und Reisetipps. Über den Reiter MENÜZUWEISUNG der jeweiligen Modulkonfiguration positionieren Sie dann das Modul zielgenau auf die zum Thema passenden Webseiten (siehe Abbildung 15.34). Es bietet sich sogar noch ein viertes Smart-Search-Modul an: eine globale Websitesuche, die auf allen Seiten erscheint, die nicht zum Navigationsbaum der Urlaubsziele, Reiseberichte und -tipps passen (siehe Abbildung 15.33). So ist das Suchtextfeld oben rechts immer mit einer passenden kontextualen Suche bestückt (siehe Abbildung 15.35).

Abbildung 15.33 Das Reiseforum integriert vier verschiedene Suchkonfigurationen (Suchfilter), die über den Reiter »Menüzuweisungen« ausgewählten Webseiten zugewiesen wurden.

Abbildung 15.34 Über den Reiter »Menüzuweisungen« grenzen Sie das Einblenden eines Moduls auf fest definierte Webseiten ein.

Abbildung 15.35 Im Reiseforum erscheint das Smart-Search-Modul mit zugewiesenem Reiseberichte-Suchfilter dank der Menüzuweisung nur auf Unterseiten des Menüs »Reiseberichte«.

Menüeintrag »Suchindex« • »Suche«

Der zur Smart Search zugehörige Menüeintragstyp SUCHE entspricht in seiner Funktion dem Typ SUCHFORMULAR ODER SUCHERGEBNISSE AUFLISTEN der alten Suche. Sie präsentieren dem Websitebesucher ein Suchformular und können Seiten mit vorbereiteten Suchergebnissen konfigurieren. Außerdem dient sie als Zielseite für durch Suchmodule initiierte Suchen. Doch die Smart Search bietet noch wesentlich mehr Einstellungen als die alte Komponente.

Im Reiter DETAILS fallen zwei Einstellungen ins Auge: In das Feld SUCHANFRAGE geben Sie einen Suchbegriff ein, dessen Ergebnisse bereits bei Abruf der Seite dargestellt werden; Sie nehmen dem Besucher also schon eine Suchanfrage vorweg. Den Begriff kann der Besucher anpassen, um das Suchergebnis zu verfeinern.

Unter SUCHFILTER stellen Sie einen von Ihnen vorkonfigurierten Filter (z. B. nach Autoren, Kategorien, (Inhalts-)Typ, siehe vorheriger Abschnitt) ein, um die Ergebnisse dieser Suchseite einzugrenzen. Diesen Filter kann der Besucher im Frontend *nicht* ändern. *Hinweis*: Um einen Filter wieder zu entfernen, wählen Sie aus der Dropdown-Liste den ursprünglichen Eintrag FILTER AUSWÄHLEN.

Weiter geht es im Reiter OPTIONEN, über den Sie eine Auswahl von Darstellungsaspekten einstellen:

▶ DATUMSFILTER: Zeigt in den aufklappbaren Optionen ERWEITERTE SUCHE Datumsfelder, mit denen Besucher die Ergebnisliste durch Definition eines Datumsbereichs eingrenzen.

▶ ERWEITERTE SUCHE: ANZEIGEN oder VERBERGEN des Buttons ERWEITERTE SUCHE neben dem Suchtextfeld. Ist der Button versteckt, bleibt der gesamte Bereich verborgen, der Tipps für Suchformulierungen, die Filterung des Veröffentlichungszeitraums und nach Kategorie enthält.

- ERWEITERTE SUCHE ÖFFNEN: Blendet die Optionen für die ERWEITERTE SUCHE automatisch bei Laden des Formulars ein oder aus. Ansprechender wirkt das Formular, wenn Sie dieses Feld auf VERBERGEN setzen. Ihre Websitebesucher klicken sich die Optionen dann über den Button ERWEITERTE SUCHE auf.
- ERGEBNISBESCHREIBUNG/LÄNGE DER ERGEBNISSE: Bei Suchergebnissen erscheint nicht nur die Überschrift, sondern ein Auszug des betreffenden Ergebnistexts. Das hilft Besuchern bei der Bewertung der verlinkten Seite. Stellen Sie diese Ergebnisbeschreibung an dieser Stelle an oder aus, und beeinflussen Sie die Länge des Zitats; bei mehr als 400 Zeichen wird die Suchergebnisseite allerdings unübersichtlich.
- URL DER ERGEBNISSE: Diese Option zeigt oder verbirgt die komplette URL der gefundenen Seiten, etwas kleiner, aber nicht anklickbar, unter der Ergebnisbeschreibung.

Der Reiter ERWEITERT beschäftigt sich mit weiteren Darstellungsoptionen, die in der vorliegenden Smart-Search-Version 3.0.0 leider nicht alle funktionsfähig sind, insbesondere die zur Paginierung der Suchergebnisse. Diese Einstellungen stehen Ihnen zur Wahl:

- ALLOW EMPTY SEARCH: Erlauben Sie mit JA eine »leere Suche«, gibt das Suchergebnisformular bei Angabe *keines* Suchbegriffs eine Liste aller Seiten zurück, aber nur, wenn die Suche im Kontext eines Suchfilters erfolgte.
- ALTERNATIVE SUCHBEGRIFFE: Eine ganz wichtige Option, die Sie auch von Suchmaschinen im Internet kennen. Ein bisschen Fuzzy Logic im Backend errät, welchen Begriff ein Besucher gemeint haben könnte, auch wenn nicht alle Buchstaben übereinstimmen. Die Joomla! Smart Search macht dann, wie Google, einen Alternativvorschlag: MEINTEN SIE […], den Ihre Gäste auch prima als Rechtschreibkorrektur verwenden können.
- ABFRAGEERKLÄRUNG: Steht diese Option auf JA, erscheint über den Suchergebnissen der Satz UNTER DER ANNAHME, DASS »SUCHBEGRIFF« BENÖTIGT WIRD, WURDEN FOLGENDE ERGEBNISSE GEFUNDEN.
- SORTIERFELD, SORTIERRICHTUNG: Einstellungen zur Sortierung – sortieren Sie absteigend nach RELEVANZ, um die Stärke des Smart-Search-Algorithmus zu nutzen.

15.5.5 Smart-Search-Statistiken einsehen

Werfen Sie noch mal einen Blick in den Suchindexmanager unter KOMPONENTEN • SUCHINDEX. In der Buttonleiste finden Sie den Schalter STATISTIKEN, der eine knapp gehaltene Zählerliste der Inhaltstypen liefert (siehe Abbildung 15.36). Aussagekräftigere Ergebnisse zu erhalten ist nur über die Einbettung einer externen Statistik, z. B. Google Analytics, möglich – siehe Kasten »Tipp: Analyse der site-internen Suche mit Google Analytics«.

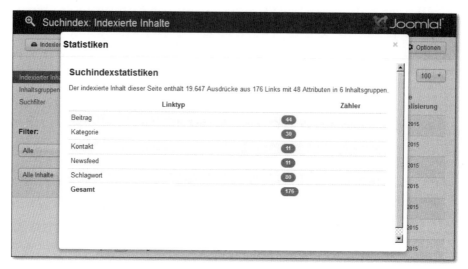

Abbildung 15.36 Die Suchstatistik der Smart Search ist leider wenig aussagekräftig, aber immerhin erhalten Sie Gesamtsuchzahlen der einzelnen Inhaltstypen.

Tipp: Analyse der site-internen Suche mit Google Analytics

Die in die Smart Search verbaute Statistik gibt keine Auskunft über die von Ihren Websitebesuchern verwendeten Suchbegriffe. Das ist aber eine durchaus interessante Information, mit der Sie das Surfverhalten analysieren, um die Menünavigation Ihrer Website zu verbessern oder Inhalte bereitzustellen, die Besucher erwarteten, aber nicht fanden.

Verwenden Sie Google Analytics für eine umfassende Analyse Ihres Websitetraffics, ist nur eine kleine Einstellung im Profil erforderlich, um die Suchbegriffe in die Berichte zu integrieren. Eine ausführliche Anleitung zur Integration des Google-Analytics-Tracking-Codes finden Sie übrigens in Abschnitt 20.5, »Google Analytics einrichten«.

1. Melden Sie sich an Ihrem Google-Analytics-Konto an, wählen Sie das Profil Ihrer Website, und wechseln Sie zum Reiter VERWALTUNG.
2. Klicken Sie in der rechten Spalte DATENANSICHT auf EINSTELLUNG DER DATENANSICHT.
3. Scrollen Sie im Formular ganz nach unten zum Bereich SITE SEARCH-EINSTELLUNGEN (siehe Abbildung 15.37).
4. Stellen Sie den Schalter SITE SEARCH-TRACKING auf EIN.

5. In das Textfeld SUCHPARAMETER geben Sie den Buchstaben »q« ein. Das ist der URL-Parameter, den die Smart Search für die Übertragung des Suchbegriffs verwendet. (Eine Such-URL lautet demnach beispielsweise *http://reiseforum.joomla-handbuch.com/suchindex/suche?q=Lanzarote*.)
6. SPEICHERN Sie das Bearbeitungsformular, und warten Sie mindestens einen Tag, bis Google Analytics genügend Daten zur Analyse gesammelt hat.

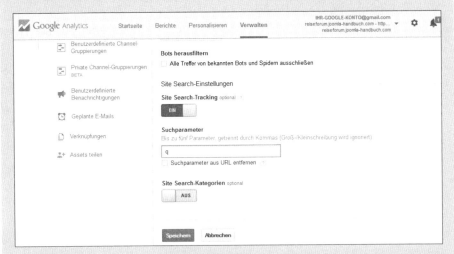

Abbildung 15.37 Für das Tracking der site-internen Suchbegriffe aktivieren Sie in Google Analytics »Site Search-Tracking« und geben den URL-Parameter »q« als Suchparameter der Smart Search an.

Ab sofort erhalten Sie eine Liste der site-internen Suchbegriffe über den Google-Analytics-Reiter BERICHTE • VERHALTEN • SITE SEARCH • SUCHBEGRIFFE.

15.5.6 Smart-Search-Konfiguration

In der globalen Konfiguration der Smart Search unter SYSTEM • KONFIGURATION • Komponente SUCHINDEX nehmen Sie über die Reiter SUCHE und INDEX Einstellungen vor, die als Standardwerte für alle Such- und Suchergebnisformulare des Menüeintragstyps SUCHINDEX • SUCHE dienen. Die Felder des Reiters SUCHE kennen Sie bereits aus der Konfiguration des Eintragstyps; unter INDEX finden Sie zusätzliche Optionen, die das Verhalten Ihrer Suchmaschine beeinflussen:

▶ STAPELGRÖSSE, TABELLENSPEICHERGRÖSSE: Diese beiden Werte bestimmen den Speicherverbrauch während der Indexierung und zur Speicherung des Indexes in der Datenbank. Ändern Sie diese Werte nur, wenn Sie Probleme mit der Smart Search haben, z. B. weil die Indexierung zu lange dauert (erhöhen Sie dann die STAPELGRÖSSE; achten Sie aber darauf, dass PHP den angeforderten Speicher auch erhält) oder Ihre mit Inhalten vollgepackte Website nicht mehr vollständig in den Index aufgenommen wird (Erhöhung der TABELLENSPEICHERGRÖSSE).

- FAKTOR: TITEL/ÜBERSCHRIFTEN, INHALTSTEXTE, META-DATEN, PFADANGABEN, SONSTIGE TEXTE: Diese Nummernfelder beeinflussen die Gewichtung der einzelnen Inhaltsbestandteile. Sollen Metadaten oder Pfadangaben z. B. gänzlich ignoriert werden, stellen Sie den Zahlenwert auf »0«.

- WORTSTAMMERKENNUNG: Hierüber deaktivieren Sie bei Bedarf die vorbereitenden Indexanalysen, die Alternativvorschläge zu nicht gefundenen Suchbegriffen ermöglichen.

- WORTSTAMMVERFAHREN: Für die Erkennung des Wortstamms sind für verschiedene Sprachen zum Teil unterschiedliche Algorithmen im Einsatz. Wählen Sie hier entweder das ideale, passende Verfahren für die Sprache der Websiteinhalte oder das generische SNOWBALL für mehrsprachige Websites. SNOWBALL setzen Sie auch für deutschsprachige Inhalte ein, da es keinen separaten Algorithmus für die Erkennung gibt.

- PROTOKOLLIERUNG AKTIVIEREN: Legt im Verzeichnis /logs/ die Datei *indexer.php* zur Protokollierung der Indexierung Ihrer Website an – eine Debugging-Maßnahme für Entwickler der Smart Search.

15.6 Umleitungen anlegen

Komponente/Erweiterung	Umleitungen/Redirects
JED-Kategorie	OFFICIAL EXTENSIONS
Download, falls nicht mehr in Joomla! enthalten	http://extensions.joomla.org/category/official-extensions
Zweck	Manuelle Anlage von URL-Umleitungen, z. B. für Marketing-URLs oder zur Bereinigung von 404-Fehlern

Die Komponente Umleitungen dient vornehmlich dazu, URLs aufzustöbern, die Websitebesucher angesurft haben, aber enttäuscht wurden, da die Seiten nicht existieren. Das können veraltete Bookmarks sein aus einer Zeit, als Ihre Website noch nicht mehrsprachig war und die URL kein Länderkürzel enthielt. Oder es wurden tatsächlich Webseiten entfernt oder Bilder umbenannt. Die Komponente Umleitungen merkt sich diese fehlerhaften URLs (sog. 404-Fehler) und erlaubt Ihnen, für jeden individuellen Problemfall eine alternative Webseite anzugeben, auf die Joomla! zukünftige Besucher weiterleitet, die erneut den Zugriff auf die Problem-URL versuchen.

Dazu schalten Sie zunächst die Umleitungen-Komponente an über ERWEITERUNGEN
• PLUGINS • Plugin SYSTEM - UMLEITUNG • Klick in die STATUS-Spalte. Klicken Sie jetzt
auf den Plugin-Titel, um im Konfigurationsformular des Plugins sicherzustellen, dass
die Option URLs SAMMELN auf AKTIVIERT steht.

Rufen Sie nun im Frontend einige unsinnige Webseiten auf, z. B. *http://reiseforum.
joomla-handbuch.com/KnusperQuasselHummel*, und prüfen Sie über Menü KOMPO-
NENTEN • UMLEITUNGEN, ob die fehlerhafte URL nun tatsächlich in der übersicht-
lichen Tabelle erscheint (siehe Beispiele in Abbildung 15.38). *Hinweis*: Im Beispiel der
Abbildung 15.38 hat Joomla! wegen aktivierter Mehrsprachigkeit */KnusperQuassel-
Hummel* zu */de/KnusperQuasselHummel* umgeleitet (diese Seite gibt es natürlich
ebenfalls nicht). Der dazu im Einsatz befindliche Mechanismus hat nichts mit der
Umleitungen-Komponente zu tun, sondern entsteht über das Plugin SYSTEM -
SPRACHFILTER.

Abbildung 15.38 Im Laufe der Zeit laufen im Umleitungenmanager haufenweise fehlerhafte URLs an, die Sie reparieren sollten, um sowohl Besucher als auch Suchmaschinen
nicht mit Fehlerseiten zu enttäuschen.

Die eigentliche Umleitung ist schnell eingerichtet (siehe Abbildung 15.29):

1. Klicken Sie in der Tabelle der fehlerhaften URLs auf die ABGELAUFENE ADRESSE,
   die Sie umleiten möchten.
2. Befüllen Sie im Formular das Feld ZIELADRESSE. *Wichtig*: Auch wenn keine Seite
   mit ähnlichem Inhalt oder in vergleichbarem Kontext existiert, sollten Sie jede
   fehlerhafte URL umleiten. Zur Not: immer zurück zur Homepage.
3. Vergewissern Sie sich, dass der STATUS auf AKTIVIERT steht, und schalten Sie die
   Umleitung schließlich über SPEICHERN & SCHLIESSEN frei.

Testen Sie jetzt im Frontend, ob die Umleitung auch wirklich funktioniert. Gerade bei mehrsprachigen Sites und vielen Umleitungen oder unauffälligen Tippfehlern kommt immer mal wieder etwas durcheinander.

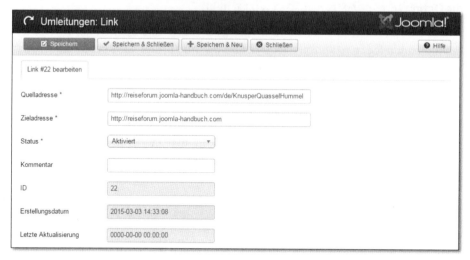

Abbildung 15.39 Eine »Quelladresse« und eine gültige »Zieladresse« – mehr braucht eine Umleitung nicht.

> **Hintergrund: »404«-Fehler und »301«-Umleitungen mit Developer Tools nachverfolgen**
>
> Falls Sie mit den Entwicklertools/Developer Tools einiger Browser vertraut sind, kennen Sie die Netzwerk/Network-Ansicht, in der Sie penibel nachverfolgen, welche Dateien der Browser beim Server abfragt und welche Antworten er erhält (Client/Server-HTTP-Request und -Response). Diese Tools erreichen Sie in Chrome beispielsweise über den Menüpunkt WEITERE TOOLS • ENTWICKLERTOOLS • Reiter NETWORK; im Internet Explorer über die Taste F12 und im Firefox mithilfe eines Add-ons wie des berühmten Firebug. Sie nutzen die Netzwerk-Ansicht z. B. zur Analyse problematischer Serverantworten (404-Fehler) oder Bestätigung erfolgreicher Umleitungen.
>
>
>
> **Abbildung 15.40** Jedes Webseitenelement (Webseite, Bild, CSS- oder JavaScript-Datei), das der Server nicht findet, moniert er beim Browser mit einer »404«-Fehlermeldung.

Bei der Einrichtung einer Umleitung erzeugt Joomla!, suchmaschinenkonform, eine sogenannte 301-Weiterleitung. Davon bekommt ein menschlicher Webseitenbesucher fast nichts mit, eine Suchmaschine kann durch diese Kennzeichnung aber ihren Suchindex gezielt aktualisieren. Denn 301 ist die Abkürzung für »Die Seite ist nicht unter der vorherigen, sondern unter dieser neuen URL erreichbar, und zwar ab sofort und permanent«.

Abbildung 15.41 »301«-Weiterleitungen sind das konforme Mittel, nicht existierende Webseiten zu existierenden umzuleiten und den Browser oder die Suchmaschine gleichzeitig davon in Kenntnis zu setzen.

Neben der Anlage neuer Umleitungen erlaubt der Umleitungenmanager eine recht komfortable Verwaltung existierender Einträge. Kein Wunder: Bei einer aktiven Website mit einer langen Historie können sich hier mit der Zeit Dutzende bis Hunderte Fehlerseiten anhäufen. Bearbeiten Sie dann immer die Einträge priorisiert, die in der Spalte 404 AUFRUFE die meisten Treffer haben. *Tipp*: Für eine größere Aufräumaktion lohnt es sich, den FILTER in der linken Spalte auf DEAKTIVIERT zu setzen, denn neu gefundene Fehler-URLs, die naturgemäß noch keine neue Zielseite haben, werden zunächst DEAKTIVIERT in dieser Liste hinterlegt.

15.7 Weblinks verwalten

Komponente/Erweiterung	Weblinks
JED-Kategorie	OFFICIAL EXTENSIONS
Download, falls nicht mehr in Joomla! enthalten	http://extensions.joomla.org/category/official-extensions
Zweck	Verwaltung und Präsentation kategorisierbarer Linksammlungen

Weblinks ist eine einfache Komponente, die die von anderen Inhaltstypen bekannten Joomla!-Mechanismen für die Verwaltung und Darstellung von Internetadressen einsetzt. Dabei erzeugen Sie zunächst beliebig verschachtelte Kategorien und weisen sie im zweiten Schritt Inhaltselementen des Typs Weblink zu. Das System kennen Sie bereits von Beiträgen und Kontakten.

15.7.1 Weblinkskategorien erstellen

Bevor Sie Weblinks in Joomla! einpflegen, ist das Anlegen mindestens einer Kategorie erforderlich. Für das Reiseforum sind z. B. die Sparten FLUGLINIEN, REISEUNTERNEHMEN und TIPPS UND BLOGS vorgesehen.

1. Wechseln Sie über KOMPONENTEN • WEBLINKS • KATEGORIEN zum Weblinkskategoriemanager.
2. Erstellen Sie über den Button NEU eine Kategorie, die mindestens einen TITEL enthält. Optional ergänzen Sie eine BESCHREIBUNG, die später auf Webseiten im Frontend erscheint (siehe Abbildung 15.42).
3. Speichern Sie die neue Weblinkskategorie mit SPEICHERN & SCHLIESSEN oder SPEICHERN & NEU, falls Sie sofort weitere Kategorien anlegen möchten.

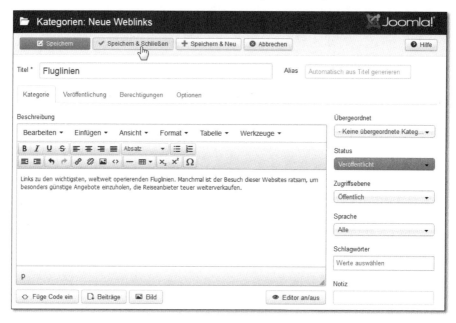

Abbildung 15.42 Für eine Weblinkskategorie benötigen Sie nur das Feld »Titel«; optional befüllen Sie auch die »Beschreibung« für die Darstellung auf Frontend-Webseiten.

Wie Sie es von Kategorien aus anderen Joomla!-Komponenten kennen, lassen sie sich beliebig verschachteln, um komplexere Strukturen abzubilden. Wählen Sie dann bei Anlage einer neuen Kategorie einfach die passende Elternkategorie über die Dropdown-Liste ÜBERGEORDNET. Möchten Sie Kategorien bestimmten Benutzergruppen vorenthalten, schränken Sie die ZUGRIFFSEBENEN ein. Bei mehrsprachigen Websites ist es erforderlich, dass Sie Kategorien für alle Sprachen einstellen und die jeweilige SPRACHE im Kategorieformular zuweisen.

15.7.2 Weblinks erzeugen und Kategorien zuordnen

Auch das Anlegen der Weblinks und Zuweisung einer Kategorie kennen Sie beispielsweise aus der Beitragsbearbeitung.

1. Wechseln Sie über KOMPONENTEN • WEBLINKS • LINKS • Button NEU zum Formular für einen neuen Weblink.
2. Wählen Sie einen TITEL, und geben Sie die Website-URL in das Feld WEBADRESSE ein. Verwenden Sie besser die Zwischenablage, bei komplexen URLs schleichen sich gerne Tippfehler ein.
3. Weisen Sie dem Weblink in der rechten Spalte eine KATEGORIE zu.
4. SPEICHERN Sie das Formular.

Der Weblinksmanager bietet die üblichen Bearbeitungs-, Sortier-, Such- und Filterwerkzeuge. Bei der Anlage einer großen Linksammlung lohnt sich die Filterung insbesondere nach den zuvor angelegten KATEGORIEN (siehe Abbildung 15.43).

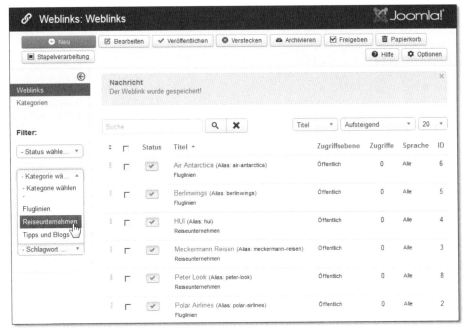

Abbildung 15.43 Nutzen Sie bei umfangreichen Weblinkssammlungen die Filteroptionen in der linken Seitenleiste, z. B. nach »Kategorie«.

15.7.3 Webseiten für Weblinks

Wie bei der Konfiguration ähneln auch die Webseiten im Frontend den Kategorie- und Detailpendants der Beitrags- oder Kontaktkomponente.

Menüeintrag »Alle Weblinkskategorien auflisten«

Diese Webseite listet konfigurationsbedingt Weblinkskategorien und -unterkategorien. Entscheidend ist die Angabe der KATEGORIE DER OBERSTEN KATEGORIEEBENE. Geben Sie hier die virtuelle ROOT-Kategorie an, um alle Kategorien anzuzeigen, oder verwenden Sie eine echte Kategorie, um den unter ihr liegenden Kategoriebaum darzustellen.

Die Einstellungen der übrigen Reiter KATEGORIEN, KATEGORIE, LISTENLAYOUT etc. wurden bereits im Rahmen der Beitrags- und Kontaktdarstellung erklärt (siehe Abschnitt 7.5, »Beiträge und Kategorien auf Webseiten darstellen«).

Menüeintrag »Weblinks in Kategorie auflisten«

Dieser Menüeintragstyp legt eine Seite mit Weblinks einer bestimmten Kategorie an (Beispiel in Abbildung 15.44). Über den Reiter DETAILS stellen Sie die betreffende Kategorie ein, die übergeordnete ROOT-Kategorie ist diesmal nicht verfügbar, da sie keine direkten Weblinks enthält. Auch die übrigen Einstellungen der Reiter KATEGORIE und LISTENLAYOUT entsprechen denen der Beitrags- bzw. Kontaktkomponente.

Abbildung 15.44 Für den Menüeintragstyp »Weblinks in Kategorie auflisten« ist die Angabe einer Kategorie zwingend erforderlich.

Menüeintrag »Weblink einreichen«

Angemeldete Websitebesucher benötigen keinen Backend-Zugriff, um Ihre Linksammlung zu bereichern. Eine automatische Ergänzung der Weblinksliste ist über das Frontend zwar nicht möglich, der Menüeintragstyp WEBLINK EINREICHEN stellt aber zumindest ein Formular bereit, mit dem Links vorgeschlagen werden dürfen (siehe Abbildung 15.45).

Abbildung 15.45 Das Einreichen von Weblinks über das Frontend erfolgt analog zur Beitragseinstellung; eingereichte Links müssen über einen Backend-Administrator freigeschaltet werden.

> **Problemlösung: Die Seite »Weblink einreichen« erzeugt einen »403«-Fehler**
> Um Weblinks einzureichen, muss der angemeldete Benutzer mindestens der Benutzergruppe AUTOREN oder MANAGER (oder höher) angehören. GÄSTE und REGISTRIERTE Standardbenutzer erhalten eine Zugriffsfehlermeldung. Diese Berechtigung können Sie über SYSTEM • KONFIGURATION • Komponente WEBLINKS • Reiter BERECHTIGUNGEN anpassen. Stellen Sie dann einfach das Recht ERSTELLEN für die jeweilige Benutzergruppe von VERERBT auf ERLAUBT.

Modul »Weblinks«

Über das WEBLINKS-Modul binden Sie eine festgelegte Anzahl von Links einer bestimmten Kategorie an eine beliebige Position auf Ihren Webseiten ein. Im Reiter MODUL haben Sie folgende Optionen:

- KATEGORIE: Wählen Sie eine der angelegten Weblinkskategorien aus der Dropdown-Liste.

- ANZAHL: Anzahl der darzustellenden Weblinks

- REIHENFOLGE, ANORDNUNG: Ordnen Sie die Weblinks alphabetisch anhand ihres TITELS, der Anzahl der ZUGRIFFE oder der im Weblinksmanager vorgegebenen Reihenfolge (SORTIEREN). Über ANORDNUNG drehen Sie die Reihenfolge um, also z. B. von Z–A oder Weblinks mit der geringsten Zugriffszahl nach oben.

- ZIELFENSTER: Stellen Sie für externe Weblinks diese Option auf IN NEUEM FENSTER (Tab) öffnen, damit Ihre Besucher im aktuellen Tab auf Ihrer Website verbleiben.

- FOLLOW/NO FOLLOW: Ansage an Suchmaschinenbots, die verlinkten Seiten ebenfalls zu besuchen (FOLLOW) oder sie zu ignorieren (NO FOLLOW). *SEO-Tipp*: Leiten Sie Suchmaschinenbots per FOLLOW an externe Websites nur dann weiter, wenn die dort präsentierten Inhalte thematisch zu Ihrer Website passen.

- BESCHREIBUNG, ZUGRIFFE: Ergänzt die Weblinksliste um die Beschreibungen und die Anzahl der Klicks auf den entsprechenden Link.

- KLICKS ZÄHLEN: Erst nachdem Sie diesen Schalter auf JA stellen, zählen die Besucherklicks auf die Weblinks, und die Anzeige der ZUGRIFFE stellt die korrekte Klickzahl dar.

15.7.4 Weblinkskonfiguration

Der Löwenanteil der Weblinkskonfiguration in den Reitern KATEGORIE, KATEGORIEN und LISTENLAYOUT besteht aus den bekannten Umschaltern zum ANZEIGEN oder VERBERGEN der Weblinks- bzw. Kategoriedetails, die Sie aus der Beitrags- oder Kontaktkonfiguration kennen. Interessanter sind einige Felder im ersten Reiter WEBLINK:

- ZIEL: Standardeinstellung, in welchem Browserfenster/-tab angeklickte Weblinks erscheinen. Die Einstellung IN NEUEM FENSTER ist für externe Links sinnvoll.
- VERSIONEN SPEICHERN, ANZAHL VERSIONEN: Erlaubt die Versionierung von Weblinks ähnlich wie bei Beiträgen. Für die Linksammlung ist die sinnvolle Standardeinstellung in der Regel jedoch NEIN, da dieser Mechanismus übertrieben für eine einfache Linkliste ist.
- KLICKS ZÄHLEN: Belassen Sie diesen Schalter auf JA, damit die Klicks Ihrer Besucher auf die Weblinks mitgezählt und gegebenenfalls in den Linklisten dargestellt werden.
- NUR TEXT/ICON/WEBLINK, ICON AUSWÄHLEN: Standardmäßig erscheint vor den tabellarisch gelisteten Weblinks ein kleines Globus-Icon ( ). Deaktivieren Sie an dieser Stelle das Icon, oder geben Sie ein eigenes, in den Medienmanager hochgeladenes an. Beachten Sie dabei, dass die Auflösung 16×16 Pixel betragen sollte, um das Zeilenlayout der Linklisten nicht zu zerstören.
- TEXTUMFLIESSUNG DES BILDES: der CSS-Eigenschaft `float` entsprechende Einstellung, die den Textfluss um Bilder steuert
- TAGS ANZEIGEN: Stellen Sie die einem Weblink mitgegebenen Schlagwörter mit ANZEIGEN dar, oder VERBERGEN Sie sie.

Kapitel 16
Empfohlene Erweiterungen

Joomla! lebt von seinen Erweiterungen, um fehlende Features zu ergänzen. Einige von ihnen sind so praktisch, dass sie außerordentlich hohes Ansehen in der Community genießen und sich für viele Joomla!-Installationen empfehlen.

Die offiziellen Joomla!-Komponenten des vorangegangenen Kapitels übernehmen spezielle Aufgaben, die nicht jede Website benötigt und die Sie vielleicht niemals aktivieren oder gar installieren. Etwas anders verhält es sich mit den in diesem Kapitel vorgestellten Erweiterungen, deren Installation Sie von Fall zu Fall erwägen sollten. Dazu zählen der leistungsfähigste, flexibelste Editor, eine Backup-Funktionalität, zusätzliche Sicherheits-Features und Mechanismen, um SEO-kritische Sitemaps anzulegen und Quellcode jeder Art an beliebigen Stellen Ihrer Website einzubetten. Mit dem auf diesen Seiten vorgestellten Erweiterungspaket erfüllt eine Joomla!-Instanz dann alle Anforderungen, die man heutzutage an ein modernes Content-Management-System und daraus erzeugte Websites stellt.

Dieses Handbuch erklärt die grundlegenden Funktionen zur Bedienung der empfohlenen Erweiterungen. Zu jeder Vorstellung finden Sie hier den direkten Link auf die Download-Seite und gegebenenfalls zu Webseiten, auf denen Sie das deutsche Sprachpaket herunterladen, da die deutschen Texte selten im eigentlichen Erweiterungspaket integriert sind. *Hinweis*: Die Linkziele können sich im Laufe der Zeit ändern, die jeweils aktuelle Liste finden Sie deshalb auch online unter *https://joomla-handbuch.com/erweiterungen*.

Begriff	Erklärung
Backup, Sicherheitskopie	Archivierte Sammlung von Dateien und/oder Datenbankinhalten eines definierten Zeitpunkts, z. B. nach Erreichen eines Entwicklungs-Milestones oder vor der riskanten Einrichtung einer Joomla!-Erweiterung. Sicherheitskopien sollten häufig und regelmäßig gemacht werden, um die Website nach nicht vorhersehbaren Problemen (Hackerangriff, Festplattendefekt) schnell wieder live schalten zu können.

Tabelle 16.1 Die wichtigsten Begriffe zu den von Joomla! empfohlenen Erweiterungen

Begriff	Erklärung
Quota	Grenzwerte für Speicherplatz installierter Webapplikationen und Datenmenge der Übertragungen
What You See Is What You Get, WYSIWYG	Annäherung der Bearbeitungsdarstellung eines Beitrags im Editor an das tatsächliche Aussehen auf den Webseiten im Frontend, z. B. durch Verwendung der gleichen Schriften, Formatierungen und Abstände und das Einblenden von Bildern ohne Platzhalter
XML-Sitemap	speziell für Suchmaschinen aufbereitete XML-Datei, die alle Seiten einer Website mit Priorisierung und zu erwartender Aktualisierungshäufigkeit listet
Google Searach Console (Webmaster Tools), Bing Webmaster	Kostenlose Onlinetools der beiden großen Suchmaschinenbetreiber, die Einblick in den Indexierungsstatus und mögliche Probleme mit der Website und ihre Beseitigung verschaffen. Über diese Websites werden auch XML-Sitemaps eingereicht und Crawling-Statistiken der Suchmaschinenbots eingesehen.

Tabelle 16.1 Die wichtigsten Begriffe zu den von Joomla! empfohlenen Erweiterungen (Forts.)

16.1 Sicherheitskopien anlegen mit Akeeba Backup

Erweiterung	Akeeba Backup (Core)
JED-Kategorie	ACCESS & SECURITY • SITE SECURITY
Download	▶ *https://www.akeebabackup.com/download.html* ▶ *http://cdn.akeebabackup.com/language/akeebabackup/index.html*
Zweck	Erstellen und Wiederherstellen von Sicherheitskopien kompletter Joomla!-Sites

Eine Website ist niemals fertig. Inhalte werden ständig überarbeitet und ergänzt, und Joomla! und die von Ihnen eingesetzten Erweiterungen erhalten häufig Updates, die Sie schon allein aus Sicherheitsgründen installieren sollten. Außerdem lockt das Joomla! Extensions Directory mit vielen Funktionalitätserweiterungen, die vielleicht eine neue Social-Media-Plattform verbinden oder die Bildergalerie attraktiver auf Smartphones und Tablets präsentieren.

> **Info: Features der Akeeba-Backup-Bezahlversion**
>
> Wer bereit ist, ein bisschen Geld für die Pro-Version des Tools auszugeben, erhält vor allen Dingen ein praktisches Feature: die Möglichkeit, Backups über die Akeeba-Benutzeroberfläche einzuspielen, ohne das *kickstart.php*-Script zu bemühen (siehe Abbildung 16.1). Damit lässt sich Akeeba Backup für Snapshots einsetzen, die mit den Wiederherstellungspunkten Ihres Betriebssystems vergleichbar sind. Bei Joomla! sind es zwar nicht veraltete oder fehlerhafte Treiber, die den Betrieb unterbrechen, aber mögliche Inkompatibilitäten zwischen komplexen Erweiterungen. Mit Akeeba Backup legen Sie also vor jeder größeren Änderung am System eine Sicherheitskopie an, die Sie im Problemfall mit wenigen Mausklicks jederzeit wiederherstellen.
>
> Weitere interessante Features der Bezahlversion:
>
> - Verschlüsselung der Backups
> - Übertragung der Backups auf einen anderen FTP-Server
> - Wahl zwischen Sicherung der Datenbank *oder* des Dateisystems
> - mehr Auswahlmöglichkeiten beim Datenbank-Backup, z. B. Sicherung zusätzlicher Datenbanken
> - automatische Backups in die Cloud, z. B. zu Amazon S3, DropBox, iDrive, oder CloudFiles

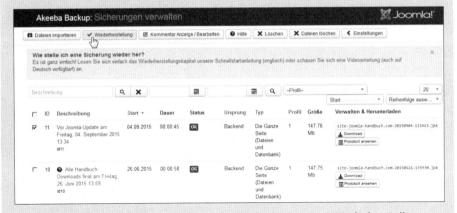

Abbildung 16.1 In der Professional-Version erlaubt der Button »Wiederherstellung« das sofortige Einspielen einer Sicherheitskopie ohne manuelles Hochladen und Ausführen des »kickstart.php«-Scripts

Bei dieser Menge an Aktualisierungen kann immer mal etwas schiefgehen. Seien es versehentlich programmierte Bugs in den Erweiterungen oder eine neu entstandene Inkompatibilität zwischen zwei Komponenten. Deswegen ist es nicht nur ratsam, alle Updates zuvor auf einer Testinstallation auszuprobieren, sondern auch regelmäßig oder zu bestimmten Milestones Backups anzulegen. Im Ernstfall kann die Website dann innerhalb weniger Minuten auf einen beliebigen vorherigen Stand zurückgerollt werden.

Akeeba Backup ist Marktführer bei den Joomla!-Backup-Mechanismen, denn bereits die kostenlose Version (enthält die Bezeichnung *Core* im Produktnamen) der Komponente bietet alles, was man zum Anlegen und Wiederherstellen von Sicherheitskopien benötigt. Eine Krux hat die kostenlose Version jedoch: Sie eignet sich nicht für schnelle Umschaltungen zwischen verschiedenen Websiteversionen, da die Wiederherstellung, etwas umständlich, per manuellem Scriptaufruf auf dem Ziel-Webspace erfolgt und nicht etwa durch einen bequemen WIEDERHERSTELLEN-Button in der Komponentenkonfiguration.

Tipp: Spielen Sie das Anlegen und Wiederherstellen eines Backups mindestens einmal durch, um im Ernstfall alle Schritte zu kennen.

16.1.1 Akeeba Backup einrichten

Laden Sie sich von der Download-Seite die aktuelle Akeeba Backup Core und den sogenannten *Akeeba Kickstart* herunter. Das erste Paket ist die eigentliche in Joomla! zu installierende Backup-Komponente, das zweite enthält ein PHP-Script, mit dem Sie später Backups wiederherstellen.

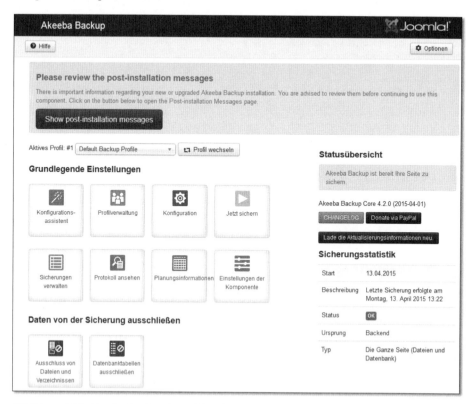

Abbildung 16.2 Akeeba Backup (Core) konfiguriert sich von selbst, sobald Sie ein Backup anlegen (»Jetzt sichern«) oder den »Konfigurationsassistenten« starten.

Das Akeeba-Backup-Core-Paket installiert sich als Komponente und ist deshalb als eigener Menüpunkt direkt unter KOMPONENTEN • AKEEBA BACKUP zu erreichen. Die Erweiterung ist mitunter deshalb so beliebt, weil sie sofort nach Installation, ohne manuelle Konfiguration, einsatzbereit ist. Ein Mausklick genügt, und Akeeba konfiguriert sich selbstständig so, dass künftig Ihre gesamte Website, Dateien *und* Datenbank, gesichert werden.

16.1.2 Backup anlegen

Zum Einrichten einer Sicherheitskopie klicken Sie auf der Akeeba-Startseite auf den Button ▶ JETZT SICHERN (siehe Abbildung 16.2). Im folgenden Assistentenschritt geben Sie unter KURZBESCHREIBUNG eine klare Beschreibung ein, z. B. »Milestone nach Installation von Akeeba Backup, JCE und Sourcerer« (siehe Abbildung 16.3). Sie könnten auch das Feld SICHERUNGSKOMMENTAR für einen ausführlicheren Text verwenden, jedoch empfiehlt sich die Kurzbeschreibung insbesondere, da sie später bei der Verwaltung der Sicherheitskopien direkt in der Backup-Übersicht erscheint. Starten Sie jetzt das Backup über die blaue Schaltfläche JETZT SICHERN!.

Abbildung 16.3 Der Inhalt der »Kurzbeschreibung« erscheint später in der Backup-Übersicht; vermerken Sie deshalb hier, was sich in Ihrer Joomla!-Installation seit dem letzten Backup geändert hat.

Ab jetzt geschieht alles automatisch; nach wenigen Sekunden erscheint die Meldung SICHERUNG ERFOLGREICH ABGESCHLOSSEN, und Sie gelangen über den Button SICHERUNGEN VERWALTEN zur Übersicht über alle bereits angelegten Backups, um z. B. das Backup-Paket auf Ihren lokalen Rechner herunterzuladen. Dazu mehr im nächsten Abschnitt.

Hintergrund: Akeeba speichert Backups in seinem Komponentenverzeichnis

Angelegte Backup-Pakete laden Sie über die Sicherungsverwaltung unter KOMPONENTEN • AKEEBA BACKUP • Button SICHERUNGEN VERWALTEN • Button DOWNLOAD bzw. TEIL XY herunter. Schlägt der Download über den Browser fehl, weil die Datei zu groß ist, finden Sie die Sicherheitskopien in der Joomla!-Installation im Verzeichnis /administrator/components/com_akeeba/backup/. Es handelt sich um die Dateien mit der Endung .jpa, einem proprietären Paketformat, das Sie in der Akeeba-Konfiguration auch durch reguläre ZIP-Archive ersetzen können.

Achtung: Backups benötigen viel Speicherplatz

Selbst für eine kleine Website beginnt der benötigte Speicher für das Backup-Paket bereits bei 20 MByte. Die Grenzen nach oben sind offen und z. B. von Zahl und Größe eingesetzter Medien auf Ihrer Website abhängig, insbesondere hochauflösende Bilder treiben die Zahl in die Höhe, aber auch eine große Anzahl von Joomla!-Erweiterungen und viele versionierte Inhaltselemente spielen eine Rolle. Prüfen Sie deshalb immer wieder mal den bei Ihrem Webhoster benutzten Speicherplatz, das sogenannte Quota. Speichern Sie wichtige Milestone-Backups auch auf Ihrem Arbeitsplatzrechner, Fileserver oder Ihrer Heim-NAS.

16.1.3 Backups verwalten

Über den Button SICHERUNGEN VERWALTEN der Akeeba-Startseite gelangen Sie zu einer Übersicht aller bislang angelegten Sicherheitskopien (siehe Abbildung 16.4). Über die Spalten BESCHREIBUNG, START und VERWALTEN & HERUNTERLADEN lesen Sie Ihre vorher eingegebene KURZBESCHREIBUNG ab und erfahren Datum und Uhrzeit der Backup-Prozedur. Die Uhrzeit versteckt sich im roten Dateinamen ganz rechts, z. B. »20150413-140755« für den 13. April 2015, 14:07 Uhr und 55 Sekunden.

Abbildung 16.4 Die Backup-Verwaltung nutzen Sie zur Gewinnung eines Überblicks, zum Löschen oder Herunterladen von Backup-Archiven.

Direkt über den Spaltenüberschriften finden Sie die aus anderen Managerübersichten bekannten Filter- und Sortierwerkzeuge. Ganz links suchen Sie beispielsweise nach dem Bestandteil einer Backup-Kurzbeschreibung, und in der Mitte schränken Sie den Datumsbereich der anzuzeigenden Backups ein.

Zwei Funktionen sind noch besonders wichtig für den weiteren Umgang mit den Backups:

- **Backup löschen**
  Per Häkchenmarkierung und Button LÖSCHEN entfernen Sie Backups, z. B. jene, die Sie aus Testzwecken anlegten oder die durch ein kurz darauf folgendes Backup redundant wurden.

- **Backup herunterladen**
  Über den Button DOWNLOAD bzw. TEIL 00 (fortlaufende Nummerierung bei größeren Backup-Archiven) laden Sie die Paketdatei herunter. Damit sichern Sie zusätzlich die wichtigsten Milestones auf Ihrem lokalen Arbeitsrechner oder nutzen das Archiv, um die darin gesicherte Website auf einem anderen Webserver zu installieren. So lassen sich Backups sogar als Deployment-Mechanismus zweckentfremden (siehe Abschnitt 21.4, »Komplette Websitekopie mit Akeeba Backup«).

16.1.4 Backup einspielen

In der kostenlosen Variante erfolgt das Wiederherstellen eines Backups über den manuellen Aufruf eines auf dem Webspace hochgeladenen Scripts, *kickstart.php*. (Genauer gesagt, sorgt Kickstart nur für das Entpacken und Aufrufen der Wiederherstellungsroutine, die unter */installation/index.php* liegt.) Wer's bequemer möchte, erhält für etwa 50 € ein Jahresabonnement mit erweiterten Features, die Website-Synchronisationen per (S)FTP und Wiederherstellung aus der Benutzeroberfläche erlauben.

Aufgrund dieses Umstands eignet sich die kostenlose Akeeba Backup Core vornehmlich für die Wiederherstellung der Website, wenn wirklich gar nichts mehr geht, z. B. falls sich inkompatible Erweiterungen nicht deinstallieren lassen, größere Mengen Content unwiderruflich gelöscht wurden oder, im schlimmsten Fall, nach einer Kompromittierung. Die folgenden Schritte beschreiben den Wiederherstellungsprozess im Detail.

> **Tipp: Backup ohne Ausfallzeiten einspielen**
> Die auf diesen Seiten vorgestellte Wiederherstellungsprozedur arbeiten Sie an Ihrem Live-System durch, was zur Folge hat, dass die Website für die Dauer der Wiederherstellung nicht erreichbar ist. Funktioniert die aktuelle defekte Websiteversion überhaupt nicht, ist das nicht weiter schlimm. Spielen Sie jedoch ein Backup über eine lauffähige Website, wählen Sie einen eleganteren Weg zur Wiederherstellung.

16   Empfohlene Erweiterungen

Um Ausfallzeiten, auch *Downtimes* genannt, zu vermeiden, legen Sie die Wiederherstellungsdateien in einem neuen Serververzeichnis ab und erzeugen eine neue Subdomain, die auf das neue Verzeichnis zeigt, z. B. *backup.joomla-handbuch.com*. Nach Durchführung der Wiederherstellung schalten Sie dann einfach die Hauptdomain auf das neue Verzeichnis. Das ist deshalb möglich, da Joomla! keine domain-spezifische Konfiguration benötigt. Sie können also nach Belieben mit verschiedenen Joomla!-Instanzen in unterschiedlichen Verzeichnissen arbeiten, die über beliebige Subdomains erreichbar sind. In der Administrationsoberfläche Ihres Webspaces kontrollieren Sie dann über die Subdomain/Verzeichnis-Zuweisung, welche Instanz über welche URL erreichbar ist.

1. Entpacken Sie zunächst die Datei *kickstart.php* aus dem zuvor heruntergeladenen ZIP-Paket Akeeba Kickstart, z. B. auf Ihren Desktop. Optional: Für eine deutsche Benutzerführung des Wiederherstellungsassistenten extrahieren Sie auch die Datei *de-DE.kickstart.ini*.

2. Legen Sie nun auf Ihrem Webspace ein neues Verzeichnis an, in dem die Joomla!-Installation wiederhergestellt wird. Legen Sie dieses Verzeichnis in die gleiche Ebene wie die existierenden Joomla!-Instanzen, also z. B. parallel neben */joomla3-test/* oder */joomla3live/*. Best Practice: Integrieren Sie das Backup-Datum in den Ordnernamen, behalten Sie bei mehreren Backups und Wiederherstellungen stets den Überblick. Beispiel: */reiseforum-2015-08-01/*.

   Hinweis: Dieser Schritt ist nicht zwingend notwendig, falls Sie auf die Dateien der alten Joomla!-Instanz verzichten können. In diesem Fall löschen Sie einfach alle Dateien des */joomla3live/*-Verzeichnisses und führen die nächsten Schritte dort durch. Damit verbauen Sie sich jedoch die Möglichkeit, das alte System näher zu studieren, um z. B. die Ursache für einen Ausfall oder eine Kompromittierung zu recherchieren. (Siehe auch Abschnitt 24.1, »Sofortmaßnahmen bei einem Angriff«.)

3. Laden Sie nun die *kickstart.php*, die optionale *de-DE.kickstart.ini* und natürlich das Backup-Archiv mit der *.jpa*-Endung per FTP in den neuen Ordner (siehe Abbildung 16.5).

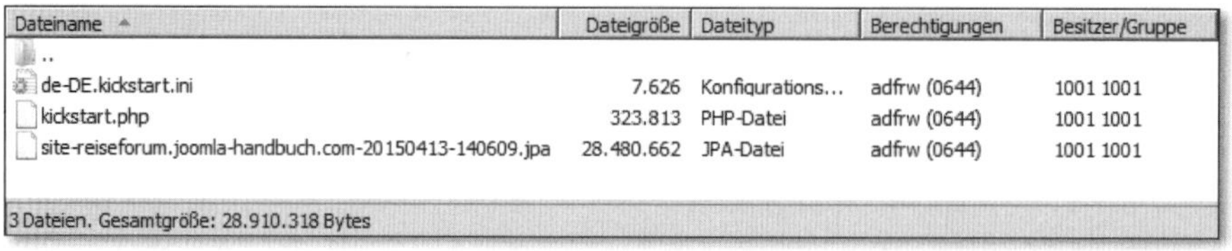

Dateiname	Dateigröße	Dateityp	Berechtigungen	Besitzer/Gruppe
..				
de-DE.kickstart.ini	7.626	Konfigurations...	adfrw (0644)	1001 1001
kickstart.php	323.813	PHP-Datei	adfrw (0644)	1001 1001
site-reiseforum.joomla-handbuch.com-20150413-140609.jpa	28.480.662	JPA-Datei	adfrw (0644)	1001 1001

3 Dateien. Gesamtgröße: 28.910.318 Bytes

Abbildung 16.5 Nur drei Dateien benötigen Sie im Installations- bzw. Wiederherstellungsordner: »kickstart.php«, die deutsche Übersetzung in »de-DE.kickstart.ini« und das ».jpa«-Backup-Archiv.

4. Wie die Joomla!-Installation erfolgt die Wiederherstellung über eine Benutzeroberfläche im Webbrowser. Damit Sie *kickstart.php* aufrufen können, biegen Sie jetzt also Ihre Domain auf das neue Verzeichnis. (Ignorieren Sie diesen Schritt, falls Sie im alten Verzeichnis arbeiten.) Die Zuweisung der Domain zum Verzeichnis nehmen Sie in der Administrationsoberfläche Ihres Webspaces vor. Informationen hierzu finden Sie auch in Abschnitt 3.4.2, »Händische Installation per FTP«, Unterabschnitt »Domain mit dem Joomla!-Verzeichnis verknüpfen«.

5. Rufen Sie das Extraktions-/Wiederherstellungsscript unter *http://IhrDomain-Name.de/kickstart.php* auf, um im ersten Schritt genaue Angaben zum Entpacken des Backups zu machen (siehe Abbildung 16.6).

Abbildung 16.6 »kickstart.php« entpackt das von Ihnen ausgewählte Backup-Archiv und startet den eigentlichen Wiederherstellungsassistenten.

6. Bereich WÄHLEN SIE EINE SICHERUNGSDATEI
   Kickstart befüllt die Dropdown-Liste ARCHIVE FILE automatisch mit allen auf dem Server an- bzw. abgelegten *.jpa*-Archivdateien. Wählen Sie hier einfach die eben hochgeladene Archivdatei aus.

7. Bereich WÄHLEN SIE EINE EXTRAKTIONSMETHODE
   In der Regel sind hier keine Einstellungsanpassungen notwendig. Falls Sie aber wissen, dass in Ihrer Hosting-Umgebung Probleme mit per PHP erzeugten Verzeichnissen und Dateien vorliegen, haben Sie die Möglichkeit, unter FTP HOST NAME, FTP USER NAME, FTP PASSWORT eine FTP-Verbindung für die Wiederherstellung einzusetzen. Tragen Sie in diesem Fall hier den Haupt-FTP-Benutzer Ihres gesamten Webspaces oder einen zuvor angelegten dedizierten FTP-Benutzer ein, der ausschließlich Zugriff auf das Wiederherstellungsverzeichnis hat (siehe Beispiel in Abbildung 16.7). Beachten Sie, dass Sie abhängig von dieser Einstellung das FTP DIRECTORY anpassen müssen. Im Falle des Haupt-FTP-Benutzers muss hier das neu angelegte Unterverzeichnis (»/reiseforum-2015-06-01«) stehen, bei einem speziellen Unterverzeichnisbenutzer genügt ein Slash /, das für das Root-Verzeichnis des Benutzers steht.

Abbildung 16.7 Für Datei-Down- und -Uploads verwenden Sie besser einen dedizierten FTP-Benutzer, der ausschließlich Zugriff auf die Joomla!-Unterverzeichnisse hat.

Das vom Wiederherstellungssystem vorgeschlagene TEMPORÄRE VERZEICHNIS ist nicht gültig, setzen Sie hier das zuvor erzeugte Unterunterverzeichnis »kicktemp« ein.

Klicken Sie schließlich auf die Buttons PRÜFE und PRÜFE FTP-VERBINDUNG, um den Zugriff auf den Webspace zu verifizieren. Eine Erfolgsmeldung gibt es nur, wenn die Login-Parameter korrekt sind *und* das TEMPORÄRE VERZEICHNIS beschreibbar (777) ist.

8. Bereich FEINEINSTELLUNGEN
   Einstellungen in diesem Bereich sind notwendig, wenn der Server PHP-Scripts sehr langsam verarbeitet. Falls die Wiederherstellung aus unerklärlichen Gründen fehlschlägt, probieren Sie hier höhere Werte aus, um den Scripts ausreichende Verschnaufpausen zu geben. Insbesondere die MAXIMALE AUSFÜHRUNGSZEIT können Sie beliebig hoch setzen.

9. Klicken Sie auf START, um mit der Extraktion zu beginnen. Nach ein paar Minuten wurde das Backup-Archiv entpackt, und Sie klicken auf den Button INSTALLATIONSROUTINE STARTEN, um zum eigentlichen Wiederherstellungsassistenten zu gelangen: *ANGIE*, die *Akeeba Next Generation Installer Engine*, die übrigens unter */installation/index.php* liegt.

Gegebenenfalls moniert das Installationsscript nun, dass das Installationsverzeichnis nicht beschreibbar ist (siehe Abbildung 16.8). In diesem Fall wechseln Sie wieder in Ihren FTP-Client und vergeben dem Ordner */installation/tmp/* volle Rechte (777) (keine Sorge, der Ordner wird später gelöscht) und laden die Seite des Wiederherstellungsassistenten mit [F5] (OS X: [cmd] + [R]) neu.

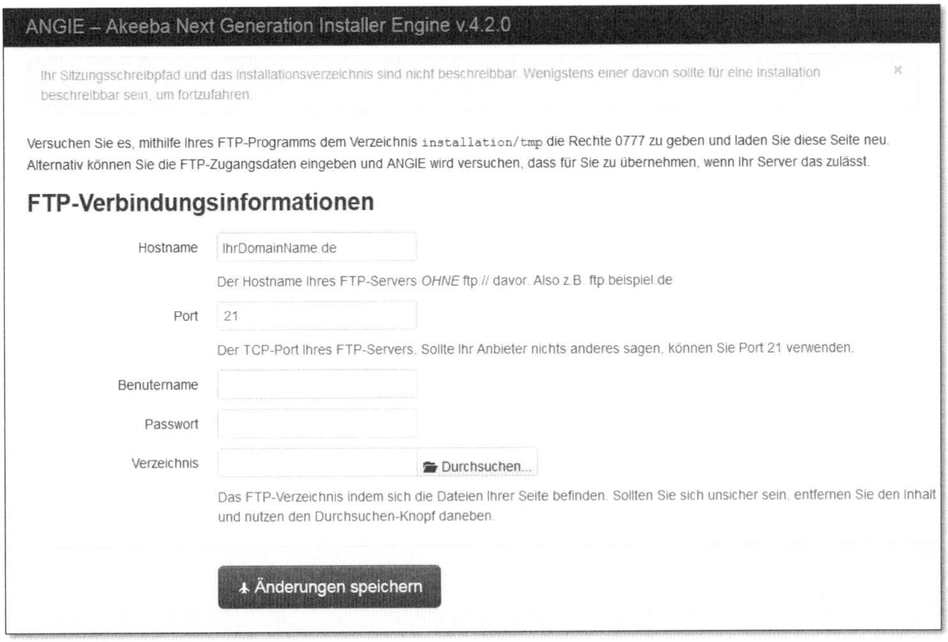

Abbildung 16.8 Setzen Sie die Rechte des Verzeichnisses »/installation/tmp/« auf »777«, volle Schreibrechte; das ist kein Sicherheitsrisiko, da der Ordner später gelöscht wird.

10. Im Schritt VOR-INSTALLATION sehen Sie eine Zusammenfassung der Serverumgebung, wie Sie sie aus der Joomla!-Installation kennen (siehe Abbildung 16.9). Klicken Sie auf WEITER in der oberen rechten Ecke.

11. Im Schritt DATENBANKWIEDERHERSTELLUNG geben Sie DATENBANKSERVERNAME, BENUTZERNAME, PASSWORT und DATENBANKNAME einer zuvor per phpMyAdmin neu angelegten Datenbank an (siehe Abbildung 16.10). Alternativ verwenden Sie hier die Parameter einer existierenden Joomla!-Datenbank, achten aber darauf, dass Sie ein anderes DATENBANKTABELLENPRÄFIX verwenden, damit sich die zwei Joomla!-Installationen nicht in die Quere kommen. Bei diesem Ansatz verlieren Sie jedoch schnell den Überblick, welche Datenbank für welche Webapplikation zum Einsatz kommt, Best Practice ist das Anlegen einer gesonderten Datenbank pro Joomla!-Installation.

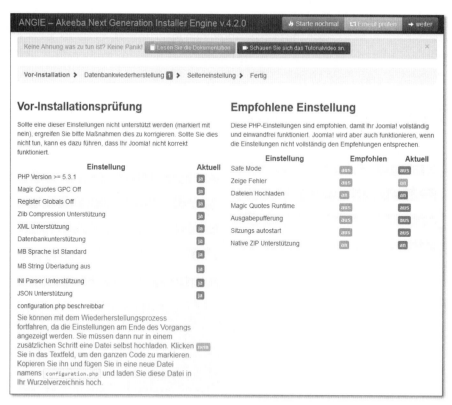

Abbildung 16.9 Der Wiederherstellungsassistent ANGIE gleicht dem Joomla!-Installer; die Navigation zwischen den einzelnen Schritten finden Sie oben rechts.

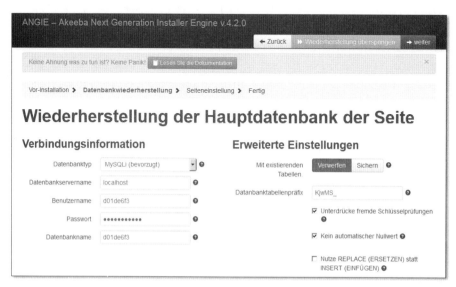

Abbildung 16.10 Legen Sie für die Joomla!-Wiederherstellung eine neue Datenbank an, und tragen Sie Verbindungsparameter im Schritt »Datenbankwiederherstellung« ein.

16.1 Sicherheitskopien anlegen mit Akeeba Backup

12. Klicken Sie auf WEITER. Nach der DATENBANKWIEDERHERSTELLUNG klicken Sie erneut auf WEITER. Das nächste Formular ähnelt wieder der Joomla!-Installation mit Basiseinstellungen zur Website, zum Administrator und der optionalen FTP-Verbindung (siehe Abbildung 16.11). Klicken Sie einfach auf WEITER, um die Wiederherstellung abzuschließen.

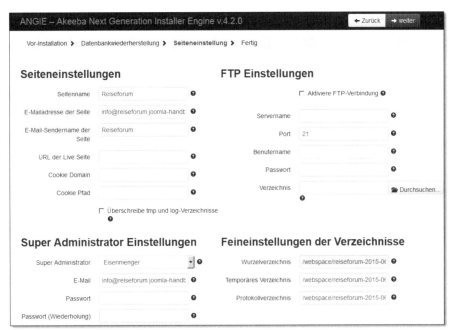

Abbildung 16.11 Der Wiederherstellungsassistent übernimmt die Joomla!-Grundeinstellungen aus der Backup-Konfiguration, aber Sie können hier bereits Anpassungen vornehmen, z. B. zu Administratorpasswort und -E-Mail-Adresse.

Problemlösung: »configuration.php« kann nicht beschrieben werden

Unter Umständen ist es dem Wiederherstellungsassistenten nicht erlaubt, die Konfigurationsdatei, die *configuration.php*, zu überschreiben, was aber z. B. wegen der neuen Datenbankverbindungseinstellungen notwendig ist. In diesem Fall erscheint eine weitere Seite, die Sie auffordert, den Inhalt der Datei in die Zwischenablage zu kopieren, die Datei manuell anzulegen und dann per FTP ins Hauptverzeichnis der Joomla!-Wiederherstellung zu laden.

Nach dem Hochladen der manuell erzeugten *configuration.php* schließen Sie die Wiederherstellung mit Klick auf den roten Button LÖSCHE DAS INSTALLATIONSVERZEICHNIS ab. Funktioniert das nicht, ist das ein gutes Zeichen für die Rechtekonfiguration; löschen Sie dann einfach den kompletten Ordner */installation/* per FTP. Benennen Sie dabei außerdem die Datei *htaccess.bak* in *.htaccess* um, damit URL-Rewrite für suchmaschinenfreundliche URLs aktiviert werden kann (siehe Abschnitt 23.1, »Joomla!-URLs optimieren«).

Das Backup ist nun eingespielt, Ihre Joomla!-Website ist mit wiederhergestellten Inhalten und Konfiguration unter der alten URL erreichbar.

> **Problemlösung: Fehler beim Extrahieren des Backup-Archivs**
>
> Falls Sie im Wiederherstellungsassistenten nach dem Klick auf START eine schockierende Fehlermeldung erhalten, das Backup-Archiv sei nicht lesbar (AN ERROR OCCURRED. INVALID HEADER IN ARCHIVE FILE, siehe Abbildung 16.12), gestaltet sich das Einspielen etwas komplizierter. (Tatsächlich defekte Archive sind übrigens selten, solch ein Fehler resultiert in der Regel aus Verbindungs- oder Kompatibilitätsproblemen zwischen Archivier- und Dekomprimierungs-Script.)
>
>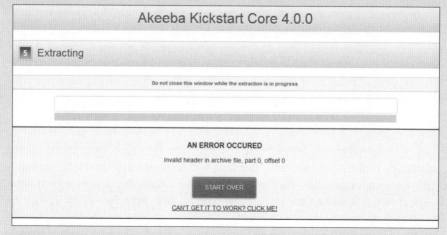
>
> **Abbildung 16.12** Ist »kickstart.php« nicht in der Lage, das Archiv zu extrahieren, erledigen Sie das per Hand und laden die entpackten Backup-Dateien per FTP auf den Webspace.
>
> 1. Laden Sie das Backup-Archiv (alle *.jpa*-Dateien) auf Ihren lokalen Rechner herunter, z. B. per FTP aus dem Ordner */administrator/components/com_akeeba/backup/* oder über die Backup-Übersicht der Akeeba-Benutzeroberfläche innerhalb von Joomla!.
>
> 2. Besuchen Sie die Akeeba-Site unter *https://www.akeebabackup.com/download.html*, und laden Sie den *Akeeba eXtract Wizard* (erhältlich für Windows, OS X und Linux) herunter; der Link befindet sich am unteren Ende der Webseite. Dieses Programm erlaubt das manuelle Entpacken des Backup-Archivs auf Ihren Rechner, ähnlich der *kickstart.php*.

3. Installieren und starten Sie den Akeeba eXtract Wizard, und geben Sie unter ARCHIVE FILE die *.jpa*-Datei und unter EXTRACT TO FOLDER das Zielverzeichnis zum Entpacken an, z. B. irgendwo auf Ihren Desktop.
4. Klicken Sie auf EXTRACT!, und warten Sie, bis alle Dateien extrahiert wurden. Wiederholen Sie diese Schritte für alle Archivdateien Ihres Backups.
5. Loggen Sie sich per FTP auf Ihren Webspace, und laden Sie alle entpackten Dateien des Archivs in das Hauptverzeichnis, in das die Joomla!-Installation wiederhergestellt werden soll.
6. Rufen Sie den Wiederherstellungsassistenten direkt auf: *http://IhrDomainName.de/installation/index.php*, und folgen Sie den oben aufgeführten Hinweisen.

16.2 Komfortabler editieren mit JCE

Erweiterung	JCE (Joomla! Content Editor)
JED-Kategorie	EDITING • EDITORS
Download	▶ *https://www.joomlacontenteditor.net/downloads/editor/joomla-3* ▶ *https://www.joomlacontenteditor.net/downloads/languages* (Wählen Sie aus der Dropdown-Liste SELECT LANGUAGES den Eintrag GERMAN (GERMANY) (DE-DE).)
Zweck	komfortabler WYSIWYG-Editor mit vielen Einstellmöglichkeiten

JCE ist der mit Abstand beliebteste Joomla!-Editor für Beiträge und andere Inhaltselemente. Wie auch der interne Joomla!-Editor basiert er auf dem bekannten TinyMCE und bietet eine luxuriöse WYSIWYG-Oberfläche mit allen Formatierungsoptionen, die man für ein modernes CMS und daraus produzierten Webseiten benötigt. Er unterstützt das Anlegen verschiedener Profile und glänzt mit einer Unmenge von Einstellungen. Darüber hinaus ist die Einbettung von Bildern und internen Links über eigene kleine Popup-Fenster noch bequemer.

16.2.1 JCE einrichten

Nach der Installation des Editors aktivieren Sie ihn über SYSTEM • KONFIGURATION • Reiter SITE • Feld EDITOR. Wählen Sie im dortigen Dropdown-Menü die Option EDITOR - JCE, und SPEICHERN Sie die Einstellung. Dass JCE aktiv ist, erkennt man sofort an den standardmäßig vollgepackten Werkzeugleisten beim Bearbeiten eines Inhaltselements (siehe Abbildung 16.13).

JCEs deutsches Sprachpaket installieren Sie ausnahmsweise nicht über ERWEITERUNGEN • VERWALTEN, sondern über KOMPONENTEN • JCE EDITOR • INSTALL ADD-ONS • Button BROWSE. Verweisen Sie hier auf die heruntergeladene Archivdatei (z. B. *jce_language_de-DE_xxx.zip*), und klicken Sie auf INSTALL PACKAGE. Sowohl die Editorkonfiguration als auch die Editoroberfläche (insbesondere die Dropdown-Listen und Tooltips) erscheinen nun in deutscher Sprache.

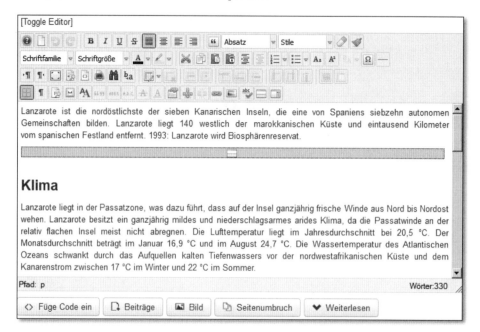

Abbildung 16.13 Nach der Installation und Aktivierung erkennen Sie JCE an den überfrachteten Werkzeugleisten für alle denkbaren Textformatierungen.

16.2.2 JCE konfigurieren

JCEs Stärke liegt in seiner außerordentlich flexiblen Konfiguration, die verschiedene Ausprägungen über sogenannte Profile ermöglicht. Ein Autorenprofil ist z. B. deutlich eingeschränkter als das des Administrators. Am besten lernen Sie diese Konfiguration durch das Anlegen eines neuen Profils kennen.

Der Inhaltspflege einer Website sind in der Regel besondere Mitarbeiter zugewiesen, die Webseitentexte im Rahmen klar definierter Designrichtlinien verfassen und formatieren. Im Reiseforum sind das die Mitglieder der Benutzergruppe Contentpflege, die nun ein ganz spezielles Editorprofil erhalten.

1. Erzeugen Sie über KOMPONENTEN • JCE EDITOR • PROFILE • Button NEU ein neues Profil, und bearbeiten Sie nacheinander die folgenden drei Konfigurationsreiter. (Der Reiter EDITOREINSTELLUNGEN dient der fortgeschrittenen Konfiguration.)

2. Reiter EINSTELLUNGEN
Vergeben Sie einen beschreibenden NAMEN, z. B. »Contentpflege«. Das Profil ist für alle BEREICHE (FRONT- und BACKEND) und GERÄTE (DESKTOP, TABLET, SMARTPHONE) erreichbar, die voreingestellten Häkchen bleiben also bestehen. Die wichtigste Einstellung steuert, auf welche Benutzer dieses Editorprofil angewendet wird – eine mit Häkchen zu markierende Liste neben BENUTZERGRUPPE. Markieren Sie hier z. B. AUTOR, EDITOR und PUBLISHER. Im Reiseforum gibt es sogar eine besondere Benutzergruppe CONTENTPFLEGE.

3. Reiter FUNKTIONEN
Die Einstellungen in den Dropdown-Listen sind in der Standardkonfiguration durchaus sinnvoll. Interessant wird es im Bereich AKTUELLES EDITORLAYOUT und VERFÜGBARE SCHALTFLÄCHEN. Hier ziehen Sie mit der Maus aus den unteren Werkzeugleisten all die Funktionen in die obere Leiste, die später im Editor zur Verfügung stehen (siehe Abbildung 16.14).

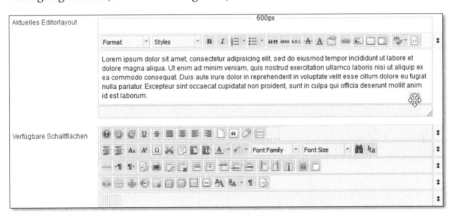

Abbildung 16.14 Per Drag & Drop ziehen Sie aus den »Verfügbaren Schaltflächen« alle Buttons in das »Aktuelle Editorlayout«, die Sie zur Beitragsbearbeitung benötigen.

Für die Contentpflege im Reiseforum sollen die Formatierungsmöglichkeiten überschaubar bleiben: Absatzformate, Fett- und Kursivdruck, Listenelemente, einige HTML-Sonderabsatzformate, Links, Bilder und Joomla!-Weiterlesen- und Seitenumbrüche – mehr braucht ein Autor nicht, und er läuft nicht Gefahr, das mühevoll designte Layout zu entstellen. Ganz rechts in der Werkzeugleiste gibt's dafür noch einen Button zur Rechtschreibprüfung und für den Vollbildmodus, um sich voll und ganz auf den Text konzentrieren zu können. In Abbildung 16.15 sehen Sie die neue aufgeräumte Buttonleiste im Einsatz.

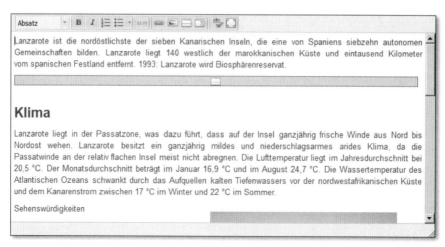

Abbildung 16.15 Mit JCEs aufgeräumten Werkzeugleisten konzentrieren sich Autoren auf das Wesentliche: das Schreiben.

4. Reiter PLUGINEINSTELLUNGEN

In diesem Reiter nehmen Sie einige Feineinstellungen zu den über den Reiter FUNKTIONEN in die Werkzeugleiste gezogenen Features vor. Die Liste wächst dabei nach unten, je mehr Elemente Sie im Editor erlauben. An dieser Stelle exemplarisch einige der wichtigsten Elemente, die im Reiseforum Einsatz finden:

In ARTIKELUMBRUCH blenden Sie die Buttons für WEITERLESEN (READMORE) und SEITENUMBRUCH (PAGEBREAK) ein, mit denen das Content-Management-System automatische Unterseiten erzeugt.

Der BILDER-MANAGER ist ein besonders komfortabler Dateimanager für das /images/-Verzeichnis von Joomla!, nach der Installation aber mit Funktionen überfrachtet. Inline-CSS-Änderungen für Bilder oder sogar ROLLOVER-Steuerungen werden für die Contentpflege nicht benötigt und darum im unteren Bereich BERECHTIGUNGEN ausgestellt. Auch RAHMEN, RÄNDER und ABSTÄNDE sind nicht über die Inhaltsbearbeitung im CMS zu steuern, sondern erhalten per globalem CSS ein site-weites konformes Aussehen. Diese Optionen sowie das Erlauben der ORDNERERSTELLUNG und -LÖSCHUNG stehen daher im Reiseforum auf NEIN. Abbildung 16.16 zeigt den so entschlackten Bilder-Manager.

Auch der LINK-MANAGER (siehe Abbildung 16.17) wird etwas ausgedünnt. Im Bereich BERECHTIGUNGEN steht ERWEITERT-TAB auf NEIN, damit Autoren die Links nicht manuell formatieren. Im Bereich LINKS werden all die Joomla!-Elemente entfernt, die nicht verlinkt werden dürfen, z. B. KONTAKTE und WEBLINKS. Popups werden ebenfalls durch Löschen der Häkchen deaktiviert. Die LINK-SUCHE, ein besonders praktisches Feature, mit dem im Verlinkungsfenster nach Joomla!-Zielelementen gesucht wird, wird ebenfalls eingeschränkt. SUCHE - INHALT genügt für einfache Webseitenverlinkungen.

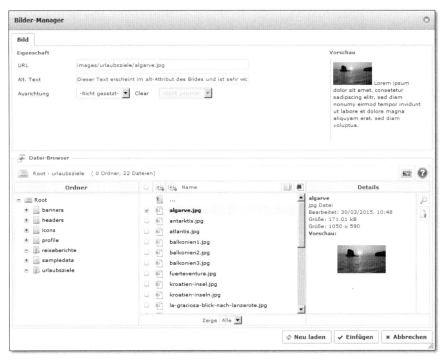

Abbildung 16.16 Nach der Entfernung überflüssiger Tabs (Reiter) und Eingabefelder lässt sich der Bilder-Manager noch einfacher bedienen.

Abbildung 16.17 Individuelle CSS-Formatierungsoptionen werden entfernt, aber die sinnvolle Inhaltssuche bleibt im Verlinkungsfenster.

Unter LISTEN aktivieren Sie all die Arten von nummerierten und Bullet-Listen, die der Autor im Editor benutzen darf. Sinnvoll, denn Texte mit unterschiedlichen Bullet-Stilen darf es in einem einheitlichen Design nicht geben.

Nehmen Sie sich etwas Zeit, um mit den verschiedenen Elementen zu experimentieren. TABELLEN sind beispielsweise ein sehr mächtiges und praktisches Formatierungswerkzeug, ihre Integration ins Seitenlayout des Frontends erfordert aber gestalterisches Fingerspitzengefühl. Über die Konfiguration blenden Sie aber wenigstens die Tabellenzeilen- und Zelleigenschaften aus, damit die Darstellung im Frontend nach globalen CSS-Regeln erfolgt.

> **Tipp: Eigene CSS-Styles in JCE integrieren**
>
> Nützlich, aber mit ein bisschen Konfigurationsarbeit verbunden, ist die Funktion STILAUSWAHL im Reiter PLUGINEINSTELLUNGEN, über deren Konfiguration Sie dem Autor eigene per CSS festgelegte Formatierungen per Dropdown-Liste zur Verfügung stellen. Ganz ähnlich, wie das in Abschnitt 8.2.4, »Eigene CSS-Styles in TinyMCE integrieren«, beschrieben wurde. Sie haben zwei Möglichkeiten der Integration: sauber über Klassendefinitionen in einer CSS-Datei oder quick-and-dirty über Inline-Styles.
>
> Inline-Styles fügen Sie in der JCE-Profilkonfiguration über den Reiter PLUGINEINSTELLUNGEN • Plugin STILAUSWAHL hinzu, nachdem Sie im Reiter FUNKTIONEN die STILAUSWAHL-Dropdown-Liste `Styles` in das AKTUELLE EDITORLAYOUT gezogen haben. Dabei muss unter LISTENSTIL OPTIONEN das Häkchen EIGENE STILE gesetzt sein. In der nun eingeblendeten Elementliste EIGENE STILE füllen Sie dann pro Stil folgende Felder aus (siehe Abbildung 16.18):
>
> - TITEL: einen Namen für den neuen Stil, z. B. »Kapitälchen«
> - TAG: das HTML-Tag, dem der Inline-Style hinzugefügt wird, z. B. <span>
> - STILE: der eigentliche CSS-Style – eine semikolongetrennte Liste,
>   z. B. `font-variant:small-caps;`
>
> Über den Link NEUEN STIL HINZUFÜGEN ...+ am unteren Ende lässt sich die Liste beliebig erweitern.
>
> Sauberer ist die Organisation zusätzlicher Styles mit einer eigenen CSS-Datei:
>
> 1. Markieren Sie zunächst unter LISTENSTIL OPTIONEN das Häkchen EDITOR / PROFIL STYLESHEETS, und SPEICHERN & SCHLIESSEN Sie die Profilkonfiguration.
> 2. Wechseln Sie jetzt über die Seitenleiste zur Seite EDITOR-KONFIGURATION, und scrollen Sie zum Bereich FORMATIERUNG & ANZEIGE.
> 3. Setzen Sie EDITORSTIL auf EIGENE CSS-DATEI, und geben Sie einen beliebigen CSS-Dateinamen ins Feld EIGENE CSS-DATEI ein. Es hat sich eingebürgert, diese CSS-Datei im /css/-Ordner des eingesetzten Templates aufzubewahren, es bietet sich also z. B. der Pfad /template/protostar/css/editor.css an.

4. SPEICHERN & SCHLIESSEN Sie die Editorkonfiguration, und erzeugen und bearbeiten Sie die neue Datei *editor.css*. Fügen Sie hier nach Belieben neue Klassen- und Stildefinitionen ein, die später in der Dropdown-Liste des JCE Editors erscheinen.

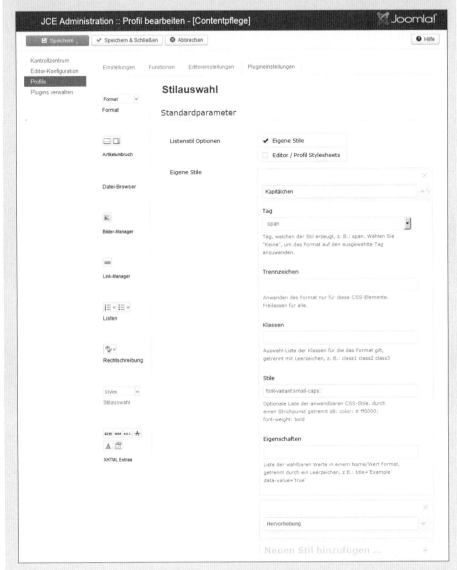

Abbildung 16.18 Quick-and-Dirty-Inline-Styles erzeugen Sie über »Listenstil Optionen« »Eigene Stile« und Angabe des Stilnamens (erscheint im Editor in der Dropdown-Liste), des »Tags«, auf das der Stil angewendet wird, und des eigentlichen CSS-»Stils«.

Auf diese Weise erlauben Sie den Autoren die Verwendung eines neuen Styles im Editor (siehe Abbildung 16.19). JCEs Konfiguration beeinflusst jedoch nicht die Formatierung der Frontend-Webseiten. Beachten Sie deshalb, dass Sie die Klassen und Stile, die Sie eben über die *editor.css*-Datei für das Backend einstellten, auch dem Frontend-Template bekannt machen, also in eine Frontend-CSS-Datei integrieren (siehe Abschnitt 10.5.2, »Personalisierte CSS-Dateien verwenden«).

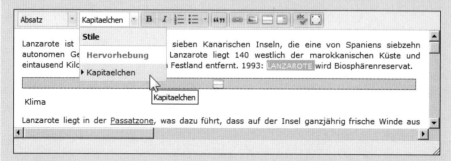

Abbildung 16.19 Bei benutzerdefinierten Stilen markiert das kleine schwarze Dreieck, welche Stile aktuell auf einem Textfragment angewendet sind, ein erneuter Klick entfernt den Stil.

Beispielinhalt der Datei *editor.css* für Abbildung 16.19:

```
.Hervorhebung {
  color: #996600;
  font-weight: bold;
}
.Kapitaelchen {
  font-variant: small-caps;
}
```

Problemlösung: JCEs Werkzeugleisten verschwinden

Nach Installation oder Aktualisierung einer Erweiterung kann in JCE ein Bug zutage treten, der das Verschwinden aller Werkzeugleisten verursacht, ähnlich wie in Abbildung 16.20. An ihrer Stelle erscheint das Wort ABSATZSTILE, ein Fingerzeig auf Probleme mit JavaScript oder CSS. In der Regel hilft dann ein Workaround über die Deaktivierung der editorinternen JavaScript- und CSS-Kompression: Wechseln Sie über KOMPONENTEN • JCE EDITOR • KONFIGURATION zu den EDITOREINSTELLUNGEN, Bereich KOMPRESSIONSOPTIONEN, und stellen Sie die Schalter JAVASCRIPT KOMPRIMIEREN und CSS KOMPRIMIEREN auf NEIN. SPEICHERN & SCHLIESSEN Sie die Konfiguration.

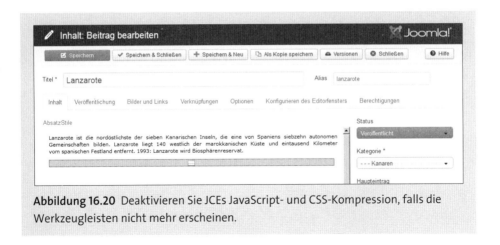

Abbildung 16.20 Deaktivieren Sie JCEs JavaScript- und CSS-Kompression, falls die Werkzeugleisten nicht mehr erscheinen.

16.3 Mehr Sicherheit mit Admin Tools

Erweiterung	Admin Tools (Core)
JED-Kategorie	ACCESS & SECURITY • SITE SECURITY
Download	▸ https://www.akeebabackup.com/download/admin-tools.html ▸ http://cdn.akeebabackup.com/language/admintools/index.html
Zweck	nützliche Sammlung von Administrationswerkzeugen, darunter erweiterter Passwortschutz, automatisches Setzen der korrekten Datei- und Ordnerrechte, Datenbankreparatur und -bereinigung und Säuberung des /tmp/-Verzeichnisses

Ebenfalls aus dem Hause Akeeba stammen die Admin Tools (siehe Abbildung 16.21), die Joomla! um eine Handvoll bzw. unzählige Sicherheits- und Wartungs-Features ergänzt, je nachdem, ob man sich für die kostenlose oder -pflichtige Version entscheidet. Etwa 50 Features listet die für 50 € abonnierbare Pro-Variante (zusammen mit Akeeba Backup für etwa 70 €), darunter alle denkbaren Abwehrmechanismen gegen PHP- oder JavaScript-Sicherheitslecks. Die braucht nicht jeder, aber wenn Ihre Website vierstellige Besucherzahlen pro Tag aufweist, sollten Sie das Thema Sicherheit etwas ernster nehmen als bei einer mittelständischen Firmenpräsenz oder einem kleinen Hobbyforum. Für diese Größenordnung bietet bereits das kostenlose Produkt brauchbare, im Folgenden vorgestellte Funktionen.

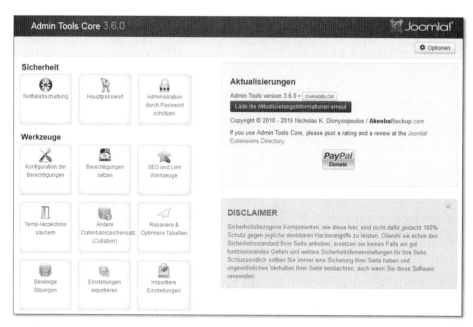

Abbildung 16.21 Die Admin Tools erweitern viele Sicherheits- und Wartungsaspekte von Joomla; erörtern Sie für stark frequentierte Websites die mit Features vollgepackte Pro-Version.

Nach der Installation erreichen Sie sämtliche Funktionen der Admin Tools unter KOMPONENTEN • ADMIN TOOLS.

▶ NOTFALLABSCHALTUNG (siehe Abbildung 16.22)
Ersetzt die *.htaccess*-Serverkonfiguration im Hauptverzeichnis Ihrer Joomla!-Installation durch eine Version, die ausschließlich den Benutzer durchlässt, der die Notfallabschaltung über diesen Button aktivierte. Admin Tools erkennt das aus der IP-Adresse des Rechners, mit dem Sie sich ins Backend eingeloggt hatten. Für alle anderen Benutzer erscheint der Inhalt der Seite *offline.html* aus dem Templateverzeichnis.

▶ HAUPTPASSWORT
Schützen Sie einzelne Konfigurationsaspekte der Admin Tools mit einem zusätzlichen, vom Super Benutzer unabhängigen Passwort.

▶ ADMINISTRATION DURCH PASSWORT SCHÜTZEN
Schützen Sie das gesamte Administrations-Backend von Joomla! mit einem zusätzlichen, per *.htaccess* und *.htpasswd* festgelegten Passwort, einer sogenannten HTTP-Authentifizierung. *Vorsicht*: Können Sie sich nicht mehr einloggen, z. B. wegen eines vergessenen Benutzernamens oder Passworts, erlangen Sie erst wieder nach Löschen der Datei *.htaccess* Zugriff aufs Backend.

Hinweis: Wie Sie solch eine HTTP-Authentifizierung selbst aktivieren, erfahren Sie übrigens in Abschnitt 22.2.2, »Zusätzliches Serverpasswort einrichten«.

Abbildung 16.22 Die »Notfallabschaltung« ersetzt die Serverkonfigurationsdatei ».htaccess« durch eine abgespeckte Variante, die nur dem aktuell angemeldeten Benutzer Zugriff gewährt.

- KONFIGURATION DER BERECHTIGUNGEN, BERECHTIGUNGEN SETZEN
  Idealerweise sind die Verzeichnisrechte im Backend von Joomla! auf 755 gesetzt, Dateien auf 644. Wenn nach einer Joomla!- oder Erweiterungsinstallation der Bilder-Upload nicht mehr funktioniert oder sonstige Zweifel an korrekt gesetzten Berechtigungen bestehen, schafft BERECHTIGUNGEN SETZEN Abhilfe. Nach Klick auf den Button setzen die Admin Tools sämtliche Rechte im gesamten Dateisystem neu.

  Benötigen Sie ausnahmsweise andere Rechte für ein Verzeichnis oder eine Datei, steuern Sie diese über den Button KONFIGURATION DER BERECHTIGUNGEN. Klicken Sie danach auf ANGEPASSTE BERECHTIGUNGEN SPEICHERN UND ANWENDEN, um die neue Rechtekonfiguration zu setzen.

- SEO UND LINK WERKZEUGE
  Hinter diesem Button verstecken sich einige Redirect-Hilfsfunktionen. Der erste Bereich LINK-MIGRATION dient der Konvertierung von Links, falls Sie die Joomla!-Installation in eine andere Serverumgebung umziehen und dadurch im Content Bild- oder Linkverknüpfungen falsch aufgelöst werden. Ein Szenario, das z. B. auftreten kann, wenn man in einer Entwicklungsumgebung mit Unterverzeichnissen à la *http://localhost/joomla3test* arbeitete. (Abschnitt 2.4.2, »Joomla!-Installation ohne Unterverzeichnis erreichen«, packt dieses Übel bei der Wurzel.) In solch einem Fall stellen Sie AKTIVIERE LINK-MIGRATION auf JA und tragen unter ALTE DOMAINNAMEN »http://localhost/joomla3test« oder beliebige andere vorherige Domain- und Pfadkombinationen ein, die die Admin Tools dann in neue gültige Verknüpfungen auflösen.

Sichern Sie Ihre gesamte Website über das SSL-Protokoll ab, sodass alle Seiten über HTTPS erreichbar sind, erfordert eine lückenlose Umstellung etwas Detektivarbeit. Konvertiere alle Links zu HTTPS, wenn die Seite über SSL aufgerufen wird löst das Problem ein für alle Mal. Eine ausführliche Anleitung zur Umstellung Ihrer Website auf SSL finden Sie übrigens in Abschnitt 22.3, »SSL aktivieren«.

- Temp-Verzeichnis säubern
 Bei Installation oder Aktualisierung von Erweiterungen kommt es vor, dass im Tempverzeichnis (Einstellung über System • Konfiguration • Reiter Server • Feld Tempverzeichnis) Dateileichen liegen bleiben. In wenigen Wochen oder Monaten vergeuden Sie hier Megabytes an Speicherplatz. Dieser Button säubert das Tempverzeichnis, eine Aktion, die Sie alle paar Wochen im Rahmen der Serverwartung (Housekeeping) durchführen sollten.

- Ändere Datenbankzeichensatz (Collation)
 Diese Option betrifft keine Sicherheitsaspekte, sondern richtet sich an Webmaster, die Probleme mit der Zeichendarstellung exotischerer Sprachen haben. Über diesen Button läuft Joomla! im sogenannten UTF-8-Multibyte-Modus, mit dem Sie komplexe chinesische oder thailändische Websites aufbauen.

- Repariere & Optimiere Tabellen
 Wo viele Einträge in Datenbanken geschrieben, verändert und gelöscht werden, leiden im Laufe der Zeit Performance und Zuverlässigkeit. Im schlimmsten Fall werden sogar Datensätze beschädigt. Klicken Sie bei den geringsten Anzeichen von Datenbankproblemen auf diesen Button, erfolgt eine datenbankinterne Reparatur und Optimierung der Tabellen. *Tipp*: Falls diese Funktion einmal hängen bleibt, führen Sie sie öfter aus. Die Bereinigungsaktionen sind zeitaufwendig und benötigen die ersten paar Aufrufe u. U. länger als die maximal erlaubte PHP-Ausführungszeit.

- Bereinige Sitzungen
 Bei Websites mit vielen Benutzern und Login- und Logout-Vorgängen ist die Session-Tabelle in der Datenbank besonders fehleranfällig. Dieser Button räumt die Tabelle auf. Aber Vorsicht: Sobald Sie ihn anklicken, werden alle aktuell auf der Website angemeldeten Benutzer ausgeloggt!

- Einstellungen exportieren, Importiere Einstellungen
 Erlaubt das Importieren und Exportieren der Admin-Tools-Konfiguration; ein Werkzeug, das Sie nur benötigen, falls Sie mehrere Joomla!-Server-Konfigurationen synchronisieren möchten und mit der kostenpflichtigen Pro-Version arbeiten, die mehr Einstellungsmöglichkeiten bietet.

16.4 Sitemap erstellen mit OSMap

Erweiterung	OSMap (Free)
JED-Kategorie	STRUCTURE & NAVIGATION • SITE MAP
Download	*https://www.alledia.com/extensions/osmap*
Zweck	automatische Erzeugung von Besucher- und Suchmaschinen-Sitemaps (XML-Sitemap)

Eine Sitemap ist eine Linkliste aller Seiten Ihrer Website, die Sie z. B. als ansprechende Übersicht auf eine besondere Webseite platzieren, damit Besucher neben dem Hauptmenü eine weitere Navigationshilfe erhalten. Viel wichtiger ist die Sitemap jedoch für eine schnelle Indexierung Ihrer Website durch Suchmaschinen. Als sogenannte XML-Sitemap stellen Sie dabei eine maschinenlesbare Datei bereit, die Google und Co. einlesen, um sofort zu wissen, welche Ihrer Webseiten indexiert werden sollen. Die XML-Datei listet aber nicht nur Seiten, sondern ergänzt sie um Attribute des letzten Modifikationsdatums, der voraussichtlichen Update-Häufigkeit und der Wichtigkeit des Inhalts im Vergleich zu anderen Seiten. Das erlaubt eine feine Steuerung des Indexierungsverhaltens der Suchmaschinen. Ein Beispiel für die Ansicht solch einer XML-Sitemap im Browser sehen Sie in Abbildung 16.23.

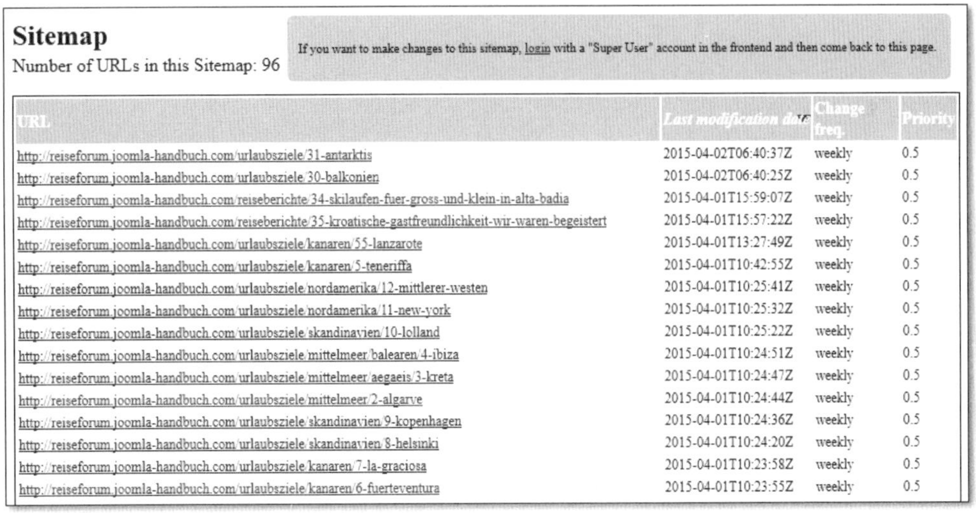

Abbildung 16.23 XML-Sitemaps beschleunigen die Indexierung Ihrer Website und informieren Suchmaschinen über die Regelmäßigkeit von Contentaktualisierungen.

16.4.1 OSMap einrichten und Sitemap konfigurieren

Als Erweiterung für die Sitemap-Erstellung kommt *OSMap* zum Einsatz, ein Nachfolger der in der Vergangenheit populären Xmap-Erweiterung. Besonders praktisch ist, dass OSMap nicht nur regulären Joomla!-Content in die Sitemap übernimmt, sondern über mitinstallierte Plugins auch Inhaltstypen anderer weit verbreiteter Komponenten berücksichtigt, darunter für das Content-Management-Framework K2 oder die Online-Shop-Lösung VirtueMart. Diese Plugins sind standardmäßig aktiviert; Sie sollten deshalb nach der OSMap-Installation im Plugin-Manager nach »osmap«-Plugins filtern und all diejenigen über die STATUS-Spalte deaktivieren, die Sie nicht benötigen.

Während der Installation legt OSMap bereits eine Sitemap an, die alle Menüeinträge und Inhaltselementseiten enthält, die auffindbar waren. Diese Konfiguration gilt es nun zu bereinigen. Klicken Sie auf KOMPONENTEN • OSMap, dann im Sitemaps-Manager auf die bereits vorhandene SITEMAP. In der Sitemap-Konfiguration wechseln Sie zum Reiter MENUS (siehe Abbildung 16.24).

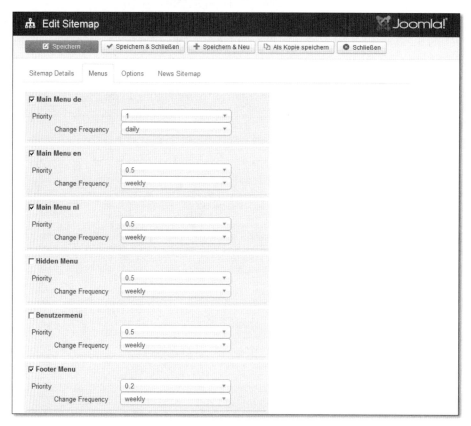

Abbildung 16.24 Im Reiseforum erscheinen nur die Webseiten der mehrsprachigen Hauptmenüs und des »Footer Menus« in der Sitemap, das deutsche Hauptmenü genießt die höchste Indexierungspriorität, das »Footer Menu« enthält die unwichtigsten Seiten.

16.4 Sitemap erstellen mit OSMap

▶ **Menümarkierungen**
Markieren Sie alle Menüs, deren enthaltene Webseiten für die Sitemap bestimmt sind. Vielleicht verwenden Sie ein verstecktes Menü (Hidden Menu), um den Home-Link oder andere Seiten unsichtbar zu schalten, oder bestimmte Menüs befinden sich ohnehin hinter der für Google und Co. nicht passierbaren Benutzeranmeldung. In diesem Fall entfernen Sie diese Menüs aus der Sitemap, indem Sie das Häkchen vor dem Menünamen löschen. Per Drag & Drop sortieren Sie außerdem die Menüs, was die Reihenfolge beim Aufbau der Sitemap beeinflusst.

▶ **Feld PRIORITY**
Über die Priorität teilen Sie Suchmaschinen mit, wie wichtig Sie die Inhalte einzelner Webseiten einstufen: 1 ist die höchste Priorität, 0.1 die niedrigste. So ist die Homepage mit Sicherheit wichtiger als eine tief im System verborgene Produktdetailseite. Auch die Impressum- und Datenschutzerklärung-Links aus dem Footer Menu sollen nicht als oberstes Suchergebnis angezeigt werden, sie erhalten deshalb eine besonders niedrige Priorität. Wie Suchmaschinen allerdings genau mit diesem Wert verfahren, ist ein Betriebsgeheimnis.

Idealerweise stellen Sie die Priorität pro Webseite ein. Das ist möglich, indem Sie sich die Sitemap im Frontend ansehen, während Sie angemeldet sind (siehe Abbildung 16.25). Die Sitemap-Seite erreichen Sie dann über das Backend unter KOMPONENTEN • OSMAP • Klick auf den Link XML in der Spalte SITEMAP LINKS.

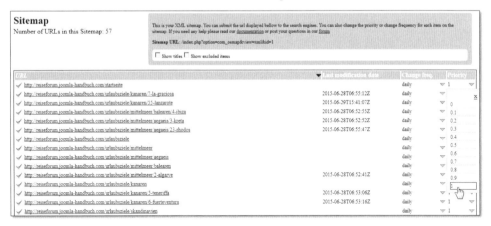

Abbildung 16.25 Sind Sie im Frontend angemeldet, erlaubt OSMap die seitenindividuelle Zuweisung der Priorität und Update-Häufigkeit.

▶ **Feld CHANGE FREQUENCY**
Dieses Feld beeinflusst möglicherweise, wie häufig Suchmaschinenbots Ihre Webseiten besuchen, um nach aktualisierten Inhalten Ausschau zu halten. Wie relevant das Feld tatsächlich ist, bleibt Geheimnis der Suchmaschinenentwicklern, es schadet jedoch nicht, pro Menü die grobe Richtung Ihrer Content-Updates vorzugeben: täglich (DAILY), wöchentlich (WEEKLY), monatlich (MONTHLY) oder jährlich (YEARLY).

Speichern & Schliessen Sie die Sitemap-Konfiguration, und sehen Sie sich die zusammengetragene Sitemap über den Link XML in der Spalte Sitemap Links an. Ihr Webbrowser formatiert die Webseitenliste sehr übersichtlich, den eigentlichen XML-Quelltext sehen Sie nur in der Quelltextansicht des Browsers.

Kopieren Sie nun die recht komplexe XML-Sitemap-URL (die genaue Syntax hängt von Ihren URL- und SEO-Einstellungen ab, z. B. */index.php?option=com_osmap& view=xml&tmpl=component&id=1* oder */en/component/osmap/xml/1?view=xml*) in die Zwischenablage, denn zum Schluss folgt der wichtigste Schritt: die Bekanntmachung der Sitemap bei den Suchmaschinen.

> **Tipp: Sitemaps anderer Websitesprachen erreichen**
>
> Aus Kapitel 12, »Mehrsprachigkeit aktivieren«, wissen Sie, dass die Sprachunterscheidung im idealen Fall, wenn die Option Suchmaschinenfreundliche URL unter System • Konfiguration • Reiter Site aktiviert wurde, anhand des ersten Pfadordners der URL erfolgt. Also */de/*, */en/* oder */nl/* für deutsch- oder englischsprachige oder niederländische Inhalte. Sonderfall: Für die Standardsprache ist *kein* Sprachunterordner notwendig, falls in der Plugin-Konfiguration System - Sprachenfilter die Option URL-Sprachkürzel entfernen auf Ja gesetzt wurde.
>
> OSMap nutzt die gleiche Erkennung und entscheidet damit, welche Webseiten in die jeweilige sprachabhängige Sitemap aufgenommen werden, für die drei Beispielsprachen des Reiseforums sind also diese Sitemap-URLs erreichbar:
>
> - */component/osmap/xml/1?view=xml*
>   (Standardsprache Deutsch ohne Sprachkürzel)
> - */en/component/osmap/xml/1?view=xml*
> - */nl/component/osmap/xml/1?view=xml*
>
> Vergessen Sie also nicht, bei einer mehrsprachigen Website Google und Bing auch die alternativen Sprachversionen der Sitemap zu übermitteln.

16.4.2 Kürzere URL zur Sitemap anlegen

Vor der Übergabe der Sitemap-Links an die Suchmaschinen erzeugen Sie eine attraktivere URL, über die Ihre Sitemap erreichbar ist. Suchmaschinen erwarten die Sitemap üblicherweise im Hauptverzeichnis als */sitemap.xml*. Das lässt sich zwar über eine spezifische Pfadangabe umschiffen, aber was ist mit Suchmaschinen, deren Suchpfad Sie nicht beeinflussen können? Nutzen Sie einfach die offizielle Umleitungen-Komponente von Joomla!, um die komplexe von OSMap erzeugte URL */index.php?option= com_osmap&view=xml&tmpl=component&id=1* oder */component/osmap/xml/1? view=xml* zum Standard */sitemap.xml* abzukürzen (siehe Abbildung 16.26, für Hinweise zur Erweiterung blättern Sie zurück zu Abschnitt 15.6, »Umleitungen anlegen«).

Hinweis: Bei mehrsprachigen Websites ergänzen Sie für die Ziel-URL *_Sprache* zwischen *sitemap* und *.xml*, z. B. *sitemap_de.xml, sitemap_en.xml, sitemap_nl.xml*.

Abbildung 16.26 Nicht zwingend notwendig, verhindert aber später Copy-&-Paste-Fehler; per Umleitung zeigt »/sitemap.xml« auf die kryptische URL der OSMap-XML-Sitemap.

1. Erzeugen Sie über KOMPONENTEN • UMLEITUNGEN • Button NEU eine neue Umleitung.
2. Als QUELLADRESSE tragen Sie eine möglichst kurze, die Sitemap beschreibende URL ein; »sitemap.xml« hat sich eingebürgert.
3. Als ZIELADRESSE kopieren Sie die komplexe URL aus der Zwischenablage, die Sie aus dem Sitemap-Manager-Aufruf kopiert hatten.
4. SPEICHERN & SCHLIESSEN Sie den neuen Redirect, und rufen Sie die *sitemap.xml*-URL probeweise im Browser auf.

16.4.3 Sitemap bei Google und Bing einreichen

Zu guter Letzt zeigen Sie nun den zwei großen Suchmaschinengiganten Google und Bing, wo ihre Bots die neue Sitemap finden. Zwingend ist das zwar nicht notwendig, da die Bots auch über viele andere Wege von der Existenz Ihrer Website erfahren, aber es beschleunigt den Indexierungsprozess. Insbesondere wenn Sie häufig Ihre Inhalte aktualisieren, denn OSMap reflektiert das Update sofort in der Sitemap.

Sowohl für Google als auch Bing benötigen Sie ein Konto beim jeweiligen Dienstleister, um die Search Console bzw. die Webmaster Tools aufzurufen. Für Google ist das ein ganz normales Google-Konto, das Sie vielleicht auch schon für Google Mail benutzen, für Bing benötigen Sie ein Microsoft-Konto, das Sie schon besitzen, falls Sie Skype oder Office 365 einsetzen.

Google Search Console (ehemals Google Webmaster Tools)

https://www.google.com/webmasters/tools

Um eine Sitemap einzureichen, fügen Sie zunächst über die Startseite der Search Console eine Website hinzu. Damit Google weiß, dass Sie auch wirklich Besitzer der

Website sind, bietet der Assistent verschiedene Verifizierungsverfahren an. In der einfachsten Variante laden Sie eine spezielle bereitgestellte Datei ins Hauptverzeichnis der Website. Die Search Console, früher als Webmaster Tools bekannt, erklärt Schritt für Schritt, wie das funktioniert.

Ist Ihre Website einmal angelegt, gelangen Sie über WEBSITE VERWALTEN in einen Bereich, der sich mit der Zeit mit interessanten Informationen über Ihre Website füllt, z. B. Suchanfragen, die zu Ihren Seiten führten, oder eine Liste anderer Websites, die auf Ihre verlinken. Über CRAWLING • SITEMAPS gelangen Sie schließlich zur Übersicht über Ihre eingereichten Sitemaps. Klicken Sie hier auf den roten Button SITEMAP HINZUFÜGEN/TESTEN oben rechts, und kopieren Sie die Sitemap-URL hinein (siehe Abbildung 16.27). Es dauert nur wenige Minuten, bis die Sitemap analysiert wurde; für die Erstaufnahme in den Google-Index müssen Sie sich allerdings ein paar Tage gedulden.

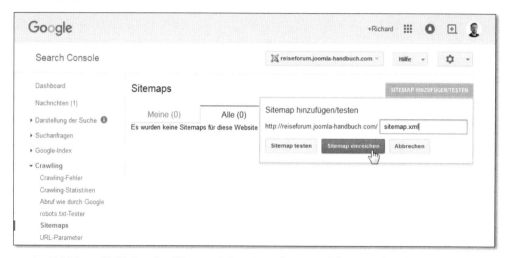

Abbildung 16.27 Googles Sitemap-Bekanntmachung erreichen Sie über die Search Console, Menü »Crawling« • »Sitemaps« • Button »Sitemap hinzufügen/testen« rechts oben.

Bing Webmaster

http://www.bing.com/toolbox/webmaster

Auch im Bing Webmaster fügen Sie Ihre Website zunächst über die STARTSEITE • MEINE SITES hinzu. Dabei tragen Sie die URL Ihrer Sitemap in das zweite Textfeld SITEMAP HINZUFÜGEN ein. (Bei bereits angelegten Websites erreichen Sie die Sitemap-Konfiguration unter MEINE SITE KONFIGURIEREN – SITEMAPS, siehe Abbildung 16.28.) Natürlich ist im nächsten Schritt wie bei Google eine Verifizierung Ihrer Besitzrechte notwendig. Falls Sie über Ihren Webhoster Zugriff auf die DNS-Records haben, legen Sie einen neuen CNAME-Eintrag an. Oder Sie ergänzen ein spezielles Meta-Tag im

HTML-Header Ihrer Joomla!-Installation. Am einfachsten ist aber sicher das Bereitstellen der auf der Bing-Webseite herunterladbaren Datei *BingSiteAuth.xml* in Ihrem Joomla!-Hauptverzeichnis.

Abbildung 16.28 Bings Sitemap-Verlinkung erreichen Sie über den »Bing Webmaster« • »Meine Site konfigurieren« • »Sitemaps«.

16.4.4 Sitemap Besuchern bereitstellen

Die über OSMap erzeugte Sitemap hilft nicht nur Suchmaschinenbots, sich besser auf Ihrer Website zurechtzufinden, sondern auch menschlichen Besuchern. Sie ist die letzte Navigationshilfe, wenn weder das Menü noch die site-interne Suche genau die Seite verlinken, die Ihr Gast sucht. Für diesen Fall erzeugen Sie eine neue Sitemap-Webseite, die man üblicherweise im Footer Menu verlinkt.

1. Legen Sie über MENÜS • FOOTER MENU • NEUER MENÜEINTRAG eine neue Webseite an.
   - MENÜTITEL: »Sitemap«
   - MENÜEINTRAGSTYP: OSMAP • HTML SITEMAP
   - CHOOSE A SITEMAP: SITEMAP

2. Im Reiter SITEMAP SETTINGS haben Sie die Wahl, ein zusätzliches OSMap-spezifisches CSS-Stylesheet einzubinden. Stellen Sie den Schalter INCLUDE OSMAP'S STYLE auf JA, lädt das Frontend die Datei */components/com_osmap/assets/css/osmap.css*, über die sich die Sitemap attraktiver formatieren lässt. Konsultieren Sie dann Abschnitt 10.5.3, »CSS-Overrides anlegen«, zur Identifizierung der betreffenden HTML-Elemente und CSS-Klassen. In der vorliegenden Version 3.1.5 von

16 Empfohlene Erweiterungen

OSMap war die große `<ul>`-Linkliste beispielsweise über den CSS-Pfad `#osmap ul` erreichbar. Ein kleiner CSS-Override rückt die Sitemap somit in ein mehrspaltiges Layout, wie in Abbildung 16.29 demonstriert:

```
#osmap ul
{
    columns: 200px 3;
    -webkit-columns: 200px 3;
    -moz-columns: 200px 3;
}
```

3. **Speichern & Schliessen** Sie die neue Sitemap-Seite, und prüfen Sie die Anzeige im Frontend.

Abbildung 16.29 Die Standardformatierung der HTML-Sitemap ist sehr spartanisch; über CSS-Overrides gestalten Sie die Seite ansprechender, z. B. durch Erzeugen einer mehrspaltigen Linkliste.

16.5 Quelltext einfügen mit Sourcerer

Erweiterung	Sourcerer
JED-Kategorie	Core Enhancements • Coding & Scripts Integration
Download	https://www.nonumber.nl/extensions/sourcerer#download
Zweck	Integration von JavaScript-, PHP-, oder HTML-Code oder CSS-Styles in beliebige Inhaltselemente

Die letzte Erweiterungsempfehlung benötigen Sie nicht für den initialen Go-Live Ihrer Website, Sie wird aber zum praktischen Hilfsmittel, sobald Sie dynamisch erzeugte Inhalte ins Frontend zwängen müssen. Obwohl das direkte Einfügen von PHP- oder JavaScript-Fragmenten ins Frontend eine unsaubere Methode zur Funktionalitätenintegration ist, bleibt einem leider manchmal keine andere Wahl. Stellen Sie sich ein Versicherungsunternehmen vor, das die Firmenwebsite auf Joomla! umstellte und nun den JavaScript-Tarifrechner integrieren möchte. Mit den Bordmitteln von Joomla! und den Standardrestriktionen der Editoren ist das schwierig. Oder erinnern Sie sich an Abschnitt 7.2.3, »Videos einbinden«, als Sie ein YouTube-Iframe in eine Webseite einbetteten? Das war nur über eine spezielle Konfiguration des Editors möglich.

Das Plugin *Sourcerer* löst dieses Problem und erlaubt, beliebige PHP-, HTML-, CSS- und JavaScript-Fragmente überall dort zu integrieren, wo sich Inhalte mit dem Editor bearbeiten lassen. Das birgt damit gleichzeitig ein Sicherheitsrisiko, falls mehrere Autoren an Ihrer Website arbeiten; setzen Sie Sorcerers Hilfe daher sehr gezielt ein. (In der 25 € teuren PRO-Version ist die Sourcerer-Funktionalität gezielter für Komponenten, Beiträge und Module konfigurierbar.)

Zur Ergänzung von Quellcode bedienen Sie sich eines nach der Plugin-Installation unter dem Editorfenster hingekommenen Buttons FÜGE CODE EIN. Klicken Sie diesen an, erscheint ein Popup-Fenster, das bereits Grundgerüste für die Einbettung von JavaScript- und PHP-Code bereitstellt (siehe Abbildung 16.30).

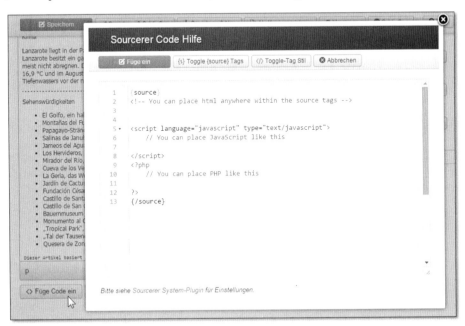

Abbildung 16.30 Der neu hinzugekommene Button »Füge Code ein« öffnet ein Popup-Fenster, das mit beliebigem PHP- oder JavaScript-Code gefüllt werden darf.

Der Vorteil an der Codeintegration durch Sourcerer liegt in der ständigen Sichtbarkeit des Codes. Der Editor muss nicht in die Quelltextansicht geschaltet werden, um alle Programmelemente zu sehen. Das ist durch die Markierung des Quelltextfragments durch die Shorttags {source} und {/source} möglich. Alles, was dazwischen steht, landet später nicht in der Webseitenausgabe, sondern wird von Sourcerer zum PHP- oder JavaScript-Interpreter geschickt. Einige Hinweise zur Bedienung:

- Der Inhalt zwischen den {source}/{/source}-Tags wird wie eine HTML- und PHP-Kombination interpretiert. HTML-Tags können also direkt eingegeben werden, JavaScript-Code wird in <script>/</script>-Tags eingebettet, PHP-Code zwischen <?php und ?>.
- Falls HTML-Tags mit spitzen Klammern nicht funktionieren, filtert der Editor sie vielleicht heraus. Umklammern Sie dann HTML-Tags mit doppelten eckigen Klammern, z. B. [[strong]]Reiseforum[[/strong]].
- Da alle Inhaltselemente von Joomla! vor der Ausgabe eingelesen und verarbeitet werden, ist es auch möglich, externe CSS- oder JavaScript-Dateien im HTML-Header zu referenzieren. Egal, an welcher Stelle und in welchem Inhaltselement Sie den Code ergänzen. Zwischen die {source}/{/source}-Tags schreiben Sie dann:

```
<?php
  $doc->addStyleSheet( JURI::root( true ).'/PfadZurCSSDatei/styles.css' );
  $doc->addScript( JURI::root( true ).'/PfadZurJSDatei/javascript.js' );
?>
```

Hintergrund: Sourcerer legt automatisch das Objekt $doc an, das sich auf die aktuelle Webseite bezieht und damit all ihre Eigenschaften und Funktionen bereitstellt. Die Funktionen addStyleSheet() und addScript() fügen die über sie referenzierten Dateien in die lange Liste zu ladender Stylesheets und JavaScript-Dateien.

- Sind Sie bereits fortgeschritten in der Joomla!-Programmierung, werden Sie auch diese Variablen und Objekte zu schätzen wissen, die in den PHP-Snippets zur Verfügung stehen:
  - $article: das Objekt zum aktuellen Beitrag, vorausgesetzt, der Sourcerer-Code befindet sich in einem entsprechenden Inhaltselement
  - $Itemid: Menü-ID der aktuellen Webseite
  - $user: das Benutzerobjekt sowohl für anonyme Gäste als auch für angemeldete Benutzer
  - $database: Zugriff auf die Joomla!-Datenbank
  - $doc: die aktuelle Webseite

Die Konfiguration ist in der kostenlosen Variante nicht ganz so umfangreich wie in der kostenpflichtigen. Trotzdem finden Sie in der Konfiguration des Plugins SYSTEM - NONUMBER SOURCERER einige interessante Einstellungen:

- Reiter PLUGIN: Erlaubt die Änderung des Tags, in das der Inline-Code eingebettet wird, Standard ist SOURCE.
- Reiter SICHERHEITS-EINSTELLUNGEN - STANDARD: Erlauben oder verbieten Sie hier das Einfügen von CSS-Styles, JavaScript- oder PHP-Code. Außerdem listen Sie hier verbotene HTML-Tags und PHP-Funktionen. Die gefährlichsten Vertreter, die betriebssystemnahen Anweisungen wie exec oder system, sind bereits in der Standardeinstellung eingetragen.

Kapitel 17
Joomla! als Content-Management-System

Die Content-Management-Features von Joomla! sind ausreichend für die meisten Websites, lassen sich aber mit ein paar Handgriffen um Autorenhilfen, Formulare und sogar benutzerdefinierte Inhaltstypen erweitern.

Aber Joomla! ist doch bereits ein Content-Management-System? Natürlich. Die Standardinstallation von Joomla! bietet eine solide Basis zur Verwaltung, Versionierung und Bereitstellung von Text- und Bildinhalten, allesamt fundamentale CMS-Aspekte. Doch ein modernes Content-Management-System kann noch mehr. Es ist beispielsweise in der Lage, realistische, an den Redaktionsalltag angelehnte Veröffentlichungsworkflows abzubilden, verwaltet und präsentiert multimediale Inhalte ansprechend und erlaubt eine bequeme Einbindung von Formularen und Auswertung ihrer Resultate. Zu guter Letzt ermöglichen professionelle CMS auch das Anlegen benutzerdefinierter Inhaltstypen. Keine Chance mit Joomla!? Im Gegenteil, mit den richtigen, auf diesen Seiten vorgestellten Erweiterungen und etwas Muße bei der Konfiguration steht Joomla! teuren Enterprise-Systemen in nichts nach.

Begriff	Erklärung
Vier-Augen-Workflow	CMS-Veröffentlichungsschema, bei dem ein Autor einen Beitrag verfasst und zur Freigabe an einen Lektor (Editor) schickt. Dieser veröffentlicht den Beitrag oder schickt ihn für Korrekturen zurück zum Autor. Dabei sind dem Namen entsprechend vier Augen involviert.
Galerie, Gallery	Komponente einer Webapplikation oder Website zur Organisation (Backend) und Darstellung (Frontend) von Bilddateien.
Pflichtfeld	Feld eines Webseitenformulars, das ausgefüllt sein muss, bevor das Formular abgesendet werden darf, z. B. Angabe einer E-Mail-Adresse oder Zustimmung zu Nutzungsbedingungen

Tabelle 17.1 Die wichtigsten Begriffe zu den Content-Management-Erweiterungen von Joomla!

Begriff	Erklärung
reCAPTCHA, NoCaptcha	Kostenloser Antispam-Mechanismus von Google, um das Absenden von Formularen durch automatisierte Spambots zu verhindern. Dazu ist eine Benutzeraktion notwendig, die Bots nicht durchführen können, z. B. etwas aus einem Bild ablesen oder einen Button klicken.
Content-Construction-Kit, CCK	Erweiterungstyp, der professionelle Content-Management-Features in Joomla! ergänzt, z. B. zum Anlegen eigener Inhaltstypen, die aus selbst definierten Feldern bestehen
Referenzfeld	Feld eines Inhaltselements, das auf ein anderes Inhaltselement zeigt und somit eine Beziehung zwischen beiden Objekten herstellt, z. B. eine Kundennummer auf einer Rechnung oder ein Querverweis in einem Lexikoneintrag

Tabelle 17.1 Die wichtigsten Begriffe zu den Content-Management-Erweiterungen von Joomla! (Forts.)

> **Hinweis: Live-Demo aller Erweiterungen**
>
> Die hier vorgestellten Erweiterungen sehen Sie sich live unter *http://cms.joomla-handbuch.com* an. Per BENUTZERNAME »Auditorium« und PASSWORT »KnusperQuasselHummel« loggen Sie sich sowohl ins Front- als auch Backend ein. Beachten Sie, dass die Demowebsites nicht mehr mit dem Standardtemplate Protostar laufen, sondern zur Demonstration anderer Designs mit dem kostenlosen Template Afterburner2 von RocketTheme.

17.1 Beitragsverwaltung für Autoren mit User Article Manager

Erweiterung	User Article Manager
JED-Kategorie	AUTHORING & CONTENT • CONTENT SUBMISSION
Download	*http://extensions.joomla.org/extensions/extension/authoring-a-content/content-submission/user-article-manager* Button GET USER ARTICLE MANAGER
Zweck	Autoren erhalten im Frontend volle Kontrolle über ihre Beiträge, können sie gegebenenfalls selbst veröffentlichen und bereits veröffentlichte bearbeiten.

In Kapitel 11, »Benutzerverwaltung einrichten«, lernten Sie ein kleines Manko kennen, mit dem die Autoren vieler Joomla!-Websites kämpfen: Einmal eingereichte Beiträge lassen sich nachträglich nicht mehr bearbeiten. Damit ist mit den Standard-Benutzergruppen keine Art von Workflow zwischen Autor und Lektor (Editor) möglich; der Autor reicht quasi nur Artikelvorschläge ein.

Die kleine Erweiterung *User Article Manager* (UAC) löst dieses Problem und stellt dem Autor im Frontend eine Liste seiner Beiträge – das fehlende Joomla!-Feature – bereit (siehe Abbildung 17.1). In der einfachsten Konfiguration sehen die Autoren ihre Beiträge und können die bislang noch nicht veröffentlichten bearbeiten. Die Komponente ist allerdings auch so konfigurierbar, dass Autoren auch Veröffentlichungen steuern oder bereits veröffentlichte Beiträge erneut bearbeiten dürfen.

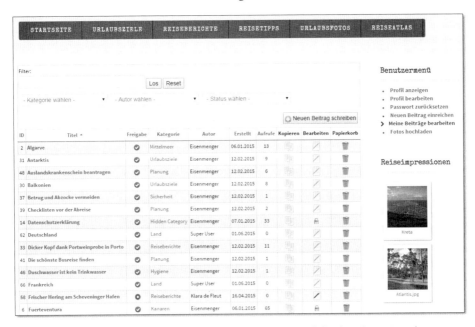

Abbildung 17.1 UACs Benutzeroberfläche ist rudimentär, erfüllt aber ihren Zweck; Freigaben und die Bearbeitung bereits veröffentlichter Artikel sind konfigurierbar.

Die Integration und Konfiguration ist simpel:

1. Nach der Installation legen Sie über MENÜS • BENUTZERMENÜ • NEUER MENÜEINTRAG eine neue Webseite an. (Das in Abschnitt 9.4, »Benutzermenü einrichten«, angelegte Benutzermenü bietet sich an, damit die neue Seite nur für angemeldete Autoren erscheint.)
   - MENÜTITEL: »Meine Beiträge bearbeiten«
   - MENÜEINTRAGSTYP: USER ARTICLE MANAGER • USER ARTICLE MANAGER
   - MENÜZUORDNUNG: BENUTZERMENÜ

– Zugriffsebene: Spezial (Blendet diesen Menüeintrag bei Standard-registrierten Benutzer aus und bei Autoren und höher gestellten Benutzergruppen ein.)

2. In den übrigen Reitern wartet eine Fülle von Feineinstellungen auf Sie, die Sie sich am besten nacheinander ansehen, um mit ihnen zu experimentieren. Beachten Sie, dass die meisten dieser Einstellungen auch über System • Konfiguration • Komponente User Article Manager erreichbar sind und dann global für alle mit Standardwerten konfigurierten UAC-Seiten gelten.

   – Über den Reiter Erlaubte Kategorien grenzen Sie die Kategorien ein, die der Autor auswählen darf.

   – Reiter Neuer Artikel Optionen: Einstellungen in Bezug auf neue Beiträge, Buttonbeschriftungen und Standarddatum und -autor bei der Anlage neuer Beiträge

   – Reiter Filter Optionen: Ermöglicht dem Autor, sich besser in großen Beitragssammlungen zurechtzufinden, z. B. mit einem Suchtextfeld oder einer Kategorie-Dropdown-Liste.

   – Reiter Tabellen-Layout Optionen: Blenden Sie hier verschiedene Spalten in der Beitragstabelle ein oder aus, z. B. den Beitrags-Titel, die zugeordnete Kategorie, die Erstellungs- und Freigabedaten und Buttons zum Freigeben, Löschen oder sogar Kopieren eines Beitrags – alles Funktionen also, mit denen der Autor im Frontend flexibel mit seinen Beiträgen jongliert.

   – Reiter Extra Permission Optionen: Hier legen Sie die grundsätzlichen Berechtigungen fest, ob der Autor seine Artikel selbst freigeben und auf der Homepage scharf schalten oder bereits veröffentlichte Beiträge nachträglich bearbeiten darf.

3. Speichern & Schliessen Sie die neue Webseite, und loggen Sie sich im Frontend als Mitglied der Benutzergruppe Autor ein. Im Benutzermenü sehen Sie nun den neuen Link Meine Beiträge bearbeiten, der Sie direkt zur Spezialseite des User Article Managers führt.

Über den User Article Manager lässt sich also auch im Frontend ein einfacher Vier-Augen-Workflow einrichten, in dem Autoren ihre Beiträge vollständig verwalten, aber nur spezielle Herausgeber (Editoren und/oder Publisher) die Veröffentlichung verantworten: Dazu setzen Sie *zwei* Webseiten des Menüeintragstyps User Article Manager in das Benutzermenü und justieren die Berechtigungen im Reiter Extra Permission Optionen für die Autoren (Meine Beiträge bearbeiten) restriktiver als für die Herausgeber (Alle Beiträge bearbeiten). Damit Alle Beiträge bearbeiten nur im Benutzermenü von Editoren und Publishern erscheint, legen Sie eine neue Zugriffsebene an (Benutzer • Zugriffsebenen • Neue Zugriffsebene) und fügen die beiden Benutzergruppen hinzu. Diese neue Zugriffsebene weisen Sie schließlich der zweiten UAC-Seite Alle Beiträge bearbeiten zu.

17.2 Bilder einbinden mit Phoca Gallery

Erweiterung	Phoca Gallery
JED-Kategorie	PHOTOS & IMAGES • GALLERIES
Download	http://www.phoca.cz/download/category/1-phoca-gallery-component (Sprachpakete befinden sich ebenfalls auf dieser Seite – weiter unten; achten Sie auf die Versionsnummer 3.x.)
Zweck	beliebte robuste Fotogalerie mit Galerieansicht, verschiedenen Diashow-Technologien und zahlreichen Erweiterungen

Die Einbettung von Bildern ist in der Standardinstallation sehr rudimentär. Keine Spur von Bildergalerien oder spektakulären Responsive-Slidern, wie man sie von modernen Websites gewohnt ist. Hier kommt die populäre Erweiterung *Phoca Gallery* ins Spiel, die zunächst eine fundamentale Bilderverwaltung und Galeriedarstellung integriert und im nächsten Schritt mit zahlreichen Plugins nachgerüstet wird, z. B. für besondere Slideshows, Foto-Downloads oder Galerieintegration in Beiträge. Auf diese Weise schneidet man sich sein passendes Galeriepaket zurecht. Live in Aktion erleben Sie die Komponente übrigens unter *http://cms.joomla-handbuch.com* • Menü URLAUBSFOTOS.

17.2.1 Kategorien anlegen

Wie Sie das von anderen Joomla!-Inhaltselementen kennen, geht auch bei der Phoca Gallery erst mal wenig bis gar nichts, bevor Sie nicht mindestens eine Kategorie angelegt haben. Diese Kategorie ist später synonym mit einem Fotoalbum, enthält also eine Serie thematisch zusammenhängender Bilder. Was wäre ein Reiseforum ohne Urlaubsfotos? Diese ließen sich sogar noch unterkategorisieren, in Landschaften und Gestade. *Vorabtipp*: Das gleich vorgestellte manuelle Anlegen der Kategorien (nicht aber die Konfiguration) ersparen Sie sich, wenn Sie den initialen Bilder-Upload per FTP vornehmen – siehe folgender Abschnitt 17.2.2, »Fotos hochladen«.

Eine neue Kategorie erzeugen Sie über KOMPONENTEN • PHOCA GALLERY • KATEGORIEN, dann Button NEU. Unter TITEL geben Sie den Namen des Albums an (z. B. »Urlaubsfotos«, »Gestade«, »Landschaften«), unter ALIAS den dazu passenden URL-Pfadbestandteil (»urlaubsfotos«, »gestade«, »landschaften«). Für Kategorieverschachtelungen verweisen Sie unter ÜBERGEORDNETE KATEGORIE auf das Elternelement (LANDSCHAFTEN und GESTADE haben die Elternkategorie URLAUBSFOTOS). Die weiteren Optionen erlauben die Einschränkung der Galerieanzeige auf bestimmte ZUGRIFFSEBENEN oder einzelne Benutzer (ZUGANGSRECHTE). Über RECHTE ZUM

HOCHLADEN und LÖSCH-RECHTE legen Sie außerdem einige Verwaltungsaufgaben in die Hände ausgewählter Benutzer.

Nach dem SPEICHERN & SCHLIESSEN der Kategoriekonfiguration gelangen Sie zurück zur Kategorieübersicht. Hier stehen Ihnen alle üblichen Befehle und Spaltensortierungen zur Verfügung, die Sie auch aus anderen Manageransichten kennen (siehe Abbildung 17.2).

Abbildung 17.2 In der Kategorieübersicht stehen Ihnen alle manager-üblichen Kommandos zur Verfügung: Neuanlage, Löschen, Veröffentlichen, Verstecken etc.

17.2.2 Fotos hochladen

Die Einbindung von Fotos erfolgt entweder in Phoca Gallerys Benutzeroberfläche oder per FTP, wobei sich letztere Option anbietet, um eine besonders große Bilderanzahl hochzuladen. Auf diese Verzeichnisstruktur müssen Sie dabei achten:

/images/phocagallery/Kategorie/Unterkategorie/

Der Ordner /phocagallery/ wird während der Phoca-Gallery-Installation angelegt. Ihre Kategorieverzeichnisse erzeugen Sie per Hand, danach steht dem Upload der Fotos per FTP nichts im Weg.

Verzeichnis	Aufgabe
/images/	das Standardverzeichnis für Bilder
/phocagallery/	von Phoca Download angelegtes Bilderverzeichnis
/Urlaubsfotos/	erste Kategorieebene für eigene Bilder

Tabelle 17.2 Beispielverzeichnisstruktur des Reiseforums: Die Unterverzeichnisse entsprechen exakt den Bilderkategorien innerhalb von Phoca Download.

Verzeichnis	Aufgabe
/Gestade/	Unterkategorie für eigene Bilder
/Landschaften/	Unterkategorie für eigene Bilder

Tabelle 17.2 Beispielverzeichnisstruktur des Reiseforums: Die Unterverzeichnisse entsprechen exakt den Bilderkategorien innerhalb von Phoca Download. (Forts.)

Liegen alle Fotos im richtigen Kategorieverzeichnis, weisen Sie Phoca Gallery an, diese zu indexieren und dabei Miniaturansichten für die Fotoalben zu erzeugen. Das geschieht über KOMPONENTEN • PHOCA GALLERY • BILDER • Button MEHRFACHES HINZUFÜGEN. Markieren Sie den Ordner mit einem Häkchen, und klicken Sie auf SPEICHERN & SCHLIESSEN. Phoca Gallery erkennt nun anhand der zuvor angelegten Ordnernamen, zu welcher Kategorie die Fotos gehören; existiert die Kategorie noch nicht, wird sie kurzerhand angelegt. Nach der Indexierung finden Sie die neuen Fotos in der Bilderübersicht (siehe Abbildung 17.3).

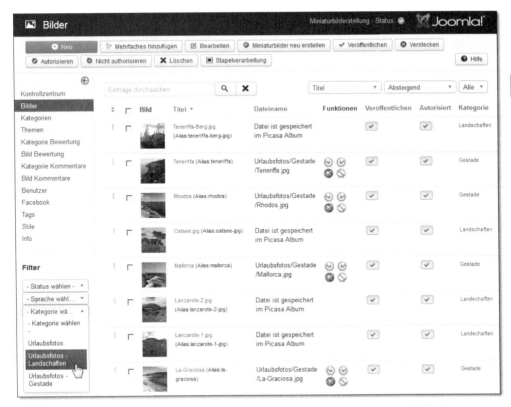

Abbildung 17.3 Bei großen Bildersammlungen ist das nützlichste Werkzeug in der Bilderübersicht die Filter-Dropdown-Liste »Kategorie wählen«.

Achtung: Arbeiten Sie mit verschachtelten Ordnern/Kategorien, markieren Sie immer die obersten Elternkategorien zur Indexierung, sonst ignoriert Phoca Gallery bei der Indexierung die Verschachtelung und erzeugt Ihre Unterverzeichnisse als höchste Kategorieebene. Das entstandene Bilderchaos ist dann nur noch schwer zu kontrollieren, da die genaue Zuordnung aus der Bilderübersicht nicht ersichtlich ist.

Bilder lassen sich natürlich auch über Phoca Gallerys Benutzeroberfläche hochladen. Das geschieht ebenfalls über den Button MEHRFACHES HINZUFÜGEN in der Bilderübersicht, dieses Mal richten Sie Ihren Fokus jedoch auf die beiden linken Reiter am unteren Fensterrand:

- HOCHLADEN
  Geben Sie hier per Dateiauswahlfenster genau ein Bild zum Upload an.

- MEHRFACHES HOCHLADEN
  Klicken Sie auf den Button ADD FILES, um mehrere Dateien im Dateiauswahlfenster auszuwählen. Danach klicken Sie auf START UPLOAD.

17.2.3 Album im Frontend darstellen

Die Phoca Gallery installiert drei Menüeintragstypen in Ihr Joomla!-System, von denen der Typ KATEGORIE ANSICHT am wichtigsten ist. Auf mit ihm angelegten Webseiten stellen Sie genau ein Fotoalbum dar, über das Websitebesucher auch eine kleine Diashow aktivieren (siehe Abbildung 17.4).

1. Legen Sie über MENÜS • MAIN MENU • NEUER MENÜEINTRAG eine neue Webseite an.
   - MENÜTITEL: Name Ihres Fotoalbums, z. B. »Landschaften« im Reiseforum
   - MENÜEINTRAGSTYP: PHOCA GALLERY • LISTE DER BILDER (KATEGORIE ANSICHT)
   - ÜBERGEORDNETER EINTRAG: Falls Sie in der Phoca Gallery mit Kategorieverschachtelungen arbeiten, möchten Sie diese Struktur vielleicht auch im Menü abbilden. (Im Reiseforum gibt es deshalb einen Hauptmenüeintrag URLAUBSFOTOS und Untermenüeinträge für LANDSCHAFTEN und GESTADE.)

2. Im Reiter OPTIONEN steuern Sie das ANZEIGEN oder VERBERGEN von Seitenzahlen, Auswahlboxen und Sortier-Auswahlboxen, des Kategorienamens im Seitentitel und die genaue Zusammensetzung des dargestellten Kategorienamens. Experimentieren Sie hier ein bisschen für die ansprechendste Variante.

3. SPEICHERN & SCHLIESSEN Sie die Webseitenkonfiguration, und wechseln Sie ins Frontend, um die Galeriedarstellung zu testen. Klicken Sie insbesondere auf eines der kleinen Fotothumbnails, um die Diashow zu öffnen.

Abbildung 17.4 Der Menüeintragstyp »Liste der Bilder (Kategorie Ansicht)« erzeugt auf der Webseite eine Alben-/Galeriedarstellung.

Wie sich die Kategoriedarstellung im Frontend präsentiert, steuern Sie nicht nur über die OPTIONEN des Menüeintragstyps, sondern auch anhand der globalen Konfiguration der Phoca Gallery. Wechseln Sie zu SYSTEM • KONFIGURATION • Komponente PHOCA GALLERY für die Feineinstellungen:

▶ Reiter KATEGORIEN ANSICHT (siehe Abbildung 17.5)
Verwalten Sie Ihre Fotos in mehreren Kategorien, bietet sich eine Webseite des Menüeintragstyps LISTE DER KATEGORIEN (KATEGORIEN ANSICHT) für eine Übersichtsseite an (nicht zu verwechseln mit LISTE DER BILDER). Das Reiseforum nutzt solch eine Seite beispielsweise für den übergeordneten Menüpunkt URLAUBSFOTOS, der dann in die Themen LANDSCHAFTEN und GESTADE verzweigt. Im Reiter KATEGORIEN ANSICHT (Plural) der globalen Konfiguration lässt sich das Aussehen dieser Übersicht etwas attraktiver gestalten. Besonders schön ist z. B. der MOSAIK-EFFEKT.

Abbildung 17.5 In der Kategorienansicht bietet der »Mosaikeffekt« einen kleinen Einblick in die verzweigenden Unterkategorien; das »Phoca Gallery Image Module« in der Seitenleiste wird nachträglich installiert.

▶ Reiter KATEGORIE ANSICHT
Die KATEGORIE ANSICHT (Singular) ist die eigentliche Alben- bzw. Galeriedarstellung mit den einzelnen Fotos und Links in der modalen Diashow. Über diesen Reiter steuern Sie das Einblenden verschiedener Icons und Buttons, Bildbeschreibungen, Kategorien und Unterkategorien, Statistiken und sogar die EXIF-Kamera- und Belichtungsdaten aus der Bilddatei. Weniger ist mehr: Im Reiseforum sind die meisten Elemente ausgeblendet, um die Galerie möglichst ansprechend in Szene zu setzen.

▶ Reiter DETAIL ANSICHT (siehe Abbildung 17.6)
Die DETAIL ANSICHT betrifft die Darstellung eines einzelnen Bildes in einer Lightbox, einem modalen Fenster, das über der abgedunkelten Webseite schwebt, um

das Foto besser in Szene zu setzen. Das erfordert einige HTML-, CSS- und Java-Script-Kunststücke, darum existieren verschiedene Technologien der Lightbox-Implementierung, die sich in Präsentation und Konfigurationsmöglichkeiten unterscheiden. Phoca Gallery geht einen diplomatischen Weg und bietet Ihnen gleich mehrere Varianten an, darunter HIGHSLIDE JS und BOXPLUS. Die Einstellungsmöglichkeiten sind teils recht unterschiedlich, probieren Sie hier einfach alle Lightboxes durch, um die passende zu finden.

Abbildung 17.6 Als Lightbox bezeichnet man das modale Fenster, das die Diashow mit abgedunkeltem Hintergrund präsentiert.

- Reiter ALLGEMEINE EINSTELLUNGEN
  Unter diesem Reiter hinterlegen Sie Metadaten der Galerie, steuern die Anzeige von TAGS (Schlagwörtern), dem RSS-FEED, einer VIRTUEMART-Verlinkung und Google-Maps-Karten (zusätzliche Erweiterung notwendig), auf denen kleine Marker geogetaggter Fotos gesetzt werden. Das funktioniert aber nur, wenn Ihre Bilder die Koordinaten enthalten, was wiederum ein GPS-Modul in der Kamera voraussetzt, wie das z. B. bei Smartphone-Kameras der Fall ist.

- Reiter MITGLIEDER
  Über eine spezielle Seite des Menüeintragstyps PHOCA GALLERY • MITGLIEDER KONTROLLZENTRUM stellen Sie einzelnen Websitebenutzern ein Bildverwaltungsformular im Frontend zur Verfügung. Hier dürfen, die entsprechenden Berechtigungen vorausgesetzt, Kategorien angelegt, bearbeitet und verschachtelt und Bilder hochgeladen werden. Über den Reiter MITGLIEDER der globalen Konfigura-

tion nehmen Sie dann Feineinstellungen vor, allen voran die Aktivierung dieses Features (MITGLIEDER KONTROLLZENTRUM AKTIVIEREN), aber auch Optionen zum Einschränken der Kategoriefunktionen, der maximalen Bildgrößen, Bewertungs- und Kommentarfunktionen.

In der Praxis benötigt man derlei Upload-Formulare, damit Benutzer Galeriebilder einreichen können, ähnlich wie Autoren dies mit Beiträgen machen. Das MITGLIEDER KONTROLLZENTRUM eignet sich in der vorliegenden Phoca-Gallery-Version 4.1.2 aber nur zur Verwaltung benutzereigener Galerien; außerdem sind einschränkende Formularoptionen noch nicht ausreichend vorhanden. Für einen einfachen Bild-Upload setzen Sie stattdessen eine Seite des Typs LISTE DER BILDER (KATEGORIE ANSICHT) ein und verlinken darin eine Phoca-Gallery-Kategorie, in deren Konfiguration (Reiter HAUPTOPTIONEN) Sie eine Mitgliederauswahl unter RECHTE ZUM HOCHLADEN treffen. Für diese Benutzer erscheint dann im Frontend unter der Galerieansicht ein Upload-Formular (siehe Abbildung 17.7). Hochgeladene Bilder landen übrigens noch nicht sofort in der Galerie, sondern müssen zunächst im Backend freigegeben werden (Spalte AUTORISIERT in der Bilderübersicht).

Abbildung 17.7 Das Upload-Formular schalten Sie über die Phoca-Gallery-Kategoriekonfiguration »Hauptoptionen« • »Rechte zum Hochladen« für alle oder eine Auswahl von Benutzern frei.

- Reiter MINIATURBILDER
Für all die Mosaik-, Alben-/Galerie- und Detailansichten arbeitet die Phoca Gallery mit Miniaturansichten der Bilder, die sie während des Hochladens erzeugt und im jeweiligen Kategorieordner im Unterverzeichnis /thumbs/ ablegt. Über diesen Rei-

ter stellen Sie die Größen der Thumbnails ein. Beachten Sie, dass Sie bei einer nachträglichen Änderung der Größen alle Miniaturansichten über KOMPONENTEN • PHOCA GALLERY • BILDER • alle Bilder markieren • Button MINIATURBILDER NEU ERSTELLEN aktualisieren müssen.

17.2.4 Fotoalben aus Picasa veröffentlichen

Besonders interessant ist ein Phoca-Gallery-Feature, mit dem Sie Ihre Picasa-Alben als Websitegalerien einstellen. So verzichten Sie vollständig auf den Foto-Upload per FTP oder in der Benutzeroberfläche von Phoca Gallery und verknüpfen eine Kategorie einfach mit einem Album eines Google+/Picasa-Kontos. (Google+ und Picasa sind hier synonym, da die Profile im Zusammenhang mit den Fotoalben identisch sind; Picasa ist stark mit Google+ verknüpft.) Der Vorteil: Sie organisieren und bearbeiten Ihre Fotos bequem, offline mit der Desktop-Applikation Picasa, und klicken ein paar Buttons an, um die Galerie auf Ihrer Joomla!-Website zu synchronisieren. Die folgende Schritt-für-Schritt-Erklärung geht davon aus, dass Sie Picasa bereits auf Ihrem Rechner installiert (*https://picasa.google.com*) und Fotoalben angelegt haben.

1. Zunächst stellen Sie sicher, dass Phoca Gallery auf das Picasa-Album zugreifen darf. Besuchen Sie Ihr Google+-Profil, und wechseln Sie über das linke Menü zum Bereich FOTO.

2. Klicken Sie in der horizontalen Menüleiste auf MEHR, dann auf ALBEN.

3. Anhand der kleinen grauen Icons in der Albumbeschriftung erkennen Sie den Veröffentlichungsstatus des Albums. Um ein bestimmtes Album auf Ihrer Joomla!-Website darzustellen, muss dieser Status auf ÖFFENTLICH stehen, das ist ein kleiner grauer Globus ().

   Sehen Sie statt des Globus ein Schloss- oder Personensymbol, wechseln Sie per Mausklick in das Album. Rechts oben öffnen Sie dann über das Pfeil-Icon ein kleines Menü und wählen den Eintrag OPTIONEN ZUM TEILEN. Im nun erscheinenden Popup suchen Sie aus der Liste SICHTBAR FÜR die Option ÖFFENTLICH und SPEICHERN die Einstellung (siehe Abbildung 17.8).

   Unter Umständen fordert Google+ Sie jetzt auf, das Album zu teilen. Sie können diese Aktion problemlos ABBRECHEN oder Ihr Album über den Button TEILEN in der Google+-Community bekannt machen.

4. Zurück im Joomla!-Backend wechseln Sie über KOMPONENTEN • PHOCA GALLERY • KATEGORIEN in die Kategoriekonfiguration, die das Picasa-Album enthalten wird, oder Sie legen eine neue Kategorie an.

5. Öffnen Sie den Reiter PICASA EINSTELLUNGEN, und befüllen Sie diese zwei Felder:
   – PICASA MITGLIED ANGEBEN: Ihre Google+/Picasa-Mitglieds-ID finden Sie in der URL einer beliebigen Google+-Seite. Es ist die erste lange Zahl hinter *https://*

plus.google.com/u/0/b/. Für das Joomla!-Handbuch lautet sie beispielsweise »112521734423507379523«.

– PICASA ALBUM EINGEBEN: Tragen Sie hier den Namen des Google+-Albums ein, z. B. »Landschaften«.

6. Klicken Sie jetzt in der Buttonleiste auf PICASA IMPORT, dann auf SPEICHERN & SCHLIESSEN. Prüfen Sie die Galerieanzeige im Frontend, gegebenenfalls legen Sie vorher eine neue Webseite für die neue Kategorie an.

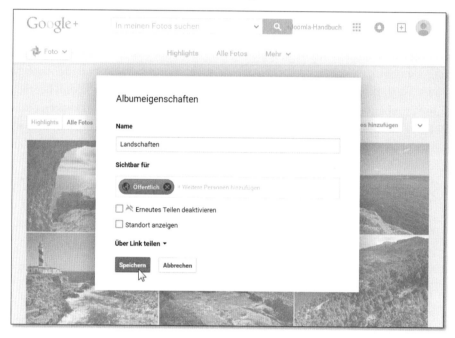

Abbildung 17.8 Damit Phoca Gallery Ihre Picasa-Galerie anzeigen darf, muss das Google+/Picasa-Album »öffentlich« erreichbar sein.

Problemlösung: »Speichern fehlgeschlagen!« beim Picasa Import

Erscheint nach dem Klick auf PICASA IMPORT eine rot hinterlegte Fehlermeldung, liegt ein Problem mit einem der beiden Picasa-Eingabefelder vor:

▶ Überprüfen Sie nochmals die PICASA-MITGLIEDS-ID, eine lange numerische Zeichenkette ohne Buchstaben oder Leerzeichen.

▶ Existiert das Album im angegebenen Google+/Picasa-Profil? Verwalten Sie in Google+ andere Seiten als Ihr persönliches Profil, dann haben diese unterschiedliche Google+/Picasa-IDs.

▶ Stellen Sie sicher, dass das Album für die ÖFFENTLICHKEIT freigegeben ist. Achten Sie z. B. darauf, welche Zugriffsrechte Picasa beim Upload der Bilder ins Google+/

Picasa-Webprofil mitsynchronisiert; diese müssen auf ONLINE ANZEIGEN: ÖFFENTLICH IM WEB stehen.

Abbildung 17.9 Beim Synchronisieren Ihrer Alben berücksichtigt Picasa auch die Rechteeinstellung in der Desktop-Applikation.

Stellen Sie sicher, dass Sie bei der Alben- und Fotobearbeitung auf Ihrem lokalen Rechner stets das Online-Album synchron halten. Dazu haben Sie in der Picasa-Oberfläche einen kleinen Schalter in der rechten oberen Ecke jedes Albums (), der auf MIT WEB SYNCHRONISIEREN: EIN gestellt sein muss. Kleine Unannehmlichkeit: Leider synchronisiert sich das Album in Phoca Gallery *nicht* gleichzeitig. Um hier die Fotos zu aktualisieren, ist jedes Mal der Weg über KOMPONENTEN • PHOCA GALLERY • KATEGORIEN • Kategorie auswählen • Button PICASA IMPORT notwendig.

17.2.5 Phoca Gallery erweitern

Phoca Gallerys Funktionsumfang lässt sich über weitere aus dem Joomla! Extensions Directory installierbare Plugins erweitern, z. B. um besonders attraktive Responsive-Slider, Zufallsbilder in einem Seitenleistenmodul, Google-Maps-Einbindung für geogetaggte Fotos oder Baumstrukturansichten komplex verschachtelter Galeriekategorien. Für eine Liste all dieser Erweiterungen suchen Sie im JED (*http://extensions.joomla.org*) einfach nach dem Stichwort »phoca gallery«, achten Sie aber darauf, dass hier auch kostenpflichtige Plugins erscheinen. In der folgenden Abbildung 17.10 und in Abbildung 17.11 sehen Sie einige Beispielerweiterungen.

Abbildung 17.10 Der kostenlose »Vina Awesome Slider for Phoca Gallery« verlangt eine Registrierung mit einer gültigen E-Mail-Adresse, bietet in seinem Slideshow-Modul aber satte 22 attraktive Bildübergänge.

Abbildung 17.11 Vom Galerieentwickler kommt auch das »Phoca Gallery Image Module« zur konfigurierbaren Anzeige beliebiger Bilder innerhalb eines Moduls, z. B. in der Seitenleiste.

17.3 Formulare entwerfen mit ChronoForms

Erweiterung	ChronoForms
JED-Kategorie	CONTACTS & FEEDBACK • FORMS
Download	http://www.chronoengine.com/downloads/chronoforms.html
Zweck	leistungsfähige Formularkomponente zur Erstellung einfacher Kontaktformulare bis hin zu komplexen Abbildungen von Shop-Checkouts, mit Datei-Uploads, Anbindung externer Daten und mehrseitigen Formularschritten

Wer mit viel Muße eine ansprechende und mit hochwertigen Inhalten befüllte Website im Internet bereitstellt, kommt ohne Feedback der Besucher nicht aus. Mindestens sollte jede Website über ein Kontaktformular verfügen, aber wie wäre es mit einer Umfrage über die Interessen Ihrer Benutzer, um die Inhalte noch passender aufzubereiten? Joomla! bietet im Rahmen der Kontaktkomponente derlei Formulare, diese sind jedoch strikt an einen Benutzer gebunden und nur über einen separaten Reiter auf der Kontaktseite des Ansprechpartners erreichbar. Zu umständlich für eine herkömmliche Website. An dieser Stelle kommt ein sogenannter Formularmanager ins Spiel, über den Sie solche Formulare entwerfen und verwalten und im idealen Fall auch die Formularantworten übersichtlich einsehen (siehe Abbildung 17.12).

Abbildung 17.12 Mit ChronoForms integrieren Sie beliebige Formulare in Ihre Website.

ChronoForms ist wahrlich die eierlegende Wollmilchsau unter den Formularmanagern, mit der Sie hochdynamische Formulare erzeugen und theoretisch sogar den Check-out-Prozess eines Online-Shops umsetzen. Für das Reiseforum genügt allerdings erst einmal ein primitives Kontaktformular, dessen ausgefüllte Felder per E-Mail an den Webmaster geschickt werden.

17.3.1 Kontaktformular entwerfen

Auf der Download-Seite stehen außer der ChronoForms-Komponente ein Plugin und ein Modul zum Herunterladen bereit. Diese erweitern Joomla! dann um die Möglichkeit, die mit der Komponente entworfenen Formulare in einen Beitrag (Plugin) oder in ein Modul zu packen, das z. B. auf bestimmten Webseiten in der Seitenleiste erscheint. Für das einfache Kontaktformular-Szenario benötigen Sie allerdings ausschließlich die ChronoForms-Komponente.

Suchen Sie jetzt nach dem deutschen Sprachpaket für ChronoForms, werden Sie leider enttäuscht. Das Backend, in dem die Formulare zusammengeklickt werden, ist leider nur auf Englisch bedienbar, im Frontend erkennt ChronoForms automatisch die eingesetzte Sprache, um z. B. Fehlermeldungen für Formularfeldvalidierungen (gültige E-Mail-Adresse) verständlich anzubringen.

Hinweis: Begrüßt Sie ChronoForms nach der Komponenteninstallation mit der Meldung YOUR CHRONOFORMS INSTALLATION IS NOT VALIDATED, ist das kein Fehler, sondern lediglich der Preis, den Sie für die Benutzung der kostenlosen Variante zahlen. Die Meldung verschwindet erst, wenn Sie Ihre ChronoForms-Installation kostenpflichtig registrieren.

Kontaktformular einrichten

Für eine so komplexe Komponente wie ChronoForms hilft es, sich vor der Implementierung kurz die Anforderungen anzusehen: Ziel ist die Bereitstellung eines Kontaktformulars, das Name, E-Mail-Adresse, die Frage »Woher kennen Sie diese Website?« und eine beliebige Textnachricht des Besuchers entgegennimmt. Danach wird eine Dankeseite angezeigt und eine Mail mit diesen Daten an den Webmaster sowie eine Dankemail an den Besucher verschickt. Ferner sollen die Angaben auch in einer Datenbanktabelle gespeichert werden, um später eine bessere Übersicht über alle ausgefüllten Formulare zu erhalten.

1. Wechseln Sie über KOMPONENTEN • CHRONOFORMS5 in den ChronoForms-Manager, und klicken Sie auf den Button NEW SIMPLE. Im Gegensatz zu NEW ist diese Formularkonfiguration etwas einfacher gehalten.

   Für das Kontaktformular besuchen Sie fünf der Konfigurationsreiter: GENERAL für allgemeine Einstellungen, DESIGNER für die Formulargestaltung, SETUP, um die E-Mails und die Dankeseite einzustellen, DB VIEWER für die Formatierung der

ChronoForms-internen Darstellung der Anfragentabelle und schließlich STYLES, um die Formulardarstellung anzupassen.

2. Reiter GENERAL (siehe Abbildung 17.13)
   – FORM NAME: Vergeben Sie dem Formular einen beschreibenden Namen; diesen Namen benötigen Sie später für die Konfiguration der Webseite, die das Formular darstellt, z. B. »Kontaktaufnahme«.
   – FORM DESCRIPTION: eine kurze interne Beschreibung nur für Ihre Übersicht
   – PUBLISHED: YES kennzeichnet das Formular als aktiv.
   – SETUP MODE: SIMPLE ist wegen des NEW SIMPLE-Buttons voreingestellt. Benötigen Formulare irgendwann spezielle Konfigurationen, ist die Komplexität hier auf ADVANCED umschaltbar.

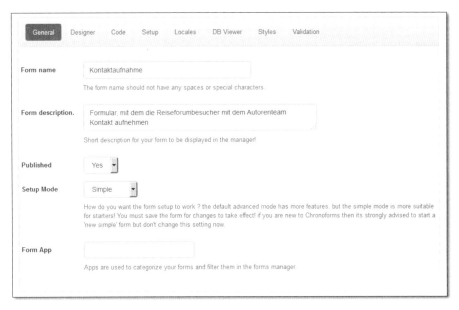

Abbildung 17.13 Im Reiter »General« vergeben Sie den Formularnamen, wichtig für die spätere Formulareinbettung in eine Website.

3. Reiter DESIGNER (siehe Abbildung 17.14)
   Auf dieser Seite klicken Sie sich per Drag & Drop die Eingabefelder zusammen, aus denen das Formular besteht. Ziehen Sie das betreffende blaue Feld aus der linken Liste rechts in den großen Baukastenbereich. Unter Umständen müssen Sie zwischen den Überschriften BASIC, ADVANCED und WIDGETS umherschalten, um das richtige Element zu finden. Haben Sie es im Baukastenbereich platziert, klicken Sie auf den Button EDIT des neuen Formularfelds, um das Konfigurations-Popup zu öffnen und die auf den nächsten Seiten gelisteten Einstellungen vorzunehmen. Die Reihenfolge im Baukastenfeld steuern Sie übrigens wieder per Drag & Drop, diese ist also jederzeit nachträglich korrigierbar.

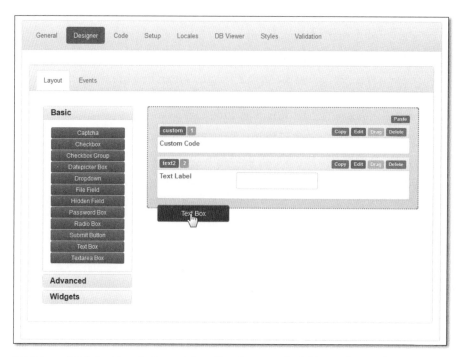

Abbildung 17.14 Per Drag & Drop ziehen Sie alle Formularfelder in den großen Baukastenbereich auf der rechten Seite; eine Umsortierung ist jederzeit wieder durch Klicken und Ziehen mit der Maus möglich.

Legen Sie nacheinander die folgenden Felder an, und bearbeiten Sie sie mit dem Edit-Button. Nachdem alle Konfigurationsfelder ausgefüllt sind, klicken Sie im Popup auf Save and Close, um mit dem nächsten Formularfeld fortzufahren. *Tipp*: Besuchen Sie gerne das Administrations-Backend der CMS-Begleitwebsite *http://cms.joomla-handbuch.com/administrator*, um die Formularkonfiguration am lebenden Objekt zu studieren.

– Custom Code (aus dem Advanced-Bereich, siehe Abbildung 17.15): Dieses Feld nimmt benutzerdefinierten HTML-Code auf und wird verwendet, um dem Formular einen kleinen Einleitungstext voranzustellen. Schreiben Sie neben Label »Introtext« und in das Code-Feld einen beliebigen Text, am besten gleich HTML-konform innerhalb eines <p>-Tags, also z. B. »<p>Füllen Sie bitte dieses Formular aus, um mit uns Kontakt aufzunehmen.</p>«.

– Text Box (aus dem Basic-Bereich): Die erste Textbox dient dem Namen des Kontaktsuchenden. Im Konfigurations-Popup (siehe Abbildung 17.16) schreiben Sie unter Field Name und Field ID »name«, das ist fortan die interne Bezeichnung für dieses Element (z. B. für die Datenbank-Tabellenspalte) . Label ist die Beschriftung, die vor dem Texteingabefeld erscheint, also »Ihr Name«. Placeholder ist ein Wort, das im Formular leicht transparent im Textfeld erscheint, aber sofort verschwindet, sobald der Benutzer seinen eigenen Text eingibt. Eine Art Hinweis oder Beispieltext, welche Eingabe in dem Feld erwartet wird, also »Name«. Um das Textfeld später per CSS individueller zu gestalten, vergeben Sie unter CLASS einen neuen CSS-Klassennamen, z. B. »reiseforum-textfield«, dann SAVE AND CLOSE.

Abbildung 17.15 Formularfelder des Typs »Custom Code« nehmen beliebigen HTML-Code auf; für das Kontaktformular schreiben Sie einen Einleitungstext in ein <p>-HTML-Element.

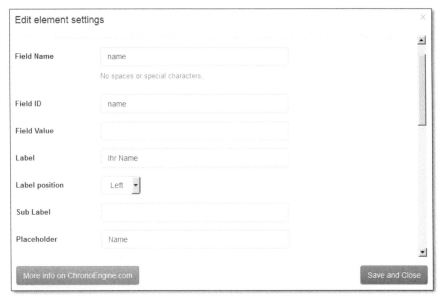

Abbildung 17.16 Im Reiter »General« der »Text Box« vergeben Sie u. a. den internen Feldnamen und die Beschriftung (»Label«).

– TEXT BOX: Die zweite Box wird die E-Mail-Adresse enthalten, also: FIELD NAME und FIELD ID »emailaddress«, LABEL »Ihre E-Mail-Adresse«, PLACEHOLDER »name@domain.de« und dieselbe neue CSS-Klasse wie beim letzten Textfeld »reiseforum-textfield«. Bevor Sie jetzt auf SAVE AND CLOSE klicken, scrollen Sie noch einmal nach oben und wechseln auf den Reiter VALIDATION (siehe Abbildung 17.17). Über diese Liste aktivieren Sie ChronoForms-interne Formularfeldvalidierungen, ob der Benutzer z. B. eine gültige Telefonnummer (nur Ziffern) oder Webadresse (muss *http://* oder *https://* enthalten) angab. In diesem Fall stellen Sie die Dropdown-Liste EMAIL auf YES, dann lässt sich das Formular später nur abschicken, wenn die E-Mail-Adresse z. B. ein @-Symbol enthält. Am oberen Ende der Liste stellen Sie außerdem REQUIRED auf YES, denn das Formular verschickt später eine Bestätigungsmail an den Benutzer; darum wird die E-Mail-Adresse zum *Pflichtfeld*.

Abbildung 17.17 Formularfeldvalidierungen sind ein wichtiger Mechanismus, um die Gültigkeit der Feldinhalte sicherzustellen, z. B. muss eine E-Mail-Adresse ein @-Zeichen enthalten; jedes ChronoForms-Formularfeld verfügt dazu über einen Reiter »Validation«.

– TEXTAREA BOX: Ein mehrzeiliges Texteingabefeld für die Nachricht, von der Konfiguration fast identisch mit einzeiligen Textboxen. FIELD NAME und FIELD ID sind »message«, LABEL ist »Ihre Nachricht« und PLACEHOLDER »Das Reiseforum ist wirklich eine tolle Website. Hut ab!«. Als CSS-CLASS vergeben Sie aber eine andere Bezeichnung, z. B. »reiseforum-textarea«, da mehrzeilige Textfelder gesondert formatiert werden. Über die Felder ROWS und COLUMNS steuern Sie außerdem die Anzahl der Spalten und Zeilen, also Breite und Höhe des Textfelds. Noch eine Besonderheit: Ohne Nachricht macht das ganze Kontaktformular keinen Sinn, darum wird diese Texteingabe ebenfalls zum Pflichtfeld, ohne die das Formular nicht abgesendet werden darf. Wechseln Sie auf den Reiter VALIDATION, und stellen Sie REQUIRED (notwendig) auf YES.

– DROPDOWN: Das Bonusfeld, in dem Besucher angeben können, woher sie das Reiseforum kennen, ist eine Dropdown-Liste. Hinter FIELD NAME und FIELD ID schreiben Sie »reference«. Unter OPTIONS wird es interessant: Es handelt sich um die Liste der Auswahlmöglichkeiten, die in der Dropdown-Liste erscheinen, pro Zeile ein Eintrag nach dem Schema `programminterner-Name=dargestellter-Name`. Der Grund für die Angabe von zwei Bezeichnungen: Programminterne Namen (z. B. für Quellcodevariablen) dürfen keine Leerzeichen enthalten, dargestellte Namen aber sehr wohl, was der Leserlichkeit zuträglich ist. Einige Beispieleinträge aus dem Reiseforum-Dropdown:

```
google=Google-Suchergebnis
searchengine=Andere Suchmaschine
website=Irgendeine Website
joomla-book=Joomla!-Handbuch
joomla-book-website=Website des Joomla!-Handbuchs
friends=Von einem Freund
collegue= Von einem Kollegen
tv=Aus dem Fernsehen
other=Ich bin nur zufällig da. Was ist das hier?
```

Abschließend schreiben Sie hinter EMPTY OPTION »Auswahl«, das ist der im Dropdown-Feld befindliche Text, wenn das Formular das erste Mal erscheint. Hinter LABEL gehört »Woher kennen Sie das Reiseforum?« und hinter CSS-CLASS »reiseforum-dropdown«. SAVE AND CLOSE.

– SUBMIT BUTTON: Das letzte Feld ist schließlich der Absenden-Button am unteren Ende des Formulars. Die EDIT-Konfiguration: NAME und ID heißen »submitbutton«, die Beschriftung VALUE/LABEL »Nachricht absenden«. Im Feld CLASS befinden sich bereits einige CSS-Klassen, genauer gesagt, vom Bootstrap-CSS-Framework. Um Ihre eigene zu ergänzen, führen Sie die Liste mit einem Leerzeichen fort, sodass dort am Ende »btn btn-default reiseforum-submit« steht. SAVE AND CLOSE.

Im nächsten Schritt konfigurieren Sie die Befüllung der Ergebnisdatenbanktabelle, in der später die abgesendeten Formularfelder gespeichert werden. Dazu erzeugen Sie zunächst die neue Tabelle, die übrigens in derselben Datenbank entsteht, in der Joomla! alle Inhalte speichert: Speichern Sie Ihre Eingaben, und verlassen Sie die Formularkonfiguration über den SAVE AND CLOSE-Button in der oberen rechten Ecke. Dann markieren Sie den Formulareintrag KONTAKTFORMULAR links mit einem Häkchen und klicken auf den Button CREATE TABLE.

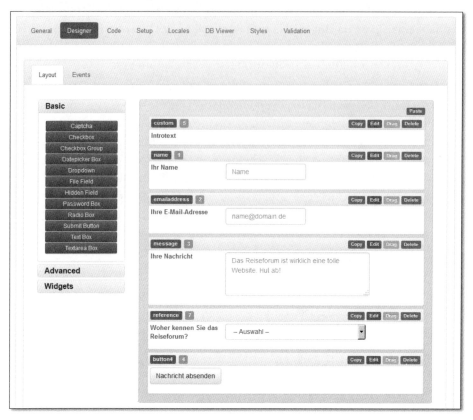

Abbildung 17.18 Beispiel für die vollständige »Designer«-Konfiguration eines einfachen Kontaktformulars

Sie sehen jetzt die Datenblattansicht für die neue Tabelle, die untereinander alle Formularfelder und einige zusätzliche Daten (fortlaufende Nummer, Erstellungsdatum etc.) listet (siehe Abbildung 17.19). Ähnliche Ansichten kennen Sie vielleicht auch von phpMyAdmin bei der Tabellenerzeugung oder Datensatzbearbeitung. ChronoForms ist so schlau, bereits alle Felder, die Sie gerade eingefügt haben, vorauszufüllen. Sie vergeben jetzt nur noch einen internen Tabellennamen neben TABLE NAME, z. B. »reiseforum_kontaktaufnahmen« (*Vorsicht*: darf kein Leer- oder Sonderzeichen enthalten!), und klicken auf SAVE.

Klicken Sie jetzt auf den Button TEST FORM (siehe Abbildung 17.20). Nach der Konfiguration aller Eingabefelder lässt sich über diese Vorschau prüfen, wie das Formular im Frontend aussieht. Füllen Sie das Formular ruhig schon aus, und schicken Sie es ab, damit Sie später einige Testdaten zur Verfügung haben. Wundern Sie sich aber nicht: Eine Dankeseite gibt es zurzeit noch nicht.

17.3 Formulare entwerfen mit ChronoForms

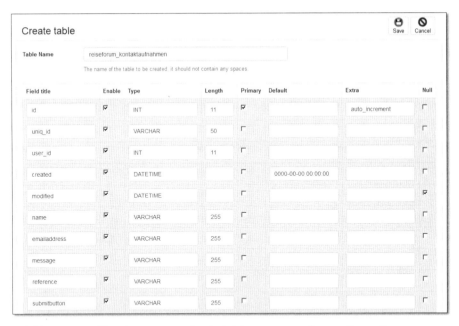

Abbildung 17.19 Über den Button »Create table« erzeugen Sie pro ChronoForms-Formular eine Datenbanktabelle, die die Formularergebnisse speichert.

Abbildung 17.20 Über den Button »Test Form« erhalten Sie eine Vorschau des Formulars, obwohl Sie noch keine Webseite über den Menümanager angelegt haben.

Zurück in die Formularkonfiguration gelangen Sie durch einen Klick auf den Formularnamen KONTAKTAUFNAHME.

4. Reiter SETUP

   Hinter dem SETUP-Reiter verbergen sich grün hinterlegte Unterreiter, die das Verhalten des Formulars steuern. Für Sie interessant sind die Reiter DATA SAVE, um die eingegebenen Daten in einer Datenbank zu speichern, EMAIL und EMAIL für die E-Mails an Webmaster und Benutzer und THANKS MESSAGE, der Text für die Webseite, die nach dem Absenden des Formulars erscheint, auch als Dankeseite bekannt.

   – Unterreiter DATA SAVE (siehe Abbildung 17.21): Vergeben Sie unter ACTION LABEL einen beliebigen Namen, z. B. »Speicherung aller Kontaktanfragen«, und stellen Sie ENABLED (aktiviert) auf YES. Um dem Formular mitzuteilen, in welcher Datenbanktabelle die Formularergebnisse landen, wählen Sie aus der Dropdown-Liste TABLE NAME die eben erzeugte Ergebnistabelle (REISEFORUM_KONTAKTAUFNAHMEN). Die übrigen hier gelisteten Tabellen sind Joomla!-intern. Vorsicht also, dass Sie die Formularergebnisse nicht versehentlich in der Benutzertabelle speichern!

   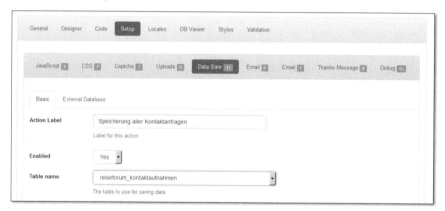

   Abbildung 17.21 Zur Speicherung der Formularinhalte genügt eine eigene beschreibende Kennzeichnung, die Aktivierung unter »Enabled« und die Angabe, in welche Tabelle die Daten geschrieben werden.

   – Unterreiter EMAIL: Den Reiter EMAIL gibt es gleich zweimal, denn für gewöhnlich versendet ein Formularmechanismus zwei Mails: eine an den Webmaster mit den eigentlichen Formularinhalten und eine zweite an den Besucher, der das Formular ausfüllte, eine Art »Vielen Dank für Ihre Nachricht«-Antwort. Befüllen Sie also zunächst das erste Formular wie in Abbildung 17.22. ACTION LABEL ist eine beliebige interne Kennzeichnung, ENABLE auf YES, dann unter TO die Absender-E-Mail-Adresse (z. B. des Joomla!-Webmasters) und unter SUBJECT der Betreff, z. B. »Neues Reiseforum-Kontaktformular wurde ausgefüllt«.

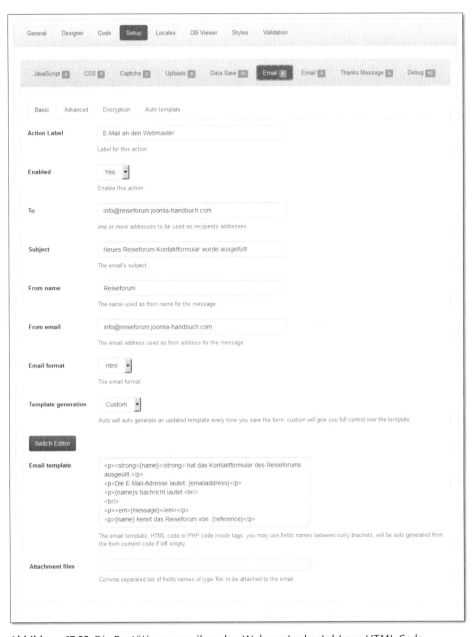

Abbildung 17.22 Die Bestätigungsmail an den Webmaster besteht aus HTML-Code; beim Mailversand befüllt ChronoForms die Platzhalter mit echten Daten aus dem Formular.

FROM NAME und FROM EMAIL sind Name und E-Mail-Adressen des Absenders, sozusagen ein virtueller Joomla!-Webmaster, da die Nachricht von der Website verschickt wird. Für das Reiseforum gibt es hierfür eine besondere allgemeine

Adresse, »info@reiseforum.joomla-handbuch.com«. Auch eine »noreply@«- oder »nichtantworten@«-Adresse ist an dieser Stelle denkbar, falls Sie unter dieser Adresse wirklich nur Systemmails verschicken, aber keine Mails empfangen. EMAIL FORMAT belassen Sie bei HTML, TEMPLATE GENERATION bei CUSTOM. Das große Textfeld EMAIL TEMPLATE enthält den Fließtext der Mail. Sie dürfen hier HTML-Tags verwenden und Platzhalter für die Eingaben, die der Benutzer im Kontaktformular machte. Diese Platzhalter setzen Sie in geschweifte Klammern und verwenden dieselben Variablenbezeichnungen, die Sie zuvor bei der Konfiguration im Reiter DESIGNER vergaben.

Die Fließtextvorlage für die Webmastermail des Reiseforums sieht z. B. so aus:

```
<p><strong>{name}</strong>
        hat das Kontaktformular des Reiseforums
        ausgeüllt.</p>
<p>Die E-Mail-Adresse lautet: {emailaddress}</p>
<p>{name}s Nachricht lautet:</p>
<br/>
<p><em>{message}</em></p>
<p>{name} kennt das Reiseforum von: {reference}</p>
```

Listing 17.1 Inhalt des Felds »Email template« für die Webmaster-Mail; ChronoForms' Platzhalter sind im Listing hervorgehoben.

- Unterreiter EMAIL: Die zweite E-Mail-Konfiguration ist die Bestätigungsmail an den Benutzer, der das Formular ausfüllte. ACTION LABEL ist wieder eine interne Bezeichnung, damit Sie die Formulare nicht verwechseln, z. B. »E-Mail an den Besucher«. ENABLED steht auf YES, das Feld TO lassen Sie dieses Mal aber leer, denn es wird dynamisch befüllt; dazu gleich mehr. SUBJECT ist wieder der Betreff (»Vielen Dank für Ihre Nachricht«), und unter FROM NAME und FROM EMAIL tragen Sie die Website-E-Mail-Adresse ein (»Reiseforum«, »info@reiseforum.joomla-handbuch.com«). Das EMAIL TEMPLATE ist simpler, ohne Platzhalter, und enthält nur einen generischen Danketext.

- Wechseln Sie jetzt auf den Reiter ADVANCED (siehe Abbildung 17.23). Vorsicht, dieser befindet sich in der *dritten* Reiterebene, die fortgeschrittene E-Mail-Konfiguration unter den grau und grün hinterlegten Reiterzeilen. In das Feld DYNAMIC TO tragen Sie »emailaddress« ein, die Variablenbezeichnung für das E-Mail-Feld (aus dem DESIGNER), in das der Besucher im Formular seine Mailadresse eintrug. *Dynamic* bedeutet, dass die Empfängeradresse der Mail nicht starr ist wie bei der Webmastermail oben, sondern *dynamisch*, da jeder individuelle Benutzer natürlich seine eigene Mailadresse hat. »emailaddress« ist somit ein Platzhalter, ähnlich wie im EMAIL TEMPLATE der Webmastermail, diesmal allerdings ohne geschweifte Klammern.

17.3 Formulare entwerfen mit ChronoForms

– Die übrigen Felder sind im Moment nicht relevant, aber Sie erahnen ihre Funktion. Ein DYNAMIC SUBJECT könnte ebenfalls ein Formularfeld des Kontaktformulars enthalten, das als Betreffzeile herhält. DYNAMIC FROM NAME/EMAIL könnte flexible Empfängeradressen enthalten, die im Kontaktformular aus einer Dropdown-Liste gewählt würden (»Welche Abteilung möchten Sie kontaktieren?«).

Abbildung 17.23 Die Dankemail an den Benutzer enthält ein dynamisches Feld: die »emailaddress«, die der Benutzer beim Ausfüllen des Kontaktformulars angegeben hatte.

– Unterreiter THANKS MESSAGE (siehe Abbildung 17.24): Zu guter Letzt konfigurieren Sie unter THANKS MESSAGE den Inhalt der Danke-Webseite, die erscheint, nachdem der Benutzer das Kontaktformular abgesendet hat. ACTION LABEL ist wieder frei wählbar. Unter MESSAGE CONTENT schreiben Sie einen kurzen »Vielen Dank für Ihre Nachricht.«-Text. Da dieses Textfragment Bestandteil der Webseite wird, sind auch HTML-Tags erlaubt. Über den Button SWITCH EDITOR schalten Sie sogar zum WYSIWYG-Editor, um die Nachricht komfortabler zu formatieren.

Abbildung 17.24 Die »Thanks Message« enthält den Inhalt der Dankeseite, die im Frontend nach Absenden des Kontaktformulars erscheint.

Nach vollendeter SETUP-Konfiguration klicken Sie wieder oben rechts auf SAVE – sicher ist sicher.

5. Reiter DB VIEWER

   Dieser Reiter enthält Einstellungen zur administratorinternen Ansicht der Formularergebnistabelle, die Sie erzeugten. Genauer gesagt, geben Sie hier die Variablen, die Formularfelder und eine passende Spaltenüberschrift an, pro Zeile eine Zuweisung nach dem Schema Variablenname=Spaltenüberschrift. Am Ende steht im Textfeld z. B.:

   ```
   name=Anfrage von
   created=am
   emailaddress=E-Mail-Adresse
   message=Nachricht
   reference=Kennt Reiseforum von
   ```

   Das war's mit den Einstellungen. Klicken Sie auf SAVE UND CLOSE, um die Kontaktformularkonfiguration zu speichern und zu ChronoForms' Hauptansicht zurückzukehren.

Nun ist der Zeitpunkt gekommen, das neue Formular auf Herz und Nieren zu testen. Klicken Sie einige Male auf den Button TEST FORM, um einige Browsertabs mit dem Kontaktformular zu öffnen, befüllen Sie die Felder, klicken Sie auf NACHRICHT ABSENDEN, und überprüfen Sie, ob die Dankeseite so erscheint, wie Sie das unter dem Reiter THANKS MESSAGE konfigurierten.

Zurück in ChronoForms werfen Sie einen Blick in die Formularergebnistabelle, die all die Daten enthält, die Sie während Ihrer Tests eingegeben hatten. Klicken Sie auf den kleinen Dropdown-Pfeil (▼) in der Spalte CONNECTED TABLES (siehe Abbildung 17.25). Wählen Sie die Tabelle, die Sie zu Beginn dieses Abschnitts für die Aufnahme der Formularergebnisse anlegten.

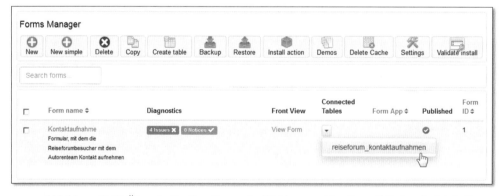

Abbildung 17.25 Über die Spalte »Connected Tables« greifen Sie auf die Ergebnistabelle zu, die alle Formulareingaben mitprotokolliert.

Auf der folgenden Seite erscheint nun eine übersichtliche Tabelle mit allen Formulareingaben (Beispiel siehe Abbildung 17.26): ein ausgefülltes Kontaktformular pro Zeile und in den Spalten die Formularfelder, die Sie über die DB-Viewer-Konfiguration einstellten.

Über die Buttonleiste löschen Sie einzelne, vorher markierte Einträge (Delete) oder laden die komplette Tabelle oder markierte Einträge per Backup table bzw. Backup records als CSV-Datei herunter. Solch eine Textdatei mit kommagetrennten Formularwerten lässt sich dann z. B. in Excel weiterverarbeiten. (*Tipp*: In Excel nicht über Datei öffnen oder einen Doppelklick auf die CSV-Datei öffnen, sondern über das Menüband Daten • Aus Text importieren, sonst erkennt Excel das Komma nicht als Trennzeichen.)

Abbildung 17.26 Mit »Backup table« bzw. »Backup records« exportieren Sie die Formularergebnisse als CSV-Datei, über »Cancel« gelangen Sie zurück zur Formularübersicht.

Kontaktformular im Frontend darstellen

Haben Sie Ihr Kontaktformular perfekt abgestimmt und hinreichend getestet, folgt der letzte Schritt: das Einbinden des Formulars als Webseite. Das geschieht außerhalb von ChronoForms über den Menümanager, und zwar am besten als Menüpunkt im Footer Menu, da man derlei Webseiten in der Regel nicht im primären Menü erwartet:

1. Wechseln Sie über das Menü MENÜS • FOOTER MENU • NEUER MENÜEINTRAG zur Anlage einer neuen Webseite.
   - MENÜTITEL: »Kontaktaufnahme«
   - MENÜEINTRAGSTYP: CHRONOFORMS5 • CHRONOFORMS5 FORM
2. Entscheidend ist eine Konfiguration im Reiter OPTIONEN. Damit die Chrono-Forms-Webseite weiß, welches Formular anzuzeigen ist, tragen Sie seinen Namen ins Feld FORM NAME, z. B. »Kontaktaufnahme«.
3. SPEICHERN & SCHLIESSEN Sie die Webseitenkonfiguration, und prüfen Sie die korrekte Darstellung und Funktionalität des Formulars im Frontend. Wichtig ist die Ergebnistabellenbefüllung und dass beide E-Mails versendet werden. Erschien das Formular zwar bei den TEST-FORM-Vorschauen, wird aber nicht auf der Webseite angezeigt, prüfen Sie noch mal das korrekt ausgefüllte Feld FORM NAME des Menüeintrags.

Somit steht die Basisversion eines Kontaktformulars, das für viele Websites oft ausreicht. In den folgenden Abschnitten steigen Sie etwas tiefer in die ChronoForms-Funktionalitäten ein und lernen den Einsatz von CAPTCHAS und dynamisch angezogenen Daten kennen.

17.3.2 Sicherheitsabfrage mit reCAPTCHA/NoCaptcha integrieren

Werfen Sie noch mal einen genauen Blick auf die Formularergebnistabelle in Abbildung 17.26. Nigerianische Prinzessin? Sofort-Bargeld-Auszahlungen? Kein normaler Reiseforumsbesucher würde solch einen Unsinn ins Kontaktformular schreiben. Spambots aber wohl. Die sind an sieben Tagen 24 Stunden im Internet unterwegs, um genau solche Formulare ausfindig zu machen, wie Sie eben eines erstellten. Dann laden sie ihren Werbemüll in die Formularfelder und hoffen auf die 0,0001 % derjenigen, die tatsächlich reagieren.

Eine recht erfolgreiche Mechanik, diesem Spam entgegenzuwirken, ist die Ergänzung eines CAPTCHAs im Formular. Das ist ein Eingabefeld, in das der Benutzer eingeben muss, welche Buchstaben- und/oder Zahlenkombinationen er auf einem kleinen Bildchen erkennt. Spambots scheitern an der Interpretation dieser zum Teil unscharfen, verwackelten und schiefen Fotos und können das Formular daher nicht absenden. Perfekt für Ihr Kontaktformular. Joomla! erlaubt übrigens auch einen websiteweiten Einsatz von CAPTCHAs völlig unabhängig von ChronoForms. Mehr dazu lesen Sie in Abschnitt 22.1, »reCAPTCHA/NoCaptcha aktivieren«. Dort finden Sie auch Instruktionen zur Beschaffung des WEBSITESCHLÜSSELS und des GEHEIMEN SCHLÜSSELS, die Sie beide für die CAPTCHA-Konfiguration benötigen.

17.3 Formulare entwerfen mit ChronoForms

Hinweis: reCAPTCHA ist die aktualisierte Variante des Original-CAPTCHA. Alternativ benutzen Sie für Ihre Formulare auch die neueste Version *NoCaptcha*, die noch einfacher zu bedienen ist und statt der Eingabe eines Zahlen- oder Buchstabencodes nur noch das Setzen eines Häkchens erfordert – siehe Vergleich in Abbildung 17.27.

Achtung: Falls Sie das NoCaptcha nutzen möchten, ist eine weitere Konfiguration in Joomla! notwendig. Bearbeiten Sie dazu die Einstellungen des Plugins CAPTCHA - RECAPTCHA, und stellen Sie die Dropdown-Liste VERSION auf 2.0.

Abbildung 17.27 Beispiele für altes CAPTCHA (oben), das am weitesten verbreitete reCAPTCHA (Mitte) und die neueste Variante NoCaptcha (unten)

Kontaktformular um CAPTCHA ergänzen

1. Für die Integration eines CAPTCHA, reCAPTCHA oder NoCaptcha wechseln Sie zunächst in die Konfiguration Ihres Kontaktformulars und dort auf den Reiter DESIGNER.
2. In der Feldauswahl auf der linken Seite wählen Sie die Gruppe ADVANCED.
3. Ziehen Sie jetzt das Feld RECAPTCHA (auch beim Einsatz des NoCaptcha) in den Formularbaukastenbereich auf der rechten Seite, und positionieren Sie das neue Element per Drag & Drop über den SUBMITBUTTON.
4. Klicken Sie im neuen RECAPTCHA-Element auf den Button EDIT, und beschriften Sie das Feld neben LABEL, z. B. »Sicherheitsabfrage«, und bestätigen Sie mit SAVE AND CLOSE (siehe Abbildung 17.28).

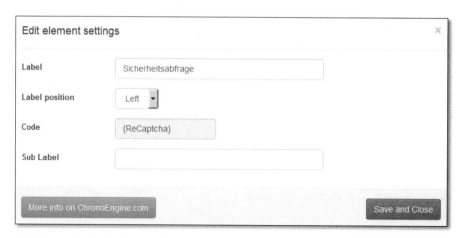

Abbildung 17.28 Über den »Designer« fügen Sie das neue Formularelement »Recaptcha« in das Kontaktformular.

5. Die Darstellung des reCAPTCHA-Elements in Ihrem Formular erfordert eine weitere Konfiguration. Es handelt sich nämlich nicht nur um ein einfaches Formularfeld; im Hintergrund verrichtet JavaScript-Code seinen Dienst, um die reCAPTCHA-Bilder vom Google-Server zu laden und beim Absenden des Formulars auf die richtige Eingabe des Codes zu prüfen. Diese Mechanik aktivieren Sie über den Reiter SETUP. In der zweiten, grün hinterlegten Reiterebene ist ein neues Element erschienen: CAPTCHA (siehe Abbildung 17.29). Klicken Sie darauf, stellen Sie ENABLED auf YES, und geben Sie eine deutschsprachige Fehlermeldung ein, z. B. »Das ist nicht der richtige CAPTCHA-Code«.

Hinweis: Die Einrichtung des NoCaptchas ist leider nur im fortgeschrittenen Konfigurationsmodus möglich, siehe folgender Abschnitt.

Abbildung 17.29 Ergänzen Sie im »Designer« neue Formularfelder, erweitern sich automatisch die Konfigurationsoptionen im Reiter »Setup«.

6. Klicken Sie auf SAVE und dann auf TEST FORM für eine Formularvorschau.

Abhängig vom Wechselspiel der bei Ihnen installierten Joomla!- und ChronoForms-Version sehen Sie nun das Formular mit korrekter CAPTCHA-Darstellung oder einer rätselhaften {RECAPTCHA}-Ausgabe. In beiden Fällen ist nun ein Wechsel in den fortgeschrittenen Konfigurationsmodus notwendig, denn nur dort lassen sich die CAPTCHA-Einstellungen finalisieren.

Fortgeschrittenen Konfigurationsmodus bedienen

In diesem Abschnitt schließen Sie die CAPTCHA-Konfiguration ab und lernen den fortgeschrittenen Konfigurationsmodus kennen, der nicht viel komplizierter, aber deutlich flexibler ist.

Der Unterschied zwischen einem einfachen (SIMPLE) und einem normalen (ADVANCED) ChronoForms-Formular ist die Konfiguration der einzelnen Elemente unter dem Reiter SETUP auf Basis von Formularereignissen. Das ist ein in der Programmierung verbreitetes Konzept, um die Ausführung von Anweisungen zu initiieren. Das Programm führt ein Kommando genau dann aus, wenn etwas Bestimmtes passiert. Im Kontext Ihres Kontaktformulars ist solch ein Ereignis beispielsweise das Laden und Anzeigen des Formulars oder das Klicken des ABSENDEN-Buttons.

1. Wechseln Sie in die Konfiguration Ihres Kontaktformulars, und setzen Sie die Dropdown-Liste SETUP MODE von SIMPLE auf ADVANCED. Damit die Formularkonfiguration in den Fortgeschrittenenmodus umschaltet, speichern Sie die Einstellungen über den Button SAVE.

2. Wechseln Sie jetzt auf den Reiter SETUP, präsentiert sich Ihnen ein völlig anderes Bild (siehe Abbildung 17.30). Die grün hinterlegten Einstellungsreiter sind einem Baukasten gewichen, der an den Reiter DESIGNER erinnert. Allerdings sehen Sie keine Formularfelder, sondern mit bunten Einträgen befüllte verschachtelte Kästen. Dies ist die vollständige Formularlogik als Liste aufeinanderfolgender *Ereignisse* (englisch: Event). Sämtliche Einstellungen, die Sie hier sehen, hat ChronoForms bereits auf Basis Ihrer SIMPLE-Konfiguration eingetragen.

Die äußersten beiden Kästen tragen die Beschriftungen ON LOAD und ON SUBMIT und repräsentieren die Ereignisse beim Laden (Darstellung auf der Webseite) und beim Absenden (Klick auf den Button) des Formulars. Von diesen Ereignissen ausgelöst, arbeitet das Formular die blau hinterlegten *Aktionen* ab, die allesamt aus der umfangreichen Baukastenliste auf der linken Seite stammen.

– ON LOAD

Aktionen beim Laden bzw. Darstellen des Formulars. LOAD JAVASCRIPT, LOAD CSS und HTML (RENDER FORM) entsprechen den üblichen Bestandteilen einer Webseite oder, wie hier, eines ChronoForms-Formulars. Wichtig ist hier vor allem HTML (RENDER FORM), die Aktion, die das Formular tatsächlich darstellt.

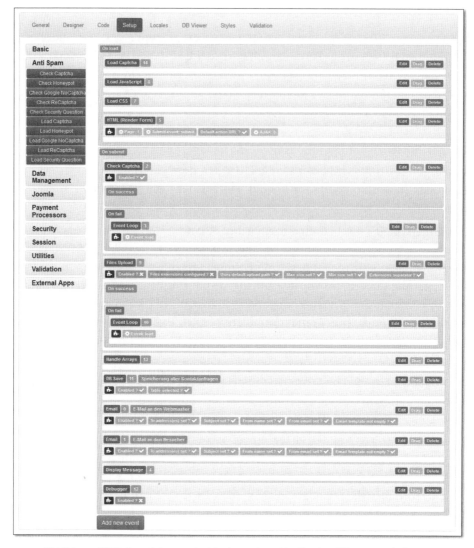

Abbildung 17.30 Im »Advanced«-Modus sehen Sie die detaillierte Logik des Kontaktformulars auf Basis sogenannter Ereignisse.

Weiter oben sehen Sie die Aktion LOAD CAPTCHA. An dieser Stelle hat sich in der vorliegenden ChronoForms-Version (5.0.9) ein kleiner Hund eingeschlichen. Die Aktion LOAD CAPTCHA bereitet die Bilder- und Abfragelogik des CAPTCHAs vor, bevor das Formular erscheint (HTML (RENDER FORM)), und ist demzufolge in der Aktionenliste an höherer Stelle. Das Problem: LOAD CAPTCHA behandelt den *alten* CAPTCHA- und nicht den neuen reCAPTCHA- oder NoCaptcha-Mechanismus. Ein Fehler der SIMPLE-Konfiguration, die beim Einfügen des RECAPTCHA-Felds hier die falsche Aktion eintrug. Denn öffnen Sie die

Baukastengruppe ANTI SPAM auf der linken Seite, finden Sie in der Liste durchaus ein LOAD RECAPTCHA-Element.

Die Reparatur ist einfach: Klicken Sie rechts beim LOAD CAPTCHA-Element auf den Button DELETE, um es zu löschen. Dann ziehen Sie das LOAD RECAPTCHA-Element oder, falls Sie NoCaptcha einsetzen, das LOAD GOOGLE NOCAPTCHA-Element aus der Baukastengruppe ANTI SPAM in den ON LOAD-Bereich und positionieren es oberhalb des Elements HTML (RENDER FORM). Klicken Sie auf EDIT, und tragen Sie unter PUBLIC KEY den WEBSITESCHLÜSSEL ein, den Sie vorbereitend über die Website *https://www.google.com/recaptcha* erhielten (siehe Abbildung 17.31). (Eine ausführliche Anleitung finden Sie in Abschnitt 22.1, »reCAPTCHA/NoCaptcha aktivieren«.) Unter THEME haben Sie ferner die Möglichkeit, ein Farbschema einzusetzen (CLEAN und WHITE sind wesentlich farbneutraler als die anderen Optionen). Last, but not least stellen Sie LANGUAGE auf GERMAN, um die reCAPTCHA-Beschriftungen im Frontend in der richtigen Sprache anzuzeigen. SAVE AND CLOSE.

Abbildung 17.31 »Public Key« ist der »Websiteschlüssel«, den Sie über »https://www.google.com/recaptcha« beziehen.

– ON SUBMIT

Diese Aktionen werden ausgeführt, sobald der Benutzer auf den ABSENDEN-Button des Formulars klickt. Das sieht auf den ersten Blick komplex aus, lässt sich aber einfach Stück für Stück auseinandernehmen.

Der erste Aktionsblock, also unmittelbar nach dem Klick auf den Absenden-Button, heißt CHECK CAPTCHA, und er dient dazu, die Benutzereingabe im CAPTCHA-Feld zu überprüfen. Wurde die richtige Zahlenkombination eingegeben oder das Anti-Roboter-Häkchen gesetzt? Anhand der in CHECK CAPTCHA verschachtelten grünen und roten Blöcke erkennen Sie zwei mögliche Ergebnisse dieser Verifizierung: Die Eingabe war korrekt (ON SUCCESS) oder falsch (ON FAIL). Anhand des Schlüsselworts ON sehen Sie, dass es sich wieder um Ereignisse handelt, ähnlich wie ON LOAD und ON SUBMIT, diesmal aber nicht vom Formular abhängig, sondern von der CAPTCHA-Verifizierung. Und damit ist es erneut möglich, beliebige Aktionen aus der linken Baukastenliste hineinzuziehen.

Die ON SUCCESS-Liste ist leer, denn ist die CAPTCHA-Eingabe des Benutzers korrekt, muss nichts Besonderes passieren, die weiteren ON SUBMIT-Aktionen dürfen ganz normal abgearbeitet werden. Bei ON FAIL sieht das anders aus. Eine fehlerhafte Eingabe führt dazu, dass die ON SUBMIT-Aktionskette unterbrochen wird und das Formular auf keinen Fall abgesendet wird. Im Gegenteil: Es wird neu geladen. Abgebildet ist das im Baukastenblock über die Aktion EVENT LOOP, deren EVENT NAME »load« auf das Neuladen deutet. Für die Anzeige der Fehlermeldung sorgt das ON FAIL-Ereignis automatisch.

Und auch hier hat der Fehlerteufel zugeschlagen, denn für das reCAPTCHA bzw. NoCaptcha benötigt das Formular die passende CHECK RECAPTCHA-/CHECK GOOGLE NOCAPTCHA-Aktion aus der ANTI SPAM-Liste. (Ignorieren Sie diesen Abschnitt, falls Ihre ChronoForms-Version bereits die richtige Aktion konvertiert hatte.) Löschen Sie also die CHECK CAPTCHA-Aktion über den Button DELETE, und ziehen Sie CHECK RECAPTCHA oder CHECK GOOGLE NOCAPTCHA in den ON SUBMIT-Bereich (siehe Abbildung 17.32). Achten Sie darauf, dass Sie die Aktion nicht versehentlich in irgendein anderes Ereignis ziehen, am besten verschieben Sie die Aktion per Drag & Drop in die Nähe der ON SUBMIT-Beschriftung.

Die neue Aktion erscheint zunächst am Ende der ON SUBMIT-Liste, positionieren Sie die Aktion an erster Stelle, denn die reCAPTCHA-/NOCAPTCHA-Überprüfung soll unmittelbar nach dem Absenden-Klick durchgeführt werden, vor allen anderen Aktionen (z. B. dem E-Mail-Versand). Klicken Sie danach auf EDIT, und tragen Sie unter ERROR eine deutschsprachige Fehlermeldung und unter PRIVATE KEY den GEHEIMEN SCHLÜSSEL Ihrer reCAPTCHA-Anmeldung ein. SAVE AND CLOSE.

Als Letztes ziehen Sie die Aktion EVENT LOOP aus der BASIC-Aktionsliste in das ON FAIL-Ereignis entsprechend der früheren CHECK CAPTCHA-Konfiguration. Klicken Sie auch hier auf EDIT, und stellen Sie sicher, dass unter EVENT NAME »load« steht, das Schlüsselwort zum Neuladen des Formulars, falls ein falscher reCAPTCHA-Code eingegeben oder das Setzen des Häkchens (NoCaptcha) vergessen wurde. SAVE AND CLOSE.

Abbildung 17.32 Am schwarzen Rahmen des »On-submit«-Ereignisblocks erkennen Sie die korrekte Zuordnung der »Check ReCaptcha«-/»Check Google NoCaptcha«-Aktion, die exakte Platzierung an den Anfang der Liste nehmen Sie wieder per Drag & Drop vor.

Alle übrigen Aktionen im ON SUBMIT-Ereignisblock erhielten ihre korrekten Einstellungen bereits aus der SIMPLE-Konfiguration. Klicken Sie trotzdem auf den einen oder anderen EDIT-Button, um sich die Felder näher anzusehen. Insbesondere DB SAVE und die beiden EMAIL-Blöcke kommen Ihnen sicher bekannt vor. Es handelt sich um die Ergebnistabellenbefüllung und den E-Mail-Versand aus Ihrer früheren Konfiguration. Davor sehen Sie eine Aktion HANDLE ARRAYS, die die Formulardaten für die Tabelle und die E-Mails aufbereitet. Bei DISPLAY MESSAGE handelt es sich um die Dankeseite, und DEBUGGER ist eine optional aktivierbare Aktion, die Daten zur Fehlersuche ausgibt, die Sie z. B. im ChronoForms-Forum angeben, wenn Sie die Community um Hilfe bitten.

3. Nach dem Ausflug in den fortgeschrittenen SETUP-Reiter ist Ihr Kontaktformular wieder einsatzbereit. Klicken Sie in der Buttonleiste auf SAVE, dann auf TEST FORM, um die Funktionsfähigkeit des reCAPTCHAs/NoCaptchas sicherzustellen.

> **Info: Noch mehr Aktionen finden Sie in der linken Baukastenliste**
>
> Im ADVANCED-Modus der Formularkonfiguration finden Sie in der linken Baukastenliste des SETUP-Reiters Dutzende von Aktionen, die die enorme Flexibilität von ChronoForms ausmachen. Während die Aktionen unter BASIC mindestens bei Standardformularen zum Einsatz kommen, gliedern sich die übrigen Einträge nach Einsatzzweck. CAPTCHAs und reCAPTCHAs aus der ANTI SPAM-Gruppe kennen Sie bereits von den vergangenen Seiten. Unter DATA MANAGEMENT erhalten Sie Daten-

bankzugriffe und finden Exportfunktionen, JOOMLA gibt Ihnen Zugriff auf Beiträge und Plugins, und PAYMENT PROCESSORS verwandelt Ihr Formular in einen Checkout-Prozess. Die Möglichkeiten sind mannigfaltig, aber nicht untrivial einzustellen und pro Anwendungsfall detailliert zu beleuchten, da die Konfiguration zum Teil komplex ist.

Alle Einsatzmöglichkeiten kann dieses Handbuch leider nicht erklären, darum müssen Sie sich von Fall zu Fall auf die Herstellerwebsite unter *http://www.chronoengine.com* begeben. Eine ausführliche Anleitung sucht man dort zwar leider vergebens, aber Ihre ersten Anlaufstellen sind die FAQs (*http://www.chronoengine.com/faqs/70-cfv5.html*) und das Forum (*http://www.chronoengine.com/forums.html?c=10*). Auch eine Google-Suche mit vorangestelltem »chronoforms«-Stichwort bringt in der Regel mehrere Dutzend Ergebnisse.

Tipp: Klicken Sie in der ChronoForms-Formularübersicht auf den Button DEMOS, installiert die Komponente über ein Dutzend Testformulare unterschiedlicher Szenarien. Unterhalb des Formularnamens ist der Einsatzzweck erklärt, so lassen sich diese voll funktionsfähigen Prototypen nutzen, um Ihre eigenen Formulare um entsprechende Funktionalitäten zu erweitern.

17.3.3 Dynamische Daten ins Formular ziehen

Zum Abschluss des Einblicks in die ChronoForms-Komponente machen Sie einen ersten Schritt in die Einbindung dynamischer Daten in ein Formular. Ein einfaches, mit leeren Texteingabefeldern bestücktes Formular ist schnell implementiert, aber wie sieht es mit befüllten Dropdown-Listen aus, über die der Websitesucher einen vorgegebenen Wert auswählt? Hinter das Formularfeld »Woher kennen Sie das Reiseforum?« legten Sie eine statische Liste von möglichen Antworten. Doch Chrono-Forms kann solch eine Antwortenliste auch aus beliebigen anderen Quellen ziehen. In der finalen Version des Reiseforum-Kontaktformulars fragen Sie deshalb die Benutzer, welcher Beitrag ihnen besonders gut gefiel.

Da es sich sowohl Webmaster als auch Programmierer immer möglichst einfach machen, liegt nichts ferner, als per Hand in ChronoForms eine Beitragsliste mit Dutzenden von Einträgen anzulegen. Wozu auch, denn die Beiträge sind doch in den Inhaltselementen von Joomla! gespeichert. Wirft man einen Blick in die Datenbank, fällt z. B. die Tabelle #__CONTENT ins Auge (siehe Abbildung 17.33). Sie enthält alle Metadaten Ihrer Beiträge inklusive TITLE, also der Überschrift, die sich hervorragend in einem neuen Kontaktformularfeld »Welcher Beitrag gefiel Ihnen besonders gut?« eignete. Eine der einfachsten Übungen in ChronoForms, Sie müssen nur ein paar neue Räder kennenlernen, an denen Sie drehen werden.

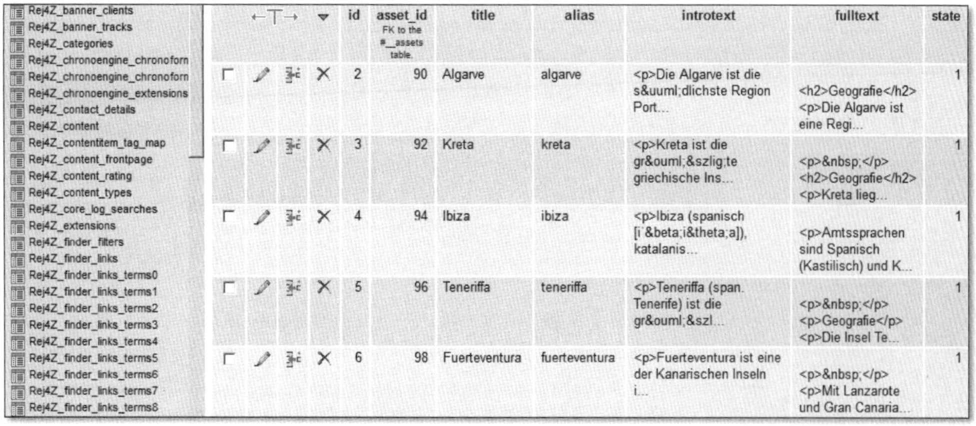

17.3 Formulare entwerfen mit ChronoForms

				id	asset_id FK to the #__assets table.	title	alias	introtext	fulltext	state
			×	2	90	Algarve	algarve	\<p>Die Algarve ist die südlichste Region Port...	\<h2>Geografie\</h2> \<p>Die Algarve ist eine Regi...	1
			×	3	92	Kreta	kreta	\<p>Kreta ist die größte griechische Ins...	\<p> \</p> \<h2>Geografie\</h2> \<p>Kreta lieg...	1
			×	4	94	Ibiza	ibiza	\<p>Ibiza (spanisch [i βiθa]), katalanis...	\<p>Amtssprachen sind Spanisch (Kastilien) und K...	1
			×	5	96	Teneriffa	teneriffa	\<p>Teneriffa (span. Tenerife) ist die grö&szl...	\<p> \</p> \<p>Geografie\</p> \<p>Die Insel Te...	1
			×	6	98	Fuerteventura	fuerteventura	\<p>Fuerteventura ist eine der Kanarischen Inseln i...	\<p> \</p> \<p>Mit Lanzarote und Gran Canaria...	1

Abbildung 17.33 Ein Blick in die Datenbanktabellen Ihrer Joomla!-Installation deckt die Tabelle auf, die alle Beitragsmetadaten enthält, »#__content«; die Felder »title« und »alias« kommen für die neue Dropdown-Liste infrage.

Bevor es an die Erweiterung der Formularkonfiguration geht, werfen Sie einen Blick auf das Diagramm in Abbildung 17.34 – eine alternative Darstellung der Konfiguration des SETUP-Reiters, den Sie gleich erneut bearbeiten. Sie erkennen hier, dass der gesamten Formularlogik zwei Ereignisse zugrunde liegen, ON LOAD und ON SUBMIT. Innerhalb dieser Ereignisse folgt eine Kette mehrerer Aktionen, die Datenaufbereitung und -darstellung übernehmen, Daten speichern, reCAPTCHAs/NoCaptchas überprüfen und E-Mails versenden.

Die gestrichelten Pfeile stehen für voneinander abhängige Aktionen: Bevor die CHECK RECAPTCHA-Aktion durchgeführt wird, muss LOAD RECAPTCHA passiert sein. (Gleiches trifft für die NoCaptcha-Implementierung zu.) Die neue dynamische Beitrags-Dropdown-Liste enthält eine ähnliche Abhängigkeit: Zunächst liest das Formular per DB READ alle Beiträge aus der Joomla!-Datenbank, um sie dann dem Formular in der Aktion HTML (RENDER FORM) bereitzustellen und die Dropdown-Liste zu befüllen.

1. Vor der Ergänzung des neuen Dropdown-Felds im Formular kümmern Sie sich um den Mechanismus, der die Beitragsüberschriften aus der Datenbank liest. Dazu begeben Sie sich in Ihrer Formularkonfiguration in den Reiter SETUP, öffnen die Baukastengruppe DATA MANAGEMENT und ziehen das Element DB READ in das ON LOAD-Ereignis.

2. Da diese Daten *vor* der Darstellung des Formulars bereitgestellt werden müssen, positionieren Sie das neue Element mit der Maus über die Aktion HTML (RENDER FORM).

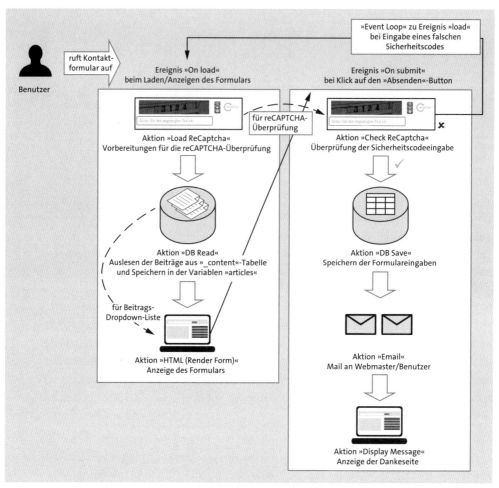

Abbildung 17.34 Ablauflogik des Kontaktformulars auf Basis der zwei Ereignisse »On load« (beim Laden) und »On Submit« (nach dem Absenden)

3. Bearbeiten Sie jetzt die Eigenschaften des neuen Felds über den Button EDIT (siehe Abbildung 17.35):
   - ACTION LABEL: Ein beliebiger, von Ihnen zu vergebener Feldname, z. B. »BeitraegeAuslesen«. Beachten Sie, dass hier keine Leerzeichen vorkommen dürfen.
   - ENABLED: YES
   - TABLE NAME: Die Dropdown-Liste zeigt alle Tabellen aus der mit Ihrer Joomla!-Installation verknüpften Datenbank. Suchen Sie hier die Tabelle heraus, die auf _CONTENT endet. Sie enthält die Basisdaten aller Joomla!-Beiträge.
   - MULTI READ: YES, damit alle Beiträge und nicht nur der erste ausgelesen werden
   - ENABLE MODEL ID: YES, um die hier erhaltenen Tabellendaten später dem neuen Formularelement zuzuweisen

- MODEL ID: Unter dieser Bezeichnung sind die Daten später abrufbar, das ist vergleichbar mit einem ChronoForms-internen Tabellen- oder Variablennamen, z. B. »articles«, das ist die offizielle englische Bezeichnung für Joomla!-Beiträge.
- FIELDS: Kommagetrennte Liste der benötigten Tabellenfelder, die Sie aus der Tabellenansicht in phpMyAdmin ablesen, in diesem Fall »title,alias«. »title« enthält die sichtbare Überschrift (mit Umlauten), »alias« den URL-Pfadbestandteil, der keine Umlaute, Leer- oder Sonderzeichen enthält und sich damit hervorragend als Variablenname eignet.

Über die weiteren Felder sortieren, gruppieren und filtern Sie die angezogenen Daten, ganz ähnlich wie Sie es von SQL-Abfragen kennen. Für das Beitragsformularfeld genügt jedoch die volle ungefilterte Liste. Klicken Sie auf SAVE AND CLOSE.

Abbildung 17.35 Schritt 1 – vor Darstellung des Formulars laden Sie mithilfe der Aktion »DB Read« die Felder »title« und »alias« aus der »#__content«-Tabelle, die alle Joomla!-Beiträge enthält.

4. Die Beitragsüberschriften liegen nun bereit; Zeit, das Formularfeld einzubauen. Zurück in der Formularkonfiguration wechseln Sie zum Reiter DESIGNER.
5. Ziehen Sie ein Baukastenelement des Typs DROPDOWN in den Formularbereich, und platzieren Sie es mit der Maus über das RECAPTCHA-Element.
6. Zur Bearbeitung des neuen Dropdown-Elements klicken Sie auf EDIT:

– Reiter GENERAL: Befüllen Sie FIELD NAME und Field ID mit einer beliebigen internen Variablen-/Feldbezeichnung, z. B. »favoritearticle«, dann schreiben Sie weiter unten neben LABEL die im Frontend dargestellte Feldbeschreibung »Welcher Beitrag gefiel Ihnen besonders gut?«.

– Reiter DYNAMIC DATA (siehe Abbildung 17.36): Hier passiert die Magie – über diese Felder verlinken Sie die zuvor im SETUP-Reiter bereitgestellten Beitragsdaten. Stellen Sie ENABLED auf YES zur Aktivierung der dynamischen Daten. Unter DATA PATH tragen Sie die zuvor vergebene MODEL ID, »articles«, ein; das ist die Variable, in der DB READ die Beitragsdaten bereitstellt. VALUE KEY ist die Variable, die ChronoForms intern für die Formularfelder benutzt, ihre Werte dürfen also keine Leer- oder Sonderzeichen enthalten. Darum eignet sich das Beitragstabellenfeld »alias« hierfür besonders gut. Neben TEXT KEY schreiben Sie schließlich »title«, die Tabellenspalte für die Beitragsüberschriften. Sie erinnern sich, beide Felder hatten Sie zur in der DB-READ-Konfiguration FIELDS genau für diesen Zweck bereitgestellt.

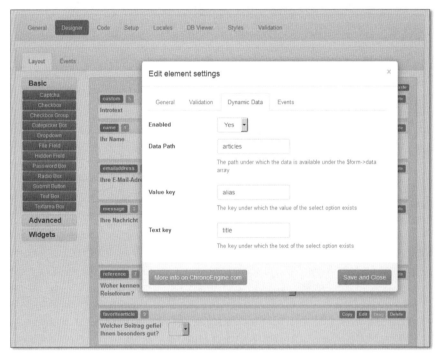

Abbildung 17.36 Die Verknüpfung zu den zuvor per »DB Read« bereitgestellten Beitragsdaten stellen Sie über den Reiter »Dynamic Data« des Dropdown-Felds her.

7. Das war's. Klicken Sie auf SAVE AND CLOSE der Feldkonfiguration, dann auf SAVE des Kontaktformulars und schließlich auf TEST FORM, um die neue, mit Beiträgen befüllte Dropdown-Liste zu begutachten (siehe Abbildung 17.37).

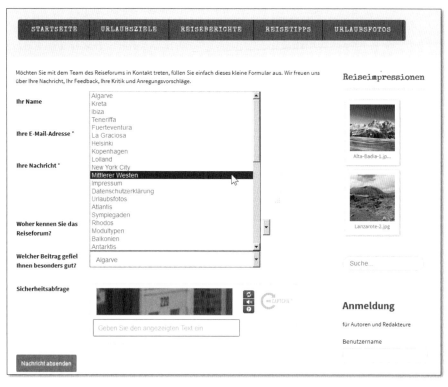

Abbildung 17.37 Das finale Kontaktformular enthält die reCAPTCHA-Sicherheitsabfrage gegen Spambots und eine dynamisch angezogene Auswahlliste aller Reiseforumsbeiträge.

17.4 Content-Construction-Kit SEBLOD

Erweiterung	SEBLOD
JED-Kategorie	AUTHORING & CONTENT • CONTENT CONSTRUCTION
Download	▶ http://www.seblod.com ▶ http://seblod.time4mambo.de/ressourcen/downloads/category/ 3-sprache.html (Registrierung erforderlich)
Zweck	umfangreiches Framework zur Erweiterung der Content-Management-Basis von Joomla! um benutzerdefinierte Inhaltstypen aus selbst definierten Feldern und Einrichtung flexibler Contentpflege-Formulare und Frontend-Ausgaben

Die Königsdisziplin eines CMS steckt im möglichst flexiblen Umgang mit Inhaltstypen und ihren Elementen. Joomla! bietet mit Beiträgen und Kategorien eine solide

Basis von Inhaltstypen, die für die Erstellung der meisten Websites genügen. Denn ein Großteil der Webseiten wird über einen Menüeintrag des Typs EINZELNER BEITRAG erzeugt. Soll eine Website aber z. B. mit Bildern angereichert werden, wird es langsam kompliziert. Entweder benutzen Sie den TinyMCE-Editor, um in mühevoller Detailarbeit die Seite vorsichtig mit Fließtextbildern zu layouten, schlimmstenfalls sogar mithilfe von Tabellen. Oder Sie setzen eine Galeriekomponente ein und verbringen viel Zeit mit den beschränkten Modulpositionierungen. Erstellen Sie eine Website für einen technisch weniger versierten Kunden, wird dieser an den Formatierungsoptionen des Beitragseditors verzweifeln; auch das Einsetzen von Galeriebildern per Shortcode ist dann nicht besonders intuitiv.

Den Missstand erkennen Sie gut im Reiseforum: Aktuell ist Lanzarote eine Insel, die über den Inhaltstyp BEITRAG durch die Felder TITEL und den Fließtextbereich im Reiter INHALT beschrieben wird (siehe Abbildung 17.38).

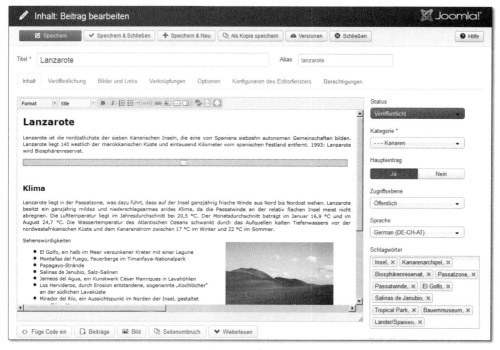

Abbildung 17.38 Inhalte in einem großen WYSIWYG-Editorfenster einzugeben ist formatierungstechnisch mühsam und für viele Anwender fehleranfällig.

Das Editorfeld für den Fließtext muss dabei für allerlei Informationen herhalten, z. B. über die Einwohnerzahl, die Hauptstadt und die geografische Lage. Ein Satellitenbild, eine Landkarte und ein Foto vom Sonnenuntergang sollen ebenfalls untergebracht werden, wodurch ein sehr fragiles WYSIWYG-Layout entsteht. Da im Reiseforum mehrere Inseln vorgestellt werden, kopiert man in der Praxis dieses Fließtextkonstrukt in andere Beiträge und ersetzt die Inhalte vorsichtig durch die jeweiligen Inseldaten. Das ist fehleranfällig, unübersichtlich, unkomfortabel und ineffektiv. Besser wäre ein Formular, das perfekt an einen neuen Inhaltstyp angepasst ist: die Insel.

An dieser Stelle glänzen Content-Construction-Kits, die das Beitrags-und Kategoriekonzept von Joomla! verallgemeinern und Ihnen die Möglichkeit geben, spezifische Inhaltstypen abzuleiten. Statt die Inselinformationen in die limitierten Formularfelder eines Beitrags zu quetschen, besteht der Insel-Inhaltstyp aus inselspezifischen Eingabefeldern, die dann später in der Frontend-Ausgabe durch ein Template zusammengesetzt werden (siehe Abbildung 17.39). CCKs vereinfachen also die Contentpflege und garantieren ein einheitliches Webseitenbild, da keine TinyMCE-Layoutverrenkungen mehr notwendig sind, um die Inhalte an die richtige Stelle zu platzieren.

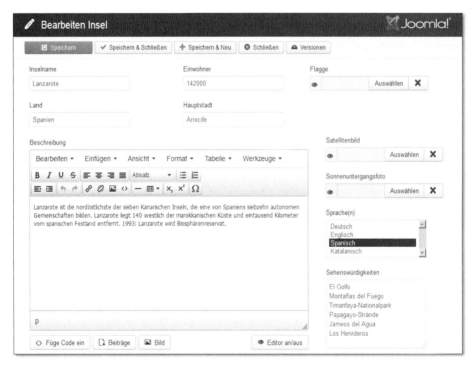

Abbildung 17.39 Über Content-Construction-Kits wie SEBLOD legen Sie individuelle Inhaltstypen an, deren Eingabeformulare perfekt angepasst sind und Fehleingaben verhindern.

Natürlich hört das Content-Construction-Kit nicht bei Inseln auf. Inhaltstypen für Inselgruppen, Berge, Länder und Ozeane sind denkbar, jedes mit seinem individuellen Set von Formularfeldern, um am Ende einen großen Reiseatlas zu erzeugen. Besonders interessant wird es, wenn Sie dabei Inhaltstypen über sogenannte

Referenzfelder mit anderen verknüpfen. Eine Insel steht in der Regel unter der organisatorischen Verwaltung eines Landes, und mit einigen Ausnahmen befinden sich auch Berge im Hoheitsgebiet eines Landes. Was liegt also näher, als bei der Zuordnung eines Landes zu einer Insel oder einem Berg statt eines Freitextfelds eine kleine Dropdown-Liste einzublenden und so Fehleingaben auszuschließen?

Auf diesen Seiten lernen Sie das Content-Construction-Kit SEBLOD kennen, das sich featureseitig etwa im Mittelfeld dieser Erweiterungenkategorie befindet, also flexibler als einfache Inhaltstyperweiterungen ist, aber gleichzeitig nicht das Ausfüllen Dutzender Konfigurationsformulare voraussetzt. Beachten Sie, dass die ausführliche Konfiguration und Bedienung von SEBLOD dennoch ein weiteres Buch füllen würden und Sie auf diesen Seiten ein wenig an der Oberfläche kratzen. Nutzen Sie die hier vorgestellten Beispiele (auch unter *http://cms.joomla-handbuch.com* live zu sehen), um einfache Inhaltstypstrukturen umzusetzen und dabei zu erfahren, ob CCKs für Sie infrage kommen, komplexere Architekturanforderungen zu erfüllen. Sie lernen auf diesen Seiten die Erzeugung eigener Inhaltstypen und ihre Abbildung in Front- und Backend. Möchten Sie tiefer in das Thema einsteigen, empfiehlt sich ein Besuch in der Community, die mit Rat und Tat zur Seite steht. Für SEBLOD finden Sie eine deutschsprachige Community (und die deutsche Übersetzung der SEBOLD-Komponente) unter *http://seblod.time4mambo.de*.

> **Achtung: Die Entscheidung zum Einsatz von SEBLOD sollte früh fallen**
>
> SEBLOD und die anderen Content-Construction-Kits greifen tief in das Basissystem von Joomla! ein und beeinflussen die Art und Weise, wie das CMS mit Inhalten arbeitet. Speziell SEBLOD erweitert den Joomla!-Inhaltstyp BEITRAG intern um weitere Merkmale, die ab sofort jeder neu angelegte Beitrag enthält. Alte Beiträge bleiben zunächst unangetastet, erhalten ihre Erweiterungen dann aber spätestens nach erneutem Speichern. Die Eingriffe betreffen aber nicht nur die Bearbeitung von Inhalten, sondern auch die Ausgabe im Template. Sie werden neue HTML-Container im Quelltext vorfinden, die die Überarbeitung vieler CSS-Styles erfordern. Auch Erweiterungen, die den Content auf andere Weise beeinflussen, sind betroffen, sodass das Zusammenspiel mit anderen Komponenten genau geprüft werden muss. Installieren Sie SEBLOD deshalb unbedingt zunächst in einer separaten Joomla!-Testinstanz, um es auf Herz und Nieren zu prüfen.

17.4.1 Inhaltstyp anlegen

Bevor es an das Erzeugen eines neuen Inhaltstyps (auch Contenttyp) geht, steht eine kleine organisatorische Vorbereitung an. Über sogenannte *App-Ordner* erlaubt SEB-LOD die Gruppierung aller Elemente des Content-Construction-Kits, seien es Inhaltstypen, die Felder, aus denen sie bestehen, oder Eingabeformulare und Ausgabeseiten (siehe Abbildung 17.40). So findet man beispielsweise alle Bestandteile, aus denen Joomla! Webseiten zusammensetzt, in einem App-Ordner *JOOMLA*, vom CCK mitgebrachte Elemente liegen unter *SEBLOD*. Deshalb legen Sie alle Eigenentwicklungen in einen persönlichen App-Ordner, um sich im Laufe der Arbeiten an den Formularen besser zurechtzufinden.

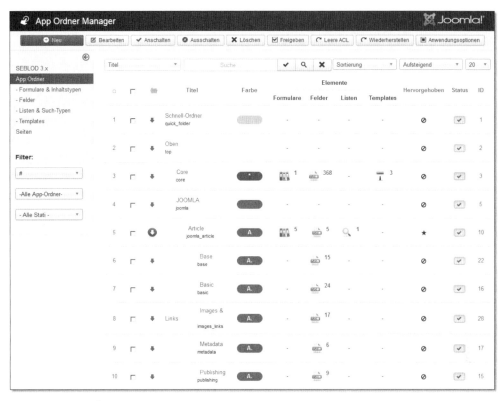

Abbildung 17.40 Über App-Ordner organisiert SEBLOD alle mit der Erweiterung erzeugten Elemente, egal ob Inhaltstypen, Felder oder Ausgabetemplates.

App-Ordner vorbereiten

1. Während der Installation richtete SEBLOD ein neues Menü im Hauptmenü von Joomla! ein, so erreichen Sie den App Ordner Manager einfacher über KONSTRUKTION • APP ORDNER.

2. Klicken Sie auf NEU zum Anlegen eines neues App-Ordners, und füllen Sie diese Formularfelder aus (siehe Abbildung 17.41):
   – TITEL: Benennen Sie Ihren App-Folder auf Basis des Projekts oder der Website, an der Sie arbeiten, z. B. »Reiseforum«.
   – ELTERNELEMENT: App-Ordner lassen sich verschachteln, dieser Haupt-App-Ordner ist allerdings in der Position OBEN gut aufgehoben.

- HERVORGEHOBEN: Wählen Sie JA, damit dieser App-Ordner bei allen weiteren Bearbeitungsformularen auf oberster Ebene zur Auswahl angezeigt wird.
- ELEMENTE: Lassen Sie alle Häkchen gesetzt, damit alle Bestandteile, die Sie entwerfen, in diesen App-Ordner gelegt werden können.
- FARBE, BUCHSTABE, BUCHSTABEN FARBE: Diese Felder dienen dem leichten Auffinden des App-Ordners in der App-Ordner-Übersicht. Die Markierung für das Reiseforum (RF) hat beispielsweise die Konfiguration #519548, RF, #FFFFFF.

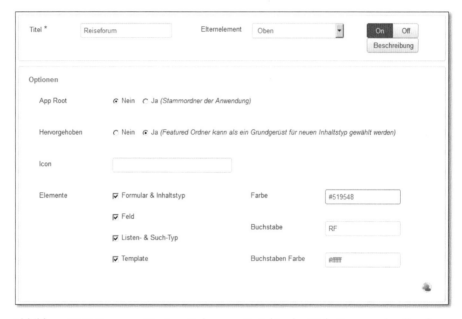

Abbildung 17.41 Erzeugen Sie App-Ordner pro Projekt oder Website, um schnell auf alle spezifischen Contentbestandteile zugreifen zu können.

3. SPEICHERN & SCHLIESSEN Sie die App-Ordner-Konfiguration, und scrollen Sie sich durch die Liste, bis Sie Ihren App-Ordner sehen.

> **Tipp: App-Ordner sind Joomla/SEBLOD-Erweiterungspakete**
>
> Hinter der Organisation all Ihrer SEBLOD-Entwürfe in einem spezifischen App-Ordner steckt nicht nur der Vorteil einer größeren Übersicht, sondern eine ausgewachsene Export-/Import-Funktionalität. Klicken Sie in der App-Ordner-Ansicht auf den kleinen Pfeil (⬇) vor dem App-Order-Namen, laden Sie ein ZIP-Archiv herunter, das in Form und Inhalt einem Joomla!-Erweiterungspaket entspricht und all Ihre Inhaltstypen, Felddefinitionen und sonstigen App-Ordner-spezifischen SEBLOD-Einstellungen enthält. Auf diese Weise konstruieren Sie ein vollständiges autonomes Contentpflege-Setup auf einem Entwicklungssystem und rollen es später auf beliebige Joomla!-

Live-Installationen aus. Das Paket enthält keinen Content, sondern nur die Elemente zum Aufbau der neuen Inhaltselemente.

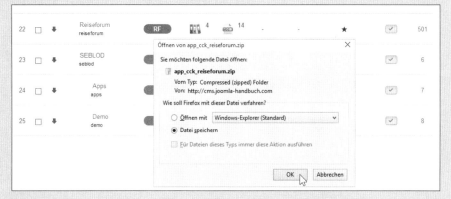

Abbildung 17.42 App-Ordner fungieren wie kleine Joomla!-/SEBLOD-Erweiterungspakete, mit denen Sie komplette Contentpflege-Setups auf anderen Joomla!-Systemen installieren.

Neuen Inhaltstyp erzeugen

Nach dieser organisatorischen Vorarbeit legen Sie nun Ihren ersten Inhaltstyp in SEBLOD an. Stellen Sie sich jeden Inhaltstyp wie eine Datenbanktabelle vor, die klar bestimmte Elemente enthält (Stichwort Normalisierung). Genau wie die Tabelle, die für den Datentyp geeignete Felder (Zahlen, Zeichenketten, BLOBs) enthält, definiert sich z. B. der CCK-Inhaltstyp INSEL durch diese Elemente:

Feldname	Feldtyp
Titel	Text
Einleitung	WYSIWYG-Textfeld
Land	Text
Einwohner	Text
Hauptstadt	Text
Sprache(n)	Mehrfachauswahl
Sonnenuntergang	Bild aus Medienmanager
Flagge	Bild aus Medienmanager

Tabelle 17.3 Liste der Felder für den neuen Inhaltstyp »Insel«

1. Öffnen Sie über KONSTRUKTION • FORMULARE & INHALTSTYPEN • Button NEU das Popup-Fenster, aus dem Sie die Vorlage für den Inhaltstyp oder den Speicherort auswählen (siehe Abbildung 17.43). An dieser Stelle erscheint bereits der eben angelegte App-Ordner REISEFORUM, den Sie anklicken, um zu einem leeren Konstruktionsformular zu gelangen.

Abbildung 17.43 Im Popup-Fenster »Neu Formular & Inhaltstyp« wählen Sie eine leere Vorlage über das Icon für den neu angelegten App-Ordner »Reiseforum«.

2. Im nun erscheinenden Bearbeitungsformular FORMULAR & INHALTSTYP werden Sie einen Großteil Ihrer Arbeit in SEBLOD verbringen. Das Formular wirkt auf den ersten Blick kompliziert, hinter den vielen Einstellungsfeldern steckt aber ein einfaches Prinzip: Im Mittelpunkt der Inhaltstypkonfiguration steht die Zusammenstellung der in der obigen Tabelle gesammelten Felder. Diese Zusammenstellung nehmen Sie sowohl für das Contentpflege-Formular im Backend vor, das sogenannte *AdminForm* (für Frontend-Contentpflege stünde auch ein *SiteForm* zur Verfügung), als auch für die eigentliche Ausgabe der eingegebenen Daten auf den Frontend-Seiten der Website.

Bearbeiten Sie zunächst die Inhalte des obersten Kastens, der immer eingeblendet bleibt, egal, welche Unterbereiche (Contentpflege-Formular oder Frontend-Ausgabe) angezeigt werden.

– TITEL: Vergeben Sie einen beschreibenden Namen, unter dem Sie den neuen Inhaltstyp fortan im Backend wiederfinden, z. B. »Insel«.

– APP ORDNER: Wählen Sie hier Ihren angelegten App-Ordner aus (REISEFORUM), um all Ihre Arbeiten an einer Stelle zu sammeln (siehe Abbildung 17.44).

– ON/OFF: Erlaubt das Deaktivieren des Inhaltstyps, belassen Sie diesen Schalter also auf JA.

Abbildung 17.44 Wählen Sie bei der Erstellung neuer Inhaltstypen und Felder immer Ihren eigenen »App Ordner«, um nicht mit Bestandteilen von Joomla! oder SEBOLD durcheinanderzukommen.

- BESCHREIBUNG: Ergänzen Sie einen kurzen Beschreibungstext zum Inhaltstyp, falls später andere Mitarbeiter mit diesem Formular arbeiten.
- ANSICHTEN – ADMINFORM/SITEFORM/EINLEITUNG/INHALT (siehe Abbildung 17.45): Dieser Umschalter steuert die eben angesprochene Unterscheidung zwischen Contentpflege-Formular und Frontend-Ausgabe und beeinflusst die Darstellung des unteren Formularbereichs. ADMINFORM ist das Bearbeitungsformular während der Contentpflege im Backend, SITEFORM ist ein Bearbeitungsformular für das Frontend, EINLEITUNG und INHALT stehen für die Darstellung der Inhalte auf den Webseiten. Während die letzten beiden Punkte also die *Ausgabe* konfigurieren, steuern die ersten beiden die *Eingabe*. Bleiben Sie für die nächsten Schritte zunächst in der Schalterstellung ADMINFORM.

Abbildung 17.45 Über »Ansichten« wählen Sie zwischen der Konfiguration der Contentpflege-Formulare (»AdminForm«, »SiteForm«) und Frontend-Ausgabe (»Einleitung«, »Inhalt«); die »Optionen« blenden Teilaspekte dieser Konfigurationen ein.

- OPTIONEN – KONFIGURATION/FELDER/TEMPLATE: Mit diesem Umschalter wechseln Sie noch mal die Ansicht des unteren Formularbereichs. Für jeden der Bereiche ADMINFORM, SITEFORM, EINLEITUNG und INHALT sind verschiedene Einstellungsseiten einblendbar. Lassen Sie den Schalter vorerst auf der wichtigsten Konfiguration FELDER.

3. Bei der Initialkonfiguration eines neuen Inhaltstyps sehen Sie einen weiteren Formularblock, der später über einen Pfeil (▼) ein- und ausgeblendet wird. Dies sind

Feineinstellungen, die Sie für dieses Beispiel zunächst bei ihren Standardwerten belassen.

4. Stehen ANSICHT auf ADMINFORM und OPTIONEN auf FELDER, besteht der untere Formularbereich nun aus einer filterbaren Liste verfügbarer Formularfelder (rechts) und einer Liste für die aktuell in Ihrem Inhaltstyp verwendeten Felder (links). Um ein Feld zu übernehmen, suchen Sie es sich aus der rechten Liste heraus und ziehen es per Drag & Drop, einem Baukastensystem ähnlich, in den linken Bereich, wie in Abbildung 17.46 dargestellt.

So gut wie jeder Inhaltstyp benötigt einen *Titel*, ein Feld, das Joomla! in all seinen Inhaltstypen (Beitrag, Kategorie etc.) verwendet und das für den eigenen Insel- und andere Inhaltstypen wiederverwendet werden kann. Klappen Sie die obere Dropdown-Liste auf (bei breiten Bildschirmen die obere linke), und wählen Sie den Punkt JOOMLA • ARTICLE. Unter den Dropdown-Listen aktualisiert sich nun die Liste der in dieser Kategorie enthaltenen Felder. Packen Sie das Element ARTICLE TITLE (TEXT) am Drag-&-Drop-Icon, und ziehen Sie es nach links in den Bereich MAINBODY. Die Bedeutung dieser Bereiche/Positionen wird in Kürze klar.

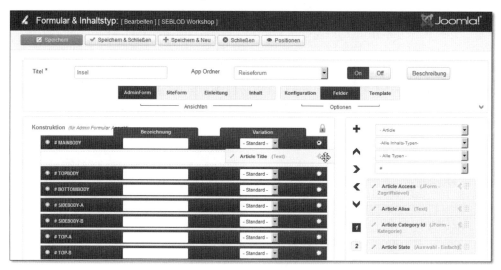

Abbildung 17.46 Bei der Zusammenstellung der Felder bedienen Sie sich aus der Palette der bereits in Joomla! existierenden Elemente.

5. Auch die Einleitung für den Insel-Inhaltstyp ist ein Feld, das bereits im umfangreichem Arsenal von Joomla! existiert. Sie finden es in der Filtergruppe JOOMLA • ARTICLE • BASE als ARTICLE INTROTEXT (WYSIWYG EDITOR). Ziehen Sie es direkt nach links unter den ARTICLE TITLE.

6. Laut vorbereiteter Feldertabelle steht nun das Feld »Land« an. Dafür gibt es in Joomla! keine Entsprechung, es wird Zeit, das erste eigene benutzerdefinierte Feld

anzulegen. Klicken Sie zunächst auf das kleine Schlosssymbol oberhalb der Liste aufgenommener Felder, sodass sich das Schloss öffnet (, siehe Abbildung 17.47). Dies bewirkt, dass ab sofort neu angelegte Felder für alle Inhaltstypen verfügbar und nicht auf den aktuellen Inhaltstyp beschränkt sind. So legen Sie sich im Laufe der Erzeugung verschiedener Inhaltstypen einen kleinen Pool eigener wiederverwendbarer Felder an. Klicken Sie jetzt in der oberen linken Ecke des rechten Feldlistenkastens auf das blaue Plussymbol ( ).

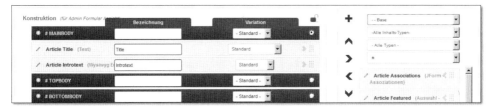

Abbildung 17.47 Öffnen Sie das Schlosssymbol, sind ab sofort alle neu angelegten Felder für alle Inhaltstypen verfügbar.

Hinweis: Es spricht nichts dagegen, auch den Titel und die Beschreibung als eigene Felder anzulegen. Vorteil: Für spätere Feldzusammenstellungen erreichen Sie ausnahmslos alle Felder über den Dropdown-Listeneintrag Ihres App-Ordners (*Reiseforum*).

Abbildung 17.48 Durch Klick auf das Plussymbol öffnen Sie das Formular zum Anlegen eines neuen Felds.

Im Formular für neue Felder geben Sie dem Feld zunächst einen beschreibenden Titel und einen programminternen, üblicherweise englischen Namen (hier: »country«). Stellen Sie sicher, dass Ihr eigener App Ordner eingestellt ist, und wählen Sie den Feld-Typ, die wahrscheinlich wichtigste Einstellung dieses Formulars. Sie ist synonym mit einem *Datentyp* und erlaubt die Zuweisung eines ein- oder mehrzeiligen Textfelds, einer Bild- oder Dateiauswahl (inklusive Upload-Funktionalität), von Checkboxes oder Radiobuttons, Joomla!-internen Formularfeldtypen, einer Farbpipette, Kalendertagauswahl, kurzum allen Formularelementen, denen man im Umgang mit Joomla! und Webapplikationen begegnet. Für das »Land« genügt der einfache Typ Text (siehe Abbildung 17.48).

Alle weiteren Einstellungen sind typabhängig. Bei Textfeldern legen Sie beispielsweise die Minimal- und Maximallänge des Textes fest, bei Auswahlfeldern die Einträge und für einen Bilder-Upload den Pfad und die Auflösungen automatisch anzulegender Vorschaubilder. Gemeinsam ist allen jedoch die Bezeichnung, ein kurzer Labeltext vor dem Feld, und der Bereich Speicherung. Hier legen Sie fest, wie SEBLOD das neue Feld in der Datenbank hinterlegt. *Wichtig*: Stellen Sie bei Anlage jedes Felds sicher, dass die Dropdown-Listen auf Standard und Artikel stehen. Das leere Feld dahinter dient der Aufnahme des Spaltennamens in die Datenbanktabelle und wird von SEBLOD beim Speichern automatisch mit dem Text des oben eingegebenen (programminternen) Namens befüllt. Beenden Sie die Feldkonfiguration über den Button Speichern & Schliessen.

Tipp: Sind Sie bei den vielen Möglichkeiten nachträglich nicht mit den Feldeinstellungen zufrieden, klicken Sie vor dem Feldnamen auf das Stift-Icon (), um zurück zur Feldkonfiguration zu gelangen. Der interne Name lässt sich dann allerdings nicht mehr ändern. Dazu wechseln Sie nach der Erzeugung des Inhaltstyps in den Feldermanager, filtern die endlose Felderliste anhand Ihres App-Ordners, markieren und löschen das Feld und legen es schließlich wieder neu an.

7. Wiederholen Sie die Neuanlage nun für alle Felder des Insel-Inhaltstyps, und achten Sie immer auf das offene Schloss (), die Speicherung-Einstellungen und die korrekte interne Bezeichnung. Für »Sprache« setzen Sie den Feldtyp Auswahl • Mehrfach ein und befüllen die Optionen-Textfelder mit Sprachnamen (siehe Beispiel in Abbildung 17.49). Für »Sonnenuntergang« und »Flagge« wählen Sie den Typ Joomla Bibliothek (JForm) • Medien, eine weitere Konfiguration für diesen Link zum Medienmanager ist nicht erforderlich. Speichern Sie das Inhaltstypformular auch gelegentlich, solange die Feldliste im linken Konstruktionsbereich wächst.

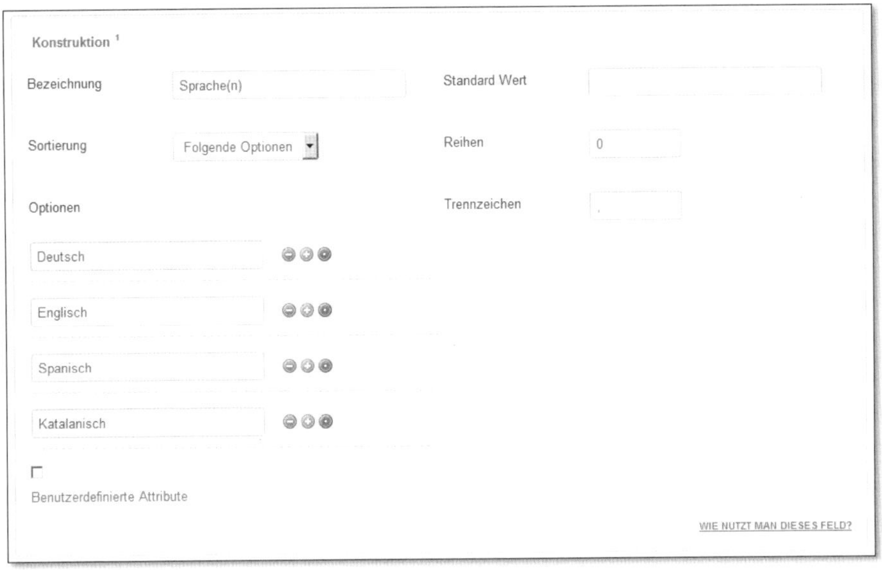

Abbildung 17.49 Beispieleinstellungen für den Feldtyp »Auswahl« • »Mehrfach«, der im Contentpflege-Formular als ein mehrzeiliges Auswahlfeld erscheint.

8. Haben Sie alle Felder hinzugefügt, klicken Sie in der Buttonleiste auf SPEICHERN & SCHLIESSEN.

Contentpflege-Formular testen und optimieren

Öffnen Sie nun einen neuen Browsertab mit dem Administrations-Backend von Joomla!, und wechseln Sie über INHALT • BEITRÄGE zum Beitragsmanager, um das Contentpflege-Formular zu testen. An dieser Stelle bekommen Sie bereits ein Gefühl, wie stark sich SEBLOD in das Contentpflege-System integriert. Wählen Sie *nicht* den Menüpunkt INHALT • BEITRÄGE • NEUER BEITRAG, sondern klicken Sie auf den Button NEU, woraufhin sich ein kleines Popup-Fenster öffnet. Es enthält den Standardinhaltstyp ARTIKEL (falsch übersetzt, müsste *Beitrag* heißen) und den neuen Inhaltstyp INSEL. Klicken Sie auf INSEL, gelangen Sie zum Contentpflege-Formular, das alle eben eingestellten Felder zur Bearbeitung listet.

Besonders übersichtlich ist das Inselformular jedoch noch nicht (siehe Abbildung 17.50). Die Labels TITLE und INTROTEXT der Standardfelder sind irreführend, der Editor ist viel zu überladen, und eine ansprechendere Aufteilung der Textfelder wäre wünschenswert. Alles kein Problem mit SEBLOD.

Ab jetzt ist es praktisch, mit zwei Browsertabs weiterzuarbeiten. So nehmen Sie in einem Tab Anpassungen am Inhaltstyp und seinen Feldern vor (Zwischenspeichern über Button SPEICHERN), um im zweiten die neue Gestaltung mit [F5] (OS X: [cmd] + [R]) zu überprüfen. Im Fall des Inselformulars gibt es diese Korrekturen:

▶ **Umbenennung der »Bezeichnung« des »Article Title« und »Article Introtext« in Inselname und Beschreibung**
Die Einstellung nehmen Sie in der Detailkonfiguration der einzelnen Felder vor, die Sie über das Stift-Icon (✎) erreichen.

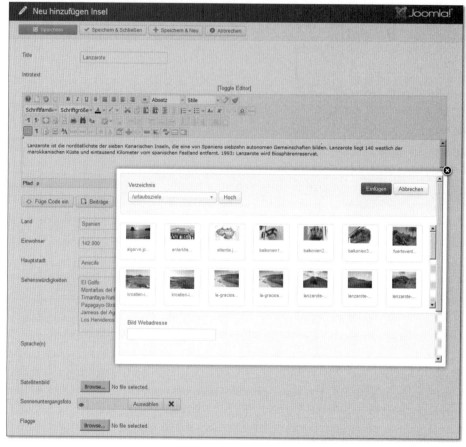

Abbildung 17.50 Contentpflege-Formular der neuen Inhaltstyps »Insel« mit Medienmanager-Popup-Fenster

▶ **Umschalten des Editors im Feld »Article Introtext« zu einer simpleren Variante des TinyMCE**
Dazu bearbeiten Sie ebenfalls die Felddetails per Stift-Icon (✎) und wählen aus der Dropdown-Liste Typ den Eintrag Textarea • Wysiwyg Editor.

▶ **Neue Platzierung aller Feldpositionen für ein ansprechenderes Formularlayout**
Hierzu kommen die vielen blauen betitelten Sektionen im Konstruktionsbereich zum Einsatz (siehe Abbildung 17.51). Ziehen Sie das zu verschiebende Feld mit seinem Drag-Icon (⋮) in eine andere Sektion, speichern Sie den Inhaltstyp, und prüfen Sie im anderen Browsertab, wie sich das Layout nun verhält (siehe Abbildung 17.52).

Eine Übersicht über die verschiedenen Layoutpositionen finden Sie im Kasten »Hintergrund: SEBLOD-Template im Joomla!-Template«.

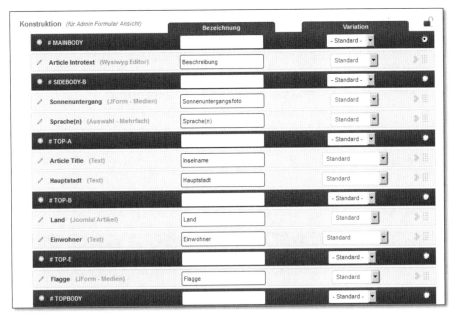

Abbildung 17.51 Beispiellayoutpositionen der Felder des Insel-Inhaltstyps für das Contentpflege-Formular im Backend

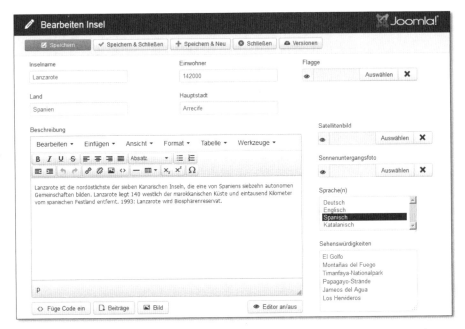

Abbildung 17.52 Durch SEBOLDs Feldbereiche und -positionen lassen sich ansprechendere und übersichtliche Contentpflege-Formulare gestalten.

17 Joomla! als Content-Management-System

Hintergrund: SEBLOD-Template im Joomla!-Template

Bei der Zusammenstellung der Felder für Ihren Inhaltstyp stehen Ihnen verschiedene Bereiche/Positionen eines SEBLOD-internen Templates zur Verfügung. Dieses Template hat nichts mit dem eingestellten Joomla!-Template, egal ob Front- oder Backend, zu tun, sondern greift ausschließlich im Hauptcontentbereich der Webseiten. Sozusagen ein Template im Template. Das einzige mit SEBLOD mitinstallierte Standardtemplate verfügt über 44 Positionen, auf diese Weise lassen sich sowohl Backend-Contentpflege-Formulare (siehe Abbildung 17.53) als auch die Felderdarstellung im Frontend (siehe Abbildung 17.54) äußerst flexibel gestalten. Sammeln Sie zunächst all Ihre Felder im MAINBODY, und experimentieren Sie später mit der vollständigen Felderliste und den einzelnen Positionierungen. Beachten Sie, dass standardmäßig noch nicht alle Feldpositionen verfügbar sind. Die Positionen HEADER, LEFT und FOOTER aktivieren Sie im Inhaltstypformular über den OPTIONEN-Schalter TEMPLATE • Bereich POSITIONEN • Felder KOPFZEILE / LINKE SPALTE (BREITE) / FUSSZEILE.

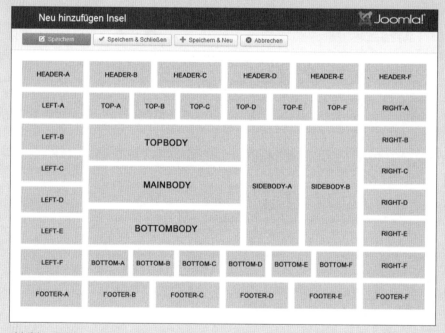

Abbildung 17.53 SEBLODs Contentpflege-Formular im Backend nutzt die volle Fensterbreite von Joomla!, sodass Sie alle Freiheiten für ein benutzerfreundliches Formularlayout haben.

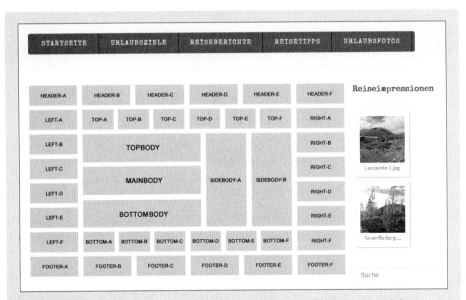

Abbildung 17.54 Im Frontend kann es wegen weiterer eingeblendeter Module, z. B. in der Seitenleiste, etwas eng im Contentbereich werden; sammeln Sie alle Felder zunächst im »MAINBODY«, und experimentieren Sie dann mit der Verteilung.

17.4.2 Inhalte auf Webseiten darstellen

Legen Sie über den neuen Inhaltstyp einige Testinseln an, denn jetzt beschäftigen Sie sich mit der Darstellung auf Webseiten im Frontend, was ebenso unkompliziert wie die Erzeugung des Contentpflege-Formulars ist. Sie erstellen zunächst per Menüeintrag eine neue Webseite, um dann – ähnlich wie beim Eingabeformular – mithilfe zweier Browsertabs schnell zwischen Einstellung und Darstellung zu wechseln.

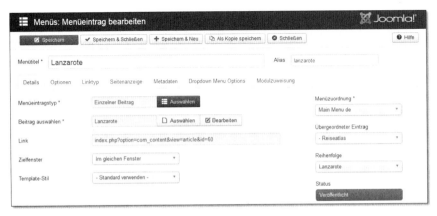

Abbildung 17.55 SEBLOD-Inhalte verlinken Sie in Ihrem Websitemenü über normale Einträge des Menüeintragstyps »Einzelner Beitrag«.

1. Wechseln Sie zu MENÜS • MAIN MENU • NEUER MENÜEINTRAG, und legen Sie die neue Webseite an (siehe Abbildung 17.55):
   - MENÜTITEL: Name der Insel, z. B. »Lanzarote«
   - MENÜEINTRAGSTYP: SEBOLD-Inhalte verwenden den normalen Joomla!-Inhaltstyp BEITRÄGE • EINZELNER BEITRAG.
   - BEITRAG AUSWÄHLEN: Wählen Sie eines der eben angelegten INSEL-Inhaltselemente.
   - Reiter OPTIONEN • TITEL: Stellen Sie den TITEL auf VERBERGEN, da Sie die Überschrift gleich über den Inhaltstyp als HTML5-konformes <h1>-Tag ausgeben werden.

   SPEICHERN & SCHLIESSEN Sie den neuen Menüeintrag, und öffnen Sie die neue Frontend-Webseite in einem neuen Browsertag. Die Seite erscheint leer, da für den Insel-Inhaltstyp noch keine Frontend-Ausgabe konfiguriert ist.

2. Wechseln Sie im Backend zur Konfiguration des INSEL-Inhaltstyps, und stellen Sie den ANSICHTEN-Schalter auf INHALT. Die Liste KONSTRUKTION auf der linken Seite wird alle Felder enthalten, die Sie im Frontend einblenden möchten, die Bedienung erfolgt analog zum Contentpflege-Formular:

   Ziehen Sie nacheinander alle für die Insel relevanten Felder an die entsprechend geeigneten Bereiche. Für die Reiseforum-Insel landet der ARTICLE INTROTEXT z. B. im MAINBODY, das Sonnenuntergangsfoto im BOTTOMBODY, und der SIDEBODY-B sammelt die FLAGGE und die Angaben zu HAUPTSTADT, EINWOHNER und SPRACHEN. Der ARTICLE TITLE wandert in die oberste linke Ecke, darum befindet er sich im Bereich TOP-A.

3. SPEICHERN Sie das Formular, und aktualisieren Sie die Frontend-Seite, die nun die Inhalte darstellt, aber Optimierungspotenzial hat. Besonders interessant ist, dass statt der Bilder die Dateipfade erscheinen (siehe Abbildung 17.56).

4. Zurück im Inhaltstypformular für die Frontend-Ausgabe (ANSICHT • INHALT) nehmen Sie folgende Feineinstellungen vor:
   - Entfernen Sie die Textlabels, indem Sie in die Spalte BEZEICHNUNG das Wort »clear« schreiben. Für die Reiseforum-Insel betrifft das z. B. die Labels für ARTICLE INTROTEXT, das SONNENUNTERGANGSFOTO, die FLAGGE und den Seitentitel unter ARTICLE TITLE.
   - Klicken Sie in der Icon-Spalte der rechten Liste auf `2`, wechseln die KONSTRUKTION-Konfigurationsspalten zu LINK und TYPOGRAFIE. Unter TYPOGRAFIE beeinflussen Sie die Darstellung des Felds im Frontend: Stellen Sie alle Bilder in der Dropdown-Liste auf BILD • BILD und die Überschrift ARTICLE TITLE auf BASIS • ÜBERSCHRIFT. Klicken Sie dann auf das Pluszeichen neben ÜBERSCHRIFT, öffnet sich ein kleines Popup-Fenster, in dem Sie die ÜBERSCHRIFTEN-Ebene H1 auswählen (siehe Abbildung 17.57).

17.4 Content-Construction-Kit SEBLOD

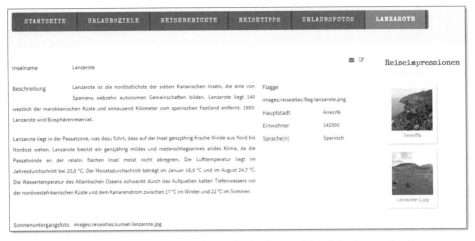

Abbildung 17.56 Nach der Ergänzung der Felder in der Ansicht »Inhalt« werden ihre Inhalte im Frontend ausgegeben, die Bereichspositionen sehen gut aus, aber Bilddarstellung und Textlabels sind noch nicht final.

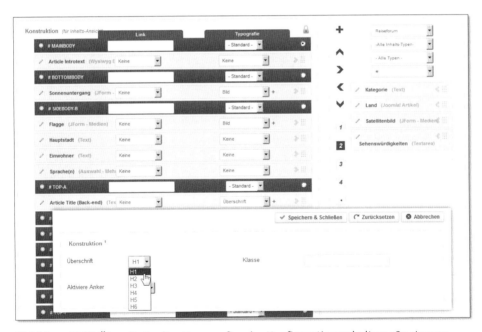

Abbildung 17.57 Über die Spalte »Typografie« des Konfigurationsschalters »2« steuern Sie das Aussehen der Felder im Frontend.

5. Speichern & Schliessen Sie das Popup-Fenster, und Speichern Sie das Inhaltstypformular. Aktualisieren Sie nun die Frontend-Webseite, um die Anpassungen zu bestätigen, und experimentieren Sie bei Bedarf weiter mit den Bereichspositionen und Formatierungen (siehe Abbildung 17.58).

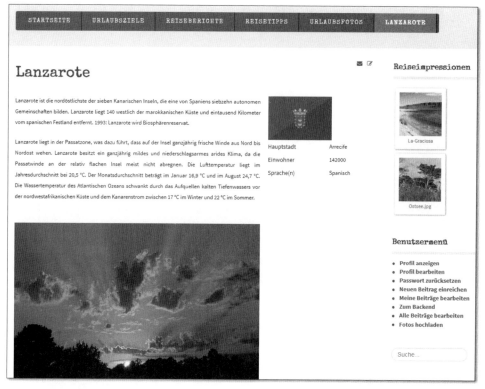

Abbildung 17.58 Mit einigen kleinen »Typografie«-Modifikationen erscheinen die Bilder korrekt und der Inseltitel innerhalb eines <h1>-Tags.

Sicher gewinnt dieses Design noch keinen Preis, aber von hier an nutzen Sie herkömmliche Stylingmaßnahmen zur Verschönerung der Ausgabe, z. B. durch Hinzufügen von Abständen oder Zentrierungen per CSS-Overrides.

> **Problemlösung: Kompatibilitätsprobleme zwischen SEBLOD und anderen Content-Plugins**
>
> Erscheinen Webseiten leer oder sind chaotisch formatiert, verträgt sich SEBLOD nicht mit einer anderen installierten Erweiterung. Doch bevor Sie die konkurrierende Erweiterung deaktivieren, prüfen Sie die Ladeposition des Plugins INHALT – SEBLOD. Es muss in der Liste der Inhalts-Plugins als Erstes stehen, da es mit seinen fundamentalen Contentmanipulationen vor jedem anderen Plugin ausgeführt werden muss. Prüfen Sie die Position über ERWEITERUNGEN • PLUGINS • Seitenleiste FILTER • TYP WÄHLEN • CONTENT • Klick auf INHALT - SEBLOD. In der Plugin-Konfiguration muss das Plugin unter REIHENFOLGE an Stelle 1 stehen. Tut es das nicht, wählen Sie aus der Dropdown-Liste 0 ALS ERSTES, und SPEICHERN Sie die Konfiguration.

17.4.3 Inhaltestrukturen über Referenzfelder abbilden

Einmal fertiggestellt, soll der Reiseatlas nicht nur Inseln listen, sondern auch Berge und Seen – Inhaltstypen ganz ähnlich der Insel, aber mit eigenen Feldern wie Höhe, Erstbesteigung, Fläche und Tiefe. Ein Feld haben aber alle drei Inhaltstypen gemein: das Land. Es liegt nahe, hier ein Feld des Typs AUSWAHL • EINFACH anzulegen, das im Contentpflege-Formular eine Dropdown-Liste für die Länderauswahl darstellt. Ähnlich der auf der Insel gesprochenen SPRACHEN lägen Sie dazu eine Liste mit festen Werten in das Formular der Felddefinition. Und würde das Feld bei offenem Schlosssymbol (🔓) angelegt, stünde es über die Felderliste jedem anderen Inhaltstyp zur Verfügung.

Was aber, wenn es sich beim Land nicht nur um ein simples Feld, sondern einen eigenen Inhaltstyp handelt? Mit Beschreibung, Liste der gesprochenen Sprachen, Einwohnerzahl etc. In diesem Fall greift ein weiteres mächtiges Content-Management-Feature, mit dem die Abbildung komplexer Datenstrukturen möglich ist: Über *Referenzfelder* verbinden Sie einen Inhaltstyp mit anderen. Falls Sie bereits intensiver mit Datenbanken gearbeitet haben, kennen Sie das Thema bereits in Zusammenhang mit Normalisierung und der Beseitigung von Redundanzen.

Anwendung finden solche komplexen Inhaltsstrukturen überall dort, wo Daten nicht in flachen Tabellen vorliegen, sondern untereinander in Beziehung stehen. Eine Liste von Rechnungen mit einem Feld, das auf einen Kundenlisteneintrag verweist. Oder eine Schuldatenbank, in der Schüler einer Klasse zugewiesen sind und die Klasse, abhängig vom Fach, einem bestimmten Raum; die Fach- und Klassenkombination verweist wiederum auf eine bestimmte Lehrkraft. Über Referenzfelder lässt sich mit SEBLOD sogar, etwas Planung vorausgesetzt, ein komplexes Warenwirtschaftssystem abbilden oder ein Online-Shop. Anhand des Reiseforums und der Verknüpfung zwischen Land und Insel, Berg und See lernen Sie auf diesen Seiten das Prinzip und die Umsetzung kennen.

Bevor Sie an die SEBOLDs Konfiguration Hand anlegen, benötigen Sie eine Vorstellung über die Abbildung der Inhalte, die Architektur der zu speichernden Informationen. Wer bereits Übung im Entwurf von Datenbanken hat, tut sich mit der Abstraktion leichter. Sie brechen den Gesamtinhalt auf einzelne Elemente herunter und listen die einzelnen Bestandteile und etwaige Verknüpfungen der Elemente untereinander. Das geschieht am besten erst mal als kleine Übersicht in einem Texteditor, wie die Tabelle zu Beginn dieses SEBLOD-Kapitelabschnitts. Oder, falls die Struktur etwas komplexer ist, mithilfe von Datenbank-Visualisierungstools wie MySQL Workbench, Visio (einfaches Beispiel in Abbildung 17.59) oder kostenlosen Werkzeugen im Internet, z. B. Creately (*http://creately.com*).

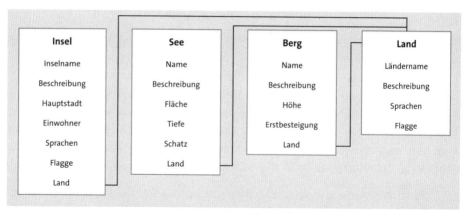

Abbildung 17.59 Das Feld »Land« der Inhaltstypen »Insel«, »See« und »Berg« ist mit dem Inhaltstyp »Land« verknüpft.

Haben Sie sich auf diese Weise einen Überblick über alle Inhaltstypen und ihre Abhängigkeiten untereinander verschafft, geht es an die Umsetzung in SEBLOD. Im Reiseatlasbeispiel sehen Sie, dass sich einige Felder der Inhaltstypen ähneln. Name und Beschreibung entstehen, wie schon beim Inselprototyp, aus den Standardfeldern ARTICLE TITLE und ARTICLE INTROTEXT, aber auch die selbst erzeugten Felder SPRACHEN und FLAGGE erscheinen häufiger. In so einem Fall zahlt es sich aus, bei der Feldgenerierung auf das offene Schlosssymbol (🔓) zu achten. Das Hinzufügen der langen Sprachenliste (für Insel und Land) ist somit nur einen Mausklick entfernt.

Erstellen Sie an dieser Stelle all diese Inhaltstypen mit ihren Feldern, wie bereits in Abschnitt 17.4.1, »Inhaltstyp anlegen«, beschrieben. Kommen Sie zum Feld LAND, erfolgt die Verknüpfung über einen ganz besonderen Feldtyp: JOOMLA! • ARTIKEL (ÄHNLICHE). Damit dieses Feld seinen Dienst ordnungsgemäß verrichtet, muss der Inhaltstyp LAND für seinen Einsatz als Referenzfeld vorbereitet werden. Dazu ist es erforderlich, dass alle Länder-Inhaltselemente (Deutschland, Griechenland, Portugal etc.) in einer dafür bestimmten Joomla!-Kategorie liegen. Bearbeiten Sie die folgenden Schritte in einem neuen Browsertab, denn nach Abschluss der Einstellungen fahren Sie im aktuellen Tab in der Inhaltstypkonfiguration mit dem Referenzfeld LAND fort.

1. Erzeugen Sie über INHALT • KATEGORIEN eine NEUE KATEGORIE.
    – TITEL: »Land«

   Klicken Sie auf SPEICHERN & SCHLIESSEN, und merken Sie sich die ID, die diese Kategorie erhalten hat. Klicken Sie im Kategoriemanager z. B. zweimal auf die Spaltenüberschrift ID, um die Liste absteigend nach der ID-Nummer zu sortieren, denn die eben hinzugefügte Kategorie hat die höchste ID.

2. Zurück zu SEBLOD. Bearbeiten Sie die Konfiguration des Inhaltstyps LAND, und ergänzen Sie über das blaue Plussymbol (➕) ein neues Feld (siehe Abbildung 17.60).

- Titel: »Kategorie«
- Name: »category«
- App Ordner: Reiseforum
- Typ: Text
- Standard Wert: Tragen Sie hier die ID der eben erzeugten Kategorie ein, im Reiseforumbeispiel ist das die »69«.
- Speicherung • Formular / Ort: Standard, Artikel und die Tabellenfeldbezeichnung »catid«

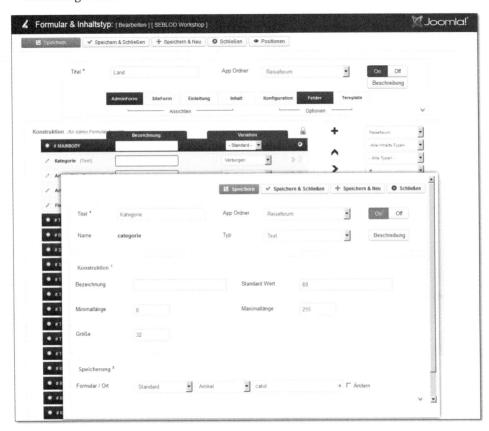

Abbildung 17.60 Das neue »Kategorie«-Feld verknüpft den Inhaltstyp »Land« fest mit der Joomla!-Kategorie »Land«; dazu muss der Wert des neuen Felds der ID der Kategorie entsprechen.

Hiermit erhält der Inhaltstyp Land ein auf die neue Land-Kategorie verweisendes Feld. Bei Anlage eines neuen Landes sorgt der Standard Wert dafür, dass immer die gleiche Kategorie gespeichert wird. Die Angabe des Tabellenfelds »catid«, ein Joomla!-Standardfeld, ist erforderlich, damit das Referenzfeld später weiß, welche

Länder es im Contentpflege-Formular anzeigen darf, nämlich all die, deren »catid« im Beispiel »69« ist.

3. SPEICHERN & SCHLIESSEN Sie das neue Kategorie-Feld.
4. Eine kleine Einstellung verhindert abschließend, dass ein Contentpfleger, der die Länderliste erweitert oder bearbeitet, die Kategorie ändert. (Sie muss »69« lauten, sonst wird das Land nicht vom Referenzfeld gefunden.) Stellen Sie die Dropdown-Liste der Spalte VARIATION in der Zeile des neuen KATEGORIE-Felds von STANDARD auf VERBORGEN. Somit ist das Feld zwar im Formular der Länderbearbeitung enthalten, aber unsichtbar und damit nicht mehr modifizierbar.
5. SPEICHERN & SCHLIESSEN Sie den Land-Inhaltstyp, und pflegen Sie über INHALT • BEITRÄGE • Button NEU (nicht den Menüpunkt NEUER BEITRAG verwenden) • Form LAND einige Testländer ein.

Der Inhaltstyp LAND ist nun vorbereitet, um über Felder anderer Inhaltstypen referenziert zu werden. Diese Felder nutzen wiederum die angelegte Joomla!-Kategorie, um alle einer bestimmten Kategorie zugewiesenen Elemente zur Auswahl zu bieten.

1. Erstellen Sie in den Inhaltstypen INSEL, SEE und BERG ein neues Feld »Land«.
   - TITEL: »Land«
   - NAME: »country«
   - APP ORDNER: REISEFORUM
   - TYP: JOOMLA! • ARTIKEL (ÄHNLICHE)
   - BEZEICHNUNG: »Land«
   - SPEICHERUNG • FORMULAR / ORT: STANDARD, ARTIKEL, die Tabellenfeldbezeichnung entsteht beim Speichern automatisch aus dem Feld NAME.
2. Unmittelbar nach Auswahl des TYPS ARTIKEL (ÄHNLICHE) erscheint eine neue Mehrfachauswahl im Bereich KONSTRUKTION unter dem BEZEICHNUNG-Textfeld: KATEGORIEN (siehe Abbildung 17.61). SEBLOD listet hier alle Joomla!-Kategorien und natürlich auch die neue Kategorie LAND. Wählen Sie sie aus, und ergänzen Sie neben AUSWAHL LABEL noch einen kurzen Text, der erscheint, wenn im Contentpflege-Formular noch kein LAND ausgewählt wurde, z. B. »Bitte ein Land wählen«.
3. SPEICHERN & SCHLIESSEN Sie das neue Feld, SPEICHERN Sie den Inhaltstyp, und legen Sie in einem neuen Browsertab über INHALT • BEITRÄGE • Button NEU eine neue Insel (oder Berg oder See) an. Beachten Sie, dass Sie nun eine Dropdown-Liste zur Länderauswahl erhalten, die allen unter LAND kategorisierten Inhaltselementen des Inhaltstyps LAND entspricht (siehe Abbildung 17.62).

17.4 Content-Construction-Kit SEBLOD

Abbildung 17.61 Im Feldtyp »Artikel (Ähnliche)« konfigurieren Sie eine Joomla!-Kategorie, deren zugewiesene Inhaltselemente später im Contentpflege-Formular in einer Dropdown-Liste erscheinen.

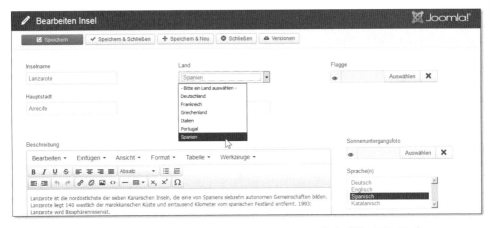

Abbildung 17.62 Nach Verlinkung der Joomla!-Kategorie »Land« befüllt SEBLOD die Dropdown-Liste »Land« des Insel-Contentpflege-Formulars mit allen dieser Kategorie zugewiesenen Inhaltselementen.

4. Jetzt fehlt nur noch eine Einstellung, mit der Sie das neue Feld LAND auch im Frontend einblenden.

Schalten Sie im Konfigurationsformular des Inhaltstyps auf die ANSICHT INHALT, und ziehen Sie das Feld LAND aus der rechten Liste verfügbarer Felder (gegebenenfalls filtern Sie vorher die Liste nach Ihrem App-Ordner) in einen der KONSTRUKTION-Ansichtenbereiche auf der linken Seite. SPEICHERN & SCHLIESSEN Sie die Konfiguration, und prüfen Sie die Ausgabe im Frontend, die Abbildung 17.63 ähneln sollte.

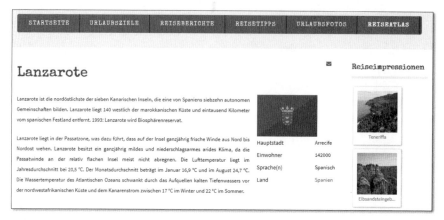

Abbildung 17.63 Nach Ergänzung des Felds »Land« in der Ansicht »Inhalt« des Insel-Inhaltstyps ist die Verknüpfung zum Inhaltstyp »Land« fertiggestellt.

Mit dem Feldtyp ARTIKEL (ÄHNLICHE) ist SEBLODs Funktionsumfang bei Weitem nicht erschöpft. Aus der Typenliste erkennen Sie, welche anderen Formularfelder verfügbar sind, und legen idealerweise einen Inhaltstyp-Prototyp an, in dem Sie mit ihnen experimentieren. Auch zur Strukturierung der Felder gibt es neben dem Referenzfeld weitere Hilfen, z. B. in der Typengruppe KOLLEKTION.

17.4.4 Weitere Ausgabeoptionen über Listen

Zum Abschluss der Einführung in SEBLOD erweitern Sie die bisher spartanische Frontend-Ausgabe um eine über SEBLOD abgebildete Übersichtsseite. So wächst der Reiseatlas von der Anzeige einer einzelnen Insel zu einem durchsuchbaren Index, der den Kategorieseiten von Joomla! ähnelt, aber SEBLOD-typisch deutlich flexibler konfigurierbar ist.

Über die Konfiguration der Inhaltstypen steuerten Sie in den vergangenen Abschnitten die Felderausgabe auf den Frontend-Webseiten. Zur Darstellung mehrerer Inhaltselemente bietet SEBLOD einen weiteren Konfigurationsbereich, LISTEN- & SUCH-TYP, den der Reiseatlas nutzt, um eine Liste aller Länder, Inseln, Seen und Berge zusammenzustellen.

Liste erzeugen und Webseite einrichten

1. Erstellen Sie über KONSTRUKTION • LISTEN & SUCHTYPEN • Button NEU eine neue Liste. Im Popup-Fenster wählen Sie aus der Dropdown-Liste KEINE, darunter die BLOG-Ansicht und klicken auf ERSTELLEN (siehe Abbildung 17.64).

Abbildung 17.64 Beim Anlegen einer neuen Liste wählen Sie den zugrunde liegenden Inhaltstyp; »Keine« erzeugt eine Liste mit allen Inhaltstypen.

2. Das Formular zur Listenerstellung ist quasi identisch mit der Konfiguration der Inhaltstypen. Der Unterschied liegt im Zweck der Feldzusammenstellung anhand des ANSICHTEN-Umschalters:
   - SUCH-FORMULAR: In dieser Liste sammeln Sie alle Felder, die in einem Suchformular oberhalb der Liste eingeblendet werden.
   - SORTIERUNG: die Felder, nach denen auf- oder absteigend sortiert wird
   - LISTE: Enthält keine Feldersammlung, sondern dient der Konfiguration erweiterter Listeneigenschaften wie Paginierung, suchmaschinenfreundlicher URLs und Einstellungen zur Seitendarstellung.
   - BEITRAG: Hier sammeln Sie alle Felder, die für jeden einzelnen Beitrag in der Liste erscheinen – ist also analog zum Schalter INHALT bei der Konfiguration eines Inhaltstyps.
3. Geben Sie der Liste zunächst einen Namen, z. B. »Reiseatlas«, wählen Sie Ihren APP ORDNER, und SPEICHERN Sie sie.
4. Beginnen Sie nun mit der Anzeige der einzelnen Inhaltselemente, indem Sie zur ANSICHT BEITRAG wechseln (siehe Abbildung 17.65). Fügen Sie hier nacheinander folgende Felder hinzu:

- ARTICLE TITLE (aus JOOMLA • ARTICLE): Wechseln Sie in die zweite Spaltenkonfiguration (Button 2), und wählen Sie unter TYPOGRAFIE: BASIS • ÜBERSCHRIFT. Klicken Sie dann auf das daneben stehende Plussymbol, und stellen Sie sicher, dass im Popup-Fenster das Feld ÜBERSCHRIFT auf H1 steht, damit die einzelnen Beiträge eine korrekte Dokumentüberschrift erhalten. In der Spalte LINK wählen Sie aus der Dropdown-Liste ANSICHT. So erhalten die Überschriften später einen Link zum eigentlichen Beitrag.
- ARTICLE INTROTEXT (aus JOOMLA • ARTICLE • BASE): keine besondere Konfiguration notwendig
- FLAGGE (aus Ihrem eigenen App-Ordner, z. B. REISEFORUM): Wählen Sie in der Spalte TYPOGRAFIE den Eintrag BILD • BILD.

Wechseln Sie zurück in die erste Spaltenkonfiguration, und schreiben Sie in die Textfelder der Spalte BESCHREIBUNG jeweils den Ausdruck »clear«, um die Textlabels zu unterdrücken, und positionieren Sie die Felder ansprechender, z. B. ARTICLE TITLE in TOP-A und FLAGGE in TOP-B, damit diese Felder über dem Fließtext ARTICLE INTROTEXT im MAINBODY-Bereich erscheinen.

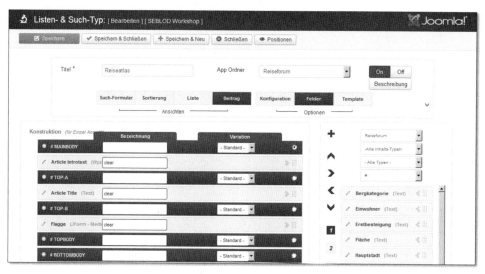

Abbildung 17.65 Die Feldliste unter »Ansicht« • »Beitrag« dient der Frontend-Darstellung jedes einzelnen Inhaltselements.

5. SPEICHERN Sie die Konfiguration, und wechseln Sie in einem neuen Browsertab zum Menümanager unter MENÜS • MAIN MENU.
6. Legen Sie jetzt über den Button NEU eine neue Webseite an:
   - MENÜTITEL: »Reiseatlas«
   - MENÜEINTRAGSTYP: SEBLOD • LISTEN & SUCHE
   - SUCH TYP (LISTE): Wählen Sie die eben erzeugte Liste »Reiseatlas«.

- Reiter OPTIONEN • ZEIGE TITEL: Stellen Sie die Dropdown-Liste auf ANZEIGEN, und wählen Sie die Überschriftebene H1.
- Reiter OPTIONEN • ZEIGE BESCHREIBUNG: Hier ergänzen Sie über den Link BEARBEITEN einen erklärenden Fließtext, der zwischen dem Seitentitel und den Inhaltselementen erscheint, z. B. ein kleiner Einführungstext zum Reiseatlas.

SPEICHERN & SCHLIESSEN Sie die neue Webseite, und prüfen Sie sie im Frontend (siehe Abbildung 17.66).

Abbildung 17.66 Im Frontend ähnelt eine SEBLOD-Liste der Joomla!-Kategorieblog-Darstellung, lässt sich aber detaillierter konfigurieren.

Suchformular ergänzen

Bei den Millionen von Einträgen des Reiseatlas ist eine Suche für die Benutzer das einzig sinnvolle Mittel, gezielt Beiträge ausfindig zu machen. Die Integration erfordert nur wenige Handgriffe, Sie ergänzen dazu die eben angelegte Liste um Felder, die der Benutzer zur Suche heranziehen darf.

Eine Vorbereitung ist auch diesmal notwendig. Legen Sie für die Inseln, Berge und Seen jeweils ebenfalls eine individuelle Joomla!-Kategorie an, weisen Sie ihnen die betreffenden Inhaltselemente zu, und notieren Sie sich die IDs (siehe Abbildung 17.67). Der Zweck wird gleich klar.

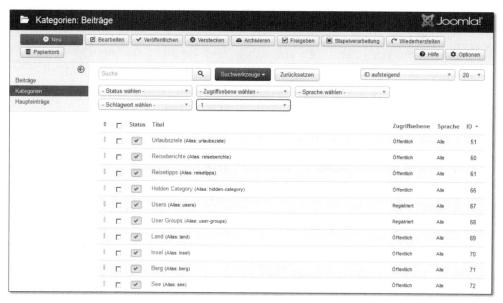

Abbildung 17.67 Für den Reiseatlas erzeugen Sie vorbereitend Kategorien für alle neuen Inhaltstypen und weisen ihnen die Inhaltselemente zu; die Kategorie-IDs im Beispiel lauten dann »69«, »70«, »71« und »72«.

1. Wechseln Sie zurück in die Konfiguration der Reiseatlasliste, und wählen Sie unter ANSICHTEN den Button SUCH-FORMULAR.

2. Im Reiseatlasbeispiel darf nach Titel und Kategorie gesucht werden, fügen Sie also folgende Felder in die Bereiche TOP-A, TOP-B und TOP-C für eine ansprechende horizontale Darstellung des Formulars ein:

   – ARTICLE TITLE (aus JOOMLA • ARTICLE): – keine besondere Konfiguration notwendig

   – KATEGORIE: An dieser Stelle ließe sich das Feld ARTICLE CATEGORY ID (ebenfalls aus JOOMLA • ARTICLE) einsetzen, allerdings zeigt die Dropdown-Liste dann nicht nur die Reiseatlas-, sondern *alle* Joomla!-Kategorien. Um die Kategorienliste einzuschränken, programmieren Sie sich deshalb selbst eine Dropdown-Liste, indem Sie ein neues Feld des Typs AUSWAHL • DYNAMISCH anlegen und einstellen, woher die Werte stammen (siehe Abbildung 17.68). Im Popup-Fenster definieren Sie als TABELLE »#__categories«, das ist die offizielle Kategorietabelle von Joomla!. Dann verketten Sie neben WO (damit ist die SQL-Bedingung WHERE gemeint) die IDs der eben vorbereiteten Kategorien, z. B. »id=69 or id=70 or id=71 or id=72«. Schreiben Sie neben AUSWAHL LABEL einen Text, der erscheint, falls keine Kategorie ausgewählt wurde (»Atlaskategorie wählen«), neben OPTIONEN NAME »title« und neben OPTIONEN WERT »id«. Das sind die internen Spaltenbezeichnungen der Joomla!-Kategorietabelle, deren Inhalte für die Dropdown-Liste verwendet werden. Im TITLE-Feld steht in der Datenbank beispielsweise »Insel«, das entspricht der ID »70«, die über das WO-Konfigurationsfeld für die Liste inkludiert wird. Last, but not least: Damit die Suche weiß, dass es sich um die Kategorie-ID handelt, stellen Sie SPEICHERUNG • FORMULAR / ORT auf STANDARD, ARTIKEL und »catid«.

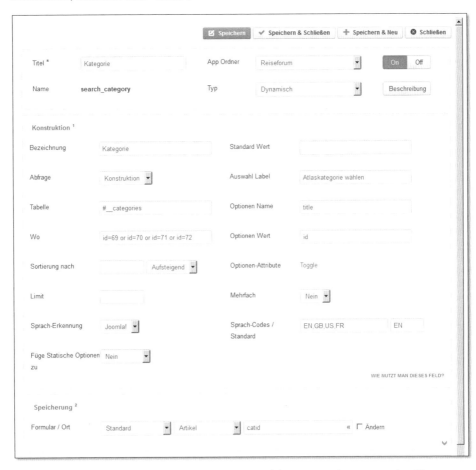

Abbildung 17.68 Für eine Dropdown-Liste ausgewählter Kategorien verwenden Sie nicht den Feldtyp »Article Category Id«, sondern stellen sich selbst eine Auswahlliste über den Typ »Auswahl« • »Dynamisch« zusammen.

– BUTTON SEARCH (aus der Felderliste CORE): In der Spalte BEZEICHNUNG geben Sie den Text ein, der auf dem Suchbutton erscheint, z. B. »Suche starten«.

Für die BEZEICHNUNGEN der Felder ARTICLE TITLE und KATEGORIE geben Sie schließlich noch »clear« ein, um die Beschriftungen auszublenden.

3. SPEICHERN Sie die um das Suchformular ergänzte Liste, und testen Sie es auf der Frontend-Webseite (siehe Abbildung 17.69).

Abbildung 17.69 Erweiterte Listenansicht mit Suchformular

4. Mit dem auf diesen Seiten vorgestellten Handwerkszeug sind Sie in der Lage, komplexe Strukturen von Inhaltstypen, einer Datenbank nicht unähnlich, zu erzeugen. Sie haben deutlich mehr Layoutoptionen als bei den Standardinhaltstypen und gestalten kundenfreundliche Backend-Formulare, die die Contentpflege vor allem in puncto Übersicht erfreulich erleichtern. *Tipp*: Statten Sie der Website *http://cms.joomla-handbuch.com* einen Besuch ab, um sich die Formulare, Frontend-Seiten und die Konfiguration des Reiseatlas live anzusehen.

Kapitel 18
Joomla! als Community-Plattform

Dank der integrierten Benutzerverwaltung eignet sich Joomla hervorragend zum Aufbau einer Online-Community; mit populären leistungsstarken Erweiterungen ergänzen Sie darüber hinaus Social-Networking-Buttons, Forum und Newsletter.

Ob Trachtenverein, Volkshochschule oder Fotoclub, neben der Präsentation von Informationen geht's im Internet hauptsächlich um Kommunikation und Interaktion. Im Namen des Reiseforums schwingt das bereits mit. Ein Forum ist ein realer oder virtueller Ort, wo Meinungen untereinander ausgetauscht, Fragen gestellt und beantwortet werden.

Technisch gesehen, handelt es sich bei einem Internetforum um eine Website, die wie ein Schwarzes Brett funktioniert. Auf der einen Seite stehen die Benutzer mit ihren persönlichen Profilen. Auf der anderen Seite verwaltet die Software Hunderte bis Tausende von Nachrichten zwischen diesen Benutzern, allesamt in Kategorien gruppiert und mit Mechanismen zur automatischen E-Mail-Benachrichtigung ausgestattet, falls jemand auf ein Diskussionsthema antwortete. Die Gesamtheit der Benutzer in solch einem Forum bezeichnet man als *Community*, die als integriertes soziales Netzwerk fungiert.

Doch ein Forum ist nur eine Möglichkeit für die vielen Interaktionsmöglichkeiten einer Community. Natürlich benötigen heutzutage alle Webseiten kleine Buttons, mit denen Besucher die Seite in anderen sozialen Netzwerken weiterempfehlen, z. B. mit dem berühmten Facebook-Daumen oder Googles +1-Button. Für Webmaster gibt es zudem noch elegantere Mittel zur Bekanntmachung neuer Seiteninhalte: Newsletter zählen zu den erfolgreichsten Marketingmechaniken im Web.

Hinweis: Alle in diesem Kapitel vorgestellten Erweiterungen sehen Sie unter *http://community.joomla-handbuch.com* im Live-Betrieb. Auch dort lautet das Benutzerlogin »Auditorium«, das Passwort »KnusperQuasselHummel«.

Begriff	Erklärung
Social Network, Soziales Netzwerk	Gruppe von Menschen, die sich im Internet auf einer zweckgebundenen Websiteplattform treffen, um miteinander zu kommunizieren, Erfahrungen und Informationen auszutauschen. Facebook und Twitter sind allgemeine Plattformen, aber auch Interessensgruppen wie Köche oder Fotografen, egal ob professionell oder als Hobby, finden sich in einem sozialen Netzwerk, z. B. im Rahmen eines Forums.
Forum	Digitales Schwarzes Brett im Internet zum Austausch von Nachrichten, entweder als geschlossene Gruppe (die Website erfordert eine Anmeldung) oder öffentlich zugänglich. Forensoftware ist für den Nachrichtenwechsel und optionalen Austausch von Dateien spezialisiert, lässt sich aber für Joomla! nachträglich einrichten.
Moderator	Verantwortlicher für ein Diskussionsbrett einer Forenwebsite, um die Einhaltung von Regeln, der sogenannten Netiquette, sicherzustellen. Moderatoren haben in der Regel besondere Rechte zum Löschen oder Freischalten von Nachrichten und Ermahnen von Benutzern.
Newsletter	Massen-E-Mail an Dutzende bis Tausende Empfänger. Themen können Neuigkeiten zu einer Website oder Angebote eines Online-Shops sein.
Landing Page	Spezielle Themenwebseite, die zum Auffangen von Besuchern dient, die auf einen Link in einem Newsletter oder einer Online-Werbeanzeige geklickt haben. Idealerweise vertieft die Landing Page das Thema und lockt den Besucher zum Verweilen auf der Website.

Tabelle 18.1 Die wichtigsten Begriffe zu Joomla! als Community-Plattform

18.1 Social-Networking-Integration

Erweiterung	Nice Social Bookmark (3.0)
JED-Kategorie	SOCIAL WEB • SOCIAL SHARE
Download	http://salamander-studios.com/nice-social-bookmark/ (Registrierung mit E-Mail-Adresse notwendig, dann Menü DOWNLOAD • NICE SOCIAL BOOKMARK • Button SUBSCRIBE, dann DOWNLOAD NOW, dann weiter unten DOWNLOAD)
Zweck	einfaches Plugin zum Konfigurieren und Einblenden der meisten sozialen Netzwerke in einem Joomla!-Modul, auch benutzerdefinierte Buttons sind ergänzbar

Neben der Vermittlung von Inhalten ist die vielleicht wichtigste Funktionalität einer Webseite die Verlinkung zu anderen sozialen Netzwerken, z. B. Facebook, Twitter, Google+, Reddit etc. So stellen Sie sicher, dass vom Content begeisterte Besucher nur einen Mausklick davon entfernt sind, die Seite ihren Bekannten, Freunden und Arbeitskollegen bekannt zu machen. Ab dann geht's im besten Fall viral weiter, und Ihre Website wird per sozialem Schneeballeffekt bekannt wie ein bunter Hund.

Sie könnten nun nacheinander alle sozialen Netzwerke abklappern und sich mühevoll die Share- und Teilen-Icons inklusive Code zum Einbetten in die Website heraussuchen. Oder Sie werfen einen Blick in das Joomla! Extensions Directory und finden beispielsweise das kostenlose Modul *Nice Social Bookmark*, das Ihnen diese Arbeit abnimmt. Mehr noch: Dank integrierter Icon-Sets schalten Sie mit einem Mausklick zwischen sechs bzw. vier verschiedenen Icon-Designs und -Größen um. Wie so oft gibt es auch eine PRO-Version, die die Auswahl auf neun Icon-Sets vergrößert und insbesondere bei den komplexen einstellbaren Verlinkungen (Facebook, Google+, Pinterest, Twitter, LinkedIn etc.) mehr Einstellmöglichkeiten bietet (siehe Abbildung 18.1).

Abbildung 18.1 Beispiel für die Nice-Social-Bookmark-Konfiguration – die Platzierung in der Seitenleiste ist marketingtechnisch in Ordnung, aber das Modul ist ein wenig überfrachtet.

Der Download ist ein bisschen versteckt: Zunächst registrieren Sie sich auf der Entwicklerwebsite mit Ihrer E-Mail-Adresse und bestätigen die Aktivierungsmail. Dann wählen Sie eines der Abonnements (SUBSCRIBE NOW), klicken auf DOWNLOAD NOW, um zur Liste herunterladbarer ZIP-Archive zu gelangen und hier noch mal den DOWNLOAD per Mausklick zu bestätigen.

1. Nach der Installation wechseln Sie zum Modulmanager und klicken auf den Titel des Eintrags NICE SOCIAL BOOKMARK.
2. In der Modulkonfiguration stellen Sie zunächst den STATUS auf VERÖFFENTLICHT und wählen eine geeignete POSITION im Layout Ihrer Webseiten (siehe Ratschläge unten).

3. Unter dem Reiter MODUL konfigurieren Sie nun die einzublendenden Icons über die YES/NO-Umschalter. Im oberen Bereich des Formulars finden Sie einige grundsätzliche Einstellungen (siehe Abbildung 18.2):

   - ICON SIZE: Größe der Icons
   - ICON SET: Design der Icons; die kostenlose Version bietet sechs Sets, für 3 US$ erhalten Sie neun.
   - ICON POSITION - FLOAT: Beeinflusst die aufeinanderfolgende Ausgabe der Icons per CSS. Abhängig von Ihrem Template wählen Sie hier entweder NONE oder LEFT/RIGHT.
   - MOUSEOVER EFFECT: Über die Einstellung YES erscheinen die Icons leicht transparent und erhalten ihre volle Farbsättigung erst durch Darüberfahren mit der Maus. INVERT OPACITY verhält sich genau anders herum. NO präsentiert die Icons stets in satten Farben.
   - ICON PADDING: Vergrößert den Abstand zwischen den einzelnen Icons per CSS-Style. Geben Sie die Anzahl der Pixel ohne die Einheitsbezeichnung »px« an.
   - NOFOLLOW LINKS: Mit YES ergänzen Sie den Links zu den sozialen Netzwerken das Attribut `rel="nofollow"`, das Suchmaschinen anweist, die Verlinkungen zu ignorieren. Dieses Attribut ist dann sinnvoll, wenn der damit markierte Link auf eine Website zweifelhafter Qualität oder zur Konkurrenz zeigt und Sie damit Ihrem Google-Websiteprofil schaden. Im Fall von sozialen Netzwerken gibt es diese Bedenken aber nicht; belassen Sie den Schalter auf NO.

Abbildung 18.2 Die obersten Parameter der Modulkonfiguration beeinflussen die Icon-Darstellung; experimentieren Sie ein wenig, um die idealen Einstellungen für Ihr Design und Layout zu finden.

4. Wechseln Sie nun zum Reiter MODULZUWEISUNG, um festzulegen, auf welchen Webseiten die Icons erscheinen. In der Regel picken Sie über die Einstellung NUR AUF DEN AUSGEWÄHLTEN SEITEN Webseiten, die interessante Inhalte oder Artikel in voller Länge präsentieren; kurzum, sämtlicher Content, der mitteilungswürdig ist. Auf Homepage, Impressumseite oder im Kontaktformular sieht man in der Regel keine Social-Network-Icons.

5. Unter dem Reiter DYNAMIC ICONS steuern Sie Verhalten und erweiterte Einstellungen einiger besonderer Social Networks, z. B. die zu verlinkende Seite Ihres Google+-Profils (PAGE URL), ein ansprechendes Bild für Pinterest-Pins (IMAGE TO BE PINNED) und den vorausgefüllten Text für Tweets Ihrer Besucher (TWEET TEXT). Für Google+ stellen Sie außerdem die Sprache (LANGUAGE) auf GERMAN, in der Facebook-Konfiguration geben Sie »de_DE« ein. Experimentieren Sie mit den übrigen Optionen, bis Sie mit der Icon-Darstellung zufrieden sind.

6. Reiter CUSTOM ICONS: Hier fügen Sie durch Angabe eines Links und eines Bildes plus `alt`-Attribut bis zu vier selbst gestaltete Icons in die Leiste (zehn in der Pro-Version).

Die Einbettung von Social-Network-Icons auf Webseiten ist ein umstrittenes Thema. Wo platzieren? Und wie viele sind zu viel? Sicher haben Sie bereits Webseiten besucht, die an allen Ecken und Enden mit Facebook-Like-Buttons und anderen Social-Network-Icons gepflastert waren. Besonders schlimm: überlagernde Popup-Fenster, die bereits nach wenigen Sekunden den gesamten Seiteninhalt überlagern. Also Vorsicht: Social-Media-Buttons können einem Unternehmen auch Schaden zufügen. Daher einige Ratschläge:

▶ Setzen Sie Social-Network-Buttons nur ein, wenn sie den Auftritt oder eine Produktbeschreibung nicht stören und wenn Sie davon ausgehen können, dass Sie tatsächlich Besucher zum Anklicken motivieren können. Pendeln die eingeblendeten Like- und Teilen-Zahlen nur im einstelligen Bereich, fällt das auch Besuchern auf – negativ.

▶ Der obere linke Webseitenbereich vor dem Artikel ist anhand von A/B-Tests einiger Online-Shops die erfolgreichste Positionierung, insbesondere wenn sie hohe Klickzahlen im vierstelligen Bereich vorweisen. Da weiß jeder Besucher schon, bevor er in der Seite nach unten scrollt: Dieser Artikel ist beliebt und wahrscheinlich lesens- und damit teilungswürdig. Eine weitere Platzierungsempfehlung ist direkt unter dem Artikel, falls Sie einen dezenteren Ansatz bevorzugen; dritter Platz: in der rechten Seitenleiste.

▶ Grenzen Sie die Anzahl der Teilen-Buttons auf das Minimum ein. Eine Wand von drei Dutzend Social-Network-Links zeugt von Unsicherheit bei der Zielgruppenplatzierung des Inhalts. Hierzu ein relevanter Beitrag von Oatmeal: *http://tinyurl.com/jh-likes*.

Tipp: Tweak zur Ergänzung eines dynamischen Network-Icons

So prächtig die Icons des Nice Social Bookmark auch sind, ihnen fehlt ein im deutschsprachigen Raum wichtiges soziales Netzwerk: XING. Das Plugin sieht zwar in seiner Konfiguration unter dem Reiter Custom Icons benutzerdefinierte Buttons vor, allerdings lassen sich hier nur einfache Bilder und Weblinks angeben. Moderne Teilen-Buttons beinhalten aber oft JavaScript-Code. Glücklicherweise ist das Plugin aber nicht sehr komplex, und so fällt der Tweak zur Anzeige des XING-Buttons simpel aus. Zuvor besorgen Sie sich aber den HTML-Code für den Teilen-Button von der XING-Website.

1. Wechseln Sie im Browser zur XING-Entwicklerwebsite unter https://dev.xing.com/plugins/share_button/new.
2. Im Code generator stellen Sie die Sprache auf German und klicken auf das Buttondesign, das am besten ins Layout Ihrer Website passt (siehe Abbildung 18.3).

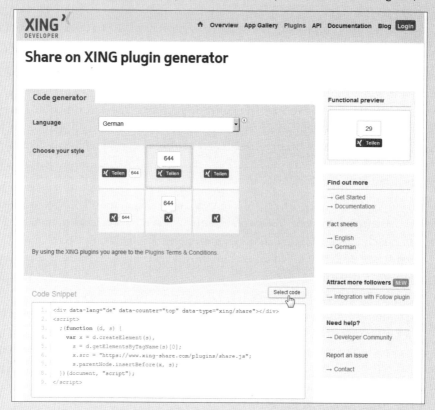

Abbildung 18.3 Alle sozialen Netzwerke stellen Formulare zum Entwerfen passender Verlinkungsbuttons bereit, manchmal etwas versteckt; im Bild: XING.

3. Kopieren Sie den Inhalt des Textbereichs CODE SNIPPET in die Zwischenablage, um ihn gleich in den HTML-Code des Nice-Social-Bookmark-Plugins zu integrieren. Das geht durch Markierung mit der Maus oder Klick auf den kleinen Button SELECT CODE rechts oberhalb des CODE SNIPPETS.
4. Wechseln Sie jetzt per FTP ins Dateisystem Ihrer Joomla!-Installation; das Plugin befindet sich unter */modules/mod_nice_social_bookmark/*.
5. Bearbeiten Sie die Datei *mod_nice_social_bookmark.php*. In FileZilla geht das z. B. auf dem Live-Server über den Datei-Kontextmenüeintrag ANSEHEN/BEARBEITEN.
6. Der Plugin-Quelltext besteht aus einer sequenziellen Abfolge der Buttonausgaben. Suchen Sie sich eine passende Stelle, z. B. direkt über der Einbindung des LinkedIn-Buttons, die mit `$tt = $params->get('s26', '1'); [...] <script src="//platform.linkedin.com/in.js"` [...] beginnt. (Suchen Sie mit Ihrem Texteditor nach »s26«.)
7. Fügen Sie den Quelltext aus der Zwischenablage ein, und speichern Sie die Datei. *Vorsicht*: Achten Sie beim Einfügen, dass Sie sich in einem HTML-Block befinden, also außerhalb von durch `<?php` und `?>` gekennzeichneten PHP-Programmblöcken. Außerdem darf sich Ihr Quelltext nicht innerhalb eines ausgeblendeten Netzwerks (`if`-Block) befinden. Im Zweifelsfall setzen Sie den Cursor zwischen zwei `if`-Blöcke und klammern Ihren Code in `?>`- und `<?php`-Tags (siehe Abbildung 18.4).

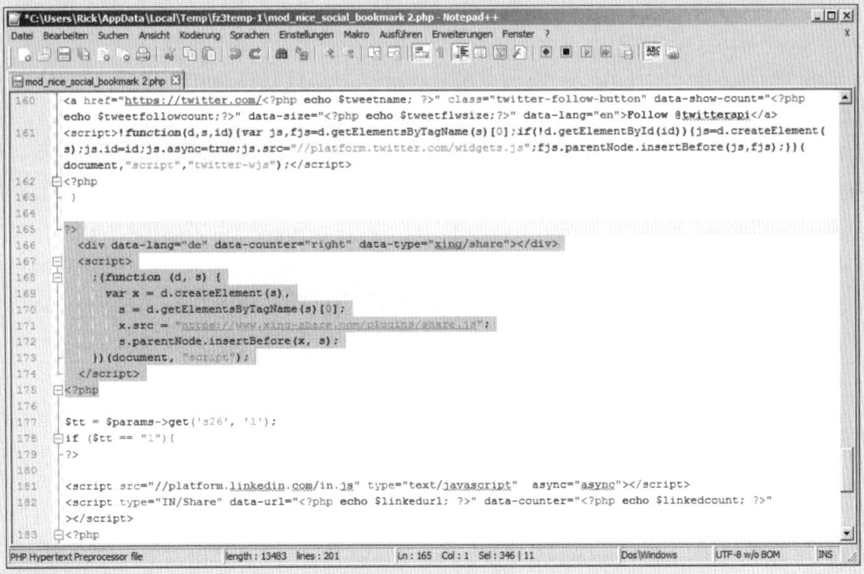

Abbildung 18.4 Der Programmcode der Nice Social Bookmarks ist einfach gehalten, sodass HTML-Tweaks skrupellos an beliebige Stellen eingefügt werden können.

> *Tipp im Tipp*: Falls Ihnen eine andere Icon-Reihenfolge vorschwebt, sortieren Sie die Blöcke in der PHP-Datei einfach um. Achten Sie darauf, dass jeder Icon-Block mit `$tt = $params->get [...]` beginnt und bis zur nächsten gleichlautenden Codezeile geht.
>
> *Achtung*: Legen Sie sich eine lokale Sicherheitskopie der Datei *mod_nice_social_bookmark.php* an, denn der Tweak geht bei der nächsten Aktualisierung des Plugins verloren.

18.2 Kunena-Forum integrieren

Erweiterung	Kunena
JED-Kategorie	COMMUNICATION • FORUM
Download	http://www.kunena.org/download
Zweck	umfangreiche Forumserweiterung mit Forenkategorien, erweiterter Benutzerverwaltung, Rangabzeichen und Moderationsfunktionen

Wer heutzutage ein Forum aufbaut, steht vor der Wahl, auf bewährte Komplettlösungen wie phpBB zu setzen oder ein Content-Management-System wie Joomla! als Basis zu verwenden, um die Forumsfunktionalität über Erweiterungen zu ergänzen. Die Entscheidung hängt von der Erweiterbarkeit der Lösung ab. Reine Forumssoftware konzentriert sich auf den interaktiven Kern der Nachrichtenverwaltung, sodass man Abstriche bei der Erweiterung um forumsfremde Funktionalitäten machen muss. Bei einem CMS steht zwar die Inhalteverwaltung im Mittelpunkt, in der Regel sind diese Systeme aber von der grundsätzlichen Architektur besser für Erweiterungsvariationen geplant. Joomla! ist dafür ein Beispiel, und in der Kombination mit der beliebten Komponente Kunena ist das Forum auf der einen Seite zwar nicht so kleinteilig zu konfigurieren wie z. B. phpBB. Auf der anderen Seite wird aber gerade das zum Vorteil, um in einigen Minuten ein robustes Forum mit allen Standardfeatures auf die Beine zu stellen.

Das ist der Grund für Kunenas Popularität. Gleich nach der Installation und Verlinkung der Kunena-Startseite zu einem Menüeintrag steht das komplette Forum mit Beispielkategorien zum Einsatz (siehe Abbildung 18.5). Tatsächlich genügt die Out-of-the-box-Konfiguration bereits den meisten Ansprüchen. Nach der Installation beginnen Sie optional mit dem Finetuning, konfigurieren Benutzeraspekte (Moderatorenrechte, Datei-Upload, Rangsystem) oder passen das Design so an, dass es sich optimal in Ihr Website-Look-and-Feel einschmiegt.

Abbildung 18.5 Schon unmittelbar nach Installation und Verlinkung im Menü lässt sich das Kunena-Forum im Frontend nutzen.

18.2.1 Foren einrichten

Diskussionsforen heißen im Kunena-Jargon Kategorien, sie sind aber nur entfernt mit den Inhaltskategorien aus dem Menü INHALT zu vergleichen. Der Grund für diese eigenartige Benennung liegt in der Infrastruktur von Joomla! für die Entwicklung von Erweiterungen. Kategorien zählen zu den Standardfeatures, die besonders einfach zu implementieren sind und programmintern bereits Funktionalitäten mitbringen, die sich auch für andere Objekte wie Foren eignen.

Daher gibt es eine kleine Besonderheit bei Kunena-Kategorien/-Foren: Die oberste Kategorieebene (in früheren Versionen sinnvoll Sektionen betitelt) dient ausschließlich zum Gruppieren der Foren. Erst ab der zweiten Kategorieebene dienen Kategorien als echte schwarze Bretter. Ab hier darf beliebig tief verschachtelt werden, was aber schnell unübersichtlich wird. Sie sollten mit maximal zwei Forenebenen arbeiten (also insgesamt drei Kategorieebenen), da die zweite Forenebene noch über die Kunena-Startseite verlinkt ist und Besucher diese Seite so für den Gesamtüberblick über alle Foren nutzen können.

Das Reiseforum verfügt über eine übergeordnete Forumsgruppe FORUM DES REISEFORUMS und drei Unterkategorien/Foren: URLAUBSZIELE, TIPPS & TRICKS und PLAUDERECKE; das Anlegen dieser Kategorien ist simpel:

1. Wechseln Sie über das Menü Komponenten • Kunena Forum in die Kategorieverwaltung, und klicken Sie auf Neue Kategorie.
2. Im ersten Reiter Kategoriename und Beschreibung steuern Sie, wie sich das Forum im Frontend präsentiert (siehe Abbildung 18.6):
   - Elternteil: Das ist die übergeordnete Kategorie. Wählen Sie hier Oberste Kategorie, erzeugen Sie kein Forum, sondern eine organisatorische Forumsgruppe. Bevor Sie also die eigentlichen Foren einstellen, benötigen Sie zuerst die Forumsgruppe, damit diese später in der Dropdown-Liste Elternteil zur Auswahl erscheint.
   - Name: Titel der Forumsgruppe oder des Forums. Für die oberste Ebene lautet der Name im Reiseforum »Forum des Reiseforums«.
   - Alias: Wie bei anderen Inhaltselementen dient das Alias als Joomla!-interne Bezeichnung und URL-Bestandteil und wird beim Speichern automatisch aus dem Namen erzeugt (Leerzeichenersetzung durch Bindestriche etc.). Sie können hier aber auch eine eigene Bezeichnung vergeben.
   - Veröffentlicht: Die Dropdown-Liste steht standardmäßig auf Unveröffentlicht, damit Sie die Kategorien erst mal in Ruhe anlegen, bevor Sie sie später über die Status-Spalte in der Kategorieliste scharf schalten.
   - Beschreibung: Dieser Text erscheint im Frontend direkt unter dem Titel und sollte eine kurze Information über Inhalt und Zweck des Forums bereitstellen.

Abbildung 18.6 Legen Sie Ihre Kategoriestruktur hierarchisch von oben nach unten an, zuerst die »obersten Ebenen«, gefolgt von den eigentlichen Diskussionsforen.

   - Kategorie-Kopfzeile: Die Kopfzeile erscheint in der Detailansicht einer Kategorie über der Liste der Unterkategorien oder Foren. Eine Einleitung, der

Beschreibung nicht unähnlich, ist aber erst sichtbar, wenn sich der Benutzer eine Ebene weiterklickt.

- Kategorie CSS Klassensuffix: Hier geben Sie CSS-Klassen an, um das Aussehen individueller Kategorien zu beeinflussen, ein Spezialfall.

3. Der Reiter Kategoriezulassung steuert, wer Zugriff auf diese Kategorie hat (siehe Abbildung 18.7). Dabei gibt es zwei Arten der Zugriffssteuerung, die Sie über die Dropdown-Liste Zugangs Kontrolltyp auswählen:

- Zugangsebene
  Die ist die einfache Konfiguration auf Basis der Joomla!-Zugriffsebene, z. B. Öffentlich für eine frei zugängliche Forumsgruppe oder Registriert, damit sie nur für angemeldete Benutzer erscheint. Konfigurieren Sie gerade ein Forum, also nicht die übergeordnete Forumsgruppe, erscheinen weitere Optionen, über die Sie die Benutzergruppen festlegen, die neue Themen (neue Nachrichten) erstellen bzw. auf vorhandene Themen antworten dürfen.

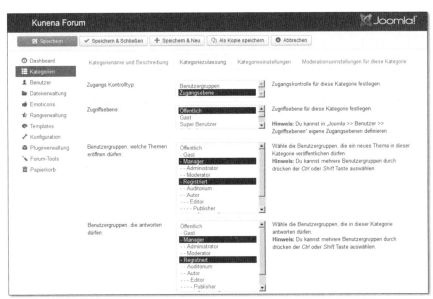

Abbildung 18.7 Der »Zugangs Kontrolltyp« über die »Zugriffsebene« ist die einfache und meist ausreichende Zugangskontrolle, die Sie pro Forum konfigurieren.

Kunenas Voreinstellung macht Sinn: Forumsgruppen sind Öffentlich zugänglich und können auch von anonymen Websitebesuchern eingesehen werden. Um sich aber aktiv an den Diskussionen zu beteiligen, ist eine Anmeldung erforderlich. Deshalb stehen die Optionen Benutzergruppen, welche Themen eröffnen dürfen und Benutzergruppen, die antworten dürfen jeweils auf Manager, Registriert und natürlich Super Benutzer. Sie erinnern sich an Kapitel 11, »Benutzerverwaltung einrichten«: Alle tiefer verschachtelten Benutzergruppen erben die Rechte ihrer Elterngruppen. Die Gruppen AUTOR, EDITOR und PUBLISHER haben demzufolge mindestens die Rechte der Gruppe REGISTRIERT und dürfen somit am Forumsleben teilhaben.

- BENUTZERGRUPPEN
  Bei der BENUTZERGRUPPEN-Einstellung vergeben Sie das Zugriffsrecht nicht gesamtheitlich für eine Joomla!-Zugriffsebene, sondern picken sich aus Auswahllisten eine Benutzergruppe für die jeweilige Berechtigung heraus. Die Felder [...] GRUPPE ENTHÄLT UNTERGRUPPEN vererben dabei das Zugriffsrecht an die tiefer verschachtelten Benutzergruppen. Wählen Sie hier NEIN, hat ausschließlich die markierte Gruppe Zugriff.

  Benötigen Sie eine weitere Benutzergruppe, die vielleicht an einer völlig anderen Stelle im Benutzergruppenbaum sitzt, verwenden Sie die Formularfelder der SEKUNDÄREN BENUTZERGRUPPE. Somit kann sich z. B. ein Forumsmoderator im MANAGER-Zweig befinden, während die PRIMÄRE BENUTZERGRUPPE die normalen REGISTRIERTEN Benutzer beinhaltet.

4. Der Reiter KATEGORIEEINSTELLUNGEN erscheint nur ab der zweiten Kategorieebene, den Diskussionsforen:

   - GESCHLOSSEN: Abseits der Kategoriezulassung ist dies eine schnelle Möglichkeit, das Forum zu sperren. Wählen Sie hier JA, dürfen nur Moderatoren und Admins Themen anlegen oder beantworten.

   - BEITRÄGE KONTROLLIEREN: Für streng reglementierte Foren bietet sich diese Option an. Neue Themen regulärer Benutzer müssen dabei stets von einem Forumsmoderator freigeschaltet werden, bevor sie in der Themenliste sichtbar sind (siehe Abbildung 18.8).

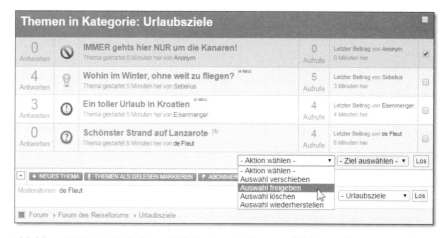

Abbildung 18.8 Ist die Option »Beiträge kontrollieren« aktiviert, müssen neue Themen erst von Moderatoren oder Super Benutzer freigeschaltet werden.

- ANONYME BEITRÄGE ERLAUBEN: Steht diese Option auf JA, dürfen registrierte Benutzer beim Verfassen eines Themas ein Häkchen setzen, das sämtliche Benutzerinformationen entfernt und den Autor als ANONYM oder einen beliebigen anderen vom Benutzer eingebbaren Namen darstellt. Damit öffnen Sie natürlich dubiosen Themendiskussionen Tür und Tor, diese Art von anonymem Forum ist daher eher ungewöhnlich.
- STANDARDMÄSSIG ANTWORTEN SCHREIBEN ALS: Wählen Sie hier die Option ANONYMER BENUTZER, ist das Häkchen für die anonyme Erzeugung von Themen bereits bei Aufruf des Themenformulars gesetzt; eine sinnvolle Einstellung, wenn sich ein Forum auf anonyme Beiträge konzentriert. Für normale Foren belassen Sie die Einstellung auf REGISTRIERTE BENUTZER.
- UMFRAGEN ERLAUBEN: Ist diese Option aktiviert, erscheint in der Werkzeugleiste des Themeneditors ein zusätzlicher Button zum Hinzufügen eines einfachen Umfragemechanismus.

5. Der Reiter MODERATIONSEINSTELLUNGEN FÜR DIESE KATEGORIE erscheint ebenfalls nur bei Diskussionsforen und listet die diesem Forum gewiesenen Moderatoren. Die Zuweisung ist nicht an dieser Stelle, sondern über die BENUTZERVERWALTUNG möglich.
6. SPEICHERN & SCHLIESSEN Sie die Kategoriekonfiguration, und prüfen Sie das neue Forum oder die Forumsgruppe in der Übersicht der Kategorieverwaltung. Anhand der Spalten ZUGANG, GESCHLOSSEN, KONTROLLE, UMFRAGEN und ANONYM erkennen und ändern Sie auf einen Blick alle wichtigen Einstellungen pro Forum (siehe Abbildung 18.9).

Abbildung 18.9 Kunenas Kategorieverwaltung bietet die aus allen Managerübersichten bekannten Bedienelemente zur Organisation von Foren, z. B. Neuanlegen, Bearbeiten, Löschen sowie Such- und Filterwerkzeuge.

18.2.2 Forum im Frontend darstellen

Nach dem Anlegen der Kategorien ist Ihr Forum fast einsatzbereit, Ihre Website benötigt lediglich noch (mindestens) einen Menüeintrag, über den die Benutzer das Forum erreichen.

Kunena-Starseite verlinken

1. Legen Sie über MENÜS • MAIN MENU • NEUER MENÜEINTRAG eine neue Webseite an.
   - MENÜTITEL: »Forum«
   - MENÜEINTRAGSTYP: KUNENA FORUM • STARTSEITE
   - MENÜEINTRAG WÄHLEN: Die Dropdown-Liste enthält die Einträge aller Menüs Ihrer Joomla!-Installation, relevant sind allerdings nur die Punkte unter KUNENA-MENU. Das ist ein vollständiges Joomla!-Menü, das die Forumssoftware während der Installation anlegt, um Links auf die verschiedenen Seiten und Funktionen bereitzustellen: Forenübersicht, Aktuelle Themen, Profil bearbeiten etc. All diese Punkte sind übrigens auch separat als Menüeintragstypen der Kategorie KUNENA FORUM verfügbar. Für die Startseite wählen Sie hier INDEX.

2. Über den Reiter GRUNDEINSTELLUNGEN schränken Sie die Anzeige bestimmter Kategorien auf der Startseite ein. Löschen Sie dazu das Element ALLE KATEGORIEN (das kleine ×), klicken Sie mit der Maus in das Formularfeld, und wählen Sie die anzuzeigenden Kategorien.

   Auf diese Weise erzeugen Sie mehrere Startseiten mit unterschiedlichen Kategorien; im Frontend wirkt das dann so, als betreiben Sie mehrere parallele Foren. So zumindest die Theorie, in der vorliegenden Version (3.0.8) wird das Feld ignoriert. Das Szenario, nur ausgewählte Kategorien anzuzeigen, lässt sich trotzdem über Menüeinträge der Typen KUNENA FORUM • KATEGORIELISTE bzw. KATEGORIE ANZEIGEN nachstellen – siehe Menüeintragstypenliste unten.

3. SPEICHERN & SCHLIESSEN Sie die Webseitenkonfiguration, und wechseln Sie ins Frontend. Über den neuen Menüeintrag FORUM gelangen Sie nun zur Startseite Ihres Forums, die alle Kategorien und Unterkategorien, also Forumsgruppen und Foren, listet.

Damit ist Ihr Forum startbereit. Klicken Sie sich ein bisschen durch die verschiedenen Übersichtsseiten, und erzeugen Sie Testthemen, um das System näher kennenzulernen. Empfehlenswert ist auch ein Besuch über Testbenutzer mit anderen Benutzerrechten (z. B. REGISTRIERT); das geht am bequemsten, wenn Sie mit mehreren Webbrowsern arbeiten.

Hinweis: Alle weiteren Konfigurationsschritte auf den folgenden Seiten sind optional. Ihr Kunena-Forum ist ab jetzt schon vollständig einsatzbereit.

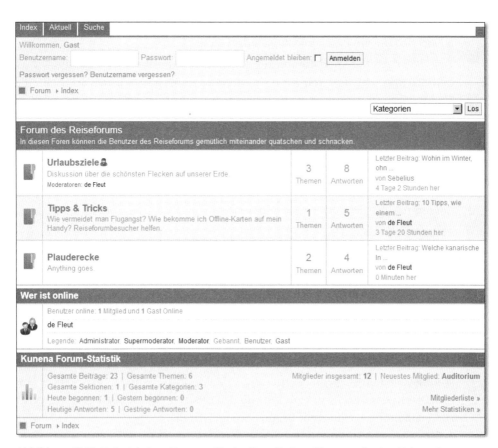

Abbildung 18.10 Beispiel einer Kunena-Startseite mit einer übergeordneten Kategorie »Forum des Reiseforums« und drei Unterkategorien, den eigentlichen Diskussionsforen

Weitere Menüeintragstypen von Kunena

Die übrigen Menüeintragstypen, die Sie im Bereich KUNENA FORUM sehen, entsprechen größtenteils den verschiedenen Übersichts- und Detailseiten, die die Besucher über Klickpfade von der Kunena-Startseite erreichen. Es sind aber auch Spezialseiten dabei, z. B. zur Ansicht oder Bearbeitung des Benutzerprofils oder zur Einsicht von Statistiken. An dieser Stelle noch mal der Tipp, die Live-Demo auf *http://community.joomla-handbuch.com* zu besuchen. Dort sehen Sie alle Webseiten der vorgestellten Menüeintragstypen im Einsatz.

▶ AKTUELLE BEITRÄGE, AKTUELLE THEMEN
Stellt eine Liste von Themen oder Beiträgen anhand eines unter AUSWAHL festgelegten Kriteriums dar. Für AKTUELLE BEITRÄGE sind das Texte, die vom gerade angemeldeten Benutzer erstellt wurden, z. B. die aktuellsten dieser Beiträge oder die noch nicht genehmigten, falls die Themenerzeugung von Moderatoren geprüft wird. AKTUELLE THEMEN bezieht sich auf den Wurzelbeitrag eines Themas. Ent-

scheiden Sie sich hier z. B. für die neuesten Themen oder unbeantwortete Fragen, falls es sich um ein Problemlösungsforum handelt.

Tipp: Erzeugen Sie Spezialseiten für die Moderatoren Ihres Forums, die NICHT GENEHMIGTE THEMEN und NICHT GENEHMIGTE BEITRÄGE listen. So haben die Moderatoren eine zentrale Anlaufstelle für eine schnelle Freischaltung der Benutzertexte. (*Hinweis*: Stellen Sie das Feld BENUTZER ID auf »0«, damit diese Seiten alle freizuschaltenden Beiträge zeigen.) Damit nur Moderatoren diese Menüeinträge zu Gesicht bekommen, erzeugen Sie eine neue Benutzergruppe und Zugriffsebene MODERATOR, denen Sie sowohl die betreffenden Benutzer als auch die beiden neuen Menüpunkte zuweisen. Mehr zum Thema Moderation lesen Sie in Abschnitt 18.2.3, »Benutzer konfigurieren«.

- ALLGEMEINE STATISTIK
  Ausführliche Seite mit interessanten Zahlen zu Mitgliedern, den beliebtesten Themen, Umfrageergebnissen u. v. m.

- BENUTZER BEARBEITEN (siehe Abbildung 18.11)
  Führt den angemeldeten Benutzer zu einer Formularseite, auf der er sowohl Joomla!-globale als auch Kunena-spezifische Profileinstellungen vornimmt, z. B. Links zu anderen Social-Network-Profilen, Geburtstag, die Standardsignatur, die unter seinen Nachrichten erscheint, das Avatar-Profilbild und Optionen zur Forumsbedienung (Themensortierung, E-Mail-Adressenanzeige und Online-Status). Dies ist das Gegenstück zur Seite des Typs PROFIL, die die Benutzerdaten nicht zur Bearbeitung, sondern zur Begutachtung darstellt.

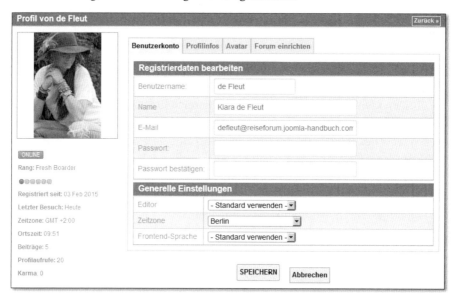

Abbildung 18.11 Über den Menüeintragstyp »Profil bearbeiten« nehmen Benutzer sowohl Joomla!- als auch Kunena-spezifische Einstellungen zu ihrem Benutzerprofil vor.

- BENUTZERLISTE
  Übersichtliche Tabelle aller registrierten Benutzer mit Online-Status, Avatar-Profilbild, Anzahl der Beiträge und Eintritts- und Aktivitätsdatum. Durch Klick auf die Spaltenüberschriften ist die Liste sortier- und über ein Texteingabefeld durchsuchbar.

- DEFINIERTER INHALT
  Stellt im Frontend in dieser Menüeintragskonfiguration enthaltene Textinhalte im Kunena-Forumscontainer dar. Das ist brauchbar für statische Inhaltsseiten, ohne den Umweg über Joomla!-Beiträge gehen zu müssen.

- KATEGORIE ANZEIGEN
  Listet alle einer Kategorie zugeordneten Themen oder alle in einer Forumsgruppe verschachtelten Kategorien, je nachdem, welche Kategorie/Oberkategorie Sie im Feld KATEGORIE ID definieren.

- KATEGORIELISTE
  Listet niemals Themen, sondern ausschließlich Kategorien. Eignet sich also für Übersichtsseiten stark verschachtelter Forumsstrukturen.

- MEINE THEMEN
  Weitere benutzerbezogene Themenlisten, z. B. selbst erzeugte Themen (GESTARTET VON MIR) oder Themen, an denen sich der Benutzer im Verlauf der Diskussion beteiligte (GESCHRIEBEN VON MIR). Auch interessant: Abonnierte und favorisierte Themen, Erinnerungslisten, um ausgewählte Diskussionen über einen längeren Zeitraum zu verfolgen.

> **Hintergrund: Themenabonnements und Favoriten**
>
> Um den Diskussionsverlauf eines Themas zeitnah mitzubekommen, bietet Kunena angemeldeten Benutzern zwei Mechanismen, die über und unter der Nachrichtenliste des Themas per Button ABONNIEREN bzw. FAVORISIEREN erreichbar sind.
>
>
>
> **Abbildung 18.12** Je nach Abonnement- bzw. Favoritenstatus wechseln die Beschriftungen der Schaltflächen über den Themennachrichten.
>
> Das *Abonnement* zeichnet aus, dass der Abonnent stets eine E-Mail erhält, sobald etwas in der Themendiskussion passiert, siehe Abbildung 18.13 (praktisch: inklusive direkt anklickbarem Link zum Forumsbeitrag). Als Autor eines Themas ist man automatisch Abonnement, aber auch, wenn man auf ein Thema antwortete. Erfolgte noch keine Interaktion mit einem Thema, klickt der Benutzer auf den Button ABONNIEREN, um ab sofort E-Mail-Benachrichtigungen zu erhalten; er wird damit zum

sogenannten Lurker. Die Kündigung solch eines Abos ist ebenso unkompliziert: Bei bereits abonnierten Themen ist der ABONNIEREN-Button mit ABO BEENDEN beschriftet – ein Klick genügt. *Tipp:* Der Menüeintragstyp KUNENA FORUM • MEINE THEMEN bietet im Feld AUSWAHL die Option MEINE ABONNEMENTS. Die dazugehörige Webseite listet alle vom Benutzer abonnierten Themen.

Abbildung 18.13 Praktisch – für abonnierte Themen versendet Kunena Benachrichtigungsmails, dazu verwendet die Komponente die in Joomla! hinterlegte Mailkonfiguration.

Favoriten sind simpler als Abonnements. Die Markierung erfolgt zwar auch über einen Button, der Benutzer erhält allerdings keine Benachrichtigungen, sondern findet die favorisierten Themen über einen kleinen Stern in der Themenübersicht (siehe Abbildung 18.14) oder über eine Spezialseite des Menüeintragstyps KUNENA FORUM • MEINE THEMEN • Feld AUSWAHL • Dropdown-Liste MEINE FAVORITEN.

Abbildung 18.14 Abonnierte Themen lösen E-Mail-Benachrichtigungen aus, favorisierte erscheinen in Übersichtsseiten durch ein Sternchen hervorgehoben.

Hinweis: Kunenas Buttonleisten sind aufgrund der Fülle an Funktionen etwas unübersichtlich. Können Sie auf die Favoriten- und/oder Abonnementbuttons verzichten, stellen Sie die Mechaniken über KOMPONENTEN • KUNENA FORUM • KONFIGURATION • Reiter BENUTZER • Feld FAVORITEN ERLAUBEN und Feld ABONNEMENTS ERLAUBEN aus.

▶ PROFIL
  Darstellung des eigenen Benutzerprofils, so wie es andere Benutzer sehen, wenn sie z. B. in einem Thema auf den Benutzernamen klicken. Hier erscheinen alle Social-Network-Links und Themenlisten, an denen sich der Benutzer beteiligte.

▶ STARTSEITE
Die Startseite ist der ideale Einstiegspunkt für eine Webseite mit mehreren in Gruppen unterteilten Foren. Diese erscheinen übersichtlich untereinander, sodass Besucher hier einen Überblick über alle Themenkategorien erhalten und mit einem Mausklick Foren betreten oder direkt zum letzten Thema springen.

▶ THEMA ERSTELLEN
Abkürzung zum Eingabeformular für ein neues Diskussionsthema. Für welches Forum das geschieht, steuern Sie über das Feld KATEGORIE ID.

▶ THEMEN SUCHEN
Flexible Volltextsuche, über die Besucher mehrere Aspekte miteinander verknüpfen: Stichwörter, Benutzernamen, Zeitspannen und Kategorienbeschränkungen ermöglichen ein zielgenaues Suchergebnis. Die Kunena-interne Suche läuft übrigens unabhängig von anderen per Erweiterung installierten Joomla!-Suchen.

Vielleicht ist Ihnen aufgefallen, dass die meisten dieser Seitentypen auch im Kunena-eigenen Menü verlinkt sind, das im Contentbereich die obere Kante des Kunena-Inhalts ziert. Sie haben also die Wahl, die Kunena-Seiten über Ihr eigenes Websitemenü zu verlinken oder dort nur den Einstiegspunkt für das Forum zu hinterlegen. Der Benutzer navigiert dann über das kleine Menü im Contentbereich durch die Kunena-Funktionalitäten. Das mag auf den ersten Blick die Benutzung des Forums erleichtern, das Reiseforum verzichtet jedoch auf diese »Unternavigation«, um das obere Hauptmenü als eindeutiges Hauptnavigationselement zu betonen, wie in Abbildung 18.15 dargestellt.

Abbildung 18.15 Kunena-Startseite des Reiseforums mit ausgeblendetem Kunena-Menü und sämtlichen Forumsfunktionen im Reiseforum-Hauptmenü

Ausgeblendet wird das Kunena-eigene Menü deshalb über KOMPONENTEN • KUNENA FORUM • TEMPLATEVERWALTUNG • Klick auf den Templatenamen BLUE EAGLE (siehe Abbildung 18.16). In der rechten Spalte stellen Sie die Dropdown-Liste ANZEIGE DES KUNENA MENÜS auf NEIN. Dieses Konfigurationsformular ist übrigens die einzige Möglichkeit, Modifikationen am Design des Kunena-Templates vorzunehmen, ohne mit CSS-Overrides zu arbeiten. Sie beeinflussen hier vornehmlich die Farben der wichtigsten Bedienelemente, Reiter und Schriften. Mit ein paar kleinen Anpassungen lässt sich so im Reiseforum die Themenfarbe Rot, die der Benutzer bereits aus dem Hauptmenü, den Buttons und Überschriften kennt, auf die Kunena-Elemente erweitern.

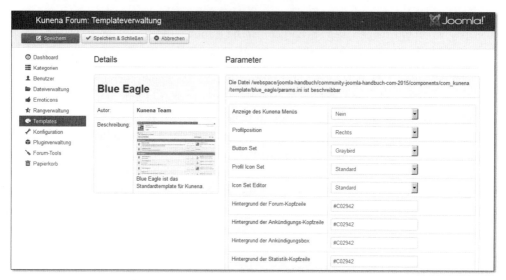

Abbildung 18.16 Über Kunenas Templateeinstellungen deaktivieren Sie das Kunena-interne Menü und justieren das Farbschema der Bedienelemente.

Tipp: Forumsmenü für Gäste und Benutzer individualisieren

Zur Abrundung des aus Kunena-Menüeintragstypen konstruierten Menüs nutzt das Reiseforum die praktischen Zugriffsebenen von Joomla!, um die internen Forumsseiten vor nicht angemeldeten Benutzern zu verstecken. Dazu bearbeiten Sie einfach die Menüeinträge, die für Gäste keinen Sinn machen, z. B. der Typen BENUTZERLISTE, MEINE THEMEN, PROFIL und THEMA ERSTELLEN, und stellen die Dropdown-Liste ZUGRIFFSEBENE in der rechten Spalte des DETAILS-Reiter auf REGISTRIERT.

Tipp: Eigene Icons für Unterkategorien einblenden

Die Icons in der tabellarischen Forenliste symbolisieren einen vertikal aufgestellten Dokumentordner – etwas lieblos für ein lebendiges Forum mit topaktuellen Urlaubsdiskussionen. Mit einem Bildbearbeitungsprogramm, FTP-Client und einigen Handgriffen stellen Sie hier selbst gestaltete Bilder dar, sogar unterschiedliche *pro* Forum. Dazu sucht Kunena in einem festgelegten Serververzeichnis nach besonders benannten GIF-Dateien.

1. Erzeugen Sie zunächst pro Diskussionsforum zwei Icons, ein Standard-Icon und eines, das erscheint, wenn das Forum neue Themen enthält, die der Benutzer noch nicht aufgerufen hat, z. B. mit einer besonderen Markierung »Neu« oder einem Sternchen. Bei der Größe sind Sie flexibel, im Reiseforum erscheinen beispielsweise etwas größere Icons mit 64×64 Pixel (siehe Abbildung 18.17).

2. Speichern Sie die Icons als GIF-Datei nach folgendem Namensschema: Der vordere Teil des Dateinamens entspricht der Kategorie-ID des Forums, die Sie über KOMPONENTEN • KUNENA FORUM • KATEGORIEVERWALTUNG in der letzten Spalte ID ablesen. Dann folgt ein Unterstrich und das Kürzel *off* für das Standard-Icon und *on* für die Variante mit neuen Themen, z. B. *17_on.gif* bzw. *17_off.gif*.

3. Laden Sie die auf diese Weise erzeugten und benannten GIF-Bilder in Ihrer Joomla!-Installation ins Verzeichnis */media/kunena/category_images/*.

Nach der [F5]-Aktualisierung (OS X: [cmd] + [R]) der Kunena-Startseite im Frontend lädt die Forumssoftware nun Ihre neuen Icons. Falls Sie keine Änderung sehen, prüfen Sie noch mal die richtige Benennung und das Upload-Verzeichnis; der Mechanismus greift vollautomatisch, sobald die Bilder vom System auffindbar sind.

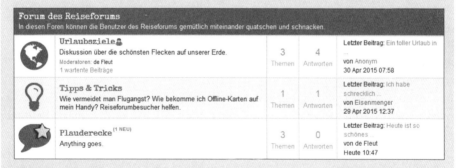

Abbildung 18.17 Benutzerdefinierte Icons und Grundfarben der Bedienelemente ändern Sie bereits ohne CSS-Overrides über die Templatekonfiguration und die Bereitstellung von GIF-Icon-Dateien.

18.2.3 Benutzer konfigurieren

Kunena nutzt das von Joomla! bereitgestellte Benutzersystem für die eigene Benutzerverwaltung, d. h., registrierte Websitebenutzer sind automatisch Mitglieder im Forum. Da die Profileigenschaften von Joomla! aber nur grundsätzliche Aspekte wie

Passwort und E-Mail-Adresse abdecken (plus Adresse, Telefon und einige persönliche Informationen, falls Sie das Plugin BENUTZER - PROFILE aktivieren), bohrt Kunena diese Komponente auf und ergänzt Profile um Social-Network-Links (Twitter, Facebook etc.), eine Signatur und sogar ein Avatarsystem, das ein persönliches Profilbild erlaubt, das neben allen Nachrichten des Benutzers erscheint. Diese erweiterte Konfiguration erreichen Sie über KOMPONENTEN • KUNENA FORUM • BENUTZERVERWALTUNG (siehe Abbildung 18.18).

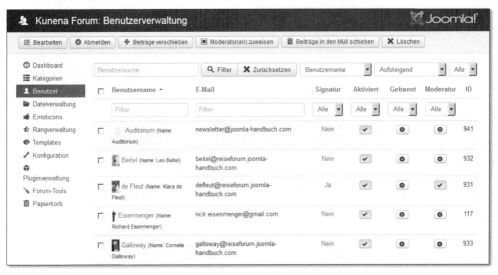

Abbildung 18.18 In der Kunena-Benutzerverwaltung konfigurieren Sie über die Joomla!-Basiseinstellungen hinausgehende Aspekte Ihrer Benutzer, z. B. Moderations- und Aktivitätsstatus.

In der Übersichtsliste der Benutzer finden Sie einige in Spalten sortierte Basisinformationen: Avatarbild, BENUTZERNAME und E-MAIL-Adresse und ob dieser Benutzer eine SIGNATUR einsetzt, AKTIVIERT oder GEBANNT ist oder ob es sich um einen MODERATOR handelt. Die drei letzten Optionen sind in dieser Ansicht pro Benutzer umschaltbar. Sie können jemanden also mit einem einzelnen Klick bannen oder ihm den Moderationsstatus entziehen. Über die obere Buttonleiste lassen sich einige Aktionen auf mehrere, per Häkchen markierte Benutzer gleichzeitig anwenden. BEITRÄGE VERSCHIEBEN oder BEITRÄGE IN DEN MÜLL SCHIEBEN nutzen Sie z. B., falls sich ein sogenannter Troll unter die Benutzer gemischt hat. Von Trollen eröffnete Themen sind niemals konstruktiv, meistens irrelevant und dienen allein zur Verwirrung der anderen Benutzer und Selbstdarstellung des Betreffenden. Über diese Buttons entfernen Sie kurzerhand die belanglosen Einträge, mithilfe des Buttons LÖSCHEN ist sogar der eigentliche Störenfried beseitigt.

Hintergrund: Was ist ein Moderator?

Als Moderator bezeichnet man eine besondere Administrationsebene abseits der von Joomla! vorgegebenen Benutzergruppen oder Zugriffsebenen. Moderatoren übernehmen die Verantwortung für einzelne Foren. Und zwar Foren, die über KOMPONENTEN • KUNENA FORUM • KATEGORIEVERWALTUNG • Klick auf Kategorie/Forum • Reiter KATEGORIEEINSTELLUNGEN • Feld BEITRÄGE KONTROLLIEREN auf Moderation (JA) umgestellt wurden.

Moderatoren achten darauf, dass die Themen zum Forum passen und sich niemand danebenbenimmt. Dementsprechend sind Moderatoren mit besonderen Werkzeugen ausgestattet, die sie innerhalb von Kunenas Frontend-Oberfläche erreichen. (Moderatoren haben keinen Backend-Zugriff.) Dazu zählen Sperrungen und Freigaben einzelner Themen, Nachbearbeitung von Themendetails wie Titel, Symbol und auch das Forum, in dem der Benutzer das Thema eröffnete. Letzteres ist eines der Hauptprobleme in stark frequentierten und umfangreichen Foren: Benutzer stellen ihre Fragen häufig in der falschen Kategorie. Ein Moderator klickt dann lediglich auf THEMA MODERIEREN und verschiebt das Thema dann ins passende Forum (siehe Abbildung 18.19). Dieser und andere Moderationsbuttons erscheinen automatisch in Beiträgen.

Abbildung 18.19 Über den Button »Thema moderieren« korrigieren Moderatoren falsch zugeordnete Themen, benennen sie um oder aktivieren ein passenderes Symbol.

Eine weitere wichtige Funktion erlaubt dem Moderator die Fixierung einzelner Themen an oberste Stelle der Themenliste, sogenannte *Sticky* oder *Pinned Topics* (siehe Abbildung 18.20). Dazu klickt er bei der Themenansicht auf den Button WICHTIG.

Derart markierte Themen finden ihren Einsatz für Forumsregeln, FAQs oder die wichtigsten aktuellen Themen, die alle Benutzer dringend lesen sollten.

Themen in Kategorie: Urlaubsziele

0 Antworten		Schönster Strand auf Lanzarote Thema gestartet 29 Apr 2015 19:19 von Sebelius	3 Aufrufe	Letzter Beitrag von Sebelius 29 Apr 2015 19:19
2 Antworten	♥	Ein toller Urlaub in Kroatien (2 NEU) Thema gestartet 28 Apr 2015 13:24 von de Fleut	5 Aufrufe	Letzter Beitrag von Anonym 30 Apr 2015 07:58
1 Antworten	✗	IMMER gehts hier NUR um die Kanaren! (2 NEU) Thema gestartet 29 Apr 2015 18:53 von Anonym	2 Aufrufe	Letzter Beitrag von Anonym 30 Apr 2015 07:57

Abbildung 18.20 Als »wichtig« markierte Themen erscheinen stets plakativ an oberster Stelle der Themenliste eines Forums.

Hinweis: Die Einstellung, über die Sie einen regulären Benutzer zum Moderator ernennen, versteckt sich ein wenig: Bearbeiten Sie die Detaileinstellungen eines Benutzers über die Kunena-BENUTZERVERWALTUNG • Reiter MODERATION. Stellen Sie IST MODERATOR auf JA, und klicken Sie rechts daneben das zu moderierende Forum an. Falls das mehrere sind, benutzen Sie die Strg/cmd-Taste und weitere Mausklicks.

Tipp: Noch nicht freigegebene Beiträge erkennen Moderatoren in der Beitragsliste eines Themas an der grauen Hintergrundfarbe und einem anderen Moderationsbutton-Layout. Unverzichtbar für eine bequeme Moderation: Spezialseiten der Typen KUNENA FORUM • AKTUELLE THEMEN / BEITRÄGE • Feld AUSWAHL auf NICHT GENEHMIGTE THEMEN / BEITRÄGE bieten Moderatoren einen zusätzlichen zentralen Anlaufpunkt für die Freigabeverwaltung.

Weitere Einstellungen nehmen Sie in der Detailansicht der Benutzer vor, die Sie mit einem Klick auf den Benutzernamen erreichen.

- Über den Reiter GRUNDEINSTELLUNGEN löschen Sie das Avatarbild oder bearbeiten die SIGNATUR für den Fall, dass hier jemand anstößiges oder unangebrachtes Bild- oder Textmaterial unterbringt.
- Im Reiter MODERATION legen Sie fest, welche Foren der Benutzer moderiert.
- Unter ABONNIERTE KATEGORIEN und THEMEN erfahren Sie ein wenig über die Interessen des Benutzers. Eine mögliche Informationsquelle, um Forumsmissbrauch früh zu erkennen.
- Im Reiter FORUM EINRICHTEN weisen Sie schließlich dem Benutzer einen Kunena-internen Status, einen sogenannten RANGTITEL, zu. Beispielsweise markieren Sie ihn hier noch mal als MODERATOR, vergeben aber auch SPAMMER- oder GEBANNT-Etiketten für Benutzer mit zweifelhaftem Verhalten.

Achtung: Diese Markierungen sind unabhängig von den Einstellungen in der Benutzerübersicht. Der RANGTITEL erscheint unter dem kleinen Avatarbild neben jeder Nachricht des Benutzers. Hierüber warnen Sie also Mitbenutzer des Forums über mögliche Absichten des Störenfrieds.

18.2.4 Weitere Einstellungen zu Kunena

Entlang der linken Seitenleiste finden Sie weitere Einstellungen zu Kunenas Funktionalitäten.

- DATEIVERWALTUNG
  Über diese Seite erhalten Sie Einblick in alle Dateien, die Forumsbenutzer im Laufe der Zeit an ihre Themen und Nachrichten angehängt haben, und löschen gegebenenfalls anstößiges Material.

- EMOTICONS (siehe Abbildung 18.21)
  Emoticons sind die kleinen Icons, die in Chats und Forennachrichten anstelle bestimmter Tastenkombinationen erscheinen. Beispiele: :) wird zu ☺, B) steht für den coolen Brillensmiley 😎 und :angry: drückt Ärger aus 😠. Über die Emoticons-Konfiguration steuern Sie, welche Icons bei welchen Zeichenkombinationen erscheinen, können also beliebige neue hinzufügen. Achten Sie aber darauf, dass die kleinen Bildchen nicht höher als 20 Pixel sind, sonst zerstören sie das einheitliche Zeilenlayout der Texte.

Abbildung 18.21 Über den »Emoticons«-Mechanismus setzt Kunena kleine Icons an die Textstellen, die einen vorkonfigurierten Code enthalten; im Reiseforum erscheint bei jedem Vorkommen von »Welt« ein kleiner roter Globus.

- RANGVERWALTUNG (siehe Abbildung 18.22)
  Foren leben von der Anzahl der Themen und Nachrichten und damit von besonders aktiven Benutzern. Rangabzeichen und Badgets sind nicht nur in der digitalen Welt ein beliebtes psychologisches Mittel, Motivation zu schüren. Für Kunena heißt das: Je mehr Beiträge ein Benutzer verfasst, desto höher steigt sein Rang. Das dazu passende Rangabzeichen erscheint nicht nur im jeweiligen Benutzerprofil, sondern auch schön plakativ neben jedem Benutzerbeitrag.

Kunena enthält bereits einige allgemeine Rangabzeichen, die Sie jederzeit an das Thema Ihres Forums anpassen dürfen. Das Reiseforum verzichtet beispielsweise vollständig auf die BOARDER-Bezeichnungen und ersetzt sie durch die vier Ränge COUCHKARTOFFEL, REISENDER, MULTIKULTI und GLOBETROTTER.

Über den Reiter NEUES RANGBILD HOCHLADEN stellen Sie neue Icons für diese Rangabzeichen auf den Server (oder per FTP in das Verzeichnis */media/kunena/ranks/*). Bei der Bearbeitung eines existierenden oder neuen Ranges wählen Sie dann das neue Icon aus der Dropdown-Liste RANGBILD, die stets alle Dateien des */ranks/*-Verzeichnisses zur Auswahl bietet. Unter MINIMALE BEITRAGSANZAHL stellen Sie schließlich die Anzahl der Beiträge fest, die zum Erreichen des betreffenden Ranges erforderlich sind.

Bei SPEZIAL-Rängen handelt es sich um die Benutzermarkierungen, die Sie aus der BENUTZERVERWALTUNG • Reiter FORUM EINRICHTEN • Feld RANGTITEL kennen und mit denen Sie besondere Benutzerkategorien nach außen sichtbar machen, z. B. Moderatoren, Spammer oder gebannte Benutzer.

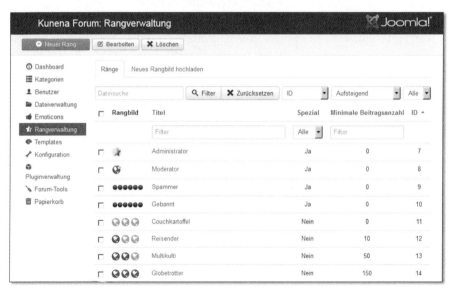

Abbildung 18.22 Bei Rangabzeichen sind sowohl Icons als auch Rangbeschriftung und Anzahl der erforderlichen Beiträge für das Erreichen des Ranges einstellbar.

Tipp: Im Download-Bereich der Website zum Handbuch (*https://joomla-handbuch.com/downloads/handbuch*) liegt für Sie eine kleine Photoshop-Datei bereit, die Sie als Vorlage für voll- und halbtransparente Rangabzeichenelemente verwenden können. Jedes Rangabzeichen ist dabei eine Kombination eingeblendeter transparenter oder voll sichtbarer Globusebenen.

- TEMPLATES

  Wie Joomla! nutzt auch Kunena Templates, um das Design, in diesem Fall des Forumsbereichs, vollständig auszutauschen. Standardmäßig ist das Template BLUE EAGLE installiert, andere (kostenlose) Templates für die aktuelle Kunena-Version 3 zu finden ist noch nicht einfach. Doch mit einigen Templateeinstellungen bringen Sie auch Blue Eagle etwas näher an die Designlinie Ihrer Website heran.

  Klicken Sie auf den Templatenamen BLUE EAGLE, gelangen Sie zu einem Konfigurationsformular, in dessen rechter Spalte Sie verschiedene Farbwerte für die vielen Bedienelemente hinterlegen. Auch das BUTTON SET, die Schaltflächen zum Verfassen neuer oder zum Beantworten existierender Themen, lässt sich per Dropdown-Liste farblich anpassen.

  Ein besonders wichtiges Feld versteckt sich am unteren Ende der Liste: Über TEXTLÄNGE BEI »LETZTER BEITRAG« legen Sie fest, wie viele Buchstaben des Thementitels in den Themenübersichten erscheinen. Für den gesamten Thementitel geben Sie hier einfach »999« ein. (Beachten Sie, dass die Länge der Thementitel auch durch die Kunena-Konfiguration eingeschränkt ist.)

  Tipp: Abseits dieser Einstellungen passen Sie das Template auch jederzeit per CSS-Override an – siehe Abschnitt 10.5.3, »CSS-Overrides anlegen«. Alle anzupassenden CSS-Elemente befinden sich innerhalb des Containers #Kunena. Beispiel einer Schriftenänderung der <h1>- und <h2>-Überschriftenebene:

  ```
  #Kunena h1 a:link,
  #Kunena h1 a:active,
  #Kunena h1 a:visited,
  #Kunena h2 span,
  .ktitle {
    font-family: "Special Elite";
    font-weight: normal;
  }
  ```

- KONFIGURATION

  In der globalen Konfiguration (Menü SYSTEM) des Kunena Forums befinden sich lediglich allgemeine Berechtigungseinstellungen. Sämtliche Optionen zu Darstellung und Funktionalität des Forums finden Sie auf dieser KONFIGURATION-Seite innerhalb der Komponente. Nehmen Sie sich am besten etwas Zeit, und klicken Sie sich nacheinander durch die Reiter. Die von Kunena eingeblendeten Tooltips der Konfigurationsfelder sind sehr beschreibend und benötigen keine weitere Erklärung. Außerdem sind die Standardeinstellungen bereits sinnvoll. Die folgende Liste enthält einige Konfigurations-Highlights, die Sie sich mindestens ansehen sollten:

- Reiter ALLGEMEIN • Feld FORUMTITEL: Wird zum einen in die Browserfensterzeile geschrieben, zum anderen als Präfix bei Benachrichtigungen per E-Mail verwendet. In der vorliegenden Version (3.0.8) hat sich hier jedoch ein Bug eingeschlichen: Zwischen Forumtitel, Präfix und eigentlichem Betreff der Mail befindet sich kein Trennzeichen (Leerzeichen oder Doppelpunkt). Ergänzen Sie also per Hand ein Leerzeichen am Ende Ihres Forumtitels.
- Reiter FRONTEND • Feld STANDARD THEMENLAYOUT: Ausführliche Themendiskussion mit bildschirmseitenlangen Nachrichtenlisten sind nicht jedermanns Sache. Mancher Forumsbetreiber setzt deshalb nicht auf ein FLACHES STANDARD THEMENLAYOUT, sondern auf ein AUFGEFÄDELTES. Dabei erscheinen die Beiträge nicht untereinander auf einer Webseite, sondern als Baumstruktur verlinkter Webseiten (siehe Abbildung 18.23). Dieser Beitragsbaum erscheint unterhalb des Themas und eignet sich besonders gut für Foren, deren Themen die Tendenz haben, sich in verschiedene Diskussionsstränge aufzuteilen.

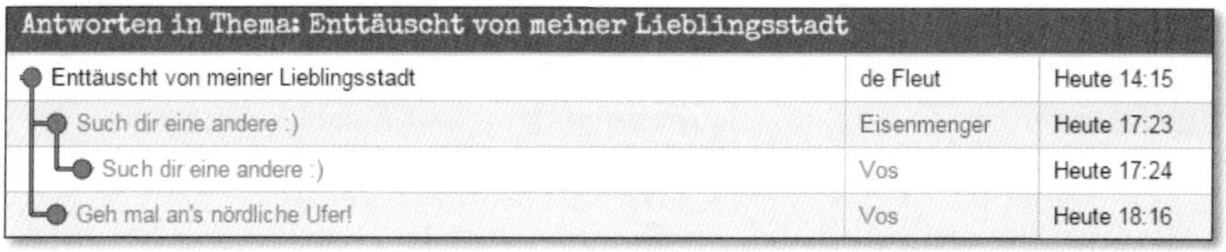

Antworten in Thema: Enttäuscht von meiner Lieblingsstadt		
Enttäuscht von meiner Lieblingsstadt	de Fleut	Heute 14:15
Such dir eine andere :)	Eisenmenger	Heute 17:23
Such dir eine andere :)	Vos	Heute 17:24
Geh mal an's nördliche Ufer!	Vos	Heute 18:16

Abbildung 18.23 Das »aufgefädelte« »Standard Themenlayout« eignet sich besonders zur übersichtlichen Darstellung komplexer Diskussionen mit verschiedenen Antwortsträngen.

- Reiter BENUTZER • Felder KARMAANZEIGE AKTIVIEREN und DANKESCHÖN-FUNKTION AKTIVIEREN: Dies sind weitere Mechanismen, mit denen sich Benutzer untereinander auf die Schultern klopfen. Dabei handelt es sich um eine einfache, per Buttonklick ausgelöste Punktevergabe. Dankepunkte zählen immer aufwärts, Karmapunkte werden dagegen hinzugezählt oder abgezogen, abhängig von der Benutzerbewertung des Themas oder Beitrags. Beide Punktesysteme erscheinen in der kleinen Benutzerbox neben den Beiträgen eines Benutzers und in seinem Profil.
- Reiter SICHERHEIT: Schenken Sie diesem Reiter besondere Aufmerksamkeit. Insbesondere über die oberen Konfigurationsfelder steuern Sie, welche Rechte Gäste, also nicht angemeldete Benutzer, haben. Erteilen Sie Gästen Schreibrechte, öffnen Sie Missbrauch Tür und Tor. Dieses Risiko lässt sich über die Verwendung von CAPTCHAs einschränken. Im Bereich CAPTCHA KONFIGURATION tragen Sie Ihre über Google reCAPTCHA erhaltenen Daten ein, siehe auch Abschnitt 22.1, »reCAPTCHA/NoCaptcha aktivieren«.
- Reiter HOCHGELADENES: Treffen Sie eine wohlüberlegte Entscheidung, ob die Benutzer Ihres Forums Dateien an die Themen und Beiträge anhängen dürfen.

Zeitgenossen mit bösen Absichten könnten den Mechanismus missbrauchen. Steuern Sie daher über ERLAUBTE BILDTYPEN (Dateiendungen), GÜLTIGE MIME-TYPEN (Internetmedienbezeichnung für die Dateiarten, z. B. »image/jpeg« für JPEG-Bilder) und ERLAUBTE DATEITYPEN (im unteren Bereich DATEIEN), welche Arten von Dateien überhaupt hochgeladen werden dürfen. Auch sinnvoll: Die Einschränkung der maximalen Dateigröße über die Felder MAX. GRÖSSE DER BILDDATEIEN und MAX. DATEIGRÖSSE.

– Reiter BBCODE: Über diesen Konfigurationsreiter beeinflussen Sie die im Beitragseditor bereitgestellten Funktionen. Benötigt Ihr Forum wirklich einen Button zum Einbetten von eBay-Artikeln oder YouTube-Videos? Die Spoiler-Funktionalität (englisch für verderben) ist allerdings recht beliebt bei Forenbenutzern. Damit markieren sie ein Textfragment, das beim Aufruf des Beitrags versteckt ist und sich erst per Mausklick einblendet (Beispiel siehe Abbildung 18.24). Sehr beliebt in Film- oder Gamerforen, in denen man sich nicht versehentlich den Plot der Geschichte oder eine Rätsellösung verraten und damit die Spannung verderben möchte.

Abbildung 18.24 Bei BBCode »[spoiler]«/»[/spoiler]« markieren Autoren Textfragmente, die erst durch einen Mausklick sichtbar werden.

– Reiter EXTRA: Im letzten Reiter versteckt sich im Bereich UMFRAGEEINSTELLUNGEN ein weiteres mächtiges Kunena-Feature (siehe Abbildung 18.25). Benutzer können an jedes Thema eine Umfrage heften, eine definierte Auswahl von Radiobuttons, die über dem Thementext erscheint und alle Besucher einlädt, eine Antwortoption auszuwählen. Eine typische Umfrage im Reiseforum ist die Frage nach dem schönsten Strand. Während im oberen Bereich der Themenseite abgestimmt wird, dient die darunter folgende Beitragsliste der sprichwörtlich hitzigen Diskussion, warum denn dieser oder jene Strand für die Umfrage vergessen wurde.

Umfrage: Strandumfrage. Welcher ist der Schönste?			
Puerto delCarmen		1	10%
Costa Teguise		4	40%
Playa Blanca		1	10%
Playa Famara		1	10%
Playa Guacimeta		3	30%
Playa de Janubio		Keine Stimme	0%

Anzahl der Wähler: **10** (Galloway, Spierenburg, Houtman, Rothschild, Beitel) Mehr

Abbildung 18.25 Pro Thema dürfen Autoren jeweils eine Umfrage einstellen; die Abstimmungseinschränkungen steuern Sie über den Reiter »Extra« • Bereich »Umfrageeinstellungen«.

▸ PLUGINVERWALTUNG

Während der Installation hatte Kunena zusätzliche Plugins eingerichtet, die zunächst deaktiviert sind, da sie nur für besondere Aufgaben eingesetzt werden.

Gravatar (siehe Abbildung 18.26) ist beispielsweise ein Dienst, über den Benutzer ihr Avatarbild zentral verwalten und verschiedene Websites und Foren bereitstellen, die den Gravatar-Mechanismus unterstützen. Kunena macht das mit Aktivierung des Plugins KUNENA - GRAVATAR INTEGRATION.

Neben weiteren Integrations-Plugins erscheinen in dieser Liste aber auch nachträglich installierte Kunena-Erweiterungen. Lassen Sie sich durch das Joomla! Extensions Directory inspirieren: Autorenboxen, Ratingsysteme, erweiterte Statistiken, E-Mail-Funktionalitäten; suchen Sie im JED einfach nach »kunena« – die Plugin-Liste ist endlos.

Abbildung 18.26 Kunena unterstützt per Plugin den kostenlosen Dienst Gravatar (http://de.gravatar.com), mit dem Forenbenutzer ihre Avatarbilder zentral ablegen und in beliebigen Foren automatisch einblenden.

Hinweis: Die auf dieser Kunena-Konfigurationsseite dargestellten Plugins sind keine besonderen Add-ons, sondern Standard-Joomla!-Erweiterungen, die Sie auch über den Filter KUNENA unter ERWEITERUNGEN • PLUGINS erreichen.

- FORUM-TOOLS

  Auf dieser Seite finden Sie einige Bereinigungsfunktionen, falls es mal Probleme mit Ihrer Kunena-Installation gibt. In der Regel führen Sie die Aktionen auf Anraten durch einen Forumsbeitrag oder eine Supportantwort des Kunena-Teams durch; hier die wichtigsten:

  - KONFIGURATIONSBERICHT: Falls Sie auf ein schwerwiegendes Problem stoßen, dass Sie allein nicht lösen können, lohnt sich ein Besuch auf der offiziellen Kunena-Website unter *http://www.kunena.org/forum*. Hier suchen Sie nach Beiträgen, die die Problemlösung enthalten, oder studieren die FAQs oder themenverwandte Foren. Bei wirklich kniffligen Sachverhalten wird man Sie um den Inhalt der Textbox der Kunena-Seite KONFIGURATIONSBERICHT bitten. Die freiwilligen Helfer erhalten somit einen kleinen Einblick in Ihre Systemkonfiguration, um der Problemursache auf die Spur zu kommen.

  - FORUM SÄUBERN: Enthält eines Ihrer Foren zeitlich relevante Informationen, die irgendwann out of date sind (nach Ablauf einer bestimmten Anzahl von Tagen), nutzen Sie FORUM SÄUBERN, um die betreffenden Themen in den Papierkorb zu verschieben oder sofort zu löschen.

  - BENUTZER SYNCHRONISIEREN: Markieren Sie hier bis zu drei Optionen, die beim Klick auf den SYNCHRONISIEREN-Button durchgeführt werden. BENUTZERPROFIL FÜR ALLE HINZUFÜGEN ist hilfreich, sollten wegen eines Defekts neue Websitebenutzer keine Kunena-Profilergänzung erhalten haben.

    Gelöschte Benutzer werden niemals wirklich gelöscht, sondern nur versteckt. Mit dem Häkchen BENUTZERPROFILE VON GELÖSCHTEN BENUTZERN ENTFERNEN findet die finale Löschung dieser versteckten Benutzer statt.

    Neben den Benutzerbeiträgen zu Themen erscheint auch der Name des betreffenden Autors. In der Kunena-Konfiguration wählen Sie zwischen einer Anzeige des Namens oder Benutzernamens. *Nach* solch einer Konfigurationsänderung aktivieren Sie das Häkchen BENUTZERNAMEN IN BEITRÄGEN AKTUALISIEREN, um alle Beiträge auf den aktuellen Stand zu bringen.

  - STATISTIK NEU ZÄHLEN, MENÜVERWALTUNG: Im Falle einer Fehlfunktion wählen Sie hier jeweils alle Häkchen und klicken auf STATISTIK NEU ZÄHLEN bzw. KUNENAMENÜ WIEDERHERSTELLEN.

- PAPIERKORB

  Hier landen alle Beiträge, die von Moderatoren oder dem Super Benutzer als Müll markiert wurden. Markieren Sie die Zeilen mit einem Häkchen, und klicken Sie in der oberen Buttonleiste auf ELEMENTE ENTSORGEN, um die Inhalte endgültig zu löschen.

18.3 Newsletter verschicken mit AcyMailing Starter

Erweiterung	AcyMailing Starter
JED-Kategorie	MARKETING • NEWSLETTER
Download	http://www.acyba.com/acymailing/starter.html
Zweck	Professionelles Tool zur Erstellung, Organisation und zum Versand von Newslettern; AcyMailing verwaltet außerdem mehrere Empfängerlisten und verschiedene Newslettervorlagen und bietet eine Versandstatistik.

E-Mail-Newsletter sind nicht nur für Communitys, sondern auch Online-Shops interessant, gehören sie doch zu den erfolgreichsten Marketingmaßnahmen im Internet. Ist der Newsletter attraktiv gestaltet und spricht den Empfänger thematisch an, springt dieser mit nur einem Mausklick aus dem Posteingang auf eine spezielle Seite Ihrer Website, eine sogenannte *Landing Page*. Einen direkteren Draht zu Ihrem Publikum gibt es nicht.

Bevor Sie AcyMailing, den Newsletter-Platzhirsch aus dem Joomla! Extensions Directory, herunterladen und konfigurieren, sollten Sie drei wichtige Aspekte für eine Newsletterintegration kennen:

- **Anzahl der Empfänger**
  Als Joomla!-Erweiterung installierte Newslettertechnologien laufen auf demselben Server wie Ihre Joomla!-Installation. Solche Webserver sind nicht unbedingt für den Massen-E-Mail-Versand geeignet. Planen Sie Newsletter mit vier- oder gar fünfstelligen Empfängerzahlen, erörtern Sie die Nutzung eines externen Dienstleisters, der auf Newsletterversand spezialisiert ist, z. B. CleverReach, Optivo oder Mailchimp. Die Weboberflächen sind äußerst benutzerfreundlich, die versendeten Newsletter entsprechen dem aktuellen Stand der Technik, der Versand läuft unter technischen Idealvoraussetzungen, und meist haben Sie Zugriff auf umfangreiche Statistiken. Viele Dienstleister bieten sogar kostenlose Pakete für den Fall, dass Sie unter einer bestimmten Zahl von Empfängern bleiben.

- **Zustimmung der Empfänger**
  Auf Ihrer Website haben sich bereits 100 Benutzer für die Nutzung eines Forums und eines Download-Bereichs registriert, Sie sammeln auf Messen akribisch E-Mail-Adressen und planen jetzt einen Werbenewsletter für ein neues Produkt? So einfach geht das leider nicht. Es gelten rechtliche Aspekte aus dem Gesetz gegen den unlauteren Wettbewerb. Dieses Handbuch kann Ihnen zwar keine juristische

Auskunft mitteilen, aber, vereinfacht gesagt, dürfen Sie Newsletter nur in zwei Fällen versenden:

a) Der Empfänger hat den Newsletter explizit abonniert, z. B. über ein kleines Anmeldeformular auf Ihrer Website. Achten Sie aber darauf, das sogenannte *Double Opt-in-Verfahren* zu aktivieren. Dabei genügt nicht nur das Ausfüllen des Anmeldeformulars, schließlich könnte man dort ja beliebige E-Mail-Adressen eintragen, um Mobbing zu betreiben. Per Double Opt-in verschickt das Newslettersystem zunächst eine E-Mail an den neuen Empfänger und verlangt eine Bestätigung der E-Mail-Adresse. In der Regel klickt der rechtmäßige Empfänger dann auf einen Aktivierungslink in der Mail, der ihn zurück zur Website führt, die dann die endgültige Freischaltung vornimmt.

2. Sie hatten vorher mit dem Empfänger eine Geschäftsbeziehung, und der Inhalt des Newsletters bezieht sich auf dasselbe Thema oder ähnliche Produkte. So ähnlich, wie Sie das von Joomla!-Erweiterungen kennen, deren Download eine Registrierung per E-Mail-Adresse erfordert. Informieren Sie sich also vorab genau, ob Sie sich nicht in einem juristischen Grenzbereich bewegen. Gegen eine gelegentliche Systemmeldung in einem privaten Forum gibt es natürlich nichts einzuwenden.

▶ **Abonnementkündigung**
Sie müssen den Newsletterempfängern einen Mechanismus zur Verfügung stellen, um sich aus der Empfängerliste zu entfernen. Ergänzen Sie deshalb in der Fußzeile jedes Newsletters unbedingt einen Abmelde-/Abbestellen-/Unsubscribe-Link.

Auf den folgenden Seiten lernen Sie eines der beliebtesten Joomla!-Newslettertools, AcyMailing, kennen. Es ist nach der Installation sofort einsatzbereit, einfach zu bedienen und bietet einige fortgeschrittene Features, die deutlich über die Massenmail-Funktion von Joomla! hinausgehen.

Im Mittelpunkt stehen die Verwaltung von Empfängerlisten und Newslettern sowie der robuste Versandmechanismus. Versenden Sie Newsletter regelmäßig, erleichtern zudem Vorlagen die einheitliche Gestaltung. AcyMailing ist nicht das einzige Tool dieser Art, dient hier aber aufgrund seiner Langlebigkeit und Beliebtheit exemplarisch für die Softwaregattung.

> **Tipp: Testen Sie den Newsletter und den Versand auf Herz und Nieren**
> Noch mehr als bei anderen Joomla!-Komponenten gilt bei Newsletter ein Credo: Testen, testen, testen. Der Versand eines Newsletters an 5.000 falsche Empfänger ist nicht nur peinlich, sondern geschäftsschädigend. Genauso wie Fehler im Newsletter orthografischer Natur oder defekte Verlinkungen oder nicht geladene Grafiken. Tools

> wie AcyMailing bieten dazu die Möglichkeit, Testmails zu versenden. Prüfen Sie aber auch den vollständigen An- und Abmeldemechanismus mit Testbenutzern. Nur so vermeiden Sie, dass eine Website monatelang mit defekter Anmeldung (»Warum interessiert sich niemand für unseren Newsletter?«) oder Abmeldung (»Was will dieser Rechtsanwalt von uns?«) live geschaltet ist.

18.3.1 Abonnentenliste anlegen und verwalten

Am Anfang eines Newsletterversands steht die Abonnentenliste, eine Liste aller Joomla!-Benutzer, die Ihren Newsletter empfangen. AcyMailing macht es Ihnen besonders einfach und legt schon während der Installation eine Standardliste namens NEWSLETTERS an, die alle registrierten Joomla!-Benutzer enthält. Sie dürfen aber beliebig viele andere Listen anlegen (siehe Beispiel in Abbildung 18.27). Denken Sie dabei an Zielgruppen, zählen z. B. Kunden eines Online-Shops als eigene Liste. Oder alle Forumsmoderatoren, alle Redakteure und Lektoren oder der Elternbeirat einer Schulwebsite. Sie sind nicht einmal dadurch eingeschränkt, dass Empfänger Joomla!-Benutzer sein müssen. AcyMailing erlaubt die Verwaltung beliebiger anderer Namen und E-Mail-Adressen. Doch dazu mehr in Abschnitt 18.3.4 »Benutzer verwalten«.

Abbildung 18.27 Über AcyMailing-Listen verwalten Sie Zielgruppen für verschiedene Newsletterthemen.

Werfen Sie zuerst einen Blick in die Abonnentenlistenverwaltung unter KOMPONENTEN • ACYMAILING • LISTEN. Die vorkonfigurierte Liste NEWSLETTERS enthält bereits alle Benutzer Ihrer Website, wie Sie anhand der Spalte ANGEMELDETE erkennen. Möchten Sie ausschließlich mit dieser Liste arbeiten, springen Sie zu Abschnitt 18.3.2, »Newsletter anlegen und versenden«. Für das Reiseforum ist jedoch eine separate Liste geplant, die nur die Benutzer enthält, die mit administrativen Aufgaben betraut sind, z. B. Moderatoren. Voraussetzung für eine möglichst bequeme Aufnahme in eine neue Liste ist, dass sich diese Benutzer in einer separaten Benutzergruppe befinden, z. B. Moderatoren.

1. Klicken Sie in der Buttonleiste auf NEU, um eine neue Abonnentenliste anzulegen.
2. Befüllen Sie die Felder im Konfigurationsformular (siehe Abbildung 18.28):

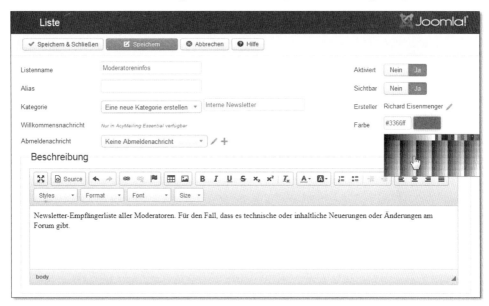

Abbildung 18.28 Wählen Sie für die Abonnentenliste eine prägnante Farbe, um die Liste später in Übersichten leichter zu finden.

- LISTENNAME: Name dieser Abonnentenliste, der sowohl bei der Verwaltung im Backend als auch optional bei der Newsletteranmeldung im Frontend erscheint, z. B. »Moderatoreninfos«
- KATEGORIE: Setzen Sie Kategorien ein, um eine große Anzahl von Abonnentenlisten übersichtlich zu gruppieren. Das hilft vor allem später beim Erzeugen des Newsletters.
- ABMELDENACHRICHT: Dient einer »Schade, dass Sie sich vom Newsletter abmelden«-Nachricht, die der Benutzer nach seiner Abmeldung als letzte System-E-Mail erhält.
- FARBE: Wählen Sie eine möglichst eindeutige Farbe aus, mit der Sie die Liste später auf Übersichtsseiten wiedererkennen.
- BESCHREIBUNG: ein kurzer Text über diese Abonnentenliste, der optional bei der Newsletteranmeldung erscheint

3. Klicken Sie auf SPEICHERN & SCHLIESSEN, und achten Sie auf die Bestätigungs-NACHRICHT oberhalb der erscheinenden Listenübersicht. Unter ERFOLGREICH

GESPEICHERT aktivieren Sie den Link HIER KLICKEN, UM BENUTZER ZUR ABONNENTENLISTE HINZUZUFÜGEN.

4. Sie gelangen jetzt in die Filteransicht, über die Sie Benutzer abhängig von bestimmten Attributen aus Listen entfernen oder hinzufügen (siehe Abbildung 18.29). Diese Ansicht ist auch über KOMPONENTEN • ACYMAILING • LISTEN • Untermenü FILTER erreichbar. Im Reiseforum befinden sich die Moderatoren in einer speziellen Benutzergruppe MODERATOREN; das macht die Filterung an dieser Stelle einfach. (Öffnen Sie die FILTER-Dropdown-Liste, um andere Kriterien zur Abonnentenauswahl zu erreichen.)

Abbildung 18.29 Über »Komponenten« • »AcyMailing« • »Listen« • Untermenü »Filter« erreichen Sie die Filteransicht, über die Sie Benutzer mit bestimmten Attributen aus Listen entfernen oder hinzufügen.

5. Kombinieren Sie die obere Dropdown-Listengruppe (FILTER) zu: GRUPPE • IN • MODERATOR.

6. Kombinieren Sie die untere Dropdown-Listengruppe (AKTIONEN) zu: ACYMAILING LISTE • NUTZER ZU FOLGENDEM ABONNEMENT • MODERATORENINFOS.

7. Eine Vorschau der betreffenden Benutzer erhalten Sie über den Button BENUTZER ANSEHEN in der linken oberen Ecke. Klicken Sie dann auf VERARBEITEN, um die Listenergänzung durchzuführen, und SCHLIESSEN Sie danach die Filteransicht.

8. Wechseln Sie zurück zur Listenübersicht, und stellen Sie sicher, dass in der Spalte ANGEMELDET der neuen Liste die korrekte Anzahl der Benutzer steht und die Liste über SICHTBAR- und AKTIVIERT-Häkchen einsatzbereit ist.

Abseits der Filteransicht fügen Sie individuelle Benutzer über AcyMailings Benutzerverwaltung hinzu, die sogar den Massenimport über externe Dateien erlaubt. Mehr dazu lesen Sie in 18.3.4 »Benutzer verwalten«. Weiterhin ist es möglich, ein Modul zur Newsletteranmeldung einzublenden, sodass sich Besucher ohne Ihr Zutun registrieren können, siehe Abschnitt 18.3.3, »Newsletter im Frontend integrieren«.

Tipp: Erzeugen Sie eine separate Abonnentenliste zum Testen Ihrer Newsletter, und füllen Sie sie mit persönlichen E-Mail-Konten verschiedener Mail-Provider.

Jetzt wird es Zeit, den ersten Testnewsletter zu versenden.

18.3.2 Newsletter anlegen und versenden

Steht die Abonnentenliste mit den Newsletterempfängern bereit, geht es ans Eingemachte: die Erstellung des Newsletters. Nehmen Sie sich Zeit, denn ein Newsletter will sorgfältig geplant, ausgearbeitet und getestet werden. Mit AcyMailing müssen Sie sich um die Technik glücklicherweise nicht so viele Sorgen zu machen, sondern können sich auf die Inhalte konzentrieren. Handelt es sich bei Ihrem Newsletter um keine interne Administrationsinfo, sondern um ein Werbemailing oder eine andere Public-Relations-Maßnahme, lassen Sie sich von diesen Ratschlägen der Marketingexperten inspirieren:

▶ **Kommen Sie sofort zur Sache**
Vermeiden Sie lange Einleitungen. Newsletter sind E-Mails und tauchen demzufolge in einer Flut anderer Nachrichten auf. Bringen Sie deshalb möglichst sofort Ihr Thema oder Angebot zur Sprache.

▶ **Verbringen Sie die Hälfte der Planungszeit mit der Betreffzeile**
Der Betreff ist der Text, den alle Newsletterempfänger lesen, auch ohne die Mail geöffnet zu haben. Formulieren Sie ihn entsprechend vorsichtig, und vermeiden Sie typische Spam- oder Discounterformulierungen wie »Umsonst«, »Sale«, »2 für 1«. Bringen Sie stattdessen spektakuläre Informationen unter: »Ergebnis der Reiseforumsumfrage: die 10 beliebtesten Inseln«, »5 tolle Muttertagsideen in letzter Sekunde«. Vermeiden Sie außerdem DIE FESTSTELLTASTE und mehrere Ausrufezeichen!!!

▶ **Bieten Sie Hilfe/Informationen an**
Kostenlose Dienstleistungen und Informationen gibt es zuhauf im Internet. Anbieter, die dieses Marketingmittel nicht nutzen, um Interesse oder sogar Aufmerksamkeit zu erregen, versinken im Meer langweiliger und marktschreierischer Spammails. Rücken Sie deshalb nicht nur Ihr Produkt oder Ihre Dienstleistung ins

Rampenlicht, sondern verzieren Sie den Newsletter mit Links zu Schritt-für-Schritt-Anleitungen und Hintergrundartikeln auf Ihrer Website.

- **Bilder dienen zur Illustration, nicht als Information**
Idealerweise ist Ihr aufwendig gestalteter Newsletter auch ohne Bilder gut lesbar (siehe Abbildung 18.30). AcyMailings Standardkonfiguration, dass Bilder erst auf Anfrage durch den Client nachgeladen werden, lässt sich zwar umstellen, aber allgemein ist es nicht ratsam, Bilder in E-Mails einzubetten. Zum einen erhöhen Sie damit die vom Mailserver zu übertragenden Daten, nicht unerheblich bei mehreren Hundert Empfängern. Zum anderen wecken Sie möglicherweise das Misstrauen von Spamfiltern, denn Spammer verwenden gerne Bilder, um nicht schon durch verdächtige Werbetexte ausgemustert zu werden. Kurzum: Gestalten Sie Ihren Newsletter niemals um Bilder herum, sondern fokussieren Sie sich auf textlichen Inhalt. Auch wenn das bedeutet, dass Sie sich ein wenig vom einheitlichen Design der Website verabschieden.

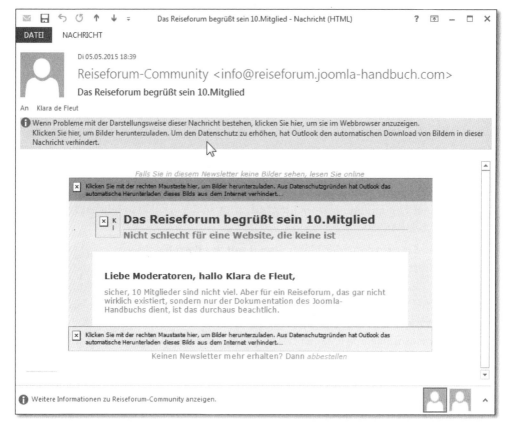

Abbildung 18.30 In der Standardkonfiguration schickt AcyMailing Illustrationen und Hintergrundbilder nicht mit; Ihr Newsletter sollte also bereits ohne Bebilderung gut lesbar sein.

- **Call to Action (CTA)**

    Mit CTAs bezeichnet man plakative Buttons, die den Leser des Newsletters zum Klicken einladen und damit den Klickpfad in Gang setzen, der zu einer möglichen Conversion führt. Eine Conversion ist das Ziel solch eines Klickpfads, z. B. von der Werbemail über die Landing Page der Website bis hin zur Produktbestellung. Andere mögliche Conversions sind Datei-Downloads oder einfach nur das Erreichen spezieller Infowebseiten. Erst durch sinnvoll platzierte Call-to-Action-Buttons oder -Links erfüllt Ihr Newsletter seinen Zweck. Aber Vorsicht: Weniger ist mehr. Lieber *einen* CTA plakativ einsetzen, als die E-Mail mit Buttons zuzupflastern.

Tipp: Verfassen Sie Ihren Newsletter vorab in einem Texteditor, um den Inhalt später in AcyMailings Eingabeformular zu kopieren. Damit sind Sie beim Formulieren entspannter und riskieren nicht den Verlust Ihrer Texte, falls es mal zu Netzwerkproblemen kommt.

Hintergrund: Newsletterdesign – Coding like 1999

Sie kennen Newsletter als schlanke, reich bebilderte Werbeprospekte in E-Mail-Format. Ein Fallstrick macht das Newsletterdesign jedoch zu einer besonderen Herausforderung. Beim Empfänger begegnen die Mails einer Vielzahl unterschiedlicher E-Mail-Clients und damit auch den Formatierungs- und Kompatibilitätsproblemen, die diese mit sich bringen. Die Herausforderung ist die Erzeugung eines Newsletters, der überall gleich aussieht. Für die HTML/CSS-Kenner bedeutet das »Coding like 1999«. Denn für eine möglichst gleichförmige Darstellung fallen Newsletter auf den kleinsten gemeinsamen Nenner aller E-Mail-Clients zurück. Sagen Sie raffinierten CSS3-Style-Definitionen »Auf Wiedersehen«, und freuen Sie sich auf die Gestaltung mit guten alten HTML-Tabellen.

Dankenswerterweise kommt AcyMailing bereits mit einer Auswahl von Vorlagen daher, die Sie als Basis für künftige Newsletter einsetzen. Mit diesen Vorlagen beschäftigt sich Abschnitt 18.3.5, »Vorlagen verwenden und entwerfen«.

Newsletter erzeugen

1. Starten Sie über Komponenten • AcyMailing • Newsletter • Button Neu mit einem leeren Newsletterformular, und bearbeiten Sie zunächst diese Felder:
    - Betreff: Betreff (Subject) der Newsletter-E-Mail
    - Summary: eine kurze interne Beschreibung des Newsletters
    - Aktiviert, Sichtbar, Sende HTML-Version: alle Felder auf Ja
    - Betreiben Sie eine mehrsprachige Website, wählen Sie die passende Sprache aus der Dropdown-Liste auf der linken Seite.

2. Wählen Sie nun auf der rechten Seite im Reiter LISTEN über den JA-Schalter die Abonnentenliste(n) aus, die die Empfänger enthalten. Für den Moderator-Testnewsletter des Reiseforums hält die Liste MODERATORENINFOS her.
3. Im Editorfenster im Bereich HTML VERSION bringen Sie nun den Fließtext des Newsletters unter. Statt einer unspektakulären Textnachricht verwenden Sie aber gleich eine der von AcyMailing mitgelieferten Vorlagen (siehe Abbildung 18.31). So erscheint Ihr erster Newsletter bereits optisch ansprechend und bleibt dank der in den Vorlagen berücksichtigten HTML-Regeln voll kompatibel mit allen E-Mail-Clients.

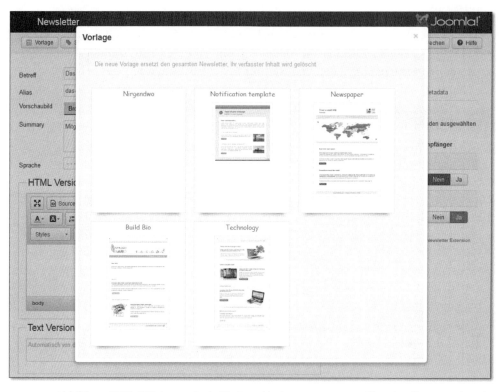

Abbildung 18.31 Mit den vorinstallierten »Vorlagen« erzeugen Sie schnell ansprechende Newsletter mit größtmöglicher E-Mail-Client-Kompatibilität.

Klicken Sie in der oberen Buttonleiste auf VORLAGE, öffnet sich ein Popup mit den installierten Newslettertemplates. Wählen Sie NOTIFICATION TEMPLATE, bemerken Sie, wie der komplette Inhalt des Editorfensters durch die türkisfarbene Vorlage ersetzt wird (siehe Abbildung 18.32).

Hinweis: Um zum WYSIWYG-Editor zurückzukehren, klicken Sie noch mal auf VORLAGE und wählen das Template NIRGENDWO.

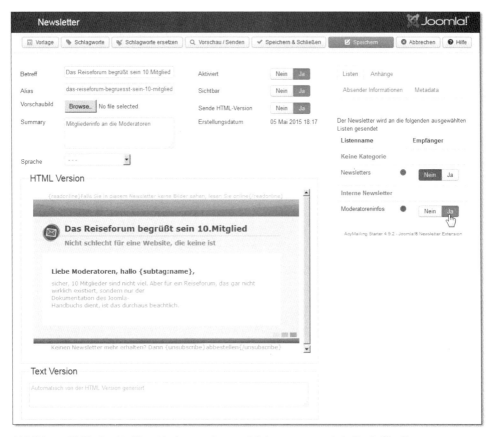

Abbildung 18.32 AcyMailing-Vorlagen eignen sich hervorragend als Basis für die Gestaltung eigener Newsletter.

4. Nun fahren Sie mit der Maus über die einzelnen Bestandteile der Vorlage. Sie ist in aufeinanderfolgende Blöcke (in Wahrheit sind das HTML-Tabellenzeilen) unterteilt, am Beispiel des NOTIFICATION TEMPLATES:

   – Online-lesen-Link: Ein beeindruckendes Feature für eine kostenlose Erweiterung. AcyMailing stellt für jeden Newsletter statische Webseiten bereit, die Ihre Abonnenten im Webbrowser besuchen können, sollte es Schwierigkeiten bei der Newsletterdarstellung im E-Mail-Client geben. Beachten Sie, dass der Linktext durch spezielle AcyMailing-Tags mit geschweiften Klammern {readonline} und {/readonline} umgeben ist.

   – Headerbereich: rein dekorativ

   – Überschrift und Unterüberschrift: mit einem Mini-WYSIWYG-Editor modifizierbarer Text

- Spacer: schafft Abstand zwischen Überschriften und Fließtext
- Fließtext: modifizierbarer Text, der Hauptinhaltsbereich Ihres Newsletters
- Spacer: Abstand zwischen Fließtext und Footer
- Footer: dekorativ
- ABBESTELLEN-Link: Geben Sie Ihren Abonnenten immer die Möglichkeit, den Newsletter abzubestellen.

Befindet sich der Mauszeiger über einem dieser Blöcke, erscheint ein blauer Rahmen und blenden sich Buttons ein, mit denen Sie den Block kopieren (), löschen (), per Drag & Drop verschieben () oder seinen Inhalt bearbeiten () (siehe Abbildung 18.33).

Abbildung 18.33 Newsletter bestehen aus aufeinanderfolgenden Blöcken, die Sie mit der Maus verschieben, kopieren, löschen oder deren Inhalt Sie mit Klick auf das Stift-Icon bearbeiten.

Klicken Sie auf das Stift-Icon () oder irgendwo in den Block, um in den Bearbeitungsmodus des Blockinhalts zu gelangen (siehe Abbildung 18.34). Es erscheint ein Mini-WYSIWYG-Editor mit den üblichen Funktionen für Fett- und Kursivdruck, nummerierte und Bulletpunktlisten und sogar Absatzformate, Links und einzubettende Bilder.

In der Begrüßungszeile fällt Ihnen ein besonderes Textelement ins Auge: {subtag:name}. Das ist ein AcyMailing-internes Schlagwort, das den Newsletter zum Zeitpunkt des Versands mit dynamischen Inhalten befüllt, in diesem Fall mit dem Benutzernamen. Auch die oberste und unterste Textzeile enthalten solch ein Kürzel, das später in der fertigen E-Mail im Posteingang des Empfängers einen Link zur Online-Version des Newsletters bzw. zum Abmeldeformular des Benutzers enthält. Die Platzhaltermarkierung in Ihrer Newslettervorlage ist notwendig, da sich diese Links wie auch der Benutzername von Newsletter-E-Mail zu -E-Mail unterscheiden. AcyMailing ersetzt sie während des Newsletterversands durch die jeweiligen persönlichen Daten und Links des Benutzers.

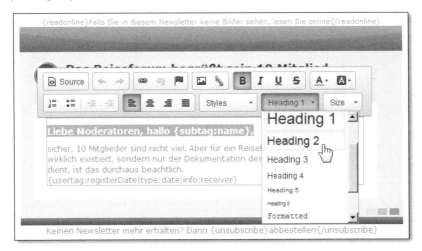

Abbildung 18.34 Textblöcke bearbeiten Sie mithilfe eines kleinen WYSIWYG-Editors, über den Sie verschiedene Formate einsetzen und sogar Bilder verlinken.

5. Bearbeiten Sie nun die Inhalte des NOTIFICATION TEMPLATES anhand Ihrer eigenen Anforderungen. Beenden Sie die Newslettergestaltung danach über den Button SPEICHERN & SCHLIESSEN.

Info: Was es mit der Textversion auf sich hat

Sowohl bei der Newsletterbearbeitung als auch der -vorschau befindet sich an der unteren Fensterkante der Bereich TEXT VERSION. Er ist für den reinen Textinhalt Ihres Newsletters vorgesehen, ohne Layouttabellen, Zeichenformatierungen oder Bilder. Denn standardmäßig versendet das Newslettertool beide Nachrichtenformate in einer E-Mail, HTML und Nur-Text. Stellen Sie sich das wie ein Päckchen vor (eine sogenannte Multipart-Message), in dem eine Post-it-Notiz und ein eleganter Brief auf edlem Briefpapier liegen. Der E-Mail-Client des Empfängers holt sich dann die für ihn passende Version aus der Schachtel, auch abhängig von der Präferenz des Benutzers.

Auch wenn die meisten Ihrer Newsletterabonnenten wahrscheinlich die HTML-Version bevorzugen, sollten Sie die Textversion stets mitsenden. Das Fehlen dieses Textformats ist bei Spamfiltern Auslöser Nr. 2 für die Spamzuordnung Ihres Newsletters. (Auslöser Nr. 1 ist ein im Vergleich zum Text unverhältnismäßig hoher Anteil an Bildern.) AcyMailing übernimmt die Erzeugung der Textversion übrigens automatisch, Sie müssen sich also um nichts kümmern.

> **Tipp: Erstellen Sie Landing Pages anhand der Newsletterthemen**
>
> Professionell entworfene Newsletter stellen ein einzelnes Thema in den Mittelpunkt, das den Empfänger hoffentlich brennend interessiert, und schmücken es mit begleitenden Informationen. Das Ziel ist, den Empfänger auf die Website zu locken, um dort das eben geweckte Interesse für eine Conversion, z. B. den Verkauf eines Produkts oder einer Dienstleistung, zu nutzen. Am angenehmsten ist dieser Klickpfad für den Benutzer, wenn er, sofern seine Neugier durch den Newsletter geweckt wurde und er auf einen Link geklickt hat, auf der Website mit einer Fortsetzung des Themas in Empfang genommen wird. Eine Art crossmediale Weiterlesen-Verlinkung.
>
> Diesen Zweck erfüllen sogenannte Landing Pages, die, wie ihr Name schon verrät, dazu dienen, den Besucher aufzufangen und seine Informationserwartungen zu erfüllen. Landing Pages kommen deshalb nicht nur als Empfangsseiten für Newsletter, sondern z. B. für Anzeigenkampagnen zum Einsatz. Sie können, müssen aber nicht, in die Menüstruktur der Website eingegliedert sein, solange sie in Sprache und Aufbereitung weiterhin ihrem eigentlichen Zweck dienen: der Fortführung des Klickpfads.

Testversand des Newsletters

Sind Sie mit den Inhalten zufrieden, folgt ein Schritt, den Sie niemals überspringen sollten: der Testversand.

1. Wechseln Sie über den Button VORSCHAU / SENDEN zur Vorschauseite des Newsletters, an dem Sie eben arbeiteten (siehe Abbildung 18.35). AcyMailing sichert Ihren Newsletterentwurf gleichzeitig, ohne dass Sie den SPEICHERN-Button betätigen müssen.

2. Links oben sehen Sie den Bereich zum Versand des Testnewsletters (TESTNACHRICHT SENDEN), rechts die Abonnentenlisten, deren Teilnehmer den Newsletter später erhalten (DIESER NEWSLETTER WIRD GESENDET AN), und im unteren Bereich die eigentliche Vorschau des Newsletterinhalts (HTML VERSION und TEXT VERSION). Hier sehen Sie, dass der Platzhalter {subtag:name} bereits zu Demonstrationszwecken durch Ihren Namen ersetzt wurde. Aber auch andere Platzhalter erhalten an dieser Stelle bereits Live-Werte, damit spüren Sie bereits auf der Vorschauseite Fehler oder Formatierungsprobleme auf.

Beachten Sie, dass sich über der Newslettervorschau ein paar kleine Buttons verstecken, über die Sie den Newsletter in verschiedenen Endgeräteausprägungen begutachten. Dort wählen Sie zwischen Smartphones im Hoch- (320 x 450) und Querformat (480 x 320), Tablets (768 x 1024) und der breiten Desktop-Anzeige (100%). Oder Sie schalten testweise alle Bilder ab (✓), sodass der Newsletter der Ansicht in den E-Mail-Clients gleicht, bei denen die Bilder erst auf Kommando nachgeladen werden.

18.3 Newsletter verschicken mit AcyMailing Starter

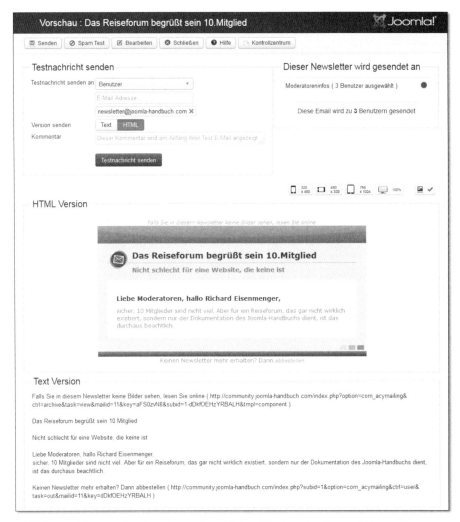

Abbildung 18.35 Aus der Vorschauseite schicken Sie einen Testnewsletter an Ihre Webmaster-E-Mail-Adresse oder initiieren den tatsächlichen Versand an alle Empfänger der eingestellten Abonnentenlisten.

3. Im Bereich TESTNACHRICHT SENDEN sollte bereits die E-Mail-Adresse des Super Benutzers eingetragen sein, mit dem Sie gerade im Backend arbeiten. Falls nicht, tippen Sie einfach die ersten Buchstaben der Adresse ins Textfeld E-MAIL ADRESSE... und warten kurz, bis AcyMailing passende anklickbare Vorschläge macht.

Idealerweise versenden Sie hier die Test-E-Mail an die E-Mail-Adressen von Freunden oder Kollegen, die den Newsletter gegenlesen. Oder an die Benutzergruppe der Moderatoren oder Lektoren. Wechseln Sie dazu in der Dropdown-Liste TESTNACHRICHT SENDEN AN von BENUTZER auf GRUPPE, und picken Sie sich eine Joomla!-Benutzergruppe aus der darunter erscheinenden Dropdown-Liste heraus.

4. Das Feld KOMMENTAR lassen Sie besser leer, damit der Newsletter genauso bei Ihnen ankommt wie später bei den Abonnenten.
5. Starten Sie den Versand über den Button TESTNACHRICHT SENDEN.

Prüfen Sie nun den Posteingang Ihres E-Mail-Kontos. Bei ideal eingerichteten Mailservern Ihres Webhosters erreicht Sie der Newsletter unmittelbar; der Versand kann aber auch einige Minuten in Anspruch nehmen.

Tipp: Senden Sie den Testnewsletter an verschiedene E-Mail-Adressen bei unterschiedlichen Mailprovidern bzw. mit unterschiedlichen E-Mail-Clients, und prüfen Sie die Konsistenz der Darstellung.

Live-Versand des Newsletters

Der Live-Versand wird ebenfalls auf der Vorschauseite ausgelöst. Klicken Sie dazu auf den unscheinbaren Button SENDEN oben links, und bestätigen Sie den Versand final über den Button SENDEN im Popup-Fenster. Nun lehnen Sie sich gemütlich zurück, während AcyMailing den Mailserver Ihrer Joomla!-Instanz Stück für Stück mit den Newslettermails beliefert und dieser sie verschickt (siehe Abbildung 18.36).

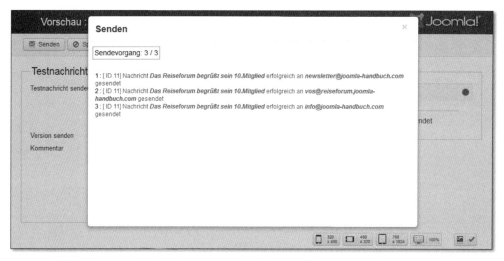

Abbildung 18.36 Der Newsletterversand ist ein sensibler Vorgang; interagieren Sie nicht mit der Joomla!-Oberfläche, bis der Versand abgeschlossen ist.

Achtung: Enthalten Ihre Abonnentenlisten mehrere Hundert Empfänger, kann der Versand eine bis mehrere Stunden in Anspruch nehmen. Diese Einschränkung ist eine Vorgabe Ihres Webhosters, der darauf achtet, dass Ihr Versand nicht den Server lahmlegt und damit andere Funktionen oder Kunden beeinträchtigt. Bei einer so hohen Empfängerzahl sind Sie, wie eingangs erwähnt, angeraten, einen externen Newsletterdienst einzusetzen. Aber AcyMailing hat auch für dieses Szenario eine

Lösung parat: den Warteschlangenprozess. Dabei drosselt das Newslettertool den Versand entsprechend Ihrer Einstellungen unter KOMPONENTEN • ACYMAILING • EINSTELLUNGEN • Reiter WARTESCHLANGEN-PROZESS herunter und verschickt in einem definierten Zeitfenster eine vorgegebene Anzahl von Mails. Sprechen Sie diese Konfiguration am besten mit Ihrem Webhoster ab, um von ihm die optimalen Werte zu erhalten.

Ist wirklich einmal etwas schiefgelaufen, lässt sich ein Newsletter erneut über den oben beschriebenen Versandprozess verschicken. Für seriöse Werbeaktionen ist das jedoch riskant, AcyMailing warnt Sie deshalb ab sofort, falls Sie einen bereits versendeten Newsletter noch mal anstoßen (siehe Abbildung 18.37). Komfortabel: Sind seit des Newsletterversands neue Empfänger in die Abonnentenliste hinzugekommen, erlaubt AcyMailing sogar den ausschließlichen Versand an die Neuankömmlinge.

Abbildung 18.37 Wurde ein Newsletter bereits versendet, erhalten Sie von AcyMailing eine Warnung, falls Sie den Versand ein weiteres Mal initiieren.

Achtung: Maßnahmen zur Vermeidung der Einstufung als Spamnewsletter

In Zeiten, zu denen Posteingänge mit Spammails überfüllt sind und Sie Ihre Joomla!-Installation tunlichst gegen Spambot-Übergriffe absichern, helfen raffinierte Mechanismen, die Spreu vom Weizen zu trennen. Eine der wichtigsten Fragen, die sich der Spamfilter eines E-Mail-Clients oder Empfänger-Mailservers stellt, ist: »Stammt diese Mail wirklich vom angegebenen Absender?« Versenden Sie Ihre Mail vom Joomla!-Webserver *IhrDomainName.de*, geben als Absenderadresse aber »vorname.nachname@gmail.com« an, fällt Ihr Newsletter bei diesem Test durch.

Die Mailkonfiguration Ihres Newsletters ist daher ausschlaggebend dafür, dass Ihre E-Mails nicht im Spamordner der Empfänger landen. Das betrifft sowohl die Mailkonfiguration von Joomla/AcyMailing als auch Servereinstellungen bei Ihrem Webhoster.

▶ **Wählen Sie eine Absender- und Antwortadresse vom Joomla!-Server**: Absender- und Antwortadressen (TO und REPLY-TO) können von Spammern gefälscht werden, trotzdem ist dies eine der ersten Maßnahmen, die Echtheit Ihres Newsletters zu vermitteln. Wählen Sie am besten eine Adresse der Art »newsletter@IhrDomainName.de«, damit sie künftig nicht mit »info@«-, »kontakt@«- und sonstigen Adressen durcheinanderkommt. *Achtung*: Die E-Mail-Adressenmodifikation über SYSTEM • KONFIGURATION • Reiter SERVER • Bereich MAILING • Felder ABSENDERADRESSE und ABSENDERNAME genügt nicht. Bei der Installation kopierte sich AcyMailing zwar diese Maileinstellungen aus der Joomla!-Konfiguration, verwaltet den Newsletterabsender jedoch ab sofort separat. Passen Sie daher die Konfiguration unter KOMPONENTEN • ACYMAILING • Reiter MAIL EINSTELLUNGEN an. Die Felder ABSENDER NAME, ABSENDER E-MAIL und ANTWORT E-MAIL sind zu aktualisieren.

▶ **Ergänzen Sie bei Ihren DNS-Einstellungen den SPF-Eintrag** (siehe Abbildung 18.38): Die Sender-Policy-Framework-Einstellung (SFP) ist ein Eintrag in der Domain-Konfiguration des versendenden Webservers, der noch mal die Authentizität des Versenders festigt. Es handelt sich um einen TXT-Record in der Art *v=spf1 ip4:123.456.789.000 a ~all* (setzen Sie statt *123.456.789.000* die IP Ihres Servers ein). Wie Sie solch einen Eintrag einrichten, erfahren Sie in Abschnitt 2.5.1, »Testumgebung von außen erreichbar machen«, Unterabschnitt »Anlage eines DNS-A-Records«. Oder schicken Sie einfach eine kurze Mail an Ihren Webhoster-Support, sie mögen Ihnen doch bitte Instruktionen zusenden.

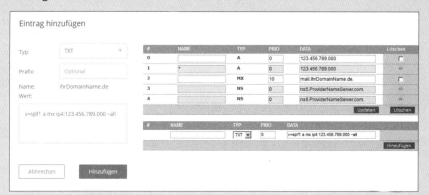

Abbildung 18.38 Beispiele für die Konfiguration eines DNS-TXT-Records bei verschiedenen Providern

Werfen Sie nach dem erfolgreichen Versand des ersten Newsletters noch mal einen Blick auf das Entwurfsformular. Diese Features für noch raffiniertere Newsletter sollten Sie kennen:

- SCHLAGWORTE (siehe Abbildung 18.39)
Die Krönung der Newsletterschöpfung sind personalisierte E-Mails, d. h., die Nachrichten enthalten direkt auf den Empfänger zugeschnittene Textfragmente, wie den Namen für die Begrüßung (»Hallo, Klara de Fleut«), den direkten Link zur Newsletterabmeldung oder andere Elemente aus dem Profil des Empfängers. Wermutstropfen von AcyMailing: Der klassische Geschlechterunterscheidungsfall für die Anrede »Sehr geehrte(r) Frau/Herr« lässt sich in der kostenlosen AcyMailing-Version leider nicht abbilden, sondern erfordert die umfangreichen Konfigurationsmöglichkeiten der Bezahlversion.

Die Liste dieser dynamischen, pro Newslettermail eingesetzten Informationen, die AcyMailing bereitstellt, ist umfangreich. Setzen Sie den Cursor im Fenster HTML VERSION an die Stelle, an der das Textfragment erscheinen soll (auch im BETREFF ist das möglich), und klicken Sie auf SCHLAGWORTE in der oberen Buttonleiste. Klicken Sie sich durch die obere Buttonreihe, um verschiedene Datenkategorien einzusehen, und markieren Sie den einzusetzenden Kandidaten mit einem Häkchen. Abhängig vom gewählten Element erscheint das Codekürzel für den dynamischen Text zur Überprüfung neben dem Button SCHLAGWORT EINFÜGEN oder wird unmittelbar im Newsletterfließtext eingesetzt.

Abbildung 18.39 »Schlagworte« sind dynamische Platzhalter, die AcyMailing während des Newsletterversands durch echte Werte ersetzt.

- ANHÄNGE
Ungewöhnlich für Marketingmails, aber für interne Mailings mag es hilfreich sein, Dateien an die Newslettermail zu hängen. Das ist möglich über den Reiter ANHÄNGE auf der rechten Seite des Newsletterformulars.

Blick in die Statistik

Nach dem Newsletter ist vor dem Newsletter. Um den nächsten Newsletter noch attraktiver zu gestalten, ist es hilfreich, die Akzeptanz des zuletzt versendeten zu studieren. Kennzahlen sind beispielsweise die Anzahl der Empfänger, die die Mail öffneten, und wie viele davon auf einen bestimmten Link (Call to Action) klickten.

Damit solche Werte überhaupt aufgezeichnet werden können, wenden Newsletter einen Trick an. Sie bauen ein transparentes und damit nicht sichtbares Minibild (sogenanntes Zählpixel) in den Mailtext, das auf den Versandserver, Ihre Joomla!-Website, verweist. Der E-Mail-Client denkt, es handle sich um ein normales Bild, und fordert es vom Server an. In Wahrheit versteckt sich hinter dem Link jedoch keine Bilddatei, sondern ein PHP-Script, das jeden einzelnen Aufruf akribisch in der Datenbank speichert. Dabei schickt der E-Mail-Cient noch jede Menge interessanter Informationen mit. Der Link enthält z. B. eine Kennzeichnung, um welchen Newsletter es sich handelt und wessen E-Mail-Client ihn gerade öffnet (entstanden durch die Personalisierung jeder einzelnen Mail während des Versands). Aber schon beim Empfang entsteht eine wertvolle Information für zukünftige Aktionen: Kam die E-Mail überhaupt an? Gibt es die E-Mail-Adresse? Falls nicht, handelt es sich um einen Rückläufer bzw. Bounce, der Empfänger kann für zukünftige Mailings aus der Abonnentenliste entfernt werden. Die kostenpflichtige AcyMailing-Version macht das sogar automatisch.

AcyMailings Statistiken sehen Sie über KOMPONENTEN • ACYMAILING • STATISTIKEN ein (siehe Abbildung 18.40). Jede Zeile entspricht einem Newsletter, über die rechten Spalten erfahren Sie die Details zum Erfolg des Newsletters:

- E-MAIL GEÖFFNET: Ihr Newsletter steht mit dem Fuß in der Tür; geöffnete Mails wurden vermutlich kurz angelesen.
- ABMELDEN: Das sind Klicks auf den ABMELDEN-Link im Footer des Newsletters. Diese Benutzer waren nicht sonderlich erbaut und ziehen es vor, in Zukunft keine Nachrichten von Ihnen zu erhalten.
- GESENDET, FEHLERHAFT: Bestätigung, dass die Versandmechanik funktioniert. Steht unter FEHLERHAFT eine andere Zahl als 0, überprüfen Sie Ihre Mailkonfiguration, gegebenenfalls in Abstimmung mit dem Webhoster, denn vielleicht war der Versand einfach zu schnell für die Mailinfrastruktur.

AcyMailings Pro-Version bietet noch umfangreichere Statistiken, z. B. die oben erwähnten Rückläufer und sogar, ob der Newsletter vom Empfänger an jemand anderen weitergeleitet wurde. Besonders interessant ist aber die Nachverfolgung, ob im Newslettertext untergebrachte Links angeklickt wurden. Derartige Auswertungen sind vor allem für einen kommerziell orientierten Newsletterversand interessant, um zu erfahren, wie beliebt ein bestimmtes Produkt oder eine Dienstleistung ist oder ob der angebotene Tutorialartikel auf Zustimmung stößt. Solche Statistikdetails haben allerdings ihren Preis: AcyMailings Enterprise-Version schlägt mit etwa 90 € zu Buche.

Abbildung 18.40 Besonders interessant ist in den Statistiken, wie viele Empfänger den Newsletter öffneten und wie viele so schockiert von seinem Inhalt waren, dass sie sich sofort abmeldeten.

Info: Keine Statistik ist perfekt. Die für die Newsletterstatistik ermittelten Zahlen hängen von einer Reihe von Bedingungen ab, die bei exotischen E-Mail-Clients oder Systemkonfigurationen der Empfänger vom Standard abweichen und die echten Zahlen verfälschen. Rechnen Sie also immer mit Dunkelziffern.

18.3.3 Newsletter im Frontend integrieren

Nur ein geringer Teil von AcyMailings Funktionalitäten ist im Frontend sichtbar, deshalb aber nicht weniger wichtig. Allen voran das Anmeldeformular, über dessen möglichst attraktive Gestaltung Sie Besucher einladen, sich für Ihren Newsletter zu registrieren. Doch auch das Abmeldeformular ist interessant: Hier sind Textfelder einsetzbar, in die Exabonnenten den Grund für ihre Abmeldung eintragen. Damit lässt sich vielleicht das ein oder andere mit dem Newsletter zusammenhängende Problem ausmerzen.

Anmeldeformular anlegen

Während der Installation importierte AcyMailing alle auf Ihrer Joomla!-Website registrierten Benutzer in eine initiale Newsletterliste. Für die Erweiterung dieser Liste benötigen mögliche Interessenten eine interaktive Methode, sich für Ihr Mailing anzumelden. Natürlich im Frontend und am besten über ein flexibel positionierbares Joomla!-Modul. Werfen Sie einen Blick in ERWEITERUNGEN • MODULE, finden Sie dort bereits den von AcyMailing mitinstallierten passenden Baustein: das ACYMAILING MODULE. (Zusätzliche Anmeldemodule richten Sie, wie gewöhnlich, über den Button NEU des Modulmanagers ein.) Klicken Sie auf den Titel, erscheint das recht umfangreiche Konfigurationsformular. Vergeben Sie zunächst einen passenderen

Titel (z. B. »Newsletteranmeldung«), setzen Sie den STATUS auf VERÖFFENTLICHT, und platzieren Sie das Modul an eine geeignete Position in Ihrem Template. Diese Einstellungen sind besonders interessant:

- SICHTBARE LISTEN, ABONNIERE AUTOMATISCH
  Falls Sie mit mehreren Listen arbeiten, stellen Sie ABONNIERE AUTOMATISCH auf NONE (keine markieren) und SICHTBARE LISTEN auf ALL (alle markieren), damit im Modul eine Dropdown-Liste erscheint, in der der Benutzer die Liste selbst auswählt. Über die Einstellung LISTEN ALS DROPDOWN • NEIN erscheint die Auswahl über Radiobuttons.

- ANZEIGEMODUS
  Wählen Sie hier, wie die Formularfelder innerhalb des Moduls aneinandergereiht werden. Die ideale Einstellung ist stark von Ihrem Template abhängig, das Reiseforum fährt z. B. mit der Option TABLELESS sehr gut.

- VORANGESTELLTER TEXT, ANGEHÄNGTER TEXT
  Dekorieren Sie das Modul mit zusätzlichem beschreibendem Text, der erklärt, was den Benutzer mit der Registrierung erwartet.

- UMLEITUNGS MODUS, UMLEITUNGS LINK
  Nachdem er sich für den Newsletter angemeldet hat, leiten Sie den Benutzer mit diesen Einstellungen auf eine vordefinierte Webseite, z. B. eine Dankeseite. Stellen Sie dazu UMLEITUNGS MODUS auf CUSTOM REDIRECT LINK, und tragen Sie in UMLEITUNGS LINK die betreffende Seiten-URL ein. Analog dazu enthält das Feld UMLEITUNG NACH ABMELDUNG die URL der »Schade, dass Sie unseren Newsletter hassen«-Seite.

- NUTZUNGSBEDINGUNGEN, NUTZUNGSBEDINGUNGEN ALS POPUP, NUTZUNGSBEDINGUNGEN
  Erfordert Ihr Newsletter aus rechtlichen Gründen die Benutzerzustimmung zu Nutzungsbedingungen, blenden Sie über diese Felder eine passende Checkbox im Modul ein. Empfehlenswert ist die Option JA bei NUTZUNGSBEDINGUNGEN ALS POPUP, damit die Benutzer während der Newsletteranmeldung auf der aktuellen Seite verweilen und nicht durch den zusätzlichen Browsertab Verwirrung entsteht. Picken Sie sich schließlich im zweiten Feld NUTZUNGSBEDINGUNGEN den passenden Joomla!-Beitrag heraus, z. B. die vorher angelegte Datenschutzerklärung.

Tipp: Alle Textfelder, also auch die Modulbeschriftungen (z. B. NUTZUNGSBEDINGUNGEN), ändern Sie bequem innerhalb von AcyMailings Benutzeroberfläche (siehe Abbildung 18.41): KOMPONENTEN • ACYMAILING • EINSTELLUNGEN • Reiter SPRACHEN • Klick auf das Stift-Icon ( ) in der Spalte BEARBEITEN der Zeile GERMAN (GERMANY-SWITZERLAND-AUSTRIA). Im Popup benutzen Sie die Browsersuche mit ⌈Strg⌉/⌈cmd⌉ + ⌈F⌉, um das anzupassende Feld, z. B. »nutzungsbedingung«, ausfindig zu machen.

18.3 Newsletter verschicken mit AcyMailing Starter

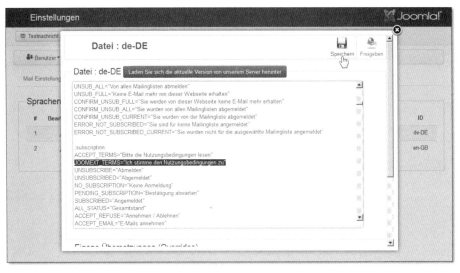

Abbildung 18.41 Ausnahmslos alle Texte passen Sie über den Reiter »Sprachen« der »Einstellungen« an, das »Nutzungsbedingungen«-Label des Moduls finden Sie hinter dem Kürzel »JOOMEXT_TERMS«.

SPEICHERN Sie das Modul zwischendurch, und begutachten Sie im Frontend, wie sich das neue Element in Ihr Webseitenlayout fügt (siehe Abbildung 18.42). Bei so vielen Einstellmöglichkeiten sind einige Optionenaktivierungen und -deaktivierungen notwendig, bis Sie das ideale Design finden.

Abbildung 18.42 Beispiel eines großzügig gestalteten AcyMailing-Moduls; die Nutzungsbedingungen öffnen sich mit Klick auf den »Ja, ich stimme zu«-Text.

> **Tipp: Weitere Moduldesigns ausprobieren**
>
> Für die sichtbaren AcyMailing-Komponenten (z. B. das Registrierungsmodul) liegen weitere, auf vorinstallierten CSS-Styles aufsetzende Designs bereit, die Sie zur optischen Auflockerung nutzen. Dabei entscheiden Sie, ob die Darstellung mit der Designlinie Ihrer Website harmoniert, indem Sie die verschiedenen Möglichkeiten einfach ausprobieren. Die Konfiguration erreichen Sie über KOMPONENTEN • ACYMAILING • EINSTELLUNGEN • Reiter SCHNITTSTELLEN • Bereich CSS. Wählen Sie eine der vielen Optionen aus den Dropdown-Listen, klicken Sie auf SPEICHERN, und sehen Sie sich die Auswirkungen im Frontend an.

> **Info: Weitere Frontend-Seiten über Menüeintragstypen**
>
> Abseits des Anmeldemoduls bietet AcyMailing Menüeintragstypen, mit denen Sie komplette Webseiten erzeugen. Allen voran steht der Typ USER: SUBSCRIBE/MODIFY YOUR SUBSCRIPTION, das Webseitenpendant zum Anmeldemodul mit großzügigerem Layout. Interessant sind auch die Typen LATEST NEWSLETTER und MAILING LIST ARCHIVE, mit denen Sie eine Webversion des aktuellen, zuletzt versendeten Newsletters sowie ein Newsletterarchiv bereitstellen.

Abmeldeformular konfigurieren

Eine weitere AcyMailing-Frontend-Komponente, die Ihre Abonnenten gegebenenfalls zu Gesicht bekommen, ist das Abmeldeformular. Es ist nicht als Webseite im Sinne von Joomla!-Menüeintragstypen definiert, sondern verteilt seine Einstellungen über zwei Konfigurationsseiten:

- AcyMailing-Menü EINSTELLUNGEN • Reiter SCHNITTSTELLEN • Bereich ABMELDEN
  Das Abmeldeformular enthält neben dem eigentlichen ABMELDEN-Button zwei Miniformulare, über die der Exabonnent die Liste(n) auswählt, von denen er keine weiteren E-Mails erhalten möchte, und zur Angabe eines Grundes, was ihn zu dieser Entscheidung trieb. Die letzte Option ist natürlich freiwillig, hilft Ihnen als Webmaster allerdings herauszufinden, woran es möglicherweise hakt, wenn vermehrt Abmeldungen eintreffen (Beispiel siehe Abbildung 18.43).

  Über die Umschalter OPTIONEN ZUM ABBESTELLEN ANZEIGEN und UMFRAGE ANZEIGEN blenden Sie diese Miniformulare ein oder aus. Der Button NEUEN WERT HINZUFÜGEN dient dazu, eine weitere Option zu ergänzen, die in der Standardinstallation noch nicht enthalten ist. Leer gelassene Felder werden beim nächsten SPEICHERN aus der Optionenliste entfernt.

  Bei den kryptischen Bezeichnungen »UNSUB_INTRO«, »UNSUB_SURVEY_FRQUENT« und »UNSUB_SURVEY_RELEVANT« handelt es sich um Sprachkürzel, die Sie bequem im Sprachdateieditor pflegen, siehe folgender Punkt.

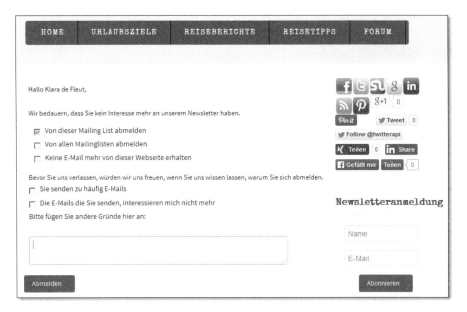

Abbildung 18.43 Obwohl das Abmeldeformular nicht als eigenständige Webseite existiert, sind alle Bestandteile in der AcyMailing-Konfiguration ein- und ausblendbar und lassen sich mit beliebigen Texten versehen.

▶ AcyMailing-Menü EINSTELLUNGEN • Reiter SPRACHEN • Klick auf das Stift-Icon (✏) in der GERMAN-Zeile
Für die Anpassung der Texte bemühen Sie AcyMailings integrierten Editor zur Bearbeitung der Sprachdateien. Suchen Sie per [Strg]/[cmd] + [F] nach Sprachkürzeln, die mit »UNSUB« beginnen, und formulieren Sie frei innerhalb der doppelten Anführungszeichen. Achten Sie darauf, dass Sie Platzhalter nicht versehentlich entfernen, z. B. {user:name} in der Benutzeranrede.

18.3.4 Benutzer verwalten

In Abschnitt 18.3.1, »Abonnentenliste anlegen und verwalten«, legten Sie Abonnentenlisten per AcyMailings Filtermechanismus an, der über bestimmte Attribute definierte Joomla!-Benutzer der Empfängerliste zufügte. Über das AcyMailing-Menü BENUTZER nehmen Sie weitere Feinjustierungen pro Benutzer vor oder ziehen sich komplette Mitgliederverzeichnisse aus Dateien, LDAP-Systemen oder Datenbanken.

Werfen Sie einen Blick in die Benutzerliste, fallen Ihnen vor allem die bunten Kugeln in der Spalte ABONNEMENT auf (siehe Abbildung 18.44). Sie kennzeichnen die Mitgliedschaft des Benutzers in den Abonnentenlisten. Per Mausklick deaktivieren/ reaktivieren Sie den Newsletterempfang pro Benutzer.

Die üblichen bekannten Such- und Filterwerkzeuge kennen Sie, und die weiteren Spalten sind selbsterklärend, haben Sie aber ein Auge auf die Spalte BESTÄTIGT. Ein rotes Stoppschild (⊗) markiert die Benutzer, die ein Registrierungsformular ausgefüllt, aber noch nicht auf den Bestätigungslink in der Aktivierungsmail geklickt haben. Dieser manuelle Schritt, das Verfahren ist auch als Double Opt-in bekannt, hilft der Vermeidung von Mobbingangriffen auf E-Mail-Adressen von Erzrivalen. Der Mechanismus ist aber insbesondere empfohlen, um möglichen rechtlichen Schwierigkeiten in Richtung unlauteren Wettbewerbs vorzubeugen. *Wichtig*: Standardmäßig ist Double Opt-in ausgeschaltet, aktivieren Sie die Option deshalb dringend über das AcyMailing-Menü • EINSTELLUNGEN • Reiter ABONNEMENT • oberer Bereich ABONNEMENT • Feld BESTÄTIGUNG ERFORDERLICH (DOUBLE OPT-IN) • Schalter JA.

Abbildung 18.44 In der Benutzerliste erkennen Sie anhand der bunten Kugeln auf einen Blick, welchen Abonnentenlisten Benutzer zugeordnet sind.

Wie Sie es von anderen Manageransichten kennen, verstecken sich in der oberen Buttonleiste wichtige Funktionen:

▶ AKTIONEN
Verhält sich ähnlich wie die Stapelverarbeitung des Beitragsmanagers. Markieren Sie einige Benutzer, klicken Sie auf AKTIONEN, und kombinieren Sie über Dropdown-Listen, was mit diesen Benutzerkonten geschehen soll. Mit dabei: Benutzer bestätigen, freigeben, sperren, löschen, in Listen hinzufügen oder aus Listen entfernen.

▶ IMPORT (siehe Abbildung 18.45)
Wenn Sie im Besitz einer E-Mail-Adressensammlung aus einer Marketingaktion sind oder Ihre Kunden in einem CRM-System pflegen, bietet AcyMailing alle denkbaren Konnektoren, um diese Datensätze in Abonnentenlisten zu importieren. Wählen Sie den passenden Mechanismus im Bereich DATENIMPORT VON, füllen Sie das betreffende Formular aus, und klicken Sie erneut auf IMPORT.
Für DATEI genügt beispielsweise die Eingabe einer beliebigen komma- oder semikolonseparierten Textdatei (CSV).

Abbildung 18.45 Beim CSV-Import weisen Sie pro komma- oder semikolongetrennter Zeichenkette (Spalte) ein bestimmtes Datenbankfeld der AcyMailing-Benutzerliste zu.

Importieren Sie neue Abonnenten aus einer DATENBANK-Tabelle, muss diese zuvor, z. B. mit phpMyAdmin, in die Joomla!-Datenbank importiert worden sein. Dann genügt die Angabe des TABELLENNAMENS und mindestens des EMAIL-Felds und praktischerweise des NAMENS.

Der LDAP-Import ist sogar von einem externen LDAP-Server möglich: einfach die vom Serveradmin erhaltenen Credentials unter SERVER eintragen und auf IMPORT klicken.

▶ EXPORT
Vielleicht benötigen Sie aber auch den umgekehrten Weg und pflegen die Newsletterempfänger zusätzlich in einer Kundendatenbank oder einem CRM-System, das sich nicht dynamisch an die AcyMailing-Datenbanktabelle anknüpfen lässt. Dann erzeugen Sie einen manuellen CSV-Export durch Markierung der benötigten Felder und Klick auf EXPORT.

18.3.5 Vorlagen verwenden und entwerfen

AcyMailing installiert Newslettervorlagen mit einer größtmöglichen Kompatibilität mit den meisten E-Mail-Clients. Das Design dieser Vorlagen ist generisch und lässt sich bei der Newslettererstellung mit dem integrierten WYSIWYG-Editor ein wenig anpassen. Am professionellsten wirken Newsletter jedoch, wenn das Design an die Gestaltung der Website anlehnt, ohne aber zu starken Gebrauch von Bildern zu machen (Quota- und Spamfiltergefahr). Um diese Neugestaltung nicht für jeden Newsletter neu vorzunehmen, erzeugen Sie eine eigene Vorlage. Dabei konfigurieren Sie diese Aspekte:

- **Allgemeine Einstellungen**: Name, Betreff und Absender-E-Mail-Adresse
- **CSS-Design**: Farben, Schriftgrößen und Abstandsdefinitionen, die als Grundlage für Überschriften und Fließtexte dienen
- **HTML-Layout**: das Layout nach guten alten Tabellenlayout-Regeln

Besonders einfach machen Sie es sich, wenn Sie keine neue leere Vorlage anlegen, sondern eine der vorgegebenen kopieren und anpassen. Die von AcyMailing installierten Vorlagen sind die ideale Basis, da sie das ideale Newsletter-Tabellengerüst enthalten (siehe Abbildung 18.46).

1. Wechseln Sie zu KOMPONENTEN • ACYMAILING • NEWSLETTER, und wählen Sie aus dem AcyMailing-Untermenü NEWSLETTER den Punkt VORLAGEN.
2. Hier markieren Sie eine Vorlage mit einem Häkchen, z. B. das NOTIFICATION TEMPLATE, und klicken in der oberen Buttonleiste auf KOPIEREN.
3. Klicken Sie nun auf den Titel der Vorlagenkopie COPY_NOTIFICATION TEMPLATE, um zur Vorlagenseite zu gelangen, auf der die gesamte Konfiguration erfolgt.

Abbildung 18.46 Nutzen Sie die von AcyMailing installierten Vorlagen zur Gestaltung Ihrer eigenen, ersparen Sie sich die Konstruktion des HTML-Tabellengerüsts.

Allgemeine Einstellungen zur Vorlage

Der obere Teil der Vorlagenseite in der linken Spalte nimmt allgemeine Einstellungen zur Vorlage auf (siehe Abbildung 18.47).

- VORLAGENNAME: Unter diesem Namen erscheint die Vorlage in AcyMailings Vorlagenliste.
- AKTIVIERT: Mit NEIN markierte Vorlagen erscheinen nicht in der Vorlagenliste, so arbeiten Sie an mehreren Vorlagenprototypen, die erst nach Finalisierung verwendet werden sollen. Außerdem blenden Sie auf diese Weise die von AcyMailing vorinstallierten Vorlagen aus, sobald Ihre eigene fertiggestellt ist.
- STANDARD: Steht dieses Feld auf JA, wählt AcyMailing bei Erzeugung eines neuen Newsletters automatisch diese Vorlage.
- VORSCHAUBILD: Laden Sie hier für die Illustrierung der Vorlagenliste einen Miniaturscreenshot hoch, nachdem Sie die Vorlagengestaltung abgeschlossen haben. Das ist nicht zwingend notwendig, hilft aber bei vielen Vorlagen, die Übersicht zu behalten. Konfigurieren Sie AcyMailing im Kundenauftrag, wissen Ihre Partner solche visuellen Hilfen zu schätzen.

INFO: Je nach Betriebssystem speichern Sie einen Screenshot bereits mit Bordmitteln. Unter Windows drücken Sie [Alt] + [Druck] und kopieren den Inhalt der Zwischenablage in Paint, oder Sie benutzen das *Snipping Tool*. Unter OS X finden Sie unter DIENSTPROGRAMME das Tool *Bildschirmfoto*, unter Linux durchsuchen Sie Ihre Programme nach »screenshot«.

Abbildung 18.47 Pro Vorlage konfigurieren Sie allgemeine Eigenschaften, das Design per CSS-Styles und das eigentliche HTML-Gerüst.

- BESCHREIBUNG: zusätzlicher, bei der Vorlagenauswahl erscheinender Text
- BETREFF: Standardtext, der nach Vorlagenauswahl vorab im Betreff-Textfeld erscheint. Tragen Sie hier z. B. »Newsletter vom « ein, und ergänzen Sie dann beim Verfassen des Newsletters nur noch das Datum.
- ABSENDER NAME, ABSENDER E-MAIL, ANTWORT NAME, ANTWORT E-MAIL: Diese Felder überschreiben die Voreinstellungen von AcyMailing-Menü EINSTELLUNGEN • Reiter MAIL EINSTELLUNGEN • Bereich ABSENDER INFORMATIONEN, falls Sie für durch diese Vorlage erzeugte Newsletter besondere E-Mail-Adressen verwenden, z. B. für abteilungsspezifische Newsletter. In der Regel lassen Sie diese Felder leer.

CSS-Designdefinitionen

Auf der rechten Seite der Vorlagenkonfiguration befinden sich die beiden Reiter INDIVIDUELLE GESTALTUNG und FORMATVORLAGE. Hier finden Sie die am einfachsten umzusetzenden Designanpassungen. Verändern Sie nach Belieben Schriftfarben, Schriftgrößen, Fett- und Kursivdruck und Absatzabstände (CSS-Margins). Setzen Sie den Cursor in eines der Textfelder, erscheint sogar eine kleine Werkzeugleiste zur Beeinflussung der Schriftattribute.

Noch allgemeinere CSS-Styling-Informationen hinterlegen Sie im Textfeld unter dem Reiter FORMATVORLAGE. Der vorausgefüllte Inhalt der Kopie des NOTIFICATION TEMPLATES zeigt, wie's funktioniert. An erster Stelle finden Sie beispielsweise Standardformatierungen für Newsletterbereiche, -tabellen und -absätze (`<div>`, `<table>` und `<p>`). Weiter unten folgen sogenannte *Media Querys*, anzuwendende Styles, sollte das Fenster, in dem der Newsletter später erscheint, definierte Breiten (sogenannte *Breakpoints*) unter- oder überschreiten. Die hier vorgegebenen Styles justieren dann die Tabellen- und Tabellenzellenbreite. Lassen Sie die voreingestellten Anpassungen für Ihre ersten Designentwürfe am besten bestehen, und ergänzen Sie je nach Gestaltung Ihres Newsletters eigene Styles.

Aufbau von HTML Version

Im großen Editorfenster HTML VERSION nehmen Sie sich nun die eigentliche Newslettervorlage zur Brust, hier wartet ein für Newsletter spezialisierter HTML-Editor auf Sie (siehe Abbildung 18.48).

- Bequemer bearbeiten Sie den Newsletter über den Button MAXIMIEREN ( ) ganz links, der das Editorfenster auf volle Browserfenstergröße aufzieht.
- Einen Einblick in den vom Editor erzeugten HTML-Code erhalten Sie über den Button QUELLCODE (Quellcode). Sie erkennen hier insbesondere das für Newsletter typische Tabellenlayout, in dem sich alle Inhaltsblöcke in Tabellenzeilen (`<tr>`) befinden. Diese Ansicht nutzen Sie, falls Sie einen vom Designer und/oder Frontend-Programmierer entworfenen HTML-Code einfügen oder sobald Sie das

zugrunde liegende Tabellengerüst anpassen, z. B. Blöcke/Tabellenzeilen hinzufügen oder die Zellaufteilung innerhalb der Zeile verändern.

- Alle übrigen Buttons beeinflussen die Formatierung der einzelnen Elemente. Sie fügen (Unter-)Tabellen, Listen oder Bilder ein und beeinflussen Schriftfarben und -größen und Ausrichtungen. Besonders interessant ist der Button SCHLAGWORTE ( ), über den Sie dynamische Textfelder integrieren, Platzhalter, die während des Newsletterversands durch personalisierte Daten ersetzt werden.

- Zur Einbettung von Bildern ( ) sieht AcyMailing ein besonderes Serververzeichnis vor. Unter */media/com_acymailing/upload/* laden Sie per FTP vorbereitete Illustrationen oder Layoutelemente (Hintergründe, Balken, Logos) hoch. Der Pfad lässt sich über AcyMailings EINSTELLUNGEN • Reiter SICHERHEIT • Bereich DATEIEN an eine andere Verzeichnisstruktur anpassen.

- Am rechten Ende der Leiste befinden sich farblich hervorgehobene Buttons, mit denen Sie einzelne Inhaltselemente als BEARBEITBAR ( ) oder LÖSCHBAR ( ) markieren. So erzeugen Sie in der Vorlage unveränderbare Bereiche und solche, die sich von Newsletter zu Newsletter anpassen lassen. Optisch sind bearbeitbare Felder mit einem gelben, löschbare mit einem roten Rahmen markiert. Der Button SORTABLE AREA ( ) (deutsch: sortierbarer Bereich) beeinflusst die gesamte Tabelle und erlaubt während der Newslettergestaltung die Umsortierung aller Blöcke/Tabellenzeilen per Drag & Drop.

Orientieren Sie sich bei der Gestaltung stets an der Tabellenstruktur, wechseln Sie zum Anpassen des Gerüsts zur Quellcode-Ansicht, und zögern Sie nicht bei der Verwendung von Zeichenformaten. Bei Newsletter-E-Mails werden die für Websites gültigen strengen Formatierungsregeln lockerer gehandhabt. Und verwenden Sie keine CSS3-spezifischen Styles, Coding like 1999.

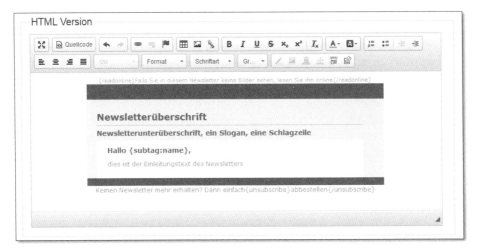

Abbildung 18.48 Newslettervorlage für das Reiseforum auf Basis des »Notification templates« mit neuer Farbgebung und entfernten Bildern

18.3.6 Weitere Einstellungen zu AcyMailing

Obwohl als Joomla!-Erweiterung geplant, steht AcyMailing vielen spezialisierten Newsletterlösungen in nicht viel nach. Das erkennen Sie besonders an den umfangreichen Konfigurationsmöglichkeiten unter KOMPONENTEN • ACYMAILING • EINSTELLUNGEN. Funktionierte der initiale Newsletterversandtest bei Ihnen fehlerfrei, müssen Sie nicht viel anpassen. Ein Blick in diese Formulare lohnt aber, um neue Konfigurationsaspekte kennenzulernen, mit denen AcyMailing seine Aufgabe vielleicht noch besser erfüllt.

- Reiter MAIL EINSTELLUNGEN

  Die Wichtigkeit der Absender- und Antwortfelder im Bereich ABSENDER INFORMATIONEN wurde bereits im Zusammenhang mit Spamfiltern erwähnt. Achten Sie hier unbedingt darauf, dass Sie E-Mail-Adressen einsetzen, die vom Server stammen, der den Newsletterversand startet, also des Joomla!-Webservers.

  Den Bereich MAIL EINSTELLUNGEN bearbeiten Sie, falls Ihr Web- oder Mailserver spezielle Einstellungen voraussetzt, z. B. bei Einsatz eines externen SMTP-Servers. Eine besonders spannende Option versteckt sich im unteren Bereich: Stellen Sie BILDER EINBETTEN auf JA, integriert AcyMailing Illustrationen und Hintergrundbilder in die E-Mail, und der Benutzer muss nicht noch mal einen Button im E-Mail-Client bemühen, um die Grafiken nachzuladen. Aber Vorsicht: Starker Einsatz von Bildern weckt das Misstrauen von Spamfiltern. Integrieren Sie Bilder nur dann in die Mail, wenn es sich um kleine Grafiken handelt.

- Reiter WARTESCHLANGEN-PROZESS

  Kommt es beim Newsletterversand zu Schwierigkeiten, läuft die Prozedur vielleicht zu schnell für den Mailserver. Unter Umständen verweigert dieser auch komplett seine Dienste, wenn er merkt, dass die Mailflut Ihres Versands nicht enden will. Drosseln Sie in diesem Fall die Versandinitiierung über den WARTESCHLANGEN-PROZESS herunter, und geben Sie vor, wie viele Mails in welchen Zeiträumen versendet werden (siehe Abbildung 18.49). Sprechen Sie sich gegebenenfalls mit Ihrem Webhoster ab, welche Werte Sie hier idealerweise eintragen.

- Reiter ABONNEMENT

  Die wichtigste Einstellung im Bereich ABONNEMENT ist der Schalter BESTÄTIGUNG ERFORDERLICH (DOUBLE OPT-IN). Stellen Sie diese Option unbedingt auf JA, damit die Newsletterregistrierung erst erfolgt, nachdem der künftige Abonnent auf den Bestätigungslink in der Aktivierungsmail geklickt hat. Die Mail bearbeiten Sie übrigens gleich darunter über BESTÄTIGUNGS E-MAIL BEARBEITEN. Der Button öffnet ein Popup-Fenster, das das Gerüst der Mail mit zahlreichen Schlagwort-Platzhaltern enthält. Diese und damit den eigentlichen Wortlaut des Textes bearbeiten Sie schließlich in den AcyMailing-EINSTELLUNGEN • Reiter SPRACHEN. Den Sprachschlüssel des Textfelds lesen Sie im Tag {trans:**SPRACHSCHLÜSSEL**} ab.

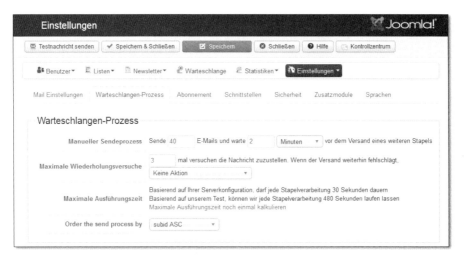

Abbildung 18.49 Über den »Warteschlangen-Prozess« drosseln Sie die Geschwindigkeit des Newsletterversands, damit der Mailserver die Anfragen zeitnah abarbeiten kann.

Möchten Sie über Abonnentenregistrierungen und -abmeldungen auf dem Laufenden sein, schreiben Sie Ihre Webmaster-E-Mail-Adresse hinter die Felder im Bereich BENACHRICHTIGUNG. Analog zum Double-Opt-In-Text bearbeiten Sie den Mailinhalt über die jeweiligen Buttons BENACHRICHTIGUNGS E-MAIL BEARBEITEN.

Was passiert, nachdem sich ein Benutzer über das Newslettermodul anmeldet oder das Abonnement abbestellt? Im Bereich UMLEITUNGEN hinterlegen Sie die URL der Webseiten, an die AcyMailing den Benutzer weiterleitet. Hier geben Sie beispielsweise Danke- oder Schade-dass-Sie-uns-verlassen-Seiten an.

▶ Reiter SCHNITTSTELLEN
Im Bereich NACHRICHTEN aktivieren oder deaktivieren Sie Hinweise und Meldungen, die der Benutzer bei verschiedenen Schritten seiner An- oder Abmeldung sieht. Die vielen JA-Voreinstellungen machen Sinn, da es eine gute Idee ist, den Benutzer stets über den aktuellen Status und seine notwendigen Aktionen zu informieren.

Über den Bereich CSS weisen Sie den von AcyMailing erzeugten Webseiten und Modulen vordefinierte Styles zu. Experimentieren Sie ein wenig mit den Werten in den Dropdown-Listen; meist bietet es sich aber an, eine möglichst neutrale Designrichtung zu belassen, um die Formularelemente durch die übergeordneten website-weiten CSS-Styles zu gestalten.

Scrollen Sie weiter nach unten, beeinflussen Sie im Bereich ABMELDEN den Inhalt des Abmeldeformulars. Auch hier finden Sie wieder Platzhalter, deren Textinhalt Sie über den EINSTELLUNGEN-Reiter • SPRACHEN bearbeiten. Über die Schalter OPTIONEN ZUM ABBESTELLEN ANZEIGEN und UMFRAGE ANZEIGEN steuern Sie das

Einblenden der Miniformulare, in denen Benutzer die abzumeldende Liste und den Grund für ihre Abmeldung angeben.

> **Info: Features der AcyMailing-Bezahlversionen**
>
> Als Betreiber einer privaten oder Mittelstandswebsite sind AcyMailings Pro-Features entbehrlich, aber besonders für professionelle und/oder kommerzielle Websites, z. B. für Online-Shops oder Konzerne, durchaus nützlich. Die folgende Liste stellt einige Highlights der Essential- (30 €) bzw. Enterprise-Version (90 €) heraus.
>
> ▶ **Spam Test**: Automatisches Bewertungssystem für zu versendende Newslettermails und die dahinter stehende Mailing-Infrastruktur. Das Tool gibt Tipps und Ratschläge, wie Sie vermeiden, dass Ihre Newsletter im Spamordner landen.
>
>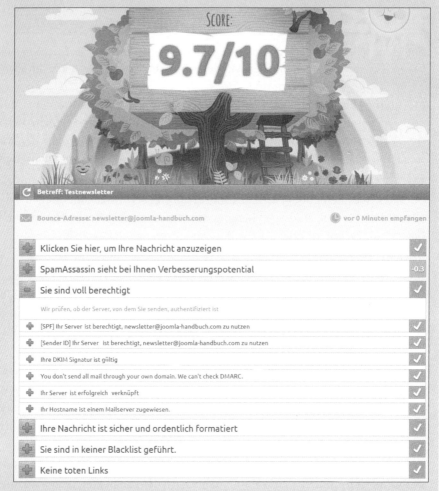
>
> **Abbildung 18.50** Der Spam Test ist bereits in AcyMailings Essential-Version integriert und gibt nützliche Tipps zur Einrichtung der Versandinfrastruktur und dem Spamrisiko Ihres Newsletterinhalts.

- Einbettung beliebiger **Joomla!-Module** in den Newsletter (Enterprise)
- Unterstützung von **DomainKeys Identified Mail (DKIM)**, ein Protokoll, das zur erweiterten Authentizitätsprüfung des Newsletterabsenders dient und damit einen weiteren Schritt darstellt, von Spamfiltern nicht aussortiert zu werden
- **Rückläufer E-Mail/Bounce Back Handling** (Enterprise): Einstellung und Statistik zur Rückläuferhandhabe, z. B. entfernt AcyMailing nicht existente Empfänger gebouncter Mails automatisch aus der Abonnentenliste.
- **A/B Testing** (Enterprise): Ein beliebtes Feature, mit dem Sie die Newsletterakzeptanz beurteilen und verbessern, indem verschiedene Versionen an die Empfänger geschickt werden und dann die Klickrate verglichen wird. Man erzeugt z. B. zwei Newslettervarianten, in denen der Call-to-Action-Button auf der linken bzw. der rechten Seite erscheint, und misst dann, welcher häufiger angeklickt wird. Dieser Test funktioniert allerdings erst ab einer sehr hohen Anzahl von Abonnenten, damit überhaupt ein statistischer Durchschnitt ermittelt werden kann. AcyMailing bietet die Funktion daher erst ab 50 Abonnenten, besser sind aber einige Hundert.

Kapitel 19
Joomla! als Online-Shop

Für einen Online-Shop muss es nicht immer Magento oder OXID sein. Mit der Erweiterung VirtueMart verwandelt sich Ihre Joomla!-Website in eine ausgewachsene Einkaufsplattform mit vielen professionellen Features der spezialisierten E-Commerce-Lösungen.

Wenn von Open-Source-Shop-Systemen die Rede ist, fallen heutzutage Begriffe wie Magento und OXID, die beiden Marktführer, die sich auf E-Commerce-Websites spezialisiert haben. Dem folgt ein Naserümpfen, wenn als Alternative Joomla! mit einer Shop-Erweiterung erwähnt wird. Zu Unrecht, denn mit der richtigen Komponente wächst Ihre Joomla!-Website zu einem ausgewachsenen Online-Shop mit allen Features der Platzhirsche. Besser noch: Sich nicht von vornherein für eine E-Commerce-Plattform zu entscheiden, sondern für eine offenere Architektur wie Joomla!, birgt Vorteile, wenn es um Websitefunktionalitäten geht, die nicht direkt etwas mit dem Online-Shop zu tun haben. Allen voran die mächtigen Content-Management-Features, dicht gefolgt von den Hunderten Erweiterungen, das System z. B. zusätzlich um eine Community-Plattform, ein Forum oder einen passwortgeschützten Download-Bereich zu ergänzen. Das alles ist mit reinen E-Commerce-Lösungen deutlich komplizierter zu bewerkstelligen.

Shop-Systeme sind grundsätzlich zwar nicht sonderlich kompliziert, aber komplex. Um den vielen Aspekten von Produktkatalogen, Abrechnungssystemen, Bezahlmethoden und Angebotsaktionen Herr zu werden, klicken Sie sich durch Dutzende von Konfigurationsformularen. Das ist bei der in diesem Kapitel vorgestellten Virtue-Mart-Erweiterung nicht anders; ein großes Softwarepaket, das seit 2004, als Joomla! noch Mambo hieß, Shop-Features ins CMS integriert. Schätzungsweise 150.000 VirtueMart-Installationen gibt es weltweit. Die Open-Source-Community um das freie Produkt ist aktiver denn je, und auch an deutschen Supportforen mangelt es nicht. Sprengen also Ihre Anforderungen den durch die Seitenzahl dieses Buchs begrenzten Erklärungsumfang, zögern Sie nicht, mal bei der deutschen Community unter *http://forum.virtuemart.de* vorbeizusehen und gegebenenfalls im Forum Ihre Anliegen zu diskutieren.

Auf den folgenden Seiten installieren Sie VirtueMart, stellen exemplarische Produkte ein, konfigurieren den Shop an Ihre Bedürfnisse und lernen das Tagesgeschäft mit der Software kennen. Ein nicht zu vernachlässigender Bereich betrifft aber auch die

Frontend-Darstellung mit Ihrem persönlichen Websitedesign. Während Sie die meiste Zeit zur Pflege des Produktkatalogs benötigen werden, steht ein professionelles, modernes ansprechendes Design ganz oben auf der Liste eines erfolgreichen Online-Shops. Responsiv muss er sein, damit auch auf dem Smartphone eingekauft werden kann. Viele hochauflösende Produktbilder sollte er enthalten, um sich von der Konkurrenz hervorzuheben. Suchmaschinenfreundlich in Szene gesetzte Produktbeschreibungen helfen schließlich für ein hohes Google-Ranking. Und all das sollte wie aus einem Guss wirken. Rechnen Sie also einige Stunden Template-Tweaking ein, um VirtueMarts Produktseiten perfekt an das Branding Ihrer Website anzupassen. Unterabschnitt »Shop-Design anpassen« in Abschnitt 19.1.6 »Shop- und Produktdetails ausarbeiten« gibt Ihnen einige Tipps, wie Sie mit Ihnen bereits geläufigen Techniken (siehe auch Abschnitt 10.5, »Template anpassen«) an Ihren Designtemplates feilen.

Als Beispiel hält in diesem Kapitel natürlich wieder das Reiseforum seinen Kopf hin. Denn nach erfolgreichem Start der Community und Veröffentlichung des Reiseatlas wird es Zeit, die Portokasse mit einigen Merchandisingartikeln aufzubessern (siehe Abbildung 19.1). Wann immer Sie also auf diesen Seiten auf Kugelschreiber und Kaffeetassen stoßen, setzen Sie am besten gleich Ihre eigenen Produkte ein. Die Live-Demo des Reiseforum-Shops erreichen Sie übrigens unter *http://shop.joomla-handbuch.com*; oft sind komplexe Themen verständlicher, wenn man sie sich am lebenden Objekt näher ansieht.

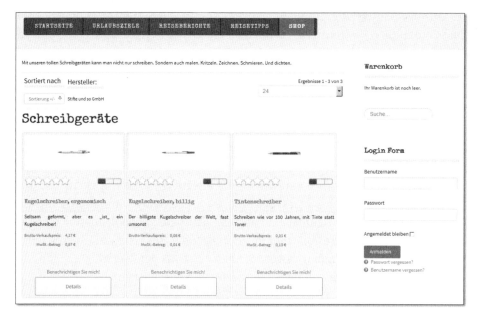

Abbildung 19.1 Mit der Erweiterung VirtueMart steht Joomla! einer spezialisierten Shop-Webapplikation wie Magento oder OXID in nichts nach.

Wie bei den meisten umfangreichen Joomla!-Erweiterungen zählt auch für Virtue-Mart: Erstellen Sie zuerst den Prototyp auf einem Testsystem, bevor Sie dann mit dem Produktkatalog und der komplexen Shop-Konfiguration in einem Rutsch live gehen. Gerade das Zusammenspiel mit anderen Erweiterungen kann immer mal zu Problemen führen, die Sie im Vorfeld klären sollten. Bevor es nun ans Eingemachte geht, einige allgemeine Hinweise für Ihren Online-Shop:

- **Bieten Sie zusätzliche Inhalte neben den Produkten**
  Nicht nur Suchmaschinen, sondern auch lebende Internetbesucher ziehen einen Online-Shop vor, der nicht nur Produkte auf sterilen Seiten listet, sondern zusätzliche Informationen bereitstellt. Das können Tutorials und Bedienungsanleitungen zu den Produkten sein oder auch Artikel über die Technologie oder die Konzepte dahinter. Letzten Endes sind es auch solche Webseiten und nicht Produktkataloge, mit denen Sie in den sozialen Netzwerken hausieren gehen und neue Kunden gewinnen.

- **Vernachlässigen Sie nicht das Webdesign**
  E-Commerce-Plattformen und Online-Shops gibt es wie Sand am Meer, moderne Technologien erlauben selbst unerfahrenen Webmastern den Aufbau einer attraktiven Website, die auch über das Mobiltelefon bedienbar bleibt. Unattraktive Websites fallen negativ auf und wirken unprofessionell.

- **Stellen Sie hochwertige Produktfotos dar**
  Beim Stöbern durch eBay-Kleinanzeigen fällt es manchmal schwer, sich einen Eindruck von der angepriesenen Ware zu machen. Oft wurden sie mit einer minderwertigen Kamera und unter schlechten Lichtbedingungen fotografiert. Für einen professionellen Online-Shop ist das ein No-Go. Fertigen Sie qualitativ hochwertige Bilder Ihrer Produkte an, und stellen Sie sie sauber und in mittelhohen Auflösungen bereit (maximal 800 Pixel an der breitesten Kante, 600 Pixel ist ein guter Mittelwert), das wirkt seriös und erhöht gleichzeitig die Attraktivität Ihrer Website.

  Tipp: Qualitativ hochwertige Fotos fertigen Sie auch ohne teuren Profifotografen an, falls Sie einen großen Tisch, einige helle Lampen und eine Kamera im mittleren Preissegment Ihr Eigen nennen. Lichten Sie die Produkte vor möglichst weißem, nicht reflektierendem Hintergrund ab (achten Sie darauf, dass die Tiefenschärfe groß genug ist, um sowohl vorne als auch hinten liegende Produktdetails scharf zu halten), stellen Sie sie später in Photoshop (Elements ist ausreichend) oder Gimp frei, und führen Sie einen Weißabgleich durch – Tutorials finden Sie zuhauf unter dem Stichwort »tutorial produktfoto freistellen«.

▶ **Beachten Sie die Suchmaschinenfreundlichkeit**
Suchmaschinen sind Ihre besten Geschäftspartner. Durch eine lückenlose Indexierung schicken sie Ihnen kostenlos Kunden auf die Website, oft sogar schon auf die richtige Seite. Erleichtern Sie deshalb Google und Co. die Indexierung durch Einreichen einer Sitemap und die sinnvolle Zuordnung von Produkten zu Suchanfragen durch den Einsatz von Keywords im Fließtext.

▶ **Optimieren Sie für mobile Endgeräte**
Ein signifikanter Teil von Internetbesuchern kauft inzwischen per Handy oder Tablet ein. Lassen Sie sich diese Kunden nicht entgehen, und berücksichtigen Sie beim Template Responsive Design, egal ob Sie das Template selbst installieren oder konfigurieren oder die Dienste eines Templateprogrammierers in Anspruch nehmen.

▶ **Optimieren Sie für Conversions**
Conversions sind festgesetzte Ziele, wo ein Websitebesucher während des Surfens auf Ihrer Website endet. Bei einem Shop ist das für gewöhnlich der Klick auf den Kaufen-Button. Der Weg dorthin muss möglichst einfach und schnell sein: Ladezeitoptimierung der Webseiten, schnelle Transaktionen (zwei statt zehn Formularschritte zum Checkout-Prozess), Call-to-Action-Buttons. Beachten Sie deshalb insbesondere bei Betrieb eines Online-Shops die nützlichen Hinweise in Kapitel 23, »Performance- und Suchmaschinenoptimierung«.

Mit diesen Ratschlägen steht Ihnen nichts im Wege, einen erfolgreichen zeitgemäßen Online-Shop aufzuziehen. Falls Sie an die ein oder andere konzeptionelle Hürde stoßen, gilt eine weitere Faustregel: Orientieren Sie sich an den Großen. Soll der In-den-Warenkorb-Button an die linke oder rechte Fensterkante? Lieber ein 3- oder 5-Sterne-Bewertungssystem? Wie gestaltet man auf der Homepage eine verlockende scrollende Produktbühne? Sehen Sie einfach nach, wie Amazon, eBay und andere große Shops das Problem lösen, und lassen Sie sich davon inspirieren. Aber Vorsicht: Riskieren Sie keine Patentstreitigkeiten, wenn es um innovative Individuallösungen geht (vielleicht erinnern Sie sich an Amazons kurioses 1-Klick-Patent).

Begriff	Erklärung
Shop	Gesamtheit aller mit VirtueMart in Verbindung stehender Webseiten, z. B. die Produktdetailseite, die besondere VirtueMart-Homepage und der Warenkorb. Reguläre Joomla!-Beitragsseiten gehören in der Regel nicht zum Shop. Alternativ kann mit Shop auch die komplette Website gemeint sein.

Tabelle 19.1 Die wichtigsten Begriffe zur Online-Shop-Erweiterung VirtueMart

Begriff	Erklärung
Produkt	ein im Shop angebotenes Objekt mit allen aus Katalogen bekannten Elementen wie Name, Beschreibung, Abbildungen, Angaben zu Größe und Gewicht und Preisen
Produktvariante	Ein von einem anderen Produkt leicht abweichendes Produkt, z. B. aufgrund einer anderen Farbe oder Größe. In Online-Shops sind Produktvarianten untereinander verknüpft, sodass auf der Produktseite im Frontend komfortabel auf alle Varianten verlinkt werden kann, beispielsweise über eine Dropdown-Liste mit allen verfügbaren T-Shirt-Größen.
Lagerbestand	Manuell modifizierbare und von VirtueMart automatisch herunterzählende Anzahl des Produktbestands. VirtueMart sendet dem Shop-Betreiber auf Wunsch Benachrichtigungsmails, wenn der Lagerbestand zu niedrig ist.
Rechnungsregel	Modifikation am Grundpreis eines Produkts, z. B. zum Hinzuaddieren einer Gewinnmarge oder der Mehrwertsteuer. VirtueMart erlaubt die Anwendung mehrerer Regeln mit verschiedenen Abhängigkeiten, wie Produktkategorien oder Herkunftsland eines Kunden.
Warenkorb	Persönliche dynamische Webseite und virtueller Einkaufswagen des Kunden, in dem er alle Produkte sammelt, für die er sich während seines Einkaufs interessiert. Der Warenkorb ist zum Zeitpunkt der Bestellung synonym mit der Liste zu bestellender Produkte und lässt sich bis kurz vor der Bestellung verändern.
Checkout	Prozessschritte von der Warenkorbansicht bis zum finalen Klick auf den Kaufen-Button, der die verbindliche Bestellung initiiert. Dazwischen liegen Hürden, die zum Abbruch der Bestellung führen können: Entscheidung für eine Zahlungs- und Versandart, Angabe der Liefer- und Rechnungsadresse und gegebenenfalls Registrierung beim Shop. Ziel einer guten Shop-Software ist es, diese Zwischenschritte so knapp und komfortabel, wie möglich zu gestalten, um einen vorzeitigen Bestellabbruch zu verhindern.

Tabelle 19.1 Die wichtigsten Begriffe zur Online-Shop-Erweiterung VirtueMart (Forts.)

Begriff	Erklärung
Call to Action, CTA	Call to Action ist die Aufforderung an einen Websitebesucher, eine Handlung auszuüben; meistens, auf einen Button zu klicken (Newsletter bestellen, Kaufen, Erfahren Sie mehr über). Der Call to Action ist ein wichtiger Bestandteil der Conversion, seine häufige Aktivierung spricht für gutes Marketing. Entsprechende Buttons sollten z. B. immer plakativ sein, nicht zu viele Optionen bieten und im Lesefluss auf einer Website an geeigneten Positionen sitzen. A/B-Tests eignen sich, um diese Positionen und die optimale Darstellung solcher Buttons herauszufinden.

Tabelle 19.1 Die wichtigsten Begriffe zur Online-Shop-Erweiterung VirtueMart (Forts.)

19.1 Online-Shop mit VirtueMart aufbauen

Erweiterung	VirtueMart
JED-Kategorie	E-COMMERCE • SHOPPING CART
Download	*http://virtuemart.net/downloads* (Button DOWNLOAD VM3 NOW bzw. DOWNLOAD YOUR LANGUAGE PACK für das deutsche Sprachpaket)
Zweck	vollständige Online-Shop-Lösung mit Produktkatalog, Warenkorb, Produktvarianten, Rabattaktion, Rechenregeln, Zahlungs- und Versandarten, Herstellerseiten und Sprachen- und Währungsverwaltung

Mit VirtueMart installieren Sie auf Ihrem Joomla!-System eine leistungsfähige, umfangreiche Online-Shop-Lösung, die zwar nicht kompliziert zu konfigurieren ist, aber vor allem zu Beginn die Einstellung vieler Optionen erfordert. Nach der Installation bearbeiten Sie deshalb zuerst den Produktkatalog und erzeugen eine Ausgabe im Frontend, um so schnell wie möglich einen Look-and-Feel-Eindruck der Shop-Oberfläche zu bekommen. Im weiteren Verlauf werden die Themen dann detaillierter, von der Bearbeitung neuer Bestellungen über Kategorisierungen anhand von Herstellern bis zur Abbildung komplexer Produktkataloge mit Produktvarianten in mehreren Sprachen.

Hinweis: VirtueMarts Komplexität und kurze Release-Zyklen bringen es mit sich, dass eine höhere Dynamik beim Auftreten neuer Bugs und Bugfixes als bei anderen Erweiterungen herrscht. Prüfen Sie deshalb gelegentlich, ob eine neue Version erhältlich ist, und ergänzen Sie bei Problemanfragen in den Foren stets Ihre Versionsnummer.

19.1.1 VirtueMart einrichten

Das heruntergeladene VirtueMart-ZIP-Archiv besteht aus drei Unterpaketen, die Sie zunächst entpacken (darauf deutet bereits der Ausdruck *extract_first* im Dateinamen), um sie dann nacheinander in folgender Reihenfolge über den Erweiterungsmanager von Joomla! zu installieren:

1. *com_virtuemart.3.x.x.x.zip*
   Dieses ZIP-Archiv enthält VirtueMarts Core-Dateien, die eigentliche Shop-Applikation. Am Installationshinweis im Erweiterungsmanager erkennen Sie die elementaren Bestandteile anhand der eingerichteten Datenbanktabellen, wo die Rede von PRODUCTS (Produkte), VENDORS (Verkäufer), MANUFACTURERS (Hersteller) und auch PAYMENT und SHIPMENT METHODS (Zahlungs- und Lieferbedingungen) ist. Damit steht zunächst die Basis des Shop-Systems.

2. *com_virtuemart.3.x.x.x_ext_aio.zip*
   AIO steht für All-in-One und ist die Komponente, die VirtueMarts Funktionalitäten anhand vieler Plugins und Module ergänzt. Das sind z. B. die Bezahlschnittstellen zu PayPal, iDeal oder Sofort-Banking/Überweisung, Erweiterungen der Produktkonfiguration und die Suche sowie die vielen Seitenleistenmodule, in denen ähnliche Produkte, Produktkategorien oder Hersteller angeteasert werden.

3. *com_tcpdf_1.x.x.zip*
   Diese externe, nicht zum eigentlichen VirtueMart-Paket gehörende Komponente ermöglicht die Erzeugung von PDF-Dateien, z. B. für die Rechnungsstellung.

Die deutsche Sprachdatei ist das vierte zu installierende Paket, allerdings nicht im Standardarchiv enthalten. Auf VirtueMarts Download-Seite (*http://virtuemart.net/downloads*) erreichen Sie die Spracherweiterung über den Link DOWNLOAD YOUR LANGUAGE PACK und Klick auf GERMAN (GERMANY). Die blauen Balken auf dieser Seite kennzeichnen die Vollständigkeit der Übersetzungen der einzelnen Komponenten. Scrollen Sie ganz nach unten, um endlich auf DOWNLOAD NOW zu klicken. Das Sprachpaket *de-DE.com-virtuemart.zip* installieren Sie dann wie gewöhnlich über den Erweiterungsmanager von Joomla!.

19.1.2 Produkte einstellen

Falls Sie sich nach der VirtueMart-Installation ein bisschen durch das neue Menü klicken, entstand vielleicht Unmut wegen an einigen Stellen auftauchender Fehlermeldungen. Lehnen Sie sich beruhigt zurück, diese sind auf die bislang unvollständige Konfiguration zurückzuführen und werden in den folgenden Abschnitten behandelt. In diesem Abschnitt beschäftigen Sie sich zunächst mit dem wichtigsten Element Ihres Shops: dem Produktkatalog. Mit ein paar Handgriffen legen Sie Produktkategorien an, pflegen Produkte ein und erhalten einen ersten Eindruck von der Darstellung auf den Frontend-Webseiten.

Produktkategorien anlegen

Ähnlich wie das Beitrags- und Kategoriekonzept von Joomla! helfen VirtueMarts Produktkategorien bei der Organisation der eingepflegten Produkte. Und zwar nicht nur für Übersichten im Administrations-Backend, sondern auch im Frontend, wenn Besucher Ihren Katalog nicht per Suchbegriff durchforsten, sondern sich ein wenig durch das Angebot klicken. Legen Sie also, bevor Sie sich über die Produkte hermachen, einige Kategorien an. Für den Merchandisingbereich des Reiseforums sind das: SCHREIBGERÄTE, TRINKGEFÄSSE und GADGETS, Spielsachen für Geeks.

1. Wechseln Sie über VIRTUEMART • PRODUKTKATEGORIEN zum bislang leeren Produktkategoriemanager, und klicken Sie auf den Button NEU.
2. Beachten Sie, dass das nun erscheinende Formular zwei Reiter besitzt, befüllen Sie zunächst die Felder des ersten Reiters PRODUKTKATEGORIE FORMULAR (siehe Abbildung 19.2).

    - KATEGORIE NAME: Produktkategoriename, der in Übersichtslisten im Backend und auf Kategorieseiten und Kategorie-Dropdown-Listen im Frontend erscheint; kurz: der Name, den Ihre Besucher sehen.
    - VERÖFFENTLICHT: Stellen Sie den Schalter auf JA, damit diese Kategorie sofort nach dem Speichern im Frontend sichtbar ist.
    - SEF ALIAS: Suchmaschinenfreundliche Bezeichnung der Kategorie, die für die URL verwendet wird, falls Sie keine individuelle Webseite für die Kategorie anlegen; in diesem Fall greift das ALIAS des Menüeintrags.
    - BESCHREIBUNG: Diese Beschreibung erscheint als kurzer Fließtext auf Kategorieseiten im Frontend, oberhalb etwaiger Sortier- und Filterfelder und der Produkte.
    - Bereich DETAILS: Darstellungsdetails von Kategorieseiten im Frontend sind in einer globalen Konfiguration hinterlegt, die hier kategoriespezifisch überschrieben werden dürfen. Ferner haben Sie hier über das Feld STAMMKATEGORIE die Möglichkeit, Kategorien untereinander zu verschachteln, ähnlich wie Sie es von Joomla!-Kategorien kennen. Die Reiseforum-SCHREIBGERÄTE ließen sich z. B. in KUGELSCHREIBER und BLEISTIFTE untergliedern.
    - Bereich META INFORMATIONEN: Das einzige relevante Feld ist META BESCHREIBUNG, ein kurzer Text, den Suchmaschinen indexieren und im Falle einer Suchergebnislistung als Webseitenbeschreibung zitieren. Achten Sie auch darauf, dass META ROBOTS auf der Standardeinstellung INDEX, FOLLOW steht, damit Google und Co. Ihre Seiten während der Indexierung nicht ignorieren.

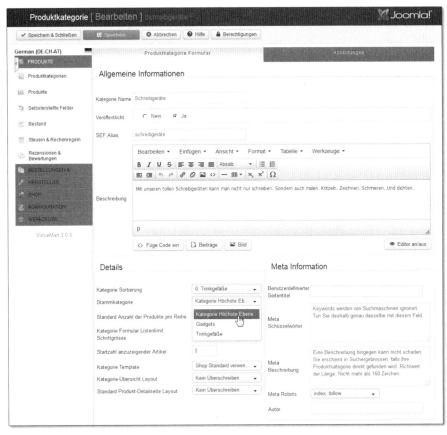

Abbildung 19.2 Etwas unscheinbar, aber essenziell für die Abbildung komplexer Produktkataloge ist das Feld »Stammkategorie«, über das Sie Kategorien verschachteln.

3. Wechseln Sie zum Reiter ABBILDUNGEN (siehe Abbildung 19.3). Hier laden Sie Bilder zur Produktkategorie hoch – für den Anfang genügt eines, das exemplarisch für alle enthaltenen Produkte steht. Scrollen Sie dazu ans Ende des Formulars, klicken Sie auf DURCHSUCHEN..., und wählen Sie die Bilddatei aus. Der Upload erfolgt durch Klick auf den SPEICHERN-Button in der oberen Buttonleiste. Ergänzen Sie danach gegebenfalls den ALT-TEXT DES BILDES, um möglichst suchmaschinen- und benutzerfreundliche Illustrationen bereitzustellen.

Es ist möglich, mehrere Abbildungen pro Produktkategorie hochzuladen, die Bilder erscheinen dann in diesem Formular horizontal gelistet an der oberen Fensterkante. Praktisch: Über das Textfeld rechts neben ABBILDUNGEN SUCHEN und den zwei –16/+16-Buttons (● 16 16 ●) haben Sie die Möglichkeit, auf bereits hochgeladene Bilder anderer Kategorien zuzugreifen. Beachten Sie aber, dass bei Produktkategorien immer nur ein Bild im Frontend dargestellt wird. Die Einbindung mehrerer Bilder macht erst bei Produktfotos Sinn.

Abbildung 19.3 Über das Suchtextfeld und die Plus-/Minusbuttons fügen Sie bequem ein Bild aus einer anderen Produktkategorie hinzu.

4. SPEICHERN & SCHLIESSEN Sie das Formular, und wiederholen Sie die Eingabe für jede weitere Produktkategorie.

Produkte einpflegen

Nach Anlage der Produktkategorien besuchen Sie schließlich den umfangreichen Formularbereich der Produktpflege. Lernen Sie die Formulare zunächst anhand einiger Testprodukte kennen, bevor Sie sich daranmachen, Ihren gesamten Katalog einzupflegen. Werfen Sie auch einen Blick in den nächsten Abschnitt 19.2, »VirtueMart-Erweiterungen evaluieren«, denn dort werden einige Tools vorgestellt, mit denen Sie nicht jedes Produkt einzeln in VirtueMart bearbeiten müssen, sondern z. B. über Excel-Tabellen oder sogar komfortable Desktop-Clients arbeiten.

1. Wechseln Sie über VIRTUEMART • PRODUKTE zum Produktmanager, und klicken Sie auf den Button NEU, der sich, etwas ungewöhnlich, rechts außen in der Buttonleiste befindet.

2. Die Reiter des Produktformulars sind nach Wichtigkeit von links nach rechts sortiert. Praktisch ist, dass sich VirtueMart pro Produkt merkt, auf welchem Reiter Sie arbeiteten, so können Sie beliebig zwischen Produkten hin- und herwechseln und sparen sich einen Reiterklick, um eine abgebrochene Bearbeitung fortzusetzen.

   Zunächst zum Reiter PRODUKT INFORMATION (siehe Abbildung 19.4):

   – PRODUKTBEZEICHNUNG: der Produktname, wie er auf allen Frontend-Seiten und in Produktübersichten im Backend erscheint

   – PRODUKT ARTIKELNUMMER: Das ist Ihre interne Produktnummer, die Sie in Ihren Abrechnungen, Bestellungen und der Lagerverwaltung verwenden, auch als *Stock Keeping Unit* (SKU) bekannt.

   – GTIN (EAN, ISBN), MPN: Externe Produktbezeichnungen, z. B. des Lieferanten oder Herstellers. GTIN steht für *Global Trade Item Number* (ehemals EAN), eine weltweit eindeutige Nummer, die über offizielle Kanäle beantragt wird. ISBN bedeutet Internationale Standardbuchnummer für Bücher und Software, ebenfalls eine offizielle eindeutige Kennzeichnung. Die MPN ist herstellerspezifisch und steht für *Manufacturers Part Number*.

   – HERSTELLER: Bieten Sie nicht selbst produzierte Waren zum Verkauf, sondern agieren als Händler, lassen sich Produkte nicht nur über Kategorien organisieren, sondern auch anhand des Herstellers, siehe auch Abschnitt 19.1.6, »Shop- und Produktdetails ausarbeiten«, Unterabschnitt »Hersteller ergänzen«.

   – PRODUKTKATEGORIEN: Klicken Sie mit der Maus in das Feld, um diesem Produkt eine oder mehrere Kategorien zuzuordnen.

   – URL: Dient begleiteten Informationswebseiten, tragen Sie hier gegebenenfalls einen Link zur Produktseite des Herstellers ein.

   – Bereich PRODUKT PREISANGABEN: Tragen Sie zunächst nur den Nettoeinkaufspreis (für centgenaue Beträge verwenden Sie zur Trennung einen Punkt statt des üblichen Kommas) in das Feld SELBSTKOSTENPREIS; die endgültige Preisberechnung übernimmt VirtueMart, siehe auch Abschnitt 19.1.6, »Shop- und Produktdetails ausarbeiten«. Wählen Sie auf jeden Fall noch die Währung EURO aus der Dropdown-Liste, und stellen Sie sicher, dass in den beiden Dropdown-Listen darunter jeweils STANDARD-REGELN ZUORDNEN und ALLGEMEINE REGELN ZUORDNEN eingestellt ist. Diese Optionen benötigen Sie später für das Hinzuaddieren Ihres Gewinns und der Mehrwertsteuer.

Abbildung 19.4 Die wichtigsten auszufüllenden Felder eines Produkts sind »Produktbezeichnung«, »Produkt Artikelnummer«, »Produktkategorien« und »Selbstkostenpreis«.

3. Im Reiter PRODUKTBESCHREIBUNG hinterlegen Sie unterschiedlich lange Texte, die auf verschiedenen Frontend-Seiten und im HTML-Code erscheinen (siehe Abbildung 19.5).

   – KURZBESCHREIBUNG: Erscheint auf Produktübersichts- und Kategorieseiten und sollte nur ein paar Stichworte enthalten.

   – PRODUKTBESCHREIBUNG: Ausführliche Beschreibung auf der Produktdetailseite; sammeln Sie hier alle verfügbaren Informationen zum Produkt, und formatieren Sie die Präsentation ansprechend.

   – Bereich META INFORMATION: Wie bei Produktkategorien und Joomla!-Beiträgen ignorieren Sie das Feld META SCHLÜSSELWÖRTER, fassen aber die Produktbeschreibung als META BESCHREIBUNG in maximal 160 Zeichen zusammen. Dieser Text erscheint in Google-Suchergebnissen.

19.1 Online-Shop mit VirtueMart aufbauen

Abbildung 19.5 »Produktbeschreibungs«-Texte erscheinen auf Produktübersichts- und Produktdetailseiten, die »Meta Informationen« befinden sich im HTML-Code der Produktdetailseite.

4. Im Reiter PRODUKTSTATUS verwalten Sie die Anzahl der vorrätigen Produkte und produktspezifische Einstellungen und Grenzwerte, wenn der verfügbare Bestand sinkt (siehe Abbildung 19.8).

   – VORRÄTIG: Dies ist die Anzahl der Produkte, die Sie auf Lager haben. Sie wird automatisch reduziert, sobald Sie eine Bestellung verschickt haben, lässt sich aber jederzeit wieder an dieser Stelle mit aufgestockten Werten aktualisieren. *Tipp*: Ist der Lagerbestand *0*, führt VirtueMart eine Aktion aus, die Sie unter VIRTUE-MART • KONFIGURATION • Reiter SHOPFRONT • Bereich AKTION, FALLS EIN PRO-DUKT NICHT VORRÄTIG IST angeben, z. B. erhalten Sie eine E-Mail-Mitteilung und markieren das Produkt im Frontend als nicht verfügbar (siehe Abbildung 19.6).

749

Abbildung 19.6 Unter »VirtueMart« • »Konfiguration« • Reiter »Shopfront« finden Sie Einstellungen, wie VirtueMart verfährt, wenn ein Produkt nicht mehr vorrätig ist.

- GEBUCHTE, BESTELLTE PRODUKTE: Hier erscheint automatisch die Anzahl der Produkte, die bestellt, aber noch nicht versendet wurden.
- BENACHRICHTIGUNG GERINGER BESTAND: Versendet eine Nachricht an den Shop-Betreiber, wenn die hier angegebene Produktanzahl unterschritten wird (Beispiel in Abbildung 19.7). *Achtung*: Die Nachricht wird nur versendet, wenn Sie unter VIRTUEMART • KONFIGURATION • Reiter SHOPFRONT • Bereich AKTION, FALLS EIN PRODUKT NICHT VORRÄTIG IST ein Häkchen bei BENACHRICHTIGUNG 'GERINGER BESTAND' SENDEN setzen.

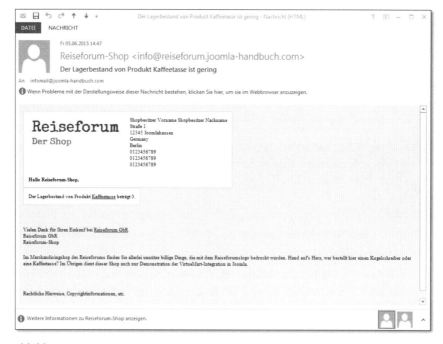

Abbildung 19.7 Von VirtueMart versendete Administratormail, wenn der Bestand eines Produkts eine festgelegte Mindestmenge unterschreitet

- KAUFMENGEN-SCHRITTE, MINDESTKAUFMENGE, HÖCHSTKAUFMENGE: Grenzen Sie die Bestellanzahl des Produkts ein, falls Sie keine Einzelexemplare verkaufen. Handelt es sich um Sets, die mehrere Einzelprodukte enthalten, stellen Sie die vollständigen Anzahlen kommasepariert ins Feld KAUFMENGEN-SCHRITTE, z. B. für ein 5er-Set: »5,10,15,20,25«. *Achtung*: Dieses Feature ist in der vorliegenden VirtueMart-Version (3.0.8) wegen einiger Formularfeldbugs mit Vorsicht zu genießen, da im Shop-Frontend keine Formularfeldvalidierung besteht und willkürliche Zahlen eingegeben und bestellt werden können.
- VERFÜGBARKEITSDATUM, VERFÜGBARKEIT: Das eingegebene Datum und ausgewählte Bild erscheinen im Frontend unter dem Produkt, falls es gerade nicht vorrätig ist. Sie können auch eigene Bilder per FTP in das Serververzeichnis /components/com_virtuemart/assets/images/availability/ hochladen, um sie in dieser Liste auszuwählen.

Abbildung 19.8 Über das Feld »Vorrätig« steuern Sie den aktuellen Produktbestand; nach versendeter Bestellung zählt VirtueMart die Zahl automatisch herunter.

5. Im Reiter PRODUKT MASSE UND GEWICHT hinterlegen Sie die für Ihre Versandkostenberechnung wichtigen Eckdaten zu Verpackung. Besonders die Gewichtsangabe ist entscheidend, sonst kann VirtueMart später nicht das Gesamtgewicht einer Bestellung berechnen, um die passenden Versandarten einzublenden.

6. Das Bildverwaltungsformular unter PRODUKTABBILDUNGEN verhält sich identisch mit den Produktkategoriebildern. Entweder starten Sie über den unteren Bereich DATEI HOCHLADEN einen Bild-Upload (der Upload beginnt nach Klick auf den SPEICHERN-Button), oder Sie suchen sich über das Miniformular im oberen Bereich ABBILDUNGEN bereits hochgeladene Bilder aus. Klicken Sie dazu auf einen der beiden −16/+16-Buttons (16 16), erscheint ein Popup-Fenster mit allen verfügbaren Bildern, die Sie dann über das nebenstehende Textfeld anhand von Wortfragmenten aus Dateiname oder Bildbeschreibung filtern (siehe Abbildung 19.9). Die Buttons verwenden Sie, um zwischen den Seiten zu blättern, falls mehr als 16 Bilder gefunden wurden.

Beachten Sie, dass Sie für Produkte mehrere Bilder einstellen können; das ist aus Sicht der Käufer sogar wünschenswert, um einen besseren Eindruck von der Ware zu gewinnen. Im Frontend erscheinen diese Bilder dann als Thumbnailleiste unter dem Hauptbild und lassen sich nach einem Mausklick aufs Bild in einem herangezoomten Popup-Fenster begutachten.

Abbildung 19.9 Über »Produktabbildungen« laden Sie entweder neue Bilder ins Serververzeichnis »/images/stories/virtuemart/products/« oder suchen sich über das »Abbildungen«-Miniformular bereits hochgeladene Bilder zusammen.

7. Im Reiter SELBSTERSTELLTE FELDER ergänzen Sie das Produktlisting um benutzerdefinierte Eigenschaften. Das ist ein ausführliches Thema und wird in Abschnitt 19.1.6, »Shop- und Produktdetails ausarbeiten«, Unterabschnitt »Mit Produktvarianten arbeiten«, behandelt.

Achtung: Bevor Sie nun alle Produkte in Ihren Online-Shop einpflegen, betrachten Sie kurz, ob Sie tatsächlich für jedes Produkt einen autarken Eintrag benötigen. Verkaufen Sie beispielsweise ein bestimmtes T-Shirt in verschiedenen Farben und Größen oder gibt es den USB-Stick in einer 32- oder 64-Gigabyte-Variante, studieren Sie zunächst Abschnitt 19.1.6, »Shop- und Produktdetails ausarbeiten«, dort werden im ersten Unterabschnitt Produktvarianten und benutzerdefinierte Felder erklärt.

Produktkategorieseite im Frontend darstellen

Nachdem Sie nun eine Woche mit der Eingabe all Ihrer Produkte verbrachten, wird es Zeit für visuelles Feedback, die Shop-Ansicht im Frontend. Der gesamte VirtueMart-Shop ist überraschend einfach als einzelne Webseite im Menü integrierbar, da alle shopinternen Seiten untereinander verlinkt sind. Im Prinzip genügt die Einbindung einer einzelnen Kategorieübersichts- oder Produktkategorieseite.

1. Legen Sie über MENÜS • MAIN MENU • NEUER MENÜEINTRAG die neue Webseite an:
   - MENÜTITEL: »Shop«
   - MENÜEINTRAGSTYP: VIRTUEMART • VIRTUEMART STANDARD LAYOUT
2. SPEICHERN & SCHLIESSEN Sie die Webseitenkonfiguration, und wechseln Sie ins Frontend. Über den neuen Menüeintrag SHOP gelangen Sie nun zur Startseite von VirtueMart, auf der standardmäßig die neuesten, die beliebtesten und kürzlich betrachteten (im Cookie gespeicherten) Produkte erscheinen (siehe Abbildung 19.10).

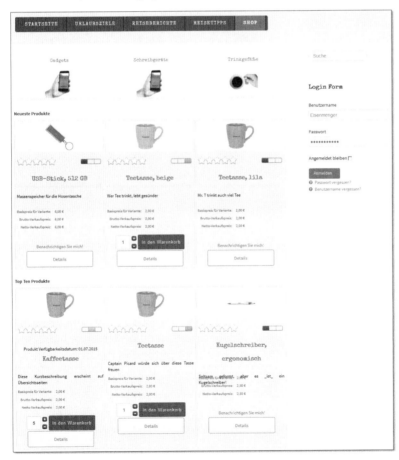

Abbildung 19.10 Erster Wurf der Merchandising-Homepage des Reiseforums; ab jetzt werden Feinheiten konfiguriert und das Layout mit CSS-Overrides hingebogen.

19.1.3 Shop konfigurieren

An allen Ecken und Enden verstecken sich in VirtueMart Konfigurationsformulare, um der Vielzahl verschiedener Bezahlworkflows, Produktdarstellungsvarianten, Bewertungs-Features und Produkteigenschaften Herr zu werden. Die Optionen sind systematisch in der Oberfläche verteilt, so ist es möglich, sich von der allgemeinen, groben Konfiguration bis zu den kleinteiligen Detaileinstellungen durchzuarbeiten. In diesem Abschnitt bearbeiten Sie zunächst die Grundkonfiguration Ihres Shops mit Logo und Beschreibungen, Briefköpfen und Ladenadresse. Dann lernen Sie die Detailkonfiguration kennen, die Sie immer wieder mal bearbeiten, um das eine oder andere Feature ein- oder auszustellen. Gegen Ende dieses Abschnitts folgen Einstellungen, ohne die Ihr Shop keinesfalls an den Start gehen darf, z. B. Ergänzung der MwSt., der Versandarten und Zahlungsmethoden.

Bevor Sie Ihren Shop an Ihre Anforderungen anpassen, folgt allerdings eine wichtige technische Konfiguration. VirtueMart benötigt ein spezielles Serververzeichnis, um dort besonders sensible Daten wie erzeugte Rechnungen abzulegen. Dieses Verzeichnis muss aus Sicherheitsgründen außerhalb der VirtueMart- und Joomla!-Installation liegen, daher kann es beim Einrichten von VirtueMart nicht automatisch erzeugt werden. Falls Sie sich schon ein bisschen durch die Konfiguration geklickt haben, ist Ihnen deshalb folgende Fehlermeldung begegnet, die auf das Fehlen dieses Verzeichnisses hinweist: vmError: Warnung - Der Sicherer Pfad ist nicht angegeben, wie in Abbildung 19.11.

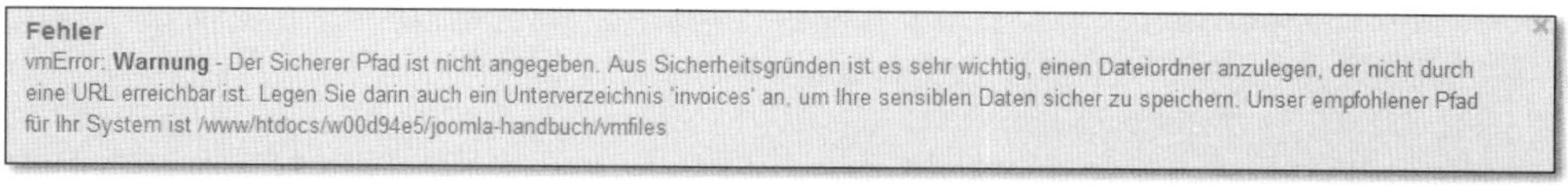

> **Fehler**
> vmError: **Warnung** - Der Sicherer Pfad ist nicht angegeben. Aus Sicherheitsgründen ist es sehr wichtig, einen Dateiordner anzulegen, der nicht durch eine URL erreichbar ist. Legen Sie darin auch ein Unterverzeichnis 'invoices' an, um Ihre sensiblen Daten sicher zu speichern. Unser empfohlener Pfad für Ihr System ist /www/htdocs/w00d94e5/joomla-handbuch/vmfiles

Abbildung 19.11 Sensible Daten wie Rechnungen speichert VirtueMart in einem außerhalb der Joomla!-Installation liegenden Serververzeichnis, das Sie per Hand anlegen und konfigurieren.

Das Problem ist schnell behoben:

1. Erzeugen Sie zunächst das sichere Verzeichnis abseits der Joomla!-Installation. Haben Sie Joomla! nach den Empfehlungen aus Kapitel 2, »Testumgebung einrichten«, und Kapitel 3, »Live-Umgebung einrichten«, in einem Unterordner Ihres Servers angelegt, erzeugen Sie den neuen Ordner */vmfiles/* eine Ebene höher, für die lokale Installation z. B. */htdocs/vmfiles* (Beispiel siehe Abbildung 19.12). Die Pfade Ihres Webspaces beim Webhoster sind etwas länger. Liegt Ihre Joomla!-Installation beispielsweise unter */www/htdocs/ihreKundennummer/joomla3live/*, dann empfiehlt sich der sichere Pfad */www/htdocs/ihreKundennummer/vmfiles/*.

Den exakten Pfad Ihrer Serverumgebung lesen Sie aus der Joomla!-Konfiguration unter SYSTEM • KONFIGURATION • Reiter SERVER • Bereich SERVER • Feld TEMP-VERZEICHNIS ab. Alle Pfadbestandteile *vor* dem Joomla!-Installationsordner sind relevant inklusive eines beginnenden Slashs, der den Pfad als absolut markiert. Verwenden Sie Ihren FTP-Client, um dann dort die Unterordner */vmfiles/* und */vmfiles/invoices/* anzulegen, und kopieren Sie den gesamten Pfad für die VirtueMart-Konfiguration in Ihre Zwischenablage.

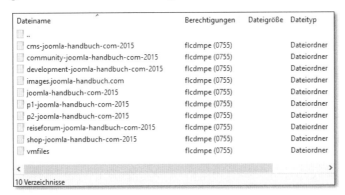

Abbildung 19.12 Verzeichnisstrukturbeispiel der Joomla!-Handbuch-Websites; VirtueMarts »vmfiles«-Ordner liegt außerhalb aller Joomla!-Installationen und ist nicht über einen Webbrowser erreichbar.

2. Nun zeigen Sie VirtueMart, wo diese Ordner liegen. Die Einstellung finden Sie unter VIRTUEMART • KONFIGURATION • Reiter STILVORLAGEN • Bereich MEDIA-DATEIEN EINSTELLUNGEN • Feld SICHERER PFAD, etwa in der Mitte des Kastens. Fügen Sie den eben kopierten Pfad aus der Zwischenablage in das Textfeld, und SPEICHERN & SCHLIESSEN Sie die Konfiguration.

Klicken Sie sich ein bisschen durch VirtueMarts Konfigurationsseiten. Falls die Fehlermeldung jetzt immer noch erscheint, stellen Sie sicher, dass der Pfad korrekt (ohne */invoices/*, aber mit beginnendem und abschließendem Slash »/«) korrekt und das Verzeichnis beschreibbar ist (Dateiattribut-Rechtematrix 755).

Shop-Konfiguration vervollständigen

Beginnen Sie bei den globalen Einstellungen, die Visitenkarte und Briefpapier Ihres Online-Shops entsprechen.

1. Wechseln Sie über VIRTUEMART • SHOP • SHOP zur Shop-Konfiguration, und bearbeiten Sie zuerst die Felder des rechten Reiters KÄUFERINFORMATIONEN.

   Hier befinden sich Pflichtfelder, die Sie befüllen müssen, bevor sich irgendeine Einstellung der anderen Reiter speichern lässt. E-MAIL, BENUTZERNAME und ANGEzeigter Name sollten bereits vorausgefüllt sein und entsprechen dem Super Benutzer. Ergänzen Sie dann mindestens Vor- und Nachname, Adresse 1, Postleitzahl, Stadt, Land und Bundesstaat/Provinz/Region. Dieser Felder entsprechen der Ladenadresse Ihres Shops und werden später über einen Platzhalter in die Kopf- oder Fußzeile der ausgehenden E-Mails eingesetzt.

Weitere Einstellungen sind auf dieser Seite nicht nötig. Theoretisch machen Sie hier Angaben zu einem Administrator-Testkäufer, in der Praxis bewährt es sich aber, den Shop über einen echten Testbenutzer mit eigenem Joomla!-Konto zu prüfen.

2. Speichern Sie die Konfiguration, und wechseln Sie zum ersten Reiter Verkäufer, das sind die wichtigsten Eckdaten Ihres Shops.
    - Shop Name: Name Ihres Online-Shops, der auf fast jeder Webseite, jeder E-Mail (siehe Abbildung 19.13) und jedem Ausdruck erscheint; ähnlich wie der Websitetitel. Er unterscheidet sich vom Firmennamen dadurch, dass er eingängiger und kürzer ist, z. B. Amazon oder Reiseforum-Shop.
    - Name des Unternehmens: der offizielle Firmenname für alle rechtlichen Belange, z. B. Amazon.com, Inc. oder Freunde des Reiseforums e. V. & Co. KG.
    - URL: ein internes Feld, das VirtueMart automatisch befüllt und nicht verändert werden sollte
    - Mindestbestellwert für Ihren Shop: Betrag in Euro, unter dem eine Bestellung nicht möglich ist
    - Währung, Liste der akzeptierten Währungen: Wählen Sie die Hauptwährung aus der Dropdown-Liste, die Sie auch im Backend bei der Produktpflege und den Abrechnungsregeln verwenden. Weitere Währungen, die Käufer im Frontend auswählen dürfen, listen Sie unter Akzeptierte Währungen.
    - Bereich Abbildungen, Bildinformationen: Dies ist das Logo Ihres Shops, das in E-Mails eingebettet wird. Die Bedienung ist analog zur Bildverwaltung der Produkte und Produktkategorien: Am unteren Ende des Formularbereichs finden Sie einen Datei auswählen-Button, über den Sie ein Bild auf Ihrem Arbeitsrechner aussuchen und über den Speichern-Button des Formulars hochladen. Achten Sie auf die beiden zitierten Pfadangaben, die auf */images/stories/virtuemart/vendor/* und */vendor/resized/* enden. Für einen erfolgreichen Upload müssen sie dahinter als Beschreibbar markiert sein. Ist das nicht der Fall, ändern Sie per FTP die Verzeichnisberechtigungen zu 755.
    - Beschreibung: Geben Sie hier einen kurzen Beschreibungstext zu Ihrem Online-Shop ein, der auf der Shop-Homepage an oberster Position und in Kunden-E-Mails knapp über der Fußzeile erscheint.

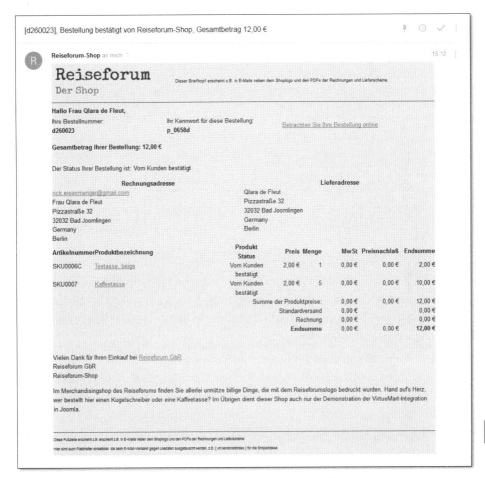

Abbildung 19.13 Alle Kundenmails sind mit Platzhaltern gespickt, die Sie in verschiedenen Konfigurationsformularen im Backend befüllen, darunter Kopf- und Fußzeile, Shop- und Unternehmensname sowie die Beschreibung.

– ALLGEMEINE GESCHÄFTSBEDINGUNGEN: Die AGB erscheinen im Bestellprozess beim Checkout auf der Seite der Warenkorbansicht und die Auswahl von Versandart und Zahlungsmethode als Link, der den hier eingegebenen Text in einem Popup-Fenster öffnet. Erst nach Häkchenmarkierung erklärt der Kunde sein Einverständnis und darf zur Kasse zum Bezahlen fortfahren (siehe Abbildung 19.14). *Tipp*: Über das Häkchen ALLGEMEINE GESCHÄFTSBEDINGUNGEN ANFÜGEN im mittleren Reiter RECHNUNGEN/E-MAILS integrieren Sie die AGB auch auf Rechnungen und Lieferscheinen.

Abbildung 19.14 Erst nach Häkchenmarkierung seines Einverständnisses zu den AGB darf der Kunde zum nächsten Checkout-Schritt, der Kasse, fortfahren.

- RECHTLICHE HINWEISE: In der vorliegenden Version von VirtueMart (3.0.8) ist die Ausgabe dieses Felds in E-Mails oder auf Webseiten verloren gegangen, was sich in der Zukunft ändern mag. Prüfen Sie die Ausgabe deshalb, und weichen Sie gegebenenfalls auf Informationen in der Kopf- oder Fußzeile (Reiter RECHNUNGEN/E-MAILS) aus.
- META INFORMATION: Ignorieren Sie wie immer die META SCHLÜSSELWÖRTER, aber schenken Sie der META BESCHREIBUNG vollste Aufmerksamkeit. Der hier hinterlegte Text erscheint in der Webseitenbeschreibung (<meta>-Tag) der Shop-Homepage.

3. Wechseln Sie abschließend zum Reiter RECHNUNGEN/E-MAILS, um das Erscheinungsbild von Lieferscheinen, Rechnungen und E-Mails an Ihre Kunden zu gestalten. *Tipp*: Direkt unter dem Reiter versteckt sich ein kleiner Link (HIER), mit dem Sie die PDF-Erzeugung mit Ihren neuen Einstellungen testen, nachdem Sie das Formular speicherten.
   - Bereich SEITENGEOMETRIE: Diese Einstellungen kennen Sie aus Ihrer Textverarbeitung. Justieren Sie hier insbesondere die Seitenränder anhand Ihres Druckers; in der Regel funktionieren die großzügigen Standardeinstellungen aber an jedem Drucker.
   - Bereich ERSCHEINUNGSBILD: Die Schrift und Schriftgrößen beeinflussen vornehmlich die Darstellung auf Rechnungen und Lieferscheinen, den Dokumenten, die VirtueMart dynamisch als PDF erzeugt. Seien Sie aber vorsichtig mit zu hohen Werten, da das Tabellenlayout der Produktlisten auf diesen Seiten sehr eng bemessen ist. Die SCHRIFTGRÖSSE BRIEFKOPF und BRIEFFUSS wirken sich auch auf E-Mails aus.

- Bereich BRIEFKOPF und BRIEFFUSS: Dies sind wichtige Textfelder, da sie in der Standardeinstellung in jeder E-Mail, jeder Rechnung und jedem Lieferschein erscheinen. Nutzen Sie sie z. B. für die Angabe Ihrer Ladenadresse, Kontaktdetails und Website sowie der Bankverbindung. *Tipp*: Scrollen Sie ans untere Ende des Formulars für einen Hinweis zur Verwendung und eine Liste von Platzhaltern, die VirtueMart bei der E-Mail- bzw. PDF-Generierung durch Live-Werte ersetzt. So bewirkt z. B. `{vm:vendoraddress}` die Ausgabe der im Reiter KÄUFERINFORMATIONEN hinterlegten Shop-Adresse (Bereich RECHNUNGSEMPFÄNGER INFORMATIONEN).

SPEICHERN Sie nach jeder Änderung das Konfigurationsformular, und testen Sie, z. B. über eine fiktive Bestellung eines Testbenutzers, wodurch eine Reihe von E-Mails versendet und Rechnungen und Lieferscheine erzeugt werden (siehe Abschnitt 19.1.5, »Bestellungen bearbeiten«).

Hinweis: Führen Sie Testbestellungen im Frontend über das Administratorkonto durch, erscheint ein zusätzlicher Reiter BESTELLLISTE, über dessen Linklisten Sie direkt zu den Testbestellungen springen.

Shop-Details konfigurieren

Neben diesen Basiseinstellungen finden Sie die eigentliche Shop-Konfiguration unter VIRTUEMART • KONFIGURATION. Über sieben Reiter verteilt, wühlen Sie sich durch lange Einstellungsformulare, die das fundamentale, aber auch kleinteilige Verhalten und Aussehen des Shops beeinflussen. Am besten nehmen Sie sich etwas Zeit und klicken sich nacheinander durch alle Optionen, um sie einmal gesehen zu haben. Viele von ihnen machen erst Sinn, nachdem Sie andere Aspekte Ihres Online-Shops fertiggestellt haben, z. B. den Produktkatalog, den Rechnungswesenteil oder Bezahlworkflow. Behalten Sie diese Konfigurationsseiten deshalb im Hinterkopf, und statten Sie ihnen einen regelmäßigen Besuch ab.

▸ Reiter SHOP
 allgemeine technische Shop-Einstellungen, z. B. zu den verwendeten Sprachen, Debugging-Modi, SSL-Unterstützung und dem sogenannten KATALOG-Modus, in dem VirtueMart sämtliche Preis- und Warenkorbelemente ausblendet

▸ Reiter SHOPFRONT
 Dies ist die erste Stufe detaillierter Einstellungen, welche Funktionalitäten der Online-Shop nach außen präsentiert, z. B. Druckansichten, PDF- und CAPTCHA-Anzeigen oder die Darstellung der Produktnavigation und des Lagerbestands (die Ampel-Icons neben dem Produkttitel). Über die rechte Spalte steuern Sie VirtueMarts Verhalten, falls ein Produkt nicht mehr auf Lager ist, darunter aktivieren oder deaktivieren Sie das Bewertungssystem, das Sie auch von anderen Shop-Plattformen kennen. Achten Sie insbesondere auf das unterste Feld BESTELLSTATUS REZENSION/BEWERTUNG, in dem Sie festlegen, nach welcher Bestellstatus-

änderung das Rezensionsformular bei Ihren Kunden erscheint, wenn sie die Produktwebseite erneut besuchen – der Status VERSENDET macht hier am meisten Sinn (Frontend-Ansicht in Abbildung 19.15).

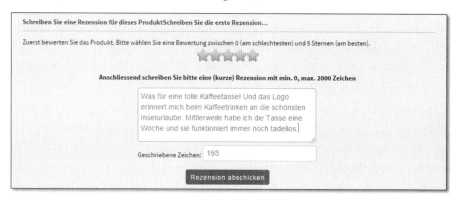

Abbildung 19.15 Stellen Sie das Feld »Bestellstatus Rezension/Bewertung« auf »Versendet«, erhalten Ihre Kunden nach Versand des Produkts die Möglichkeit, auf der Produktdetailseite eine Bewertung abzugeben.

- Reiter STILVORLAGEN
  Der Reiter STILVORLAGEN ist der nächste Schritt für Einstellungen der Shop-Präsentation. Hier steuern Sie die Darstellung von Kategorien und Unterkategorien, Warenkörben, Produktübersichten, Top-Ten-Listen, Herstellern und Bildern.

  Den Bereich AKTIVIERE CSS-STILE & JAVASCRIPTS nehmen Sie unter die Lupe, wenn das Zusammenspiel mit anderen Frontend-Komponenten, -Modulen oder -Plugins zu Komplikationen führt. Kommen sich JavaScript-Bibliotheken oder Popup-Technologien ins Gehege, erhalten Sie über Foren oder Supportantworten der Entwickler der Erweiterungen Tipps, welche Optionen Sie hier aktivieren oder deaktivieren.

  Im linken unteren Bereich MEDIA-DATEIEN EINSTELLUNGEN konfigurieren Sie bei Bedarf andere Pfade für die Shop-Bebilderung; mit den Standardwerten kommen Sie in der Regel aber gut aus. Besonders wichtig ist jedoch die Pflichtangabe des Felds SICHERER PFAD (siehe Anfang dieses Abschnitts).

- Reiter PREISANGABEN
  Über diese Liste steuern Sie, welche Preise im Frontend auf Übersichts- und Produktdetailseiten erscheinen. Die Standardeinstellung ist etwas übertrieben; üblicherweise genügen der Bruttopreis und eine Erwähnung der Mehrwertsteuer.

- Reiter KASSEN-EINSTELLUNGEN
  Hier finden Sie spezifische Einstellungen zur Darstellung des Warenkorbs und des Bestellprozesses. Besonders wichtig ist z. B. das Feld NUR REGISTRIERTE BENUTZER KÖNNEN AUSCHECKEN, falls Sie keine Bestellungen unangemeldeter Websitebesu-

cher zulassen. PRODUKTABBILDUNGEN ANZEIGEN bezieht sich auf die Bebilderung im Warenkorb, hier wird es aber templateabhängig, layouttechnisch, schnell eng. Die Statusfelder, wann es zum Versand einer Bestätigungs- oder Infomail kommt, machen bereits in der Vorkonfiguration Sinn.

▶ Reiter EINSTELLUNGEN PRODUKTSORTIERUNGEN
Auch die Produktsuche- und Sortierungseinstellungen sind nach der VirtueMart-Installation für die meisten Shops sinnvoll konfiguriert. Erörtern Sie die Aktivierung besonderer Eigenschaften für außergewöhnliche Produkte, bei denen beispielsweise das Gewicht oder die Abmessungen eine große Rolle spielen.

▶ Reiter SEO
Setzen Sie eine Komponente zur Optimierung aller Joomla!-URLs ein, z. B. *sh404SEF*, kann die gleichzeitige Verwendung von VirtueMarts Suchmaschinenoptimierung zu Überschneidungen und Schwierigkeiten führen. Über das Häkchen SEO DEAKTIVIERT überlassen Sie dann die Durchführung aller Maßnahmen der SEO-Erweiterung.

Versandarten hinzufügen

Ihr Shop benötigt mindestens eine Versandart, Sie können aber beliebig viele ergänzen, um die verschiedenen Kosten für Briefe, Päckchen und Pakete in der Berechnung des Gesamtpreises zu berücksichtigen (siehe Abbildung 19.16). Für jede Versandart legen Sie fest, unter welchen Bedingungen sie im Frontend zur Auswahl erscheint, z. B. nach der Anzahl der bestellten Produkte, Mindest- und Maximalbestellwert, meist jedoch anhand eines Mindest- und Höchstgewichts.

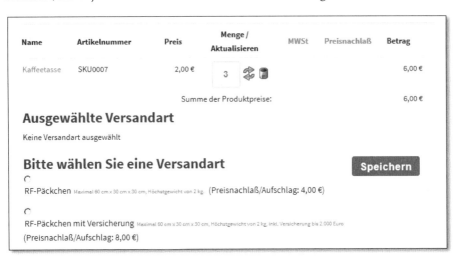

Abbildung 19.16 VirtueMart errechnet aus dem zusammenaddierten Gewicht der Einzelprodukte das Gesamtgewicht und blendet die über Grenzwerte festgelegten möglichen Versandarten ein.

Empfehlenswert ist, sich vorab eine Tabelle anzulegen, um die Grenzen zwischen den verschiedenen Versandarten zu überblicken. Besuchen Sie dazu die Websites der großen Paketdienste, z. B. Deutsche Post, DHL, UPS, Hermes, GLS oder dpd, vergleichen Sie Preise und auch, wie bequem Sie die Pakete abgeben können. Ab bestimmten Mengen macht ein Abholservice Sinn. Hilfreich ist auch die Internetrecherche anhand von Suchbegriffen, wie »paketdienstvergleich« oder »päckchen dhl ups hermes«. Einige der gefundenen Infoportale bieten Vergleichsrechner, in die Sie Gewicht und Maße eingeben und eine Kostenübersicht der verschiedenen Dienste erhalten.

Haben Sie sich für den oder die Paketdienste entschieden (vielleicht möchten Sie Ihren Kunden die Möglichkeit bieten, das Paket gegen Aufpreis zu versichern), legen Sie pro Variante eine Versandart fest (siehe Abbildung 19.17):

1. Wechseln Sie zu VIRTUEMART • VERSANDARTEN, und klicken Sie in der Buttonleiste auf NEU.

2. Befüllen Sie die Textfelder VERSANDBEZEICHNUNG und VERSANDBESCHREIBUNG, beide Inhalte erscheinen beim Checkout im Frontend. Als VERSANDART wählen Sie die einzige Option VM SHIPMENT - BY WEIGHT, ZIP AND COUNTRIES.

3. Wechseln Sie zum Reiter KONFIGURATION, wo Sie die Bedingungen festlegen, unter denen diese Versandart im Checkout erscheint. Meist werden Sie dazu die Felder MINDESTGEWICHT und HÖCHSTGEWICHT ausfüllen. Achten Sie dabei genau auf die Grenzwerte; hier mit Gramm zu arbeiten, macht das verständlicher: Das Päckchen hat beispielsweise einen Bereich von 0 bis 2.000 Gramm, das Paket reicht von 2.001 bis 30.000 Gramm.

4. Ergänzen Sie zusätzlich anfallende Kosten in den Feldern VERSANDTARIF BETRAG und VERPACKUNGSGEBÜHR. Wer im Reiseforum-Shop 1.000 Kaffeetassen bestellt, muss nichts für den Versand bezahlen, dazu dient das Feld MINDESTBETRAG FÜR KOSTENLOSEN VERSAND. Um die MwSt.-Addierung aus den absolut anfallenden Versandkosten auszuschließen, wählen Sie schließlich unter MWST. den Eintrag KEINE REGEL ZUORDNEN.

5. SPEICHERN & SCHLIESSEN Sie die Konfiguration, und wiederholen Sie diese Formulareingabe für alle weiteren Versandarten.

Falls Sie mehr als eine Versandart anbieten, sollten Sie Ihre Tests intensiver durchführen. Legen Sie dazu ein Dummyprodukt mit möglichst geringem Gewicht und unbegrenzt hohem Lagerbestand an, und tasten Sie sich über die Bestellmenge an die Grenzwerte heran, um das Umschalten zwischen den verschiedenen Versandartgewichtsklassen zu prüfen.

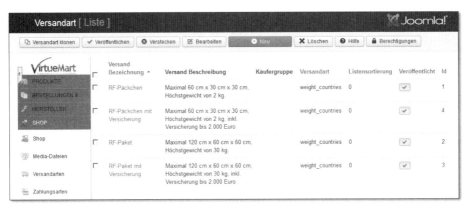

Abbildung 19.17 Versandartenbeispiele für zwei unterschiedliche Gewichtsklassen, jeweils als Variante ohne oder mit zusätzlicher Versicherung, ebenfalls abgebildet über das Feld »Versandtarif Betrag«.

Zahlungsarten hinzufügen

Die Bereitstellung verschiedener Zahlungsarten kann darüber entscheiden, ob Kunden in Ihrem Online-Shop einkaufen (siehe Abbildung 19.18). Wer heutzutage nur auf Bezahlung per Vorkasse baut, verweigert Käufern bequeme und schnelle Online-Zahlungsmethoden, die allerdings, ähnlich wie die Kreditkartenzahlung, ein Manko mit sich bringen: Es fallen Gebühren an, die in der Regel immer der Verkäufer übernimmt. Sehen Sie sich daher die Konditionen des Bezahlanbieters genau an, übliche Modelle beinhalten eine Mindestgebühr und/oder einen Prozentanteil des Rechnungsbetrags. Kalkulieren Sie diese Kosten dann in Ihre Produktpreise ein. *Tipp*: Nutzen Sie auch die offiziellen Logos der von Ihnen gewählten Bezahlanbieter, um Shop-Besuchern schon auf der Homepage von der Vielfalt der möglichen Zahlungsarten in Kenntnis zu setzen.

Das Einrichten der Zahlungsarten gestaltet sich ähnlich wie das der Versandarten:

1. Legen Sie die neue Zahlungsart über VIRTUEMART • ZAHLUNGSARTEN • Button NEU an.

2. Suchen Sie in der Dropdown-Liste ZAHLUNGSART die entsprechende Option; schon nach VirtueMarts Standardinstallation stehen Ihnen über ein Dutzend Möglichkeiten zur Wahl.

3. Eine besondere Zahlungsart ist VM PAYMENT - STANDARD. Diese wählen Sie für Bestellungen auf Rechnung, deren Betrag Ihre Kunden dann per Vorkasse oder nach Rechnungsstellung überweisen.

4. Benennen Sie die Zahlungsart im Feld ZAHLUNGSART BEZEICHNUNG, der hier angegebene Text erscheint im Frontend bei der Wahl der Zahlungsart. In der Regel wiederholen Sie den Anbieternamen, z. B. PAYPAL oder IDEAL.

Abbildung 19.18 Bieten Sie Ihren Kunden verschiedene Zahlungsarten zur Auswahl, erhöhen Sie die Chancen auf einen Geschäftsabschluss.

5. Legen Sie gegebenenfalls fest, ob die Zahlungsart nur bei bestimmten KÄUFERGRUPPEN erscheint. Zum Beispiel erlauben Sie die Überweisung nach Rechnungsausstellung nur Kunden, die bereits vorher bei Ihnen eingekauft hatten. Solche Kunden finden Sie als bereits vorkonfigurierte STANDARD-KÄUFERGRUPPE.

6. Stellen Sie den Schalter VERÖFFENTLICHT auf JA, um die Zahlungsart sofort nach dem SPEICHERN im Frontend freizuschalten.

7. Im Reiter KONFIGURATION folgen zahlungsartspezifische Einstellungen (PayPal-Beispiel siehe Abbildung 19.19). In der Regel registrieren Sie sich beim Anbieter und erhalten über das Backend eine Verkäufer-ID mit Passwort oder einen Konfigurationsschlüssel. Weiterhin haben Sie meist die Möglichkeit, die Bezahlung über Mindestsummen oder erlaubte Währungen einzuschränken. Einstellungen zur Währung und zum Bezahlworkflow (wie ändert sich der Bestellungsstatus innerhalb von VirtueMart, nachdem die Bezahlung erfolgte) müssen in der Regel nicht verändert werden und funktionieren bereits nach der Installation. Für diese Feineinstellungen studieren Sie am besten die Dokumentation des Bezahlanbieters, die häufig oben auf der Konfigurationsseite verlinkt ist.

8. SPEICHERN & SCHLIESSEN Sie die Zahlungsart, und erörtern Sie die Ergänzung weiterer Optionen.

Abbildung 19.19 Für die PayPal-Konfiguration genügt die Angabe Ihrer E-Mail-Adresse. Praktisch: Im Sandbox-Modus testen Sie die Anbindung, ohne echtes Geld zu überweisen.

Tipp: Zu den verbreitetsten Bezahlanbietern gehören PayPal, Sofort Banking/Überweisung und iDeal. GiroPay erfreut sich ebenfalls großer Beliebtheit, wird aber nachträglich über eine Erweiterung installiert, die Sie ausnahmsweise nicht über das Joomla! Extensions Directory herunterladen, sondern direkt bei GiroPay erhalten. Link zur Download-Seite: *http://tinyurl.com/jh-giropay*. Das Plugin schaltet übrigens nicht nur direkte Überweisungen frei, sondern ermöglicht auch Kreditkartenzahlungen und das Lastschriftverfahren.

MwSt. und Gewinnmarge hinzufügen

Beim Anlegen Ihres Produktkatalogs hatten Sie im Feld SELBSTKOSTENPREIS den Nettoeinkaufspreis jedes Produkts hinterlegt. Für die Präsentation im Frontend fehlen noch zwei wichtige hinzuzuaddierende Beträge: Ihr Gewinn und die Mehrwertsteuer. Beide Anteile berechnet VirtueMart über die Seite STEUERN & RECHENREGELN im Bereich VIRTUEMART • PRODUKTE. Dabei legen Sie pro Preismodifikation eine Regel an, z. B. die Addition von 19 % MwSt. zum Grundpreis. Vertreiben Sie außerdem Lebensmittel oder Bücher, erzeugen Sie eine weitere Regel für 7 % MwSt. Über die Regelkonfiguration steuern Sie, unter welchen Bedingungen die Preismodifikationen angewendet werden, für die 7 %-/19 %-Differenzierung beispielsweise anhand von Produktkategorien. Auf dieselbe Weise ist es möglich, Rabatte für bestimmte Produkte zu gewähren oder unterschiedliche Gewinnmargen aufzuschlagen.

Das Anlegen einer Rechenregel ist unkompliziert, hier das Beispiel der Mehrwertsteuer:

1. Erzeugen Sie über VIRTUEMART • PRODUKTE • STEUERN & RECHENREGELN • Button NEU eine neue Rechenregel.
2. Im Formular MWST. & KALKULATIONSREGEL DETAIL befüllen Sie diese Felder (siehe Abbildung 19.20):
   – RECHENREGEL BEZEICHNUNG: interne, außen nicht sichtbare Bezeichnung dieser Rechenregel, z. B. »MwSt. 19 %«.
   – VERÖFFENTLICHT: Setzen Sie das Häkchen, um die Regel anzuwenden.
   – RECHENART: Wählen Sie MWST. PRO PRODUKT. Für eine Gewinnmarge nutzen Sie beispielsweise PREISMODIFIKATOR FÜR GEWINNAUFSCHLAG.
   – MATHEMATISCHE OPERATION, WERT: Über diese beiden Dropdown-Listen steuern Sie, wie der Preis verändert wird. »+%« und »19« addiert 19 % zum Grundpreis, »+« und »200« erhöht den Preis um fixe 200 €, den Operator »-%« nutzen Sie für eine Rabattaktion. Beachten Sie, dass Sie in VirtueMart statt des Kommas einen Punkt zur Trennung der Nachkommastellen verwenden.

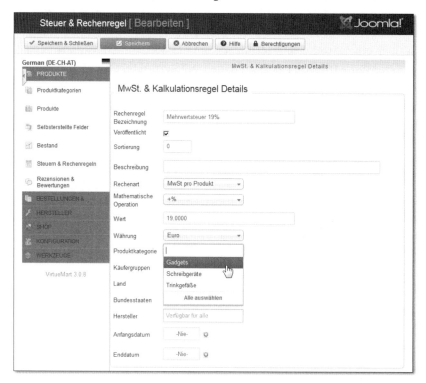

Abbildung 19.20 Über die Felder »Produktkategorie«, »Käufergruppen«, »Land«, »Bundesstaaten«, »Hersteller« und »Anfangsdatum« und »Enddatum« schränken Sie die Anwendung einer Rechenregel ein.

- PRODUKTKATEGORIE, KÄUFERGRUPPEN, LAND, BUNDESSTAATEN, HERSTELLER: Dies sind die Bedingungen, die für die Anwendung der Regel zutreffen müssen. *Wichtig*: Wird ein Feld leer gelassen, erfolgt keine Filterung, gilt also für alle Elemente. (Entgegen anderer Joomla!-Komponenten ist das grundsätzlich so bei allen VirtueMart-Formularfeldern.) Hier könnten Sie also für eine Produktkategorie REISEFÜHRER die 7 %-MwSt.-Regel anwenden (Bücher), in die 19 %-MwSt.-Regel tragen Sie dagegen die Produktkategorie KAFFEETASSEN.
- ANFANGSDATUM, ENDDATUM: Grenzen Sie die Anwendung der Regel auf einen bestimmten Zeitraum ein, zu dem beispielsweise besondere Preise des Sommerschlussverkaufs greifen.

3. SPEICHERN & SCHLIESSEN Sie die neue Regel, und aktualisieren Sie eine Produkt- oder Kategorieseite im Frontend, um die neue Berechnung zu prüfen (siehe Abbildung 19.21).

Abbildung 19.21 Preisdarstellung im Frontend nach Ergänzung einer Gewinnmarge (Berechnung nicht sichtbar) und Mehrwertsteuer (sichtbar)

Achtung: Bei Verkäufen ins Ausland auf die Mehrwertsteuer achten

Verkaufen Sie Produkte außerhalb Deutschlands, gelten verschiedene Regeln bei der Anwendung der Mehrwertsteuer, über die Sie sich im Vorfeld informieren sollten. Die (leider kostenpflichtige) Erweiterung *EU VAT Checker* ist eine sinnvolle Virtue-Mart-Ergänzung, um die speziellen Regeln in- und außerhalb der Europäischen Union zu konfigurieren. Suchen Sie im Internet nach »virtuemart eu vat checker«, um zur Informations- und Dokumentationsseite der Erweiterung zu gelangen.

> **Tipp: Preisliste im Frontend aufräumen**
>
> Im Frontend ist die Addition der Gewinnmarge zum Einkaufspreis nicht sichtbar, sondern nur die der Mehrwertsteuer; trotzdem ist die Preisliste etwas überfrachtet. Die überflüssigen Nettopreise blenden Sie deshalb über VIRTUEMART • KONFIGURATION • Reiter PREISANGABEN aus. Setzen Sie für eine aufgeräumte Darstellung nur Häkchen bei MWST.-BETRAG, ENDVERKAUFSPREIS und PREISNACHLASSBETRAG.

Lagerbestand bei Bestellung, nicht bei Versand herunterzählen

Nach der Installation zählt VirtueMart den Lagerbestand (Feld VORRÄTIG im Produkt) erst herunter, nachdem Sie als Shop-Betreiber das Produktpaket an den Postboten übergeben und die Bestellung als VERSENDET markiert haben. Dieses Standardverhalten ist nicht unbedingt wünschenswert, da Sie mit einem niedrigen Lagerbestand u. U. in die Bredouille kommen, falls Sie die Bestellung nicht sofort abarbeiten und ein anderer Käufer auf die Idee kommt, dasselbe Produkt zu bestellen. Dann liegen möglicherweise mehr Bestellungen vor, als Sie Produkte auf Lager haben.

Besser ist es, den VORRÄTIG-Zähler sofort herunterzusetzen, nachdem eine Bestellung aufgegeben wurde. Bei niedrigen Lagerbeständen erhalten dann Interessenten im Frontend einen entsprechenden Hinweis. (Das genaue Verhalten steuern Sie im Bereich AKTION, FALLS EIN PRODUKT NICHT VORRÄTIG IST der SHOPFRONT.)

1. Wechseln Sie zur Übersicht VIRTUEMART • KONFIGURATION • BESTELLSTATUS, und klicken Sie auf den Bestellstatus BESTÄTIGT, um die Detaileinstellungen zu bearbeiten.
2. Wechseln Sie die Dropdown-Liste BESTANDSVERÄNDERUNG von IST RESERVIERT zu BESTAND VERRINGERN.
3. SPEICHERN & SCHLIESSEN Sie das Formular, und prüfen Sie das Verhalten über eine Testbestellung.

Hinweis: Das Feld GEBUCHTE, BESTELLTE PRODUKTE in der PRODUKTSTATUS-Spalte der Produktkonfiguration wird mit dieser Einstellung allerdings nutzlos, da der »Reservierungs«-Zwischenzähler hiermit übersprungen wird.

> **Tipp: Lagerbestandsampel ausblenden**
>
> Verzichten Sie auf die Anzeige des Lagerbestands im Frontend, lässt sich auch die Ampel über die VirtueMart-Konfiguration ausblenden: Entfernen Sie dazu das Häkchen unter VIRTUEMART • KONFIGURATION • Reiter SHOPFRONT • Bereich PRODUKTAUFLISTUNG • Feld LAGERBESTAND ZEIGEN.

19.1.4 Shop im Frontend darstellen

Im Abschnitt über die Produktpflege legten Sie bereits eine Seite des Menüeintragstyps VIRTUEMART STANDARD LAYOUT an, die Homepage des Shops, über die Ihre Kunden alle Kategorien und Produkte erreichen. VirtueMart bietet noch eine Reihe weiterer Seitentypen, z. B. für eine einzelne Produktkategorieansicht, eine Liste der Bestellungen oder sogar Konfigurationsformulare fürs Frontend. Auch Module stehen bereit, mit denen Sie Produkthighlights auf allen Webseiten anteasern oder einen direkten Link in den Warenkorb bereitstellen. Beides essenzielle Layoutbestandteile eines Shops, die Sie zusammen mit den Menüeintragstypen auf den folgenden Seiten kennenlernen.

Webseiten einrichten

Durch Bereitstellung der Seite VIRTUEMART STANDARD LAYOUT ist Ihr Online-Shop im Prinzip voll funktionsfähig. Mithilfe einiger zusätzlicher Webseiten runden Sie das Bild nach außen vollständig ab. Beispielsweise sollten Sie einen Link zum Warenkorb des Kunden ergänzen und die allgemeinen Geschäftsbedingungen per Footer-Menülink erreichbar machen.

Tipp: Besuchen Sie die Testwebsite *http://shop.joomla-handbuch.com*, um einen Eindruck vom Look and Feel der hier gelisteten Menüeintragstypen zu gewinnen.

Neue VirtueMart-Webseiten erzeugen Sie wie ganz normale Joomla!-Seiten über MENÜS • MAIN MENU • NEUER MENÜEINTRAG. Diese Menüeintragstypen stehen Ihnen zur Verfügung:

- AGB DES ANBIETERS ANSEHEN: Anzeige der allgemeinen Geschäftsbedingungen als vollständige Webseite im Gegensatz zum Einblenden als Popup-Fenster während des Checkout-Prozesses
- KUNDENADRESSE BEARBEITEN: eine Art Profilseite, auf der angemeldete Kunden ihre Anmeldedaten und Adresse bearbeiten.
- VIRTUEMART BESTELLUNGEN AUFLISTEN: Listet angemeldeten Kunden alle bisher aufgegebenen Bestellungen. Per Klick auf die Bestellnummer ist die Detailansicht der Bestellung mit Produkt- und Preisdetails einsehbar.
- VIRTUEMART HERSTELLER DETAILS LAYOUT: Zeigt Detailinformationen zu einem einzelnen über die Menüeintragskonfiguration festgelegten Hersteller.
- VIRTUEMART HERSTELLER STANDARD-LAYOUT (siehe Abbildung 19.22): Übersichtliche Liste aller Hersteller. Bei Klick auf einen der Hersteller gelangt der Kunde auf eine Seite des Typs VIRTUEMART HERSTELLER DETAILS LAYOUT.

Abbildung 19.22 Eine Übersichtsseite des Typs »VirtueMart Hersteller Standard-Layout« bietet sich an, um Markennamen in Szene zu setzen.

- VIRTUEMART KATEGORIE LAYOUT (siehe Abbildung 19.23): Stellt Produkte und Unterkategorien einer konfigurierten Produktkategorie dar.

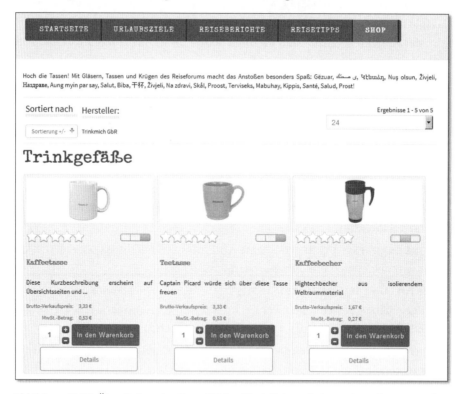

Abbildung 19.23 Über Seiten des Typs »VirtueMart Kategorie Layout« springen Kunden direkt zur Produktkategorieseite.

- VIRTUEMART KONTENPFLEGE: Für Administratoren vorgesehenes Konfigurationsformular, das Teile der Backend-Optionen von VIRTUEMART • SHOP im

Frontend zur Bearbeitung freigibt. Das ist eine selten genutzte Seite, da sich die Basiseinstellungen eines Online-Shops selten ändern.

- VIRTUEMART PRODUKTDETAILS LAYOUT: Darstellung der Detailseite eines bestimmten Produkts, z. B. als Linkziel für eine besondere Promotionaktion oder Landing Page. Achten Sie beim Einstellen solcher Seiten auf das Aussehen der von VirtueMarts generierten URLs.
- VIRTUEMART STANDARD LAYOUT: Standard-Homepage von VirtueMart, über die Kunden zunächst Listen der NEUESTEN PRODUKTE, der TOP TEN und der KÜRZLICH BETRACHTETEN PRODUKTE einsehen und sich entweder direkt zu Produkten oder Produktkategorieseiten durchklicken.
- VIRTUEMART WARENKORB: Darstellung des Warenkorbs des Kunden mit der Möglichkeit, Produktmengen, Versand- und Zahlungsart zu ändern.
- ZEIGT VIRTUEMART ANBIETER INFORMATIONEN AN: Darstellung von Logo, Shop-Beschreibung, Kontaktadresse und Inhalte des Felds RECHTLICHE HINWEISE der Shop-Konfiguration
- ZEIGT VIRTUEMART ANBIETER AN: Listet alle Anbieter Ihres Shops.
- ZEIGT DEN VERKÄUFERKONTAKT AN: Kontaktinformationen und -formular

Module hinzufügen

Erst mit Modulen erfolgt die nahtlose Integration des Shops in eine bestehende Joomla!-Website. Mindestens integrieren Sie einen Warenkorb, aber auch die Produktsuche ist ein praktisches Feature, da VirtueMart nicht nur Produkttitel, sondern auch die Beschreibungen durchsucht (siehe Abbildung 19.24).

Abbildung 19.24 Der »VirtueMart Warenkorb« und die »VirtueMart Produktsuche« sind unverzichtbare Module eines Online-Shops.

VirtueMart-Module verhalten sich wie alle anderen Joomla!-Module, Sie erzeugen ein neues Modul über den Modulmanager, Button NEU. Beachten Sie, stets eine sinnvolle POSITION in Ihrem Template festzulegen.

- VIRTUEMART HERSTELLER: Liste aller Hersteller, die Sie über Abschnitt 19.1.6, »Shop- und Produktdetails ausarbeiten«, Unterabschnitt »Hersteller einpflegen«, eingeben und einzelnen Produkten zuweisen

- VIRTUEMART KATEGORIE: Liste aller Produktkategorien oder Unterkategorien einer ausgewählten Kategorie
- VIRTUEMART PRODUKTSUCHE (siehe Abbildung 19.25): Ermöglicht Kunden, nach Teilen eines Produkttitels oder der Beschreibung zu suchen. Die Funktion hat nichts mit der internen Joomla!-Suche zu tun, somit ist VirtueMart in der Lage, das Ergebnis als übersichtliche Produktkachelliste zu präsentieren.
- VIRTUEMART WARENKORB: Zeigt alle in den Warenkorb gelegten Produkte mit Einzelpreisen und voraussichtlicher Gesamtsumme.

Abbildung 19.25 VirtueMarts Produktsuche findet Produkte anhand von Titeln und Beschreibungen.

19.1.5 Bestellungen bearbeiten

Nach der Vervollständigung des Produktkatalogs und der Integration von Warenkörben, AGB-Seiten und einer Produktsuche steht nichts im Weg, mit dem Online-Shop live zu gehen. Bevor Sie ans Finetuning gehen, sollten Sie einige Bereiche im Backend kennenlernen, die für die Abwicklung Ihrer Geschäfte unverzichtbar sind: die Abarbeitung von Bestellungen.

Sobald ein Kunde den Inhalt seines Warenkorbs bestellt, erhalten Sie eine E-Mail, die sofortiges Handeln empfiehlt. Alle Bestellungen sehen Sie jederzeit über VIRTUE-

Mart • Bestellungen ein (siehe Abbildung 19.26). Die Liste lässt sich beliebig filtern und sortieren, aber die Standardreihenfolge anhand des Datums der Bestellung ist am sinnvollsten.

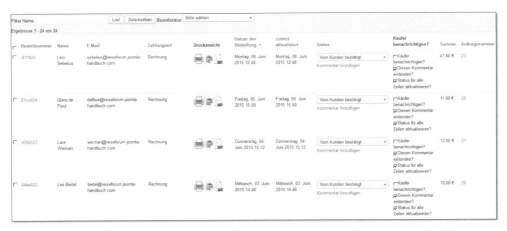

Abbildung 19.26 Über »VirtueMart« • »Bestellungen« sehen Sie alle Bestellungen als Liste oder in Detailansicht, steuern den Bestellstatus und aktivieren den Ausdruck von Lieferscheinen und Rechnungen.

Klicken Sie in der Liste auf eine Bestellnummer, gelangen Sie zur Detailansicht mit allen Einzelheiten zur Bestellung inklusive Warenkorb, Liefer- und Rechnungsadresse (siehe Abbildung 19.27). Etwa in der Mitte des Formulars ist es möglich, den Bestell- und Versandstatus jedes einzelnen Produkts zu ändern (Button Bearbeiten,) und über den darunter liegenden Button zu speichern ( ). Hier können Sie sogar einzelne Positionen entfernen (Button Stornieren,) oder neue Positionen hinzufügen (Button Neu,).

Klicken Sie über der Bestellungsansicht auf den Button Bestellliste, gelangen Sie zurück zur Gesamtübersicht. Auch hier haben Sie Steuermöglichkeiten über den Bestellstatus, allerdings die gesamte Bestellung betreffend. Dazu wählen Sie aus der Dropdown-Liste den neuen Status, den die Bestellung erhalten soll, z. B. Versendet, nachdem Sie das Paket abgeschickt haben. Die Auswahl lässt sich für mehrere Bestellungen einstellen und dann gesammelt über den Button Status aktualisieren festlegen.

Wichtiger ist die Bestelllistenansicht jedoch zum Ausdruck von Lieferscheinen und Rechnungen über die drei Buttons der Spalte Druckansicht. Das erste Icon ( ) öffnet ein neues Browserfenster mit der HTML-Ansicht der Bestellung, die anderen beiden erzeugen mithilfe der nachträglich installierten Komponente TCPDF jeweils ein PDF für Lieferschein ( ) und Rechnung ( ) (Rechnungsbeispiel in Abbildung 19.28).

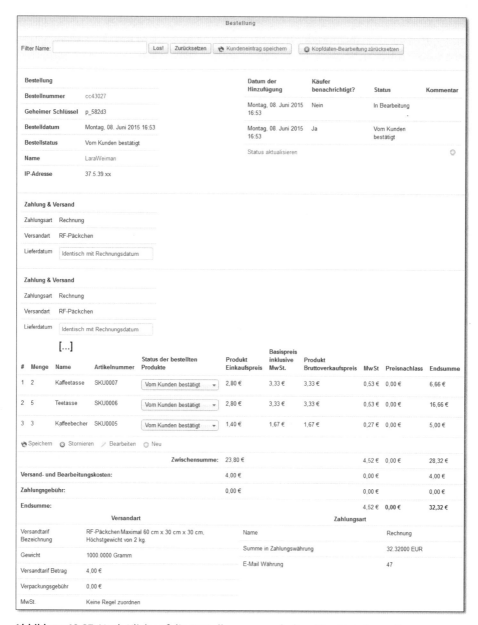

Abbildung 19.27 Nach Klick auf die Bestellnummer erhalten Sie alle Informationen zur Bestellung und können die Liste der Produkte im Warenkorb bearbeiten, z. B. für Teillieferungen.

Dieser Briefkopf erscheint z.B. in E-Mails neben dem Shop-Logo und den PDFs der Rechnungen und Lieferscheine.

Rechnung 150608d2f012

Rechnungsdatum	08.06.2015
Lieferdatum	Identisch mit Rechnungsdatum
Bestellnummer	**9b2d028**
Bestelldatum	08.06.2015
Bestellstatus	Vom Kunden bestätigt
Versandart	RF-PäckchenMaximal 60 cm x 30 cm x 30 cm, Höchstgewicht von 2 kg.
Zahlungsart	Rechnung

Endsumme   32,32 €

Rechnung an		**Versenden an**	
E-Mail	defleut@reiseforum.joomla-handbuch.com	Vorname	Qlara
Titel	Frau	Nachname	de Fleut
Vorname	Qlara	Adresse 1	Kartoffelstraße 4711
Nachname	de Fleut	Postleitzahl	10000
Adresse 1	Kartoffelstraße 4711	Stadt	Klein-Joomlahausen am Virtuemart
Postleitzahl	10000	Land	Germany
Stadt	Klein-Joomlahausen am Virtuemart	Bundesstaat/Provinz/Region	Freistaat Bayern
Land	Germany		
Bundesstaat/Provinz/Region	Freistaat Bayern		

Artikelnummer	Produktbezeichnung	Produkt Status	Preis	Menge	MwSt	Preisnachlaß	Endsumme
SKU0005	Kaffeebecher	Vom Kunden bestätigt	1,40 €	3	0,80 €	0,00 €	5,00 €
SKU0007	Kaffeetasse	Vom Kunden bestätigt	2,80 €	2	1,06 €	0,00 €	6,66 €
SKU0006	Teetasse	Vom Kunden bestätigt	2,80 €	5	2,66 €	0,00 €	16,66 €
		Summe der Produktpreise:			4,52 €	0,00 €	28,32 €
		Mehrwertsteuer pro Produkt			0,27 €		0,27 €
		Mehrwertsteuer pro Produkt			0,53 €		0,53 €
		Mehrwertsteuer pro Produkt			0,53 €		0,53 €
RF-PäckchenMaximal 60 cm x 30 cm x 30 cm, Höchstgewicht von 2 kg.					0,00 €		4,00 €
		Rechnung			0,00 €		0,00 €
		Endsumme			**4,52 €**	**0,00 €**	**32,32 €**

Datum	Bestellstatus	Kommentar
08.06.2015	Vom Kunden bestätigt	

Diese Fußzeile erscheint z. B. in E-Mails neben dem Shop-Logo und den PDFs der Rechnungen und Lieferscheine. Hier sind auch Platzhalter einsetzbar, die beim E-Mail-Versand gegen Live-Daten ausgetauscht werden, z.B. Shopbesitzer Vorname Shopbesitzer Nachname

Abbildung 19.28 Kleine Anpassungen an Schriften und Seitenrändern der Rechnung steuern Sie über »VirtueMart« • »Shop« • Reiter »Rechnungen/E-Mails«.

Tipp: Die Dokumenteigenschaften zur Rechnung finden Sie unter VIRTUEMART • SHOP • SHOP • Reiter RECHNUNGEN/E-MAILS. Dort konfigurieren Sie Rechnungselemente wie Briefkopf und Fußzeile, die z. B. Zahlungsverbindungen, Handelsregisternummer, Steuernummer etc. enthalten müssen. Außerdem justieren Sie hier die Seitenränder und Abstände zwischen Briefkopf, Inhalt und Fußzeile.

> **Problemlösung: Gültige Rechnungsnummern erhalten**
>
> Als vorsteuerabzugsberechtigter Händler fällt Ihnen bei VirtueMarts generierten Rechnungen sofort ein Missstand ins Auge: die Rechnungsnummer. VirtueMart generiert zufällige Nummern, wo eine aufsteigende Nummerierung erforderlich ist. Für gültige Rechnungen Ihres Online-Shops (bitte konsultieren Sie auch Ihren Steuerberater für die aktuelle Gesetzgebung) haben Sie darum zwei Optionen:
>
> ▸ Erzeugen Sie Ihre Rechnungen außerhalb von VirtueMart, und verwenden Sie einen eigenen Nummernkreis.
>
> ▸ Installieren Sie das kostenpflichtige Plugin *Advanced Ordernumbers for VirtueMart*, und konfigurieren Sie sich damit die exakte Darstellung der Rechnungsnummer. Das Plugin ist für etwa 10 € erhältlich und wird detaillierter in Abschnitt 19.2.6, »Ordnungsgemäße Rechnungsnummern mit Advanced Ordernumbers«, vorgestellt.

Nach Versand der Produkte und Ausstellung der Rechnung ist die Bestellung erledigt. Beachten Sie abschließend, dass Sie in der Bestellübersicht auch die Option haben, nach BESTELLSTATUS zu filtern. Sie finden die abzuarbeitenden Bestellungen einfacher, wenn Sie das Feld auf VOM KUNDEN BESTÄTIGT setzen.

19.1.6 Shop- und Produktdetails ausarbeiten

Der folgende Abschnitt beschäftigt sich mit der erweiterten Konfiguration Ihres Shops und der Produkte. Dies sind Einstellungen, die nicht jeder Shop dringend benötigt und spezielle Anforderungen an Produktkatalog und Abrechnungen erfüllen.

Mit Produktvarianten arbeiten

Produktvarianten sind leicht vom Originalprodukt abweichende Versionen, z. B. mit anderen Farben oder in verschiedenen Größen. Im Reiseforumbeispiel unter *http://shop.joomla-handbuch.com* sehen Sie das anhand der Teetasse, die in rosa-, beige- und lilafarbener Version erhältlich ist. Das Einpflegen solcher Varianten unterscheidet sich von normalen Produkten dadurch, dass Sie sie über einen speziellen Button (PRODUKTVARIANTE HINZUFÜGEN) im Eingabeformular des Originalprodukts anlegen und dann komfortablerweise einige Eigenschaftsfelder vorausgefüllt sind. Nach SPEICHERN einer Produktvariante erkennen Sie die Verknüpfungen über die Spalten

PRODUKT IST EINE VARIANTE VON und PRODUKT HAT VARIANTEN? (die auch sortierbar sind). Außerdem erhalten die Produkte ein sogenanntes SELBSTERSTELLTES FELD, mit dem Produktvarianten im Frontend ihren Vorteil ausspielen: Per Dropdown-Liste wählt der Kunde bequem zwischen den verschiedenen Varianten, ohne eine Übersichtsseite oder ein Suchergebnis zu bemühen (siehe Abbildung 19.29).

Abbildung 19.29 Im Frontend wählt der Kunde die passende Produktvariante aus einer automatisch erzeugten Dropdown-Liste.

1. Legen Sie zunächst das Elternprodukt mit allen Details an, z. B. die »babyblaue Teetasse«. Als Elternprodukt wird sie wie ein normales Produkt behandelt, dient aber intern als Basis für die neben ihr erzeugten Tassenvarianten.
2. SPEICHERN Sie das Elternprodukt, und klicken Sie im Reiter PRODUKT INFORMATION unter dem Bereich PRODUKT PREISANGABEN auf den Button PRODUKTVARIANTE HINZUFÜGEN. Ein neues, teilweise vorausgefülltes Produktformular öffnet sich.
3. Bearbeiten Sie die Details der Produktvariante, SPEICHERN & SCHLIESSEN Sie sie, um weitere Varianten anzulegen. *Wichtig*: Den Button PRODUKTVARIANTE HINZUFÜGEN klicken Sie immer im Elternprodukt an.

Kontrollieren Sie die Variantenverlinkung zwischendurch über die Spalten PRO-
DUKT IST EINE VARIANTE VON und PRODUKT HAT VARIANTEN? in der Produktliste (siehe Abbildung 19.30).

Abbildung 19.30 Verknüpfte Produktvarianten erkennen Sie an den Spalten »Produkt ist eine Variante von« und »Produkt hat Varianten?«.

4. Um die Variantenauswahl im Frontend zu aktivieren, legen Sie nun die Dropdown-Liste an. Wechseln Sie zu VIRTUEMART • PRODUKTE • SELBSTERSTELLTE FELDER.

5. Erzeugen Sie über den Button NEU ein neues selbst erstelltes Feld, und wählen Sie unter BENUTZERDEFINIERTER FELD-TYP den Eintrag ALLGEMEINE VARIABLE FÜR PRODUKTVARIANTEN. Dies erzeugt später die Dropdown-Liste mit den automatisch befüllten Varianten.

6. Wählen Sie einen passenden Titel für die Variation (z. B. »Tassenfarbe«), stellen Sie den Schalter WARENKORB ATTRIBUT auf JA, und SPEICHERN & SCHLIESSEN Sie die Feldkonfiguration.

7. Wechseln Sie zurück zum Elternprodukt, und öffnen Sie den Reiter SELBST-ERSTELLTE FELDER rechts außen.

8. Im Bereich BENUTZERDEFINIERTER FELD-TYP wählen Sie das neue selbst erstellte Feld aus (TASSENFARBE) und setzen die Häkchen hinter STAMMPRODUKT ALS OPTION ANZEIGEN und STAMMPRODUKT BESTELLBAR. (Ohne diese Häkchen würde das Elternprodukt nicht als Dropdown-Listenoption angezeigt und könnte nicht bestellt werden. In diesem Fall existierte das Elternprodukt dann nur aus organisatorischen Gründen, erschiene aber dennoch in Produktliste und Suchergebnissen, was vielleicht verwirrend für die Kunden ist.)

9. SPEICHERN & SCHLIESSEN Sie das Elternprodukt, und rufen Sie es oder eine seiner Varianten im Frontend auf. Unter dem Produktbild erscheint nun die Dropdown-Liste, über die Sie bequem zur jeweils anderen Produktvariante springen.

Hersteller ergänzen

Hersteller sind neben den Produktkategorien eine weitere Möglichkeit, Produkte zu gruppieren. Das Shop-Frontend sieht spezielle Seiten für alle Produkte eines Herstellers vor, sodass Sie einen Katalog anhand von Markennamen erstellen; auch ein Modul für eine Herstellerliste ist an beliebigen Templatepositionen einblendbar.

Sie legen neue Hersteller über VIRTUEMART • HERSTELLER • Button NEU an. Im Formular gibt es die üblichen Felder für NAME, BESCHREIBUNG und Abbildungen (Reiter ABBILDUNGEN), aber auch zusätzliche Angaben zur Homepage (HERSTELLER URL) und einer Kontakt-E-Mail-Adresse (HERSTELLER E-MAIL). Falls Sie mit vielen Herstellern arbeiten, sind sie zudem über VIRTUEMART • HERSTELLER • HERSTELLER-KATEGORIEN kategorisierbar.

Im Formular der Produktkonfigurationen erscheint die Herstellerauswahl per Dropdown-Liste über den PRODUKTKATEGORIEN. Klicken Sie in das Feld, erscheinen alle HERSTELLER zur Auswahl, mithilfe des kleinen Kreuzes (×) löschen Sie Ihre Wahl (siehe Abbildung 19.31).

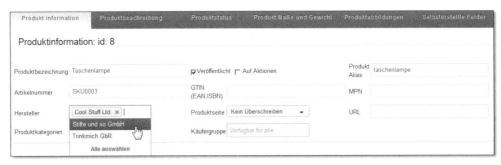

Abbildung 19.31 Über »Hersteller« gruppieren Sie Produkte ähnlich wie mithilfe von Produktkategorien.

Shop in mehreren Sprachen bereitstellen

Hinweis: Studieren Sie Kapitel 12, »Mehrsprachigkeit aktivieren«, bevor Sie sich mit multilingualen Aspekten von VirtueMart beschäftigen. Dort lernen Sie zunächst die Grundlagen kennen, um die gesamte Joomla!-Website auf Mehrsprachigkeit umzustellen, eine Voraussetzung für VirtueMarts Mehrsprachigkeits-Features.

VirtueMart arbeitet mit mehrsprachigen Joomla!-Websites zusammen und erlaubt die Bereitstellung aller Eingabefelder, egal ob Shop- oder Produktbeschreibung, in beliebig vielen Sprachen. Sobald Sie unter VIRTUEMART • KONFIGURATION • Reiter SHOP • im Feld MEHRSPRACHIGER SHOP alle verfügbaren Sprachen ergänzen, erscheint über der linken Seitenleiste eine Dropdown-Liste, über die Sie die aktuell aktive Sprache auswählen (siehe Abbildung 19.32). Fortan bearbeiten Sie alle Formulare, z. B. bei der Produktpflege in der jeweils eingestellten Sprache. Damit Sie sich stets erinnern, welche Sprache gerade aktiv ist, blendet VirtueMart ein zusätzliches hilfreiches Flaggen-Icon neben allen übersetzbaren Textfeldern ein.

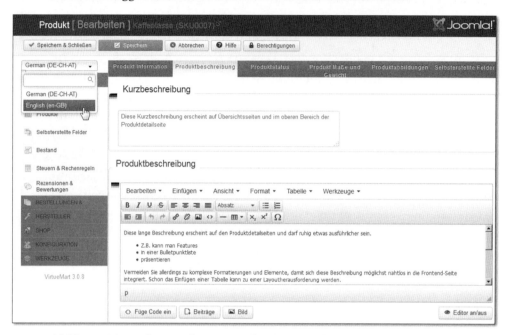

Abbildung 19.32 In der Dropdown-Liste über der Seitenleiste legen Sie die Sprache fest, für die Sie ab sofort die Inhalte in allen Formularen einpflegen.

Innerhalb von VirtueMart müssen Sie also niemals verschiedene Elemente für unterschiedliche Sprachen anlegen, selbst das Produktkategorieformular lässt sich über die Dropdown-Listeneinstellung übersetzen. Das Übersetzungssystem ist allerdings getrennt von den übrigen Joomla!-Komponenten. Die Anlage mehrerer verschiedensprachiger Menüs, um z. B. direkt in ausgewählte Produktkategorien zu springen, ist weiterhin erforderlich.

Setzen Sie das Standardmodul zur Sprachumschaltung ein, gibt es ein weiteres Manko: Das Modul erkennt keine Sprachversionen von VirtueMart-Webseiten, wie Sie es über die Sprachverknüpfungen von Joomla!-Beiträgen kennen, und ist deshalb z. B. nicht in der Lage, von der französischen Produktdetailseite per Flaggenklick direkt zur englischen zu gelangen. Dieses Problem lässt sich nur umgehen, indem Sie Shop-Seiten, für die Sie einen direkten anderssprachigen Link benötigen, als Menüeinträge anlegen und die Sprachversion dann über den Reiter VERKNÜPFUNGEN verlinken.

Verschiedene Währungen einstellen

Auch mehrere Währungen sind in VirtueMart ähnlich einfach konfigurierbar wie die Mehrsprachigkeit. Wechseln Sie zu VIRTUEMART • SHOP • Reiter VERKÄUFER • Bereich WÄHRUNG, um eine Basis-WÄHRUNG und in der Liste darunter alle Währungen anzugeben, über die Kunden abrechnen dürfen. Im Frontend präsentiert sich die Auswahl über das Modul VM - CURRENCIES SELECTOR, das, einmal aktiviert, eine einfache Dropdown-Liste mit den konfigurierten Währungen darstellt (siehe Abbildung 19.33).

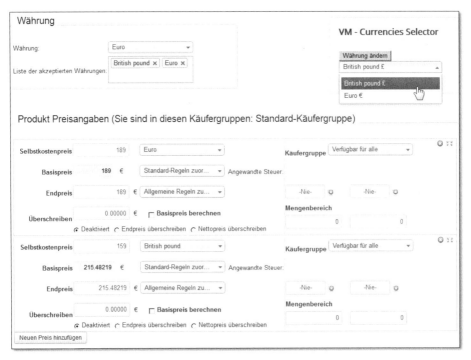

Abbildung 19.33 VirtueMarts Währungsintegration reicht von der allgemeinen Einstellung unter »Shop« (oben links) zu produktspezifischen Preisen (unten) bis zum Währungsumschalter im Frontend (oben rechts).

Die Preise für andere Währungen errechnet VirtueMart selbstständig. Die aktuellen Kurse holt sich das Shop-System dabei live von der Europäischen Zentralbank aus den in der XML-Datei *http://www.ecb.europa.eu/stats/eurofxref/eurofxref-daily.xml* hinterlegten Einträgen. Dieser Automatik wirken Sie entgegen, indem Sie in der Produktkonfiguration im Bereich PRODUKT PREISANGABEN auf den Button NEUEN PREIS HINZUFÜGEN klicken. Im neuen Preisbereich wählen Sie dann die neue Währung aus, geben den korrigierten Preis ein und SPEICHERN schließlich die Einstellungen.

Hinweis: Die im Bereich PRODUKT PREISANGABEN der Produktkonfiguration hinterlegten Preise sind *nicht* sprachenabhängig, d. h., VirtueMart kennt keine Verknüpfung der aktuellen Websitesprache und der angegebenen Währungen. Für diese naheliegende Funktionalität muss gegebenenfalls eine Erweiterung herhalten, die z. B. automatisch eine Währungsumschaltung vornimmt, sobald der Benutzer eine Sprachumschaltung (Klick auf ein Flaggen-Icon) durchführt.

Shop-Design anpassen

Bei der bisherigen Konfiguration, Produktpflege und Tests im Frontend ist Ihnen sicher aufgefallen, dass VirtueMarts Standarddesign viele Wünsche offenlässt. In Abhängigkeit von Template und Layoutkombinationen sind Elemente manchmal unglücklich platziert, Abstände zu eng oder zu weit und Texte manchmal sogar unleserlich. Das liegt daran, dass Standard-Joomla!-Templates keine Formatierungen für die VirtueMart-Elemente vorsehen, diese aber gegebenenfalls andere Formatierungen erben. Um Ihren Shop designtechnisch auf Vordermann zu bringen, haben Sie zwei Möglichkeiten:

- Erwerben Sie ein auf VirtueMart spezialisiertes Joomla!-Template, siehe Abschnitt 19.2.5, »Kommerzielle Templates erörtern«.
- Passen Sie Ihr aktuelles Template mithilfe von CSS-Overrides an.

Möchten Sie kein Geld für ein Joomla!-Template ausgeben, das auch VirtueMart-Styles beinhaltet, passen Sie die Stylesheets über CSS-Overrides an, die im Detail in Abschnitt 10.5, »Template anpassen«, besprochen wurden. Erarbeiten Sie sich in einer neuen (templateabhängigen) CSS-Datei die Overrides, und achten Sie dabei auf die folgenden CSS-Klassen.

- Die Elemente der Produktdetails befinden sich innerhalb der Klasse `productdetails` (siehe Abbildung 19.34). Darin enthaltene Bilder erreichen Sie also über `.productdetails img`, die Kurzbeschreibung liegt unter `.productdetails .product-short-description`.
- Der Warenkorb-Link (siehe Abbildung 19.35) ist in ein HTML-Formular mit der Klasse `product` gewickelt. Und zwar nicht nur auf der Produktdetailseite, sondern überall, wo das Formular erscheint, z. B. auch auf Produktkategorieseiten.
- Den Preisblock erreichen Sie in der Regel über die Klasse `product-price`.
- Die VirtueMart-Homepage enthält die Bereiche PRODUKTKATEGORIEN, AKTIONSPRODUKTE, NEUESTE PRODUKTE, TOP TEN PRODUKTE und KÜRZLICH BETRACHTETE PRODUKTE mit den entsprechenden Klassen: `category-view`, `featured-view`, `latest-view`, `topten-view` und `recent-view`.
- Die Kachelübersicht der Produkte auf einer Kategorieseite befindet sich in der Klasse `browse-view`.

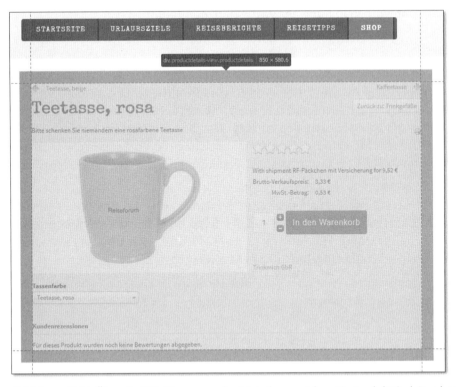

Abbildung 19.34 Über die CSS-Klasse »productdetails« erreichen Sie Produkttitel, Beschreibungstexte, Lagerbestandsampel, Warenkorb-Buttons und Navigationslinks zu benachbarten Produkten.

Abbildung 19.35 Die HTML-Formulare der Warenkorb-Links erhalten immer die Klasse »product«.

Beachten Sie, dass diese Klassen nur dann zur Verfügung stehen, wenn Sie mit einem Standard-Joomla!-Template arbeiten. Um VirtueMart-Elemente erweiterte Templates enthalten möglicherweise schon eine andere HTML-Struktur. In der Regel sind übrigens keine !important-Direktiven notwendig.

19.1.7 Problembehandlung der VirtueMart-Konfiguration

Wie eingangs erwähnt, kommt es durch die kurzen Releasezyklen und anhaltenden Feature-Erweiterungen gelegentlich dazu, dass bestimmte VirtueMart-Versionen nicht ganz fehlerfrei sind, insbesondere in Kombination mit verschiedenen Joomla!-Versionen. Halten Sie sich stets vor Augen, dass Sie nicht der Einzige mit einem speziellen Fehler oder Problem sind, und seien Sie exakt bei der Formulierung von Suchbegriffen, um Forendiskussionen aufzuspüren, die eine Problemlösung enthalten. Verwenden Sie also stets die genaue Fehlermeldung von VirtueMart, u. U. auch mit der von Ihnen eingesetzten VirtueMart-Versionsnummer.

Tipp: Noch mehr Suchergebnisse erhalten Sie, indem Sie auch englischsprachige Foren berücksichtigen. Schalten Sie dazu Ihre Backend-Administration auf Englisch (Menü ERWEITERUNGEN • SPRACHEN • Seitenleiste INSTALLIERT - ADMINISTRATOR • Klick auf den STANDARD-Button ( ) in der Zeile ENGLISH (EN-GB)), und reproduzieren Sie den Fehler für den internationalen Wortlaut.

Auf den folgenden Seiten finden Sie einige Hinweise zu häufiger auftretenden Problemen im Zusammenhang mit den relativ jungen 3.x.x-Versionen von VirtueMart.

»Fehler – vmError: Warnung – Der Sicherer Pfad ist nicht angegeben«

Dies ist kein Fehler, sondern eine fehlende Einstellung unmittelbar nach Installation von VirtueMart. Die Einleitung zu Abschnitt 19.1.3, »Shop konfigurieren«, geht detailliert auf diese nachträglich durchzuführende Konfiguration ein.

»Fehler – vmError: vmPdf: For the pdf, you must install the tcpdf library«

Dieser Fehler (siehe Abbildung 19.36) erscheint innerhalb der Shop-Konfiguration, wenn die Bibliothek zur Erzeugung von PDF-Dateien nicht installiert wurde. Werfen Sie noch mal einen Blick in VirtueMarts Gesamtpaket, in dem sich die Datei *com_tcpdf_1.x.x.zip* befindet (x.x für die jeweils aktuelle Versionsnummer). Installieren Sie diese Komponente dann als reguläre Joomla!-Erweiterung.

```
Fehler
vmError: vmPdf: For the pdf, you must install the tcpdf library at /www/htdocs/w00d94e5/joomla-handbuch/p1-joomla-handbuch-com-2015/libraries/tcpdf
```

Abbildung 19.36 Fehlermeldung bei fehlender TCPDF-Komponente

Erscheint der Fehler trotz installierter Komponente, versuchen Sie, sie erneut einzurichten. Dazu löschen Sie sie zunächst über ERWEITERUNGEN • VERWALTEN • Seitenleiste VERWALTEN • Suche nach »tcpdf«, Häkchenmarkierung der Komponente und Klick auf Button DEINSTALLIEREN, und starten Sie die Installation erneut. Klappt's dann immer noch nicht, liegt vermutlich ein Versionskonflikt vor. Durchstöbern Sie dann das Forum unter *http://forum.virtuemart.de* nach Ihrer VirtueMart-Versionsnummer in Kombination mit dem Komponentennamen »tcpdf«.

»TCPDF Error: [Image] Unable to get the size of the image«

In frühen VirtueMart-3-Versionen erscheint diese Fehlermeldung beim Versuch, Lieferschein- oder Rechnungs-PDFs zu erzeugen. Der Fehler besagt, dass die in der Zahlungs- und Versandarten hinterlegten Logos aus den Verzeichnissen */images/stories/virtuemart/payment/* bzw. */shipment/* nicht verfügbar sind. Erzeugen Sie dann ein leeres PNG-Bild mit 1 Pixel Höhe und Breite, und legen Sie es in die */payment/*- und */shipment/*-Bildverzeichnisse. Suchen Sie dann in den Einstellungen aller ZAHLUNGS- und VERSANDARTEN unter dem Reiter KONFIGURATION das Feld LOGO, klicken Sie mit der Maus hinein, wählen Sie Ihr neues Dummybild aus, und SPEICHERN & SCHLIESSEN Sie die Änderung.

Bei unreparierbaren Problemen alternative VirtueMart-Version erörtern

Im Fall von VirtueMart existiert neben dem offiziellen Download-Link eine weitere Download-Seite (*http://dev.virtuemart.net/projects/virtuemart/files*), die möglicherweise aktuellere Versionspakete der Shop-Software bereitstellt. Das sind z. B. Release Candidates, die der Support noch nicht unterstützt, die aber bald freigegeben werden. Solche mit dem Kürzel RC gekennzeichnete Pakete laufen in der Regel stabil, es besteht jedoch ein größeres Risiko, auf neue Probleme zu stoßen, als bei fertigen Releases. Durchwühlen Sie vor der Installation einer solchen Software die üblichen VirtueMart-Foren, ob diese Version wirklich weniger Schwierigkeiten bereitet als der Vorgänger.

Außerdem finden Sie auf der Download-Seite ältere VirtueMart-Versionen, die Sie im Falle eines Infrastrukturszenarios einsetzen, das eine spezielle Version erfordert. Das ist z. B. bei firmeninternen Eigenentwicklungen großer Erweiterungen der Fall, die wegen zu kurzer Entwicklungszeiten Kompatibilitätsprobleme aufweisen und somit auf genau eine Version zugeschnitten sind.

19.2 VirtueMart-Erweiterungen evaluieren

VirtueMart ist eine der ältesten Joomla!-Erweiterungen, die es schon zur Zeit von Joomla!-Vorgänger Mambo gab. Seit 1997 wird ununterbrochen an VirtueMart weiterentwickelt, die Shop-Lösung ist so populär, dass Sie im Joomla! Extensions Directory Dutzende von Add-ons finden, Erweiterungen der Erweiterung also. Das JED spendierte VirtueMart sogar eine eigene Kategorie: EXTENSION SPECIFIC • VIRTUEMART EXTENSION, oder suchen Sie einfach nach »virtuemart« und weiteren Suchbegriffen. Achten Sie beim Stöbern auf die Joomla!-3- und VirtueMart-3-Kompatibilität.

Auf den folgenden Seiten finden Sie Beschreibungen und Kurzanleitungen zu einigen ausgewählten Erweiterungen, die Ihren täglichen Umgang mit VirtueMart erleichtern. Ein Schwerpunkt liegt in der externen Produktpflege, da das ein für die meisten

Shop-Betreiber zeitraubender und fehleranfälliger Prozess ist. Weil Produkte im Rahmen der Warenwirtschaft auch an anderer Stelle gepflegt werden (mindestens als Excel-Tabelle), finden hier Erweiterungen Erwähnung, die als Schnittstelle zu VirtueMart dienen und z. B. einen einfachen Produktimport und -export erlauben.

Beachten Sie, dass die meisten Erweiterungen kostenpflichtig sind, was sich auf die Natur des kommerziellen Shop-Themas begründet. So haben Sie hier und unter *http://shop.joomla-handbuch.com* die Möglichkeit, einen Blick auf die Software zu werfen, um zu erörtern, ob sie Ihre Anforderungen erfüllt.

19.2.1 Produktpflege mit CSV Improved (CSVI)

Erweiterung	CSV Improved
JED-Kategorie	MIGRATION & CONVERSION • DATA IMPORT & EXPORT
Download	*http://www.csvimproved.com/de/downloads* (etwa 60 € für ein Jahr Support)
Zweck	Benutzeroberfläche zum Import und Export VirtueMart- und anderer Datenbanktabellen über CSV-Dateien, um z. B. Produkte bequemer in Excel oder einer anderen Tabellenkalkulation zu bearbeiten

Im Grunde genommen ist CSVI ein komplexes Import-/Export-Tool, das eine Auswahl der Datenbanktabellen von Joomla! als CSV-Dateien (auch XML und HTML sind möglich) exportiert und umgekehrt CSV-Inhalte im Rahmen eines Imports in die Datenbank schreibt. Die Erweiterung bewährt sich besonders beim Einsatz in der VirtueMart-Umgebung, wo Produkte nicht über das langsame Webinterface, sondern idealerweise in einer Excel-Tabelle gepflegt werden. Für Shops mit zwei Dutzend Produkten ist die Pflege über das Backend von Joomla! vielleicht kein Problem, sobald Sie aber dreistellige Produktvarianten anbieten, erreichen Sie schnell die Grenzen der Weboberfläche und Ihrer Nerven.

CSVIs Bedienung wirkt auf den ersten Blick nicht intuitiv, da Sie sämtliche Aspekte des Imports und Exports über zahlreiche Konfigurationsseiten feinjustieren können. Sind die passenden VirtueMart-Templates jedoch einmal eingerichtet, genügen einige Mausklicks für die tägliche Arbeit mit dem Tool. Praktischerweise liefert der Entwickler vorkonfigurierte Beispieltemplates, nach der Installation können Sie also gleich loslegen.

Achten Sie bei der Installation darauf, dass alle Bestandteile eingerichtet sind:

▶ **CSVI 6 Pro**: das eigentliche Tool, das sich im Menü KOMPONENTEN • CSVI PRO einrichtet

- **CSVI 6 Pro Extension – VirtueMart**: Plugin, das die Import-/Export-Funktionalität mit der VirtueMart-Komponente verknüpft
- **VirtueMart Example Templates**: Beispielvorlagen für den Import/Export beliebiger VirtueMart-Elemente, die Sie nach Belieben feinjustieren

In CSVIs Benutzeroberfläche begrüßen Sie zahlreiche Reiter, von denen IMPORT, EXPORT und TEMPLATE besonders wichtig für Sie sind. Über IMPORT/EXPORT wählen Sie aus der Dropdown-Liste das passende VirtueMart-Template und starten die XML-Dateierzeugung oder das Einlesen Ihrer lokalen Aktualisierung über die obere Buttonleiste.

Unter dem Reiter TEMPLATES • TEMPLATES aktivieren oder deaktivieren Sie die Vorlagen – nur aktivierte erscheinen in den IMPORT/EXPORT-Dropdown-Listen. Ein Klick auf einen Templatenamen führt Sie zur Detailkonfiguration:

- Reiter DETAILS: Steuert, ob es sich um einen IMPORT oder EXPORT handelt, welche Komponente (COMPONENT) und welche Tabelle (OPERATION) involviert ist. Für den Produktexport steht hier beispielsweise die Kombination EXPORT • VIRTUEMART • PRODUCT.
- Reiter SOURCE: Entscheiden Sie sich, ob Sie die Exportdatei herunterladen oder per E-Mail erhalten möchten.
- Reiter FILE: Feineinstellungen zum Dateityp, dem verwendeten Trennzeichen und der Excel-Kompatibilität
- Reiter OPTIONS (siehe Abbildung 19.37): Hier konfigurieren Sie insbesondere die zu berücksichtigende Sprache und Produktkategorien.

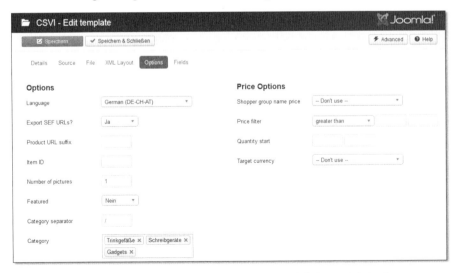

Abbildung 19.37 Insbesondere der Reiter »Options« ist wichtig zur Feinjustierung von Import- und Exporttemplate.

▶ Reiter FIELDS: Abkürzung zu TEMPLATES • TEMPLATE FIELDS, wo Sie festlegen, welche Tabellenfelder für den Import/Export berücksichtigt werden

CSVI ist die sicherste Lösung für eine häufige Synchronisation VirtueMart-interner Produktdaten mit Excel-Aktualisierungen oder Exporten aus Warenwirtschaftssystemen, da Sie Kontrolle über sämtliche CSV/XML-Dateieigenschaften und die Einträgeformatierung haben. Dass das Tool nicht nur für VirtueMart-Produkte praktisch ist, erkennen Sie an der umfangreichen Liste der Plugins, mit denen Sie CSVI auch für andere Komponenten einsetzen.

19.2.2 Produktpflege mit VM Products Manager

Erweiterung	VM Products Manager (Free)
JED-Kategorie	MIGRATION & CONVERSION • DATA IMPORT & EXPORT (während der Drucklegung dieses Buchs aufgrund eines falschen Titels entfernt)
Download	http://www.vmproductsmanager.com (FREE VERSION • ADD TO CART, dann vollständigen Bestellprozess durchspielen)
Zweck	Import und Export der Produkttabelle über Excel-XLSX-Dateien, komfortabler, aber mit weniger Optionen als CSVI

Die kostenlose Version von VM Products Manager kommt mit einer überschaubaren Anzahl von Funktionen daher: Produkttabellenexport und Update oder Neuimport der Produkt-XLSX-Datei. Das Fehlen einer Konfiguration macht die Anwendung des Tools zum Glücksspiel, da Sonderfälle spezieller oder komplexer Shop- oder Joomla!-Konfigurationen nicht abgedeckt sind. Umso kürzer erfolgt Ihre Testphase: Installieren (auf einem Testsystem), Produkte exportieren, einige Testfelder in Excel verändern und reimportieren. Sehen Sie Ihre Änderungen unter VIRTUEMART • PRODUKTE, steht ein detaillierterer Test an.

Die Krux: Der Download von VM Products Manager ist aufwendig, da Sie das kostenlose Produkt »kaufen« – inklusive Registrierung und Bestellung. Insgesamt drei E-Mails, von der Kontoanmeldung über die Bestellbestätigung zum Download-Link, müssen Sie vor dem Herunterladen der Datei *vmproductsmanager_vm3_v1.x.x_free.zip* abwarten, das kann einige Stunden dauern. Einmal installiert und über KOMPONENTEN • VM PRODUCTS MANAGER aufgerufen, ist die Bedienung simpel:

▶ EXPORT PRODUCTS (siehe Abbildung 19.38): Herunterladen der XSLX-Datei, die direkt in Excel geöffnet und bearbeitet wird

▶ UPDATE PRODUCTS: Aktualisierung bereits bestehender Produkte nach der Bearbeitung in Excel. Neu hinzugefügte werden ignoriert.

▶ IMPORT PRODUCTS: Neuimport von Produkten in VirtueMarts Produkttabelle. VM Products Manager überspringt dabei bereits existierende Produkte; ein Import neuer und die Aktualisierung bestehender Produkte ist also nicht gleichzeitig möglich.

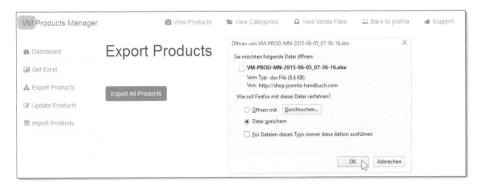

Abbildung 19.38 Die Bedienung von VM Products Manager ist einfach, aber gleichzeitig unflexibel, falls das Tool aufgrund einer besonderen VirtueMart-Konfiguration seinen Dienst verweigert.

Hinweis: Die Importfunktion von VM Products Manager ist bei der Feldvalidierung etwas kritisch. Falls Ihnen eine Fehlermeldung à la ROW G2 CAN NOT BE EMPTY begegnet, werfen Sie einen Blick in die entsprechende Spalte (siehe Abbildung 19.39: Spalte G, Produktbeschreibung), und befüllen Sie leere Zellen.

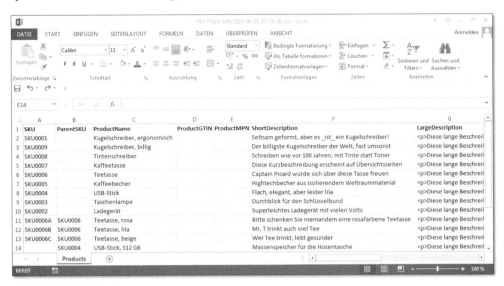

Abbildung 19.39 VM Products Manager erzeugt native XLSX-Dateien, die Sie ohne CSV-Verrenkungen direkt in Excel öffnen und bearbeiten.

Tipp: VM Products Manager blendet in seiner Oberfläche sämtliche Joomla!-Menüs aus – zurück ins Backend kommen Sie über den versteckten Link BACK TO JOOMLA in der oberen rechten Ecke.

19.2.3 Produktpflege mit Product Excel-like Manager for VirtueMart

Erweiterung	Product Excel-like Manager for VirtueMart
JED-Kategorie	EXTENSION SPECIFIC • VIRTUEMART EXTENSIONS
Download	http://www.holest.com/index.php/holest-outsourcing/joomla-wordpress/virtuemart-excel-like-product-manager.html (etwa 16 €)
Zweck	übersichtliche Produktpflege über eine Tabelle im Backend von Joomla!, inklusive WYSIWYG-Editor für Produktbeschreibungen und komfortablen Bilder-Uploads

Wie aus dem Namen bereits hervorgeht, spezialisiert sich Product Excel-like Manager auf die Produktpflege in einem übersichtlichen Tabellenlayout, und zwar direkt im Backend von Joomla!. Dort bearbeiten Sie alle Produkteigenschaften, am besten auf einem möglichst großen Monitor, und fügen bei Bedarf auch neue Produkte hinzu.

Besonders komfortabel sind der eingebaute WYSIWYG-Editor zum Verfassen der langen Produktbeschreibung und die intuitive Art, Bilder hochzuladen, was über CSV-Importe anderer Tools nicht möglich ist (siehe Abbildung 19.40). Manko in der vorliegenden Version 1.1.36 ist allerdings das Fehlen eines Felds für ein Elternprodukt, was die Neuerstellung von Produktvarianten verhindert. Die integrierte CSV-Export- und Import-Funktion eignet sich, um Produkte in einem Texteditor zu bearbeiten, das Hinzufügen funktioniert leider nicht.

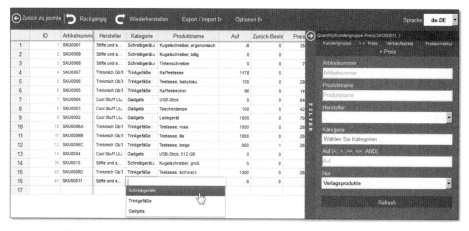

Abbildung 19.40 Die Stärken von Product Excel-like Manager liegen in der Bearbeitung aller Produkteigenschaften inklusive langer Beschreibung und Upload von Bildern.

19.2.4 Shop-Pflege mit Store Manager for VirtueMart

Ein besonderer Vertreter für die Produktpflege ist eMagicOnes *Store Manager for VirtueMart*, der in seiner günstigsten Variante mit immerhin 200 € zu Buche schlägt. Dafür erhält man eine professionelle Windows-Applikation, mit der Sie alle VirtueMart-Verwaltungsaufgaben bequemer und schneller erledigen als in den Online-Formularen des Joomla!-Backends. Dazu verbindet sich das Tool per FTP mit Ihrem Online-Shop und installiert eine Schnittstelle, die die Live-Bearbeitung aller VirtueMart-Elemente wie Produkte, Produktkategorien, Hersteller, Kunden, Bestellungen, Bilder etc. ermöglicht. Außerdem lassen sich Produkte als CSV-Datei exportieren, um sie vielleicht in Excel zu bearbeiten; ein Reimport ist dann aus verschiedenen Formaten (u. a. CSV, XML, XLS) möglich (siehe Abbildung 19.41).

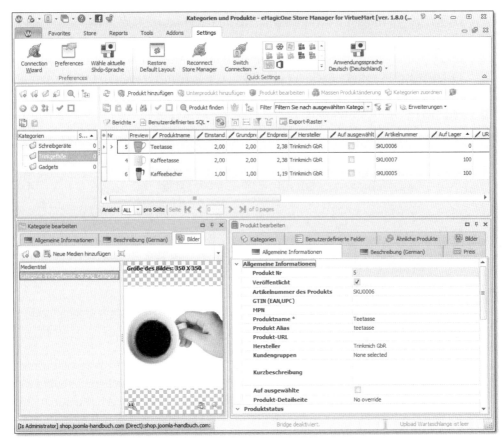

Abbildung 19.41 Bequemer geht's nicht; der Store Manager erleichtert die Bearbeitung aller VirtueMart-Elemente und bietet Im- und Exportfunktionen für die Produkte.

Der Store Manager ist nicht ganz billig, aber eine lohnende Anschaffung für Shops, die ihre Verwaltungstätigkeiten mit einem PC erledigen, oder OS-X- und Linux-

Nutzer, die nicht davor zurückschrecken, die Applikation in einer virtuellen Maschine wie VirtualBox oder VMware zu bedienen.

Tipp: Die Software lässt sich 14 Tage kostenlos testen; den Download-Link finden Sie auf *https://virtuemart-manager.com/free-download*.

19.2.5 Kommerzielle Templates erörtern

Wer sich das mühevolle Templatestylen zur Designanpassung aller VirtueMart-Elemente ersparen möchte, hat eine (kostenpflichtige) Alternative: Analog zum Angebot von Joomla!-Templates bieten einige Softwareschmieden für VirtueMart optimierte Templates. Ein großer Name in diesem Genre ist die Firma Yagendoo (*http://www.yagendoo.com*), die neben einem halben Dutzend Templates auch praktische Erweiterungen im Angebot hat, darunter Produkt-Slideshows, verschiedene Produktmodule (Bilddarstellung, Kategorie, zufällige oder neueste Produkte etc.) und einen komfortableren und ansprechenden AJAX-Warenkorb (siehe Abbildung 19.42). Templates sind einzeln für etwa 50 € zu erwerben, für etwa 70 € erhält man ein drei Monate gültiges Abonnement, das den Zugriff auf alle Templates, Plugins und Module mit Ausnahme zweier hochpreisiger Erweiterungen erlaubt.

Abbildung 19.42 Mehr als ein Dutzend VirtueMart-spezifische Module sind im Abonnementpreis enthalten, darunter ein ansprechendes Warenkorb-Modul mit Produktlistenaktualisierung per AJAX.

Das Einrichten eines VirtueMart-Templates ist erfreulich einfach, da es sich wie ein reguläres Joomla!-Template verhält. Einmal als Erweiterung installiert, aktivieren Sie es über ERWEITERUNGEN • TEMPLATES • Spalte STANDARD und wechseln durch Klick auf den Templatenamen zur Konfiguration. Die Einstellungen sind ähnlich umfangreich und flexibel wie bei den großen Template-Frameworks wie T3 und Gantry. Sie platzieren Logos, konfigurieren das animierte Menü und steuern das Gesamtlayout und Spaltenzahlen der Seitenbereiche (siehe Abbildung 19.43). Auch an die Google-Analytics-Integration und eine JavaScript- und CSS-Komprimierung wurde gedacht. Unter *http://shop.joomla-handbuch.com/shop/gadgets* und in Abbildung 19.44 sehen Sie z. B. das Template *Swagon* im Einsatz.

Abbildung 19.43 Yagendoos Templatekonfiguration steht in Flexibilität und Umfang den großen Template-Frameworks in nichts nach; im Bild die detaillierte Kontrolle über das Spaltenlayout.

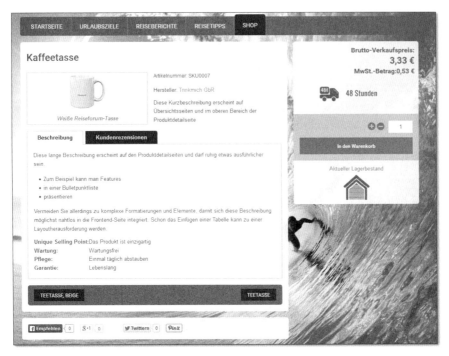

Abbildung 19.44 Yagendoo-Templates sind perfekt auf VirtueMart-Installationen zugeschnitten, da sie nicht nur das Design für Joomla!-Komponenten, sondern des gesamten Shop-Systems beinhalten.

19.2.6 Ordnungsgemäße Rechnungsnummern mit Advanced Ordernumbers

Erweiterung	Advanced Ordernumbers for VirtueMart
JED-Kategorie	EXTENSION SPECIFIC • VIRTUEMART EXTENSIONS
Download	http://www.open-tools.net/virtuemart/advanced-ordernumbers.html (etwa 12 €)
Zweck	vollständige Kontrolle über die Gestaltung von Kunden-, Bestell- und Rechnungsnummern

VirtueMart erzeugt für Kunden, Bestellungen und Rechnungen eigene Nummern, die nicht unbedingt den Vorgaben von Warenwirtschaftssystemen oder dem Finanzamt entsprechen. An dieser Stelle greift das kleine Tool der CMS-Werkzeugschmiede Open Tools ein und erlaubt Ihnen über das Plugin *Erweiterte Auftragsnummern für VirtueMart* die freie Gestaltung mit Platzhaltern für Jahres- oder Monatszahl und natürlich einer fortlaufenden Nummer.

Beispiel Rechnungsnummer: Nach seiner Installation aktivieren Sie das Plugin über ERWEITERUNGEN • PLUGINS, und wechseln in der Plugin-Konfiguration zum Reiter RECHNUNGSNUMMERN. Stellen Sie den Schalter RECHNUNGSNUMMERN ANPASSEN auf JA, erscheinen zusätzliche Formularfelder, über die Sie das Format der Rechnungsnummern einstellen:

- FORMAT DER RECHNUNGSNUMMER
  Zum Aufbau der Rechnungsnummer verwenden Sie das Hash-Zeichen # für die fortlaufende Nummerierung und über eckige Klammern markierte Platzhalter für Jahres-, Monats- oder Regionsangaben. Unter anderem stehen diese Platzhalter zur Auswahl: [year], [month], [day], [hour], [minute], [second], [countrycode], [randomDigit], [randomLetter]; z. B.: [year]-[month]-# mit vier MINDESTZIFFERN für Rechnungsnummern, wie 2015-08-0001, 2015-08-0002. 2015-09-0003.

  Hinweis: Eine komplette Tabelle aller Platzhalter finden Sie in der Dokumentation der offiziellen Website *http://open-tools.net/documentation/ordernumber-plugin-for-virtuemart/doc.html*.

- MINDESTZIFFERN FÜR DEN ZÄHLER
  Anzahl der Ziffern für die fortlaufende Nummer

- ZÄHLER
  Einstellung, ob die fortlaufende Nummer für alle Formate gilt (GLOBAL) oder pro Format (EIGENER ZÄHLER PRO FORMATWERT), falls Sie beispielsweise die Rechnungsnummer über zusätzliche Jahres- oder Monatsplatzhalter aufbauen

▶ ALLE ZÄHLERSTÄNDE
Sobald die erste Rechnung nach neuem Nummerierungsschema generiert wurde, erscheint in dieser Tabelle die Rechnungsnummer mit aktuellem Zähler. Über das Stift-Icon (✎) lässt sich der ZÄHLERSTAND per Hand anpassen, z. B. falls Sie zwischenzeitlich Rechnungen abseits des Online-Shops ausgestellt hatten und die entsprechenden Nummern in VirtueMart übersprungen werden müssen (siehe Abbildung 19.45).

Abbildung 19.45 Nach der Generierung der ersten Rechnung erscheint in der Plugin-Konfiguration der Rechnungszählerstand, der sich mit Klick auf das Stift-Icon anpassen lässt.

Hinweis: Setzen Sie das Plugin nicht zusammen mit der Erweiterung VMInvoice ein, da sich einige Funktionalitäten überschneiden. Verwenden Sie außerdem keine Leerzeichen oder Schrägstriche in Bestellnummern, sonst gibt es Schwierigkeiten mit suchmaschinenfreundlichen URLs oder der iDEAL-Zahlungsart.

TEIL IV
Joomla! warten

Kapitel 20
Wartung allgemein

Nach der Fertigstellung Ihrer Joomla!-Website beginnt die Wartung. Lernen Sie den Umgang mit 404-Fehlern, wie man Joomla!-Updates sauber einspielt oder eine ältere 1.x- oder 2.5-Version upgradet, und integrieren Sie die Statistikanalyse mit Google Analytics.

In den ersten Teilen dieses Handbuchs installierten Sie Joomla! und erweiterten das System schrittweise um Funktionalitäten und Webseiten. Damit scheint die Entwicklung Ihrer Website abgeschlossen zu sein, doch einige Aspekte des Content-Management-Systems begegnen Ihnen ab sofort fast täglich. Dazu zählen beispielsweise Deployments, Statistikanalysen, Performance- und Suchmaschinenoptimierung und, besonders wichtig, die Sicherheit betreffende Themen. Dieses und die folgenden Kapitel gehen auf genau diese Schwerpunkte ein und helfen Ihnen, aus Ihrer Joomla!-Instanz ein wasserdichtes System zu machen, das Hackerangriffen standhält und möglichst optimal von Google und Co. indexiert wird.

Begriff	Erklärung
Downtime	Ausfallzeit eines Servers, während der Updates oder Reparaturen durchgeführt werden
Wartungsmodus	Zustand der Website, bei dem im Frontend keine Inhalte oder Funktionen angezeigt werden, sondern nur eine simple Seite mit Websitetitel und Anmeldeformular erscheint
Offlinezugang	Berechtigung, die den Zugang ins Frontend erlaubt, selbst wenn sich die Website im Wartungsmodus befindet
Upgrade, Update	Installation einer neueren Softwareversion über eine bestehende, z. B. durch die Ein-Klick-Aktivierung der Joomla!-2.5- zur -3.x-Aktualisierung. Ein Upgrade tauscht dabei das gesamte zugrunde liegende System aus. Bei einem Update handelt es sich um eine kleinere Funktionsaktualisierung.

Tabelle 20.1 Die wichtigsten Begriffe zur Wartung Ihrer Joomla!-Installation

Begriff	Erklärung
Migration	Umfangreiches Szenario zur Übernahme von Inhalten und Funktionalitäten in die neue Version einer Software oder auf eine andere Plattform. Upgraden Sie beispielsweise Joomla! von Version 2.5 auf 3.x, ist es wünschenswert, die gesamte Website mit Beiträgen, Benutzern und Menüeinträgen zu migrieren. Auch die Übernahme aller Inhalte eines WordPress-Blogs zu einer Joomla!-Website ist eine Migration.
Google Analytics	Kostenloser Websitestatistikdienst, der detaillierte Einblicke in die Beliebtheit Ihrer Webseiten und die Profile Ihrer Websitebesucher ermöglicht. Zur Nutzung von Google Analytics müssen Sie entsprechende Hinweise in Ihrem Impressum unterbringen.
Analytics Property	Verwaltungsbereich von Google Analytics, über den Sie alle Einstellungen für Ihre Websitestatistiken vornehmen. Jede Google-Analytics-Property erhält einen Tracking-Code, der in der Regel für eine Website eingesetzt wird.

Tabelle 20.1 Die wichtigsten Begriffe zur Wartung Ihrer Joomla!-Installation (Forts.)

20.1 Wartungsmodus aktivieren

Von Zeit zu Zeit möchten Sie größere Updates an Ihrer Website durchführen, seien es Content-Updates oder Aktualisierungen des Joomla!-Cores oder der Erweiterungen. In den meisten Fällen ist das mit einem einzelnen Mausklick geschehen, kann aber in seltenen Fällen durchaus eine Stunde dauern, bis alle Bestandteile auf den neuesten Stand gebracht und ausführlich getestet wurden. Damit Ihre Websitebesucher keine halb fertige Site zu Gesicht bekommen, etablieren Sie eine sogenannte *Downtime*, ein Zeitfenster, in dem die Site nicht erreichbar ist. Selbstverständlich möchten Sie diese so kurz wie möglich halten; nicht nur wegen Ihrer menschlichen Besucher, sondern auch, um Suchmaschinenbots nicht vor den Kopf zu stoßen. Bereiten Sie deshalb alle Aktualisierungsaufgaben möglichst auf einem Entwicklungs- oder Testsystem vor, um dann für das Live-Update einen klaren Schritt-für-Schritt-Plan parat zu haben.

Für den Fall einer Downtime stellt Joomla! eine besondere Funktionalität bereit, über die Ihre Websitebesucher eine temporäre Seite sehen, die an keinerlei Inhalte oder Funktionen gekoppelt ist. Diesen sogenannten *Wartungsmodus* schalten Sie über die globale Konfiguration SYSTEM • KONFIGURATION • Reiter SITE • Bereich WEBSITE über den Schalter WEBSITE OFFLINE ein oder aus. Bei eingeschaltetem Wartungsmodus erscheint eine spartanische Webseite mit Websitetitel und einem

Anmeldeformular, über das sich nur Super Benutzer, Administratoren und Moderatoren ins Frontend einloggen dürfen (siehe Abbildung 20.1). So ist es möglich, Frontend-Inhalte und -Funktionalitäten zu testen, bevor Sie die Website wieder für die Öffentlichkeit freigeben.

Abbildung 20.1 Über die Standard-Wartungsseite von Joomla! können sich nur noch Super Benutzer, Administratoren und Manager einloggen, um das Frontend zu testen.

Tipp: Die Benutzergruppen, die Zugriff auf das Frontend im Wartungsmodus haben, legen Sie über SYSTEM • KONFIGURATION • Reiter BERECHTIGUNGEN fest. Wählen Sie aus der linken Liste die betreffende Benutzergruppe, und stellen Sie die AKTION OFFLINEZUGANG auf ERLAUBT oder VERWEIGERT.

Die Standard-Wartungsseite ist außerordentlich informationsarm. Sie enthält keine Informationen über den Grund der Downtime und gibt keinerlei Hinweise, wann die Website wieder erreichbar ist. Dem schaffen Sie über das Textfeld EIGENER TEXT im Konfigurationsformular unter dem WEBSITE OFFLINE-Schalter Abhilfe, nachdem Sie zuvor die Dropdown-Liste OFFLINE-TEXT auf EIGENEN TEXT gestellt haben. Außerdem ist es möglich, mit OFFLINE-BILD ein zuvor in den Medienmanager hochgeladenes Bild auszugeben. Damit gewinnt die Wartungsseite zwar keinen Red Dot Award, vergrault aber dank Logoeinblendung und voraussichtlichem Live-Schaltungstermin nicht zu viele Websitebesucher.

> **Tipp: Eigene Wartungsseite einstellen**
>
> Die Standard-Wartungsseite mit optionalem Bild, Hinweistext und Admin-Login ist nicht unbedingt der attraktivste Weg, die Besucher auf die Downtime hinzuweisen. Schöner ist da eine selbst gestaltete Seite. Legen Sie dazu im Frontend-Template-Verzeichnis eine neue Datei *offline.php* (z. B. */templates/protostar/offline.php*) an, und füllen Sie diese mit statischem HTML oder dynamischem PHP nach eigenem Gusto. *Hinweis*: Die meisten Templates installieren bereits eine *offline.php*-Datei, die das Layout und Design des Templates (Farbgebung, Schriften) mitführt und nur noch inhaltlich angepasst werden muss.

20.2 Joomla!-Updates

Joomla! ist nicht schüchtern, wenn ein Versions-Update verfügbar ist. Schon im Kontrollzentrum werden Sie durch einen plakativen Hinweis auf die Aktualisierung aufmerksam gemacht und können das Update mit zwei Mausklicks starten. Was ist nun zu beachten?

20.2.1 Vorbereitungen vor dem Joomla!-Update

Auch Nebenversion-Updates, z. B. von 3.3 zu 3.4, verursachen manchmal Schwierigkeiten bei Erweiterungen bis hin zum Punkt, an dem sie schlichtweg nicht funktionieren und sogar deaktiviert werden müssen, damit die Website überhaupt erreichbar ist.

1. **Prüfung in der Testumgebung**
   In jedem Fall testen Sie ein Joomla!-Update in der Entwicklungs-/Testumgebung, bevor Sie die Aktualisierung live durchführen. Achten Sie dabei darauf, dass diese Umgebung der Live-Website so genau wie möglich entspricht. Gegebenenfalls müssen Sie etwas Zeit darauf anwenden, Erweiterungen, Konfigurationen und Inhalte einer länger nicht benutzten Testumgebung zu aktualisieren. Aber nur so stellen Sie den Betrieb Ihrer Website nach dem Joomla!-Update wirklich sicher.

2. **Backup**
   Legen Sie vor dem Update unbedingt ein Backup der gesamten Website an, um im Bedarfsfall den alten Zustand in wenigen Minuten zurückrollen zu können. Dafür eignet sich beispielsweise die Erweiterung Akeeba Backup (siehe Abschnitt 16.1, »Sicherheitskopien anlegen mit Akeeba Backup«).

20.2.2 Update durchführen

Folgen Sie den Aktualisierungshinweisen von Joomla!, gelangen Sie zur besonderen Backend-Seite JOOMLA!-AKTUALISIERUNG, die in der Regel für die Verfügbarkeitsdauer des Updates auch im KOMPONENTEN-Menü erscheint (siehe Abbildung 20.2). Haben Sie alle Vorbereitungen getroffen, also mindestens das Backup angelegt, genügt ein Klick auf den Button AKTUALISIERUNG INSTALLIEREN. Das eigentliche Update dauert nur wenige Sekunden.

Falls sich Ihnen wider Erwarten nach der Aktualisierung eine Fehlermeldung oder, noch schlimmer, eine weiße Webseite präsentiert, blättern Sie zur Lösungsfindung zu Abschnitt 24.3, »Joomla!-Fehlerbehandlung«.

Hinweis: Wurden Features aus der neuen Version entfernt, was z. B. wegen der Core-Verschlankungsmaßnahmen seit Joomla! 3.4 passiert, werden diese auf Ihrem System nicht deinstalliert, sondern bleiben weiterhin aktiv.

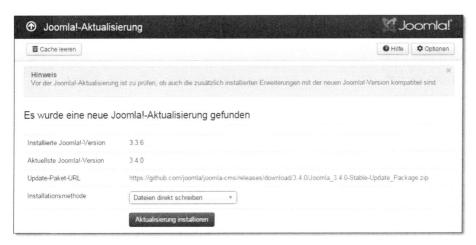

Abbildung 20.2 Nebenversion-Updates von Joomla! dauern in der Regel nur wenige Sekunden; spielen Sie die Aktualisierung dennoch auf einem Testsystem durch, und prüfen Sie alle Websitefunktionalitäten.

> **Tipp: Informieren Sie Entwickler über Probleme beim Joomla!-Update**
>
> Falls Sie bei einem Update auf ein Problem mit einer bestimmten Erweiterung stoßen, sollten Sie die Entwickler benachrichtigen. So profitieren Sie nicht nur selbst von einem möglichst schnellen Erreichen der ursprünglichen Funktionalität, sondern helfen auch Dutzenden anderen Webmastern, die vielleicht das gleiche Problem mit der Komponente oder dem Plugin haben.

20.3 Upgrades und Migrationen durchführen

Upgrades und Migrationen gehören zwar nicht zu den alltäglichen Administrationsaufgaben, sind aber ein wichtiges Wartungsthema, da der Betrieb einer Website unter älteren Joomla!-Versionen ein extrem hohes Sicherheitsrisiko darstellt. Steht eine Migration von einem anderen System, z. B. WordPress, an, liegt das mitunter an fehlenden Features oder Performanceproblemen, beides berechtigte dringende Gründe in den Augen des Websitebetreibers. Auf den folgenden Seiten finden Sie Ratschläge zur Planung und Durchführung solcher Migrationen und von Joomla!-Upgrades. Meist setzen Sie dazu komfortable Werkzeuge ein (kostenlose oder -pflichtige Erweiterungen), in jedem Fall ist aber eine sorgfältige Planung und etwas Geduld notwendig. Außerdem ist die Anfertigung von Backups vor größeren Aktionen empfehlenswert, um nach Fehlern bei der Migrationsdurchführung oder wegen technischer Unregelmäßigkeiten sofort eine stabile Ausgangsbasis für den nächsten Versuch parat zu haben.

20.3.1 Joomla!-Version upgraden

Eine Website mit einer alten Joomla!-Version zu betreiben ist ein großes fahrlässiges Sicherheitsrisiko, da sowohl Joomla! als auch die installierten Erweiterungen nicht mehr gewartet werden. Aktuell bestehende und neue gefundene Sicherheitslecks werden nicht gestopft, was Angreifern Tür und Tor öffnet, Scripts einzuschleusen und die Website für Spamzwecke zu missbrauchen oder die Datenbank nach sensiblen Benutzerinformationen zu durchsuchen. Selbst die LTS-Versionen (Long-term support, Langzeit-Support) 1.5 und 2.5 erreichten bereits im Dezember 2012 und Dezember 2014 ihr sogenanntes End of Life (EOL), den Zeitpunkt, ab dem kein Support mehr geleistet wird und keine weiteren Updates mehr erfolgen. Grundsätzlich genießt deshalb die Aktualisierung einer alten Joomla!-Website allerhöchste Priorität, denn mit der jeweils aktuellen Joomla!-Version fahren Sie am sichersten.

> **Achtung: Upgrades und Migration immer auf einem Testsystem durchführen**
>
> Führen Sie ein Versions-Upgrade niemals initial auf einem Live-System durch. Mit steigender Anzahl installierter Erweiterungen ist das Upgrade ein langwieriger Prozess, sodass es inklusive Installation neuerer Erweiterungsversionen und Migration der gesamten Inhalte Stunden bis Tage dauern kann, bis eine Website im Frontend wieder genauso stabil dasteht wie vorher.
>
> Geben Sie deshalb für die Website einen sogenannten Content- und Feature-Freeze bekannt, einen Zeitpunkt, ab dem keine neuen Inhalte mehr eingepflegt und keine Erweiterungen konfiguriert werden. Ziehen Sie sich dann eine exakte Kopie des Live-Systems in eine Entwicklungs- oder Testumgebung, und führen Sie dort das Upgrade und die Migration von Anfang bis Ende durch, wobei Sie alle Schritte genau dokumentieren.
>
> Läuft das Testsystem stabil, erfolgt der elegante Relaunch der Website dann über eine Installation genau dieses Systems auf den Live-Server. Dazu nutzen Sie beispielsweise die Hinweise in Abschnitt 21.4, »Komplette Websitekopie mit Akeeba Backup«, bzw. Abschnitt 16.1, »Sicherheitskopien anlegen mit Akeeba Backup«.

Von Joomla! 1.5 upgraden

Eine Websitemigration von der ältesten LTS-Version 1.5 zu 3.x ist leider nicht über Standard-Upgrade-Mechanismen möglich, wie man sie aus neueren Versionen kennt, sondern nur durch eine Neuinstallation von Joomla! 3.x und die Überführung der Daten aus dem alten System. Dazu gab es in der Vergangenheit eine weitverbreitete Erweiterung (*JUpgrade*), die mittlerweile aber weder kostenlos erhältlich ist noch einen guten Ruf genießt. Das ist der Grund dafür, dass es heutzutage noch so viele Joomla!-1.5-Installationen gibt, denn Ihnen bleiben drei verhältnismäßig aufwendige Optionen:

- **Neuaufsetzen eines Joomla!-3.x-Systems**
  Dabei folgen Sie den in Kapitel 2, »Testumgebung einrichten«, und Kapitel 3, »Live-Umgebung einrichten«, vorgestellten Anleitungen und erzeugen eine nagelneue Joomla!-3-Website ohne Altlasten. Beiträge und andere Inhalte werden per Hand vom alten ins neue System kopiert, z. B. über zwei Browserfenster und die Zwischenablage. Funktionelle Erweiterungen müssen neu eruiert, über das Joomla! Extensions Directory gefunden, installiert und konfiguriert werden. Dies ist der sauberste Ansatz, da Sie mit einem frischen modernen Joomla!-System starten.

- **Einsatz einer kostenpflichtigen Erweiterung**
  Im Joomla! Extensions Directory (*http://extensions.joomla.org*) finden Sie in der Kategorie MIGRATION & CONVERSION • JOOMLA MIGRATION Erweiterungen, die eine erfolgreiche Migration alter Systeme versprechen und mit etwas Muße bei der Konfiguration und Geduld für einige Testläufe passable Ergebnisse liefern. *SP Upgrade* (etwas über 30 €) ist solch eine Komponente, die zwar die Übertragung von Inhalten aus allen Joomla!-Versionen unterstützt, aber sehr vorsichtig bedient werden muss, da man schnell ein falsches Häkchen oder falsche Inhaltselement-IDs einträgt (siehe Abbildung 20.3). *Tipp*: Zur Bedienung von SP Upgrade konsultieren Sie die Anleitung für das Schwesterprodukt *SP Transfer*, das in Abschnitt 21.3, »Beliebige Elemente mit SP Transfer übertragen«, vorgestellt wird. Die Datenbank- und FTP-Konfiguration des Ursprungsservers (die alte Joomla!-Installation) ist identisch, ebenso die Markierung der zu importierenden Inhaltselemente. Fertigen Sie vorher Backups an, und gehen Sie schrittweise vor, um vor Problemen mit der Datensynchronisation gewappnet zu sein.

Abbildung 20.3 SP Upgrade ist eine der wenigen Erweiterungen, die auch Joomla!-Elemente aus vorherigen Versionen inklusive LTS-Version 1.5 migriert.

Angesichts der niedrigeren Kosten im Vergleich zu den beiden anderen Optionen ist der Einkauf solch einer Migrationshilfe der empfehlenswerte Ansatz, wenn Sie etwas Zeit mitbringen und sich nicht schnell entmutigen lassen, falls die ersten zwei Migrationsversuche wegen falscher Einstellungen scheitern.

▶ **Anheuern eines Dienstleisters**
Sicherlich die kostenintensivste Lösung, denn der Dienstleister hat keine magischen Werkzeuge an der Hand, beliebige Websites im Handumdrehen zu migrieren, sondern muss sich mit jedem System detailliert beschäftigen, um den idealen Migrationsweg zu erarbeiten. In den meisten Fällen wird auch er das Aufsetzen eines neuen Joomla!-3.x-Systems empfehlen und die Website Schritt für Schritt um die alten Inhalte ergänzen. Ein solcher Dienstleister ist teuer, da er über Spezialwissen verfügt, das im Gegenzug die Aussichten auf einen schnellen und reibungslosen Relaunch vergrößert.

Als Betreiber einer sehr alten Joomla!-Website müssen Sie leider in den sauren Apfel beißen und den Aufwand für ein Upgrade und die Migration einsetzen. Das Sicherheitsrisiko, eine Joomla!-1.x-Instanz aufrechtzuerhalten, ist zu groß; nur die aktuellsten Versionen der Hauptversionsnummer 3 sind aus Sicherheitsaspekten zu empfehlen.

> **Info: Joomla! 1.6 und 1.7 lassen sich über Einzelmigration upgraden**
>
> Ab Joomla! 1.6 ist es möglich, das Content-Management-System Schritt für Schritt auf höhere Versionsnummern upzugraden, von 1.6 zu 1.7, dann zu 2.5 und schließlich zu 3.x (siehe folgender Abschnitt). Dazu ist es notwendig, die entsprechenden Upgrade-Pakete parat zu haben, die leider nur noch schwierig zu erhalten sind. Falls Sie unter *https://mirror.myjoomla.io* nicht fündig werden, versuchen Sie es über eine Suchmaschine per »download old joomla versions«.
>
> Die Upgrades führen Sie dann wie die Installation einer Erweiterung durch: Menü ERWEITERUNGEN • ERWEITERUNGEN • Bereich PAKETDATEI HOCHLADEN und Auswahl des Upgrade-Pakets. Beachten Sie, dass Ihre Inhalte während eines solchen Upgrade-Pfads nicht separat migriert werden müssen, da Sie stets in derselben Joomla!-Instanz arbeiten. Trotzdem ist diese Herangehensweise nur bedingt empfehlenswert, weil möglicherweise Altlasten der vielen vorherigen Versionen in Dateisystem und Datenbank entstehen.

Von Joomla! 2.5 upgraden

Das Upgrade einer Joomla!-2.5-Instanz gestaltet sich theoretisch einfach, denn es lässt sich über eine kleine Konfigurationsänderung und einen einzelnen AKTUALISIEREN-Button ausführen. Problematisch können allerdings die Erweiterungen sein, denn deren Funktionieren ist nur sichergestellt, wenn Sie Joomla!-3-kompatibel sind.

Da gibt es viele verschiedene Szenarien, z. B. Komponentenpakete, die sowohl Joomla!-2.5- als auch Joomla!-3-kompatible Versionen enthalten. Oder solche, die noch vor dem Upgrade deinstalliert werden müssen, um dann später durch ein anderes, für Joomla! 3 aktualisiertes Paket, ersetzt zu werden. Und genau das ist die zeitraubendste Aufgabe bei einer Joomla!-2.5- zu -3-Migration: die Erstellung einer Übersicht darüber, wie mit den einzelnen Erweiterungen zu verfahren ist. Entfernen Sie deshalb schon vorab alle Erweiterungen, die Sie nicht benötigen, und erörtern Sie dabei auch diejenigen, für die es unter Joomla! 3 eine fortschrittlichere Alternative gibt.

Achtung: Bevor Sie fortfahren, prüfen Sie, dass Ihr Webspace alle nötigen Voraussetzungen für Joomla! 3 erfüllt. Details dazu finden Sie in Abschnitt 3.1.2, »Detaillierte Joomla!-Voraussetzungen für eigene Server«. *Wichtig*: Achten Sie darauf, dass Sie für die Dauer des Upgrades Apache-, PHP- und MySQL-Versionen einsetzen, die von beiden Joomla!-Versionen, 2.5 und 3.x, unterstützt werden.

1. Fertigen Sie zunächst ein Backup des aktuellen Stands der Joomla!-2.5-Website an. Dabei hilft Ihnen Abschnitt 16.1, »Sicherheitskopien anlegen mit Akeeba Backup«. Beachten Sie, dass Sie eine mit Joomla! 2.5 kompatible Akeeba-Backup-Version, z. B. 4.1.2, einsetzen.

2. Aktualisieren Sie Joomla! über KOMPONENTEN • JOOMLA! AKTUALISIEREN auf die letzte 2.5.28-Version (siehe Abbildung 20.4).

    Falls Sie diesen Eintrag nicht vorfinden, wechseln Sie zu ERWEITERUNGEN • ERWEITERUNGEN • Reiter AKTUALISIEREN und klicken auf den Button AKTUALISIERUNGEN SUCHEN oben rechts. Markieren Sie das Joomla!-Update für Version 2.5.28, und klicken Sie auf den Button AKTUALISIEREN; ab sofort erscheint der neue Menüpunkt JOOMLA! AKTUALISIEREN im Menü KOMPONENTEN.

Abbildung 20.4 Über »Erweiterungen« • »Erweiterungen« • Reiter »Aktualisierungen« • Button »Aktualisierungen suchen« findet Joomla! die letzte offizielle Joomla!-Version 2.5.28 und ergänzt einen Update-Menüpunkt.

3. Verifizieren Sie die Aktualität des Datenbankschemas: ERWEITERUNGEN • ERWEITERUNGEN • Reiter DATENBANK, hinter VERSION DES DATENBANKSCHEMAS muss 2.5.28 stehen wie in Abbildung 20.5. Falls das nicht der Fall ist, klicken Sie auf den Button REPARIEREN oben rechts.

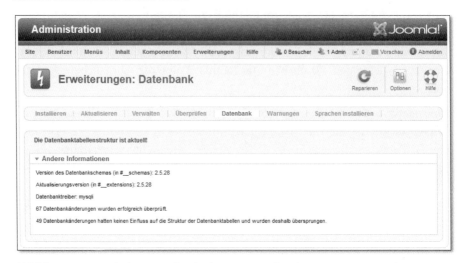

Abbildung 20.5 Auch das Datenbankschema muss dem letzten 2.5.28-Stand entsprechen, klicken Sie gegebenenfalls auf den Button »Reparieren«.

4. Deinstallieren Sie alle Erweiterungen, die Sie nicht mehr benötigen, denn die Überführung von Erweiterungen zu Joomla! 3 ist ein mühsamer Prozess.
5. Führen Sie alle anstehenden Erweiterungen-Updates über ERWEITERUNGEN • ERWEITERUNGEN • Reiter AKTUALISIEREN durch.
6. Überprüfen Sie jede einzelne nachträglich installierte Erweiterung über ERWEITERUNGEN • ERWEITERUNGEN • Reiter VERWALTEN (siehe Abbildung 20.6), und legen Sie eine Liste an, welche Erweiterungen kompatibel mit Joomla! 3 sind und wie Sie pro Erweiterung weiterverfahren. Beginnen Sie mit PAKET (Filterung über die Dropdown-Liste TYP WÄHLEN), da diese enthaltenen Komponenten, Plugins und Module gesammelt verwalten und nicht separat bearbeitet werden müssen. Fahren Sie dann mit Einzelerweiterungen, Komponenten, Plugins etc. fort. *Hinweis*: Diese Überprüfung betrifft auch Templates und Sprachpakete, da diese wie Erweiterungen behandelt werden.
   – Prüfen Sie über das Joomla! Extensions Directory und auf der Website des Entwicklers, ob es sich um eine für Joomla! 2.5 und Joomla! 3 kompatible Version handelt. Das sind die genügsamsten Erweiterungen, die nach dem Joomla!-Upgrade voraussichtlich weiterfunktionieren.
   – Ist die Erweiterung nicht Joomla!-3-kompatibel, prüfen Sie, ob eine andere kompatible Version verfügbar ist, und markieren Sie das auf Ihrer Liste. Abhängig

von der Programmierung der Erweiterung ist es möglich, dass sie sich später entweder halb automatisch über den Erweiterungsmanager aktualisiert oder dass Sie sie manuell über ein separates ZIP-Archiv installieren müssen. Notieren Sie sich in letzterem Fall die Konfiguration der Erweiterung, und deinstallieren Sie sie. Konsultieren Sie Website und Entwickler der fraglichen Erweiterung für Details zu solch einem Upgrade.

– Falls es keine Joomla!-3-kompatible Version der Erweiterung gibt, bleibt Ihnen leider nichts anderes übrig, als sich später nach einer Alternative umzusehen. Auch in diesem Fall deinstallieren Sie sie jetzt.

Abbildung 20.6 Prüfen Sie jede einzelne Erweiterung auf ihre 3.x-Kompatibilität, beginnen Sie bei »Paket«, da diese mehrere Komponenten, Plugins und/oder Module enthalten können.

7. Wechseln Sie zu SITE • KONFIGURATION • Reiter SERVER, und stellen Sie die Dropdown-Liste FEHLER BERICHTEN auf MAXIMUM.

8. Fertigen Sie ein weiteres Backup an, Sie sind nur noch einige Mausklicks vom Upgrade entfernt.

9. Wechseln Sie zu KOMPONENTEN • JOOMLA! AKTUALISIEREN, stellen Sie noch mal sicher, dass die letzte Version 2.5.28 installiert ist, und klicken Sie auf den Button OPTIONEN oben rechts.

10. Im Popup-Fenster stellen Sie die Dropdown-Liste AKTUALISIERUNGSSERVER von LANGZEIT-SUPPORT (EMPFOHLEN) auf KURZZEIT-SUPPORT, und SPEICHERN & SCHLIESSEN Sie die Konfiguration.

11. Jetzt aktualisiert sich die Seite JOOMLA!-AKTUALISIERUNG und signalisiert, dass eine neuere 3.x-Version verfügbar ist. *Hinweis*: Falls keine Version erscheint,

rufen Sie SITE • ABGELAUFENEN CACHE LEEREN auf und aktualisieren die Seite JOOMLA!-AKTUALISIERUNG mit [F5] (OS X: [cmd] + [R]).

12. Klicken Sie jetzt auf den Button AKTUALISIERUNG INSTALLIEREN, und lehnen Sie sich während der Durchführung des Upgrades zurück (siehe Abbildung 20.7).

Abbildung 20.7 Nach gründlichen Vorbereitungen, wie es um die Kompatibilitäten aller Erweiterungen steht, aktualisieren Sie Joomla! 2.5 mit nur einem Buttonklick zur aktuellen 3er-Version.

13. Nach erfolgtem Upgrade begrüßt Sie das Joomla!-3-Kontrollzentrum. Klicken Sie zunächst auf SYSTEM • ABGELAUFENEN CACHE LEEREN.

14. Überprüfen Sie über ERWEITERUNGEN • VERWALTEN • Seitenleiste AKTUALISIEREN und ÜBERPRÜFEN, ob Erweiterungs-Updates vorliegen, und führen Sie sie gegebenenfalls aus.

15. Abschließend ist wieder ein guter Zeitpunkt für ein Backup, Titel: »Milestone – initiales Joomla!-3-System«.

Ab jetzt gehen Sie dazu über, etwaig verloren gegangene Funktionalitäten wegen inkompatibler Joomla!-2.5-Erweiterungen wiederherzustellen. Konsultieren Sie Ihre Notizen, und besuchen Sie das Joomla! Extensions Directory unter *http://extensions.joomla.org*, um sich durch die Kategorien zu klicken oder nach Schlüsselwörtern zu suchen. Achten Sie dabei immer auf die Anzahl der REVIEWS und den SCORE, die Bewertung zur Erweiterung. In Teil 3 dieses Handbuchs, »Joomla! erweitern«, finden Sie außerdem Beschreibungen und Anleitungen zu repräsentativen und beliebten Erweiterungen verschiedenster Kategorien.

Tipp: Es ist ratsam, für die ersten Monate nach dem Joomla!-3-Upgrade die alte Websiteversion auf einem internen Testserver verfügbar zu haben. Damit lassen sich jederzeit alte Inhalte oder Komponentenkonfigurationen einsehen und gegebenenfalls im neuen System rekonstruieren.

20.3.2 Von WordPress migrieren

Erreicht die Blog-Software WordPress in maximaler Plugin-Ausbaustufe ihre funktionalen Grenzen, ist Joomla! als flexibel erweiterbares Content-Management-System der ideale Kandidat, um die zukünftige Ausbaufähigkeit einer Website zu sichern. Da beide Systeme ihre Inhalte verhältnismäßig übersichtlich in einer Datenbank speichern, ist deren Übernahme in Joomla! nicht kompliziert. Eine Migration ist über PHP-Scripts möglich, die Sie die Tabelleninhalte von der einen Tabellenstruktur in die andere konvertieren, also die Felder entsprechend umsortieren. Per Hand ist das ein mühsames Unterfangen, aber glücklicherweise gibt es auch hier Erweiterungen, die Ihnen als Webmaster das Leben einfacher machen; wenn auch die Empfehlung in Richtung Bezahlerweiterungen geht, da diese am stabilsten laufen.

Bevor es zu den Bezahlerweiterungen geht, ein kurzer Hinweis auf eine Erweiterung, die Sie näher in Kapitel 21, »Joomla! und Content deployen«, kennenlernen werden. *J2XML* ist eine kostenlose Komponente, mit der Sie Joomla!-Inhalte zwischen verschiedenen Instanzen per XML-Datei austauschen; aktuell berücksichtigt das Tool Beiträge (mit Bildern), Kategorien und Benutzer. Eine Erweiterung dieser Erweiterung erlaubt den Import von XML-Dateien, die aus einem Standard-WordPress-Export heraus entstanden sind. Leider berücksichtigt J2XML dabei aber nur Blogposts und keine Inhaltselemente des Typs SEITEN, ist also nur bedingt für alle WordPress-Migrationen einsetzbar.

Erweiterung	J2XML WordPress Importer Plugin
JED-Kategorie	EXTENSION SPECIFIC • EXTENSION SPECIFIC NON-SORTED
Download	*http://www.eshiol.it/joomla/j2xml/wordpress-importer-plugin.html*
Zweck	Erweiterung zur kostenlosen Komponente J2XML, die Beiträge, Kategorien und Benutzer zwischen verschiedenen Joomla!-Instanzen überträgt – dieses Plugin erlaubt zusätzlich den Import von Standard-WordPress-Exporten in XML-Dateien.

Beachten Sie, dass Sie vor der Migration beide Erweiterungen, J2XML (siehe Abschnitt 21.2, »Beiträge, Kategorien und Benutzer mit J2XML deployen«) und *J2XML WordPress Importer Plugin*, installiert haben müssen. Das Plugin ist außerdem nach der Einrichtung über den Plugin-Manager • Eintrag J2XML WORDPRESS IMPORTER in der Spalte STATUS zu aktivieren.

1. Wechseln Sie in Ihrer WordPress-Installation zu WERKZEUGE • DATEN EXPORTIEREN.
2. Markieren Sie ALLE INHALTE, und klicken Sie auf EXPORT-DATEI HERUNTERLADEN (siehe Abbildung 20.8).

20 Wartung allgemein

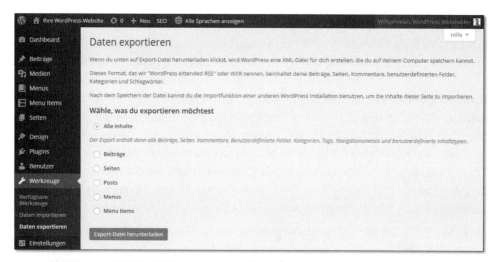

Abbildung 20.8 Für J2XML exportieren Sie am besten alle Inhaltselemente aus WordPress, leider werden »Seiten« nicht in Joomla! importiert.

3. Wechseln Sie in Ihrer Joomla!-Installation zu KOMPONENTEN • J2XML.
4. Klicken Sie auf den Button DATEIEN AUSWÄHLEN, suchen Sie die lokal gespeicherte XML-Datei, und klicken Sie danach auf den Button IMPORT rechts daneben.
5. Prüfen Sie nun unter INHALT • BEITRÄGE, ob Ihre WordPress-Inhalte übernommen wurden. Ist hier etwas schiefgegangen, bietet J2XML leider keine weiteren Konfigurationsoptionen, und Sie könnten höchstens mit Variationen des WordPress-Exports experimentieren, z. B. auf Blogposts beschränken.

Migration mit CMigrator

Erweiterung	CMigrator
JED-Kategorie	MIGRATION & CONVERSION • DATA IMPORT & EXPORT
Download	*https://compojoom.com/joomla-extensions/cmigrator* (etwa 70 €)
Zweck	einfache zweistufige Migration von in der Joomla!-Datenbank importierten WordPress-Inhalten und -Benutzern inklusive Bereinigung des importierten Contents

Kostenpflichtige Erweiterungen sind in der Regel bequemer zu bedienen, haben deutlich mehr Optionen und bringen den Vorteil eines erweiterten Supports mit sich. Ein möglicherweise entscheidender Faktor während der Migration komplexer Websites, bei denen ein hohes Risiko besteht, dass etwas schiefläuft. CMigrator spezialisiert sich auf den Import von Beiträgen, Kategorien, Schlagwörtern, Bildern, Benutzern und Benutzergruppen und ist mit einem 12-Monate-Support für etwa 70 € erhältlich. Die Erweiterung verbindet sich nicht mit einer externen WordPress-Datenbank, sondern setzt voraus, dass sich die Tabellen bereits in der Datenbank von Joomla! befinden. Ist das der Fall, erfolgt die Migration in drei Schritten:

1. **Migrationskonfiguration**
   Nach der Installation ist CMigrator über KOMPONENTEN • CMIGRATOR mit seinem eigenen Control Panel erreichbar (siehe Abbildung 20.9). Dort verwalten Sie beliebige WordPress- (oder Drupal-)Profile, in denen Sie das Tabellenpräfix festlegen und per Dropdown-Listen auswählen, welche Inhalte zur Migration anstehen.

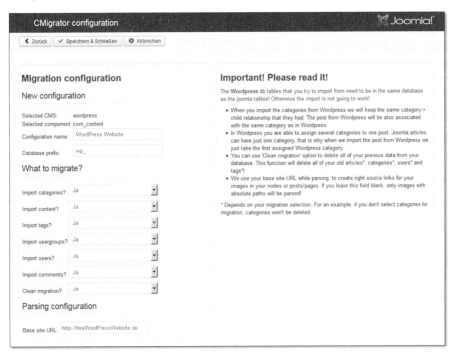

Abbildung 20.9 Über seine einfache Konfiguration melden Sie CMigrator, welches Tabellenpräfix die WordPress-Inhalte haben und welche Inhalte Sie während der Migration importieren möchten.

2. **Migration**
   Die Migration, also die Übernahme der WordPress-Inhalte in die Joomla!-Tabellen, ist ein einfacher Buttonklick. Legen Sie vorher ein Backup an, denn falls irgendetwas schiefgeht, stünden langwierige händische Bereinigungsaktionen an.

   Achtung: Bei der Migration werden alle existierenden Joomla!-Inhalte gnadenlos gelöscht und die Joomla!-Beiträge, -Kategorien und -Benutzer ersetzt.

3. **Parsing der importierten Inhalte**
   Der Import der WordPress-Inhalte ist nur die halbe Miete, denn in den Beiträgen verstecken sich viele WordPress-spezifische HTML- und Blogging-Tags, die über CMigrators PARSING-Option beseitigt oder konvertiert werden – ebenfalls nur ein einzelner Buttonklick (siehe Abbildung 20.11).

Tipp: WordPress-Tabellen in die Joomla!-Datenbank kopieren

Für den Import von WordPress-Inhalten in Ihre Joomla!-Website ist es notwendig, alle Tabellen in der Joomla!-Datenbank bereitzustellen. Dazu nutzen Sie die Export- und Importfunktionalität von phpMyAdmin:

1. Wechseln Sie zur WordPress-Datenbank, und klicken Sie auf den Reiter EXPORTIEREN.
2. Belassen Sie die Option SCHNELL - NUR NOTWENDIGE OPTIONEN ANZEIGEN, und starten Sie den Export über den Button OK (siehe Abbildung 20.10). Kurz darauf erscheint ein Dateidialog, über den Sie die fertig generierte SQL-Datei mit allen WordPress-Inhalten auf Ihrem lokalen Rechner zwischenspeichern.

Abbildung 20.10 WordPress-Datenbanktabellen erkennen Sie in der Regel am Tabellenpräfix »wp_«.

3. Wechseln Sie zur Joomla!-Datenbank, und klicken Sie auf den Reiter IMPORTIEREN.
4. Wählen Sie die eben heruntergeladene SQL-Datei, und klicken Sie auf OK, um den Import zu starten. Bei großen WordPress-Instanzen mit vielen Inhalten kann das eine Weile dauern und u. U. einen erneuten Import erfordern, falls die Prozedur zwischendurch wegen eines PHP-Timeouts abbricht. phpMyAdmin merkt sich dann, bis zu welcher Stelle importiert wurde, und setzt dort nach erneutem Auswählen der SQL-Datei und Klick auf OK den Import fort.

Prüfen Sie in der linken Spalte bzw. durch Klick auf den Reiter STRUKTUR den erfolgreichen Import der WordPress-Tabellen. In der Regel erkennen Sie sie an dem Standardtabellenpräfix WP_.

Hinweis: Behalten Sie Ihre Datenbank sauber, indem Sie nach der Migration der WordPress-Inhalte die eben importierten Tabellen wieder löschen.

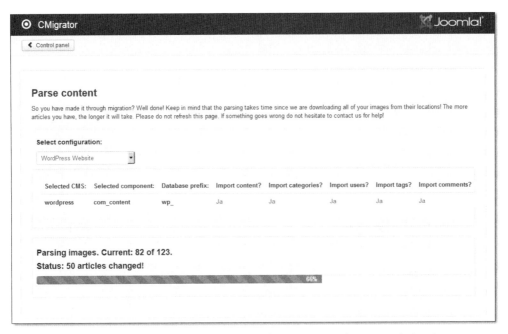

Abbildung 20.11 CMigrator migriert WordPress-Websites in zwei Phasen; nach der eigentlichen Migration erfolgt das Parsing für die Inhalteformatierung anhand von Joomla!-Konventionen.

Der Import von Benutzern hat bei jeder Migration einen Pferdefuß. Passwörter können die Content-Management-Systeme auf jeweils eigene Art und Weise speichern und lassen sich deshalb nicht ohne Weiteres konvertieren. CMigrator geht deshalb einen raffinierten Weg und kopiert die Passwörter der WordPress-Benutzer unverändert in die Joomla!-Tabellen. Ein separat zu aktivierendes Authentifizierungs-Plugin erlaubt den Ex-WordPress-Benutzern dann das Joomla!-Login, ohne dass diese ihr Passwort anpassen müssen.

Hinweis: Erscheint bei einem erfolglosen Login Ihrer Benutzer die Fehlermeldung WARNUNG: ES GIBT KEINEN ZUGRIFF AUF PRIVATE SEITEN, fehlt ihnen die Zuweisung zu einer Benutzergruppe. Bearbeiten Sie dann die betreffenden Benutzer im Benutzermanager, und platzieren Sie sie über den Reiter ZUGEWIESENE GRUPPEN in eine Benutzergruppe, z. B. REGISTRIERT.

20.4 »404«-Fehler abfangen und reparieren

In einem Wunschtraum wurde das Reiseforum im Internet so beliebt, dass es sogar internationales Publikum anzog und es Zeit wurde, eine englischsprachige Variante der Inhalte anzubieten. (Kapitel 12, »Mehrsprachigkeit aktivieren«, zeigte den Reiseforums-Administratoren, wie das funktioniert.) Doch plötzlich trudeln Mails in den Webmaster-Posteingang (über ein ChronoForms-Formular in Kapitel 17, »Joomla! als Content-Management-System«, implementiert), dass einige deutsche Seiten nicht erreichbar wären: der 404-Albtraum eines Webmasters. Was ist da passiert?

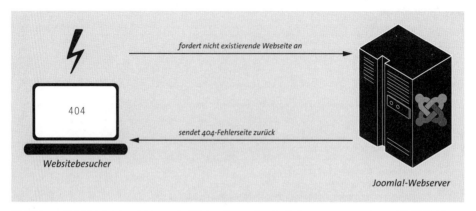

Abbildung 20.12 Nicht existierende Webseiten oder Dateien erzeugen einen HTTP-Fehler »404«; Benutzer und Suchmaschinen sind zurecht verärgert.

Große Änderungen an der Inhalte- und Menüstruktur einer Website bringen den unangenehmen Nebeneffekt mit sich, dass URLs, die auf alte Inhalte zeigen, nicht mehr funktionieren. Ein sogenannter 404-Fehler ist die Folge, das ist die im Hypertext Transfer Protocol (HTTP) festgelegte Fehlernummer für eine nicht auffindbare Ressource, egal ob Webseite, JPG-Bild oder CSS-Stylesheet. Das Ändern eines Kategorienamens oder eines Beitragstitels reicht aus, damit sich die URL ändert. Joomla! bietet über ALIASE (die Textfelder rechts neben den TITEL-Feldern von Beiträgen, Kategorien, Menüeinträgen und anderen Inhaltselementen) die Möglichkeit, Seitentitel vom URL-Pfadbestandteil zu trennen. So können Sie einen Beitrag umbenennen, die URL bleibt aber dank ALIAS des Beitrags und des Menüeintrags gleich. Vorausgesetzt, Sie *möchten*, dass er gleich bleibt, was bei einer Umstrukturierung des Contents unwahrscheinlich ist.

Im Falle der Mehrsprachigkeitsumstellung des Reiseforums geschah etwas Ähnliches. Damit Joomla! die deutsch- von den englischsprachigen Webseiten trennen kann, lautet die URL des Lanzarote-Artikels nicht mehr */urlaubsziele/kanaren/55-lanzarote*, sondern */de/urlaubsziele/kanaren/55-lanzarote* – Joomla! setzt das Sprachkürzel */de/* bzw. */en/* zwischen Domain-Name und Seitenpfad. Und prompt funktioniert kein Favorit oder Bookmark der Urlaubsbesucher mehr. *Hinweis*: Für diesen speziellen Fall bietet Joomla! einen Ausweg. In der Konfiguration des Plugins SYSTEM-SPRACHENFILTER stellen Sie den Schalter URL-SPRACHKÜRZEL ENTFERNEN auf JA, damit die deutschen Seiten unter dem alten URL-Pfad erreichbar bleiben, also ohne das zusätzliche */de/*.

Egal, wodurch eine 404-Problematik verursacht wurde, es ist schnelles Handeln angesagt. Sie laufen Gefahr, nicht nur Besucher zu vergraulen, sondern auch Abwertungen beim Suchmaschinen-Ranking zu erhalten. Um der Situation Herr zu werden, klopfen Sie mehrere Aspekte ab:

- **Analyse**
  Zunächst lokalisieren Sie nicht gefundene Webseiten und Dateien. Dazu verwenden Sie ein kleines Tool, das Ihre Website, ähnlich wie eine Suchmaschine, durchpflügt und Probleme meldet.

- **Sofortmaßnahmen**
  Nicht gefundene Webseiten oder Dateien sind akute Probleme, die schnellstmöglich gelöst werden müssen. Mithilfe der offiziellen Joomla!-Komponente Umleitungen lenken Sie Websitebesucher, die eine nicht existente Seite ansurfen, auf eine andere.

- **Fehlerseitenüberarbeitung**
  404-Fehler wird es auch in Zukunft geben. Die unattraktive Standard-404-Fehlerseite schreckt ab, deshalb gestalten Sie eine eigene Webseite, die Ihre Websitebesucher freundlicher empfängt und zum Verweilen auf der Website einlädt.

20.4.1 Lokalisierung fehlerhafter Verlinkungen

Zwar bietet Joomla! ein Plugin, mit dem Sie 404-Fehler aufspüren (siehe übernächster Abschnitt), jedoch reagiert der Mechanismus erst, wenn die problematischen Seiten und Dateien live im Browser aufgerufen werden. Daher empfiehlt es sich, die Website initial in einem Rutsch durchzuspidern, um eine lückenlose Liste fehlerhafter Seiten zu erhalten. Hierzu machen Sie Gebrauch eines sehr primitiven, aber weitverbreiteten Tools, das unverzichtbar in jedem Webmaster-Werkzeugkasten ist: *Xenu Link Sleuth*, ein einfacher Spider, der Ihre Website nach fehlerhaften Links abgrast und diese dann in einer Übersicht zur Problembeseitigung präsentiert.

Hinweis: Xenu ist ein Windows-Programm, das Linux- und OS-X-Benutzer z. B. über den Wine-Emulator ausführen (*https://www.winehq.org*). Alternative Empfehlungen sind *Integrity* (für OS X über den App Store erhältlich) und *linkchecker* mit *linkchecker-gui* (für Linux über den Software Manager).

1. Besuchen Sie die Website *http://home.snafu.de/tilman/xenulink.html*, und klicken Sie auf den Link DOWNLOAD.

2. Klicken Sie auf der nächsten Seite noch mal auf DOWNLOAD, und speichern und öffnen Sie die heruntergeladene ZIP-Datei.

3. Die ZIP-Datei enthält eine Datei *Setup.exe*, die Sie entpacken und per Doppelklick ausführen, um den Spider zu installieren. Bestätigen Sie gegebenenfalls alle Warn-

meldungen des Betriebssystems, man möge sich doch vor heruntergeladenen Dateien in Acht nehmen etc.

4. Im Installationsassistenten klicken Sie einige Male auf NEXT, um der Lizenzvereinbarung zuzustimmen und den Installationsordner zu bestätigen.

5. Starten Sie Xenu über das Häkchen im letzten Installationsschritt oder den neu angelegten Link im Startmenü.

Die Bedienung des Tools ist einfach:

6. Wählen Sie aus dem Menü FILE • CHECK URL..., und geben Sie in das obere Textfeld die vollständige Adresse Ihrer Website ein.

7. In der Regel benötigen Sie keine weiteren Einstellungen und können das Crawlen mit Klick auf OK initiieren.

   - Aktivieren Sie beim ersten Durchlauf nicht das Häkchen CHECK EXTERNAL LINKS, um zunächst eine Analyse Ihrer internen Verlinkungen zu erhalten. Im zweiten Durchlauf setzen Sie das Häkchen, damit Sie auch veraltete Referenzen zu anderen Websites aufspüren.

   - Achten Sie auf die Angabe des richtigen Protokolls vor Ihrer Domain, Xenu ignoriert z. B. standardmäßig HTTP- zu HTTPS-Weiterleitungen.

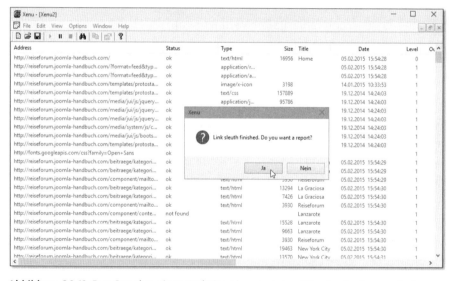

Abbildung 20.13 Das Crawlen einer Website nimmt einige Minuten in Anspruch; lassen Sie sich am Ende den »Report« im Browser ausgeben.

8. Es dauert nun einige Minuten, bis der Linkcheck durchgeführt wurde. Währenddessen verfolgen Sie den spannenden Crawling-Verlauf live im Xenu-Fenster. Gegen Ende erscheint ein Dialogfenster, das Ihnen anbietet, einen Report einzusehen. Stimmen Sie zu (siehe Abbildung 20.13), öffnet sich ein weiteres Dialogfenster

(REMOTE ORPHAN CHECK: FTP PARAMETERS), das Sie mit dem Button CANCEL ignorieren.

9. Nun öffnet sich ein Browserfenster mit all den Details, die reparaturbedürftig sind.

Am wichtigsten ist in diesem Report der erste Bereich BROKEN LINKS, ORDERED BY LINK. Hier sehen Sie alle 404-Fehler und die (internen) Seiten, die auf die nicht existierende Seite oder Datei verlinken. Abhängig von Art oder Verweis, unterscheidet sich die Reparatur. Halten Sie beispielsweise nach Buchstabenverdrehern Ausschau und fehlenden Schrägstrichen (Slashes). Stammt das Problem aus einer Joomla!-Erweiterung, kontaktieren Sie den Entwickler zur Behebung.

20.4.2 Einrichten von Umleitungen

Während des Ausmerzens von 404-Fehlern begegnen Sie dem eingangs erwähnten Szenario, dass Inhalte an eine andere Position in Ihrer Menüstruktur gehängt wurden. Das ist durchaus normal, wenn ein größeres Content-Update erfolgt, aber es bedarf einiger Konfigurationsmaßnahmen, um die daraus resultierenden 404-Fehlerseiten zu vermeiden.

Die Abhilfe ist simpel: Der Apache Webserver stellt fest, dass eine bestimmte Datei oder Seite nicht existiert und gibt Joomla! Bescheid, was der Websitebesucher eigentlich anforderte. Das CMS konsultiert eine einfache Tabelle, die den veralteten, nun fehlerhaften URL-Eintrag und eine passende Alternativseite enthält, eine Seite mit dem neuen URL-Pfad. Der 404-Fehler wird damit zum sogenannten 301-Redirect (Um- oder Weiterleitung), wobei die Statusmeldung 301 laut Hypertext Transfer Protocol Webbrowser und Google mitteilen: »Die von dir angeforderte Seite gibt es ab sofort und für immer unter dieser neuen URL« (siehe Abbildung 20.14).

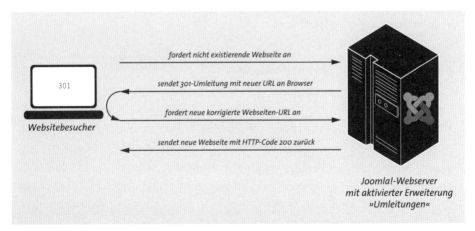

Abbildung 20.14 »301«-Redirects sind die korrekte Maßnahme, Webbrowser und Suchmaschinen über den Umzug einer Webseite zu informieren.

Ihr Websitebesucher bekommt von all dem fast nichts mit, außer einer anderen URL in der Adresszeile. Das löst zwar nicht das Problem, dass der Bookmark/Favorit noch fehlerhaft ist, in der Regel sind einmal eingerichtete Weiterleitungen aber ohnehin permanent. Google hingegen nimmt die 301-Serverantwort zum Anlass, seinen Index zu aktualisieren. *Übrigens*: 301-Redirects sind, neben der XML-Sitemap, Googles empfohlene Methode, Suchmaschinen eine neue Webseitenstruktur mitzuteilen.

Das kleine Repertoire offizieller Joomla!-Komponenten stellt ein Plugin zur Verfügung, das genau solche 301-Redirects erzeugt und damit 404-Seitenfehler abfängt. Blättern Sie zurück zu Abschnitt 15.6, »Umleitungen anlegen«, für eine ausführlichere Anleitung zum Plugin.

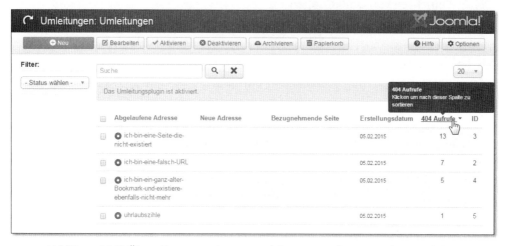

Abbildung 20.15 Über »Komponenten« • »Umleitungen« sehen Sie auf einen Blick, wie viele Besucher nicht existierende Seiten aufgerufen haben; das sind entweder falsche interne oder externe Links oder veraltete Bookmarks.

> **Info: »301«-Umleitungen ohne Joomla!**
>
> Die über das UMLEITUNGEN-Plugin erzeugten 404-Reparaturen erfolgen applikationsseitig, innerhalb des PHP-Codes von Joomla!. Das heißt, für jede einzelne Umleitung wird die Joomla!-Applikationsmaschinerie angeworfen, was sich bei vielen Umleitungen, die lange aufrechterhalten werden, auf die Performance auswirkt.
>
> Alternativ integrieren Sie 301-Redirects bereits eine Ebene darüber, in der Serverkonfiguration. In diesem Fall sorgt der Apache Webserver für eine Umleitung, ohne dass das CMS bemüht wird. Bei einer groß angelegten Umstrukturierung Ihrer Website könnten Sie z. B. zweistufig vorgehen. Sammeln, beobachten und reparieren Sie die 404-Probleme unmittelbar über das UMLEITUNGEN-Plugin, und übernehmen Sie längerfristige

Umleitungen in die Serverkonfiguration. Dazu ist pro Umleitung lediglich eine kleine Ergänzung der *.htaccess*-Datei im Hauptverzeichnis der Joomla!-Installation notwendig:

```
Redirect 301 /nicht-existente-seite /neue-seite
```

Fügen Sie Ihre Redirects direkt unterhalb der Aktivierung des Umleitungsmechanismus (`RewriteEngine On`) ein, damit die Umleitung so schnell wie möglich erfolgt.

Hinweis: Finden Sie in Ihrem Joomla!-Hauptverzeichnis nur die Datei *htaccess.txt* vor, ist die Serverkonfiguration noch nicht aktiviert. Benennen Sie sie dann in *.htaccess* um. Mehr Details zu der Datei erfahren Sie in Abschnitt 23.1, »Joomla!-URLs optimieren«.

Tipp: Löschen des Browser-Redirect-Caches

301-Umleitungen werden von Webbrowsern gecacht. Experimentieren Sie länger mit Redirects und stellen keine Änderung des Umleitungsverhaltens fest, hat Ihr Browser das Kommando übernommen. So löschen Sie den Redirect-Cache:

- **Firefox**: Menü CHRONIK • GESAMTE CHRONIK ANZEIGEN • Rechtsklick auf Ihre Joomla!-Website • GESAMTE WEBSITE VERGESSEN aus dem Kontextmenü
- **Firefox**: Menü EXTRAS • EINSTELLUNGEN • Reiter ERWEITERT • Unterreiter NETZWERK • Bereich ZWISCHENGESPEICHERTE WEBINHALTE • Button JETZT LEEREN
- **Chrome**: Menü EINSTELLUNGEN • ERWEITERTE EINSTELLUNGEN ANZEIGEN (Link ganz unten) • Bereich DATENSCHUTZ • Button BROWSERDATEN LÖSCHEN... • Häkchen BILDER UND DATEIEN IM CACHE muss gesetzt sein, die anderen nicht • Button BROWSERDATEN LÖSCHEN

Hinweis: Da Ihre Browser auf diese Weise auch andere zwischengespeicherte Daten verlieren, empfiehlt es sich, für die Redirect-Konfigurationsarbeiten mit verschiedenen Browsern zu arbeiten.

20.4.3 Bereitstellung einer eigenen »404«-Fehlerseite

Die Standard-Fehlerseite von Joomla! ist an Schlichtheit kaum zu überbieten und für Websitebesucher eine unattraktive Sackgasse, die sie wieder schleunigst verlassen. Eine gute 404-Fehlerseite hingegen nimmt die Erwartungshaltung des Besuchers auf und präsentiert Alternativvorschläge, verlinkt z. B. auf die wichtigsten und/oder interessantesten Themen Ihrer Website (siehe Beispiel in Abbildung 20.16). Das Anlegen einer eigenen ansprechend gestalteten 404-Seite ist deshalb ein wichtiges Mittel, Besucher auf Ihrer Website zu halten.

Joomla! sucht im Hauptverzeichnis Ihres Templates nach einer Datei *error.php*, die nicht nur beim Fehler 404, sondern auch 403 (Zugriff verboten, z. B. über einen HTTP-Verzeichnisschutz) und 500 (interner Serverfehler) erscheint. Templateentwickler legen diese Seite bereits an, um sie ins Templatedesign zu gießen. Falls in Ihrem Template keine solche Datei liegt, finden Sie aber eine Vorlage unter */templates/system/*. Im folgenden Ratschlag ist der eigentliche Inhalt dieser Seite weniger relevant, denn was liegt näher, als die Besucher im Fehlerfall auf eine informative Seite mit wertvollen Inhalten *weiterzuleiten*, z. B. auf eine Seite, deren Content Sie bequem über den Beitragseditor von Joomla! erstellen.

1. Erzeugen Sie über INHALT • BEITRÄGE • NEUER BEITRAG den Inhalt für Ihre Fehlerseite. Halten Sie sich kurz, bieten Sie Ihren Besuchern neue Linkziele zu Themen, der Homepage und gegebenenfalls zur Sitemap. SPEICHERN & SCHLIESSEN Sie den Beitrag.

2. Erzeugen Sie über MENÜS • HIDDEN MENU • NEUER MENÜEINTRAG einen Menüpunkt des Typs BEITRÄGE • EINZELNER BEITRAG. Ein verstecktes Menü (HIDDEN) setzen Sie ein, um die Seite nicht in Ihre reguläre Menüstruktur integrieren zu müssen (siehe Abschnitt 9.1.5, »Weitere Einstellungen zu Menüeinträgen«, Kasten »Tipp: Standardwebseite ›Home‹ aus dem Main Menu entfernen«).

   Unter BEITRAG AUSWÄHLEN verlinken Sie den eben erstellten Beitrag. Wählen Sie unter ÜBERGEORDNETER EINTRAG die OBERSTE MENÜEBENE, und SPEICHERN & SCHLIESSEN Sie die Konfiguration.

3. Rufen Sie jetzt die neue Seite im Frontend auf, und kopieren Sie sich die URL in die Zwischenablage.

4. Öffnen Sie die Datei *error.php* aus dem Verzeichnis Ihres Templates zum Bearbeiten, oder legen Sie gegebenenfalls eine neue Datei an.

5. Fügen Sie die folgende Fehlerseitenabfrage und Umleitung unmittelbar unter die Zeile `defined( '_JEXEC' ) or die( 'Restricted access' );`.

   ```
   if (($this->error->getCode()) == '404') {
       header('Location: /URLDerNeuen404Seite');
       exit;
   }
   ```

Die erste Zeile gestattet das Ausführen der *error.php*-Seite nur im Kontext von Joomla!. Damit wird sichergestellt, dass der PHP-Code nicht separat aufgerufen wird und möglicherweise eine Schwachstelle öffnet.

Die darauf folgende `if`-Abfrage prüft, ob die Seite im Falle eines 404-HTTP-Codes erscheint. Ist das der Fall, sorgt der Befehl `header` für eine sofortige Weiterleitung an die URL, die Sie hinter `Location:` angeben. Kopieren Sie hier die Adresse Ihrer neu angelegten Fehlerseite aus der Zwischenablage hinein. Protokoll und Domain-Name müssen nicht vorhanden sein, die URL beginnt mit einem Schrägstrich.

6. Speichern Sie die Datei, und prüfen Sie im Frontend durch die Eingabe wilder URLs, die garantiert einen 404-Fehler verursachen, ob die Umleitung funktioniert.

Abbildung 20.16 Deklarieren Sie die »404«-Fehlerseite nicht zur Besuchersackgasse, sondern präsentieren Sie Links zum Weitersurfen auf Ihrer Website.

Funktioniert die Umleitung zur aufgehübschten Fehlerseite, kehren Sie noch mal zurück zur Bearbeitung des Menüeintrags. Wechseln Sie in den Reiter METADATEN, und stellen Sie das Feld ROBOTS auf NOINDEX, FOLLOW. Damit teilen Sie Google und Co. mit, sie mögen den Inhalt dieser Fehlerseite bitte *nicht* indexieren (ein Suchergebnistreffer der Art »Diese Seite existiert leider nicht« ist geschäftsschädigend), die darin verlinkten Seiten sind aber sehr wohl indexierungswürdig.

> **Tipp: »404«-Fehlerbehandlung bei mehrsprachigen Websites**
>
> Betreiben Sie eine mehrsprachige Website, legen Sie pro Sprache jeweils einen Beitrag und Menüeintrag an und erweitern die Bedingungen für die Umleitung um eine Sprachabfrage, die Sie über JFactory::getLanguage() erhalten. Das Beispiel-Codeschnipsel ermittelt die Sprache und weist der Variablen $redirectPage im englischen oder niederländischen Fall die jeweils passende sprachspezifische Fehlerseite zu:
>
> ```
> if (($this->error->getCode()) == '404') {
>     $lang = JFactory::getLanguage();
>     $redirectPage='/urlaubsbeitrag-abhanden-gekommen';
>     switch ($lang->getTag()) {
>         case "en-GB": $redirectPage='/en/lost-travel-report';
> ```

```
                    break;
        case "nl-NL": $redirectPage='/nl/reisverslag-verloren';
                    break;
    }
    header('Location: ' . $redirectPage);
    exit;
}
```

Berücksichtigen Sie beim Testen, wie Joomla! in Ihrer Installation die Sprache erkennt, sodass Sie nicht falsche Umleitungen erhalten, weil möglicherweise eine andere Sprache im Cookie gespeichert ist, als das Sprachkürzel in der URL zeigt. Löschen Sie also vor jedem Test die Browsercookies. Stellen Sie außerdem im Plugin SYSTEM - SPRACHFILTER den AUTOMATISCHEN SPRACHWECHSEL auf NEIN.

20.5 Google Analytics einrichten

Google gibt Webmastern mit Analytics ein kostenloses, aber dennoch mächtiges Werkzeug an die Hand, Websitestatistiken zu erstellen. Damit lassen sich z. B. Conversions verfolgen, also erfolgreiche Klickwege eines Besuchers von der Einstiegsseite über das Stöbern im Online-Shop bis zum Kauf eines Produkts. Oder Sie können herausfinden, woher Ihre Besucher kommen und mit welchen Geräten sie bevorzugt auf Ihrer Website surfen. Mit solchen Informationen lassen sich Verbesserungen an der Website durchführen. Falls z. B. sehr viele Besucher mit einem Smartphone oder einem Tablet ankommen, sollte die Darstellung der Website auch für Geräte mit schmaleren Displays optimiert sein – Stichwort *Mobile First* oder *Responsive Design*.

Um Analytics zu nutzen, benötigen Sie lediglich ein Google-Konto. Wenn Sie bereits Gmail oder eine der anderen Dienstleistungen des Software-Giganten nutzen, verwenden Sie dieses existierende Konto.

20.5.1 Anmelden bei Google Analytics

Zunächst benötigen Sie einen Tracking-Code von der Analytics-Applikation. Den gibt's kostenlos bei Google und lässt sich dann über ein HTML/JavaScript-Codefragment in jede beliebige Website einbauen.

1. Loggen Sie sich mit Ihrem Google-Konto unter *http://www.google.de/analytics* ein.
2. Klicken Sie im Reiter neben dem Google-Analytics-Logo auf VERWALTEN.

3. In der folgenden dreispaltigen Seite wählen Sie aus dem linken Dropdown-Menü NEUES KONTO ERSTELLEN. Damit ist nicht das Google-Konto gemeint, sondern eine Verwaltungsebene innerhalb von Analytics; so trennt man z. B. mehrere Websitegruppen thematisch voneinander. Am Ende beeinflusst das aber nur die Anzahl der Klicks, die Sie benötigen, um zwischen den Statistiken verschiedener Websites hin- und herzuspringen.

> **Hinweis: Googles Benutzeroberfläche sieht bei Ihnen anders aus**
>
> Google ist bei der Aktualisierung seiner Produkte und Dienstleitungen sehr aktiv, darum kann sich der hier vorgestellte Klickweg von dem unterscheiden, denn Sie vorfinden, wenn Sie dieses Buch in den Händen halten. Es ist sogar möglich, dass Ihr Kollege aus dem Büro nebenan andere wählbare Optionen hat. Das liegt daran, dass sich Google Updates relativ langsam auf alle Gruppen der Google-Konten verbreiten. Falls die hier vorgestellten Schritte also nicht hundertprozentig nachvollziehbar sind, suchen Sie ein wenig in der Benutzeroberfläche nach den Feature- oder Feldnamen, die gerade beschrieben wurden. Die Benennungen von Schaltflächen, Textfeldern und Optionen ändern sich äußerst selten.

4. Füllen Sie nun das Formular NEUES KONTO aus:
   - KONTONAME: Beliebiger von Ihnen wählbarer Name. Da z. B. das Reiseforum unter der Hauptdomain *joomla-handbuch.com* läuft, könnte der Kontoname »Joomla!-Handbuch« lauten. Unter solch einem Analytics-Konto werden dann pro Website sogenannte *Properties* angelegt, zu jeder Property erhalten Sie später eine *Tracking-ID*.
   - NAME DER WEBSITE: Name, unter dem Sie die Website in Übersichtslisten wiederfinden; hier bietet sich die Angabe der Domain an, z. B. »reiseforum.joomla-handbuch.com«.
   - WEBSITE-URL: In der Regel ist das einfach nur die Domain mit vorangestelltem Protokoll, z. B. »http://reiseforum.joomla-handbuch.com«.
   - BRANCHENKATEGORIE: Wählen Sie die Branche, zu der die Website passt.
   - ZEITZONE FÜR BERICHTE: Wählen Sie hier die richtige Zeitzone, damit die Timings in den Statistiken korrekt sind. Tragen Sie hier die falsche Zeitzone ein, werden Sie sich vielleicht wundern, dass die meisten Besucher um 3 Uhr morgens vorbeikommen.
   - Im Abschnitt DATENFREIGABEEINSTELLUNGEN markieren Sie die Google-Services, die mit den Daten, die über Ihre Website erfasst werden, arbeiten dürfen. Dabei gilt, je mehr Häkchen Sie setzen, desto mehr Möglichkeiten gibt es zur Statistikverarbeitung. Je weniger Häkchen Sie setzen, desto persönlicher werden Ihre Daten behandelt. Eine optimale Einstellung gibt es nicht; jeder trifft hier Entscheidungen aufgrund des persönlichen Datenschutzempfindens.

5. Schließen Sie das Formular über den Button TRACKING-ID ABRUFEN.
6. Stimmen Sie noch den GOOGLE ANALYTICS-NUTZUNGSBEDINGUNGEN zu, und Sie gelangen ohne Umwege zu den Tracking-Informationen mit dem begehrten TRACKING-CODE. Dieser TRACKING-CODE und die TRACKING-ID sind die wichtigsten Daten, die Ihre Website für die Analytics-Integration benötigt. Lassen Sie diesen Browser-Tab am besten offen, während Sie im nächsten Abschnitt die Joomla!-Integration vorbereiten.
   - Um zu einem späteren Zeitpunkt zu TRACKING-ID und TRACKING-CODE zu gelangen, wählen Sie auf der Analytics-Website den Reiter VERWALTEN. Klicken Sie dann in der Spalte PROPERTY unter TRACKING-INFORMATIONEN auf TRACKING-CODE.

20.5.2 Tracking-Code ins Template einbauen

Der Tracking-Code, den Sie im vorherigen Abschnitt über die Analytics-Website erhalten haben, lässt sich ganz einfach in jedes beliebige Template einfügen. In der Regel genügt es, in der Haupt-Templatedatei (*index.php*) den Tracking-Code zu ergänzen. In Abschnitt 10.5, »Template anpassen«, lesen Sie genau, wie Sie vorgehen. Aber halt!

Solcherlei händische Änderungen am Template gefährden die Update-Fähigkeit Ihres Templates. Das ist in der Praxis nicht schlimm, da Templates selten aktualisiert werden. Nichtsdestotrotz gibt es elegantere Varianten, den Tracking-Code zu integrieren.

Tracking-Konfiguration über die Template-Optionen

Sehen Sie als Allererstes in die Einstellungen und Optionen des Templates, das Sie benutzen. Google Analytics ist ein sehr verbreitetes Werkzeug, und oft integrieren die Template-Entwickler spezielle Konfigurationsfelder, die nur noch mit der TRACKING-ID ausgefüllt werden müssen.

Tracking-Code-Integration über HTML-Einbettung ins Template

Finden Sie in Ihrem Template keine separate Google-Analytics-Konfiguration, gibt es noch häufiger die Option, eigenen HTML-Code über die Template-Optionen hinzuzufügen. Suchen Sie dazu in der Konfiguration nach Textfeldern, die mit CUSTOM CODE • BEFORE </HEAD> o. ä. beschriftet sind, und kopieren Sie den gesamten Tracking-Code in das Textfeld (Beispiel für Purity III in Abbildung 20.17). Im Hintergrund funktioniert die Codeintegration dann ähnlich wie die Ergänzung in der Templatedatei, allerdings wird diese Einstellung im Falle einer Templateaktualisierung beibehalten, ist also update-sicher.

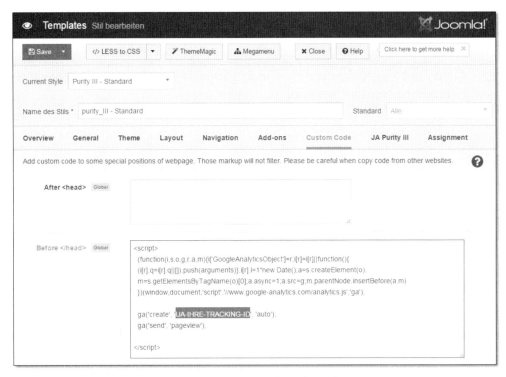

Abbildung 20.17 Einer der vielen Wege, Tracking-Code in die Webseiten zu integrieren – das Template Purity III erlaubt z. B. die Einbettung von HTML-Code in den HTML-Header; den exakten Tracking-Code erhalten Sie auf der Google-Analytics-Website.

Tracking-ID-Angabe mithilfe einer Erweiterung

Stellt Ihr Template keine Google-Analytics-Felder oder benutzerdefinierte HTML-Ergänzung zur Verfügung, gibt es last, but not least die bequeme Variante, eine Erweiterung zu nutzen. Diese injiziert den betreffenden Code dann an die richtige Stelle im HTML-Template, ohne das Template manipulieren zu müssen, sondern durch Nutzung Joomla!-interner Mechanismen.

Es gibt zahlreiche Plugins, die Ihren Tracking-Code integrieren. Aber Vorsicht: Google änderte im Laufe der Entwicklung von Analytics die Art und Weise der Implementierung. Achten Sie bei der Wahl des Plugins darauf, dass es das neue Verfahren *Universal* (und nicht nur *Asynchron*) unterstützt. Erweiterungen, die nicht mindestens im Jahr 2014 aktualisiert wurden, beherrschen das neue Verfahren wahrscheinlich nicht. Ein Plugin, das für das Reiseforum infrage kommt, ist beispielsweise *Asynchronous Google Analytics*, das, entgegen seines Namens, sehr wohl die Universal-Tracking-Code-Integration unterstützt.

Ist das Plugin erst mal installiert, genügt die Angabe der TRACKING-ID und des Domain-Namens in der Konfiguration. Das Plugin wickelt dann den Tracking-Code, den Sie in der Analytics-Website gesehen haben, selbstständig um die ID:

1. Um das Plugin zu konfigurieren, wechseln Sie über das Menü ERWEITERUNGEN • PLUGINS in den Plugin-Manager.
2. Suchen Sie in der Liste der Plugins nach »analytics«, oder sortieren Sie absteigend nach ID, sodass der Eintrag mit der höchsten ID und damit dem zuletzt installierten Plugin an erster Stelle angezeigt wird.
3. Stellen Sie sicher, dass das Plugin in der Spalte STATUS aktiviert ist, also nicht durch ein rotes Stoppschild, sondern ein grünes Häkchen markiert ist.
4. Klicken Sie auf den Namen des Moduls, und wechseln Sie zum Reiter OPTIONEN.
5. Hier geben Sie die TRACKING-ID Ihrer Analytics-Konfiguration und den Domain-Namen (ohne »http« oder »https«) ein (siehe Abbildung 20.18). Achten Sie darauf, dass der CODE TYPE auf UNIVERSAL steht. Asynchron (ASYNCHRONOUS) bezeichnet ein altes Tracking-Verfahren, das UNIVERSAL ablöst.

Abbildung 20.18 Mithilfe eines Analytics-Plugins geben Sie lediglich die Tracking-ID und den Domain-Namen an; das Plugin erzeugt den Tracking-Code selbstständig.

6. SPEICHERN & SCHLIESSEN Sie die Plugin-Konfiguration, und prüfen Sie die Tracking-Code-Ausgabe im Frontend, siehe folgender Abschnitt.

> **Tipp: Tag-Verwaltung und Spamschutz per Google Tag Manager**
>
> Nehmen Sie neben Analytics noch weitere Google-Dienste in Anspruch, die ein Vertaggen Ihrer Webseiten erfordern, lohnt ein Blick in den Google Tag Manager unter *https://www.google.de/tagmanager*. Über dieses Tool organisieren Sie nicht nur die Tags für Analytics und AdWords, sondern legen Regeln fest, unter welchen Bedingungen die Integration der Tags in die Seiten erfolgt. Auf diese Weise grenzen Sie Werbekampagnen auf bestimmte Seiten ein oder vertaggen einzelne DOWNLOAD- oder BESTELLEN-Buttons. Und zwar bequem in der Verwaltungsoberfläche des Tag Managers. Denn der Tag-Code wird nur einmal in den Quelltext Ihres Joomla!-Tem-

plates integriert, die dahinter liegende Programmlogik konfiguriert die Webseiten entsprechend der Einstellungen im Tag Manager.

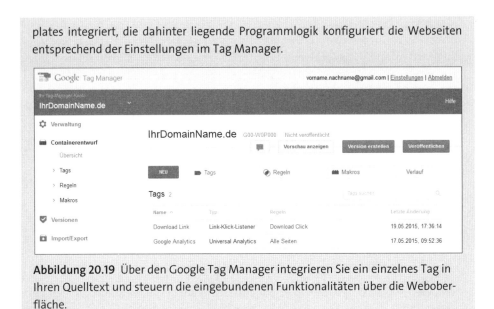

Abbildung 20.19 Über den Google Tag Manager integrieren Sie ein einzelnes Tag in Ihren Quelltext und steuern die eingebundenen Funktionalitäten über die Weboberfläche.

20.5.3 Tracking-Integration im Quelltext prüfen

Egal für welches Verfahren Sie sich entschieden haben, der nächste Schritt ist die Prüfung, ob der Tracking-Code auch tatsächlich ausgegeben wird. Analytics sammelt zu Beginn viele Daten, bevor die ersten Statistiken abrufbar sind, und so vermeiden Sie die Enttäuschung, wenn sich nach mehreren Tagen Statistikflaute herausstellt, dass das Problem nicht am Google-Dienst, sondern an der HTML-Integration des Codes lag.

Um die HTML-Ausgabe Ihrer Webseiten auf die Integration des Tracking-Codes zu überprüfen, öffnen Sie irgendeine Webseite im Frontend und sehen sich den Quelltext an. Suchen Sie nach dem Stichwort »analytics«. Ist alles ordnungsgemäß eingerichtet, sollte sich das Codefragment innerhalb des HTML-Headers befinden, z. B. so wie hier innerhalb eines Protostar-Templates:

```
[...]
  <style type="text/css">
    h1,h2,h3,h4,h5,h6,.site-title{
      font-family: 'Open Sans', sans-serif;
    }
  </style>
  <!--[if lt IE 9]>
  <script src="/media/jui/js/html5.js"></script>
  <![endif]-->
```

```
<script>
(function(i,s,o,g,r,a,m){i['GoogleAnalyticsObject']=r;i[r]=i[r]||function(){
(i[r].q=i[r].q||[]).push(arguments)},i[r].l=1*new Date();a=s.createElement(o),
m=s.getElementsByTagName(o)[0];a.async=1;a.src=g;m.parentNode.insertBefore(a,m)
})(window,document,'script','//www.google-analytics.com/analytics.js','ga');
ga('create', 'UA-123456-0', 'reiseforum.joomla-handbuch.com');
ga('send', 'pageview');
</script>
</head>

<body class="site com_content view-featured no-layout no-task itemid-101">
[...]
```

Listing 20.1 Beispielintegration des Google-Analytics-Tracking-Codes im Protostar-Template (im Listing fett hervorgehoben)

Entscheidend ist, dass der Tracking-Code innerhalb des HTML-Headers, also vor dem abschließenden </head>-Tag, auftaucht. Finden Sie das Codefragment nicht, prüfen Sie noch mal die Konfiguration des Plugins oder Templates, und probieren Sie im Zweifelsfall eines der anderen oben beschriebenen Integrationsverfahren.

> **Achtung: Aktualisieren Sie Ihre Datenschutzerklärung**
> Bei Statistiktools wie Google Analytics kommen Webtechnologien zum Einsatz, die Daten über die Websitebesucher sammeln und auswerten. Nach Datenschutzrichtlinien müssen Besucher hierüber informiert werden. In der Regel ist es auch empfehlenswert oder notwendig, Besuchern Links zur Verfügung zu stellen, um diesen Aufzeichnungen zu widersprechen. Dazu dient die Webseite *Datenschutzerklärung*, über die jede seriöse Webseite verfügt. Ihr Inhalt hängt von der Statistiknutzung der individuellen Website ab. Sehen Sie sich am besten im Internet ein bisschen um, welcher Text zu Ihrer Website passt, oft genügt der Einsatz einiger Standardtexte. Suchen Sie nach Keywords wie »datenschutzerklärung« und »google analytics«. Bei sehr professionellen und stark frequentierten Sites konsultieren Sie zusätzlich Ihren Rechtsanwalt. Oder Ihren Steuerberater, der kennt meist jemanden, der rechtsverbindliche Aussagen treffen kann.

20.5.4 Analytics-Auswertungen fahren

Die Auswertungen der Google-Analytics-Statistik sind außerordentlich umfangreich und sprengen bei Weitem den Umfang dieses Handbuchs. Klicken Sie sich ein bisschen durch die vielen Optionen auf der Analytics-Website unter dem Reiter BERICHTE. Vergessen Sie dabei auf keinen Fall die ECHTZEIT-Seite, auf der Sie live verfolgen können, wer sich gerade auf der Website tummelt.

20.5 Google Analytics einrichten

Tipp: Im Internet gibt es zahlreiche kostenlose Dashboards

Um der vielen Informationen bei der Analytics-Auswertung Herr zu werden, gibt es *Dashboards*, die die wichtigsten Daten auf einer Webseite sammeln. Dashboards lassen sich per Drag & Drop aus verschiedensten Widgets zusammenstellen; diese sind wiederum sehr umfangreich zu konfigurieren. Aber die Arbeit hat schon jemand im Netz für Sie erledigt. Suchen Sie einfach nach Keywords wie »google analytics free dashboards«. Auf den Ergebnisseiten finden Sie einen Button, der das Dashboard Ihrer Wahl in Ihr Analytics-Konto kopiert.

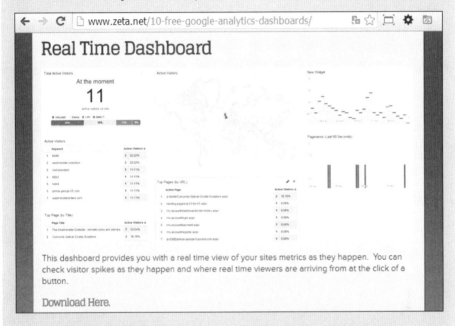

Abbildung 20.20 Im Internet finden Sie viele kostenlose Dashboards, die die Analytics-Daten übersichtlich aufbereiten; die Installation erfolgt mit einem einzelnen Klick (hier: »Download Here«).

Falls Sie sich näher mit dem Thema Google Analytics beschäftigen möchten, z. B. als Betreiber eines Online-Shops, gilt die Empfehlung für das deutsche Standardwerk: »Google Analytics: Das umfassende Handbuch« (ISBN 3836227312).

Tipp: Reale Statistiken durch Ausschluss Ihrer eigenen IP erzeugen

Nach dem Launch ist die Begeisterung groß, wenn man in Analytics schon sofort Dutzende von Besuchen verzeichnet, obwohl die Marketingmaschine noch gar nicht ins Rollen gebracht wurde. Das Problem: Dies sind Ihre eigenen Besuche auf der Website. Die Lösung: einen sogenannten *Exclude-Filter* im Analytics-Konto einrichten, sodass Besuche von Ihrer externen Heimnetzwerk-IP nicht berücksichtigt werden (siehe Abbildung 20.21):

1. Loggen Sie sich in Google Analytics ein, und wählen Sie an der oberen Fensterkante den Reiter VERWALTEN.
2. Wählen Sie aus der linken Spalte KONTO den Link ALLE FILTER.
3. Klicken Sie auf den roten Button + NEUER FILTER, um das Formular FILTER BEARBEITEN zu öffnen.
4. Tragen Sie hier eine Bezeichnung für den Filter ein, z. B. »Eigene IP ausschließen«, und wählen Sie aus dem FILTERTYP: VORDEFINIERT • AUSSCHLIESSEN und ZUGRIFFE ÜBER IP-ADRESSEN und SIND GLEICH.
5. Tragen Sie nun die externe IP Ihres Netzwerks ein. Sie lässt sich z. B. per Suchmaschine mit den Keywords »what is my ip« oder über *http://whatismyip.com* herausfinden.
6. Ziehen Sie nun durch Klick auf HINZUFÜGEN » alle auszuschließenden Analytics-Profile Ihrer Website aus der linken in die rechte Liste.
7. Schließen Sie das Formular durch Klick auf den blauen Button SPEICHERN.

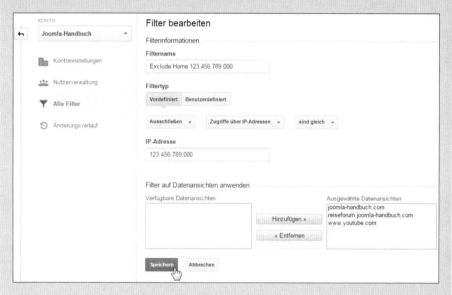

Abbildung 20.21 Durch das Setzen eines IP-Filters mit Ihrer externen IP ignoriert Google Analytics Ihre eigenen Websitebesuche für die Statistiken.

Ob der Filter funktioniert, prüfen Sie ganz leicht, indem Sie unter dem Reiter BERICHT in der linken Spalte den Link ECHTZEIT • STANDORTE auswählen und gleichzeitig in einem anderen Browsertab Ihre Site ansurfen. Erscheint nun nicht Ihr Heimatort auf der Analytics-Karte, dann greift der Filter.

Tipp: Maßnahmen gegen Referrer-Spambots

Bei Analyse der Verweise/Referrers, die Internetbesucher auf Ihre Website führen, fällt Ihnen u. U. eine besondere Art von Spambots auf mit Namen wie *free-share-buttons.com*, *event-tracking.com*, *get-free-traffic-now.com* etc. Diese Bots haben es zum einen auf Sie als Webmaster abgesehen, zum anderen zielen sie auf Websites, deren Serverlogs öffentlich einsehbar sind und von Google indexiert wurden. In jedem Fall stören sie die Google-Analytics-Berichtansichten.

Ob Ihre Website von dieser Spambotgattung betroffen ist, hängt von vielen Variablen ab: Webhoster, Websitetechnologie, Bekanntheitsgrad, Indexierungsstatus etc. Sind Sie betroffen, gibt es mehrere Möglichkeiten, mit dem Spam umzugehen:

- Blenden Sie Treffer so weit es geht aus: Google-Analytics-Menü VERWALTEN • EINSTELLUNGEN DER DATENANSICHT • BOTS HERAUSFILTERN – ALLE TREFFER VON BEKANNTEN BOTS UND SPIDERN AUSSCHLIESSEN.
- Verwenden Sie einen Google-Analytics-FILTER, um einzelne Spam-Referrers aus der Datenansicht auszuschließen. Erzeugen Sie über VERWALTEN • Dropdown-Liste DATENANSICHT • Eintrag NEUE ANSICHT eine neue Datenansicht, z. B. »IhrDomain-Name.de gefiltert«. Klicken Sie dann auf FILTER • NEUER FILTER und im Konfigurationsformular auf NEUEN FILTER ERSTELLEN • BENUTZERDEFINIERT • AUSSCHLIESSEN • KAMPAGNENQUELLE (siehe Abbildung 20.22). Als FILTERMUSTER setzen Sie alle Domain-Namen, die Sie ausschließen möchten, z. B. »floating-share-buttons.com|event-tracking.com|free-social-buttons.com|Get-Free-Traffic-Now.com«. Die Liste ist eine Form eines regulären Ausdrucks; per Google finden Sie weitere Beispiele, wenn Sie nach »analytics referrer spam« suchen.

Falls Sie nicht Google Analytics oder ein Statistiktool mit ähnlichen Filterfunktionen einsetzen, ist eine Spambotfilterung auch über die Webserver-Konfiguration möglich, indem Sie einfach den Zugriff auf die Website unterbinden.

- Filtern Sie einzelne Referrers direkt über die *.htaccess*-Serverkonfiguration, z. B.:

```
RewriteEngine On
Options +FollowSymlinks
RewriteCond %{HTTP_REFERER} ^https?://([^.]+\.)*free-share-buttons\.com\ [NC,OR]
RewriteRule .* - [F]
```

- Blockieren Sie bekannte IP-Ranges, ebenfalls in der *.htaccess*-Datei:

```
RewriteEngine On
Options +FollowSymlinks
Deny from 123.456.789.0/24
Allow from all
```

- Seien Sie, wie bei allen Anpassungen an der *.htaccess*-Datei, außerordentlich vorsichtig, sonst blockieren Sie womöglich legitime Websitebesucher.

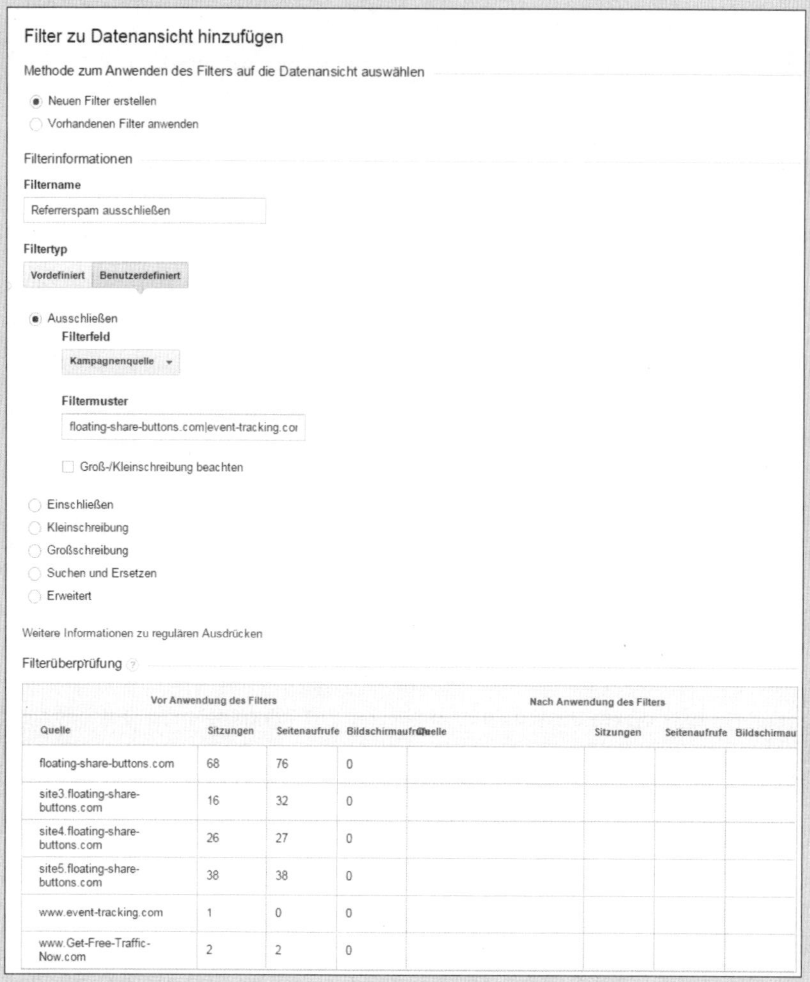

Filter zu Datenansicht hinzufügen

Methode zum Anwenden des Filters auf die Datenansicht auswählen

- ● Neuen Filter erstellen
- ○ Vorhandenen Filter anwenden

Filterinformationen

Filtername

Referrerspam ausschließen

Filtertyp

| Vordefiniert | **Benutzerdefiniert** |

- ● Ausschließen

  Filterfeld

  Kampagnenquelle ▼

  Filtermuster

  floating-share-buttons.com|event-tracking.co

  ☐ Groß-/Kleinschreibung beachten

- ○ Einschließen
- ○ Kleinschreibung
- ○ Großschreibung
- ○ Suchen und Ersetzen
- ○ Erweitert

Weitere Informationen zu regulären Ausdrücken

Filterüberprüfung ?

	Vor Anwendung des Filters			Nach Anwendung des Filters		
Quelle	Sitzungen	Seitenaufrufe	Bildschirmaufrufe	Quelle	Sitzungen	Seitenaufrufe	Bildschirmau
floating-share-buttons.com	68	76	0				
site3.floating-share-buttons.com	16	32	0				
site4.floating-share-buttons.com	26	27	0				
site5.floating-share-buttons.com	38	38	0				
www.event-tracking.com	1	0	0				
www.Get-Free-Traffic-Now.com	2	2	0				

Abbildung 20.22 Über den Button »Filter überprüfen« erhalten Sie eine Vorschau, in der Sie erkennen, ob der Filter ordnungsgemäß greift.

Kapitel 21
Joomla! und Content deployen

Die Durchführung von Funktionalitäts- und Content-Updates im Live-System ist wie eine Operation am offenen Herzen. Nutzen Sie Deployment-Tools, um Aktualisierungen an Ihrer Website offline vorzubereiten und dann wie ein Software-Release zu veröffentlichen.

Arbeiten Sie mit verschiedenen Joomla!-Instanzen, z. B. einem Entwicklungs-, einem Test- und einem Live-System, stehen Sie irgendwann vor der Frage, wie Sie Funktionalitäten und Inhalte von einem ins andere System übertragen. Die Standardinstallation von Joomla! behandelt das Thema stiefmütterlich, weswegen viele Webmaster dazu übergehen, Änderungen an ihrer Website direkt am Live-System durchzuführen. Das kann unangenehme Folgen haben, von halb fertig live gestellten Beiträgen bis zu Fehlermeldungen einer nicht getesteten neuen Erweiterung. Darum sollten Sie immer mindestens ein Joomla!-System, z. B. auf Ihrem lokalen Rechner, parat haben, um Joomla!- und Erweiterungen-Updates zu prüfen und Inhaltsaktualisierungen sorgfältig vorzubereiten. Durch ein *Deployment* sind Sie dann in der Lage, ausgewählte Elemente auf die Live-Website zu schieben.

Begriff	Erklärung
Ursprungssystem (Source), Zielsystem (Destination)	In der ursprünglichen Joomla!-Installation werden Updates getestet, Erweiterungen entwickelt und neue Inhalte eingepflegt, die zu einem festgelegten Zeitpunkt (Release) auf eine andere Joomla!-Instanz aufgespielt werden. Das Ursprungssystem ist meist offline, also vom Internet getrennt, manchmal sogar nur auf einem lokalen Rechner installiert. Beim Zielsystem handelt es sich um die Live-Website.
Export, Import	Vorgänge zum Auslesen und Beschreiben von Daten aus einer bzw. in eine Datenbank

Tabelle 21.1 Die wichtigsten Begriffe zum Funktionalitäts- oder Content-Deployment

Dieses Kapitel stellt Ihnen verschiedene Wege vor, das zu bewerkstelligen. Angefangen beim händischen Kopieren über Dateisystem und Datenbank über kleine Tools, mit denen Sie einzelne Elemente überspielen, bis hin zur Komplettkopie mit allem Drum und Dran. Eine Abkürzung für Webmaster, die sich nur für ein Content-Deployment interessieren: J2XML ist genau das richtige Tool dafür, blättern Sie direkt zu Abschnitt 21.2, »Beiträge, Kategorien und Benutzer mit J2XML deployen«.

21.1 Manuelles Deployment per FTP und SQL

Der pragmatischste Ansatz, Kopien von Joomla! und Inhalten auf einem anderen Server zu installieren, ist das Kopieren der Datenbank und aller Dateien per Hand. Dazu benötigen Sie lediglich einen FTP-Client wie FileZilla (siehe auch Abschnitt 3.2, »FTP-Client installieren«) und eine Oberfläche zur Bedienung der Datenbank, z. B. phpMyAdmin (siehe Abschnitt 2.3, »Datenbank einrichten«, und Abschnitt 3.3, »Datenbank einrichten«). Damit das Zielsystem später lauffähig ist, erfolgt abschließend die Anpassung der Basiskonfiguration von Joomla! in der Datei *configuration.php*.

Hinweis: Diese Methode, eine Joomla!-Website zu kopieren, ist zeitraubend und fehleranfällig. Abhängig von den Versionen der Datenbank und der eingesetzten Tools kommt es immer wieder zu Schwierigkeiten mit dem Import der SQL-Datei. Zudem besteht das Dateisystem von Joomla! aus fast 5.000 Dateien, mühevolle Kleinarbeit für den FTP-Client und/oder das Archivierungstool.

1. Exportieren Sie die Datenbank des Ursprungssystems per phpMyAdmin über den Reiter EXPORTIEREN. Wählen Sie SCHNELL - NUR NOTWENDIGE OPTIONEN anzeigen, klicken Sie auf OK, und laden Sie die generierte SQL-Datei herunter (siehe Abbildung 21.1).

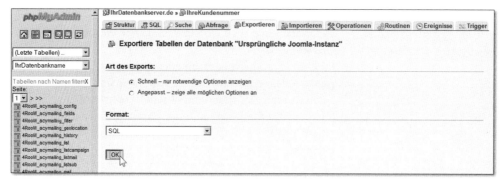

Abbildung 21.1 Die »schnelle« Art des Exports erzeugt nur »CREATE TABLE«- und »INSERT INTO«-Anweisungen; sollen Tabellen vorher gelöscht werden oder möchten Sie die SQL-Datei gezippt herunterladen, öffnen Sie mit »Angepasst« weitere Exportoptionen.

2. Öffnen Sie die SQL-Datei in einem Texteditor, und stellen Sie sicher, dass die erste SQL-Anweisung mit CREATE TABLE beginnt. Auch das Setzen einiger Variablen (z. B.

SET SQL_MODE und SET time_zone) vor dieser Anweisung ist in Ordnung. Entfernen Sie anderslautende Codefragmente.

Hinweis: In verschiedenen phpMyAdmin-Versionen unterscheidet sich u. U. der SQL-Export, sodass weniger oder zusätzliche Modifikationen an der SQL-Datei notwendig sind. Relevant ist, dass die finale SQL-Datei im Prinzip nur aus CREATE TABLE- und INSERT INTO-Anweisungen besteht, die die Joomla!-Tabellen erzeugen und mit Inhalten befüllen.

3. Importieren Sie die SQL-Datei auf dem Zielsystem, ebenfalls in phpMyAdmin, über den Reiter IMPORTIEREN. Klicken Sie auf den Button DATEIEN AUSWÄHLEN, suchen Sie die SQL-Datei aus Ihrem Download-Verzeichnis, und klicken Sie im Importformular auf OK.

   Gegebenenfalls dauert der Import länger, als PHP es erlaubt, und Sie erhalten eine Abbruchfehlermeldung DAS AUSFÜHRUNGSZEITLIMIT WURDE ERREICHT. WENN SIE DIE DATEI ERNEUT ABSCHICKEN, WIRD DER IMPORT FORTGESETZT. Machen Sie genau das, und wählen Sie die SQL-Datei nochmals aus, gefolgt von einem Klick auf OK.

4. Kopieren Sie per FTP (z. B. mit FileZilla) alle Dateien des Installationsverzeichnisses des Joomla!-Ursprungssystems in einen beliebigen temporären Ordner auf Ihrem lokalen Rechner; bei 5.000 Dateien wird das eine Weile dauern. Diesen Schritt überspringen Sie natürlich, falls es sich ohnehin um eine lokale Installation handelt.

5. Bearbeiten Sie anschließend im temporären lokalen Verzeichnis die Datei *configuration.php*. Hier speichert das Content-Management-System die gesamte Grundkonfiguration, insbesondere die Datenbankverbindung, die Sie nun auf das Zielsystem einstellen. Bearbeiten Sie nacheinander diese Zeilen, und ersetzen Sie sie durch die Werte des Zielsystems:

```
public $host = 'Datenbankserver';
public $db = 'Datenbankname';
public $user = 'Datenbankbenutzername';
public $password = 'Datenbankpasswort';
public $logpath = 'Neuer Pfad zum /log/-Unterzeichnis';
```

6. Kopieren Sie nun die lokalen Joomla!-Dateien per FTP in das Webhosting-Verzeichnis, in dem das Zielsystem liegen soll. In der Regel ist es möglich, vorhandene Joomla!-Instanzen gleicher Versionsnummer zu überschreiben. Sicherer arbeiten Sie jedoch mit einem neuen leeren Verzeichnis, auf das Sie später in der Administrationsoberfläche Ihres Webhosters die Domain umbiegen.

   Achtung: Werfen Sie auch einen Blick in Ihre Serveradministrationsdatei *.htaccess*, um sicherzustellen, dass sich dort keine Webspace- oder serverspezifischen Einstellungen befinden.

7. Abschließend prüfen Sie, ob die neue Joomla!-Instanz die notwendigen Berechtigungen hat, um in einigen wichtigen Verzeichnissen Dateien zu erzeugen und zu bearbeiten.

Loggen Sie sich ins Backend der Zielwebsite ein, und wechseln Sie zu SYSTEM • SYSTEMINFORMATIONEN • Reiter VERZEICHNISRECHTE (siehe Abbildung 21.2). Außer der Datei *configuration.php* müssen alle Einträge auf BESCHREIBBAR (grün) stehen. Ist das bei einem nicht der Fall, dann korrigieren Sie die Rechte per FTP (in FileZilla Rechtsklick auf das Verzeichnis DATEIBERECHTIGUNGEN..., Berechtigung 755 setzen).

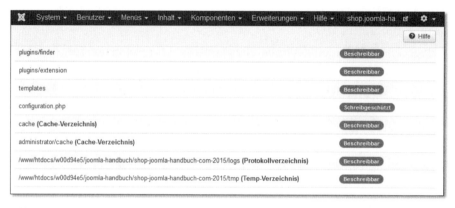

Abbildung 21.2 Prüfen Sie nach dem Aufspielen der Joomla!-Dateien stets die Verzeichnisrechte über »System« • »Systeminformationen« • Reiter »Verzeichnisrechte«; alle Einträge außer »configuration.php« müssen beschreibbar sein.

8. Testen Sie das Zielsystem auf Herz und Nieren. Besuchen Sie exemplarisch die wichtigsten Beitragsseiten, und prüfen Sie alle interaktiven Features, besonders die Formulare.

> **Problemlösung: Maßnahmen beim White Screen of Death**
> Falls Sie beim Aufruf der Zielwebsite nur eine leere Seite sehen, gibt es viele mögliche Fehlerursachen. In der Regel kann sich Joomla! aber entweder nicht mit der Datenbank verbinden (Credentials und Tabellenpräfix in der *configuration.php* prüfen) oder bei der Übertragung der vielen Dateien per FTP ging etwas schief. Beim Aufspüren der exakten Ursache hilft Ihnen Abschnitt 24.3.1, »White Screen of Death«.

An dieser langwierigen Prozedur erkennen Sie, wie ungeeignet ein manuelles Deployment für regelmäßige Website-Updates ist. Durch die Verfügbarkeit kostenloser Tools, die Sie in den folgenden Abschnitten kennenlernen, ist dieses antiquierte Verfahren dankenswerterweise nicht mehr notwendig.

21.2 Beiträge, Kategorien und Benutzer mit J2XML deployen

Wer nur Artikel, Kategorien und Benutzer auf eine andere Website deployen möchte, ist mit der kleinen, unscheinbaren und kostenlosen Erweiterung J2XML gut beraten. Das auf dem Ursprungs- und Zielsystem installierte Tool erlaubt den manuellen Export und Reimport über XML-Dateien oder stellt auf Wunsch eine direkte Verbindung zwischen beiden Systemen her. Zum Deployen eines einzelnen Beitrags markieren Sie ihn dann lediglich mit einem Häkchen und klicken auf einen Button. Die Aktualisierung auf dem Zielsystem erfolgt unmittelbar und inklusive in den Beitrag eingebundener Bilder. J2XML migriert leider keine Menüs; die komplette Websitestruktur lässt sich somit also nicht auf eine andere Joomla!-Instanz schieben, aber für regelmäßige Aktualisierungen einzelner Webseiten eignet sich das Tool hervorragend.

Erweiterung	J2XML
JED-Kategorie	MIGRATION & CONVERSION • DATA IMPORT & EXPORT
Download	*http://www.eshiol.it/joomla/j2xml/j2xml-3.html* (Falls der Link nicht funktioniert, suchen Sie die Seite J2XML 3 im MAIN MENU.)
Zweck	Deployment von Beiträgen (inklusive Bilder), Kategorien und Benutzern mit einem Buttonklick oder per XML-Datei

Nach der Installation ist das Deployment-Tool über KOMPONENTEN • J2XML erreichbar, benötigt aber für die vollständige Funktionalität die Aktivierung eines zusätzlichen Plugins. Das finden Sie unter ERWEITERUNGEN • PLUGINS, indem Sie nach »xml« suchen. Aktivieren Sie den Eintrag J2XML EXPORT/SEND BUTTON mit einem Klick auf das rote STATUS-Stoppschild (⊗). Beachten Sie, dass J2XML sowohl auf dem Ursprungs- als auch auf dem Zielsystem installiert sein muss, das Plugin initiiert den Export, seine Aktivierung ist nur auf dem Ursprungssystem notwendig.

Achtung: Legen Sie vor den ersten Übertragungs- und Importtests ein Backup auf dem Zielsystem an. Das Schreiben in den Contenttabellen von Joomla! ist ein sensibler, störanfälliger Prozess.

21.2.1 Sofortdeployment

Bevor Sie ein Sofortdeployment eines Benutzers, Beitrags oder einer Kategorie starten, konfigurieren Sie auf dem Ursprungssystem die Anmeldedaten des Super Benutzers des Zielsystems. Damit ist J2XML ohne weiteres Zutun in der Lage, die Daten einzuschleusen und in die Zieldatenbank zu schreiben.

1. Wechseln Sie im Ursprungssystem zu KOMPONENTEN • J2XML • WEBSITE MANAGER, und konfigurieren Sie das Zielsystem über den Button NEU.
   - TITEL: beliebiger Name des Zielsystems, der in J2XMLs Deployment-Steuerung erscheint
   - SERVER: URL des Zielsystems
   - USERNAME, PASSWORD: Credentials des Super Benutzers auf dem Zielsystem

   Belassen Sie das Feld STATUS auf VERÖFFENTLICHT, und SPEICHERN & SCHLIESSEN Sie die Konfiguration.

2. Wechseln Sie nun z. B. zum Beitragsmanager (INHALT • BEITRÄGE), und markieren Sie einen oder mehrere Beiträge mit einem Häkchen. Beachten Sie, dass in der oberen Buttonleiste dank des Plugins zwei Buttons erscheinen: EXPORT und SEND. Klicken Sie auf SEND, und wählen Sie aus der Dropdown-Liste den Namen des Zielsystems (siehe Abbildung 21.3).

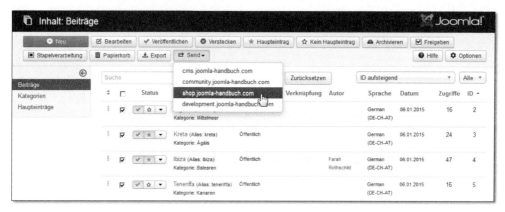

Abbildung 21.3 Nach Definition der Zielsysteme deployen Sie beliebige Beiträge mit Klick auf den Button »Send« und Wahl des betreffenden Zielservers.

Damit ist J2XML klarer Sieger, wenn es darum geht, Webseiteninhalte auf einem Entwicklungssystem vorzubereiten und per Knopfdruck live zu schalten – idealer Begleiter für stark contentlastige Webpräsenzen.

21.2.2 Export und Reimport

Die Export- und Importfunktion setzen Sie ein, wenn die Nennung des Super Benutzers im Ursprungssystem zu heikel ist, weil z. B. unterschiedliche Personen Ursprungs- und Zielsystem betreuen. In diesem Fall exportieren Sie Beiträge, Kategorien oder Benutzer in eine XML-Datei und schicken sie an den Verantwortlichen des Zielsystems.

1. Wechseln z. B. über INHALT • BEITRÄGE zum Beitragsmanager, und markieren Sie alle zu exportierenden Beiträge mit einem Häkchen.
2. Speichern Sie nach einem Klick auf den Button EXPORT die XML-Datei auf Ihrem Arbeitsrechner (siehe Abbildung 21.4).

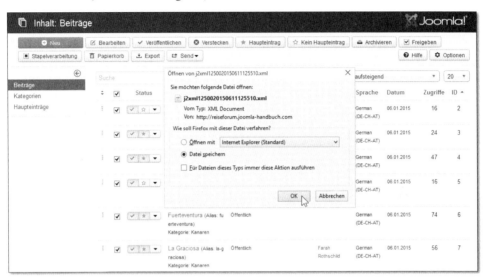

Abbildung 21.4 Nach aktiviertem »J2XML-Export/Send-Buttons«-Plugin markieren Sie in der Beiträge- oder Kategorienliste die zu exportierenden Elemente und klicken auf »Export«.

> **Achtung: Mit eingebundenen Bildern werden die XML-Dateien sehr groß**
>
> Verwenden Sie Bilder in Ihren Beiträgen, können die erzeugten XML-Dateien mitunter sehr groß werden, da die Bilddaten komplett ins XML-Format integriert werden. Da kann das Zielsystem beim Import auch schon mal einige Probleme bekommen, z. B. bei instabilen Internetverbindungen oder weil der PHP-Speicher nicht groß genug zur Verarbeitung der XML-Datei ist. Splitten Sie in solchen Fällen den Beiträge-Export in mehrere kleine Häppchen.

3. Auf dem Zielsystem wechseln Sie im Backend zu KOMPONENTEN • J2XML • CONTROL PANEL.
4. Im CONTROL PANEL von J2XML klicken Sie oben links auf DATEI AUSWÄHLEN, um im Dateiauswahlfenster die zu importierende XML-Datei zu markieren.
5. Klicken Sie auf den Button IMPORT, und das Einlesen der XML-Datei beginnt. In der nun erscheinenden grün hinterlegten Mitteilung lesen Sie, welche Datensätze konkret eingelesen wurden.

21.3 Beliebige Elemente mit SP Transfer übertragen

Wo J2XML auf Beiträge, Kategorien und Benutzer beschränkt ist, erlaubt das etwa 30 € teure *SP Transfer* die Übertragung nahezu aller Joomla!-Elemente: Benutzer, Benutzergruppen, Hinweise, Zugriffsebenen, Beiträge, Kategorien, Kontakte, Schlagwörter und sogar Menüs, Menüeinträge und Module. Außerdem lassen sich beliebige Dateien und Joomla!-unabhängige Datenbanktabellen und -einträge transferieren. Damit eignet sich das Tool für ein mittelgroßes Deployment, in dem auch Layout und Contentstrukturen angepasst wurden. Die Bedienung ist allerdings etwas sensibler und fehleranfälliger, da Sie nicht mit Häkchenmarkierungen, sondern den IDs der Elemente arbeiten.

Erweiterung	SP Transfer
JED-Kategorie	MIGRATION & CONVERSION • DATA IMPORT & EXPORT
Download	*http://www.kainotomo.com/store* (kostenpflichtig für etwa 30 €)
Zweck	Import aller Joomla!-Elemente aus einer anderen Joomla!-Instanz durch direkte Übertragung per FTP und aus der Datenbank

SP Transfer muss nur auf dem Zielsystem eingerichtet sein, da Sie dort die FTP- und Datenbankverbindung zum Ursprungssystem konfigurieren.

1. Wechseln Sie über SYSTEM • KONFIGURATION • Seitenleiste SP TRANSFER zur Konfiguration des Importtools.
   - Reiter CONFIGURATION: Entscheiden Sie sich unter SAME IDs HANDLING, was mit Elementen geschehen soll, die bereits im Zielsystem vorhanden sind. *Wichtig*: In der Regel ist die Einstellung REPLACE EXISTING ITEMS die sicherste Variante, um Probleme mit doppelten Einträgen zu vermeiden, wie sie bei einer Inhalteaktualisierung entstünden. Stellen Sie auch EXISTING FILES REPLACE auf JA, falls Sie Dateien wie z. B. Bilder übertragen möchten.
   - Reiter DATABASE: Dient der Übertragung aller Elemente, die Joomla! in der Datenbank speichert, also Beiträge, Module, Menüs etc. Hinterlegen Sie hier die Datenbankverbindung zum Ursprungssystem, achten Sie dabei auf das spezielle Tabellenpräfix (DATABASE TABLES PREFIX), das Joomla! bei jeder Neuinstallation zufällig vergibt.
   - Reiter FTP: Hier hinterlegen Sie die FTP-Verbindung zum Ursprungssystem, falls Sie planen, Dateien zu übertragen. Das ist beispielsweise für Bilder aus dem Serververzeichnis */images/* notwendig.

   SPEICHERN & SCHLIESSEN Sie die Konfiguration, und wechseln Sie zu KOMPONENTEN • SP TRANSFER.

2. Auf der Verwaltungsseite von SP Transfer stehen Ihnen per Seitenleiste oder Untermenü drei Übertragungsvarianten zur Auswahl:
   – CORE TRANSFER (siehe Abbildung 21.5): Übertragen Sie Beiträge, Menüs, alles, was zum Kern der Inhaltselemente von Joomla! gehört, über die Markierung des entsprechenden Elementtyps, optionaler Eingabe der zu importierenden IDs (für alle Elemente lassen Sie das Feld leer) und Klick auf den Button TRANSFER oben links. *Achtung*: Hier bewährt sich in der Praxis, in kleinen Schritten vorzugehen und nur zwei oder drei Elementtypen gleichzeitig zu importieren. Möchten Sie nur ausgewählte Elemente übertragen, legen Sie sich zuvor in einem Texteditor eine exakte Liste der zu importierenden IDs an; mit Kommata getrennt, Bereiche über ein Minuszeichen verbunden, z. B. »1,3,5-8,10«, denn ein Vertippen im Formular kann böse Folgen haben. Kopieren Sie diese Liste dann ins Textfeld IDS TO TRANSFER, bevor Sie den TRANSFER-Button klicken.

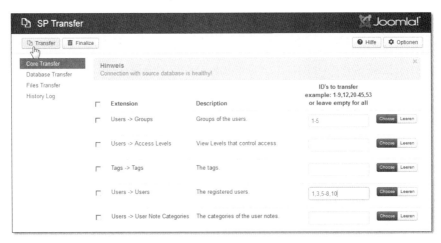

Abbildung 21.5 Konfigurieren Sie SP Transfer vor der ersten Übertragung so, dass bereits vorhandene Elemente überschrieben werden, sonst enden Sie auf Ihrem Zielsystem mit doppelten Einträgen und chaotischen Abhängigkeiten.

   – DATABASE TRANSFER: Diese Option nutzen Sie, falls Sie Elemente einer Erweiterung oder Joomla!-unabhängige Tabellen importieren möchten. Markieren Sie dann die entsprechenden Tabellen mit einem Häkchen, tragen Sie gegebenenfalls ausgewählte IDs ins Feld ROW NUMBERS, und klicken Sie auf den Button TRANSFER. Die Funktion eignet sich vornehmlich für ein initiales Deployment, da bereits vorhandene Tabelleneinträge nicht überschrieben werden.
   – FILES TRANSFER (siehe Abbildung 21.6): In einer Commander-artigen Oberfläche markieren Sie hier Dateien und/oder Verzeichnisse des Ursprungssystems auf der linken Seite, um Sie dann über den Button TRANSFER nach rechts, zum Zielsystem, zu kopieren. Das nutzen Sie beispielsweise, um in Beiträgen verwendete Bilder nachzuziehen.

Abbildung 21.6 In Beiträgen verwendete Bilder sind nicht im »Core Transfer« enthalten, sondern werden nachträglich über den »Files Transfer« per FTP importiert.

SP Transfer ist nicht für das tägliche Content-Deployment gedacht, denn die Gefahr, IDs ins falsche Textfeld einzutragen oder falsche Core-Datentypen mit einem Häkchen zu markieren, ist groß. Das Tool eignet sich eher zum Deployment eines Website-Rebrushes, für den größere Teile mehrerer Komponenten aktualisiert werden inklusive Menüs und Module. Beachten Sie, dass hierbei natürlich keine Erweiterungen auf dem Zielsystem installiert werden. Das erfolgt entweder manuell oder über ein Backup/Restore-Deployment, siehe folgender Abschnitt.

21.4 Komplette Websitekopie mit Akeeba Backup

Obwohl als Backup-Lösung konzipiert, eignet sich Akeeba Backup auch für ein Deployment, denn streng genommen wird beim Anlegen und Wiedereinspielen einer Sicherheitskopie nichts anderes gemacht. Da das Tool in der Standardkonfiguration sowohl die Inhalte der Datenbank als auch die des Dateisystems archiviert, ist es einfach, den vollständigen Stand einer Joomla!-Instanz auf dem Zielsystem zu replizieren. Beim Einspielen des Backups nimmt Akeeba Backup dabei alle erforderlichen Justierungen vor, wie z. B. das Anpassen der Datenbankparameter. Wie Sie das mit der kostenlosen Akeeba-Backup-Version bewerkstelligen, lesen Sie in Abschnitt 16.1, »Sicherheitskopien anlegen mit Akeeba Backup«.

Mit der kostenpflichtigen Variante von Akeeba Backup (um die 50 €) gestaltet sich das zum Deployment zweckentfremdete Backup/Restore-Szenario einen Hauch komfortabler:

▶ Über die sogenannte *Post-processing engine* laden Sie ein Backup unmittelbar nach Erzeugung sofort auf den FTP-Server des Zielsystems (siehe Abbildung 21.7).

(Diese Funktion dient eigentlich zur Archivierung von Sicherheitskopien abseits der Joomla!-Installation und unterstützt auch Cloudspeicher.)
- Sie differenzieren optional zwischen einem Gesamtbackup oder einem Backup der Datenbank oder der Dateien.

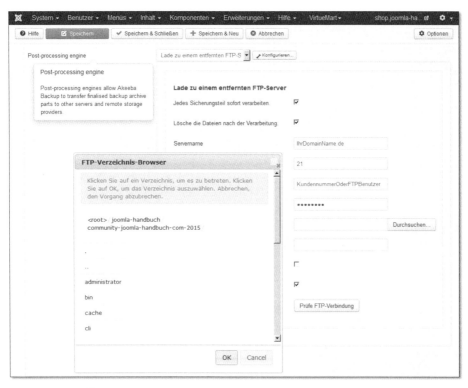

Abbildung 21.7 Über Akeeba Backups »Post-processing engine« laden Sie erzeugte Backups sofort auf das Zielsystem hoch und starten dort die Wiederherstellung.

Mithilfe einer weiteren Software, die im Abonnement von Akeeba Backup enthalten ist, erfolgt das Deployment sogar vollständig automatisch. Hier ist das komfortabelste Deployment-Verfahren möglich: Im Ursprungssystem auf den Button JETZT SICHERN! klicken – und wenige Minuten später befindet sich das Zielsystem auf dem aktuellsten Stand.

Das Programm Akeeba UNiTE ist ein PHP-Script ohne grafische Benutzeroberfläche, das per Cronjob in regelmäßigen Abständen ein lokales oder per FTP erreichbares Verzeichnis nach Sicherheitskopien abklopft und bei Vorhandensein vollautomatisch auf einen definierten Webspace installiert. Sie benötigen allerdings einen Webspace, den Sie zum einen per SSH erreichen und der zum anderen die Einrichtung von Cronjobs erlaubt. Installiert ist UNiTE dann schnell, lediglich die Konfiguration per XML-Datei benötigt etwas Muße, um alle FTP-, Datenbankverbindungen und Serverpfade korrekt einzustellen.

Eine ausführliche offizielle Dokumentation zu diesem praktischen Deployment-Helfer finden Sie unter *https://www.akeebabackup.com/documentation/unite.html*, deutschsprachige Konfigurationshinweise gibt es auf *https://joomla-handbuch.com*.

Kapitel 22
Sicherheit ausbauen

Joomla! gilt bereits out-of-the-box als eines der sichersten Content-Management-Systeme. Weitere Sicherheitsmechanismen wie CAPTCHA-Abfragen, SSL-Verschlüsselung und Backend-Verschleierung konfigurieren Sie nachträglich per Hand.

Egal ob Spam-, Hacker- oder Lauschangriffe, am Thema Sicherheit kommen Sie mit Ihrer Website leider nicht vorbei. In Abschnitt 2.5.1, »Testumgebung von außen erreichbar machen«, hatten Sie sich schon mit Sicherheitsaspekten beschäftigt. Zum einen lesen Sie dort, wie Sie per phpMyAdmin individuelle Datenbankkonten erstellen, um den Datenbankzugriff von Joomla! auf die notwendigsten Rechte einzuschränken, eine mögliche Kundenanforderung im Enterprise-Bereich. Zum anderen bezieht sich der Abschnitt auf dieses Kapitel, mit dessen Hilfe Sie u. a. den Zugriff auf die Website oder das Backend durch eine zusätzliche HTTP-Passwortsperre einschränken. Ein praktischer Mechanismus, um von außen erreichbare Testsysteme vor öffentlichen Zugriffen zu schützen oder das Backend-Login vor Hackerangriffen zu verschleiern. Außerdem beschäftigen sich diese Seiten mit der Verschlüsselung von Datenübertragungen und vermitteln Ihnen Hintergrundwissen zur Passworterzeugung und Rechtevergabe des Dateisystems.

Vorab der sicherheitsrelevanteste Hinweis: Die Aktualität Ihrer Joomla!-Installation und aller Erweiterungen ist unverzichtbar. Sobald eine neue Version erscheint, ist es höchste Priorität, das Update auf einem Testsystem auszuprobieren, um sicherzustellen, dass die Website nach der Aktualisierung voll funktionsfähig ist. Wurde das geprüft, erzeugen Sie auf der Live-Website ein Backup und ziehen die Updates so schnell wie möglich nach. Während dies eine der wichtigsten Prämissen für Joomla! und Erweiterungen ist, gilt das auch für Templates. In der Regel greifen diese zwar nicht tief in sicherheitskritische Programmbereiche von Joomla! ein, doch insbesondere komplexe Template-Frameworks können ebenfalls Sicherheitslecks enthalten. Studieren Sie bei einem Update die Release Notes, und sichern Sie alle Dateien, die im Rahmen von Template-Overrides oder sonstigen Tweaks verändert wurden, um sie nach dem Aufspielen des Updates wieder in den Templateordner zu kopieren.

Begriff	Erklärung
CAPTCHA	Abkürzung für *Completely Automated Public Turing Test to tell Computer and Humans Apart*, eine Methode, menschliche Websitebesucher von Bots zu differenzieren, um z. B. das massenhafte Ausfüllen und Absenden eines Gästebuchformulars zu vermeiden. Dazu wird oft ein Bild eingeblendet, in dem eine schwierig zu erkennende Zeichenkette abzulesen und ein Textfeld einzugeben ist. Auch echte Mausbewegungen oder -klicks werden in neueren CAPTCHA-Verfahren eingesetzt.
Brute-Force-Angriff	(deutsch: rohe Gewalt) Methode, durch Ausprobieren unzähliger Benutzername-/Passwort-Kombinationen Zugriff zu einem System zu gelangen. Dazu kursieren im Internet Passwortlisten (suchen Sie einfach nach »password list«), die ein simples Script nacheinander in Login-Formulare kopiert. In den letzten Jahren wurde eine schwieriger zu erkennende Brute-Force-Methode populär, bei der die Angreifer langsam vorgehen und für jeden Angriff eine andere IP verwenden, sodass die Login-Versuche nicht als Brute-Force-Angriff identifiziert werden. Sinnvolle Maßnahmen gegen einen Brute-Force-Angriff sind die Verschleierung der Login-Seiten-URL, starke Passwörter und individuelle Benutzernamen.
IP-Bereich	IP-Bereiche (englisch: IP ranges) sind eine Schreibweise zur Definition einer großen Anzahl von Internetadressen von einer Start- zu einer End-IP. Dabei folgt der IP einem Schrägstrich, gefolgt von einer Zahl zwischen 1 und 32. Diese entspricht der Anzahl der Bits, die, von vorne gezählt, von der angegebenen IP zur Berücksichtigung des Bereichs verwendet werden. Beispiele: 192.168.0.0/24 ist der IP-Bereich von 192.168.0.0 bis 192.168.0.255, da der Bereich durch die ersten 24 Bit (192.168.0 = 3 Byte = 24 Bit) eingegrenzt wird. 0.0.0.0 ist das gesamte Internet, da die Eingrenzung über 0 Bit (identisch mit keiner Angabe) erfolgt und somit alle IPs von 0.0.0.0 bis 255.255.255.255 eingeschlossen sind.
Secure Sockets Layer, SSL, Transport Layer Security, TLS	Verschlüsselungsprotokoll zur sicheren Datenübertragung, dessen Verwendung Sie in einer URL durch das vorangestellte *HTTPS* (Hypertext Transfer Protocol Secure) erkennen. Zeitgemäße Websites sollten alle Daten komplett per SSL übertragen, insbesondere wenn Benutzerdaten mit im Spiel sind.

Tabelle 22.1 Die wichtigsten Begriffe zu Sicherheitsaspekten in Joomla!

22.1 reCAPTCHA/NoCaptcha aktivieren

Ist Ihre Website einmal live und wurde von Google indexiert, dauert es nicht lange, bis Sie auch unerfreulichen Besuch erhalten. Spambots durchstöbern das Internet nicht nur nach verwundbaren Seiten, sondern auch nach Gästebuch- und Registrierungsformularen, um ihre Pharma- und Finanzierungswerbung zu platzieren. Davon bekommen Sie spätestens mit, wenn Registrierungs-Benutzernamen und -E-Mail-Adressen aus kryptischen Buchstaben- und Ziffernfolgen bestehen.

Joomla! enthält bereits ein gegen solche Spamversuche ankämpfendes Plugin, das die wichtigsten Formulare, z. B. die Benutzerregistrierung, um ein *CAPTCHA* ergänzt, einen Antispam-Mechanismus, dem Sie laufend im Internet beim Ausfüllen von Formularen begegnen. Vor dem ABSENDEN-Button erscheint ein kleines Bild mit einem Text oder einer Zahl, die in ein Textfeld einzugeben ist; andernfalls lässt sich das Formular nicht abschicken. Spambots schaffen das nicht, denn sie sind nicht in der Lage, die Information im Bild zu entdecken, und so scheitern sie beim Absenden des Formulars. Bei modernen CAPTCHA-Varianten genügt übrigens auch schon ein einzelner echter Mausklick, um sich als Mensch zu identifizieren (siehe Abbildung 22.1).

Abbildung 22.1 Evolution der CAPTCHAs, vom Original-CAPTCHA über reCAPTCHA (1.0) zum aktuellen NoCaptcha (2.0), in dem ein Mausklick zur Validierung genügt

---

Hintergrund: Was heißt Spam, und wofür steht CAPTCHA?

Monthy-Python-Fans wissen Bescheid: Das Wort *Spam* stammt aus einem Comedysketch der 70er-Jahre-Serie Monthy Python's Flying Circus. Darin zitiert eine Gastwirtin aus dem Menü eines schäbigen britischen Cafés, in dem jedes Gericht Spam, gekochtes Dosenschweinefleisch (Frühstücksfleisch), enthält. Eines der vorgeschlagenen Gerichte ist »Spam, Spam, Spam, Spam, Spam, Spam, gebackene Bohnen, Spam, Spam, Spam and Spam«, was auffallende Ähnlichkeit mit dem Posteingang eines E-Mail-Kontos hat. Machen Sie eine kleine Joomla!-Pause, und schmunzeln Sie über den legendären Sketch auf YouTube: *http://tinyurl.com/jh-spam-sketch*.

Hinter dem Namen CAPTCHA verbirgt sich eine augenzwinkernde Referenz zum legendären Turing-Test, den Mathematiker Alan Turing 1950 erfand, um den Entwicklungsfortschritt künstlicher Intelligenz zu prüfen. Dabei soll sich ein Computer im Rahmen eines Dialogs als Mensch ausgeben. Der Test ist bestanden, wenn aus dem Dialog nicht ermittelt werden kann, dass es sich beim Gegenüber um eine Maschine handelte. So ist CAPTCHA die Abkürzung für Completely Automated Public Turing test to tell Computer and Humans Apart (deutsch: vollständig automatischer, öffentlicher Turing-Test, um Computer von Menschen auseinanderzuhalten).

Um CAPTCHAs auf Ihrer Website einzusetzen, müssen Sie ein Google-Konto besitzen und sich für den (kostenlosen) Dienst registrieren. Dabei erhalten Sie zwei Codes, über die Sie den CAPTCHA-Mechanismus von Joomla! aktivieren.

1. Besuchen Sie die Website *http://www.google.com/recaptcha*, klicken Sie oben rechts auf GET RECAPTCHA, und loggen Sie sich mit Ihrem Google-Konto ein. Befüllen Sie nun auf der Verwaltungsseite das Formular NEUE WEBSITE REGISTRIEREN:
   - Geben Sie unter LABEL eine Bezeichnung ein, z. B. den Namen Ihrer Website.
   - Tragen Sie unter DOMAINS den Domain-Namen Ihrer Website ein ohne »http« oder »https«, beispielsweise für die Website zu diesem Handbuch: »joomla-handbuch.com«.

   Klicken Sie auf den Button REGISTRIEREN, um Ihre CAPTCHA-Codes zu generieren.

2. Nun erscheint eine Seite mit Codes und Quelltexten wie in Abbildung 22.2. Wichtig ist der aufklappbare Bereich SCHLÜSSEL und die darin enthaltenen Felder WEBSITE-SCHLÜSSEL und GEHEIMER SCHLÜSSEL, die Sie gleich für die Joomla!-Konfiguration benötigen.

3. Öffnen Sie einen neuen Browsertab, und melden Sie sich im Backend Ihrer Joomla!-Website an. Aktivieren Sie dort den reCAPTCHA-Mechanismus über KOMPONENTEN • PLUGINS, indem Sie per Mausklick in der Spalte STATUS der Zeile CAPTCHA - RECAPTCHA das grüne Häkchen (✓) setzen.

4. Wechseln Sie jetzt durch Anklicken der CAPTCHA - RECAPTCHA-Überschrift in die Konfiguration des Plugins. Hier wählen Sie aus der Dropdown-Liste VERSION entweder das alte reCAPTCHA (1.0) oder das neue, zu bevorzugende NoCaptcha (2.0).

Abbildung 22.2 Nach Registrierung ihrer Website erhalten Sie einen »Site key« (Öffentlichen Schlüssel) und einen »Secret key« (Privaten Schlüssel) für die Konfiguration des Joomla!-Plugins.

5. Kopieren Sie die beiden Codeschlüssel WEBSITESCHLÜSSEL und GEHEIMER SCHLÜSSEL nacheinander per Zwischenablage von der Google-Seite in die Plugin-Konfiguration.

   Über die Dropdown-Liste AUSSEHEN lässt sich die Darstellung des reCAPTCHA/NoCaptcha leicht modifizieren. Experimentieren Sie später mit den Werten, um einen Stil zu finden, der am besten zum Design Ihrer Website passt. SPEICHERN & SCHLIESSEN Sie die Plugin-Konfiguration.

6. Nach der CAPTCHA-Konfiguration weisen Sie Joomla! an, diese CAPTCHA-Methode auf Formulare wie die Benutzerregistrierung oder Passwort-vergessen-Seite anzuwenden. Diese Einstellung ist notwendig, da Sie anstelle des eingebauten CAPTCHA-RECAPTCHA auch andere CAPTCHA-Erweiterungen aus dem Joomla! Extensions Directory installieren könnten.

   Wechseln Sie zur globalen Konfiguration SYSTEM • KONFIGURATION • Reiter SITE, wählen Sie aus der Dropdown-Liste STANDARD CAPTCHA den Eintrag CAPTCHA - RECAPTCHA, und SPEICHERN & SCHLIESSEN Sie das Formular.

Für einen schnellen Test im Frontend klicken Sie auf den Link BENUTZERNAME VERGESSEN? oder PASSWORT VERGESSEN? im Loginmodul. Zwischen Formularfeldern und SENDEN-Button erscheint nun das CAPTCHA, das bei Nichtbeachtung eine Fehlermeldung beim Absenden des Formulars produziert (siehe Abbildung 22.3).

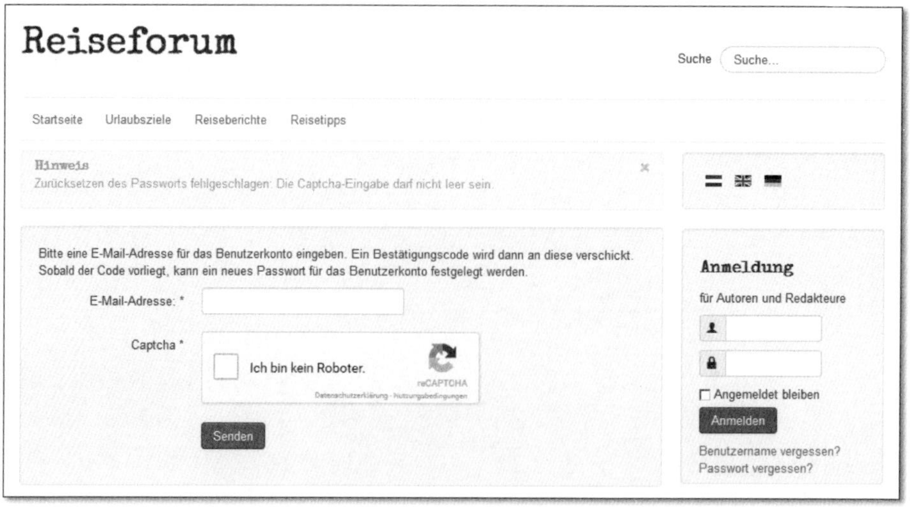

Abbildung 22.3 Ohne Setzen des NoCaptcha-Häkchens lassen sich die Registrierungs-, Kontakt-, Benutzername-vergessen- und Passwort-vergessen-Seiten nicht absenden.

> **Problemlösung: Bereits eingerichtetes CAPTCHA funktioniert nicht mehr**
>
> Falls Sie zu einem späteren Zeitpunkt in Ihren Formularen das CAPTCHA nicht mehr vorfinden, war das vielleicht unmittelbar nach einem Joomla!-Update. Auch Google aktualisiert den reCAPTCHA-Dienst von Zeit zu Zeit, sodass einmal erzeugte Schlüssel nicht mehr gültig sind, wodurch das CAPTCHA nicht mehr geladen wird.
>
> Wiederholen Sie dann einfach den auf diesen Seiten beschriebenen Prozess, erzeugen Sie einen neuen Websiteschlüssel und Geheimen Schlüssel, und tragen Sie diese noch mal in die Plugin-Konfiguration ein.

22.2 Administrations-Backend absichern

Der Backend-Login von Joomla! ist ein gefundenes Fressen für Brute-Force-Angriffe, bei denen über automatisierte Login-Versuche Millionen von Passwörtern nacheinander durchprobiert werden, bis vielleicht eines funktioniert. Die Schwäche für solche Angriffe begründet sich in der eindeutigen Backend-URL (*/administrator/index.php*) und dem Standard-Administratornamen SUPER BENUTZER. Während Sie den Namen leicht über BENUTZER • VERWALTEN • Klick auf SUPER BENUTZER anpassen (und dabei auch ein sicheres Passwort vergeben, wie in Abschnitt 22.4, »Starke Passwörter einsetzen«, beschrieben), ist die */administrator/index.php*-URL zu tief in Joomla! verdrahtet, um sie zu ändern.

Abbildung 22.4 Typische Google-Analytics-Echtzeitansicht eines Brute-Force-Angriffs; besonders auffällig ist die Herkunft der »Besucher«, da es sich um eine deutschsprachige Website handelt.

22.2.1 Backend-Verschleierung über AdminExile

Die kleine kostenlose Erweiterung *AdminExile* schafft Abhilfe, indem sie die Backend-Login-Seite nur dann anzeigt, wenn ein beliebig festlegbarer URL-Parameter mit angegeben wurde, z. B. *http://IhrDomainName.de/administrator/index.php?GeheimesWort*. Diesen kennt kein Brute-Force-Angreifer, bei Aufruf der normalen Login-Seite landet der Backend-Interessent dann entweder auf der Homepage oder einer 404-Fehlerseite.

Nach der Installation des Plugins erreichen Sie die Konfiguration über ERWEITERUNGEN • PLUGINS • Klick auf SYSTEM - ADMINEXILE. Über die vier der fünf Reiter verteilen sich verschiedene Aspekte der Backend-Absicherung. (Der Reiter MAIL LINK steuert keine Sicherheitsaspekte, sondern lediglich Hinweis-E-Mails für andere Administratoren, falls Sie die Backend-Zugangs-URL verändern.)

Erweiterung	AdminExile
JED-Kategorie	ACCESS & SECURITY • SITE SECURITY
Download	http://www.richeyweb.com/development/joomla-plugins/71-adminexile-for-joomla-16?start=8 (Falls dieser Link nicht mehr funktioniert, suchen Sie über das Textfeld rechts oben nach »adminexile«.)
Zweck	Plugin zur Verschleierung der Backend-Login-Seite und Führen einer Blacklist zur Vereitelung von Brute-Force-Angriffen

► **Administrations-Backend verstecken**
In der einfachsten Absicherungskonfiguration geben Sie im Reiter PLUGIN (siehe Abbildung 22.5) in das Feld URL ACCESS KEY die geheime Buchstaben- und Zeichenkombination ein, die ab sofort ans Ende der Backend-URL angehängt werden muss. Über dem Textfeld sehen Sie ein Beispiel, wie die finale URL aussieht.

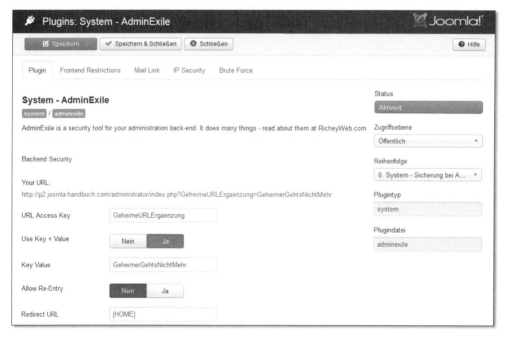

Abbildung 22.5 AdminExile ergänzt die Backend-Administrations-URL um beliebige Wörter, die Brute-Force-Angreifer hoffentlich nicht kennen.

Mit USE KEY + VALUE erweitern Sie die URL-Ergänzung um eine zusätzliche Zeichenkombination, die einem Gleichheitszeichen folgt. Grund für diese weitere

Variante ist, dass URL-Parameter in der Regel immer aus einer Variablen und einem ihr zugewiesenen Wert bestehen, wie Sie z. B. an der gerade aufgerufenen Backend-URL erkennen (*?option=com_plugins*). Steht der Schalter auf JA, geben Sie neben KEY VALUE deshalb ein weiteres Wort ein.

ALLOW RE-ENTRY erlaubt einen Zugriff auf das Backend ohne URL-Ergänzung, falls der Benutzer innerhalb der letzten Minute schon einmal eingeloggt war. Belassen Sie den Schalter auf NEIN.

REDIRECT URL ist die Adresse, zu der Benutzer oder Brute-Force-Bots umgeleitet werden, falls sie die alte */administrator*-URL ohne URL-Ergänzung antesten. Die Platzhalter {HOME} leiten auf die Homepage und {404} auf die 404-Fehlerseite, Sie können aber beliebige andere URLs eintragen.

▶ **Backend-Login auf bestimmte IPs einschränken**
Stellen Sie den Schalter ENABLE IP SECURITY im Reiter IP SECURITY auf JA, öffnen sich zwei Formulare zur Verwaltung einer sogenannten White- und Blacklist zur Freigabe bzw. Verweigerung jeglichen Zugriffs von einer bestimmten IP oder einem IP-Bereich. Dabei erlaubt AdminExile Zugriffe, die zwar durch die Blacklist ausgeschlossen, aber wieder in der Whitelist freigeschaltet wurden. Denn über die Blacklist blockieren Sie in der Regel komplette IP-Bereiche, z. B. verhindert der Eintrag »10.0.0.0/8« den Zugriff von den IPs 10.0.0.0 bis 10.255.255.255. Per Whitelist machen Sie dann wieder gezielte Ausnahmen. Auf diese Weise sperren Sie z. B. das gesamte Internet über einen Blacklist-Eintrag »0.0.0.0« aus und erlauben nur den Zugriff von der an Ihren Internetanschluss vergebenen IP, die Sie über *https://www.whatismyip.com* erfahren und in der Whitelist über den Button ADD eintragen. *Tipp*: Stellen Sie den Schalter EMAIL ADMIN auf JA, um eine E-Mail zu erhalten, falls mindestens drei Zugriffsversuche einer geblacklisteten IP erfolgten.

Achtung: Falls Sie von Ihrem Internetprovider jeden Tag eine neue dynamische IP erhalten, tragen Sie in der Whitelist den IP-Bereich des Providers ein. Die erfahren Sie entweder direkt über den Provider oder durch eine Google-Suche nach »*internet-provider* ip-bereich«. Eine andere Möglichkeit ist, IP-Bereiche von bekannten Spam- und Angriffsnetzwerken zu blacklisten, fündig werden Sie bei einer Suche nach »common ip range blacklist«.

▶ **Brute-Force-Login-Versuche abwehren**
Im Reiter BRUTE FORCE stellen Sie den Schalter DETECT BRUTE FORCE auf JA, um die Anzahl erlaubter Backend-Login-Versuche einzuschränken. MAX ATTEMPTS ist die Anzahl der Versuche, TIME PENALTY die Wartezeit in Minuten, die abgelaufen sein muss, bevor eine erneute Anmeldung erlaubt ist. Über den PENALTY MULTIPLIER multiplizieren Sie Wartezeit zusätzlich, falls der Angreifer die Stan-

dardwartezeit geduldig absitzt und dann das nächste Set von Login-Versuchen startet. Über die EMAIL-Schalter aktivieren Sie Warnmails an Sie, falls solch ein Angriff stattfindet.

▶ **Frontend-Bonus: Benutzergruppen einschränken**
Dieser Reiter beschäftigt sich nicht mit der Zugangskontrolle des Backends, sondern des Frontends, und erlaubt die Angabe ausgesuchter Benutzergruppen, die sich *nicht* ins Frontend einloggen dürfen. Eine schnell eingerichtete Sperre also, falls eine Benutzergruppe mit besonderen Rechten Schwierigkeiten bereitet.

22.2.2 Zusätzliches Serverpasswort einrichten

Ein Bug in Joomla!, schlecht vergebene Passwörter – es braucht nicht viel, um Hackern Tür und Tor zu öffnen. Hundertprozentige Sicherheit gibt es nicht, aber jeder Mechanismus, der das System eine weitere Stufe absichert, ist willkommen. Eine solche Sicherheitsmaßnahme ist die zusätzliche Passwortsperre auf Serverebene, noch bevor das Anmeldesystem von Joomla! greift.

Bei dieser Passwortsperre handelt es sich um die sogenannte *Basic Authentication* (deutsch: grundsätzliche Authentifizierung) des Apache Webservers. Dieser Mechanismus öffnet im Webbrowser ein einfaches Benutzername/Passwort-Fenster, bevor der Inhalt der Seite geladen wird (siehe Abbildung 22.6). Wer ein falsches Passwort eingibt, wird vom Webserver zurückgewiesen und erhält eine Fehlermeldung.

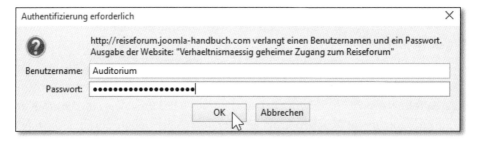

Abbildung 22.6 Über die »Basic Authentication« des Apache Webservers setzen Sie eine weitere Passwortsperre noch vor den Login-Mechanismus von Joomla!.

Für die Basic Authentication ergänzen Sie eine kleine Konfiguration im Administratorverzeichnis von Joomla! und erzeugen eine Datei, die ein verschlüsseltes Passwort enthält. (Möchten Sie die gesamte Website durch ein Passwort schützen, ignorieren Sie in den folgenden Schritten die Verzeichnisangabe */administrator/* und bearbeiten direkt die im Hauptverzeichnis liegende *.htaccess*-Datei.)

1. Erzeugen Sie im Verzeichnis /administrator/ eine neue leere Datei mit Namen .htaccess, und öffnen Sie sie zur Bearbeitung, in FileZilla z. B. per Rechtsklick-Kontextmenü auf die Datei • ANSEHEN/BEARBEITEN. In einer lokalen Installation legen Sie einfach eine leere Datei an und speichern sie unter /joomla3test/administrator/.htaccess. (Unter Windows speichern Sie sie zunächst als htaccess.txt und benennen sie nach der Bearbeitung über den Explorer um, indem Sie an Anfang und Ende einen Punkt setzen.)

2. Fügen Sie folgendes Konfigurationsfragment in die Datei ein:

   ```
   AuthUserFile /AbsoluterPfadZuIhrerJoomlaInstallation/.htpasswd
   AuthType Basic
   AuthName "Verhaeltnismaessig geheimer Zugang zum Reiseforum"
   Require valid-user
   ```

   Die erste Zeile bezieht sich mit der Direktive AuthUserFile auf eine Passwortdatei, die in Kürze erzeugt und im selben Verzeichnis wie die .htaccess-Datei gespeichert wird. Tragen Sie vor /.htpasswd den absoluten Serverpfad inkl. /administrator/-Verzeichnis ein. In einer lokalen Testumgebung unter Windows ist das beispielsweise *c:\xampp\htdocs\joomla3test\administrator* (unter OS X */Applications/XAMPP/xamppfiles/htdocs/joomla3test/administrator* und unter Linux */opt/lampp/htdocs/joomla3test/administrator*). Der vollständige Pfad in einem angemieteten Webspace ist in der Regel länger und enthält z. B. Ihre Kundennummer. Sie erhalten den Pfad von Ihrem Webhoster oder innerhalb von Joomla! über SYSTEM • SYSTEMINFORMATIONEN • Reiter KONFIGURATIONSDATEI • Eintrag TMP_PATH abzüglich des abschließenden */tmp*.

   Die zweite Zeile mit der Direktive AuthType beschreibt das Authentifizierungsverfahren, in diesem Fall die Basic Authentication. Es folgt die im Passwortfenster angezeigte Textmitteilung (AuthName) und schließlich die Mitteilung an den Webserver, dass ausschließlich authentifizierte Benutzer (valid-user) Webseiten in diesem Verzeichnis aufrufen dürfen.

3. Speichern Sie die .htaccess-Datei, und erzeugen Sie eine neue Datei .htpasswd im selben Verzeichnis (bzw. *htpasswd.txt* unter Windows, Umbenennung dann wieder über den Explorer).

4. Das Passwort ist verschlüsselt, Sie benötigen deshalb ein Tool für die Erzeugung. Davon gibt es zahlreiche im Internet, aber auch auf *https://joomla-handbuch.com/wartung/sicherheit* liegt eines für Sie bereit. Einfach BENUTZERNAME und PASSWORT eingeben und den erzeugten Code, das ist genau eine Zeile, in die Zwischenablage befördern, dann in die im Editor offene .htpasswd-Datei kopieren.

5. Speichern Sie die Datei, und prüfen Sie, ob nun bei Aufruf der Administrations-URL die HTTP-Authentifizierungsabfrage erfolgt.

Hinweis: Auf diese Weise sichern Sie beliebige Serververzeichnisse ab. Sie passen lediglich den absoluten Pfad hinter `AuthUserFile` an und achten darauf, die erzeugte *.htpasswd*-Datei an die korrekte Stelle zu legen. Das funktioniert auch für die gesamte Joomla!-Installation, z. B. für ein Testsystem, allerdings erzeugen Sie dann keine neue *.htaccess*-Datei, sondern fügen die vier Authentifizierungsdirektiven ans Ende der vorhandenen.

Info: Die Authentifizierungskonfiguration ist sehr sensibel. Falls Sie sich jetzt nicht einloggen können, hat sich entweder beim Eingeben der *.htaccess*-Direktiven oder des Passworts ins Login-Fenster oder in den *.htpasswd*-Generator ein Tippfehler eingeschlichen. Wiederholen Sie dann einfach den gesamten in diesem Abschnitt vorgestellten Prozess, und löschen Sie Ihren Browsercache vor dem nächsten Login-Versuch.

22.2.3 Websitezugriff anhand der IP einschränken

Über die *.htaccess*-Datei lässt sich ein weiteres signifikantes Sicherheits-Feature aktivieren, mit dem Sie so gut wie jeden Angreifer abblocken: IP-Sperren. Dazu müssen Sie Ihre öffentliche IP-Adresse kennen und konfigurieren den Apache Webserver so, dass er nur Anfragen von dieser entgegennimmt. Alle anderen anonymen Server-Requests werden dann kurzerhand ignoriert. *Hinweis*: Mithilfe der eingangs vorgestellten Erweiterung AdminExile gestaltet sich die Erzeugung von IP-Sperren etwas komfortabler.

Für eine Sperre der gesamten Website öffnen und bearbeiten Sie die *.htaccess*-Datei aus dem Hauptverzeichnis von Joomla!; soll nur der Administrationsbereich abgeriegelt werden, bearbeiten Sie die *.htaccess*-Datei aus dem Ordner */administrator/*. (Erzeugen Sie gegebenenfalls eine neue leere Datei, falls sie noch nicht existiert.) Ergänzen Sie folgende Zeilen:

```
Require all denied
Require local
Require ip 123.456.789.000
```

Die erste Zeile sperrt für ausnahmslos jeden Besucher den Zugriff auf das Verzeichnis (`all denied` – für alle verweigert). Die weiteren Zeilen heben dieses strikte Verbot für einige Ausnahmen auf:

- `Require local` stellt sicher, dass Sie von Ihrem Arbeitsrechner (`local`) Zugriff haben.
- Die dritte Zeile (und beliebig viele darauf folgende Zeilen) dient der Freischaltung einer externen IP.

Anstelle der Beispiel-IP 123.456.789.000 setzen Sie Ihre öffentliche IP, die Sie herausfinden, indem Sie in Google »what is my ip« eingeben oder die Website *http://www.whatismyip.com* besuchen.

Hinweis: Die Require-Direktive gilt ab Apache 2.4, der mit dem XAMPP-System installiert wurde. Ältere Versionen des Webservers benutzen die Direktiven deny from all und allow from 123.456.789.000.

Speichern Sie die *.htaccess*-Datei, und testen Sie die IP-Sperre.

22.3 SSL aktivieren

Wenn Sie in Online-Shops einkaufen und Ihre Kundendaten und die Kreditkartennummer eingeben, nutzen Sie aller Wahrscheinlichkeit nach eines der wichtigsten Protokolle im Internet. Hypertext Transfer Protocol Secure (HTTPS) bzw. den darin gekapselten Secure Sockets Layer (SSL), in neuesten Versionen auch Transport Layer Security (TLS) umgetauft. Diese Protokolle verschlüsseln die zwischen Server und Client übertragenen Daten, sodass theoretisch nur der Online-Shop Ihre Kreditkarte belasten kann. Solch eine sichere Verbindung erkennen Sie an diversen Schlüssel- oder Schlosssymbolen (🔒), auf jeden Fall aber an der vorangestellten Protokollabkürzung *https://*.

Hundertprozentige Sicherheit gibt es nicht, und so herrschte im April 2014 Aufruhr wegen einer Sicherheitslücke bei einer der wichtigsten Programmbibliotheken, die SSL-Verbindungen herstellt. Das Problem (*Heartbleed*) war schnell behoben und stellt keine Gefahr mehr dar, aber es veranschaulicht, dass auch SSL nur ein Bestandteil eines Sicherheitskonzepts ist, zu dem mehr gehört als die Installation eines Zertifikats und das Umlegen eines Konfigurationsschalters. Nichtsdestotrotz ist SSL ein Must-have einer sicheren Datenübertragung, insbesondere für Online-Shops und alle Websites, die mit kundenspezifischen oder persönlichen Daten arbeiten.

Die immer häufiger zutage tretenden Datenschutzprobleme im Zusammenhang mit Geheimdiensten rufen ein neues Sicherheitsdenken hervor. Ab 2015 finden sich vermehrt Initiativen zusammen, die die grundsätzliche Verschlüsselung aller Datenübertragungen im Internet postulieren. Dabei geht es nicht nur um die Vermeidung passiven Abhörens Ihrer Daten, sondern z. B. auch um aktive Hackerangriffe (*Phishing*). Als Webmaster sind Sie in der Lage, sich am nächsten Evolutionsschritt des Internets zu beteiligen, nämlich der Bereitstellung sicherer Verbindungen für alle Datenübertragungen – das betrifft sowohl die Authentifizierung als auch die Verschlüsselung der Daten.

Das Interesse an diesem Fortschritt ist so groß, dass sogar Google im Rahmen des Slogans »HTTPS everywhere« Webmaster anhält, den Umstieg durchzuführen (längeres YouTube-Video der Konferenz Google I/O 2014: *http://tinyurl.com/jh-https*). Mit Ranking-Abstrafungen für ungesicherte Websites sei wohl nicht zu rechnen, dennoch wird das Thema von Monat zu Monat heißer. Mit Joomla! und einem SSL-unterstützenden Webhosting-Paket steht der HTTPS-Aktivierung Ihrer Website nichts im Wege.

> **Info: Mit SSL verschlüsselte Websites sind unwesentlich langsamer**
> Bei der Übertragung verschlüsselter Inhalte müssen Client und Server länger miteinander kommunizieren, um sich z. B. gegenseitig zu authentifizieren. Auch die Ver- und Entschlüsselung beansprucht Zeit, da die beteiligten Prozessoren nicht untriviale Rechenoperationen durchführen. Wird dadurch die Übertragung einer Webseite langsamer? Ja. Allerdings fällt das bei modernen Servern und Clients nicht ins Gewicht. Vor einigen Jahren war das anders: Die Umstellung auf HTTPS resultierte in messbaren Geschwindigkeitseinbußen, weshalb man dazu überging, nur die Webseiten zu verschlüsseln, die sensible Daten enthielten (Warenkörbe, Benutzerprofile). Heutzutage sind alle beteiligten Geräte jedoch leistungsstark genug, dass Sie problemlos Ihre gesamte Website umstellen können.

Vielleicht erinnern Sie sich, in der globalen Joomla!-Konfiguration, genauer unter SYSTEM • KONFIGURATION • Reiter SERVER, das Feld SSL ERZWINGEN gesehen zu haben. Damit stellen Sie Ihre Website (wahlweise nur das Backend oder Front- und Backend) von HTTP auf HTTPS um. Aber ganz so einfach ist es leider nicht, denn es ist eine ganze Reihe von Schritten notwendig:

- Beschaffung eines SSL-Zertifikats
- SSL-Aktivierung und -Konfiguration beim Webhoster
- SSL-Aktivierung in Joomla!
- Ausmerzen nachgeladener (unsicherer) HTTP-Elemente

In dieser Liste ist es das SSL-Zertifikat, das eine kleine Hürde darstellt. Im Internet belegen Zertifikate, dass Personen und Webserver auch wirklich diejenigen sind, für die sie sich ausgeben (Authentifizierung). Deshalb ist ein Zertifikat direkt mit einer oder mehreren Domains verbunden, eine Einrichtung auf Ihrem lokalen Entwicklungssystem ist nicht möglich. Haben Sie sich erst mal solch ein Zertifikat beschafft, legen Sie nur noch ein paar Schalter um, damit Ihre Website vollständig auf HTTPS läuft.

Hinweis: Größere Webhoster bieten die Zertifikatserstellung und -konfiguration auch als kostenpflichtige Zusatzleistung an, sind aber teurer als die unabhängigen Zertifizierer. Entscheiden Sie sich für diesen Service, können Sie die folgenden Abschnitte über Zertifikatsbeschaffung und -konfiguration überspringen.

> **Hintergrund: SSL-Authentifizierungsprozess**
>
> Bevor die Webseitendatenübertragung zwischen Webbrowser (Client) und Webserver verschlüsselt erfolgt, bestätigen beide gegenseitig ihre Authentizität. Im Rahmen des sogenannten *Handshakes* (deutsch: Händeschütteln) senden Sie Zertifikate und zur Verschlüsselung dienende Keys (siehe Abbildung 22.7). Ein *Public Key* ist ein öffentlicher Schlüssel, mit dem die Gegenstelle Botschaften verschlüsselt, die ausschließlich mit dem passenden *Private Key* entziffert werden können. Im Hintergrund prüfen Client und Server gleichzeitig, ob die Zertifikate des jeweils anderen gültig sind. Nur dann und bei erfolgreicher Authentifizierung erscheint in der Adresszeile des Browsers das begehrte Schlosssymbol, das auf die sichere SSL-Verbindung hinweist.

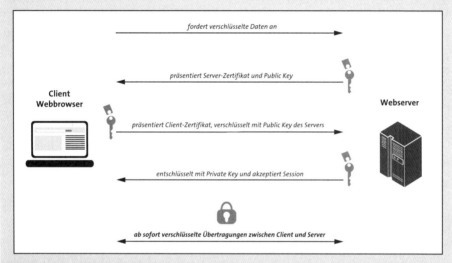

Abbildung 22.7 Erst nach der während des Handshakes erfolgenden gegenseitigen Authentifizierung werden Webseiten, Bilder, JavaScript- und CSS-Dateien verschlüsselt übertragen.

22.3.1 Beschaffung eines SSL-Zertifikats

Die Ausstellung eines SSL-Zertifikats erfolgt nur durch bestimmte Organisationen, die administrativen Aufwand betreiben müssen, um Ihre Authentizität und die Ihrer Website zu prüfen. Darum sind Zertifikate in der Regel kostenpflichtig, was wiederum viele Webmaster abschreckt. Doch auch für Leute mit schmalem Geldbeutel gibt es eine Lösung, bzw. drei: StartSSL (*http://www.startssl.com*), WoSign (*https://buy.wosign.com/free/*) und Let's Encrypt (*https://letsencrypt.org*) bieten kostenlose Zertifikate für den Hausgebrauch. Beachten Sie, dass es hier verschiedene Zertifizierungsstufen gibt. Bei kostenlosen Zertifikaten genügt eine einfache E-Mail-Adresse zur Verifizierung der Website, und diese lockere Absicherung teilt der Webbrowser dem Besucher auf Anfrage mit.

Erscheint beim Ansehen des Zertifikats die Meldung »This website does not supply ownership information.«. Einige Browser blenden dann statt des Schlosssymbols (🔒) eine unscheinbare Warnung ein (⚠), ist das kein Problem für private oder mittelständige Websites, große Konzerne oder Online-Shops sollten aber ruhig etwas mehr Geld für ein professionelleres Zertifikat in die Hand nehmen. Ab 400 € erhalten diese dann die Crème de la Crème der SSL-Zertifikate mit erweiterter Validierung und besonders attraktiver grüner Färbung und Firmennennung in der Adressleiste des Browsers.

Die Beantragung eines SSL-Zertifikats ist aber unabhängig von der Verifizierungsstufe und setzt lediglich voraus, dass Sie Besitzer der abzusichernden Domain sind und das auch nachweisen können. Die folgende Zertifikatsbeantragung erfolgt beispielhaft bei WoSign für *https://joomla-handbuch.com*. Für Ihr eigenes Zertifikat besuchen Sie dazu die Website des Zertifizierers, z. B. WoSign unter *https://buy.wosign.com/free*, und bearbeiten das Formular REQUEST A FREE SSL CERTIFICATE (siehe Abbildung 22.9):

1. STEP 1: SET CERTIFICATE PARAMETER
   Geben Sie den Domain-Namen Ihrer Website ein, wählen Sie die 3-YEAR-Periode, ENGLISH und SHA2. Die letzte Option steht für den Verschlüsselungsgrad und ist besonders wichtig, da die veraltete Verschlüsselungsmethode SHA1 bei einigen Browsern Warnmeldungen erzeugt. Eine andere Bezeichnung, die Sie bei Zertifizierern für SHA2 sehen, ist SHA-256 mit RSA-Verschlüsselungen (ENCRYPTION).

2. STEP 2: DOMAIN NAME CONTROL VERIFICATION
   Erst nachdem Sie Schritt 1 ausfüllten, ist STEP 2 verfügbar; hier verifizieren Sie sich als Besitzer der Domain. Beim kostenlosen Zertifikat genügt dabei die Bestätigung per E-Mail, z. B. einer Webmaster- oder Administratoradresse der Website-Domain oder der E-Mail-Adresse, unter die die Domain in der Whois-Datenbank eingetragen ist.

Nach Klick auf CLICK TO SEND VERIFICATION EMAIL müssen Sie sich beeilen, denn aus Sicherheitsgründen bleibt für den Verifizierungsvorgang nur eine Minute: Wechsel zum Posteingang, geduldig warten, bis die WoSign-Mail YOUR DOMAIN AUTHENTICATION CODE eintrifft, Kopieren des VERIFICATION CODES in die Zwischenablage und dann Einfügen des Codes in das offene Formular (siehe Abbildung 22.8). Je nach Geschwindigkeit der involvierten Mailserver kann das zwei oder drei Anläufe in Anspruch nehmen.

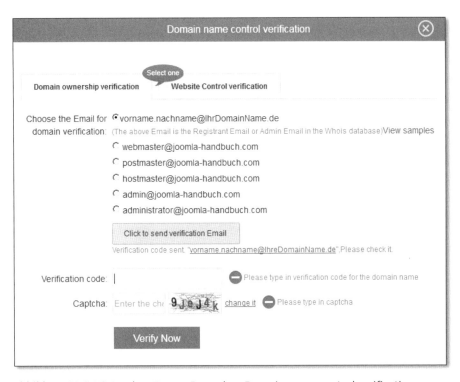

Abbildung 22.8 Hinter dem Popup-Formular »Domain name control verification« verbirgt sich der eigentliche Zertifizierungsmechanismus für Ihre Domain, den Sie nur mit Zugriff auf eine der angegebenen E-Mail-Adressen abschließen können.

3. STEP 3: PLEASE SELECT CERTIFICATE SIGNING REQUEST METHOD
   – Wählen Sie hier das Schnellverfahren OPTION 1: GENERATED BY THE SYSTEM.
   – SET THE KEY PROTECTION PASSWORD
   – Das hier eingesetzte Passwort verwendet WoSign später zur Absicherung des ZIP-Archivs, das Ihr Zertifikat enthält.
4. STEP 4: ENTER EMAIL TO RECEIVE THE CERTIFICATE COLLECTION LINK
   Nach der Erzeugung erhalten Sie das Zertifikat unter der hier angegebenen E-Mail-Adresse. Wählen Sie schließlich noch ein Passwort aus, um sich zukünftig bei WoSign anmelden zu können, um Ihre Kontodaten zu verwalten oder weitere Zertifikate zu bestellen.
5. Bestätigen Sie I HAVE READ AND AGREE WOSIGN TERMS OF USE AGREEMENT mit einem Häkchen, klicken Sie auf SUBMIT REQUEST, und gedulden Sie sich wenige Stunden, bis der Download-Link in Ihrem Posteingang ankommt.

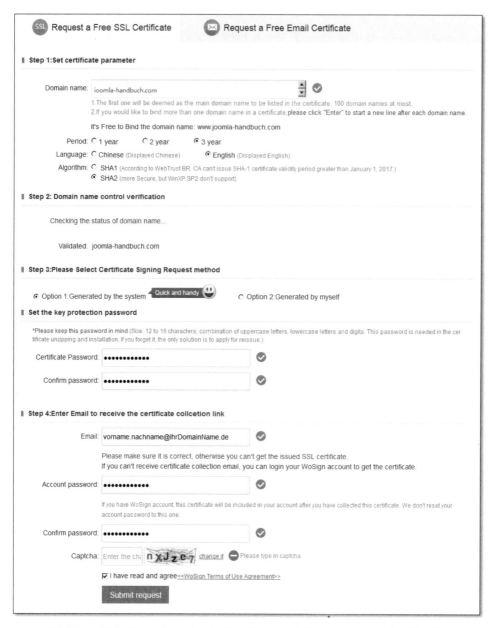

Abbildung 22.9 Nach Absenden der Zertifikatsbestellung kann es einige Stunden dauern, bis Sie den Download-Link per E-Mail erhalten.

Nach einigen Stunden Bearbeitungszeit erhalten Sie von WoSign die begehrte Mail *Your WoSign SSL Certificate ready for collection*. Klicken Sie auf den Link in der E-Mail, gelangen Sie zu einer letzten Formularseite, auf der Sie das im ersten Formular angegebene KEY PROTECTION PASSWORD eingeben. Tragen Sie außerdem das CAPTCHA ein, setzen Sie das letzte Häkchen, und klicken Sie auf RETRIEVE, woraufhin der Download des Zertifikatarchivs startet (siehe Abbildung 22.10). *Hinweis*: All diese Schritte können einige Minuten dauern, haben Sie etwas Geduld.

Abbildung 22.10 Über die letzte WoSign-Mail gelangen Sie zum Download-Formular, in das Sie das vorher vergebene »Key Protection Password« eintragen, um das Zertifikats-ZIP-Archiv herunterzuladen.

22.3.2 SSL-Aktivierung und -Konfiguration beim Webhoster

Das von WoSign heruntergeladene und erneut mit dem KEY PROTECTION PASSWORD geschützte ZIP-Archiv enthält mehrere serverspezifische Unterarchive, die alle für die SSL-Umstellung erforderlichen Dateien enthalten. In der Regel läuft Ihre Website auf einem Apache Webserver, entpacken Sie deshalb die Dateien des Unterarchivs *for Apache.zip*:

▶ *1_root_bundle.crt*

Bei Ihrem SSL-Zertifikat handelt es sich um ein sogenanntes *Endpunktzertifikat*, da sich Ihre Website am Ende einer möglicherweise langen Zertifizierungskette befindet. Stellen Sie sich die Organisation, die Ihr Zertifikat ausstellte, wie einen Untermieter vor, der unter dem Dach eines übergeordneten Zertifizierers Zertifikate ausstellt. Diese Untervermietungskette zieht sich so lange fort, bis man auf eine sogenannte Stammzertifizierungsstelle an höchster Ebene stößt. Deren Unterhalt ist recht teuer, so ist die Verteilung von Zertifizierungsrechten, die Untermiete, an andere Organisationen ein verbreitetes Szenario. Ultimativ ist es aber das Stamm- oder Rootzertifikat, das über die für die Webbrowser erforderliche Authentizität verfügt. Und damit der Webbrowser diesen Zertifizierungspfad nachvollziehen kann, enthält Ihr ZIP-Archiv sogenannte *Brückenzertifikate* (auch Intermediate- oder Bundlezertifikat) in der *1_root_bundle.crt*-Datei, die Sie ebenfalls für die Serverkonfiguration benötigen. Damit weiß der Webbrowser, dass alle Zertifizierungen angefangen von Ihrem Zertifikat bis hoch zur Stammzertifizierungsstelle gültig sind.

- *2_ihr_domain_name.de.crt*

  Das ist Ihr eigentliches Zertifikat, speziell auf die Domain ausgestellt, die Sie im Bestellformular angaben. Dieses Zertifikat sendet der Webserver an den Browser Ihrer Websitebesucher.

3_ihr_domain_name.de.key
Zu Ihrem Zertifikat gehört auch eine Art Passwort, der sogenannte Private Key, der nur für Ihren Webserver bestimmt ist und mit dem er die Anfrage nach einer abgesicherten Verbindung entschlüsselt (siehe Abbildung 22.7 im Kasten »Hintergrund: SSL-Authentifizierungsprozess«).

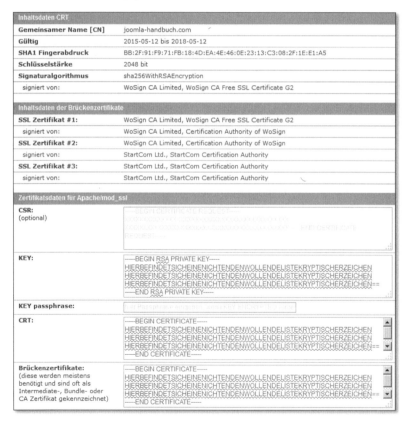

Abbildung 22.11 Beispiel der Zertifikatseinrichtung für »joomla-handbuch.com« in der Webhosting-Konfiguration, alle drei Dateien des Archivs »for Apache.zip« werden benötigt.

Diese drei Dateien benötigt der bei Ihrem Webhoster angemietete Server zum Aufbau von per SSL verschlüsselten Verbindungen. An welcher Stelle Sie die Zertifikate und Schlüssel eingeben, hängt von Ihrem Webhoster ab, ein Beispielformular sehen Sie in Abbildung 22.11. Suchen Sie in der Konfiguration der domainspezifischen Einstellungen nach SSL-SCHUTZ oder SSL-ZERTIFIKAT EINRICHTEN. Dort finden Sie oft auch einen Schalter, der die Domain serverseitig für SSL vorbereitet, eine notwendige serverseitige Konfiguration. Im Zweifelsfall kontaktieren Sie den Support Ihres Webhosters und fragen nach Informationen. Das Aktivieren von SSL-Zertifikaten gehört zu den Standardprozessen, eine Antwort wird nicht lange auf sich warten lassen.

22.3.3 SSL-Aktivierung in Joomla!

Nach Einrichten des Zertifikats weisen Sie Joomla! an, die Website nur noch per SSL, also mit vorangestellter HTTPS-Protokollangabe der URL, auszuliefern. Das geschieht über einen einzigen Schalter in der globalen Konfiguration unter SYSTEM • KONFIGURATION • Reiter SERVER • Bereich SERVER • Schalter SSL ERZWINGEN. Stellen Sie die Dropdown-Liste auf GESAMTE WEBSITE, und SPEICHERN & SCHLIESSEN Sie die Einstellung. Testen Sie nun im Frontend, dass die Webseiten verschlüsselt übertragen werden. Dazu muss bei jeder Seite in der Adresszeile des Browsers das Schlosssymbol (🔒) erscheinen. Benutzen Sie die Firefox Developer Edition, erkennen Sie im Inspectorfenster sogar die Verschlüsselung aller für den Aufbau der Webseite beteiligten Bestandteile, Bilder, JavaScript-Dateien etc. (siehe Abbildung 22.12).

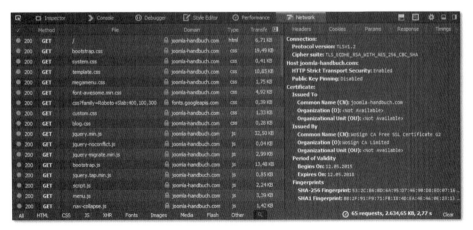

Abbildung 22.12 Im Inspectorfenster der Firefox Developer Edition sehen Sie, dass alle Dateien, aus denen die übertragene Webseite besteht, verschlüsselt werden.

Hinweis: Module des Typs BENUTZER - ANMELDUNG (das standardmäßig installierte Login-Formular) enthalten einen Umschalter ANMELDUNG ÜBER SSL. Dieser dient der Absicherung der Benutzername- und Passworteingabe und ist nur dann notwendig, wenn Sie nicht die gesamte Website auf SSL umstellen, sondern nur die Anmeldung.

> **Problemlösung: Kein Login in das Administrations-Backend**
>
> Zugriffsprobleme ins Backend sind möglich, falls die Umstellung auf SSL nicht vollständig erfolgte oder eine Erweiterung das Ladeverhalten der Website (z. B. SEO-Plugins) beeinflusst. Deaktivieren Sie zunächst wieder die site-weite SSL-Umstellung in der Datei *configuration.php* im Hauptverzeichnis der Joomla!-Installation, indem Sie die Variable $force_ssl auf »0« stellen. Prüfen Sie die SSL-Konfiguration Ihres Webservers, loggen Sie sich dann ins Backend ein, und deaktivieren Sie verdächtige Erweiterungen, bevor Sie SSL wieder aktivieren.

22.3.4 Ausmerzen nachgeladener HTTP-Elemente

Erscheint im Firefox ein weiteres einem Schild ähnelndes Symbol (⛨) in der Adressleiste, hat Ihre Website noch ein kleines Sicherheitsproblem. (Einige Chrome-Versionen markieren das Schlosssymbol mit einem Warndreieck.) Klicken Sie auf das Schild für mehr Informationen, handelt es sich wahrscheinlich um eine Warnung über BLOCKIERTE INHALTE mit dem Hinweis EINIGE UNVERSCHLÜSSELT ÜBERTRAGENE ELEMENTE DIESER WEBSEITE WURDEN BLOCKIERT wie in Abbildung 22.13.

Abbildung 22.13 Bei per SSL gesicherten Verbindungen verweigern Webbrowser das Nachladen von Inhalten mit HTTP.

Nach initialer Umstellung einer gesamten Website ist das ein typisches Problem: Zwar liefert Joomla! alle Webseiten per HTTPS aus, aber insbesondere wenn Sie externe Inhalte in Ihre Seiten eingebettet haben, werden diese möglicherweise noch unverschlüsselt, per HTTP, übertragen. Ein derartiger Mix aus verschlüsselten und unverschlüsselten Dateien ist nicht gern gesehen. Niemand vertraut der Website einer Bank, die vorgibt, alle Übertragungen zu verschlüsseln, aber dennoch einige Elemente unverschlüsselt übermittelt. Deshalb blockieren Webbrowser solchen Content grundsätzlich.

Begeben Sie sich nun auf Spurensuche nach all den Webseitenelementen, die unverschlüsselt übertragen wurden. Joomla! wurde komplett auf SSL umgestellt, es handelt sich also entweder um hardgecodete Links, z. B. in einem Modul, oder externe Webseitenbestandteile, z. B. nachgeladene Schriften, JavaScript-Bibliotheken oder CSS-Frameworks. Das Rätsel ist schnell gelöst: Öffnen Sie die Quelltextansicht der betreffenden Webseite, und suchen Sie nach »http:« (siehe Abbildung 22.14). Überlegen Sie dann, welche Komponente, welches Modul oder welche Erweiterung den betreffenden Link produziert. Für die Website unter *https://joomla-handbuch.com* war beispielsweise eine aus dem Google-Fonts-Repositorium nachgeladene Schrift verantwortlich – der in einer Templateeinstellung hinterlegte Link *http://fonts.googleapis.com/css?family=Roboto+Slab*.

Abbildung 22.14 Zur Identifizierung der problematischen Elemente werfen Sie einen Blick in den Quelltext und suchen nach »http:«.

Falls Sie keine HTTP-Links im Quelltext ausfindig machen, verstecken sich die unsicheren Elemente etwas tiefer, beispielsweise in nachgeladenen CSS-Dateien oder von JavaScript generiertem HTML-Code. Nutzen Sie dann das Web-Developer-Add-on von Firefox oder die Entwicklertools von Chrome, um eine klare Fehlermeldung zu erhalten. Wechseln Sie dazu im jeweiligen Tool in WERKZEUGE • FEHLERKONSOLE bzw. WEITERE TOOLS • JAVASCRIPT-KONSOLE (siehe Abbildung 22.15).

Abbildung 22.15 Die Chrome-Entwicklertools und das Firefox-Add-on Web Developer zeigen blockierte HTTP-Inhalte in der JavaScript-Fehlerkonsole.

Haben Sie den unsicheren Link lokalisiert, genügt die Korrektur der Protokollangabe von http:// zu https://. Es geht aber noch eleganter. Lassen Sie die Protokollangabe einfach weg, verwandeln Sie die Linkadresse in eine sogenannte protokoll- oder schemalose URL. Der Browser wird dann angewiesen, den Inhalt über dasselbe Protokoll zu laden wie den Rest der Webseite. Die Adresse beginnt dann mit den beiden Slashes, also z. B. *//fonts.googleapis.com/css?family=Roboto+Slab*.

Hinweis: Fordern Sie externe Inhalte ab sofort nicht mehr per HTTP, sondern HTTPS an, muss der betreffende Server natürlich auch die SSL-Verschlüsselung akzeptieren. Allgemein zugängliche Repositorien wie Google Fonts oder Content Delivery Networks (CDN), von denen Sie JS- oder CSS-Dateien nachladen, sind für diesen Fall aber gerüstet.

> **Tipp: Testen des Zertifikats, lokal und mit Qualys SSL Labs**
>
> Ist das Zertifikat vollständig eingerichtet, rufen Sie Ihre Website auf und begutachten das neue Zertifikat erst mal im Browser. Klicken Sie in der Adresszeile des Browsers auf das Schlosssymbol vor der URL, und klicken Sie sich durch die Buttons und Fenster MEHR INFORMATIONEN / ZERTIFIKAT ANZEIGEN. Achten Sie insbesondere auf die Erwähnung des aktuellen Verschlüsselungsalgorithmus SHA-2 oder SHA-256, wie z. B. unter der Überschrift FINGERABDRÜCKE in Abbildung 22.16.

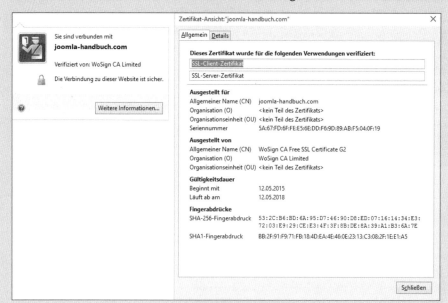

Abbildung 22.16 Zertifikatanzeige im Webbrowser; insbesondere der SHA-256-Fingerabdruck deutet auf eine Verschlüsselung nach neueren Standards.

Im nächsten Schritt helfen Ihnen Tools im Internet, die Funktionsfähigkeit des Zertifikats zu überprüfen. Eines davon erreichen Sie unter *https://www.ssllabs.com/*

ssltest (siehe Abbildung 22.17). Geben Sie hier einfach Ihren Domain-Namen ein, klicken Sie auf SUBMIT, und studieren Sie nach einigen Minuten die Ausgabe. Prüfen Sie den SIGNATURE ALGORITHM (Soll: SHA256WITHRSA) und das grüne Endresultat (Soll: TRUSTED – YES).

Wichtig: Setzen Sie sich eine Kalendererinnerung zwei Wochen vor dem Datum VALID UNTIL, um dann ein neues Zertifikat zu beantragen.

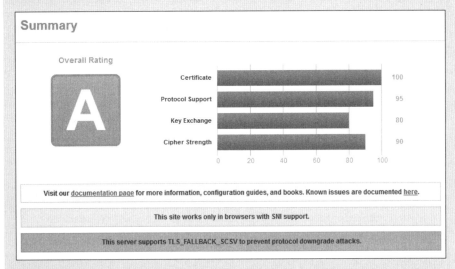

Abbildung 22.17 Unter »https://www.ssllabs.com/ssltest« prüfen Sie die korrekte Installation des Zertifikats; achten Sie besonders auf den »Signature algorithm« und das Gesamturteil »Trusted«.

22.4 Starke Passwörter einsetzen

Neben Sicherheitslücken in der Software sind unsichere Passwörter die Hauptursache für gehackte Websites. Worauf ist bei der Wahl des Passworts zu achten?

- **keine persönlichen Informationen** wie der Name der Verlobten oder der Katze, keine offensichtlichen Wortkombinationen wie *Test123* oder *passwort*
- Das Passwort sollte **so lang wie möglich** sein.

Die oft gepredigte zufällige Kombination von Buchstaben, Ziffern und Sonderzeichen, die aussieht, als stolzierte die Hauskatze über die Tastatur, hat einige Nachteile: Das Passwort ist schwierig zu merken und die Eingabe über das Smartphone eine Qual. Es geht einfacher:

1. Reihen Sie einige sinnvolle, aber zusammenhangslose Wörter aneinander, z. B. *KnusperQuasselHummel*.

2. Optional streuen Sie zusätzliche schmückende Ziffern und Sonderzeichen in die Kreation: *Knusper8Quasse1Hummel!*.

Solch eine Wortkombination lässt sich deutlich einfacher merken als z. B. *y4)z++/1I1I1,L~ÜK!*.

Die Mathematik hinter dieser Passwortfindungsmethode besagt, dass man mit Buchstaben, Ziffern und Sonderzeichen auf etwas über 90 verschiedene *Symbole*, kombinierbare Elemente, kommt. Der deutsche Durchschnittssprecher kennt aber mindestens 12.000 Wörter, die, verwendet man sie als Symbole für das Passwort, mehr Kombinationen erlauben. Zwar hängen jetzt nicht mehr acht Wörter hintereinander, aber selbst drei oder vier erfüllen ihren Zweck, besonders wenn man noch ein Sonderzeichen oder eine Ziffer (jeweils ein weiteres Symbol) ergänzt (*Linktipp*: http://xkcd.com/936).

> **Achtung: Ein starkes Passwort ist nicht genug**
>
> Ein starkes Passwort ist nur die halbe Miete. Kennt ein Angreifer Ihren Benutzernamen, egal ob für den Backend-Login von Joomla! oder das Konto bei Ihrem Webhoster, genügt ein einfacher Brute-Force-Angriff, um automatisch Millionen von Passwörtern durchzuprobieren. Ändern Sie deshalb dringend Ihren Super-Benutzer-Namen (Benutzer • Verwalten • auf Super Benutzer klicken • Feld Name anpassen), und veröffentlichen Sie niemals Ihre Webhoster-Kundennummer.

22.5 Verzeichnis- und Dateirechte prüfen

Falls mal ein Bild-Upload scheitert oder eine neu installierte Erweiterung über fehlende Schreibrechte klagt, wird z. B. in Forendiskussionen gelegentlich empfohlen, die Rechte der betreffenden Dateien und Verzeichnisse doch auf 777 zu setzen. Dieser Zahlencode für eine Rechteeinstellung unter Linux ist aus Sicherheitsperspektiven äußerst bedenklich, denn damit erhält jeder, der in der Lage ist, sich auf den Server Ihres Webspaces einzuloggen, Lese-, Schreib- und Ausführungsrechte. Gerade wenn Sie sich einen Webserver mit vielen anderen Kunden des Webhosters teilen, sehr häufig bei Webhosting-Paketen im unteren Preissegment der Fall, ist Ihre Website verwundbar. Als mögliche Folge lassen sich beliebige PHP-Scripts unterjubeln und ausführen, die den Server missbrauchen oder sensible Benutzerdaten auslesen.

777-Berechtigungen einzusetzen resultiert nicht sofort in einer Hackerübernahme Ihrer Website, reduziert aber die Zahl der Sicherheitsmechanismen. Kein einzelner Mechanismus kann alle Angriffe abwehren, darum baut Sicherheit auf den Einsatz vieler einzelner Bestandteile. Die ordnungsgemäße Rechtevergabe von Datei- und Verzeichnisrechten gehört dazu.

Für Joomla!-Websites gelten diese Empfehlungen für die Verzeichnis- und Dateirechte:

- Dateien: 644
- Verzeichnisse: 755
- *configuration.php*: 444 (ausschließlich Leserechte)

Diese Rechte setzen Sie entweder mühevoll per FTP (z. B. über FileZilla, Rechtsklick-Kontextmenü auf ein Verzeichnis oder eine Datei, dann DATEIATTRIBUTE...), oder Sie behelfen sich mit der Erweiterung Admin Tools, die durch einen einzelnen Buttonklick alle Rechte der gesamten Joomla!-Installation auf die empfohlenen Werte setzt. Mehr zu diesem Tool lesen Sie in Abschnitt 16.3, »Mehr Sicherheit mit Admin Tools«.

Hintergrund: Einen einfach zu bedienenden Umrechner für die Zahlencodes der Rechteeinstellungen finden Sie unter *http://permissions-calculator.org*. Über den Reiter OCTAL setzen Sie Berechtigungshäkchen, um den Zahlencode zu erhalten, im Reiter DECODE OCTAL dechiffrieren Sie einen Zahlencode in lesbare Rechtebezeichnungen.

22.6 Vulnerable Extensions List kennen

Der Open-Source-Charakter von Joomla! und der Erweiterungen birgt eine Gefahrenquelle, die vielenorts unterschätzt wird. Weniger sorgfältige oder unerfahrene Entwickler öffnen vielleicht, unbeabsichtigt, Sicherheitslecks wie SQL-Injektion oder Cross-Site-Scripting. Dann ist es unerheblich, wie aktuell die Joomla!-Installation gehalten wird, eine einzelne unsichere Erweiterung öffnet Angreifern Tür und Tor. Unsichere Erweiterungen schaffen es in der Regel nicht ins Joomla! Extensions Directory, da beim Upload eine rudimentäre, und je nach Umfang der Erweiterung, intensive Prüfung vorgenommen wird. Doch vielleicht schleicht sich ein Sicherheitsproblem erst in einer späteren Version ein, oder Sie installieren Joomla!-Erweiterungen aus einer anderen Quelle als dem JED.

Um diesen Sicherheitsproblemen entgegenzuwirken, stellt die offizielle Joomla!-Website unter *http://vel.joomla.org/index.php/live-vel* einen Bereich bereit, der unsichere Erweiterungen listet (siehe Abbildung 22.18). Haben Sie eine Erweiterung in Verdacht oder möchten Sie einfach mal einen Status quo zum Sicherheitsstand der in Ihrem System installierten Erweiterungen erfahren, geben Sie einen Teil des Namens ins Textfeld TITLE FILTER ein. Wurde die Erweiterung tatsächlich gefunden, erfahren Sie über einen Klick auf den Namen die Natur des Sicherheitslecks, z. B. SQL Injection oder Cross-Site Scripting. Deaktivieren und deinstallieren Sie diese Erweiterung dann dringend, und sehen Sie sich nach einer Alternative um. *Neuere* Erweiterungen sind in der Regel konformer und sicherer programmiert, die problematischsten Kandidaten datieren auf das Jahr 2013.

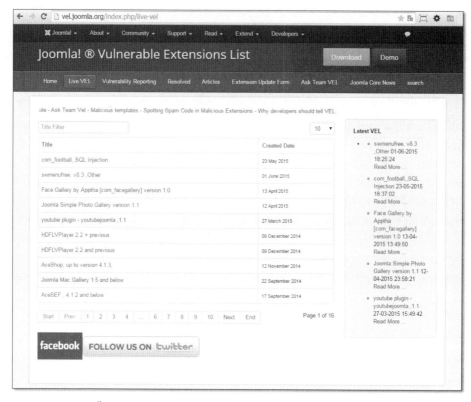

Abbildung 22.18 Über die Vulnerable Extensions List unter »http://vel.joomla.org« erfahren Sie, welche Erweiterungen mit Sicherheitsproblemen gemeldet wurden.

Kapitel 23
Performance- und Suchmaschinenoptimierung

Wer diese Tage Suchmaschinenoptimierung ignoriert, verzichtet auf die Chance, in Suchergebnissen besser dazustehen als die Konkurrenz. Mit Joomla! und einigen handverlesenen Erweiterungen ist die eine oder andere SEO-Maßnahme aber schnell umgesetzt.

Handelt es sich bei Ihrer Joomla!-Installation um eine öffentliche Website, setzen Sie alles daran, um in den Suchergebnissen von Google, Bing, Yahoo und Co. möglichst gut dazustehen. In regelmäßigen Abständen schicken die Suchmaschinen ihre Bots los, um alle Websites, die auf ihrer To-do-Liste stehen, zu crawlen, also die Inhalte zu lesen, zu analysieren und innerhalb ihres großen Suchindexes zu hinterlegen. Diese Bots (auch Crawler, Spider) arbeiten aber nicht nur ihre eigenen Listen ab, sondern folgen auch Verlinkungen, auf die sie während des Crawlens stoßen. Daraus folgern Suchmaschinen beispielsweise, dass stark verlinkte Seiten besonders hoch im Kurs sind, und markieren sie als wichtig. Und besonders wichtige Websites landen an den ersten Stellen eines Suchergebnisses, haben ein hohes sogenanntes *Ranking*. Der folgenden Tabelle entnehmen Sie weitere Aspekte, die Einfluss auf das Ranking haben.

Platz	Ranking-Faktor
1	Anzahl und Qualität der Links auf die eigene Website, website-übergreifend und pro Webseite
2	Keyword-Verteilung und qualitativ hochwertige Inhalte
3	Ladezeiten, Lesbarkeit und Einzigartigkeit der Inhalte
4	Bekanntheit des Domain-Namens außerhalb der Website, z. B. in Nachrichten oder Pressemitteilungen
5	Erwähnung der Website in sozialen Netzwerken wie Facebook, Google+ und Twitter

Tabelle 23.1 Die Top 5 der wichtigsten Ranking-Faktoren

Die Qualität des Contents ist einer der wichtigsten Ranking-Faktoren. Suchmaschinen recherchieren nach wertvollen Informationen und belohnen Websites, die diese bieten, mit höheren Suchergebnispositionen, falls bestimmte Kombinationen von Schlüsselwörtern zwischen Suchanfrage und Webseiteninhalten übereinstimmen. Die zugrunde liegenden Algorithmen sind hochkompliziert und behütetes Geheimnis jedes Suchmaschinenbetreibers. Aber es gibt einige Prämissen, die Sie auf Ihre Website anwenden, um möglichst gute Karten bei Indexierung und Ranking zu erhalten. Beispiel hierfür ist die Verteilung von Schlüsselwörtern (englisch: *Keywords*) in URL, Überschriften und im Fließtext. Aber Vorsicht: Die Bots reagieren empfindlich auf Übertreibungen. Eine Webseite mit den Begriffen »die schönsten Urlaubsziele die schönsten Urlaubsziele [...]« vollzupflastern wird als Spam interpretiert, und die Optimierungsmaßnahme geht nach hinten los.

Platz	Keyword-Regel
1	Erwähnen Sie das Keyword im Seitentitel (`<title>`-Tag) so weit vorne wie möglich.
2	Wiederholen Sie das Keyword in der Seitenüberschrift (`<h1>`-Tag).
3	Erwähnen Sie das Keyword einige Male im Fließtext, und zwar innerhalb eines hochwertigen Artikeltexts (Suchmaschinenalgorithmen erkennen inzwischen die fachliche Qualität eines Artikels).
4	Bauen Sie das/die Keywords in die URLs ein, achten Sie also auf das Alias-Textfeld Ihrer Beiträge und Menüeinträge.
5	Erwähnen Sie Keywords im `alt`-Attribut von Bildern.

Tabelle 23.2 Die Top 5 der wichtigsten Keyword-Regeln

Die aus den Prämissen für ein möglichst gutes Ranking ableitenden Maßnahmen nennt man *Suchmaschinenoptimierung* – englisch: Search Engine Optimization (SEO), die in *Black Hat* und *White Hat*, Mogeleien und ehrliche Tricks, unterschieden werden. Sie beinhaltet sowohl inhaltliche als auch technische Aspekte und ist der große Bruder der *Suchmaschinenfreundlichkeit* (SEF), die sich hauptsächlich auf inhaltliche Aspekte konzentriert. Von *Suchmaschinenmarketing* (SEM) hingegen ist die Rede, wenn auch Medien, Institutionen und Mittel eingesetzt werden, die nicht unmittelbar mit der Website zu tun haben, z. B. virale Marketingkampagnen auf Facebook oder Twitter oder ein interessantes YouTube-Tutorialvideo als Publikumsmagnet.

Joomla! erlaubt bereits ab Werk die Konfiguration wichtiger SEO-relevanter Maßnahmen. Allen voran die Einstellungen zur Schreibweise der URL, die möglichst »sprechend« wertvolle Keywords enthalten sollte. Mithilfe sogenannter Marketing-URLs, spezieller auf eine Kampagne ausgerichtete Zieladressen, dehnt sich der Funktionsumfang sogar auf SEM-Aspekte aus. Die zugrunde liegenden Mechanismen lernen Sie in den ersten Abschnitten dieses Kapitels kennen.

Performanceoptimierung betrifft alle Themen, die Ihre Website beschleunigen. Im Internet macht es einen gewaltigen Unterschied, ob eine Webseite zehn oder zwei Sekunden benötigt, um ihre Inhalte vom Server zu laden und im Browser darzustellen. Und da Suchmaschinen ihren Kunden nur die besten Websites hochplatziert präsentieren, ist jede Performanceoptimierung gleichzeitig eine Suchmaschinenoptimierung.

Mit den vielen Tipps und Tweaks zur Performance beschäftigt sich der zweite Teil dieses Kapitels. Aber vorweg: Kleine Websites stehen bereits nach einer Joomla!-Standardinstallation recht gut da. Die Relevanz einer Performanceoptimierung steigt erst, wenn Ihre Website entweder mehrere Hundert Besucher pro Tag empfängt oder falls die Webseiten so viele Elemente und Module enthalten, dass das Laden auffallend lange dauert. Richtwert für die Ladezeit einer optimal eingerichteten Webseite sind 2 Sekunden. Liegen Ihre Messungen mit Firebug oder den Entwicklertools der Webbrowser darüber, sollten Sie sich den einen oder anderen Abschnitt genauer ansehen.

Grundsätzlich gibt es zwei Bereiche, in denen Sie Einfluss ausüben, um die Performance und damit die Geschwindigkeit der Webseiten zu verbessern:

▶ **Joomla!**
Das CMS speichert alle Webseiteninhalte und viele Konfigurationen in der Datenbank. Je komplexer die Zusammenstellung der Inhalte auf einer Seite ist, desto mehr Datenbankabfragen sind nötig. Und die kosten Zeit. Wie unberechenbar das ist, sehen Sie unter *http://development.joomla-handbuch.com*, wo der Debugging-Modus aktiviert ist (über SYSTEM • KONFIGURATION • Reiter SYSTEM • Schalter SYSTEM DEBUGGEN) und Sie im unteren Bereich die Zeiten für die Datenbankzugriffe aufklappen und ablesen. Während man annehmen könnte, dass die Homepage mit fünf angeteaserten Beiträgen und 32 ausgeführten Abfragen mehr Inhalte aus der Datenbank zieht, benötigt eine einfache Beitragsseite 57, also fast doppelt so viele Abfragen. Bei genauerer Betrachtung fallen jedoch zwei Module in der rechten Seitenleiste auf, die verwandte Beiträge anzeigen, die wiederum aus der Datenbank gezogen werden. Hier ist entweder Fingerspitzengefühl beim Seitendesign angesagt oder ein Mechanismus, der das Datenbankproblem löst. Den gibt es glücklicherweise: der eingebaute Cache von Joomla! (siehe Abschnitt 23.5, »Caching aktivieren«).

▶ **Datenübertragung**
Hat Joomla! die angefragte Webseite erst mal generiert, steht eine weitere Hürde zwischen Server und Webbrowser: die Übertragung, nicht nur der einzelnen Seite,

sondern aller zusätzlicher Dateien, die ein modernes Web-3.0-Design erfordert. Neben zahllosen Illustrationen sind das Facebook-Like-Iframes, Schriften von Google Fonts, zusätzliche JavaScript-Frameworks und CSS-Bibliotheken oder -Stylesheets, reCAPTCHA-Bibliotheken, Google-Analytics-Tags und vieles mehr. Damit sind Sie bereits der wichtigsten Performanceoptimierung auf der Spur: Reduzierung der nachzuladenden Dateien. Das funktioniert z. B., indem man mehrere Dateien zu einer zusammenfasst (*Aggregierung*). Oder besser: Dateien, die der Besucher zuvor schon vom Server empfing, nicht noch mal laden. Und auch hier ist wieder ein Cache im Spiel, diesmal im Webbrowser.

Studieren Sie die in diesem Kapitel vorgestellten Tipps, und implementieren Sie sie bei Bedarf und schrittweise. Am besten prüfen Sie die Maßnahme zunächst in einem Testsystem, um Wechselwirkungen mit Erweiterungen auszuschließen. Das ist insbesondere bei der Aktivierung von SEF-/SEO-Komponenten zu empfehlen, die tief ins Joomla!-System eingreifen. Messen Sie die Geschwindigkeitsvorteile per Firebug oder Entwicklertools der Webbrowser. Denn was nutzt die aufwendige Integration einer eigenen CDN-Komponente für eine Handvoll Bilder, wenn die zusätzliche DNS-Abfrage den Geschwindigkeitsvorteil wieder aufhebt.

Begriff	**Erklärung**
Bot, Crawler, Spider	Programm, das selbstständig Webseiten im Internet besucht und ihre Inhalte abruft und weiterverarbeitet. Zum Beispiel indexieren Suchmaschinenbots Websiteinhalte.
Ranking	Bewertung einer Website im Vergleich zu anderen; je höher das Ranking, desto besser.
Keyword(s)	Wort oder Wortkombination, die die Brücke zwischen Suchtexteingabe und Textinhalte einer Webseite bildet. Erscheint ein Keyword an bestimmten Stellen einer Webseite, ist das für die Suchmaschine ein das Ranking beeinflussender Faktor.
Suchmaschinenoptimierung, SEO	Maßnahmen zur Steigerung des Rankings durch Beachtung bestimmter Aspekte während der Erstellung und Publizierung von Content. Maßnahmen ändern sich im Laufe von Monaten/Jahren, so ist z. B. das ehemals nützliche `<meta>`-Tag für Keywords heutzutage irrelevant.

Tabelle 23.3 Die wichtigsten Begriffe zur Suchmaschinen- und Performanceoptimierung

Begriff	Erklärung
Performanceoptimierung	Maßnahmen zur Geschwindigkeitssteigerung der Website. Je schneller eine Website ist, desto größer die Akzeptanz and damit möglicherweise das Ranking bei Besuchern und Suchmaschinenbots.
Alias	Einem Beitrag, Menüeintrag oder einem anderen Inhaltselement zugewiesener kurzer Text, den Joomla! für die Zusammenstellung der Webseiten-URL nutzt. Er darf keine Leer- oder Sonderzeichen, sollte aber Keywords enthalten.
Marketing-URL	kurze Webseiten-URL für Werbezwecke, die auf bestimmte Themenseiten verweist, die nicht unbedingt in der Standardmenüstruktur der Website enthalten sind
Canonical URL	Eindeutige, einzigartige Webseiten-URL, unter der eine Seite abgerufen wird, falls sie aus technischen Gründen unter verschiedenen URLs erreichbar ist. Ohne Canonical URL würde die mehrfache Erreichbarkeit als *Duplicate Content* und damit als Spam interpretiert werden.
Cache	Mechanismus zum Zwischenspeichern von Daten zur Ausgabebeschleunigung, falls die Daten nochmals angefragt werden. Caches gibt es überall: in der Festplatte und Suchmaschine, im Server, Browser, Prozessor, Router und im Wald.
GZIP	Übliches Verfahren zur Kompression von Webinhalten für eine kürzere Übertragungszeit zwischen Server und Client (Webbrowser). Die Zeitersparnis überwiegt den Rechenaufwand für das Komprimieren und Dekomprimieren, GZIP sollte daher aktiviert sein.
Content Delivery Network, CDN	Spezielle Webserver, die sekundäre Webinhalte wie Bilder, JavaScript-Bibliotheken oder CSS-Frameworks ausliefern. Dadurch ist es möglich, dass weitere Cache-Mechanismen greifen, z. B. wenn völlig verschiedene Websites eine jQuery-Bibliothek von derselben Quelle nachladen.

Tabelle 23.3 Die wichtigsten Begriffe zur Suchmaschinen- und Performanceoptimierung (Forts.)

23.1 Joomla!-URLs optimieren

Joomla! unterstützt bereits nach der Installation sogenannte suchmaschinenfreundliche URLs. Erzeugen Sie Webseiten über Menüeinträge für EINZELNE BEITRÄGE oder einen KATEGORIEBLOG, übersetzt das CMS die Kombination aus Kategorie und Menüpfad direkt in die URL. Entscheidend ist dabei der im Textfeld ALIAS hinterlegte Titel, den Joomla! automatisch befüllt, falls Sie das Feld leer lassen. Dabei werden Leer- in Minuszeichen verwandelt und Sonderzeichen konvertiert, ganz so, wie es Suchmaschinen mögen und auch ältere Browsergenerationen verdauen können. Der Link zum Lanzarote-Beitrag des Reiseforums lautet beispielsweise:

http://reiseforum.joomla-handbuch.com/index.php/urlaubsziele/kanaren/55-lanzarote

Dabei entstand die Lanzarote-Webseite durch die Seitenverkettung eines Menüeintrags des Typs KATEGORIEBLOG. Sprich, für die Kategorie KANAREN wurde ein Menüeintrag im Main Menu angelegt, die daraus anklickbare Lanzarote-Seite entstand automatisch durch die Kategorieansicht – erkennbar an der ergänzten Beitrags-ID 55. (Zum besseren Verständnis dieses Mechanismus studieren Sie Abschnitt 7.5, »Beiträge und Kategorien auf Webseiten darstellen«.) Die Erwähnung der ID ist unschön, aber keine SEO-Katastrophe und ließe sich vermeiden, indem Sie jedem Beitrag einen separaten Menüeintrag spendieren oder eine der vielen im JED verfügbaren SEO-Komponenten installieren.

Suchmaschinenfreundliche URL verstehen

Bewirkt wird diese URL-Gestaltung durch die Einstellung SYSTEM • KONFIGURATION • Reiter SITE • Bereich SUCHMASCHINENOPTIMIERUNG (SEO) • Feld SUCHMASCHINENFREUNDLICHE URL. Stellen Sie diesen Schalter probeweise auf NEIN, SPEICHERN Sie die Konfiguration, und surfen Sie ein wenig durchs Frontend, macht das URL-Format eine Zeitreise 10 Jahre in die Vergangenheit (siehe Abbildung 23.1).

http://reiseforum.joomla-handbuch.com/index.php?option=com_content&view= article&id=55:lanzarote&catid=11&lang=de&Itemid=193

Dies ist die wahre URL, mit der Joomla! intern arbeitet und aus der interessante Details über die zugrunde liegende Mechanik der dynamisch generierten PHP-Seiten sichtbar werden. So landen ausnahmslos alle Seitenanfragen auf der PHP-Seite *index.php*, die den angefragten Inhalt aufgrund der dahinter stehenden URL-Parameter zusammenstellt. In diesem Fall geht es um Inhalte aus der Komponente *com_content* (Beitrags- und Kategoriemanager), und es soll ein Beitrag angezeigt werden (*view=article*), und zwar der mit der *id=55*. *lang=de* besagt, dass die Website gerade im deutschsprachigen Modus abgerufen wird, und die *Itemid=193* zeigt auf den dem Lanzarote-Beitrag übergeordneten Kategoriemenüeintrag KANAREN. Diese Angabe nutzt die Webseite, um z. B. im aufklappbaren Hauptmenü den Punkt URLAUBSZIELE • KANAREN visuell hervorzuheben.

Abbildung 23.1 Mit ausgeschalteter Option »Suchmaschinenfreundliche URL« erkennen Sie, mit welcher Komponente Joomla! die aktuelle Webseite zusammenbaut, hier »com_content« für den Beitrag- und Kategoriemanager.

Von all dem bekommen Websitebesucher und Suchmaschinen zum Glück nichts mit, denn mit Keywords sieht es in dem alten Format nicht besonders gut aus. Stellen Sie SUCHMASCHINENFREUNDLICHE URL deshalb dringend zurück auf JA, und SPEICHERN Sie die Einstellung.

URL-Rewrite nutzen

Ein Überbleibsel aus dem alten URL-Format wird über diese Einstellung aber noch nicht entfernt: die *index.php*-Seite. Aber auch das ist kein Problem dank eines Servermechanismus, des sogenannten *URL-Rewrite*, das nach der Joomla!-Standardinstallation noch nicht aktiviert ist. Das lässt sich aber in zwei Schritten nachholen: Stellen Sie dazu zunächst den Schalter URL-REWRITE NUTZEN auf derselben Konfigurationsseite auf JA, und SPEICHERN Sie die Einstellungen. Als Nächstes aktivieren Sie eine von Joomla! vorbereitete Serverkonfigurationsdatei.

Die sogenannte *.htaccess*-Datei befindet sich im Hauptverzeichnis Ihrer Joomla!-Installation und enthält verzeichnisspezifische Servereinstellungen, die die globale Apache-Konfiguration bei Bedarf überschreiben. Auf diese Weise lassen sich z. B. Passwort- oder IP-Sperren einrichten oder das Caching-Verhalten von Dateien steuern. Außerdem enthält die Datei Regeln zur Umgestaltung der URL, allen voran die Entfernung des überflüssigen Bestandteils *index.php?*.

Joomla! installiert bereits solch eine *.htaccess*-Konfigurationsdatei ins Hauptverzeichnis, allerdings heißt sie aktuell *htaccess.txt* und ist damit deaktiviert. Zur Aktivierung ist es lediglich notwendig, die Datei umzubenennen, also *.txt* zu entfernen und einen Punkt an den Anfang zu setzen (siehe Abbildung 23.2). Das ist kein Problem, wenn Sie per FileZilla im Dateisystem eines externen Servers unterwegs sind oder in einer lokalen Umgebung unter OS X oder Linux arbeiten. Lokale Windows-XAMPP-Benutzer benötigen jedoch einen kleinen Trick, denn der Explorer erlaubt eigentlich keine Dateinamen, die mit einem Punkt beginnen – siehe Kasten »Tipp: Umbenennen der ›htaccess.txt‹ einer XAMPP-Joomla!-Installation unter Windows«.

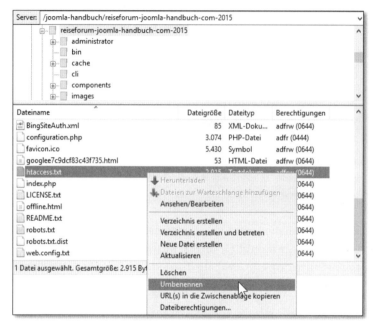

Abbildung 23.2 Zur URL-Rewrite-Aktivierung benennen Sie die Datei »htaccess.txt« in ».htaccess« um; beachten Sie den Punkt am Anfang.

Tipp: Umbenennen der »htaccess.txt« einer XAMPP-Joomla!-Installation unter Windows

Stellen Sie zunächst sicher, dass Sie die Dateiendungen bzw. -erweiterungen im Explorer sehen. Dafür gibt es in den Explorer-ORDNEROPTIONEN im Reiter ANSICHT ein Häkchen, das *nicht* gesetzt sein darf: ERWEITERUNGEN BEI BEKANNTEN DATEITYPEN AUSBLENDEN. Markieren Sie jetzt die Datei *htaccess.txt* im Explorer, und drücken Sie F2 zum Umbenennen. Ersetzen Sie den Dateinamen nun durch *.htaccess.* – mit einem Punkt jeweils *vor* und *hinter htaccess*. Nach abschließendem Drücken der ⏎-Taste und Bestätigung der UNBRAUCHBARKEITSWARNUNG mit JA wird daraus automatisch der richtige Dateiname *.htaccess* ohne abschließenden Punkt erzeugt.

Hintergrund: Warum wurde die ».htaccess«-Datei nicht schon gleich im richtigen Namensformat installiert?

Die Konfigurationsdatei *.htaccess* enthält Direktiven, die weitere Funktionen in Joomla! aktivieren. Allen voran das sogenannte *URL-Rewrite*, mit dem die Webseiten-

> URLs suchmaschinenfreundlicher formatiert werden. Dieser URL-Rewrite-Mechanismus ist jedoch komplex, seine exakte Direktivenkonfiguration unterscheidet sich von Webserver zu Webserver. Darum entschieden sich die Joomla!-Entwickler, erst mal eine deaktivierte *htaccess.txt* ins Hauptverzeichnis zu legen, damit jeder Joomla!-Administrator die Datei selbstverantwortlich aktiviert (und gegebenenfalls anpasst). Im Fall der XAMPP-Installation und der meisten Webhoster funktionieren die voreingestellten Direktiven tadellos, darum können Sie die Datei durch das Umbenennen gefahrlos aktivieren.

Prüfen Sie jetzt im Frontend, ob das URL-Fragment *index.php?* ordnungsgemäß entfernt wurde und, besonders wichtig, ob alle Verlinkungen weiter funktionieren. Suchmaschinenfreundlicher lässt sich eine URL mit den Bordmitteln von Joomla! nicht gestalten:

http://reiseforum.joomla-handbuch.com/urlaubsziele/kanaren/55-lanzarote

Problemlösung: Sehen Sie nach der URL-Rewrite-Aktivierung im Frontend weiße Seiten, benötigt Ihr Server eine Sonderbehandlung. Besuchen Sie dann die offizielle Joomla!-Dokumentation unter *http://tinyurl.com/jh-htaccess* für weitere Hintergrundinfos und *.htaccess*-Variationen.

23.2 Marketing-URLs einrichten

Marketing-URLs sind besonders kurze Internetadressen, die sich jeder gut merken kann, sei es auf einem Flyer oder Plakat oder durch kurzes Aufblenden in einem Werbespot. Deshalb bestehen sie meist nur aus dem Domain-Namen und dahinter dem konkreten Marketing-, Produkt- oder Dienstleistungsthema. Für dieses Handbuch gibt es beispielsweise die Marketing-URL *https://joomla-handbuch.com/marketing*, mit der Sie direkt auf eine Seite mit Tipps und Hinweisen zum Thema gelangen. Im Reiseforum verweist die URL *http://reiseforum.joomla-handbuch.com/lanzarote* direkt auf die im Kategorieblog vergrabene Detailseite zur kanarischen Vulkaninsel.

Solch eine kurze URL hat nicht nur den Vorteil, dass sie besonders leicht zu merken ist. Sie ist auch ideal für die Arbeit mit Suchmaschinen und den mit ihnen verbundenen Werbedienstleistungen. Zum einen erhalten kurze URLs mit möglichst wenigen Unterordnern ein möglicherweise höheres Ranking. Zum anderen sind solch kurze Adressen ideal für *Landing Pages*, spezielle Themen-Zielseiten, die Sie z. B. über AdWords oder andere Werbedienste in Suchmaschinenergebnissen oder bei Websitewerbepartnern einblenden. Was Suchmaschinen besonders gut gefällt: Werbetext, Marketing-URL (die Phrasen hinter der Domain), Überschrift und Inhalt der verlinkten Seite enthalten die gleichen Keywords. Die Suchmaschine bewertet dann besonders positiv, wenn die verlinkte Seite auch tatsächlich den Inhalt enthält, den die vorangegangenen Verlinkungen versprechen.

Ist das URL-Rewrite aus dem vorangegangenen Abschnitt aktiviert, sind die URLs bereits sehr suchmaschinenfreundlich, da sie wenig überflüssigen Ballast enthalten und größtenteils die Keywords der Menüeinträge oder Beitragstitel zitieren. Abhängig von der Nutzung verschachtelter Kategorieansichten und Beitragsplatzierungen im Menü können die URL-Pfade aber mitunter recht lang werden. Eine Marketing-URL soll allerdings kurz sein – auf den folgenden Seiten lernen Sie verschiedene Wege kennen, das zu erreichen.

23.2.1 Marketing-URL per Joomla!-Menüeinträge

Ist die Zielseite der Marketing-URL als oberster Eintrag (oberste Menüebene) in irgendeinem Menü eingetragen, genügt das aktivierte Joomla!-interne URL-REWRITE aus KONFIGURATION • Reiter SITE, um die Seite unter der kürzestmöglichen URL verfügbar zu machen. In diesem Fall zieht Joomla! den im Textfeld ALIAS des Menüeintrags hinterlegten Begriff als kompletten URL-Pfad.

Sobald die Seite allerdings eine Ebene tiefer im Menü hängt, funktioniert das schon nicht mehr. Zwischen Domain-Name und Seitentitel steckt jetzt der Name des übergeordneten Menüpunkts, dem die Seite zugeordnet ist. Für normale Webseiten eine gute Sache, da es sich um ein weiteres Keyword handelt; für Marketingzwecke ist die URL aber zu lang. Abhilfe schafft ein alter Trick, den Sie schon zum Entfernen der Startseite aus dem Main Menu (siehe Kapitel 9, »Menüs aufbauen«) einsetzten: das Hidden Menu. Sie hängen die betreffende Seite als obersten Menüeintrag in ein Menü, das nirgendwo angezeigt wird, also keinem Modul zugeordnet ist. Prompt stellt der interne Redirect-Mechanismus von Joomla! die passende URL bereit (siehe Abbildung 23.3). Eine sehr elegante Methode, da hier keine Form von nach außen sichtbarem Redirect stattfindet, die URL existiert *wirklich*.

Abbildung 23.3 Der einfachste Weg zur Marketing-URL – Anlegen einer Seite in der obersten Ebene des Hidden Menus

Was aber, wenn die Seite nicht nur über das versteckte Menü, als Marketing-URL, erreichbar sein soll, sondern auch über das Main Menu? Kein Problem, Sie legen einfach einen zweiten Menüeintrag im Main Menu an, der ebenfalls auf den Beitrag verweist. Im Beispiel der Joomla!-Handbuch-Website war die Seite damit sowohl unter *https://joomla-handbuch.com/marketing* als auch unter *https://joomla-handbuch.com/beispiele/tipps-zu-marketing-urls* abrufbar.

Aber halt, hier schlagen die Duplicate-Content-Glocken Alarm! Google und Co. strafen Websites oder einzelne Seiten ab, wenn sie über mehr als einen Weg erreichbar sind (siehe Abbildung 23.4). Dies dient der Beseitigung von Linkspam im Suchmaschinenindex, also übertrieben und zu Unrecht verlinkten Seiten, um ihre Wichtigkeit und Beliebtheit künstlich zu erhöhen.

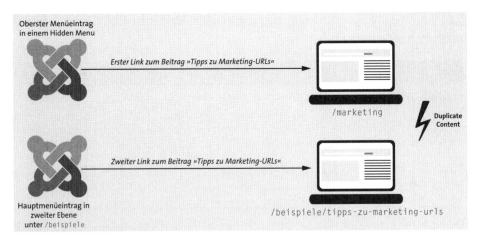

Abbildung 23.4 Zwei nach außen erreichbare URLs zu einem Beitrag betrachten Suchmaschinen als Duplicate Content und damit als Spam.

Die Lösung versteckt sich hinter einem besonderen Menüeintragstyp, dem MENÜ-EINTRAG-ALIAS. Über das Feld ALIAS VERLINKEN MIT verknüpfen Sie beliebige Menüeinträge mit irgendeinem anderen (siehe Abbildung 23.5). Die URL wird dabei bereits intern für die Menüdarstellung umgeschrieben, es findet also erneut kein Redirect statt.

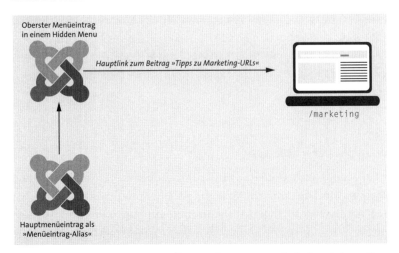

Abbildung 23.5 »Menüeintrag-Aliasse« dienen zur mehrfachen Integration von Webseiten in Menüs, dabei entsteht nur eine einzige Seiten-URL.

23.2.2 Marketing-URL per Umleitung

Der zweite Weg zur Erzeugung einer Marketing-URL ist die Nutzung der offiziellen Joomla!-Komponente Umleitungen, die Sie bereits in Kapitel 20, »Wartung allgemein«, zur 404-Fehlerbeseitigung nutzten. Statt die Liste gesammelter nicht existierender Webseiten und Seitenelemente zu bearbeiten, erzeugen Sie über den Button NEU eine frei konfigurierbare Umleitung von der Marketing-URL (QUELLADRESSE) zur Zielseite (ZIELADRESSE).

Abbildung 23.6 Über die Erweiterung Umleitungen richten Sie Marketing-URL-Umleitungen bequem unter Angabe einer »Quell-« und »Zieladresse« ein.

Der Vorteil ist, dass Sie alle Marketing-URLs übersichtlich über KOMPONENTEN • UMLEITUNGEN einsehen. Auf der anderen Seite vermischen sich Ihre manuellen Umleitungen aber leider mit den 404-Fehlern.

> **Hintergrund: »301«-Redirects sind für Marketing-URLs valide**
>
> Über die Erweiterung Umleitungen erzeugte Marketing-URLs erzeugen sogenannte 301-Redirects (siehe Diagramm in Abschnitt 20.4.2, »Einrichten von Umleitungen«), die aus Sicht der Suchmaschinen völlig valide sind, da es sich bei der 301-Antwort um eine *permanente* Umleitung handelt. Google weiß also, dass *http://reiseforum.joomla-handbuch.com/lanzarote* keine echte Seite ist, sondern indexiert die Zielseite der Weiterleitung.

23.2.3 Marketing-URL per ».htaccess«

Wer seine Joomla!-Menüs und Umleitungen-Listen sauber halten möchte, nutzt einen höher gelegenen Mechanismus für Marketing-URLs. Außerhalb von Joomla! ist auch der Apache Webserver in der Lage, 301-Redirects auszulösen. Der Vorteil ist, dass dabei die Joomla!-Applikation nicht bemüht wird, ein möglicher Performancegewinn für Websites mit vielen Besuchern. Allerdings ist es notwendig, die *.htaccess*-Serverkonfigurationsdatei im Hauptverzeichnis von Joomla! zu bearbeiten. Seien Sie also ausgesprochen vorsichtig, damit sich kein Fehler einschleicht und die gesamte Website nicht erreichbar ist. Idealerweise testen Sie die neue Version der *.htaccess*-Datei in einer Entwicklungs- oder Testumgebung.

Die Ergänzung in der *.htaccess*-Datei ist unkompliziert. Suchen Sie die Zeile, die den Redirect-Mechanismus aktiviert (RewriteEngine On), und ergänzen Sie darunter pro Zeile eine Umleitung nach dem Schema Redirect 301 /marketing-url /zielseite, ein Beispiel: Redirect 301 /lanzarote /urlaubsziele/kanaren/55-lanzarote

Die Umleitungen sind sofort nach Speichern der *.htaccess*-Datei wirksam.

23.3 Suchmaschinenoptimierung mit sh404SEF

Erweiterung	sh404SEF
JED-Kategorie	Site Management • SEF
Download	https://weeblr.com/download#products.sh404sef
Zweck	kostenpflichtige Komponente zur tief greifenden Suchmaschinenoptimierung, Vermeidung von Duplicate Content und Vereitelung von Flooding- und Spamangriffen

Dieses Handbuch legt Wert darauf, den Open-Source-Charakter von Joomla! und der von Mitgliedern der Community programmierten Erweiterungen insoweit zu unterstützen, dass Feature-Ergänzungen möglichst durch kostenlose Erweiterungen erfolgen. Damit die Entwicklungs- und Wartungskosten gedeckt werden können, bieten viele Entwickler deshalb jeweils eine kostenlose und eine kostenpflichtige Version mit erweiterten Funktionen an. Eine Ausnahme ist leider sh404SEF, das es nur in der kostenpflichtigen Variante gibt, aber so viele SEO-Fliegen mit einer Klappe schlägt, dass es sich in Joomla!-Kreisen zum De-facto-Standard durchgesetzt hat. 40 € kostet das Abonnement für ein Jahr; dafür darf die Komponente aber auf beliebig vielen Systemen installiert werden. Damit Sie nicht blind die beliebteste Katze im Sack kaufen, erfahren Sie auf diesen Seiten, ob Sie sh404SEF überhaupt benötigen und, wenn ja, wofür.

Beachten Sie, dass Sie sh404SEF nicht benötigen, um von Suchmaschinen gut gefunden und indexiert zu werden. Grundsätzlich steht jede Website, die qualitativ hochwertige Textinhalte auf übersichtlichen Seiten präsentiert, mit passenden Überschriften und Seitentiteln versieht und regelmäßig aktualisiert, ausgezeichnet bei Google und Co. da. Die eine oder andere Performanceoptimierung (siehe Folgeabschnitt), eine XML-Sitemap und Überprüfungen, dass keine Inhalte über verschiedene URLs erreichbar sind (Duplicate Content), genügen dem Großteil der Websites, sauber und sanktionsfrei indexiert zu werden. sh404SEF richtet sich an all diejenigen, die noch einen großen Schritt weitergehen möchten. Verlinkungen von Webseiten untereinander, Steuerung der erlaubten Zeichen in der URL, Canonical Tag, zentrale Metadaten-Verwaltung mit zusätzlichen Social-Network-Tags (Open-Graph-/Facebook-Tags, Twitter-Cards), erweiterte Kontrolle über Duplicate Content, die SEO-Feature-Liste der Erweiterung ist so gut wie vollständig. Aber Vorsicht: Die Anpassungen sind aber in jedem Fall so tief greifend, dass Sie mit sh404SEF erst mal eine ausführliche Testrunde auf einem Entwicklungssystem drehen sollten, das der Live-Umgebung so weit wie möglich entspricht.

23.3.1 URL-Aufbau und Metadaten konfigurieren

Im Mittelpunkt von sh404SEF steht eine massive URL-Rewrite-Maschinerie, ähnlich wie Sie es vom URL-Rewrite aus der globalen Konfiguration kennen. Unter KOMPONENTEN • SH404SEF • KONTROLLZENTRUM • Button EINSTELLUNGEN legen Sie Dutzende Details über die Konstruktion der URLs fest, ergänzen fehlende Meta-Tags, reparieren das <h1>/<h2>-Überschriftenchaos von Joomla! bei Verwendung verschiedener Seitentypen und stopfen nebenbei noch Sicherheitslecks und blockieren Hackerangriffe. Beachten Sie, dass diese Einstellungen nicht wie üblich über die globale Konfiguration erreichbar sind, sondern nur von der Komponente aus.

- Reiter KONFIGURATION

    In den allgemeinen Einstellungen steuern Sie fundamentale Aspekte des URL-Rewritings, z. B. eine Liste mit Sonderzeichen, die aus der URL zu entfernen sind, und eine Übersetzungstabelle, die Umlaute (ü) in für alle Browser verdauliche 7-Bit-ASCII-Zeichen (ue) konvertiert. Sie legen eine Standarddateiendung fest (am besten gleich das vorkonfigurierte .html entfernen), fügen auf allen Seiten das Canonical Tag hinzu und wechseln den Rewrite-Modus zwischen server- (per .htaccess, ist zu bevorzugen) und applikationsseitig (per PHP), falls die erste Option bei Ihrem Webhoster Probleme bereitet.

    Tipp: Belassen Sie als TRENNZEICHEN das Minuszeichen, damit Suchmaschinen alle Keywords in Ihren URLs erkennen. Zum Beispiel weiß Google, dass es sich bei */vulkaninsel-lanzarote* um zwei Keywords handelt, im Gegensatz zur Unterstrichvariante */vulkaninsel_lanzarote*, die als ein einzelnes Wort dasteht. Stellen Sie außerdem NUR KLEINBUCHSTABEN auf JA, da URLs in der Regel ohne Großbuchstaben geschrieben werden.

> **Hintergrund: Die Relevanz des Canonical Tags**
> Über Canonical Tags, ein einfaches <link>-Tag im HTML-Header, stellen Sie sicher, dass Suchmaschinen Ihre Website nicht abstrafen, sollten Inhalte über mehrere URLs

erreichbar sein. Dafür gibt es viele Gründe, z. B. zwei verschiedene Menüeinträge auf einen Beitrag, falsche Links, die *ohne* 301-Redirect auf eine zweite Seite zeigen, oder die Erreichbarkeit der Website sowohl unter *http://*, als auch *https://*. Bei der Idee des Canonical Tags wird davon ausgegangen, dass es valide Kopien einer Webseite gibt, die unter verschiedenen URLs abrufbar ist, aber *eine* Hauptseite existiert, auf die diese Kopien verweisen (siehe Abbildung 23.7). Und genau darum handelt es sich beim Canonical Tag; es enthält lediglich eine URL, die auf die Hauptseite zeigt. Somit wissen Google und Co., dass hier kein Spamversuch vorliegt, denn die Seitenkopien werden grundsätzlich niedriger gerankt als die Hauptseite.

Die interne Canonical-Tag-Implementierung von Joomla! war in der Vergangenheit etwas unzuverlässig, darum bemühen sich verschiedene Erweiterungen um die Gunst, das Canonical-Problem in den Griff zu bekommen. Darunter auch sh404SEF, in dessen Konfiguration Sie zum einen das Canonical Tag aktivieren und zum anderen verhindern, dass andere Erweiterungen noch ein Tag integrieren.

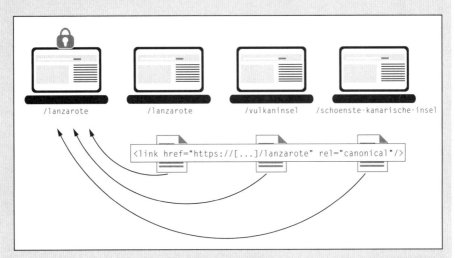

Abbildung 23.7 Per Canonical Tag zeigen Webseiten mit identischem Inhalt auf eine Hauptseite, um Duplicate-Content-Abstrafungen von Google zu vermeiden; gerne vergessen: Auch HTTP/HTTPS-Varianten sind betroffen.

- Reiter ERWEITERUNGEN (siehe Abbildung 23.8)
  Der Reiter ERWEITERUNGEN beschäftigt sich mit komponentenspezifischen Optimierungen, z. B. der Einblendung von Kategorien, Blogseiten- oder Tabellenbezeichnungen, oder der grundsätzlichen Entscheidung, ob der TITEL oder das ALIAS der Beiträge zur URL-Generierung herangezogen wird.
  Tipp: Erscheint in Ihrer URL das Fragment */table/*, entfernen Sie es über das Feld INHALTSTABELLENNAME EINFÜGEN: NEIN.

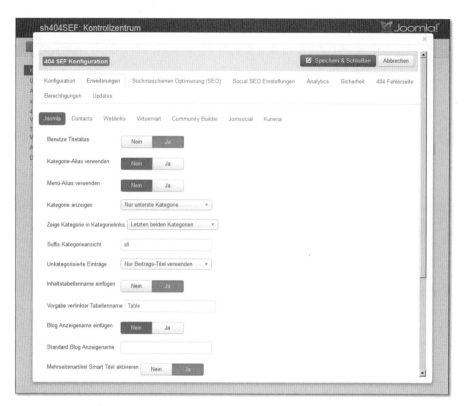

Abbildung 23.8 Über den Reiter »Erweiterungen« optimieren Sie Aspekte bestimmter Komponenten.

- Reiter SUCHMASCHINEN OPTIMIERUNG (SEO) (siehe Abbildung 23.9)
  Unter diesem Reiter finden Sie einen bunten Mix verschiedener SEO-Maßnahmen. Allen voran sh404SEFs Meta-Tag-Verwaltung, Entfernung überflüssiger Canonical Tags anderer Erweiterungen, Bereinigung uneinheitlicher Überschriften-Tags (<h1>, <h2>), Prä- und Suffixe für die Seitentitel (z. B. den Websitenamen) und sogar die Aktivierung eines speziellen Templates, falls Joomla! ein Smartphone als Besucherendgerät erkennt.

- Reiter SOCIAL SEO EINSTELLUNGEN
  Diese Konfiguration ergänzt zusätzliche Meta-Tags im HTML-Header, deren Ranking-Einfluss zwar umstritten ist, die aber nicht schaden können. Darunter fallen die sogenannten Open-Graph-Tags, die Facebook ausliest, sowie die Twitter- und Google+-Verlinkung.

- Reiter ANALYTICS
  Da sh404SEF den HTML-Header Ihrer Webseiten ohnehin kräftig manipuliert, bietet die Erweiterung auch gleich die Möglichkeit, Ihr Google-Analytics- oder Google-Tags-Manager-Konto über eine Handvoll Konfigurationsfelder zu integrieren.

Praktisch ist, dass hier auch gleich die eigene IP maskiert wird (Feld AUSZU-
SCHLIESSENDE IP ADRESSEN), damit Sie mit Ihren eigenen Websitebesuchen die
Analyseaufzeichnungen nicht verwässern.

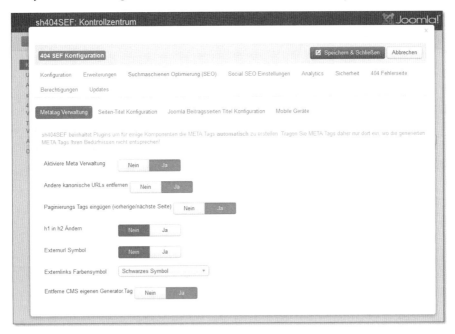

Abbildung 23.9 Der Reiter »Suchmaschinen Optimierung (SEO)« erlaubt die Kontrolle über Meta-Tags und Seitentitel.

- Reiter SICHERHEIT
  Ebenfalls nicht direkt mit der Suchmaschinenoptimierung beschäftigen sich die Einstellungen im Reiter SICHERHEIT. Doch was spricht dagegen, die Rewrite-Engine, die wie ein Filter hinter allen ankommenden Serveranfragen sitzt, gegen Hackerangriffe einzusetzen. So entfernt diese Funktion beispielsweise Programmcode aus Formularantworten, sorgt dafür, dass die Site nicht durch Massenabrufe blockiert wird (sogenannte Flooding-Angriffe), und sperrt von vornherein Besuche von verdächtigen IP-Adressen aus einer globalen Antispam-Datenbank.

- Reiter 404 FEHLERSEITE
  Zu guter Letzt bearbeiten Sie über diesen Reiter den Inhalt der 404-Fehlerseite im komfortablen WYSIWYG-Editor.

> **Tipp: Bereinigen Sie nach Einstellungsänderung die »URL Verwaltung«**
> Haben Sie das URL-Rewriting nach Ihren Vorstellungen angepasst, sehen Sie beim Neuladen von Frontend-Seiten zunächst keine Änderung. Diese werden erst wirksam, wenn Sie sh404SEFs URL-Liste über die Seitenleiste URL VERWALTUNG • Button BEREINIGEN leeren.

23.3.2 Webseiten-URLs, Aliasse und »404«-Probleme verwalten

Im Managerbereich von sh404SEF (KOMPONENTEN • SH404SEF) nehmen Sie Einstellungen zu individuellen Seiten vor. Nach der Installation zeichnet die Komponente alle URLs auf, die Benutzer im Frontend besuchen, und erlaubt die bequeme Einrichtung von Redirect-Regeln, Seitenüberschriften und Meta-Description-Tags. Über die linke Seitenleiste erreichen Sie folgende Übersichten:

- URL VERWALTUNG (siehe Abbildung 23.10)
  Diese Ansicht listet alle URLs, die im Frontend Ihrer Website seit dem letzten BEREINIGEN besucht wurden.

  Die Spalte SEF URL enthält die aufgerufene Seite, unter NICHT-SEF URL sehen Sie den internen Link von Joomla! mit Erwähnung der Komponente, dem Darstellungskontext und den IDs der dargestellten Elemente. Die Spalten META, DUPLIKATE, ALIASE und BENUTZERDEFINIERT fassen die weitere Konfiguration zusammen, die Sie entweder über Klick auf den SEF-URL-Namen oder über die separaten Ansichten ALIAS VERWALTUNG und TITLE UND META VERWALTUNG aus der Seitenleiste aufrufen.

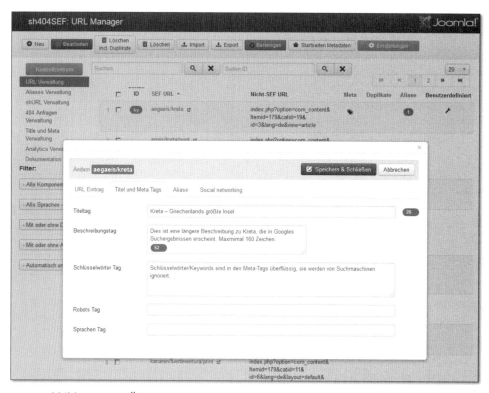

Abbildung 23.10 Über die »URL Verwaltung« erreichen Sie die Detaileinstellung zu Canonical URLs, Aliassen, der Meta-Beschreibung und Social-Network-Links jeder einzelnen von sh404SEF erfassten Webseite.

Die URL VERWALTUNG dient so als Übersichtsseite, um sowohl einen schnellen Überblick über alle aktuellen Redirects zu erhalten als auch sofort seitenspezifische Einstellungen vorzunehmen. Außerdem erreichen Sie nur über diese Übersicht die individuellen Einstellungen zu Facebook- oder Twitter-Metadaten, sollten Sie die entsprechende Option in den Einstellungen aktiviert haben.

▶ ALIASE VERWALTUNG
Bei Aliassen, auch URL-Aliassen, handelt es sich um kurze Versionen einer längeren URL, z. B. zu Marketingzwecken (siehe auch Abschnitt 23.2, »Marketing-URLs einrichten«). sh404SEF richtet für jedes Alias einen echten 301-Moved-Permanent-Redirect ein, dies ist ein für Suchmaschinen absolut valides Verfahren zur Veröffentlichung von Inhalten unter verschiedenen URLs. Im Gegensatz zu SHURLs (Seitenleisten-Link darunter) richten Sie Aliasse manuell ein, deshalb bleiben diese Einträge auch von BEREINIGEN-Aktionen verschont.

▶ SHURL VERWALTUNG
SHURLs sind die automatisch von sh404SEF angelegten URLs, die aus der Kombination aller URL- und SEO-Einstellungen entstehen.

▶ 404 ANFRAGEN VERWALTUNG (siehe Abbildung 23.11)
Ähnlich wie die offizielle Joomla!-Komponente Umleitungen zeichnet die 404 ANFRAGEN VERWALTUNG fehlerhafte Seiten- und Seitenelementabfragen auf, damit Sie auf dieser Übersichtsseite entscheiden, wie mit den Problemfällen zu verfahren ist.

Abbildung 23.11 sh404SEFs 404-Anfragenverwaltung ähnelt der offiziellen »404«-Fehler-sammelnden Joomla!-Komponente Umleitungen, ist aber komfortabler zu bedienen.

▶ TITLE UND META VERWALTUNG (siehe Abbildung 23.12)
Ausnahmslose jede Webseite Ihrer Site sollte über vorsichtig formulierte Seitentitel und Beschreibungen verfügen. Der Inhalt des TITELTAGS (HTML-`<title>`-Tag) erscheint nicht nur im Browsertab, sondern ist auch für Google die Gesamtüber-

schrift der Webseite. Das BESCHREIBUNGSTAG (`<meta name="description" content="Beschreibung der Webseite, maximal 160 Zeichen." />`) enthält den Text, den Suchmaschinen im Suchergebnis darstellen. Ohne sh404SEF bearbeiten Sie diese Textfelder über den TITEL jedes Beitrags im Beitragsmanager, Reiter INHALT, und das Feld META-BESCHREIBUNG im Reiter VERÖFFENTLICHUNG. Komfortabler geht es über diese TITLE UND META VERWALTUNG, die sämtliche Textfelder übersichtlich untereinander listet und wo Sie eine Aktualisierung mehrerer Titel und Beschreibungen in einem Rutsch vornehmen.

Achtung: Vergessen Sie nicht, nach Bearbeitung der Titel und Beschreibungen auf den SPEICHERN-Button in der oberen Buttonleiste zu klicken.

Abbildung 23.12 Über sh404SEFs »Title und Meta Verwaltung« bearbeiten Sie die Titel und Beschreibungen aller Webseiten, ohne sich für jeden einzelnen Beitrag durch den Beitragsmanager zu klicken.

Haben Sie sich zur Anschaffung von sh404SEF entschlossen, installieren Sie die Erweiterung zunächst keinesfalls auf dem Live-System, sondern testen erst alle Optionen in einer Entwicklungsumgebung, die exakt so wie das Live-System konfiguriert ist.

- Machen Sie vor der Installation von sh404SEF ein **Backup**. Die Erweiterung greift tief in den Kern von Joomla! ein, und Wechselwirkungen mit anderen Plugins sind nicht ausgeschlossen.
- Besuchen Sie nacheinander alle Reiter und Unterreiter der **Einstellungen**. Fahren Sie mit der Maus über eine Option, erhalten Sie einige Tipps zur Einstellung.

- Beenden Sie jede Änderung über den Button BEREINIGEN in der URL VERWAL-TUNG, um daraufhin das neue URL-Schema oder die ergänzten HTML-Metadaten im Frontend zu prüfen.
- Erreichen Sie einen möglichst **finalen** Konfigurationsstand, Suchmaschinen mögen es nicht besonders, wenn sich nach erfolgreicher Indexierung der Website das gesamte URL-Schema ändert.
- Überlegen Sie sich nach den Grundeinstellungen, welche URLs besonders zu handhaben sind, und richten Sie **Aliasse** ein – Stichwort Marketing-URLs.
- Nach Abschluss sämtlicher sh404SEF-Konfigurationen legen Sie erneut ein **Backup** an; das ist ab sofort der Status quo, auf dem Sie später andere Erweiterungen installieren.

23.4 Pagespeed Insights und YSlow interpretieren

Empfehlenswerte Anlaufstellen für Hinweise zur Suchmaschinen- und Performanceoptimierung sind die Suchmaschinen selbst. Googles *Pagespeed Insights* ist der Quasistandard für Optimierungsempfehlungen, an nächster Stelle folgt das Open-Source-Projekt *YSlow*. Beide lassen sich als Browser-Add-ons herunterladen, Pagespeed Insights ist auch als Website verfügbar und führt seine Analyse unter Eingabe der zu prüfenden URL unter *https://developers.google.com/speed/pagespeed/insights* durch. Noch schneller geht's über die Website *GTmetrix*, die beide Dienste in einer Benutzeroberfläche vereint. Besuchen Sie die Website unter *http://gtmetrix.com*, geben Sie die URL Ihrer Joomla!-Installation ein, und studieren Sie das (englischsprachige) Ergebnis (Beispiel in Abbildung 23.13).

Abbildung 23.13 Verbesserungspotenzial für Performanceoptimierungen gibt es immer, aber mit zwei A-Noten kann sich das Reiseforum sehen lassen.

Einige Hinweise und Verbesserungsvorschläge von Pagespeed und YSlow sind u. U. zu bestimmten Website-Designrichtlinien widersprüchlich (z. B. im Rahmen von Responsive Design) oder können aus technischen Gründen nur bedingt berücksichtigt werden. Zerbrechen Sie sich dann nicht den Kopf darüber, und optimieren Sie an anderer Stelle weiter. Die folgenden Seiten beschäftigen sich mit den wichtigsten (alphabetisch sortierten) Optimierungsmaßnahmen, die entweder die größten Probleme bereiten oder besonders entscheidend für eine gute Bewertung sind.

23.4.1 Defer parsing of JavaScript – JavaScript ans Ende der HTML-Datei setzen

Dies ist die Empfehlung, so viel JavaScript-Code wie möglich an das Ende der Webseite zu stellen, was theoretisch die Darstellung des oberen Seitenbereichs beschleunigt. Das ist bei Joomla! ein Problem, da sowohl das CMS selbst als auch die Erweiterungen an allen Ecken und Enden JavaScript-Code in die Webseiten injizieren. Die Reihenfolge ist dabei entscheidend, da mitunter Abhängigkeiten zu zuvor eingelesenen Scripts oder Bibliotheken bestehen.

Ob Sie JavaScript ans Ende der Seite verbannen können, ist daher stark von Ihrer individuellen Joomla!-Konfiguration abhängig und muss geprüft werden. *JCH Optimize* (siehe Abschnitt 23.4.6, »Minify CSS, Minify HTML, Minify JavaScript – Minifizierung aktivieren«) bietet die Optimierungsoption in der Plugin-Konfiguration unter AUTOMATIC SETTINGS GROUP • DEFER JAVASCRIPT. Falls Ihre Seiten nach Umschalten auf JA (und Plugin SPEICHERN) nicht mehr funktionieren, ist hier leider nichts zu optimieren.

23.4.2 Enable gzip compression – GZIP-Komprimierung aktivieren

Bei der manuellen Installation von Joomla!-Erweiterungen haben Sie ZIP-Paketdateien heruntergeladen und installiert, die gleich zwei Aufgaben erfüllen: viele Dateien in einer zusammenzufassen und dabei die enthaltenden Daten zu komprimieren. Es liegt auf der Hand, die gleiche Technik für Webseiten anzuwenden, um die Übertragung zwischen Server und Webbrowser-Client zu beschleunigen. Das Zusammenfassen ist dabei zwar nur beschränkt möglich (siehe Minifizierung), aber die Komprimierung von Texten, Bildern, JavaScripts und CSS-Dateien ist inzwischen durchaus üblich.

Bei GZIP handelt es sich um ein Kompressionsverfahren ähnlich dem ZIP-Format, GZIP ist allerdings etwas leistungsfähiger – idealer Kandidat für die Komprimierung von Webseiten. Einige Jahre war die Anwendung umstritten. Sicherlich erfolgt die Übertragung der gepackten Daten schneller, aber was ist mit der Rechenzeit, die Server und Client zur Komprimierung und Dekomprimierung benötigen? Tatsächlich ist moderne Hard- und Software darauf ausgerichtet, dass der GZIP-Rechenaufwand minimal zu Buche schlägt. Es spricht nichts dagegen, dass Sie unter SYSTEM • KONFIGURATION • Reiter SERVER • Bereich SERVER die GZIP-KOMPRIMIERUNG auf JA setzen, um weitere Pagespeed-Pluspunkte zu sammeln.

Abbildung 23.14 Per Firebug oder Entwicklertools • Reiter »Netzwerk« erkennen Sie die erfolgreich aktivierte GZIP-Komprimierung einzelner Dateien unter »Content-Encoding: gzip« der Serverantwort (»Response Header«)

Problemlösung: Zur Aktivierung muss die GZIP-Komprimierung serverseitig *unterstützt* werden, was bei Webhostern in der Regel der Fall ist. In lokalen XAMPP-Installationen ist die Komprimierung deaktiviert, denn sie macht nur in Live-Umgebungen Sinn, wo kleinste Geschwindigkeitsoptimierungen große Auswirkungen auf Hunderte von Websitebesuchen haben. Falls Sie auf die harte Tour erfahren, dass Ihr Server GZIP nicht unterstützt (CONTENT ENCODING ERROR), ist ein manuelles Ausschalten durch Bearbeiten der Joomla!-Konfigurationsdatei *configuration.php* im Hauptverzeichnis möglich: Stellen Sie dann die Variable `public $gzip = '1'` auf 0.

23.4.3 Inline small CSS, Inline small JavaScript – kleine JavaScripts in die HTML-Datei verlagern

Die wichtigste übergeordnete Maßnahme zur Websitebeschleunigung ist die Reduzierung der Dateianfragen beim Server, denn jede Anfrage und Anfrageantwort benötigt zusätzliche Zeit. Fallen nachzuladende JavaScript-Dateien oder CSS-Stylesheets besonders klein aus, empfiehlt Pagespeed daher die Integration in die HTML-Datei (über `<script>`- bzw. `<style>`-Tags). Per Hand ist das in Joomla! nur schwer umzusetzen, da das einen Eingriff in die Template- bzw. Erweiterungsimplementierungen bedeutet. Das Plugin *JCH Optimize* bietet über COMBINE CSS FILES und COM-BINE JAVASCRIPT FILES die Möglichkeit, aus vielen Einzeldateien jeweils eine große zu kombinieren (sogenannte *Aggregierung*). Probieren Sie diese Optimierung aus, da sie die Anzahl der Serveranfragen möglicherweise um die Hälfte verringert.

23.4.4 Leverage browser caching – Browsercache steuern

Neben der Vermeidung zu vieler Serveranfragen ist der Browsercache der zweitwichtigste Ansatzpunkt zur Beschleunigung aller Webseiten. Dabei speichert der Browser Seitenbestandteile auf der lokalen Festplatte des Besuchers, ideal für alle Elemente, die sich über Wochen oder Monate garantiert nicht verändern. Also Bilder, JavaScript-Bibliotheken, CSS-Frameworks, Template-CSS und Schriften. Idealerweise laden Ihre Webseiten Bibliotheken und Frameworks übrigens von Content Delivery Networks (CDNs, siehe Abschnitt 23.4.10, »Use a Content Delivery Network (CDN) – CDNs einsetzen«).

Doch auch ohne CDNs kommt es dank Browsercache zu einer extremen Beschleunigung der Ladezeit. Browser setzen zunächst ein Standard-Caching-Verhalten an, das auch von Einstellungen des Webservers beeinflusst wird. Für die meisten Szenarien ist das für ein sinnvolles Caching ausreichend. Ob wirklich gecacht wird, prüfen Sie mit einem Blick in Firebug oder ähnliche Tools (siehe Abbildung 23.15). Eine HTTP-Meldung 304 vom Server deutet auf erfolgreiches Caching, denn trotz Cache gibt es aufgrund von Protokollspezifikationen einen kurzen Austausch zwischen Webbrowser und Server.

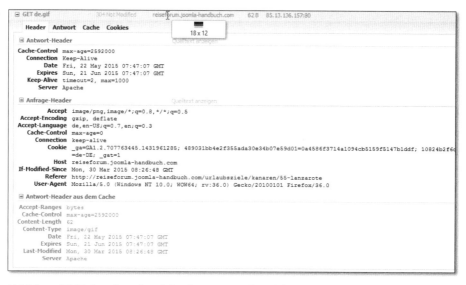

Abbildung 23.15 PageSpeed Insights bewertet anhand des Response Headers »Cache-Control«, der Anzahl der Sekunden, wie lange die Ressource im Browser zwischengespeichert wird (im Bild: 2.592.000 Sekunden entsprechen 30 Tagen).

Klappen Sie aber den ANTWORT-HEADER auf, sehen Sie, was hier wirklich passiert. Finden Sie den Eintrag CACHE-CONTROL mit einer Sekundenanzahl dahinter, ist der Cache aktiv. Ein weiteres Indiz ist der aufklappbare Bereich ANTWORT-HEADER AUS DEM CACHE.

Tipp: Um den Cache zu ignorieren und den Webbrowser zu zwingen, Webseiten und ihre Elemente vom Server anzufordern, drücken Sie [Strg] + [F5] bzw. [cmd] + [⇧] + [R].

Um für diesen Punkt bei PageSpeed Insights grünes Licht zu erhalten, haben Sie zwei Möglichkeiten. Installieren Sie sich die Erweiterung *JOT Cache* aus dem Joomla! Extensions Directory, und experimentieren Sie mit den zahlreichen Optionen, oder ergänzen Sie explizite Cache-Zeiten in der Serverkonfigurationsdatei *.htaccess*. Dies ist ein universelles Beispiel solch einer Konfiguration:

```
# Take Control of the HTTP Expiration Headers and disable ETags
<IfModule mod_expires.c>
ExpiresActive On
FileETag None
Header unset ETag
ExpiresDefault "access plus 1 week"
ExpiresByType image/jpg "access plus 1 month"
ExpiresByType image/jpeg "access plus 1 month"
ExpiresByType image/gif "access plus 1 month"
ExpiresByType image/png "access plus 1 month"
ExpiresByType text/css "access plus 1 month"
ExpiresByType application/pdf "access plus 1 month"
ExpiresByType text/x-javascript "access plus 1 month"
ExpiresByType application/x-shockwave-flash "access plus 1 month"
ExpiresByType image/x-icon "access plus 1 month"
</IfModule>
```

Listing 23.1 ».htaccess«-Ergänzung: Browser-Cache-Kontrolle mit »ExpiresByType«

Beachten Sie die Zeilen `FileEtag None` und `Header unset ETag`, die Deaktivierung einer anderen Form von Cache-Kontrolle und Empfehlung zur Reduzierung weiterer nicht benötigter Serveranfragen, falls Sie mit klaren Cache-Zeiten arbeiten. Diese definieren Sie in den darauf folgenden Zeilen mit `ExpiresByType`-Direktiven. Passen Sie gerne die Anzahl der Monate vor `month` an Ihre Vorstellungen an.

23.4.5 Make fewer HTTP requests – JavaScript- und CSS-Aggregierung

Ihre Webseiten bestehen nicht nur aus einer einzelnen zurückgegebenen HTML-Datei, sondern aus Dutzenden kleinen Bestandteilen: Bildern, Länder-Icons, Template-CSS-Stylesheet, jQuery-Bibliothek, Bootstrap-Framework, Schriften von Google-Fonts und zahlreichen kleinen Dateien, die die Joomla!-Erweiterungen in den Quelltext injizieren. Für jede dieser Dateien bauen Browser und Webserver eine neue Verbindung auf, um zu entscheiden, ob die Daten aus dem Browsercache geladen oder frisch vom Server übertragen werden. Die Prämisse lautet: Reduzieren Sie die Anzahl dieser Anfragen auf das Notwendigste. Dafür gibt es einige Mechanismen, z. B. die Verwendung von CSS-Sprites und die Aggregierung von CSS und JavaScript. In allen drei Fällen sammelt der Server viele kleine Dateien zusammen und packt sie in eine große.

Derartige Mechanismen sind in Joomla! leider nicht integriert. Während die Erzeugung von CSS-Sprites (viele Bilder in ein großes packen und per CSS den richtigen Ausschnitt herausschneiden) aufgrund der Variationen von Templates, Erweiterungen und eigenen Inhalten impraktikabel ist, finden Sie im Joomla! Extensions Directory aber wenigstens Lösungen für das Aggregierungsthema. Ein solches Plugin, *JCH Optimize*, genießt einen hervorragenden Ruf, da es flexibel zu konfigurieren ist und äußerst stabil und zuverlässig läuft.

Erweiterung	JCH Optimize
JED-Kategorie	CORE ENHANCEMENTS • PERFORMANCE
Download	*https://www.jch-optimize.net/downloads.html*
Zweck	Plugin zur Minifizierung von HTML, JavaScript und CSS und Reduktion von Serveranfragen durch Aggregierung von JavaScript- und CSS-Dateien

Eine erfolgreich aktivierte Aggregierung erkennen Sie mit einem Blick in den Netzwerkreiter von Firebug und Co. Prüfen Sie zunächst die Anzahl der Anfragen (links unten), die deutlich geringer ausfallen sollte als mit deaktiviertem Plugin. Sehen Sie sich dann die Zeilen an, deren Dateinamen mit *.js* und *.css* enden. Finden Sie davor kryptische Ziffern- und Buchstabenkombinationen, handelt es sich um Dateien aus dem Aggregierungscache von JCH Optimize (siehe Abbildung 23.16). Wundern Sie sich nicht, dass nicht alle JavaScript- und CSS-Dateien für die Aggregierung berücksichtigt werden. Das Plugin hält ein Auge auf die sensiblen Abhängigkeiten der JavaScript- und CSS-Inhalte und lässt die Finger von solchen, die die korrekte Darstellung der Webseite gefährden.

Tipp: Wenn Sie gestalterische oder funktionelle Änderungen an Ihrer Website vornehmen, entstehen in der Regel neue Versionen und Kombinationen von JavaScript- und CSS-Dateien. Bevor Sie Ihre Anpassungen im Frontend sehen, teilen Sie daher JCH Optimize mit, dass das Plugin die JavaScript- und CSS-Aggregierungen erneuern soll. Das geschieht über den Button CLEAN CACHE in der Plugin-Konfiguration (siehe

Abbildung 23.17). Deshalb ist es auf Entwicklungs- und Testservern komfortabler, ohne Aggregierungen und Caches zu arbeiten, um Änderungen sofort zu sehen.

Abbildung 23.16 Bei den zwei aus zufälligen Ziffern- und Buchstabenkombinationen benannten Dateien handelt es sich um aggregierte CSS-Styles und JavaScript-Code.

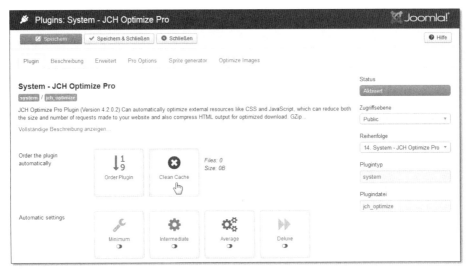

Abbildung 23.17 Nach jeder Änderung an der Gestaltung Ihrer Website erzeugen Sie mit dem JCH-Optimize-Button »Clean Cache« neue Versionen der JS- und CSS-Aggregierungen.

23.4.6 Minify CSS, Minify HTML, Minify JavaScript – Minifizierung aktivieren

Unter *minify* versteht man bei der Websiteentwicklung die primitive Komprimierung von HTML, CSS-Styles und JavaScript-Code durch Entfernen überflüssiger Leerzeichen, Leerzeilen und Abkürzen langer Variablen- und Funktionennamen etc. Also alle Formatierungen, die zur Lesbarkeit des Codes beitragen, aber für die Ausführung oder Darstellung unerheblich sind. Solch eine Minifizierung übernehmen in der

Regel automatische Mechanismen, z. B. bietet JCH Optimize diese Option für HTML, CSS und JavaScript. Das Optimierungspotenzial ist hier nicht so hoch, und wie bei allen Eingriffen in den Quelltext besteht Gefahr, dass die eine oder andere Erweiterung nicht mitspielt. Aktivieren Sie die Minifizierung testweise; falls Ihre Site weiterhin problemlos funktioniert, haben Sie sich einen weiteren (kleinen) Optimierungsbaustein gesichert.

23.4.7 Optimize images – Bilder optimieren

Wer viel Bildmaterial auf seiner Website präsentiert, kommt um diese Warnung nicht herum. Grundsätzlich gilt: Vermeiden Sie GIF-Bilder, bevorzugen Sie JPGs für fotoähnliche Illustrationen, und verwenden Sie PNG für alles übrige. Für JPG-Bilder sollte die Kompressionsrate nicht über 80 % liegen. Bei PNG-Dateien holen die Standardbildbearbeitungsprogramme oft noch nicht das Optimum aus dem Dateiformat. Suchen Sie im Internet per »png optimize« nach kostenlosen Tools und Onlinediensten, die Ihnen bei der Konvertierung helfen.

Abbildung 23.18 Nutzen Sie kostenlose Dienste wie TinyPNG (http://tinypng.com), um die Dateigröße Ihrer Bilder zu verkleinern; prüfen Sie aber die Qualität der Ausgabe.

23.4.8 Serve resources from a consistent URL – doppelte Ressourcenanfragen vermeiden

Wenn verschiedene Erweiterungen dieselben Ressourcen, Bibliotheken, Frameworks oder Schriften, benötigen, kommt es zu doppelten Abfragen. ChronoForms und das Purity-III-Template inkludieren beispielsweise beide die CSS-Datei für die Icon-Schrift Font Awesome. Auch diesem Problem ist ohne Tweaken von Erweiterungen und/oder Templates kaum Herr zu werden. Abhängig von der betreffenden Ressource könnte eines der vielen Content-Delivery-Network-Plugins aus dem JED helfen, die den HTML-Header aufräumen und JavaScript-Bibliotheken, CSS-Frameworks (aber leider keine Schriften) von externen Servern laden. Stöbern Sie gegebenenfalls im Joomla! Extensions Directory nach »cdn«.

23.4.9 Specify image dimensions – Bildbreite und -höhe festlegen

Mit *Image Dimensions* sind die Breiten- und Höhenangaben der `<img>`-Attribute `width` and `height` gemeint. Diese Angaben sind in Zeiten von Responsive Design nicht mehr relevant, da die Bildskalierung dynamisch per CSS vorgenommen wird. Ignorieren Sie daher diese von PageSpeed Insights erzeugte Warnung, YSlow gibt mit der Meldung Do not scale images in HTML den korrekten Hinweis.

23.4.10 Use a Content Delivery Network (CDN) – CDNs einsetzen

Content Delivery Networks sind Serverfarmen, die häufig verwendete sekundäre Webseitenbestandteile bereitstellen, z. B. multimediale Inhalte, JavaScript-Bibliotheken oder CSS-Frameworks. Durch die globale Verteilung der einzelnen Server des CDNs entsteht dann ein Geschwindigkeitsvorteil, falls die angeforderte Ressource von einem Server abgeholt wird, der möglichst nah am Client sitzt. Das ist insbesondere für Websites nützlich, die eine hohe Anzahl multimedialer Inhalte, Bilder und Videos, bereitstellen. Für diese Fälle sind CDN-Dienste jedoch kostenpflichtig.

Einen weiteren Geschwindigkeitsbonus bieten CDNs durch das Cachen angeforderter Komponenten: Laden zwei verschiedene Webseiten dieselbe Ressource von der gleichen Quelle, z. B. die jQuery-Bibliothek von *https://ajax.googleapis.com/ajax/libs/jquery/2.1.3/jquery.min.js*, liegt die JavaScript-Datei für die zweite Website bereits im Browsercache. Für das weitverbreitete jQuery, das auf einer Vielzahl von Websites zum Einsatz kommt, ist die Beschleunigung enorm, aber das gilt natürlich auch für Bootstrap, Foundation, MooTools, AngularJS etc., alle großen Bibliotheken, die auf modernen Websites eingesetzt werden. Dankenswerterweise ist diese Art von Service kostenlos und wird von großen Anbietern wie MaxCDN, Google CDN oder Bootstrap CDN zur Verfügung gestellt.

Joomla! integriert standardmäßig die JavaScript-Bibliothek jQuery und das CSS-Framework Bootstrap und lädt sie lokal von Ihrem Server. Im HTML-Code erkennen Sie das an diesen beiden Zeilen:

```
<script src="/media/jui/js/jquery.min.js" type="text/javascript"></script>
<script src="/media/jui/js/bootstrap.min.js" type="text/javascript"></script>
```

Um diese Komponenten nun von einem Content Delivery Network zu laden, ist eine Modifikation des HTML-Headers notwendig, was nur ein zusätzliches Plugin zustande bringt. Leider ist im Joomla! Extensions Directory noch keine einfach zu konfigurierende Lösung für beide Komponenten zu finden. Ein interessantes Plugin, das sich auf die Optimierung des HTML-Headers spezialisiert hat, ist *Too Many Files*. Die Erweiterung bietet zwar keine CDN-Alternative für Bootstrap, sondern nur für jQuery, aber aggregiert gleichzeitig JavaScript- und CSS-Dateien und übernimmt damit auch Aspekte von JCH Optimize.

Erweiterung	Too Many Files
JED-Kategorie	CORE ENHANCEMENTS • PERFORMANCE
Download	https://www.fasterjoomla.com/download/too-many-files (auf VIEW FILES klicken)
Zweck	Plugin zur Aggregierung von JavaScript und CSS, Entkopplung nicht benötigter MooTools und Laden von jQuery von Googles CDN

23.5 Caching aktivieren

Ein Content-Management-System wie Joomla! liefert dynamische Webseiten aus, d. h., jede von Besuchern angeforderte Seite wird zunächst *generiert*, also aus verschiedenen Inhalten der Datenbank zusammengestellt. Nur so ist es möglich, die vielen Seitenvariationen mit Bannern, Seitenleisten und unterschiedlichen Hauptinhalten zu kombinieren. Der Nachteil an diesem in allen Webapplikationen üblichen System ist der dahinter stehende Aufwand, die Rechenzeit. Schon eine kleine Webseite benötigt drei Dutzend Datenbankabfragen, um alle Inhalte zu sammeln – das kostet viel Zeit. Als Websitebesucher merkt man das vor allem an langsamen Internetauftritten. Von der Eingabe einer URL oder einem Klick auf einen Link bis zur vollständigen Darstellung vergehen oft mehrere Sekunden. Aber warum müssen diese Seiten eigentlich bei jedem Aufruf neu erzeugt werden? Könnte man sie nicht *einmal* erzeugen und für alle Folgeabrufe anderer Besucher diese bereits fertig zusammengebaute Seite ausliefern? Ohne dass das Zusammenspiel zwischen PHP und Datenbank involviert ist? Kann man, denn dazu dienen Caches, die fertig generierte Seiten zwischenspeichern und beschleunigt an den Browser schicken. Der auf diesen Seiten vorgestellte Joomla!-interne Caching-Mechanismus arbeitet zwar nicht mit vollständigen zwischengespeicherten Seiten (dafür gibt es andere Lösungen), aber immerhin auf Modulebene bzw. mit Modulkombinationen.

> **SEO-Tipp: Idealer Wert beim Ausliefern einer Webseite sind 2 Sekunden**
> Bei allen Webseiten, die länger als 2 Sekunden zur vollständigen Darstellung benötigen, steigt das Risiko, dass dies Besuchern zu lange dauert und sie wieder zurück zum Google-Suchergebnis springen. Das Ziel rückt schon mit Joomla!-Bordmitteln in Reichweite, denn neben dem Standard-Joomla!-Cache existiert ein weiterer seitenübergreifender Cache, dessen Plugin Sie per Hand explizit aktivieren – Sie finden es

im Plugin-Manager unter KOMPONENTEN • PLUGINS und über die Suche nach »cache«. Aktivieren Sie den SYSTEM - SEITENCACHE durch Klick in die STATUS-Spalte. Beachten Sie, dass dieser Mechanismus nur für unangemeldete Besucher eingesetzt wird, da Joomla! bei angemeldeten Benutzern davon ausgeht, dass deutlich mehr dynamische Inhalte angefordert werden.

Standardmäßig ist der interne Cache von Joomla! deaktiviert. Das hat den Grund, dass man bei Entwurf und Aufbau einer Website keine Caches einsetzt, denn es macht keinen Sinn, Seiten zwischenzuspeichern, die sich im Rahmen der Entwicklung ohnehin gleich wieder ändern. Tatsächlich sind Caches in so einem Fall sogar kontraproduktiv, denn so entsteht nach einer Programmänderung oder einem Content-Update großes Rätselraten, warum die Aktualisierung im Frontend nicht sichtbar ist. Lassen Sie deshalb den Cache so lange ausgeschaltet, bis Sie mit Ihrer Website live gehen und auch keine Änderungen in den nächsten Tagen zu erwarten sind.

Die Cache-Einstellung von Joomla! finden Sie unter SYSTEM • KONFIGURATION • Reiter SYSTEM • Bereich ZWISCHENSPEICHER (CACHE). Dort erwarten Sie drei Felder, über die Sie die Art des Caches, den Speichermechanismus und die Dauer definieren, wie lange die Cache-Inhalte ausgeliefert werden, bevor Joomla! die Inhalte neu erzeugt (siehe Abbildung 23.19).

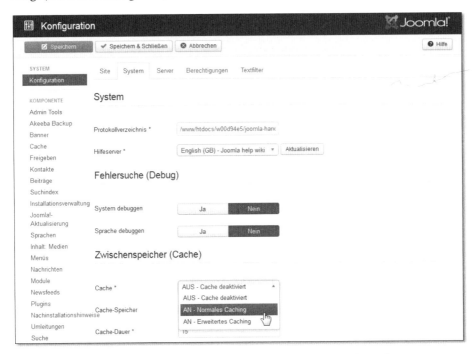

Abbildung 23.19 Aktivieren Sie den Cache von Joomla! als ergänzende Performanceoptimierungsmaßnahme erst nach Abschluss der Entwicklung Ihrer Website und nur im Live-System.

23 Performance- und Suchmaschinenoptimierung

▶ CACHE
Stellen Sie den Cache auf AN - NORMALES CACHING, sobald Ihre Website stabil läuft. Studieren Sie, wie sich Ihre Website jetzt verhält; in der Regel sollten die Webseiten nach einigen initialen Seitenabfragen deutlich schneller im Browserfenster erscheinen.

Basis für diese Einstellung ist die modulspezifische Caching-Konfiguration, die Sie in der jeweiligen Moduleinstellung (Menü ERWEITERUNGEN • MODULE • das Modul anklicken • Reiter ERWEITERT • Feld CACHING) festlegen (siehe Abbildung 23.20). Standardmäßig werden alle Modulinhalte zwischengespeichert, über das CACHING-Feld der Modulkonfiguration schließen Sie bestimmte Module explizit aus, z. B. falls die Inhalte dynamisch erzeugt oder live aus externen Quellen zusammengestellt werden.

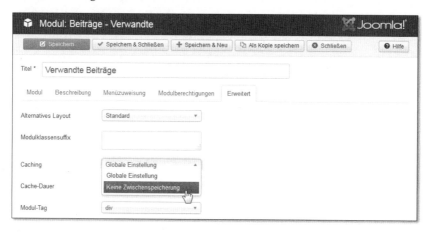

Abbildung 23.20 Schalten Sie das Caching für all die Module aus, deren Inhalte dynamisch erzeugt werden, hier z. B. für das Modul »Beiträge - Verwandte«, deren Inhalt sich von Seite zu Seite unterscheidet.

Wählen Sie in der globalen Cache-Einstellung AN - ERWEITERTES CACHING, wenn Sie experimentierfreudig sind. Das sogenannte *progressive Caching* kann zu unerwünschten Effekten bei großen Websites führen, denn hier werden ganze Modulkombinationen für einzelne Benutzer zwischengespeichert, was den Caching-Mechanismus bei einer großen Modulanzahl entsprechend fordert. Am besten probieren Sie diese Einstellung einfach mit Ihrer Website aus und stellen gegebenenfalls auf NORMALES CACHING zurück, falls es Schwierigkeiten gibt und Fehlermeldungen hagelt.

▶ CACHE-SPEICHER
Standardeinstellung ist DATEI; dabei schreibt Joomla! zwischengespeicherte Elemente ins Verzeichnis */cache/*. Abhängig von Ihrer PHP-Installation stehen hier weitere Caching-Mechanismen zur Auswahl, z. B. CACHE_LITE, die Sie gegebenenfalls einfach mal ausprobieren.

▶ CACHE-DAUER
Die Zeit, die eine fertig generierte Website im Cache verbringt, ist naturgemäß eingeschränkt, sonst würden Aktualisierungen niemals für Besucher sichtbar werden. Darum hinterlegen Sie im Feld CACHE-DAUER die Anzahl der Minuten, nachdem solch eine *Cache-Invalidierung* durchgeführt und Joomla! angewiesen wird, die Webseiten bzw. Module mit ihren aktuellen Inhalten neu zu generieren. Falls Sie Ihre Website nicht häufig aktualisieren, können Sie hier also einen deutlich höheren Wert, gerne auch im vierstelligen Bereich, eintragen.

Möchten Sie auf Ihrer Website Änderungen an Inhalten oder Konfiguration überprüfen, ist es nicht notwendig, den Cache auszuschalten. Über SYSTEM • CACHE LEEREN erreichen Sie ein kleines Formular, das alle zwischengespeicherten Elemente listet und per Häkchenmarkierung und Button LÖSCHEN aus dem Cache entfernt (siehe Abbildung 23.21). Im Hintergrund kommt das dem Löschen aller Dateien im Serververzeichnis */cache/* gleich, denn dort hinterlegt Joomla! die einzelnen Cache-Dateien.

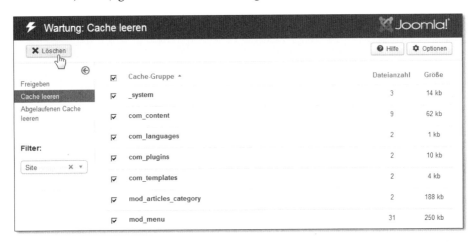

Abbildung 23.21 Manuell löschen Sie ausgewählte Komponenten- und Modul-Caches über »System« • »Cache leeren«.

Etwas sanfter ist die Cache-Bereinigung über den benachbarten Menüpunkt SYSTEM • ABGELAUFENEN CACHE LEEREN, der alle Cache-Elemente nacheinander unter die Lupe nimmt und nur die abgelaufenen entfernt. Deshalb dauert dieser Vorgang auch bis zu einigen Minuten, was u. U. die maximale Ausführdauer für PHP-Scripts überschreitet und zu einer Warnmeldung führt. Laden Sie dann einfach die Seite mit F5 neu (OS X: cmd + R), und klicken Sie erneut auf den Button ABGELAUFENEN CACHE LEEREN. *Hinweis*: Falls von Ihnen durchgeführte Änderungen im Frontend nicht sichtbar sind, müssen Sie allerdings die Leerung *aller* Caches *erzwingen*; das ist die andere Funktion, CACHE LEEREN.

Kapitel 24
Notfallmaßnahmen

Was tun, wenn Ihre Joomla!-Website gehackt wurde? Oder falls nach der Installation einer Erweiterung nur noch weiße Seiten erscheinen? Dieses Kapitel ist Ihre erste Anlaufstelle für Probleme mit Ihrer Website – oder falls Sie einfach nur das Passwort vergessen haben.

Problembehandlungen finden Sie in diesem Handbuch bei den Themen oder Komponentenanleitungen, bei denen die Schwierigkeiten möglicherweise auftreten. Einige Aspekte sind jedoch allgemeiner Natur oder so wichtig, dass sie in diesem Kapitel besondere Aufmerksamkeit verdienen.

Sie erfahren hier, was Sie bei einem Hackerangriff unternehmen, um Ihre Websitebesucher, sich selbst und das Google-Ranking Ihrer Website zu schützen. Die späteren Abschnitte beschäftigen sich mit allgemeineren Fehlermeldungen und Problemen, denen Sie bei der täglichen Arbeit mit Joomla! und der Serverumgebung begegnen können. Eine erste Anlaufstelle, falls Ihnen nach einer Komponenteninstallation ein blütenweißer Bildschirm begegnet und Sie einen schnellen Tipp benötigen, wie die PHP-Fehlerausgabe aktiviert wird.

Vollständig kann diese Tippsammlung natürlich nicht sein, dafür ist die Vielfalt an Kombinationen von Joomla!, Erweiterungen und Servern zu mannigfaltig. Finden Sie für die von Ihnen beobachteten Probleme keine Lösung in diesem Handbuch, besuchen Sie die Foren unter *http://www.joomlaportal.de*, *http://forum.joomla.de* bzw. das umfangreichste und aktuellste, aber englischsprachige unter *http://forum.joomla.org*. In der Community weiß immer jemand weiter, da Sie wahrscheinlich nie der Einzige sind, der auf einen bestimmten Fehler stößt. Betrifft das Problem eine spezielle Erweiterung, bemühen Sie den Support des Entwicklers.

Begriff	Erklärung
Kompromittierung	Unsicherer Status einer Website nach einem Hackerangriff. Kompromittierte Websites oder Webserver können Schadcode ausführen, Viren an Websitebesucher ausliefern oder Spammeldungen auf Webseiten einblenden. Ohne ausführliche Analyse ist nicht vorhersehbar, wie schlimm der Schaden ist, darum sind pessimistische Maßnahmen erforderlich, z. B. die Website sofort offline zu schalten und alle Passwörter zu ändern.

Tabelle 24.1 Die wichtigsten Begriffe zu Notfallmaßnahmen

Begriff	Erklärung
Fehlerbericht, Error Reporting	Berichterstattung von PHP-Programmfehlern anhand verschiedener einstellbarer Detailstufen. Die EINFACHE Stufe stellt Warnungen und Fehler dar, per MAXIMUM erhalten Sie zusätzliche Hinweise über möglicherweise problematischen Quellcode. Die Stufeneinstellung erfolgt grundsätzlich in Joomla! über SYSTEM • KONFIGURATION • Reiter SERVER • Feld FEHLER BERICHTEN, aber auch die *php.ini*- und *.htaccess*-Konfigurationsdateien können eine andere Stufe erzwingen. Auf einem Live-System sollte die Fehlerberichterstattung ausgestellt sein, da die programminternen Fehlermeldungen auf Webseiten unseriös wirken.
White Screen of Death	Vollständiger Abbruch der Seitengenerierung und -ausgabe aufgrund eines schwerwiegenden PHP-Fehlers, meist wegen einer fehlerhaften kürzlich installierten Erweiterung. Da Fehlermeldungen nicht hübsch anzusehen sind und unprofessionell wirken, werden sie standardmäßig ausgeblendet. Eine Einstellung in der globalen Joomla!-Konfiguration, der PHP-Konfigurationsdatei *php.ini* oder verzeichnisspezifischen Serverkonfigurationsdatei *.htaccess* steuert die Ausgabe der Fehler. Alternativ werfen Sie einen Blick in die PHP-Fehlerlogdatei, die aber nicht bei allen Webhostern eingesehen werden kann.

Tabelle 24.1 Die wichtigsten Begriffe zu Notfallmaßnahmen (Forts.)

24.1 Sofortmaßnahmen bei einem Angriff

Falls Sie einen Verdacht und/oder eine Bestätigung haben, dass Ihre Website kompromittiert wurde, ist schnelles Handeln angesagt. Denn im schlechtesten Fall infizieren sich jetzt Ihre Websitebesucher mit einem Virus und Ihre Site landet bei Google nicht *im*, sondern *auf* dem Index und wird Suchmaschinenbenutzern als gefährlich angezeigt.

24.1.1 Maßnahmen-Checkliste

Bearbeiten Sie so rasch wie möglich die folgenden vier Punkte, um sich und Ihre Websitebesucher vor Schäden zu schützen.

1. **Beschränken Sie sofort den Zugriff auf die Website**
   Nutzen Sie eine IP-Sperre, damit niemand außer Ihnen die Website erreicht. Dazu klicken Sie auf den Button NOTFALLABSCHALTUNG der Admin Tools (siehe Abschnitt 16.3, »Mehr Sicherheit mit Admin Tools«), oder Sie modifizieren die im

Joomla!-Hauptverzeichnis liegende .htaccess-Datei per Hand, siehe Abschnitt 22.2.3, »Websitezugriff anhand der IP einschränken«.

2. **Ändern Sie alle Passwörter**

   Vergeben Sie sofort neue Passwörter für die Datenbank, alle FTP-Konten und die Administratoren und Super Benutzer Ihrer Joomla!-Website. Sie müssen davon ausgehen, dass jemand außer Ihnen aktuell Zugriff auf alle Systeme hat. Unter Umständen sind weitere Maßnahmen für Ihren Webspace notwendig, kontaktieren Sie deshalb gegebenenfalls Ihren Webhoster, der für solche Fälle einen Notfallplan hat.

3. **Erstellen Sie ein Backup**

   Für spätere forensische Untersuchungen ist es wichtig, dass Sie auf alle Dateien und Datenbankinhalte zum Zeitpunkt der Kompromittierung zugreifen können. Ziehen Sie sich deshalb, z. B. mit Akeeba Backup, eine Sicherheitskopie, die Sie im Titel eindeutig als kompromittiert kennzeichnen.

4. **Deaktivieren Sie die Website, oder spielen Sie ein sicheres Backup ein**

   Falls Sie sicher sind, dass die Kompromittierung in einer bestimmten Sicherheitskopie noch nicht vorlag, spielen Sie diese auf die Live-Webseite.

   Achtung: Ein Hackerangriff kann auch lange vor den Kompromittierungssymptomen (Spammailversand über Ihren Server, neue Links auf der Homepage) stattgefunden haben, z. B. schon kurz nach Installation einer sicherheitskritischen Erweiterung. Isolieren Sie den Zeitpunkt, zu dem Ihre Website intakt war, mit viel Sorgfalt und Puffer, verzichten Sie dabei lieber auf die eine oder andere Erweiterung, bei der Sie sich nicht sicher sind.

   Falls Sie auf keinen sicheren Stand zurückgreifen können, deaktivieren Sie die Website, denn Sie können nicht sicher sein, ob im Hintergrund Scripts laufen, die ihre zweifelhaften Aufgaben selbstständig, ohne aktiven Webseitenbesuch, durchführen. Stellen Sie vielleicht eine statische Wartungsseite ein, sorgen Sie aber auf jeden Fall dafür, dass keine Scripts mehr ausgeführt werden können, auch nicht über Cronjobs. Im Zweifelsfall löschen Sie per FTP alle Dateien.

> **Tipp: Kommerziellen Dienst myjoomla.com nutzen**
>
> Um ein kompromittiertes oder in Verdacht stehendes Joomla!-System gründlich unter die Lupe zu nehmen, benötigen Sie zunächst keinen teuren Consultant, sondern nutzen *einen kostenlosen* Audit des Dienstleisters *{manage}.myJoomla* unter *https://myjoomla.com*. Das beliebte Tool installiert in Ihrem CMS eine Erweiterung, mit der sich die automatisierten Überprüfungsscripts verbinden, um alle erdenkbaren Schwächen ausfindig zu machen. Geprüft werden die Serverkonfiguration, Einstellungen von Joomla! und Erweiterungen, Verzeichnis- und Dateirechte, aber vor allem sämtliche Dateiinhalte, um etwaigen Schadcode aufzuspüren (siehe Abbildung 24.1).

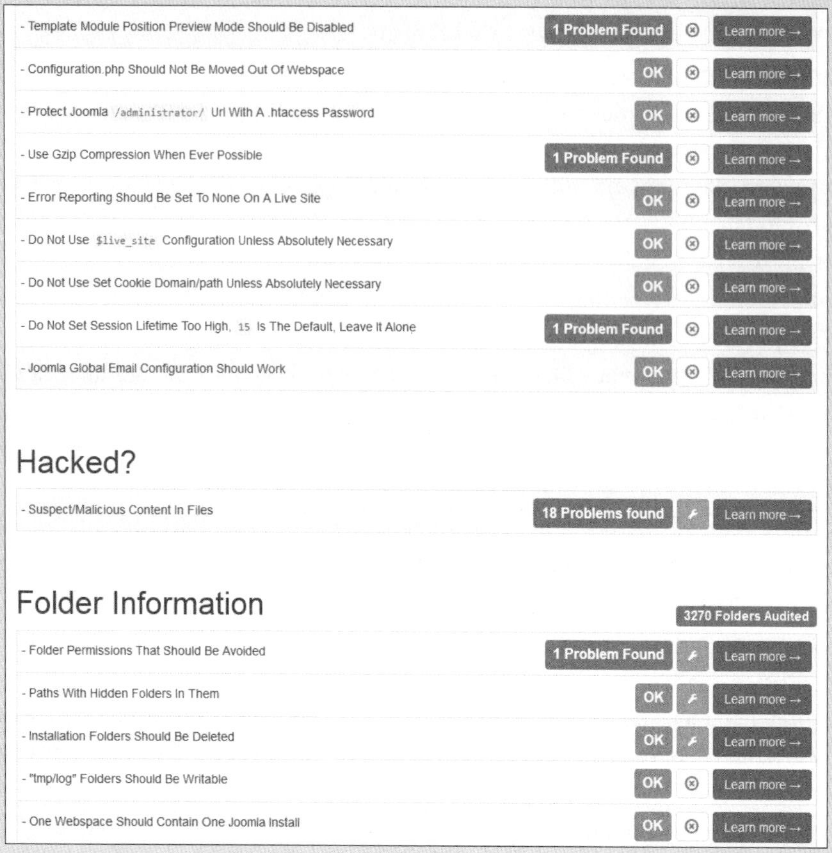

Abbildung 24.1 Bei {manage}.myJoomla erhalten Sie einen kostenlosen Audit, der Ihre Website auf Herz und Nieren prüft.

24.1.2 Schadcode lokalisieren

Nun kann Ihre Website keinen Schaden mehr anrichten, und Sie legen sich einen weiteren Vorgehensplan zurecht. Um Ihre Website möglichst schnell wieder live schalten zu können, isolieren und analysieren Sie die Kompromittierung, um dann zu beurteilen, ob Ihre Website repariert werden kann oder vollständig neu aufgezogen werden muss. Die Methode ist einfach, aber zeitaufwendig: Sie vergleichen alle Dateien aus dem infizierten Backup mit den Originaldateien von Joomla! und allen Erweiterungen. Werfen Sie vorher einen Blick in alle *.htaccess*-Serverkonfigurationsdateien, denn das sind beliebte Orte, in die Schadcode eingeschleust wird.

Für solch einen Vergleich legen Sie die entpackte Sicherheitskopie der kompromittierten Website in ein Verzeichnis auf Ihrem Rechner, in dem keine PHP-Scripts ausgeführt werden können. (Idealerweise machen Sie das in einer frischen virtuellen

24.1 Sofortmaßnahmen bei einem Angriff

Maschine, z. B. über VirtualBox.) Mit etwas Glück schlägt jetzt schon Ihre lokale Antivirensoftware Alarm und meldet infizierte Dateien.

Besorgen Sie sich jetzt die Installationsarchive von Joomla! und aller Erweiterungen, und entpacken Sie sie ebenfalls an einen dedizierten Ort. Achten Sie auf die exakte Übereinstimmung der Versionsnummern. Mit einem Verzeichnis- und Dateivergleichstool halten Sie nun alle Komponenten nebeneinander (siehe Abbildung 24.2). Beispiel für solch ein Programm ist *BeyondCompare*, erhältlich für alle Betriebssysteme (*http://www.scootersoftware.com*), das z. B. Dateigrößenunterschiede in einem Verzeichnisbaum farblich hervorhebt und per Mausklick einen Vergleich der Dateiinhalte öffnet.

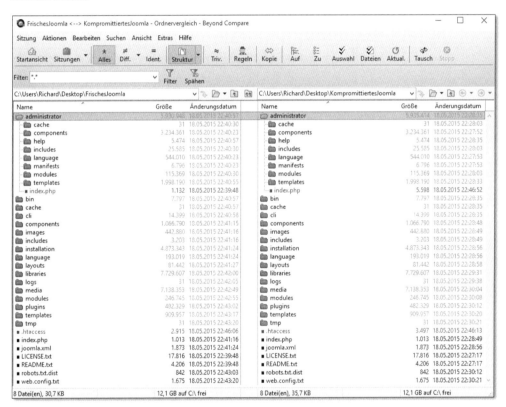

Abbildung 24.2 Über ein Verzeichnis- und Dateivergleichstool erkennen Sie die Unterschiede zwischen einer frischen und einer infizierten Joomla!-Installation; führen Sie den Vergleich auch für alle Erweiterungen durch.

Schadhaften Code erkennen Sie an einem Unterschied zwischen Originaldatei und Datei der kompromittierten Joomla!-Installation. Meist wurde er verschlüsselt und ist nicht lesbar, aber jetzt wissen Sie, wo die Infektion vorliegt. Damit identifizieren Sie, wie es zur Kompromittierung kam. In der Regel ist eine unsichere Erweiterung schuld an der Misere oder das Ignorieren von Joomla!- und Erweiterungen-Updates.

Am häufigsten sind übrigens Komponenten und Plugins betroffen, der Joomla!-Core ist dagegen so gut wie wasserdicht.

24.1.3 Website reparieren oder neu aufbauen

An dieser Stelle entscheiden Sie, welches weitere Vorgehen weniger Aufwand verursacht:

- Händisches Herausoperieren des Schadcodes bzw. der gesamten infizierten Erweiterung. Da Sie gerade in einer nicht lauffähigen Joomla!-Installation arbeiten, ist eine Deinstallation über ERWEITERUNGEN • Seitenleiste VERWALTEN nicht möglich, siehe Abschnitt 24.2.3, »Erweiterung per Hand entfernen«.
- Neuaufbau der gesamten Website: aufwendig und zeitraubend, aber oft die sicherste Methode

In beiden Fällen können Sie natürlich die Inhalte Ihrer alten Website wiederverwenden; eine Infektion der Datenbank ist selten. Wenn Sie allerdings eine Erweiterung wie *Sourcerer* einsetzen, um in Beiträgen oder Modulen PHP- oder JavaScript-Code ausführen zu können, sollten Sie diese Erweiterung zunächst ausgeschaltet lassen und alle Inhaltselemente überprüfen.

24.2 Joomla!-Problemlösungen

Während der Arbeit an Backend-Berechtigungen oder mit Komponenten, die das Rechtemanagement erweitern, kann es passieren, dass man sich als Super Benutzer aussperrt. Oder man hat nach einem ausgedehnten Urlaub schlichtweg das Passwort für den Administrationsbereich vergessen. In diesem Abschnitt erfahren Sie, wie Sie wieder Zugriff zum System erlangen und Erweiterungen deaktivieren oder deinstallieren, sollte das über reguläre Joomla!-Mechanismen nicht funktionieren.

24.2.1 Passwort des Super Benutzers zurücksetzen

Dem Browser alle Websitepasswörter anzuvertrauen ist keine gute Idee, besonders nicht, wenn der Rechner von mehreren Personen benutzt wird. Nicht jeder verwendet einen Passwortmanager wie KeePass (*http://keepass.info*) oder Passpack (*https://www.passpack.com*), mögen diese Produkte noch so empfehlenswert sein, da man sich nur noch ein Masterpasswort merkt. So kann es mal passieren, dass man das eine oder andere Passwort vergisst. Kein Problem, denn jede Website, die mit Benutzerprofilen und -bereichen arbeitet, bietet eine Passwort-vergessen-Seite, die eine Wiederherstellung erlaubt. Als Joomla!-Webmaster ist man allerdings erst mal ausgesperrt, der Super Benutzer darf diesen Mechanismus aus Sicherheitsgründen nicht nutzen.

Um das Passwort jedes beliebigen Benutzers, auch des Super Benutzers, neu zu setzen, loggen Sie sich mit phpMyAdmin in die Datenbank Ihrer Joomla!-Installation ein.

1. Wechseln Sie in der Tabellenliste links in die Tabelle #__USERS, das ist die Tabelle, die alle grundsätzlichen Benutzereinstellungen enthält.
2. Finden Sie die Zeile des Super Benutzers anhand der Spalte NAME oder USERNAME, und klicken Sie am Zeilenanfang auf das kleine Stift-Icon ( ), um den Datensatz zu bearbeiten.
3. In der Datensatzbearbeitung suchen Sie die Zeile PASSWORD und wählen dort aus der Dropdown-Liste der Spalte FUNCTION den Eintrag MD5 (siehe Abbildung 24.3). Hierbei handelt es sich um den Verschlüsselungsalgorithmus, mit dem alle Passwörter codiert sind.
4. Geben Sie nun in der Spalte VALUE das neue Passwort in Klartext ein, und speichern Sie den Datensatz mit Klick auf den Button GO.

Werfen Sie jetzt einen Blick in die Gesamtansicht der #__USERS-Tabelle, erscheint beim Super-Benutzer-Eintrag statt des eingegebenen Passworts eine kryptische Zeichenfolge. phpMyAdmin hat dank der FUNCTION-Einstellung MD5 beim Datensatzspeichern das Passwort sofort verschlüsselt, nur mit auf diese Weise verschlüsselt gespeicherten Passwörtern ist der Zutritt erlaubt. Nun können Sie sich wieder in Joomla! einloggen.

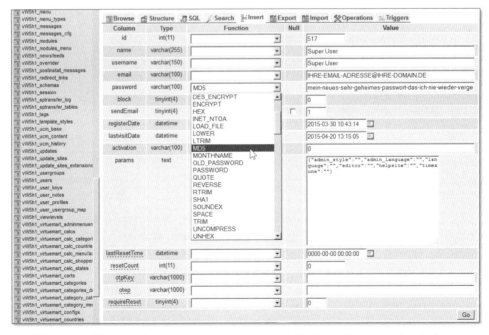

Abbildung 24.3 Über phpMyAdmin ändern Sie jederzeit direkt das Passwort eines beliebigen Benutzers, auch des Super Benutzers; die notwendige MD5-Verschlüsselung übernimmt phpMyAdmin anhand der »Function«-Einstellung.

24.2.2 Erweiterung per Hand deaktivieren

Präsentiert das Front- und/oder Backend Ihrer Website unmittelbar nach Installation und Aktivierung einer Erweiterung weiße Seiten, verrutschte Layouts oder gar Fehlermeldungen, deaktivieren Sie diese Erweiterung sofort und halten im JED nach einer Alternative Ausschau. Lässt sich im Backend von Joomla! allerdings nicht mehr bedienen, ist eine händische Deaktivierung über die Datenbank angesagt.

1. Rufen Sie phpMyAdmin mit der Datenbank auf, die die Inhalte Ihrer Joomla!-Installation enthält.

2. Lokalisieren und öffnen Sie die Tabelle #__EXTENSIONS, und suchen Sie die Zeile, die auf die neue Erweiterung verweist. Bei umfangreichen Komponenten können das auch mehrere Einträge sein. Blättern Sie gegebenenfalls über die Pfeil-Buttons zu den Folgeseiten, falls die Liste besonders lang ist.

   Tipp: Sortieren Sie die Tabelle über die Spalte EXTENSION_ID, indem Sie zweimal auf die Spaltenüberschrift klicken, sodass die höchsten IDs oben erscheinen. Zuletzt installierte Erweiterungen besitzen die höchsten IDs, da die Zahl mit jeder Installation hochzählt.

Klicken Sie doppelt in die Spalte ENABLED, und ändern Sie die 1 zu »0« (siehe Abbildung 24.4); das hat denselben Effekt, als klickten Sie im Backend zur Deaktivierung in die Spalte STATUS.

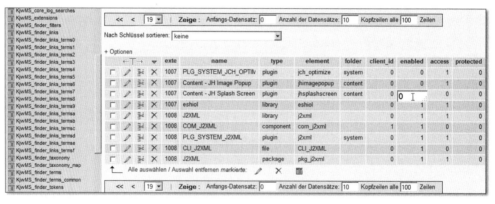

Abbildung 24.4 Zur Deaktivierung einer beliebigen Erweiterung ändern Sie im entsprechenden Eintrag den Wert »1« in der Spalte »enabled« auf »0«.

1. Prüfen Sie im Front- bzw. Backend, ob die Site wieder funktionsfähig ist. Falls nicht, hat die Erweiterung vielleicht zusätzliche Komponenten oder Bibliotheken installiert. Denen kommen Sie auf die Schliche, indem Sie das ZIP-Paket der Erweiterung über Ihren Dateimanager öffnen und nachsehen, welche Plugins, Module, Komponenten etc. darin enthalten sind. Vergessen Sie nach ihrer Deaktivierung übrigens nicht, die Erweiterung im Backend von Joomla! über ERWEITERUNGEN • VERWALTEN • Seitenleiste VERWALTEN zu deinstallieren.

24.2.3 Erweiterung per Hand entfernen

Manch eine Erweiterung wurde von ihrem Entwickler vielleicht so hastig veröffentlicht, dass sogar die Deinstallation mit Fehlern gespickt ist und Joomla! nicht so recht weiß, wie alle Bestandteile zu entfernen sind. In so einem Fall sind Sie als Webmaster gefragt und räumen die Datenbank und das Dateisystem selbst auf.

Achtung: Manuelles Löschen von Dateien und Datensätzen birgt das Risiko, dass Sie versehentlich Elemente anderer Komponenten entfernen. Legen Sie deshalb vor der Löschaktion ein Backup an. Noch besser: Legen Sie *vor* jeder Erweiterungsinstallation ein Backup an, um bei Fehlern auf diesen Stand zurückzurollen.

Bevor Sie eine Erweiterung per Hand entfernen, versuchen Sie die Deinstallation über ERWEITERUNGEN • VERWALTEN • Seitenleiste VERWALTEN • Häkchenmarkierung der Erweiterung • Button DEINSTALLIEREN. Die vollständige Entfernung mag fehlschlagen, aber Joomla! leistet auf diese Weise etwas Vorarbeit.

Dateisystem bereinigen

Erweiterungen haben in Joomla! einen eindeutigen Namen, der in Verzeichnissen und Dateinamen vorkommt, die in irgendeiner Weise mit dem Plugin, dem Modul oder der Komponente zu tun haben. Das Schema ist *plg_erweiterungsname*, *mod_erweiterungsname* bzw. *com_erweiterungsname*. Kennen Sie diesen Namen, ist es einfach, über eine Dateisystemsuche alle betroffenen Dateien und Verzeichnisse zu lokalisieren und zu löschen (siehe Abbildung 24.5 und Abbildung 24.6).

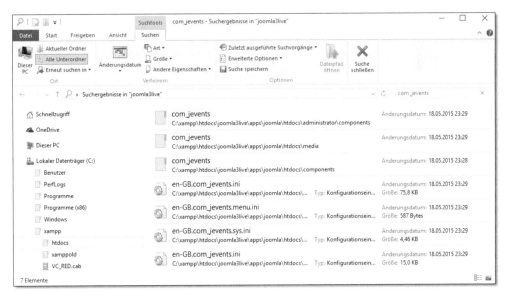

Abbildung 24.5 Nach Eingabe des programminternen Erweiterungsnamens listen Dateimanager wie der Explorer alle Verzeichnisse und Dateien, die mit der Erweiterung in Verbindung stehen.

24 Notfallmaßnahmen

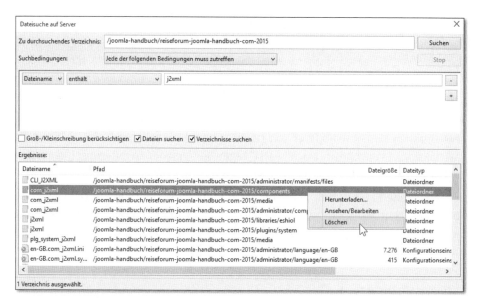

Abbildung 24.6 In FileZilla erreichen Sie die Verzeichnis- und Dateisuche über das Menü »Server« • »Dateisuche auf Server...«, das Auffinden dauert allerdings einige Minuten; zum Löschen benutzen Sie das Kontextmenü.

Üblicherweise finden Sie den Namen als Bestandteil des vom Joomla! Extensions Directory heruntergeladenen ZIP-Archivs. Oder, falls es sich um ein Paket aus mehreren Komponenten handelt, anhand der im Paket-ZIP-Archiv enthaltenen Unter-ZIP-Archive. Auch ein Blick in den Erweiterungsmanager von Joomla! gibt über die Spalten DATEI bzw. VERZEICHNIS Aufschluss über den programminternen Namen, hier allerdings ohne Kennzeichnung des Erweiterungstyps. Mit dieser Information bewaffnet, lassen Sie sich alle betreffenden Dateien und Verzeichnisse über Ihren Dateimanager oder FTP-Client listen, um sie dann zu löschen.

Trauen Sie der Suche nicht über den Weg und möchten sich selbst einen Überblick über die Verteilung der Dateien verschaffen, klicken Sie sich durch den Verzeichnisbaum von Joomla!. Üblicherweise finden Sie Dateien von Erweiterungen in diesen Verzeichnissen:

- /components/
- /modules/
- /plugins/
- /language/ (möglicherweise in allen Sprachunterverzeichnissen, mindestens unter /language/en-GB/)
- /media/
- /administrator/components/

- */administrator/modules/*
- */administrator/language/* (möglicherweise in allen Sprachunterverzeichnissen, mindestens unter */administrator/language/en-GB/*)

Datenbank aufräumen

Wurden alle verdächtigen Dateien entfernt, folgt der zweite Teil der Bereinigung. Beim Aufräumen der Datenbank suchen und löschen Sie Tabellen und Einträge, die in irgendeiner Form mit der zu entfernenden Erweiterung zu tun haben.

- **Alle Tabellen, die die Erweiterung erzeugt hat**

  Diese Tabellen erkennen Sie üblicherweise an der Nennung des internen Erweiterungsnamens, unmittelbar nach dem Tabellenpräfix; ebenfalls ohne Kürzel des Erweiterungstyps, gefolgt von einer Bezeichnung für den Einsatz der Tabelle, z. B. #__CSVI_TEMPLATE_FIELDS oder #__JHIMAGEPOPUP_POPUPS. Seien Sie beim Löschen nicht zögerlich. Einige Erweiterungen installieren bis zu zwei Dutzend zusätzliche Tabellen, die Shop-Plattform VirtueMart kommt sogar auf fast 80 Tabellen.

  Löschen Sie aber auf keinen Fall nachfolgende interne Tabellen: #__ASSETS, #__ASSOCIATIONS, #__CATEGORIES, #__CONTENT, #__CORE, #__EXTENSIONS, #__FINDER, #__LANGUAGES, #__MENU, #__MESSAGES, #__MODULES, #__OVERRIDES, #__POSTINSTALL, #__SESSION, #__TEMPLATE, #__UPDATE, #__USERGROUPS, #__USER und #__VIEWLEVELS.

- **Einzelne Datensätze, die die Erweiterung in Joomla! registrieren**

  - #__EXTENSIONS: Diese Tabelle ist die zentrale Liste von Joomla! zur Erweiterungenverwaltung. Notieren Sie sich die ID der gelöschten Erweiterung.
  - #__ASSETS: Berechtigungskonfigurationen aller Komponenten. Die zu löschenden Kandidaten finden Sie über die Spalte NAME.
  - #__MENU: Menüeinträge – orientieren Sie sich am Inhalt der Spalte TITLE.
  - #__SCHEMAS: Hilfstabelle, um Änderungen an den Erweiterungstabellen nachzuvollziehen. Löschen Sie alle Einträge, die die eben notierte Erweiterungs-ID in der Spalte EXTENSION_ID enthalten.

24.3 Joomla!-Fehlerbehandlung

Lässt sich ein Konfigurationsformular nicht speichern, erscheinen nur weiße Seiten im Frontend, verlinken Menüeinträge auf 404-Fehlerseiten oder gibt Joomla! unvermittelt rote Fehlermeldungen aus, herrscht Rätselraten. Blättern Sie durch die folgenden Seiten, um ein Symptom wiederzuerkennen und die Natur des Problems und seine Lösung kennenzulernen.

Werden Sie in diesem Abschnitt nicht sofort fündig, überlegen Sie, was Sie unmittelbar vorher gemacht haben, schalten Sie die Fehlerberichterstattung auf MAXIMUM, und durchstöbern Sie die im Eingang dieses Kapitels erwähnten Foren. Die Fehlerbehandlung von Joomla! finden Sie in der globalen Konfiguration unter SYSTEM • KONFIGURATION • Reiter SERVER • Bereich SERVER • Feld FEHLER BERICHTEN:

- ▶ STANDARD: Verwendet die PHP-Standardeinstellungen (z. B. aus der Datei *php.ini*).
- ▶ KEINE: Vollständige Deaktivierung aller Fehlermeldungen. Verwenden Sie diese Option, wenn es keine Probleme gibt und die (Live-)Website sich im regulären Betrieb befindet.
- ▶ EINFACH: Stellt Warnungen und fatale PHP-Fehler dar.
- ▶ MAXIMUM, ENTWICKLUNG: Stellt Hinweise, Warnungen, Fehler und fatale Fehler dar. Verwenden Sie diese Einstellung, um Problemen auf die Schliche zu kommen. (Zwischen MAXIMUM und ENTWICKLUNG gibt es keinen Unterschied.)

Ist Ihre Joomla!-Installation derart beschädigt, dass Sie nicht mehr in das Konfigurationsformular im Backend-Bereich kommen, öffnen Sie die Datei *configuration.php* im Joomla!-Installationsverzeichnis und stellen Sie den Wert der Variablen `$error_reporting` auf `'6143'` – das entspricht der Einstellung MAXIMUM.

Tipp: Noch mehr Problemlösungen im Internet finden

In den größten Supportforen im Internet wird Englisch gesprochen. Sollten Sie einmal keine Problemlösung aufgrund der Suche nach einer deutschen Fehlermeldung finden, stellen Sie die Backend-Sprache Ihrer Joomla!-Installation kurzzeitig auf Englisch um: ERWEITERUNGEN • SPRACHEN • Seitenleiste INSTALLIERT - ADMINISTRATOR, dann in der Spalte STANDARD den Stern in der Zeile ENGLISH (EN-GB) setzen. Reproduzieren Sie jetzt den Fehler, und wiederholen Sie Ihre Internetrecherche mit der englischsprachigen Meldung.

24.3.1 White Screen of Death

Symptom

Bei kritischen PHP-Fehlern sehen Sie in der Regel leere weiße Seiten, aufgrund des Mangels jeglicher Hinweise auf die Ursache des Problems auch White Screen of Death genannt.

Erklärung

Leere weiße Seiten erscheinen, da PHP-Scripts die Webseiten zusammenstellen, bei einem Fehler diese Erstellung abbricht und es damit keine Inhalte gibt, die an den

Browser zurückgesendet werden können. Der Apache Webserver erkennt das Problem und teilt dem Browser wenigstens die Fehlermeldung per HTTP-Antwort mit. 500 ist der Code, der besagt, dass die seitenerzeugende Webapplikation ein ernsthaftes Problem hat. Im Firefox mit Firebug-Add-on oder in Chromes Entwicklertools sehen Sie diese Nummer im Reiter NETZWERK, der die Client-Server-Kommunikation aufzeichnet (siehe Abbildung 24.7).

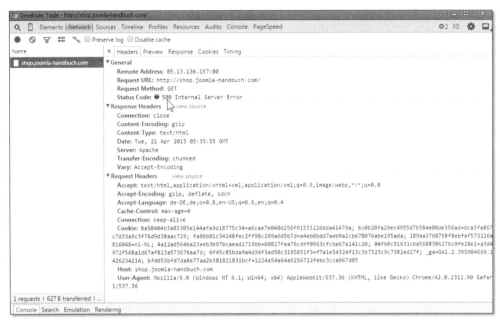

Abbildung 24.7 Eine HTTP-Antwort »500« deutet auf einen Fehler im Backend der Webapplikation, im Joomla!-Umfeld in der Regel wegen fehlerhaften PHP-Codes.

Lösung

Bearbeiten Sie die PHP-Konfigurationsdatei *php.ini*, und stellen Sie sicher, dass sich dort die Zeilen `error_reporting=E_ALL` und `display_errors=On` befinden. Können Sie die *php.ini*-Datei nicht bearbeiten, ergänzen Sie diese Konfiguration in der *.htaccess*-Serverkonfigurationsdatei im Installationsverzeichnis von Joomla!:

```
php_flag display_startup_errors on
php_flag display_errors on
php_flag html_errors on
php_flag  log_errors on
php_value error_log   /pfadZuIhrerJoomlaInstallation/logs/PHP_errors.log
```

Laden Sie jetzt die weiße Webseite neu, lesen Sie den Fehler ab, und suchen Sie im Internet nach »joomla«, gefolgt von dem Fehlertext.

24.3.2 JavaScript-Fehler

Symptom

JavaScript-Fehler erkennen Sie daran, dass einzelne Elemente der Benutzeroberfläche nicht mehr reagieren. Sie klicken z. B. auf SPEICHERN & SCHLIESSEN, kehren aber nicht zur Manageransicht zurück.

Erklärung

Manche Bedienelemente von Joomla! und Erweiterungen sind eng an die Ausführung von JavaScript-Code gekoppelt. Sobald ein Script wegen eines Fehlers abbricht, werden nachfolgende Scripts nicht mehr ausgeführt. So führt z. B. eine jQuery-Bibliotheksinkompatibilität dazu, dass Buttons nicht mehr reagieren.

Lösung

Ermitteln Sie die genaue JavaScript-Fehlermeldung, indem Sie in den Entwicklertools des Browsers die Console aufrufen und die problembehaftete Seite mit [F5] (OS X: [cmd] + [R]) neu laden (Beispiel siehe Abbildung 24.8). Suchen Sie dann im Internet nach »joomla«, gefolgt von der problematischen Komponente und der genauen Fehlerbezeichnung.

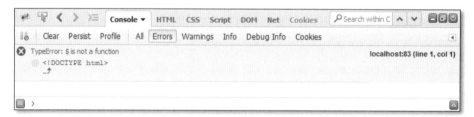

Abbildung 24.8 Über die Console der Entwicklertools der Browser oder des Firebug-Addons erhalten Sie die exakte JavaScript-Fehlermeldung; im Bild ein häufiges Problem eines falschen jQuery-Aufrufs (»$« statt »jQuery«).

24.3.3 Leere Fenster, fehlende Inhalte oder Menüs

Symptom

Bei Webseiten im Frontend oder Backend verrutschen Elemente, erscheinen leere Flächen und/oder sind Links oder Menüeinträge nicht erreichbar.

Erklärung

Das tritt meist nach der Installation einer Erweiterung auf, die unsauber programmiert wurde und PHP-Warnungen (Warnings) oder -Hinweise (Notices) ausgibt. Diese Nachrichten beeinflussen die HTML-Ausgabe, z. B. rutschen Inhalte nach unten, sodass sie nicht mehr im sichtbaren Content- oder Modulbereich erscheinen.

Sie finden diese Meldungen in der Regel, wenn Sie in der Quelltextansicht nach »warning« oder »notice« suchen.

Lösung

Das Problem muss leider der Entwickler der Erweiterung lösen. Verifizieren Sie zunächst durch Deaktivieren und Aktivieren, dass tatsächlich die betreffende Erweiterung die Problemursache ist. Durchstöbern Sie dann die Supportforen, und kontaktieren Sie gegebenenfalls den Entwickler.

24.3.4 »404«-Fehler

Symptom

Bei Klick auf einen Menüeintrag erscheint eine 404-Fehlerseite.

Erklärung

Probleme mit 404-Seiten sind mannigfaltiger Natur. Im einfachsten Fall ist ein im Menü verlinktes Inhaltselement, z. B. ein Beitrag oder eine Kategorie, nicht veröffentlicht. Konfigurierten Sie gerade suchmaschinenfreundliche URLs, benötigt Ihr Server vielleicht eine besondere Variante der *.htaccess*-Serverkonfigurationsdatei. Erscheinen in der URL keine Kategorien, sondern kryptische Beitragsreferenzen, z. B. *http://reiseforum.joomla-handbuch.com/index.php?id=3:kreta*, sind Kategoriebezüge, vielleicht während eines Imports von Beiträgen und Kategorien, verloren gegangen.

Lösung

Prüfen Sie zunächst, dass der STATUS des Inhaltselements, der Kategorie oder des Menüeintrags auf VERÖFFENTLICHT steht.

Hatten Sie zuletzt Änderungen am URL-Rewrite der *.htaccess*-Datei vorgenommen, kam Ihr Webserver vermutlich nicht mit den für Apache-Installationen gültigen Standardeinstellungen zurecht. Konsultieren Sie dann die offizielle Joomla!-Dokumentation, die weitere Konfigurationen für Server wie IIS oder Nginx listet: *http://tinyurl.com/jh-htaccess*. Für einen Test, ob Ihr 404-Problem wirklich mit dem URL-Rewrite zusammenhängt, stellen Sie unter SYSTEM • KONFIGURATION • Reiter SITE • Reiter SUCHMASCHINENOPTIMIERUNG (SEO) die beiden Schalter SUCHMASCHINENFREUNDLICHE URL und URL-REWRITE NUTZEN auf NEIN.

Bei Problemen in Zusammenhang mit Kategorien klicken Sie zunächst auf den Button WIEDERHERSTELLEN im Kategoriemanager. Dadurch versucht Joomla!, Inkonsistenzen im Kategoriebaum selbstständig zu reparieren. Erkennen Sie einzelne Problemkategorien, hängen Sie diese kurzzeitig unter eine andere Kategorie (z. B.

Uncategorized), speichern sie und platzieren sie dann wieder an die Originalposition. Die letzte Lösung ist leider das Löschen und Neuanlegen problematischer Kategorien, achten Sie dabei darauf, den Papierkorb zwischendurch zu leeren.

24.3.5 Datum in der URL

Symptom

Die URLs einer oder mehrerer Ihrer Webseiten enthalten ein Datum, z. B. *http://reiseforum.joomla-handbuch.com/urlaubsziele/2015-08-05-07-12-15/3-kreta.*

Erklärung

Da ist etwas mit der automatischen Erzeugung eines Alias schiefgegangen, z. B. beim Import von Content einer anderen Joomla!-Instanz oder wenn Sie mit dem Menüeintragstyp Externe URL arbeiten.

Lösung

Prüfen Sie die Aliasse der fraglichen Kategorien, Beiträge und Menüeinträge, und vergeben Sie beim Fund leerer oder mit einem Datum befüllter Textfelder per Hand ein neues Alias.

24.3.6 Datenbankprobleme

Symptome

Symptome bei Datenbankproblemen sind schwierig zu erkennen und sehr spezifisch, z. B. anhand einer Fehlermeldung Fatal error: Call to undefined method [...] get().

Erklärung

Datenbankprobleme treten in der Regel nur beim Upgrade von Joomla!- oder Erweiterungenversionen auf, wenn die Tabellen- und Felderstruktur nicht dem entspricht, was der Programmcode erwartet.

Lösung

Wechseln Sie über Erweiterungen • Verwalten zum Erweiterungsmanager • Seitenleiste Datenbank. Hier meldet Joomla! bereits eine erste Einschätzung zum Stand der Datenbank. Über den Button Reparieren versucht sich das Content-Management-System an der Fehlerbeseitigung, die dann erfolgreich verlief, wenn die Meldung Die Datenbankstruktur ist aktuell erscheint. Darüber hinaus hilft nur eine Kontaktaufnahme zum Entwickler der Erweiterung.

24.3.7 Fehlermeldung: »JUser: Fehler beim Laden des Benutzers«

Symptom

Darstellung der rot hinterlegten Fehlermeldung JUSER: FEHLER BEIM LADEN DES BENUTZERS

Erklärung

Diese Fehlermeldung erscheint u. a., wenn auf der aktuellen Webseite eine Komponente Inhalte darstellt, die einem nicht existierenden Joomla!-Benutzer zugeordnet sind. Das kann durch reguläres Löschen des Kontos geschehen sein oder durch den Import von Beiträgen einer anderen Joomla!-Instanz.

Lösung

Sehen Sie sich die Inhaltselemente der betreffenden Webseite an, und prüfen Sie im Administrations-Backend den jeweiligen Autor. Setzen Sie dann einfach einen neuen, existierenden Benutzer als Autor bzw. Besitzer des Inhaltselements ein, indem Sie den Beitrag über den Beitragsmanager bearbeiten (Reiter VERÖFFENTLICHUNG • Feld AUTOR).

24.3.8 »Warnung: Es gibt keinen Zugriff auf die privaten Seiten.«

Symptom

Darstellung der Warnmeldung ES GIBT KEINEN ZUGRIFF AUF DIE PRIVATEN SEITEN

Erklärung

Diese Meldung erscheint bei Unregelmäßigkeiten zwischen Benutzer und Benutzergruppen, wenn der anzumeldende Benutzer keiner Benutzergruppe zugeordnet ist. Das tritt mitunter bei einer Joomla!-Migration auf, wenn zwar Benutzer, aber keine Benutzergruppen kopiert wurden.

Lösung

Bearbeiten Sie den betreffenden Benutzer über BENUTZER • VERWALTEN • Klick auf den Benutzernamen, und korrigieren Sie seine Benutzergruppenkonfiguration im Reiter ZUGEWIESENE GRUPPEN.

TEIL V
Joomla!-Erweiterungen entwickeln

Kapitel 25
Grundlagen zur Erweiterungsentwicklung

Bevor Sie Templates oder Erweiterungen programmieren, richten Sie Ihre Entwicklungsumgebung ein und lernen die Grundlagen des Joomla!-Umfelds, das Model-View-Controller-Architekturmuster, das XML-Manifest und die Programmierkonventionen kennen.

Dieses und die folgenden Kapitel richten sich nicht nur an neugierige Joomla!-Webmaster, die das Content-Management-System in allen Details kennenlernen möchten, sondern an alle, die nach längerem Stöbern einfach nicht das passende Plugin im Joomla! Extensions Directory finden. Da stellt sich die Frage, wie realistisch und aufwendig denn eine Eigenentwicklung ist. Sie lernen hier die Fundamente der Erweiterungsprogrammierung und sehen anhand von Beispielanwendungen, wie man Applikationscode integriert. Von hier haben Sie dann die Wahl, für Ihren eigenen Anwendungsfall Quelltextvorlagen aus dem Internet zurate zu ziehen (der Joomla!-Core und alle Erweiterungen bieten reichlich Material) oder zum nächsten dicken Handbuch zu greifen, das sich ausschließlich um die Programmierung kümmert.

In jedem Fall sollten Sie Erfahrungen in der Programmierung von PHP-Code und der Formulierung von XML mitbringen. Während die Programmierung von Joomla!-Templates recht simpel ist, erfordert die Entwicklung von Plugins und Modulen ein wenig Abstraktion, sich vorstellen zu können, wie die Erweiterung da gerade unter der Haube tickt und an welchen Rädern sie dreht. Am komplexesten können dabei Joomla!-Komponenten sein. Über sie lassen sich Mini-Webapplikationen vollständig über das Model-View-Controller-Architekturmuster abbilden. Eine saubere Umsetzung erfordert dabei die Erzeugung und Verknüpfung von gut einem Dutzend Dateien, bis das erste Ergebnis sichtbar ist. Während Sie sich bei Templates, Plugins und Modulen mit einem einfachen Texteditor begnügen, ist bei Komponenten der Einsatz einer integrierten Entwicklungsumgebung empfehlenswert, die Debugging-Hilfen bietet. Auch darauf geht dieses Kapitel in Kürze ein. Die anschließenden Passagen beschäftigen sich mit Programmiergrundlagen rund um das Joomla!-Framework und -CMS und listen einige Elemente, die sich alle Erweiterungstypen teilen.

> **Tipp: Sie müssen keine Listings abtippen**
>
> Listings abzutippen ist zwar eine gute Übung, aber gerne schleichen sich Tippfehler ein, besonders zu Beginn, wenn man mit den Namenskonventionen und der Syntax nicht vertraut ist. Zudem ist die Eingabe insbesondere bei den längeren Quelltexten der Komponentenprogrammierung mühsam und zeitaufwendig.

Auf *https://joomla-handbuch.com* haben Sie deshalb zwei Möglichkeiten, bequemer an den Quellcode zu kommen. Besuchen Sie die Seiten *https://joomla-handbuch.com/downloads/handbuch*, um ZIP-Pakete der hier besprochenen Erweiterungen herunterzuladen. Oder Sie stöbern ein bisschen durch die begleitenden Webseiten im Menü ENTWICKLUNG, von dort kopieren Sie einzelne Listings bequem über die Zwischenablage in Ihren Editor. Übrigens haben die Online-Versionen der Listings noch den Vorteil, dass sie zusätzliche Inline-Kommentare enthalten.

Hinweis: Alle Programmbeispiele befinden sich live auf einer Subdomain

Unter *http://development.joomla-handbuch.com* finden Sie eine Joomla!-Installation, die alle Programmbeispiele dieser Kapitel zur Erweiterungsentwicklung enthält. So ist es Ihnen möglich, schon vorab den Live-Einsatz der Erweiterungen zu studieren, z. B. die Ausgabe des Templates oder der Komponente oder die Konfigurationsseiten von Plugins und Modulen.

Begriff	Erklärung
Lizenz	Bedingungen, unter denen eine Erweiterung vertrieben wird. Die Standardlizenz für Joomla!-Projekte ist GPL, die das Studieren und Wiederverwenden von Quellcode erlaubt.
XML-Manifest	Basiskonfigurationsdatei einer Erweiterung mit Meta-Informationen, Einstellungen und Verweisen auf andere Dateien
Integrated Development Environment, IDE	Luxuriöse Programmierumgebung mit zahlreichen unterstützenden Funktionen wie Debugging, Codevervollständigung und API-Verlinkungen. Für die Joomla!-Entwicklung eignen sich insbesondere die IDEs Eclipse, NetBeans oder das beliebte, aber kostenpflichtige PHPStorm.
Model-View-Controller, MVC	Software-Architekturmuster, das eine strikte Trennung von Daten und Präsentation vorsieht. Es findet auch bei Websites und Webapplikationen Anwendung, wo sich HTML-Templates in anderen Dateien befinden als Applikationscode, der die Datenbank anzapft.
Listing	Abdruck eines Programms, Scripts oder Codefragments
JForm-Felder	Mit Bootstrap aufgewertete HTML-Formulare, die im Backend und Frontend von Joomla! an vielen Stellen Einsatz finden. Ihre Konfiguration ist über XML-Dateien ausgesprochen einfach.

Tabelle 25.1 Die wichtigsten Begriffe zur Entwicklung von Joomla!-Erweiterungen

25.1 Entwicklungsumgebung einrichten

Dem Begriff der Entwicklungsumgebung begegneten Sie bereits in Kapitel 2, »Testumgebung einrichten«, als Sie Joomla! in einem XAMPP-Serverpaket auf Ihrem lokalen Arbeitsrechner installierten. Dies ist die ideale Umgebung zur Entwicklung neuer Erweiterungen, denn insbesondere die lokal installierte MySQL-Datenbank beschleunigt alle Arbeiten mit Joomla!, da keine zeitraubenden Netzwerkübertragungen stattfinden. Aber auch der direkte Zugriff auf die Dateien von Joomla! im lokalen Dateisystem erleichtert die Handhabe.

25.1.1 Editor auswählen

Zur Abrundung einer flotten und bequemen Entwicklungsumgebung fehlen Aspekte, die in Kapitel 2 nur erwähnt werden, für die Joomla!-Programmierung auf diesen Seiten aber essenziell sind. Allen voran: ein guter Editor. Das muss kein Tausendsassa mit möglichst vielen Features sein, sondern genau *das* Werkzeug, mit dem Sie sich wohlfühlen. Dazu gehören ganz banale Aspekte wie Codedarstellung oder Einrückverhalten, aber auch anspruchsvollere Funktionen z. B. Syntax-Highlighting (farbliche Hervorhebung verschiedener Codebestandteile) und automatische Klammern- oder Single/Double-quote-Schließung.

Mit dem Editor ist's wie mit der Maus und der Tastatur. Die endgültige Entscheidung ist eine Gefühls- und Geschmackssache, da selbst einfache Tools bereits die für die PHP- und damit Joomla!-Programmierung notwendigen Bordwerkzeuge mitbringen. Einige Beispiele beliebter Editoren, die Sie sich näher ansehen können:

- Sublime Text: *http://www.sublimetext.com*
- Notepad++ (nur Windows): *https://notepad-plus-plus.org*
- Brackets: *http://brackets.io*
- Komodo Edit: *http://komodoide.com/komodo-edit*
- TextMate (nur OS X): *https://macromates.com*

25.1.2 Integrierte Entwicklungsumgebungen

Insbesondere bei der Entwicklung komplexerer Komponenten ist der Einsatz einer integrierten Entwicklungsumgebung (IDE) ratsam, um den Überblick über die vielen Dateien zu behalten und zahlreiche Werkzeuge zur schnellen Fehlersuche und sogar -prävention an die Hand zu bekommen. Solche IDEs sind im Prinzip aufgebohrte, mit Features vollgepackte Editoren, deren Einarbeitung ein wenig Muße erfordert. Wer viel programmiert, kommt jedoch an einer professionellen Entwicklungsumgebung nicht vorbei, denn die Vorteile für den Programmieralltag sind signifikant.

- **Projektverwaltung**: mit wenigen Mausklicks zwischen Projekten wechseln
- **Versionierung**: Integration von Subversion oder GIT
- **Codevervollständigung**: die ersten Buchstaben eines Befehls eingeben und mit der ⏎-Taste den vorgeschlagenen ausgeschriebenen Begriff übernehmen
- **Syntax-Highlighting**: Hervorhebung von Fehlern und veralteten Funktionen; Unterstützung unterschiedlicher Programmiersprachen; verschiedene Farben für Variablen, Klassennamen, Anweisungen etc.
- **Joomla! Coding Standards**: automatische Berücksichtigung der Tabulatoren und Klammersetzung
- **Live-Debugging**: übersichtliches Gegeneinanderhalten von Website-Frontend und Quellcode
- **Refactoring**: Umstrukturierung von Quellcode oder Umbenennen von Klassen- oder Funktionsnamen über das gesamte Projekt

Am liebsten ist der Joomla!-Community der kostenpflichtige Platzhirsch PHPStorm (*https://www.jetbrains.com/phpstorm*, siehe Abbildung 25.1), aber auch NetBeans (*https://netbeans.org/downloads*, siehe Abbildung 25.2) und Eclipse (*https://eclipse.org*) haben viele Freunde unter den Entwicklern.

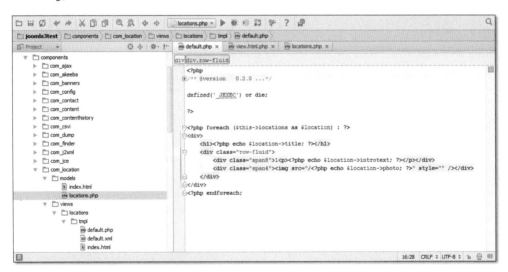

Abbildung 25.1 PhpStorm ist eine beliebte leistungsfähige Entwicklungsumgebung, kostet nach der 30-Tage-Testevaluierung aber etwa 100 €.

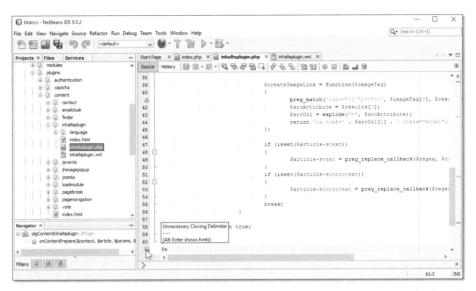

Abbildung 25.2 Im Hintergrund prüft NetBeans die Einhaltung von Coding-Standards und findet sofort überflüssige PHP-End-Tags »?>«.

25.1.3 Programmierhilfen finden

Alle Theorie ist grau und schwer verdaulich. Insbesondere wenn Sie zu Beginn versuchen, sich auf den Webseiten unter *http://developer.joomla.org* in der CMS- und Framework-Dokumentation zurechtzufinden. Aktualität und Informationsdichte der einzelnen Artikel variieren stark. Die Tutorials sind in der Regel von hoher Qualität, allerdings mangelt es den Referenzen mitunter an Beispielen. Über drei Quellen kommen Sie besonders schnell an Beispielcode: Studium existierender Erweiterungen, Problemlösungs- und Codesuche im offiziellen als Google-Gruppe angelegten Joomla!-Forum (Abkürzung über *http://tinyurl.com/jh-dev*) und als letzte Instanz mithilfe von Suchmaschinen.

Studium existierender Erweiterungen

Bis zu dieser Stelle haben Sie Dutzende von Erweiterungen kennengelernt oder aus dem Joomla! Extensions Directory installiert. Überlegen Sie, welche Erweiterung der Funktionalität Ihrer eigenen Programmidee am nächsten kommt. Open Source macht's möglich: Sie erhalten Einblick in sämtlichen Code, den Sie in Ihrem Joomla!-System installieren oder auch einfach nur als ZIP-Datei herunterladen, selbst von gekauften Erweiterungen. Aber Vorsicht: Nicht jeder Entwickler programmiert nach Konventionen, und viele Erweiterungen enthalten Code, der für moderne Joomla!-3-Erweiterungen überflüssig ist. Sehen Sie sich also mehrere Beispiele an, und durchstöbern Sie parallel dazu die Joomla!-Dokumentation nach dem Thema oder Element, das Sie gerade bändigen. Am besten geeignet sind Codebeispiele aus dem Joomla!-Core.

Lokal installierte Erweiterungen durchsuchen

Die Datei- und Verzeichnissuche ist Ihr bester Freund, um Beispielcode ausfindig zu machen. Jeder zum Programmieren geeignete Editor bietet eine derartige Suche, in Sublime Text finden Sie sie beispielsweise über FIND • FIND IN FILES... (siehe Abbildung 25.3), in Notepad ++ unter SUCHEN • IN DATEIEN SUCHEN...

▶ Wählen Sie als zu durchsuchendes Verzeichnis Ihre lokale Joomla!-Installation, die Entwicklungsinstallation aus Kapitel 2, »Testumgebung einrichten«, liegt beispielsweise in */xampp/htdocs/joomla3test/*.

▶ Suchen Sie nach speziellen Klassen oder Funktionen, nicht nach stark komponentenspezifischen Variablennamen.

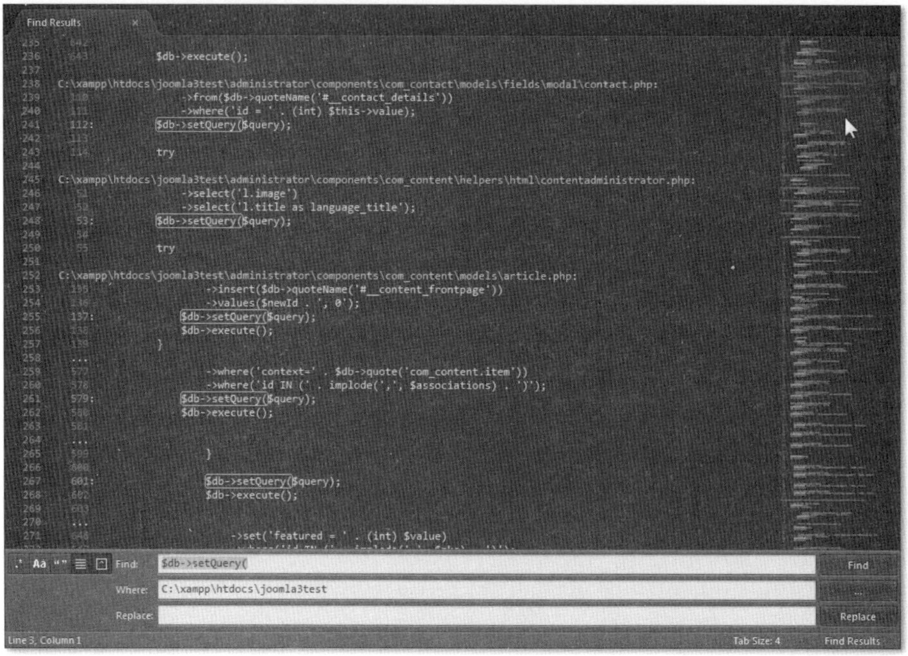

Abbildung 25.3 Durchsuchen Sie die Dateien Ihrer lokalen Joomla!-Installation, um Codebeispiele zu finden.

25.1.4 Debuggen

Falls Ihre Website nach der Installation oder Aktualisierung einer Erweiterung oder eines Templates Zicken macht oder seltsame Inhalte darstellt, gehen Sie auf Fehlersuche. Der auch im deutschen IT-Jargon übliche Begriff *Debugging* beschreibt eine systematische Vorgehensweise, zunächst die Fehlerursache ausfindig zu machen und dann Methoden zu ihrer Beseitigung zu erörtern. Das im Wortstamm versteckte Wort *Bug* (deutsch: Insekt, Käfer, Wanze) rührt übrigens tatsächlich aus dem gelegentlichen Verirren eines Insekts auf ein Motherboard aus der Zeit fabrikhallengroßer Server. In dem Versuch, aus dem technologischen Irrgarten zu entkommen, verursacht es Kurzschlüsse, die zu unvorhergesehenen Fehlern bei der Anwendung des Rechners führen. Debugging ist also eine sprichwörtliche Schädlingsbekämpfung in der Software.

»System debuggen«

Joomla! bietet von Haus aus leistungsfähige Debugging-Hilfen. Stellen Sie unter SYSTEM • KONFIGURATION • Reiter SYSTEM die Option SYSTEM DEBUGGEN auf JA, erhalten Sie unter jeder von Joomla! erzeugten Webseite eine Vielzahl von Informationen, die der Fehlersuche dienlich sind (siehe Abbildung 25.4). Unter anderem erfahren Sie Details zu Funktionsaufrufen, Speicherverbrauch und allen für das Sammeln der Seiteninhalte durchgeführten Datenbankabfragen. Vergessen Sie nach dem Debugging nicht, diesen Schalter wieder zurück auf NEIN zu setzen, um zu verhindern, dass jemand Ihr System ausspioniert. Idealerweise debuggen Sie aber ohnehin nicht in einem Live-System, sondern nur in der Entwicklungsumgebung.

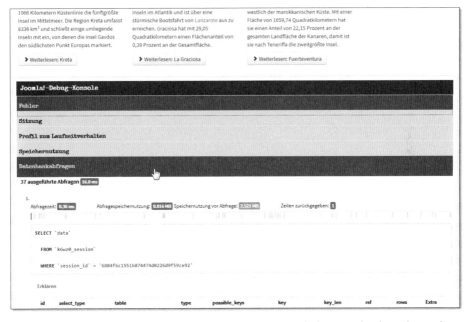

Abbildung 25.4 Details zur Generierung aller Webseiten erhalten Sie durch Umlegen des Schalters »System debuggen«.

»Sprache debuggen«

Für den Fall, dass Sie eigene Übersetzungen in die Sprachdateien von Joomla! einpflegen, das Content-Management-System aber trotzdem die Fallback-Sprache Englisch einsetzt, dient SPRACHE DEBUGGEN auf der gleichen Konfigurationsseite (siehe Abbildung 25.5). Wahrscheinlich hat sich nur ein kleiner Tippfehler eingeschlichen, dem Sie mit dieser Debugging-Ausgabe auf die Schliche kommen. Wie das genau funktioniert, lesen Sie detailliert in Abschnitt 12.1.3, »Eigene Sprachpakete für Erweiterungen erzeugen«.

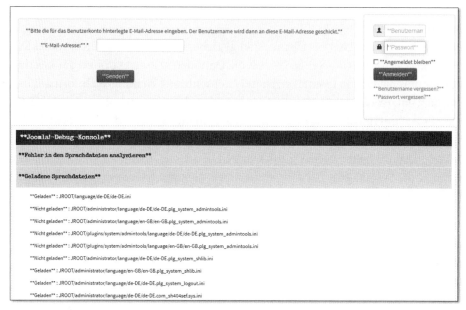

Abbildung 25.5 Über den Schalter »Sprache debuggen« erfahren Sie, welche Sprachdateien geladen wurden, und lokalisieren fehlende Übersetzungen.

25.2 Joomla!-Programmierumfeld verstehen

Bevor Sie mit dem Programmieren starten, studieren Sie die folgenden Seiten, auf denen Sie die Grundlagen der Joomla!-Umgebung kennenlernen. Besonders wichtig ist dabei das Verständnis um das Architekturmuster Model-View-Controller. Die Einhaltung der Coding-Standards ist relevant, wenn Sie planen, Ihre Erweiterungen in der Joomla!-Community zu veröffentlichen.

25.2.1 GPL einsetzen

Joomla! wird unter der GNU General Public License, kurz GPL, vertrieben, eine häufig im Open-Source-Bereich eingesetzte Lizenz, die besagt, dass Derivate einer Software mit den gleichen Freiheiten ausgestattet sein müssen wie das Original. So garantiert GPL der Joomla!-Community eine stete Weiterentwicklung des Cores und der Erweiterungen, da Sie als Entwickler jederzeit den Quellcode anderer Komponenten für eigene Ideen studieren und weiterentwickeln dürfen. Aus diesem Grund veröffentlicht das Joomla! Extensions Directory ausschließlich Erweiterungen, die unter einer General Public License oder einer GPL-ähnlichen Lizenz vertrieben werden.

Für Entwickler von Erweiterungen stellt sich da die Frage, welche Motivation hinter einer Veröffentlichung der harten Arbeit steht. Zum einen ist da der Reputationsgewinn, falls eine Erweiterung kostenlos vertrieben wird. Agenturen oder Full-Stack-Developer entwickeln für einen Kunden eine spezielle Komponente, die sie dann, in verallgemeinerter Version, an die Community weiterreichen. Das wiederum weckt möglicherweise das Interesse eines anderen Kunden, der auf diese Weise von den Fertigkeiten und dem Portfolio des Entwicklers erfährt. Win-win.

Es ist aber auch durchaus möglich, trotz Open-Source-Charakter und GPL Geld mit Erweiterungen zu verdienen. Die GPL verbietet den Verkauf von Software nicht, sofern sie den unverschlüsselten Quellcode enthält. Allerdings darf es keine Beschränkungen hinsichtlich der Weiterverwertung der Software geben; eine gekaufte Erweiterung ist also auf beliebig vielen Joomla!-Instanzen einsetzbar. Darum entscheiden sich kommerziell orientierte Erweiterungsentwickler für ein anderes lukratives Modell: Der Benutzer kauft nicht die Software an sich, sondern ein Abonnement für zukünftige Updates und/oder zeitlich begrenzten Support. Der muss nicht auf Bugfixes beschränkt sein, sondern kann auch Feature-Wünsche beinhalten. Und hier schließt sich der Kreis, denn der Entwickler ist nicht an strenge Release-Zyklen gebunden, sondern erweitert die Funktionalität seiner Erweiterung Zug um Zug auf Anfrage, erhöht damit wieder die Attraktivität des Produkts. Und je attraktiver die Erweiterung ist, desto mehr Abonnementinteressenten gibt es, die eine Finanzierung möglich machen. Eine erfolgreiche Erweiterung wächst also gleichzeitig im Funktionsumfang und der Abonnentenbasis, die die Weiterentwicklung sponsoren.

Diese Vielseitigkeit bei der Benutzung der GPL macht die Entwicklung im Joomla!-Umfeld attraktiv und das Lizenzmodell so erfolgreich. Überlegen Sie sich gut, welchen Weg Sie gehen möchten, und seien Sie nicht schüchtern, den Quellcode des Cores und anderer Erweiterungen zu studieren, um Ihre Erweiterung vielleicht noch angriffssicherer und benutzerfreundlicher zu gestalten.

25.2.2 Konventionen einhalten

Als Coding-Standard kommen die verbreiteten PEAR-Konventionen mit einigen Besonderheiten zum Einsatz. Die kompletten Joomla!-Coding-Standards finden Sie unter *http://joomla.github.io/coding-standards*, hier einige der wichtigsten Regeln:

- Alle Programmdateien werden als UTF-8 gespeichert, in der Regel kein Problem mit einem modernen Texteditor (inklusive Windows Notepad).

- Alle Programmdateien enthalten am Anfang einen Doc-Block; das sind Meta-Informationen in Kommentarblöcken, die Aufschluss über das dieser Datei zugehörige Paket und den Autor geben.
- Quelltext wird grundsätzlich mit vier Leerzeichen langen *Tabs* (nicht Leerzeichen) eingerückt; eine Ausnahme sind HTML und JavaScript, wo auch vier Leerzeichen erlaubt sind.
- Programmzeilen sollten maximal 150 Zeichen breit sein.
- Kommentare, Klassen-, Funktions- und Variablennamen sollten in (britischem) Englisch verfasst sein, Joomla! ist eine internationale Open-Source-Community.
- PHP-Programmblöcke folgen dem sogenannten Allman-Stil, d. h., die geschweifte Klammer { eines beginnenden Programmblocks kommt nicht mehr in die Zeile der vorhergehenden Anweisung, sondern an den Anfang der nächsten Zeile (bei CSS und JavaScript bleibt‹s beim PEAR/K&R-Stil).
- Beenden Sie PHP-Dateien nicht mit ?>, da das im Fall von Joomla! problematische Auswirkungen auf die HTML-Ausgabe haben kann (folgende Whitespaces und Leerzeichen verrücken HTML-Elemente).
- Klassen-, Funktions- und Variablennamen schreiben Sie im CamelCase, der KamelHöckerSchreibweise mit sogenannten Binnenmajuskeln. Klassen beginnen mit einem Groß-, Funktionen und Methoden mit einem Kleinbuchstaben.
- Bei Datenbankabfragen setzen Sie vor Tabellennamen das Kürzel #__ (Hash-Zeichen mit zwei Unterstrichen), damit Joomla! dort das für die aktuelle Installation zufällig erzeugte Tabellenpräfix einsetzt.
- XML: Ein Tag und ein Attribut pro Zeile, Tags mit mehreren Attributen verteilen sich also über mehrere eingerückte Zeilen. Ausnahme sind Tags, die über wenige Attribute verfügen und 100 Zeichen Breite nicht überschreiten.
- XML: name, type, label und description sind stets die zuerst zu nennenden Attribute.

Der beste Ratschlag zum Vertrautwerden mit diesen Konventionen ist wie so häufig: Arbeiten Sie mit Beispielen. Werfen Sie einen Blick in vorhandenes Codematerial, nicht nur von Erweiterungen, sondern auch des Joomla!-Cores, und kopieren Sie sich interessante Passagen heraus. Konfigurieren Sie das Einrückverfahren (Tabs statt Leerzeichen) schon jetzt in Ihrem Editor.

25.2.3 Model-View-Controller-Architekturmuster verstehen

Software-Architekturmuster dienen dazu, einen für die anstehende Aufgabe möglichst eleganten Weg zu finden, Daten entgegenzunehmen, zu verarbeiten und das

Verarbeitungsergebnis auszugeben. So, wie ein Taschenrechner zwei Summanden einsetzt, um über die Addition eine Summe zu bilden, erhält eine Webapplikation ihre Anfrage durch die URL und setzt einen internen Mechanismus in Gang, um am Ende eine Webseite zu generieren. In Joomla! involviert dieser interne Mechanismus in der Regel Datenbankabfragen und Ausgabetemplates, die technisch nichts miteinander zu tun haben und darum auch im Programmdesign voneinander getrennt sind. So kann ein HTML- und CSS-Designer gemütlich an seinem Template arbeiten, während der PHP-Programmierer die Datenbankanbindung zähmt. Joomla! setzt dazu das bewährte Architekturmuster Model-View-Controller (MVC) ein, das die Dateistrukturen und Schnittstellen zwischen Datenbeschaffung und -ausgabe definiert. Durch die Trennung entstehen drei Komponenten:

- **Model**
  Die Anbindung zur Datenbank und Aufbereitung der Daten für die bevorstehende Ausgabe. Da diese Aufbereitung verschiedene Formen annimmt, z. B. eine Beitragsliste oder alle Details zu einem einzelnen Beitrag, spricht man von einem Modell dieser Daten.

- **View**
  Der View, der Blick, auf die Daten nimmt sich das Datenmodell und setzt die Inhalte in das passende Ausgabetemplate. Auch hier sind Varianten möglich, z. B. die Ansicht der Beitragsliste oder die Formularseite mit den Eingabefeldern aller Beitragsdetails.

- **Controller**
  Bevor Model und View mit ihren Arbeiten loslegen können, sieht sich der Controller, der Steuermann, erst mal an, wie die Aufgabe lautet. Er ist die Schaltzentrale, die entscheidet, welche Daten das Model verarbeitet und der View darstellt.

Diese drei Akteure berücksichtigend, erfolgt die Anfrage nach einer Joomla!-Webseite stets nach dem gleichen Schema (siehe Abbildung 25.6):

1. Zur Ermittlung der eingesetzten Komponente analysiert Joomla! die URL und ruft die im URL-Parameter übergebene Komponente auf, z. B. *com_content* für die Beitragsverwaltung.

2. Der Controller der Komponente bearbeitet die Anfrage und wählt das Model aus, das die angeforderten Daten zurückgibt. Außerdem entscheidet der Controller, in welchem View die Daten ausgegeben werden, ebenfalls ein URL-Parameter, z. B. *view=featured* für die Haupteinträge.

3. Das Model beschafft sich die Daten aus der Datenbank und verarbeitet sie, der View holt sich die Daten aus dem Model und fügt sie in seine Ausgabe zwischen die HTML-Tags.

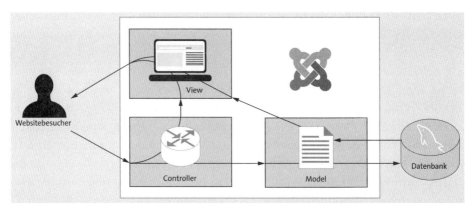

Abbildung 25.6 Inhaltsanfrage, -bearbeitung und -ausgabe in der MVC-Architektur von Joomla!

Eingebettet ist dieser Prozess in das omnipräsente Joomla!-Framework, das allerlei Helfer bereitstellt, z. B. zur Anbindung der Datenbank oder Gestaltung eines Webseitenformulars, Programmierfundamente, die die Entwicklung einer Joomla!-Erweiterung verhältnismäßig einfach machen.

Hinweis: Im Komponentenumfeld von Joomla! ist oft nur ein Controller mit im Spiel, das muss aber nicht so sein. Bei der Komponentenentwicklung lernen Sie den Haupt-/Komponenten-Controller kennen sowie Unter-Controller pro View.

Hintergrund: Joomla! Framework contra Joomla! CMS!, MVC alt gegen neu

Im Umfeld von Joomla! sind aktuell zwei Versionen des MVC-Frameworks im Einsatz. Grund ist die voneinander getrennte Entwicklung des Frameworks und des eigentlichen Content-Management-Systems. Prinzipiell ist das Joomla!-Framework nämlich in der Lage, als Fundament für beliebige Webapplikationen zu dienen; das Joomla!-Content-Management-System ist lediglich eine Variante solch einer möglichen Applikation.

Die Trennung hat den Vorteil, dass jedes Entwicklerteam konzentriert in seinem Spezialgebiet arbeitet. Der Nachteil ist, dass diese Arbeiten nicht gegeneinander synchronisiert werden. So bereitet das Framework-Team seit einiger Zeit eine moderne MVC-Variante vor, deren Entwicklungen aber noch nicht abgeschlossen sind. Deshalb sind alle Erweiterungsentwickler angehalten, das alte Framework weiterzuverwenden. Mit einem Wechsel zum neuen System ist vor Joomla! 4 nicht zu rechnen. Für Sie heißt das: Greifen Sie bei der Wahl Ihrer Klassen aus der Joomla!-API immer auf die älteren Versionen zurück, die in der Regel mit der Endung Legacy gekennzeichnet sind. Im Rahmen der Erläuterungen in den folgenden Kapiteln begegnen Sie beispielsweise den Klassen `JControllerLegacy` oder `JViewLegacy`. In Ihrer Joomla!-Installation finden Sie die vollständige Sammlung der Legacy-Klassen übrigens unter /libraries/legacy/.

25.2.4 Erweiterungstypen aus Entwicklungssicht

Joomla! unterscheidet vier, wenn man Sprachpakete hinzuzählt, fünf Erweiterungstypen, die sich an verschiedene Stellen des Eingabe-Verarbeitung-Ausgabe-Prozesses einklinken.

- **Plugin**
  Plugins sind systemnahe, tief verdrahtete Erweiterungen, die sich direkt an Ereignisse ankoppeln, die während dem Betrieb von Joomla! stattfinden, z. B. bei der Darstellung von Inhalten, der Anmeldung eines Benutzers oder kurz vor Aktualisierung eines Datenbankeintrags. Auf diese Weise sind Plugins in der Lage, alle erdenklichen Funktionalitäten in das Content-Management-System einzuschleusen, stellen aber, abgesehen von der Konfigurationsseite, keine Administrationsoberfläche zur Verfügung.

- **Komponente**
  Der komplexeste Erweiterungstyp ist die Komponente, deren Abbildung vollständig per Model-View-Controller stattfindet, da ihr Hauptanwendungszweck in der Eingabe, Verarbeitung und Ausgabe von Daten besteht. Joomla!-Features wie Beiträge, Menüs, Benutzerverwaltung und sogar der Erweiterungsmanager sind allesamt Komponenten mit Administrationsoberfläche, Datenbankschicht und Backend- und/oder Frontend-Ausgabe.

- **Modul**
  Module sind reine Darstellungselemente, die sich Inhalte aus der Datenbank holen und an einer per Layoutposition definierten Stelle im Template ausgeben. Als solche begleiten sie oft die die gesamten Webseiten dominierenden Standardausgaben von Komponenten.

- **Template**
  Das Template steht ganz am Ende des Eingabe-, Verarbeitungs- und Ausgabeprozesses und nimmt alle von einer bestimmten Erweiterung bereitgestellten Inhalte auf und setzt sie in von HTML-Code umgebene Platzhalter. Templateprogrammierung erfordert hauptsächlich Frontend-Fertigkeiten wie HTML und CSS, und einige rudimentäre Kenntnisse von PHP.

25.3 Gemeinsame Joomla!-Elemente

Dieser Abschnitt stellt Ihnen zwei Elemente vor, denen Sie bei jedem Erweiterungstyp in den folgenden Abschnitten begegnen: das XML-Manifest und die Feldtypen der universellen JForm, eine luxuriöse, mit Bootstrap verzierte Variante von HTML-Formularen.

25.3.1 XML-Manifest

Jede Erweiterung, ob Template, Plugin, Modul oder Komponente, sammelt die wichtigsten Daten über ihren Namen, ihre Version, Zweck und beinhaltende Dateien in einer XML-Datei. (Im Falle von Komponenten sind mehrere Dateien involviert.) Das sogenannte *XML-Manifest* (deutsch: handgreiflich gemacht) befindet sich im Hauptverzeichnis jedes Erweiterungspakets und ist das Erste, was sich Joomla! bei Installation der Erweiterung ansieht, bevor das CMS mit dem Kopieren von Dateien oder Anlegen von Datenbanktabellen fortfährt.

Neben allgemeinen Angaben zur Erweiterung enthalten XML-Manifeste auch gegebenenfalls erweiterungsspezifische Angaben, z. B. Konfigurationsblöcke, spezielle Dateiverweise oder Tags. Darum lernen Sie die Konstruktion dieser Datei immer im Abschnitt zur jeweiligen Erweiterung kennen.

25.3.2 JForm-Feldtypen

Als Referenz für die folgenden Kapitel listet dieser Abschnitt die wichtigsten JForm-Formularfeldtypen. Diese Steuerelemente finden an verschiedenen Stellen in der Erweiterungenprogrammierung Verwendung, z. B. für die Plugin-Konfiguration über ERWEITERUNGEN • PLUGINS • Klick auf einen Plugin-Namen oder bei den Einstellungen eines Komponentenelements, z. B. dem Formular zur Beitragsbearbeitung. *Hinweis*: Die hier vorgestellte Liste verzichtet auf die Nennung selten benutzter Feldtypen wie `captcha`, `cachehandler` oder `sessionhandler`. Die Feldtypen sind alphabetisch sortiert und mit einem kleinen Beispiel versehen. Beachten Sie, dass viele von ihnen den Einsatz weiterer Attribute erlauben, z. B. `class` für CSS-Klassen, `readonly` zur Bearbeitungssperre und proprietäre Attribute für spezielle Typfunktionalitäten. Die vollständige englischsprachige Liste finden Sie unter *https://docs.joomla.org/Standard_form_field_types*.

»accesslevel«

Dropdown-Liste aller Zugriffsebenen

```
<field name="Feldname-accesslevel" type="accesslevel" label="Zugriffsebene
(accesslevel)" description="Beschreibung" />
```

»calendar«

Textfeld und Popup-Kalender zum bequemen Anklicken eines Datums

```
<field name="Feldname-calendar" type="calendar" default="5-10-2008"
label="Kalender (calendar)" description="Beschreibung" format="%d. %m %Y" />
```

25.3 Gemeinsame Joomla!-Elemente

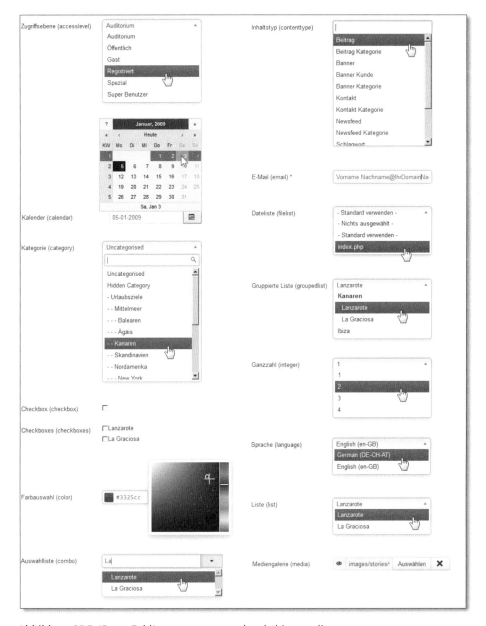

Abbildung 25.7 JForm-Feldtypen von »accesslevel« bis »media«

»category«
Dropdown-Liste der Joomla!-Kategorien der com_content-Komponente

```
<field name="Feldname-category" type="category" extension="com_content"
label="Kategorie (category)" description="Beschreibung" />
```

»checkbox«

Einzelne Häkchen-Checkbox

```
<field name="Feldname-checkbox" type="checkbox" label=
"Checkbox (checkbox)" description="Beschreibung" value="1" />
```

»checkboxes«

Gruppe von Häkchen-Checkboxen, von denen mehrere aktiviert sein dürfen

```
<field name="Feldname-checkboxes" type="checkboxes" label="Checkboxes
(checkboxes)">
  <option value="lanzarote">Lanzarote</option>
  <option value="la-graciosa">La Graciosa</option>
  <option value="ibiza">Ibiza</option>
  <option value="kreta">Kreta</option>
</field>
```

»color«

Eingabefeld und Popup-Fenster zur Auswahl einer RGB-Farbe

```
<field name="Feldname-color" type="color" default="#eee" label="Farbauswahl
(color)" description="Beschreibung" />
```

»combo«

Auswahlbox, deren Liste nach Eingabe eines Begriffsbestandteils gefiltert wird

```
<field name="Feldname-combo" type="combo" label="Auswahlliste (combo)"
description="Beschreibung" size="7" />
```

»contenttype«

Erst ab Joomla! 3.1: Dropdown-Liste der Inhaltstypen, z. B. Beitrag, Kategorie etc.

```
<field name="Feldname-contenttype" type="contenttype" label="Inhaltstyp
(contenttype)" description="Beschreibung" multiple="true" />
```

»email«

E-Mail-Textfeld mit eingebauter rudimentärer Validitätsprüfung

```
<field name="Feldname-email" type="email" label="E-Mail (email)"
description="Beschreibung" required="true" size="30" class="inputbox"
validate="email" />
```

»file«

Dateiauswahl, z. B. für einen Upload von Ihrem lokalen Rechner

```
<field name="Feldname-file" type="file" label="Datei (file)"
description="Beschreibung" size="10" accept="image/*" />
```

»filelist«

Dropdown-Liste mit Dateien eines spezifizierten Verzeichnisses

```
<field name="Feldname-filelist" type="filelist" default="" label="Dateiliste
(filelist)" description="Beschreibung" directory="administrator" filter=""
exclude="" stripext="" />
```

»groupedlist«

Dropdown-Liste mit innerhalb der Liste gruppierbaren Einträgen

```
<field name="Feldname-groupedlist" type="groupedlist" default=""
label="Gruppierte Liste (groupedlist)" description="Beschreibung">
  <group label="kanaren">
    <option value="lanzarote">Lanzarote</option>
    <option value="la-graciosa">La Graciosa</option>
  </group>
  <option value="ibiza">Ibiza</option>
  <option value="kreta">Kreta</option>
</field>
```

»hidden«

Verstecktes Feld, z. B. für ein ein Formular identifizierendes Token, das Cross-Site-Request-Forgery-Angriffe verhindert

```
<field name="Feldname-hidden" type="hidden" default="" />
```

»integer«

Ganzzahlauswahl in Form einer Dropdown-Liste – die Festlegung des Zahlenbereichs erfolgt über die first- und last-Attribute.

```
<field name="Feldname-integer" type="integer" default="Some integer" label=
"Ganzzahl (integer)" description="Beschreibung" first="1" last="10" step="1" />
```

»language«

Dropdown-Liste zur Sprachauswahl

```
<field name="Feldname-language" type="language" client="site" default="en-GB"
label="Sprache (language)" description="Beschreibung" />
```

»list«

Einfache Dropdown-Liste mit beliebigen Werten

```
<field name="Feldname-list" type="list" default="" label="Liste (list)"
description="Beschreibung">
  <option value="lanzarote">Lanzarote</option>
  <option value="la-graciosa">La Graciosa</option>
</field>
```

»media«

Popup-Fenster zur Auswahl einer Datei aus dem Medienmanager von Joomla! – über das Attribut directory legen Sie das anzuzeigende Verzeichnis unter */images/* fest.

```
<field name="Feldname-media" type="media" label="Medienmanager (media)"
directory="" />
```

»menuitem«

Dropdown-Liste zur Auswahl eines Menüeintrags

```
<field name="Feldname-menuitem" type="menuitem" default="45"
label="Menüeintrag (menuitem)" description="Beschreibung" />
```

»meter«

Erst ab Joomla! 3.2: Fortschrittsbalken, dessen Eigenschaften Sie per JavaScript manipulieren, um das Wachsen zu animieren

```
<field name="Feldname-meter" type="meter" active="true"
label="Fortschrittsbalken (meter)" max="1000" min="1" step="10"
default="240" />
```

»note«

Erst ab Joomla! 3.1: variantenreiches Feld zur Darstellung von Texten, Beschriftungen und Hinweiskästen

```
<field name="Feldname-note1" type="note" label="Textausgabe (note)" />
<field name="Feldname-note2" type="note" class="alert"
label="Textmeldung (note alert)" description="Beschreibung" close="true" />
<field name="Feldname-note3" type="note" class="alert alert-info"
label="Textmeldung (note alert-info)" description="Beschreibung" />
<field name="Feldname-note4" type="note" class="alert alert-success"
label="Textmeldung (note alert-success)" description="Beschreibung"
close="true" />
```

```
<field name="Feldname-note5" type="note" class="alert alert-error"
label="Textmeldung (note alert-error)" description="Beschreibung" />
```

»password«

Passworttextfeld, das die eingegebenen Buchstaben mit Bulletpunkten verschleiert

```
<field name="Feldname-password" type="password" default="secret"
label="Passwort (password)" description="Beschreibung" size="15" />
```

»radio«

Radiobutton-Umschalter; ansprechender gestaltet mithilfe der CSS-Klasse btn-group

```
<field name="Feldname-radio" type="radio" default="0" label="Radio-Buttons
(radio)" description="Beschreibung">
  <option value="0">1</option>
  <option value="1">2</option>
</field>
```

»text«

Reguläres einzeiliges Textfeld

```
<field name="Feldname-text" type="text" default="Some text" label="Textfeld
(text)" description="Beschreibung" size="10" />
```

»textarea«

Mehrzeiliges und mehrspaltiges Textfeld

```
<field name="Feldname-textarea" type="textarea" default="default"
label="Textbereich (textarea)" description="Beschreibung" rows="10"
cols="5" />
```

»url«

Für URLs bestimmtes Textfeld mit rudimentäre Validierung

```
<field name="Feldname-url" type="url" default="https://joomla-handbuch.com"
label="URL (url)" description="Beschreibung" size="20" />
```

»user«

Öffnet ein Popup-Fenster zur Auswahl eines Joomla!-Benutzers

```
<field name="Feldname-user" type="user" label="Benutzer (user)"
class="readonly" readonly="true" filter="unset" />
```

»usergroup«

Dropdown-Liste zur Auswahl einer Benutzergruppe

```
<field name="Feldname-usergroup" type="usergroup" label="Benutzergruppe
(usergroup)" description="Beschreibung" multiple="true" />
```

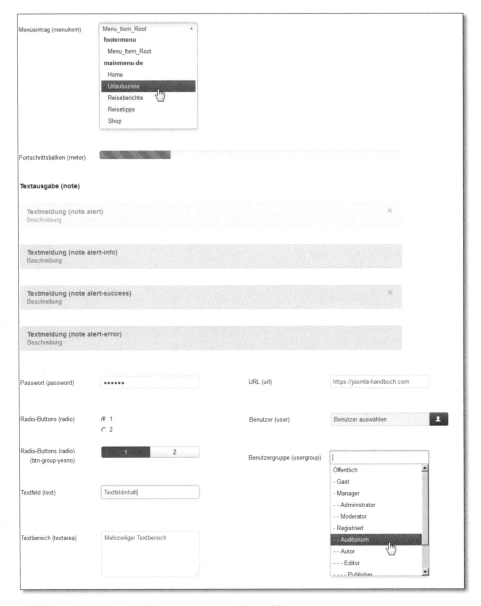

Abbildung 25.8 JForm-Feldtypen von »menuitem« bis »usergroup«

Kapitel 26
Templates entwickeln

Templates bilden die Brücke zwischen den in Joomla! eingepflegten Inhalten und der Frontend-Ausgabe. Wenige Handgriffe sind nötig, um Templates anzupassen, für die Neuentwicklung eines Templates sind allerdings HTML-, CSS- und PHP-Kenntnisse gefragt.

Steht eine Migration einer existierenden Website, z. B. von WordPress oder einer hausgemachten Webapplikation, oder die Umsetzung eines von einer Agentur entworfenen Designs an, eröffnen sich Ihnen zwei Wege: Entweder finden Sie ein Template, das Ihren Anforderungen schon möglichst entspricht, und modifizieren es, bis es den Vorlagen entspricht. Oder Sie beginnen bei null und programmieren Ihr eigenes Template.

Grundsätzlich kann die erste Variante einfacher sein, da Sie die Implementierung der Grundlagen wie Responsive Design und Layout/Modulpositionen überspringen. Im Joomla!-Umfeld geht der Trend stark in Richtung universeller Templates, deren Darstellung und Verhalten Sie über viele Parameter im Backend konfigurieren, ohne dass HTML- und CSS-Elemente angepasst werden müssen. Insbesondere Templates, die auf einem Framework wie Gantry, T3 oder Warp aufbauen, sind hier besonders flexibel und integrieren beispielsweise luxuriöse Responsive-Design-Menüs, Google-Fonts, Farbvariablen und Dutzende von Modulpositionen. Schlagen Sie diesen Weg ein, wenn Sie anhand der Templatebeispiele auf den Websites der Entwickler Parallelen zu Ihrem umzusetzenden Design sehen.

Ist erkennbar, dass das neue Websitedesign stark vom ersten halben Dutzend studierter Templates abweicht, erörtern Sie eine Eigenentwicklung. Diese hat den Vorteil, dass sie keine für Ihren Designfall überflüssigen Details enthält, sondern schlank und optimal auf Ihre Anforderungen zugeschnitten wird. Templateprogrammierung ist nicht kompliziert, alle Grundlagen lernen Sie systematisch in diesem Kapitel kennen, natürlich inklusive Responsive Design.

Begriff	Erklärung
HTML5	Dokumentbeschreibungssprache zum Aufbau von Webseiten. In der aktuellen Version 5 werden Seiten semantisch konstruiert, z. B. durch Kennzeichnung von Fließtextbereichen, Sekundärinformationen oder Illustrationen. Alle weitverbreiteten Browser unterstützen die meisten HTML5-Features, sodass Websites in keiner anderen Version mehr erstellt werden müssen.
CSS3	Stylesheet-Sprache zur Gestaltung von Webseitenelementen. Bemerkenswert an Version 3 sind die Ergänzung von Media Querys, neue Selektoren, um HTML-Elemente gezielter zu erreichen, und zahlreiche visuelle Effekte wie Animationen, Transparenz, Schlagschatten, Farbverläufe und runde Ecken.
Media Query	CSS3-Feature zur geräte- und bildschirmabhängigen Formatierung von HTML-Elementen. Erst mit Media Querys wird Responsive Design möglich, um die Webseitendarstellung auf mobilen Endgeräten zu optimieren.
Bootstrap	HTML-, CSS- und JavaScript-Framework, das die Erstellung eines modernen Website-Frontends vereinfacht. Es erlaubt flexible Seitenlayouts und stellt benutzerfreundliche Elemente und Formularfelder zur Verfügung. Eine ältere Version von Bootstrap ist in Joomla! enthalten und kann im Protostar-Template verwendet oder mithilfe eines einzelnen Befehls in eigenen Templates eingesetzt werden.

Tabelle 26.1 Die wichtigsten Begriffe zur Templateentwicklung

26.1 Grundlagen kennenlernen

Als Content-Management-Webmaster sind Sie ein Tausendsassa, der die im Content-Management-System eingesetzten Technologien und Sprachen wie Apache Webserver, MySQL, PHP, HTTP und JavaScript tagtäglich einsetzt oder konfiguriert. Ins Portfolio gehören dabei auch HTML und CSS, die Dokumentbeschreibungs- und die Stylesheet-Sprache, die Sie bislang zum Anpassen von Templates oder Formatieren von Frontend-Ausgaben nutzten. Dieses Handbuch ersetzt kein dickes HTML/CSS-Kompendium, mit dem Sie Ihr Wissen um Feinheiten und Tipps & Tricks erweitern. Deshalb stellen die folgenden Seiten einige der Highlights der neuesten Versionen der Frontend-Sprachen vor, die im Zusammenhang mit Content-Management im Allgemeinen und Joomla! im Besonderen wichtig sind.

26.1.1 HTML5, CSS3 und Responsive Design kennenlernen

HTML5 und CSS3 sind nun schon einige Jahre alt, aber eine breite Etablierung braucht ihre Zeit. Stück für Stück halten Features wie semantische HTML-Tags und Responsive Design Einzug in Content-Management-Systeme wie Joomla!. Während noch nicht alle Mechanismen in aktuellen Templates vollständig integriert sind, lohnt sich dennoch ein Blick auf die Hintergründe. Denn die Templates von Joomla! sind einfach zu modifizieren, und so führen Sie die eine oder andere Frontend-Optimierung, die Auswirkungen auf das Suchmaschinen-Ranking haben kann, gegebenenfalls selbst durch.

Semantische HTML5-Tags

Bei der täglichen Wartung eines Joomla!-Systems arbeiten Sie mit `<html>`-, `<head>`-, `<body>`-, `<h1>`-, `<p>`- und `<img>`-Tags, um Bilder an die richtige Stelle zu rücken, Paragrafenabstände zu vergrößern und Überschriftenebenen suchmaschinenoptimiert zu formatieren. HTML5 geht mit sogenannten semantischen Tags einen großen Schritt weiter und hilft, Webseiteninhalte noch klarer in ihre Bestandteile zu untergliedern, was nicht nur bei der Formatierung der Texte hilft, sondern einzelnen Passagen eine Bedeutung zuweist. Es ist davon auszugehen, dass diese Auszeichnungen, eine Handvoll neuer HTML-Tags, auch für Suchmaschinen an Relevanz gewinnen. Deshalb befinden sich im Standardtemplate Protostar bereits Ansätze einer solchen Implementierung, die Sie bei Bedarf in Ihrer eigenen Templatekopie verfeinern. Diese HTML5-Tags sollten Sie kennen:

- `<nav>`
  Menüs, Paginierung, alles, was mit der Navigation zu tun hat. Protostar und jedes andere halbwegs moderne Template wickeln beispielsweise das Main Menu in ein `<nav>`-Tag.

- `<article>`
  Steht für *einen* vollständigen Beitrag, z. B. für eine Webseite des Menüeintragstyps EINZELNER BEITRAG. Protostar nutzt das Tag leider nicht; professionelle Templates wie Purity III halten den Standard ein.

- `<section>`
  Zeichnet verschiedene Passagen aus, die inhaltlich zusammenhängen, z. B. angeteaserte Beiträge auf der Homepage.

- `<aside>`
  Markierung für sekundäre Inhalte, z. B. Begleitmaterial in einer Seitenleiste. Das Element ist allerdings nicht pauschal auf die Seitenleiste anzuwenden, die vielleicht auch ein inhaltsloses Loginmodul enthält. Hier ist die Auszeichnung im Protostar-Template leider falsch.

- `<h1>`

    Kein neues Element, aber mit neuen Regeln: Es herrscht Unsicherheit über die konforme Anwendung der aus SEO-Sicht so wichtigen `<h1>`-Überschrift, da laut HTML5-Spezifikationen eine Webseite ab sofort *mehrere* Hauptüberschriften enthalten darf. Grundsätzlich ist das wahr, und es spricht nichts dagegen, `<h1>`-Tags entsprechend einzusetzen. Jeder Joomla!-Beitrag (`<article>`) *sollte* eine Überschrift der Ebene `<h1>` enthalten, egal ob auf einer Beitragsdetail- oder einer Übersichtsseite, was leider nur die wenigsten Templates korrekt umsetzen. Daher finden Sie in Abschnitt 10.5.4, »Template-Overrides einsetzen«, eine Anleitung, wie Sie diesen Missstand selbst beseitigen (siehe Kasten »Tipp: Per Template-Override Beitragstitel auf `<h1>` umstellen«).

- `<header>`, `<footer>`

    Nicht zu verwechseln mit dem HTML-Header-Tag `<head>`, enthält der `<header>` Einleitungen zur Webseite, z. B. Websitename, Slogan oder einen kurzen Einleitungstext. Analog dazu befindet sich im Footer vielleicht eine Copyright-Zeile oder ein Link zum Anfang der Webseite. Beachten Sie, dass diese Elemente nicht nur für die gesamte Webseite, sondern für jedes Inhaltselement zur Verfügung stehen, d. h., auch ein `<article>`-Block kann ein `<header>`- und `<footer>`-Tag enthalten.

- `<main>`

    Dieses Element sollte nur einmal auf einer Webseite vorkommen und den Hauptinhalt, den Contentbereich, einfassen.

- `<figure>`, `<figcaption>`

    Hierüber markieren Sie Illustrationen, also per `<img>`-Tag eingefügte Bilder mit inhaltlichem Wert. Betten Sie sowohl das `<img>`-Tag als auch Bildunterschriften (`<figcaption>`) in den `<figure>`-Block.

Nichts wird so heiß gegessen, wie es gekocht wird, vor allem nicht die HTML- und SEO-Suppe. Die korrekte Anwendung der semantischen HTML-Tags steht in der Prioritätenliste hinter der Bereitstellung hochwertiger Inhalte und dem Setzen von `<h1>`-Überschriften. Entwickeln Sie jedoch Ihr eigenes Template, macht es Sinn, bereits jetzt `<article>`-, `<section>`- und `<nav>`-Tags zu verteilen, denn es ist nicht auszuschließen, dass diese Auszeichnungen zukünftig eine Auswirkung auf Suchmaschinenergebnisse haben.

Responsive Design mit Media Querys

Neben sauberem und semantischem HTML-Code ist die ordentliche Darstellung auf mobilen Endgeräten die zweite große Anforderung an die Frontend-Technik einer modernen Website. Früher stellten Webmaster dazu mehrere Varianten aller Webseiten ins Netz, eine Desktop- und eine Mobilversion. Content-Management-Systeme spielten in diesem Fall mit ihren Muskeln. Denn zur Produktion verschiedener HTML-Varianten musste Inhalt nur einmal eingepflegt werden, die Auslieferung erfolgte dann aber dank unterschiedlicher Templates mundgerecht aufbereitet für das jeweilige Endgerät.

Dank Responsive Design ist dieses Vorgehen heutzutage nicht mehr notwendig, da die Unterscheidung der Varianten nicht mehr auf Serverseite, sondern beim Client, im Browser, stattfindet. Im Fokus stehen dabei sogenannte Media Querys, ein CSS3-Mechanismus, der bestimmte Styles nur dann anwendet, wenn definierte Bedingungen zutreffen. Die meisten Bedingungen überprüfen die Fensterbreite des Browsers, aber auch die Art des Endgeräts (z. B. screen für Desktop-Ansichten, handheld für mobile Endgeräte), die Anzahl darstellbarer Farben oder verfügbare Bildschirmauflösungen können berücksichtigt werden.

Eine Website ist dann responsiv, wenn sich Seitenelemente, die ein horizontales Scrollen erforderlich machen würden, auf kleineren Bildschirmen entweder ausblenden oder ans untere Seitenende schieben. Bedingt ist das schon unter älteren CSS-Versionen mit Floats möglich, die Kür schaffen aber nur Media Querys. Um auf einem hochkant gehaltenen iPad eine Seitenleiste auszublenden, genügt ein kurzes CSS-Fragment:

```
@media (max-width: 768px) {
    #sidebar {
        display:none;
    }
}
```

Listing 26.1 Media Query zum Ausblenden einer Seitenleiste, falls die Breite des Ausgabefensters nicht mehr als 768 Pixel beträgt

Beim Stylen stellt sich also die Frage, was mit welchen Elementen bei welchen Fenstergrößen passiert, weswegen schon während der Designphase einer Website großes Augenmerk auf Responsive Design gelegt wird. Denn die nachträgliche Integration responsiven Verhaltens in eine bestehende Website endet in Dutzenden undurchschaubaren Media Querys. Das Hinzufügen neuer Seitenelemente wird zu einem chirurgischen Eingriff, die Fehleranfälligkeit des Stylesheets steigt, und das Testen auf verschiedenen Endgeräten ist uferlos. Deswegen lenken aktuelle Designrichtungen auf saubere, aufgeräumte Layouts mit einem starken Fokus auf ansprechende Typografie, was Sie auch in den beliebtesten Templates für Joomla! wiedererkennen. Doch die Open-Source-Welt würde nicht halten, was sie verspricht, gäbe es keine Lösung für die Umsetzung komplexer Layouts mit möglichst wenig Aufwand. CSS- und JavaScript-Frameworks betreten die Bühne.

26.1.2 Bootstrap kennenlernen

Wo Media Querys beginnen, greifen CSS- und JavaScript-Frameworks das Responsive-Design-Thema mit komfortableren Features und flexiblen Layoutmöglichkeiten auf. Bootstrap ist solch ein Framework, das es aufgrund seiner Beliebtheit bis in den Joomla!-Core, das Administrations-Backend und das Standardtemplate Protostar geschafft hat. Bootstraps eingebaute Responsive-Design-Mechanismen sind der Grund dafür, dass Sie sich in Joomla!-3-Version mit dem Smartphone ins Backend einloggen und mit allen Konfigurationsformularen arbeiten können.

Gridlayout mit 12 Spalten

Neben Dutzenden von Elementen wie elegant gestalteten Menüs, Formularfeldern, modalen Fenstern, Bildervorschauen, Paginierungen und Buttons steht im Mittelpunkt von Bootstraps Schaffen das sogenannte *Gridlayout*. (Besuchen Sie *http://getbootstrap.com/2.3.2/components.html* für eine Übersicht über alle Elemente.) Dabei legt der Templateprogrammierer exakt 12 Spalten über die Webseite und ordnet den Seitenelementen Zeile für Zeile eine bestimmte Anzahl von Spalten zu (siehe Abbildung 26.1). Zum Beispiel könnte der Contentbereich auf der linken Seite 9 Spalten umfassen, die Seitenleiste auf der rechten Seite läuft über 3. Bootstrap sorgt dann dafür, dass dieses Aufteilungsverhältnis auf allen Fensterbreiten identisch bleibt. Bei besonders schmalen Fenstern brechen die nicht mehr darstellbaren Bereich um, sodass kein horizontales Scrollen notwendig ist.

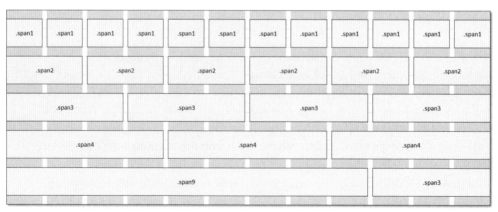

Abbildung 26.1 Bootstrap unterteilt Webseiten oder Seitenbereiche in 12 Spalten, die Sie über CSS-Klassen einzelnen Elementen zuweisen.

Praktisch ist Bootstrap deshalb, da Sie sich bei der Templateprogrammierung um fast nichts kümmern müssen. Sie integrieren das Framework über externe CSS- und JavaScript-Dateireferenzen (per `<link>`-Tag) und versehen Ihre Seitenelemente mit einigen Bootstrap-CSS-Klassen. Das Responsive-Design-Verhalten im Frontend greift nun automatisch.

Abbildung 26.2 Im Kategorieblog setzt Protostar Bootstrap-Klassen für das Spaltenlayout ein; sinkt die Fensterbreite unter bestimmte Grenzwerte, erscheinen vorher nebeneinander platzierte Elemente untereinander.

Berücksichtigen Sie jetzt noch semantische HTML-Tags, ist das Grundgerüst eines responsiven HTML-<body> deutlich aufgeräumter als die komplexen <div>-Verschachtelungen vergangener Tage.

```
<body>
  <div class="container">
    <header>
      Websitename
    </header>
```

```
    <nav class="navbar">
      <div class="navbar-inner">
        Menünavigation
      </div>
    </nav>
    <div class="row-fluid">
      <main class="span9">Contentbereich</main>
      <div class="span3">Seitenleiste</div>
    </div>
    <footer>
      Fußzeile
    </footer>
  </div>
</body>
```

Listing 26.2 Einfaches Grundgerüst eines HTML-<body> mit semantischen HTML-Tags und Responsive-Design-Klassen des Bootstrap-Frameworks

Im Listing sind es allein die Klassen `row-fluid`, `span9` und `span3`, die für das responsive Verhalten sorgen. In Abschnitt 26.2.5, »HTML5 und Bootstrap einsetzen«, erzeugen Sie ein vergleichbares Gerüst, um Ihr eigenes Template von Grund auf für mobile Endgeräte zu optimieren. Sammeln Sie Ihre ersten Erfahrungen der Templateprogrammierung zunächst jedoch im folgenden Abschnitt. Denn die Modifizierung eines Templates über sogenannte Template-Overrides findet auch später bei der Neuerstellung eines Templates Einsatz.

> **Hintergrund: Bootstrap 2 vs. Bootstrap 3**
>
> Hatten Sie in der Vergangenheit bereits mit Bootstrap gearbeitet, fällt Ihnen vielleicht auf, dass der vorgestellte Pseudocode keine `col`-, sondern die veralteten `span`-Klassen verwendet. Leider ist in Joomla! nur Bootstrap in Version 2 integriert, da Bootstrap 3 kurz nach der ersten Joomla!-3-Version erschien. Diese Entscheidung ist längerfristig, denn Bootstrap 3 ist nicht rückwärtskompatibel, und sämtliche Joomla!-Core-Komponenten und Templates bauen auf Bootstrap 2. Ein Umschwenken auf die neuere Version hätte massive Kompatibilitätsprobleme zur Folge. Das ist aber nicht weiter problematisch, denn auch Bootstrap 2 bietet hinreichende Features und ausreichende Responsive-Design-Integration.

26.2 Einfaches Template erzeugen

Finden Sie im Internet kein Template, das ansatzweise Ihren Designanforderungen entspricht, erzeugen Sie einfach Ihr eigenes. In diesem Abschnitt lernen Sie alle wichtigen Dateien und den notwendigen HTML- und PHP-Code kennen.

Ziel: Erzeugen Sie ein neues Template mit externer CSS-Datei und drei Modulpositionen HEADER, SIDEBAR (Seitenleiste) und FOOTER. Die Seitenleiste soll gemäß Responsive Design an das Seitenende zwischen Content und Footer wandern, sobald die Fensterbreite unter 769 Pixel liegt, d. h., ein iPad im Querformat zeigt das Layout normal an, hochkant greift das neue Layout (siehe Abbildung 26.3).

Vorgehen: Sie erzeugen die notwendigen Dateien und Verzeichnisse, definieren die Metadaten zum Template, bauen das Basis-HTML-Gerüst auf und integrieren einen CSS-Media-Query zum Umschalten des Layouts.

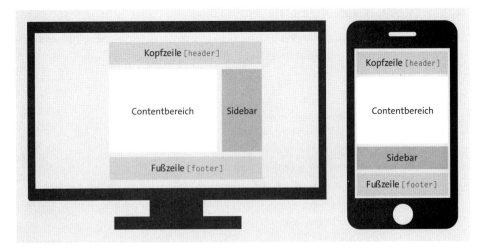

Abbildung 26.3 Responsive-Design-Variationen des neuen Templates für Desktop- und Smartphone-Ansicht; die Seitenleiste rutscht bei schmalen Fenstern nach unten.

26.2.1 Verzeichnisstruktur und Basisdateien

Für ein einfaches Template benötigen Sie lediglich drei Dateien:

- **XML-Manifest**
  Die bereits im vorigen Kapitel angesprochene XML-Datei, die die Grundeigenschaften der Erweiterung listet. Im Falle von Templates heißt Sie *templateDetails.xml* und enthält z. B. Name, Version, Dateien und Modulpositionen.

- **HTML-Templatebasis**
  Eine *index.php*-Datei, die das HTML-Gerüst aller Webseiten aufbaut. Sie ist ein vollständiges, autarkes Joomla!-Template, in dem Sie mit Platzhaltern für Inhalte oder andere Joomla!-Elemente arbeiten.

- **Stylesheet**
  eine reguläre CSS-Datei, z. B. *template.css*, die alle Layout- und Designdetails des Templates aufnimmt

Erzeugen Sie in Ihrer Entwicklungsumgebung im Verzeichnis */templates/* ein neues Unterverzeichnis, das den Namen Ihres Templates trägt; für das Beispiel des Reiseforums */reisetemplate/*. Darin erzeugen Sie ein weiteres Verzeichnis */css/*, hier landen später die Stylesheet-Dateien.

Tipp: Tipparbeit sparen Sie sich, wenn Sie die Listings von der Begleitwebsite zum Handbuch (*https://joomla-handbuch.com* • Menü ENTWICKLUNG • TEMPLATEENTWICKLUNG) in die Zwischenablage kopieren und direkt in die Dateien einfügen.

26.2.2 XML-Manifest – »templateDetails.xml«

Erzeugen Sie in Ihrem Templateverzeichnis eine leere Datei *templateDetails.xml*, öffnen Sie sie zum Bearbeiten, und fügen Sie folgenden XML-Block ein.

```xml
<?xml version="1.0" encoding="utf-8"?>
<extension version="2.5" type="template">
  <name>IhrTemplateName</name>
  <creationDate>2015-06-20</creationDate>
  <author>Vorname Nachname</author>
  <authorEmail>Vorname.Nachname@IhrDomainName.de</authorEmail>
  <authorUrl>http://IhrDomainName.de</authorUrl>
  <copyright>Vorname Nachname 2015</copyright>
  <license>GNU/GPL</license>
  <version>0.1.0</version>
  <description>IhrTemplateName</description>
  <files>
    <filename>index.php</filename>
    <filename>templateDetails.xml</filename>
    <folder>css</folder>
  </files>
  <positions>
    <position>header</position>
    <position>sidebar</position>
    <position>footer</position>
  </positions>
</extension>
```

Listing 26.3 »templateDetails.xml«: erste Version des Template-XML-Manifests mit Modulpositionen und Referenzen zu im Templatepaket enthaltenen Dateien

Aufbau und Inhalt sind recht simpel:

Über das `<extension>`-Tag teilen Sie Joomla! mit, dass es sich bei dieser Erweiterung um ein Template handelt (Attribut `type="template"`) und dass es ab Joomla! 2.5 eingesetzt werden kann. Hier lassen sich auch höhere Versionsnummern eintragen, falls

Sie Programmfunktionen einsetzen, die nur bei neueren Joomla!-Versionen zur Verfügung stehen.

Von `<name>` bis `<description>` befüllen Sie die Ihrem Template eigenen Eigenschaften, darunter Templatename, Datum der Erstellung, Lizenz und Ihr eigener Name mit E-Mail-Adresse und Website. Besonders wichtig ist das Tag `<version>`, über das Sie später den halb automatischen Update-Mechanismus von Joomla! aktivieren, wenn eine Aktualisierung Ihres Templates bereitsteht.

Der Block `<files>` listet alle im Templatepaket enthaltenen Dateien (`<filename>`) und Unterverzeichnisse (`<folder>`). Damit erfährt Joomla!, welche Dateien kopiert werden sollen, wird das Template später über ein ZIP-Archiv installiert.

Im `<positions>`-Block führen Sie alle Modulpositionen auf, die Ihr Template vorsieht und die den Modulkonfigurationen über die Dropdown-Liste POSITION zur Auswahl stehen (siehe Abbildung 26.4). Das betrifft alle Layoutbereiche, die nichts mit dem Contentbereich zu tun haben, also mindestens Header, Seitenleiste und Footer, aber vielleicht auch Sprachumschalter, Menü oder Bühne. Manche professionellen Templates sind hier nicht schüchtern und geben bis zu drei Dutzend Positionen an, was die Flexibilität beim Layouten erhöht, aber den Templatecode (in der *index.php*-Datei) verkompliziert. Da Sie Ihr eigenes Template schreiben, listen Sie hier deshalb ausschließlich die Modulpositionen, die Sie benötigen. Eine spätere Erweiterung ist problemlos möglich. Bei der Vergabe der Positionsnamen haben Sie freie Wahl.

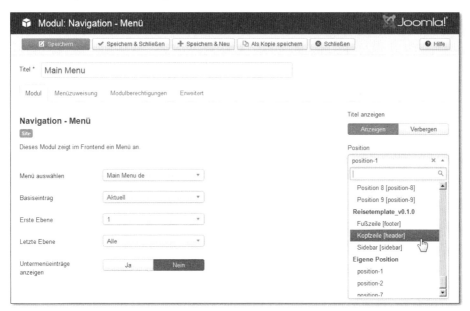

Abbildung 26.4 Der `<positions>`-Block listet genau die Positionen, die in der Modulkonfiguration im Feld »Position« erscheinen; bekannte Begriffe wie »footer« oder »header« übersetzt Joomla! automatisch.

Achten Sie darauf, alle XML-Tags zu schließen, rücken Sie Blöcke mit jeweils einem Tab ein, und speichern Sie das XML-Manifest.

26.2.3 HTML-Templatebasis – »index.php«

Nun geht es ans eigentliche Template. Erzeugen Sie im Templateverzeichnis die Datei *index.php*, und fügen Sie das folgende rudimentäre Templategerüst ein.

```
<?php defined( '_JEXEC' ) or die; ?>
<!DOCTYPE html>
<html xmlns="http://www.w3.org/1999/xhtml" xml:lang="<?php echo $this->
 language; ?>" lang="<?php echo $this->language; ?>" >
  <head>
    <jdoc:include type="head" />
    <link rel="stylesheet" href="<?php echo $this->baseurl; ?>/templates/<?php
      echo $this->template; ?>/css/template.css" type="text/css" />
  </head>
  <body>
    <jdoc:include type="modules" name="header" />
    <jdoc:include type="component" />
    <jdoc:include type="modules" name="sidebar" />
    <jdoc:include type="modules" name="footer" />
  </body>
</html>
```

Listing 26.4 »index.php«: fundamentales Template mit PHP- und Joomla!-spezifischen Includes per <?php echo $variable; ?> und <jdoc:include>

An den <html>-, <head>- und <body>-Tags erkennen Sie, dass es sich im Grunde um eine HTML-Datei handelt. Über die Dateiendung *.php* wird sie zur ausführbaren PHP-Datei, was in der ersten Zeile gleich genutzt wird, um den Kontext zu überprüfen, in dem die Datei aufgerufen wurde. Das Template enthält möglicherweise sensiblen Code, der Sicherheitslücken aufdecken könnte, deshalb sorgt defined('_JEXEC') or die; dafür, dass nur Joomla! das Template verwenden darf. Ein direkter Browseraufruf endet in einer weißen Seite.

Nach der DOCTYPE-Deklaration, die dem Browser mitteilt, dass ein HTML-Dokument folgt, definiert das <html>-Tag den verwendeten XML-Standard und die Sprache des Inhalts. Hier wird es interessant, denn die Sprache befüllt Joomla! automatisch über ein Platzhalterattribut: $this->language enthält die aktuelle Sprache der aufgerufenen Webseite (siehe Abschnitt 12.2.2, »Spracherkennung per Plugin aktivieren«).

Es folgt der HTML-Header mit dem ersten Joomla!-spezifischen Template-Tag, das nicht mehr von PHP interpretiert wird, sondern von der Templating-Engine:

`<jdoc:include type="[…]" />` fügt Joomla!-interne Elemente ins Template; die wichtigsten über das `type`-Attribut festgelegten sind:

- head: Ergänzt zahlreiche HTML-Header-Elemente wie Seitentitel (`<title>`), Basis-URL (`<base>`), Inhaltstyp und Zeichensatz (`<meta http-equiv="content-type" content="text/html; charset=utf-8" />`), Newsfeed-Links und zahlreiche JavaScript-Dateien zur Einbindung von jQuery und Bootstrap. (Es fehlt allerdings noch Bootstraps CSS-Datei.)
- component: Steht für den gesamten Inhalt des Contentbereichs, also den HTML-Code, den Komponenten erzeugen, z. B. Beiträge, Login-Formular, Kategorieblog, aber auch die Inhalte von Erweiterungskomponenten wie Forum, Newsletteranmeldung, SEBLOD-Content oder Produktübersichtsseiten und Warenkorb eines VirtueMart-Shops.
- module: Ausgabe eines spezifischen Moduls
- modules: Ausgabe aller Module in einer bestimmten Position
- message: Platzhalter für die bunt hinterlegten Hinweise und Fehlermeldungen von Joomla!. *Tipp*: Das Stylesheet */templates/system/css/system.css* enthält bereits Formatierungen für diese Meldungsbox; Sie binden es gegebenenfalls über ein reguläres `<link>`-Tag ein.

An dieser Stelle innerhalb des `<head>`-Tags ergänzt das Template also von Joomla! vorbereitete Meta-Tags. Tags, die Joomla! nicht berücksichtigt, fügen Sie in den Folgezeilen ein, wie das im Beispiel mit dem template-spezifischen Stylesheet über das `<link>`-Tag geschieht. Interessant sind wieder die Platzhalter, die den Link zur CSS-Datei erzeugen: `href="<?php echo $this->baseurl; ?>/templates/<?php echo $this->template; ?>/css/template.css"` konstruiert z. B. `href "/templates/reisetemplate/css/template.css"`.

Im `<body>` des HTML-Dokuments folgen wieder einige `<jdoc:include>`-Platzhalter. Die mit `type="modules"` markierten Befehle inkludieren alle Module, die über ihre Konfiguration den Positionen KOPFZEILE (HEADER), SIDEBAR (SIDEBAR) oder FUSSZEILE (FOOTER) zugewiesen wurden. Diese Einbindung bildet also die Brücke zu den Angaben, die Sie zuvor in der *templateDetails.xml*-Datei über die `<positions>`-/`<position>`-Tags machten. Last, but not least sorgt das wichtigste Include `<jdoc:include type="component" />` dafür, dass der eigentliche Seiteninhalt erscheint.

Mehr Code ist für die aufeinanderfolgende Ausgabe von Inhalt und einigen Modulen nicht nötig. Theoretisch könnten Sie ab jetzt mit dem CSS-Styling beginnen und anhand des HTML-Codes Klassen wie `.item-page` und `.blog-featured` für Beiträge und die Homepage oder `.nav`, `.login-form`, `.search` für die Navigation und einzelne Module ausfindig machen. Um das zu ermöglichen, wird es Zeit, das Template in Joomla! zu aktivieren. Erzeugen Sie aber vorher eine leere *template.css*-Datei im Verzeichnis */css/*.

26.2.4 Template aktivieren

Sofern Sie die Templatedateien inklusive leerem *template.css*-Stylesheet schon in das */template/*-Verzeichnis angelegt haben, erfolgt die Bekanntmachung des Templates wie die manuelle Installation einer Erweiterung.

1. Wechseln Sie zum Erweiterungsmanager unter ERWEITERUNGEN • VERWALTEN • Seitenleiste ÜBERPRÜFEN.

   Diese Konfigurationsseite analysiert auf Kommando alle im Backend befindlichen Dateien und bietet die Option, dort neu hinterlegte Erweiterungen in Joomla! zu registrieren. Das ist notwendig, da Joomla! alle Erweiterungen in der Datenbank verwaltet, um dort gegebenenfalls Konfigurationen zu hinterlegen, was auch auf Templates zutrifft.

2. Klicken Sie auf den Button ÜBERPRÜFEN, damit Joomla! mit seinem Dateicheck beginnt, woraufhin Ihr neues Template erscheint (siehe Abbildung 26.5).

Abbildung 26.5 Nach Erzeugung der Basisdateien melden Sie das Template in Joomla über »Erweiterungen« • »Verwalten« • Seitenleiste »Überprüfen« • Button »Überprüfen« an.

3. Markieren Sie das Template mit einem Häkchen, und klicken Sie auf den Button INSTALLIEREN. Das Template steht nun wie Protostar oder die anderen vor- oder nachträglich installierten Designs im Templatemanager zur Auswahl.

4. Wechseln Sie zum Templatemanager unter ERWEITERUNGEN • TEMPLATES, suchen Sie die Zeile mit Ihrem Template heraus, und klicken Sie auf den unausgefüllten schwarzen Stern in der STANDARD-Spalte, um es zu aktivieren (siehe Abbildung 26.6).

5. Zum Abschluss platzieren Sie testweise einige Module in die nun auswählbaren neuen Modulpositionen. Das machen Sie, wie gehabt, über ERWEITERUNGEN • MODULE • Klick auf den Modultitel • Auswahl aus der Dropdown-Liste POSITION. Scrollen Sie sich durch die Liste, erreichen Sie irgendwann den Namen Ihres Templates mit den über die *template-Details.xml*-Datei angegebenen Modulpositionen.

26.2 Einfaches Template erzeugen

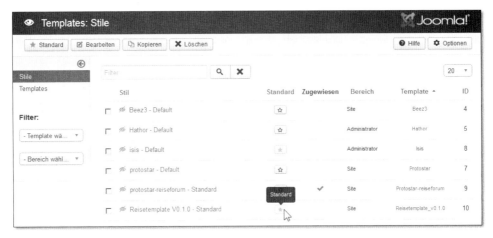

Abbildung 26.6 Ihr neues Template aktivieren Sie wie jedes andere über »Erweiterungen« • »Templates« • Klick in die Spalte »Standard«.

Aktualisieren Sie jetzt eine beliebige Webseite, und seien Sie vom nüchternen Ergebnis nicht enttäuscht, sondern begeistert – ohne CSS-Design sehen Sie natürlich nur die nackten Inhalte wie in Abbildung 26.7. Ein Blick in den Quelltext offenbart aber schon interessante HTML-Strukturen, die ein geübter CSS-Programmierer in wenigen Stunden in ein passables Seitenlayout gießt. Dafür ist es jetzt jedoch noch zu früh, denn Joomla! kommt mit Bootstrap mit einem CSS-Framework daher, das schon viele Layoutaspekte abdeckt, sobald Sie nur die richtigen HTML-Tags einbauen. Responsive Design inklusive.

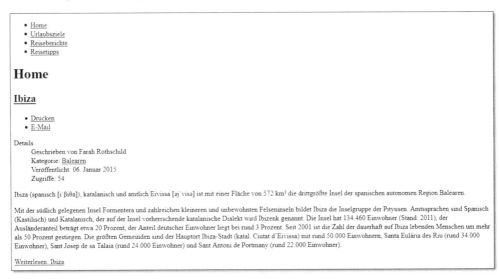

Abbildung 26.7 Reisetemplate V0.1.0 – ohne CSS-Styling erscheint die Website im Retrostyle des Internets der frühen 90er-Jahre.

26.2.5 HTML5 und Bootstrap einsetzen

Zu Beginn dieses Kapitels studierten Sie bereits eine kleine Einführung in Bootstrap und HTML5, deren Erkenntnisse Sie nun einsetzen. Mit ein paar Modifikationen an der *index.php*-Datei implementieren Sie Responsive Design und unterstützen zudem im Ansatz den aktuellen HTML-Standard.

Öffnen Sie die Datei *index.php*, und aktualisieren Sie den Templatecode anhand des folgenden Listings.

```
<?php defined( '_JEXEC' ) or die;
    $app = JFactory::getApplication();
    $sitetitle = $app->get('sitename');
?>
<!DOCTYPE html>
<html xmlns="http://www.w3.org/1999/xhtml" xml:lang="<?php echo $this->
 language; ?>" lang="<?php echo $this->language; ?>" >
   <head>
      <?php
         JHtmlBootstrap::loadCss();
         $doc = JFactory::getDocument();
         $doc->addStyleSheet($this->baseurl . '/templates/' . $this->
            template . '/css/template.css');
      ?>
      <jdoc:include type="head" />
      <meta name="viewport" content="width=device-width, initial-scale=
         1.0, user-scalable=yes" />
   </head>

   <body>
      <div class="container">
         <header>
       <p class="sitetitle"><a href="/" title="Home"><?php echo $sitetitle; ?>
       </a></p>
         </header>
         <nav class="navbar">
            <div class="navbar-inner">
               <jdoc:include type="modules" name="header" />
            </div>
         </nav>
         <div class="row-fluid">
            <main class="span9"><jdoc:include type="component" /></main>
            <div class="span3 sidebar"><jdoc:include type="modules" name=
               "sidebar" /></div>
```

```
            </div>
            <footer>
                <jdoc:include type="modules" name="footer" />
            </footer>
        </div>
    </body>
</html>
```

Listing 26.5 »index.php«: erweiterte Templatedatei mit HTML5-Elementen und Bootstrap-Klassen

Der erste PHP-Block wird um eine weitere Datenquelle von Joomla! erweitert. Über `JFactory::getApplication()` erhalten Sie Zugriff auf die gesamte Konfiguration Ihrer Joomla!-Website. Das Beispiel nutzt dies, um den Websitetitel zu erhalten.

Im HTML folgen einige Aufräumarbeiten und Ergänzungen. Zunächst lädt `JHtmlBootstrap::loadCss()` den CSS-Teil von Bootstrap nach, da `<jdoc:include type="head" />` nur das Bootstrap-JavaScript inkludiert. Darauf folgt die Einbindung des noch leeren *template.css*-Stylesheets. Das funktionierte zuvor über ein hardgecodetes `<link>`-Tag. Die nun implementierte Variante injiziert die Stylesheet-Anfrage in der programminterne Version von Joomla! der aktuellen Webseite (`$doc`). Das hat den Vorteil, dass das Content-Management-System nun für die Konstruktion des `<link>`-Tags verantwortlich ist und alle Standard-Header-Tags gesamtheitlich per `<jdoc:include type="head" />` ausgibt.

Das Tag `<meta name=viewport [...]>` dient der Responsive-Design-Darstellung der Webseiten. Hierüber teilen Sie Browsern, insbesondere mobiler Endgeräte, mit, sie mögen bei der Darstellung der Seiten die maximale Pixelbreite des Geräts nicht überschreiten (`width=device-width`). Sie deaktivieren damit also horizontale Scrollbalken, falls die Webseite zu breit ist, was die Bedienung am Smartphone komfortabler gestaltet.

Im Body des HTML-Templates finden Sie eine Reihe von HTML5-spezifischen Tags, die die einzelnen Webseitenbereiche ihrem Zweck zuordnen, z. B. `<header>` für den Kopfbereich, `<nav>` für die Menünavigation, `<main>` für den Hauptinhalt und `<footer>` für die Fußzeile. Gleichzeitig wurden einige Tags mit Bootstrap-Klassen gespickt, die das grundsätzliche Layout der Seite und das Responsive-Verhalten definieren:

- `container`: Regelt die maximale Breite aller in ihm enthaltenen HTML-Elemente, darum beginnt dieses `<div>`-Tag unmittelbar nach dem Öffnen des HTML-`<body>`.
- `navbar`, `navbar-inner`: Wickelt die Menüeinträge in eine hübsche Navigationsleiste.
- `row-fluid`, `span9`, `span3`: Unterteilt die als responsiv markierte Bootstrap-Zeile (`row-fluid`) in zwei Spalten mit jeweils 9 und 3 Anteilen für den linken Contentbereich und die rechte Seitenleiste.

Wechseln Sie nach dem Speichern ins Frontend, und aktualisieren Sie eine Webseite, erscheint das Layout schon deutlich attraktiver (siehe Abbildung 26.8). Bootstraps Zauber erkennen Sie aber erst, wenn Sie mit der Maus das Browserfenster langsam schmaler ziehen. An bestimmten Stellen arrangiert sich das Layout neu, sodass es den vorhandenen Platz stets optimal und ansprechend ausfüllt. Sinkt die Breite unter 768 Pixel (also kleiner als ein hochkant gehaltenes iPad), wird es rechts zu eng für die Seitenleiste, und sie wandert kurzerhand ans untere Ende der Seite. Responsive-Design-Verhalten aus dem Bilderbuch.

Abbildung 26.8 Dank weniger Bootstrap-Klassen ist das Layout des neuen Minitemplates deutlich aufgeräumter und bereits responsiv.

> **Tipp: Neue Bootstrap-Version selbst zusammenstellen**
>
> Die Bootstrap-Integration von Joomla! ist nicht nur etwas veraltet, sie sendet auch satte 160 KByte CSS- und JavaScript-Daten an die Browser Ihrer Websitebesucher. In Zeiten von Breitbandinternetverbindungen scheint das nicht viel zu sein, denken Sie aber auch an die mobilen Besucher in der Bahn zwischen Hamburg und Berlin, für die jedes Kilobyte Gold wert ist.
>
> Eine Lösung für das Dilemma bietet Bootstrap selbst auf der Website unter *http://getbootstrap.com/customize*. Dort markieren Sie alle CSS- und JavaScript-Komponenten, die Sie tatsächlich benötigen, mit einem Häkchen und laden das so aufs Nötigste reduzierte handgefertigte Bootstrap-Paket herunter (der DOWNLOAD-Button befindet sich am Ende der Seite). Eine auf das Layout, Formulare, Buttons und

Navigationsleisten beschränkte Variante benötigt immerhin nur noch 50 KByte. Vielleicht verpassen Sie zu Beginn Bestandteile, die Sie später doch brauchen, aber der unkomplizierte Zusammenstell- und Download-Prozess lässt sich beliebig oft wiederholen.

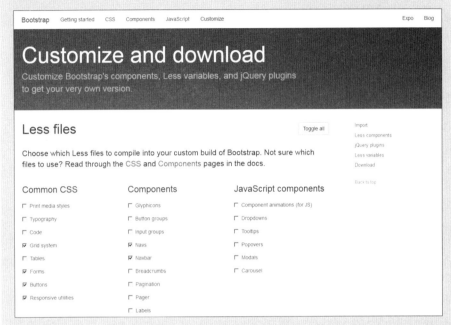

Abbildung 26.9 Unter »http://getbootstrap.com/customize« laden Sie nur die Bootstrap-Komponenten herunter, die Ihre Website benötigt.

Das heruntergeladene ZIP-Archiv enthält vier Dateien, von denen Sie *bootstrap.min.css* in Ihr Template-/*css/*-Verzeichnis kopieren. Die Abkürzung *min* steht für eine minifizierte, also möglichst platzsparende Version ohne Zeilenumbrüche und überflüssige Leerzeichen – das entfernt noch mal mindestens 10 KByte. Die Dateien *bootstrap-theme.css* bzw. *bootstrap-theme.min.css* enthalten Farb- und Schriftendefinitionen, die Sie ebenfalls auf der Customize-Webseite eingeben können. Die Bearbeitung an dieser Stelle ist allerdings nicht besonders komfortabel, und das Ergebnis enthält wieder viele nicht benötigte Styles.

Zur Integration Ihres persönlichen Bootstrap-Stylesheets verwenden Sie in der *index.php*-Datei wieder den Joomla!-Befehl addStyleSheet(). Vergessen Sie nicht, danach die Referenz auf die interne Bootstrap-Version zu entfernen (JHtmlBootstrap::loadCss();).

```
$doc->addStyleSheet($this->baseurl . '/templates/' . $this->template .
 '/css/bootstrap.min.css');
```

Falls Sie auch interaktive Bootstrap-3-Elemente verwenden und deshalb die aktualisierte *bootstrap.min.js*-Datei aktivieren müssen, erzeugen Sie in Ihrem Templateverzeichnis einen Override. Das ist notwendig, da die Standard-Header-Ausgabe von Joomla! mit `<jdoc:include type="head" />` immer den JavaScript-Teil von Bootstrap 2 integriert. Erzeugen Sie in Ihrem Templateverzeichnis die Unterverzeichnisse /js/jui/ und kopieren Sie die *bootstrap.min.js*-Datei von Bootstrap 3 hinein, lädt Joomla! die neue Version.

Achtung: Bootstrap 3 verwendete eine andere Syntax zur Auszeichnung der Spalten. Statt z. B. span9 schreiben Sie ab sofort `col-md-9`. Eine schöne Übersicht über die Versionsunterschiede finden Sie unter *http://tinyurl.com/jh-bootstrap*.

26.2.6 CSS-Datei – »template.css«

Dank Bootstrap ist das Template-Layout jetzt aufgeräumt, aber die Seitenelemente wirken noch schmucklos. Ab jetzt lassen Sie Ihrer Kreativität (oder Ihrem Design- oder Styleguide) freien Lauf und bearbeiten nach Belieben die *template.css*-Datei im /css/-Verzeichnis. (Tipps zum Lokalisieren der den HTML-Elementen zugewiesenen CSS-Klassen finden Sie in Abschnitt 10.5.3, »CSS-Overrides anlegen«.) Streng genommen ließen sich alle CSS-Styles auch in der *index.php*-Templatedatei innerhalb eines `<style>`-Tags unterbringen. Das ist aber kein guter Stil und erschwert die Wartung. Eleganter ist es, von vornherein sämtliche Styles in ein externes Stylesheet auszugliedern.

Einige Beispielstyles des Reisetemplates V0.2.0 (siehe Abbildung 26.10 und Abbildung 26.11), das Sie sich übrigens auch live unter *http://development.joomla-handbuch.com* ansehen können:

```css
.navbar {
  margin-top: 36px;
}

p.sitetitle {
  margin-top: 36px;
  font-size: 42px;
  font-weight: bold;
  text-shadow: 1px 1px 2px #000000;
}

main {
  padding: 12px;
}

.sidebar,
footer {
  margin-bottom: 12px;
```

```css
  padding: 24px;
  border-radius: 4px;
  border: 1px solid #D4D4D4;
    box-shadow: 0px 1px 4px rgba(0, 0, 0, 0.067);
  background-color: #FAFAFA;
}

main img {
  margin-bottom: 12px;
  width: 100%;
}

main p {
  clear: both;
}
```

Listing 26.6 »template.css«: Beispielstyles des Reisetemplates V0.2.0

Abbildung 26.10 Mithilfe von Bootstrap- und HTML5-Elementen und nach etwas Styling gewinnt Ihr Template schnell an Form.

Abbildung 26.11 Dank des Einsatzes der Bootstrap-Klassen ist Responsive Design bereits vollständig im Template aktiv; bei schmalem Fenster rutscht die Seitenleiste nach unten.

26.3 Template erweitern

Mit den im vorigen Abschnitt dargestellten Mitteln sind Sie bereits in der Lage, Designvorlagen per Joomla!-Template und CSS umzusetzen. Hinter dem Mechanismus verstecken sich aber noch weitere Details, die Templates flexibler und ihren Einsatz komfortabler machen.

26.3.1 Templatekonfiguration integrieren

Erinnern Sie sich zurück an Ihre Anfänge mit dem Standardtemplate Protostar. Über einen Klick auf den Templatenamen gelangten Sie zur Templatekonfiguration, über die Sie beispielsweise die Webseiten festlegten, denen das Template zugewiesen ist. Der Reiter ERWEITERT erlaubte die Eingabe einiger Parameter, die das Aussehen von Protostar beeinflussten. Praktisch, um über das Backend von Joomla! Farben und Schriften auszutauschen, ohne den Templatecode anzufassen.

Ziel: Ergänzen Sie Ihr neues Template um die Konfiguration von Google-Schriften und ein vor den Websitenamen zu platzierendes Logo.

Vorgehen: Die eigentliche Konfiguration ist eine Ergänzung in der Datei *templateDetails.xml*; in der Templatedatei *index.php* rufen Sie dann die Werte über Variablen ab und wickeln sie in HTML-Code.

Öffnen Sie die *templateDetails.xml*-Datei zur Bearbeitung, und ergänzen Sie folgendes XML-Fragment zwischen dem `<positions>`-Block und dem schließenden `</extension>`-Tag. Sie können übrigens weiter an den eingerichteten Templatedateien innerhalb der Joomla!-Installationen arbeiten.

```
[…]
  </positions>
  <config>
    <fields name="params">
      <fieldset name="advanced">
        <field name="googleFontName"
          class=""
          type="text"
          default="Cardo|Source+Sans+Pro"
          label="Google Font"
          description=
            "Type in any Google font combination separated by a pipe symbol,
            e.g Cardo|Source+Sans+Pro" />
        <field name="logoFile"
          class=""
          type="media"
          default=""
          label="Site Logo"
          description="Pick a site logo from the media library" />
      </fieldset>
    </fields>
  </config>
</extension>
```

Listing 26.7 »templateDetails.xml«: Konfigurationsergänzung des Reisetemplates V0.2.0

Dieser neue XML-Block fügt in der Templatekonfiguration im Backend einen neuen Reiter ERWEITERT hinzu, gekennzeichnet über das Tag `<fieldset name="advanced">`. Die Übersetzung von advanced zu ERWEITERT übernimmt Joomla! automatisch.

Innerhalb des `<fieldset>` folgen zwei Konfigurationsfelder (`<field>`); das erste ist ein reguläres Textfeld (`type="text"`) und das zweite ein Bildauswahlfeld, das per Buttonklick das Popup-Fenster zum Medienmanager öffnet (`type="media"`) (siehe Abbildung 26.12). Auf *https://joomla-handbuch.com* finden Sie eine vollständige Liste der verfügbaren Feldtypen und ihrer Einstellungen, die englische Originaldokumentation liegt auf *https://docs.joomla.org/Standard_form_field_types* – siehe auch Abschnitt 25.3.2, »JForm-Feldtypen«.

Zum Testen wechseln Sie kurz ins Administrations-Backend von Joomla! und klicken unter ERWEITERUNGEN • TEMPLATES auf den Namen Ihres Templates, dann auf den Reiter ERWEITERT. Befüllen Sie die Felder bereits jetzt mit sinnvollen Beispielinhalten.

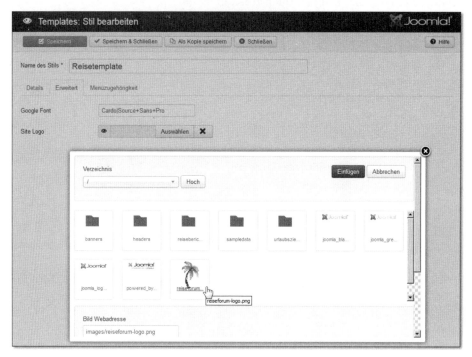

Abbildung 26.12 Joomla! stellt mit JForm über 60 verschiedene Feldtypen für die Konfiguration von Erweiterungen und Templates bereit; im Bild ein einfaches Textfeld und die Bilderauswahl des Medienmanagers.

Wechseln Sie nach der Konfigurationsergänzung nun ans andere Ende des Templates, wo die Konfiguration ausgelesen und die Ausgabe angepasst wird. Öffnen Sie dazu die Datei *index.php* zur Bearbeitung, und aktualisieren bzw. ergänzen Sie den im folgenden Listing hervorgehobenen Code.

```php
<?php defined( '_JEXEC' ) or die;
  $app = JFactory::getApplication();
  $sitetitle = $app->get('sitename');
  $logo = $this->params->get('logoFile');
  $logoHtml = ($logo) ? '<img src="' . $logo . '" alt="' . $sitetitle .
    '" style="vertical-align: text-bottom;" /> ' : '';
?>
<!DOCTYPE html>
<html xmlns="http://www.w3.org/1999/xhtml" xml:lang="<?php echo $this->
  language; ?>" lang="<?php echo $this->language; ?>" >
  <head>
    <?php
      JHtmlBootstrap::loadCss();
      $doc = JFactory::getDocument();
      $doc->addStyleSheet($this->baseurl . '/templates/' . $this->template .
        '/css/template.css');
    ?>
    <jdoc:include type="head" />
    <link href='//fonts.googleapis.com/css?family=<?php echo $this->
      params->get('googleFontName'); ?>' rel='stylesheet' type='text/css' />
    <meta name="viewport" content="width=device-width, initial-scale=1.0,
      user-scalable=yes" />
  </head>
  <body>
    <div class="container">
      <header>
        <p class="sitetitle"><a href="/" title="Home"><?php echo $logoHtml; ?>
          <?php echo $sitetitle; ?></a></p>
      </header>
[…]
</html>
```

Listing 26.8 »index.php«: Version 0.3.0 des Reisetemplates liest Parameter aus der Templatekonfiguration aus.

Hier wird wieder klar, wie einfach der Templatemechanismus von Joomla! funktioniert, da in der *index.php* bereits alle wichtigen Daten zur Verfügung stehen und nur ausgelesen werden müssen. Im ersten PHP-Block erhält die Variable $logo Pfad und Dateiname des Logos aus dem automatisch bereitgestellten Objekt params, das sämtliche Konfigurationsparameter enthält. Beachten Sie, dass der auszulesende Variablenname (get('logoFile')) dem Namen entspricht, den Sie in der *templateDetails.xml*-Datei als Feldbezeichnung eingegeben hatten: <field name="logoFile" […] />.

Die darauf folgende Zeile wickelt Pfad und Dateiname in ein `<img>`-Tag, damit der fertige Bild-HTML-Code später nur noch ausgegeben wird. Die Konstruktion `variable = bedingung ? wert1 : wert2;` nennt sich übrigens *ternärer Operator* und heißt: Prüfe die `bedingung`. Ist sie wahr, weise `variable` den `wert1` zu. Ist sie *nicht* wahr, den `wert2`. Das `<img>`-Tag wird also nur dann konstruiert, wenn sich in `$logo` Pfad und Dateiname befinden, also das Textfeld in der Plugin-Konfiguration ausgefüllt wurde. Ist es leer, erhält `$logoHtml` nur eine leere Zeichenkette (`' '`).

Ein Stück weiter unten folgt die nächste Parameterausgabe in ein `<link>`-Tag. Googles Schriften lassen sich einfach nachladen, indem man die URL *fonts.googleapis.com/css* um den URL-Parameter *?family=*, gefolgt von Schriftnamen, ergänzt.

Die letzte Änderung betrifft wieder das Logo, dessen Ausgabe im HTML-Body vor dem Websitenamen (`$sitetitle`) erfolgt.

Speichern Sie die *index.php*-Datei, und öffnen Sie abschließend das Stylesheet */css/template.css* zur Bearbeitung. Hier erhalten Fließtext, Websitename und Überschriften die Zuweisung der neuen Schriften, erkennbar an der Hervorhebung im Listing:

```
body {
  font-family: "Source Sans Pro", serif;
}

h1,
h2,
h3 {
  font-family: "Special Elite", serif;
}

.navbar {
  margin-top: 36px;
}

p.sitetitle {
  margin-top: 36px;
  font-size: 42px;
  font-weight: bold;
  text-shadow: 1px 1px 2px #000000;
  font-family: "Special Elite", serif;
}
[…]
```

Listing 26.9 »template.css«: Zuordnung der per `<link>` importierten Google-Schriften zu HTML-Elementen

Speichern Sie die *template.css*-Datei, und testen Sie im Frontend, ob Logo und Schriften korrekt angezeigt werden (siehe Abbildung 26.13). Falls nicht, prüfen Sie die

Schriftennamen in der Templatekonfiguration und dem Stylesheet. Beachten Sie, dass Leerzeichen in der Konfiguration durch Pluszeichen ersetzt werden, da es sich um einen URL-Bestandteil handelt. Im Stylesheet dürfen Sie Leerzeichen verwenden, allerdings werden Schriftennamen, die aus mehreren Worten bestehen, in Anführungszeichen gesetzt.

Abbildung 26.13 Schriften und Logo kommen in Version 0.3.0 des Reisetemplates aus der Templatekonfiguration.

26.3.2 Template-Overrides ergänzen

Steht das Grundgerüst Ihres Templates, folgt die Detailarbeit, das Anpassen einiger oder aller Module und Komponenten, die Ihre Website einsetzt. In der Regel wird der in diesen Elementen enthaltene HTML-Code so neutral wie möglich gehalten, das Stylen erfolgt wie üblich per CSS. Aber selbst dann verhalten sich nicht unbedingt alle Bestandteile wie gewünscht. Kommen Sie per CSS nicht weiter, werfen Sie einen Blick ins Verzeichnis */modules/mod_BetreffendesModul/tmpl/* oder */components/com_BetreffendeKomponente/view/BetreffendeAnsicht/tmpl/*, und studieren Sie die dortigen *.php*-Dateien, um herauszufinden, ob Sie mit einer eigenen HTML-Ausgabevariante mehr erreichen. Blättern Sie dann zurück zu Abschnitt 10.5.4, »Template-Overrides einsetzen«, um den Einsatz von Template-Overrides kennenzulernen.

26.3.3 Weitere nützliche Templatedateien

Studieren Sie vorhandene Templates, fallen Ihnen deutlich mehr Dateien und Verzeichnisse auf, als Sie in diesem Kapitel erzeugt haben. Denn hier lagern Templates alles, was sie für die Frontend-Darstellung benötigen: Bilder, JavaScript-Bibliotheken, Schriften, interne Konfigurations- und ausgelagerte Templatedateien, falls der HTML- und PHP-Code nicht übersichtlich genug in die *index.php*-Datei passt. In vielen Templates finden Sie außerdem einen Unterordner */less/*, der CSS-Fragmentdateien enthält, die ein CSS-Präprozessor zu Gesamt-Stylesheets kombiniert.

> **Hintergrund: Moderne CSS-Entwicklung mit Präprozessoren**
>
> Bei der Entwicklung umfangreicher Stylesheets stellt sich stets die Frage nach der idealen Organisation und Gruppierung der Style-Definitionen. Schnell wird's unübersichtlich, und eine Strukturierung über per @import-Direktive verknüpften Einzeldateien sorgt für viele nachzuladende CSS-Dateien beim Abruf einer Webseite.
>
> Sogenannte CSS-Präprozessoren schaffen Abhilfe, indem sie aus einem Set von CSS-Dateien optimierte und komprimierte Gesamtdateien erzeugen. Während Sie Ihre Stylesheets bearbeiten, beobachtet ein spezielles Programm alle CSS-Fragmente enthaltenden Dateien und aktualisiert automatisch das Gesamt-Stylesheet, sobald sich der Inhalt einer Datei ändert. Die Systeme *Sass* und *Less* sind z. B. so fortgeschritten, dass sie auch Variablen bereitstellen. Besonders praktisch für Farben, die Sie in einer separaten Datei definieren (@schmuckfarbe: #0064cd;) und ab sofort in allen Unterstylesheets über den Variablennamen wiederverwenden. Das geht so weit, dass Sie ganze Gruppen von Styles, sogenannte Mixins, wie Variablen verwenden, z. B. für einen Schlagschatten, den Sie nur einmal stylen und auf verschiedene Seitenelemente anwenden.

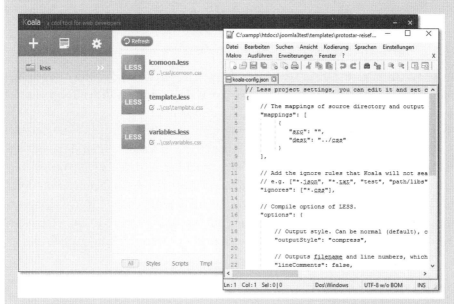

Abbildung 26.14 In der Konfiguration des kostenlosen Tools Koala definiert man das Ursprungs- und Zielverzeichnis der Less- und finalen CSS-Dateien und aktiviert Komprimierungen unter »outputStyle«.

> Im Rahmen von Bootstrap und Joomla!-Templates hat sich die Stylesheet-Sprache Less durchgesetzt, deren Einsatz Sie am Vorhandensein eines */less/*-Unterordners im Templateverzeichnis erkennen. Um mit dem System zu arbeiten, benötigen Sie lediglich ein kleines kostenloses Tool, z. B. Koala (*http://koala-app.com*), das aus den einzelnen CSS-Fragmenten das vom Template verwendete Stylesheet erzeugt (siehe Abbildung 26.14). Eine detaillierte Anleitung, wie Sie Koala einrichten, finden Sie auf der Begleitwebsite *https://joomla-handbuch.com* • Menü Entwicklung • Templateentwicklung.

Es steht Ihnen frei, je nach Umfang Ihres Templates, Unterverzeichnisse zu erzeugen und Ihre eigenen Dateien dort abzulegen, achten Sie beim Programmieren allerdings auf den korrekten Pfad, den Sie über `<?php echo $this->baseurl; ?>/templates/<?php echo $this->template; ?>/` erzeugen.

Im Hauptverzeichnis jedes Templates befinden sich einige zusätzliche Standarddateien, die zu einem vollständig entwickelten Template gehören, darunter eine Templatedatei zur Fehlerbehandlung (Stichwort 404-Fehler), Vorschaubilder für die Templateauswahl und das Favicon.

Fehlertemplate »error.php«

Im Falle eines Serverfehlers, sei es ein Programmfehler (HTTP-Antwort 500) oder das Abrufen einer nicht existierenden Datei (404), sucht Joomla! im Templateverzeichnis nach einer *error.php*-Seite. Hier zeigen Sie eine möglichst beruhigende Fehlernachricht oder leiten auf eine für diesen Zweck angelegte Beitragswebseite um. Abschnitt 20.4.3, »Bereitstellung einer eigenen »404«-Fehlerseite«, zeigt, wie Sie das bewerkstelligen.

An dieser Stelle sei erwähnt, dass Ihnen im Template auch die Fehlermeldungen des Servers zur Ausgabe zur Verfügung stehen: `echo $this->error->getCode();` gibt die HTTP-Fehlernummer aus, über `$this->error->getMessage()` erhalten Sie außerdem eine für Menschen lesbare Fehlerbeschreibung, wie z. B. Beitrag nicht gefunden.

Vorschaubilder »template_preview.png« und »template_thumbnail.png«

Ebenfalls ins Templateverzeichnis gehören Vorschaubilder, die in der Liste unter Erweiterungen • Templates • Seitenleiste Templates erscheinen (siehe Abbildung 26.15). Die Dateinamen sind fest vorgegeben und lauten *template_thumbnail.png* für das kleine Bild in der Liste und *template_preview.png* für die vergrößerte Ansicht per Mausklick. Außer PNG sind auch die Dateiformate GIF und JPG mit den entsprechenden Dateiendungen erlaubt. Die empfohlenen Größen betragen 150×200 Pixel für das kleine und 600×400 für das größere Bild.

Abbildung 26.15 Vorschaubilder für Templates sind nicht zwingend notwendig, aber praktisch, um in der Templateübersicht auf einen Blick das Design zu erkennen.

Website-Icon »favicon.ico«

Üblicherweise landet auch eine *favicon.ico*-Datei im Hauptverzeichnis des Templates; das kleine Icon, das neben dem Seitentitel im Browsertab und der -historie erscheint. Joomla! erkennt das Vorhandensein der Datei und ergänzt dann in der HTML-Header-Ausgabe mit `<jdoc:include type="head" />` das betreffende `<link>`-Tag.

Doch damit ist es für eine moderne Website leider nicht getan. Wie Sie nicht nur das Favicon, sondern alle anderen Touch-Icons erzeugen, die die vielen Endgeräte wie Smartphones und Tablets heutzutage anfordern, erfahren Sie in Kapitel 10, »Layout und Design anpassen«, gleich zu Beginn im großen Tipp-Kasten.

Sprachdateien

Planen Sie eine Veröffentlichung Ihres Templates, sollten Sie die Konfigurationsbeschriftungen und Systemnachrichten fürs Frontend nicht hardgecodet in Template und Konfigurationsdatei hinterlegen, sondern über das Sprachdateisystem von Joomla! arbeiten.

Dazu legen Sie im Templateverzeichnis die neuen Unterverzeichnisse */language/en-GB/* und darin die Datei *en-EN.tpl_IhrTemplateName.ini* an und listen in ihr alle

Texte. Das Schema pro Textzeile lautet `TPL_IHRTEMPLATENAME_ELEMENTBEZEICHNUNG="Text"`. Die großgeschriebene Bezeichnung setzen Sie dann als Platzhalter an die entsprechenden Stellen im XML-, PHP- oder HTML-Code. Abschnitt 27.2, »Inhaltsplugin erweitern«, geht detaillierter auf die Verwendung von Sprachdateien ein, das Schema ist aber identisch mit allen anderen Erweiterungsarten und damit auch Templates.

Hinweis: Eine englische Sprachdatei ist Pflicht, da ein veröffentlichtes Template von Joomla!-Webmastern auf der ganzen Welt eingesetzt wird. Optional ergänzen Sie Sprachen, indem Sie weitere Unterverzeichnisse und *.ini*-Dateien erzeugen und *en-EN* durch das entsprechende Sprachkürzel ersetzen, z. B. *de-DE*.

Kapitel 27
Plugins entwickeln

Werden Sie auf der Suche nach einer bestimmten Funktion im Joomla! Extensions Directory nicht fündig, programmieren Sie sie einfach selbst. Plugins eignen sich für verschiedenste Funktionalitätserweiterungen ohne Benutzerinteraktionen.

Plugins sind die am einfachsten zu programmierenden Erweiterungen, da sie abgesehen von einem einfachen Konfigurationsformular keine Interaktion zwischen dem Benutzer oder Administrator und Joomla! vorsehen. Sie dienen dazu, das CMS um kleine Funktionalitäten zu bereichern. Nachträgliche Manipulationen an Beitragsinhalten, Cache- und Redirect-Mechanismen, HTML-Aufräumarbeiten, Authentifizierungsverfahren, alles kleine Helfer, die ihre Arbeit unbemerkt im System verrichten. Das ist nicht auf nachträglich installierbare Erweiterungen beschränkt. Auch der Joomla!-Core besteht aus einigen wichtigen Plugins, in die Sie jederzeit einen Blick werfen können, um die Umsetzung einer Funktionalität zu studieren.

In diesem Kapitel lernen Sie zunächst das Grundgerüst eines Plugins kennen, das Sie im Anschluss um eine kleine Applikationslogik erweitern. Das *Image Popup* nutzt dabei eines der vielen bereitgestellten Joomla!-Ereignisse, um Beitragsinhalte kurz vor der Darstellung im Browser um einen Popup-Mechanismus zu erweitern.

Begriff	Erklärung
Plugin-Typ, group	Art des Plugins, die den Einsatzzweck und die zur Verfügung stehenden Ereignisse beeinflusst, z. B. content für Inhaltemanipulationen oder system für tief greifende Funktionalitäten
Ereignis, Event	Auslöser für den Plugin-Code, z. B. nach der Benutzeranmeldung, vor dem Speichern eines Beitrags
Applikationscode, Businesslogik	Teil des PHP-Programms, der nicht zur Integration ins CMS (dem Plugin-Gerüst), sondern zur Erfüllung einer bestimmten Aufgabe dient

Tabelle 27.1 Die wichtigsten Begriffe zur Plugin-Programmierung

Im Kern besteht ein Joomla!-Plugin aus zwei Dateien:

▸ **XML-Manifest**

Das XML-Manifest ist die erste Datei, die sich Joomla! ansieht, um alle wichtigen Eckdaten zur Erweiterung zu erhalten. Neben Name, Versionsnummer und enthaltenen Dateien ist es für Plugins insoweit wichtig, da hier auch die Formularfelder der Plugin-Konfiguration hinterlegt sind (Beispiel in Abbildung 27.1). Der Dateiname muss dem internen Namen der Erweiterung nach dem Schema *pluginname.xml* entsprechen, für das Beispiel auf den folgenden Seiten: *imagepopup.xml*.

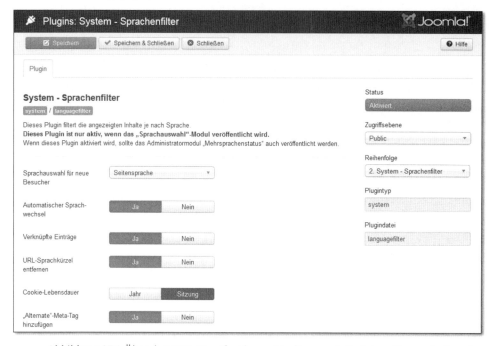

Abbildung 27.1 Über das XML-Manifest legen Sie die grundsätzlichen Eigenschaften des Plugins fest, dazu gehört neben Name und Beschreibung auch das Formular der Plugin-Konfiguration.

▸ **PHP-Businesslogik**

Der Applikationscode befindet sich in einer Datei nach dem Namensschema *pluginname.php*. Der Code wird im Joomla!-Kontext ausgeführt und kann auf alle Klassen und Objekte des Frameworks, des Content-Management-Systems und die Inhalte zugreifen. Entsprechende Komplexität vorausgesetzt, arbeiten Sie hier auch mit Includes oder binden eigene PHP- oder Applikations-Frameworks ein. Für das simple Image Popup genügt aber eine einzelne *imagepopup.php*-Datei.

27.1 Einfaches Inhaltsplugin erzeugen

Zum Einstieg erzeugen Sie ein primitives Plugin, das im ersten Schritt eine Debug-Ausgabe im Frontend von Joomla! erzeugt. So stellen Sie sicher, dass die Plugin-Eigenschaften vorbereitet sind, das Gerüst steht und alle Bezeichner den korrekten Namen haben. Später, in der zweiten Version, beeinflusst das Plugin direkt den Inhalt von Beiträgen und modifiziert beispielhaft das HTML-Tag `<img>` so, dass im Fließtext enthaltene Bilder sich per Mausklick in einem Popup-Fenster öffnen. Der Arbeitstitel dieses kleinen Projekts lautet deshalb *Image Popup*. Derartige Inhalte manipulierende Plugins gehören übrigens zum Typ `content`, alle Typen lernen Sie in Kürze kennen.

Ziel: Erstellen Sie Ihr erstes Plugin mit einer einfachen Debug-Ausgabe.

Vorgehen: Sie erzeugen nacheinander das XML-Manifest und die PHP-Programmdatei innerhalb Ihrer Joomla!-Entwicklungsumgebung. Zum Ende der Entwicklung schnüren Sie aus beiden Dateien ein Erweiterungspaket, das Sie wie eine reguläre Erweiterung in andere Joomla!-Installationen, z. B. auf dem Live-Server, installieren. Falls Sie übrigens kein Freund vom Abtippen von Listings sind, laden Sie das Plugin-Paket Version 0.1.0 auch gerne direkt von *https://joomla-handbuch.com/downloads/handbuch* herunter.

Öffnen Sie nun Ihren Dateimanager, wechseln Sie in Ihrer Joomla!-Installation ins Verzeichnis */plugins/content/*, und erzeugen Sie ein neues Verzeichnis */imagepopup/*. Hierin erstellen Sie alle auf den folgenden Seiten vorgestellten Dateien.

27.1.1 Verzeichnisschutzdatei – »index.html«

Die erste benötigte Datei hat zunächst nicht viel mit dem Plugin zu tun, sondern dient der Sicherheit. Ist die Verzeichnisausgabe des Webservers falsch konfiguriert, können findige Hacker die Dateien verschiedener Verzeichnisse einsehen. Um dem entgegenzuwirken, legen Sie in alle Verzeichnisse und Unterverzeichnisse Ihrer Erweiterung eine Datei *index.html*, die auch schlecht konfigurierte Server ausgeben, bevor sie Einblick ins Verzeichnis gewähren. Diese *index.html* enthält dabei nicht mehr als den nackten Rahmen eines HTML-Dokuments und gibt damit einem Servereindringling keinerlei Hinweise auf Webapplikation, Programmiersprachen oder Versionsnummern, um eine mögliche Schwachstelle ausfindig zu machen.

```
<html><body></body></html>
```

Hinweis: Legen Sie in Zukunft in jedes neu erzeugte Unterverzeichnis in Ihrem Plugin diesen *index.html*-Dummy.

27.1.2 XML-Manifest – »imagepopup.xml«

Als Nächstes erstellen Sie die Datei *imagepopup.xml*, wie eingangs erwähnt, enthält sie alle Metadaten zum Plugin.

```xml
<?xml version="1.0" encoding="utf-8"?>
<extension version="3.0" type="plugin" group="content" method="upgrade">
    <name>Content - Image Popup</name>
    <author>Vorname Nachname</author>
    <creationDate>May 2015</creationDate>
    <copyright>Copyright (C) 2015 Vorname Nachname. All rights reserved.
      </copyright>
    <license>http://www.gnu.org/licenses/gpl-3.0.html</license>
    <authorEmail>vorname.nachname@IhrDomainName.de</authorEmail>
    <authorUrl>http://IhrDomainName.de</authorUrl>
    <version>0.1.0</version>
    <description>Beschreibung</description>
    <files>
        <filename plugin="imagepopup"> imagepopup.php</filename>
        <filename>index.html</filename>
    </files>
</extension>
```

Listing 27.1 »imagepopup.xml«: einfachste Ausführung eines Plugin-XML-Manifests mit Referenzen zur Programm- und Verzeichnisschutzdatei

Der XML-Code im Detail:

```xml
<?xml version="1.0" encoding="utf-8"?>
<extension version="3.0" type="plugin" group="content" method="upgrade">
[…]
</extension>
```

Den Rahmen für die Erweiterungsdefinition bilden die Deklaration des XML-Dokuments und das `<extension>`-Tag, das grundsätzliche Eigenschaften dieser Erweiterung festlegt.

- version gibt an, *ab* welcher Joomla!-Version diese Erweiterung eingesetzt werden kann. Das ist abhängig von den Features, die Sie zur Programmierung einsetzen. Mit "3.0" fahren Sie aber relativ sicher, die meisten einfachen Plugins sind auch noch unter "2.5" lauffähig.
- type="plugin" kennzeichnet diese Erweiterung als Plugin im Gegensatz zu "module" oder "component".

▶ group steht für den Plugin-Typ und ist damit ausschließlich für Plugins vorgesehen. content-Plugins dienen beispielsweise der Beeinflussung der Beitragsausgabe im Frontend, während system-Plugins an allen internen Joomla!-Rädern drehen dürfen. Die group beeinflusst dabei die zur Verfügung stehenden Ereignisse, auf die das Plugin reagiert, z. B. content • onContentPrepare für »vor der Darstellung des Inhalts« oder user • onUserLogin für »nach der Anmeldung eines Benutzers«. Werfen Sie einen Blick in Ihre Joomla!-Installation; unter */plugins/* finden Sie Plugin-Unterordner (entsprechen dem Plugin-Typ), die diese group-Zuordnung abbilden. Das Image Popup gehört zum Typ content und wird später in den gleichlautenden Unterordner installiert.

Plugin-Typ (group)	Zweck
authentication	Authentifizierungs-Plugins; Joomla! bringt bereits vier Authentifizierungen mit: Joomla!-intern, per gespeichertem Cookie, GMail und mithilfe eines LDAP-Servers.
captcha	Antispam-Validierung in Formularen, z. B. Googles reCAPTCHA/NoCaptcha
content	Häufig eingesetzte Ereignisgruppe, über deren Events Inhalte manipuliert werden. Zu den Standard-Plugins zählen z. B. der Seitenumbruch, die Paginierung, aber auch die Smart Search.
editors	Integration von Inhaltseditoren, z. B. TinyMCE
editors-xtd	Funktionalitätserweiterung von Editoren, z. B. die Buttons BEITRÄGE, BILD, SEITENUMBRUCH und WEITERLESEN, die Sie unter dem Editorfenster sehen
extension	vornehmlich interner Plugin-Typ, der auf Installations- oder Update-Ereignisse von Erweiterungen, Templates oder Sprachen reagiert
finder	Erweiterung des Funktionsumfangs der Smart Search, die die alte Joomla!-Suche ablösen wird
quickicon	Plugins zur Integration von Schaltflächen in der alten Administrations-Homepage; unter Joomla! 3.x veraltet, aber aus Kompatibilitätsgründen vorhanden. (Die alte Oberfläche sehen Sie noch, wenn Sie das ADMINISTRATOR-Template von ISIS auf HATHOR umschalten.)
search	Erweiterung des Funktionsumfangs der alten Joomla!-Suche

Tabelle 27.2 Der Plugin-Typ des »group«-Attributs beeinflusst die Ereignisse, auf die das Plugin später reagieren kann, um eigenen Code auszuführen.

Plugin-Typ (group)	Zweck
system	Flexibelster Plugin-Typ, mit dem sich sehr früh in die Seitenerstellung von Joomla! eingreifen lässt und für den deshalb die meisten Plugins geschrieben werden. Caches, Redirect-Mechanismen, SEO-Manipulationen, automatischer Sprachumschalter sind Beispiele für diese Gruppe.
user	Die Interaktion von Joomla! mit Benutzern, z. B. beim Einloggen oder vor dem Speichern einer Profiländerung

Tabelle 27.2 Der Plugin-Typ des »group«-Attributs beeinflusst die Ereignisse, auf die das Plugin später reagieren kann, um eigenen Code auszuführen. (Forts.)

- method="upgrade" ist erforderlich, falls Ihr Plugin irgendetwas in der Datenbank von Joomla! speichert und diese Daten bei einem Plugin-Update nicht verloren gehen sollen. Fehlt dieses Attribut, löscht Joomla! alle mit dem Plugin assoziierten Daten.

```
<name>Content - Image Popup</name>
<author>Vorname Nachname</author>
<creationDate>May 2015</creationDate>
<copyright>Copyright (C) 2015 Vorname Nachname. All rights reserved.
  </copyright>
<license>http://www.gnu.org/licenses/gpl-3.0.html</license>
<authorEmail>vorname.nachname@IhrDomainName.de</authorEmail>
<authorUrl>http://IhrDomainName.de</authorUrl>
```

Diese Tags sprechen für sich, tragen Sie hier den Plugin-Namen ein, Ihren eigenen, das Erstellungsdatum und Kontaktinformationen. Setzen Sie unter <license> die Lizenz ein, aufgrund derer Bedingungen Sie Ihre Erweiterung vertreiben. GPL ist dabei die in der Joomla!-Community übliche Open-Source-Lizenz, die das Benutzen, Studieren, Verändern und Vertreiben (die berühmten »vier Freiheiten«) der Software erlaubt. Damit ist es Entwicklern möglich, den Code anderer Erweiterungenquellen zu studieren, zu verbessern und/oder Teile in eigene Projekte einzubauen, die vielleicht als Codevorlage für wieder andere Erweiterungen dienen. Ein für den Erfolg von Joomla! entscheidender Aspekt, der die Qualität und Vielfalt der Erweiterungen hochhält.

```
<version>0.1.0</version>
```

Das <version>-Tag umklammert die aktuelle Versionsnummer nach softwareüblichem Schema, mit durch Punkte getrennte Hauptversion, Nebenversion und Revisionsnummer. Hauptversionen kennzeichnen große Feature-Ergänzungen, Funktionalitätsänderungen oder ein komplettes internes Refactoring. Nebenversionen werden bei kleinen Funktionserweiterungen hochgezählt, Revisionsnummern dienen Korrekturen oder Bugfixes.

```
<description>Beschreibung</description>
```

Der hier angegebene Beschreibungstext erscheint sowohl unmittelbar nach Installation des Plugins als auch beim Aufruf der Plugin-Konfiguration.

> **Tipp: Schönere Formatierung und Links in der Beschreibung hinzufügen**
>
> Da die Manifestdatei valides XML enthalten muss, sind HTML-Formatierungen oder Verlinkungen im `<description>`-Tag nur durch einen kleinen Trick möglich. Setzen Sie Ihren Beschreibungstext in einen CDATA-Abschnitt, interpretiert Joomla! den Inhalt nicht als XML, sondern als beliebigen UTF-8-Text, Sie können also auch HTML-Tags einsetzen, z. B.:
>
> ```
> <description><![CDATA[<div style=
> "width:50%; padding:6px 12px 0px 12px; border:1px solid #000; border-
> radius:3px; background-color:#DDD;"><p>Ich bin das <strong>Image Popup</
> strong> und komme vom <a href="https://joomla-handbuch.com" target="_
> blank">Joomla!-Handbuch</a></p></div>]]></description>
> ```

```
<files>
    <filename plugin="imagepopup">imagepopup.php</filename>
    <filename>index.html</filename>
</files>
```

Da das XML-Manifest als erste Anlaufstelle für die Integration der Erweiterung dient, erwartet Joomla! im `<files>`-Block die Nennung aller übrigen Dateien (`<filename>`-Tag) und Unterverzeichnisse (`<folder>`-Tag), die im Plugin enthalten sind. Die hier angegebenen Dateien kopiert das CMS bei der Erweiterungsinstallation aus dem ZIP-Archiv ins Datei-Backend. Für das Beispiel sind das die sämtlichen Programmcode enthaltende PHP-Datei *imagepopup.php* und die zuvor erzeugte leere *index.html*. Beachten Sie die genaue Schreibweise des `plugin`-Attributs, das exakt mit dem PHP- und XML-Dateinamen übereinstimmen muss.

27.1.3 Plugin-Code – »imagepopup.php«

Nach dem XML-Manifest legen Sie die Datei an, die den ausführbaren Code des Plugins enthält, *imagepopup.php*. Es ist möglich, Code komplexer Plugins über PHPs Include-System auszulagern, für den ersten Test benötigen Sie jedoch nur wenige Zeilen Quellcode, der die Ausführung des Plugins per Debug-Ausgabe bestätigt.

```
<?php
/**
 * @version    0.1.0
 * @author     Vorname Nachname
```

```
 * @copyright  Copyright (C) 2015 Vorname Nachname
 * @license    http://www.gnu.org/licenses/gpl-3.0.html
 */
defined('_JEXEC') or die;

class plgContentImagepopup extends JPlugin
{
    public function onContentPrepare($context, &$article, &$params, $page = 0)
    {
        JFactory::getApplication()->enqueueMessage
            ('Wir sind im Ereignis onContentPrepare', 'notice');
        return true;
    }
}
```

Listing 27.2 »imagepopup.php«: Businesslogik-Teil des Plugins, eine einfache Debug-Ausgabe für die erste Version

An dieser Stelle noch mal die Erwähnung einer für manche ungewöhnlichen PHP-Konvention, die sofort ins Auge fällt: Schließen Sie im Joomla!-Umfeld keine PHP-Datei mit dem üblichen ?>-Tag. Das erledigt zum einen der Webserver für Sie, zum anderen vermeiden Sie dadurch nachfolgende Whitespaces und Leerzeichen, die im schlimmsten Fall die HTML-Ausgabe zerstören.

```
<?php
/**
 * @version    0.1.0
 * @author     Vorname Nachname
 * @copyright  Copyright (C) 2015 Vorname Nachname
 * @license    http://www.gnu.org/licenses/gpl-3.0.html
 */
```

Beginnen Sie PHP-Blöcke immer mit ausgeschriebenem Anfangstag <?php und nicht der Shorthand-Kurzform <?, um sicherzustellen, dass Ihr Programmcode auf jedem Server ausgeführt wird. Der Doc-Block mit Informationen zu Dateiversion und Kontakt- und Lizenzinformationen ist selbsterklärend; er wird übrigens mit einem Leerzeichen und nicht wie sonst in Joomla!-PHP mit einem Tab eingerückt.

```
defined('_JEXEC') or die;
```

Jede PHP-Datei beginnt mit einer Überprüfung, ob die Ausführung im Kontext von Joomla! erfolgt. Falls nicht, wird der Code sofort verlassen (die).

```
class plgContentImagepopup extends JPlugin
{
```

Als Nächstes öffnen Sie die Klasse plgContentImagepopup, die die Standard-Joomla!-Klasse JPlugin erweitert, d. h., alle Eigenschaften und Methoden diese Klasse werden übernommen, und Sie erweitern sie um Ihren eigenen PHP-Code. Achten Sie auf die exakte Schreibweise des Klassennamens: plg (Plugin), dann der im XML-Manifest unter group angegebene Kategorie- und Verzeichnisname (in diesem Fall Content für ein Plugin, das die Ausgabe von Joomla!-Beiträgen beeinflusst), gefolgt vom Plugin-Namen, hier Imagepopup. Die Kamelhöckerschreibweise ist nicht zwingend notwendig, gehört aber zum guten Programmierstil.

```
public function onContentPrepare($context, &$article, &$params, $page = 0)
{
```

Jetzt wird es spannend. Joomla! führt Plugin-Programmcode aus, sobald ein bestimmtes Ereignis (Event) eintrat, z. B. vor der Darstellung von Beiträgen, bei der Zusammenstellung des HTML-Headers, nachdem sich ein Benutzer eingeloggt hat oder bevor Joomla! aufgrund eines Besucherklicks ermittelt, welche Webseite dargestellt wird. Eine Liste aller Ereignisse finden Sie am Ende des Kapitels. Für das Image Popup, das später in den Beitragsinhalt eingreift, ist onContentPrepare genau das richtige Event. Hier fängt es einen frühen Schritt der Ausgabevorbereitung von Beiträgen ab. Die wichtigsten Parameter: $context beschreibt, in welcher Komponente Joomla! gerade arbeitet, und &$article enthält einen Zeiger auf den Beitragsinhalt.

```
        JFactory::getApplication()->enqueueMessage
           ('Wir sind im Ereignis onContentPrepare', 'notice');
        return true;
    }
}
```

Zum Abschluss des ersten Plugin-Experiments erzeugen Sie per Joomla!-Standardfunktion eine Debug-Ausgabe. JFactory::getApplication() sammelt alle über diesen Befehl angegebenen Texte und stellt sie in einem gelb hinterlegten Hinweiskasten dar (siehe Abbildung 27.2). *Tipp*: Statt notice setzen Sie als zweiten Parameter error, warning oder message für andere Arten von Fehlermeldungen ein.

27.1.4 Plugin installieren und aktivieren

Den Plugin-Programmcode haben Sie zwar innerhalb der Dateistruktur von Joomla! integriert, das CMS weiß aber noch nichts von der Erweiterung. Im nächsten Schritt machen Sie das Plugin deshalb bekannt und aktivieren es.

1. Rufen Sie das Administrations-Backend Ihrer Joomla!-Entwicklungsumgebung auf, und begeben Sie sich dort zum Erweiterungsmanager unter ERWEITERUNGEN • VERWALTEN • Seitenleiste ÜBERPRÜFEN.

2. Falls Ihr Plugin noch nicht erscheint, klicken Sie auf den Button ÜBERPRÜFEN. Markieren Sie es nun mit einem Häkchen, und wählen Sie INSTALLIEREN.
3. Neue Plugins sind nach ihrer Installation zunächst deaktiviert. Wechseln Sie über ERWEITERUNGEN • PLUGINS zum Plugin-Manager, und suchen Sie nach »popup«.
4. Klicken Sie zur Plugin-Aktivierung auf das rote Stoppschild (⊗) in der STATUS-Spalte, und besuchen Sie kurz die Plugin-Konfiguration durch Klick auf den Plugin-Titel. An dieser Stelle erscheint der Text, den Sie zuvor im `<description>`-Tag des XML-Manifests hinterlegten.
5. Wechseln Sie jetzt ins Frontend, und laden Sie irgendeine Webseite. Der erste Test war erfolgreich, wenn Sie den Hinweiskasten mit Ihrer Debug-Nachricht sehen.

Abbildung 27.2 Das Event »onContentPrepare« wird bei der Ausgabe jedes Beitrags ausgelöst; da die Reiseforum-Homepage vier Beiträge anteasert, sammelt »enqueueMessage()« die Debug-Ausgabe viermal.

Damit stehen Ihnen prinzipiell alle Wege offen, eigene Plugins zu schreiben. Überlegen Sie sich genau, welchen Zweck Ihr Plugin erfüllen soll, und vergewissern Sie sich im Joomla! Extensions Directory, dass es solch eine Erweiterung noch nicht gibt. Existiert ein ähnliches Plugin, laden Sie es herunter, testen es und werfen einen Blick in den Quelltext. Entweder eignet sich das Plugin out-of-the-box für Ihre Website oder vielleicht auch nach einigen Modifikationen. Mindestens erhalten Sie durch das Quelltextstudium Einblick in die Funktions- und Herangehensweise an das Applikationsthema. Denn das ist der Grund für die GPL-Basis, auf der Joomla! und alle Erweiterungen stehen. Alle Bestandteile des Open-Source-Projekts dienen explizit auch dem Studium und als mögliche Grundlage für ein ähnlich geartetes Erweiterungsprojekt.

27.2 Inhaltsplugin erweitern

Die neue Version des Image Popup wird um Features aus dem Standardrepertoire von Plugins und einigen Applikationscode erweitert. Übrigens finden Sie auch diese Version 0.2.0 wieder im Download-Bereich der Begleitwebsite.

27.2 Inhaltsplugin erweitern

- **Einsatz einer Sprachdatei**
  Erlaubt Joomla!-Webmastern das Überschreiben der Beschriftungen (siehe Abschnitt 12.3, »Individuelle Übersetzungen mit Overrides anlegen«) und ist gleichzeitig die Vorbereitung für mehrsprachige Ausgaben. Dazu senden Ihnen die Joomla!-Webmaster, die Ihr Plugin übersetzen, die entsprechende Sprachdatei, die Sie dann in der nächsten Version im Erweiterungspaket ergänzen.

- **Plugin-Konfiguration**
  Über das XML-Manifest definieren Sie beliebige Formularfelder zur Konfiguration des Plugins. Textfelder, Auswahlboxen, Dropdown-Listen und WYSIWYG-Editoren lassen sich ohne PHP-Programmierung hinzufügen, JForm macht's möglich. Das Beispiel wird um einen einfachen Radio-Umschalter ergänzt, mit dem der Webmaster später zwischen verschiedenen Popup-Technologien wechselt.

- **Applikationscode/Businesslogik**
  Steht das Plugin-Gerüst erst einmal, kümmern Sie sich um die Businesslogik, also den eigentlichen Applikationscode, der den Zweck des Plugins erfüllt. Dieses Beispiel aktiviert ein Popup-Fenster, sobald der Frontend-Besucher auf ein beliebiges Bild klickt. Dafür eignen sich verschiedene JavaScript- und CSS-Funktionalitätenerweiterungen, deren Umschaltung über die Plugin-Konfiguration erfolgt.

27.2.1 XML-Manifest – »imagepopup.xml«

Neben der Erhöhung der Versionsnummer von 0.1.0 auf 0.2.0 enthält das neue XML-Manifest einen Abschnitt für die Referenz zur Sprachdatei und einen größeren Block für die Integration von Bedienelementen der Plugin-Konfiguration. Außerdem wurden alle Ausgabetexte durch Variablen ersetzt, deren Inhalte aus einer neu anzulegenden Sprachdatei stammen:

```xml
<?xml version="1.0" encoding="utf-8"?>
<extension version="3.0" type="plugin" group="content" method="upgrade">
  <name>Content - Image Popup</name>
  <author>Vorname Nachname</author>
  <creationDate>May 2015</creationDate>
  <copyright>Copyright (C) 2015 Vorname Nachname. All rights reserved.
    </copyright>
  <license>http://www.gnu.org/licenses/gpl-3.0.html</license>
  <authorEmail>vorname.nachname@IhrDomainName.de</authorEmail>
  <authorUrl>http://IhrDomainName.de</authorUrl>
  <version>0.2.0</version>
  <description>PLG_CONTENT_IMAGEPOPUP_DESCRIPTION</description>
  <files>
    <filename plugin="imagepopup">imagepopup.php</filename>
    <filename>index.html</filename>
```

```xml
    </files>
    <languages>
      <language tag="en-GB">language/en-GB/en-GB.plg_content_imagepopup.ini
        </language>
    </languages>
    <config>
      <fields name="params">
        <fieldset name="basic">
          <field name="popupTechnology" type="radio"
            default="0"
            class="btn-group"
            label="PLG_CONTENT_IMAGEPOPUP _FIELD_POPUPTECHNOLOGY_LABEL"
            description="PLG_CONTENT_IMAGEPOPUP _FIELD_POPUPTECHNOLOGY_DESC">
            <option value="0">PLG_CONTENT_IMAGEPOPUP _FIELD_POPUPTECHNOLOGY_
              OPTION_0_OFF</option>
            <option value="1">PLG_CONTENT_IMAGEPOPUP _FIELD_POPUPTECHNOLOGY_
              OPTION_1_MAGNIFICPOPUP</option>
          </field>
        </fieldset>
      </fields>
    </config>
</extension>
```

Listing 27.3 »imagepopup.xml«: Erweiterung des XML-Manifests um eine Plugin-Konfiguration und Referenzen zu Sprachdateien

Die neuen Abschnitte im Detail:

```xml
<languages>
  <language tag="en-GB">language/en-GB/en-GB.plg_content_imagepopup.ini
    </language>
</languages>
```

Über den `<languages>`-Block hinterlegen Sie pro Sprache (`<language>`-Tag) den Pfad zur Sprachdatei. Beachten Sie dabei die Konventionen zum Pfad: *language*, gefolgt vom Sprachkürzel.

```xml
<config>
  <fields name="params">
    <fieldset name="basic">
      <field name="popupTechnology" type="radio"
        default="0"
        class="btn-group"
        label="PLG_CONTENT_IMAGEPOPUP_FIELD_POPUPTECHNOLOGY_LABEL"
        description="PLG_CONTENT_IMAGEPOPUP_FIELD_POPUPTECHNOLOGY_DESC">
```

```
            <option value="0">PLG_CONTENT_IMAGEPOPUP_FIELD_POPUPTECHNOLOGY_OPTION_
                0_OFF</option>
            <option value="1">PLG_CONTENT_IMAGEPOPUP_FIELD_POPUPTECHNOLOGY_OPTION_
                1_MAGNIFICPOPUP</option>
        </field>
    </fieldset>
  </fields>
</config>
```

Der neue Konfigurationsblock enthält zunächst einige Tags zur Gruppierung (<fields> und <fieldset> mit Standardattributen params und basic), das <field>-Tag ist das eigentliche Formularelement. Abgesehen von name, type, label und description sind die Attribute abhängig vom Feldtyp, also ob es sich um ein Textfeld oder eine Dropdown-Liste handelt. Die wichtigsten dieser JForm-Elemente listet Abschnitt 25.3.2, »JForm-Feldtypen«. Die vollständige Auflistung finden Sie unter *https://docs.joomla.org/Standard_form_field_types*. Für den Beispielumschalter lautet der Typ radio, der langweilige Radio-Markierungsknöpfe darstellt. Da Joomla! aber das CSS-Framework Bootstrap auch im Administrations-Backend integriert, ist eine ansprechendere Darstellung über die Klassenkombination btn-group möglich (siehe Abbildung 27.3).

Abbildung 27.3 Dank Bootstrap erscheinen die Formularfelder modern und ansprechend, hier die Umschaltervariante für Radiobuttons mit zusätzlichen Popup-Technologien.

Die Auswahlmöglichkeiten der Radiobuttons sind als <option>-Tags gelistet, das Attribut value enthält den programminternen Wert der Option, der später im PHP-Code über den Namen dieses Formularfelds (name="popupTechnology") ausgelesen wird. Im Beispiel entscheidet der Umschalter, welche Popup-Technologie für die heranzoomenden Bilder (sogenannte Lightbox) Einsatz findet. Zu Anfang gibt es hier nur zwei Optionen: 0 – deaktiviert und 1 für die beliebte externe Popup-Bibliothek *Magnific Popup*.

Beachten Sie die langen großgeschriebenen Variablennamen in den <label>-, <description>- und <option>-Tags sowie weiter oben bei der Plugin-<description>. Dies sind Referenzen auf die Zeichenketten in der neuen Sprachdatei, die sogenannten Sprachschlüssel. Dabei ist es hilfreich, der Bezeichnungskonvention zu folgen, um allein vom Variablennamen direkt auf die Stelle schließen zu können, an der der Text auftaucht:

```
PLG_PLUGINTYP_PLUGINNAME_ELEMENT
```

Der Variablenname darf nur aus Großbuchstaben, Ziffern und Unterstrichen bestehen. Dieser Variablenname, z. B. PLG_CONTENT_IMAGEPOPUP_FIELD_POPUPTECHNOLOGY_DESC, für die ausführliche Tooltip-Beschreibung des Formularfelds POPUP TECHNOLOGY findet übrigens auch bei Sprach-Overrides Verwendung (ERWEITERUNGEN • SPRACHEN • Seitenleiste OVERRIDES • Filter ENGLISH (EN-GB) – ADMINISTRATOR, dann Button NEU • nach Schlüssel »popup« suchen).

27.2.2 Applikationscode – »imagepopup.php«

Die PHP-Datei *imagepopup.php* erhält drei, im folgenden Listing hervorgehobene Ergänzungen: die Einbindung der Sprachdatei, das Auslesen der XML-Manifest-Konfiguration, um die ausgewählte Popup-Technologie zu erfahren, und den eigentlichen Applikationscode: das Hinzufügen von HTML- und JavaScript-Code, der in Abhängigkeit von der Konfiguration Bilder per Mausklick in einem Popup-Fenster öffnet.

```php
<?php
/**
 * @version    0.2.0
 * @author     Vorname Nachname
 * @copyright  Copyright (C) 2015 Vorname Nachname
 * @license    http://www.gnu.org/licenses/gpl-3.0.html
 */

defined('_JEXEC') or die;

class plgContentImagepopup extends JPlugin
{
  public function onContentPrepare($context, &$article, &$params, $page = 0)
  {
    $this->loadLanguage();
    JFactory::getApplication()->enqueueMessage(JText::_('PLG_CONTENT_
      IMAGEPOPUP_DEBUGMESSAGE'), 'notice');

    if (($this->params->get('popupTechnology', 0) == 0) || ($context ==
      'com_finder.indexer'))
    {
      return true;
    }

    JHtml::_('jquery.framework');

    switch ($this->params->get('popupTechnology', 0))
    {
      case '1':
```

```php
            /* Magnific Popup */

            $doc =& JFactory::getDocument();
            $doc->addScript('//cdnjs.cloudflare.com/ajax/libs/
              magnific-popup.js/1.0.0/jquery.magnific-popup.min.js');
            $doc->addStyleSheet('//cdnjs.cloudflare.com/ajax/libs/
              magnific-popup.js/1.0.0/magnific-popup.min.css');

            $regex     = '/<img.*?>/';

            $createImageLink = function($imageTag)
            {
               preg_match('/src="([^"]*)"/i', $imageTag[0], $results);
               $srcAttribute = $results[0];
               $srcUrl = explode("=", $srcAttribute);
               return '<a href=' . $srcUrl[1] . ' class="magnific_
                 popup">'.$imageTag[0].'</a>';
            };

            if (isset($article->text))
            {
               $article->text = preg_replace_callback($regex,
                 $createImageLink, $article->text);
               $article->text .= '<script> jQuery( document ).
                 ready(function() { jQuery(".magnific_popup").
                 magnificPopup({ type: "image", enableEscapeKey:
                 true }); });</script>';
            }
            if (isset($article->introtext))
            {
               $article->introtext = preg_replace_callback($regex,
                 $createImageLink, $article->introtext);
               $article->introtext .= '<script> jQuery( document ).
                 ready(function() { jQuery(".magnific_popup").magnificPopup
                 ({ type: "image", enableEscapeKey:true }); });</script>';
            }
            break;
      }

      return true;
   }
}
```

Listing 27.4 »imagepopup.php«: Ergänzung der Sprachschlüssel-Platzhalter und Businesslogik für die Darstellung der Popup-Fenster

Unmittelbar nach Öffnen der Funktion onContentPrepare() erfolgt die Integration der Sprachdatei:

```
$this->loadLanguage();
```

Damit stehen in der Funktion alle in der Sprachdatei hinterlegten Texte mit dem Joomla!-internen Befehl JText zur Verfügung. Am Beispiel der leicht modifizierten Debug-Mitteilung:

```
JFactory::getApplication()->enqueueMessage(JText::_('PLG_CONTENT_IMAGEPOPUP_
DEBUGMESSAGE'), 'notice');
```

Bevor nun die eigentliche Businesslogik beginnt, folgen einige Bedingungen, unter denen das Plugin sofort wieder aussteigt:

```
if (($this->params->get('popupTechnology', 0) == 0) || ($context ==
  'com_finder.indexer'))
{
  return true;
}
```

Die erste Bedingung greift auf die Konfiguration des XML-Manifests zu und vergleicht den Wert der Plugin-Konfigurationsvariablen popupTechnology mit dem Wert 0, der im XML-Quelltext dem Deaktivieren der Popup-Technologie entspricht.

Die zweite Bedingung sieht sich den Kontext an, unter dem der Plugin-Code gerade ausgeführt wird, d. h. welche Joomla!-Komponente gerade Webseiteninhalte darstellt und deshalb auf das Ereignis onBeforeContent reagiert. In der Regel ist das die für Beiträge zuständige com_content, aber auch die Joomla!-interne Suchfunktion (Smart Search, com_finder) klappert beim Indexieren (com_finder.indexer) alle Beiträge ab. Da macht es wenig Sinn, den für das Bild-Popup in Kürze ergänzten JavaScript-Code auszuführen, daher erfolgt mit return true; das vorzeitige Aus.

```
JHtml::_('jquery.framework');
```

Es folgt ein Include, das sicherstellt, dass die JavaScript-Bibliothek jQuery integriert ist. Das erfolgt normalerweise immer, aber bei der Vielzahl der eingebundenen Komponenten weiß man nicht genau, wann das geschieht. Über das JHtml-Include ist nun garantiert, dass nachfolgender Code, der von jQuery abhängig ist, fehlerfrei läuft.

```
switch ($this->params->get('popupTechnology', 0))
    {
      case '1':
        /* Magnific Popup */
```

27.2 Inhaltsplugin erweitern

Nun ein Blick in die Konfiguration: Per PHP-`switch`-Anweisung folgen von der eingestellten Popup-Technologie abhängige `case`-Blöcke. Im vorliegenden Beispiel gibt es zwar nur einen Fall, 1, aber auf diese Weise ist das Plugin später schnell um weitere Lightbox-Varianten erweiterbar.

Nun erfolgt das Laden der externen Magnific-Popup-Bibliothek. Dabei handelt es sich um jeweils eine JavaScript- und eine CSS-Datei, die das Plugin per `addScript()` und `addStyleSheet()` offiziell in die interne Liste nachzuladender Dateien auf der aktuellen Webseite (`$doc`) integriert. Dass die Einbindung so unkompliziert erfolgt, ist der Existenz von Content Delivery Networks (CDN) zu verdanken. Unter der URL *https://cdnjs.cloudflare.com* stehen zahlreiche nützliche Open-Source-Technologien zum kostenlosen Download und Einsatz bereit.

```php
$doc =& JFactory::getDocument();
$doc->addScript('//cdnjs.cloudflare.com/ajax/libs/magnific-popup.js/1.0.0/
  jquery.magnific-popup.min.js');
$doc->addStyleSheet('//cdnjs.cloudflare.com/ajax/libs/magnific-popup.js/1.0.0/
  magnific-popup.min.css');
```

Weiter im Code:

```php
$regex      = '/<img.*?>/';

$createImageLink = function($imageTag)
{
  preg_match('/src="([^"]*)"/i', $imageTag[0], $results);
  $srcAttribute = $results[0];
  $srcUrl = explode("=", $srcAttribute);
  return '<a href=' . $srcUrl[1] . ' class="magnific_popup">'.$imageTag[0].
    '</a>';
};

if (isset($article->text))
{
  $article->text = preg_replace_callback($regex, $createImageLink,
    $article->text);
  $article->text .= '<script> jQuery( document ).ready(function()
    { jQuery(".magnific_popup").magnificPopup({ type: "image",
    enableEscapeKey:true }); });</script>';
}
if (isset($article->introtext))
{
  $article->introtext = preg_replace_callback($regex, $createImageLink,
    $article->introtext);
```

```
    $article->introtext .=
    '<script> jQuery( document ).ready(function() { jQuery(".magnific_popup").
      magnificPopup({ type: "image", enableEscapeKey:true }); });</script>';
  }
break;
```

Diese Logik durchforstet alle Beitragstexte und Homepage-Beitragsteasertexte nach `<img>`-Tags und ergänzt gegebenenfalls den Popup-Technologie-abhängigen Code.

Zu Beginn wird in `$regex` der reguläre Ausdruck für die `<img>`-Suche festgehalten. Darauf folgt die Definition einer Unterfunktion `$createImageLink`, die das gefundene `<img>`-Tag in einen `<a>`-Link wickelt. Die spezielle Klasse `class="magnific_popup"` markiert das Bild als popup-fähig.

Der Aufruf dieser Funktion geschieht in den beiden folgenden `preg_replace-callback`-Anweisungen. `isset()` überprüft zunächst, ob im aktuell übergebenen Content-Objekt (`$article`) ein Beitragstext (`$article->text`) oder ein Beitragsteasertext der Homepage (`$article->introtext`) enthalten ist. Das verhindert im Frontend störende PHP-Notice-Meldungen, falls das nicht der Fall und die Variable nicht gesetzt ist. Die Anweisung `preg_replace-callback` durchsucht dann `$article->text/introtext` nach dem regulären Ausdruck in `$regex` (`<img>`-Tag) und ruft bei jedem Fund die zuvor definierte `$createImageLink`-Funktion auf, die wiederum das modifizierte `<img>`-Tag zurücksendet. Das Ergebnis dieser Suchen-und-Ersetzen-Mechanik landet wieder in `$article->text/introtext`. Zum Schluss folgt ein kurzes jQuery-JavaScript-Fragment, das die Magnific-Popup-Technologie initialisiert (`jQuery(".magnific_popup").magnificPopup()`), sobald das HTML-Dokument fertig geladen wurde.

(Beachten Sie, dass das Beitragsobjekt bei der `onContentPrepare`-Definition als Referenz importiert wird – das kaufmännische Und bei `&$article`. Das heißt, alle Modifikationen am Beitragstext werden direkt in `$article` und seinen Eigenschaften vorgenommen, sodass das Ereignis später ohne speziellen Text-Rückgabewert beendet wird: `return true;`)

27.2.3 Sprachdatei – »en-GB.plg_content_imagepopup.ini«

Damit steht der Applikationscode, es fehlt aber noch ein Element, das die zweite Image-Popup-Version lauffähig macht: die Sprachdatei. Diese legen Sie per Hand im Ordner */administrator/language/en-GB/* an und benennen sie *en-GB.plg_content_imagepopup.ini*. Das sind der Pfad und der Dateiname, die Sie zuvor im XML-Manifest angaben (*/administrator/* ist bei dieser Angabe implizit, da es sich um ein Plugin handelt). Fügen Sie in diese Datei alle Sprachvariablen ein, die im Verlauf der Plugin-Weiterentwicklung im XML-Manifest bzw. PHP-Code Erwähnung fanden. Den Textinhalt setzen Sie dahinter nach einem Zuweisungs-Gleichzeichen in doppelte Anführungszeichen.

```
PLG_CONTENT_IMAGEPOPUP_DESCRIPTION="Beschreibung"
PLG_CONTENT_IMAGEPOPUP_FIELD_POPUPTECHNOLOGY_LABEL="Popup Technology"
PLG_CONTENT_IMAGEPOPUP_FIELD_POPUPTECHNOLOGY_DESC="Pick any popup technology.
    If one doesn't work or doesn't look good to you, just try a different one."
PLG_CONTENT_IMAGEPOPUP_FIELD_POPUPTECHNOLOGY_OPTION_0_OFF="Off"
PLG_CONTENT_IMAGEPOPUP_FIELD_POPUPTECHNOLOGY_OPTION_1_MAGNIFICPOPUP="Magnific
    Popup"
PLG_CONTENT_IMAGEPOPUP_DEBUGMESSAGE="This debugging messages originates from
    the language file <i>en-GB.plg_content_imagepopup.ini</i>."
```

Listing 27.5 »en-GB.plg_content_imagepopup.ini«: Zuweisung von Ausgabetexten zu Sprachschlüsseln

Falls an dieser Stelle etwas schiefgeht, merken Sie das im Frontend sofort, da Joomla! dort den vermeintlichen Sprachvariablennamen anzeigt, wenn kein passender Inhalt in der Sprachdatei gefunden wurde.

> **Tipp: Hinzufügen einer weiteren Sprache**
>
> Bei der Entwicklung von Erweiterungen ist es üblich, als Mindestsprachoption immer britisch-englische Texte mitzuliefern. Die Joomla!-Community spannt sich über den gesamten Globus, mit allein deutschsprachigen Plugins kann nur ein Bruchteil der Webmaster etwas anfangen, sollten Sie Ihr Plugin im Joomla! Extensions Directory veröffentlichen wollen. Entwickeln Sie das Plugin für einen Kunden oder im Auftrag einer Joomla!-Agentur, ist es ebenfalls ratsam, international zu texten. Vielleicht soll später ein Entwickler daran weiterbasteln, der einige Tausend Kilometer entfernt operiert.
>
> Im zweiten Schritt steht es Ihnen frei, eine deutsche Übersetzung mitzuliefern. Das funktioniert analog zur Ergänzung der englischen Sprachdatei:
>
> 1. Fügen Sie im XML-Manifest in den <languages>-Container eine Referenz auf die deutsche Datei:
>
>    ```
>    <language tag="de-DE">language/de-DE/de-DE.plg_content_imagepopup.ini
>        </language>
>    ```
>
> 2. Legen Sie die neue Sprachdatei *de-DE.plg_content_imagepopup.ini* unter */administrator/language/de-DE/* an. Am besten kopieren Sie sich die englische Datei, benennen sie um und überschreiben die angeführten Texte mit der deutschen Übersetzung.

Haben sich keine Tippfehler eingeschlichen (nutzen Sie gerne auch die Copy-&-Paste-Möglichkeit von *https://joomla-handbuch.com*), besuchen Sie nun das Plugin im Backend von Joomla! und stellen in seiner Konfiguration die POPUP TECHNOLOGY auf MAGNIFIC POPUP. Aktualisieren Sie im Frontend eine Beitragsseite, die ein Bild enthält, und testen Sie den Lightbox-Mechanismus durch Klick auf das Bild wie in Abbildung 27.4. Falls sich nichts bewegt, die Debug-Nachricht aber sichtbar ist, werfen Sie einen Blick in den Quelltext: Wurden Magnific-Popup-Dateien im HTML-Header inkludiert? Befindet sich das `<img>`-Tag tatsächlich im erzeugten `<a>`-Link-Tag?

Abbildung 27.4 Eingeblendetes Magnific-Popup-Bild-Popup und aktivierte »JText«-Debug-Ausgabe mit Text aus der Sprachdatei

27.2.4 Erweiterungspaket schnüren

Als letzten Schritt schnüren Sie aus den Plugin-Dateien in Ihrem Joomla!-Entwicklungssystem ein ZIP-Archiv, das sich wie eine normale Erweiterung aus dem Joomla! Extensions Directory auf Ihrem Live-System einrichten lässt. Vielleicht möchten Sie Ihre Arbeit auch anderen zugänglich machen und das Plugin im JED veröffentlichen. Wie das funktioniert, lesen Sie in Kapitel 30, »Erweiterungen veröffentlichen«.

Zur Zusammenstellung des Archivs kopieren Sie alle betroffenen Dateien in ein Verzeichnis abseits Ihrer Joomla!-Installation, z. B. nennen Sie es *plg_content_imagepopup_v0.2.0*. Die Integration der Sprachdatei erfordert das Anlegen weiterer Unterverzeichnisse, die exakt der XML-Manifest-Pfadangabe im Tag `<languages>` • `<language tag="en-GB">` entsprechen: */language/en-GB/*. Vergessen Sie auch nicht die obligatorischen *index.html*-Verzeichnisschutzdateien für jeden Unterordner.

Dateipfade im Entwicklungssystem	Dateipfade im ZIP-Archiv
/plugins/content/imagepopup/ index.html	/index.html
/plugins/content/imagepopup/ imagepopup.xml	/imagepopup.xml
/plugins/content/imagepopup/ imagepopup.php	/imagepopup.php
	/language/index.html
	/language/en-GB/index.html
/administrator/language/en-GB/ en-GB.plg_content_imagepopup.ini	/language/en-GB/ en-GB.plg_content_imagepopup.ini

Tabelle 27.3 Schieben Sie die Plugin-Dateien aus dem Entwicklungssystem in einen separaten Ordner, um dort das ZIP-Archiv zu erzeugen.

Wie geht es nun weiter mit dem Image Popup? Die Erweiterung könnte zusätzliche Popup-Technologien bereitstellen, damit Webmaster mehr Auswahlmöglichkeiten bei der Zoomdarstellung der Bilder haben. Die Fortführung einer kleinen Idee hält den Programmieraufwand gering: Es kommen nur Popup-Technologien infrage, die per Content Delivery Network (CDN) nachgeladen werden können. Dazu erzeugen Sie weitere PHP-`switch-case`s und inkludieren die entsprechenden JavaScript- und CSS-Dateien im HTML-Header. Ein Beispiel für das finale Plugin finden Sie im Joomla! Extensions Directory: Das *JH Image Popup* ist solch eine erweiterte Version dieses Handbuchexperiments, Sie finden es, indem Sie im JED nach »image popup« suchen.

27.3 Joomla!-Plugin-Events

Der erste Ansatz bei der Entwicklung eines Plugins ist das Finden des richtigen Ereignisses, das die Ausführung Ihres Plugin-Codes auslöst. Dabei gibt es Basiskategorien, die Core-Komponenten entsprechen, und darunter konkrete Events, z. B. bevor ein Beitrag gespeichert wird, nachdem sich ein Benutzer eingeloggt hat oder bevor Joomla! die Frontend-Webseite erzeugt.

Die folgende Tabelle verschafft Ihnen einen Überblick über die wichtigsten Ereignisse. Haben Sie den passenden Handler für Ihr Plugin gefunden, sehen Sie sich Beispielimplementierungen anderer Entwickler an, indem Sie ein thematisch ähnliches Plugin herunterladen und studieren und Implementierungsdiskussion unter *http://forum.joomla.org* einsehen. Suchen Sie dort nach dem Wortlaut des Ereignishandlers, achten Sie aber auf ein verhältnismäßig aktuelles Datum der Diskussion (mindestens 2014, 2015), damit Sie keine Implementierungsbeispiele für Joomla! 1.6 als Vorlage verwenden.

Plugin-Typ	Ereignishandler	Beschreibung
authentication	onUserAfterLogin	nach der Anmeldung eines Benutzers
	onUserAuthenticate	Während der Authentifizierung eines Benutzers; an diese Stelle lassen sich z. B. eigene Authentifizierungsmethoden einfügen.
content	onContentAfterDelete	Nach dem Löschen von Datenbankeinträgen; üblicherweise steht hier eine Umleitung auf eine bestimmte Website, z. B. eine Übersicht.
	onContentAfterDisplay	Unmittelbar nach der Inhaltsausgabe; hier wird kein Content modifiziert, sondern ans Ende hinzugefügt.
	onContentAfterSave	nach dem Speichern von Inhalten; z. B. um den Benutzer zu einer Bestätigung, Zusammenfassung oder Übersicht weiterzuleiten
	onContentAfterTitle	Inhaltezusammenstellung zwischen Beitragstitel und -fließtext; vornehmlich zur internen Verwendung
	onContentBeforeDelete	Vor dem Löschen von Datenbankeinträgen; abhängig von definierten Bedingungen ist der Löschvorgang abbrechbar.
	onContentBeforeDisplay	unmittelbar vor der Inhaltsausgabe; modifiziert nicht die Inhalte, sondern eignet sich, um z. B. ergänzende CSS-Formatierungen vor den Fließtext zu stellen
	onContentBeforeSave	Kurz bevor Inhalte in der Datenbank gespeichert werden, lassen sich an dieser Stelle Validierungen durchführen, die auch zum Abbruch des Speichervorgangs führen dürfen.

Tabelle 27.4 Die wichtigsten von Joomla! bereitgestellten System- und Standardkomponentenereignisse; die vollständige englischsprachige Liste finden Sie unter »https://docs.joomla.org/Plugin/Events«.

Plugin-Typ	Ereignishandler	Beschreibung
content	onContentChangeState	nach der Änderung des Status eines Inhaltselements, z. B. VERÖFFENTLICHT oder VERSTECKT
	onContentPrepare	erste Stufe der Ausgabevorbereitungen für Beiträge und wichtigster Einstiegspunkt für alle Plugins, die Inhalte modifizieren
	onContentPrepareData	während der Zusammenstellung des Datenteils eines Joomla!-Formulars (JForm), z. B. zur Vorbereitung der Felder einer Dropdown-Liste
	onContentPrepareForm	während der Zusammenstellung des Formularlayouts eines Joomla!-Formulars; nützlich, um z. B. Felder zu modifizieren
	onContentSearch	Anfrage nach Inhaltssuchergebnissen
system	onAfterDispatch	Nach Übergabe von Daten an eine Komponente – ab jetzt ist die Antwortausgabe der Komponente verfügbar.
	onAfterInitialise	nach Laden des Joomla! Frameworks und Initialisierung des Content-Management-Systems
	onAfterRender	nach Übergabe der Komponenten-Antwortdaten an das Template und Vorbereitung der Serverantwort an den Client
	onAfterRoute	Nach Joomla!-Initialisierung und Bestimmung, welche Komponente für die Darstellung der angeforderten Seite zuständig ist; mit *Route* ist der Weg der Serveranfrage durch die Applikation gemeint.
	onBeforeCompileHead	vor Zusammenstellung des Dokument-Headers

Tabelle 27.4 Die wichtigsten von Joomla! bereitgestellten System- und Standardkomponentenereignisse; die vollständige englischsprachige Liste finden Sie unter »https://docs.joomla.org/Plugin/Events«. (Forts.)

Plugin-Typ	Ereignishandler	Beschreibung
system	onBeforeRender	kurz vor Versand der von der Komponente vorbereiteten Daten an das Template
	onGetWebService	Anlaufstelle für Web-Services, um externe Anfragen zu bearbeiten
user	onUserAfterDelete	nach dem Löschen eines Benutzers
	onUserAfterSave	Nach dem Speichern eines Benutzerprofils; die alten Daten sind in diesem Event nicht mehr verfügbar.
	onUserBeforeDelete	kurz vor dem Löschen eines Benutzers aus der Datenbank
	onUserBeforeSave	Vor dem Speichern von Änderungen am Benutzerprofil; dem Ereignis stehen sowohl alte als auch neue Daten zur Verfügung, um Validierungen durchzuführen und gegebenenfalls das Speichern zu verweigern.
	onUserLogin	nach dem Anmelden eines Benutzers
	onUserLogout	nach dem Abmelden eines Benutzers

Tabelle 27.4 Die wichtigsten von Joomla! bereitgestellten System- und Standardkomponentenereignisse; die vollständige englischsprachige Liste finden Sie unter »https://docs.joomla.org/Plugin/Events«. (Forts.)

Kapitel 28
Module entwickeln

Module erlauben die Präsentation von Daten an bestimmten Layoutpositionen in Front- oder Backend. Ihre Entwicklung ist einen Hauch komplexer als die von Plugins, da sie MVC-ähnlich die Businesslogik von der Darstellung trennen.

Nach Plugins sind Module der nächste Schritt beim Kennenlernen des Joomla!-Frameworks, da sie das CMS nicht nur um unsichtbare Helfer im Hintergrund erweitern, sondern mit dem Benutzer, egal ob Websitebesucher oder Backend-Administrator, in Interaktion treten. Während Plugins lediglich mehr oder weniger komplexe Konfigurationsformulare bereitstellen, hängen Sie sich mit der Webseitenausgabe eines Moduls direkt in die Templatemechanik. Dabei sind also nicht nur Ihre PHP-Kenntnisse gefragt, sondern auch die konforme Anwendung von HTML und CSS. Wie bei allen Programmierthemen um Joomla! gilt auch hier: Wissen Sie irgendwann nicht weiter, werfen Sie einen Blick in die Dateien des Joomla!-Cores und thematisch ähnlicher Erweiterungen, um zu erfahren, wie die Entwickler einer bestimmten Herausforderung gegenübertraten.

Das in diesem Kapitel vorgestellte Modul entwickeln Sie, ähnlich wie das Plugin, in zwei Phasen. Zunächst erzeugen Sie das Grundgerüst mit einer exemplarischen Datenbankabfrage und HTML-Ausgabe, die Ihnen für spätere Modulprojekte als Basis dienen. Im zweiten Schritt wird das Modul um Features erweitert, die etwas spezieller auf die vorliegende Beispielanwendung eingehen: Anzeige einer Liste der zuletzt bearbeiteten Beiträge im Kontrollzentrum von Joomla!.

Hinweis: Dieses Kapitel geht davon aus, dass Sie sich bereits mit der Plugin-Entwicklung der vorangegangenen Seiten beschäftigt haben, und überspringt die explizite Erwähnung von Standardkonventionen, z. B. PHP-Blöcke nicht per Shorthand <? zu beginnen oder PHP-Dateien niemals mit einem ?>-Tag zu beenden.

Begriff	Erklärung
Position	Konfiguration eines Moduls, an welcher Stelle es im Layout erscheint
Client	einzelner Parameter in den Einstellungen eines Moduls, der indiziert, ob es im Frontend- oder Backend-Layout erscheint

Tabelle 28.1 Die wichtigsten Begriffe zur Modulprogrammierung

Die für ein Modul erforderlichen Dateien lassen bereits erste Anzeichen eines Model-View-Controller-Musters durchscheinen. Falls Sie mit diesem Software-Architekturmuster noch nicht vertraut sind, blättern Sie für einen Überblick zurück zu Abschnitt 25.2.3, »Model-View-Controller-Architekturmuster verstehen«. Kurz gesagt, es geht darum, die Eingabe (Datenbank) sauber von der Ausgabe (HTML) zu trennen und durch eine übergeordnete Schicht zu steuern. Abseits der *index.html*-Verzeichnisschutzdateien in allen Modulunterverzeichnissen besteht das Projekt aus diesen Dateien:

- **XML-Manifest**
  Das XML-Manifest unterscheidet sich nur unwesentlich von seinem Plugin-Pendant. Auch diese Variante trägt den Namen der Erweiterung (hier: *mod_backendmodul.xml*); die Eckdaten und die Verzeichnis- und Einstellungskonfiguration sind identisch, sie markieren aber zusätzlich den Einsatz des Moduls in Front- oder Backend.

- **PHP-Steuerdatei**
  Nach dem XML-Manifest ist der erste Anlaufpunkt von Joomla! die Datei *mod_backendmodul.php*. Sie agiert wie ein Controller, da sie die Programmteile aufruft, die die Daten aus der Datenbank abfragen und in ein HTML-Template packen.

- **PHP-Datenbankabfrage**
  Die PHP-Businesslogik befindet sich aus Übersichtsgründen nicht in der Steuerdatei, sondern ausgelagert in einer separaten Datei. Da der PHP-Code für ein Modul in der Regel übersichtlich ist, genügt eine Helferdatei mit einer Helferklasse, schlicht *helper.php* genannt.

- **PHP/HTML-Ausgabe**
  Für die HTML-Ausgabe der über die Helferklassen angezogenen Daten ist eine weitere Datei, *default.php*, vorgesehen, die im MVC-Muster dem View entspricht, also der Ansicht auf die Daten.

Das ist bereits ein erster Ansatz des MVC-Konzepts, da die *helper.php*-Datei für die Bereitstellung der Daten sorgt, die Datei *mod_backendmodul.php* als Controller fungiert und die Daten an den View weitergibt, der als *default.php* im */tmpl/*-Verzeichnis liegt.

28.1 Einfaches Modul erzeugen

Die Dateien für die erste Version des Moduls erzeugen Sie direkt im Installationsverzeichnis Ihrer Joomla!-Entwicklungsumgebung, um sie später für die Einrichtung auf einem Live-System zu einem Erweiterungspaket zusammenzuschnüren. Alternativ laden Sie das fertige Paket über *https://joomla-handbuch.com/downloads/handbuch*

herunter (MODUL MOD_BACKENDMODUL V0.1.0), installieren es sofort und nutzen die Erklärungen in diesem Abschnitt zum Studium der enthaltenen Dateien.

Ziel: Sie erzeugen ein Modul, das die zuletzt bearbeiteten Beiträge listet, mit Beitragstitel, Bearbeitungsdatum, ID des Autors und Markierungen, ob der Beitrag veröffentlicht oder versteckt ist und ob er zur Gruppe der Standardeinträge gehört, die man im Falle eines Blog-Layouts auf der Homepage einblendet. Zur besseren Orientierung, um welchen Beitrag es sich handelt, erscheint ein Tooltip mit dem Beitragstext, sobald der Administrator mit der Maus über den Beitragstitel fährt.

Vorgehen: Sie legen nacheinander vier Dateien an, das XML-Manifest mit den Eckdaten, den einfach gestrickten Controller, das Model mit der Datenbankabfrage und den View mit der HTML-Ausgabe. Besondere Aufmerksamkeit verdienen die SQL-Abfrage und Datenaufbereitung im Model und die Beitragsschleife in der Ausgabe des Views.

Öffnen Sie nun Ihren Dateimanager, wechseln Sie in Ihrer Joomla!-Installation ins Verzeichnis */administrator/modules/*, und erzeugen Sie ein neues Verzeichnis */mod_backendmodul/*. Hierin erstellen Sie alle auf den folgenden Seiten vorgestellten Dateien.

> **Hinweis: Die Verzeichnisschutzdatei »index.html« ist obligatorisch**
>
> Beachten Sie, dass auch bei der Modulprogrammierung gilt: In *jedes* Verzeichnis gehört aus Sicherheitsgründen eine *index.html*-Datei die lediglich aus den Tags `<html><body></body></html>` besteht, um einer falsch konfigurierten Serververzeichnis-Darstellungskonfiguration entgegenzuwirken.

28.1.1 XML-Manifest – »mod_backendmodul.xml«

Falls Sie sich bereits durch die Plugin-Programmierung arbeiteten, sind Ihnen Format und Inhalt des XML-Manifests (hier: *mod_backendmodul.php*) bekannt.

```
<?xml version="1.0" encoding="utf-8"?>
<extension version="3.0" type="module" client="administrator"
method="upgrade">
    <name>Backendmodul</name>
    <author>Vorname Nachname</author>
    <creationDate>June 2015</creationDate>
    <copyright>Copyright (C) 2015 Vorname Nachnname. All rights reserved.
      </copyright>
    <license>http://www.gnu.org/licenses/gpl-3.0.html</license>
    <authorEmail>vorname.nachname@IhrDomainName.de</authorEmail>
    <authorUrl>https://joomla-handbuch.com</authorUrl>
```

```xml
    <version>0.1.0</version>
    <description>Beschreibung</description>
    <files>
        <filename module="mod_backendmodul">mod_backendmodul.php</filename>
        <filename>helper.php</filename>
        <filename>index.html</filename>
        <folder>tmpl</folder>
    </files>
</extension>
```

Listing 28.1 »mod_backendmodul.xml«: Das Attribut »client« des <extension>-Tags kennzeichnet das Modul fürs Backend.

Die Unterschiede zum Plugin-XML-Manifest sind marginal. Das `<extension>`-Tag verweist im `type`-Attribut auf den Typ `module` und gibt an, dass das Modul im Backend eingesetzt wird (`client="administrator"`). In Joomla! erreicht man das Modul dann über ERWEITERUNGEN • MODULE • Seitenleiste FILTER: ADMINISTRATOR • Button NEU. Der `<files>`-Block listet schließlich alle Moduldateien inklusive *index.html*. Zur besseren Organisation befindet sich die HTML-Ausgabe im Unterverzeichnis */tmpl/*, die Integration ist per `<folder>`-Tag abgebildet.

28.1.2 Steuerdatei – »mod_backendmodul.php«

Die verhältnismäßig kleine Controllerdatei dient als Schnittstelle zwischen Datenbankabfrage und HTML-Ausgabe des Modulinhalts.

```php
<?php
defined('_JEXEC') or die;
require_once __DIR__ . '/helper.php';
$list = mod_backendmodulHelper::getList($params);
require JModuleHelper::getLayoutPath('mod_backendmodul', $params->
get('layout', 'default'));
```

Listing 28.2 »mod_backendmodul.php«: Modul-Controller, der die Daten aus dem Model (»helper.php«) holt und den View (»default.php«) initialisiert

Nach dem Notausgang, falls der Aufruf dieser PHP-Datei direkt, also außerhalb von Joomla!, erfolgt (`defined('_JEXEC') or die;`), inkludiert der Quelltext eine PHP-Datei, die eine ausgelagerte Hilfeklasse enthalten wird. Die Ergänzung einer *helper.php*-Datei ist die erste Maßnahme bei zunehmender Programmkomplexität. Sie enthält Applikationscode, Businesslogik, die in der Steuerdatei *mod_backendmodul.php* nichts zu suchen hat. Die magische PHP-Konstante `__DIR__` verweist übrigens immer auf das Verzeichnis, in dem die Datei des aktuell ausgeführten Codes liegt, auch wenn es sich um ein Include handelt, das aus einer Datei in einem völlig anderen Pfad eingebunden wird. Demnach erwartet PHP die *helper.php*-Datei in dem Ordner, in dem auch *mod_backendmodul.php* liegt.

```
$list = mod_backendmodulHelper::getList($params);
```

Die nächste Anweisung greift auf eine Methode der Klasse zu, die Sie gleich in die *helper.php*-Datei einfügen. getList() nimmt als Argument die Modulparameter auf und gibt als Ergebnis eine aus der Datenbank zusammengestellte Liste in $list zurück. In diesem Beispiel sind das nach ihrem letzten Bearbeitungsdatum sortierte Beiträge.

```
require JModuleHelper::getLayoutPath('mod_backendmodul', $params->
get('layout', 'default'));
```

Die letzte Zeile konfiguriert die Ausgabe-PHP/HTML-Datei für die Darstellung der Inhalte. default ist dabei der Name des Views und entspricht später auch dem Dateinamen, der den Ausgabecode enthält.

28.1.3 Ausgelagerte Helferklasse – »helper.php«

Weiter geht es zur *helper.php*-Datei, die entsprechend ihrem Namen Helferklassen mit Helfermethoden aller Art aufnimmt und im aktuellen Beispiel wie das Model des MVC-Musters agiert und die Datenabfrage und -aufbereitung aus der Datenbank übernimmt.

```
<?php
defined('_JEXEC') or die;
abstract class mod_backendmodulHelper
{
   public static function getList(&$params)
   {
      $db = JFactory::getDbo();
      $query = $db->getQuery(true);

      $query->select($db->quoteName(array('id', 'title', 'introtext',
         'fulltext', 'state', 'modified', 'modified_by', 'featured')));
      $query->from($db->quoteName('#__content', 'content'));
      $query->order('modified DESC');

      $db->setQuery($query, 0, 10);
      try
      {
         $results = $db->loadObjectList();
      }
      catch (RuntimeException $e)
```

```php
        {
            JFactory::getApplication()->enqueueMessage($e->getMessage(), 'error');
            return false;
        }

        foreach ($results as $row => $fields)
        {
            $results[$row] = new stdClass;
            $results[$row]->id = $fields->id;
            $results[$row]->title = $fields->title;

            $results[$row]->introtext = strip_tags($fields->introtext, '<br><br/>
                <strong><em><b><i>');
            $results[$row]->fulltext = strip_tags($fields->fulltext, '<br><br/>
                <strong><em><b><i>');

            if (!($results[$row]->introtext))
            {
                $results[$row]->summary = strlen($results[$row]->introtext) > 300 ?
                    substr($results[$row]->introtext, 0, 300) . " […]" : $results
                    [$row]->introtext;
            }
            else if  (!($results[$row]->fulltext))
            {
                $results[$row]->summary = strlen($results[$row]->fulltext) > 300 ?
                    substr($results[$row]->fulltext, 0, 300) . " […]" : $results[$row]->
                    fulltext;
            }
            else
            {
                $results[$row]->summary = '[No Content]';
            }

            $results[$row]->modified_by = $fields->modified_by;
            $results[$row]->state = $fields->state;
            $results[$row]->modified = $fields->modified;
            $results[$row]->featured = $fields->featured;
        }
        return $results;
    }
}
```

Listing 28.3 »helper.php«: Datenbankabfrage und Datenaufbereitung wie im Model des MVC-Architekturmusters

28.1 Einfaches Modul erzeugen

Die einzige Methode `getList()` in der Klasse der Helferdatei hat eine einfache Aufgabe: Sie holt sich die zehn zuletzt bearbeiteten Beiträge aus der Beitragstabelle der Joomla!-Datenbank und gibt die etwas aufbereiteten Werte wie Beitragstitel, Einleitungstext, Bearbeitungsdatum, Live-Status etc. zurück an den Controller *mod_backendmodul.php*, der sie dann dem View für die Darstellung bereitstellt.

Der Code im Detail:

```
abstract class mod_backendmodulHelper
{
  public static function getList(&$params)
  {
```

Definition der abstrakten Klasse `mod_backendmodulHelper`, die über die `mod_backendmodul.php` aufgerufen wird. *Abstrakt* hat zur Folge, dass die Methoden dieser Klasse so, wie sie sind, verwendet werden können, ohne dass vorher ein Objekt aus ihr initialisiert wird. Achten Sie auf die exakte Schreibweise des Klassennamens.

Gleich darauf folgt die Definition der nach außen offenen (`public`) Methode `getList()`, die die Modulkonfiguration als Argumente aufnimmt.

```
$db = JFactory::getDbo();
$query = $db->getQuery(true);
```

Dies ist der Standardweg, die Verbindung zur Joomla!-Datenbank zu öffnen und eine Datenbankabfrage zu initialisieren. `$query` enthält ab sofort ein Objekt, dessen Methoden und Eigenschaften alle Abfrageeinstellungen enthalten und die Abfrage später ausführen.

```
$query->select($db->quoteName(array('id', 'title', 'introtext', 'fulltext',
  'state', 'modified', 'modified_by', 'featured')));
$query->from($db->quoteName('#__content', 'content'));
$query->order('modified DESC');
```

Diese drei Zeilen erlauben eine Datenbank- und damit SQL-unabhängige Datenabfrage und entsprechen im Prinzip einer zerpflückten SQL-Abfrage à la `SELECT felder FROM tabelle ORDER BY sortierreihenfolge;`. Sprich: Rufe die Werte der Felder `id` (eindeutige Id), `title` (Beitragstitel), `introtext` (Einleitungstext), `fulltext` (Text nach der Weiterlesen-Markierung), `state` (VERÖFFENTLICHT oder VERSTECKT), `modified` (Bearbeitungsdatum), `modified_by` (von *wem* zuletzt bearbeitet?) und `featured` (ist das ein Standardbeitrag für die Homepage?) aus der Tabelle `#__content` ab. (`#_` ersetzt Joomla! automatisch um das während der Installation zufällig vergebene Tabellenpräfix.) Und sortiere die Ergebnisliste absteigend nach dem `modified`-Datum, also zuletzt bearbeitete Beiträge an oberste Stelle.

Tipp: Bei der Erzeugung solcher Abfragen werfen Sie einfach mit phpMyAdmin einen Blick in die Datenbank von Joomla!, um die genauen Tabellen- und Feldnamen zu identifizieren.

`quoteName()` ist eine Standardsicherheitsmethode, um Namenskonflikte und SQL-Injektionen zu verhindern – an dieser Stelle (noch) nicht relevant, aber es ist eine gute Idee, sich die Benutzung solcher Mechanismen früh anzugewöhnen.

```
$db->setQuery($query, 0, 10);
```

Setzt die Abfrage ins Datenbankobjekt und beschränkt die zurückzugebenden Ergebnisse auf 10, angefangen beim ersten Datensatz (0). Die letzten beiden Parameter entsprechen somit dem SQL-Abfragezusatz `LIMIT 0,10`.

```
try
{
    $results = $db->loadObjectList();
}
catch (RuntimeException $e)
{
    JFactory::getApplication()->enqueueMessage($e->getMessage(), 'error');
    return false;
}
```

Jetzt startet mit `loadObjectList()` endlich die Ausführung der Abfrage. Nicht aber, ohne diese sensible Kernfunktion in einen `try`-Block zu wickeln. Falls es Probleme mit der Datenbank gibt, verzweigt PHP dann in den `catch`-Block. Dieser gibt den in der Fehlerberichterstattung (`$e`) zurückgegebenen, für Menschen lesbaren Fehlertext (`getMessage()`) per rot umrandeter Fehlermeldung aus (siehe Abbildung 28.1). `return false;` stellt sicher, dass die `getList()`-Methode sofort endet, denn ohne Datenbank-Abfrageergebnis ist hier nichts mehr zu retten.

Wurde `loadObjectList()` dagegen erfolgreich ausgeführt, landen die Ergebnisse der Abfrage im Array `$results`, das pro Arrayelement ein Tabelleneintrags-Objekt enthält, also jeweils einen Beitrag mit all seinen Detaildaten.

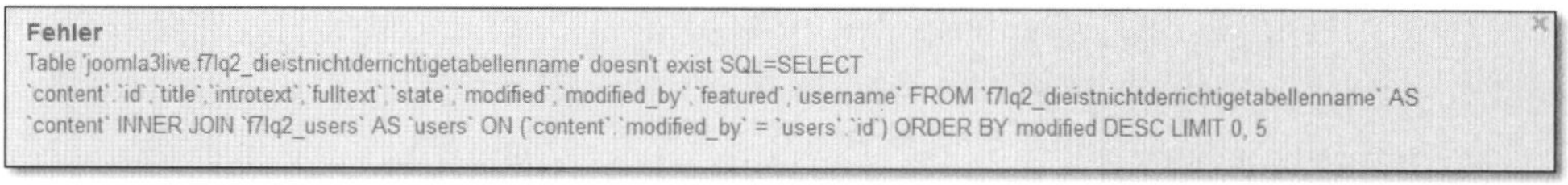

```
Fehler                                                                                                    ×
Table 'joomla3live.f7lq2_dieistnichtderrichtigetabellenname' doesn't exist SQL=SELECT
`content`.`id`,`title`,`introtext`,`fulltext`,`state`,`modified`,`modified_by`,`featured`,`username` FROM `f7lq2_dieistnichtderrichtigetabellenname` AS
`content` INNER JOIN `f7lq2_users` AS `users` ON (`content`.`modified_by` = `users`.`id`) ORDER BY modified DESC LIMIT 0, 5
```

Abbildung 28.1 »enqueueMessage()« erzeugt saubere Fehlermeldungen, die plakativ im oberen Bereich aller Webseiten erscheinen.

Weiter geht also nur, wenn `$results` Daten enthält. Diese ließen sich nun sofort an den Controller bzw. View übergeben, aber hier, im Model, hat man eine gute Gelegenheit, die Rohdaten etwas aufzubereiten.

```
foreach ($results as $row => $fields)
{
  […]
}
```

Zunächst öffnet foreach eine Iteration über alle zurückgegebenen Beiträge und splittet das Array in die Durchnummerierung $row und die Tabelleneintrags-Objekte $fields auf.

Der Schleifeninhalt kopiert die einzelnen Daten aus dem $fields-Objekt in ein neues Objekt $results[$row], um sie gegebenenfalls nachzubearbeiten. Für den introtext und den fulltext geschieht das auch, denn die Darstellung des Beitragstexts in einem Tooltip stört die Anwesenheit von HTML-Tags. Über strip_tags() werden diese entfernt, mit Ausnahme von Zeilenumbrüchen und Fett- und Kursivmarkierungen. Es folgt eine Fallunterscheidung, welcher Text denn nun für den Tooltip eingesetzt wird, je nachdem, ob introtext oder fulltext Inhalte enthalten. $results[$row]->summary enthält schließlich den finalen Text.

Am Ende der Funktion stehen sämtliche Beitragsdaten im $results-Objekt, das der Steuerdatei mod_backendmodul.php ins Objekt $list übertragen wird, um gleich im HTML-Template ausgelesen zu werden.

28.1.4 HTML-Template – »/tmpl/default.php«

Das HTML-Template ist einfach zu verstehen, da es im Prinzip nur aus einer großen Schleife zur Ausgabe der Beitragsdetails besteht.

```
<?php
defined('_JEXEC') or die;
JHtml::_('behavior.tooltip');
?>
<div class="recentlyedited <?php echo $moduleclass_sfx; ?>">
  <div class="row-striped">
    <?php foreach ($list as $item) : ?>
    <div class="row-fluid">
      <?php
        $stateClass = ($item->state == '1') ? ' icon-publish' : ' icon-
          unpublish';
      ?>
      <div class="span1 <?php echo $stateClass; ?>">
         
      </div>
      <?php
        $featuredClass = ($item->featured == '1') ? ' icon-featured' :
```

```
                ' icon-unfeatured';
        ?>
        <div class="span6 <?php echo $featuredClass; ?>">
          <strong class="row-title">  
            <?php echo JHTML::tooltip($item->summary, '', '', $item->title); ?>
          </strong>
        </div>
        <div class="span3">
          <?php echo JHtml::_('date', $item->modified,
            JText::_('DATE_FORMAT_LC2')); ?>
        </div>
        <div class="span2">
          <?php echo $item->modified_by; ?>
        </div>
      </div>
      <?php endforeach; ?>
    </div>
</div>
```

Listing 28.4 »/tmpl/default.php«: in Bootstrap-Elemente eingewickelte Ausgabe der Beitragsdetails

Unmittelbar nach dem PHP-Notausstieg fällt eine Joomla!-spezifische JHtml-Anweisung ins Auge, die einem Befehl von der Plugin-Programmierung ähnelt. Während dort die SqueezeBox-Popup-Technologie per JHtml::_('behavior.modal') integriert wurde, sorgt behavior.tooltip an dieser Stelle für die Bereitstellung der Tooltip-Anzeige. Die eigentliche Ausgabe des Tooltips erfolgt weiter unten per JHtml::tooltip($item->summary, '', '', $item->titleHtml);.

Es folgen einige Wrapper-Klassen und schließlich die große Ausgabeschleife, die das vom Controller bereitgestellte Objekt $list Beitrag für Beitrag in $item durchgeht, um die Details per $item->Eigenschaft auszugeben. Bemerkenswert sind an dieser Stelle die kleinen Fallunterscheidungen, welche CSS-Klasse und damit welches Icon für den Live- bzw. Homepage-Status eines Beitrags erscheint. Die Klassennamen in den Variablen $stateClass und $featuredClass sind Standardelemente aus den Stylesheets von Joomla!.

28.1.5 Modul installieren und testen

Nach dem Anlegen aller Moduldateien unterrichten Sie nun Joomla! von der Existenz des Moduls. Über ERWEITERUNGEN • VERWALTEN • Seitenleiste ÜBERPRÜFEN • Button ÜBERPRÜFEN listet Joomla! alle neuen Erweiterungen, die noch nicht eingerichtet sind (siehe Abbildung 28.2). Markieren Sie das Backend-Modul mit einem Häkchen, und klicken Sie auf den Button INSTALLIEREN.

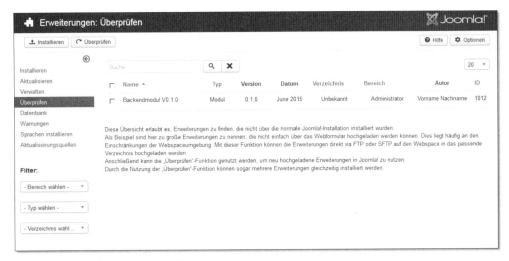

Abbildung 28.2 Über die Seite »Überprüfen« installieren Sie im Dateisystem von Joomla! bereitgelegte neue Erweiterungen.

Prüfen Sie das Modul jetzt in der Administrationsoberfläche von Joomla!.

1. Zum Testen wechseln Sie zu ERWEITERUNGEN • MODULE • Seitenleiste FILTER: ADMINISTRATOR – dies ist die Liste aller Module, aus denen sich das Administrations-Backend zusammensetzt (siehe Abbildung 28.3).

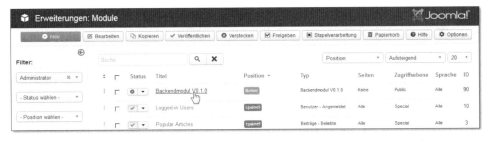

Abbildung 28.3 Zur Ansicht der Backend-Module stellen Sie die Dropdown-Liste »Filter:« auf »Administrator«.

2. Klicken Sie auf den Modultitel, und stellen Sie im Konfigurationsformular des Moduls die Dropdown-Liste STATUS auf VERÖFFENTLICHT. Wählen Sie aus der POSITION-Liste den Eintrag KONTROLLZENTRUM [CPANEL], und SPEICHERN & SCHLIESSEN Sie die Konfiguration.

3. Wechseln Sie jetzt zu SYSTEM • KONTROLLZENTRUM, erscheint an oberster Stelle das neue Modul mit einer langen Liste von absteigend nach Bearbeitungsdatum sortierten Beiträgen (siehe Abbildung 28.4).

28 Module entwickeln

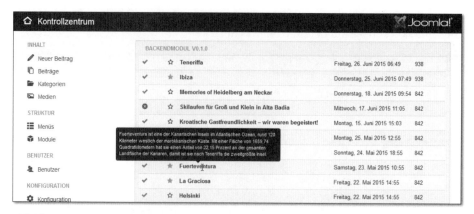

Abbildung 28.4 • Im Kontrollzentrum listet das neue Backend-Modul alle Beiträge, absteigend sortiert nach Bearbeitungsdatum.

28.2 Modul erweitern

Blicken Sie auf die Ausgabeliste des Backend-Moduls Version 0.1.0, kommen wie von allein neue Ideen für Ergänzungen und Verbesserungen. Die Benutzer-ID ist wenig aussagekräftig, und was nützt die Liste, wenn man nicht direkt zur Beitragsbearbeitung springen kann? Und wie wäre es, wenn Backend-Contentpfleger die Möglichkeit hätten, nur ihre eigenen Beiträge anzuzeigen?

Zeit für ein Update.

Ziel: Sie erweitern das Modul um eine Konfigurationsseite, über die der Benutzer die anzuzeigenden Beiträge nach selbst erstellten Inhalten filtert. Ferner erscheint in der Liste im Kontrollzentrum nicht die ID des Autors, sondern der Benutzername, der Tooltip-Inhalt längerer Beitragstexte wird gekürzt, die Spaltenüberschriften beschreiben die Tabelleninhalte, und der Beitragstitel ist anklickbar und verlinkt zur Beitragsbearbeitung.

Vorgehen: Die Konfiguration erweitern Sie im XML-Manifest, die Beitragsfilterung und das Anziehen des Benutzernamens ist eine kleine Modifikation der SQL-Abfrage. Die Beitragstexte lassen sich ebenfalls im Model kürzen, dort, wo auch die introtext/fulltext-Unterscheidungen stattfinden. Danach folgt eine kleine Aktualisierung der HTML-Ausgabe, um die Spaltenüberschriften einzufügen.

All diese Änderungen nehmen Sie ab sofort direkt in den installierten Moduldateien unter */administrator/modules/mod_backendmodul/* vor. So lassen sich die Funktionalitätenerweiterungen schneller und direkter testen, da Sie im Browser lediglich das Kontrollzentrum mit F5 (OS X: cmd + R) aktualisieren. Auch die Plugin-Konfiguration ist unmittelbar nach Aktualisierung des XML-Manifests im Entwicklungssystem aufrufbar.

Hinweis: Das komplette Paket zur Version 0.2.0 laden Sie gerne wieder unter *https://joomla-handbuch.com/downloads/handbuch* herunter.

28.2.1 XML-Manifest – »mod_backendmodul.xml«

Zur Ergänzung einer Modulkonfiguration bearbeiten Sie das XML-Manifest und fügen den im folgenden Listingausschnitt hervorgehobenen `<config>`-Block zwischen dem schließenden `</files>`- und `</extension>`-Tag hinzu.

```xml
[…]
  </files>
  <config>
    <fields name="params">
      <fieldset name="basic">
        <field name="numberOfArticles"
          type="text"
          default="5"
          label="Number of Articles"
          description="How many articles are supposed to be listed?" />
        <field name="onlyOwnArticles" type="radio"
          default="0"
          class="btn-group"
          label="Show only own Content"
          description="If No, content from all authors will be shown">
          <option value="1">JYES</option>
          <option value="0">JNO</option>
        </field>
      </fieldset>
    </fields>
  </config>
</extension>
```

Listing 28.5 »mod_backendmodul.xml«: Ergänzung des XML-Manifests um eine Modulkonfiguration

Der Inhalt des XML-`<config>`-Blocks wirkt vertraut, denn es handelt sich um JForm-Elemente wie auch bei der Template- und Plugin-Konfiguration. In diesem Fall ergänzen Sie ein einfaches Nummernfeld (`type="number"`) für die Anzahlbegrenzung der anzuzeigenden Beiträge (siehe Abbildung 28.5), und einen Radiobutton-Umschalter, mit dem der Benutzer zwischen allen und eigenen Beiträgen wechselt. Wie beim Plugin erhält der Umschalter zur Verschönerung die Bootstrap-CSS-Klasse `btn-group`.

Abbildung 28.5 Setzen Sie den Feldtyp »number« (ab Joomla! 3.2) dort ein, wo nur Zahlen gefordert sind, garantiert schon das Konfigurationsformular, dass keine Textwerte ins Programm gelangen.

28.2.2 Model-Aktualisierung – »helper.php«

Die Aktualisierungen im Model sind etwas umfangreicher, da Sie die Datenbankabfrage erweitern, den Beitrags-Bearbeitungslink hinzufügen und den Beitragstext kürzen.

```
[…]
  public static function getList(&$params)
  {
    $numberOfArticles = $params->get('numberOfArticles', 10);
    $onlyOwnArticles = $params->get('onlyOwnArticles', 0);
    $user = JFactory::getuser();
    $db = JFactory::getDbo();
    $query = $db->getQuery(true);

    $query->select($db-
>quoteName(array('content.id', 'title', 'introtext', 'fulltext', 'state',
'modified', 'modified_by', 'featured', 'username'))); 
    $query->from($db->quoteName('#__content', 'content'));
    $query->join('INNER', $db->quoteName('#__users', 'users') .
      ' ON (' . $db->quoteName('content.modified_by') . ' = ' .
      $db->quoteName('users.id') . ')');
    if ($onlyOwnArticles == 1)
    {
      $query->where($db->quoteName('modified_by') . ' = ' . $user->id);
    }
```

```
    $query->order('modified DESC');
    $db->setQuery($query, 0, $numberOfArticles);
    try
[…]
    if ($user->authorise('core.edit', 'com_content.article.' . $fields->id))
    {
      $link = JRoute::_('index.php?option=com_content&task=
        article.edit&id=' . $fields->id);
    }
    else
    {
      $link = '';
    }
    $results[$row]->title = ($link == '') ? $fields->title : '<a href=
      "' . $link . '" target="_blank">' . $fields->title . '</a>';

    $results[$row]->introtext = strip_tags($fields->introtext, '<br><br/>
      <strong><em><b><i>');
    $results[$row]->fulltext = strip_tags($fields->fulltext, '<br><br/>
      <strong><em><b><i>');

    if (!($results[$row]->introtext))
    {
      $results[$row]->summary = strlen($results[$row]->introtext) > 300 ?
        substr($results[$row]->introtext, 0, 300) . " […]" : $results[$row]->
        introtext;
    }
    else if (!($results[$row]->fulltext))
    {
      $results[$row]->summary = strlen($results[$row]->fulltext) > 300 ?
        substr($results[$row]->fulltext, 0, 300) . " […]" : $results[$row]->
        fulltext;
    }
    else
    {
      $results[$row]->summary = '[No Content]';
    }

    $results[$row]->modified_by = $fields->username;
    $results[$row]->state = $fields->state;
[…]
```

Listing 28.6 »helper.php«: Erweiterung der Datenbankabfrage, Ergänzung des Beitrags-Bearbeitungslinks und Kürzung des Beitragstexts

Zu Beginn der `getList()`-Funktion liest `$params->get()` die Anzahl der darzustellenden Beiträge (`$numberOfArticles`) und die Markierung, ob nur eigene Beiträge angezeigt werden sollen (`$onlyOwnArticles`), aus der Modulkonfiguration. Beide Variablen finden kurz darauf in der Konstruktion der Datenbankabfrage Einsatz, die sich nun wie folgt aufbaut:

- `$query->select()` listet alle zurückzugebenden Felder. Das erste Feld `id` erhält zur genaueren Bezeichnung den Tabellennamen (`content.id`), da die Daten aus der Abfrage gleich aus zwei verschiedenen Tabellen stammen: `#__content` für die Beiträge und `#__users` für den Benutzernamen. Dementsprechend enthält die `select`-Liste am Ende auch das neue Feld `username`.

- Um an den Benutzernamen zu gelangen, erfolgt per `INNER JOIN` (`$query->join('INNER', […])`) eine Verknüpfung der `content`- und `users`-Tabelle. Und zwar durch einen Abgleich zwischen der Benutzer-ID unter `modified_by` in der `content`-Tabelle und der Benutzer-ID (`id`) der `users`-Tabelle.

- Falls der Modulkonfigurationsschalter `$onlyOwnArticles` wahr (1) ist, erhält die Abfrage eine zusätzliche `WHERE`-Klausel. Die Bedingung ist dann, dass nur Beiträge gelistet werden, deren `modified_by`-Benutzer-ID identisch mit der des aktuellen Benutzers ist. Die notwendige ID erhalten Sie aus dem Objekt `$user`, das einige Zeilen über der Datenbankabfrage aus der `JFactory` stammt.

- Die Einstellung der Reihenfolge (`order`) bleibt identisch. Die letzte Anpassung erfolgt bei der Ausführung der Abfrage, wo die maximale Anzahl zurückzugebender Artikel von fixen 10 durch den Konfigurationswert in `$numberOfArticles` ersetzt wird.

Zum besseren Verständnis – interpretiert, ausgeschrieben und mit Beispiel-Tabellenpräfix und Benutzer-ID versehen, lautet die in phpMyAdmin testbare SQL-Anweisung:

```sql
SELECT `k6wz0_content`.`id`, `title`, `introtext`, `fulltext`, `state`,
  `modified`, `modified_by`, `featured`, `username`
FROM `k6wz0_content`
INNER JOIN `k6wz0_users` ON `k6wz0_content`.`modified_by` = `k6wz0_users`.`id`
WHERE `modified_by`=842
ORDER BY `modified` DESC
LIMIT 0,15;
```

Nach Erhalt des Abfrageergebnisses folgt wieder die Schleife über alle einzelnen Beiträge (`foreach`). Der erste neue Block ergänzt den Beitragstitel um den Link zur Beitragsbearbeitung (`JRoute`), allerdings nur, wenn der aktuelle Benutzer zur Beitragsbearbeitung berechtigt ist (`$user->authorise('core.edit', […])`).

Um zu verhindern, dass die den Beitragsinhalt enthaltenen Tooltips später das gesamte Fenster verdecken, setzen die darauf folgenden Zeilen bei $results[$row]->summary die Schere an. Nach den ersten 300 Zeichen wird die Zeichenkette gnadenlos abgeschnitten (siehe Abbildung 28.6).

Abbildung 28.6 Besonders lange Beitragstexte werden im Tooltip der Version 0.2.0 des Backend-Moduls nach 300 Zeichen abgeschnitten.

Die letzte Änderung betrifft noch mal den Namen des Benutzers, der den Beitrag zuletzt bearbeitete. Die Datenbankabfrage stellt den Namen in $fields->username bereit. Um später im HTML-Template keine große Änderungen machen zu müssen, setzen Sie den Benutzernamen kurzerhand in die existierende Variable $results[$row]->modified_by.

28.2.3 HTML-Ausgabe – »/tmpl/default.php«

Da alle Datenaktualisierungen bereits im Model erfolgten, fällt das Update des HTML-Templates erfreulich klein aus: Sie ergänzen lediglich die Tabellenüberschriften in vier Bootstrap-Spalten.

```
[...]
<div class="recentlyedited">
  <div class="row-striped">
    <div class="row-fluid">
      <div class="span1 small">Online</div>
      <div class="span6 small">Article Title</div>
      <div class="span3 small">Last Modified</div>
      <div class="span2 small">By</div>
    </div>
    <?php foreach ($list as $item) : ?>
    <div class="row-fluid">
[...]
```

Listing 28.7 »/tmpl/default.php«: kleine Ergänzung der Spaltenüberschriften

Testen Sie jetzt die neue Version des Backend-Moduls, indem Sie in seiner Konfiguration eine maximale Beitragszahl festlegen und nacheinander die beiden Schalterstellungen für die Beitragsfilterung ausprobieren.

28.2.4 Erweiterungspaket schnüren

Falls Sie nicht mit dem Download-Paket arbeiten, sondern die Listings selbst eingegeben haben, sammeln Sie nun alle erstellten Dateien (inklusive */tmpl/*-Verzeichnis) in einem Erweiterungspaket ähnlich wie im vorherigen Plugin-Kapitel. Dazu kopieren Sie die Dateien aus dem Backend von Joomla! in ein separates, von Joomla! unabhängiges Verzeichnis und erzeugen daraus ein ZIP-Archiv, z. B. *mod_backendmodul.zip*. Dieses Paket lässt sich dann wie jede reguläre Erweiterung auf anderen Joomla!-Systemen installieren.

Dateipfade im Entwicklungssystem	Dateipfade im ZIP-Archiv
/administrator/modules/mod_backendmodul/index.html	/index.html
/administrator/modules/mod_backendmodul/mod_backendmodul.xml	/mod_backendmodul.xml
/administrator/modules/mod_backendmodul/mod_backendmodul.php	/mod_backendmodul.php
/administrator/modules/mod_backendmodul/helper.php	/helper.php
/administrator/modules/mod_backendmodul/tmpl/index.html	/tmpl/index.html
/administrator/modules/mod_backendmodul/tmpl/default.php	/tmpl/default.php

Tabelle 28.2 Schieben Sie die Moduldateien aus dem Entwicklungssystem in einen separaten Ordner, um dort das ZIP-Archiv zu erzeugen.

Hintergrund: Unterschiede zwischen Frontend- und Backend-Modulen

Frontend-Module entwickeln Sie genau so wie das in diesem Kapitel vorgestellte Backend-Modul. Achten Sie dabei auf zwei Punkte:

- Ändern Sie das `client`-Attribut im `<extension>`-Tag des XML-Manifests von `administrator` zu `site`.
- Das Festlegen der Layout-Position erfolgt in der Modulliste des Frontends (Dropdown-Liste FILTER: auf SITE).

Kapitel 29
Komponenten entwickeln

Komponenten sind die universellsten unter den Erweiterungen und agieren wie kleine Miniapplikationen mit eigener Benutzeroberfläche und Zugriff auf das Framework und Inhaltselemente.

Komponenten treffen Sie sowohl in der Joomla!-Core als auch über das Menü KOMPONENTEN an, denn sie übernehmen eine Unzahl wichtiger Aufgaben, angefangen von der Beitragsverwaltung über das Benutzerrechte-Management oder die Kategorieorganisation bis hin zu Suchmaschinenoptimierung und Import-/Export-Funktionalitäten. Es gibt reine Backend-Komponenten für die Websiteadministration oder Kombinationen für Backend und Frontend, in denen Sie Inhalte einpflegen, um sie Websitebesuchern zu präsentieren. Im sichtbaren Bereich des Administrations-Backends haben jedoch alle Komponenten eines gemeinsam: die Benutzeroberfläche, die Sie von vielen Funktionalitäten kennen, seien es Beiträge, Menüeinträge, Umleitungen, Kunena-Kategorien, Phoca-Download-Dateien oder OSMap-Sitemaps. Meist enthält sie eine Liste von über Spaltenüberschriften sortierbaren Elementen und eine Buttonleiste, die mindestens die Standardbuttons NEU, BEARBEITEN und LÖSCHEN enthält. Ferner steht ein Formular zur Bearbeitung eines einzelnen Elements zur Verfügung, die Einzelansicht. Diese und viele weitere Bausteine stellt das Joomla!-Framework von Grund auf zur Verfügung, sodass Sie Ihre Komponente nahtlos in das Content-Management-System und seine Benutzeroberfläche integrieren können.

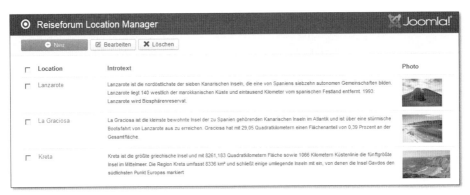

Abbildung 29.1 In diesem Kapitel entwickeln Sie eine typische Joomla!-Komponente mit Listen- und Detailansicht von Elementen eines neuen Inhaltstyps.

In diesem Kapitel bauen Sie Schritt für Schritt eine typische Joomla!-Komponente auf, mit der der Webmaster Elemente eines neuen Inhaltstyps verwaltet, ähnlich wie Beiträge, Phoca Gallerys Bilder oder Kunenas Forenkategorien (siehe Abbildung 29.1). Die einzelnen Schritte:

1. **Komponentengerüst** und **Listenansicht** von Inhaltselementen
2. **Detailansicht**, ein Formular zur Neuanlage oder zum Bearbeiten einzelner Inhaltselemente
3. **Frontend**-Komponente, die die Inhaltselemente auf Webseiten listet
4. ergänzende **Erweiterungen** der Backend-Komponente wie Seitenleiste und Konfigurationsformular

Im Verlauf der Entwicklung entstehen dabei zahlreiche PHP- und XML-Dateien, idealer Nährboden für Tippfehler. Darum haben Sie die Möglichkeit, unter *https://joomla-handbuch.com/downloads/handbuch* Komponentenpakete für jeden Schritt herunterzuladen, die Komponente zu installieren und die einzelnen Dateien anhand ihrer Besprechung auf diesen Seiten zu studieren. Sie erfahren, welche Dateien welche Rolle spielen, und lernen die interessantesten Highlights des Codes kennen. *Übrigens:* Unter *http://development.joomla-handbuch.com* sehen Sie die in diesem Kapitel entwickelte Komponente im Live-Einsatz.

Tipp: Für die Komponentenprogrammierung richten Sie sich besser eine IDE, eine integrierte Entwicklungsumgebung, ein, da das die Fehlersuche bei der großen Anzahl involvierter Programmdateien erheblich beschleunigt.

Begriff	Erklärung
Backend-Komponente	Komponente, deren Bestandteile, Webseiten und Formulare ausschließlich im Administrations-Backend von Joomla! sichtbar sind und in der Regel eine Administrationsaufgabe bewältigen, z. B. Erweiterungen für Backups oder zur Suchmaschinenoptimierung. Innerhalb der Erweiterungspakete liegen die Dateien einer Backend-Komponente immer im Verzeichnis */admin/*, Joomla! installiert sie nach */administrator/components/*.
Frontend-Komponente	Komponente mit im Frontend präsentierbaren Inhaltselementen, z. B. für Download-Archive oder Formulare. In Erweiterungspaketen liegen die Dateien der Frontend-Komponente im Verzeichnis */site/*, innerhalb von Joomla! direkt unter */components/*.

Tabelle 29.1 Die wichtigsten Begriffe zur Komponentenprogrammierung

Begriff	Erklärung
Datenbankscripts	SQL-Scripts, die während der Installation einer Komponente Tabellen anlegen und mit Daten befüllen oder die Tabelle bei Deinstallation wieder löschen
Helferklasse	PHP-Klasse, die nicht direkt im Zusammenhang mit den Model-View-Controller-Programmdateien steht. In ihr befinden sich beispielsweise Formatierungshilfen oder Schnittstellen zu anderen Komponenten.
Installationsscript	Sammlung definierter Joomla!-PHP-Funktionen, die zu bestimmten Ereignissen während der Installation oder Deinstallation einer Komponente ausgeführt werden. Damit führen Sie z. B. Kompatibilitätsprüfungen oder weitere Konfigurationsmaßnahmen durch.

Tabelle 29.1 Die wichtigsten Begriffe zur Komponentenprogrammierung (Forts.)

29.1 Backend-Komponente mit Listenansicht anlegen

Im ersten Schritt lernen Sie die Erzeugung einer reinen Backend-Komponente mit Listenansicht. Die Urlaubsziele des Reiseforums dienen als Beispiel für die zu verwaltenden Inhaltselemente, darum trägt die Erweiterung den schlichten Namen *Location* bzw. programmintern `com_location` (siehe Abbildung 29.2).

Abbildung 29.2 Version 0.1.0 der Komponente »com_location« enthält zunächst nur eine Listendarstellung, die Befüllung mit Elementen folgt im nächsten Schritt in Version 0.2.0.

Ziel: Sie erzeugen das Komponentengerüst und eine Listenansicht einer Backend-Komponente für das neue Inhaltselement Urlaubsziele bzw. Locations (programmintern `locations`).

Vorgehen: Sie legen nacheinander die einzelnen Model-View-Controller-Dateien an und konstruieren so den Weg von der Anfrage an die Komponente über die Datenbankabfragen und -aktualisierungen bis zur Ausgabe ins Template-Layout. Zuvor bereiten Sie die Komponentenumgebung über das XML-Manifest und die Erweiterung der Datenbank vor.

Hinweis: Ab hier können Sie die neue Komponente entweder per Hand direkt in Ihrem Joomla!-Entwicklungssystem aufbauen, indem Sie alle Listings abtippen. Oder Sie laden sich das Paket *com_location_v0.1.0.zip* von *https://joomla-handbuch.com/downloads/handbuch* herunter, installieren es über ERWEITERUNGEN • VERWALTEN • Seitenleiste INSTALLIEREN • Reiter PAKETDATEI HOCHLADEN und studieren die einzelnen Dateien anhand der Erklärungen in diesem Kapitel. Verschaffen Sie sich zunächst anhand der folgenden Tabelle einen Überblick über die involvierten Dateien (*index.html*-Dateien für den Serververzeichnisschutz sind obligatorisch und in der Liste nicht erwähnt).

Verzeichnis/Datei	Aufgabe
controller.php	Haupt-Controller der Komponente zum Aufruf der View-abhängigen Unter-Controller
location.php	Komponenten-Einstiegsdatei für Joomla!, Initialisierung des Haupt-Controllers
location.xml	XML-Manifest
/controllers/	Verzeichnis für alle Unter-Controller
locations.php	View-Controller für die Listenansicht
/language/	Enthält alle Sprachdateien.
/en-GB/	englischsprachiges Standardverzeichnis
en-GB.com_location.ini	Sprachdatei für alle Beschriftungen während der Laufzeit
en-GB.com_location.sys.ini	Sprachdatei für Beschriftungen während der Installation
/models/	Enthält alle Komponenten-Models.
locations.php	Model für die Listenansicht
/sql/	Enthält Datenbankscripts.
0.1.0.sql	Historie der Datenbankscripts
install.mysql.utf8.sql	Tabellenerzeugung während der Installation
uninstall.mysql.utf8.sql	Datenbankbereinigung bei Deinstallation

Tabelle 29.2 Blick in die Verzeichnisstruktur der Location-Komponente Version 0.1.0 innerhalb des Verzeichnisses »/admin/«

Verzeichnis/Datei	Aufgabe
/views/	Enthält Businesslogik und HTML-Template aller Views.
/locations/	Enthält den View der Listenansicht.
view.html.php	Businesslogik der Listenansicht
/tmpl/	Enthält HTML-Templates.
default.php	HTML-Template der Listenansicht

Tabelle 29.2 Blick in die Verzeichnisstruktur der Location-Komponente Version 0.1.0 innerhalb des Verzeichnisses »/admin/« (Forts.)

> **Hinweis: Vorausgesetzte Regeln bei der Komponentenprogrammierung**
>
> Wie in den vergangenen Kapiteln über Plugins und Module gilt auch für Komponenten:
>
> ▶ In *jedes* Verzeichnis gehört aus Sicherheitsgründen eine aus den Tags `<html><body></body></html>` bestehende *index.html*-Datei. Im weiteren Verlauf dieses Kapitels werden diese Dateien nicht mehr erwähnt.
> ▶ Jede PHP-Datei beginnt mit der Anweisung `defined('_JEXEC') or die;`, damit das Script niemals außerhalb des Joomla!-Kontexts aufgerufen werden kann.
> ▶ Verwenden Sie keine Shorttags `<?`.
> ▶ Endet eine Datei mit PHP-Code, lassen Sie das Endtag `?>` aus.

29.1.1 XML-Manifest – »location.xml«

Auch Komponenten sammeln all Ihre Meta-Informationen (Name, Versionsnummer, Kontakt- und Copyright-Hinweise, enthaltene Dateien etc.) in einer übergeordneten XML-Datei, die vor allem für die Installation und Deinstallation der Komponente entscheidend ist.

Falls Sie den Weg einer händischen Entwicklung gehen, erzeugen Sie in Ihrem Joomla!-Entwicklungssystem das Verzeichnis */administrator/components/com_location/* und darin die Datei *location.xml*. *location* ist die interne Bezeichnung für die neue Komponente, die in mehreren Dateinamen enthalten sein wird.

```
<?xml version="1.0" encoding="utf-8"?>
<extension type="component" version="3.0" method="upgrade">
  <name>com_location</name>
```

```xml
<author>Vorname Nachname</author>
<creationDate>May 2015</creationDate>
<copyright>(C) 2015 Vorname Nachname. All right reserved</copyright>
<license>GNU/GPLv3 http://www.gnu.org/licenses/gpl-3.0.html</license>
<authorEmail>Vorname.NachName@IhrDomainName.de</authorEmail>
<authorUrl>http://IhrDomainName.de</authorUrl>
<version>0.1.0</version>
<description>COM_LOCATION_XML_DESCRIPTION</description>

<install>
  <sql>
    <file driver="mysql" charset="utf8">sql/install.mysql.utf8.sql</file>
  </sql>
</install>
<uninstall>
  <sql>
    <file driver="mysql" charset="utf8">sql/uninstall.mysql.utf8.sql</file>
  </sql>
</uninstall>

<administration>
  <menu>COM_LOCATION_MENU</menu>
  <files folder="admin">
    <filename>index.html</filename>
    <filename>controller.php</filename>
    <filename>location.php</filename>
    <folder>controllers</folder>
    <folder>models</folder>
    <folder>sql</folder>
    <folder>views</folder>
  </files>
  <languages folder="admin">
    <language tag="en-GB">language/en-GB/en-GB.com_location.ini</language>
    <language tag="en-GB">language/en-GB/en-GB.com_location.sys.ini
    </language>
  </languages>
</administration>
</extension>
```

Listing 29.1 »location.xml«: Version 0.1.0 des Komponenten-XML-Manifests verweist auf Sprachdateien, Datenbankscripts und Verzeichnisse und Dateien der Backend-Komponente.

Die im Listing hervorgehobenen Unterschiede zu den XML-Manifesten, die Sie aus der Plugin- und Modulentwicklung kennen, bestehen aus:

- `<extension type="component" […]>`: Statt `template`, `plugin` oder `module` lautet der Erweiterungstyp `component`.
- Die Locations-Komponente wird von vornherein mit übersetzbaren Sprachdateien angelegt (siehe Abschnitt 29.1.7, »Sprachdateien – »/language/en-GB/en-GB.com_location.(sys.)ini«), daher enthalten alle Quelltexte entsprechende Sprachschlüssel, wie z. B. hier `COM_LOCATION_XML_DESCRIPTION` für die Beschreibung der Komponente.
- `<install><sql> […] </sql></uninstall>`: Die meisten Komponenten, so auch com_location, speichern Inhalte in ein oder mehreren Datenbanktabellen. Der `<install>`-Block verweist auf SQL-Scripts zur Erzeugung der notwendigen Tabellen; der `<uninstall>`-Block enthält `DROP-TABLE`-Anweisungen zum Bereinigen der Datenbank bei Komponentendeinstallation.
- `<menu>`: Komponenten erhalten in der Regel einen Eintrag im Menü KOMPONENTEN, das `<menu>`-Tag enthält die Beschriftung; auch hier als Sprachschlüsselverweis.
- `<files> […] </files>`: Auflistung aller für die Komponente erforderlichen Dateien und Verzeichnisse
    - `controller.php`: Haupt-Controller der Komponente
    - `location.php`: Einstiegspunkt für die Komponente, die den Haupt-Controller erzeugt und ihm seine Aufgabe übermittelt
    - `controllers`: Verzeichnis für weitere Controller, z. B. für die Steuerung der Ausgaben in der Listendarstellung der Locations
    - `models`: verschachtelte Verzeichnisse, die alle Dateien der Datenbankschicht enthalten
    - `sql`: Installations- und Deinstallationsscripts zur Erweiterung und Bereinigung der Datenbank
    - `views`: verschachteltes Verzeichnis für alle die Ausgabe betreffende Dateien, z. B. den Logikteil der Ausgabe in *view.html.php* und das HTML-Template *default.php*

Beachten Sie, dass XML-Manifeste von Komponenten keinen `<config>`-Block enthalten. Komponentenkonfigurationen sind im Backend von Joomla! unter SYSTEM • KONFIGURATION • Seitenleiste *Komponentenname* hinterlegt, zu ihrer Erzeugung benötigen Sie eine zusätzliche Datei *config.xml* (siehe Abschnitt 29.4.2, »Konfigurationsseite und Berechtigungskonfiguration ergänzen«).

29.1.2 Datenbankscripts

Die Urlaubszielkomponente wird die über das Backend-Formular eingegebenen Locations in einer eigenen Datenbanktabelle speichern, über die sie exklusiv verfügt. Deshalb ist die Komponente auch für die Erzeugung der Tabelle während der Installation und für das Entfernen bei Deinstallation verantwortlich. Das erledigen die folgenden beiden SQL-Scripts im Verzeichnis */administrator/components/com_location/sql/*, ihre Namen: *install.mysql.utf8.sql* und *uninstall.mysql.utf8.sql*.

```
CREATE TABLE IF NOT EXISTS `#__location` (
  `id` int(11) NOT NULL AUTO_INCREMENT,
  `title` varchar(255) NOT NULL DEFAULT '',
  `introtext` mediumtext NOT NULL DEFAULT '',
  `photo` varchar(255) NOT NULL DEFAULT '',
  PRIMARY KEY (`id`)
) ENGINE=MyISAM DEFAULT CHARSET=utf8 AUTO_INCREMENT=1;
```

Listing 29.2 »/sql/install.mysql.utf8.sql«: Script zur Erzeugung einer Datenbanktabelle während der Komponenteninstallation

Das Installationsscript erstellt die Tabelle nur dann, falls sie noch nicht existiert (IF NOT EXISTS), und erzeugt dann Felder für die ID, den Urlaubszieltitel, einen kleinen Beschreibungstext und ein Textfeld zur Aufnahme eines Bildpfads. Achten Sie auf den Tabellennamen #__location (mit zwei Unterstrichen). Joomla! ersetzt Hash-Zeichen und ersten Unterstrich #_ automatisch durch das tatsächliche Präfix, das alle Tabellen während der Installation erhielten.

```
DROP TABLE IF EXISTS `#__location`;
```

Listing 29.3 »/sql/uninstall.mysql.utf8.sql«: Script zum Entfernen der zuvor eingerichteten Tabelle bei Komponentendeinstallation

Das Deinstallationsscript ist unkompliziert, die Tabelle wird kurzerhand gelöscht.

Falls Sie die Location-Komponente nicht installiert haben, sondern per Hand in Ihrem Entwicklungssystem nachbauen, ist es mit dem Anlegen dieser beiden Scripts nicht getan, denn die Datenbankaktualisierung erfolgt, wenn der Erweiterungsmanager die Komponente einrichtet.

Daher ist es jetzt erforderlich, die SQL-Anweisung manuell in phpMyAdmin auszuführen, indem Sie die CREATE TABLE-Anweisung in das Textfeld im SQL-Reiter kopieren (siehe Abbildung 29.3). *Achtung*: Ersetzen Sie dabei das Hash- und Unterstrichpräfix #_ durch Ihr tatsächliches Tabellenpräfix, das Sie über SYSTEM • KONFIGURATION • Reiter SERVER • Bereich DATENBANK • Feld PRÄFIX erfahren; zwischen Präfix und Tabellenname location gehört ein einzelner Unterstrich.

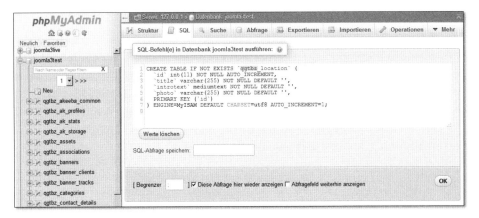

Abbildung 29.3 Programmieren Sie die Komponente direkt im Backend von Joomla!, erzeugen Sie die Tabelle für die neuen Inhaltselemente über phpMyAdmin.

29.1.3 Einstiegsdatei – »location.php«

Die einzige PHP-Datei, die Joomla! bei Aktivierung der Komponente direkt aufruft, trägt den Namen *location.php* und liegt im Komponentenverzeichnis unter */administrator/components/com_location/*. Ab hier übergibt das Content-Management-System die Kontrolle an die Komponente.

```php
<?php
defined('_JEXEC') or die;
if (!JFactory::getUser()->authorise('core.manage', 'com_location'))
{
  return JFactory::getApplication()->enqueueMessage(JText::_('JERROR_
    ALERTNOAUTHOR'), 'error');
}

$controller = JControllerLegacy::getInstance('Location');
$controller->execute(JFactory::getApplication()->input->get('task'));
$controller->redirect();
```

Listing 29.4 »location.php«: Einstiegsseite, die die Benutzerrechte prüft
und den Komponenten-Controller aktiviert

Nach dem obligatorischen PHP-Notausstieg folgt eine weitere Sicherheitsmaßnahme. Die Komponente com_location darf nur ausgeführt werden, wenn der aktuelle Benutzer Managerrechte besitzt, ansonsten erscheint eine Fehlermeldung. Die übrigen drei Zeilen initialisieren und starten den Komponenten-Controller. Beachten Sie den Parameter Location bei der Initialisierung; die Zeichenkette ist in genau dieser Schreibweise Identifikationsmerkmal für alle Klassen und Präfix für ihre Namen, z. B. class **Location**ModelLocations oder class **Location**Helper.

29.1.4 Controller – »controller.php« und »locations.php«

Controller sind das Bindeglied zwischen der von Joomla! weitergeleiteten Benutzeranfrage und den Komponentenaktionen und -anzeigen. Dabei gibt es einen Haupt-Controller für die gesamte Komponente (links in Abbildung 29.4) sowie einzelne Unter-Controller pro View, also für die Listen- und später die Einzeldarstellung der Urlaubsziele (der hervorgehobene dunkelgraue rechte Bereich in Abbildung 29.4). Nur sie sind in der Lage, mit Daten umzugehen, während der Haupt-Controller für die Initialisierung der Anzeige zuständig ist.

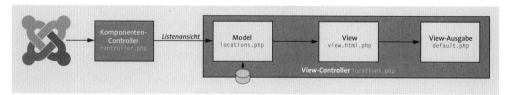

Abbildung 29.4 Die Locations-Komponente setzt einen Haupt-Controller und einen View-Controller für die Listenansicht der Inhaltselemente ein.

Komponenten-Controller – »controller.php«

Durch die Einstiegs-PHP-Datei erfolgt der Aufruf des Komponenten-Controllers. Er heißt immer *controller.php* und liegt im Komponentenverzeichnis unter */administrator/components/com_location/*. Beachten Sie den Namen der Elternklasse, von dem der Controller alle Eigenschaften und Methoden erbt, JControllerLegacy, also die Variante aus dem alten, aber trotzdem aktuellen Joomla!-Framework.

```
<?php
defined('_JEXEC') or die;
class LocationController extends JControllerLegacy
{
  protected $default_view = 'locations';

  public function display($cachable = false, $urlparams = false)
  {
    $view = $this->input->get('view', 'locations');
    $layout = $this->input->get('layout', 'default');
    $id = $this->input->getInt('id');

    parent::display();

    return $this;
  }
}
```

Listing 29.5 »controller.php«: Controller für die Gesamtkomponente

`$default_view` enthält die Ansicht, die erscheint, wenn die Komponente ohne View-Angabe aufgerufen wird. Lassen Sie diese Anweisung weg, versucht Joomla!, den Komponentennamen als Ansicht aufzurufen. Im Fall der Urlaubsziele macht das keinen Sinn, da eine Übersicht über alle Locations erscheinen soll, also erhält die Variable die Pluralbezeichnung `locations`.

Die Funktion `display()` ist die aufgerufene Standardfunktion, falls der Controller keine andere Aufgabe erhält, und erlaubt den direkten Eingriff in die Steuerung des Controllers. Die ersten drei Zeilen holen sich deshalb den `view`, das `layout` und die `id`, falls vorhanden, aus den URL-Parametern und speichern sie zwischen. Dies ist vorbereitender Code, denn an dieser Stelle können Sie später gezielt Anweisungen ausführen, falls eine bestimmte View- und Layoutkombination aufgerufen wird. In diesem Beispiel passiert tatsächlich nichts anderes als die Kommandorückgabe an die vererbte Funktion, die den übrigen Code zur Darstellung und damit den Aufruf der View-individuellen Controller ausführt. (Falls Sie interessiert, wie der `JController-Legacy` sein übriges Tagewerk verrichtet, studieren Sie ihn im Verzeichnis */libraries/legacy/controller/*, Datei *legacy.php*.)

Weiter geht es mit dem Listenansicht-View-Controller, der, vom Haupt-Controller abgespaltet, die Steuerung des Views der Übersichtsliste (`locations`, Plural) übernimmt.

Listenansicht-Controller – »/controllers/locations.php«

Der Unter-Controller *locations.php* verknüpft alle Bestandteile der Listenansicht der Urlaubsziele und liegt in einem eigens dafür angelegten Unterverzeichnis */controllers/*.

```php
<?php
defined('_JEXEC') or die;
class LocationControllerLocations extends JControllerAdmin
{
  public function getModel($name = 'Location', $prefix =
   'LocationModel', $config = array('ignore_request' => true))
  {
    $model = parent::getModel($name, $prefix, $config);
    return $model;
  }
}
```

Listing 29.6 »/controllers/locations.php«: Controller für den »locations«-View

Zur Darstellung der Listenansicht ist bereits die Standardausführung des Controllers fähig. An dieser Stelle erfolgt aber bereits eine Vorbereitung für die später geplante Detailansicht der Locations. Denn der Controller ist hilflos, wenn es um Detailoperationen an den Urlaubszielen geht, die Sie in der Regel in Form von Buttons oberhalb der Listendarstellung sehen. Daher erbt der Listen-Controller von einer besonderen Joomla!-Klasse, die solche Operationen ermöglicht, vom JControllerAdmin, und stellt das Model für den Einzeleintrag einer Location bereit.

29.1.5 Model – »locations.php«

Das Model ist die Schnittstelle zur Datenbank, die das Lesen und Schreiben von Datensätzen ermöglicht, in Abbildung 29.5 dunkelgrau hervorgehoben sehen Sie das Model für die Listenansicht.

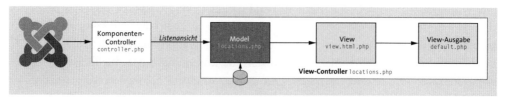

Abbildung 29.5 Das Locations-Model ist die Schnittstelle zur Datenbank.

Listenansicht-Model – »/models/locations.php«

Für die Model-Programmierung der Locations-Liste sind SQL-Kenntnisse hilfreich, denn im Kern erfolgt hier eine Datenbankabfrage in spezieller Joomla!-Framework-Schreibweise. Das Listenansicht-Model liegt unter */administrator/components/com_location/models/* und trägt den Pluralnamen *locations.php*.

```
<?php
defined('_JEXEC') or die;
class LocationModelLocations extends JModelList
{
  protected function getListQuery()
  {
    $db = $this->getDbo();
    $query = $db->getQuery(true);
    $query->select($db->quoteName(array('id', 'title', 'introtext',
      'photo')));
    $query->from($db->quoteName('#__location'));
    return $query;
  }
}
```

Listing 29.7 »/models/locations.php«: Standard-Model für die Datenbankabfrage aller Datenbankeinträge der location-Tabelle

Die Funktion getListQuery() bezieht alle Locations aus der location-Tabelle. Dabei bauen Sie in der Variablen $query die Datenbankabfrage Schritt für Schritt auf: Per select listen Sie die zurückzugebenden Tabellenfelder aus der über from angegebenen Tabelle. In SQL ausgeschrieben, lautet die Abfrage:

SELECT 'id', 'title', 'introtext', 'photo' FROM #__location;

Das Model holt sich also die ID, den Titel, Beschreibungstext und den Fotolink, genau die Elemente, die später die Urlaubszielliste anzeigt.

29.1.6 View – »view.html.php« und »default.php«

Views bestehen aus mindestens zwei Bestandteilen, um die Businesslogik vom eigentlichen HTML-Template zu trennen: In *view.html.php* erfolgt die Aufbereitung der zur Ausgabe anstehenden Daten, außerdem werden hier Werkzeugleisten und Seitenleisten konstruiert. HTML-Code und Templateplatzhalter liegen in der Datei *default.php*.

View für die Listenansicht – »/views/locations/view.html«

Der Businesslogik-Teil des Views für die Listenausgabe liegt im Verzeichnis */administrator/components/com_location/views/locations/* und heißt *view.html.php* (dunkelgrau hervorgehoben in Abbildung 29.6).

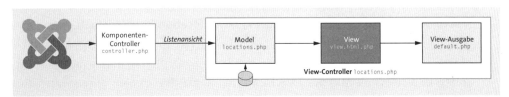

Abbildung 29.6 »view-html.php« erhält die Daten aus dem Model, bereitet sie gegebenenfalls auf und reicht sie an das HTML-Template »default.php« weiter.

```
<?php
defined('_JEXEC') or die;
class LocationViewLocations extends JViewLegacy
{
  protected $locations;
  public function display($tpl = null)
  {
    $this->locations = $this->get('Items');
    $bar = JToolBar::getInstance('toolbar');
    JToolbarHelper::title(JText::_('COM_LOCATION_MANAGER_LOCATIONS'), '');
    JToolbarHelper::addNew('location.add');
    JToolbarHelper::editList('location.edit');
    JToolbarHelper::deleteList(JText::_('COM_LOCATION_DELETE_
      CONFIRMATION'), 'locations.delete', 'JTOOLBAR_DELETE');
```

```
    parent::display($tpl);
  }
}
```

Listing 29.8 »/views/locations/view.html.php« holt sich die Daten aus dem Model und baut die Werkzeugleiste auf.

Im ersten Schritt holt sich der View mit `$this->get('Items');` alle Daten aus dem Model und stellt sie dem HTML-Template in der Variablen `getListQuery()` zur Verfügung. Später sind dann alle Urlaubsziele mit ihren Detaildaten über die Variable `$locations` erreichbar. Die übrigen Anweisungen dienen zur Konstruktion der oberen Buttonleiste, die die Buttons NEU (`location.add`), BEARBEITEN (`location.edit`) und LÖSCHEN (`locations.delete`) enthält. `location` bezieht sich dabei auf Aktionen einzelner Locations (Detailansicht), deren Implementierung im zweiten Schritt erfolgt – im Unterschied zu `locations` bei der LÖSCHEN-Button-Zuweisung, da diese Funktion auf mehrere, zuvor per Häkchen markierte Locations angewendet werden kann. Übrigens werden in der Komponente natürlich keine Textausgaben hardgecodet, daher sind an dieser Stelle Sprachschlüssel (`COM_LOCATION_MANAGER_LOCATIONS`, `COM_LOCATION_DELETE_CONFIRMATION`) enthalten, deren Inhalte später in einer Sprachdatei eingepflegt werden.

HTML-Template für die Listenansicht – »/views/locations/tmpl/default.php«

Am Ende des langen Wegs der Locations-Listendaten steht nun endlich das HTML-Template (dunkelgrau hervorgehoben in Abbildung 29.7). Wie andere Joomla!-Templates enthält es eine Mischung aus HTML-Tags und PHP-Befehlen, die als Platzhalter der zu injizierenden Daten dienen.

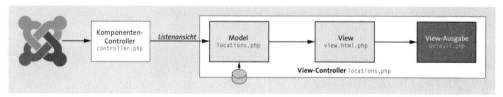

Abbildung 29.7 Das HTML-Template »default.php« sorgt für die Ausgabe der vom View bereitgestellten Daten.

```
<?php
defined('_JEXEC') or die;
?>

<form action="<?php echo JRoute::_('index.php?option=com_location&view=
  locations'); ?>" method="post" name="adminForm" id="adminForm">
```

```html
<div id="j-main-container">
  <div class="clearfix"> </div>
  <table class="table table-striped" id="locationList">
    <thead>
      <tr>
        <th width="1%" class="nowrap center hidden-phone">
          <input type="checkbox" name="checkall-toggle" value="" title="
            <?php echo JText::_('JGLOBAL_CHECK_ALL'); ?>" onclick=
            "Joomla.checkAll(this);" />
        </th>
        <th>
        <?php echo JText::_('COM_LOCATION_COLUMN_HEADER_TITLE'); ?>
        </th>
        <th class="nowrap hidden-phone">
        <?php echo JText::_('COM_LOCATION_COLUMN_HEADER_INTROTEXT'); ?>
        </th>
        <th class="nowrap hidden-phone">
        <?php echo JText::_('COM_LOCATION_COLUMN_HEADER_PHOTO'); ?>
        </th>
      </tr>
    </thead>
    <tbody>
      <?php foreach ($this->locations as $i=>$location) :?>
      <tr class="row<?php echo $i % 2; ?>">
        <td class="nowrap center hidden-phone">
          <?php echo JHtml::_('grid.id', $i, $location->id); ?>
        </td>
        <td class="has-context">
          <a href="<?php echo JRoute::_('index.php?option=com_location&task=
            location.edit&id='. (int) $location->id); ?>">
            <?php echo $this->escape($location->title); ?>
          </a>
        </td>
        <td class="small">
          <?php echo $this->escape($location->introtext); ?>
        </td>
        <td class="nowrap">
          <a href="<?php echo JRoute::_('index.php?option=com_location&task=
            location.edit&id='. (int) $location->id); ?>">
            <?php echo '<img src="/' . $this->escape($location->photo) .
              '" style="height:20px;" />'; ?>
```

```
                </a>
              </td>
            </tr>
            <?php endforeach; ?>
          </tbody>
        </table>

        <input type="hidden" name="task" value="" />
        <input type="hidden" name="boxchecked" value="0" />
        <?php echo JHtml::_('form.token'); ?>
      </div>
</form>
```

Listing 29.9 »/views/locations/tmpl/default.php« enthält die HTML-Ausgabe für die Listendarstellung der »locations«.

Die Listendarstellung der Urlaubsziele erzeugt eine große, in ein HTML-Formular gewickelte Tabelle. In ihrem `<tbody>`-Block werden nacheinander alle Locations durchiteriert, die die Businesslogik in der Variablen `$locations` bereitstellt (`foreach ($this->locations as $i->$location)`).

Innerhalb der Schleife enthält `$location` (Singular) alle Daten des aktuell durchlaufenden Urlaubsziels, also ID, Titel, Beschreibung und Fotolink. Die Ausgabe erfolgt über einen einfachen `echo`-Befehl in der jeweiligen Tabellenzelle, z. B. `echo $this->escape($location->introtext);` für die Urlaubszielbeschreibung.

Nach der Schleife erhält das Formular einige versteckte, automatisch befüllte Felder. Besonders wichtig ist das `form.token`, eine eindeutige Formularkennung, die sogenannte Cross-Site-Request-Forgery-Angriffe, Übergriffe aus einer anderen Joomla!-Installation, vereitelt.

Das Formular enthält außerdem Joomla!-spezifische Framework-Befehle: Per `JText`-Anweisungen erfolgt die Ausgabe der aus den Sprachdateien stammenden Beschriftungen, z. B. für die Spaltenüberschriften, innerhalb von `<th>`-Tags. Bemerkenswert sind die `JRoute`-Anweisungen, über die Sie Joomla!-interne Links erzeugen. Im `action`-Attribut verweist das Formular damit wieder auf sich selbst; beim anklickbaren Urlaubszieltitel und dem Foto wird ein neuer Link zur Detailseite der Location zusammengebaut:

`'index.php?option=com_location&task=location.edit&id='. (int) $location->id`

Damit sind die programmatischen Aspekte der Version 0.1.0 der Urlaubszielkomponente fertiggestellt. Die folgenden Abschnitte runden das Paket mit Sprachdateien und der Einrichtung ab, falls Sie nicht das Download-Paket installiert, sondern alle Listings selbst eingegeben haben.

29.1.7 Sprachdateien – »/language/en-GB/en-GB.com_location.(sys.)ini«

Während des Anlegens der Komponenten-Programmdateien wurde vermieden, Beschriftungen im Quelltext hardzucoden. Stattdessen verwendet die Komponente an den Textstellen Sprachschlüssel, ein leistungsfähiges Platzhaltersystem, über das zur Laufzeit Begriffe in der Sprache des Benutzers angezogen werden, vorausgesetzt, eine entsprechende Übersetzung liegt vor.

Standardmäßig sollten alle Erweiterungen immer englischsprachige Texte enthalten, um bei einer Veröffentlichung zu gewährleisten, dass Entwickler und Webmaster rund um den Globus mit der Erweiterung arbeiten können. Diese Sprachdateien befinden sich an zwei verschiedenen Verzeichnispfaden, je nachdem, ob die Komponente bereits in Joomla! installiert ist oder sich in Vorbereitung, der Paketierung, befindet, um später über den Erweiterungsmanager eingerichtet zu werden:

- **Sprachdateien im laufenden Joomla!-System**
  Alle Sprachdateien für alle Erweiterungen des Administrations-Backends liegen unter */administrator/language/* und darin jeweils auf Sprachunterordner verteilt, z. B. */administrator/language/en-GB/* oder */administrator/language/de-DE/*.

  Sprachdateien für das Frontend folgen demselben Muster, allerdings ohne den Anfangsordner */administrator/*.

- **Sprachdateien im Erweiterungspaket**
  Im Erweiterungspaket befinden sich in oberster Verzeichnisebene die Verzeichnisse */site/* und */admin/*, anhand der die Unterscheidung zwischen Dateien für Front- bzw. Backend stattfindet. Darunter folgt jeweils ein Verzeichnis */language/*, gefolgt vom Sprachunterverzeichnis */en-GB/* oder */de-DE/*.

Pro Erweiterung stellen Sie entweder zwei oder drei Sprachdateien bereit, abhängig davon, ob Sie Begriffsplatzhalter für das Backend und/oder Frontend einsetzen, denn für das Backend sind *zwei* Sprachdateien erforderlich.

- *en-GB.internerErweiterungsname.sys.ini*: Enthält Begriffe für den Installationsvorgang der Erweiterung. Außerdem ziehen sich einige Backend-Manager und das Popup-Fenster der Menüeintragstyp-Auswahl den Komponentennamen und andere Beschriftungen aus dieser Datei.
- *en-GB.internerErweiterungsname.ini*: Für Begriffe während der Laufzeit der Erweiterung, hier steckt also der Großteil aller Texte.

Der Aufbau einer Sprachdatei ist über Schlüssel/Wert-Paare recht simpel, z. B. anhand der Datei *en-GB.com_location.sys.ini*:

```
COM_LOCATION="Location Manager"
COM_LOCATION_XML_DESCRIPTION="Reiseforum Location Manager"
COM_LOCATION_MENU="Location Manager"
```

Listing 29.10 »/language/en-GB/en-GB.com_location.sys.ini«: Sprachdatei für alle Beschriftungen und Hinweise während der Komponenteninstallation

Auf der linken Seite steht der Sprachschlüssel, der stets mit der Art der Erweiterung und dem internen Erweiterungsnamen beginnt, z. B. com_location für die Urlaubszielkomponente. Es folgen durch Unterstriche getrennte, großgeschriebene Kennzeichner für die Stelle, an der der Schlüssel eingesetzt wird. _XML-DESCRIPTION deutet z. B. auf die Komponentenbeschreibung im XML-Manifest, _MENU ist der Name des Menüeintrags im KOMPONENTEN-Menü. Letztendlich haben Sie bei der exakten Formulierung des Schlüssels freie Hand, achten Sie aber auf den Komponententyp und -namen, damit sich Ihre Begriffe nicht mit denen anderer Erweiterungen verheddern.

Mit einem Gleichheitszeichen vom Schlüssel getrennt, befindet sich auf der rechten Seite der eigentliche Begriff in Anführungszeichen. Da grundsätzlich alle Joomla!-Dateien in UTF-8 zu speichern sind, brauchen Sie nicht vor der Nutzung von Umlauten und Sonderzeichen zurückzuschrecken.

Weitere Sprachschlüsselbeispiele finden Sie in der Datei *en-GB.com_location.ini*, die die Begriffe enthält, die die Komponente nach Aktivierung über das Menü KOMPONENTEN einsetzt.

```
COM_LOCATION_MENU="Location Manager"
COM_LOCATION_MANAGER_LOCATIONS="Reiseforum Location Manager"
COM_LOCATION_MANAGER_LOCATION="Reiseforum Location Manager -
  Edit Location Details"
COM_LOCATION_NEW_LOCATION="Enter new Location"
COM_LOCATION_EDIT_LOCATION="Edit existing Location"
COM_LOCATION_DELETE_CONFIRMATION="Are you sure to delete this Location?"
COM_LOCATION_N_ITEMS_DELETED="Delete successful."

COM_LOCATION_COLUMN_HEADER_TITLE="Location"
COM_LOCATION_COLUMN_HEADER_INTROTEXT="Introtext"
COM_LOCATION_COLUMN_HEADER_PHOTO="Photo"
```

Listing 29.11 »/language/en-GB/en-GB.com_location.ini«: Hauptsprachdatei für alle Beschriftungen und Hinweise während der Laufzeit der Komponente

Anhand der Hauptsprachdatei erkennen Sie, dass es sich empfiehlt, die Sprachschlüssel nach Angabe des Erweiterungsnamens zu gruppieren, z. B. anhand der Spaltenüberschriften in der Listenansicht (`_COLUMN_`). Noch mehr Übersicht erhalten Sie durch die Verteilung von Kommentaren; Kommentarzeilen beginnen mit einem Semikolon (;).

29.1.8 Testlauf durchführen

Haben Sie die Locations-Komponente nicht über das Download-Paket installiert, sondern bis hierher selbst angelegt, wird es Zeit, die Erweiterung in Joomla! zu registrieren und zu testen. Da alle Dateien bereits an der richtigen Stelle liegen (*/administrator/components/com_location/*), genügt es, die Erkennungsfunktion zu aktivieren, über ERWEITERUNGEN • VERWALTEN • Seitenleiste ÜBERPRÜFEN • Button ÜBERPRÜFEN • Häkchenmarkierung der entdeckten Komponente • Button INSTALLIEREN. Nach wenigen Sekunden steht die Location-Komponente im Menü KOMPONENTEN zum Aufruf bereit (siehe Abbildung 29.8).

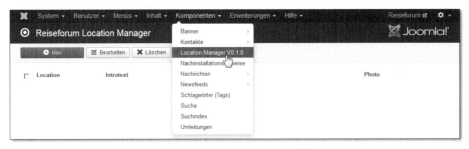

Abbildung 29.8 Die neu entdeckte Urlaubszielkomponente gliedert sich ins Menü »Komponenten« ein und verfügt über die üblichen Buttons vergleichbarer Standardkomponenten.

Klicken Sie auf den Menüeintrag, wechselt das Backend zur neuen Komponente, die sich unter der Menüleiste ordnungsgemäß als REISEFORUM LOCATION MANAGER ausweist und die Buttons NEU, BEARBEITEN und LÖSCHEN sowie eine (noch leere) Listenansicht präsentiert. Im nächsten Schritt bringen Sie etwas Leben in diese Liste, denn nun folgt die Implementierung der Detailansicht, über die neue Elemente angelegt und vorhandene bearbeitet werden.

Debugging-Hinweis: Ist die Komponente einmal installiert, sind Fehlermeldungen, die vielleicht auf Tippfehler zurückzuführen sind, in der Regel beschreibend (siehe Abbildung 29.9). Stellen Sie lediglich sicher, dass Sie die Fehlerkonfiguration unter SYSTEM • KONFIGURATION • Reiter SERVER • FEHLER BERICHTEN *nicht* auf KEINE gestellt haben. Lokalisieren Sie dann im Fehlerfall die zitierte Datei, und vergleichen Sie noch mal den Code in der benannten Zeile mit den hier gedruckten Listings. Im Zweifelsfall laden Sie das Komponentenpaket von *https://joomla-handbuch.com/downloads/handbuch* herunter und vergleichen die Dateien mit einem Tool wie z. B. BeyondCompare (*http://www.scootersoftware.com*).

Abbildung 29.9 Selbst bei »einfacher« Fehlerberichterstattung teilt Ihnen PHP im Falle eines Fehlers die Problemdatei und -zeile mit; im Bild hat sich ein Tippfehler im Variablennamen »$locationss« eingeschlichen.

29.2 Detailansicht der Backend-Komponente ergänzen

In Version 0.2.0 füllen Sie die Locations-Komponente mit Inhalten. Dazu erhält die Komponente ein weiteres Formular, das die Detailansicht eines Urlaubsziels, also einer einzelnen Location, einblendet und die Bearbeitung der Textfelder und Bildfelder erlaubt (siehe Abbildung 29.10). Das ist vergleichbar mit der Ansicht eines einzelnen Beitrags, nachdem Sie im Beitragsmanager auf den Titel klicken.

Ziel: Neue Urlaubsziele können angelegt und vorhandene bearbeitet oder gelöscht werden. Die Speicherung der Urlaubsziele erfolgt in der Datenbank von Joomla!.

Vorgehen: Sie ergänzen die Komponente um einen weiteren View für die Detailansicht inklusive zugehörigem Model und View-Controller und ergänzen die notwendigen Referenzen und Sprachschlüssel in XML-Manifest und Sprachdatei.

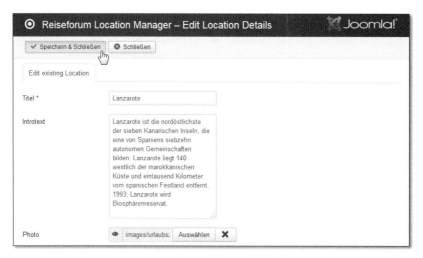

Abbildung 29.10 In der Detailansicht der Locations-Komponente ist die Bearbeitung einzelner Inhaltselemente vorgesehen.

Zuvor ein Blick auf die Verzeichnis- und Dateistruktur. Veränderte bzw. neue Dateien sind hervorgehoben.

Verzeichnis/Datei	Aufgabe
controller.php	Haupt-Controller der Komponente zum Aufruf der View-abhängigen Unter-Controller
location.php	Komponenten-Einstiegsdatei für Joomla!, Initialisierung des Haupt-Controllers
location.xml	XML-Manifest
/controllers/	Verzeichnis für alle Unter-Controller
location.php	View-Controller für die Einzelansicht
locations.php	View-Controller für die Listenansicht
/language/	Enthält alle Sprachdateien.
/en-GB/	englischsprachiges Standardverzeichnis
en-GB.com_location.ini	Sprachdatei für alle Beschriftungen während der Laufzeit
en-GB.com_location.sys.ini	Sprachdatei für Beschriftungen während der Installation
/models/	Enthält alle Komponenten-Models.
location.php	Model für die Einzelansicht
locations.php	Model für die Listenansicht
/forms/	Enthält die Komponente begleitende JForm-Formulare.
location.xml	JForm-XML für das Bearbeitungsformular
/sql/	Enthält Datenbankscripts.
0.1.0.sql	Historie der Datenbankscripts
install.mysql.utf8.sql	Tabellenerzeugung während der Installation
uninstall.mysql.utf8.sql	Datenbankbereinigung bei Deinstallation

Tabelle 29.3 Blick in die Verzeichnisstruktur der Location-Komponente Version 0.2.0 innerhalb des Verzeichnisses »/admin/«

Verzeichnis/Datei	Aufgabe
/tables/	Enthält Datenbanktabellenabbildungen für die Models.
location.php	Tabellenabbildung für die Einzelansicht
/views/	Enthält Businesslogik und HTML-Template aller Views.
/location/	Enthält den View der Einzelansicht.
view.html.php	Businesslogik der Einzelansicht
tmpl/	Enthält HTML-Templates.
edit.php	HTML-Template des Bearbeitungsformulars
/locations/	Enthält den View der Listenansicht.
view.html.php	Businesslogik der Listenansicht
/tmpl/	Enthält HTML-Templates.
default.php	HTML-Template der Listenansicht

Tabelle 29.3 Blick in die Verzeichnisstruktur der Location-Komponente Version 0.2.0 innerhalb des Verzeichnisses »/admin/« (Forts.)

29.2.1 XML-Manifest – »location.xml«

Für die Detailansicht ist es erforderlich, ein zusätzliches Tabellenobjekt bereitzustellen (dazu gleich mehr, wenn es um das neue Model geht). Es wird in einem neuen Verzeichnis */tables/* angelegt, darum erhält das XML-Manifest eine weitere Zeile, die dieses Verzeichnis referenziert.

```
[…]
    <files folder="admin">
        <filename>index.html</filename>
        <filename>controller.php</filename>
        <filename>location.php</filename>
        <folder>controllers</folder>
        <folder>models</folder>
        <folder>sql</folder>
        <folder>tables</folder>
```

```
<zeichen typ="programmierelement">        <folder>views</folder></zeichen>
    </files>
[…]
```

Listing 29.12 »location.xml«: Version 0.2.0 des Komponenten-XML-Manifests verweist auf Sprachdateien, Datenbankscripts und Verzeichnisse und Dateien der Backend-Komponente.

29.2.2 View-Controller – »location.php«

Für die Detailansicht entsteht ein neuer View, in dem sich alles um die Darstellung und Bearbeitungsmöglichkeit eines einzelnen Inhaltselements dreht. Zur Steuerung dieses Views ist ein weiterer View-Controller nötig (siehe Abbildung 29.11).

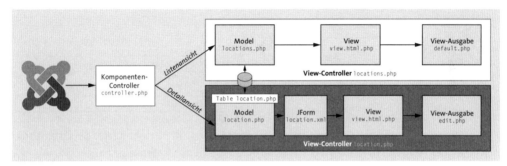

Abbildung 29.11 Version 0.2.0 der Locations-Komponente erhält einen weiteren View für die Detailansicht inklusive zugehörigem Model und Controller.

Detailansicht-Controller – »/controllers/location.php«

Ebenfalls im */controllers/*-Unterverzeichnis angesiedelt ist der Controller für die Detailansicht, *location.php*; beachten Sie den Singular der Schreibweise.

```
<?php
defined('_JEXEC') or die;
class LocationControllerLocation extends JControllerForm
{
}
```

Listing 29.13 »/controllers/location.php«: Controller für den View der Einzelausgabe

Auch die Einzelansicht der Locations benötigt einen besonderen Controller. In diesem Fall, damit er seine Aufgaben zur Steuerung des Formulars erfüllen kann, das nach Klick auf den Button NEU oder BEARBEITEN erscheint. Ein JControllerLegacy würde hier nicht genügen, der JControllerForm muss her. Seine Basisfunktionen sind für die Location-Komponente aber ausreichend, darum wird in der Controller-Klasse nichts überschrieben oder erweitert.

29.2.3 Model – »location.php«

Weiter geht es im Model, das für das Lesen und Schreiben der Datensätze der Inhaltselemente sorgt (siehe Abbildung 29.12).

Detailansicht-Model – »/models/location.php«

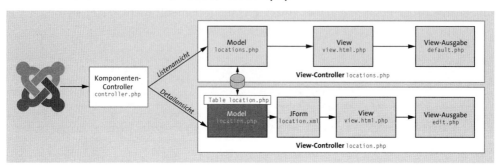

Abbildung 29.12 Für die Detailansicht liest das Model nicht nur Inhalte aus der Datenbank, sondern schreibt bzw. überschreibt neue oder bestehende Datensätze.

Das Einzelansicht-Model ist komplexer, da es zur Darstellung der einzelnen Location genaue Angaben zum Datensatz und zur Formulardarstellung benötigt. Das Model liegt im gleichen Verzeichnis wie das zur Liste, */administrator/components/com_location/models/*, trägt aber den Singularnamen *location.php*.

```php
<?php
defined('_JEXEC') or die;
class LocationModelLocation extends JModelAdmin
{
  public function getTable($type = 'Location', $prefix = 'LocationTable',
    $config = array())
  {
    return JTable::getInstance($type, $prefix, $config);
  }

  public function getForm($data = array(), $loadData = true)
  {
    $app = JFactory::getApplication();
    $form = $this->loadForm('com_location.location', 'location',
      array('control'=>'jform', 'load_data'=>$loadData));
```

29.2 Detailansicht der Backend-Komponente ergänzen

```
    if (($form))
    {
      return false;
    }
    return $form;
  }

  protected function loadFormData()
  {
    $data = JFactory::getApplication()->getUserState('com_
      location.edit.location.data', array());
    if (($data))
    {
      $data = $this->getItem();
    }
    return $data;
  }
}
```

Listing 29.14 »/models/location.php«: Model zum Abrufen und Beschreiben der Einzelansicht

Der Bezug zur Tabelle in `getTable()` dient dem Lesen und Schreiben eines einzelnen Datensatzes, achten Sie auf die Singularschreibweise `LocationTable`. (Die Tabellendefinition folgt gleich in einer separaten Datei.) `getForm()` und `loadFormData()` initialisieren und befüllen das Formular.

Tabellendefinition – »/tables/location.php«

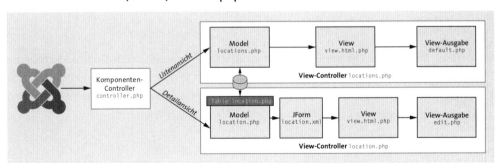

Abbildung 29.13 Für den Zugriff auf die Datenbanktabelle der Locations erhält das Model ein begleitendes Tabellenobjekt.

Für die Tabellendefinitionen ist ein separates Unterverzeichnis /administrator/ components/com_location/tables/ vorgesehen, das die Einzelansichtsdatei location.php enthält.

```
<?php
defined('_JEXEC') or die;
class LocationTableLocation extends JTable
{
  public function __construct(&$db)
  {
    parent::__construct('#__location', 'id', $db);
  }
}
```

Listing 29.15 »/tables/location.php«: Tabellendefinition für die Einzelansicht

Hier genügt es, der Elternklasse den Tabellennamen (#__location) und den Primärschlüssel (id) mitzuteilen.

Formulardefinition – »/models/forms/location.xml«

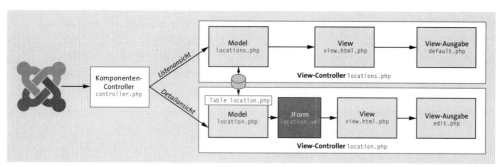

Abbildung 29.14 Die Formulardefinition in »location.xml«

Zum Abschluss folgt die Formulardefinition der bearbeitbaren Detailansicht, eine XML-Datei *location.xml* im Unterverzeichnis */models/forms/*. Bei ihr handelt es sich um ein JForm, Sie dürfen also alle Formularfelder einsetzen, die Sie bereits aus den <config>-Blöcken der Plugin- und Modul-XML-Manifeste kennen.

```
<?xml version="1.0" encoding="utf-8"?>
<form>
  <fieldset>
    <field name="id"
      type="text"
      default="0"
      label="JGLOBAL_FIELD_ID_LABEL"
```

```
        readonly="true"
        class="readonly"
        description="JGLOBAL_FIELD_ID_DESC" />
    <field name="title"
        type="text"
        class="inputbox"
        size="40"
        label="JGLOBAL_TITLE"
        description="JGLOBAL_FIELD_TITLE_DESC"
        required="true" />
    <field name="introtext"
        type="textarea"
        class="inputbox"
        cols="40"
        rows="10"
        label="COM_LOCATION_FIELD_INTROTEXT_LABEL"
        description="COM_LOCATION_FIELD_INTROTEXT_DESC" />
    <field name="photo"
        type="media"
        size="40"
        directory=""
        hide_none="1"
        label="COM_LOCATION_FIELD_PHOTO_LABEL"
        description="COM_LOCATION_FIELD_PHOTO_DESC" />
  </fieldset>
</form>
```

Listing 29.16 »/models/forms/location.xml«: Im Formular der Einzelansicht verwenden Sie JForm-Formularfelder.

Ähnlich wie im XML-Manifest von Plugins und Modulen listen Sie innerhalb des `<fieldset>`-Blocks nacheinander alle einzusetzenden Formularfelder. Das `type`-Attribut markiert, um welche Art Formularfeld es sich handelt – eine Übersicht über die am häufigsten verwendeten finden Sie in Abschnitt 25.3.2, »JForm-Feldtypen«. Beachten Sie die Attribute `label` und `description`. Sie enthalten Sprachschlüssel, um die zum Ende dieses Abschnitts die Sprachdatei ergänzt wird – mit Ausnahme der mit `JGLOBAL_` beginnenden Schlüssel, die von Joomla! vorgegebene Begriffe einsetzen.

29.2.4 View – »view.html.php« und »edit.php«

Auch bei der Einzelansicht bzw. -bearbeitung eines Urlaubsziels erfolgt eine Trennung von Businesslogik und HTML-Template. Die Verzeichnisstruktur ist unter */administrator/components/com_location/views/location/* identisch mit der der

Listenansicht, enthält also einen Unterordner /tmpl/ zur Aufnahme von einer oder mehreren Templatedateien.

View für die Detailansicht – »/views/location/view.html.php«

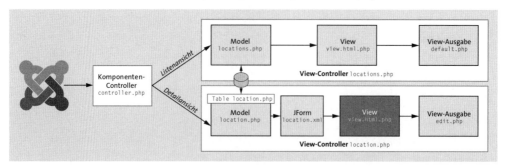

Abbildung 29.15 Die Applikationslogik des Detailansicht-Views holt sich Daten des Models und die JForm-Formulardefinition und befüllt das HTML-Template »edit.php«.

Zunächst zur Businesslogik in der Datei *views.html.php*:

```
<?php
defined('_JEXEC') or die;
class LocationViewLocation extends JViewLegacy
{
  protected $location;
  protected $form;

  public function display($tpl = null)
  {
    $this->location = $this->get('Item');
    $this->form = $this->get('Form');

    JFactory::getApplication()->input->set('hidemainmenu', true);
    JToolbarHelper::title(JText::_('COM_LOCATION_MANAGER_LOCATION'), '');

    JToolbarHelper::save('location.save');

    if (($this->location->id))
    {
      JToolbarHelper::cancel('location.cancel', 'JTOOLBAR_CANCEL');
    }
    else
    {
      JToolbarHelper::cancel('location.cancel', 'JTOOLBAR_CLOSE');
```

```
    }
    parent::display($tpl);
  }
}
```

Listing 29.17 »/views/location/view.html.php«: View-Variante für das einzelne »location«-Formular zur Neuanlage oder Bearbeitung

In dieser *view.html.php*-Datei erfolgt nicht nur die Bereitstellung der eigentlichen Location mit `get('Item')`, sondern auch des Bearbeitungsformulars (`get('Form')`), dessen Eingabefelder in der zuvor abgelegten Datei */models/forms/location.xml* definiert sind.

`set('hidemainmenu', true)` dient der Deaktivierung des oberen Joomla!-Menüs. Damit wird das Formular modal, und der Benutzer verlässt es nicht versehentlich über einen Menüpunkt, sondern kann die Bearbeitung nur über einen der Buttons SPEICHERN & SCHLIESSEN oder SCHLIESSEN/ABBRECHEN beenden. Die Buttonleiste, die diese Buttons enthält, entsteht über die darauf folgenden `JToolbarHelper`-Zeilen.

HTML-Template für die Detailansicht – »/views/location/tmpl/edit.php«

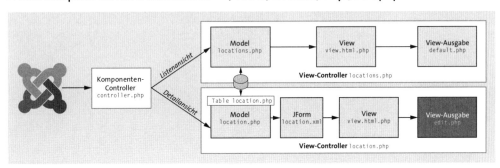

Abbildung 29.16 »edit.php« ist schließlich das HTML-Template, das das Bearbeitungsformular enthält

Last, but not least enthält die Datei */tmpl/edit.php* das eigentliche HTML-Formular, ebenfalls gespickt mit PHP-Platzhaltern, um die Feldbeschriftungen und -inhalte dynamisch zur Laufzeit auszugeben.

```
<?php
defined('_JEXEC') or die;
?>
<form action="<?php echo JRoute::_('index.php?option=com_location&layout=edit&
  id=' . (int) $this->location->id); ?>" method="post" name="adminForm"
  id="adminForm" class="form-validate">
```

```
            <div class="row-fluid">
                <div class="span10 form-horizontal">
                    <fieldset>
                        <?php echo JHtml::_('bootstrap.startTabSet', 'editLocation',
                            array('active' => 'general')); ?>
                            <?php echo JHtml::_('bootstrap.addTab', 'editLocation',
                                'general', ($this->location->id) ? JText::_('COM_LOCATION_
                                NEW_LOCATION') : JText::sprintf('COM_LOCATION_EDIT_LOCATION',
                                $this->location->id)); ?>
                            <div class="control-group">
                                <div class="control-label"><?php echo $this->form->
                                    getLabel('title'); ?></div>
                                <div class="controls"><?php echo $this->form->
                                    getInput('title'); ?></div>
                            </div>

                            <div class="control-group">
                                <div class="control-label"><?php echo $this->form->
                                    getLabel('introtext'); ?></div>
                                <div class="controls"><?php echo $this->form->
                                    getInput('introtext'); ?></div>
                            </div>

                            <div class="control-group">
                                <div class="control-label"><?php echo $this->form->
                                    getLabel('photo'); ?></div>
                                <div class="controls"><?php echo $this->form->
                                    getInput('photo'); ?></div>
                            </div>
                            <?php echo JHtml::_('bootstrap.endTab'); ?>
                            <input type="hidden" name="task" value="" />
                            <?php echo JHtml::_('form.token'); ?>
                        <?php echo JHtml::_('bootstrap.endTabSet'); ?>
                    </fieldset>
                </div>
            </div>
</form>
```

Listing 29.18 »/views/locations/tmpl/edit.php« ist die HTML-Ausgabe des »locations«-Bearbeitungsformulars.

Auch die Einzelansichtsseite besteht aus einem großen HTML-Formular, dessen `action` auf sich selbst verweist und das am Ende ein `form.token` zur Vermeidung von Cross-Site-Request-Forgery-Angriffen enthält. Beachten Sie den URL-Parameter & *layout=edit* in der Formular-`action`, der den Namen des hier eingesetzten HTML-Templates enthält.

Auffällig ist der Einsatz eines Bootstrap-`TabSets`. Dabei handelt es sich um die Reiter, die Sie z. B. aus der Beitragsbearbeitung (INHALT, VERÖFFENTLICHUNG, BILDER UND LINKS etc.) kennen und deren Formularfelder Teile eines großen Gesamtformulars sind, das mit Bootstraps Hilfe auf mehrere Seiten aufgeteilt wird. Jeder Reiter befindet sich dabei innerhalb eines Bootstrap-`Tabs`:

```
<?php echo JHtml::_('bootstrap.addTab', 'uebergreifenderNameFuerDieReitergruppe',
  'IDdesEinzelnenReiters', 'ReiterBeschriftung')); ?>
    <div>Reiterinhalt</div>
<?php echo JHtml::_('bootstrap.endTab'); ?>
```

Innerhalb der Tabs befinden sich wieder zahlreiche Platzhalter, die die über *view.html.php* bereitgestellten Formularfeldbeschriftungen und -inhalte in das HTML-Formular injizieren.

Die Programmergänzungen für die Detailansicht sind damit abgeschlossen, nun fehlen nur noch die eigentlichen Formularfeldbeschriftungen, die in der Formulardefinition als Sprachschlüssel hinterlegt wurden.

29.2.5 Sprachdateien vervollständigen – »/language/en-GB/en-GB.com_location.ini«

Erinnern Sie sich an die Formulardefinition in */models/forms/location.xml*? Dort wurden einige zusätzliche Sprachschlüssel für die Formularfeldbeschriftungen eingesetzt. Zwei stammten aus dem umfangreichen Wortschatz von Joomla!, aber die Labels für den Beschreibungstext und das Foto enthalten einen komponentenspezifischen Kennzeichner; ihre Definitionen ergänzen Sie also in der Datei *en-GB.com_location.ini* wie folgt.

```
[...]
; Form Fields
COM_LOCATION_FIELD_INTROTEXT_LABEL="Introtext"
COM_LOCATION_FIELD_INTROTEXT_DESC="Enter a text describing the location"
COM_LOCATION_FIELD_PHOTO_LABEL="Photo"
COM_LOCATION_FIELD_PHOTO_DESC="Pick a photo that represents this beautiful location"
COM_LOCATION_COLUMN_HEADER_TITLE="Location"
```

```
COM_LOCATION_COLUMN_HEADER_INTROTEXT="Introtext"
COM_LOCATION_COLUMN_HEADER_PHOTO="Photo"
```

Listing 29.19 »/language/en-GB/en-GB.com_location.ini«: Ergänzungen (hervorgehoben) der Feldbeschriftungen für das Detailansichtsformular

29.2.6 Testlauf durchführen

Zeit für den nächsten Probelauf. Falls Sie die Ergänzungen direkt in Ihrer Joomla!-Installation vornahmen, wechseln Sie einfach ins Administrations-Backend und rufen die neue Komponente erneut über KOMPONENTEN • LOCATION MANAGER auf. Arbeiten Sie mit den Download-Paketen, suchen Sie auf der Begleitwebsite nach dem ZIP-Archiv für Version 0.2.0, und installieren Sie es.

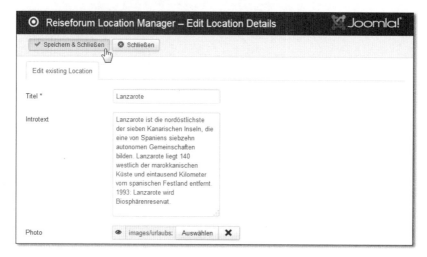

Abbildung 29.17 Testen Sie das Neuanlegen, Bearbeiten (mit Bilderauswahl) und Löschen von Urlaubszielen.

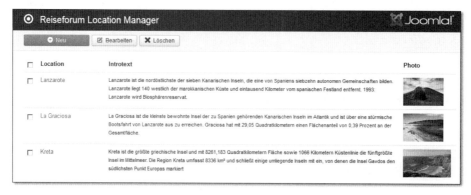

Abbildung 29.18 Nach der Ergänzung von Urlaubszielen über die Detailansicht erfüllt die Listenansicht auch endlich ihren Zweck und präsentiert eine übersichtliche Liste der Locations.

Ab sofort lassen sich alle Buttons der Listenansicht bedienen (siehe Abbildung 29.18) und Inhaltselemente in der Detailansicht mit sinnvollen Daten befüllen. Probieren Sie nacheinander alle Funktionen durch, angefangen bei der Neuanlage einer Location über den Button NEU über die Bearbeitung eines existierenden Urlaubsziels (Markierung und Button BEARBEITEN oder Klick auf den Titel (siehe Abbildung 29.17) bis hin zum Löschen (Häkchenmarkierung und Button LÖSCHEN).

29.3 Frontend-Komponente anlegen

Version 0.2.0 der Urlaubszielkomponente com_location erlaubte die Pflege beliebig vieler Locations im Administrations-Backend von Joomla!, Version 0.3.0 sieht nun die Ausgabe der Urlaubsziele im Frontend vor.

Ziel: Erweitern Sie com_location um eine Frontend-Komponente, die Webseiten über einen eigenständigen Menüeintragstyp erzeugt und alle Urlaubsziele mit Titel, Beschreibung und Foto listet (siehe Abbildung 29.19).

Vorgehen: Sie erzeugen alle für die Frontend-Komponente notwendigen MVC-Dateien, der Speicherort ist diesmal nicht */administrator/components/com_location/*, sondern */components/com_location/*. Außerdem konfigurieren Sie den Eintrag für den Menüeintragstyp und ergänzen die neuen Dateien im XML-Manifest.

Abbildung 29.19 In Version 0.3.0 erweitern Sie die Urlaubszielkomponente um eine Frontend-Ausgabe.

Hinweis: Version 0.3.0 steht unter *https://joomla-handbuch.com/downloads/handbuch* als eigenständiges Download-Archiv bereit. Wieder haben Sie die Wahl, die Erweiterung aus dem Paket zu installieren oder per Hand alle notwendigen Änderungen durchzuführen und neuen Dateien zu ergänzen. Die folgende Tabelle listet alle erforderlichen Dateien (außer *index.html*-Dateien); die Struktur gleicht im Prinzip der Backend-Komponente.

Verzeichnis/Datei	Aufgabe
controller.php	Controller der Frontend-Komponente
location.php	Komponenten-Einstiegsdatei für Joomla!, Initialisierung des Controllers
/models/	Enthält alle Komponenten-Models.
locations.php	Model für die Listenansicht
/views/	Enthält Businesslogik und HTML-Template aller Views.
/locations/	Enthält den View der Listenansicht.
view.html.php	Businesslogik der Listenansicht
/tmpl/	Enthält HTML-Templates.
default.php	HTML-Template der Listenansicht
default.xml	Definition des Menüeintragstyps

Tabelle 29.4 Blick in die Verzeichnisstruktur der Location-Komponente Version 0.3.0 innerhalb des Verzeichnisses »/site/«

29.3.1 XML-Manifest »location.xml« erweitern

Die Verzeichnis- und Dateistruktur der Frontend-Komponente ist ähnlich wie die des Backends. In ihrem Hauptverzeichnis (*/components/com_location/* bei der installierten Variante, */site/components/com_location/* im ZIP-Archiv) liegen der Komponenten-Controller *controller.php* und die Einstiegsdatei *location.php*, das Model liegt im Unterverzeichnis */models/*, der View unter */views/*. Ergänzen Sie die im folgenden Listing hervorgehobenen Angaben im XML-Manifest, damit die Komponente später als autonomes Erweiterungspaket installierbar ist.

Achtung: Das XML-Manifest liegt nach der Installation in Joomla! immer im Backend-Komponentenpfad, auch wenn Sie eine zusätzliche Frontend-Komponente erzeugen – für die Urlaubszielkomponente also unter */administrator/components/com_location/location.xml*. In Erweiterungspaketen befindet sich die *location.xml*-Datei im

Hauptverzeichnis des Archivs auf derselben Ebene wie die /site/- und /admin/-Verzeichnisse.

```xml
[…]
</uninstall>
<files folder="site">
  <filename>index.html</filename>
  <filename>controller.php</filename>
  <filename>location.php</filename>
  <folder>models</folder>
  <folder>views</folder>
</files>
<administration>
[…]
```

Listing 29.20 »location.xml«: Erweiterung des XML-Manifests um alle Dateien und Verzeichnisse der Frontend-Komponente

Verzeichnisse und Dateien für die Frontend-Komponente erhalten im XML-Manifest einen eigenen Block `<files folder="site">`, sind darunter aber identisch mit dem Block `<administration><files folder="admin">` strukturiert.

29.3.2 Model – »/models/locations.php«

Für das Model der Listendarstellung der Frontend-Komponente unter /models/locations.php kommt derselbe Code zum Einsatz wie im Backend.

```php
<?php
defined('_JEXEC') or die;
class LocationModelLocations extends JModelList
{
  protected function getListQuery()
  {
    $db    = $this->getDbo();
    $query = $db->getQuery(true);
    $query->select($db->quoteName(array('id', 'title', 'introtext', 'photo')));
    $query->from($db->quoteName('#__location'));
    return $query;
  }
}
```

Listing 29.21 »/models/locations.php«: Das Frontend-Model für die Listenausgabe ist identisch mit der Backend-Variante.

29.3.3 View – »/views/locations/view.html.php«, »/views/locations/tmpl/default.php« und »default.xml«

Die Businesslogik des Frontend-Views unter */views/locations/view.html.php* ist fast identisch mit der Backend-Version, allerdings wird hier auf die obere Buttonleiste verzichtet.

```php
<?php
defined('_JEXEC') or die;
class LocationViewLocations extends JViewLegacy
{
  protected $locations;
  public function display($tpl = null)
  {
    $this->locations = $this->get('Items');
    parent::display($tpl);
  }
}
```

Listing 29.22 »/views/locations/view.html.php«: einfache Ausgabevorbereitung im View der Listausgabe fürs Frontend

Das HTML-Template (*/tmpl/default.php*) unterscheidet sich dagegen deutlich, denn für die Frontend-Komponente erfolgt eine Aufbereitung des HTML-Codes.

```php
<?php
defined('_JEXEC') or die;
?>
<?php foreach ($this->locations as $location) : ?>
<div>
  <h1><?php echo $location->title; ?></h1>
  <div class="row-fluid">
    <div class="span8"><p><?php echo $location->introtext; ?></p></div>
    <div class="span4"><img src="/<?php echo $location->photo; ?>" style="" />
    </div>
  </div>
</div>
<?php endforeach; ?>
```

Listing 29.23 »/views/locations/tmpl/default.php«: einfach formatierte Listausgabe der »locations«

Im Kern des HTML-Templates steht natürlich weiterhin eine Schleife über alle Locations, deren Details von der Businesslogik in die Variable $locations überführt wurden. Ab hier sind Ihrer gestalterischen Fertigkeiten keine Grenzen gesetzt. Achten Sie aber darauf, dass Sie den HTML-Code so neutral wie möglich halten, um Kompatibilitätsprobleme mit dem Haupttemplate zu vermeiden. Verwenden Sie HTML-Tags und CSS-Klassen, die auch die Core-Komponenten von Joomla! einsetzen, so können Sie sicher sein, dass sie im Design fremder Templates berücksichtigt werden. Im Beispiel ist die einfache Frontend-Ausgabe mithilfe der Bootstrap-Klassen row-fluid, span8 und span4 sogar ansatzweise responsiv, und das Bild reiht sich unter den Text, sobald das Browserfenster eine Mindestbreite unterschreitet.

Ebenfalls im */tmpl/*-Verzeichnis befindet sich eine weitere neue Datei, die Sie pro HTML-Template erzeugen. Sie enthält ein kurzes XML-Fragment, das das HTML-Template im Popup-Fenster bei der Auswahl eines Menüeintragstyps listet (siehe Abbildung 29.20). Der vordere Teil des Dateinamens ist identisch mit dem HTML-Template, die Datei *default.php* erhält also eine Partnerdatei namens *default.xml*.

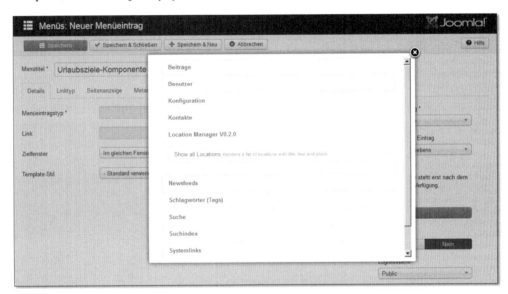

Abbildung 29.20 Nach Anlage der Menüeintragstyp-XML-Datei »default.xml« und Bereitstellung der Beschriftungen in der Sprachdatei »en-GB.com_location.ini« erscheint die neue Komponentenausgabe im Popup-Fenster zur Auswahl des Menüeintragstyps.

```
<?xml version="1.0" encoding="utf-8"?>
<metadata>
  <layout title="COM_LOCATION_MENUITEMTYPE_TITLE" option="COM_LOCATION_
    MENUITEMTYPE_DESC">
    <message>
      <![CDATA[com_location_locations_view_default_desc]]>
    </message>
```

```
        </layout>
    </metadata>
```

Listing 29.24 »/views/locations/tmpl/default.xml«:
Ergänzung eines Eintrags für die Auswahl der Menüeinträge

29.3.4 Controller – »controller.php«

Um die Frontend-Komponente abzuschließen, fehlt nur noch die wichtigste Datei, der Controller. Er liegt direkt im Frontend-Komponentenverzeichnis und heißt analog zur Backend-Komponente *controller.php*.

```
<?php
defined('_JEXEC') or die;
class locationController extends JControllerLegacy
{
}
```

Listing 29.25 »controller.php«: Standard-Controller für die Frontend-Ausgabe ohne überschriebene Methoden

Der Frontend-Controller benötigt dabei keine besondere Funktionalität als die schon von der geerbten Klasse `JControllerLegacy` bereitgestellten Funktionen zur Komponentendarstellung; Sie lassen die Klasse einfach leer. Testen Sie jetzt die neue Frontend-Ausgabe. Falls Sie mit der Download-Version der Begleitwebsite arbeiten, installieren Sie Version 0.3.0 über die alte 0.2.0, Joomla! erkennt das als reguläres Versions-Update.

29.4 Backend-Komponente erweitern

In diesem Abschnitt erweitern Sie die Backend-Komponente um ein paar sinnvolle Features, die Sie schon aus der einen oder anderen Standardfunktionalität von Joomla! kennen. Mit dabei: eine Seitenleiste in der Urlaubszielliste, Komponentenkonfiguration über SYSTEM • KONFIGURATION und eine Anlaufstelle für programminterne Aktionen, wenn Joomla! die Komponente installiert. Diese Dateiaktualisierungen finden Sie auf der Begleitwebsite im Version-0.4.0-Paket.

29.4.1 Seitenleiste einblenden

Analog zu den Bootstrap-Reitern der Einzelansicht bietet die Listdarstellung ein ähnliches Navigationselement. Die Seitenleiste erscheint links der Elementliste und aktiviert beliebige Joomla!-Funktionen oder dient einfach als Linkliste (siehe Abbildung 29.21).

29.4 Backend-Komponente erweitern

Die Aktivierung der Seitenleiste erfolgt ausschließlich über den Komponenten-View der Locations-Ansicht, keine Controller oder Models sind dabei involviert. Werfen Sie zunächst einen Blick auf die Businesslogik-Updates unter */administrator/components/com_location/views/locations/view.html.php*:

```
[...]
    if ($isAllowed->get('core.admin'))
    {
      JToolbarHelper::preferences('com_location');
    }
    JHtmlSidebar::addEntry('List Locations', 'index.php?option=com_location&
      view=locations');
    $this->sidebar = JHtmlSidebar::render();
    parent::display($tpl);
  }
}
```

Listing 29.26 »/views/locations/view.html.php«:
Aufbau der Seitenleiste bei der View-Vorbereitung

Zwischen Buttonleiste (JToolbarHelper) und Übergabe an die Darstellungsfunktion der Elternklasse fügen Sie per JHtml::Sidebar::addEntry() beliebige Links der Seitenleiste hinzu. Abschließend erzeugen Sie den HTML-Code mit JHtmlSidebar::render() und schreiben ihn in die Variable $this->sidebar, auf die Sie dann im HTML-Template (*/tmpl/default.php*) zugreifen:

```
<?php
defined('_JEXEC') or die;
?>
<form action="<?php echo JRoute::_('index.php?option=com_location&view=
  locations'); ?>" method="post" name="adminForm" id="adminForm">
  <?php if (!( $this->sidebar)) : ?>
    <div id="j-sidebar-container" class="span2">
      <?php echo $this->sidebar; ?>
    </div>
    <div id="j-main-container" class="span10">
  <?php else : ?>
    <div id="j-main-container">
  <?php endif;?>
    <div class="clearfix"> </div>
    <table class="table table-striped" id="locationList">
[...]
```

Listing 29.27 »/views/locations/tmpl/default.php«: Anpassen der Bootstrap-Spaltenaufteilung bei ein- bzw. ausgeblendeter Sidebar

Auf HTML-Seite ergänzen Sie das Template um eine kleine Fallunterscheidung. Falls die Sidebar-Variable *nicht* leer ist (also den HTML-Code für die Seitenleiste enthält), packen Sie die Seitenleiste in einen <div>-Block der Bootstrap-Breite span2 (zwei Spalten) und öffnen die Locations-Liste mit dem Spaltenmaß span10. (Sie erinnern sich, dass die volle Fensterbreite nach Bootstrap-Regeln 12 Spalten umfasst.) Ist die Sidebar dagegen leer, bleibt alles beim Alten. <div id="j-main-container"> benötigt keine Bootstrap-Spalten, da sich das Layout über die volle Breite zieht.

Abbildung 29.21 Zum Einblenden der Seitenleiste ergänzen Sie wenige Zeilen in den View-Dateien »view.html.php« und »/tmpl/default.php«.

29.4.2 Konfigurationsseite und Berechtigungskonfiguration ergänzen

Sämtliche Komponentenkonfigurationen listet Joomla! über SYSTEM • KONFIGURATION in der Seitenleiste. Um dort einen Eintrag zu erhalten (siehe Abbildung 29.22), ergänzen Sie die Komponente um eine weitere Konfigurationsdatei *config.xml*, da aus historischen Gründen keine <config>-Blöcke in Komponenten-XML-Manifesten erlaubt sind.

Konfigurationsdateien erzeugen und einbinden

Die *config.xml*-Datei legen Sie ins Hauptverzeichnis der Backend-Komponente, also neben *controller.php* und *location.php*.

```
<?xml version="1.0" encoding="utf-8"?>
<config>
  <fieldset name="component"
    label="COM_LOCATION_COMPONENT_LABEL"
    description="COM_LOCATION_COMPONENT_DESC">
  </fieldset>
  <fieldset name="permissions"
    label="COM_LOCATION_PERMISSIONS_LABEL"
    description="COM_LOCATION_PERMISSIONS_DESC">
    <field name="rules" type="rules"
```

```
        label="COM_LOCATION_PERMISSIONS_LABEL"
        component="com_location"
        filter="rules"
        validate="rules"
        section="component" />
    </fieldset>
</config>
```

Listing 29.28 »config.xml«: Beispiel für eine Konfigurationsseite mit zwei Reitern; der zweite enthält das Standardformular zum Setzen der Berechtigungen.

Das Format der Konfigurationsdatei richtet sich nach den JForm-Regeln und ist damit identisch mit der <config>-Block-Konfiguration von Plugins oder Modulen oder dem Formular für die Einzelansicht von Komponentenelementen. Im Beispiel erzeugen die beiden <fieldset>-Blöcke zwei Reiter: einen für Ihre eigenen Konfigurationsanforderungen und einen weiteren für das Standardberechtigungsformular, das fast alle Joomla!-Komponentenkonfigurationen einblenden. Die Integration gestaltet sich einfach, da JForm für das gesamte Formular einen eigenen Feldtyp vorsieht: type="rules". Damit die neue *config.xml*-Datei später bei Installationen der Komponente Berücksichtigung findet, ergänzen Sie sie im XML-Manifest:

```
[...]
<administration>
    <menu>COM_LOCATION_MENU</menu>
    <files folder="admin">
        <filename>index.html</filename>
        <filename>access.xml</filename>
        <filename>config.xml</filename>
        <filename>controller.php</filename>
[...]
```

Listing 29.29 »location.xml«: XML-Manifest-Erweiterung um die Konfigurationsdefinition

Zu guter Letzt fügen Sie noch die zusätzlichen Sprachschlüssel und Bezeichnungen ans Ende der Sprachdatei *en-GB.com_location.ini*:

```
[...]
COM_LOCATION_CONFIGURATION="Location Manager Configuration"
COM_LOCATION_COMPONENT_LABEL="Location Manager Configuration"
COM_LOCATION_COMPONENT_DESC="This is a brief introduction text for the Reiseforum
    Location Manager configuration."
```

```
COM_LOCATION_PERMISSIONS_LABEL="Location Manager Permissions"
COM_LOCATION_PERMISSIONS_DESC="This is a brief introduction text for the
   Reiseforum Location Manager permissions."
```

Listing 29.30 »en-GB.com_location.ini«: Ergänzung der Beschriftungen der Komponentenkonfiguration

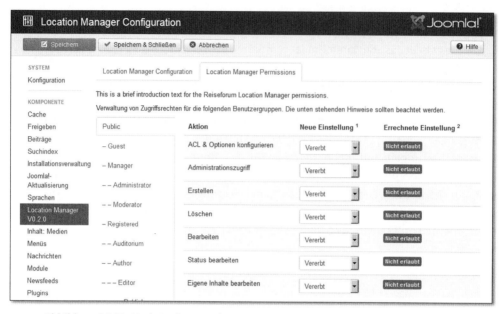

Abbildung 29.22 Nach Ergänzung der Datei »config.xml« listet Joomla! die Komponentenkonfiguration unter »System« • »Konfiguration«.

Damit stehen die Konfigurationsformulare zur Bearbeitung bereit, wie sieht es aber mit ihrem Einsatz aus? Die Berechtigungen spiegeln sich grundsätzlich in den Buttons der Listenansicht. ERSTELLEN entspricht dem Button NEU, BEARBEITEN dem Button BEARBEITEN, LÖSCHEN dem Button LÖSCHEN und ACL & OPTIONEN KONFIGURIEREN dem Button OPTIONEN rechts außen. Für das Ein- und Ausblenden setzen Sie also lediglich eine Fallunterscheidung ein, die die Berechtigungen abfragt.

Helferklasse etablieren

Dafür benötigen Sie zunächst eine Helferfunktion, die nicht so recht in die Dateistruktur der MVC-Architektur passt und deshalb ausgelagert wird. Dazu dient ein neues Verzeichnis */helpers/* unter */administrator/components/com_location/* und darin die neue Helferdatei *location.php*.

```
<?php
defined('_JEXEC') or die;
class LocationHelper
{
  public static function getActions()
  {
    $user = JFactory::getUser();
    $result = new JObject;
    $actions = JAccess::getActions('com_location', 'component');
    foreach ($actions as $action)
    {
      $result->set($action->name, $user->authorise($action->name,
        'com_location'));
    }
    return $result;
  }
}
```

Listing 29.31 »/helpers/location.php«: Die Klasse zur Aufnahme ausgelagerter Helferfunktionen liest in »getActions()« die Berechtigungen aus.

getActions() ist eine öffentlich (public) bereitgestellte Funktion zur Abfrage der Locations-Komponenten-Berechtigungen des aktuellen Benutzers. Die erlaubten Aktionen fließen aus JAccess::getActions('com_location', 'component') in die Variable $result.

Berechtigungen abfragen

Um die Helferklasse in der Komponente bereitzustellen, laden Sie sie im Haupt-Controller:

```
[…]
public function display($cachable = false, $urlparams = false)
{
  require_once JPATH_COMPONENT . '/helpers/location.php';
  $view = $this->input->get('view', 'locations');
[…]
```

Listing 29.32 »controller.php«: Ergänzung zum Laden der Helferklasse

Jetzt steht getActions() allen Komponentenklassen zur Verfügung und wird im View der Listenansicht eingesetzt:

```php
<?php
defined('_JEXEC') or die;
class LocationViewLocations extends JViewLegacy
{
  protected $locations;
  public function display($tpl = null)
  {
    $this->locations = $this->get('Items');
    $isAllowed = LocationHelper::getActions();
    $bar = JToolBar::getInstance('toolbar');
    JToolbarHelper::title(JText::_('COM_LOCATION_MANAGER_LOCATIONS'), '');
    if ($isAllowed->get('core.create'))
    {
      JToolbarHelper::addNew('location.add');
    }
    if ($isAllowed->get('core.edit'))
    {
      JToolbarHelper::editList('location.edit');
    }
    if ($isAllowed->get('core.delete'))
    {
      JToolbarHelper::deleteList(JText::_('COM_LOCATION_DELETE_CONFIRMATION'),
        'locations.delete', 'JTOOLBAR_DELETE');
    }
    if ($isAllowed->get('core.admin'))
    {
      JToolbarHelper::preferences('com_location');
    }
    JHtmlSidebar::addEntry('List Locations', 'index.php?option=com_
      location&view=locations');
    $this->sidebar = JHtmlSidebar::render();

    parent::display($tpl);
  }
}
```

Listing 29.33 »/views/locations/view.html.php«: Ergänzung der Berechtigungs-Fallunterscheidungen zum bedingten Einblenden der einzelnen Buttons

Testen Sie nun die verschiedenen Berechtigungen mit zwei Browsern. Im einen sind Sie als Super Benutzer eingeloggt und justieren die Rechte, im anderen melden Sie sich als Testbenutzer einer besonderen Benutzergruppe an, um durch jeweiliges Neuladen der Locations-Liste mit `F5` (OS X: `cmd` + `R`) die Darstellung der Buttons zu prüfen. Beachten Sie, dass die Testbenutzergruppe Backend-Zugriffsrechte hat (siehe Abschnitt 11.3.1, »Globale Berechtigungen«).

29.4.3 Installationsscript hinzufügen

Zum Abschluss dieses Kapitels lernen Sie einen Mechanismus kennen, mit dem Sie aktiv in den Installationsvorgang Ihrer Komponente eingreifen. Das nutzen Sie z. B. zur weiteren Vorbereitung der Datenbankinhalte oder Komponentenkonfiguration, zur Erzeugung von Verzeichnissen, einer eigenen Add-on-Verwaltung oder einfach nur für die Anzeige erklärender Texte (siehe Abbildung 29.23). Dabei stehen Ihnen fünf Ereignisse zur Verfügung:

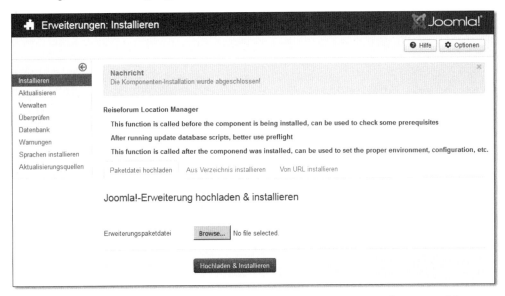

Abbildung 29.23 Über das Installationsscript »script.xml« im Komponentenhauptverzeichnis führen Sie beliebige PHP-Anweisungen während der Installation aus

- `preflight`: vor der Installation oder Aktualisierung der Komponente, z. B. zur Überprüfung von Versionskompatibilitäten zwischen Joomla! und der Erweiterung
- `install`: Nach der Ausführung der Datenbankscripts; in der Regel ist das Ereignis `preflight` vorzuziehen.
- `postflight`: nach der Installation oder Aktualisierung der Komponente und ihrer Registrierung in Joomla; eignet sich, um Standardwerte zu setzen oder Konfigurationen abzuschließen
- `update`: Nach der Ausführung von Datenbank-Updates; auch hier sollten Sie `preflight` bevorzugen.

▶ uninstall: kurz vor der Deinstallation der Komponente, ihrer Dateien und Datenbanktabellen

Um den Mechanismus einzurichten, erzeugen Sie eine neue Datei *script.php* im Hauptverzeichnis Ihres Komponentenpakets, also dort, wo auch das XML-Manifest liegt. Das Script selbst ist simpel aufgebaut und enthält Funktionen zum Abfangen eines oder mehrerer Ereignisse.

```php
<?php
defined('_JEXEC') or die;
class com_locationInstallerScript
{
  function preflight($type, $parent)
  {
    echo '<p>This function is called before the component is being installed,
       can be used to check some prerequisites</p>';
  }
  function install($parent)
  {
    echo '<p>This function is called before execution of the database scripts,
       better use preflight</p>';
  }

  function postflight($type, $parent)
  {
    echo '<p>This function is called after the componend was installed, can be
       used to set the proper environment, configuration etc.</p>';
  }
  function update($parent)
  {
    echo '<p>After running update database scripts, better use preflight</p>';
  }
  function uninstall($parent)
  {
    echo '<p>Just before uninstalling the component, files and database tables
       </p>';
  }
}
```

Listing 29.34 »script.php«: Eigener PHP-Code wird bei bis zu fünf verschiedenen Ereignissen während der Erweiterungsinstallation ausgeführt.

Beachten Sie, dass Sie mit Ausnahme von uninstall() alle Ereignisse abbrechen, indem Sie die jeweilige Funktion über return false; verlassen. Dabei rollt Joomla! sämtliche zuvor durchgeführten Operationen zurück, was insbesondere beim Preflight praktisch ist, falls sich z. B. herausstellt, dass die Komponente inkompatibel mit der eingesetzten Joomla!-Version ist.

Damit das Script während der Komponenteninstallation ausgeführt wird, genügt die Erwähnung im XML-Manifest über das spezielle Tag `<scriptfile>`.

```
[…]
<description>COM_LOCATION_XML_DESCRIPTION</description>
<scriptfile>script.php</scriptfile>
<install>
[…]
```

Listing 29.35 »location.xml«: Erweiterung des XML-Manifests um das Installationsscript

Kapitel 30
Erweiterungen veröffentlichen

Über das Joomla! Extensions Directory stellen Sie Ihre selbst programmierte Erweiterung der Community als kostenlose oder Bezahlversion zur Verfügung. Vorher richten Sie einen Update-Server ein, der die weltweiten Installationen Ihrer Erweiterung auf dem aktuellen Stand hält.

Der Ausflug in die Erweiterungsentwicklung von Joomla! endet mit einem Blick in die Zukunft. Wie veröffentlichen Sie Ihre Erweiterung im Joomla! Extensions Directory, und wie halten Sie einmal veröffentlichte Plugins, Module oder Komponenten in Joomla!-Installationen auf der ganzen Welt auf dem aktuellen Stand? Der langjährigen Marktpräsenz vom Joomla! ist es zu verdanken, dass Sie die Aktualisierungsmechanismen mit wenigen Handgriffen in bestehende Erweiterungspakete integrieren und eine offizielle Veröffentlichung bemerkenswert unkompliziert ist.

Begriff	Erklärung
Update-Server	Über das Internet erreichbarer Server, auf dem Ihre Erweiterungspakete und die Pakete und Updates beschreibenden XML-Dateien bereitliegen. Dafür setzen Sie beispielsweise Ihren Joomla!- oder jeden beliebigen anderen Webserver ein.
Demo	Webseite, die die Funktionalität einer Erweiterung präsentiert, damit sich Joomla!-Webmaster ein klares Bild davon machen können. Erweiterungen mit repräsentativen Demos haben eine deutlich höhere Wahrscheinlichkeit, heruntergeladen zu werden.

Tabelle 30.1 Die wichtigsten Begriffe zur Erweiterungsveröffentlichung und -aktualisierung

30.1 Einrichten eines Update-Servers

Im Laufe der Lebenszeit einer Joomla!-Erweiterung erfährt sie unregelmäßige Aktualisierungen, Updates aufgrund von Fehlerbeseitigungen oder Feature-Erweiterungen. Es ist Joomla!-Webmastern natürlich nicht zuzumuten, zwei Dutzend Plugins und Komponenten im Auge zu behalten und die Websites der Entwickler zu besuchen, um nachzusehen, ob es eine neue Version gibt. Deshalb integriert Joomla! einen Update-Mechanismus, der automatisch prüft, ob Aktualisierungen vorhanden sind, und diese entweder im KONTROLLZENTRUM oder unter ERWEITERUNGEN • VERWALTEN • Seitenleiste AKTUALISIEREN anzeigt. Auf Entwicklerseite lässt sich dieser Mechanismus über zwei XML-Konfigurationen sehr einfach nutzen:

- Ergänzung des XML-Manifests der Erweiterung um eine Referenz auf den Update-Server – z. B. Ihren Joomla!-Server
- spezielle XML-Datei mit einer Historie aller Updates und all ihren Einzelheiten, besonders wichtig: die Versionsnummern

Der Update-Mechanismus von Joomla! beginnt bei der Installation einer Erweiterung, deren XML-Manifest einen Link zum Update-Server enthält, genauer gesagt, zur Update-XML-Datei der betreffenden Erweiterung. Das CMS speichert solche Referenzen in der Tabelle #__UPDATE_SITES, deren Einträge während der Update-Verfügbarkeitsprüfung nacheinander abgeklopft werden (siehe Abbildung 30.1).

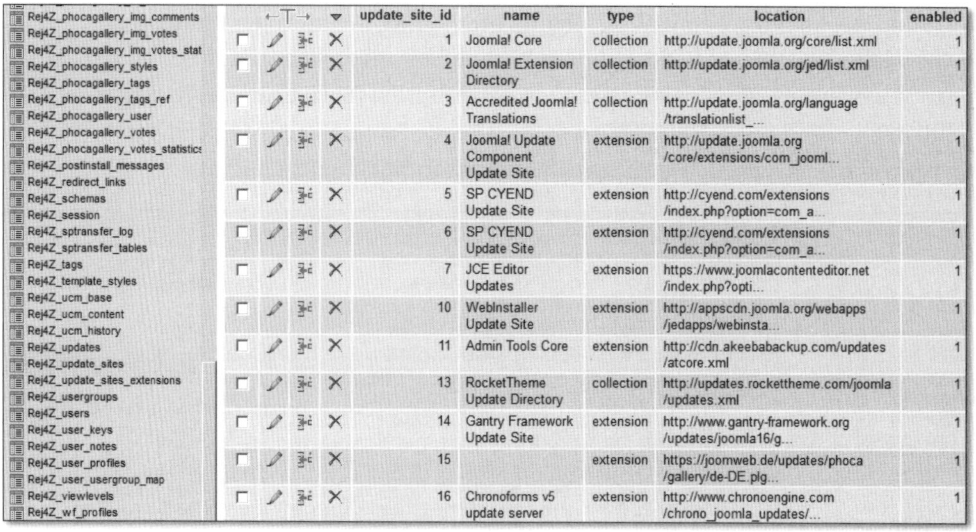

update_site_id	name	type	location	enabled
1	Joomla! Core	collection	http://update.joomla.org/core/list.xml	1
2	Joomla! Extension Directory	collection	http://update.joomla.org/jed/list.xml	1
3	Accredited Joomla! Translations	collection	http://update.joomla.org/language /translationlist_...	1
4	Joomla! Update Component Update Site	extension	http://update.joomla.org /core/extensions/com_jooml...	1
5	SP CYEND Update Site	extension	http://cyend.com/extensions /index.php?option=com_a...	1
6	SP CYEND Update Site	extension	http://cyend.com/extensions /index.php?option=com_a...	1
7	JCE Editor Updates	extension	https://www.joomlacontenteditor.net /index.php?opti...	1
10	WebInstaller Update Site	extension	http://appscdn.joomla.org/webapps /jedapps/webinsta...	1
11	Admin Tools Core	extension	http://cdn.akeebabackup.com/updates /atcore.xml	1
13	RocketTheme Update Directory	collection	http://updates.rockettheme.com/joomla /updates.xml	1
14	Gantry Framework Update Site	extension	http://www.gantry-framework.org /updates/joomla16/g...	1
15		extension	https://joomweb.de/updates/phoca /gallery/de-DE.plg...	1
16	Chronoforms v5 update server	extension	http://www.chronoengine.com /chrono_joomla_updates/...	1

Abbildung 30.1 Die Tabelle »#__update_sites« enthält alle XML-URLs, die Joomla! während der Update-Verfügbarkeitsprüfung prüft.

30.1.1 XML-Manifest um Update-Server erweitern

Um Ihre Erweiterung update-tauglich zu machen, ergänzen Sie das XML-Manifest im Erweiterungspaket um einen neuen Block `<updateservers>`:

```
<?xml version="1.0" encoding="utf-8"?>
<extension version="3.0"
    [...]
```

```
        </config>
        <updateservers>
            <server type="extension" priority="2" name="Ihre Update Site">
                https://IhrDomainName.de/files/ihre-erweiterung-update.xml</server>
        </updateservers>
</extension>
```

Listing 30.1 XML-Manifest Ihrer Erweiterung: Ergänzung eines auf den Update-Server zeigenden XML-Blocks

Innerhalb des neuen `<updateservers>`-Blocks ergänzen Sie das Tag `<server>`, das den exakten Pfad zu der XML-Datei enthält, die Joomla! bei jeder Aktualisierungsprüfung abruft, um nachzusehen, ob eine neue Version verfügbar ist. `type="extension"` kennzeichnet diesen Servereintrag als Anlaufstelle für eine Erweiterung (im Gegensatz zu `"collection"` für ein Update, das aus mehreren Erweiterungen besteht). Als `priority` wählen Sie 2 für eine mittelhohe Wichtigkeit des Updates. Die hinter `name` angegebene Zeichenkette erscheint im Administrations-Backend, wenn Joomla! das Vorhandensein eines Updates ankündigt.

Einmal im Erweiterungspaket vorhanden, ist eine weitere Bearbeitung dieses XML-Blocks nicht mehr notwendig, sämtliche Update-Ankündigungen erfolgen über die neue Update-XML-Datei.

30.1.2 Update-XML-Datei erzeugen

Die Update-XML-Datei enthält eine Historie aller Updates Ihrer Erweiterung mit den für die Evaluierung und Durchführung der Aktualisierungen relevanten Informationen.

```
<?xml version="1.0" encoding="UTF-8"?>
<updates>
    <update>
        <name>Name der Erweiterung</name>
        <description>Beschreibung</description>
        <element>exakterinternername</element>
        <type>plugin|module|component</type>
        <folder>content</folder>
        <client>0</client>
        <version>0.1.0</version>
        <infourl title="Name der Erweiterung">
            https://IhrDomainName/en/downloads/ihre-erweiterung</infourl>
        <downloads>
            <downloadurl type="full" format="zip">https://IhrDomainName.de/
                files/erweiterungspaket.zip</downloadurl>
```

```
            </downloads>
            <tags>
                <tag>stable</tag>
            </tags>
            <maintainer>Vorname Nachname</maintainer>
            <maintainerurl>http://IhrDomainName.de</maintainerurl>
            <section>Updates</section>
            <targetplatform name="joomla" version=".*"/>
        </update>
</updates>
```

Listing 30.2 Beispiel einer universellen Update-XML-Datei

Die XML-Datei muss penibel genau justiert sein. Tüfteln Sie so lange an der Datei, bis interne Update-Tests reibungslos ablaufen und Joomla! unter ERWEITERUNGEN • VERWALTEN • Seitenleiste AKTUALISIEREN • Button AKTUALISIERUNGEN kleinste Versionsunterschiede Ihrer Erweiterung meldet. Erst dann veröffentlichen Sie Ihre Erweiterung.

Die Felder im Einzelnen:

- name: Erweiterungsname, der unter ERWEITERUNGEN • VERWALTEN • Seitenleiste AKTUALISIEREN erscheint
- description: eine optionale kurze Beschreibung
- element: Programminterner Name der Erweiterung, in der Regel inklusive des Erweiterungstyps, z. B. com_location. Für Plugins muss dieser Eintrag dem Wert des plugin-Attributs aus dem `<files>/<filename>`-Element des XML-Manifests entsprechen. Beispiel: `<filename plugin="`**`imagepopup`**`">imagepopup.php</filename>` resultiert in `<element>`**`imagepopup`**`</element>`.
- type: Art der Erweiterung: plugin, module oder component
- folder: Nur notwendig für Plugins – entspricht der group aus dem XML-Manifest des Plugins und damit gleichzeitig dem */plugins/*-Unterverzeichnis, z. B. wird `<extension version="3.1" type="plugin" group="`**`content`**`" method="upgrade">` zu `<folder>`**`content`**`</folder>`.
- client: Kennzeichnet, ob das Modul, Plugin oder Template für das Frontend (Wert 0) oder Backend (Wert 1) bestimmt ist.
- version: Versionsnummer dieses Updates
- infourl: optionale URL mit Hintergrund- oder Release-Infos zu diesem Update, erscheint ebenfalls im Erweiterungsmanager
- downloads, downloadurl: URL zum Update-Paket. Über das Attribut type kennzeichnen Sie, dass es sich um ein Komplettpaket handelt (Wert full); format markiert das Dateiformat, in der Regel also zip für ein ZIP-Archiv.

- tags, tag: Eine Liste von Schlagwörtern, die den Entwicklungsstand der Erweiterung beschreiben. Erlaubt sind dev, alpha, beta, rc (für Release Candidate) oder stable. Für gewöhnlich veröffentlicht man nur fertige Erweiterungen im Status stable im Joomla! Extensions Directory; die übrigen Tags setzen Sie z. B. für interne Entwicklungs-Updates ein.
- maintainer, maintainerurl: Name und Website zum Update-Verwalter, in den meisten Fällen ist dieser identisch mit <author> im XML-Manifest.
- section: veraltetes Feld, das Sie sicherheitshalber auf dem Wert Updates belassen
- targetplatform: Hier erwähnen Sie die Joomla!-Version, ab der Ihre Erweiterung voll funktionsfähig ist, z. B. 3.0 oder 3.5. Gibt es keine Einschränkungen, tragen Sie hier .* (Punkt, Stern) ein.
- php_minimum: Optional und noch nicht weit verbreitet, da erst mit Joomla! 3.2.2 integriert, erlaubt dieses Feld eine Kompatibilitätsprüfung gegen eine bestimmte PHP-Version.

Ein Beispiel für eine Update-XML-Datei finden Sie für das im Rahmen dieses Handbuchs erstellte JH-Image-Popup-Plugin unter *https://joomla-handbuch.com/files/jhimagepopup-update.xml*. Hier erkennen Sie anhand der vielen <update>-Blöcke im globalen <updates>-Block eine kleine Versionshistorie und die für Plugins so wichtigen Tags <folder> und <client>.

30.2 Erweiterung im JED veröffentlichen

Haben Sie Ihre Erweiterung auf mehreren Joomla!-Installationen mit verschiedenen Konfigurationen gründlich getestet, steht nichts im Wege, die Software der Community zur Verfügung zu stellen. Das geht verhältnismäßig unkompliziert über das Joomla! Extensions Directory unter *http://extensions.joomla.org*, aus dem Sie sich bereits für die Erweiterung Ihrer Website bedienten.

> **Tipp: JED-Konformität mit JEDchecker prüfen**
>
> Bevor Sie Ihre Erweiterung im Joomla! Extensions Directory veröffentlichen, hilft ein kleines Tool bei der Sicherstellung der Konformität Ihres Werks. Der JEDchecker prüft das Vorhandensein aller *index.html*-Dateien, des defined('JEXEC')-Notausgangs, aller Doc-Blocks. Außerdem spürt er Quellcodemaskierung per Base64-Codierung und die überflüssigen Änderungen des PHP-Error-Levels auf, da Joomla! diese Einstellung zentral steuert.
>
> Sie installieren JEDchecker wie eine gewöhnliche Erweiterung in eine Testinstanz von Joomla! und rufen über KOMPONENTEN • JEDCHECKER ein Formular mit einem Upload-Button auf. Hier geben Sie Ihr Erweiterungs-ZIP-Paket an, klicken auf UNZIP,

dann auf CHECK und erhalten entweder Korrekturhinweise oder die beruhigende Meldung: CONGRATS! EVERYTHING SEEMS TO BE FINE WITH THAT RULE!

```
Rule encoding - Base64 or other type of encoding in the files
Congrats! Everything seems to be fine with that rule!
Rule errorreporting - error_reporting(0) in the files
Congrats! Everything seems to be fine with that rule!
Rule PH1 - PHP Headers missing GPL License Notice
1 Info
   #001 /jhimagepopup.php in line: 5
   GPL license was found: * @license http://www.gnu.org/licenses/gpl-3.0.html
Rule PH2 - PHP Files missing JEXEC security
Congrats! Everything seems to be fine with that rule!
Rule INFO_XML - Just some info about the extension xml files
1 Info
   #001 /jhimagepopup.xml
   The name tag in this file is: Content - JH Image Popup
   Version tag has the value: 0.8.0
   The creationDate tag has the value: May 2015
Rule PH3 - License tag missing or incorrect in XML install file
Congrats! Everything seems to be fine with that rule!
```

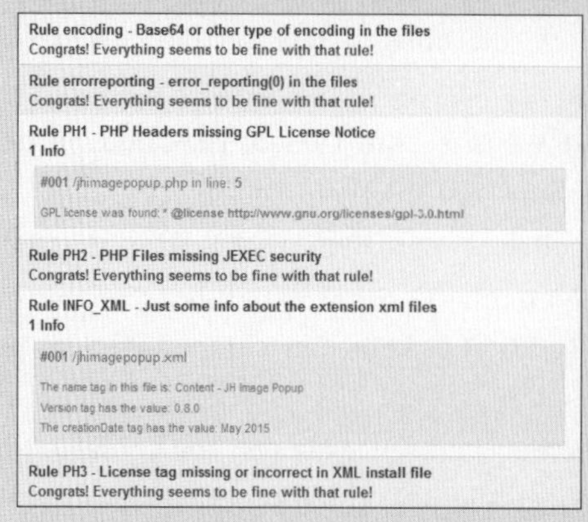

Abbildung 30.2 Erst wenn JEDchecker grünes Licht gibt, ist Ihre Erweiterung bereit zum Upload ins Joomla! Extensions Directory.

Erweiterung	JEDchecker
JED-Kategorie	MISCELLANEOUS • DEVELOPER
Download	https://compojoom.com/downloads/official-releases-stable/jedchecker
Zweck	kleines Tool zur Prüfung der JED-Konformität Ihrer Erweiterungen

Um eine Erweiterung zu veröffentlichen, benötigen Sie eine Website, auf der Sie das Erweiterungspaket zum Download anbieten, und ein Konto im Joomla! Extensions Directory.

1. Besuchen Sie das Joomla! Extensions Directory unter *http://extensions.joomla.org*, und klicken Sie auf den Button REGISTER in der oberen rechten Ecke.

2. Füllen Sie das Formular mit NAME, USER NAME, PASSWORD und DEVELOPER NAME aus, und klicken Sie auf SAVE. Der DEVELOPER NAME erscheint übrigens im Listing Ihrer Erweiterung.

3. Sie können sich sofort einloggen, eine Double-Opt-in-Bestätigung ist nicht erforderlich. Klicken Sie nach der Anmeldung auf Ihrer PROFILE-Seite auf den Link SUBMIT EXTENSION oben rechts.

4. Nehmen Sie sich nun etwas Zeit, das ADD EXTENSION-Formular auszufüllen. Legen Sie besonders viel Wert auf eine aussagekräftige Beschreibung und ein repräsentatives Bild, am besten einen Screenshot mit erklärenden Features.

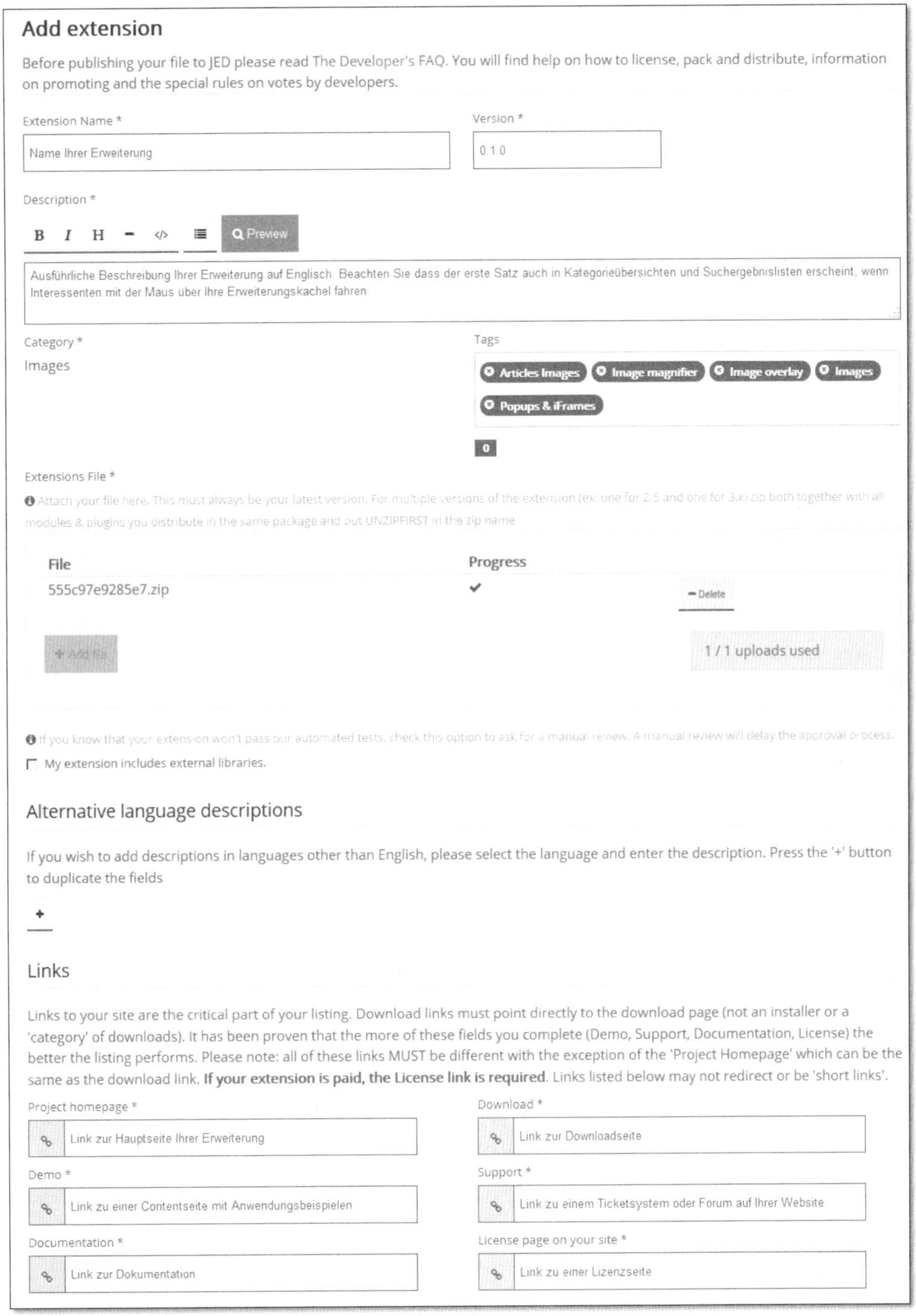

30.2 Erweiterung im JED veröffentlichen

Add extension

Before publishing your file to JED please read The Developer's FAQ. You will find help on how to license, pack and distribute, information on promoting and the special rules on votes by developers.

Extension Name *

`Name Ihrer Erweiterung`

Version *

`0.1.0`

Description *

B I H – </> ≡ **Q Preview**

`Ausführliche Beschreibung Ihrer Erweiterung auf Englisch. Beachten Sie dass der erste Satz auch in Kategorieübersichten und Suchergebnislisten erscheint, wenn Interessenten mit der Maus über Ihre Erweiterungskachel fahren.`

Category *
Images

Tags
⊗ Articles Images   ⊗ Image magnifier   ⊗ Image overlay   ⊗ Images
⊗ Popups & iFrames
0

Extensions File *

ⓘ Attach your file here. This must always be your latest version. For multiple versions of the extension (ex: one for 2.5 and one for 3.x) zip both together with all modules & plugins you distribute in the same package and put UNZIPFIRST in the zip name

File	Progress	
555c97e9285e7.zip	✓	– Delete

+ Add file   1 / 1 uploads used

ⓘ If you know that your extension won't pass our automated tests, check this option to ask for a manual review. A manual review will delay the approval process.
☐ My extension includes external libraries.

Alternative language descriptions

If you wish to add descriptions in languages other than English, please select the language and enter the description. Press the '+' button to duplicate the fields

+

Links

Links to your site are the critical part of your listing. Download links must point directly to the download page (not an installer or a 'category' of downloads). It has been proven that the more of these fields you complete (Demo, Support, Documentation, License) the better the listing performs. Please note: all of these links MUST be different with the exception of the 'Project Homepage' which can be the same as the download link. **If your extension is paid, the License link is required.** Links listed below may not redirect or be 'short links'.

Project homepage *
`🔗 Link zur Hauptseite Ihrer Erweiterung`

Download *
`🔗 Link zur Downloadseite`

Demo *
`🔗 Link zu einer Contentseite mit Anwendungsbeispielen`

Support *
`🔗 Link zu einem Ticketsystem oder Forum auf Ihrer Website`

Documentation *
`🔗 Link zur Dokumentation`

License page on your site *
`🔗 Link zu einer Lizenzseite`

Abbildung 30.3 Obere Hälfte des »Add extension«-Formulars mit Name, Beschreibung und Kategorisierung Ihrer Erweiterung sowie Datei-Upload (zur Prüfung durch das JED-Team) und Dokumentations- und Download-Links

- EXTENSION NAME: Name Ihrer Erweiterung
- VERSION: aktuelle Versionsnummer
- DESCRIPTION: Ausführliche Beschreibung Ihrer Erweiterung auf Englisch. Beachten Sie, dass der erste Satz auch in Kategorieübersichten und Suchergebnislisten erscheint, wenn die Interessenten mit Maus über Ihre Erweiterung fahren (siehe Abbildung 30.4).

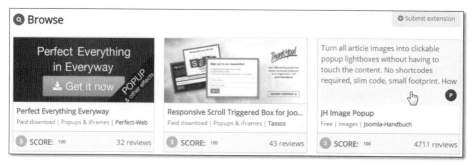

Abbildung 30.4 Legen Sie besonderen Wert auf den ersten Satz der Beschreibung, der auch in Erweiterungslisten erscheint, wenn Interessenten mit der Maus über Ihre Erweiterungskachel fahren.

- CATEGORY: Wählen Sie aus der langen Liste die für Ihre Erweiterung ideale Kategorie. *Achtung*: Eine Änderung der Kategorie ist nachträglich nicht möglich, höchstens durch eine persönliche Supportanfrage beim JED-Team. Suchen Sie die Kategorie deshalb mit Bedacht aus.
- TAGS: Markieren Sie Ihre Erweiterung über bis zu fünf Schlagwörter, indem Sie in das TAGS-Feld klicken und die ersten Buchstaben der wichtigsten Features eingeben. Das Formular unterbreitet Ihnen dann zu beherzigende Vorschläge für eine bessere Auffindbarkeit der Erweiterung.
- EXTENSIONS FILE: Laden Sie hier die aktuelle Version des Erweiterungspakets hoch, damit das JED-Team einen Blick darauf werfen kann und die Erweiterung schnellstmöglich freigibt.
- ALTERNATIVE LANGUAGE DESCRIPTIONS: Möglichkeit zum Hinterlegen anderssprachiger Beschreibungstexte. Das Feature wird allerdings von den wenigsten Erweiterungen genutzt, am wichtigsten ist Ihr englischer Text.
- LINKS: Kopieren Sie in diese Felder die URLs zu Webseiten, auf denen Sie Ihre Erweiterung anpreisen. Besonders wichtig: Der DOWNLOAD-, DOCUMENTATION- und DEMO-Link. Die meisten Joomla!-Webmaster sehen eine Erweiterung gerne in Aktion, bevor sie sich zum Download und zur Installation entscheiden (Beispieldemo: *https://joomla-handbuch.com/en/downloads/jh-image-popup/demo*).

30.2 Erweiterung im JED veröffentlichen

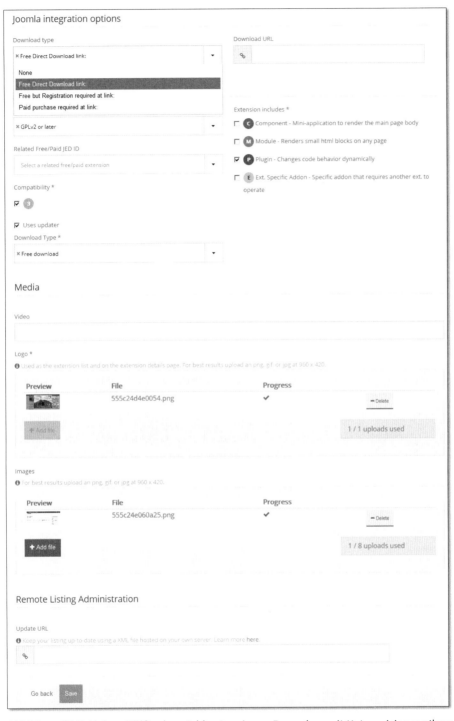

Abbildung 30.5 Untere Hälfte des »Add extensions«-Formulars mit Kategorisierung Ihrer Erweiterung und Bilder-Uploads

- Bereich Joomla integration options (Download type, Download URL): Diese Felder dienen dem direkten Download, falls Ihre Erweiterung innerhalb des Erweiterungsmanagers (Reiter Aus Webkatalog installieren) installierbar sein soll. Eine komfortable Option für Joomla!-Webmaster, da sie Ihre Website nicht besuchen müssen. Ignorieren Sie die Felder, falls Sie Download-Interessenten aus Marketinggründen auf Ihre Website locken möchten.
- License: Im Zweifelsfall wählen Sie GPLv2 or later, das ist die Lizenz, die auch für alle Quelltextdateien empfohlen wird.
- Related Free/Paid JED ID: Falls Ihre Erweiterung als kostenlose und Bezahlversion existiert, verlinken Sie beide Uploads miteinander.
- Extension includes: Setzen Sie alle Häkchen bei den Erweiterungstypen, die im ZIP-Archiv mitgeliefert werden.
- Compatibility: Markieren Sie hier, mit welchen Joomla!-Versionen Ihre Erweiterung kompatibel ist. Mitte 2015 hat das JED die Joomla!-2.5-Unterstützung für Erweiterungen beendet, Sie können derzeit also nur 3 wählen.
- Uses updater: Setzen Sie hier ein Häkchen, falls Sie den halb automatischen Aktualisierungsmechanismus von Joomla! per Update-Server einsetzen.
- Download Type: Wählen Sie, ob es sich um eine kostenlose (Free download) oder -pflichtige (Paid download) Erweiterung handelt. Die Information erscheint auch auf der Kachel Ihrer Erweiterung, wenn sie über Kategorien oder die JED-Suche dargestellt wird. Free ist für viele Webmaster ein wichtiges Kriterium.
- Video, Logo, Images: Befüllen Sie diese Formularfelder mit einem Video und Bildern, um Ihre Erweiterung zu demonstrieren. Während Videos unüblich sind, ist das Logo am wichtigsten. Es erscheint nicht nur im Bühnenbereich der Detailansicht der Erweiterung, sondern auch in der Kachel in Erweiterungenlisten. Zusätzliche Bilder stellen Sie unter Images ein, diese sind dann in der Bühne der Detailansicht über Buttons erreichbar.
- Remote Listing Administration: Eine Möglichkeit, alle in diesem Formular ausgefüllten Felder über einen automatischen Mechanismus befüllen zu lassen – interessant für professionelle Entwickler mit mehreren im Angebot befindlichen Erweiterungen.

5. Klicken Sie auf Save, und gedulden Sie sich einige Stunden. Abhängig von der Komplexität Ihrer Erweiterung prüfen Mitglieder des JED-Teams die Richtigkeit des Eintrags und die Funktionsfähigkeit der Software.

Für eine erfolgreiche Aufnahme ins Joomla! Extensions Directory gibt es eine Reihe von Bedingungen, die Sie im Detail unter *http://tinyurl.com/jh-jed-bedingungen* finden. Die wichtigsten Gründe für eine Aufnahmeverweigerung:

- Es handelt sich um ein Template oder eine Sprachdatei.
- Die Dokumentations-, Demo- und Download-Links funktionieren nicht.
- Der Erweiterungsname ist identisch mit dem einer anderen Erweiterung.
- Das Wort »Joomla« ist Bestandteil des Erweiterungsnamens, erlaubt ist allerdings die Namensergänzung »for Joomla«.
- Die Erweiterung wird nicht über eine GPL-ähnliche Lizenz vertrieben.
- Der Quellcode ist verschlüsselt.
- Die Erweiterung befindet sich auf der Vulnerable Extensions List – siehe Abschnitt 22.6, »Vulnerable Extensions List kennen«.
- Nach der Installation wirft die Erweiterung Fehler.

Das sind im Grunde alles nachvollziehbare Voraussetzungen, bedenkt man den Open-Source-Charakter von Joomla! und aller Erweiterungen. Wenn Sie alle Tipps, insbesondere auch die zur Absicherung der Erweiterung beherzigen (siehe Kasten »Achtung: Ratschläge zur Absicherung Ihrer Erweiterung«), sollte der Veröffentlichung nichts im Wege stehen. Wundern Sie sich übrigens nicht, wenn der Score Ihres Beitrags zur Community in den ersten Wochen ungerechtfertigt niedrig erscheint. Neue Erweiterungen erhalten von Grund auf einen Malus; eine realistische Score-Berechnung erhalten Sie erst, nachdem mindestens fünf Reviews abgegeben wurden.

> **Achtung: Ratschläge zur Absicherung Ihrer Erweiterung**
>
> Nachlässig programmierte Erweiterungen sind das größte Sicherheitsrisiko in einer Joomla!-Installation. Berücksichtigen Sie diese Ratschläge, damit Ihre Erweiterung nicht auf dem Index (Vulnerable Extensions List) landet. Das Joomla! Extensions Directory weist zudem Erweiterungen zurück, die sich als unsicher herausstellen.
>
> - Platzieren Sie in jedes Verzeichnis eine *index.html*-Datei mit dem Inhalt `<html><body></body></html>`.
> - Beginnen Sie jede PHP-Datei mit der Anweisung `defined('_JEXEC') or die;`, damit sie nicht außerhalb von Joomla! aufgerufen werden kann und möglicherweise das Einschleusen von Schadcode ermöglicht.
> - Casten Sie den tatsächlich verwendeten Datentyp auf Variablen, die flexible Werte enthalten können, z. B. `(int) ID`, damit Sie mit sicheren Variableninhalten rechnen.
> - Beziehen Sie Daten über `$jinput = JFactory::getApplication()->input;` gefolgt von `$jinput->post->get('Variable', 'Standardwert', 'Filter');` (statt post ist auch get und server möglich) anstelle von `$_REQUEST`, `$_GET` oder `$_POST`. Setzen Sie dabei im Filter so spezifische Datentypen wie möglich, z. B. INT, WORD, STRING, PATH oder USERNAME.

- Parsen Sie Zeichenketten vor ihrer Verwendung in Datenbankabfragen, das Datenbankobjekt von Joomla! stellt dazu die Funktion quote() bereit. Beispiel: $database = JFactory::getDBO(); [...] $db->quote($zeichenkette).
- Filtern Sie Variablen und URL-Parameter per JFactory::getApplication()->input->get('Variablenname', 'Standardwert', 'Filter'), siehe auch *http://tinyurl.com/jh-jinput*.
- Vermeiden Sie filter="raw" in JForm-Feldern, setzen Sie stattdessen spezifische Filter wie beispielsweise filter="safehtml" ein.
- Setzen Sie in jedem JForm-Formular das Token mit JHtml::_('form.token').

Index

.htaccess 580, 833, 858, 881, 886
\<a\>-Tag 230
\<article\>-Tag 951
\<aside\>-Tag 951
\<blockquote\>-Tag 199
\<body\>-Tag 299, 955
\<em\>-Tag 197
\<figcaption\>-Tag 216, 952
\<figure\>-Tag 216, 952
\<footer\>-Tag 952
\<h1\>-Tag 195, 299, 372, 876, 952
\<header\>-Tag 952
\<iframe\>-Tag 220
\<img\>-Tag 217, 903, 952
\<link\>-Tag 319, 367, 974
\<main\>-Tag 952
\<meta\>-Tag 208, 460, 758, 894, 961
\<nav\>-Tag 951
\<section\>-Tag 951
\<strong\>-Tag 197
\<title\>-Tag 299, 462, 876, 893
12-Spalten-Layout 954

A

AcyMailing 702
Admin Tools 579
Adminbereich 179, 854
AdminExile 853
Administrations-Backend 179
Advanced Ordernumbers 794
Aggregierung 899, 904
Agile Entwicklung 151
AJAX-Suche 539
Akeeba Backup 558
Alias 208, 816, 879, 884
Anforderungen 150, 154
Anmeldeformular 409
Apache 52
  als Service starten 68
  error.log 69
  Hardening 60
  Require-Direktive 858
  Serverpasswort 856
Applikationscode 981
Architekturmuster 938
Archiv 234, 264

A-Record 108
Atom 512
Auditorium 32, 34, 671
Authentifizierung 382
  Google 419
  LDAP 420
  Problemlösung 421
  Zwei-Faktor-Authentifizierung 421

B

Backend 179, 854
Backup 557, 558, 802, 844, 911
  anlegen 558
  einspielen 563
Banner 486
  auswerten 493
  Click-through-rate 490
  darstellen 490
  einrichten 487
  Statistik 490
Bannermanager 488
Bannermodul 490
BCC 417
Beitrag
  als Haupteintrag markieren 207
  archivieren 234
  bearbeiten 194
  Bearbeitung konfigurieren 271
  Bewertung 261
  darstellen 245
  formatieren 196
  freigeben 226
  Frontend-Editor 200
  Haupteintrag 203
  im Frontend darstellen 202
  Kategorie zuordnen 206, 240
  Menüeintrag zuweisen 232
  Schlagwörter zuordnen 206
  Seitenumbruch 204
  Status 206
  Teaser 203
  Versionen vergleichen 228
  versionieren 227
  Voting 210, 261
  Workflow 596

1083

Beiträge 192
   filtern 224
   konfigurieren 270
   sortieren 224
   Stapelverarbeitung 226
   übersetzen 444
   verknüpfen 267
   verlinken 229
   verwalten 222, 596
Beitragsarchiv 234, 264
Beitragsbewertung 210
Beitragsbild 211, 215
Beitragsmanager 223
Beliebte Beiträge 264
Benutzer
   anlegen 386
   Anmeldung 406
   Beitragsverwaltung 596
   Berechtigungen 394
   Hinweise 390
   Kontakt 494
   Passwort zurücksetzen 914
   Problemlösung 925
   Profil 381
   Registrierung 406
   verwalten 388
   weiterleiten 414
Benutzergruppe 383
   anlegen 392
   verwalten 394
   zuordnen 393
Benutzerhinweise versionieren 391
Benutzer-Komponente konfigurieren 422
Benutzermanager 388
Benutzermenü 284, 314
Berechtigungen 381, 394, 1062
BeyondCompare 913
Bibliothek 472
Bild
   Abstände 218
   Bildbeschriftung 216
   Bildgröße verändern 217
   Dateiendungen 280
   Dateiformat 218
   einfügen 211, 574
   Galerie 599
   Größe 218
   im Beitrag 215
   optimieren 902
   Picasa-Integration 607
   Upload konfigurieren 280

Bing Webmaster 588
Bitnami 111
Blacklist 855
Blind Carbon Copy 417
Blockierte Inhalte 868
Bootstrap 334, 950, 954, 964, 966
Bot 878
Bounce Rate 321
Breadcrumbs 173, 326, 339
Briefing 150, 154
Brotkrumennavigation 173, 326, 339
Brute-Force-Angriff 84, 848, 852
Businesslogik 981
Buttonleiste 180

C

Cache 334, 879, 898, 904
Call to Action 709, 742
Canonical URL 879
CAPTCHA 459, 626, 848, 849
CCK 596
CDN 879
Charset 82
Checkout 741
chmod 90, 147, 455, 464
chown 148
ChronoForms 611
   CAPTCHA 626
   dynamische Daten 634
   E-Mail-Versand 620
   Ergebnistabelle 618
   Konfigurationsmodus 629
Click-through-rate 490
Client 35, 37
CMigrator 812
CMS 26, 40
CodeMirror 457
Coding-Standards 937
Community 671
config.xml 1062
configuration.php 146, 456, 837
Contacts 494
Content 150
Content Delivery Network 879
Contentbereich 172, 174
Content-Construction-Kit 596, 639
Content-Deployment 55, 839, 842
Contentelement 191
Content-Management-System 26, 40, 639
Contentpflege 41, 56, 645

Contenttyp	191, 645	Domain	36
Controller	939	*registrieren*	128
Conversion	709	*Webspace-Verzeichnisse zuweisen*	140
Cookie	404, 440, 462, 506	Domain Name Server	107
Crawler	817, 878	Domain-Name	36, 129
Credentials	382	Double Opt-in	407, 423
CSS		Downtime	799, 800
Aggregierung	899, 904	Duplicate Content	284, 305, 885
Less	976	Dynamic DNS	109
Overrides	360		
CSS3	950		
CSS-Präprozessor	976		
CSV Improved	786		
CTA	742		

D

Datei- und Verzeichnisrechte	147, 581, 872		
Datenbank	35, 38, 135		
aufräumen	919		
einrichten	135		
Installationsscript	1030		
MySQL	38		
reparieren/optimieren	582		
Datenbankscripts	1025		
Datenschutzerklärung	830		
Datumsformatierung	259, 527		
Debugging	934		
Mehrsprachigkeit	447		
Sprachdateien	432		
Dedicated Server	125		
Demo	1071, 1078		
Deployment	52, 835		
automatisches	845		
Beiträge, Kategorien	839		
beliebige Elemente	842		
komplette Website	844		
Design	150		
anpassen	317		
planen	159		
Schriften einbetten	375		
Developer Tools	548		
Diashow	604		
DNS	107		
A-Record	108		
Dynamic	109		
Propagierung	108		
SPF-Eintrag	718		
Dokumentation	151, 165, 358		

E

Editor	571
auswählen	457
Buttonleisten	273
eigene Styles	279
Formate	197
JCE	571
konfigurieren	272
Listen	197
Quelltext anzeigen	198
Schriftart	197
Skin Creator	275
Textausrichtung	197
Texte aus Word einfügen	195
Textfilter	400
verbotene Elemente	220
Einleitungsbild	211
Eintrags-ID	532
Emoticons	695
Entwicklertools	362, 548
Entwicklungsumgebung	52
einrichten	54, 931
virtuelle	115
Ereignis	981
Error Reporting	910
error.php	821, 977
Erweiterung	471, 473, 477, 482
deaktivieren	916
entfernen	917
entwickeln	929
sicherheitskritische	873
Updates	57
Update-Server	1071
veröffentlichen	1075
XML-Manifest	942
Erweiterungsmanager	427, 477
Event	629, 981
Excel, CSV-Import	493

F

Facebook-Like 672
Fachkonzept 156
Fake Sendmail 63
Farbschema 160
Favicon 317, 319, 359, 978
Fehler
   403 821
   404 .... 548, 815, 923
   500 821
   beim Picasa-Import 608
   Datum in URL 924
   im Apache Webserver 81
   im Backup 570
   in Joomla! 919
   in Sprachdateien 432
   in VirtueMart 784
   JavaScript 922
   Kein Z 925
   leere Fenster 922
   Seite nicht gefunden 815
   verrutschte Seitenelemente 922
   vmError 754
   weißes Fenster 920
   XML-Installationsdatei 354
Fehlerbericht 465, 910
FileZilla 63, 130, 212
Firefox Developer Edition 439
Font 319
Font Awesome 297, 365, 508
Footer 174, 307
Formatierung
   Beitragseditor 196
   Datum 259, 527
   eigene Styles 279, 576
Formular 611, 942
Formularmanager 611
Forum 672
   Benutzerkonfiguration 691
   darstellen 684
   einrichten 679
   Moderator 693
   Rangabzeichen 695
Fotoalbum 599
Frontend 171
Frontpage 317
FTP 97, 130, 212, 466, 837

G

Galerie 595, 599
Gimp 219
Globale Konfiguration 185, 455
GNU General Public License 936
Go-Live 54, 167
Go-Live-Checkliste 167
Google Analytics 544, 800
   Auswertungen 830
   Dashboards 831
   einrichten 824
   integrieren 826
Google Authenticator 421
Google Fonts 375
Google Picasa 607
Google Search Console 587
Google Tag Manager 828
Google Webmaster Tools 587
Google+ 672
GPL 930, 936
Gravatar 700
Gridlayout 954
GZIP 879, 896

H

Hackerangriff 105, 910
Hardening 60
Haupteintrag 203, 327
Hauptmenü
   übersetzen 442
   verschönern 284
Hauptpasswort 580
Hauptversion 43, 986
Helferklasse 1025
Hilfeserver 463
Homepage 171, 317
   ändern 328
   anpassen 321
   Spaltenlayout 322
   übersetzen 442
Homepage-Baukasten 122
Host 35, 36
htdocs 80
HTML5 .... 216, 950, 951, 964
HTML-Code
   analysieren 362
   ergänzen 359
   im Template 960

Index

HTTP-Antwort
   301 .... 548, 819, 886
   404 .... 548, 815, 892, 923
   500 921
HTTPS 859
Hypertext Preprocessor 63

I

Icons 297, 365, 508
IDE 930, 931
Iframe 220, 284
Implementierung 150, 163
index.html 983
Inhaltselement 191
Inhaltstyp 191
   benutzerdefinierter 645
Installation
   Erweiterung 477
   FTP-Konfiguration 97
   Joomla! 94
   Joomla! Stack 111
   Problembehandlung 103
   Template 351
   virtuelle Maschine 115
   XAMPP 58
Installationsscript 1025
Integrated Development Environment 930
Integrationsumgebung 55
Internetadresse 36
IP 53
IP-Bereich 848
ISO 3166-1 .... 434, 448
ISO 639-1 449
ItemID 540

J

J2XML 839
J2XML WordPress Importer 811
JavaScript
   Aggregierung 899, 904
   einfügen 590
   Fehler 922
JCE 571
JCH Optimize 900
JED 1075
JEDchecker 1075
JForm 930, 942

Joomla! 26, 42
   1.5-Upgrade 804
   2.5-Upgrade 806
   Cache 904
   configuration.php 146, 837
   Erweiterung 471
   Fehlerbehandlung 919
   installieren 94, 137
   Komponente 185, 472
   Modul 174
   Notfallmaßnahmen 909
   PHP-Version 60, 126, 127, 143, 144
   Plugin 472
   Template 340
   Update 57, 802
   Versionsnummern 43
Joomla! CMS 49, 940
Joomla! Extensions Directory 1075
Joomla! Framework 49, 940
Joomla! Platform 49
Joomla!-Installation 94
   ohne Unterverzeichnis 91
   Problembehandlung 103
joomla-handbuch.com 28, 32, 100, 296, 476,
   596, 671, 738, 930
   Downloads 696, 930, 983, 1006, 1024
JPG 219, 902

K

Kaffeepause 143
Kategorie
   anlegen 236
   Beiträgen zuordnen 240
   Einstellungen 242
   Kategorieblog 252
   mehrsprachige 446
   Übersicht 244
   verschachteln 239
   verwalten 236
Kategorieblog 252
Kategoriemanager 244
Keywords 158, 208, 876, 878
Klickpfad 31
Koala 977
Komponente 180, 185, 472
   entwickeln 1023
   Installationsscript 1067
   offizielle 485
   verwalten 482
   XML-Manifest 1027, 1056

1087

Kompromittierung 909, 910
Konfiguration 453
Konfigurationsformulare 185
Kontakte 486
   darstellen 497
   einrichten 494
Kontaktformular 505, 611
Kontaktmanager 496
Kontrollzentrum 180, 181, 1015
Konzept 156
Kunena
   Abonnement 687
   Favorit 688
   integrieren 678

L

Lagerbestand 741
Landing Page 672, 714
Lastenheft 151
Layout
   12-Spalten-Grid 954
   anpassen 317
   Module positionieren 329
Layout-Override 319, 373
LDAP 420
Legacy-Klassen 940
Less 976
Lightbox 604
Link
   einfügen/bearbeiten 198, 574
   entfernen 198
Live-Suche 539
Live-Umgebung 52, 54, 119
Lizenz 930, 936
Logdateien 69, 463

M

Magic Quotes 145
Mailserver 63
Mambo 42
Managed Server 125
Manager 180, 186, 519
   Beitragsmanager 223
   Benutzermanager 388
   Erweiterungsmanager 427, 477
   Formularmanager 611
   Kategoriemanager 244
   Kontaktmanager 496
   Medienmanager 211

Manager (Forts.)
   Menümanager 288
   Templatemanager 340
   Umleitungenmanager 546
   Weblinksmanager 549
Marke 155
Marketing-URL 879
Massenmail 417
max_execution_time 104
Media Query 730, 950
Medienmanager 211
   konfigurieren 280
Mehrsprachigkeit
   Content 433, 444
   Cookie 440
   debuggen 432, 447
   Hauptmenü 442
   Homepage 442
   Kategorien 446
   Spracherkennung 436
   Sprachkürzel 448
   Sprachpaket 427
   Sprachumschalter 440
   testen 439
   Workflow 433
Menü 283
   anzeigen 311
   löschen 312
   Teilbaum darstellen 312
   verbergen 311
Menüeintrag 283
   Einstellungen 292, 296
   erstellen 286
   sortieren 289
   verschachteln 291
   verwalten 288
   zuweisen 232
Menüeintrag-Alias 284
Menüeintragsmanager 288
Menüeintragstyp 232, 284
   Alle Kategorien auflisten 248, 300
   Alle Kontaktkategorien auflisten 503
   Alle Newsfeed-Kategorien auflisten 303, 514
   Anmeldeformular 406
   Archivierte Beiträge 261
   Beitrag erstellen 263
   Benutzername erneut zusenden 410
   Benutzerprofil 411
   Benutzerprofil bearbeiten 412
   ChronoForms5 Formular 625
   Display Site Configuration Options 301

Menüeintragstyp (Forts.)
   Display Template Options 301
   eigenen entwickeln 1059
   Einzelner Beitrag 232, 260
   Einzelner Beitrag (SEBLOD) 655
   Einzelner Kontakt 503
   Einzelner Newsfeed 303, 516
   Haupteinträge 264, 322
   Hauptkontakte 507
   HTML-Sitemap 589
   Kategorieblog 252
   Kategorieliste 257, 300
   Kontakte in Kategorie 500
   Kontaktkategorien 499
   Kunena Forum Startseite 684
   Liste aller Schlagwörter 521
   Menü-Überschrift 304, 305
   Newsfeed-Kategorien 513
   Newsfeeds in Kategorie auflisten 303, 515
   Passwort zurücksetzen 412
   Phoca Gallery Liste der Bilder 602
   SEBLOD Listen & Suche 666
   Suchformular oder Suchergebnisse
      auflisten 532
   Trennzeichen 305
   Verschlagwortete Beiträge 523
   Verschlagwortete Einträge 526
   VirtueMart Standard Layout 753
   Weblink einreichen 553
   Weblinks in Kategorie auflisten 552
   Weblinkskategorien 552
Menümanager 310
Mercury 63
Meta-Beschreibung 208, 299, 460
Metadaten 194, 325
Meta-Schlüsselwörter 208, 267, 299
Migration 800, 811
Model 939
Model-View-Controller 930
Moderator 672, 693
Modul 172, 174, 318
   alternatives Layout 373
   Darstellung einschränken 332
   Einstellungen 333
   entwickeln 1005
   erstellen 328
   positionieren 329
   verwalten 482
   XML-Manifest 1007
Modulposition 318, 330, 1005
Modulstil 374

Modultyp 318
   AcyMailing Registrierung 721
   Ähnliche Schlagwörter 527
   Banner 490
   Beiträge - Kategorien 266
   Beitragsarchiv 264
   Beliebte Beiträge 264
   Beliebte Schlagwörter 527
   Benutzeranmeldung 414
   Eigene Inhalte 337
   eigenen entwickeln 1006
   Externer Feed 517
   Feed erzeugen 519
   Navigationspfad 339
   Neueste Beiträge 266
   Neueste Benutzer 414
   Newsflash 266
   Nice Social Bookmark 673
   Smart Search 539
   Suche 531
   Suchindex 539
   Verwandte Beiträge 267
   Weblinks 554
   Wer ist online 414
   Zufallsbild 340
MVC 930
MySQL 38, 52, 62, 83, 126, 135
   als Service starten 68
   Mindestversion 60
   mysql_error.log 69
MySQLi 96

N

Nachrichten 415
   Massenmail 417
   Private Nachrichten 415
   Systemnachrichten 418
Nebenversion 43
NetBeans 932
Newsfeed 486
   darstellen 513
   integrieren 509
Newsflash 266
Newsletter 417, 672
   Abmeldung 724
   Abonnentenliste 704
   Aspekte 702
   Call to Action 709
   Coding like 1999 709
   darstellen 721

Newsletter (Forts.)
  entwerfen 707
  Registrierung 721
  Spamfilter umgehen 717
  Statistik 720
  Textversion 713
  versenden 714
  Vorlagen 727
Nice Social Bookmark 672
Nigerianische Prinzessin 626
NoCaptcha 626, 849
Notfallabschaltung 580
Notfallmaßnahmen 909

O

Offizielle Komponenten 485
Offlinezugang 799
Online-Shop 737, 740
  Bestellung bearbeiten 772
  Frontend-Darstellung 753, 769
  Konfiguration 754
  MwSt. 765
  Produkte einpflegen 743
  Produktexport/-import 786, 788
  Produktvarianten 776
  Ratschläge 739
  Rechnungsnummer 794
  Templates 792
  Versandarten 761
  Zahlungsarten 763
Open Source 42
OpenSearch 530
Opera 439
OSMap 583
Override 318, 449
  Layout 319, 373
  Sprache 426, 449
  Template 319, 367

P

Pagespeed Insights 895
Passwort
  sicheres 95, 871
  zurücksetzen 914
Patch 43
Performanceoptimierung 879
Perl 63
Pfad 36
Pflichtenheft 151

Pflichtfeld 595
Phoca Gallery 599
PHP 40, 52, 63
  Datumsformatierung 259, 527
  einfügen 590
  Einstellungen 454
  magic_quotes 145
  Mailer 466
  max_execution_time 104
  parse_ini_file 146
  php.ini 104, 111, 144
  register_globals 145
  Version 60, 126, 127, 143, 144
  zlib.output_compression 145
php.ini 104, 111, 144
phpMyAdmin 63, 83, 836
Picasa 607
Planung
  Abnahme 166
  agiles Projekt 151
  Anforderungen 154
  Design 159
  Fachkonzept 156
  Go-Live 167
  Implementierung 163
  Inhalte 157
  Konzept 156
  Lastenheft 151
  Marke 155
  Notfall 910
  Pflichtenheft 151
  Sitemap 157
  Suchmaschinenoptimierung 875
  technisches Konzept 156
  Testphase 165
  Wasserfallmodell 151
Plugin 472
  entwickeln 981
  Ereignisse 1001
  Paketzusammenstellung 989, 1000
  verwalten 482
  XML-Manifest 984, 991
PNG 220, 902
Port 53, 68, 70, 79, 81
Portfreigabe 105
Private Nachrichten 415
Problemlösungs-Workflow 82
Produkt 741
Produktfotos 739
Produktionsumgebung 52, 54

Index

Produktvariante 741
Programmierung
   Backend-Komponente 1025
   Bootstrap 964
   Controller 1008
   Editor 931
   Erweiterungen 929
   Frontend-Komponente 1055
   Helferklasse 1009, 1064
   IDE 931
   Installationsscript 1067
   JForm 942
   Komponente 1023
   Konfiguration 1062
   Konventionen 937
   Model 1009
   Modul 1005
   Modulpositionen 959
   MVC 938
   Plugin 981
   Seitenleiste 1060
   Sicherheit 1081
   Template 949
   Templatekonfiguration 970
   Update-Server 1071
   XML-Manifest 942
Protokoll 36, 53, 859
Proxy 466

Q

Quellcode einfügen 590
Quelltextansicht 319
Quota 558

R

Ranking 878
Rebriefing 156
reCAPTCHA 626, 849
Rechnungsregel 741
Redirect 546, 819
Redirect-Cache 821
Referenzfeld 596, 659
Referrer-Spam 833
Register Globals 145
Registrierung 382, 721
Registrierungsverfahren 406
Release 52
Require-Direktive 858
Robots 209

Root-Server 125
RSS 512

S

Schlagwörter 486
   darstellen 521
   verwalten 519
Schlagwortmanager 519
Schriften 162, 375
script.php 1067
SEBLOD 639
   App-Ordner 643
   Contentpflege-Formular 651
   Inhaltstyp anlegen 642
   Liste darstellen 664
   Referenzfeld 659
   Suchformular 667
   Webseiten 655
Seitencache 904
Seitenleiste 180
Seitentitel 299
Seitenüberschrift 299
Seitenumbruch 204
Semantisches HTML 951
Sender Policy Framework 718
SEO 230, 878, 887
   Bilder optimieren 902
   Canonical Tag 888
   GZIP aktivieren 896
   Keywords 876
   Marketing-URL 883
   Maßnahmen 895
   Meta-Beschreibung 208, 893
   Ranking 875
   Seitentitel 299, 893
   Seitenüberschrift 299, 372, 952
   URL optimieren 461, 880
Sequential Query Language 38
Server 35, 37, 119
   Fehlerbehandlung 919
   GZIP-Komprimierung 896
   Hardening 60
   Notfallmaßnahmen 909
   SSL 465, 859
   Zeitzone 465
Servlet-Container 63
Session 454, 464
   Cookie 404, 440, 462, 506
sh404SEF 887
Short-term support 44

Sicherheit
  Backend-Login 854
  Brute-Force-Angriff 852
  Datei-/Verzeichnisrechte 147, 872
  Passwort 871
  reCAPTCHA/NoCaptcha 849
  Sicherheitskopie 558
  SSL aktivieren 859
  Vulnerable Extensions List 873
Sicherheitscode 422
Sicherheitskopie 557, 558, 802, 844, 911
Sitemap 150, 157, 558, 583
Sitzung 454
Slider 610
Smart Search 486, 528, 534
  konfigurieren 545
  Statistik 543
  Suchfilter 538
Social Network 672
Softwarearchitektur 938
Sourcerer 590
Soziales Netzwerk 672
SP Transfer 842
Spam 467, 717, 833, 849
SPF 718
Spider 817, 878
Spinner 298
Sprachdatei 998
Sprache
  Erkennung aktivieren 436
  Erkennung testen 439
  installieren 427
Sprachkürzel 425, 434, 448
Sprach-Override 426, 449
Sprachpaket 425
  erzeugen 430
  installieren 427
Sprachschlüssel 410, 449, 732, 993, 1039
Sprach-Tag 425
Sprachumschalter 440
SQL 38
SSL 414, 465, 859
SSL-Zertifikat 861
Stack 58
Staging-Umgebung 52, 54
Stakeholder 153
Stapelverarbeitung 192, 226, 289, 389
Startseite 171, 172
Statistik 824
  Auswertungen 830
  Banner 490

Statistik (Forts.)
  integrieren 826
  Newsletter 720
  Suche 529, 544
Stil 318, 342, 344
STS 44
Subdomain 34, 108, 564, 930
Suche 486
  AJAX 539
  aktivieren 528
  darstellen 531, 539
  konfigurieren 545
  Statistik 543
  Suchfilter 538
Suchindex 528
Suchmaschinenoptimierung 230, 461, 875, 878, 887
Suchwerkzeuge 224
Syntax-Highlighting 457
Systeminformationen 453, 454
Systemnachrichten 418

T

Tabelle 38
Tags 486, 519
Technisches Konzept 156
Teilen 672
Template 159, 318
  aktivieren 340, 962
  deinstallieren 358
  entwickeln 949, 956
  Farbschema 160
  finden 345
  Framework 347
  herunterladen 348
  installieren 344, 351
  konfigurieren 343
  kopieren 366
  modifizieren 365
  Modulpositionen 329
  Responsive-Test 346
  Schriften 162, 375
  Stil 318, 342, 344
  VirtueMart 792
  zurechtbiegen 358
templateDetails.xml 958
Template-Framework 318, 347
Templatemanager 340
Template-Override 319, 367

Templating 41
Testing 150, 165
Testumgebung 51, 52, 54
Textfilter 400
TinyMCE 195
   Buttons 277
   CSS-Styles 279
   konfigurieren 220, 273
   Menü ausblenden 277
   Skin Creator 275
TinyURL 30
TLD 120, 123
Tomcat 63
Too Many Files 904
Top Level Domain 120, 123
Touchicon 317, 320, 359
Tracking-Code 826
   beziehen 824
   integrieren 826
   prüfen 829
Troll 692
Twitter 672

U

UAC 61
Übersichten 186
Umleitung 486, 546, 819
Umsetzung 150
Uniform Resource Locator 36
Update 55, 184, 479, 799, 802
Update-Hinweis 183
Update-Server 1071
Upgrade 799, 803
URL 36
   Domain-Name 36
   Host 36
   optimieren 880
   Pfad 36
   Protokoll 36
   reparieren 924
User Article Manager 596
UTF-8 .... 82, 937

V

Vanilla-System 172
vCard 504
Veröffentlichung 208, 267, 491, 1075
Versionierung 192, 227, 391, 932

Verzeichnisrechte 147, 872
Verzeichnisschutz 983
Video
   einbinden 220
   YouTube konfigurieren 222
View 939
Vimeo 220
Virtual Server 125
VirtualBox 116
Virtualisierung 53, 115
VirtueMart 742
VM Products Manager 788
Voting 261
Vulnerable Extensions List 873

W

Warenkorb 741
Wartung
   404-Fehler 815
   Statistik einrichten 824
   Temp-Verzeichnis 582
   Updates 802
Wartungsmodus 456, 799, 800
Wasserfallmodell 151
Web Application Framework 50
Webalizer 63
Webhosting 119, 121
Webkatalog 472
Weblinks 46, 486
   darstellen 552
   einrichten 549
Weblinksmanager 549
Website 35, 36
   abschalten 580
   Ausfallzeit 563
   Beschreibung 94
   Datenschutzerklärung 830
   Dokumentation 165
   Downtime 799
   Frontend 171
   Go-Live 167
   Implementierung 163
   Kompromittierung 910
   Konzept 156
   migrieren 581
   mit SSL absichern 859
   Notfallmaßnahmen 909
   Sitemap 157
   Startseite 172

Website (Forts.)
   Statistik 824
   übersetzen 444
   Wartungsmodus 456
Weiterleitung 410, 414, 546, 819
Weiterlesen 203
Werbekunden 492
what is my ip 105
White Screen of Death 910
Whitelist 855
Whitespace 540
Wiederherstellung 563
Windows
   .htaccess umbenennen 882
   Firewall 65
   Services 68
   User Account Control 61
WordPress-Migration 811
WoSign 861
WYSIWYG 195, 571

X

XAMPP 52
   32- oder 64-Bit-Version 75
   aktualisieren 67, 75, 77, 428
   Control Panel 67, 78
   deinstallieren 67, 75, 77, 428
   für Linux, Ubuntu, Linux Mint 75
   für OS X 72

XAMPP (Forts.)
   für Windows 61
   installieren 58, 112
   Windows-Services 68
Xenu Link Sleuth 817
XING 676
Xmap 584
XML-Installationsdatei 354
XML-Manifest 942, 958, 984, 991, 1007, 1027, 1056, 1072
XML-Sitemap 558, 583

Y

Yagendoo 792
YouTube 220
   Player-Parameter 222
YSlow 895

Z

Zeitzone 465
Zugriffsebene 314, 385
   anlegen 405
   global festlegen 459
   Registriert 315
   Spezial 315
   zuordnen 405
Zwei-Faktor-Authentifizierung 382, 421

- Grundlagen: Schriften, Farben und Box-Modelle

- Konzepte: Spezifität, Kaskade und Positionierung verständlich erklärt

- Gestaltung: Navigation, mehrspaltige Layouts und Media Queries und Flexbox

Peter Müller

Einstieg in CSS
Webseiten gestalten mit HTML und CSS

Sie suchen eine gute Einführung in die Gestaltung von Webseiten mit HTML und CSS? Dann liegen Sie bei diesem Buch genau richtig! Unser Autor Peter Müller erklärt Ihnen hervorragend, was Sie bei der modernen Webgestaltung wissen müssen: Von den grundlegenden Prinzipien bis hin zu den neuesten Entwicklungen. Immer kompetent, klar und verständlich. Anschauliche Beispiele aus der Praxis können Sie leicht auf eigene Projekte anwenden. Inkl. HTML5, CSS3 und einer guten Prise Humor.

524 Seiten, broschiert, 29,90 Euro
ISBN 978-3-8362-3683-6
2. Auflage 2015
www.rheinwerk-verlag.de/3806

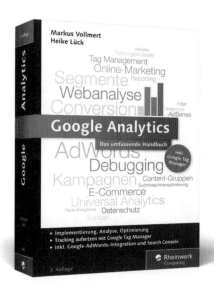

- Implementierung, Analyse, Optimierung

- Aufbau eines Webanalyse-Systems

- Inkl. Google AdWords-Integration, Google Tag Manager und Search Console

Markus Vollmert, Heike Lück

Google Analytics
Das umfassende Handbuch

Mit Google Analytics steht Ihnen eines der leistungsfähigsten Webanalyse-Tools kostenlos zur Verfügung. Lernen Sie mit diesem Buch, wie Sie die vielfältigen Funktionen nutzen und sie professionell einsetzen können. So erhalten Sie z.B. Hilfestellung dabei, wie Sie Ihr Webanalyse-System konzipieren und strukturieren sollten. Sie erhalten zudem Beispiele für eine optimale Implementierung und ein erfolgreiches Monitoring all Ihrer Online-Aktivitäten. Damit können Sie aussagekräftige Berichte generieren, um Ihre Website und Ihre Online-Marketing-Aktivitäten zu optimieren. Inkl. Search Console, Google-AdWords-Integration und Google Tag Manager

840 Seiten, gebunden, 39,90 Euro
ISBN 978-3-8362-3955-4
2. Auflage, erscheint Januar 2016
www.rheinwerk-verlag.de/4008

Versandkostenfrei bestellen: www.rheinwerk-verlag.de

- Grundlagen, Funktionsweisen und strategische Planung

- Onpage- und Offpage-Optimierung für Google und Co.

- Erfolgsmessung, Web Analytics und Controlling

Sebastian Erlhofer

Suchmaschinen-Optimierung
Das umfassende Handbuch

Das Handbuch zur Suchmaschinen-Optimierung von Sebastian Erlhofer gilt in Fachkreisen zu Recht als das deutschsprachige Standardwerk. Es bietet Einsteigern und Fortgeschrittenen fundierte Informationen zu allen wichtigen Bereichen der Suchmaschinen-Optimierung. Verständlich werden alle relevanten Begriffe und Konzepte erklärt und erläutert. Neben ausführlichen Details zur Planung und Erfolgsmessung einer strategischen Suchmaschinen-Optimierung reicht das Spektrum von der Keyword-Recherche, der wichtigen Onpage-Optimierung Ihrer Website über erfolgreiche Methoden des Linkbuildings bis hin zu Ranktracking, Monitoring und Controlling.

930 Seiten, gebunden, 39,90 Euro
ISBN 978-3-8362-3879-3
8. Auflage, erscheint Dezember 2015
www.rheinwerk-verlag.de/3934

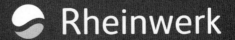

- Website-Content verstehen und effizient einsetzen
- Mehr Reichweite mit dem passenden Content-Mix
- Essenzielles Texter-Wissen: von SEO über Online-PR bis zur Produktbeschreibung

Miriam Löffler

Think Content!
Content-Strategie, Content-Marketing, Texten fürs Web

Content-Marketing ist eines der großen Zukunftsthemen der Branche. Lernen Sie, wie Sie erfolgreiche Content-Strategien für Ihr Online-Unternehmen entwickeln, Content-Strategien für Webseiten erfolgreich planen und umsetzen und erhalten Sie Ideen und Anregungen für effizientes Content-Marketing und spannende Umsetzungen - mit Lösungen für B2B und B2C. Dabei kommt auch das notwendige Rüstzeug nicht zu kurz. Unser Buch wird Ihnen helfen, qualitativ hochwertige Webtexte zu erstellen und Sie erfahren zudem, was ein guter Webtexter leisten muss und wie Sie den wirtschaftlichen Wert guter Text erkennen können.

627 Seiten, broschiert, 29,90 Euro
ISBN 978-3-8362-2006-4
erschienen Februar 2014
www.rheinwerk-verlag.de/3251

- E-Mail- & Affiliate-Marketing, Social-Media-Marketing
- Content-Marketing, Mobile- & App-Marketing, Online-Shop
- Abwehr von Abmahnungen, Durchsetzung von Rechtsansprüchen

Christian Solmecke, Sibel Kocatepe

Recht im Online-Marketing
So schützen Sie sich vor Fallstricken und Abmahnungen

Sind Sie bei Ihrer geplanten Online-Marketing-Aktion auch rechtlich auf der sichereren Seite? Wie können Sie sich dabei absichern? Online-Marketing ist mittlerweile der wichtigste Kommunikationskanal der PR- und Marketingarbeit. Schnell haben Sie sich dabei aber auch in juristische Schwierigkeiten gebracht. Unsere erfahrenen Juristen begleiten Sie von Anfang an bei der Planung Ihres Marketings aus rechtlicher Sicht und bei der Lösung der wichtigsten Rechtsfragen.

749 Seiten, gebunden, 44,90 Euro
ISBN 978-3-8362-3476-4
erschienen November 2015
www.rheinwerk-verlag.de/3757

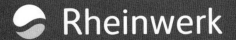

- Ihr Begleiter für den erfolgreichen Online-Handel
- Von der Konzeption bis zum fertigen Online-Shop
- Shop-Software, Versand & Bezahlung, Usability, Conversion-Optimierung, Marketing, Recht

Alexander Steireif, Rouven Alexander Rieker, Markus Bückle

Handbuch Online-Shop

Strategien, Erfolgsrezepte, Lösungen

Starten Sie erfolgreich in den Online-Handel. Mit diesem umfassenden Handbuch erhalten Sie alles, was Sie für den Betrieb eines Online-Shops benötigen. Es hilft Ihnen bei den grundlegenden Entscheidungen zu Beginn Ihres Engagements, wie z.B. der Auswahl der geeigneten Software-Lösung, vermittelt wichtiges Usability- und Marketing-Wissen und zeigt Ihnen, was Sie bei rechtlichen und buchhalterischen Aspekten zu beachten haben. So stellen Sie sich den vielfältigen Herausforderungen und Trends im E-Commerce.

690 Seiten, gebunden, 39,90 Euro
ISBN 978-3-8362-2910-4
erschienen August 2015
www.rheinwerk-verlag.de/3626

Leseprobe im Web!

Wie hat Ihnen dieses Buch gefallen?
Bitte teilen Sie uns mit, ob Sie zufrieden waren,
und bewerten Sie das Buch auf:
www.rheinwerk-verlag.de/feedback

Ausführliche Informationen zu unserem aktuellen
Programm samt Leseproben finden Sie ebenfalls
auf unserer Website. Besuchen Sie uns!

www.rheinwerk-verlag.de